J. von Staudingers
Kommentar zum Bürgerlichen Gesetzbuch
mit Einführungsgesetz und Nebengesetzen
Buch 3 · Sachenrecht
§§ 889–902
(Publizität des Grundbuchs, Grundbuchberichtigung, Widerspruch, Ersitzung)

Kommentatorinnen und Kommentatoren

Dr. Christoph Althammer
Professor an der Universität Regensburg

Dr. Georg Annuß, LL.M.
Rechtsanwalt in München, Außerplanmäßiger Professor an der Universität Regensburg

Dr. Christian Armbrüster
Professor an der Freien Universität Berlin, Richter am Kammergericht a. D.

Dr. Arnd Arnold
Professor an der Universität Trier, Dipl.-Volksw.

Dr. Markus Artz
Professor an der Universität Bielefeld

Dr. Martin Avenarius
Professor an der Universität zu Köln

Dr. Ivo Bach
Professor an der Universität Göttingen

Dr. Christian Baldus
Professor an der Universität Heidelberg

Dr. Wolfgang Baumann
Rechtsanwalt und Notar a. D. in Wuppertal, Professor an der Bergischen Universität Wuppertal

Dr. Winfried Bausback
Professor a. D. an der Bergischen Universität Wuppertal, bayerischer Staatsminister der Justiz a. D., Mitglied des Bayerischen Landtags

Dr. Roland Michael Beckmann
Professor an der Universität des Saarlandes, Saarbrücken

Dr. Andreas Bergmann
Professor an der Fernuniversität in Hagen

Dr. Falk Bernau
Richter am Bundesgerichtshof, Karlsruhe

Dr. Martin Bialluch, LL.M.
Rechtsanwalt in Hamburg

Dr. Marcus Bieder
Professor an der Universität Osnabrück

Dr. Werner Bienwald †
Professor an der Evangelischen Fachhochschule Hannover, Rechtsanwalt in Oldenburg

Dr. Tom Billing
Rechtsanwalt in Berlin

Dr. Reinhard Bork
Professor (em.) an der Universität Hamburg

Dr. Wolfgang Breyer
Rechtsanwalt in Stuttgart

Dr. Jan Busche
Professor an der Universität Düsseldorf

Dr. Georg Caspers
Professor an der Universität Erlangen-Nürnberg

Dr. Dr. h. c. Tiziana Chiusi
Professorin an der Universität des Saarlandes, Saarbrücken

Dr. Michael Coester, LL.M.
Professor an der Universität München

Dr. Dr. h. c. Dagmar Coester-Waltjen, LL.M.
Professorin an der Universität Göttingen

Dr. Johanna Croon-Gestefeld, LL.M.
Professorin an der Universität Lüneburg

Dr. Thomas Diehn, LL.M.
Notar in Hamburg, Lehrbeauftragter an der Universität Hamburg

Dr. Katrin Dobler
Richterin am Oberlandesgericht Stuttgart

Dr. Heinrich Dörner
Professor an der Universität Münster

Dr. Werner Dürbeck
Vorsitzender Richter am Oberlandesgericht Frankfurt a. M., Honorarprofessor an der Universität Frankfurt a. M.

Dr. Anatol Dutta, M. Jur.
Professor an der Universität München

Dr. Christina Eberl-Borges
Professorin an der Universität Mainz

Dr. Dres. h. c. Werner F. Ebke, LL.M.
Professor an der Universität Heidelberg

Dr. Jan Eickelberg, LL.M. †
Professor an der Hochschule für Wirtschaft und Recht, Berlin

Jost Emmerich
Richter am Oberlandesgericht München

Dr. Volker Emmerich
Professor an der Universität Bayreuth, Richter am Oberlandesgericht Nürnberg a. D.

Dr. Cornelia Feldmann
Rechtsanwältin in Freiburg i. Br.

Dr. Matthias Fervers
Professor an der Universität Kiel

Dr. Timo Fest, LL.M.
Professor an der Universität Erlangen-Nürnberg

Dr. Karl-Heinz Fezer
Professor em. an der Universität Konstanz, Honorarprofessor an der Universität Leipzig, Richter am Oberlandesgericht Stuttgart a. D.

Dr. Philipp S. Fischinger, LL.M.
Professor an der Universität Mannheim

Dr. Holger Fleischer
Direktor am Max-Planck-Institut für ausländisches und internationales Privatrecht in Hamburg, Professor an der Bucerius Law School, Hamburg

Dr. Robert Freitag, Maître en droit
Professor an der Universität Erlangen-Nürnberg

Dr. Jörg Fritzsche
Professor an der Universität Regensburg

Dr. Tobias Fröschle
Professor an der Universität Siegen

Dr. Susanne Lilian Gössl, LL.M.
Professorin an der Universität Bonn

Dr. Beate Gsell, Maître en droit
Professorin an der Universität München, Richterin am Oberlandesgericht München

Dr. Thomas Gutmann, M. A.
Professor an der Universität Münster

Dr. Martin Gutzeit
Professor an der Universität Gießen

Dr. Martin Häublein
Professor an der Universität Innsbruck

Dr. Johannes Hager
Professor an der Universität München

Dr. Felix Hartmann, LL.M.
Professor an der Freien Universität Berlin

Dr. Wolfgang Hau
Professor an der Universität München, Richter am Oberlandesgericht München

Dr. Rainer Hausmann
Professor an der Universität Konstanz

Dr. Stefan Heilmann
Vorsitzender Richter am Oberlandesgericht Frankfurt, Honorarprofessor an der Frankfurt University of Applied Sciences

Dr. Jan von Hein
Professor an der Universität Freiburg i. Br.

Dr. Jörn Heinemann
Notar a. D. in Neumarkt i.d. Opf., Professor an der Hochschule für Wirtschaft und Recht, Berlin

Dr. Christian Heinze
Professor an der Universität Heidelberg

Dr. Stefan Heinze
Notar in Köln

Dr. Tobias Helms
Professor an der Universität Marburg

Silas Hengstberger, LL.B.
Wiss. Mitarbeiter an der Universität Mannheim

Dr. Dr. h. c. mult. Dieter Henrich
Professor an der Universität Regensburg

Dr. Carsten Herresthal, LL.M.
Professor an der Universität Regensburg

Christian Hertel, LL.M.
Notar in Weilheim i. OB.

Dr. Stephanie Herzog
Fachanwältin für Erbrecht in Würselen

Joseph Hönle
Notar in München

Dr. Ulrich Hönle
Notar in Waldmünchen

Dr. Clemens Höpfner
Professor an der Universität zu Köln

Dr. Bernd von Hoffmann †
Professor an der Universität Trier

Dr. Rainer Hüttemann
Professor an der Universität Bonn

Dr. Martin Illmer, M. Jur.
Richter am Landgericht Hamburg, Privatdozent an der Bucerius Law School

Dr. Florian Jacoby
Professor an der Universität Bielefeld

Dr. Ulrich von Jeinsen
Rechtsanwalt und Notar in Hannover, Honorarprofessor an der Universität Hannover

Dr. Dagmar Kaiser †
Professorin an der Universität Mainz

Dr. Bernd Kannowski
Professor an der Universität Bayreuth

Dr. Christoph A. Kern, LL.M.
Professor an der Universität Heidelberg

Dr. Christian Kesseler
Notar in Düren, Honorarprofessor an der Universität Trier

Dr. Walter Klein
Rechtsanwalt in Köln

Dr. Fabian Klinck
Professor an der Universität Bochum

Dr. Frank Klinkhammer
Richter am Bundesgerichtshof, Karlsruhe, Honorarprofessor an der Universität Marburg

Dr. Steffen Klumpp †
Professor an der Universität Erlangen-Nürnberg

Dr. Jürgen Kohler
Professor an der Universität Greifswald

Dr. Sebastian Kolbe
Professor an der Universität Bremen

Dr. Stefan Koos
Professor an der Universität der Bundeswehr München

Dr. Rüdiger Krause
Professor an der Universität Göttingen

Dr. Lena Kunz, LL.M.
Akad. Mitarbeiterin an der Universität Heidelberg

Dr. Steffen Kurth, LL.M.
Rechtsanwalt in Bielefeld

Dr. Clemens Latzel
Privatdozent an der Universität München

Dr. Arnold Lehmann-Richter
Professor an der Hochschule für Wirtschaft und Recht Berlin

Dr. Saskia Lettmaier, B.A., LL.M.
Professorin an der Universität Hamburg, Richterin am Schleswig-Holsteinischen Oberlandesgericht in Schleswig

Stefan Leupertz
Richter a. D. am Bundesgerichtshof, Honorarprofessor an der TU Dortmund

Dr. Johannes Liebrecht
Professor an der Universität Zürich

Dr. Jan Lieder, LL.M.
Professor an der Universität Freiburg i. Br., Richter am Schleswig-Holsteinischen Oberlandesgericht

Dr. Dimitrios Linardatos
Professor an der Universität des Saarlandes, Saarbrücken

Dr. Martin Löhnig
Professor an der Universität Regensburg

Dr. Dirk Looschelders
Professor an der Universität Düsseldorf

Dr. Stephan Lorenz
Professor an der Universität München

Dr. Sigrid Lorz
Professorin an der Universität Greifswald

Dr. Katharina Lugani
Professorin an der Universität Düsseldorf

Dr. Tobias Lutzi, LL.M., M.Jur.
Professor an der Universität Augsburg

Dr. Gerald Mäsch
Professor an der Universität Münster, Richter am Oberlandesgericht Hamm a.D.

Dr. Robert Magnus
Professor an der Universität Bayreuth

Dr. Ulrich Magnus
Professor an der Universität Hamburg, Affiliate des MPI für ausländisches und internationales Privatrecht, Hamburg, Richter am Hanseatischen Oberlandesgericht zu Hamburg a. D.

Dr. Mark Makowsky
Professor an der Universität Mannheim

Dr. Peter Mankowski †
Professor an der Universität Hamburg

Dr. Dr. h. c. Heinz-Peter Mansel
Professor an der Universität zu Köln

Dr. Peter Marburger †
Professor an der Universität Trier

Dr. Wolfgang Marotzke
Professor an der Universität Tübingen

Dr. Sebastian A. E. Martens
Professor an der Universität Passau

Dr. Dr. Dr. h. c. mult. Michael Martinek, M.C.J.
Professor an der Universität des Saarlandes, Saarbrücken, Honorarprofessor an der Universität Johannesburg, Südafrika

Dr. Annemarie Matusche-Beckmann
Professorin an und Vizepräsidentin der Universität des Saarlandes, Saarbrücken, Stellv. Richterin am Verfassungsgerichtshof des Saarlandes

Dr. Felix Maultzsch, LL.M.
Professor an der Universität Frankfurt a. M.

Dr. Patrick Meier
Notar in Bischofsheim i.d. Rhön, Privatdozent an der Universität Würzburg

Dr. Dr. Detlef Merten
Professor an der Deutschen Universität für Verwaltungswissenschaften Speyer

Dr. Tanja Mešina
Staatsanwältin, Stuttgart

Dr. Rudolf Meyer-Pritzl †
Professor an der Universität zu Kiel, Richter am Schleswig-Holsteinischen Oberlandesgericht in Schleswig

Dr. Morten Mittelstädt
Notar in Hamburg

Dr. Oliver Moufang
Rechtsanwalt in Frankfurt a.M., Honorarprofessor an der Hochschule Wiesbaden

Dr. Peter O. Mülbert
Professor an der Universität Mainz

Dr. Hans-Heinrich Nöll
Rechtsanwalt in Hamburg

Dr. Jürgen Oechsler
Professor an der Universität Mainz

Dr. Hartmut Oetker
Professor an der Universität zu Kiel, Richter am Thüringer Oberlandesgericht in Jena a. D.

Wolfgang Olshausen
Notar a. D. in Rain am Lech

Dr. Dirk Olzen
Professor an der Universität Düsseldorf

Dr. Sebastian Omlor, LL.M., LL.M.
Professor an der Universität Marburg

Dr. Gerhard Otte
Professor an der Universität Bielefeld

Dr. Frank Peters †
Professor an der Universität Hamburg, Richter am Hanseatischen Oberlandesgericht zu Hamburg a. D.

Dr. Christian Picker
Professor an der Universität Tübingen

Dr. Andreas Piekenbrock
Professor an der Universität Heidelberg

Dr. Jörg Pirrung †
Richter am Gericht erster Instanz der Europäischen Gemeinschaften i. R., Honorarprofessor an der Universität Trier

Dr. Paul Popescu
Rechtsanwalt in Köln

Dr. Maximilian Freiherr von Proff zu Irnich
Notar in Köln

Dr. Lukas Rademacher M. Jur.
Professor an der Universität zu Kiel

Dr. Thomas Raff
Notar in Ludwigshafen

Dr. Manfred Rapp †
Notar a. D., Landsberg am Lech

Dr. Dr. h.c. Thomas Rauscher
Professor an der Universität Leipzig, Professor h.c. an der Eötvös Loránd Universität Budapest, Dipl.Math.

Dr. Peter Rawert, LL.M.
Notar in Hamburg, Honorarprofessor an der Universität Kiel

Dr. Wolfgang Reetz
Notar in Köln

Eckhard Rehme
Vorsitzender Richter am Oberlandesgericht Oldenburg i. R.

Dr. Moritz Renner
Professor an der Universität Mannheim

Dr. Tilman Repgen
Professor an der Universität Hamburg

Dr. Philipp Reuß, M. Jur.
Professor an der Universität Göttingen

Dr. Christoph Reymann, LL.M. Eur.
Notar in Landsberg am Lech, Professor an der Privaten Universität Liechtenstein

Dr. Reinhard Richardi
Professor an der Universität Regensburg, Präsident a. D. des Kirchlichen Arbeitsgerichtshofs der Deutschen Bischofskonferenz, Bonn

Dr. Volker Rieble
Professor an der Universität München, Direktor des Zentrums für Arbeitsbeziehungen und Arbeitsrecht

Dr. Daniel Rodi
Akad. Rat a. Z. an der Universität Heidelberg

Dr. Christian Rolfs
Professor an der Universität zu Köln

Dr. Dr. h. c. Herbert Roth
Professor an der Universität Regensburg

Dr. Ludwig Salgo
Apl. Professor an der Universität Frankfurt a. M.

Dr. Adam Sagan, M. Jur.
Professor an der Universität Bayreuth

Dr. Anne Sanders
Professorin an der Universität Bielefeld

Dr. Daniel Schäuble
Notar in Waldshut-Tiengen

Dr. Renate Schaub, LL.M.
Professorin an der Universität Bochum

Dr. Martin Josef Schermaier
Professor an der Universität Bonn

Dr. Gottfried Schiemann
Professor an der Universität Tübingen

Dr. Eberhard Schilken
Professor an der Universität Bonn

Dr. Martin Schmidt-Kessel
Professor an der Universität Bayreuth

Ulf Schönenberg-Wessel
Notar und Rechtsanwalt in Kiel

Dr. Günther Schotten
Notar a. D. in Köln, Honorarprofessor an der Universität Bielefeld

Dr. Andrea Schulz
Bundesministerium der Justiz und für Verbraucherschutz

Dr. Holger Schulz
Direktor des Amtsgerichts Meldorf

Dr. Roland Schwarze
Professor an der Universität Hannover

Dr. Andreas Schwennicke
Rechtsanwalt und Notar a. D. in Berlin

Dr. Stephan Serr
Notar in Ochsenfurt

Dr. Reinhard Singer
Professor an der Humboldt-Universität Berlin, Richter am Oberlandesgericht Rostock a. D.

Dr. Stephanie Sittmann-Haury, M.M.
Wiss. Mitarbeiterin an der Universität Mainz

Dr. Dr. h. c. Ulrich Spellenberg
Professor an der Universität Bayreuth

Dr. Ansgar Staudinger
Professor an der Universität Bielefeld

Dr. Björn Steinrötter
Professor an der Universität Potsdam

Dr. Malte Stieper
Professor an der Universität Halle-Wittenberg

Dr. Markus Stoffels
Professor an der Universität Heidelberg

Dr. Michael Stürner, M. Jur.
Professor an der Universität Konstanz, Richter am Oberlandesgericht Karlsruhe

Dr. Felipe Temming, LL.M.
Professor an der Universität Hannover

Burkhard Thiele
Präsident des Oberlandesgerichts Rostock a. D., Präsident des Landesverfassungsgerichts Mecklenburg-Vorpommern a. D.

Dr. Christoph Thole
Professor an der Universität zu Köln

Dr. Karsten Thorn
Professor an der Bucerius Law School, Hamburg

Dr. Gregor Thüsing, LL.M.
Professor an der Universität Bonn

Dr. Madeleine Tolani, LL.M.
Professorin an der Hochschule Wismar

Dr. Barbara Veit
Professorin an der Universität Göttingen

Dr. Bea Verschraegen, LL.M., M.E.M.
Professorin an der Universität Wien, adjunct professor an der Universität Macao

Dr. Klaus Vieweg
Professor an der Universität Erlangen-Nürnberg

Dr. A. Olrik Vogel
Rechtsanwalt in München

Dr. Markus Voltz
Notar in Offenburg

Dr. Reinhard Voppel
Rechtsanwalt in Köln

Dr. Rolf Wagner
Professor an der Universität Potsdam, Ministerialrat im Bundesjustizministerium

Dr. Christoph Andreas Weber
Privatdozent an der Universität München

Dr. Johannes Weber, LL.M.
Notarassessor, Geschäftsführer des Deutschen Notarinstituts, Würzburg

Gerd Weinreich
Vorsitzender Richter am Oberlandesgericht Oldenburg a. D., Rechtsanwalt in Oldenburg

Dr. Matthias Wendland, LL.M.
Professor an der Universität Oldenburg

Dr. Domenik H. Wendt, LL.M.
Professor an der Frankfurt University of Applied Sciences

Dr. Olaf Werner
Professor an der Universität Jena, Richter am Thüringer Oberlandesgericht Jena a. D.

Dr. Denise Wiedemann, LL.M.
Wiss. Referentin am Max-Planck-Institut für ausländisches und internationales Privatrecht, Hamburg

Dr. Daniel Wiegand, LL.M.
Rechtsanwalt in München

Dr. Wolfgang Wiegand
Professor an der Universität Bern

Dr. Peter Winkler von Mohrenfels †
Professor an der Universität Rostock, Richter am Oberlandesgericht Rostock a. D.

Dr. Felix Wobst
Notar in Gerolzhofen

Heinz Wöstmann
Richter am Bundesgerichtshof, Karlsruhe

Dr. Luitpold Graf Wolffskeel von Reichenberg
Notar in Bamberg

Dr. Hans Wolfsteiner †
Notar a. D., Rechtsanwalt in München

Dagmar Zorn
Dipl.-Rechtspflegerin, Großbeeren

Redaktorinnen und Redaktoren

Dr. Christian Baldus

Dr. Dr. h. c. mult. Christian von Bar, FBA

Dr. Tobias Fröschle

Dr. Hans Christoph Grigoleit

Dr. Johannes Hager

Dr. Dr. h. c. mult. Dieter Henrich

Dr. Carsten Herresthal, LL.M.

Sebastian Herrler

Dr. Jürgen Kohler

Dr. Dr. h. c. Manfred Löwisch

Dr. Robert Magnus

Dr. Ulrich Magnus

Dr. Heinz-Peter Mansel

Dr. Peter O. Mülbert

Dr. Gerhard Otte

Dr. Thomas Raff

Dr. Peter Rawert, LL.M.

Dr. Volker Rieble

Dr. Christian Rolfs

Dr. Dr. h. c. Herbert Roth

Dr. Markus Stoffels

Dr. Barbara Veit

Dr. Wolfgang Wiegand

J. von Staudingers
Kommentar zum Bürgerlichen Gesetzbuch mit Einführungsgesetz und Nebengesetzen

Buch 3
Sachenrecht
§§ 889–902
(Publizität des Grundbuchs, Grundbuchberichtigung, Widerspruch, Ersitzung)

Neubearbeitung 2025
von
Christian Picker

Redaktor
Sebastian Herrler

ottoschmidt – De Gruyter · Berlin

Die Kommentatorinnen und Kommentatoren

Neubearbeitung 2025
CHRISTIAN PICKER

Neubearbeitung 2019
CHRISTIAN PICKER

Neubearbeitung 2013
KARL-HEINZ GURSKY

Neubearbeitung 2008
KARL-HEINZ GURSKY

Neubearbeitung 2002
KARL-HEINZ GURSKY

Dreizehnte Bearbeitung 1996
KARL-HEINZ GURSKY

12. Auflage
KARL-HEINZ GURSKY (§§ 883–888: 1987; §§ 889–902: 1985)

11. Auflage
Rechtsanwalt GÜNTHER SEUFERT (1956)

Sachregister

Dr. ANDREAS PICHLMEIER, Lappersdorf

Zitierweise

STAUDINGER/PICKER (2025) § 889 Rn 1

Zitiert wird nach Paragraph bzw Artikel und Randnummer.

Hinweise

Der **Staudinger ist online auf juris** abrufbar. Nähere Angaben dazu finden Sie auf www.staudinger-bgb.de.

Der **Stand der Bearbeitung** ist Januar 2025.

Am Ende eines jeden Bandes befindet sich eine Übersicht über den aktuellen Stand des Gesamtwerks STAUDINGER.

Die Deutsche Nationalbibliothek verzeichnet diese Publikation in der Deutschen Nationalbibliografie; detaillierte bibliografische Daten sind im Internet über http://dnb.dnb.de abrufbar.

ISBN 978-3-8059-1392-8

Satz: jürgen ullrich typosatz, Nördlingen.

Umschlaggestaltung: Bib Wies, München.

♾ Gedruckt auf säurefreiem Papier, das die DIN ISO 9706 über Haltbarkeit erfüllt.

Fragen zur allgemeinen Produktsicherheit: productsafety@degruyterbrill.com

Inhaltsübersicht

Seite*

Allgemeines Schrifttum ____ IX

Buch 3 · Sachenrecht
Abschnitt 2 · Allgemeine Vorschriften über Rechte an Grundstücken
§§ 889–902 ____ 1

Sachregister ____ 461

* Zitiert wird nicht nach Seiten, sondern nach Paragraph bzw Artikel und Randnummer; siehe dazu auch „Zitierweise“.

Allgemeines Schrifttum

Das Sonderschrifttum ist zu Beginn der einzelnen Kommentierungen bzw in Fußnoten innerhalb der Kommentierung aufgeführt.

ACHILLES/GREIF/Bearbeiter, BGB (21. Aufl 1958)

Alternativkommentar zum Bürgerlichen Gesetzbuch, Band 4, Sachenrecht (1983) (zit: AK-BGB/Bearbeiter)

ANDERS/GEHLE, Zivilprozessordnung (82. Aufl 2024)

Anwaltkommentar zum BGB, Bd. 3: Sachenrecht (2016) (zit: AnwK-BGB/Bearbeiter)

BAMBERGER/ROTH/HAU/POSECK/Bearbeiter, Kommentar zum BGB (3 Bde, 5. Aufl 2023)

BAUER/SCHAUB/Bearbeiter, Grundbuchordnung (5. Aufl 2023) (zuvor BAUER/vOEFELE/Bearbeiter, Grundbuchordnung)

HOPT, Handelsgesetzbuch mit Nebengesetzen (43. Aufl 2024)

BAUMGÄRTEL/LAUMEN/PRÜTTING/Bearbeiter, Handbuch der Beweislast im Privatrecht, Band 3: BGB-Sachenrecht (5. Aufl 2023)

BAUR/STÜRNER, Lehrbuch des Sachenrechts, begründet von F BAUR, fortgeführt von J F BAURund R STÜRNER (18. Aufl 2009)

BÄRMANN, WEG (15. Aufl 2023)

BeckOGK/Bearbeiter, beck-online. Grosskommentar zum Zivilrecht, herausgegeben von GSELL/KRÜGER/LORENZ/REYMANN

BeckOK-BGB/Bearbeiter, Beck'scher Online-Kommentar zum BGB, herausgegeben von BAMBERGER/ROTH/HAU/POSECK

BGB-RGRK/Bearbeiter, Das Bürgerliche Gesetzbuch, Band III (12. Aufl 1975 ff)

BIERMANN, Kommentar zum BGB und zu seinen Nebengesetzen, Band III, Das Sachenrecht des BGB (3. Aufl 1914)

BERGER, Sachenrecht (4. Aufl 2022)

Bülow, Recht der Kreditsicherheiten (10. Aufl 2021)

COSACK/MITTEIS, Lehrbuch des Bürgerlichen Rechts, Band 2 (8. Aufl 1927)

CROME, System des Bürgerlichen Rechts, Band III, Rechte an Sachen und Rechten (1905)

DEMHARTER, Grundbuchordnung (33. Aufl 2023)

DERNBURG, Das Sachenrecht des Deutschen Reichs und Preußens (4. Aufl 1908)

ECKERT, Sachenrecht (4. Aufl 2005)

EICHLER, Institutionen des Sachenrechts, Band I, Allgemeiner Teil: Grundlagen des Sachenrechts (1954); Band II 1, Eigentum und Besitz (1957); Band II 2, Besonderer Teil: Die dinglichen Rechte (1960)

ENDEMANN, Lehrbuch des Bürgerlichen Rechts, Band II (9. Aufl 1905)

ERMAN/Bearbeiter, Handkommentar zum Bürgerlichen Gesetzbuch, 3 Bände (17. Aufl 2023)

GERHARDT, Immobiliarsachenrecht, Grundeigentum und Grundpfandrechte (5. Aufl 2001) (zit: GERHARDT II)

ders, Mobiliarsachenrecht, Besitz – Eigentum – Pfandrecht (5. Aufl 2000) (zit: GERHARDT I)

J vGIERKE, Das Sachenrecht des Bürgerlichen Rechts (4. Aufl 1959)

O vGIERKE, Deutsches Privatrecht, Band II (1905)

GOLDMANN/LILIENTHAL, Das Bürgerliche Gesetzbuch, Band II (2. Aufl 1912 unter Mitwirkung von L STERNBERG)

GOTTWALD, BGB/Sachenrecht (17. Aufl 2021)

GRUNEWALD/RIESENHUBER, Bürgerliches Recht (10. Aufl 2023)

GRÜNEBERG/Bearbeiter, Bürgerliches Gesetzbuch (84. Aufl 2025) (zuvor PALANDT/Bearbeiter, Bürgerliches Gesetzbuch)

GRZIWOTZ, Praxishandbuch Grundbuch- und Grundstücksrecht (1999)

GURSKY, Klausurenkurs im Sachenrecht, Fälle und Lösungen nach höchstrichterlichen Entscheidungen (12. Aufl 2008)

ders, 20 Probleme aus dem Sachenrecht (8. Aufl 2014)

Habersack, Examens-Repetitorium Sachenrecht (10. Aufl 2024)
Hk-BGB/Bearbeiter, Handkommentar zum BGB (12. Aufl 2024)
Harms, Sachenrecht (4. Aufl 1983)
Heck, Grundriß des Sachenrechts (1930)
Hedemann, Sachenrecht des Bürgerlichen Gesetzbuches (3. Aufl 1960)
Ingenstau/Hustedt, Gesetz über das Erbbaurecht (12. Aufl 2022) (zuvor Ingenstau/Ingenstau/Hustedt, Gesetz über das Erbbaurecht)
Jäckel/Güthe, Kommentar zum Zwangsversteigerungsgesetz (7. Aufl 1937)
Jaeger, Kommentar zur Konkursordnung (8. Aufl 1958; 9. Aufl, bearbeitet von Henckel 1977 ff)
Jauernig/Bearbeiter, Bürgerliches Gesetzbuch (19. Aufl 2023)
jurisPK/Bearbeiter, juris Praxiskommentar BGB, Band 3 Sachenrecht (10. Aufl 2023)
Kohler, Lehrbuch des Bürgerlichen Rechts, Band II 2 (1919)
Korinthenberg/Wenz, Zwangsversteigerungsgesetz (6. Aufl 1935)
Kretzschmar, Sachenrecht des BGB (1906)
Kuntze/Ertl/Herrmann/Eickmann, Grundbuchrecht (6. Aufl 2006) (zit: Kehe/Bearbeiter)
Keller/Munzig, Grundbuchrecht (9. Aufl 2023) (zit: Keller/Munzig/Bearbeiter)
Lambert-Lang/Tropf/Frenz, Handbuch der Grundstückspraxis (2. Aufl 2005)
Lange, Sachenrecht des BGB (1967)
Lange/Schiemann, Fälle zum Sachenrecht (6. Aufl 2008)
Maenner, Sachenrecht (2. Aufl 1906)
Matthiass, Lehrbuch des Bürgerlichen Rechts (6. Aufl 1914)
Medicus/Petersen, Bürgerliches Recht (29. Aufl 2023)
Meikel/Bearbeiter, Grundbuchordnung (12. Aufl 2021) (bis 6. Aufl noch Meikel/Imhof/Bearbeiter)
Meikel/Bearbeiter, Grundbuchverfügung (11. Aufl 2019)
K Müller, Sachenrecht (4. Aufl 1997)
Münchener Kommentar zum Bürgerlichen Gesetzbuch, Band 8: Sachenrecht (9. Aufl 2023) (zit: MünchKomm/Bearbeiter)
Münchener Kommentar zur Zivilprozessordnung, Bd. 1–3 (6. Aufl) (zit: MünchKommZPO/Bearbeiter)
Neuner, Sachenrecht (Examinatorium) (7. Aufl 2024)
Nikisch, Bodenrecht (1949)
NomosKommentar-BGB/Bearbeiter, Band 3, Sachenrecht (5. Aufl 2022) (zit: NK-BGB/Bearbeiter)
Winkler/Schlögel, Handbuch des Erbbaurechts (7. Aufl 2021)
Planck/Bearbeiter, Kommentar zum BGB, Band III/1 (5. Aufl 1933), Band III/2 (5. Aufl 1938)
Prütting, Sachenrecht (38. Aufl 2024)
Prütting/Wegen/Weinreich, BGB-Kommentar (19. Aufl 2024) (zit: PWW/Bearbeiter)
Reinicke/Tiedtke, Kreditsicherung (5. Aufl 2006)
Stürner, Kreditsicherungsrecht (4. Aufl 2024)
Rosenberg, Sachenrecht (nur §§ 854–902) (1919)
Schapp/Schur, Sachenrecht (4. Aufl 2010)
Schlegelberger/Vogels/Bearbeiter, Erläuterungswerk zum BGB und zum neuen Volksrecht (Band 3), bearbeitet von Hesse, Pritsch, vSpreckelsen (1939)
Schöner/Stöber, Grundbuchrecht (16. Aufl 2020)
Schreiber, Sachenrecht (8. Aufl 2022)
Schreiber/Ruge/Bearbeiter, Handbuch Immobilienrecht (4. Aufl 2020)
Serick, Eigentumsvorbehalt und Sicherungsübereignung, Band I: Der einfache Eigentumsvorbehalt (1963); Band II: Die einfache Sicherungsübertragung – 1. Teil (1965); Band III: Die einfache Sicherungsübertragung – 2. Teil (1970); Band IV: Verlängerungs- und Erweiterungsformen des Eigentumsvorbehalts und der Sicherungsübereignung – 1. Teil (1976); Band V: Verlängerungs- und Erweiterungsformen des Eigentumsvorbehalts und der Sicherungsübertragung – 2. und 3. Teil (1982); Band VI: Sonstiges – Insolvenzrecht (Vergleich, Insolvenzrechtsreform) (1987) (zit: Serick I–VI)
Soergel/Bearbeiter, Das Bürgerliche Gesetzbuch, Band 22: Sachenrecht I (§§ 854–984 BGB) (14. Aufl 2023); Band 15/1: Sachenrecht II/1

(§§ 985–1017 BGB, ErbbauVO) (13. Aufl 2007); Band 24: Sachenrecht III (§§ 1018–1296) (14. Aufl 2023)
STEIN/JONAS/Bearbeiter, Kommentar zur ZPO (21. Aufl 1993 ff; 23. Aufl 2014 ff)
STEINER/Bearbeiter, Zwangsversteigerung und Zwangsverwaltung (9. Aufl 1984 ff)
STÖBER, Zwangsversteigerungsgesetz (23. Aufl 2022)
STOLL, Grundriss des Sachenrechts (1983)
StudK/Bearbeiter, Studienkommentar zum BGB (18. Aufl 2022)
TIEDTKE, Gutgläubiger Erwerb im Bürgerlichen Recht, im Handels- und Wertpapierrecht (1985)
vTUHR, Der Allgemeine Teil des Bürgerlichen Rechts, Band I (1910); Band II/1 (1914); Band II/2 (1918)
UHLENBRUCK/Bearbeiter, InsO, Band 1 (15. Aufl 2019)
VIEWEG/LORZ, Sachenrecht (9. Aufl 2022)
HJ WEBER, Kreditsicherungsrecht (10. Aufl 2018)
H WESTERMANN, Lehrbuch des Sachenrechts (5. Aufl 1966; Nachtrag 1973)
H WESTERMANN/Bearbeiter, Sachenrecht, 8. Aufl bearb v H P WESTERMANN, GURSKY und EICKMANN (2011)
WESTERMANN/STAUDINGER, BGB-Sachenrecht (14. Aufl 2024)
WIEACKER, Bodenrecht (1938)
WIELING/FINKENAUER, Sachenrecht (6. Aufl 2020)
WILHELM, Sachenrecht (7. Aufl 2021)
WINDSCHEID/KIPP, Lehrbuch des Pandektenrechts unter vergleichender Darstellung des Bürgerlichen Rechts, Band I (9. Aufl 1906)
M WOLF, Sachenrecht (23. Aufl 2007)
WELLENHOFER, Sachenrecht (38. Aufl 2023).

§ 889
Ausschluss der Konsolidation bei dinglichen Rechten

Ein Recht an einem fremden Grundstück erlischt nicht dadurch, dass der Eigentümer des Grundstücks das Recht oder der Berechtigte das Eigentum an dem Grundstück erwirbt.

Materialien: VE SR I §§ 230 Abs 4, 252, 363, 415; E I § 835; II § 807, rev § 874; III § 873; Mot III 201 ff; Prot III 73; Jakobs/Schubert, SR I 357.

Schrifttum

Bosack, Konfusion, JA 2009, 596
Büringer, Bestellung dinglicher Rechte für den Eigentümer, NotBZ 2012, 121
K Burchard, Rechte an eigenen Sachen (Diss Heidelberg 1911)
Dümchen, Schuld und Haftung, insbesondere bei den Grundpfandrechten. Die Reallasten, JherJb 54 (1909) 462
Güthe, Die wirtschaftlichen und rechtlichen Grundlagen des modernen Hypothekenrechts (1914) 89
Herzog, Die Eigentümerrechte an beweglichen Sachen (Diss Würzburg 2004)
Hirschfeld, Beiträge zum Pfandrecht am eigenen Grundstück (1914) 35 ff, 42 ff
Huber, Die Eigentümergrunddienstbarkeit, in: FS Fitting (1902)
Jacubezky, Bemerkungen zu dem Entwurf eines BGB (1892) 212
M Junker, Die Eigentümergrunddienstbarkeit (Diss Greifswald 1907)
Knöchlein, Das Recht an eigener Sache (1991)
Ludwig, Die gutgläubig erworbene Vormerkung und der anschließende Erwerb des vorgemerkten Rechts. Zugleich zur Anwendung des § 889 BGB auf die Vormerkung, DNotZ 1987, 403
Reiff, Wohnungsrecht neben Eigentümer-Mitbenutzungsrecht, Rpfleger 1992, 150
Schmidt-Rimpler, Die Eigentümergrunddienstbarkeit, zugleich ein Beitrag zur Lehre von der Konfusion dinglicher Rechte (1911).
Rechtsvergleichend: Fabricius, Konfusion, in: RvglHdWB V 66 ff.

I. Allgemeines (Zweck der Vorschrift)

1 Nach gemeinem Recht musste ein beschränktes dingliches Recht erlöschen, wenn der Eigentümer der belasteten Sache es erwarb oder umgekehrt der Inhaber des beschränkten dinglichen Rechts zusätzlich noch das Eigentum an der betreffenden Sache erlangte (vgl Windscheid/Kipp §§ 215 Nr 3, 222, 223, 248 Nr 4). Diese sog **Konsolidation**, also das Erlöschen des beschränkten dinglichen Rechts durch Vereinigung mit dem Eigentum, war dort Konsequenz der Regel nulli res sua servit (vgl D 8, 2, 26) und der Auffassung der beschränkten dinglichen Rechte als iura in re aliena; dennoch ließ man zur Vermeidung grob unbilliger Ergebnisse bestimmte Ausnahmen zu (vgl Windscheid/Kipp § 248, 4 mwNw; ferner Wolff/Raiser § 143 I).

2 Da die Verfasser des BGB nach dem Vorbild der partikularrechtlichen Hypothekengesetze des 19. Jahrhunderts (vgl dazu Wolff/Raiser § 143 III; Mot III 201; Fuchs vor § 889 Anm 1) die Rechtsfigur der Eigentümergrundpfandrechte einführten, also ohnehin beschränkte dingliche Rechte an eigener Sache zuließen, bestand für sie jedoch

keine Notwendigkeit, an dem Prinzip der Konsolidation festzuhalten: Im Bereich des Mobiliarsachenrechts ist das Erlöschen des beschränkten dinglichen Rechts nur die regelmäßige, aber nicht die ausnahmslose Folge seiner Vereinigung mit dem Eigentum (§§ 1063, 1256 BGB). Und für den Bereich des Immobiliarsachenrechts schließt § 889 BGB die Konsolidationswirkung, also den Untergang von Grundstücksrechten durch Vereinigung mit dem Eigentum, generell aus.

3 Die praktischen Vorzüge dieser Vorschrift sind einleuchtend: Der Fortbestand des beschränkten dinglichen Rechts in der Hand des Eigentümers (also als sog „Eigenrecht" oder Eigentümerrecht) sichert dem Eigentümer die Rangstelle, verhindert also, dass die nachfolgenden Berechtigten im Rang aufrücken, was häufig nicht angemessen wäre. Bei einem Erlöschen durch Konsolidation würde häufig ohnehin eine Neubestellung des konfundierten Rechts erforderlich werden; so etwa bei einer Grunddienstbarkeit, wenn der Eigentümer des herrschenden Grundstücks das dienende erwirbt, um es anschließend weiterzuveräußern, die Dienstbarkeit aber behalten möchte. Der Ausschluss der Konsolidationswirkung erspart hier also unnötige Kosten. Sofern das beschränkte dingliche Recht, das mit dem Eigentum in einer Person zusammentrifft, wiederum mit dem Pfandrecht oder Nießbrauch eines Dritten belastet war, verhindert § 889 BGB darüber hinaus auf einfachste Weise eine Beeinträchtigung der Rechtsposition dieses Dritten.

II. Anwendungsgebiet

4 Der in § 889 BGB ausgesprochene Grundsatz gilt für **alle beschränkten dinglichen Rechte an Grundstücken**, nicht etwa nur für die Grundpfandrechte, sondern auch für die Dienstbarkeiten aller Art einschließlich des Wohnungsrechts (BGH 2. 3. 2023 – V ZB 64/21, NZI 2023, 413, 414; OLG München Rpfleger 2011, 153, 154), das dingliche Vorkaufsrecht (BayObLG MittBayNot 1983, 229), die Reallast und das Erbbaurecht (OLG Köln 11. 4. 2019 – 2 Wx 69/19, MittBayNot 2020, 254 Rn 19 [zur Reallast];Winkler/Schlögel, Handbuch des Erbbaurechts[7] § 3 Rn 9; Albrecht MittBayNot 1993, 217; Erman/Artz[17] § 889 Rn 2); ein Eigentümer-Erbbaurecht entsteht nach § 889 BGB insbesondere im Falle der Ausübung des Heimfallrechts (§§ 2 Nr 4, 32 ErbbauRG). Er gilt ferner, wenn im Beitrittsgebiet der Grundstückseigentümer das selbständige Gebäudeeigentum oder umgekehrt der Gebäudeeigentümer das Grundstück hinzuerwirbt (LG Neubrandenburg MDR 1994, 1211; Hügel MittBayNot 1993, 196; Albrecht MittBayNot 1993, 217 f; Demharter[33] § 150 Rn 13; **aM** LG Schwerin DNotZ 1993, 512 m abl Anm Fassbender). Der Eigentümer kann allerdings in diesem Falle Grundstück und Gebäudeeigentum nur noch zusammen veräußern und belasten, und er ist zudem verpflichtet, durch Aufgabe des Gläubigereigentums die Konsolidation herbeizuführen, sobald dieses unbelastet bzw nur mit Eigentümerrechten belastet ist; § 78 SachenRBerG.

5 Die Lösung des § 889 BGB ist sicherlich mitmotiviert durch die Einrichtung des Grundbuches (vgl Mot III 202; Predari 30; Endemann II 1 § 9 Fn 7). Die Norm gilt jedoch ihrer klaren Fassung nach **auch für nicht eingetragene Rechte**, also etwa für zu Unrecht gelöschte oder nach Maßgabe der §§ 1075, 1287 BGB ohne Grundbucheintrag entstandene Rechte, ja sogar für die überhaupt nicht eintragungsfähigen Notweg- und Überbaurenten (heute ganz allgM, vgl BGB-RGRK/Augustin § 889 Rn 3; MünchKommBGB/Lettmaier[9] § 889 Rn 3; Erman/Artz[17] § 889 Rn 2; Wolff/Raiser § 39 VII; H Westermann/Eickmann[8] § 87, 2; abw früher RGZ 47, 209) und die servitutsähnlichen Nut-

zungsbefugnisse aus § 912 Abs 1 BGB und § 917 BGB. Die Norm findet grundsätzlich auch bei *vor 1900 entstandenen Rechten* Anwendung. Zu beachten ist jedoch, dass sich das Erlöschen von Rechten, die zur Zeit der Anlegung des Grundbuchs bereits bestanden, bis zu ihrer Eintragung gem Art 189 Abs 3 EGBGB weiterhin nach der Rechtslage vor Inkrafttreten des BGB richtet; das gilt insbesondere auch für die nicht eingetragenen altrechtlichen Grunddienstbarkeiten des Art 187 EGBGB, auf die mithin § 889 BGB keine Anwendung findet (so RG Gruchot 60 [1916] 677 = JW 1916, 121 m Anm Heymann; Rosenberg § 889 Anm I 3; Planck/Strecker § 889 Anm 4; Predari 31; **aM** Turnau/Förster § 889 Anm II 4; Kretzschmar § 889 Anm 6; Biermann § 889 Anm 1; Oberneck I 344). Solche nicht eingetragenen altrechtlichen Dienstbarkeiten erlöschen also im früheren Geltungsbereich des Gemeinen Rechts bei ihrer Vereinigung mit dem Eigentum (RG Gruchot 60 [1916] 677 = JW 1916, 121); ebenso grundsätzlich nach preußischem Recht (ALR I 21 § 184, I 22 § 52); uU lebt die Grunddienstbarkeit aber wieder auf, wenn das Eigentum am herrschenden und am dienenden Grundstück später wieder auseinanderfallen (ALR I 22 § 55; dazu Förster/Eccius § 184, 4; Striethorst 89, 29; für Wegegerechtigkeiten nach preußischem Recht OLG Hamm DRiZ 1928, RsprBeil Nr 381). Wegen der nach französischem Recht begründeten Dienstbarkeiten vgl OLG Köln OLGZ 1965, 163. Für Bayern wegen der altrechtlichen Grunddienstbarkeiten Art 14 BayÜG; wegen des Erlöschens uneingetragener bayrischer Forstrechte vgl Krüger BayZ 1913, 449; wegen altrechtlicher bayrischer Kellerrechte vgl Herzog 70 f.

§ 889 BGB bezieht sich nur auf *Rechte an Grundstücken.* Diesen sind hier wie auch sonst die eigentumsähnlichen Immobiliarsachenrechte (grundstücksgleichen Rechte) wie das **Erbbaurecht** (vgl § 11 Abs 1 ErbbauRG) und das Bergwerkseigentum (§ 9 Abs 1 BBergG) gleichgestellt. Für *Rechte an Grundstücksrechten* gilt die Vorschrift dagegen nicht. Ein **Pfandrecht** oder **Nießbrauch** an einem Liegenschaftsrecht erlischt vielmehr grundsätzlich nach §§ 1273, 1256 BGB bzw §§ 1072, 1063 BGB, wenn es bzw er mit dem letzteren in einer Person zusammentrifft; die Konsolidationswirkung tritt jedoch nicht ein, wenn der Rechtsinhaber ein rechtliches Interesse am Fortbestand des Nießbrauchs oder Pfandrechts hat oder wenn die pfandgesicherte Forderung mit dem Recht eines Dritten belastet ist. Mit dem *Tod* des Nießbrauchers erlischt der Nießbrauch gem § 1061 S 1 BGB, sodass der Eigentümer des Nießbrauchsgrundstücks das bereits erloschene Recht nicht mehr als Rechtsnachfolger erwerben kann (BGH 18. 12. 2015 – V ZR 269/14, NJW 2016, 1953; **aA** noch die Vorinstanz OLG Bremen 19. 11. 2014 – 1 U 15/14, ErbR 2015, 212, 214 f: „Heimfall" des Nießbrauchs auf den Eigentümer nach dem „Rechtsgedanken" des § 889). Wenn das Recht an einem Grundstücksrecht dagegen mit dem Eigentum an dem belasteten Grundstück zusammen trifft, ist ohnehin kein Konsolidationsfall gegeben. Ebenso wenig gilt § 889 BGB für persönliche Ansprüche, die durch eine **Vormerkung** gesichert sind (Rosenberg § 889 Anm I 1 und § 883 Anm V 2 d η mwNw; BGB-RGRK/Augustin § 883 Rn 12; Grüneberg/Herrler[84] § 889 Rn 1; NK-BGB/Krause[5] § 889 Rn 3; BeckOGK/Assmann [1. 8. 2024] § 889 Rn 13; AK-BGB/B vSchweinitz § 883 Rn 18; Endemann II 1, 43; Oberneck Gruchot 47 [1903] 323, 324; Heymann JW 1916, 121; Biermann, Widerspruch und Vormerkung [1901] 180; Reichel JherJb 46 [1904] 104; Assmann, Die Vormerkung [1998] 381 f; **aM** Fuchs § 889 Anm 2; ders LZ 1914, 3 ff; Otimer, Die rechtliche Wirkung der Vormerkung nach dem neuen Reichsrecht [1904] 94 ff; Wieling JR 2001, 148, 150 Fn 13). Fallen Gläubiger- und Schuldnerstellung nämlich in einer Person zusammen, dann erlischt die Forderung durch Konfusion und damit infolge ihrer Akzessorietät notwendigerweise auch die Vormerkung (BGH 30. 4. 1980 – V ZR 56/79, NJW 1981, 447 mwNw; vgl auch OLG Stuttgart 18. 6. 2018 – 8 W 158/18, DNotZ 2018, 925, 926 [zur bereits 6 anfänglich bestehenden Identität]; ROSENBERG § 889 Anm I 1 und § 883 Anm V 2 d η; STAUDINGER/ERTL[12] Vorbem 34 zu §§ 873 ff; AK-BGB/B vSCHWEINITZ § 889 Rn 3; WIELING/FINKENAUER, SR[6] § 22 Rn 5; WELLENHOFER[38] § 18 Rn 8; stark einschränkend aber WACKE NJW 1981, 1577; ASSMANN, Die Vormerkung 380 f; BeckOGK/ASSMANN [1. 8. 2024] § 889 Rn 13; MünchKommBGB/LETTMAIER[9] § 889 Rn 4; vgl hierzu ausführlicher STAUDINGER/KESSELER [2020] § 886 Rn 35 ff). Überträgt der Schuldner das Eigentum an dem von der Vormerkung betroffenen Grundstück bzw das von der Vormerkung betroffene Grundstücksrecht allerdings weiter und vereinigt sich anschließend die Rechtsposition des vormerkungswidrig eingetragenen Erwerbers durch Erbgang oder Einzelrechtsnachfolge mit der Gläubigerstellung des vormerkungsgesicherten Anspruchs, dann kann ein Bestehenbleiben der Vormerkung trotz der eingetretenen Konsolidation und der Unanwendbarkeit von § 889 BGB notwendig sein. Nämlich dann, wenn noch weitere vormerkungswidrige Rechtsänderungen eingetreten sind, also etwa, wenn das geschuldete Grundstück vor der Weiterveräußerung an den Dritten auch noch mit einem Grundpfandrecht belastet worden ist (so mit Recht ROSENBERG § 883 Anm V 2 d ζ S 332; KRETZSCHMAR § 886 Anm 3; NK-BGB/KRAUSE[5] § 889 Rn 3 aE). Beispiel: V verkauft K sein Grundstück und bestellt ihm eine Auflassungsvormerkung, anschließend bestellt er dem G eine Grundschuld und übereignet das Grundstück dann an D; D beerbt nun K. Die Fortexistenz der Vormerkung ergibt sich hier zwingend aus der Natur der Sache, weil nur dadurch der von § 883 Abs 2 BGB intendierte Schutz erreicht werden kann (zust HERZOG 46). Der Wegfall des Übereignungsanspruchs durch Konfusion ist hier belanglos, weil die Vormerkung ja nur noch den Resterfüllungsanspruch auf Beseitigung der vormerkungswidrigen Belastung sichern kann und dieser Teil der Sicherungswirkung der Vormerkung ja auch die Erfüllung des Übereignungsanspruchs überlebt.

7 Aus welchem *Grunde* die Vereinigung des beschränkten dinglichen Rechtes mit dem Grundstückseigentum eintritt, ist für die Anwendung des § 889 BGB gleichgültig.

III. Die Rechtsfolgen der Vereinigung

8 Nach § 889 BGB bleibt ein beschränktes dingliches Recht an einem Grundstück, wenn es mit dem Grundstückseigentum in einer Person zusammentrifft, bestehen. Die Frage, wie ein solches Recht an der eigenen Sache juristisch zu konstruieren ist, ist seit jeher umstritten, aber nur von theoretischer Bedeutung (PLANCK/STRECKER § 889 Anm 2). Die Verfasser des BGB haben insoweit jede Stellungnahme vermieden und die Entscheidung der Wissenschaft überlassen (Mot III 205). Über die verschiedenen Meinungen vgl insbes DERNBURG Pand I § 292; HARTMANN JherJb 17 (1879) 100 ff; DÜMCHEN JherJb 54 (1909) 462 ff; DELBRÜCK ArchBürgR 39, 406, 417 ff; OBERNECK Gruchot 47 (1903) 312 ff; ders, Reichsgrundbuchrecht I 343 ff. Ein Teil des Schrifttums sah in der Regelung des § 889 BGB eine bloße Fiktion des Fortbestandes (zB FUCHS § 889 Anm 5). Diese Ansicht beruhte auf der unzutreffenden Deutung des beschränkten dinglichen Rechts als eines gegen den Eigentümer gerichteten Rechtes und auf der Grundthese der sog obligatorischen Konfusionstheorie, dass niemand ein Recht gegen sich selbst haben könne. Andere Stimmen nahmen an, dass das konfundierte beschränkte dingliche Recht in der Hand des Eigentümers ruhe und erst bei der Lösung der Vereinigung automatisch wiederauflebe (so zB JAKUBEZKY 212; PREDARI 31; CROME § 388, 5b; auch RGZ 47, 202, 209). Von dieser Konzeption aus wird aber die unbezweifelbare Weiterwirkung des konfundierten begrenzten Rechts gegenüber gleich- und nachrangigen Belastungen oder im Falle eigener Belastung nicht recht

verständlich. Zwangloser erscheint es deshalb, § 889 BGB wörtlich zu verstehen und von einem wirklichen Fortbestand des konfundierten Rechts gleichsam in Personalunion mit dem Eigentum auszugehen (Planck/Strecker § 889 Anm 2; Rosenberg § 889 Anm II 3). Die rechtsvernichtende oder doch -lähmende Wirkung der Konfusion ist nämlich, wie schon Delbrück (ArchBürgR 39, 406, 419) und Schmidt-Rimpler (57 ff, 110 ff) gezeigt haben, durchaus keine logische Notwendigkeit. Das Wesen der Sachenrechte liegt in der Zuweisung von Herrschaftsbefugnissen; und spätestens seit Theodor Kipps Entdeckung der sog Doppelwirkungen im Recht (in: FS Martitz [1911] 211 ff) dürfte kein Zweifel mehr daran bestehen, dass eine rechtliche Befugnis auch zwei Rechtsgründe haben kann.

Der Fortbestand des mit dem Eigentum zusammengefallenen beschränkten Grundstücksrechts impliziert, dass dieses Recht seinen *bisherigen Inhalt* behält, also die gleichen Befugnisse wie vor der Vereinigung verleiht (OLG München Rpfleger 2011, 153, 154). Der Eigentümer kann somit als Inhaber des betreffenden Rechts über dieses zugunsten eines anderen verfügen oder das Recht löschen lassen (§§ 875, 876 BGB). Er kann sich gegen Beeinträchtigungen des Eigenrechts mit den normalen Abwehransprüchen wehren (§§ 1027, 1065, 1090 Abs 2 BGB). Vollstreckungstitel des Vorgängers bleiben bestehen und können auf den Eigentümer als Rechtsnachfolger gem § 727 ZPO umgeschrieben werden (OLG Bremen 19. 11. 2014 – 1 U 15/14, ErbR 2015, 212, 213 f). Weiter kann der Eigentümer das Recht in einer von anderen betriebenen Zwangsversteigerung oder Zwangsverwaltung des Grundstücks wie jeder andere Berechtigte geltend machen. In letzterer Hinsicht gibt es allerdings einige Ausnahmen: Der Eigentümer kann als Gläubiger einer Eigentümergrundschuld nach § 1197 Abs 2 BGB Zinsen nur für die Dauer einer von Dritten betriebenen Zwangsverwaltung, nicht aber auch im Falle der Zwangsversteigerung verlangen. Und hinsichtlich der Rückstände von Zinsen und anderen Nebenleistungen und Kosten eines Grundpfandrechts sowie bezüglich der rückständigen Leistungen bei der Reallast und der Überbau- bzw Notwegrente ist der Grundsatz des § 889 BGB überhaupt außer Kraft gesetzt; nach § 1178 Abs 1 S 1 BGB (iVm §§ 1192, 1200, 1107, 914 Abs 3, 917 Abs 2 BGB) erlöschen nämlich die betreffenden dinglichen Rechte insoweit, wenn sie sich mit dem Eigentum in einer Person vereinigen. Der Eigentümergrundpfandgläubiger ist nach § 1197 Abs 1 BGB ferner nicht befugt, selbst die Zwangsvollstreckung zum Zwecke seiner Befriedigung zu betreiben. Alle diese Einschränkungen bestehen aber naturgemäß nur für die Dauer der Vereinigung; sie entfallen also automatisch (ex nunc), wenn die Verbindung durch eine isolierte Übertragung entweder nur des Eigentums oder nur des darauf lastenden Eigenrechts gelöscht wird (vTuhr II 1, 81 f). Das konfundierte Recht besteht als ein gegenüber dem Eigentum selbständiges Recht weiter. Es ist also ein *eigenes Verfügungs- und Vollstreckungsobjekt*; bei einer Übertragung des Eigentums geht es mithin nicht automatisch mit über (BGH 12. 12. 2008 – V ZR 49/08, NJW 2009, 847, 848; BayObLG MDR 1984, 145). Diese Eigenständigkeit wirkt sich auch im Falle der Insolvenz des Eigentümers aus, da das Recht selbstständig in die Insolvenzmasse fallen muss. Ist das Recht nicht übertragbar und damit nicht pfändbar (§§ 851 Abs 1, 857 Abs 1 ZPO), fällt es grundsätzlich auch nicht in die Insolvenzmasse (§§ 35 Abs 1, 36 Abs 1 S 1 InsO), so dass die Verfügungsbefugnis beim Schuldner verbleibt. Für das Eigentümerwohnungsrecht (bei bereits anfänglicher oder später eingetretener Personenidentität) hat der BGH entschieden, dass dieses entgegen § 1092 Abs 1 S 1 BGB iVm §§ 851 Abs 1, 857 Abs 1 ZPO pfändbar ist und daher nach §§ 35 Abs 1, 36 Abs 1 S 1 InsO in die Insolvenzmasse fallen kann, 9 da sich der Eigentümer so behandeln lassen muss, als habe er die Überlassung der Ausübung des Wohnungsrechts einem anderen gestattet (§ 857 Abs 3 ZPO, § 1092 Abs 1 S 2 BGB) (BGH 2. 3. 2023 – V ZB 64/21, NZI 2023, 413 Rn 17 m Anm NEUMANN; anders noch OLG München Rpfleger 2011, 153, 154). – Bei Grundpfandrechten sind die Löschungsansprüche aus §§ 1179a, 1179b BGB zu beachten (STAUDINGER/WOLFSTEINER [2019] § 1179a Rn 1 ff, § 1179b Rn 1 ff).

10 Ob die **Neubegründung** eines dinglichen Rechtes an der eigenen Sache durch den Eigentümer möglich ist, lässt § 889 BGB offen (KNÖCHLEIN 75; FÜLLER, Eigenständiges Sachenrecht [2006] 469). Die Existenz dieser Norm hat allerdings mit dazu beigetragen, dass die Bestellung nichtakzessorischer Eigentümerrechte heute weitestgehend zugelassen wird (vgl dazu ausführlich STAUDINGER/ERTL[12] Vorbem 33 ff zu §§ 873 ff; ferner STAUDINGER/J WEBER [2017] § 1018 Rn 48; STAUDINGER/C HEINZE [2021] § 1030 Rn 30 ff). Vgl auch § 1009 Abs 2 BGB (STAUDINGER/THOLE [2023] § 1009 Rn 1 ff). Der BGH hat sich bereits vor längerer Zeit zweimal für die Zulässigkeit von Eigentümerdienstbarkeiten ausgesprochen (BGHZ 41, 209, 210 f; NJW 1988, 2362, 2363). In einer neueren Entscheidung hat er sich nunmehr der ganz hM angeschlossen, dass auch ein Nießbrauch am eigenen Grundstück („Eigennießbrauch") bestellt werden kann und dass dafür kein besonderes berechtigtes Interesse des Grundstückseigentümers nachgewiesen werden muss (BGHZ 190, 267, 269 ff m umfangreichen Nw zum bisherigen Diskussionsstand in Rn 8 und 9; dazu Anm WELLENHOFER LMK 2011, 323691 und Anm KELLER ZfIR 2011, 875 ff; vgl ferner BÖHRINGER NotBZ 2012, 121 ff; bestätigt durch BGH 18. 12. 2015 – V ZR 269/14, NJW 2016, 1953). Die Neubegründung akzessorischer Eigentümerrechte ist hingegen nicht möglich, da es insoweit an einer Forderung fehlt; denn diese kann der Eigentümer nicht gegen sich selbst haben (zur Vormerkung zugunsten des Eigentümers: OLG Stuttgart 18. 6. 2018 – 8 W 158/18, DNotZ 2018, 925; GRÜNEBERG/HERRLER[84] § 889 Rn 1; **aA** MünchKommBGB/LETTMAIER[9] § 889 Rn 6).

§ 890
Vereinigung von Grundstücken; Zuschreibung

(1) Mehrere Grundstücke können dadurch zu einem Grundstück vereinigt werden, dass der Eigentümer sie als ein Grundstück in das Grundbuch eintragen lässt.

(2) Ein Grundstück kann dadurch zum Bestandteil eines anderen Grundstücks gemacht werden, dass der Eigentümer es diesem im Grundbuch zuschreiben lässt.

Materialien: E I § 787 Abs 2; II § 808, rev § 875; III § 874; Mot III 56 ff; Prot III 13, 327 ff, 550 ff; JAKOBS/SCHUBERT, SR I 359 f.

Schrifttum

BECK, Zur „verdeckten Nachverpfändung" von Grundstücken, NJW 1970, 1781
BENGEL/BAUER/WEIDLICH, Grundbuch, Grundstück, Grenze. Handbuch zur Grundbuchordnung unter Berücksichtigung katasterrechtlicher Fragen (5. Aufl 2000)
BLEUTGE, Rangvorbehalt und Bestandteilszuschreibung, Rpfleger 1974, 387

Böttcher, Die Besorgnis der Verwirrung bei Vereinigung und Bestandteilszuschreibung, BWNotZ 1986, 73
ders, Grundstücksteilung, Rpfleger 1989, 133
ders, Grundstücksverbindungen, RpflStud 1989, 1, 53
ders, Belastungen bei Vereinigung von Grundstücken und Verschmelzung von Flurstücken, RpflStud 2007, 113
ders, Vereinigung unterschiedlich belasteter Grundstücke, ZfJR 2010, 6
ders, Verbindung von Grundstücken unter Berücksichtigung des DaBaGG, ZNotP 2013, 367
Bonschab, Ist die Gutseinheit nach § 120 BayrHypG als Vereinigung der Grundstücke iS des § 890 Abs 1 BGB anzusehen?, SeuffBl 74 (1909) 270
Bünger, Zuschreibung eines Grundstücksmiteigentumsanteils als Bestandteil eines anderen Grundstücks, NJW 1964, 583
Cammerer, Zulässigkeit der Vereinigung und Zuschreibung eines Erbbaurechts mit einem Grundstück, BayNotZ 1922, 173
Corvey, Vereinigung von Grundstücken, Rpfleger 1959, 173
Dennler, Zum Begriff des „einheitlichen Grundstücks", SeuffBl 70 (1905) 225
ders, „Juristische Grundstücke", SeuffBl 66 (1901) 295
Drescher, Zum grundbuchamtlichen Vollzuge des Aufwertungsgesetzes, BayZ 1926, 117
Dümig, Die für das Grundbuchverfahren relevanten Änderungen des Baugesetzbuches zum 20. Juli 2004, Rpfleger 2004, 461
Eckert/Höfinghoff, Wegfall der Teilungsgenehmigung und notarielle Praxis, NotBZ 2004, 405
Fassbender/Dammertz, Zur Genehmigungsbedürftigkeit der Teilung eines landwirtschaftlichen Grundstücks, DNotZ 1967, 742
Gasser, Grundstücksteile, WürttZ 1920, 32
Götz, Bedarf der Antrag auf Vereinigung (§ 890 I BGB) und deren Aufhebung der Form des § 29 GBO?, MittBayNot 1928, 155
Grauel, Die Einbeziehung eines selbständigen Grundstücks in ein Erbbaurecht, ZNotP 1998, 71
Haegele, Rechtsfragen zur Veräußerung eines Grundstücksteils, Rpfleger 1973, 272
Hause, Die grundbuchliche Vereinigung zusammengehöriger Grundstücke nach der neueren Gesetzgebung, DWohnA 1938, 26
Herrler, Kein Erlöschen einer Grunddienstbarkeit mit Untergang des berechtigten Wohnungseigentums, DNotZ 2017, 726
Hettinger, Die Rechtslage der Grundstückslasten bei Grundstücksteilung (Diss Würzburg 1988)
Königsdörffer, Die Teilbarkeit der Grundstücke und die Hinzuschlagung in Sachsen seit dem 1. 1. 1900, SächsArch 13 (1903) 24 ff, 169 ff
Krauss, Grundstück und Gebäudeeigentum: Bestandteilszuschreibung und/oder Aufgabeerklärung?, NotBZ 1997, 60
Kriegel, Grundstücksteilungen und -vereinigungen (3. Aufl 1967)
Krienner DNotZ 1934 BayBeil 162
Löscher, Zuflurstücke, JurBüro 1960, 283
Lützeler, Vereinigung von Grundbuch-Grundstücken und Vereinigung von Kataster-Parzellen, RhNotZ 1932, 14, 112
Merkel/Corvey, Die Vereinigung von Grundstücken im Grundbuch, Rpfleger 1960, 391
Minning, Die Vermessung aus der Sicht des Notariats, MittRhNotK 1973, 671
Orth, Bedeutung, Voraussetzungen und Wirkungen von Vereinigung und Zuschreibung (§ 890 BGB) nach der neuen GBO, DGWR 1937, 373
Rendle/Schönsiegel, Hat die Zuschreibung erweiternde Auswirkungen auf die dingliche Zwangsvollstreckungsunterwerfung und die dingliche Zwangsvollstreckungsunterwerfungsklausel?, BWNotZ 1973, 30
Richter, Das materielle und formelle deutsche Grundbuchrecht in seiner Beziehung zum Liegenschaftskatasterdienst (1950) 68
Richter/Bengel/Simmerding, Grundbuch, Grundstücke, Grenze: Handkommentar zur Grundbuchordnung unter besonderer Beachtung katasterrechtlicher Fragen (3. Aufl 1989)
Ries, Vermessung, Vereinigung und Bestandteilszuschreibung von Grundstücken und Grundstücksteilen, DNotZ 1935, BayBeil 41
Riggers, Vereinigung von Wohnungseigentumsberechtigungen, JurBüro 1966, 95
Röll, Flurstücksverschmelzung und subjektive dingliche Rechte, MittBayNot 1960, 187

ders, Grundstücksteilungen, -vereinigungen und Bestandteilszuschreibungen im Anschluß an Vermessungen, DNotZ 1968, 523
ROELLENBLEG, Kann ein Zuflurstück einem anderen Zuflurstück als Bestandteil zugeschrieben werden?, DNotZ 1971, 286
G SCHÄFER, Die Vereinigung und Zuschreibung von Grundstücken nach § 890 BGB (Diss Marburg 1907)
B SCHMIDT, Zusammenführung von Grundstücks- und Gebäudeeigentum, VIZ 1995, 377
H SCHMITT, Die grundbuchmäßige Behandlung der Miteigentumsanteile, BayZ 1913, 117
ders, Vereinigung, Zuschreibung und Vermessung, BayNotZ 1914, 219
SCHNEIDER SeuffBl 76 (1911) 263
SCHULTE, Verbindung von Erbbaurechten und Grundstücken gem § 890 BGB, BWNotZ 1960, 137
SOMMER, Pfandunterstellung von Grundstücken, BayZ 1915, 179
SPYRIDAKIS, Zur Problematik der Sachbestandteile (1966)
STAUDENMAIER, Zuschreibung eines Miteigentumsanteils im Grundbuch?, NJW 1964, 2145
STÖBER, Was verwirrt bei Vereinigung?, MittBayNot 2001, 281
UNGEWITTER, Vereinigung von Grundstücken und Zuschreibung von Bestandteilen, JustizdienstRdsch 4 (1905) 374
WAGENER, Zur Auslegung des § 890, ElsLothrZ 39, 437
O WEBER, Das mißverstandene „Zuflurstück", DNotZ 1960, 229
J WEBER, Entwirrung der Verwirrung? – Vereinigung und Bestandsteilzuschreibung von unterschiedlich belasteten Grundstücken nach dem Gesetz zur Einführung des Datenbankgrundbuchs, MittBayNot 2014, 497
WENDT, Verwirrungsgefahr bei unterschiedlicher Belastung mit Grundpfandrechten, Rpfleger 1983, 192.

Systematische Übersicht

I. Allgemeines 1

II. Anwendungsbereich
1. Rechtlich selbständige Grundstücke 5
2. Einheitliche Eigentumslage 11
3. Miteigentumsanteile 16
4. Grundstücksgleiche Rechte 18
5. Wohnungseigentumsrechte 20

III. Gemeinsame Voraussetzungen 22
1. Antrag des Eigentümers 23
2. Eintragung als ein einheitliches Grundstück 29
3. Zustimmung Dritter 31
4. Fehlen entgegenstehender gesetzlicher Vorschriften 32

IV. Die Vereinigung (Abs 1) im Einzelnen
1. Rechtsfolgen 33
3. Art der Eintragung 36
4. Rechtsmittel 37
5. Wiederaufhebung 38

V. Die Zuschreibung (Abs 2) im Einzelnen
1. Voraussetzungen 39
2. Wirkungen 43
3. Sonstiges 49

VI. Teilung eines Grundstücks
1. Voraussetzungen 52
2. Wirkungen 58
3. Sonderfälle 59
4. Übergangsrecht 62

Alphabetische Übersicht

Abschreibung, lastenfreie 60
Antrag des Eigentümers 23 ff
Anwendungsbereich 5 ff
Art der Verbindung, Benennung der 27
Bahneinheit 3
Bergwerkseigentum 18, 19
Beschwerde 48
Besorgnis der Verwirrung 14

Bestehende Belastungen, Auswirkungen auf 33
Buchungsfreie Grundstücke 9

Dienstbarkeiten 14 f, 31, 33 f, 45, 58

Eigentumsverlust nach Verbindungsantrag 11
Eigentumswohnungen 20
Einheitliche Eigentumslage 11 ff
Eintragung als einheitliches Grundstück 28, 36
Eintragung der Verbindung ohne wirksamen Antrag 29
Entgegenstehende Vorschriften 32
Entschuldungsbetrieb 47
Erbbaurecht 19, 58

Flurstückverschmelzung 14

Gebäudeeigentum 19
Gemeinschaftliches Grundbuchblatt 8
Gesamthypothek 45
Grunddienstbarkeiten 44
Grundstücksgleiche Rechte 18
Grundstücksteilung 52 ff
– Genehmigungserfordernisse 53
– Übergangsrecht 62
– Voraussetzungen 52 ff
– Wirkungen 62
Gutgläubiger Erwerb bei Grundstücksteilung? 52

Heimstatte 50
Höferechtliche Zuschreibung 51

Katasterrechtliche Zerlegung 54

Lastenfreie Abschreibung 60

Materiellrechtliche Verschmelzung, Arten der 2
Mehrere Eigentümer 12
Miteigentumsanteile 16

Personenmehrheit als Eigentümer 12

Rangvorbehalt 46
Reallast 44
Rechtliche Selbständigkeit der Grundstücke 5
Rechtsmittel 37

Selbständige Gerechtigkeiten 18
Stockwerkseigentum 16
Subjektiv-dingliche Berechtigungen, unterschiedliche 15

Teileigentum 20
Teilung von Amts wegen 59
Teilungsverbote, rechtsgeschäftliche 55

Übergangsrecht 49
Unterschiedliche Belastungen 14 ff
Unterwerfung unter die sofortige Zwangsvollstreckung 46

Verbindung von Grundstücken, Arten der 1
Vereinigung 33 ff
Vereinigung, Art der Eintragung 36
– Rechtsfolgen 36
– Rechtsmittel 37
– Wiederaufhebung 38
– Verletzung von Verfahrensvorschriften 10, 30
Verwirrungsgefahr 14
Vollstreckungsunterwerfung 46
Voreintragung 25

Wohnungseigentumsrechte an unterschiedlichen Grundstücken 21
Wohnungseigentum, Teilung 59
– Verbindung mit Eigentum an anderen Grundstücken 20
– Verbindung mehrerer Wohnungseigentumsrechte am selben Grundstück 20
– Vereinigung mit Teileigentum am selben Grundstück 20
Wohnungserbbaurecht 14, 20

Zuflurstück 6, 41
Zusammenhang, räumlicher 10
Zusammenschreibung nach § 4 GBO 4
Zuschreibung 39 ff
– Rechtsmittel 48
– Voraussetzungen 39 f
– Wiederaufhebung 51
– Wirkungen 48 ff
Zustimmung Dritter 31

I. Allgemeines

1 § 890 BGB ermöglicht die rechtliche Verbindung zweier oder mehrerer bisher selbständiger Grundstücke des gleichen Eigentümers, also ihre Zusammenfassung zu einem einzigen, einheitlichen Grundstück. Die Norm stellt hierfür *zwei Rechtsformen* zur Verfügung, die sich nur geringfügig unterscheiden: Die sog **Vereinigung nach Abs 1**, bei der die Ausgangsgrundstücke als rechtlich gleichwertig angesehen werden und bei der sie demgemäß zu einer neuen rechtlichen Einheit zusammengefasst werden; und die sog **Zuschreibung nach Abs 2**, durch die das eine Grundstück zum bloßen Bestandteil des anderen, des Haupt- oder Stammgrundstücks gemacht wird. § 890 BGB schafft damit die Voraussetzungen dafür, dass sich die rechtliche Zersplitterung einer wirtschaftlichen Einheit in mehrere Grundstücke beseitigen lässt. Die Verbindung von bisher selbständigen Grundstücken des gleichen Eigentümers kann für diesen aus den unterschiedlichsten Gründen zweckmäßig sein, etwa weil dadurch deren Belastung erleichtert wird. Sie kann notwendig werden, wenn ein Gebäude auf zwei oder mehr benachbarten Buchgrundstücken errichtet werden soll und die Baubehörde die Erteilung der Baugenehmigung von der vorherigen rechtlichen Verbindung der betreffenden Grundflächen (oder ersatzweise der Eintragung einer Baulast, vgl zB § 4 Abs 2 – NdsBauO) abhängig macht. Wenn die betreffenden Grundflächen ein einheitliches Wirtschaftsgrundstück (Staudinger/C Heinze [2018] Vorbem 13, 19 zu §§ 873 ff) bilden, liegt ihre Verbindung nach § 890 Abs 1 oder 2 BGB auch im öffentlichen Interesse, weil dadurch die Übersichtlichkeit des Grundbuches verbessert und der Grundbuchverkehr erleichtert wird.

2 Die Grundstücksvereinigung nach Abs 1 und die Bestandteilszuschreibung nach Abs 2 stellen die *einzigen* Arten einer materiellrechtlichen Verschmelzung von Grundstücken dar, die das Privatrecht des Bundes kennt. Die bloße Bebauung mehrerer Grundstücke (des gleichen Eigentümers) mit einem einheitlichen Gebäude führt jedenfalls noch nicht zu einer rechtlichen Zusammenfassung dieser Grundstücke (RG JW 1911, 211; Rosenberg § 890 Anm I 1; Planck/Strecker § 890 Anm 1). Katasteramtliche Maßnahmen – etwa die versehentliche Verschmelzung von Flurstücken, die im Grundbuch als selbständige Grundstücke eingetragen sind –, können als solche ebenfalls nicht diese Wirkung haben (KGJ 49 A 232, 235; 31 A 236; BayObLG BayZ 1933, 273; Rosenberg § 890 Anm I 1; Predari 234). Umgekehrt hat auch die katastermäßige Flächenzerlegung eines Grundstücks keine materiell-rechtliche Wirkung, führt also nicht zu einer wirksamen Teilung dieses Grundstücks (dazu s unten Rn 52) (vgl OLG München 9. 3. 2015 – 34 Wx 39/14, NJOZ 2015, 953, 954). Die „einfache Zusammenmessung" nach §§ 316, 318 der Bayerischen Dienstanweisung für Grundbuchämter vom 27. 2. 1905, durch die Grundstücke oder Grundstücksteile rein katastertechnisch vereinigt, aber kein einheitliches Grundstück im Rechtssinne begründet wurde, ist nicht mehr zulässig, weil ein Flurstück nach § 2 Abs 2 GBO nicht mehrere Grundstücke umfassen darf (BGH DNotZ 1954, 197; BayObLG 1954, 258, 264 f; Röll DNotZ 1968, 523, 525; Richter 70 u 80; **aA** Meikel/Imhof[5] § 5 Anm 24; vgl hierzu auch Schmitt BayNotZ 1913, 219; Lützeler RhNotZ 1932, 14).

3 Eine besondere Art der Vereinigung, die sog *Bahneinheit,* ist nach Art 112 EGBGB landesrechtlicher Regelung vorbehalten (s dazu Meikel/Böhringer GBO § 143 Rn 37). Die anderen Vorbehaltsregelungen des EGBGB, die dem Landesrecht die Schaffung von weiteren Formen der Grundstücksverschmelzung möglich machten, sind heute

gegenstandslos geworden. Im Übrigen können sich Verschmelzungen oder Bestandsveränderungen von Grundstücken natürlich auch kraft öffentlichen Rechts ergeben, etwa im Rahmen von Flurbereinigungen (FlurbG idF vom 16. 3. 1976 [BGBl I 546]) oder durch Umlegungen und Grenzregelungen (vereinfachte Umlegungen) nach den §§ 46 ff, 80 ff BauGB.

Streng zu unterscheiden von der in § 890 BGB geregelten materiellrechtlichen Verbindung bisher selbständiger Grundstücke ist jedenfalls die in **§ 4 GBO** geregelte **Zusammenschreibung**. Diese ist ein rein buchungstechnischer Vorgang ohne materiellrechtliche Konsequenzen: Während grundsätzlich nach § 3 Abs 1 GBO jedes Grundstück ein eigenes Grundbuchblatt erhält, kann nach § 4 Abs 1 GBO für mehrere im Bezirk desselben Grundbuchamtes liegende Grundstücke desselben Eigentümers ein gemeinschaftliches Grundbuchblatt geführt werden, solange hiervon Verwirrung nicht zu besorgen ist. Dasselbe gilt nach § 4 Abs 2, wenn die Grundstücke zu einem Hof iS der HöfeO gehören. Die verschiedenen Grundstücke behalten hierbei ihre volle rechtliche Selbständigkeit; jedes Grundstück kann alleine übertragen und belastet werden (vgl BayObLGZ 1970, 166 = Rpfleger 1970, 346, 347; Rpfleger 1981, 190, 191; KG HRR 1941 Nr 28; jurisPK-BGB/Toussaint[10] § 890 Rn 3; Bauer/Schaub/Waldner[5] § 4 Rn 23). Wegen der Einzelheiten ist auf die Kommentare zu § 4 GBO zu verweisen. 4

II. Anwendungsbereich

1. Rechtlich selbständige Grundstücke

a) § 890 BGB setzt voraus, dass in der Ausgangssituation mehrere rechtlich selbständige Grundstücke des gleichen Eigentümers gegeben sind, die nun miteinander verbunden, mithin zu einer rechtlich einheitlichen unbeweglichen Sache verschmolzen werden sollen. Verbunden werden können also zwei oder mehr bisher selbständige Grundstücke. Mit dem Begriff „Grundstück“ ist hier das Grundbuch-Grundstück (Staudinger/C Heinze [2018] Vorbem 15 zu §§ 873 ff) gemeint, also derjenige räumlich abgegrenzte Teil der Erdoberfläche, der im Grundbuch als rechtliche Einheit ausgewiesen, nämlich entweder auf einem besonderen Grundbuchblatt für sich allein oder aber auf einem gemeinschaftlichen Grundbuchblatt unter einer besonderen Nummer gebucht ist (RGZ 84, 265, 270). Das einzelne Grundstück in diesem Sinne kann durchaus aus einer Mehrheit von Katasterparzellen (Flurstücken) bestehen. In einem solchen Falle kann nicht eine einzelne Katasterparzelle, der ja die rechtliche Selbständigkeit fehlt, sondern nur das zusammengesetzte Grundstück insgesamt mit anderen Grundstücken verbunden werden (KG OLGE 2, 407). Wenn ein bloßer Teil eines Grundstücks, gleichgültig ob er nun katastermäßig eine selbständige Parzelle bildet oder nicht, mit einem anderen Grundstück verschmolzen werden soll, kann dies erst nach seiner rechtlichen Verselbständigung durch Grundstücksteilung (s dazu unten Rn 52) geschehen (KGJ 43 A 292; Güthe/Triebel §§ 5, 6 Rn 3; Meikel/Böttcher[12] § 5 Rn 3; **aA** Staudinger/Kober[9] § 890 Anm II d). Diese wiederum setzt – wenn der betreffende Grundstücksteil sich nicht bereits mit einer Katasterparzelle deckt – nach § 2 Abs 3 GBO grundsätzlich eine katastermäßige Zerlegung voraus. 5

b) Die Verbindung eines im Kataster noch nicht selbständig ausgewiesenen Grundstücksteils mit einem anderen Grundstück (oder auch mit anderen derartigen Teilflächen zu einem neuen Grundstück) kann verfahrensmäßig vereinfacht werden, 6 wenn mit sog **Zuflurstücken** gearbeitet wird. Der vermessungstechnische Fachbegriff des Zuflurstücks meint ein nicht selbständig benanntes Trennstück, das als solches nicht in das Kataster aufgenommen werden soll, sondern unmittelbar durch Verschmelzung mit anderen derartigen Teilstücken in einer neuen Katastereinheit aufgehen soll (vgl Weber DNotZ 1960, 229, 230; Staudinger/C Heinze [2018] Vorbem 22 zu §§ 873 ff). Gerade weil der abzutrennende Flurstücksteil sofort in einem neugebildeten Flurstück aufgehen soll, also nur ganz vorübergehende Bedeutung haben wird, kann hier auf die Bildung einer eigenen Flurstücksnummer für ihn und deren Eintragung in die Flurkarte verzichtet werden; er erhält dann nur eine Hilfsbezeichnung, eine sog „Zu-"Nummer, die auf das künftige Bestimmungsgrundstück hindeutet und zugleich die Herkunft angibt (Meikel/Imhof/Riedel[6] § 5 Rn 83; Meikel/Simmerding[7] Anh 74 zu § 2; Weber 230 I; Kriegel 72 f; Eickmann/Böttcher, GBVerfR[4] 56 ff, 60 f; Bauer/Schaub/Waldner[5] § 2 Rn 24). Mit Hilfe solcher Zuflurstücke lässt sich die „kombinierte Bestandsveränderung" (Kriegel) praktisch uno actu vollziehen; die Grundstücksteilung und die Verbindung der abgetrennten Teilfläche werden hier gleichzeitig wirksam (vgl Weber 231).

7 Zuflurstücke gelten nach ganz hM für die Anwendung des § 890 BGB als selbständige Grundstücke (BGH DNotZ 1954, 197 = LM Nr 1 zu § 2 GBO; BayObLGZ 1954, 258; 1957; 356; BayObLG DNotZ 1972, 350; Rpfleger 1974, 148; NJW-RR 1991, 465; OLG Frankfurt Rpfleger 1960, 127; OLG Neustadt Rpfleger 1963, 241; Roellenbleg DNotZ 1971, 286, 288; Meikel/Imhof/Riedel[6] § 5 Rn 40; Meikel/Böttcher[12] § 5 Rn 7; Bauer/Schaub/Waldner[5] § 2 Rn 24, §§ 5, 6 Rn 11 f; Demharter[33] § 5 Rn 4; Schöner/Stöber[16] Rn 681 ff; Eickmann, GBVerfR[3] 60; NK-BGB/Krause[5] § 890 Rn 6; Grüneberg/Herrler[84] § 890 Rn 3). Diese Formulierung ist jedoch missverständlich (Weber 232). Gemeint ist damit der Sache nach nur, dass die gleichzeitige Vornahme von Teilung und Verschmelzung kein Hindernis für die Wirksamkeit der letzteren darstellt. Ein Zuflurstück, das im Hinblick auf eine ganz bestimmte kombinierte Bestandsveränderung gebildet worden ist, kann jedenfalls, wenn diese geplante Rechtsänderung aus irgendwelchen Gründen unterblieben ist, nun nicht einfach mit einem ganz anderen Grundstück oder Grundstücksteil verbunden werden. Hier muss vielmehr zunächst einmal durch ordnungsgemäße Abschreibung (Teilung) für die rechtliche Verselbständigung der betreffenden Teilfläche gesorgt werden. Zur umstrittenen Frage, ob ein Zuflurstück auch einem anderen Zuflurstück zugeschrieben werden kann, s unten Rn 41.

8 **c)** Der Umstand, dass eines der zu verbindenden Grundstücke mit anderen auf einem *gemeinschaftlichen Grundbuchblatt* nach § 4 GBO gebucht ist, kann die Verbindung nicht hindern, denn diese Zusammenschreibung ist ja eine rein grundbuchtechnische Maßnahme, beseitigt nicht die rechtliche Selbständigkeit der betreffenden Grundstücke (Meikel/Imhof/Riedel[6] § 5 Rn 7; BayObLG SeuffBl 1908, 332).

9 § 890 BGB gilt auch für die nach § 3 Abs 2 GBO *buchungsfreien* und deshalb bisher nicht gebuchten Grundstücke, denn diese unterliegen ja grundsätzlich (Ausnahmen nach § 127 EGBGB) ebenfalls dem Liegenschaftsrecht des BGB. Ein derartiges ungebuchtes Grundstück kann deshalb ohne Weiteres nach § 890 Abs 2 BGB einem anderen bereits gebuchten Grundstück des gleichen Eigentümers zugeschrieben werden, ohne dass für das zuzuschreibende Grundstück zunächst noch ein eigenes Grundbuchblatt angelegt werden müsste.

Materiellrechtlich ist nicht notwendig, dass die rechtlich zu verschmelzenden Grundstücke räumlich zusammenhängen (RGZ 51, 213, 215). Verfahrensrechtlich ist dies allerdings nach § 5 Abs 2 und § 6 Abs 2 GBO in der Regel erforderlich. Nach materiellem Recht müssen die zu verschmelzenden Grundstücke auch nicht im Bezirk desselben Grundbuchamtes liegen (RGZ 86, 272, 279; KG OLGE 39, 221; KGJ 36 A 191; implizit OLG Hamm DNotZ 2007, 530, 531; vgl auch § 5 Abs 1 S 2 GBO). Es ist sogar nicht einmal erforderlich, dass sie in demselben Bundesland belegen sind (Meikel/Imhof/Riedel[6] § 5 Rn 27; NK-BGB/Krause[5] § 890 Rn 8). Das Verfahrensrecht verlangt dagegen grundsätzlich Lage im gleichen Grundbuch- und Katasterbezirk (§§ 5 Abs 2, 6 Abs 2 GBO). Nach materiellem Recht ist schließlich auch ein wirtschaftlicher Zusammenhang der zu vereinigenden Grundstücke nicht erforderlich (RGZ 51, 213, 215). Verfahrensrechtlich ist dagegen nach den genannten Vorschriften wiederum in der Regel die Eintragung nur zulässig, wenn die zu verschmelzenden Grundstücke unmittelbar aneinandergrenzen. Von diesen verfahrensrechtlichen Sollvorschriften soll nach §§ 5 Abs 2 S 2, 6 Abs 2 GBO nur abgewichen werden, wenn hierfür, insbesondere wegen der Zusammengehörigkeit baulicher Anlagen und Nebenanlagen, ein erhebliches Bedürfnis besteht. Ein Verstoß gegen bloße Verfahrensvorschriften macht die Verbindung nicht unwirksam (BGH Rpfleger 2006, 150, 151 = MittBayNot 2006, 227, 228 m Anm Morvilius; s auch unten Rn 30). §§ 5 Abs 2, 6 Abs 2 GBO, wonach die Verbindung oder Zuschreibung grundsätzlich nur bei aneinandergrenzenden Grundstücken zulässig ist, gilt freilich **nicht** für die (grundsätzlich analog § 890 BGB mögliche, s Rn 20) Vereinigung von Wohnungs- und Teileigentumsrechten (OLG Düsseldorf 30. 11. 2015 – I-3 Wx 272/15, ZWE 2016, 165, 166 mwNw; Meikel/Böttcher[12] § 5 Rn 57; **aA** BayObLG NJW-RR 2003, 451; jurisPK-BGB/Toussaint[10] § 890 Rn 22; anders noch Staudinger/Gursky [2013] § 890 Rn 20). Dafür spricht nicht nur, dass ein Miteigentumsanteil beim Wohnungseigentum auch an zwei abgeschlossenen Wohnungen begründet werden kann, die räumlich getrennt voneinander liegen, sodass bei der Vereinigung zweier Wohnungen Gleiches gelten muss (Meikel/Böttcher[12] § 5 Rn 57). Vielmehr kann es bei einer Vereinigung von Wohnungs- und Teileigentumsrechten nicht zu einer „Grenzüberschreitung" kommen, da die Wohnungseigentumsberechtigungen an demselben Grundstück bestehen müssen; die §§ 5 Abs 2, 6 Abs 2 GBO wollen aber gerade Schwierigkeiten verhindern, die daraus resultieren, dass ein Grundstück in den Bezirken mehrerer Grundbuchämter liegt (OLG Düsseldorf 30. 11. 2015 – I-3 Wx 272/15, ZWE 2016, 165, 166, unter Verweis auf BT-Drucks 12/5553, 57 f). 10

2. Einheitliche Eigentumslage

Die zu verbindenden Grundstücke müssen alle **demselben Eigentümer** gehören (allgM, vgl KG OLGE 9, 328; KGJ 36 A 193; OLGE Karlsruhe BadRspr 11, 21; Rosenberg § 890 Anm III 1 c; Planck/Strecker § 890 Anm 3a; MünchKommBGB/Wacke[4] § 890 Rn 6; MünchKommBGB/Lettmaier[9] § 890 Rn 8; BeckOGK/Hertel [1. 9. 2024] § 890 Rn 30; Meikel/Imhof/Riedel[6] § 5 Rn 8; Bauer/Schaub/Waldner[5] §§ 5, 6 Rn 19). Dies ergibt sich einfach daraus, dass nach dem klaren Gesetzeswortlaut nur „der Eigentümer" die Verbindung bewerkstelligen kann (Rosenberg § 890 Anm III 1c). Man lässt es allerdings allgemein ausreichen, wenn das Eigentum gleichzeitig mit der Vereinigung oder Zuschreibung erworben wird (KG KGJ 36 A 191, 193; BayObLGZ 1954, 258, 263; Meikel/Imhof/Riedel[6] § 5 Rn 8; Rosenberg § 890 Anm III 1 a; MünchKommBGB/Lettmaier[9] § 890 Rn 8; etwas abw BGB-RGRK/Augustin § 890 Rn 4, nach dem die einheitliche Eigentumslage bereits bei der Stellung des Antrags auf Vereinheitlichung bestehen muss). Ein Auflassungsempfänger etwa kann also bereits vor seiner 11 eigenen Eintragung (als noch nicht Berechtigter) die für die Verbindung erforderliche Erklärung abgeben, die dann im Zeitpunkt seines Eigentumserwerbs konvalesziert (Rosenberg § 890 Anm III 1). Dagegen ist es nicht möglich, dass zwei Grundstücke verschiedener Eigentümer auf deren übereinstimmenden Antrag miteinander verbunden werden, damit daraus Miteigentum nach Bruchteilen an der Gesamtfläche entsteht (Güthe/Triebel §§ 5, 6 Rn 6). Verliert der Eigentümer zweier Grundstücke nach der Stellung des Antrags auf deren Verbindung das Eigentum an einem dieser Grundstücke (etwa durch Zuschlag in der Zwangsversteigerung), so muss der Antrag zurückgewiesen werden (vgl OLG Frankfurt 24. 2. 2004 – 20 W 46/04, juris Rn 9). Über den Eigentumsverlust hilft auch die entsprechende Anwendung von § 878 BGB (s unten Rn 24) nicht hinweg. Die letztere Norm betrifft nur den Verlust der Verfügungsbefugnis, nicht auch den Verlust der Rechtsinhaberschaft (s Staudinger/C Heinze [2018] § 878 Rn 18).

12 „Denselben Eigentümer“ haben die zu verbindenden Grundstücke auch dann, wenn sie nicht einer Einzelperson, sondern der gleichen *Personenmehrheit* gehören; denn mit diesem Erfordernis ist nicht mehr gemeint, als dass die Eigentumsverhältnisse an allen beteiligten Grundstücken übereinstimmen müssen. Bei gemeinschaftlichem Eigentum müssen daher – spätestens zum Zeitpunkt der Eintragung – die Art der rechtlichen Verbundenheit und die Beteiligungsquoten dieselben sein (OLG Köln 11. 4. 2019 – 2 Wx 69/19, MittBayNot 2020, 254 Rn 14). Die Eigentumsverhältnisse stimmen daher nicht überein, wenn die beteiligten Grundstücke jeweils im Miteigentum derselben Personen, aber mit unterschiedlichen Anteilen stehen (OLG Zweibrücken NJW-RR 1990, 782, 783; Rosenberg § 890 Anm III 1 c; Güthe/Triebel §§ 5, 6 Rn 6; Bauer/Schaub/Waldner[5] §§ 5, 6 Rn 19; Keller/Munzig/Keller[9] § 5 Rn 12; Demharter[33] § 5 Rn 7; Erman/Artz[17] § 890 Rn 10; Grüneberg/Herrler[84] § 890 Rn 3; BeckOGK/Hertel [1. 9. 2024] § 890 Rn 31; **aA** Meikel/Imhof/Riedel[6] § 5 Rn 8; nach Meikel/Böttcher[12] § 5 Rn 36 und Thieme §§ 5, 6 Anm 2 sollen die unterschiedlichen Miteigentumsanteile dagegen nur das verfahrensrechtliche Hindernis der Verwirrungsgefahr begründen). Ebenso wenig können Grundstücke miteinander verschmolzen werden, die der gleichen Personenmehrheit teilweise zu Miteigentum, teilweise aber gesamthänderisch gehören (Meikel/Imhof/Riedel[6] § 5 Rn 9; Rosenberg § 890 Anm III 1c). Das Gleiche gilt, wenn die Grundstücke zu rechtlich getrennten, obwohl aus den gleichen Personen bestehenden Gesamthandsgemeinschaften gehören.

13 Die Übereinstimmung der Eigentumslage fehlt schließlich auch, wenn ein im gewöhnlichen Miteigentum stehendes Grundstück mit einem anderen verbunden werden soll, das (bei gleichen Miteigentumsanteilen und Berechtigten) in Eigentumswohnungen aufgeteilt ist (NK-BGB/Krause[5] § 890 Rn 11). Eine solche Verbindung ist vielmehr nur dann möglich, wenn die bisherigen gewöhnlichen Miteigentumsanteile gleichzeitig in Wohnungseigentumsanteile umgewandelt werden (OLG Oldenburg Rpfleger 1977, 22 mwNw; OLG Zweibrücken NJW-RR 1990, 782, 783; OLG Frankfurt Rpfleger 1993, 396; BGB-RGRK/Augustin § 890 Rn 6; Meikel/Böttcher[12] § 5 Rn 5, § 6 Rn 7).

14 Nur hinsichtlich des Eigentümers muss die Rechtslage bei den zu verbindenden Grundstücken identisch sein. Das Vorhandensein **unterschiedlicher Belastungen** bildet dagegen jedenfalls materiellrechtlich kein Hindernis für die Verbindung (BGH Rpfleger 2006, 150, 151 = MittBayNot 2006, 227, 228 m Anm Morvilius; OLG Karlsruhe Justiz 2010, 260, 261 f; Rosenberg § 890 Anm III 1 c; BGB-RGRK/Augustin § 890 Rn 7; NK-BGB/Krause[5] § 890 Rn 13; Bauer/Schaub/Waldner[5] §§ 5, 6 Rn 55; Böttcher Rpfleger 2007, 113, 115). Die verschiedene Belastung besteht in einem solchen Falle an den durch die Verbindung unselbständig gewordenen Teilflächen fort. Nach §§ 5 Abs 1 S 1, 6 Abs 1 S 1 GBO sollen aber Vereinigung und Zuschreibung nur erfolgen, wenn davon *Verwirrung* nicht zu befürchten ist. Das Grundbuchamt muss mithin den Antrag auf Vereinigung oder Zuschreibung zurückweisen, wenn das Grundbuch durch die beantragte Eintragung unübersichtlich und schwer verständlich würde und damit den Rechtszustand des Grundstücks nicht mehr mit der für den Liegenschaftsverkehr notwendigen Klarheit und Bestimmtheit widerspiegeln würde (BGH 26. 9. 2013 – V ZB 152/12, NJW 2014, 1002, 1003; KG OLGE 8, 300; Meikel/Imhof/Riedel[6] § 5 Rn 9; Keller/Munzig/Keller[9] § 5 Rn 13; Demharter[33] § 5 Rn 13; Röll DNotZ 1968, 523, 531). Ein Verstoß des Grundbuchamts gegen die Ordnungsvorschriften §§ 5, 6 GBO lässt die materiellrechtliche Wirksamkeit der Verbindung indes unberührt (BGH 24. 11. 2005 – V ZB 23/05, NJW 2006, 1000 Rn 21; Soergel/Kern[14] § 890 Rn 17). Die **Besorgnis der Verwirrung** kann sich aus einer (im Falle der Verbindung fortdauernden) Verschiedenheit der Belastung der betreffenden Grundstücke ergeben; die unterschiedliche Belastung der zu verschmelzenden Grundstücke ist sogar der häufigste Fall dieses verfahrensrechtlichen Hindernisses (Röll DNotZ 1968, 523, 531). §§ 5 Abs 1 S 2, 6 Abs 2 GBO (neu gef mWv 9. 10. 2013 d d G zur Einführung eines Datenbankgrundbuchs [DaBaGG] v 1. 10. 2013 [BGBl. I S 3719]) bestimmen seit 2013, dass Verwirrung *in der Regel* zu besorgen ist, wenn Grundstücke im Zeitpunkt der Vereinigung mit unterschiedlichen Grundpfandrechten oder Reallasten oder mit denselben Grundpfandrechten oder Reallasten in unterschiedlicher Rangfolge belastet sind. Der Gesetzgeber hat damit die bislang umstrittene Frage, ob eine unterschiedliche Belastung der zu vereinigenden Grundstücke Verwirrung besorgen lässt (zum damaligen Meinungsstand s Staudinger/Picker [2019] Rn 14), zu Gunsten der restriktiven Auffassung entschieden, um Schwierigkeiten im Rahmen des Zwangsversteigerungsverfahrens vorzubeugen (BT-Drucks. 17/12635 S 17; vgl dazu auch Weber MittBayNot 2014, 497, 499 f; Stöber MittBayNot 2001, 281). Diese ergeben sich insbesondere bei der Zwangsversteigerung einzelner Teilflächen, wenn Grundpfandrechte nur an dem bislang belasteten Grundstückteil fortbestehen – also das Grundpfandrecht weder gesetzlich noch rechtsgeschäftlich auf das gesamte Grundstück erstreckt wird. Durch die Neuregelung wird nun eine Vereinigung oder Zuschreibung in diesen Fällen verfahrensrechtlich verhindert. Der Wortlaut des Regelbeispiels erfasst dabei nicht den Fall, dass zwei Grundstücke, von denen nur eines mit einem Grundpfandrecht belastet ist, vereinigt werden sollen und sich das Grundpfandrecht mangels Erstreckung nur auf den bisherigen Grundstücksteil beschränkt. *Gegen* Verwirrungsgefahr spricht hier, dass trotz der Vereinigung weiterhin unschwer aus dem Grundbuch ersichtlich ist, welcher Teil des nunmehr einheitlichen Grundstücks mit dem Grundpfandrecht belastet ist (OLG Brandenburg RNotZ 2009, 539 f mwNw; **aA** Morvilius MittBayNot 2006, 229, 232). *Für* Verwirrungsgefahr spricht jedoch der Wille des Gesetzgebers, der mit der Neuregelung des § 5 Abs 1 S 2 Nr 1 GBO die Zwangsversteigerung eines Grundstücksteils erkennbar zu unterbinden versucht (OLG Düsseldorf 13. 3. 2019 – I-3 Wx 194/18, FGPrax 2019, 155, 157; Weber MittBayNot 2014, 497, 501; NK-BGB/Krause[5] § 890 Rn 14, **aA** Bauer/Schaub/Waldner[5] §§ 5, 6 Rn 29a). Bei Belastungen, die nicht Grundpfandrechte oder Reallasten sind, dem Regelbeispiel der §§ 5 Abs 1 S 2, 6 Abs 2 GBO also nicht unterfallen, bleibt es bei der bisherigen Rechtslage (BeckOGK/Hertel [1. 9. 2024] Rn 51). Aus einer unterschiedlichen Belastung mit solchen Rechten folgt daher nicht notwendigerweise die Besorgnis der Verwirrung (Bauer/Schaub/Waldner[5] §§ 5, 6 Rn 28). Verwirrung ist besonders dann zu befürchten, wenn das Grundbuchblatt aufgrund der differierenden Belastungen der Grundstücke unübersichtlich wird oder wenn unklar wird, auf welchen Grundstücksteil sich die Belastungen beziehen. Das wiederum ist regelmäßig erst dann der Fall, wenn die miteinander zu verbindenden Flächen auch *vermessungstechnisch miteinander verschmolzen werden* sollen (BayObLG Rpfleger 1994, 250; OLG Hamm Rpfleger 1998, 154, 155 f; KG Rpfleger 1989, 500; OLG Düsseldorf Rpfleger 2001, 211, 212; OLG Brandenburg ZfIR 2010, 25 f; LG Münster Rpfleger 2002, 22; LG Detmold Rpfleger 2002, 22 f; LG München I MittBayNot 2004, 131; jurisPK-BGB/Toussaint[10] § 890 Rn 24; BeckOGK/Hertel [1. 9. 2024] § 890 Rn 51; Böttcher ZfIR 2010, 6, 9 f; Keller/Munzig/Keller[9] § 5 GBO Rn 17; DNotI-Gutachten DNotI-Report 2002, 19 f; 2006, 189, 190, 192; **aA** [die bereits vor der Einführung der §§ 5 Abs 1 S 2, 6 Abs 2 GBO stets Verwirrungsgefahr bei Einzelbelastung eines der zu verbindenden Grundstücke mit Grundpfandrechten bejahten]: Stöber MittBayNot 2001, 281 ff, 286; Schöner/Stöber[16] Rn 636 f; Meyer-Stolte Rpfleger 1980, 181; 1981, 107; Bengel/Simmerding[5] §§ 5, 6 GBO Rn 27), nicht dagegen, solange die ursprünglichen Flurstücke bestehen bleiben; im letzteren Falle lässt sich ja dem Grundbuch weiterhin entnehmen, auf welchen Teil des nunmehr einheitlichen Grundstücks sich die jeweilige Belastung bezieht (KG Rpfleger 1989, 500; Demharter[33] § 5 Rn 13). Vgl näher zum Ganzen die Kommentare zu §§ 5 und 6 GBO, vor allem Meikel/Imhof/Riedel[6] § 5 Rn 16; Meikel/Böttcher[12] § 5 Rn 34 ff; Bauer/Schaub/Waldner[5] §§ 5, 6 Rn 28 ff; Keller/Munzig/Keller[9] § 5 Rn 15 ff; Demharter[33] § 5 Rn 13 ff, § 6 Rn 16; ferner Röll DNotZ 1968, 523, 531 ff; DNotI-Gutachten DNotI-Report 2006, 189 ff; Weber MittBayNot 2014, 497 ff; Simon RPfleger 2014, 125 ff. Falls die zu verbindenden Grundstücke jeweils mit unterschiedlichen Dienstbarkeiten belastet sind, führt allerdings auch die katastertechnische Verschmelzung der zu verbindenden Grundstücke jedenfalls dann nicht zu einer Verwirrungsgefahr, wenn die Dienstbarkeiten ohnehin nur auf einem realen Teil des jeweils dienenden Grundstücks lasten, der im Grundbuch deutlich bezeichnet ist (vgl § 7 Abs 2 S 2, Abs 3 GBO; BayObLG Rpfleger 1997, 102, 103; jurisPK-BGB/Toussaint[10] § 890 Rn 24; ferner BGH NJW 2006, 1000, 1001 Rn 18 f und OLG Karlsruhe Justiz 2010, 260, 261 f Rn 23). Verwirrungsgefahr besteht auch dann nicht, wenn dieselben Dienstbarkeiten mit unterschiedlichem Rang bestehen, da die unterschiedliche Rangfolge der Dienstbarkeiten im Grundbuch klar und deutlich darstellbar und ablesbar ist (OLG Dresden 2. 11. 2018 – 17 W 931/18, NotBZ 2019, 149, 151 f). Die Entscheidung darüber, ob im Einzelfall Verwirrung zu besorgen ist, ist keine Ermessensentscheidung (so aber Rosenberg § 890 Anm III 2 b β); es handelt sich vielmehr um die gerichtlich überprüfbare Konkretisierung eines unbestimmten Rechtsbegriffs (BayObLG Rpfleger 1977, 251 = MDR 1977, 930; BayObLG Rpfleger 1980, 191; Rpfleger 1994, 250; 1995, 151, 152; KG OLGZ 1989, 385, 389; OLG Hamm Rpfleger 1998, 154, 155; Meikel/Böttcher[12] § 5 Rn 32 mwNw; Keller/Munzig/Keller[9] § 5 Rn 13; BGB-RGRK/Augustin § 890 Rn 7; MünchKommBGB/Lettmaier[9] § 890 Rn 12; NK-BGB/Krause[5] § 890 Rn 13; Wendt Rpfleger 1983, 192; 1994, 456 ff). **Landesrecht** konnte früher auf Grundlage des Art 119 Nr 3 EGBGB aF eine Vereinigung oder Zuschreibung unter im Vergleich zu den §§ 5, 6 GBO engeren Voraussetzungen zulassen; diese Norm wurde jedoch durch Gesetz v 1. 10. 2013 (BGBl I 3719) aufgehoben. Weitergehende grundbuchverfahrensrechtliche Beschränkungen gibt es nunmehr nur noch in Rheinland-Pfalz (§ 19 RPAGBGB) und im Saarland (§ 23 AGJusG); danach ist die Grundstücksverbindung nur erlaubt, wenn die Grundstücke in demselben Grundbuchbezirk liegen und nicht oder nur mit denselben Rechten belastet sind oder die bestehenden Belastungen ranggleich auf das jeweils andere Grundstück erstreckt werden. Diese landesrechtlichen Bestimmungen sind mit Wegfall des Art 119 Nr 3 EGBGB jedoch unbeachtlich geworden (Staudinger/Mittelstädt [2018] Art 119 EGBGB Rn 82, 84; Bauer/Schaub/Waldner[5] §§ 5, 6 Rn 7). Entsprechendes bestimmte § 22 HessAGBGB früher (aufgehoben mit Wirkung zum

12. 10. 2017) für Hessen. In Baden-Württemberg sah § 30 AGBGB BW (aufgehoben mit Wirkung zum 28. 2. 2015) vor, dass die zu verbindenden Grundstücke nicht mit Grundpfandrechten unterschiedlich belastet sein dürfen.

Ebenso wenig wie eine unterschiedliche Belastung steht eine unterschiedliche Rechtslage im Hinblick auf *subjektiv-dingliche Berechtigungen* der Verbindung entgegen. Auch ein Grundstück, das herrschendes Grundstück einer Grunddienstbarkeit ist, kann also mit einem anderen verschmolzen werden (BayObLG Rpfleger 1974, 148). Schließlich steht einer Verbindung auch nicht der Umstand entgegen, dass eines der Grundstücke der Nacherbfolge unterliegt, das andere dagegen nicht (LG Aachen MittRhNotK 1983, 162; Soergel/Kern[14] § 890 Rn 11; jurisPK-BGB/Toussaint[10] § 890 Rn 18; **aA** NK-BGB/Krause[5] § 890 Rn 12). Die Verfügungsbeschränkungen betreffen demnach weiterhin nur die bisherige Fläche (Meikel/Böttcher[12] § 5 Rn 86). 15

3. Miteigentumsanteile

Eine Verbindung mehrerer Miteigentumsanteile an einem Grundstück kommt nicht in Betracht: Erwirbt ein Miteigentümer einen weiteren Miteigentumsanteil hinzu, so verschmelzen diese automatisch zu einem einheitlichen Anteil. Ein Miteigentumsanteil an einem Grundstück kann mit einem anderen Grundstück nicht verbunden werden (BGH 15. 11. 2012 – V ZB 99/12, NJW 2013, 934; KG OLGE 9, 328 = KGJ 28 A 68; OLG Saarbrücken OLGZ 1972, 129, 132 f; BayObLG NJW 1958, 2116, 2118; BayObLGZ 1993, 297; OLG Düsseldorf DNotZ 1963, 753; OLG Hamburg NJW 1965, 1765; LG Münster DFG 1940, 141; Rosenberg § 890 Anm II 1 a; Planck/Strecker § 890 Anm 3a; Fuchs § 890 Anm 6; Turnau/Förster § 890 Anm II 2; Oberneck I 69 f; MünchKommBGB/Lettmaier[9] § 890 Rn 5; Soergel/Kern[14] § 890 Rn 9; BGB-RGRK/Augustin § 890 Rn 5; NK-BGB/Krause[5] § 890 Rn 7; jurisPK-BGB/Toussaint[10] § 890 Rn 13; Erman/Artz[17] § 890 Rn 2; Grüneberg/Herrler[84] § 890 Rn 2; Keller/Munzig/Keller[9] § 5 Rn 11; Meikel/Imhof/Riedel[6] § 5 Rn 5; Meikel/Böttcher[12] § 5 Rn 10, 17; Bauer/Schaub/Waldner[5] §§ 5, 6 Rn 18; Schöner/Stöber[16] Rn 626; BeckOGK/Hertel [1. 9. 2024] § 890 Rn 19; Demharter[33] § 5 Rn 5; Predari § 3 Anm 3; Hesse/Saage/Fischer § 5 Anm I 1; Güthe/Triebel §§ 5, 6 Rn 3; Goldmann/Lilienthal II § 28 Fn 23; Staudenmaier NJW 1964, 2145; Huther MecklZ 24 [1906] 63; **aA** Staudinger/Kober[9] § 890 Anm IV c; Fischer/Henle Anm 6; Henle Recht 1906, 68 u 443; 1909, 384; Schmitt BayZ 1913, 117; Klumpp 116 ff; für die gem § 3 Abs 4, 5 GBO gebuchten Miteigentumsanteile auch Bünger NJW 1964, 583). Das Gesetz stellt nun einmal Miteigentumsanteile an einem Grundstück dem Grundstückseigentum selbst nur in einzelnen Hinsichten, keineswegs aber generell gleich (vgl §§ 1095, 1106, 1114 BGB, 864 Abs 2 ZPO). Umstritten sind die Konsequenzen der Erhöhung eines belasteten Miteigentumsanteils (vgl einerseits Staudinger/Wolfsteiner [2019] § 1114 Rn 8 f; andererseits LG Lüneburg RNotZ 2005, 364 f [jeweils mwNw]). 16

Die Verfasser des BGB haben die Aufnahme einer Norm, die die Verbindung eines Miteigentumsanteils an einem Grundstück mit einem anderen Grundstück des Miteigentümers ermöglichen sollte, ausdrücklich abgelehnt, weil sie ihrer Ansicht nach zu Verwicklungen und Schwierigkeiten führen müsste (Prot Mugdan III 703). Die Zulassung einer solchen Verbindung verbietet sich in der Tat schon deshalb, weil dadurch ein klarer Bruch in das System des formellen Liegenschaftsrechts hineingetragen würde: Der Miteigentumsbruchteil müsste dann ja zweimal im Grundbuch erscheinen, nämlich sowohl auf dem Grundbuchblatt des im Miteigentum stehenden Grundstücks wie auch auf dem Blatt der durch die Verbindung hergestellten Grund- 17 stückseinheit; das aber verstieße gegen das Prinzip, dass jedes Grundstück nur einmal in das Grundbuch eingetragen ist und dass sich alle Angaben über die Rechtsverhältnisse an ihm an dieser einen Stelle befinden (Rosenberg § 890 Anm II 1 a; Planck/Strecker § 890 Anm 3a). Die 1935 eingeführte eng umrissene Ausnahmeregelung des § 3 Abs 3 GBO = § 3 Abs 4, 5 GBO nF, wonach bei gemeinschaftlichen Zufahrtswegen und ähnlichen im Miteigentum von Nachbarn stehenden „Zubehörgrundstücken" von der Anlage eines besonderen Grundbuchblattes für das im Miteigentum stehende Grundstück abgesehen werden und durch die Buchung der einzelnen Miteigentumsanteile auf den Grundbuchblättern der „herrschenden" Nachbargrundstücke ersetzt werden kann, wäre überhaupt überflüssig, wenn bereits die Möglichkeit einer materiellrechtlichen Verbindung bestünde. Die Verbindung von Miteigentumsanteil und Grundstück ist jedenfalls auch dann unzulässig, wenn der Miteigentumsanteil nach § 3 Abs 4 und 5 GBO selbständig gebucht ist (BayObLGZ 1993, 297, 298; OLG Hamburg Rpfleger 1966, 79, 80). Für Stockwerkseigentum dürfte das gleiche gelten wie für schlichtes Miteigentum (s Thümmel BWNotZ 1987, 76, 81).

4. Grundstücksgleiche Rechte

18 Problematisch ist die Anwendung des § 890 BGB bei den sog grundstücksgleichen Rechten, also solchen Rechten, die kraft gesetzlicher Anordnung wie unbewegliche Sachen behandelt werden (Erbbaurecht, § 11 Abs 1 S 1 ErbbauRG, und Bergwerkseigentum, § 9 Abs 1 S 1 BBergG, nach Landesrecht bestimmte Abbaurechte, insbes an nichtbergrechtlichen Mineralien, vgl Art 68 EGBGB, § 144 GBO, §§ 149 ff BBergG, und sonstige „selbständige Gerechtigkeiten", vgl Meikel/Imhof/Riedel[6] § 3 Rn 12 ff; BGB-RGRK/Augustin § 903 Rn 8). Fast unstreitig ist allerdings, dass jedenfalls grundstücksgleiche Rechte derselben Art miteinander verbunden werden können (vgl zB BayObLGZ 1995, 379 = MittBayNot 1996, 34; OLG Hamm NJW 1974, 280, 281: Verbindung zweier Erbbaurechte; ebenso BGB-RGRK/Räfle § 11 ErbbVO Rn 19; MünchKommBGB/Wacke[4] § 890 Rn 12; jurisPK-BGB/Toussaint[10] § 890 Rn 15; Soergel/Kern[14] § 890 Rn 9; Grüneberg/Herrler[84] § 890 Rn 2; Meikel/Böttcher[12] § 6 Rn 14; Bauer/vOefele/Maass[3] AT VI 181; Bauer/Schaub/Waldner[5] §§ 5, 6 Rn 14; Schöner/Stöber[16] Rn 627; BeckOGK/Hertel [1. 9. 2024] § 890 Rn 22; Demharter[33] § 6 GBO Rn 6; Schulte BWNotZ 1960, 137; Böttcher RpflStud 1989, 51, 56; gewisse Einschränkungen für die Vereinigung von Erbbaurechten untereinander allerdings bei MünchKommBGB/Weiss[9] § 11 ErbbauRG Rn 42 und Winkler/Schlögel, Handbuch des Erbbaurechts[7] § 5 Rn 181; ganz abl für Erbbaurechte aber NK-BGB/Krause[5] § 890 Rn 29 m beachtl Begr). Das BayObLG verlangt (1995, 379 = MittBayNot 1996, 34) wenigstens, dass die verbundenen Erbbaurechte im Wesentlichen den gleichen Inhalt haben (ebenso Bauer/vOefele/Waldner[3] §§ 5, 6 Rn 14). Die Verbindung von grundstücksgleichen Rechten unterschiedlicher Gattung wird demgegenüber zumeist für unzulässig gehalten (so Güthe/Triebel §§ 5, 6 Rn 4; Demharter[33] § 5 Rn 6, § 6 Rn 6; Meikel/Imhof/Riedel[6] § 5 Rn 6, § 6 Rn 6; Meikel/Böttcher[12] § 5 Rn 12, § 6 Rn 14; Bauer/Schaub/Waldner[5] §§ 5, 6 Rn 14; Hesse/Saage/Fischer § 5 Anm I 1; Thieme § 5 Anm 2; MünchKommBGB/Lettmaier[9] § 890 Rn 6; BeckOGK/Hertel [1. 9. 2024] § 890 Rn 22; **aA** Rosenberg § 890 Anm II 1 b; Schäfer 37 f; Staudinger/Seufert[11] § 890 Rn 7; wohl auch Biermann § 890 Anm 3).

19 Die **Verbindung von grundstücksgleichen Rechten mit Grundstücken** wird von der hM wiederum gebilligt (Mot III, 468, 474; BayObLGZ 1993, 297, 300; Rosenberg § 890 Anm II 1 b; Planck/Strecker § 890 Anm 3a; Biermann § 890 Anm 3; ders § 1012 Anm 1; Kretzschmar § 890 Anm 2c; Oberneck, 89; O vGierke § 119 Fn 18; Staudinger/Seufert[11] § 890 Rn 7; BGB-

RGRK/Augustin § 890 Rn 5; BGB-RGRK/Räfle § 11 ErbbVO Rn 21; Soergel/Kern[14] § 890 Rn 9; MünchKommBGB/Wacke[4] § 890 Rn 12; Bamberger/Roth/Hau/Poseck/Eckert[5] § 890 Rn 4; jurisPK-BGB/Toussaint[10] § 890 Rn 15; Grüneberg/Herrler[84] § 890 Rn 2; Meikel/Imhof/Riedel[6] § 5 Rn 6; Meikel/Böttcher[12] § 5 Rn 8, § 6 Rn 10 [m Einschr]; Bauer/vOefele/Maas[3] AT VI 180; Bauer/Schaub/Waldner[5] §§ 5, 6 Rn 15; Keller/Munzig/Keller[9] § 5 Rn 8, § 6 Rn 8; Hesse/Saage/Fischer § 5 Anm I 1; Demharter[33] § 5 Rn 6; Schöner/Stöber[16] Rn 627; speziell für das Erbbaurecht Staudinger/Rapp [2021] § 11 ErbbauRG Rn 14; Ingenstau/ Hustedt, ErbbR[12] § 11 Rn 27; NK-BGB/Heller[5] § 11 ErbbauRG Rn 23; Wilhelm[4] Rn 2030; Schulte DNotZ 1960, 137; Cammerer BayNotV 1922, 173; OLG Hamm NJW 1974, 280, 281). Unverändert umstritten ist jedoch, ob ein Grundstück dem auf ihm lastenden **Erbbaurecht** nach § 890 Abs 2 BGB zugeschrieben werden kann (prägnante Zusammenfassung des aktuellen Meinungsstands: OLG Jena 6. 11. 2017 – 3 W 344/17, DNotZ 2018, 455, 456 f). Im älteren Schrifttum fanden sich viele Stimmen, die die Vereinigung eines Grundstücks mit einem grundstücksgleichen Recht zwar nicht in der Form der Vereinigung (§ 890 Abs 1 BGB), wohl aber in der Form der Zuschreibung (§ 890 Abs 2 BGB) für möglich hielten (Güthe/Triebel §§ 5, 6 Rn 5; Predari § 5 Anm 10; Fuchs § 1012 Anm 5 b; Thieme §§ 5, 6 Anm 2; Samoje, Erbbaurecht [1919] § 11 Anm 12). Auch im neueren Schrifttum hält man eine Bestandteilszuschreibung vielfach für zulässig (Staudinger/Rapp [2017] § 11 ErbbauRG Rn 14; Bamberger/Roth/Hau/Poseck/Maass[5] § 11 ErbbauRG Rn 17; jurisPK-BGB/Toussaint[10] § 890 Rn 35; Planck/Strecker § 1012 Anm 7; Rosenberg § 890 Anm II 1 b; Ingenstau/Ingenstau/Hustedt, ErbbR[8] § 11 Rn 27; Wilhelm[4] Rn 2030; BGB-RGRK/Räfle § 11 Rn 21; Schöner/Stöber[16] Rn 1845, 1848; Keller/Munzig/Keller[9] § 6 Rn 8; Ingenstau/Hustedt, ErbbR[12] § 11 ErbbauRG Rn 27; Kehrer BWNotZ 1954, 86; Schulte BWNotZ 1960, 137). Die mittlerweile wohl hM hingegen hält jede Art der Verbindung eines Erbbaurechts mit einem Grundstück – und damit nicht nur die Vereinigung nach § 890 Abs 1 BGB, sondern auch die Zuschreibung nach § 890 Abs 2 BGB – für unzulässig (MünchKommBGB/Weiss[9] § 11 ErbbauRG Rn 41; MünchKommBGB/Lettmaier[9] § 890 Rn 6; Erman/Artz[17] § 890 Rn 3 Winkler/Schlögel, Handbuch des Erbbaurechts[7] § 5 Rn 178 ff; Soergel/Kern[14] § 890 Rn 9; NK-BGB/Krause[5] § 890 Rn 29; BeckOGK/Hertel [1. 9. 2024] § 890 Rn 23; Rapp MittRhNotK 1999, 376, 377; vgl auch AK-BGB/Finger § 11 ErbbVO Rn 22; Meikel/Böttcher[12] § 5 Rn 8. 1, § 6 Rn 10). Die *Rechtsprechung* ist uneinheitlich (offen gelassen vom BayObLG Rpfleger 1999, 327): Das OLG Hamm (30. 1. 2019 – 15 W 320/18, 15 W 321/18, MittBayNot 2020, 455 Rn 7 ff m abl Anm Waldner) wie auch das KG Berlin (2. 3. 2010 – 1 W 175 – 176/08, DNotZ 2011, 283, 285) haben die Zuschreibung eines Erbbaugrundstücks zu dem auf ihm lastenden Erbbaurecht nach § 890 Abs 2 BGB für unzulässig, das OLG Jena hingegen genau entgegengesetzt für zulässig erklärt (6. 11. 2017 – 3 W 344/17, DNotZ 2018, 455, 456 ff m Anm Böhringer Rpfleger 2018, 257). Das OLG Köln (14. 1. 2020 – 2 Wx 361/19, BeckRS 2020, 53321 Rn 6) hat jedenfalls die Vereinigung des Erbbaurechts mit einem anderen Grundstück gebilligt. Unseres Erachtens ist diese Ausdehnung des § 890 BGB (wie sie von der früher hM favorisiert wurde und nunmehr insbesondere vom OLG Jena 6. 11. 2017 – 3 W 344/17, DNotZ 2018, 455, 456 vertreten wird) verfehlt: Die Norm kann die Verbindung unterschiedlicher Rechte – also die Verbindung von grundstücksgleichen Rechten verschiedener Gattung oder aber die Verbindung eines solchen „juristischen Fundus" mit dem Eigentum an einem Grundstück – nicht legitimieren, weil sich das Ziel der Vorschrift, die Schaffung einer echten Rechtseinheit, durch Verschmelzung der bisher selbständigen Teilrechte in den genannten Fällen angesichts der Wesensverschiedenheit der Komponenten gar nicht erreichen lässt. Das ist besonders deutlich, soweit eine Vereinigung nach § 890 Abs 1 BGB in Rede steht. Durch eine solche ließe sich offensichtlich nicht einmal ein wirklich einheitliches Verfügungsobjekt schaffen:

Ein Verzicht des Berechtigten auf seine Rechtsposition müsste hinsichtlich der Komponente „Grundstückseigentum" die Voraussetzungen des § 928 BGB erfüllen, hinsichtlich des damit verbundenen Erbbaurechts dagegen den Voraussetzungen des § 875 BGB entsprechen. Aber auch im Falle der Zuschreibung etwa des Erbbaurechts zu einem Grundstück nach § 890 Abs 2 BGB wäre trotz der Prädominanz der Komponente Grundstückseigentum nicht daran vorbeizukommen, dass etwa die besonderen Erlöschensgründe oder Belastungsbeschränkungen des Erbbaurechts (§ 5 Abs 2 ErbbauRG) ihre Gültigkeit behielten. Im Übrigen wäre die Zuschreibung von grundstücksgleichen Rechten zu Grundstücken auch schon deshalb bedenklich, weil damit im Wesentlichen der gleiche Erfolg wie mit einer subjektiv-dinglichen Bestellung erreicht würde, mithin der numerus clausus der Realrechte faktisch gesprengt würde (vgl Winkler/Schlögel, Handbuch des Erbbaurechts[7] § 5 Rn 178 ff). Landesrechtliche Normen, die die Vereinigung von landesrechtlichen grundstücksgleichen Rechten trotz Artverschiedenheit gestatteten, wären zwar denkbar, obgleich sie natürlich erhebliche Folgeprobleme für die Rechtsanwendung aufwerfen würden. Dagegen würden landesrechtliche Normen, die die Verbindung von grundstücksgleichen Rechten und Grundstücken ermöglichen sollten, wohl den Bereich der Vorbehaltsmaterien überschreiten und damit wegen Verstoß gegen das aus Art 3, 55, 218 EGBGB ableitbare Kodifikationsprinzip (vgl dazu zB MünchKommBGB/Brückner[7] § 912 Rn 65) unwirksam sein. § 151 Abs 2 Nr 3 iVm § 9 Abs 2 BBergG zeigt allerdings, dass nach Auffassung des Bundesgesetzgebers bisher das landesrechtlich geregelte Bergwerkseigentum alter Art, also ein besonders wichtiges grundstücksgleiches Recht, wirksam mit dem Eigentum an einem Grundstück verbunden werden konnte, wenn das Landesrecht dies nicht ausdrücklich untersagte. Für die Zukunft schließt § 9 Abs 2 BBergG die Verbindung von Grundstücks- und Bergwerkseigentum ebenso wie die Bestandteilszuschreibung zwischen diesen beiden Rechten aus. Auch der durch das RegVBG v 20. 12. 1993 (BGBl I 2182) neu eingefügte § 136 Abs 3 GBO (jetzt § 143 Abs 3 GBO), wonach Vereinigungen und Zuschreibungen zwischen Grundstücken und grundstücksgleichen Rechten des Landesrechts nicht vorgenommen werden sollen, zeigt, dass der Gesetzgeber hier nicht vom Vorhandensein eines materiellrechtlichen Hindernisses ausging. Auch wenn man entgegen der hier vertretenen Auffassung eine Verbindung zwischen Grundstückseigentum und grundstücksgleichen Rechten für möglich hält, so müsste doch wenigstens eine Zuschreibung des grundstücksgleichen Rechts zu demjenigen Grundstück, auf dem es lastet, der Natur der Sache nach ausscheiden (OLGR Jena 1998, 114, 115; MünchKomm/Weiss[9] § 11 ErbbauRG Rn 41; jurisPK-BGB/Toussaint[10] § 890 Rn 34; NK-BGB/Krause[5] § 890 Rn 29; Predari § 5 Anm 6; Güthe/Triebel[5] §§ 5, 6 Rn 5; Wittmaak, Erbbaurecht 27; Meikel/Böttcher[12] § 5 Rn 8 ff, § 6 Rn 10; Böttcher RpflStud 1989, 51, 56; Keller/Munzig/Keller[9] § 6 Rn 8; Bauer/Schaub/Maass[5] AT F 180; Bauer/Schaub/Waldner[5] §§ 5, 6 Rn 15; Schöner/Stöber[16] Rn 1846; Demharter[33] § 6 Rn 6; Schulte BWNotZ 1960, 137, 140; B Schmidt VIZ 1995, 377, 381; Gutachten DNoI-Report 2006, 111, 112; **anders** aber Staudinger/Rapp [2021] § 11 ErbbauRG Rn 14; Wilhelm[7] Rn 2022 Fn 3090; Wilhelm[4] Rn 2030; Soergel/Kern[14] § 890 Rn 9); ebenso wenig dürfte die Zuschreibung des Erbbaurechtsgrundstücks zum Erbbaurecht anerkannt werden (für diese Konstruktion aber nunmehr explizit OLG Jena 6. 11. 2017 – 3 W 344/17, DNotZ 2018, 455, 456 ff mwNw; Staudinger/Rapp [2021] § 11 ErbbauRG Rn 14 und die oben genannte Literatur). Ganz ähnlich liegt die Problematik einer Verbindung des (nach Art 233 § 2b Abs 1, 4 oder § 4 Abs 1 EGBGB als grundstücksgleiches Recht zu behandelnden) *selbständigen Gebäudeeigentums* mit dem Grundstück, auf dem das Gebäude steht. Überwiegend wird die Bestandteilszuschreibung eines belasteten Grundstücks zu dem auf dem Grundstück lastenden selbständigen Gebäudeeigentum zugelassen (OLG Jena Rpfleger 1998, 195, 196; LG Mühlhausen NotBZ 1998, 34 m zust Anm Döbereiner; LG Dresden m zust Anm Hügel NotBZ 1999, 87; NK-BGB/Krause[1] § 890 Rn 34; Bauer/Schaub/Waldner[5] §§ 5, 6 GBO Rn 15; Bauer/Schaub/Krauss[5] Anh 15 zu § 150 GBO; Krauss NotBZ 1987, 60, 62; Schöner/Stöber[16] Rn 697; Meikel/Böhringer[9] § 6 Rn B 3; Böhringer OV-Spezial 4/1993, 1; ders Rpfleger 1993, 51, 52; Hügel MittBayNot 1993, 196, 197; Keller MittBayNot 1994, 389, 399; B Schmidt VIZ 1995, 378, 381; **aA** Palandt/Bassenge[61] Art 233 § 4 EGBGB Rn 3). Die umgekehrte Zuschreibung (Gebäude zu Grundstück) wird dagegen meist für unzulässig angesehen, weil das Gebäude nicht gleichzeitig Belastung des Grundstücks und dessen einfacher Bestandteil sein könne (OLG Jena Rpfleger 1993, 195, 196; NK-BGB/Krause[1] § 890 Rn 34; Palandt/Bassenge[61] Art 233 § 4 EGBGB Rn 3; Schöner/Stöber[16] Rn 697; Krauss NotBZ 1997, 60, 61 f; Meikel/Böhringer[9] § 6 Rn B 6; Böhringer DtZ 1994, 258, 267; B Schmidt VIZ 1995, 378, 381; Bauer/Schaub/Waldner[5] §§ 5, 6 Rn 15). Ebenso wird auch die Möglichkeit einer Vereinigung des belasteten Grundstücks mit dem darauf lastenden selbständigen Gebäudeeigentum zumeist abgelehnt (OLG Jena Rpfleger 1993, 195, 196; Krauss NotBZ 1987, 60, 62; Meikel/Böhringer[9] § 5 Rn B 5 f; Palandt/Bassenge[61] Art 233 § 4 EGBGB Rn 3; Keller MittBayNot 1994, 389, 399; Schöner/Stöber[16] Rn 697a; **aA** Hügel MittBayNot 1993, 196, 197). Für alle drei Verbindungsformen besteht kein dringendes Bedürfnis, da sich schon auf dem Wege der Aufgabe des Nutzungsrechts (Art 233 § 4 Abs 6 EGBGB iVm §§ 875, 876 BGB) bzw des Gebäudeeigentums selbst (Art 233 § 2b Abs 4 iVm Art 233 § 4 Abs 6 EGBGB, §§ 875, 876 BGB) das Gebäude wiederum zum wesentlichen Bestandteil des Grundstücks machen lässt (Art 233 § 4 Abs 6 S 3 EGBGB). Die hM setzt die befremdliche Konstruktion der Zuschreibung des Grundstücks zu dem auf ihm lastenden Gebäudeeigentum vor allem als Trick ein, um kostengünstig eine „Übertragung" der auf dem Gebäudeeigentum lastenden Hypotheken auf das mit dem Gebäudeeigentum belasteten Grundstück zu erreichen: Diese sollen zunächst durch die Zuschreibung gem § 1131 BGB auf das Grundstück erstreckt werden, um dann nach der Aufgabe des Gebäudeeigentums, die das Gebäude zum wesentlichen Bestandteil des Grundstücks macht, als Belastung des um das Gebäudeeigentum komplettierten Grundstücks fortzubestehen. – Die Vereinigung von Bergwerksfeldern des gleichen Bergwerkseigentümers richtet sich nicht nach § 890 BGB, sondern – genau wie bei unterschiedlichen Bergwerkseigentümern – nach den §§ 24 ff BBergG. Der Versuch einer Verschmelzung von Bergwerkseigentum und Erbbaurecht dürfte schon an einer entsprechenden Anwendung von § 9 Abs 2 BBergG scheitern (Wilhelm[4] Rn 2029). – Die Verbindung von (gleichartigen) grundstücksgleichen Rechten in Analogie zu § 890 BGB setzt natürlich voraus, dass diese demselben Berechtigten zustehen.

5. Wohnungseigentumsrechte

Auch das Wohnungseigentum bzw Teileigentum nach dem Wohnungseigentumsge- 20
setz lässt sich jedenfalls unter einem bestimmten Blickwinkel als grundstücksgleiches Recht eigener Art begreifen, auch wenn es im Gegensatz zu den anderen grundstücksgleichen Rechten nicht zugleich eine Grundstücksbelastung darstellt (vgl Staudinger/Gursky [2013] § 1008 Rn 4; abw aber die hM, die das Wohnungseigentum ausschließlich als Sonderform des Miteigentums einordnet, zB Bärmann/Armbrüster WEG[15] § 1 Rn 6 f). Nach den vorangegangenen Ausführungen kann es deshalb jedenfalls nicht mit dem Eigentum an einem *anderen* Grundstück verbunden werden (OLG Düsseldorf JMinBl 1963, 189 [keine Zuschreibung von Teileigentum zu Grundstück]; LG Dortmund Rpfleger 1992, 478; BGB-

RGRK/Augustin § 3 WEG Rn 22; NK-BGB/Krause[5] Rn 30; BeckOGK/Hertel [1. 9. 2024] § 890 Rn 29; Weitnauer, WEG[7] § 3 Rn 25b; Riedel Rpfleger 1966, 81; Kehrer BWNotZ 1966, 188; **aA** BayObLGZ 1993, 297, 298 ff [Zuschreibung eines Grundstücks zu einem Wohnungseigentumsrecht]; OLG Hamm NJW-RR 1996, 1100 f [ebenso]; LG Ravensburg Rpfleger 1976, 303; Wilhelm[4] Rn 2031; MünchKommBGB/Wacke[4] § 890 Rn 12; jurisPK-BGB/Toussaint[10] § 890 Rn 13; Erman/Artz[17] § 890 Rn 3; Grüneberg/Wicke[84] § 6 WEG Rn 7; Bärmann/Armbrüster WEG[9] § 3 Rn 49; Weitnauer/Briesemeister, WEG[9] § 3 Rn 92; Meikel/Böttcher[12] § 5 Rn 9, § 6 Rn 11; Demharter[33] § 6 Rn 5; Schöner/Stöber[16] Rn 2979 f; Keller/Munzig/Keller[9] § 5 Rn 10). Auch hier gilt ja der Einwand, dass die Vereinigung nicht einmal ein wirklich einheitliches Verfügungsobjekt schaffen kann: Ein Verzicht auf das Eigentum wäre nach § 928 Abs 1 BGB einseitig möglich, ein Verzicht auf das Wohnungseigentum könnte als „Aufhebung des Sondereigentums" nach § 4 WEG durch Auflassung und Eintragung erfolgen; eine Dereliktion des Wohnungseigentums dagegen wäre genauso wie die einseitige Aufgabe des schlichten Miteigentums (vgl BGHZ 115, 1; OLG Düsseldorf NZM 2007, 219, 220) unzulässig (BGH 26. 9. 2013 – V ZB 152/12, NJW 2014, 1002, 1003; BayObLG NJW 1991, 1962; NJW-RR 1994, 403; OLG Düsseldorf NZM 2001, 342, 343; OLG Zweibrücken FGPrax 2002, 200, 2001; OLG Celle MDR 2004, 29 f; Staudinger/C Heinze [2018] § 875 Rn 34; Staudinger/Diehn [2020] § 928 Rn 8; BGB-RGRK/Augustin § 928 Rn 2; Soergel/Stürner[12] § 1 WEG Rn 3; Erman/Artz[17] § 928 Rn 2; Grüneberg/Wicke[84] § 6 WEG Rn 8; Weitnauer/Briesemeister, WEG[9] § 3 Rn 90; Bärmann/Armbrüster, WEG[15] § 1 Rn 169 ff; **aA** Weitnauer, WEG[7] § 3 Rn 25a; Staudinger/Ertl[12] § 928 Rn 6; BGH NJW 2007, 2254; OLG Düsseldorf NZM 2007, 221 f). Andererseits muss die Vereinigung von mehreren Wohnungseigentumsrechten (bzw Teileigentumsrechten) an demselben Grundstück in analoger Anwendung von § 890 BGB möglich sein, wenn diese demselben Rechtsträger gehören (ganz hM, vgl BGHZ 146, 241, 247; BayObLG DNotZ 1999, 674, 676 f; MittBayNot 2000, 319; OLG Hamm MittRhNotK 1999, 344; MittBayNot 2007, 490, 491 m Anm Morvilius; OLG Hamburg Rpfleger 1966, 79 m zust Anm Riedel = NJW 1965, 1765; KG OLGZ 1989, 385 = Rpfleger 1989, 500 m zust Anm Meyer-Stolte; OLG Stuttgart OLGZ 1977, 431; LG Ravensburg Rpfleger 1976, 303; LG Bochum Rpfleger 1990, 291 m Anm Meyer-Stolte; LG Berlin 14. 6. 2005 – 86 T 873 – 874/04, juris Rn 13; AG Lampertsheim BWNotZ 1976, 70; Wilhelm[4] Rn 2031; Weitnauer/Briesemeister, WEG[9] § 3 Rn 91; Bärmann/Armbrüster, WEG[15] § 1 Rn 98 ff; Staudinger/Rapp/Wobst [2023] § 6 WEG Rn 35 ff; BGB-RGRK/Augustin § 890 Rn 6, § 3 WEG Rn 22; Soergel/Kern[14] § 890 Rn 9, Soergel/Stürner[12] § 9 WEG Rn 8; MünchKommBGB/Krafka[9] § 3 WEG Rn 64; jurisPK-BGB/Toussaint[10] § 890 Rn 13; Grüneberg/Wicke[84] § 6 WEG Rn 7; Meikel/Imhof/Riedel[6] § 3 Rn 487 u 494; BeckOGK/Hertel [1. 9. 2024] § 890 Rn 27; Meikel/Böttcher[12] § 5 Rn 13, § 6 Rn 15; Bauer/Schaub/Waldner[5] §§ 5, 6 Rn 16; Keller/Munzig/Keller[9] § 5 Rn 9; Demharter[33] § 5 Rn 5; Hesse/Saage/Fischer, GBO[4] § 5 Anm I 1; Schöner/Stöber[16] Rn 2979; Bengel/Bauer/Weidlich §§ 5, 6 GBO Rn 5; Riggers JurBüro 1977, 17, 18; Röll Rpfleger 1976, 283, 285; Böttcher BWNotZ 1996, 80, 88; Merle, Das Wohnungseigentum im System des Bürgerlichen Rechts [1979] 177; **aA** Horber/Demharter, GBO[17] § 5 Anm 2 A a; wohl auch OLG Düsseldorf JMBl NRW 1963, 183; nur in der Konstruktion von der hM abw Streuer Rpfleger 1992, 181, 184: analoge Anwendung von § 8 WEG auf den spiegelbildlich entsprechenden Fall). Die Unanwendbarkeit des § 890 BGB bei bloßen (ideellen) Miteigentumsanteilen iS von § 1008 BGB steht dem nicht entgegen: Der Hinzuerwerb eines weiteren Anteils durch einen Miteigentümer führt ja sogar zur automatischen Verschmelzung (Quotenänderung), die beim Zusammentreffen zweier Wohnungseigentumsrechte in der Person desselben Berechtigten angesichts der andersartigen Struktur dieser Rechte nicht in Betracht kommt (OLG Hamburg Rpfleger 1976, 79, 81). Häufig wird allerdings für eine Vereinigung zweier Eigentumswohnungen (oder Teileigentumsrechte) verlangt, dass die von dem nunmehr einheitlichen Sondereigentum umfassten Räume in sich abgeschlossen sind (§§ 3 Abs 3, 8 Abs 2 WEG) und dass eine diesbezügliche Bescheinigung der zuständigen Baubehörde vorgelegt wird (OLG Hamburg Rpfleger 1976, 79, 81; OLG Stuttgart OLGZ 1977, 431; AG Lampertsheim BWNotZ 1976, 70; Meikel/Böttcher[12] § 5 Rn 16 [m Einschr]; Weitnauer/Briesemeister, WEG[9] § 3 Rn 94; Diester, Wichtige Fragen des Wohnungseigentums [1974] Rn 192; Keller/Munzig/Keller[9] § 5 Rn 9; **abw** BGHZ 146, 241, 247 mwNw; BayObLGZ 1971, 246; BayObLG DNotZ 1999, 674, 676; MittBayNot 2000, 319; KG OLGZ 1989, 385, 388; OLG Hamburg Rpfleger 2004, 620 f; LG Wiesbaden Rpfleger 1989, 194; Bärmann/Pick/Merle, WEG[9] § 3 Rn 48; BGB-RGRK/Augustin § 3 WEG Rn 22; Grüneberg/Wicke[84] § 6 WEG Rn 7; Bauer/Schaub/Waldner[5] §§ 5, 6 Rn 16; Schöner/Stöber[16] Rn 2979; DNotI-Gutachten DNotI-Report 2004, 85, 86 f; Riggers JurBüro 1977, 17, 18, wo nur verlangt wird, dass die von der Vereinigung erfassten Wohnungen je für sich abgeschlossen sind; ähnlich, aber nicht sehr deutlich LG Ravensburg Rpfleger 1976, 303, 304). Diese Auffassung ist abzulehnen. Dem Abgeschlossenheitserfordernis des § 3 Abs 3 WEG ist Genüge getan, weil die vor der Vereinigung bestehende Abgrenzung der nunmehr vereinigten Wohnungseigentumsrechte von den Wohnungseigentumsrechten der anderen Wohnungseigentümer ja vollkommen erhalten bleibt (KG OLGZ 1989, 385, 388). Zum grundbuchmäßigen Vollzug der Verbindung vgl Riggers JurBüro 1966, 95. Die Verbindung von Raumeigentumsrechten am gleichen Grundstück kann nicht nur in der Form der Vereinigung nach § 890 Abs 1 BGB erfolgen, sondern auch die Zuschreibung eines derartigen Rechtes zu einem anderen ist möglich (LG Ravensburg Rpfleger 1976, 303; OLG Stuttgart OLGZ 1977, 431; Bärmann/Arbrüster[15] § 1 Rn 102; NK-BGB/Krause[5] § 890 Rn 31; Weitnauer/Briesemeister[9], § 3 Rn 91; Röll Rpfleger 1976, 285; Streuer Rpfleger 1992, 181, 186). Unbedenklich ist auch die Verbindung von Wohnungseigentum und Teileigentum am gleichen Grundstück (NK-BGB/Krause[5] § 890 Rn 31; Schöner/Stöber[16] Rn 2979; **aA** offenbar BGB-RGRK/Augustin § 3 WEG Rn 22). Diese beiden Formen des Raumeigentums sind nämlich völlig inhaltsgleiche, nur aus terminologischen Gründen (zur Kennzeichnung der Nutzungsart der Räume) unterschiedene Rechte. Da bei gemischter Zweckbestimmung von vornherein ein kombiniertes „Wohnungs- und Teileigentumsrecht" geschaffen werden kann (Bärmann/Armbrüster, WEG[15] § 1 Rn 26), muss ein solches auch durch nachträgliche Verbindung entstehen können. Wegen der in § 30 Abs 3 S 2 WEG erfolgten Globalverweisung auf die Regeln über das Wohnungseigentum muss man auch die Vereinigung mehrerer Wohnungserbbaurechte am gleichen Erbbaurecht in Analogie zu § 890 Abs 1 oder 2 BGB zulassen (OLG Hamm ZMR 2000, 244; DNotZ 2007, 225, 226; MünchKommBGB/Lettmaier[9] § 890 Rn 6; OLG Hamm DNotZ 2007, 225, 226 mwNw). Das setzt natürlich voraus, dass die betreffenden Wohnungserbbaurechte dem (oder den) gleichen Berechtigten zustehen (Morvilius MittBayNot 2007, 490, 493). – Siehe auch oben Rn 11.

Eine Verbindung von Wohnungseigentumsrechten an unterschiedlichen Grundstücken kommt der Natur der Sache nach nicht in Betracht (OLG Düsseldorf 30. 11. 2015 – I-3 Wx 272/15, ZWE 2016, 165, 166; Riggers JurBüro 1977, 17, 18; Meikel/Böttcher[12] § 5 Rn 13 [unter Hinweis auf § 1 Abs 4 WEG]; ebenso BeckOGK/Hertel [1. 9. 2024] § 890 Rn 27; NK-BGB/Krause[5] § 890 Rn 30; Schöner/Stöber[16] Rn 2979; **aA** offenbar LG Dortmund Rpfleger 1992, 478; Bauer/Schaub/Waldner[5] §§ 5, 6 Rn 16, 37; Bamberger/Roth/Hau/Poseck/Eckert[5] § 890 Rn 4). 21

III. Gemeinsame Voraussetzungen

22 Die Verschmelzung von Grundstücken nach Abs 1 oder 2 setzt materiellrechtlich eine entsprechende Erklärung des Eigentümers gegenüber dem Grundbuchamt und die Eintragung der Vereinigung bzw Zuschreibung im Grundbuch voraus.

1. Antrag des Eigentümers

23 Der Eigentümer muss die Vereinigung oder Zuschreibung beantragen. Bei Miteigentum ist die Mitwirkung aller Miteigentümer notwendig (RG LZ 1927, 630).

24 **a)** Die Erklärung des Eigentümers ist nach sachlichem Recht Voraussetzung der Vereinigung oder Zuschreibung, also der Entstehung eines neuen oder erweiterten Grundstücks. Es handelt sich dabei um eine einseitige, dem Grundbuchamt gegenüber abzugebende rechtsgeschäftliche **Willenserklärung**, die Verfügungscharakter hat (Rosenberg § 890 Anm III 1 a; Planck/Strecker § 890 Anm 3b; NK-BGB/Krause[5] § 890 Rn 16; Wolff/Raiser § 37 II 1 Fn 7). Fehlt diese Willenserklärung, so treten die Rechtsfolgen der Vereinigung oder Zuschreibung trotz entsprechender Eintragung im Grundbuch nicht ein; das Grundbuch wird also unrichtig (OLG Kassel JW 1933, 1339; KGJ 49 A 232, 235; KG OLGE 40, 30). Die fehlende Rechtszuständigkeit des Erklärungsurhebers kann auch nicht durch dessen guten Glauben ersetzt werden; die Vereinigung bzw Zuschreibung ist nun einmal kein Verkehrsgeschäft (s § 893 Rn 43). Entsprechendes gilt, wenn dem Grundstückseigentümer die Verfügungsbefugnis fehlt; allerdings braucht die Verfügungsbefugnis analog § 878 BGB nur beim Zugang der Vereinigungs- bzw Zuschreibungserklärung beim Grundbuchamt vorliegen (s Staudinger/C Heinze [2018] § 878 Rn 9, 37 mwNw; **aA** Schöner/Stöber[16] Rn 113). Die zunächst unwirksame Verbindung kann aber natürlich durch den gutgläubigen Erwerb eines Dritten nach § 892 BGB wirksam werden (Planck/Strecker § 890 Anm 3a; Rosenberg § 890 Anm III 4; Meikel/Böttcher[12] § 5 Rn 20). Ebenso kann die Erklärung eines Nichteigentümers nach § 185 BGB konvaleszieren bzw von vornherein wirksam sein (Planck/Strecker § 890 Anm 3a; Wolff/Raiser § 37 Fn 7; MünchKommBGB/Lettmaier[9] § 890 Rn 9; Meikel/Böttcher[12] § 5 Rn 20; Böttcher RpflStud 1989, 1, 2). Schließlich ist zu beachten, dass § 890 BGB (genau wie die §§ 875, 885 BGB für vergleichbare Verfügungen) keine Aussage über die zeitliche Reihenfolge von Verfügungserklärung und korrespondierender Eintragung enthält; analog § 879 Abs 2 BGB wird man deshalb anzunehmen haben, dass die Verbindungserklärung des Eigentümers der Eintragung im Grundbuch auch nachfolgen kann (Rosenberg § 890 Anm III 2 a; Planck/Strecker § 890 Anm 3b; jurisPK-BGB/Toussaint[10] § 890 Rn 20). Hinsichtlich der Zustimmungserfordernisse aus § 1850 Nr 1 und § 1424 BGB ist zu unterscheiden: Die Vereinigung ist zwar eine Verfügung, aber vermögensneutral. Damit passen diese Genehmigungsvorschriften nicht und sind folglich nicht anzuwenden (Schöner/Stöber[16] Rn 631; Meikel/Böttcher[12] § 5 Rn 22). Anders ist bei der Zuschreibung zu entscheiden, wenn das Hauptgrundstück mit Grundpfandrechten belastet ist, die sich bei einer wirksamen Zuschreibung nach § 1131 BGB auf das zugeschriebene Grundstück ausdehnen würden (Staudinger/Veit [2020] § 1821 Rn 30; Schöner/Stöber[16] Rn 657; Meikel/Böttcher[12] § 6 Rn 19, 22; Böttcher RpflStud 1989, 51, 54). Hier sind die genannten Genehmigungsvorschriften nur dann nicht anzuwenden, wenn die Zuschreibung beim Erwerb des Grundstücks erfolgt (vgl Staudinger/Löhnig [2023] § 1424 Rn 9; Schöner/Stöber[16] Rn 658; Meikel/Böttcher[12] § 6 Rn 19, 22; NK-BGB/Krause[5] § 890 Rn 16).

b) Die Verbindungserklärung ist grundsätzlich zu unterscheiden von den verfahrensrechtlichen Akten des **Eintragungsantrags** und der Eintragungsbewilligung, mit denen sie allerdings praktisch häufig zusammenfallen wird. Der verfahrensrechtliche Eintragungsantrag kann uU aber auch von einer anderen Person als dem Eigentümer gestellt werden, da für ihn nur § 13 GBO, nicht § 890 BGB maßgeblich ist (Planck/Strecker § 890 Anm 3b; Rosenberg § 890 Anm III 2 b α; BGB-RGRK/Augustin § 890 Rn 10; MünchKommBGB/Lettmaier[9] § 890 Rn 9; NK-BGB/Krause[5] § 890 Rn 18; Oberneck I 84; BeckOGK/Hertel [1. 9. 2024] § 890 Rn 36; **aA** Soergel/Kern[14] § 890 Rn 12; Güthe/Triebel §§ 5, 6 Rn 6 aE; Meikel/Imhof/Riedel[6] § 6 Rn 12; Meikel/Böttcher[12] § 5 Rn 25, § 6 Rn 25; Bauer/Schaub/Waldner[5] §§ 5, 6 Rn 20; Keller/Munzig/Keller[9] § 6 Rn 21; Demharter[33] § 5 Rn 11, § 6 Rn 10; grundsätzlich auch BayObLG DNotZ 1977, 242). Als weiterer möglicher Antragsberechtigter nach § 13 Abs 1 S 2 GBO kommt dabei allerdings wohl nur ein Grundpfandgläubiger im Falle der Zuschreibung (§ 890 Abs 2 BGB) in Betracht, der durch die nach § 1131 BGB eintretende Pfanderstreckung begünstigt würde (KG RJA 6, 73 = KGJ 30 A 178, 180; Biermann § 890 Anm 1; MünchKommBGB/Wacke[4] § 890 Rn 8 mit Fn 19). Die Gegenauffassung lehnt die Antragsberechtigung der Grundpfandgläubiger ab, weil diese durch § 1131 BGB allenfalls mittelbar begünstigt seien (Meikel/Böttcher[12] § 6 Rn 25; Demharter[33] § 5 Rn 11, § 6 Rn 10; Güthe/Triebel §§ 5, 6 Rn 6 aE; BayObLG DNotZ 1977, 242, wo allerdings offenbleibt, ob der Grundpfandgläubiger nicht wenigstens dann antragsberechtigt sein muss, wenn die Bestandteilszuschreibung nachweislich in seinem Interesse erfolgen soll). Zu Recht weist demgegenüber Wacke (MünchKommBGB[4] § 890 Rn 8 Fn 19) darauf hin, dass man in vergleichbaren Fällen eine solche mittelbare Begünstigung für die Antragsberechtigung genügen lässt. Wenn der Eintragungsantrag zulässigerweise von einem Hypothekengläubiger gestellt wird, ist verfahrensrechtlich zusätzlich die (der Form des § 29 GBO bedürftige) Eintragungsbewilligung des Eigentümers (§ 19 GBO) erforderlich. Die Verbindungserklärung des Eigentümers ist zwar nach materiellem Recht nicht formbedürftig, ebenso wenig wie nach § 30 GBO der isolierte Eintragungsantrag. Wenn aber der Eintragungsantrag des Eigentümers zugleich die materiellrechtliche Verbindungserklärung enthält, bedarf er nach Grundbuchrecht der Form der §§ 29, 30 GBO (KGJ 30 A 178 = RJA 6, 73; KGJ 31 A 236; KG OLGE 39, 221; BayObLGZ 1976, 188; BayObLG DNotZ 1958, 388, 390; BGB-RGRK/Augustin § 890 Rn 9; Meikel/Imhof/Riedel[6] § 5 Rn 12; Meikel/Böttcher[12] § 5 Rn 26; Keller/Munzig/Keller[9] § 5 Rn 24; Güthe/Triebel[5] § 5 Rn 6 mwNw; Bauer/Schaub/Waldner[5] §§ 5, 6 Rn 21; Demharter[33] § 5 Rn 10; ganz hM; vgl auch RG JW 1937, 896 für die Teilungserklärung). Der Streit, ob man einen solchen gemischten Antrag des Eigentümers auch als Eintragungsbewilligung iS des § 19 GBO qualifizieren will, hat keinerlei praktische Bedeutung. Nach § 1 des als Landesrecht fortgeltenden Gesetzes vom 15. 11. 1937 (RGBl I 1257) iVm § 66 Abs 1 Nr 6 BeurkG sind zur Beglaubigung des Antrags bei der Vereinigung, aber nicht bei der Zuschreibung auch die Vermessungsbehörden zuständig, die dafür keine Gebühr erheben. Diese Regelung ist in Bayern ersetzt durch Art 9 VermKatG vom 31. 7. 1970 (GVBl 369). 25

Zu den Verfahrensvoraussetzungen der Grundstücksvereinigung oder Bestandteilszuschreibung gehört auch das Erfordernis der Voreintragung des Betroffenen (§ 39 GBO); der Eigentümer der zu verschmelzenden Grundstücke muss also als solcher bereits eingetragen sein (Meikel/Imhof/Riedel[6] § 5 Rn 11; Meikel/Böttcher[12] § 5 Rn 62; Güthe/Triebel §§ 5, 6 Rn 6). Die Ausnahmeregelung des § 40 GBO greift hier nicht ein (Güthe/Triebel §§ 5, 6 Rn 6; Meikel/Imhof/Riedel[6] § 5 Rn 11). 26

27 **c)** Welche Art der Verbindung eintreten soll, hängt allein von dem erklärten Willen des Eigentümers ab. Der Eigentümer ist nicht gehindert, etwa gleichwertige Grundstücke durch Zuschreibung oder ungleichwertige durch Vereinigung zu verbinden (Kretzschmar SächsArch 11, 1, 11; Königsdörffer SächsArch 13, 24, 45 f), und auch hinsichtlich der Richtung der Zuschreibung steht ihm die Wahl frei, sodass er also ohne Weiteres das größere Grundstück dem kleineren zuschreiben lassen kann (BayObLG DNotZ 1972, 350, 351; Rosenberg § 890 Anm I 1; NK-BGB/Krause[5] § 890 Rn 15; Wolff/Raiser § 37 Fn 12; Grüneberg/Herrler[84] § 890 Rn 3; abw Königsdörffer SächsArch 13, 24, 46). Das Grundbuchamt ist an diese Wahl gebunden, auch wenn es sie für unzweckmäßig hält. Es hat den Willen des Eigentümers sorgfältig zu erforschen (KG OLGE 39, 221). Die Erklärung des Eigentümers muss aber deutlich erkennen lassen, welche Art der Vereinigung gewollt ist (KG OLGE 39, 221; KGJ 30 A 190, 195 f; BayObLG MittBayNot 1994, 128, 129; Meikel/Böttcher[12] § 5 Rn 27; vgl auch Meyer-Stolte Rpfleger 1990, 291, 292). Daran mangelt es möglicherweise schon, wenn Zuschreibung „bei“ (statt „zu“) einem Grundstück begehrt wird (BayObLGZ BayZ 1911, 467 = SeuffBl 77, 26; Rosenberg § 890 Anm III 2a). Vollends zu Zweifeln Anlass bietet der Ausdruck „Zusammenschreibung“, der häufig untechnisch verwandt wird, also bald für § 4 GBO, bald für § 5 GBO und bald für § 6 GBO gebraucht wird (KG DR 1940, 1952 = DNotZ 1940, 493; Meikel/Imhof/Riedel[6] § 5 Rn 13). Dass Vereinigung und nicht Zuschreibung gemeint ist, kann sich nach Ansicht des BGH schon daraus ergeben, dass gleichzeitig eine Pfandunterstellung erklärt wird, die im Falle der Zuschreibung nach § 1131 BGB überflüssig gewesen wäre (DNotZ 1954, 197, 198). Dieses Indiz wird allerdings wertlos, wenn die Pfandunterstellungserklärung in beiden Richtungen wirken sollte, also eine Ausdehnung der auf den beiden zu verschmelzenden Grundstücken lastenden Grundpfandrechte auf das jeweils andere Grundstück bezweckte (Meikel/Böttcher[12] § 5 Rn 27 f; Keller/Munzig/Keller[7] § 5 Rn 23). Falls beantragt wird, ein Grundstück einem anderen „zuzuschreiben“, ist normalerweise von einer technischen Verwendung des Begriffes auszugehen, also anzunehmen, dass die Zuschreibung als Bestandteil nach § 890 Abs 2 BGB gewollt ist (KG DR 1940, 1952 = HRR 1941 Nr 28; MünchKommBGB/Wacke[4] § 890 Rn 7; Soergel/Kern[14] § 890 Rn 7; Meikel/Böttcher[12] § 5 Rn 27). Werden angrenzende Trennstücke benachbarter Grundstücke zu einem neuen Flurstück zusammenvermessen und dann gemeinsam aufgelassen, so kann der Antrag des Auflassungsempfängers, sie als *ein* Grundstück einzutragen, in dem Antrag mitenthalten sein, die Auflassung des neuen Flurstücks aufgrund des anerkannten Vermessungsverzeichnisses einzutragen (BayObLG DNotZ 1958, 389 m zust Anm Riedel = BayObLGZ 1957, 357; dazu Röll MittBayNot 1960, 100). Entsprechendes gilt für den Antrag „auf Vollzug des Veränderungsnachweises samt allen darin enthaltenen Verschmelzungen“ (LG Schweinfurt MittBayNot 1978, 217; Schöner/Stöber[16] Rn 630). Allerdings fehlt in solchen Fällen noch die Klärung, ob die Verbindung in der Form des Abs 1 oder der des Abs 2 gewollt ist. Wenn die zu verbindenden Grundstücke oder Grundstücksteilflächen nicht mit einem Grundpfandrecht oder nur mit ein und demselben Gesamtgrundpfandrecht belastet waren, wird man wohl davon ausgehen können, dass kein Anlass für die Wahl der Zuschreibung bestand, und deshalb den konkludenten Verschmelzungsantrag als im Zweifel auf Vereinigung iS von § 890 Abs 1 BGB gerichtet interpretieren können (vgl LG Schweinfurt MittBayNot 1978, 217, 218; Röll DNotZ 1968, 523, 529; Schöner/Stöber[16] Rn 630; Bengel/Bauer/Weidlich §§ 5, 6 GBO Rn 9; NK-BGB/Krause[5] § 890 Rn 15; Soergel/Stürner[13] § 890 Rn 5; **aA** Keller/Munzig/Keller[9] § 5 Rn 23). Verfahrensrechtlich korrekter wäre es allerdings, durch eine Zwischenverfügung für eine

Klarstellung des Antrags zu sorgen (KELLER/MUNZIG/KELLER[9] § 5 Rn 23; SCHÖNER/STÖBER[16] Rn 630).

d) Eine Ausnahme vom Erfordernis der materiellrechtlichen Verbindungserklärung bestand früher im landwirtschaftlichen Entschuldungsverfahren: Nach Art 31 Abs 5 S 2 der 7. DVO z SchRegG (RGBl 1935 I 572) konnte das Entschuldungsamt die Vereinigung von Grundstücken des Entschuldungsbetriebes anordnen; diese Anordnung ersetzte die Erklärung des Eigentümers (vgl dazu DNotZ 1936, 442; ferner MEIKEL/IMHOF/RIEDEL[6] § 5 Rn 15). **28**

2. Eintragung als ein einheitliches Grundstück

Erforderlich ist weiter die Eintragung der Vereinigung oder Zuschreibung im Grundbuch. Die grundbuchmäßige Behandlung richtet sich dabei nach § 6 Abs 2, Abs 5, Abs 6 lit b, c und Abs 7 sowie § 13 Abs 1 u 3 GBV (dazu SCHÖNER/STÖBER[16] Rn 641 ff; BAUER/SCHAUB/WALDNER[5] §§ 5, 6 Rn 45; DEMHARTER[33] § 5 Rn 19, § 6 Rn 21). Dem Grundbuchamt muss durch öffentliche Urkunden nachgewiesen werden, dass die Grundstücke dem gleichen Eigentümer gehören, wobei auch etwaige durch das eheliche Güterrecht herbeigeführte Änderungen (Gütergemeinschaft) zu berücksichtigen sind. **29**

Erfolgte die Eintragung *ohne die notwendige materiellrechtliche Verbindungserklärung* des Eigentümers oder war diese nicht rechtsgültig, so führt der Vollzug der Verbindung zur Unrichtigkeit des Grundbuches. Ebenso, wenn die Verbindung gegen zwingende landesrechtliche Vorschriften (s dazu Rn 19) verstieß. In derartigen Fällen kann die Vereinigung oder Zuschreibung nicht nach § 53 Abs 1 S 2 GBO von Amts wegen gelöscht werden, weil die Eintragung nicht schlechthin inhaltlich unzulässig ist. Das Grundbuchamt hat aber einen Amtswiderspruch nach § 53 Abs 1 S 1 GBO einzutragen und kann dazu durch Beschwerde gezwungen werden, § 71 Abs 2 S 2 GBO (KGJ 31 A 243 = RJA 6, 252; MEIKEL/IMHOF/RIEDEL[6] § 5 Rn 58; MEIKEL/BÖTTCHER[12] § 5 Rn 20; BGB-RGRK/AUGUSTIN § 890 Rn 11). Die Unrichtigkeit des Grundbuches kann nur im Wege der Berichtigung (§ 22 GBO) beseitigt werden. Entsprechendes gilt, wenn das Grundbuchamt anstatt der beantragten Vereinigung eine Zuschreibung eingetragen hat oder umgekehrt (ROSENBERG § 890 Anm III 3 b δ; MEIKEL/IMHOF/RIEDEL[6] § 5 Rn 41). Die Wirkung der Grundstücksvereinigung tritt natürlich auch dann nicht ein, wenn die Eintragung im Grundbuch keine klare Auskunft darüber gibt, ob es sich um eine Vereinigung oder Zuschreibung handelt (MEIKEL/IMHOF/RIEDEL[6] § 5 Rn 49; NK-BGB/KRAUSE[5] § 890 Rn 19). Die Verletzung bloßer Verfahrensvorschriften – zB Eintragung der beantragten Verbindung trotz Vorliegens von Verwirrungsgefahr – lässt die Wirksamkeit der vollzogenen Verbindung naturgemäß unberührt (BGH Rpfleger 2006, 150, 151 = NJW 2006, 1000, 1001 = MittBayNot 2006, 227, 228 m Anm MORVILIUS; MEIKEL/IMHOF/RIEDEL[6] § 5 Rn 58; MünchKommBGB/LETTMAIER[9] § 890 Rn 12; NK-BGB/KRAUSE[5] § 890 Rn 28; BeckOGK/HERTEL [1. 9. 2024] § 890 Rn 52; GRÜNEBERG/HERRLER[84] § 890 Rn 3). **30**

3. Zustimmung Dritter

Eine Zustimmung derjenigen Personen, denen an den zu verbindenden Grundstücken beschränkte dingliche Rechte zustehen, ist weder für die Vereinigung noch für die Zuschreibung erforderlich, da deren Rechtsstellung hiervon entweder überhaupt nicht berührt oder (im Falle der automatischen Pfanderstreckung nach §§ 890 Abs 2, **31**

1131 BGB) doch nur positiv beeinflusst wird (KGJ 31 A 239; 43 A 124 = RJA 6, 249 u 12, 156; OLG München 24. 1. 2024 – 34 Wx 9/24 e, FGPrax 2024, 60, 61 [Bestandteilszuschreibung des herrschenden Grundstücks der Grunddienstbarkeit zu einem anderen Grundstück]; OLG Saarbrücken OLGZ 1972, 129, 137; Rosenberg § 890 Anm III 1 b; Planck/Strecker § 890 Anm 3b; BGB-RGRK/Augustin § 890 Rn 13; Soergel/Kern[14] § 890 Rn 7; NK-BGB/Krause[5] § 890 Rn 20; BeckOGK/Hertel [1. 9. 2024] § 890 Rn 41; jurisPK-BGB/Toussaint[10] § 890 Rn 21; Turnau/Förster § 890 Anm II 2; Biermann § 890 Anm 1; Predari § 5 GBO Anm 1; Meikel/Böttcher[12] § 5 Rn 22; Meikel/Imhof/Riedel[6] § 5 Rn 29; Güthe/Triebel §§ 5, 6 Rn 12; Demharter[33] § 5 Rn 9, § 6 Rn 9; allgM). Dagegen war zur Verbindung eines Grundstücks mit einer Heimstätte die Zustimmung des Ausgebers der Heimstätte erforderlich, § 10 Abs 2 HeimstG (zur Aufhebung dieses Gesetzes s unten Rn 50); nach § 10 Abs 1 meist auch der Rangrücktritt der Rechte, die auf dem mit der Heimstätte zu vereinigenden Grundstück lasteten (JFG 20, 27). – Durch Rechtsgeschäft kann die Verbindung nicht von der Zustimmung dritter Personen abhängig gemacht werden (vgl § 137 S 1 BGB). Das Verbot einer Grundstücksverbindung kann auch nicht Inhalt einer persönlichen Dienstbarkeit oder einer Grunddienstbarkeit sein; die Dienstbarkeit kann nun einmal nicht zum Zwecke der Beschränkung der Verfügungsfreiheit des Eigentümers des dienenden Grundstücks eingesetzt werden (OLGR Frankfurt 2005, 782, 783; jurisPK-BGB/Toussaint[10] § 890 Rn 21).

4. Fehlen entgegenstehender gesetzlicher Vorschriften

32 Die Verbindung kann nach Bundesrecht in einigen Fällen von einer behördlichen Genehmigung abhängig sein, so zB bei Vereinigung landwirtschaftlicher Grundstücke unter gleichzeitigem Eigentümerwechsel nach § 2 Abs 1 GrdstVG. Landesrecht konnte bis zur Aufhebung des Art 119 Nr 3 EGBGB aF die Verbindung untersagen oder beschränken, zB von einem räumlichen oder wirtschaftlichen Zusammenhang der zu verbindenden Grundstücke abhängig machen (vgl Bauer/Schaub/Waldner[5] §§ 5, 6 GBO Rn 7; Meikel/Imhof/Riedel[6] § 5 Rn 17 ff; Meikel/Böttcher[7] § 5 Rn 48 ff; und die Übersicht bei Staudinger/Mittelstädt [2018] Art 119 EGBGB Rn 79–84; s auch Rn 14).

IV. Die Vereinigung (Abs 1) im Einzelnen

1. Rechtsfolgen

33 Die Wirkung der Vereinigung besteht darin, dass die miteinander verbundenen Grundstücke ihre bisherige Selbständigkeit verlieren und zu (nicht wesentlichen, dh nicht schlechthin sonderrechtsunfähigen) **Bestandteilen eines neuen, einheitlichen Grundstücks** werden (BGH Rpfleger 1978, 52; NJW 2006, 1000, 1001; KGJ 31 A 239, 241; OLG Düsseldorf FGPrax 2000, 57, 58; OLG Saarbrücken OLGZ 1972, 129, 137; OLG Hamm OLGZ 1978, 304, 310; OLG Zweibrücken NJW-RR 1990, 782, 783; Planck/Strecker § 890 Anm 4; BGB-RGRK/Augustin § 890 Rn 8; jurisPK-BGB/Toussaint[10] § 890 Rn 30; Meikel/Imhof/Riedel[6] § 5 Rn 53; Meikel/Böttcher[12] § 5 Rn 83 ff m umfangr Nw; Bauer/Schaub/Waldner[5] §§ 5, 6 Rn 50; Wieacker AcP 148 [1943] 57, 69 Fn 12a; Spyridakis 95). Dieses neu entstandene Grundstück bildet also für die Zukunft insbes auch ein einheitliches Verfügungsobjekt. Als verfahrensrechtliche Konsequenz ergibt sich aus der Vereinigung, dass eine isolierte Belastung nur eines der ehemals selbständigen Grundstücke jetzt nach § 7 Abs 1 GBO grundsätzlich nicht mehr erfolgen darf, vielmehr erst die vorherige Wiederabschreibung der zu belastenden Teilfläche erforderlich ist (Ausnahmen für Dienstbarkeiten und Reallasten nach § 7 Abs 2 GBO). Wenn aber die Parteien sich über die Belastung einer bloßen Teilfläche des neuen Grundstücks (nämlich die gesonderte Belastung eines der beiden Ausgangsgrundstücke) etwa mit einem Grundpfandrecht einigen und das Grundbuchamt die entsprechende Eintragung unter Verstoß gegen § 7 Abs 1 GBO ohne vorherige Abschreibung vornimmt, ist diese Belastung (und deren Beschränkung auf die Teilfläche) materiell wirksam (Meikel/Imhof/Riedel[6] § 5 Rn 56; Meikel/Böttcher[12] § 5 Rn 87). Wenn das neu entstandene einheitliche Grundstück mit einem Grundpfandrecht belastet wird, so ist dieses ein Einzelgrundpfandrecht, kein Gesamtgrundpfandrecht an den Ausgangsgrundstücken (Meikel/Imhof/Riedel[6] § 5 Rn 56). Wenn mit einem der Ausgangsgrundstücke ein Recht verbunden war (§ 96 BGB), so wird dieses durch die Verbindung zum (wesentlichen) Bestandteil des ganzen Grundstücks (Wilhelm[7] Rn 575 aE). Im Falle der späteren Wiederaufhebung der Vereinigung wird ein solches Recht nicht etwa automatisch wieder mit dem alten Grundstück verknüpft, sondern es greifen die §§ 1025, 1109 BGB ein (Wolff/Raiser § 37 Fn 9; Rosenberg § 890 Anm IV 2; Wilhelm[7] Rn 575 Fn 1081). Im Übrigen lässt die Vereinigung des herrschenden Grundstücks einer Grunddienstbarkeit mit einem anderen Grundstück den Umfang der subjektiv-dinglichen Berechtigung selbst natürlich unberührt, weshalb der Eigentümer des belasteten Grundstücks der Vereinigung auch nicht zustimmen muss (OLG München 24. 1. 2024 – 34 Wx 9/24 e, FGPrax 2024, 60, 61, s oben Rn 31). Daraus folgt, dass die Ausübung der nunmehr mit dem Gesamtgrundstück nach § 96 BGB verbundenen Grunddienstbarkeit nur zum Vorteil des Grundstücksteils erfolgen darf, der bisher herrschendes Grundstück war (OLG München 24. 1. 2024 – 34 Wx 9/24 e, FGPrax 2024, 60, 61; OLG München 17. 2. 2016 – 15 U 3001/14, NJOZ 2016, 560, 568; BayObLG DJZ 1933, 1439; BayObLGZ 2002, 372, 375 = Rpfleger 2003, 241; KG JFG 13, 314, 315 f = HRR 1936 Nr 804; Wolff/Raiser § 108 II 3; Staudinger/J Weber [2017] § 1018 Rn 44; Rosenberg § 890 Anm IV 2; MünchKommBGB/Lettmaier[9] § 890 Rn 13; Soergel/Kern[14] § 890 Rn 13; jurisPK-BGB/Toussaint[10] § 890 Rn 31; Grüneberg/Herrler[84] § 890 Rn 4; Meikel/Böttcher[12] § 5 Rn 45; Schöner/Stöber[16] Rn 639a; BeckOGK/Hertel [1. 9. 2024] § 890 Rn 63; Herrler DNotZ 2017, 726, 730; Röll DNotZ 1968, 523, 538 f; Mayer MittBayNot 2003, 220, 221; siehe auch BayObLG Rpfleger 1974, 148). Faktisch wird diese Beschränkung aber nur spürbar, wenn das Bedürfnis nach der Nutzung des dienenden Grundstücks überhaupt von der räumlichen Ausdehnung des herrschenden Grundstücks oder der Lage seiner Teile beeinflusst wird (BayObLGZ 2002, 372, 375). Ist das der Fall und wird die Vereinigung später durch Teilung rückgängig gemacht, erlischt die Dienstbarkeit an dem hinzugekommenen Grundstück nach § 1025 S 2 BGB; die Dienstbarkeit hatte wegen der erwähnten Ausübungsbeschränkung dem hinzugefügten Grundstücksteil nämlich keinen Vorteil gebracht (BayObLGZ 2002, 372, 375; BeckOGK/Hertel [1. 9. 2024] § 890 Rn 63). Der Ausübungsbereich einer Dienstbarkeit kann daher auch nicht „(weiter-)wandern“ (OLG Karlsruhe 5. 8. 2024 – 14 W 32/24 [Wx], BeckRS 2024, 20512 Rn 16 ff).

Die **bereits bestehenden Belastungen** der verbundenen Grundstücke werden durch 34
die Vereinigung nicht berührt. Sie erstrecken sich also nicht auf das Gesamtgrundstück, sondern lasten unverändert auf der bisherigen Fläche, also einem reellen Teil der neuen Grundstückseinheit fort (BGH Rpfleger 1978, 52; NJW 2006, 1000 Rn 14; BayObLG Rpfleger 1995, 151, 152 [für Belastungen des zugeschriebenen Grundstücks]; OLG Saarbrücken OLGZ 1972, 129, 137; OLG Hamm OLGZ 1978, 304, 310; Rpfleger 2003, 349, 351; KGJ 30 A 190, 195; 31 A 239, 241; NJW-RR 1989, 1360, 1362; OLG Karlsruhe OLGE 39, 222; Justiz 2010, 260, 261; Rosenberg § 890 Anm IV 2; Planck/Strecker § 890 Anm 4; Erman/Artz[17] § 890 Rn 6;

Soergel/Kern[14] § 890 Rn 13; Grüneberg/Herrler[84] § 890 Rn 4; Meikel/Böttcher[12] § 5 Rn 86; Demharter[33] § 5 Rn 23; BeckOGK/Hertel [1. 9. 2024] § 890 Rn 68; Wendt Rpfleger 1983, 192, 196; abw Spyridakis 95, der immer dann, wenn eines der vereinigten Grundstücke wirtschaftlich als Hauptgrundstück erscheint, die auf diesem Grundstück lastenden Grundpfandrechte analog § 1131 auf die anderen Grundstücke ausdehnen will). Dementsprechend ist auch eine gesonderte Zwangsvollstreckung aus bestehengebliebenen Grundpfandrechten in den belasteten reellen Grundstücksteil möglich (KG OLGE 12, 145, 146 f = KGJ 31 A 239, 241 f; NJW-RR 1989, 1360, 1362; OLG Karlsruhe OLGE 39, 222, 223; Justiz 2010, 261, 262; Rosenberg § 890 Anm IV 2; Planck/Strecker § 890 Anm 4; NK-BGB/Krause[5] § 890 Rn 22; Meikel/Imhof/Riedel[6] § 5 Rn 55). Falls an den früher selbständigen Teilen eine Gesamthypothek bestand, so behält diese ihre Rechtsnatur, verwandelt sich also trotz der Vereinigung der belasteten Grundstücke nicht in eine Einzelhypothek (KGJ 31 A 239 = RJA 6, 250; KGJ 43 A 125 = RJA 12, 156; OLG Karlsruhe OLGE 39, 222, 223; Rosenberg § 890 Anm IV 2; BGB-RGRK/Augustin § 890 Rn 8; MünchKommBGB/Lettmaier[9] § 890 Rn 13; NK-BGB/Krause[5] § 890 Rn 22; Hachenburg, BGB[2] 613 f; Güthe/Triebel §§ 5, 6 Rn 19; Meikel/Imhof/Riedel[6] § 5 Rn 55; Meikel/Böttcher[12] § 5 Rn 86; Lang AcP 89 [1899] 251, 253; **aA** Planck/Strecker § 1132 Anm 2 b; Fuchs § 890 Anm 5b; Biermann § 1132 Anm 1a). Auch eine Grunddienstbarkeit bleibt im bisherigen Umfang bestehen, wenn das herrschende und das dienende Grundstück vereinigt werden (BGH NJW 1978, 320 [Vereinigung des dienenden mit einem Teil des herrschenden Grundstücks]; Rosenberg § 890 Anm IV 2; Staudinger/Ring [1994] § 1018 Rn 91; Planck/Strecker § 890 Anm 4; Biermann § 1019 Anm 4; Kretzschmar § 1019 Anm 3; Wolff/Raiser § 108 II 3; MünchKommBGB/Lettmaier[9] § 890 Rn 13; NK-BGB/Krause[5] § 890 Rn 22; Bauer/vOefele/Bayer[3] AT III 400; Breme DNotV 1914, 68 f; **aA** Staudinger/J Weber [2017] § 1018 Rn 187; Meikel/Böttcher[12] § 5 Rn 86; Soergel/Stürner[13] § 890 Rn 10; Bengel/Bauer/Weidlich §§ 5, 6 GBO Rn 10; KEHE/Eickmann § 5 Rn 22 [die dort noch in der 2. Aufl angeführte Entscheidung KGJ 51 A 258 betrifft den Fall der Zuschreibung, bei dem aber wegen im Wesentlichen gleicher Wirkung nichts anderes gelten kann als bei der Vereinigung]). Der Fortbestand einer solchen Grunddienstbarkeit ist schon deshalb erforderlich, weil anderenfalls die Sicherheit der am herrschenden Grundstücksteil bestehengebliebenen Grundpfandrechte beeinträchtigt werden könnte. Wird nur ein Teil des herrschenden Grundstücks mit dem dienenden verbunden, so erstreckt sich die Grunddienstbarkeit natürlich nicht auf den zum dienenden Grundstück hinzugekommenen Teil (BGH Rpfleger 1978, 52). Wird bei der Eintragung der Vereinigung die Beschränkung einer Belastung auf nur eines der Ausgangsgrundstücke nicht zum Ausdruck gebracht (oder wird sie bei der Anlegung des Loseblattgrundbuchs oder elektronischen Grundbuchs nicht mit übernommen), so ist das Grundbuch unrichtig (OLG Hamm Rpfleger 2003, 349, 351; s auch § 892 Rn 39, 80, 220). Damit kann sie dann durch einen gutgläubigen Erwerb des herrschenden Grundstücks entfallen. – Der Gläubiger eines Rechts, das nur auf einem der beiden vereinigten Altgrundstücke lastet, ist nicht gehindert, einem Zwangsversteigerungsverfahren beizutreten, welches das vereinigte neue Grundstück betrifft (BGH NJW 2006, 1000 Rn 12 ff = MittBayNot 2006, 227, 228 m Anm Morvilius). Das gilt selbst dann, wenn eine katastermäßige Verschmelzung der Flurstücke der beiden Ausgangsgrundstücke erfolgt ist, der einzelbelastete Grundstücksteil aber – wie regelmäßig – mittelbar weiterhin aus dem Grundbuch feststellbar ist (vgl BGH NJW 2006, 1000 Rn 18 f; Stöber MittBayNot 2001, 281, 284 f; Morvilius MittBayNot 2006, 229). Vollstreckungsrechtlich sind die unterschiedlich belasteten Grundstücksteile dann in Analogie zu §§ 63, 64, 112 ZVG wie selbständige Grundstücke zu behandeln, die in demselben Verfahren zu versteigern sind (BGH NJW 2006, 1000 Rn 22; ausführlicher Morvilius MittBayNot 2006, 229 f). – Die Belastung kann freilich *rechtsgeschäftlich* auch auf die bislang nicht erfassten Teile der neuen Grundstückseinheit erstreckt werden (zur Frage, ob dies durch Inhaltsänderung oder Neubegründung erfolgt vgl STAUDINGER/C HEINZE [2018] § 877 Rn 22 ff; ferner OLG München 11. 1. 2016 – 34 Wx 317/15, NJOZ 2017, 397 Rn 6; GRÜNEBERG/HERRLER[84] Rn 4; zur Zusammenfassung von Vorkaufsrechten an beiden Grundstücken zu einem einheitlichen Vorkaufsrecht am neuen Gesamtgrundstück oder Reallasten zu einer einheitlichen Reallast mit der Summe der Belastung der Einzelrechte durch Einigung zwischen Eigentümer und Gläubiger, ohne dass es einer Neubestellung oder der Zustimmung gleich- oder nachrangig dinglicher Berechtigter bedarf s OLG Düsseldorf 21. 12. 2020 – I-3 Wx 200/19, RNotZ 2021, 147, 149 f).

Eine Ausnahme vom Grundsatz der Nichterstreckung bestehender Belastungen enthielt früher § 10 Abs 1 HeimstG (zur Aufhebung dieses Gesetzes s unten Rn 50): Wurde ein Grundstück mit einer Heimstätte vereinigt, so dehnte sich die Heimstätteneigenschaft auf das Gesamtgrundstück aus. **35**

3. Art der Eintragung

Über die Art der *Eintragung* im Grundbuch siehe §§ 6 Abs 6, 13 GBV. **36**

4. Rechtsmittel

Bei Ablehnung der Vereinigung durch das Grundbuchamt ist nach § 71 Abs 1 GBO das Rechtsmittel der **Beschwerde** gegeben. Dabei steht die Beschwerdebefugnis nach hM nur dem Grundstückseigentümer selbst, nicht aber auch einem Hypothekengläubiger oder sonstigen dinglich berechtigten Dritten zu (MEIKEL/IMHOF/RIEDEL GBO[6] § 5 Rn 41; SCHÖNER/STÖBER[16] Rn 648; HESSE/SAAGE/FISCHER Anm I 2 b; **aA** JOSEF BayNotV 1920, 364); den Hypothekengläubigern steht ja nach verbreiteter Auffassung auch kein Antragsrecht zu (s oben Rn 25). Gegen eine vom Grundbuchamt vollzogene Vereinigung wäre eine (unbeschränkte) Beschwerde nach § 71 Abs 2 S 1 GBO unzulässig; eine beschränkte Beschwerde nach § 71 Abs 2 S 2 GBO gegen die Eintragung der Vereinigung könnte nur vom Eigentümer selbst erhoben werden (etwa wenn das Grundbuchamt eine Vereinigung statt der beantragten Zuschreibung eingetragen hat). Den Hypothekengläubigern fehlt insoweit wieder die Beschwerdebefugnis (OLG Karlsruhe OLGE 39, 222; KG OLGE 12, 145, 146 f). **37**

5. Wiederaufhebung

Die **Wiederaufhebung** einer wirksam vollzogenen Grundstücksvereinigung ist nur im Wege der Grundstücksteilung (s unten Rn 52) möglich (BayObLG DNotZ 1958, 393, 394; MEIKEL/BÖTTCHER[12] § 5 Rn 89 ff; BAUER/SCHAUB/WALDNER[5] §§ 5, 6 Rn 57; SCHÖNER/STÖBER[16] Rn 649). **38**

V. Die Zuschreibung (Abs 2) im Einzelnen

1. Voraussetzungen

Abs 2 ermöglicht die Zuschreibung (Hinzuschlagung) eines Grundstücks zu einem anderen. Durch diese Form der Verbindung wird das zugeschriebene Grundstück zum (einfachen, nicht wesentlichen) **Bestandteil des letzteren, des Hauptgrundstücks** (BayObLGZ 1993, 297, 299), und zwar mit der Maßgabe, dass sich die bereits bestehen- **39** den hypothekarischen Belastungen des Hauptgrundstücks auf das zugeschriebene Grundstück ausdehnen (§ 1131 BGB). Im E I hatte eine § 890 Abs 2 BGB entsprechende Bestimmung noch gefehlt; sie wurde erst in der zweiten Lesung bei der Beratung des § 1067 Nr 1 BGB E I, aus der dann der § 1131 BGB hervorging, aufgenommen. Ein Bedürfnis für eine solche Form der Verschmelzung sah die Kommission insbes für Gebiete mit größerem Grundbesitz, nämlich für den Fall, dass ein größeres Grundstück (etwa ein Gut) durch die Hinzuschlagung eines kleineren arrondiert werden sollte (vgl Prot III 549). Entsprechende Größen- bzw Wertverhältnisse zwischen den zu verbindenden Grundstücken wurden aber nicht zur Tatbestandsvoraussetzung des Abs 2 erhoben (s oben Rn 27).

40 Ein Grundstück kann aber **nur einem** anderen Grundstück, nicht mehreren, als Bestandteil zugeschrieben werden. Eine diesen Grundsatz verletzende Eintragung wäre inhaltlich unzulässig. Wenn ein Bedürfnis besteht, ein Grundstück mehreren anderen zuzuschreiben, so müssen diese zunächst vereinigt werden (BayObLGZ 12, 543 = SeuffBl 77, 26; KG DR 1941, 1463). Im Übrigen kann die Zuschreibung auch nur zu einem ganzen Grundstück erfolgen; einem bloßen Grundstücksteil kann also, selbst wenn er früher einmal ein selbständiges Grundstück gewesen war, kein anderes Grundstück zugeschrieben werden (KG OLGE 2, 407; siehe auch BayObLG SeuffBl 73, 332; 77, 26; Rosenberg § 890 Anm I 3).

41 Außerordentlich streitig ist, ob ein bloßes **Zuflurstück** die Rolle des Hauptgrundstückes iS von § 890 Abs 2 BGB übernehmen kann. Eine verbreitete Auffassung hält es für zulässig, ein Zuflurstück einem anderen Zuflurstück als Bestandteil zuzuschreiben (LG München II MittBayNot 1967, 9; Röll DNotZ 1968, 523, 530; Roellenbleg DNotZ 1971, 286, 289; Weber DNotZ 1960, 229, 232; Meikel/Böttcher[12] § 6 Rn 13; Bauer/Schaub/Waldner[5] §§ 5, 6 Rn 12; Bamberger/Roth/Hau/Poseck/Eckert[5] § 890 Rn 4; Demharter[33] § 5 Rn 4; Keller/Munzig/Keller[9] § 6 Rn 6; **aA** LG Nürnberg/Fürth DNotZ 1971, 307; Löscher JurBüro 1960, 283; Soergel/Kern[14] § 890 Rn 8; BGB-RGRK/Augustin § 890 Rn 3; Schreiber/Berger[3], Kap 1, Rn 7; jurisPK-BGB/Toussaint[10] § 890 Rn 35; Bengel/Bauer/Weidlich §§ 5, 6 Rn 13; Meikel/Simmerding[7] Anh 76 zu § 2). Das BayObLG (DNotZ 1958, 388, 389 f; Rpfleger 1972, 18) und das OLG Frankfurt (Rpfleger 1976, 245) verneinen die Möglichkeit einer solchen Zuschreibung jedenfalls für den (praktisch allein relevanten) Fall, dass mit dem gestellten Antrag ein vermessungsamtlicher Veränderungsnachweis vollzogen werden sollte, demzufolge die betreffenden Zuflurstücke einem Bestimmungsgrundstück mit neuer Flurstücknummer zusammengemessen werden. In der Tat ist eine derartige Handhabung des § 890 Abs 2 BGB – so verfahrensökonomisch der Weg auch wäre – kaum zu rechtfertigen. § 890 Abs 2 BGB konstruiert die Verschmelzung doch offenbar so, dass das zuzuschreibende Grundstück in dem Hauptgrundstück aufgeht, mithin zum Bestandteil des letzteren gemacht wird. Das aber setzt voraus, dass dieses Hauptgrundstück im Augenblick der Zuschreibung als selbständiges Grundstück bereits existiert. Aus dem gleichen Grunde kann auch ein selbständiges Grundstück nicht einem bloßen Zuflurstück als Bestandteil zugeschrieben werden (ebenso im Ergebnis MünchKommBGB/Lettmaier[9] § 890 Rn 7 aE; jurisPK-BGB/Toussaint[10] § 890 Rn 34; Löscher JurBüro 1960, 283; **aA** Bauer/Schaub/Waldner[5] §§ 5, 6 Rn 12; Keller/Munzig/Keller[9] § 6 Rn 5; Roellenbleg DNotZ 1971, 286).

42 Auch die zugeschriebene Grundfläche muss natürlich ein selbständiges Grundstück sein. Soll ein bloßer Teil eines Grundstücks einem anderen Grundstück zugeschrieben werden, so muss zuvor eine Grundstücksteilung (s unten Rn 52) erfolgen (Meikel/Böttcher[12] § 6 Rn 5).

2. Wirkungen

43 Die Zuschreibung lässt die hinzukommende Fläche als selbständiges Grundstück untergehen und wiederum zum bloßen nichtwesentlichen Bestandteil (hier nun des erweiterten Hauptgrundstücks, nicht wie im Falle des § 890 Abs 1 BGB eines neuen Gesamtgrundstücks) werden (OLG Hamm 9. 7. 2015 – 15 W 258/14, RPfleger 2016, 91). In ihren Wirkungen unterscheidet sich die Zuschreibung von der Vereinigung (s oben Rn 33) praktisch nur dadurch, dass sich die auf dem Hauptgrundstück lastenden **Grundpfandrechte** nach § 1131 BGB (evtl iVm § 1192 BGB bzw § 1200 BGB) auch **auf das zugeschriebene Grundstück erstrecken**, wobei allerdings die bereits vorhandenen Belastungen des letzteren nach §§ 1131 S 2 BGB im Range vorgehen (vgl OLG Naumburg 26. 4. 2023 – 12 Wx 43/22; NotBZ 2024, 65, 66; Meikel/Böttcher[12] § 6 Rn 50). Auf diese Weise wird eine „verdeckte" Nachverpfändung des zugeschriebenen Grundstücks erreicht (vgl Beck NJW 1970, 1781; Ertl DNotZ 1990, 684, 689). In umgekehrter Richtung findet dagegen keine automatische Pfanderstreckung statt (OLG Schleswig MDR 1955, 47, 48; NK-BGB/Krause[5] § 890 Rn 24). Das Hauptgrundstück haftet also nicht für die auf dem zugeschriebenen Grundstück ruhenden Grundpfandrechte (Schreiber/Berger[3], Kap 1, Rn 11). Vgl die Erläuterungen zu § 1131 BGB. Eine analoge Anwendung des § 1131 BGB auf die übrigen beschränkten dinglichen Rechte (dafür Spyridakis 106) ist nicht möglich. Ebenfalls keine analoge Anwendung finden die §§ 890 Abs 2, 1131 BGB, wenn der ursprüngliche Miteigentümer eines mit Grundpfandrechten belasteten Grundstücks später das Alleineigentum an dem betroffenen Grundstück erwirbt (Graf Wolffskeel v Reichenberg NJW 2018, 342, 343).

44 Auch auf die **Reallast** kann die Ausnahmeregelung des § 1131 BGB – trotz § 1107 BGB – keine Anwendung finden (OLG Königsberg OLGE 11, 332); die in der letzteren Norm ausgesprochene Verweisung auf das Recht der Hypothekenzinsen kann sinnvollerweise nicht meinen, dass der Haftungsgegenstand für die Einzelleistungen ein anderer wäre als der für das Stammrecht (Staudinger/Scherübl[12] § 1131 Rn 7; Staudinger/Reymann [2017] § 1107 Rn 8 mwNw; BGB-RGRK/Rothe § 1107 Rn 4; MünchKommBGB/Lieder[9] § 1131 Rn 7; NK-BGB/Krause[5] § 890 Rn 24; Grüneberg/Herrler[84] § 1131 Rn 1; Meikel/Böttcher[12] § 6 Rn 53; Bauer/Schaub/Waldner[5] §§ 5, 6 Rn 53; Schöner/Stöber[16] Rn 652; MünchKommBGB/Mohr[9] § 1107 Rn 16; **aA** MünchKommBGB/Joost[6] § 1107 Rn 16; Dietzel MittBayNot 1956, 1; Hesse/Saage/Fischer § 6 Anm I). – Eine für das Hauptgrundstück bestehende Grunddienstbarkeit wirkt nicht auch für das zugeschriebene Grundstück; die Ausübung ist hier also nur zugunsten eines realen Teils des erweiterten Grundstücks möglich (KG DNotZ 1936, 572 = JW 1936, 1466; Meikel/Böttcher[12] § 6 Rn 56). Teilweise wird die Ansicht vertreten, eine Grunddienstbarkeit müsse erlöschen, wenn das herrschende Grundstück dem dienenden (oder umgekehrt) zugeschrieben werde (KGJ 51 A 258 = JFG 13, 314; BGB-RGRK/Augustin § 890 Rn 18; Soergel/Kern[14] § 890 Rn 16; Meikel/Imhof/Riedel[6] § 6 Rn 29; Meikel/Böttcher[12] § 6 Rn 56). Es besteht jedoch kein Anlass, diesen Fall anders zu behandeln als bei der Vereinigung (s oben Rn 34). Wie hier Planck/Strecker § 890 Anm 4; Rosenberg § 890 Anm IV 2; MünchKommBGB/Lettmaier[9] § 890 Rn 14 aE; Wolff/Raiser § 109 II; Schreiber/Berger[3] Kap 1 Rn 11.

45 Die **Hypotheken** auf dem Hauptgrundstück werden durch die Zuschreibung nicht zu Gesamthypotheken an jenem und dem zugeschriebenen, sondern zu Einzelhypotheken an dem vergrößerten Grundstück (Planck/Strecker § 890 Anm 4a δ; Staudinger/Wolfsteiner [2019] § 1131 Rn 3). Bestand vor der Zuschreibung an beiden Grundstücken eine *Gesamthypothek,* so wird diese (anders als bei der Vereinigung) zur Einzelhypothek (KGJ 30 A 178 = RJA 6, 73; BGB-RGRK/Augustin § 890 Rn 15; Staudinger/Wolfsteiner [2019] § 1131 Rn 3; Grüneberg/Herrler[84] § 1131 Rn 1 [m Einschr bei unterschiedlichem Rang]; Meikel/Imhof/Riedel[6] § 6 Rn 29; **aA** Rosenberg § 890 Anm IV 2 mwNw). Diese Abweichung rechtfertigt sich aus § 1131 BGB: Die Hypothek am Hauptgrundstück erstreckt sich danach ja ohnehin auf das zugeschriebene Grundstück. Die Konstruktion von Rosenberg, wonach durch die Erstreckung am zugeschriebenen Grundstück eine zweite Hypothek (mit schlechterem Rang) für die gleiche Forderung entstehen soll, erscheint unnötig kompliziert und systemwidrig.

46 Die bei der Zuschreibung kraft Gesetzes eintretende Pfanderstreckung dehnt auch die Wirkung einer dinglichen *Vollstreckungsunterwerfung* auf das zugeschriebene Grundstück aus (BayObLGZ 29, 162; Meikel/Imhof/Riedel[6] § 6 Rn 29; Meikel/Böttcher[12] § 6 Rn 51, 59; Schöner/Stöber[16] Rn 652; Bauer/Schaub/Waldner[5] §§ 5, 6 Rn 52; Staudinger/Wolfsteiner [2019] § 1131 Rn 7; NK-BGB/Krause[5] § 890 Rn 26; **aA** Rendle u Schönsiegel BWNotZ 1973, 30). Das Gleiche gilt für einen das Grundpfandrecht am Hauptgrundstück beschränkenden *Rangvorbehalt,* da dieser andernfalls nicht mehr ausgeübt werden könnte, schutzwürdige Interessen des Inhabers des vorbehaltsbelasteten Rechts aber durch die Ausdehnung nicht tangiert werden (Staudinger/Wolfsteiner [2019] § 1131 Rn 6; BGB-RGRK/Mattern § 1131 Rn 3; NK-BGB/Krause[5] § 890 Rn 26; Keller/Munzig/Keller[9] § 6 Rn 25; Bleutge Rpfleger 1974, 387; Schöner/Stöber[16] Rn 652; Bauer/Schaub/Waldner[5] §§ 5, 6 Rn 52; Meikel/Böttcher[12] § 6 Rn 52; **aA** Haegele Rpfleger 1971, 283, 287; BGB-RGRK/Augustin § 890 Rn 16; Dassler/Schiffhauer/Gerhardt/Muth, ZVG[12] § 1 Rn 9).

47 Die in § 1131 BGB angeordnete Hypothekenerstreckung auf das zugeschriebene Grundstück darf unseres Erachtens nicht so verstanden werden, als würde dem Hypothekengläubiger dadurch die Möglichkeit einer selbständigen Zwangsvollstreckung in das ursprünglich allein belastete Hauptgrundstück schlechterdings genommen (so mit Recht Fuchs § 890 Anm 5; Biermann § 890 Anm 2; NK-BGB/Krause[5] § 890 Rn 25; Reinhard/Müller, ZVG[3/4] Vorbem III 3 vor § 1; Stöber[23] ZVG Einl Rn 29; Th Wolf, ZVG § 1 Anm 3 a; Bohn, Hypothekenrecht und die Zwangsvollstreckung in Grundstücke, Vorband: Das Grundbuchrecht[5] Rn 2151). Anderenfalls würden die Grundpfandgläubiger durch einen ihrer Einflussnahme entzogenen Akt des Grundstückseigentümers uU erheblich in der Chance der Realisierung ihrer Rechte beeinträchtigt; man denke nur an den Fall, dass das zugeschriebene Bestandteilsgrundstück überbelastet ist.

48 Bei Ablehnung des Antrags auf Zuschreibung muss das **Beschwerderecht** auch den Gläubigern der Grundpfandrechte am Hauptgrundstück zustehen, denn diese werden in ihren rechtlich geschützten Interessen verletzt, wenn ihnen die günstige Rechtsfolge der Pfanderstreckung durch eine unrichtige Entscheidung des Grundbuchamtes vorenthalten wird (vgl schon Josef BayNotZ 1920, 364). Auch der Gläubiger einer auf den betreffenden Grundstücken lastenden Gesamthypothek muss die Beschwerdebefugnis haben (KG RJA 6, 73 = KGJ 30, 178, 180; BGB-RGRK/Augustin § 890 Rn 19; Soergel/Kern[14] § 890 Rn 15). Eine verbreitete Auffassung will demgegenüber die

Beschwerdebefugnis der Hypothekengläubiger nur dann bejahen, wenn der Zuschreibungsantrag erkennbar das Ziel der Pfanderstreckung verfolgt (Meikel/Imhof/Riedel[6] § 6 Rn 22; Güthe/Triebel §§ 5, 6 Rn 14; Hesse/Saage/Fischer § 5 Bem II), was insbes bei der Zuschreibung von Zuflurstücken unter Eigentümerwechsel zweifelhaft sein kann (vgl BayObLG DNotZ 1977, 242, 243). Generell gegen eine Beschwerdeberechtigung des Grundpfandgläubigers haben sich Meikel/Böttcher[12] (§ 6 Rn 38) und Demharter[33] (§ 6 Rn 20) ausgesprochen.

3. Sonstiges

§ 890 Abs 2 BGB gilt nur für die seit dem 1. 1. 1900 erfolgten Zuschreibungen. Aus 49
Art 181 EGBGB ergibt sich jedoch, dass ein Grundstück, das vor diesem Zeitpunkt unter der Herrschaft des preußischen Grundbuchrechts einem anderen als Zubehör zugeschrieben worden ist, mit dem Inkrafttreten des Reichsgrundbuchrechtes Bestandteil iS des § 890 Abs 2 BGB geworden ist (KG OLGE 14, 71; DNotV 1932, 340; Liebegott ZBlFG 6, 663; Planck/Strecker § 890 Anm 4).

Wenn einer *Heimstätte* ein anderes Grundstück als Bestandteil zugeschrieben 50
wurde – wofür nach § 10 Abs 2 HeimstG die Zustimmung des Ausgebers erforderlich war – so erstreckte sich die Heimstätteneigenschaft auf das vergrößerte Grundstück (§ 10 Abs 1 HeimstG). Das HeimstG ist aufgehoben worden durch Gesetz v 17. 6. 1993 (BGBl I 912). Zu dessen Auswirkungen auf nunmehr erfolgende Grundstücksverbindungen s Hornung Rpfleger 1994, 277, 281.

Die *Wiederaufhebung* der wirksam vollzogenen Zuschreibung kann nur im Wege der 51
Grundstücksteilung (s Rn 52) erfolgen.

Über die nicht unter § 890 BGB fallende *höferechtliche Zuschreibung* eines neu erworbenen landwirtschaftlichen Grundstücks s OLG Celle Rpfleger 1974, 433.

VI. Teilung eines Grundstücks*

1. Voraussetzungen

Der actus contrarius einer Grundstücksverbindung, die **Grundstücksteilung**, ist im 52
BGB zwar nicht besonders geregelt, wird aber in den §§ 1025, 1026, 1108, 1109 BGB ausdrücklich erwähnt und ist zweifellos als Ausübung des Eigentums nach § 903 BGB zulässig. Die Teilung setzt – in Analogie zur Grundstücksverbindung – eine dahingehende Erklärung des Eigentümers, bei Miteigentum aller Miteigentümer (RG LZ 1927, 630) an das Grundbuchamt und die korrespondierende Eintragung im Grundbuch, also die Auseinanderbuchung der Teile voraus. Die Teilungserklärung ist eine Verfügung (Wolff/Raiser § 37 Fn 16; vTuhr II 1, 240 Fn 20). Die Teilungserklärung eines Nichteigentümers kann deshalb nach § 185 BGB konvaleszieren. Der gute Glaube des verfügenden Nichtberechtigten kann dessen Rechtszuständigkeit dagegen schon deshalb nicht ersetzen, weil die Teilung kein Verkehrsgeschäft bildet (Wittkowski [Schrifttum zu § 892] 86). Ein Verlust der Verfügungsbefugnis (nicht aber

* Vgl dazu die ausführliche Darstellung von Böttcher Rpfleger 1989, 133 ff.

der Rechtszuständigkeit) ist analog § 878 BGB unbeachtlich, wenn er nach dem Zugang von Teilungserklärung und Eintragungsantrag beim Grundbuchamt erfolgt (s Staudinger/C Heinze [2018] § 878 Rn 9, 37). Wenn die Willenserklärung des Eigentümers ungültig ist, wird das Grundbuch durch den Vollzug der Abschreibung unrichtig. Die Teilung kommt aber zustande, wenn der Eigentümer die zunächst fehlende gültige Teilungserklärung nachholt (s oben Rn 24). Die Zustimmung der dinglich Berechtigten, etwa der Hypothekengläubiger ist nicht erforderlich, weil ihre Rechtsstellung durch die Teilung nicht berührt wird (Mot III 654).

53 Verfahrensrechtlich setzt die Teilung einen entsprechenden *Antrag* des Grundstückseigentümers voraus (Meikel/Imhof/Riedel[6] § 5 GBO Rn 64). Falls dieser Antrag – wie meist – zugleich die materiellrechtliche Teilungserklärung ersetzt, bedarf er (als gemischter Antrag iS von § 30 GBO) der Form des § 29 GBO (KG JW 1937, 896; OLG Hamm NJW 1974, 865, 866; BayObLG 1956, 470, 475). Eines expliziten Antrags auf Teilung bedarf es nicht bei der Veräußerung eines Grundstücksteils; der Antrag auf Umschreibung des Eigentums an dieser Teilfläche setzt die Teilung notwendigerweise voraus. Eine ähnliche Situation ist gegeben, wenn ein Grundstücksteil mit einem dinglichen Recht belastet werden soll (s unten Rn 59). Der Eigentümer muss wegen § 39 Abs 1 GBO auch als solcher im Grundbuch eingetragen sein (Demharter[33] § 6 Rn 10; **aA** KGJ 27 A 260, 262). Der Teilung dürfen auch keine bundes- oder landesrechtlichen Teilungsbeschränkungen (vgl Art 119 Nr 2 EGBGB) entgegenstehen. Eine Übersicht über die landesrechtlichen Teilungsbeschränkungen findet sich bei Staudinger/Mittelstädt (2018) Art 119 EGBGB Rn 14 ff; ferner bei Meikel/Böttcher[12] § 7 Rn 13 ff und Raebel, in: Lambert-Lang/Tropf/Frenz[2] Teil 5 Rn 345 S 643. In vielen Vorschriften wird die Zulässigkeit der Teilung von einer behördlichen Genehmigung abhängig gemacht. Das wichtigste davon war früher das Genehmigungserfordernis aus § 19 Abs 1 BauGB; dieses ist 1998 entfallen. Wichtig sind weiterhin die Genehmigungserfordernisse nach § 51 Abs 1 Nr 1 BauGB (Umlegungsverfahren), §§ 109 Abs 1, 51 Abs 1 Nr 1 BauGB (Enteignungsverfahren) und §§ 144 Abs 2 Nr 5 BauGB (förmlich festgelegtes Sanierungsgebiet), 169 Abs 1 Nr 3 BauGB (städtebaulicher Entwicklungsbereich) sowie § 2 Abs 1 GrdstVG (Teilveräußerung eines land- oder fortwirtschaftlichen Grundstücks), ferner § 85 Nr 9 FlurbG (Teilung von Waldgrundstücken, die in gemeinschaftlichem Eigentum stehen). § 19 Abs 2 BauGB, wonach durch die Teilung eines Grundstücks im Geltungsbereich eines Bebauungsplans keine bebauungsplanwidrigen Verhältnisse entstehen dürfen, enthält kein gesetzliches Verbot; ein Verstoß gegen diese Norm führt deshalb nicht zur Unwirksamkeit der Teilung (LG Darmstadt Rpfleger 2005, 461, 462; Grüneberg/Herrler[84] Überbl 18 zu §§ 873 ff; Dümig Rpfleger 2004, 461, 462; vgl auch Staudinger/C Heinze [2018] Vorbem 59 zu §§ 873 ff). Allein wegen § 19 Abs 2 BauGB (und den diesem Modell folgenden neueren landesrechtlichen Regelungen) darf das Grundbuchamt deshalb weder eine Genehmigungsbescheinigung noch ein Negativattest verlangen (LG Münster Rpfleger 2005, 138; LG Traunstein Rpfleger 2005, 187 f; jurisPK-BGB/Toussaint[10] § 890 Rn 44; Watoro NotBZ 2004, 416, 419; Eckert/Höfinghoff NotBZ 2004, 405, 409; **aA** Wiesatty Rpfleger 2005, 311 f). Es ist vielmehr Sache der Bauaufsichtsbehörde, gegen etwaige bauordnungswidrige Teilungen einzuschreiten (Gutachten DNotI-Report 2004, 104 ff; jurisPK-BGB/Toussaint[10] § 890 Rn 44). Die landesrechtlichen Genehmigungserfordernisse für Grundstücksteilungen sind in den letzten Jahren weitgehend beseitigt worden. Sie finden sich noch vereinzelt für Waldgrundstücke (§ 24 LWaldG BW; § 11 LWaldG SH). Die Teilung einer Heimstätte bedurfte nach § 9 Abs 1 HeimstG der Genehmigung des

Ausgebers (zur Aufhebung dieses Gesetzes s oben Rn 50). Eine im Grundbuch vollzogene, aber infolge Fehlens einer erforderlichen Genehmigung materiell zunächst unwirksame Teilung kann durch den gutgläubigen Erwerb eines der neugebildeten Grundstücke wirksam werden (BayObLG MittBayNot 1981, 125, 126; 1995, 291, 293; OLG Frankfurt OLGZ 1985, 156, 157 f = MDR 1985, 498). Ebenso durch den gutgläubigen Erwerb von Auflassungsvormerkungen oder beschränkten Liegenschaftsrechten an einem der neugebildeten Grundstücke (BayObLG MittBayNot 1995, 291, 293). Wenn sich die Teilung eines Grundstücks in mehrere selbständige Grundstücke als unwirksam erweist, so kann der gutgläubige Erwerb eines einzelnen von diesen nicht dazu führen, dass auch die übrigen neuen Grundstücke entstehen (**aA** offenbar BayObLG MittBayNot 1995, 291, 293). Dass sich die Teilung als einheitlicher und untrennbarer Vorgang darstellt, ändert daran nichts, da die Teilung ja ohnehin unwirksam ist. Der gutgläubige Erwerb knüpft nicht an das Rechtsgeschäft der Teilung, sondern an die Ausweisung der Grundstücke im Grundbuch an. Bis zum ersten gutgläubigen Erwerb eines der neugebildeten Grundstücke besteht das Ausgangsgrundstück ungeschmälert weiter, nach diesem bleibt es um die „wegerworbene" Teilfläche gemindert bestehen. Verbleiben dem Eigentümer des Ausgangsgrundstücks wegen gutglaubigen Erwerbs mehrerer der unwirksam neugebildeten Grundstücke nur noch zwei unzusammenhängende Teilflächen (wie in der Entscheidung BayObLG MittBayNot 1995, 291), so wird man allerdings im Hinblick auf § 5 Abs 2 S 1 GBO wohl anzunehmen haben, dass diese nunmehr selbstständige Grundstücke bilden (zust MünchKommBGB/Lettmaier[9] § 890 Rn 16).

Verfahrensrechtlich setzt die Teilung voraus, dass die neuen Grundstücke katastermäßig selbständig sind. Ein Teil eines Grundstücks darf daher nur abgeschrieben werden, wenn dieser im amtlichen Verzeichnis (Liegenschaftskataster) als selbständiges Flurstück unter einer eigenen Flurstücksnummer geführt wird (§ 2 Abs 3 HS 1 GBO). Die Selbstständigkeit ist ggf durch eine katastermäßige Zerlegung herzustellen. Das erübrigt sich, wenn bei einem zusammengesetzten (dh aus mehreren Flurstücken bestehenden) Grundstück exakt die Fläche eines oder mehrerer dieser Flurstücke abgetrennt werden soll. Ein Veränderungsnachweis (Fortführungsnachweis) über die katastermäßige Zerlegung ist seit der Reform des § 2 Abs 3 GBO nicht mehr erforderlich, soweit die Information für das Grundbuchamt – insb durch die digitale Zugriffsmöglichkeit auf das Kataster – offenkundig ist (Schöner/Stöber[16] Rn 668, 673; jurisPK-BGB/Toussaint[10] § 890 Rn 45; vgl BT-Drucks 17/12635 S 17). Die Teilung kann bei Zuflurstücken nach § 2 Abs 3 HS 2 GBO auch ohne Vergabe einer eigenen Flurstücksnummer vorgenommen werden, wenn eine Bescheinigung der Katasterbehörde vorliegt, dass sie von der Buchung unter einer besonderen Nummer absieht (Demharter[33] § 2 Rn 30). 54

Der Eigentümer kann die Rechtsmacht, sein Grundstück zu teilen, nicht durch entsprechende Vereinbarung mit einem Dritten aufgeben (vgl § 137 S 1 BGB). Er kann den gleichen rechtlichen Erfolg auch nicht dadurch herbeiführen, dass er das Verbot der Grundstücksteilung zum Inhalt einer von ihm bestellten Dienstbarkeit erhebt (vgl OLGR Frankfurt 2005, 782, 783 mwNw). 55

Die Grundstücksteilung muss unbedingt von der Zerlegung einer Katasterparzelle in zwei oder mehrere neue Flurstücke unterschieden werden (vgl Böttcher Rpfleger 1989, 133). 56

57 Zur Veräußerung einer Teilfläche eines Wohnungseigentumsgrundstücks vgl OLG Frankfurt DNotZ 1991, 604; LG Ravensburg Rpfleger 1990, 291; Röll Rpfleger 1990, 278; Herrmann DNotZ 1991, 607, 608 ff.

2. Wirkungen

58 Durch die Teilung wird das bisher einheitliche Grundstück in zwei oder mehr in jeder Hinsicht rechtlich selbständige Grundstücke zerlegt. Die Belastungen bleiben an den Teilgrundstücken bestehen; Grundpfandrechte werden dadurch zu Gesamtgrundpfandrechten iS von § 1132 BGB (s Staudinger/Wolfsteiner [2019] § 1132 Rn 16). Besonderheiten bestehen aber insoweit für die Grunddienstbarkeiten und beschränkten persönlichen Dienstbarkeiten; hier werden diejenigen Teile, die außerhalb des Ausübungsbereichs liegen, nach §§ 1026, 1090 Abs 2 BGB frei. Wegen der Teilung eines Grundstücks, für dessen jeweiligen Eigentümer an einem anderen Grundstück eine Grunddienstbarkeit oder Reallast bestellt ist, vgl die §§ 1025, 1109 BGB. Wegen der Teilung eines Erbbaurechts siehe Staudinger/Rapp (2021) § 11 ErbbauRG Rn 16 ff. Wenn die Teilung eines Grundstücks (etwa wegen Fehlens einer vorgeschriebenen Genehmigung) unwirksam ist, kann sie durch gutgläubigen Erwerb bei der Belastung einer Teilfläche wirksam werden (BayObLG MittBayNot 1981, 125, 126; BayObLG DNotZ 1996, 32, 36).

3. Sonderfälle

59 Von der Teilung durch Verfügung des Eigentümers ist die **Teilung von Amts wegen** zu unterscheiden. Eine solche hat nach § 7 Abs 1 GBO zu erfolgen, wenn ein realer Grundstücksteil (Flächenabschnitt) mit einem dinglichen Recht belastet werden soll. Ein Antrag des Eigentümers ist hier genauso wenig erforderlich wie seine Zustimmung (BayObLG 1956, 470, 476). Da aber auch hier materiellrechtlich eine Teilungserklärung erforderlich ist, darf das Grundbuchamt die Eintragung nicht vornehmen, wenn der Eigentümer die Belastung bewilligt, zugleich aber ausdrücklich erklärt, dass er die Teilung seines Grundstücks nicht bewillige (Böttcher Rpfleger 1989, 133, 134). Wird aber die Belastung entgegen § 7 GBO ohne Teilung mit Begrenzung auf die Teilfläche eingetragen, so ist dies materiell wirksam (RGZ 101, 117, 120; KG OLGE 14, 85, 86; Wolff/Raiser § 133 I; Meikel/Böttcher[12] § 7 Rn 141 f; Predari § 6 Anm 7; Demharter[33] § 7 Rn 34; Bengel/Bauer/Weidlich § 7 Rn 7; **aA** Wieling/finkenauer, SR[6] § 20 Rn 43 [§ 7 Abs 2 GBO deshalb gegenstandslos]). Teilflächen eines Grundstücks sind nun einmal nicht wesentliche Bestandteile des Grundstücks; es ist deshalb nicht schlechthin ausgeschlossen, dass sie Gegenstand besonderer Rechte sind. Vgl auch die Kommentare zu § 7 GBO.

60 Art 120 EGBGB gestattet dem Landesrecht die *lastenfreie Abschreibung* kleinerer Parzellen *ohne Zustimmung* der dinglich Berechtigten zuzulassen, sofern eine dazu bestimmte Behörde ein sog Unschädlichkeitszeugnis ausstellt. Vgl dazu Staudinger/Mittelstädt (2018) Art 120 EGBGB Rn 1 ff und BayObLG DNotZ 1990, 294.

61 Die Unterteilung eines *Wohnungseigentumsrechts* oder Teileigentumsrechts richtet sich nicht nach § 890 BGB, sondern erfolgt analog § 8 WEG (s BGH NJW 1968, 499, 500 f; Streuer Rpfleger 1992, 186; DNotI-Gutachten DNotI-Report 2004, 85, 87; Bärmann/Arm-

BRÜSTER, WEG[15] § 2 Rn 95, § 8 Rn 40). Vgl dazu STAUDINGER/C HEINZE (2018) § 877 Rn 46, 68.

4. Übergangsrecht

Wegen des **Übergangsrechts** vgl STAUDINGER/SEUFERT[11] § 890 Rn 17. 62

§ 891
Gesetzliche Vermutung

(1) Ist im Grundbuch für jemand ein Recht eingetragen, so wird vermutet, dass ihm das Recht zustehe.

(2) Ist im Grundbuch ein eingetragenes Recht gelöscht, so wird vermutet, dass das Recht nicht bestehe.

Materialien: E I § 826; II § 809, rev § 876; III § 875; SCHUBERT, SR I 1091 ff, 1095 ff; Mot III 138 ff, 153 ff; Prot III 48 f; JAKOBS/SCHUBERT, SR I 359 ff.

Schrifttum

BENDIX, Ungewißheit des Gläubigers, Recht 12 (1908) 848
BENGEL/BAUER/WEIDLICH, Grundbuch, Grundstück, Grenze. Handbuch zur Grundbuchordnung unter Berücksichtigung katasterrechtlicher Fragen (5. Aufl 2000)
BOVENSIEPEN, Nimmt die im Grundbuch enthaltene Bezeichnung einer Grundfläche als öffentlicher Weg teil an dem öffentlichen Glauben des Grundbuchs nach § 891 BGB?, DJZ 1913, 1199
BUCH, Die Bestandsangaben des Grundbuchs, Gruchot 61 (1917) 432
DU CHESNE, Rechtssetzende Vermutungen, BayNotZ 1909, 121
ders, Die Mitteilungsfunktion des Grundbuches, SächsArch 1924, 2
ECKSTEIN, Die Entkräftung der gesetzlichen Vermutung durch Gegenbeweis und Gegenvermutung. Zugleich ein Beitrag zu § 292 ZPO, Gruchot 57 (1913) 635
O FISCHER, Zur Lehre von der Rechtsvermutung, Besprechung eines Reichsgerichtsurteils, JherJb 63 (1913) 269
FLIK, Gilt die Vermutung des § 891 BGB auch in den neuen Bundesländern?, DtZ 1996, 74
GÜTHE, Die Unrichtigkeit des Grundbuches im Rechtsgebiete der Vormerkung, Gruchot 57 (1913) 1
HAEGELE, Einzelfragen zum Liegenschaftsrecht, Rpfleger 1975, 153
HECKEL, Die Vermutung des § 891 BGB im Aufgebotsverfahren zur Kraftloserklärung von Grundpfandrechtsbriefen, DNotZ 2017, 348
HEDEMANN, Die Vermutung nach dem Rechte des Deutschen Reiches (1904)
HEROLD, Grenzstreitigkeiten und ihre Regelung, BlGBW 1961, 225
O HEUER, Der öffentliche Glaube des Grundbuches (Diss Heidelberg 1910)
HOLZER, Die Richtigstellung des Grundbuchs (2005)
JOSWIG, Beweislast und Darlegungslast bei der Grundschuld, ZfIR 2001, 613, 712
KRETZSCHMAR, Kann die sich aus den Grundakten ergebende Unrichtigkeit des Grundbuchs ein Eintragungshindernis bilden?, Gruchot 49 (1905) 1

ders, Die unrichtige Buchung von Grundstücken, Recht 1903, 327
KUTTNER, Rechtsvermutungen aus den Akten der freiwilligen Gerichtsbarkeit, JherJb 61 (1912) 109
LEIPOLD, Beweislastregeln und gesetzliche Vermutungen insbesondere bei Verweisungen zwischen verschiedenen Rechtsgebieten (1966)
F LEONHARD, Die Beweislast (1904)
K LOEWY, Die Vermutung (1931)
LUTTER, Die Grenzen des sogenannten Gutglaubenschutzes im Grundbuch, AcP 164 (1964) 122
MEDICUS, Ist Schweigen Gold? Zur Widerlegung der Rechtsvermutungen aus §§ 891, 1006 BGB, in: FS Baur (1981) 63
MEISNER, Die Bedeutung der geometrischen Vermessung für die Ermittlung der Grenzen, SeuffBl 77 (1912) 251 ff, 279 ff
MUSIELAK, Die Grundlagen der Beweislast im Zivilprozeß (1975)
NEUMANN, Die Entscheidungen des Kammergerichts, auf weitere Beschwerden, bezüglich der Berichtigung von katastergemäßen Größenangaben im Grundbuche, Gruchot 48 (1904) 20
NORD, Zur Frage der materiellen Wirkung der lediglich treuhänderischen Berechtigung an einem im Grundbuch als Volleigentum eingetragenen Rechte, HansRGZ 1928, A 59
REISS, Grenzrecht und Grenzprozeß (1914)
ders, Die Bestandsangaben des Grundbuchs, JW 1915, 1413
RICHTER, Das materielle und formelle Deutsche Grundbuchrecht in seiner Beziehung zum Liegenschaftskatasterdienst (1950)
RICHTER/BENGEL/SIMMERDING, Grundbuch, Grundstück, Grenze (2. Aufl des vorigen Titels, 1978)
RIGGERS, Aktuelles Grundbuchrecht, JurBüro 1974, 692
ROETTGEN, Über die Grundstücksgrenzen im Grundbuchrecht, Gruchot 56 (1912) 208
ROSENBERG, Die Beweislast auf der Grundlage des BGB und der ZPO (5. Aufl 1965)
W SCHMIDT, Nimmt die im Grundbuche enthaltene Bezeichnung einer Grundfläche als öffentlicher Weg teil am öffentlichen Glauben des Grundbuches nach § 891 BGB?, DJZ 1914, 302
A SCHNEIDER, Der historische und der grundbuchmäßige Begriff des Grundstücks und die neueste Rechtsprechung des Reichsgerichts, SeuffBl 76 (1911) 263
WEBER, Die Grenzen des grundbuchrichterlichen Prüfungsrechts, Gruchot 53 (1909) 352
WOLFSTEINER, Bewilligungsprinzip, Beweislast und Beweisführung im Grundbuchverfahren, DNotZ 1987, 67
E ZENDIG, Die Widerlegung der Rechtsvermutungen, insbesondere der aus dem Grundbuch, dem Erbschein und dem Testamentsvollstreckererzeugnis (Diss Breslau 1919).

Systematische Übersicht

I. Grundsätzliches
1. Normzweck und Systemstellung ____ 1
2. Charakter der Vermutung ____ 4

II. Gegenstand
1. Nur eingetragene Rechte ____ 6
2. Nur privatrechtliche Eintragungen ____ 9
3. Tatsachenangaben ____ 10
4. Hinweise auf anderweitige Eintragungen ____ 12
5. Vermerke ohne Rechtsqualität ____ 15
6. Vormerkungen ____ 16
7. Einreden gegen Grundpfandrechte ____ 17

III. Die Eintragung als Grundlage der Vermutung ____ 18

IV. Der Inhalt der Vermutung
1. Die positive Vermutung (Abs 1) ____ 25
a) Objektiver Bestand des Rechts ____ 26
b) Vermutung für die Rechtsinhaberschaft des Eingetragenen ____ 35
c) Zeitpunkt der Vermutung ____ 42
2. Die negative Vermutung (Abs 2) ____ 43

V. Besonderheiten bei Briefgrundpfandrechten ____ 48

VI. Anwendungshindernisse
1. Widersprüchlicher Grundbuchinhalt 50
2. Kollidierende Vermutungen 55

VII. Die Ausräumung der Vermutung
1. Widerlegung der Rechtszustandsvermutung 56
2. Beschränkung auf bestimmte Erwerbs- oder Verlustgründe 57
3. Voller Beweis erforderlich 59
4. Einzelfälle 60
5. Widerlegung der Vermutung 69

VIII. Die Wirkungsrichtung und Bedeutung der Vermutung
1. Für und gegen den Eingetragenen 72
2. Anwendungsgebiet und praktische Bedeutung 75

IX. Übergangsrecht; neue Bundesländer 91

Alphabetische Übersicht

Abmarkung 55
Ausschaltung der Vermutung 56 ff

Bedenken gegen die Richtigkeit des Grundbuchs 86
Bedingungen 35, 42
Begrenzung des Grundstücks 28
Behördliche Verfahren 75
Benennung des Rechts 27
Berechtigung
- zur Berufung auf die Vermutung 73, 75 ff
- zur Widerlegung der Vermutung 69
Berichtigende Eintragungen 7
Bestandsangabe 28
Beurkundende Eintragungen 6
Beweiskraft nach § 418 ZPO 15
Bindung des Grundbuchrichters 15, 83 ff
Briefgrundpfandrechte 48, 54, 88

Doppelbuchungen 50

Eheliches Güterrecht 36, 55, 64, 89
Einreden gegen Grundpfandrechte 17
Eintragung
- formell fehlerhafte 23
- inhaltlich unzulässige 21
- nichtige 19
- sachlich unrichtige 22
- widerspruchsvolle 50
Eintragungsbedürftige Rechte, nicht 7
Eintragungsfähige Rechte, nicht 8
Eintragungstag 42
Erbbaurecht 13 f
Erbschein 55, 67
Existenz des Grundstücks 11 f

Feststellungslast 83
Flächenmaß 10
Formale Rechtskraft 1
Formelle Fehler 23
Früheres Recht 91

Gegenbeweis 56
Gegenstand der Vermutung 4 ff
Gesamtrechtsnachfolger 22
Geschäftsfähigkeit 40
Grenzen 28 ff, 60
Grundbuchamt 83 ff
Grundbuchblatt 19
Grundbuchverfahren 83 ff
Grundstücksgleiche Rechte 13
Güterstand 36, 55, 64, 89

Höchstbetragshypothek 35
Hypothekenrechtliches 3, 8, 17, 26, 35, 47 f, 53, 61 f

Inhaber des Rechts 35
Inhalt der Vermutung
- Abs 1 25 ff
- Abs 2 43 ff
Inhalt des Rechts 26
Inhaltlich unzulässige Eintragungen 21

Kataster 28 ff
Kollisionsrecht 89

Löschung 43 ff, 91

Mitberechtigte 36
Miteigentumsanteil 6

Neue Bundesländer, Besonderheiten 55, 89
Nicht eingetragene Rechte 46
Nicht eintragungsbedürftige Rechte 7
Nicht eintragungsfähige Rechte 8
Nichtige Eintragungen 19

Öffentlich-rechtliche Verhältnisse 9, 75
Öffentlicher Glaube 2, 90
Örtliche Unzuständigkeit des Grundbuchamts 19

Passivlegitimation 72
Persönliche Verhältnisse 40
Prozessrichter 77 ff

Rechtsfähigkeit 41
Rechtsverfolgung 75
Rechtszustandsvermutung 5
Rückwirkung 42

Sachlich unrichtige Eintragungen 22
Schuldverhältnisse 79
Steuerbehörde, Geltung gegenüber 75
Subjektiv-dingliche Rechte 12, 38

Tatsächliche Angaben 10
Tragweite der Vermutung 75
Treuhänder 39

Übergangsrecht 91
Untersuchungsmaxime 75

Verfahrensfehler 23
Verfügungsbeschränkungen 15, 40, 46
Verfügungsmacht, -befugnis 40
Vertretungsmacht 40
Vollständigkeit des Grundbuchs 46
Vollstreckung 74, 81
Vorerbschaft 15
Vormerkung 16

Wahrscheinliche Unrichtigkeit 83
Widerlegung der Vermutung 56 ff, 83
Widersprechende Eintragungen 50
Widerspruch 15, 53
Wirtschaftliches Eigentum 39

Zeitliche Wirkung der Vermutung 42, 43
Zweigrechte 6
Zwischenverfügung 86

I. Grundsätzliches

1. Normzweck und Systemstellung

1 Wird für bestimmte Rechtsverhältnisse ein öffentliches Buch oder Register geschaffen, das diese für jedermann ausweisen soll, so stellt sich notwendigerweise die Frage, welche Bedeutung die Eintragung in diesem Buch oder Register für den Rechtsverkehr haben soll. Die Verfasser des BGB haben sich insoweit klar gegen das sog Prinzip der formalen Rechtskraft der Eintragung entschieden, also gegen eine Ausgestaltung des Liegenschaftsrechts, bei der der Inhalt des Grundbuches die dingliche Rechtslage unanfechtbar feststellt (vgl Mot III 153). Nach § 894 BGB kann vielmehr jederzeit geltend gemacht werden, dass das Grundbuch materiell unrichtig sei. Gleichwohl ist nach der Lebenserfahrung die Annahme berechtigt, dass das Grundbuch die materielle Rechtslage in der Regel richtig wiedergibt. Das BGB hat deshalb anstelle jenes Prinzips der formalen Rechtskraft der Eintragung in § 891 Abs 1 BGB eine widerlegliche *Vermutung für die materielle Richtigkeit des eingetragenen Rechtszustandes* und in Abs 2 für das *Nichtbestehen eines gelöschten Rechts* geschaffen. Darin liegt eine Regelung der materiellen Beweislast. Im Zivilprozess kommt diese der Partei zugute, die Anlass hat, das Bestehen eines eingetragenen oder das Nichtbestehen eines gelöschten Rechtes zu behaupten. Beweisbelastet ist dann der Prozessgegner, der den Inhalt des Grundbuches nicht als richtig gelten lassen will.

Über die Wirkungen des § 891 BGB deutlich hinaus geht der Schutz, den die §§ 892, 893 BGB demjenigen gewähren, der im Vertrauen auf die Richtigkeit des Grundbuches ein Recht erwirbt. Die widerlegliche Rechtszustandsvermutung des § 891 BGB und der öffentliche Glaube des Grundbuchs stehen aber – entgegen FUCHS § 891 Anm 1 – nicht nur in einem losen Zusammenhang; sie bilden vielmehr einander ergänzende Teilaspekte des Publizitätsprinzips im Liegenschaftsrecht (vgl STAUDINGER/C HEINZE [2018] Vorbem 39 zu §§ 873 ff). 2

Eine weitergehende Wirkung als nach § 891 BGB hat der Grundbucheintrag für einen Sonderfall gemäß § 1148 BGB. Bei der Hypothekenklage kann der im Grundbuch als Eigentümer Eingetragene nicht geltend machen, dass er in Wirklichkeit nicht Eigentümer sei; er „gilt" vielmehr als Eigentümer. Die gleiche Fiktion enthält § 1141 Abs 1 S 2 BGB für die Kündigung der Hypothek durch den als Eigentümer Eingetragenen oder gegenüber dem als Eigentümer Eingetragenen. 3

2. Charakter der Vermutung

Gegenstand der Vermutung ist, wie schon erwähnt, nach § 891 Abs 1 BGB das Bestehen des gebuchten Rechts für den eingetragenen Berechtigten, im Falle des Abs 2 das Nichtbestehen des gelöschten Rechts. 4

Es handelt sich dabei um eine Rechtsvermutung, und zwar eine **Rechtszustandsvermutung** (ROSENBERG, Beweislast § 16). Vermutet werden also nicht Tatsachen, insbesondere nicht der Tatbestand der Entstehung oder des Untergangs des im Grundbuch eingetragenen oder gelöschten Rechts, sondern unmittelbar das gegenwärtige Bestehen oder Nichtbestehen des betreffenden Rechts, losgelöst von jedem konkreten Entstehungs- bzw Erlöschenstatbestand (OLG Köln MittRhNotK 1995, 321; ROSENBERG § 891 Anm III 1 mwNw; BAUMGÄRTEL/LAUMEN/PRÜTTING/KRAEFT/PÖPEL[5] § 891 Rn 1, 4; PLANCK/STRECKER § 891 Anm 2a; KUTTNER JherJb 61 [1912] 109, 141 ff; PREDARI 64; PRÜTTING[38] Rn 211; **aA** MUSIELAK 76 ff, 82); der Richter ist insoweit nicht nur der Feststellung des Tatbestandes, sondern auch der Rechtsanwendung enthoben. Das ist vor allem für die Widerlegung der Vermutung von Bedeutung, weil (im Falle des Abs 1) nicht nur ein bestimmter Entstehungstatbestand, sondern jede Möglichkeit des Bestehens des Rechts widerlegt werden muss (vgl unten Rn 56). Allerdings hatte die erste Kommission bei der Beratung des § 826 BGB E I noch die Auffassung vertreten, im Grunde bildeten die zur Erwerbung oder der Aufhebung des Rechtes erforderlichen Tatsachen den Gegenstand der Vermutung (Mot III 155). Diese Äußerung ist jedoch angesichts der stark von § 826 BGB E I abweichenden Fassung des § 891 BGB für das geltende Recht nicht verwertbar (KUTTNER JherJb 61, 142 f; FÜLLER, Eigenständiges Sachenrecht [2006] 262; **aA** MUSIELAK 82 Fn 148). Dass sich die Vermutungen des § 891 BGB nicht als abgekürzte Tatsachenvermutungen begreifen lassen, wird besonders im Falle des § 891 Abs 2 BGB deutlich: Da eine Löschung nicht nur der Rechtsaufhebung, sondern auch der Grundbuchberichtigung dienen kann, wäre es durchaus sinnwidrig, an den bloßen Vorgang der Löschung die Vermutung zu knüpfen, dass ein bisher bestehendes Recht hiermit aufgehoben worden sei: Die Löschung rechtfertigt nur die Annahme, dass das betreffende Recht entweder von vornherein nicht entstanden ist oder jedenfalls mittlerweile in Fortfall gekommen ist und deshalb gegenwärtig nicht (mehr) besteht. Wenn aber die Vermutung des § 891 Abs 2 BGB nicht als Schluss vom Buchungsvorgang auf eine damit zusammenfallende Rechtsänderung verstanden wer- 5 den kann, verbietet sich angesichts des engen Zusammenhangs eine entsprechende Deutung auch für Abs 1 der Norm. § 891 Abs 1 BGB kann also – im Gegensatz zu § 1006 BGB (s Staudinger/Gursky [2013] § 1006 Rn 7) – auch nicht in eine Rechtserwerbsvermutung (dh die Vermutung, das eingetragene Recht sei mit der Eintragung erworben worden) uminterpretiert werden (**aA** Medicus, in: FS Baur [1981] 63, 65 f, 71 ff). Im Falle des § 1006 BGB hat sich eine derartige berichtigende Auslegung als notwendig erwiesen, weil eine an die bloße Tatsache des gegenwärtigen Eigenbesitzes anknüpfende Eigentumsbestandsvermutung praktisch kaum zu widerlegen wäre, also den Vermutungsgegner zu stark belasten würde. Im Liegenschaftsrecht wirkt sich der Unterschied zwischen Rechtserwerbsvermutung und Rechtsbestandsvermutung aber für den Vermutungsgegner wesentlich weniger einschneidend aus, weil hier ein Rechtserwerb ohne jeden Zusammenhang mit der konkreten Eintragung kaum in Betracht kommt. Praktisch muss der Vermutungsgegner deshalb neben der Widerlegung des Erwerbs bei Eintragung regelmäßig nur noch die Möglichkeit einer nachträglichen Einigung ausschließen. Als Bestandsvermutungen werden die beiden Regeln des § 891 BGB denn auch bisher von der ganz hM verstanden (Rosenberg § 891 Anm III 1; ders, Beweislast § 16; Planck/Strecker § 891 Anm 2a; Soergel/Kern[14] § 891 Rn 10; Wolff/Raiser § 44 I; H Westermann/Eickmann[8] § 70 Rn 7 ff; E Wolf § 9 E II b; Prütting[38] Rn 211; Siber, Buchrechtsgeschäft 86 Fn 1; Fuchs Anm 1; Kretzschmar § 891 Anm II 1; Kuttner JherJb 61 [1912] 109, 141 ff; Baumgärtel/Laumen/Prütting/Kraeft/Pöpel[5] § 891 Rn 1 ff).

II. Gegenstand

1. Nur eingetragene Rechte

6 Die beiden Vermutungen des § 891 BGB beziehen sich nur auf im Grundbuch eingetragene bzw eingetragen gewesene Rechte. Als selbstverständlich vorausgesetzt ist dabei, dass es sich um solche Rechte handeln muss, für deren Eintragung das Grundbuch überhaupt vorgesehen ist (eintragungsfähige Rechte). Für Rechte, deren Eintragung im Grundbuch schlechthin unzulässig ist, gilt die Norm nicht. Erfasst werden damit das Eigentum bzw der Miteigentumsanteil an einem Grundstück, alle beschränkten dinglichen Rechte an einem Grundstück, gleichgültig ob sie im dritten Buch des BGB selbst oder aber in bundes- oder landesrechtlichen Spezialgesetzen geregelt sind, schließlich auch die beschränkten dinglichen Rechte an solchen Grundstücksrechten, gleichgültig ob die letzteren von grundstücksgleicher Art sind oder nicht. Auch wenn solche Rechte außerhalb des Grundbuches entstehen (wie zB im Falle der §§ 1075 Abs 1, 1287 S 2 BGB, 848 Abs 2 ZPO) findet auf sie nach ihrer Eintragung § 891 BGB Anwendung. § 891 BGB gilt auch für Eintragungen oder Löschungen, die nicht zur Herbeiführung einer entsprechenden dinglichen Rechtsänderung, sondern nur zum Zwecke der Grundbuchberichtigung erfolgt sind, die also keine konstitutive, sondern nur beurkundende Wirkung haben sollten.

7 Was die **eintragungsfähigen, aber nicht eintragungsbedürftigen** Immobiliarsachenrechte betrifft, so ist § 891 BGB zweifellos auch auf das eingetragene Eigentum eines nach § 3 Abs 2 GBO vom Buchungszwang befreiten Eigentümers anwendbar (Lehmann BayNotZ 1916, 370 ff). Streitig ist dagegen die Behandlung der nach Art 187 Abs 1 EGBGB eintragungsfähigen, aber nicht eintragungspflichtigen (und trotz fehlender Eintragung gutglaubensresistenten) altrechtlichen Grunddienstbarkeiten. Seufert woll-

te auf derartige Rechte, wenn sie einmal eingetragen sind, zwar § 891 Abs 1 BGB anwenden, nicht aber im Falle späterer Löschung § 891 Abs 2 BGB (Staudinger/Seufert[11] § 891 Rn 11; ebenso Rosenberg § 891 Anm I 2b α; MünchKommBGB/Wacke[4] § 891§ 891 Rn 5, 22). Nach Meinung des Reichsgerichts dagegen hat § 891 BGB für diese Rechte gar keine Bedeutung (RGZ 62, 99, 102; 93, 63; HRR 1927 Nr 626; Recht 1927 Nr 340; ebenso Planck/Strecker § 891 Anm 2c; Predari 75). Beide Annahmen sind aber sachlich unbegründet. Art 187 Abs 1 EGBGB hebt das Publizitätsprinzip bei diesen Rechten doch nur insoweit auf, als es um ihren Bestand außerhalb des Grundbuches geht. Es ist kein vernünftiger Grund ersichtlich, warum diese Rechte, wenn sie erst einmal im Grundbuch eingetragen sind, nicht auch zum Grundbuchinhalt iS der §§ 891 ff BGB zählen sollten. Damit gilt die Vermutung ab der Eintragung vollumfänglich auch für die genannten altrechtlichen Dienstbarkeiten (so auch die ganz **hM**: BGHZ 104, 139, 142 [zu § 892]; OLG Karlsruhe 27. 6. 2022 – 25 U 477/21, BeckRS 2022, 47947 Rn 52; Sawitz, Der Inhalt des Grundbuches [1908] 100; Lutter AcP 164 [1964] 122, 133 f; Staudinger/J Hönle/U Hönle [2018] Art 187 EGBGB Rn 7; Soergel/Hartmann[13] Art 187 EGBGB Rn 3; jurisPK-BGB/Toussaint[10] § 891 Rn 6; MünchKommBGB/H Schäfer[9] § 891 Rn 7; Erman/Artz[17] § 891 Rn 3; Grüneberg/Herrler[84] Art 187 EGBGB Rn 2; BeckOGK/Hertel [1. 9. 2024] § 891 Rn 6; Baumgärtel/Laumen/Prütting/Kraeft/Pöpel[5] § 891 Rn 16; **aA** Schiffhauer Rpfleger 1975, 187 fn 157; Grund BWNotZ 1952, 46; Riedel RdL 1952, 32; offengelassen in BayObLGZ 1972, 267, 270 f mwNw; OLG Stuttgart Die Justiz 1968, 140, 141). Nach Ansicht des BayObLG bietet die nach 1900 erfolgte Eintragung einer altrechtlichen Grunddienstbarkeit auch ohne Anwendung von § 891 Abs 1 BGB jedenfalls einen sehr hohen Grad von Wahrscheinlichkeit dafür, dass das Recht im Zeitpunkt der Eintragung auch bestanden hat (BayObLGZ 1967, 397, 402).

Die Vermutungen des § 891 BGB gelten naturgemäß nicht für die überhaupt **nicht eintragungsfähigen** dinglichen Rechtsverhältnisse, wie zB die Überbau- und Notwegrenten, wenn diese unzulässigerweise im Grundbuch eingetragen sind oder waren (RGZ 62, 99, 101; RG WarnR 1914 Nr 283; Gruchot 64, 618; Planck/Strecker § 891 Anm 2c; Rosenberg § 891 Anm I 2b β). Dagegen sind vertragliche Änderungen bzw Festlegungen des Inhalts dieser Renten ebenso wie der Verzicht auf sie eintragungsfähig (s Staudinger/Roth [2020] § 914 Rn 3, 5; § 917 Rn 50 ff; Staudinger/Ertl[12] Vorbem 97 zu §§ 873 ff; s für den Verzicht auch NK-BGB/Krause[5] § 891 Rn 3; BeckOGK/Hertel [1. 9. 2024] § 891 Rn 11); die entsprechenden Eintragungen entfalten damit auch die Vermutungswirkung des § 891 BGB. Die Eintragung einer rein schuldrechtlichen Rechtsbeziehung, zB eines Mietrechts (RGZ 54, 233; OLG Hamm DNotZ 1957, 314) oder eines schuldrechtlichen Wiederkaufsrechts (BayObLG JFG 4, 350), ist ihrem Inhalt nach ebenso unzulässig wie die Eintragung einer dem geltenden Recht unbekannten Grundstücksbelastung (zB einer Antichrese) oder aber die Eintragung eines dinglichen Rechts mit einem gesetzlich nicht zugelassenen Inhalt (zB einer Zwangshypothek als Gesamthypothek oder bei Unterschreitung des für die Zwangshypothek erlaubten Mindestbetrages, vgl BayObLGZ 1975, 403). Derartige Eintragungen sind nach § 53 Abs 1 S 2 GBO von Amts wegen zu löschen; sie können deshalb auch keine Vermutung für die Existenz des betreffenden Rechtes bewirken. 8

2. Nur privatrechtliche Eintragungen

Da das Grundbuch nur über private Rechtsverhältnisse Auskunft geben soll, haben auch zulässige Eintragungen über öffentlich-rechtliche Verhältnisse keine rechtliche 9

Relevanz und fallen somit nicht unter § 891 BGB (BGB-RGRK/Augustin § 891 Rn 9, 16; Rosenberg § 891 Anm III 2 c; Soergel/Kern[14] § 891 Rn 6; MünchKommBGB/H Schäfer[9] § 891 Rn 7; RG Gruchot 55 [1911] 1152; 58 [1914] 947, 949; HRR 1935 Nr 1408; BayObLGZ 1960, 447, 453); dies gilt beispielsweise auch für die Kennzeichnung als öffentlicher Weg oder Wasserlauf (RG JW 10, 813; Gruchot 57 [1913] 987, 989; Schmidt DJZ 1914, 302; **aA** Bovensiepen DJZ 1913, 1199 f). Ebenso für die im Gegensatz zur Regel des § 54 GBO kraft ausdrücklicher gesetzlicher Anordnung im Grundbuch eintragbaren Beitragsschulden im Umlegungsverfahren (§ 64 Abs 3, 6 BauGB) und die Grundlasten nach dem BremG v 23. 6. 1907.

3. Tatsachenangaben

10 Die Vermutung erstreckt sich **nicht** auf solche Angaben des Bestandsverzeichnisses, die nur besondere Eigenschaften des Grundstücks (zB Kulturart, Nutzungswert, Brandversicherungswert, Reinertrag) ausdrücken oder ihm einen Namen geben wollen, auch nicht auf Angaben über die Bebauung (RG WarnR 1924 Nr 98) bzw Bebaubarkeit, grundsätzlich auch nicht auf Angaben über das Flächenmaß und auf die Lagebezeichnung (RGZ 73, 125, 128; BGH NZM 1999, 669, 671; KGJ 27 A 91; 30 A 206; BayObLGZ 1956, 101; 1971, 1, 4; BayObLG MittBayNot 1988, 39; OLG Nürnberg MDR 1976, 666; Holzer 118 f; Baumgärtel/Laumen/Prütting/Kraeft/Pöpel[5] § 891 Rn 5). Alle diese Angaben stehen nämlich mit der eigentlichen Aufgabe des Grundbuches, die dinglichen Rechtsverhältnisse am Grundstück offenzulegen und dieses selbst eindeutig zu kennzeichnen, nur in einem sehr losen Zusammenhang (Rosenberg § 891 Anm III 2c). In Ausnahmefällen können allerdings auch Angaben über Lage und Größe des Grundstücks Bedeutung bekommen, weil sich infolge eines Versagens des Katasters überhaupt erst aus ihnen die räumliche Abgrenzung des Grundstückes erschließen lässt. Doch ist beim Schluss von den Größenangaben des Bestandsverzeichnisses auf eine bestimmte räumliche Begrenzung des Grundstücks – und damit der Eigentumsvermutung aus § 891 BGB – immer Vorsicht und Zurückhaltung am Platze (OLG Rostock MecklZ 50 [1934] 201).

11 Vielfach wird gesagt, dass die Vermutung des § 891 Abs 1 BGB nicht die Existenz des Grundstücks selbst umfasst (RGZ 57, 32, 38; BayObLGZ 8, 530, 535; OLG Brandenburg 24. 3. 2022 – 5 U 96/19, BeckRS 2022, 12671 Rn 17; MünchKommBGB/Wacke[4] § 891 Rn 9; MünchKommBGB/H Schäfer[9] § 891 Rn 6; jurisPK-BGB/Toussaint[10] § 891 Rn 8). Das ist missverständlich. Falls das Grundbuch für das Grundstück etwa auf nicht existierende Flurstücke verweisen sollte, wäre in der Tat für eine Anwendung von § 891 BGB kein Raum. Anders wäre die Situation jedoch, wenn es um die Frage geht, ob das (durch nachvollziehbare und **eindeutige Bestandsangaben** definierte) Grundstück selbst wirksam gebildet worden ist. Falls ein Grundstück durch Veräußerung von Teilen mehrerer Ausgangsgrundstücke und deren Vereinigung durch den Erwerber (§ 890 BGB) gebildet worden ist und nun über eine behauptete Geisteskrankheit des Erwerbers in diesem Zeitpunkt gestritten wird, kommt dem Erwerber aus § 891 Abs 1 BGB jedenfalls die Vermutung für seine Eigentümerstellung an der ganzen durch die Bestandsangaben definierten Fläche zugute. Das aber impliziert, dass mittelbar auch die rechtliche Existenz des Grundstücks selbst vermutet wird (vgl auch § 892 Rn 33).

4. Hinweise auf anderweitige Eintragungen

Zu den Bestandsangaben tatsächlicher Art gehören auch die Vermerke über **subjektiv-dingliche Rechte**, die dem jeweiligen Eigentümer des betreffenden Grundstücks zustehen. Diese Rechte sind nach § 9 GBO auf Antrag auch auf dem Blatt des herrschenden Grundstücks im Bestandsverzeichnis zu vermerken (vgl § 7 GBV). Dieser Vermerk hat jedoch bloß den Charakter eines Hinweises; er stellt keine Rechtseintragung dar, die unter § 891 BGB fallen würde (RGZ 104, 316, 319; OLG München HRR 1936 Nr 1277; BayObLGZ 1969, 284, 292; DNotZ 1980, 103, 104; BayObLG Rpfleger 1987, 101, 102 [zu § 892]; OLG Frankfurt Rpfleger 1979, 418; BGB-RGRK/Augustin § 891 Rn 1, 6; MünchKommBGB/Wacke[4] § 891 Rn 10; MünchKommBGB/H Schäfer[9] § 891 Rn 5; NK-BGB/Krause[5] § 891 Rn 5; Meikel/Böttcher[12] § 9 GBO Rn 41; Lutter AcP 164 [1964] 122, 158 Fn 25; Bengel § 9 GBO Rn 5 [S 324]; Demharter[33] § 9 Rn 14; Baumgärtel/Laumen/Prütting/Kraeft/Pöpel[5] § 891 Rn 11). Hierfür ist trotz der Eintragung des Vermerks allein der Inhalt des Grundbuchblattes des belasteten Grundstücks maßgebend (Meikel/Böttcher[12] § 9 GBO Rn 41). Hiervon abweichend hat allerdings das BayObLG (in BayObLGZ 1971, 351, 354 f) die Eintragung eines selbständigen subjektivdinglichen Fischereirechts im Titel (Bestandsverzeichnis) eines gemeinschaftlichen Grundbuchblattes als Zusammenschreibung dieses grundstücksgleichen Rechtes mit den auf dem betreffenden Blatt gebuchten Grundstücken (§ 4 Abs 1 GBO) gewertet. Bei dieser – unseres Erachtens sehr zweifelhaften – Interpretation lässt schon die Eintragung des Fischereirechts im Titel des gemeinschaftlichen Grundbuchblattes die Rechtsvermutung entstehen; einer Eintragung des Fischereirechts auf dem Blatt für das Fischwasser bedarf es dann nicht mehr. 12

Bei **grundstücksgleichen Rechten**, die nach §§ 8 GBO aF, 118 GBO aF bzw 144 GBO nF ein eigenes Grundbuchblatt erhalten haben, ist für bestimmte Eintragungen dieses Sondergrundbuch, für andere das des belasteten Grundstücks maßgebend iS von § 891 BGB. Für Angaben über die Entstehung des grundstücksgleichen Rechtes, seinen Inhalt, seinen Fortbestand, seine Dauer und seinen Rang ist das Grundstücksgrundbuch zuständig; diesbezügliche Eintragungen im Sondergrundbuch sind nur tatsächlicher Art, haben also nur nachrichtliche Bedeutung; eventuelle Abweichungen heben die Vermutungswirkung für die Angaben im Grundstücksgrundbuch nicht auf. Dagegen sind die Angaben im Sondergrundbuch maßgebend für die Übertragung und Belastung des grundstücksgleichen Rechtes (vgl §§ 14 ff ErbbauRG). Ebenso die ganze hM, vgl RGZ 57, 32, 38; BayObLG MittBayNot 1990, 309, 311; OLG Dresden JFG 2, 306; OLGE 30, 15, 16; OLG München BayZ 1926, 258; Planck/Strecker § 892 Anm I 5 mwNw; Staudinger/Rapp (2021) § 14 ErbbauRG Rn 10; MünchKommBGB/Weiss[9] § 14 ErbbauRG Rn 13; MünchKommBGB/Wacke[4] § 891 Rn 10; MünchKommBGB/H Schäfer[9] § 891 Rn 5; teilweise abw Güthe/Triebel § 8 Rn 17; Fuchs § 1015 Rn 16; anders auch BayObLG für selbständige Fischereirechte nach dem bayr FischG vom 15. 8. 1908 (BayBS IV 453). Da hier im Hinblick auf Art 14 Abs 6 FischG das Fischereirecht möglicherweise auf dem Blatt des Fischwassers nicht vermerkt ist, uU auch für das Fischwasser gar kein Grundbuchblatt angelegt ist, soll das Grundbuchblatt des Fischereirechts selbst unbeschränkt den öffentlichen Glauben des Grundbuches genießen (BayObLGZ 1971, 351, 354 f; 1990, 226, 231 f; BayObLG MittBayNot 1994, 324, 325). 13

Bei *Erbbaurechten* alter Art ist das Grundstücksblatt auch für den Inhalt bzw etwaige Änderungen des Inhalts des Erbbaurechts maßgeblich (vgl Planck/Strecker 14

§ 1015 Anm 6 mwNw; Meikel/Nowack[7] § 8 Rn 15; Keller/Munzig/Keller[9] § 8 Rn 4; Demharter[33] Anh 24 zu § 8; Güthe/Triebel § 8 Rn 16; Thieme § 8 Anm 3 b). Bei Erbbaurechten neuer Art ist dagegen nach § 14 Abs 2 ErbbauRG das Erbbaugrundbuch auch für die nähere inhaltliche Ausgestaltung des Erbbaurechts, mithin auch für etwaige spätere Inhaltsänderungen, maßgebend. Hierbei dürfte es sich (entgegen Lutter AcP 164 [1964] 122, 158) um eine nicht verallgemeinerungsfähige Sonderregelung handeln. Da Angaben über den Inhalt des grundstücksgleichen Rechts den objektiven Bestand der Grundstücksbelastung betreffen, gehören sie der Natur der Sache nach in den Zuständigkeitsbereich des Grundstücksgrundbuchs. Bei grundstücksgleichen Rechten des Landesrechts kann allerdings kraft der in § 144 Abs 3 GBO enthaltenen Ermächtigung § 14 ErbbauRG für entsprechend anwendbar erklärt werden. Für die Person des Ersterwerbers eines Erbbaurechts ist nach zutr hM ebenfalls die Angabe im Grundstücksgrundbuch entscheidend (Planck/Strecker § 14 ErbbVO Anm 2a; Staudinger/Rapp [2021] § 14 ErbbauRG Rn 10; NK-BGB/Krause[5] § 891 BGB Rn 6; Grüneberg/Wicke[84] § 14 ErbbauRG Rn 1; Demharter[33] Anh 47 zu § 8 GBO; implizit Schöner/Stöber[16] Rn 1725 ff; Güthe/Triebel § 8 Rn 14; **aA** Lutter AcP 164 [1964] 122, 158 Fn 124). Die Angabe des Erbbauberechtigten ist ja Teil der für die Entstehung des Rechts konstitutiven Eintragung.

5. Vermerke ohne Rechtsqualität

15 Da § 891 BGB die Vermutungswirkung auf Rechte beschränkt, werden **Widersprüche** (§§ 899 BGB, 53 GBO) und **Verfügungsbeschränkungen**, die ja Vermerke ohne Rechtsqualität darstellen, **nicht** erfasst (RG JW 1910, 149 [für Widersprüche]; Prot III 49 und KGJ 52 A 166, 168 = RJA 17, 64 [für Verfügungsbeschränkungen]; BGH 19. 10. 2023 – V ZB 8/23, NJW 2024, 580 Rn 31 [Testamentsvollstreckervermerk]; Planck/Strecker § 891 Anm 2a; BGB-RGRK/Augustin § 891 Rn 8; MünchKommBGB/Wacke[4] § 891 Rn 7 [m Einschr für eintragbare Verfügungsbeschränkungen]; MünchKommBGB/H Schäfer[9] § 891 Rn 8; jurisPK-BGB/Toussaint[10] § 891 Rn 12; BeckOGK/Hertel [1. 9. 2024] § 891 Rn 12; Grüneberg/Herrler[84] § 891 Rn 4; AK-BGB/L vSchweinitz § 891 Rn 9; **aA** für den Nacherbenvermerk [§ 51 GBO] OLG Dresden ZBlFG 10, 637 und den Testamentsvollstreckervermerk [§ 52 GBO] KGJ 40 A 199). Rosenberg (§ 891 Anm I 1 a, III 2 b) hält Abs 1 für anwendbar, da die Vermutung das Recht nur so schütze, wie es eingetragen ist; deshalb werde auch die Verfügungsbeschränkung gedeckt. Dagegen weist Planck/Strecker (§ 891 Anm 2b) zutreffend darauf hin, dass die Verfügungsbeschränkung nicht zum Inhalt des Rechtes gehört. Der Grundbuchrichter ist allerdings schon aus Gründen der Rechtssicherheit an eine einmal erfolgte Eintragung in einem gewissen Umfange gebunden (Demharter[33] Anh 17 zu § 13): Hat er zB den Erben aufgrund Testamentsauslegung ohne Vermerk über eine Nacherbschaft eingetragen, so darf er ihn bei einer späteren Eintragung nicht lediglich aufgrund einer nunmehr veränderten Auffassung über die Auslegung als Vorerben behandeln, sofern nicht besondere Umstände eine andere Auslegung notwendig machen (KG JW 1934, 2931). Wenn jemand als befreiter Vorerbe eingetragen ist, darf das Grundbuchamt nicht, ohne dass irgendwelche neuen Tatsachen vorliegen oder das Grundbuch ersichtlich unrichtig ist, aufgrund einer anderen Auslegung der seinerzeitigen Eintragungsunterlagen nunmehr das Vorliegen einer befreiten Vorerbschaft verneinen (BayObLG BWNotZ 1982, 146, 148). Aber das hat mit § 891 BGB nichts zu tun. Vielfach wird angenommen, dass die nicht unter § 891 BGB fallenden Eintragungen von rechtlicher Relevanz – wie etwa die von Verfügungsbeschränkungen – den Beweis für ihren Inhalt nach § 418 Abs 1 ZPO erbringen, wogegen dann nach Abs 2 dieser

Norm der Gegenbeweis zulässig sei (Prot III 49; Staudinger/Kober[10] § 891 Rn 13; Biermann § 891 Anm 2e; Warneyer[1] § 891 Anm I; Turnau/Förster § 891 Anm 3). Dagegen wird jedoch mit Recht eingewandt, dass die Grundbucheintragung keine eigene Wahrnehmung oder Handlung des Grundbuchamtes wiedergibt und dass eine Befreiung von diesem Erfordernis durch ausdrückliche gesetzliche Vorschrift nach Maßgabe des § 418 Abs 3 ZPO nicht besteht (Rosenberg § 891 Anm I 1 e; Planck/Strecker § 891 Anm 2b aE). Da es sich um keine „Entscheidung" des Grundbuchamts handelt, gilt auch § 417 ZPO für derartige Eintragungen nicht (so auch BeckOGK/Hertel [1. 9. 2024] § 891 Rn 13; MünchKommBGB/H Schäfer[9] § 891 Rn 19; **aA** Planck/Strecker § 891 Anm 2b; Grüneberg/Herrler[84] § 891 Rn 4). Zur Bedeutung der eingetragenen Verfügungsbeschränkungen nach **§§ 51 ff GBO** für das Grundbuchamt und dessen Bindung an diese, s Hertel (BeckOGK [1. 9. 2024] § 891 Rn 13 ff, 39 mwNw [eine § 891 ähnliche Wirkung]).

6. Vormerkungen

Die **Vormerkung** (§§ 883 ff BGB) ist nach zutreffender hM kein echtes dingliches Recht, sondern ein Sicherungsmittel eigener Art, das nur in einzelnen Richtungen einem dinglichen Recht angenähert ist (BGHZ 25, 16, 23; 60, 46, 49). Dennoch billigt man heute auch der Vormerkung die Vermutungswirkung des § 891 BGB zu, allerdings nur mit einer wesentlichen Einschränkung, die sich aus der Akzessorietät dieses rechtsähnlichen Gebildes ergibt: Das Bestehen der eingetragenen Vormerkung ist analog § 891 Abs 1 BGB zu vermuten, wenn die Existenz (also das Entstehen und der Fortbestand) des gesicherten Anspruchs unstreitig oder bewiesen ist (OLG Schleswig FGPrax 2004, 264, 265, Wilhelm[7] Rn 2225 Fn 3345; MünchKommBGB/H Schäfer[9] § 891 Rn 8; BGB-RGRK/Augustin § 891 Rn 8; AK-BGB/L vSchweinitz § 891 Rn 9; Soergel/Kern[14] § 891 Rn 7; jurisPK-BGB/Toussaint[10] § 891 Rn 7; NK-BGB/Krause[5] § 891 Rn 9; Grüneberg/Herrler[84] § 891 Rn 4; Biermann § 891 Anm 2d; ders, Widerspruch und Vormerkung [1901] 187; Güthe Gruchot 57 [1913] 1, 97; **aA** Planck/Strecker § 883 Anm 3k mwNw; Rosenberg § 883 Anm V 2d S 332 f mwNw; Wolff/Raiser § 48 VII 1; Palandt/Hoche[23] § 891 Anm 2a; Tempel JuS 1965, 26, 28 m Fn 17; Meiser Gruchot 57 [1913] 584, 599; Haag [Schrifttum zu § 892] 125 f; differenzierend Assmann, Die Vormerkung [1998] 346 f [nur § 891 Abs 2 anwendbar]). Zur Anwendung von § 891 Abs 2 BGB auf eine gelöschte Vormerkung s BGH 9. 12. 2022 – V ZR 91/21, MitBayNot 2023, 354, 356. Für die Existenz der gesicherten Forderung selbst spricht die Vermutung natürlich nicht (BayObLGZ 13, 172, 175; BGB-RGRK/Augustin § 883§ 891 Rn 17; MünchKommBGB/Wacke[4] § 891 Rn 7). Die Vermutung für die (Fort-)Existenz der Vormerkung wird durch einen eingetragenen Widerspruch gegen diese nicht ausgeschaltet (OLG Koblenz Rpfleger 1992, 102; s unten Rn 53). 16

7. Einreden gegen Grundpfandrechte

Für die Einreden, die der Grundstückseigentümer nach § 1137 BGB gegen die Hypothek erheben kann, ordnet **§ 1138 BGB** die entsprechende Anwendung des § 891 BGB an. Damit wird also vermutet, dass im Grundbuch eingetragene Einreden dieser Art dem Eigentümer wirklich zustehen und damit die Durchsetzung der Hypothek auf Zeit oder dauernd hindern. Damit ist sogleich implizit die Eintragungsfähigkeit solcher Einreden klargestellt (s Staudinger/Wolfsteiner [2019] § 1138 Rn 32). Bei § 1157 BGB fehlt ein entsprechender Verweis auf § 891 BGB. Dennoch muss § 891 BGB auch insoweit entsprechend gelten. Auch die in § 1157 BGB mit Sukzessionsschutz ausgestatteten Einreden aus einem besonderen Schuldverhältnis zwischen 17 dem Grundstückseigentümer und dem Grundpfandgläubiger begrenzen der Sache nach den Inhalt des Grundpfandrechts. Deshalb muss entgegen der hM auch insoweit § 891 BGB anwendbar sein (Staudinger/Wolfsteiner [2019] § 1157 Rn 7, 15; **aA** Planck/Strecker § 1157 Anm 3 c; Staudinger/Scherübl[12] § 1157 Rn 9; Soergel/Platschek[14] § 1157 Rn 6; MünchKommBGB/Lieder[9] § 1157 Rn 16; Grüneberg/Herrler[84] § 891 Rn 4). Dies um so mehr, als die Eintragung der Einrede ja nur entweder aufgrund einer Bewilligung des Grundpfandgläubigers oder aber durch den Nachweis ihrer Existenz gem §§ 22, 29 GBO bzw der gerichtlichen Durchsetzung eines gegen den Grundpfandgläubiger gerichteten Grundbuchberichtigungsanspruchs des Eigentümers erfolgt sein kann.

III. Die Eintragung als Grundlage der Vermutung

18 Die Vermutung des § 891 BGB wird nur durch eine wirksame, inhaltlich zulässige und nicht etwa schon in sich widerspruchsvolle Eintragung ausgelöst. Über die Frage mehrerer sich widersprechender Eintragungen s unten Rn 50.

19 **1.** Vorausgesetzt wird eine **wirksame** Eintragung; nichtige Eintragungen sind rechtlich schlechthin wirkungslos und damit keine Grundbucheintragungen im Rechtssinne (s Staudinger/C Heinze [2018] § 873 Rn 290). Eine nichtige Eintragung kann deshalb auch die Vermutungswirkung des § 891 BGB nicht erzeugen (BGHZ 7, 64; KGJ 40 A 196, 197; Planck/Strecker § 891 Anm 2c; MünchKommBGB/H Schäfer[9] § 891 Rn 4; BeckOGK/Hertel [1. 9. 2024] § 891 Rn 18; AK-BGB/L vSchweinitz § 891 Rn 5; Baumgärtel/Laumen/Prütting/Kraeft/Pöpel[5] § 891 Rn 38; H Westermann/Eickmann[8] § 70 Rn 2; **aA** Lutter AcP 164 [1964] 122, 152 ff). Auch wenn die Grundbucheintragungen (entgegen MünchKommBGB/Wacke[4] § 891 Rn 2) keine eigentlichen Verwaltungsakte, sondern „Rechtspflegeakte“ darstellen (vgl Meikel/Ebeling[9] § 44 Rn 42; Meikel/Böttcher[12] § 44 Rn 56), ist die Frage ihrer Wirksamkeit oder Nichtigkeit doch nach den allgemeinen Grundsätzen des Verwaltungsrechts zu beurteilen, soweit nicht spezielle Vorschriften der Grundbuchordnung oder des FamFG eingreifen (Meikel/Schneider[12] § 53 Rn 10; Bauer/Schaub/Bauer[5] § 53 Rn 8; KEHE/Ertl Einl B 45 ff). Nichtig und deshalb im Hinblick auf § 891 BGB irrelevant sind insbesondere Eintragungen, die von einer Privatperson oder einer anderen Behörde als dem Grundbuchamt oder einem funktionell unzuständigen Beamten (vgl § 44 Abs 2 Nr 3 VwVfG) vorgenommen worden sind (Planck/Strecker § 891 Anm 2c; MünchKommBGB/H Schäfer[9] § 891 Rn 4, § 892 Rn 10; Wolff/Raiser § 36 I 1 a; differenzierend Staudinger/C Heinze [2018] § 873 Rn 288; **aA** Rosenberg § 891 Anm II). Solange allerdings ungeklärt ist, ob die Eintragung vom Grundbuchamt selbst herrührt oder nicht, ist die Echtheitsvermutung des § 437 ZPO zu beachten. Nichtig sind auch „unfertige Einträge“, also Eintragungen, bei denen zumindest eine der beiden zwingend vorgeschriebenen Unterschriften (§ 44 Abs 1 S 2 GBO) fehlt. Beim maschinell geführten Grundbuch (Computergrundbuch) genügt die Nachnamenangabe und elektronische Signatur des die Eintragung selbst vornehmenden Rechtspflegers oder des sie auf Veranlassung des Rechtspflegers vornehmenden Urkundsbeamten (vgl §§ 130 S 1 HS 2 GBO, 75 GBV). Nichtig ist ferner eine durch erhebliche Bedrohung des Grundbuchbeamten erzwungene Eintragung (BGHZ 7, 64 = NJW 1952, 1289 m Anm Hoche; Meikel/Böttcher[12] § 44 Rn 69; Bauer/Schaub/Bauer[5] § 53 Rn 11; anders aber MünchKommBGB/Wacke[4] § 891 Rn 2 unter Berufung auf § 48 Abs 3 S 3 Nr 1 VwVfG). Sonstige Willensmängel auf Seiten des Beamten (Geisteskrankheit, arglistige Täuschung) lassen die Wirksamkeit des staatlichen Hoheitsaktes der Eintra-

gung dagegen unberührt (Bauer/Schaub/Bauer[5] § 53 Rn 11). Dasselbe gilt für Eintragungen durch ein örtlich unzuständiges Grundbuchamt oder durch einen gesetzlich ausgeschlossenen Grundbuchbeamten (§ 11 GBO). Bei unbefugt vorgenommenen Änderungen (zB Radierungen) bleibt die Vermutungswirkung des bisherigen Textes bestehen, wenn dieser rekonstruierbar ist (OLG Frankfurt OLGZ 1982, 56; Schöner/Stöber[16] Rn 340).

2. Die Eintragung muss sich, um wirksam zu sein, auf dem *Grundbuchblatt des betreffenden Rechts* befinden, auf das sie sich inhaltlich ersichtlich bezieht; für jedes Grundstück ist nur gerade das speziell für es angelegte Grundbuchblatt das „Grundbuch" iS der §§ 873 ff BGB (vgl Staudinger/C Heinze [2018] § 873 Rn 261; BayObLGZ 1969, 284, 292 mwNw). Dass im Grundbuchblatt für das Grundstück x Eintragungen stehen, die sich erkennbar auf das Grundstück y beziehen, ist aber kaum vorstellbar (wenn man von den nachrichtlichen Eintragungen bei subjektiv-dinglichen Rechten oder grundstücksgleichen Rechten absieht, s oben Rn 12 f). Nicht unwirksam ist dagegen eine Eintragung, die durch ein Versehen des Grundbuchbeamten auf dem Blatt eines von der Einigung nicht gemeinten Grundstücks erfolgt, ohne dass diese Diskrepanz aus der Eintragung selbst hervorginge. Die bloße Behauptung einer solchen Verwechslung kann also die Vermutung des § 891 BGB nicht ausschalten, vielmehr bleibt es Sache des Vermutungsgegners, die Vermutung durch den Nachweis, dass die Eintragung auf dem falschen Grundbuchblatt ausgeführt worden ist, zu widerlegen (Rosenberg § 891 Anm II). Der Umstand, dass eine Eintragung an einer *falschen Stelle des Grundbuchblattes* erfolgte, also etwa eine Hypothek in Abteilung II oder der Eigentümer im Bestandsverzeichnis vermerkt wurde, lässt die Wirksamkeit der Eintragung unberührt (BayObLGZ 1995, 413, 417; Staudinger/C Heinze [2018] § 873 Rn 294; Planck/Strecker § 892 Anm I 5; MünchKommBGB/H Schäfer[9] § 891 Rn 5; jurisPK-BGB/Toussaint[10] § 891 Rn 16; Grüneberg/Herrler[84] § 891 Rn 3; s auch BayObLGZ 1969, 284, 292: Eintragung einer altrechtlichen Dienstbarkeit nur im Titel [Bestandsverzeichnis]). Wenn allerdings ein Rangvorbehalt entgegen der zwingenden Regel des § 881 Abs 2 BGB bei dem vortretenden Recht eingetragen worden ist, ist diese Eintragung wiederum nichtig und kann deshalb nicht die Vermutungen des § 891 BGB auslösen (NK-BGB/Krause[5] § 891 Rn 11). 20

3. Ebenso wenig kommt eine *inhaltlich unzulässige Eintragung* als Grundlage der Vermutung in Betracht (jurisPK-BGB/Toussaint[10] § 891 Rn 19). Wenn im Grundbuch einem Grundstück ein „Anteil" an einer Zufahrtsparzelle zugebucht ist, ohne dass die Art der Mitberechtigung oder die Höhe des Anteils angegeben worden ist, so ist die Eintragung unwirksam, weil ihr Sinn nicht erkennbar und auch durch Heranziehung der zulässigen Auslegungsmittel nicht festzustellen ist. Eine solche Eintragung begründet deshalb nicht die Vermutung des § 891 BGB (BGH WM 1978, 375, 376 f). 21

4. Dagegen schadet es nichts, dass die Eintragung *von vornherein sachlich unrichtig* war (Planck/Strecker § 891 Anm 2c). Das gilt auch für den Fall, dass der als berechtigt Eingetragene schon zur Zeit der Eintragung verstorben war (Grüneberg/Herrler[84] § 891 Rn 5). Zu Unrecht hat das Kammergericht (OLGE 41, 25) einer solchen von vornherein unmöglichen Eintragung die Vermutungswirkung abgesprochen (ebenso BGB-RGRK/Augustin § 891 Rn 29 sowie für den Fall des Todes vor Beginn des Eintragungsverfahrens MünchKommBGB/Wacke[4] § 891 Rn 13). Richtiger Auffassung nach gilt dann die Vermutung für die Erben des Verstorbenen (OLG Dresden OLG-NL 1994, 155; DtZ 1997, 30, 22

31; PLANCK/STRECKER § 891 Anm 2c; MünchKommBGB/H SCHÄFER[9] § 891 Rn 12; ERMAN/ARTZ[17] § 891 Rn 12; WOLFF/RAISER § 44 Fn 3; GRÜNEBERG/HERRLER[84] § 891 Rn 5; vgl auch RG JW 1926, 1955, 1956). Entsprechendes gilt für die Eintragung des bisherigen Rechtsinhabers in den Fällen einer sonstigen Gesamtrechtsnachfolge (OLG Dresden OLG-NL 1994, 155; jurisPK-BGB/TOUSSAINT[10] § 891 Rn 31), beispielsweise auch für den Übergang der zum Geschäftsbereich des Finanzministeriums gehörenden Grundstücke auf die Bundesanstalt für Immobilienaufgaben (§ 2 Abs 2 BImAG, vgl OLG Schleswig NJW-RR 2006, 1608, 1609). Schließlich gilt die Vermutungswirkung des § 891 BGB auch dann, wenn das Grundbuchamt die Eintragung unter Verletzung gesetzlicher Verfahrensvorschriften vorgenommen hat (BGH NJW-RR 2006, 662, 663 Rn 10; BayObLG MittRhNotK 2000, 72, 73; jurisPK-BGB/TOUSSAINT[10] § 891 Rn 18; s auch STAUDINGER/C HEINZE [2018] § 873 Rn 287).

23 **5.** Auch wenn der Stand des Grundbuchs *auf formell unhaltbarer Grundlage* beruht, ist die Eintragung so lange wirksam und die Vermutung in Kraft, als nicht der Inhalt des Grundbuchs im Wege der Beschwerde oder des Berichtigungsverfahrens geändert worden ist, denn aus fehlerhaftem Verfahren ergibt sich nichts für die sachliche Unrichtigkeit (RG JW 1912, 145 = WarnR 1912 Nr 79; 1936, 2399, 2400; KGJ 20 A 181 = RJA 1, 128; LG Hagen NJW 1966, 1660, 1661; PLANCK/STRECKER § 891 Anm 4; MünchKommBGB/H SCHÄFER[9] § 891 Rn 4; GRÜNEBERG/HERRLER[84] § 891 Rn 2; WOLFF/RAISER § 44 Fn 7; H WESTERMANN[5] § 72 IV 2; BAUMGÄRTEL/LAUMEN/PRÜTTING/KRAEFT/PÖPEL[5] § 891 Rn 52 aE). Entscheidend für die Vermutung ist allein die Tatsache der Eintragung (OLG Köln ZBlFG 7, 839). Deshalb gilt die Vermutung auch dann, wenn eine Eintragung aufgrund einer unrichtigen Bescheinigung einer Verwaltungsbehörde erfolgt ist (RG SeuffA 79 Nr 114). Die aufgrund eines Beschlusses nach § 1964 BGB erfolgte Eintragung des Fiskus als Eigentümer eines Grundstücks löst die Vermutung des § 891 BGB auch dann aus, wenn die Erbenermittlung unvollständig war (abw OLG Dresden OLG-NL 1999, 159 für eine Konstellation, bei der die Erbenermittlung durch das staatliche Notariat der DDR aus ideologischen Gründen vorzeitig abgebrochen wurde).

24 **6.** Die Anwendung des § 891 BGB kann bei Eintragungen, die nicht mit der wünschenswerten Präzision formuliert sind, eine *Auslegung* erforderlich machen. Diese richtet sich nach den bei STAUDINGER/C HEINZE (2018) § 873 Rn 269 ff dargelegten Grundsätzen. Eine Umdeutung des Grundbuchinhaltes kommt grundsätzlich nicht in Betracht (s STAUDINGER/C HEINZE [2018] § 873 Rn 280). Bei nicht zu beseitigender Unklarheit einer Grundbucheintragung ist für die Anwendung von § 891 BGB kein Raum (NK-BGB/KRAUSE[5] § 891 Rn 13).

IV. Der Inhalt der Vermutung

1. Die positive Vermutung (Abs 1)

25 Nach Abs 1 wird vermutet, dass dem Eingetragenen das Recht zustehe; vermutet wird also sowohl der objektive Bestand des fraglichen Rechtes wie auch die subjektive Berechtigung des Eingetragenen. Diese Vermutungswirkung wird auch durch die etwaige Eintragung eines Widerspruchs nicht zerstört. Die Vermutung des § 891 BGB lässt sich nur durch ihre Widerlegung, also den vollen Beweis der Unrichtigkeit des Grundbuchstandes ausschalten (OLG Celle NJW-RR 2012, 1298 f Rn 5). Solange die Berechtigung des Widerspruchs nicht nachgewiesen ist, muss das Grundbuchamt Verfügungen des als Rechtsinhaber Eingetragenen vollziehen (s unten Rn 53).

a) Objektiver Bestand des Rechts

26 Was zunächst die Vermutung für den **objektiven Bestand** des Rechtes betrifft, so wird zunächst einmal vermutet, dass das eingetragene Liegenschaftsrecht überhaupt wirksam entstanden ist (BGH DNotZ 1987, 493). Die Vermutung erstreckt sich darüber hinaus auf den gesamten Inhalt des Rechts, so wie er sich aus dem Grundbuch und den zur Ergänzung des Eintragungsvermerks zulässigerweise in Bezug genommenen Urkunden (vgl §§ 874, 1115 BGB) ergibt (RGZ 116, 177, 181; WarnR 1912 Nr 258; KG 4. 12. 2018 – 1 W 369-370/18, FGPrax 2019, 51, 53; Planck/Strecker § 891 Anm 2d α). Als zum Inhalt des Rechts gehörig wird damit insbes auch der *Rang* des Rechtes einschließlich eines etwaigen Rangvorbehalts erfasst (MünchKommBGB/H Schäfer[9] § 891 Rn 2). Auch die eingetragene Bestimmung des Höchstersatzes für den Fall der Zwangsversteigerung (§ 882 BGB) betrifft den Inhalt des Rechts und unterfällt somit § 891 BGB (Rosenberg § 891 Anm I 1 a). Bei der Hypothek wird das Bestehen in der vollen eingetragenen Höhe vermutet (RGZ 124, 333, 335). Bei *streng akzessorischen dinglichen Rechten* (Sicherungshypotheken [vgl § 1184 Abs 1 BGB], Pfandrechten an einem Grundstücksrecht) erstreckt sich die Vermutung nicht auf den Bestand der gesicherten Forderung (Planck/Strecker § 891 Anm 2d α; Fuchs § 891 Rn 5; Rosenberg § 891 Anm I 1 b; MünchKommBGB/H Schäfer[9] § 891 Rn 9; Füller, Eigenständiges Sachenrecht [2006] 263). Dies gilt nicht nur für die Geltendmachung der Forderung selbst, sondern auch für die dingliche Hypothekenklage bzw die Geltendmachung des Pfandrechts, weil die Existenz der Forderung hier ja notwendige Vorbedingung für die Existenz des streng akzessorischen Rechts ist (vgl Staudinger/Wolfsteiner [2019] § 1185 Rn 5 ff). Die Vermutung des § 891 BGB wird hier somit zu einer bedingten abgeschwächt: Es wird nur vermutet, dass die Sicherungshypothek oder das Pfandrecht existiert (und dem Eingetragenen zusteht), *wenn* die zugrundeliegende Forderung als solche nachgewiesenermaßen und unstreitig existiert und dem Eingetragenen zusteht (vgl Wolff/Raiser § 151 I 2). Anders ist die Situation bei der nur beschränkt akzessorischen Verkehrshypothek, da § 1138 BGB hier für die Geltendmachung der Hypothek als solcher die Vermutung des § 891 BGB auch auf die Forderung erstreckt. Für die Geltendmachung der Forderung selbst ist dagegen der Grundbucheintrag auch bei der Verkehrshypothek ohne Relevanz. – Da die Höchstbetragshypothek (§ 1190 BGB) notwendigerweise Sicherungshypothek ist (§ 1190 Abs 3 BGB), ist die Vermutung für die Rechtsinhaberschaft des eingetragenen Gläubigers in gleicher Weise abgeschwächt wie bei anderen Sicherungshypotheken. Das Grundbuch gibt damit vor der Forderungsfeststellung (§ 1190 Abs 1 S 1 BGB aE) keine Auskunft darüber, ob dieses Grundpfandrecht wirklich dem eingetragenen Gläubiger zusteht oder ob es ganz oder teilweise Eigentümergrundschuld bzw sogar Fremdgrundschuld des Rechtsvorgängers des jetzigen Grundstückseigentümers, der das Grundstück nach der Hypothekenbestellung übereignet hat, ist (Meyer-König Rpfleger 2004, 349). Dies wird übersehen, wenn vereinzelt angenommen wird, in einem solchen Falle dürfe das Grundbuchamt die Bewilligung des früheren Eigentümers und Grundpfandbestellers nicht für die Durchführung der vom eingetragenen Hypothekar mit Bewilligung des jetzigen Eigentümers beantragten Löschung der Höchstbetragshypothek verlangen (so zB LG Hamburg Rpfleger 2004, 348 f m Anm Meyer-König; Staudinger/Wolfsteiner [2019] § 1190 Rn 75; **aA** OLG Frankfurt MittBayNot 1984, 85; Schöner/Stöber[16] Rn 2754; Meikel/Böttcher[12] § 27 Rn 87; MünchKommBGB/Eickmann[5] § 1190 Rn 24).

27 Die Vermutung des § 891 BGB erstreckt sich nicht auf die im Grundbuch verwandte *Benennung* des eingetragenen Rechts (RG JW 1912, 196; Planck/Strecker § 891 Anm 2d

α; MünchKommBGB/H Schäfer[9] § 891 Rn 2 [Rechtsbezeichnung bindet Auslegung nicht]). Wenn der Inhalt des Rechts durch das Grundbuch und die zulässigerweise in Bezug genommenen Urkunden hinreichend gekennzeichnet wird, ist seine rechtliche Qualifikation im Streitfalle Sache des Gerichts (iura novit curia). Entsprechendes gilt natürlich auch für die Frage, ob das betreffende Recht überhaupt noch existieren kann oder ob es durch eine Ablösungsgesetzgebung aufgehoben ist (Planck/Strecker § 891 Anm 2d α). Bei Eintragung eines „Kellerrechts" für eine bestimmte Person kommt die Deutung als Grunddienstbarkeit naturgemäß nicht in Betracht. Damit ergibt sich zwangsläufig, dass dieses Recht nur eine beschränkte persönliche Dienstbarkeit sein kann. Von dieser Deutung ist deshalb bei der Anwendung des § 891 BGB auszugehen (BayObLG Rpfleger 2004, 417).

28 Zur Vermutung des objektiven Bestandes des eingetragenen Rechts gehört auch die Vermutung, dass dieses gerade an dem Grundstück besteht, für das es gebucht ist, und dass sein Herrschaftsbereich sich mit den im Grundbuch angegebenen Grundstücksgrenzen deckt. Unter § 891 BGB fallen somit auch die **Bestandsangaben**, also diejenigen beschreibenden Angaben des Bestandsverzeichnisses, aus denen zu entnehmen ist, welche bestimmte Grundfläche ein Grundstück ausmacht und von den im Grundbuchblatt dieses Grundstücks eingetragenen Rechten erfasst wird. Diese Angaben sind eben nicht ausschließlich tatsächlicher Natur, sondern kennzeichnen die dingliche Rechtslage, nämlich die räumliche Erstreckung der betreffenden Herrschaftsrechte.

29 Unmittelbar nach Inkrafttreten des BGB war allerdings die gegenteilige Auffassung herrschend, die von dem sog historischen Grundstück, so wie es sich im Laufe der Zeit tatsächlich und rechtlich herausgebildet hat, ausgehen wollte. Die Anhänger dieser Ansicht sahen in den aus dem Kataster ins Grundbuch übernommenen Angaben über Bestand und Grenzen des Grundstücks demzufolge rein tatsächliche Angaben ohne Teilhabe an den Publizitätswirkungen des Grundbuches (vgl Turnau/Förster § 892 Anm II 1; Goldmann/Lilienthal II § 44 Fn 112; Dernburg III 157; Crome III 151; Maenner 43; Endemann II 1, 299 f; Neumann Gruchot 48 [1904] 20 ff, 48; Ramdohr Gruchot 44 [1900] 341 f; Henle DJZ 1901, 126; ders Recht 1909, 417; Jacubezky 214 ff; Leske, Vergleichende Darstellung I 368; O vGierke § 119 Fn 108; Baur JZ 1916, 1443; Fröhlich DNotZ 1912, 329; 1919, 49; Consbruch JW 1921, 219 ff; Holtze JW 1926, 929; Plähn, Grenzprozeß [1911] passim; ders, Mängel des preußischen Katasters [1920] passim; ähnlich auch Roettgen Gruchot 56 [1912] 208).

30 Mit Recht hat aber das Reichsgericht in der grundlegenden Entscheidung RGZ 73, 125, 129 ff diese Sichtweise verworfen. Das Eigentum und die beschränkten dinglichen Rechte an einem Grundstück sind begriffsnotwendigerweise auf eine bestimmte Grundfläche bezogen. Das Grundbuch, das die dinglichen Rechtsverhältnisse am Grundstück offenlegen soll und dessen Angaben öffentlichen Glauben genießen, kann deshalb überhaupt nur seine Funktion erfüllen, wenn sich bereits aus ihm selbst ersehen lässt, auf welchen abgegrenzten Teil der Erdoberfläche sich das Grundstückseigentum bzw ein beschränktes dingliches Recht bezieht. Das ist seitdem ständige Rechtsprechung und jetzt auch im Schrifttum ganz hM (vgl RGZ 73, 125, 129; RG JW 1910, 813; 1927, 44; Gruchot 58 [1914] 196, 198; 68 [1927] 68, 70; BGH NJW-RR 2006, 662, 663 m umfangreichen Nw; BGH 8. 11. 2013 – V ZR 155/12, NJW 2014, 636 Rn 11; BayObLG 1976, 106, 110 f; 1980, 295; BayObLGZ 1987, 410, 412; OLG Brandenburg 24. 1. 2019 – 5 U 15/18, NJOZ 2019, 829 Rn 11; 24. 3. 2022 – 5 U 96/19, BeckRS 2022, 12671 Rn 15; OLG Celle NJW 1956, 632; OLG

Frankfurt OLGZ 1985, 156, 157; OLG Jena 14. 3. 2011 – 9 W 599/10, juris Rn 7; OLG München 25. 7. 2017 – 34 Wx 390/16, BeckRS 2017, 118277 Rn 24; OLG Nürnberg MDR 1976, 666; LG Frankenthal NJW 1956, 873; OVG Berlin-Brandenburg 20. 2. 2017 – OVG 2 S 26.16, BeckRS 2017, 103182 Rn 7; VGH BW VBlBW 1994, 313; Staudinger/Roth [2020] § 920 Rn 2; Planck/Strecker § 892 Anm I 1 S 263 mwNw zur älteren Literatur; Rosenberg § 892 Anm II 1a γ; Biermann § 891 Anm 2 e; BGB-RGRK/Augustin § 891 Rn 13; MünchKommBGB/H Schäfer[9] § 891 Rn 6 und § 892 Rn 17; Soergel/Kern[14] § 891 Rn 8; NK-BGB/Krause[5] § 891 Rn 5; jurisPK-BGB/Toussaint[10] § 891 Rn 9; AK-BGB/L vSchweinitz § 891 Rn 7; Erman/Artz[17] § 891 Rn 7; Grüneberg/Herrler[84] § 891 Rn 6; BeckOGK/Hertel [1. 9. 2024] § 891 Rn 7, 34; H Westermann/Eickmann[8] § 70 Rn 4 und § 83 Rn 3; Wolff/Raiser § 37 I 2; Kohler 103; Dehner, Nachbarrecht [Loseblattausgabe] Teil B § 6 I 2a Fn 4; Güthe/Triebel § 2 Rn 56; Predari § 2 Anm 21; Kiehl BayZ 1923, 53; Buch Gruchot 61 [1917] 432 ff; Reiss, Grenzrecht und Grenzprozeß 14 ff; Lutter AcP 164 [1964] 122, 138 f; Bengel § 22 GBO Rn 24 [S 373], Anh § 22 GBO Rn 2 [S 429]; Holzer 111 ff; Baumgärtel/Laumen/Prütting/Kraeft/Pöpel[5] § 891 Rn 6 f).

Die Definition der Grundstücksgrenzen erfolgt im Grundbuch durch einen in Spalte 3 des Bestandsverzeichnisses ausgesprochenen Verweis auf das „amtliche Verzeichnis" iS von § 2 Abs 2 GBO, also regelmäßig das Liegenschaftskataster, mit dem das Grundstück einer bestimmten vermessungstechnischen Einheit des Katasters, also einem Flurstück, oder aber einer Mehrzahl solcher Einheiten gleichgesetzt wird. Die Grenzen dieser Flurstücke werden wiederum durch die zeichnerische Darstellung in der zum Liegenschaftskataster gehörenden Flurkarte definiert (BGH NJW-RR 2006, 662, 663 Rn 8 mwNw; OLG Brandenburg NZI 2012, 774, 775 f Rn 20; OLG Hamm 5. 6. 2014 – 5 U 207/13, RNotZ 2015, 23; OLG München 9. 3. 2015 – 34 Wx 39/14, RPfleger 2015, 530; **aA** Bohnert JZ 2011, 775, 779). Damit ist für die räumliche Begrenzung des Grundstücks letzten Endes die zeichnerische Darstellung der im Bestandsverzeichnis benannten Flurstücke in der Flurkarte mit den dort festgelegten Linien maßgebend. Die Angabe des Flächenmaßes im Grundbuch bildet dagegen nur eine informatorische Tatsachenangabe, auf die sich die Vermutung des § 891 BGB und der öffentliche Glaube des Grundbuches nicht beziehen. Bei Widersprüchen in den Vermessungsunterlagen entscheidet der jeweils letzte Kartenstand, es sei denn, dass dieser aus sich selbst heraus Anlass für die Annahme eines Übertragungsfehlers bietet (Lutter 139). Nur wenn die Angaben in der Flurkarte in sich widerspruchsvoll oder ersichtlich mehrdeutig sind, ist die amtliche Karte für sich allein nicht als Grundlage für den öffentlichen Glauben geeignet (BGH NJW 1973, 1077 Rn 7; OVG Koblenz 13. 1. 2016 – 1 A 10955/13, NVwZ-RR 2016, 530, 531 f). Solange die aus § 891 BGB folgende Vermutung für die Richtigkeit der katasteramtlich verzeichneten Grenzen nicht widerlegt ist, kann keine Grenzverwirrung iS von § 920 BGB vorliegen (Staudinger/Roth [2020] § 920 Rn 2 mwNw; BGH NJW-RR 2006, 662, 664). § 891 BGB hilft dagegen keiner der Parteien, wenn diese um den exakten Grenzverlauf zweier Grundstücke streiten und der strittige Bereich im Rahmen der zeichnerischen Ungenauigkeit der Katasterunterlagen bleibt (OLGR Rostock 2007, 86, 87 f = NJ 2007, 173 f Rn 49). Ebenso, wenn das Kataster über den Grenzverlauf im strittigen Bereich gar keine Auskunft gibt (OLG Brandenburg 13. 10. 2004 – 4 U 68/04 Rn 25; OLG Hamm 24. 11. 2011 – 5 U 132/10 Rn 53 ff, 56). 31

Schließlich wird die Vermutung dafür, dass das im Grundbuch eingetragene Eigentum in den in der Flurkarte ausgewiesenen Grenzen besteht, auch nicht durch den Umstand ausgeschlossen, dass ein seit langem vorhandener Zaun zum Nachbargrundstück davon abweicht (**aA** OLG Bamberg BayZ 1929, 180). Die Vermutung aus 32

§ 891 BGB wird hier nicht – wie das OLG meint – durch eine aus § 921 BGB folgende Vermutung für einen Grenzverlauf am Zaun ausgeschaltet; vielmehr schließt § 891 BGB es hier aus, in dem Zaun eine gemeinsame Grenzeinrichtung iS von § 921 BGB zu sehen (vgl Staudinger/Roth [2020] § 921 Rn 7 mwNw).

33 Die Vermutung entfällt natürlich, wenn das Grundbuch selbst die Zugehörigkeit einer Parzelle zum Grundstück als zweifelhaft oder streitig kennzeichnet (RG JW 1901, 42; DJZ 1901, 353; Rosenberg § 891 Anm III 2 c). Dafür reicht allerdings noch nicht die Eintragung eines Widerspruchs (s Rn 53).

34 Wenn Wohnungseigentum eingetragen ist, die für das Sondereigentum vorgesehenen Räume aber noch nicht gebaut sind, wird das Bestehen von Wohnungseigentum vermutet, solange nicht ausgeschlossen ist, dass die Räume noch gebaut werden (BayObLG JR 1987, 378).

b) Vermutung für die Rechtsinhaberschaft des Eingetragenen

35 Vermutet wird ferner, dass das Recht demjenigen zusteht, der als sein Inhaber im Grundbuch benannt ist. Dies gilt an sich auch für die *Höchstbetragshypothek*; es wird also vermutet, dass die Hypothek in voller Höhe dem eingetragenen Gläubiger und nicht dem Eigentümer zusteht (KGJ 43 A 237 = RJA 12, 154; 49 A 225; 51 A 376; JFG 5, 376; Joswig ZfIR 2001, 613, 615); zu beachten ist jedoch, dass der Gläubiger nach § 1190 Abs 3 BGB wie bei der normalen Sicherungshypothek (§ 1185 Abs 2 BGB, dazu oben Rn 26) die Beweislast für das Entstehen der Forderung trägt. – Ist der als Rechtsinhaber Eingetragene bereits verstorben, so spricht die Vermutung für seine Erben (s oben Rn 22). Vermutet wird nicht nur, dass der im Grundbuch als Berechtigter gegenwärtig (und grundsätzlich schon seit seiner Eintragung, Rn 42) Rechtsinhaber ist. Es wird vielmehr auch vermutet, dass seine Rechtsstellung nicht durch eine versehentlich nicht eingetragene, aber dennoch wirksam gewordene (vgl Staudinger/C Heinze [2018] § 873 Rn 194) Bedingung der Einigung bei der Rechtsbestellung oder Rechtsübertragung abgeschwächt ist.

36 Die Vermutung umfasst auch die Angabe eines bestimmten Rechtsverhältnisses unter mehreren **Mitberechtigten** (KG OLGE 10, 88 f; BayObLGZ 24, 21; 1957, 49; NK-BGB/Krause[5] § 891 Rn 18; Grüneberg/Herrler[84] § 891 Rn 5; Bauer/Schaub/Wegmann[5] § 47 Rn 27; Joswig ZfIR 2001, 613, 615). Das gilt auch für das Bestehen einer ehelichen Gütergemeinschaft oder einer nach Art 8 Nr 7 GleichberG fortgeltenden Errungenschaftsgemeinschaft, wenn die Eheleute unter Angabe dieses Güterstandes als Berechtigte eingetragen sind (vgl KG OLGE 10, 188 = RJA 5, 125; Recht 1901, 493). Ist aber die Art der Mitberechtigung entgegen § 47 GBO nicht eingetragen, so besteht keine Vermutung für ein bestimmtes Rechtsverhältnis, etwa eine Bruchteilsgemeinschaft zu gleichen Teilen (Prot III 50; KG OLGE 1, 301 f; KGJ 27 A 143, 147; Planck/Strecker § 891 Anm 2d β; BGB-RGRK/Augustin § 891 Rn 3; Palandt/Grüneberg[84] § 891 Rn 5; Meikel/Böhringer[12] § 47 Rn 352; **aA** MünchKommBGB/Wacke[4] § 891 Rn 14; MünchKommBGB/H Schäfer[9] § 891 Rn 11). Die Auslegungsregel des § 742 BGB kommt erst dann zur Anwendung, wenn feststeht, dass eine Gemeinschaft nach Bruchteilen wirklich besteht (Planck/Strecker § 891 Anm 2d β; BGB-RGRK/Augustin § 891 Rn 3; Rosenberg § 891 Anm III 2 a; NK-BGB/Krause[5] § 891 Rn 18). Sie gilt allerdings nicht für das Grundbuchverfahren; § 742 BGB genügt nicht als Grundlage für eine entsprechende Ergänzung der Eintragung (KGJ

27 A 143, 147; STAUDINGER/vPROFF [2021] § 742 Rn 5; MünchKommBGB/K SCHMIDT[9] § 742 Rn 6 mwNw; ERMAN/ADERHOLD[17] § 742 Rn 4).

Eine besondere Situation bestand früher bei der *BGB-Gesellschaft.* Bis Anfang 2001 war im Wesentlichen unstreitig, dass eine Gesellschaft bürgerlichen Rechts als solche nicht grundbuchfähig ist, die Gesellschaft vielmehr nach § 47 GBO unter Nennung aller Gesellschafter und mit dem Zusatz „als Gesellschafter bürgerlichen Rechts" (oder einem gleichbedeutenden Vermerk) eingetragen werden muss (vgl STAUDINGER/C HEINZE [2018] § 873 Rn 99). Im Anschluss an das Grundsatzurteil des BGH vom 29. 1. 2001 (BGHZ 146, 341 = NJW 2001, 1056), das die grundsätzliche Rechtsfähigkeit der BGB-Gesellschaft und ihre Parteifähigkeit im Zivilprozess anerkannte, war lebhaft diskutiert worden, ob nun nicht konsequenterweise auch die **Grundbuchfähigkeit** jedenfalls solcher BGB-Gesellschaften, die einen Gesamtnamen führen, bejaht werden muss. Der BGH hatte in seiner Entscheidung BGHZ 179, 102, 105 ff vom 4. 1. 2008 nachdrücklich darauf hingewiesen, dass die damalige Fassung der §§ 47 GBO, 15 GBVerf nicht mehr für die selbständige rechtliche Einheit der Gesellschaft bürgerlichen Rechts passte und dass dieser Umstand wiederum zu einer Blockade des rechtsgeschäftlichen Verkehrs mit Grundstücken und beschränkten Liegenschaftsrechten von BGB-Gesellschaften zu führen drohte (juris Rn 13). Diesen Gefahren hatte der Gesetzgeber durch die Schaffung von zwei am 18. 8. 2009 in Kraft getretenen neuen Regelungen, nämlich die Einfügung des § 899a BGB und des § 47 Abs 2 GBO, erfolgreich entgegengewirkt (s dazu STAUDINGER/PICKER [2019] § 899a Rn 1 ff). § 899a BGB ist zum Ablauf des 31. 12. 2023 außer Kraft getreten (s dazu auch § 894 Rn 30). Seit dem **1. 1. 2024** sollen im Grundbuch nach **§ 47 Abs 2 GBO nF** nur noch solche BGB-Gesellschaften eingetragen werden, die nach **§§ 707, 707a BGB** im Gesellschaftsregister eingetragen sind. Im Grundbuch werden die Gesellschaften bürgerlichen Rechts nunmehr unter ihrem Namen (§ 707 Abs 2 Nr 1 lit a BGB) eingetragen. Insoweit ergeben sich für die **eingetragenen Gesellschaften bürgerlichen Rechts** im Rahmen des § 891 BGB keine Besonderheiten mehr. S zu Personenvereinigungen unten Rn 41. **37**

Bei einem als *subjektiv-dinglich* eingetragenen Recht wird vermutet, dass es dem jeweiligen Eigentümer des Grundstücks und nicht dem Erwerber persönlich zusteht (RGZ 104, 316, 318; NK-BGB/KRAUSE[5] § 891 Rn 20). **38**

Dafür, dass das Recht dem Eingetragenen auch wirtschaftlich zusteht, dass er also nicht bloß *Treuhänder* ist, ergibt sich aus § 891 BGB nichts (RG JW 1929, 2592; PLANCK/STRECKER § 891 Anm 2d β; NK-BGB/KRAUSE[5] § 891 Rn 24; GRÜNEBERG/HERRLER[84] § 891 Rn 6). Vielfach wird jedoch angenommen, dass für das „wirtschaftliche Eigentum" des Eingetragenen eine tatsächliche Vermutung oder ein prima-facie-Beweis spreche (STAUDINGER/KOBER[10] § 891 Rn 2 aE; LAUFFER JW 1929, 2592; MünchKommBGB/WACKE[4] § 891 Rn 14; BGB-RGRK/AUGUSTIN § 891 Rn 30 unter Anführung eines unveröffentlichten BGH-Urteils; NK-BGB/KRAUSE[5] § 891 Rn 24; GRÜNEBERG/HERRLER[84] § 891 Rn 6). Dafür besteht jedoch kein Bedürfnis. Schon nach den allgemeinen Grundsätzen der Beweislastverteilung muss derjenige, der sich auf die Existenz eines Treuhandverhältnisses beruft und daraus Rechte herleiten will, diese Behauptung beweisen. **39**

Nur dass dem Eingetragenen das Recht zusteht, wird vermutet, nicht dagegen auch, dass er selbst darüber verfügen kann. Es besteht also **keine** Vermutung dafür, dass der Eingetragene *geschäftsfähig* ist und keinen *Verfügungsbeschränkungen* unterliegt **40**

(KG 30. 5. 2017 – 1 W 39/17, FGPrax 2017, 198, 199; NJW 1973, 428, 430; OLG Frankfurt 24. 6. 2003 – 20 W 274/02, ZfIR 2005, 254, 255 Rn 11; LG Berlin Rpfleger 2003, 648, 649 [gelöschter Insolvenzvermerk]; Planck/Strecker § 891 Anm 2d β; Fuchs § 891 Anm 5; BGB-RGRK/Augustin § 891 Rn 30; MünchKommBGB/H Schäfer[9] § 891 Rn 10 f; jurisPK-BGB/Toussaint[10] § 891 Rn 27; Grüneberg/Herrler[84] § 891 Rn 5; Westermann/Eickmann[8] § 70 Rn 5; Foerste [Schrifttum zu § 888] 73; Füller, Eigenständiges Sachenrecht [2006] 263; **aA** OLG Nürnberg 4. 11. 2020 – 15 W 3330/20, DNotZ 2021, 522, 527 Rn 24; MünchKommBGB/Kohler[8] § 891 Rn 11 [unbeschränkte Verfügbarkeit des betreffenden Rechts nach § 891 BGB zu vermuten]). Ist jemand als Erbe ohne Nacherbenvermerk eingetragen worden, lässt sich aus § 891 BGB mithin nicht die Rechtsvermutung ableiten, dass er Vollerbe ist und nicht als bloßer Vorerbe den Verfügungsbeschränkungen der §§ 2113 ff BGB unterliegt (Erman/Artz[17] § 891 Rn 13; **aA** OLG Frankfurt Rpfleger 1991, 361; MünchKommBGB/Wacke[4] § 891 Rn 14 aE). Ebenso wenig erstreckt sich die Vermutungswirkung auf die etwa im Grundbuch eingetragene Person und Vertretungsmacht eines Bevollmächtigten (Planck/Strecker § 891 Anm 2d β). Nur im Falle der Wertpapierhypothek (§ 1187 BGB) begründet die Eintragung des sog „Grundbuchvertreters" (§ 1189 BGB) eine Vermutung dafür, dass diesem die im Grundbuch ausgewiesene Rechtsstellung zusteht (KGJ 51, 307; RG LZ 1925, 1070; Staudinger/Wolfsteiner [2019] § 1189 Rn 12 f, 15 f).

41 Sehr umstritten ist die Frage, ob die Vermutung aus § 891 Abs 1 BGB sich wenigstens auf die **Rechtsfähigkeit** des Eingetragenen erstreckt, wenn das Grundbuch als Berechtigten keine natürliche Einzelperson, sondern eine Stiftung oder Anstalt oder eine Personenvereinigung ausweist (*verneinend* die hM: BayObLGZ 1916, 1447 = Recht 1916 Nr 1724; KG HRR 1929 Nr 1996 = Recht 1929 Nr 2154; Planck/Strecker § 891 Anm 2d β; OLG Brandenburg 6. 5. 2021 – 5 W 40/2, BWNotZ 2021, 318, 319; OLG Frankfurt Rpfleger 1997, 105, 106; ZfIR 2005, 255 f Rn 10; OLG Hamm Rpfleger 1995, 153, 154; Rosenberg § 891 Anm I 1 d; BGB-RGRK/Augustin § 891 Rn 31; Soergel/Kern[14] § 891 Rn 9; MünchKommBGB/H Schäfer[9] § 891 Rn 10; NK-BGB/Krause[5] § 891 Rn 22; jurisPK-BGB/Toussaint[10] § 891 Rn 27; Erman/Artz[17] § 891 Rn 13; Grüneberg/Herrler[84] § 891 Rn 5; BeckOGK/Hertel [1. 9. 2024] § 891 Rn 37; Güthe/Triebel § 19 Rn 37; H Westermann/Eickmann[8] § 70 Rn 5 f; Prütting[38] Rn 211; Meikel/Böttcher[12] Einl D 54; *bejahend:* Staudinger/Seufert[11] § 891 Rn 18; Eichler II 2, 372 Fn 15; BGB-RGRK/Pritsch[11] Anm 33; implizit OLG München OLGE 26, 73 f; unentschieden, aber doch wohl der bejahenden Ansicht zuneigend RGZ 88, 83, 88). Die hM erscheint vorzugswürdig. Entscheidend ist einfach, wie H Westermann/Eickmann (§ 70 Rn 5 f) zu Recht betonen, dass der Grundbuchführer die Frage der Rechtsfähigkeit der einzutragenden Organisation ja nur im beschränkten Umfang nachprüfen kann; er muss sich dabei im Wesentlichen auf die Angaben des Vereins- und Handelsregisters verlassen. Unter diesen Umständen wäre es unangemessen, in der impliziten Bejahung der Rechtsfähigkeit durch den Grundbuchrichter einen Bestandteil der „bestimmungsgemäßen Rechtsbehauptung des Grundbuchs" zu sehen (MünchKommBGB/Wacke[4] § 891 Rn 12 im Anschluss an H Westermann/Eickmann). Entgegen der von Staudinger/Seufert[11] § 891 Rn 18 vertretenen Auffassung ist die Erstreckung der Vermutungswirkung auf die Rechtspersönlichkeit des Eingetragenen sicherlich kein zwingendes Gebot der Logik. – Über die an die Eintragung für eine „Kirche" sich knüpfende Vermutung s OLG Jena JW 1931, 665 m Anm Strippel.

c) Zeitpunkt der Vermutung

42 Problematisch ist die zeitliche Fixierung der Vermutungswirkung. Die früher ganz hM nahm an, dass immer nur die *gegenwärtige* Rechtsinhaberschaft des Eingetrage-

nen vermutet werde; es bestehe keine Vermutung dafür, dass dieser das Recht am Eintragungstag erworben habe (RG HRR 1929 Nr 950 = SeuffA 83 Nr 85 S 137; KG JW 1935, 1505, 1506; Staudinger/Seufert[11] § 891 Rn 19; Planck/Strecker § 891 Anm 2d γ; Rosenberg § 891 Anm III 1; BGB-RGRK/Augustin § 891 Rn 28; Fuchs § 891 Anm 6b). Cosack (§ 180, c) formulierte für diese Position plastisch, die Vermutung „folge der Gegenwart". Der BGH jedoch hat sich (in BGHZ 52, 355, 358) implizit der insbesondere vom KG (JFG 11, 277, 281 f) und von Wolff/Raiser (§ 44 Fn 3) vertretenen gegenteiligen Ansicht angeschlossen, nach der die Vermutung *nicht nur den gegenwärtigen Rechtszustand, sondern auch dessen zeitlichen Beginn mit der Eintragung* umfasst (zur nunmehr hM: VGH München 12. 4. 2021 – 8 ZB 21.23, BeckRS 2021, 7383 Rn 46; MünchKommBGB/Wacke[4] § 891 Rn 13; MünchKommBGB/H Schäfer[9] § 891 Rn 12 aE; jurisPK-BGB/Toussaint[10] § 891 Rn 25; AK-BGB/L vSchweinitz § 891 Rn 14; Gotzler NJW 1973, 2013, 2014 Fn 16; Erman/Artz[17] § 891 Rn 14; früher auch schon Staudinger/Kober[10] § 891 Rn 2 aE). Der letzteren Auffassung ist zuzustimmen: Aus der Tatsache, dass die Vermutung für die Rechtsinhaberschaft des Eingetragenen seit dem Augenblick der Eintragung besteht, folgt zwar nicht schon logisch zwingend, dass man sie dann auch gegenwärtig noch rückwirkend für jeden Moment des seit der Eintragung vergangenen Zeitraums geltend machen können muss. Aber eine Beschränkung der Vermutungswirkung auf den jeweiligen Jetztzeitpunkt wäre willkürlich und sachwidrig (vgl KG JFG 11, 277, 281 f). Sie würde § 891 BGB zudem weitgehend entwerten, nämlich der Norm jede Bedeutung für die zahlreichen Rechtsfragen nehmen, bei denen es auf die Rechtsinhaberschaft zu einem ganz bestimmten (in der Vergangenheit liegenden) Zeitpunkt (etwa dem einer Verfügung oder einer Verletzungshandlung) ankommt. Das kann aber vernünftigerweise nicht gewollt sein. Genaugenommen muss allerdings die Rückwirkung noch etwas anders bestimmt werden: Es wird vermutet, dass das Recht jedenfalls seit seiner Eintragung besteht und dem gegenwärtig als Rechtsinhaber Eingetragenen zumindest seit seiner Eintragung zusteht. Wenigstens bei solchen Rechten, die außerhalb des Grundbuchs entstehen können, wäre es sachwidrig, die Vermutungswirkung dahingehend zu präzisieren, dass das Recht exakt im Zeitpunkt der Eintragung entstanden ist, also nicht schon vorher existierte. Das impliziert dann natürlich, dass die Vermutung aus § 891 Abs 1 BGB auch nur partiell, nämlich für einen in der Vergangenheit liegenden Zeitraum widerlegt werden kann, indem etwa nachgewiesen wird, dass die Einigung nicht schon vor, sondern erst eine bestimmte Zeit nach der Eintragung erfolgt sein kann. Aber das ist durchaus sachgerecht. Die in § 891 Abs 1 BGB mitenthaltene Vermutung für den Rechtserwerb spätestens bei Eintragung passt naturgemäß nicht bei Briefgrundpfandrechten (Joswig ZfIR 2001, 613, 618; s unten Rn 48). Bei Sicherungshypotheken wirkt sich die oben Rn 26 dargestellte Einschränkung aus. Der Erwerb des Rechts bei Eintragung wird mithin nur vermutet, wenn feststeht, dass die Hypothekenforderung zu diesem Zeitpunkt bereits bestand. Aus der in § 891 BGB mitenthaltenen Vermutung für den Rechtserwerb (spätestens) bei der Eintragung folgt bereits, dass auch die Nichtexistenz einer in der Eintragung nicht ausgewiesenen aufschiebenden **Bedingung** oder Befristung vermutet wird. Wird vom Grundstückseigentümer behauptet, ein von ihm bestelltes Recht sei entgegen der Eintragung nur als auflösend bedingtes oder befristetes entstanden, weil die Einigung diese Einschränkung enthalten habe, so trägt der Eigentümer wegen § 891 BGB die Beweislast für die von ihm behauptete Divergenz von Einigung und Eintragung (zu letzterer s Staudinger/C Heinze [2018] § 873 Rn 194). Die Vermutung für den Bestand des Rechts bedeutet natürlich auch Vermutung für den Bestand mit dem in der

Eintragung angegebenen Inhalt, mithin auch Vermutung für das Fehlen zulässiger, aber nicht eingetragener Modifikationen.

2. Die negative Vermutung (Abs 2)

43 Die Löschung eines Rechts im Grundbuch (§ 46 GBO) bildet den actus contrarius zur Eintragung; genau wie die letztere hat die Löschung keine formelle Rechtskraft. Konstitutive Wirkung entfaltet sie vielmehr grundsätzlich nur iVm der rechtsgeschäftlichen Aufgabeerklärung des Berechtigten (§ 875 BGB), die der Löschung auch nachfolgen kann (Staudinger/C Heinze [2018] § 875 Rn 71; zu weiteren materiellrechtlichen Voraussetzungen der Aufhebung vgl Staudinger/C Heinze [2018] § 875 Rn 72). Die Löschung kann aber auch zum Zwecke der Grundbuchberichtigung (§ 894 BGB) erfolgen, also rein deklaratorische Bedeutung haben. Sie beurkundet dann, dass das betreffende Recht entweder bereits außerhalb des Grundbuches erloschen ist (s Staudinger/C Heinze [2018] § 875 Rn 18 f) oder aber von vornherein nur scheinbar zur Entstehung gelangt war. An den gerichtlichen Hoheitsakt der Löschung knüpft nun § 891 Abs 2 BGB die Vermutung, dass das gelöschte Recht nicht besteht. Vermutet wird dabei nicht, dass das betreffende Recht mit der formellen Löschung auch materiell erloschen ist, sondern dass es jedenfalls gegenwärtig nicht oder nicht mehr besteht. Und da die Vermutung aus § 891 Abs 2 BGB vom Augenblick der Eintragung des Löschungsvermerks eingreift, muss sie *auch nachträglich* für den gesamten Zeitraum seit der Löschung geltend gemacht werden können. Die Vermutung aus Abs 2 besagt deshalb genau genommen, dass das betreffende Recht – wenn es je bestanden hat – jedenfalls seit der Eintragung des Löschungsvermerks nicht mehr besteht (Meikel/Böttcher[12] Einl D 55). Dagegen spricht § 891 Abs 2 BGB *keine* Vermutung dafür aus, *dass das gelöschte Recht während der Dauer seiner Eintragung bestanden hatte.* Es fragt sich jedoch, ob sich eine Vermutung des letzteren Inhalts nicht aus § 891 Abs 1 BGB herleiten lässt. Die Bestandsvermutung, die für den Zeitraum der Eintragung galt, wird durch die Löschung des Rechtes möglicherweise nicht mit Rückwirkung, sondern nur für die Zukunft beseitigt. Gegen eine solche Lösung spricht allerdings der naheliegende Umkehrschluss aus § 1006 Abs 2 BGB. Außerdem wäre sie jedenfalls in denjenigen Fällen, in denen die Löschung der Grundbuchberichtigung dient, offensichtlich sachwidrig: Hier hat entweder der bisher Eingetragene selbst mit der Abgabe der Löschungsbewilligung anerkannt, dass das für ihn eingetragene Recht ganz unabhängig von der Löschung materiell überhaupt nicht bzw nicht mehr besteht, oder aber das der Berichtigungsklage stattgebende Urteil hat eine dahingehende Feststellung getroffen; eine Bestandsvermutung für den Zeitraum bis zur Löschung wäre damit nicht zu vereinbaren. *Anders* stellt sich die Situation jedoch dar, wenn unstreitig oder nachgewiesen ist, dass die Löschung nicht der Grundbuchberichtigung, sondern der Aufhebung des eingetragenen Rechts diente; *unter dieser Voraussetzung hebt die Löschung die Vermutung des § 891 Abs 1 BGB für die vorangegangene Zeit nicht auf* (BGHZ 52, 355, 358 f im Anschluss an Wolff/Raiser § 44 I; ebenso BGB-RGRK/Augustin § 891 Rn 37; Soergel/Kern[14] § 891 Rn 11; MünchKomm-BGB/H Schäfer[9] § 891 Rn 18; NK-BGB/Krause[5] § 891 Rn 26; Erman/Artz[17] § 891 Rn 16; Grüneberg/Herrler[84] § 891 Rn 7; Jauernig/Berger[19] § 891 Rn 5; BeckOGK/Hertel [1. 9. 2024] § 891 Rn 47; AK-BGB/L vSchweinitz § 891 Rn 17; H Westermann/Eickmann[8] § 70 Rn 9; Prütting[38] Rn 210 Fn 3; Joswig ZfIR 2001, 613, 613; Baumgärtel/Laumen/Prütting/Kraeft/Pöpel[5] § 891 Rn 49; Meikel/Böhringer[12] § 46 Rn 68; Füller, Eigenständiges Sachenrecht [2006] 263; vgl auch BayObLGZ 1960, 332, 339; generell gegen die Bestandsvermutung für den Zeitraum bis zur Lö-

schung aber RGZ 121, 318, 320; KG JW 1930, 157 m zust Anm Salfeld; Staudinger/Seufert[11] § 891 Rn 22; Planck/Strecker § 891 Anm 2e; Rosenberg § 891 Anm III 3; Biermann § 891 Anm 1; Fuchs § 891 Anm 10; BGB-RGRK/Pritsch § 891 Anm 39; Goldmann/Lilienthal II § 30 Fn 19; J vGierke § 19 I; Eichler II 2, 374 f; E Wolf § 9 F II b S 397). Das OLG Brandenburg hat so auch für den Fall einer Löschung im Wege der Berichtigung nach § 22 GBO wegen eines Eigentumserwerbs durch Zuschlag im Zwangsversteigerungsverfahren entschieden, dass die Vermutung des § 891 Abs 1 BGB für die Zeit vor Erteilung des Zuschlagsbeschlusses zu Gunsten des vormaligen Eigentümers bestehen bleibt (29. 6. 2023 – 5 U 81/20 – NJW 2023, 2646 Rn 33 [Revision anhängig BGH V ZR 153/23]). Wenn die Vermutung des § 891 Abs 1 BGB bis zur Aufhebung des eingetragenen Rechts (§ 875 BGB) für dessen Existenz sprach, so ist in der Tat nicht einzusehen, warum die Löschung – die das Recht nach dem Willen des Verfügenden ex nunc beseitigen soll – für die vergangene Zeit etwas daran geändert haben sollte (so mit Recht BGHZ 52, 355, 358 f; Hill in Anm LM § 891 Nr 4).

Entsprechendes muss für die Eintragung eines Rechtsübergangs (zB die eines Eigentumsübergangs) und für die Eintragung des Verzichts auf das Eigentum (§ 928 BGB) gelten: Diese lassen die Vermutung unberührt, dass das fragliche Recht dem Verfügenden, der bisher als Rechtsinhaber ausgewiesen war, bis zur Eintragung zugestanden hat (BGHZ 52, 355, 358 f für die Übertragung eines Miteigentumsanteils). 44

Die Vermutung des Abs 2 setzt eine *wirksame Löschung* des bisher eingetragenen Rechts voraus. Die Vermutung greift also nicht ein, wenn die Löschung auf andere Weise als in einer der beiden Formen des § 46 GBO erfolgt ist (s Staudinger/C Heinze [2018] § 875 Rn 68), also beispielsweise, wenn zwar die das zu löschende Recht betreffenden Vermerke nach § 17 Abs 2 S 1 GBV rot unterstrichen worden sind, die Eintragung des Löschungsvermerks aber versehentlich unterblieben ist (BayObLGZ 1995, 413; NK-BGB/Krause[5] § 891 Rn 28). Wegen eventueller Nichtigkeitsgründe gilt bezüglich der Löschung das oben Rn 19 ff zur nichtigen Eintragung Ausgeführte entsprechend. Wegen der Löschung eingetragener, aber nicht eintragungsbedürftiger Rechte s Rn 7. 45

Die negative Vermutung des Abs 2 ist an den staatlichen Hoheitsakt der Löschung geknüpft und demgemäß inhaltlich auf die Nichtexistenz des gelöschten Rechts beschränkt. Die *Vollständigkeit* des Grundbuches wird dagegen nicht vermutet. Wenn also ein Recht geltend gemacht wird, das im Grundbuch weder eingetragen ist noch war, so liefert § 891 BGB keine Vermutung dafür, dass das behauptete Recht nicht besteht (BGB-RGRK/Augustin § 891 Rn 37; jurisPK-BGB/Toussaint[10] § 891 Rn 30; Jauernig/Berger[19] § 891 Rn 6; H Westermann/Eickmann[8] § 70 Rn 9, Baur/Stürner[18] § 10 Rn 12; E Wolf 396; Baumgärtel/Baumgärtel[1] § 891 Rn 3; Füller, Eigenständiges Sachenrecht [2006] 264; MünchKommBGB/H Schäfer[9] § 891 Rn 18). Das ist für die Beweislastverteilung – entgegen dem ersten Anschein – durchaus relevant. Wer die Existenz eines Immobiliarsachenrechtes behauptet, das nie im Grundbuch eingetragen war, muss nur den Entstehungstatbestand dieses Rechtes beweisen; dann spricht die Kontinuitätsvermutung für ihn. Gäbe es auch eine Vermutung für die Nichtexistenz nichteingetragener Rechte, so müsste er darüber hinaus noch nachweisen, dass das betreffende Recht nicht zwischenzeitlich erloschen ist. – Da § 891 BGB für Vermerke, die eine Verfügungsbeschränkung offenlegen sollen, nicht gilt (s oben Rn 15), kann aus der Löschung eines Insolvenzvermerks nicht auf den Wegfall des Insolvenzbeschlags für das betreffende 46

Grundstück geschlossen werden. Es besteht also keine Vermutung dafür, dass das Grundstück durch Freigabe aus der Insolvenzmasse ausgeschieden ist und damit nicht mehr der ausschließlichen Verfügungsbefugnis des Insolvenzverwalters unterliegt (LG Berlin Rpfleger 2003, 648, 649).

47 Über die Frage, ob bei Löschung einer Verkehrshypothek nach §§ 891, 1138 BGB auch eine Vermutung für das Erlöschen der Forderung spricht, vgl STAUDINGER/SCHERÜBL[12] § 1138 Rn 14.

V. Besonderheiten bei Briefgrundpfandrechten

48 Modifiziert wird die Vermutung des § 891 BGB nach hM bei den Briefgrundpfandrechten. Die Eintragung begründet danach nur dann die Vermutung, dass das Grundpfandrecht dem als Gläubiger Eingetragenen zusteht, wenn dieser sich auch im Besitz des Grundpfandbriefes befindet: Wer also zwar als Gläubiger eines Grundpfandrechts eingetragen ist, aber den Brief nicht besitzt, kann sich nach hM zum Beweis seiner Rechtsinhaberschaft nicht auf die Eintragung berufen (Prot III 646, 729; RG WarnR 1917 Nr 56; BGH 22. 10. 2009 – III ZR 250/08, DNotZ 2010, 710, 713 f; BayObLGZ 1973, 246, 250 = MDR 1974, 137 L = Rpfleger 1973, 429; BayObLGZ 1983, 17, 18; BayObLG DNotZ 1990, 739, 740; NJW-RR 1991, 1398 = Rpfleger 1992, 56 m Anm BESTELMEYER = Rpfleger 1993, 279 = EWiR IV A 1/92, 55 [RIMMELSPACHER]; NJW-RR 2002, 432; KG NJW 1973, 56, 57 = JR 1973, 155, 156 m Anm BERG; Rpfleger 2008, 478, 479; OLG Frankfurt ZfIR 2005, 254, 256 Rn 16; OLG Köln MittRhNotK 1995, 321; OLG München 12. 8. 2016 – 34 Wx 106/16, RPfleger 2017, 146, 147 f; BeckRS 2008, 21248; OLG Zweibrücken FGPrax 2010, 127, 128; PLANCK/STRECKER § 1117 Anm 4a α; BGB-RGRK/AUGUSTIN § 891 Rn 4; BGB-RGRK/MATTERN § 1117 Rn 20; MünchKommBGB/H SCHÄFER[9] § 891 Rn 9; MünchKommBGB/LIEDER[9] § 1116 Rn 38, § 1117 Rn 32; SOERGEL/HEUKENKAMP[14] § 1117 Rn 13; SOERGEL/KERN[14] § 891 Rn 10; NK-BGB/KRAUSE[5] § 891 Rn 21; jurisPK-BGB/TOUSSAINT[10] § 891 Rn 26; ERMAN/ARTZ[17] § 891 Rn 12a; ERMAN/WENZEL[17] § 1117 Rn 8; AK-BGB/L vSCHWEINITZ § 891 Rn 11; GRÜNEBERG/HERRLER[84] § 891 Rn 5; JAUERNIG/BERGER[19] § 1117 Rn 6; BeckOGK/HERTEL [1. 9. 2024] § 891 Rn 24; DERNBURG § 48, 5; MEIKEL/BÖTTCHER[12] Einl D 57; DEMHARTER[33] Anh 18 zu § 13; SCHÖNER/STÖBER[16] Rn 342b; BAUMGÄRTEL/BAUMGÄRTEL[1] § 891 Rn 17; PREDARI 65, 147; TURNAU/FÖRSTER § 1117 Anm 2; FUCHS § 891 Anm 5 c, § 1117 Anm 6; RIGGERS JurBüro 1974, 692; **aA** KGJ 22 A 309, 310; OLG Oldenburg Rpfleger 1966, 174, 175; GÜTHE/TRIEBEL § 19 Rn 33; BIERMANN § 891 Anm 2a; ROSENBERG § 891 Anm I 2 d; OBERNECK I § 44, 3; GOLDMANN/LILIENTHAL II § 30 Fn 89; ENDEMANN II 1, § 61 Fn 10; SCHNEIDER, Die Eigentümerhypothek [1908] 32; HEDEMANN, Die Vermutung S 269 Fn 9; HEUER 7 Fn 17; TURNAU/FÖRSTER § 891 Anm 3; FISCHER ArchBürgR 14, 256 Fn 25; BAUMGÄRTEL/LAUMEN/PRÜTTING/KRAEFT/PÖPEL[5] § 891 Rn 28 f; implizit auch OLG Köln MittRhNotK 1983, 52, 53). Die Frage erscheint uns noch nicht ausdiskutiert. Die hM trägt einem erkennbaren Schutzbedürfnis des Eigentümers Rechnung: Dieser wird nämlich allein durch § 1160 BGB, wonach er einer Geltendmachung der Hypothek ohne Briefvorlage widersprechen kann, noch nicht genügend gesichert. Wenn etwa der als Hypothekar Eingetragene den Grundstückseigentümer nach §§ 952 Abs 2, 985 BGB auf Herausgabe des Hypothekenbriefes verklagen würde, müsste die Vermutung des § 891 dazu führen, dass die bloße Behauptung des Klägers, die Übergabe des Hypothekenbriefes sei durch die Vereinbarung einer vorläufigen Verwahrung des Briefes durch den Eigentümer (§§ 1117 Abs 1 S 2, 930, 688 BGB) ersetzt worden, dem beklagten Eigentümer die volle Beweislast dafür zuschieben würde, dass eine solche Abrede nicht getroffen worden ist und der Eingetragene somit die Briefhypothek noch nicht erworben hat. Damit würde aber offensichtlich der Schutz, den der Ge-

setzgeber dem Eigentümer zukommen lassen wollte, als er den Erwerb der Briefhypothek in § 1117 Abs 1 BGB grundsätzlich von der Erlangung des Besitzes am Hypothekenbrief abhängig machte, unterlaufen. Fraglich ist nur, ob man zur Vermeidung derartiger Konsequenzen unbedingt die Grundbuchvermutung an das zusätzliche Erfordernis des Briefbesitzes knüpfen muss. Im Verhältnis zu dem selbst im Briefbesitz befindlichen Grundstückseigentümer würde die Annahme genügen, dass die vorrangige Wertung des § 1117 Abs 1 BGB bzw der Umkehrschluss aus § 1117 Abs 3 BGB (dazu Joswig ZfIR 2001, 613, 615 ff) hier die Berufung auf § 891 BGB ausschließt. Im Verhältnis zu Dritten kann es aber durchaus angemessen sein, auch dem nicht im Briefbesitz befindlichen eingetragenen Grundpfandgläubiger die Vermutungswirkung des § 891 BGB zukommen zu lassen. Vgl etwa RG WarnJb 1917, 77 = Recht 1916 Nr 2101: Wenn eine Hypothek auf den Namen eines Minderjährigen eingetragen worden ist, kommt diesem bei einer nach seiner Volljährigkeit gegen den Erben seines früheren gesetzlichen Vertreters erhobenen Klage auf Herausgabe des Hypothekenbriefes nach §§ 952 Abs 2, 985 BGB die Vermutung des § 891 BGB zugute (der Entscheidung zust Joswig ZfIR 2001, 613). – Die hier vorgeschlagene Alternative zur hM stimmt im Ergebnis weitgehend überein mit einer von Joswig (ZfIR 2001, 613, 615 ff) vertretenen Variante. Joswig will das Dogma des Erfordernisses des Briefbesitzes des Eingetragenen für die Anwendbarkeit des § 891 Abs 1 BGB nur als Regel gelten lassen, die Ausnahmen zulässt: Der Sache nach setzt er aber an die Stelle dieses Dogmas die These, dass § 1117 Abs 3 BGB die Vermutung aus § 891 partiell verdränge. Falls der eingetragene Gläubiger einen direkten Erwerb vom Eigentümer behaupte, müsse er beweisen, dass er den (zumindest mittelbaren) Besitz des Grundpfandbriefes vom Eigentümer erhalten habe. Erst wenn er diesen Beweis geführt habe, komme ihm im Übrigen die Vermutung des § 891 Abs 1 BGB zugute (ZfIR 2001, 616). Entsprechendes gelte bei einem Streit um die Wirksamkeit einer Abtretung der Briefgrundschuld, die zur Eintragung des Zessionars im Grundbuch geführt hat, während die Voraussetzungen des § 1155 BGB nicht vorliegen. Auch hier müsse der neue Gläubiger wegen §§ 1154 Abs 1 HS 2, 1117 Abs 3 BGB die Erlangung des zumindest mittelbaren Eigenbesitzes am Brief beweisen. Wenn der eingetragene Gläubiger nach unfreiwilligem Besitzverlust vom neuen Besitzer des Briefes Herausgabe verlangt, kommt ihm nach Joswig dagegen ohne Weiteres die Vermutung aus § 891 BGB zur Hilfe (ZfIR 2001, 617). Der Übergang einer Briefgrundschuld auf den Eigentümer kann nicht durch die Vorlage des Briefs und einer Löschungsbewilligung des Grundschuldgläubigers nachgewiesen werden, sondern ist mit Abtretungserklärungen in der Form des § 29 GBO zu beweisen, da ansonsten die Vermutung aus § 891 Abs 1 nicht widerlegt ist (OLG Frankfurt 3. 5. 2022 – 20 W 65/22, BeckRS 2022, 38840 Rn 12). Zur Bedeutung des § 891 Abs 1 BGB im Aufgebotsverfahren zur Kraftloserklärung von Grundpfandrechtsbriefen s Heckel (DNotZ 2017, 348).

Bei Briefgrundpfandrechten wird die Vermutung aus § 891 BGB für die Richtigkeit 49
des Grundbucheintrags darüber hinaus ausgeschaltet durch **§ 1155 BGB** (OLG Düsseldorf 28. 10. 2016 – 3 Wx 290/15, BeckRS 2016, 111212 Rn 21; OLG Köln MittRhNotK 1995, 321; OLG Hamm FGPrax 2002, 193, 194; Joswig ZfIR 2001, 613, 615). Die Vermutung der Rechtsinhaberschaft spricht hier für den Briefbesitzer, der durch eine Reihe öffentlich beglaubigter Abtretungserklärungen, die auf einen eingetragenen Gläubiger zurückführt, legitimiert ist. Kann der gemäß § 1155 BGB legitimierte letzte Zessionar das Briefgrundpfandrecht (nur) kraft guten Glaubens von seinem berechtigten, aber nach § 21 InsO verfügungsbeschränkten Vorgänger erworben haben, spricht für ihn

die Vermutung aus § 891 BGB. Damit muss das Grundbuchamt von seiner Gläubigerstellung ausgehen und ihn auf seinen Antrag im Wege der Grundbuchberichtigung als neuen Grundpfandgläubiger eintragen, wenn es seine Bösgläubigkeit nicht als erwiesen ansieht (OLG Naumburg WM 2005, 173, 175; MünchKommBGB/H Schäfer[9] § 891 Rn 9).

VI. Anwendungshindernisse

1. Widersprüchlicher Grundbuchinhalt

50 Die Vermutungswirkung des § 891 BGB entfällt, wenn das Grundbuch sich widersprechende Eintragungen enthält, wie dies insbesondere bei der versehentlichen **Doppelbuchung** eines Grundstücks der Fall sein kann. Da hier für jede Eintragung die gleiche Vermutung spricht, heben sie sich gegenseitig auf; mithin können weder der Eingetragene noch Dritte sich auf die Vermutung berufen (RGZ 56, 58, 60 ff; BGH Betrieb 1969, 1458; OLG Naumburg 20. 11. 2017 – 12 Wx 62/17, BeckRS 2017, 150178 Rn 8; OLG Stuttgart BWNotZ 1978, 124; KG JFG 18, 180, 181 f; Planck/Strecker § 891 Anm 6a; Kretzschmar § 891 Anm II 1 a; Biermann § 891 Anm 2c; Fuchs § 891 Anm 4; BGB-RGRK/Augustin § 891 Rn 24; Soergel/Kern[14] § 891 Rn 16; MünchKommBGB/H Schäfer[9] § 891 Rn 3; NK-BGB/Krause[5] § 891 Rn 14; jurisPK-BGB/Toussaint[10] § 891 Rn 20; Erman/Artz[17] § 891 Rn 11; Grüneberg/Herrler[84] § 891 Rn 2; BeckOGK/Hertel [1. 9. 2024] § 891 Rn 26; AK-BGB/L vSchweinitz § 891 Rn 5; Wolff/Raiser § 37 I 3; Crome III § 371 bei Fn 20; Dernburg III § 48,8; Endemann II 1 § 61 bei Fn 8; Goldmann/Lilienthal II § 30 Fn 82; Reiss 74 ff; Baumgärtel/Laumen/Prütting/Kraeft/Pöpel[5] § 891 Rn 35; **abw** Rosenberg § 891 Anm IV 3; Hedemann, Die Vermutung 326 ff; Güthe/Triebel § 2 Rn 54; Riezler AcP 98 [1906] 372, 390 ff; Steffen, Die Verdoppelung von Rechtsscheinträgern [Diss Tübingen 1967] 27 f; Bauer/Schaub/Waldner[5] § 3 Rn 20). Dies gilt auch dann, wenn die kollidierenden Grundbuchblätter von verschiedenen Grundbuchämtern geführt werden (OLG Stuttgart BWNotZ 1978, 124).

51 Wenn eine Parzelle jedoch für *denselben* Eigentümer auf zwei verschiedenen Grundbuchblättern gebucht ist, liegt trotz der Doppelbuchung hinsichtlich der Eigentumslage kein Selbstwiderspruch des Grundbuches vor; der doppelt als Eigentümer Eingetragene kann sich deshalb (etwa für die Vindikationsklage gegen den Grundstücksbesitzer) durchaus auf das Grundbuch berufen. Die Vermutungswirkung entfällt hier also nur bei divergierenden Eintragungen über belastende Rechte und auch dies nur insoweit, wie der Widerspruch reicht (also normalerweise nur hinsichtlich der Rangfrage).

52 Die Ausschaltung der Vermutung aus § 891 BGB bei einander widersprechenden Grundbucheintragungen ist – im Gegensatz zur weiteren Folge des Ausschlusses des gutgläubigen Erwerbs – ohne große praktische Relevanz. Doppelbuchungen sind nur bei groben Verstößen gegen das Grundbuchverfahrensrecht möglich. Zumeist wird es sich darum handeln, dass bei der Teilung eines Grundstücks versehentlich die in § 7 GBO angeordnete Abschreibung vom Blatt des bisherigen ungeteilten Grundstücks unterblieben ist (vgl etwa RGZ 56, 58, 61; 85, 316). Der Nachweis der wahren Rechtslage bereitet in solchen Fällen aber regelmäßig keinerlei Schwierigkeiten, zumal hinsichtlich der rechtlichen Ausgangssituation, die vor der versehentlichen Doppelbuchung bestanden hat, nach dem oben Rn 43 Ausgeführten durchaus auf § 891 BGB zurückgegriffen werden kann.

53 Wenn ein **Widerspruch** gegen die Richtigkeit des Grundbuches eingetragen ist (§ 899 BGB), so wird dadurch die Vermutung des § 891 BGB noch nicht gebrochen (RG HRR 1932 Nr 317; BGH BB 1967, 513 = LM § 891 BGB Nr 3; WM 1970, 557 f = LM § 891 BGB Nr 5; BayObLG JurBüro 1983, 762; OLG Zweibrücken Rpfleger 1997, 428; OLG Brandenburg NJ 2006, 32; OLG Celle NJW-RR 2012, 1298 f; Rosenberg § 891 Anm IV 2; Planck/Strecker § 891 Anm 6b; BGB-RGRK/Augustin § 891 Rn 26; Soergel/Kern[14] § 891 Rn 15; MünchKommBGB/H Schäfer[7] § 891 Rn 2; Biermann § 891 Anm 2b; ders, Widerspruch und Vormerkung 93; NK-BGB/Krause[5] § 891 Rn 15; jurisPK-BGB/Toussaint[10] § 891 Rn 32; Grüneberg/Herrler[84] § 891 Rn 8; BeckOGK/Hertel [1. 9. 2024] § 891 Rn 28; Kretzschmar § 891 Anm II 1 b; Turnau/Förster § 891 Anm 3; Güthe/Triebel § 19 Rn 37; Oberneck I 375; Predari 66; Crome III § 371 bei Fn 15; Goldmann/Lilienthal II § 30 Fn 82; Wolff/Raiser § 44 I aE; Cosack/Mitteis II § 31 aE; Frey ZBlFG 3, 359; Meikel/Böttcher[12] Einl D 58; Schöner/Stöber[16] Rn 337; Joswig ZfIR 2001, 613, 620; Baumgärtel/Baumgärtel[1] § 891 Rn 20; **aA** Dernburg III § 48, 8; Endemann II 1 § 61 Fn 7; Fuchs § 891 Anm 4; Weber Gruchot 53 [1909] 352, 371). Das gilt auch für den Amtswiderspruch (BGH LM § 891 BGB Nr 3 = MDR 1967, 749; OLG München 24. 2. 2021 – 34 Wx 339/20, BWNotZ 2021, 321 Rn 32; OLG Jena 6. 7. 2015 – 3 W 290/15, Rn 6). Die einzige Aufgabe des Widerspruchs besteht dagegen darin, die Möglichkeit eines gutgläubigen Erwerbs auszuschließen. Ausschalten lässt sich die Vermutung aus § 891 BGB nur durch ihre Widerlegung, also durch den vollen Beweis der Unrichtigkeit des Grundbuchstandes (BGH Rpfleger 2006, 181, 182; OLG Celle NJW-RR 2012, 1298 f; s unten Rn 56 ff). Damit wäre es aber unvereinbar, die Vermutung schon bei der Eintragung eines Widerspruchs entfallen zu lassen, die ja nach §§ 294, 920 Abs 2, 936 ZPO durch die bloße Glaubhaftmachung eines Grundbuchberichtigungsanspruchs erwirkt werden kann (BGH LM § 891 BGB Nr 3 Bl 2). Dementsprechend muss das Grundbuchamt Verfügungen des als Rechtsinhaber Eingetragenen trotz des gegen seine Rechtsinhaberschaft eingetragenen Widerspruchs eintragen, solange die Berechtigung des Widerspruchs nicht nachgewiesen und damit die Vermutung aus § 891 BGB widerlegt ist (Erman/Artz[17] § 891 Rn 21, § 899 Rn 17).

54 Entsprechendes gilt im Falle der Grundpfandrechte bei Abweichungen zwischen dem Grundbucheintrag und dem Inhalt des Grundpfandbriefes (s Staudinger/Wolfsteiner [2019] § 1116 Rn 26) bzw privaten Vermerken auf dem Brief, die nach § 1140 BGB die Funktion eines Widerspruchs haben.

2. Kollidierende Vermutungen

55 Die Vermutungen des § 891 BGB können in seltenen Fällen durch kollidierende und vorrangige Rechtsvermutungen ausgeschaltet werden (Rosenberg § 891 Anm IV 4; ders, Beweislast § 16 II 5). Wenn jemand beispielsweise als Eigentümer oder Inhaber eines Grundstücksrechts eingetragen ist, der im vertraglichen Güterstand der **Gütergemeinschaft** lebt, so geht die in §§ 1416–1418 BGB zwar nicht explizit ausgesprochene, aber vorausgesetzte Vermutung für die Zugehörigkeit des betreffenden Rechts zum Gesamtgut (vgl Soergel/Gaul[12] § 1416 Rn 9) der Vermutung aus § 891 BGB vor. Dagegen kommt § 891 BGB wiederum zur Anwendung, wenn schon der Güterstand des Eingetragenen streitig ist: Hier wird vermutet, dass der als alleiniger Rechtsinhaber Eingetragene nicht durch eine güterrechtliche Vereinbarung zum bloßen Mitberechtigten geworden ist (KG OLGZ 1973, 163, 166; Baumgärtel/Baumgärtel[1] § 891 Rn 18; Baumgärtel/Laumen/Prütting/Kraeft/Pöpel[5] § 891 Rn 64; BGB-RGRK/Augustin § 891 Rn 30). Diese Vermutung wird auch durch die Eintragung der Gütergemein-

schaft im Güterrechtsregister nicht ausgeräumt (Baumgärtel/Laumen/Prütting/Kraeft/Pöpel[5] § 891 Rn 64; **aA** Baumgärtel/Baumgärtel[1] § 1416 Rn 1). Entsprechendes gilt, wenn der als Rechtsinhaber Eingetragene in dem nach Art 8 Abs 1 Nr 7 GleichberG fortgeltenden *Güterstand der Errungenschaft* lebt; hier ist die Vermutung des § 1527 aF maßgeblich. Dagegen geht die Vermutung des § 891 BGB der des § 2365 BGB vor, wenn zB im Grundbuch eine Person als Eigentümer kraft Erbfolge eingetragen ist und eine andere einen Erbschein über die Alleinerbschaft in Händen hat (so auch BeckOGK/Hertel [1. 9. 2024] § 891 Rn 32; Güthe/Triebel § 35 GBO Rn 12; **aA** Baumgärtel/Baumgärtel[1] Rn 19). Der Vorrang von § 891 BGB spielt naturgemäß keine Rolle, wenn jemand aufgrund eines Erbscheins als befreiter Vorerbe im Grundbuch eingetragen worden ist, der Erbschein aber mittlerweile vom Nachlassgericht eingezogen wurde, weil dieses aufgrund einer anderen Auslegung der letztwilligen Verfügung den Vorerben nunmehr als nicht befreit ansieht (oben Rn 40). Das Grundbuchamt allerdings ist grundsätzlich an den **Erbschein** gebunden (s Staudinger/Herzog [2023] § 2365 Rn 56 ff; MünchKommBGB/Grziwatz[9] § 2365 Rn 24 ff). S auch unten Rn 67. – Der Vermutung aus § 891 BGB geht die Vermutung aus Art 234 § 4a Abs 3 EGBGB vor, dass die bisher auf die Ehegatten zum „ehelichen Vermögen" eingetragenen Grundstücke oder Gebäude seit dem 3. 10. 1990 in ihrem hälftigen Miteigentum stehen (s dazu Böhringer Rpfleger 1994, 282, 283; ders Rpfleger 1996, 406; NotBZ 1998, 227, 228; Staudinger/Rauscher [2016] Art 234 § 4a EGBGB Rn 52). Diese Vermutung gilt auch für das Grundbuchamt (Böhringer Rpfleger 1994, 282, 283). – Wegen der Kollision mit tatsächlichen Vermutungen vgl unten Rn 59. Weicht die im Grundbuch durch die Verweisung auf den Katasterplan angegebene Grundstücksgrenze von der durch eine Abmarkung (§ 919 BGB) festgelegte Grenze ab, so ist insoweit die Vermutung aus § 891 BGB zerstört (s Staudinger/Roth [2020] § 919 Rn 18 mwNw; Baumgärtel/Baumgärtel[1] § 919 Rn 1, 3).

VII. Die Ausräumung der Vermutung

1. Widerlegung der Rechtszustandsvermutung

56 Die beiden Vermutungen des § 891 BGB sind widerlegbar (s oben Rn 1). Es handelt sich bei ihnen also nicht um praesumtiones iuris et de iure, sondern nur um einfache praesumtiones iuris, für die § 292 ZPO entsprechend gilt (allgM, vgl Rosenberg, Beweislast § 16 II 4 a). Die Widerlegung setzt den vollen Beweis des Gegenteils der Vermutungsfolge voraus (BGH NJW-RR 2006, 662, 663 Rn 11; OLG Brandenburg NJOZ 2007, 1113, 1116; Baumgärtel/Baumgärtel[1] § 891 Rn 18; Baumgärtel/Laumen/Prütting/Kraeft/Pöpel[5] § 891 Rn 51); es genügt mithin nicht, die Vermutung nur zu erschüttern (BGH NJW 1980, 1047, 1048) oder das Gegenteil der vermuteten Rechtsfolge glaubhaft zu machen (Baumgärtel/Baumgärtel[1] § 891 Rn 14). Im Falle des Abs 1 ist also der Nachweis erforderlich, dass das gebuchte Recht überhaupt nicht oder nicht mit dem im Grundbuch angegebenen Inhalt oder Rang existiert oder doch dem als Rechtsinhaber im Grundbuch Bezeichneten nicht zusteht; im Falle des Abs 2 muss bewiesen werden, dass das betreffende Recht trotz der Löschung im Grundbuch gegenwärtig besteht. Dieser Beweis ist seiner Natur nach Hauptbeweis; es muss also der volle Beweis dafür erbracht werden, dass die Vermutungsfolge nicht zutrifft, der tatsächliche Rechtszustand also von dem vermuteten abweicht (vgl Rosenberg/Schwab/Gottwald[18] § 111 Rn 12 ff, § 113 Rn 31 ff; MünchKommZPO/Prütting[6] § 292 Rn 25 ff). Zur Widerlegung ist somit erforderlich, dass bestimmte Tatsachen (OLG Hamburg OLGE 15, 109) behauptet

und voll bewiesen werden, aus denen sich die Unrichtigkeit des eingetragenen Rechtszustandes ergibt. Die Sachlage muss völlig aufgedeckt werden (RG ZBlFG 13, 144). Wenn der Vermutungsgegner die Vermutung aus Abs 1 durch den Nachweis ausräumen will, dass das eingetragene Recht überhaupt nicht zur Entstehung gelangt sei, muss er zunächst darlegen und beweisen, dass der im Grundbuch angegebene – bzw hinsichtlich der Einigung im Bereich des § 19 GBO jedenfalls vorausgesetzte – Erwerbsgrund in Wirklichkeit nicht vorlag. In Betracht kommt insoweit etwa der Nachweis, dass die nach materiellem Recht erforderliche Einigung oder einseitige Verfügungserklärung (§§ 873, 875 BGB) nicht erfolgt ist oder nichtig ist (RG WarnR 1936, 149; OLG Kiel SchlHA 1936, 223) oder an einem sonstigen Mangel leidet: So etwa, dass die Einigung sich nicht auf die fragliche Parzelle bezogen hat (OLG Oldenburg SeuffA 75 Nr 25; OLG Hamburg HansGZ 1917 Beibl 86) oder dass eine erforderliche vormundschaftsgerichtliche Genehmigung nicht erfolgt ist (BGH LM § 891 Nr 7; OLG Stuttgart WürttZ 1925, 82) oder dass bei der Einigung ein Vertreter ohne Vertretungsmacht mitgewirkt hat (RG SeuffA 87, 229; BGH NJW 1980, 1047, 1048). Da aber die Vermutung für den gegenwärtig eingetragenen Rechtszustand streitet, bedarf es auch noch der Darlegung und des Nachweises, dass dieser nicht später oder auf andere Weise als im Grundbuch angegeben zustande gekommen sein kann (ganz hM, vgl RGZ 92, 68, 71 f; 127, 251, 261; RG Gruchot 57, 987, 989; SeuffA 80 Nr 62; 87 Nr 146; JW 1922, 489 m Anm Siber; BGH LM § 891 BGB Nr 3 Bl 2; Nr 5; Nr 7 Bl 1 R; § 325 ZPO Nr 6 [zu § 15 SchiffsRG]; WM 1969, 1352, 1353; 1972, 384, 386; Rosenberg § 891 Anm IV 1b β; ders, Beweislast § 16 II 4 a; Planck/Strecker § 891 Anm 4; MünchKommBGB/H Schäfer[9] § 891 Rn 14 mwNw; BGB-RGRK/Augustin § 891 Rn 22; Soergel/Kern[14] § 891 Rn 14; AK-BGB/L vSchweinitz § 891 Rn 20; Jauernig/Berger[19] § 891 Rn 7; BeckOGK/Hertel [1. 9. 2024] § 891 Rn 64; Joswig ZfIR 2001, 613, 622; **aA** Fuchs § 891 Anm 7; RG JW 1903 Beil 91. Gänzlich abw Medicus, in: FS Baur [1981] 63 ff, 71 ff, 81 f, der § 891 genau wie § 1006 Abs 1 nicht als Rechtszustandsvermutung, sondern als Erwerbsvermutung, nämlich als Vermutung für den Erwerb des Rechts im Zusammenhang mit der Eintragung versteht; danach würde zur Widerlegung der Vermutung aus Abs 1 der Nachweis genügen, dass der Rechtserwerb jedenfalls nicht in Zusammenhang mit der Eintragung erfolgt sein kann. Vgl dazu schon oben Rn 5). Entsprechend muss im Falle des Abs 2 feststehen, dass das Recht nicht auf andere Weise erloschen sein kann. Der Beweis der Unrichtigkeit einer Eigentumsumschreibung erübrigt sich, wenn dabei als Erwerbsgrund ein Vorgang angegeben wird, der überhaupt nicht geeignet ist, einen Eigentumsübergang herbeizuführen (OLG Jena Rpfleger 2002, 616; jurisPK-BGB/Toussaint[10] § 891 Rn 33). Der Grundbuchinhalt widerlegt sich hier sozusagen selbst (OLG Jena Rpfleger 2002, 616).

2. Beschränkung auf bestimmte Erwerbs- oder Verlustgründe

Für die Widerlegung der Vermutung wird man allerdings nicht verlangen können, dass wirklich alle theoretisch denkbaren Möglichkeiten für den Erwerb bzw Verlust des Rechtes vom Vermutungsgegner zwingend ausgeschlossen werden, denn damit käme der Vermutungsgegner in eine fast unüberwindbare Behauptungs- und Beweisnot. Nach st Rspr und ganz hM reicht es vielmehr aus, dass der Vermutungsgegner solche möglichen Erwerbs- oder Verlustgründe ausräumt, die sich entweder aus dem Grundbuch selbst ergeben oder vom Vermutungsgegner vorgetragen sind oder sonst nach den Umständen des Falles naheliegen (BGH LM § 891 Nr 3 Bl 2; Nr 6, 7; LM § 325 ZPO Nr 6; WM 1969, 1352, 1353; 1972, 384, 386; 1996, 883; NJW 1984, 2157; 1996, 1890, 1892; OLG Brandenburg 29. 6. 2023 – 5 U 81/20, NJW 2023, 2646 Rn 27; OLGR Rostock 2003, 94, 95; Rosenberg § 891 Anm IV 1b β; BGB-RGRK/Augustin § 891 Rn 22; MünchKommBGB/H Schäfer[9] § 891 57

Rn 14; NK-BGB/Krause[5] § 891 Rn 30; jurisPK-BGB/Toussaint[10] § 891 Rn 33; Erman/Artz[17] § 891 Rn 19a; BeckOGK/Hertel [1. 9. 2024] § 891 Rn 64; Grüneberg/Herrler[84] § 891 Rn 8; Baumgärtel/Baumgärtel[1] § 891 Rn 9; Baumgärtel/Laumen/Prütting/Kraeft/Pöpel[5] § 891 Rn 63). Dass auch sonstige – theoretisch mögliche – Entstehungs- oder Aufhebungstatbestände nicht gegeben sind, muss er mithin erst dann nachweisen, wenn der vermutungsbegünstigte Prozessgegner diese in das Verfahren eingeführt hat (Rosenberg § 891 Anm IV 1b β). Daran ist der Vermutungsbegünstigte nicht gehindert. Der Eingetragene kann also einfach dadurch, dass er sich auf einen neuen Erwerbsgrund beruft, seinen Gegner auch zur Widerlegung dieses Grundes zwingen; also etwa durch die Behauptung, die zunächst unwirksame oder fehlende Einigung sei wirksam nachgeholt worden oder er habe das Recht nachträglich durch Erbgang erlangt. Wenn jemand aufgrund eines Vergleichs als Eigentümer eines Grundstücks eingetragen worden ist und später gegen die andere Vergleichspartei auf Feststellung seines Eigentums klagt, braucht der Beklagte zunächst nur die Unwirksamkeit des Vergleichs (etwa nach § 779 BGB oder infolge Irrtumsanfechtung oder infolge Fehlens einer erforderlichen behördlichen Zustimmung) nachzuweisen; wenn aber daraufhin der Kläger unter Darlegung der näheren Umstände behauptet, dass er das Eigentum in Wirklichkeit schon lange vor dem Vergleich erworben habe, muss der Beklagte auch diese Möglichkeit ausräumen (vgl RGZ 121, 251, 261). Auch sonst kann die sich aus § 891 BGB ergebende Darlegungs- und Beweislastverteilung durch eine – letztlich aus dem Gedanken der prozessualen Waffengleichheit zu rechtfertigende – Annahme einer Aufklärungs- und Substantiierungsobliegenheit des Vermutungsbegünstigten (s dazu Baumgärtel/Baumgärtel[1] § 1006 Rn 27; Staudinger/Gursky [2013] § 1006 Rn 49) abgemildert werden. Wenn etwa der Erwerber eines durch Teilung entstandenen Grundstücks behauptet, eine bisher auf dem ungeteilten Grundstück lastende Leitungsdienstbarkeit sei auf seinem Teil nach § 1026 BGB erloschen, muss er zwar wegen § 891 BGB notfalls den aus dem Grundbuch selbst nicht zu entnehmenden, sondern seinerzeit rechtsgeschäftlich als Ausübungsstelle festgelegten Trassenverlauf beweisen. Der Dienstbarkeitsberechtigte muss aber seinerseits zunächst einmal konkret darlegen, welche Trasse er überhaupt für sein Recht in Anspruch nimmt (BGH NJW 1984, 2157).

58 Zu widerlegen ist aber bereits ein Erlöschens- oder Erwerbstatbestand, auf den sich der Vermutungsbegünstigte zwar im Prozess berufen hat, dessen Voraussetzungen er aber nicht im Einzelnen dargelegt hat. Wer das Eigentum eines im Grundbuch als Eigentümer Eingetragenen bestreitet, muss also, wenn dieser sich auf Ersitzung (§ 900 BGB) beruft, diese Möglichkeit widerlegen, auch wenn der Beklagte die Voraussetzungen der Ersitzung im Einzelnen nicht dargelegt und unter Beweis gestellt hat (BGH LM § 891 Nr 6 = MDR 1972, 222; RG Gruchot 57, 987, 989; dagegen Josef ZBlFG 14, 152 ff). Entsprechendes gilt, wenn der als Eigentümer Eingetragene das Eigentum durch Genehmigung der zunächst schwebend unwirksamen Auflassung (§§ 1850 Nr 1, 1856 Abs 3 BGB) erlangt haben will, für diese Genehmigung aber nur „beweislose Vermutungen" vorträgt; auch hier hat sein Prozessgegner, der den Erwerb bestreitet, die volle Darlegungs- und Beweislast dafür, dass die betreffende Genehmigung nicht erfolgt ist (BGH LM § 891 BGB Nr 7 = NJW 1979, 1657).

3. Voller Beweis erforderlich

59 Gelingen kann die Widerlegung nur, wenn ein voller Beweis geführt wird. Das Grundbuchamt oder Gericht muss die sichere Überzeugung gewinnen, dass die ge-

setzliche Vermutung der Wahrheit widerspricht (OLG Köln MittRhNotK 1983, 52). Bloße Vermutungen und gedachte Möglichkeiten, die Zweifel an der Richtigkeit des Grundbuchstandes wecken, reichen nicht aus (BGH LM § 891 Nr 3 Bl 2; NJW 2006, 662 f; KG PosMSchr 1906, 108; JW 1939, 562; NJW 1973, 56, 58; 73, 428, 429; Rosenberg § 891 Anm IV 1b γ; MünchKommBGB/H Schäfer[9] § 891 Rn 14 mwNw; Soergel/Kern[14] § 891 Rn 15; Joswig ZfIR 2001, 613, 614). Selbst der Nachweis von Umständen, die erhebliche Zweifel an der Richtigkeit des Grundbuches wecken, genügt zur Ausschaltung der gesetzlichen Vermutung nicht. Auch eine „tatsächliche Vermutung" für die Unrichtigkeit des Grundbuchs reicht grundsätzlich nicht zur Widerlegung aus (RG JW 1922, 489 m kritischer Anm Siber); sie kann jedoch im Rahmen des § 286 ZPO bei der Beweiswürdigung verwertet werden, und insoweit kann sie unter Umständen nach der freien Überzeugung des Gerichts sogar den vollständigen Beweis der Unrichtigkeit des Grundbuches erbringen (BGB-RGRK/Augustin § 891 Rn 23; Baumgärtel/Baumgärtel[1] § 891 Rn 14; Siber RG JW 1922, 489). Wenn der Eigentümer sich gegenüber der Hypothekenklage des eingetragenen Hypothekars zum Beweis des Erlöschens der Hypothekenforderung auf eine Quittung des Gläubigers beruft und der letztere demgegenüber eine versehentliche Aushändigung der Quittung ohne Zahlungsempfang behauptet, so trägt der Grundstückseigentümer wegen § 891 BGB die Beweislast für das Erlöschen der Hypothek; aber es steht im freien Ermessen des Gerichts, ob es den Beweis durch die Vorlage der Quittung und die daraus folgende tatsächliche Vermutung für die Tilgung der Hypothekenforderung als erbracht ansieht (Siber RG JW 1922, 489). Der Eintragung widersprechender Eigenbesitz ist zur Widerlegung gleichfalls nicht geeignet (Baumgärtel/Baumgärtel[1] § 891 Rn 14 mwNw); ob er wenigstens als zusätzliches Beweismittel herangezogen werden kann, lässt RG JW 1936, 2399 unentschieden. Der Beweis formeller Mängel beim Zustandekommen der Eintragung genügt niemals zur Widerlegung der Vermutung (RG JW 1912, 145; Gruchot 56, 598; BGH WM 1969, 1352), kann aber uU als Indiz verwertbar sein (RG JW 1936, 2399, 2400 = HRR 1936 Nr 1041).

4. Einzelfälle

Über den Beweis der Unrichtigkeit der Angaben über die Grundstücksgrenze vgl insbes Reiss 27 ff; ferner Staudinger/Roth (2020) zu §§ 919, 920. **60**

Bei der Verkehrshypothek wird die Vermutung für die Rechtsinhaberschaft des als Hypothekar Eingetragenen insbes durch den Nachweis widerlegt, dass die eingetragene Hypothekenforderung nicht entstanden oder wieder erloschen ist (RGZ 49, 6, 8; 51, 43, 45; JW 1905, 318; WarnR 1909 Nr 358; JW 1922, 489; KGJ 29 A 186; 35 A 302). **61**

Der auf Löschung der Hypothek mangels Valutierung klagende Eigentümer muss die Behauptung widerlegen, das Darlehen sei zwar nicht gegeben, aber eine andere Forderung nach § 607 Abs 2 aF in ein Darlehen umgewandelt und der Hypothek zugrundegelegt worden (RGZ 57, 320; RG Gruchot 58, 833; JW 1922, 489; BGH WM 1972, 384, 386). Entsprechend ist die Situation bei der Hypothekenklage, wenn der als Hypothekar Eingetragene behauptet, das Darlehen sei erst nach der Eintragung bzw Briefaushändigung bezahlt worden bzw die durch die Hypothek zu sichernde Darlehensforderung sei erst nach diesem Zeitpunkt durch Umwandlungsvereinbarung begründet worden (BGH WM 1972, 384, 386; Rosenberg § 891 Anm IV 1b β S 397; Planck/Strecker § 1138 Anm 3 a; Wolff/Raiser § 137 I 3; Kuttner JherJb 61, 161 ff; **aA** RGZ 49, 6, 9; Staudinger/Scherübl[12] § 1138 Rn 12), was ja trotz der Streichung des § 607 Abs 2 aF bei **62** der Schuldrechtsreform weiterhin möglich ist (NK-BGB/Krämer-Müller[2] § 488 Rn 3). Über den Nachweis des Übergangs einer Hypothek s KG JW 1927, 1427 m Anm Arnheim. Bei Briefgrundpfandrechten wird schon durch den Beweis einer formgerechten Abtretungserklärung und der Übergabe des Briefes die Vermutungsbasis zerstört (s Rn 88); ist aber eine privatschriftliche Rückübertragung erfolgt und der Eingetragene im Besitz des Briefes, so gilt die Vermutung wieder für ihn (KG JW 1939, 562). Es muss nicht nur bewiesen werden, dass die eingetragene Forderung nicht entstanden ist, sondern dass keine der durch die Eintragung möglicherweise gedeckten Forderungen entstehen konnte (RG Recht 1916 Nr 1505).

63 Die Vermutung des § 891 BGB gilt nicht für Zinsrückstände, weil das Grundbuch über diese gar nicht Auskunft geben soll (OLG Brandenburg WM 2006, 1906, 1909 Rn 35; s U Schwab, Das Recht der Hypothekenzinsen [Diss Tübingen 1968] 59 f mwNw; BGB-RGRK/Mattern § 1159 Rn 6; NK-BGB/Krause[5] § 891 Rn 10; **aA** Planck/Strecker § 1159 Anm 3 d; Erman/Wenzel[17] § 1159 Rn 3; Grüneberg/Herrler[84] § 1159 Rn 3).

64 Die Vermutung, dass das Recht dem Eingetragenen zusteht, wird schon durch den Nachweis widerlegt, dass dieser in Gütergemeinschaft lebt, weil dann sein Alleineigentum kraft Gesetzes untergegangen ist (KG JW 1938, 1598; s auch KGJ 38 A 214), wenn das Recht nicht zum Vorbehalts- oder Sondergut gehört; gegen die letzteren Möglichkeiten spricht dabei eine tatsächliche Vermutung (s oben Rn 55). Nicht notwendig ist es zur Widerlegung des Eigentums des Eingetragenen, dass dessen Gegner – etwa der Beklagte im Herausgabeprozess (§ 985 BGB) – beweist, dass er selbst Eigentümer ist (RG JW 1911, 944 = WarnR 1911 Nr 433).

65 Auch wenn nur ein Teil eines Grundstücks verkauft, aber das ganze Grundstück auf den Erwerber umgeschrieben worden ist, kann der Verkäufer die für den Käufer sprechende Vermutung aus § 891 BGB nur durch den vollen Nachweis der Unrichtigkeit des Grundbuches ausräumen. Der bloße Hinweis auf die Diskrepanz zwischen Kaufvertrag und Eintragung genügt dafür nicht (OLG Dresden SeuffA 75, 42 = SächsOLG 40, 267).

66 Die Vermutung des § 891 BGB kann auch schon durch den eigenen Vortrag des Vermutungsbegünstigten widerlegt werden (vgl RG WarnR 1917 Nr 56 S 78). Wenn sich die Unrichtigkeit der Eintragung oder Löschung aus dem eigenen Vortrag des vermutungsbegünstigten Klägers ergibt, muss der Richter deshalb die Klage trotz Ausbleibens des Beklagten abweisen (Rosenberg § 891 Anm IV 1b δ; ders, Beweislast § 16 II 3a S 235; Josef ZBlFG 14, 153 aE; Sobernheim, Das ungünstige Parteivorbringen als Urteilsgrundlage [1916] 16 f; **aA** Kuttner JherJb 61 [1912] 109, 120 f).

67 Wer aufgrund seines Erbscheins als Erbe des bisherigen Grundstückseigentümers eingetragen worden ist, hat die Vermutung des § 891 BGB für sich. Wenn ein anderer Erbprätendent auf Grundbuchberichtigung klagt, muss er also diese Vermutung ausschalten. Im Streit um die Erbberechtigung selbst ist allerdings § 891 BGB irrelevant für die Beweislastverteilung (OLG Dresden VIZ 2000, 55, 56; LG Hagen NJW 1966, 1660; Baumgärtel/Laumen/Prütting/Kraeft/Pöpel[5] § 891 Rn 65). Da auch die Vermutung aus § 2365 BGB im Prätendentenstreit richtiger Ansicht nach keine Anwendung findet (s Staudinger/Herzog [2023] § 2365 Rn 2 f mwNw; Soergel/Jaspert[14] § 2365 Rn 5; Baumgärtel/Baumgärtel[1] § 2365 Rn 7 ff), braucht der klagende Erbprätendent nur nachzuweisen, dass er kraft Gesetzes zur Erbfolge berufen ist; der Ausschluss eines besseren Rechts des Beklagten obliegt ihm nicht. Der Beklagte trägt vielmehr auch die Beweislast für die Echtheit des Testaments, auf das er sich stützt. Falls sich insoweit ein non liquet ergibt, muss die Vermutung aus § 891 BGB als widerlegt angesehen und der Berichtigungsklage deshalb stattgegeben werden (LG Hagen NJW 1966, 1660; iE auch NK-BGB/Krause[5] § 891 Rn 17; Soergel/Kern[14] § 891 Rn 13; Bamberger/Roth/Hau/Poseck/Eckert[5] § 891 Rn 22).

Ob die Vermutungswirkung nach § 891 BGB greift, wenn jemand kraft Erbscheins, der ihn als Vollerbe des bisherigen Eigentümers ausweist, als neuer Eigentümer eingetragen ist, der **Erbschein aber danach eingezogen wird**, weil das Nachlassgericht nunmehr von einer abweichenden Erbfolge ausgeht (etwa der bloßen Einsetzung als Vorerbe bei zwischenzeitlichem Eintritt des Nacherbfalls) ausgeht, ist umstritten. Nach der **Rspr** (OLG Hamburg 24. 2. 2017 – 13 W 12/17, MittBayNot 2018, 163, 164; OLG Karlsruhe 2. 9. 1997 – 11 Wx 60/97, Rn 8; OLG München 7. 11. 2011, 34 Wx 400/11, wonach das Grundbuchamt durch Eintragung generell keinen Rechtserwerb herbeiführen darf, der nur kraft guten Glaubens stattfinden kann; OLG Frankfurt Rpfleger 1991, 361 f; ferner Soergel/Kern[14] § 891 Rn 13; **aA** BeckOGK/Hertel [1. 9. 2024] § 891 Rn 32 f) ist die Vermutungswirkung des § 891 BGB hier widerlegt; die Eintragung begründet somit **keine Vermutung** (mehr) dafür, dass der Eingetragene auch der Berechtigte ist. Danach muss das Grundbuchamt die Eintragung ablehnen, da es Kenntnis von der Unrichtigkeit des Grundbuchs hat und der nach § 20 GBO erforderliche materiell-rechtliche Nachweis der Berechtigung nicht erbracht worden ist (OLG Hamburg 24. 2. 2017 – 13 W 12/ 17, MittBayNot 2018, 163, 164). Nach anderer Ansicht (BeckOGK/Hertel [1. 9. 2024] § 891 Rn 32 f) soll § 891 BGB hier als speziellere Vermutung der allgemeineren des § 2365 BGB vorgehen; dem ist zuzustimmen, da der Eingetragene nicht notwendig nur aufgrund Erbfolge, sondern auch *aus anderen Gründen* Eigentum erworben haben kann, so dass zwar begründete Zweifel an seiner Eigentümerstellung bestehen, diese aber nicht schlechthin ausgeschlossen und damit nicht notwendig widerlegt ist (vgl oben Rn 56 f). 68

5. Widerlegung der Vermutung

Zur **Widerlegung** berechtigt ist nach hM nicht jedermann, sondern nur, wer durch die Eintragung betroffen ist und an der Widerlegung ein rechtliches Interesse hat (RGZ 92, 68, 70; RG JW 1910, 149 = WarnR 1910 Nr 64; JW 1936, 2399; BGH WM 1972, 384, 386; KG NJW 1973, 56, 58; Planck/Strecker § 891 Anm 4; BGB-RGRK/Augustin § 891 Rn 20; MünchKommBGB/H Schäfer[9] § 891 Rn 14; **aA** Wolff/Raiser § 44 Fn 9; Rosenberg § 891 Anm IV 1a). Diese Einschränkung ist jedoch belanglos. § 891 BGB kann ohnehin nur in einem gerichtlichen oder behördlichen Verfahren Bedeutung erlangen (s Rn 75). Die Widerlegung kann damit immer nur ein Verfahrensbeteiligter unternehmen, und er hat nur Anlass dazu, wenn die Vermutung gegen ihn wirkt, also für ihn ungünstige Rechtsfolgen auslösen kann. Damit ist aber das rechtliche Interesse an der Widerlegung der Vermutung impliziert. Viel zu eng ist jedenfalls die Formulierung in RG JW 1910, 149 = WarnR 1910 Nr 64, dass nur derjenige zur Widerlegung der Vermutung zugelassen sei, der selbst ein das eingetragene Recht ausschließendes Recht dartue. 69

Auch der vom Bucheigentümer auf Herausgabe verklagte Eigenbesitzer kann – statt die eigene Eigentümerstellung nachzuweisen – seine Verteidigung darauf beschränken, die für den Vindikationskläger sprechende Vermutung auszuräumen, also nach- 70 zuweisen, dass dieser jedenfalls nicht Eigentümer des fraglichen Grundstücks sein kann (RG JW 1911, 944 = WarnR 1911 Nr 433). Zur Widerlegung der Vermutung berechtigt ist auch, wer ein Ausschlussurteil nach § 927 BGB erwirkt hat, wenn seinem Aneignungsrecht eine (nach Einleitung des Aufgebotsverfahrens erfolgte) Eintragung eines Dritten entgegensteht (RG JW 1936, 2399).

71 Nach BayObLGZ 22, 37 soll die Vermutung nicht gelten zwischen dem Veräußerer und dem Erwerber im Streit um die Gültigkeit der Einigung. Ein hinreichender Grund für diese Ausnahme ist jedoch nicht ersichtlich (Erman/Artz[17] § 891 Rn 17). Wie jeder andere, für den das Bestehen oder Nichtbestehen der Vermutung von Bedeutung ist, muss sich auch der Partner der in ihrer Wirksamkeit umstrittenen Einigung auf die Vermutung des § 891 BGB berufen können (BGH LM § 891 Nr 5 = JZ 1970, 373; WM 1979, 731, 732 f; Planck/Strecker § 891 Anm 3; BGB-RGRK/Augustin § 891 Rn 18; Soergel/Kern[14] § 891 Rn 12; MünchKommBGB/H Schäfer[9] § 891 Rn 12; Erman/Artz[17] § 891 Rn 17; Baumgärtel/Baumgärtel[1] § 891 Rn 2; Joswig ZfIR 2001, 613, 614; **aA** BayObLGZ 22 A 37). Dies gilt auch im Verhältnis zwischen dem Grundstückseigentümer und dem ersten Hypothekengläubiger. Die Vermutung aus § 891 Abs 1 BGB kommt dem letzteren sowohl dann zugute, wenn er selbst aus der Hypothek gegen den Grundstückseigentümer vorgeht, wie auch, wenn der Eigentümer die Nichtentstehung der Hypothekenforderung behauptet und deshalb Grundbuchberichtigung verlangt (RG JW 1922, 489, 490; BGH WM 1972, 384, 388).

VIII. Die Wirkungsrichtung und Bedeutung der Vermutung

1. Für und gegen den Eingetragenen

72 Die Vermutung des Abs 1 wirkt unstreitig **für und gegen** den Eingetragenen. Infolge der Vermutung ist der als Eigentümer Eingetragene bis zum Beweis des Gegenteils damit auch passiv legitimiert für jeden Anspruch, der sich gegen den Eigentümer bzw den Inhaber eines sonstigen Liegenschaftsrechts als solchen richtet (OLG Dresden OLG 8, 186: Klage auf Einräumung eines Notwegs; LG Augsburg MR 1999, 208: Inanspruchnahme eines möglicherweise bereits ausgeschiedenen Gesellschafters einer bürgerlich-rechtlichen Gesellschaft, die Wohnungseigentümerin ist, aus § 16 Abs 2 WEG). Entsprechendes gilt für die Vermutung aus Abs 2. Diese kann sich nicht nur zu Lasten des von der Löschung Betroffenen, sondern auch zu seinen Gunsten auswirken, nämlich wenn gegen ihn ein Anspruch erhoben wird, für den er als Rechtsinhaber passiv legitimiert gewesen wäre.

73 Auf die Vermutung aus § 891 Abs 1 oder 2 BGB kann sich *jeder berufen,* der ein rechtliches Interesse daran hat (RG JW 1936, 2399; BGH LM § 891 Nr 5; KG RJA 11, 64; Planck/Strecker § 891 Anm 3; MünchKommBGB/Wacke[4] § 891 Rn 15, 17; Soergel/Kern[14] § 891 Rn 12; Haegele Rpfleger 1975, 153; Baumgärtel/Baumgärtel[1] § 891 Rn 2; Prütting[38] Rn 211). Das aber ist jeder, der irgendwie Anlass hat, das Bestehen eines eingetragenen oder das Nicht(mehr) bestehen eines gelöschten Rechtes geltend zu machen (Rosenberg § 891 Anm III 4 a). Die Rechtsvermutung ist auch nicht auf Rechtsstreitigkeiten beschränkt, in denen der Eingetragene (bzw Nicht[mehr]eingetragene) selbst als Prozesspartei beteiligt ist (Fuchs § 891 Anm 6). Sie ist vielmehr auch dann zu berücksichtigen, wenn die Existenz oder Nichtexistenz oder der Inhalt eines eingetragenen oder gelöschten dinglichen Rechts als Vorfrage in einem Prozess zwischen Dritten eine Rolle spielt.

Die Vermutung wirkt auch für und gegen den *Erben* oder sonstigen Gesamtrechtsnachfolger des Eingetragenen, wenn dessen Erbrecht bzw sonstige Universalsukzession unstreitig oder nachgewiesen ist (OLG Dresden OLG-NL 1994, 155, 156; ROSENBERG § 891 Anm III 4 a; BIERMANN § 891 Anm 1; MünchKommBGB/H SCHÄFER[9] § 891 Rn 12; WOLFF/RAISER § 44 Fn 3; GOLDMANN/LILIENTHAL II § 30 Fn 86; CROME III § 371, 2; s auch oben Rn 22). Die grundbuchmäßige Vollziehung eines Urteils, das der Eigentümer gegen den als Hypothekengläubiger eingetragenen Scheinzessionar der Hypothek aufgrund einer vertraglichen Verpflichtung des Scheinzedenten (zur Vorrangeinräumung für eine zu bestellende Baugeldhypothek) nach Maßgabe des § 826 BGB erwirkt hat, ist zulässig, weil die Gläubigerstellung des Beklagten nach § 891 BGB vermutet wird (RGZ 95, 160, 164). 74

2. Anwendungsgebiet und praktische Bedeutung

a) Die Rechtsvermutungen des § 891 BGB regeln die Beweislast nicht nur für den Zivilprozess, sondern für **alle gerichtlichen oder behördlichen Verfahren**, in denen das Bestehen oder Nichtbestehen der betreffenden Rechte entweder Gegenstand oder aber Voraussetzung der Entscheidung ist (ROSENBERG, Beweislast § 16 III 2; MünchKommBGB/H SCHÄFER[9] § 891 Rn 13; jurisPK-BGB/TOUSSAINT[10] § 891 Rn 3; BAUMGÄRTEL/LAUMEN/PRÜTTING/KRAEFT/PÖPEL[5] § 891 Rn 2 f; BAUR/STÜRNER[18] § 10 Rn 15; KUTTNER JherJb 61 [1912] 109, 117 f Fn 1). Sie kommen also nicht nur im streitigen Zivilprozess zum Tragen (so aber HEDEMANN 197), sondern auch im Zwangsvollstreckungsverfahren (BGH 28. 2. 2013 – V ZB 18/12, NJW-RR 2013, 1171, 1172), sowie in Verfahren der freiwilligen Gerichtsbarkeit, etwa im Aufgebotsverfahren (vgl HECKEL DNotZ 2017, 348, 350 ff). Ebenso sind sie von den Verwaltungsbehörden zu beachten, wenn das *öffentliche Recht* bestimmte rechtliche Konsequenzen (also verwaltungsrechtliche Pflichten oder subjektiv-öffentliche Rechte) an die Stellung als Eigentümer eines Grundstücks oder als Inhaber eines bestimmten Grundstücksrechts knüpft (BAUR/STÜRNER[18] § 10 Rn 15; LEIPOLD 191 ff; H WESTERMANN/EICKMANN[8] § 70 Rn 11). Dasselbe gilt natürlich auch für die Überprüfung derartiger behördlicher Entscheidungen durch die **Finanz-, Verwaltungs- und Sozialgerichtsbarkeit** oder auch die ordentlichen Gerichte, soweit diese ausnahmsweise (wie nach Art 14 Abs 3 S 4 GG) für öffentlich-rechtliche Streitigkeiten zuständig sind. Vgl PrOVG 60, 474, 477 f bezüglich Zusammenlegungsverfahren. So kann das *Finanzgericht* nach § 891 Abs 1 BGB von der Gültigkeit der Auflassung ausgehen, die zur Eintragung geführt hat, und darauf die Feststellung der Grunderwerbssteuerpflicht stützen (RFH Recht 1925 Nr 1142). Weiter ist bei Grundstücksschenkungen der eingetragene Eigentümer als Schenker anzusehen (FG Baden-Württemberg 21. 11. 2018 – 7 K 1602/18, BeckRS 2018, 33640). Ferner gilt die Vermutung des § 891 BGB zu Gunsten des eingetragenen Eigentümers beim Streit im verwaltungsgerichtlichen Verfahren, wer der straßenrechtlichen Widmung zustimmen muss (VGH München 12. 4. 2021 – 8 ZB 21.23, BeckRS 2021, 7383 Rn 46). Die Tatsache, dass in diesen Verfahren die Untersuchungsmaxime gilt (zB § 86 Abs 1 VwGO), schließt zwar eine subjektive Beweislast (Beweisführungslast) aus, kann aber natürlich nicht garantieren, dass die rechtserheblichen Tatsachen alle mit Sicherheit aufgeklärt werden. Wenn sich etwa die Eigentumslage am Grundstück nicht sicher feststellen lässt, muss in diesem gerichtlichen Verfahren trotz der Untersuchungsmaxime § 891 BGB als Regelung der objektiven Beweislast berücksichtigt werden (LEIPOLD 193; BAUR/STÜRNER[18] § 10 Rn 15). Im Übrigen führt die Grundbuchvermutung für die Verwaltungsbehörden und -gerichte auch zu einer vorläufigen Befreiung von der Ermittlungspflicht; sie können von der 75

Richtigkeit des Grundbucheintrags ausgehen, solange nicht der Parteivortrag oder eigene Kenntnisse zu Zweifeln daran Anlass geben (Leipold 201 f). – Dass im Flurbereinigungsverfahren für die Ermittlung der Beteiligten (§ 10 Nr 1 FlurbG) die Eintragungen im Grundbuch maßgebend sind, stellt § 12 S 1 FlurbG ausdrücklich fest (VGH München 4. 2. 2016 – 13 A 15. 438, Rn 16).

76 Im Strafprozess kann die Vermutung nur zugunsten des Täters angewandt werden (Baur/Stürner[18] § 10 Rn 15; NK-BGB/Krause[5] § 891 Rn 35).

77 Die größte Bedeutung der Vermutungen des § 891 BGB liegt naturgemäß in der Erleichterung der Rechtsverfolgung im **Zivilprozess**.

78 Wer als Eigentümer im Grundbuch eingetragen ist, kann alle Ansprüche aus dem Eigentum geltend machen, ohne mehr beweisen zu müssen als die Tatsache der Eintragung im Grundbuch (RG JW 1910, 390; ZBlFG 13, 144; Gruchot 57, 987, 989). Er muss sich aber auch bis zur Widerlegung der Vermutung auf jeden gegen den Eigentümer als solchen erhobenen Anspruch einlassen, ohne dass der Gegner mehr als die Tatsache der Eintragung beweisen müsste (RGZ 95, 160, 164; OLG Dresden OLGE 8, 186). Bei der Hypothekenklage ist dem eingetragenen Eigentümer nach § 1148 BGB sogar der Beweis des Gegenteils abgeschnitten. Er muss ferner die Zwangsvollstreckung gegen sich durchführen lassen, §§ 866, 869 ZPO, 17 ZVG. Wer etwa als Gläubiger einer Grundschuld eingetragen ist, hat wegen § 891 Abs 1 BGB nicht die Beweislast für das Bestehen des Rechts (Joswig ZfIR 2001, 613, 614; **aA** Serick, Eigentumsvorbehalt und Sicherungsübereignung, Bd II [1965] 429; Soergel/Platschek[14] §§ 1191 Rn 21).

79 Die Vermutung gilt aber nicht nur im Bereich des Sachenrechts, sondern auch im Rahmen von Schuldverhältnissen, zB des § 566 BGB. Darum kann der Käufer eines Grundstücks den ihm obliegenden Beweis eines Rechtsmangels (§ 442 aF, § 363 BGB nF) durch den Hinweis auf die Eintragung einer Belastung und die dadurch begründete Vermutung des Bestehens dieser Belastung erbringen.

80 Der Prozessrichter ist aber an die Rechtsanschauung, von der sich das Grundbuchamt bei der Eintragung hat leiten lassen, nicht gebunden; er kann also aufgrund desselben Materials, das dem Grundbuchamt bei der Eintragung vorgelegen hat, die Vermutung als widerlegt ansehen, vgl insbes Kuttner JherJb 61 (1912) 129 ff; Planck/Strecker § 891 Anm 5a. Die Beweislast für den Inhalt der Eintragung und deren Auslegung trifft allerdings den Eingetragenen bzw denjenigen, der sich auf die Vermutung beruft (RG SeuffA 82 Nr 10).

81 Ein gegen den Bucheigentümer ergangenes Urteil hat keine Wirkung gegen den richtigen Eigentümer, ausgenommen im Falle des § 898 ZPO: Lautet das Urteil auf Abgabe einer Willenserklärung, so erwirbt der dadurch Begünstigte das Recht nach Maßgabe der §§ 898 ZPO, 892 BGB als Gutgläubiger auch dann, wenn der verurteilte Bucheigentümer nicht der richtige Eigentümer war.

82 Wenn die *Vermutungsbasis* während des Prozesses *entfällt* oder sich ändert, wenn also das eingetragene Recht gelöscht oder das gelöschte Recht wieder eingetragen wird, kommt auch die bisherige Rechtsvermutung in Fortfall; sie wird dann durch eine neue Rechtsvermutung mit anderem Inhalt ersetzt. Die dadurch ausgelöste Veränderung der Beweislast muss der Richter berücksichtigen, sofern ihm der Wechsel der Vermutungsbasis bis zur letzten mündlichen Verhandlung (der letzten Tatsacheninstanz) vorgetragen wird (Planck/Strecker § 891 Anm 5a; Rosenberg § 891 Anm III 5; Kuttner JherJb 61 [1912] 124).

b) Wichtig ist die Vermutung des § 891 BGB auch im **Grundbuchverfahren**. Sie prägt hier die Feststellungslast (s Meikel/Böttcher[12] Einl C 126). Der Grundbuchrechtspfleger bzw -richter hat den Inhalt des Grundbuches angesichts seiner vermuteten Richtigkeit den weiteren Eintragungen zugrunde zu legen, sofern er nicht die volle Überzeugung von der Unrichtigkeit der Eintragung oder Löschung erlangt hat (hM, vgl Planck/Strecker § 891 Anm 5b; Rosenberg § 891 Anm III 4; Kretzschmar § 891 Anm I 1 b; MünchKommBGB/H Schäfer[9] § 891 Rn 13, 16; Soergel/Kern[14] § 891 Rn 13; NK-BGB/Krause[5] § 891 Rn 36; BeckOGK/Hertel [1. 9. 2024] § 891 Rn 54 ff; Güthe/Triebel § 19 Rn 33, 37, 38; Meikel/Imhof/Riedel[6] § 18 Anh Rn 86, § 19 Rn 60; Meikel/Böttcher[12] Einl D 56 m umfangreichen Nw; Bauer/Schaub/Kilian[5] § 19 Rn 136; Schöner/Stöber[16] Rn 341 f; Demharter[33] Anh 16 zu § 13; Schmitz JuS 1995, 333, 335; RG SeuffA 68, 255 = Recht 1913 Nr 949; KG KGJ 40 A 265 = RJA 11, 62; JW 1936, 1475; 1937, 108; 1939, 265; NJW 1973, 56, 57 f; BayObLGZ 1971, 351, 354; BayObLG DNotZ 1990, 739, 740; BayObLGZ 1992, 341, 342; BayObLG MittRhNotK 2000, 72, 73; Rpfleger 2004, 417; OLG Düsseldorf 2. 9. 2020 – 3 Wx 86/20, NJOZ 2021, 234 Rn 19; OLG Frankfurt Rpfleger 1991, 361; 1997, 105, 106; FGPrax 2012, 100 f; OLG Karlsruhe FGPrax 1998, 3, 4; OLG Köln MittRhNotK 1995, 321; OLG München 21. 12. 2015 – 34 Wx 245/15, RNotZ 2016, 185, 187; 9. 3. 2015 – 34 Wx 39/14, Rpfleger 2015, 530, 531; 10. 8. 2012 – 34 Wx 440/11 Rn 19; 9. 6. 2010 – 34 Wx 042/10 Rn 11; OLG Schleswig FGPrax 2004, 264, 265; OLG Zweibrücken Rpfleger 1997, 428; FGPrax 2010, 127 f Rn 10 ff). Dies gilt sowohl für den Regelfall des Antragsverfahrens, das unter der Herrschaft des Beibringungsgrundsatzes steht, wie auch für die selteneren Fälle des Amtsverfahrens (etwa §§ 53, 84, 90 GBO). Für die Eintragung eines Amtswiderspruchs nach § 53 Abs 1 GBO reicht es allerdings trotz § 891 BGB aus, dass die Unrichtigkeit des Grundbuchs glaubhaft ist (Meikel/Schneider[12] § 53 Rn 113 m umfangreichen Nw). Das Grundbuchamt darf eine neue Eintragung nicht deshalb ablehnen, weil eine frühere Eintragung, an die sie sich anschließt, unter Verletzung gesetzlicher Vorschriften erfolgt sei; durch die Feststellung eines solchen Verfahrensfehlers wird die Vermutung nicht entkräftet, da das Grundbuch durch eine formell fehlerhafte Eintragung nicht notwendigerweise unrichtig wird (KGJ 20 A 181 = OLGE 1, 305). Wenn dem Grundbuchamt erst nach der Eintragung des neuen Eigentümers Tatsachen bekannt werden, die Zweifel an der Geschäftsfähigkeit des Veräußerers aufkommen lassen, muss es dennoch für ein Folgegeschäft des als Eigentümer Eingetragenen wegen der Vermutungswirkung des § 891 BGB davon ausgehen, dass dieser Eigentümer und verfügungsberechtigt ist (OLG München DNotZ 2012, 298 f). 83

Der Grundbuchrechtspfleger bzw -richter darf sich über die Vermutung nur hinwegsetzen, wenn er die sichere Kenntnis – positive Überzeugung – erlangt, dass eine andere Rechtslage gegeben ist; die bloße Möglichkeit oder Vermutung, dass eine vom Grundbuchinhalt abweichende Rechtslage gegeben ist, ja selbst die überwiegende Wahrscheinlichkeit der Unrichtigkeit des Grundbuchstandes reicht dafür nicht aus (st Rspr KGJ 29 A 148 = RJA 5, 125; JFG 5, 376; KG JW 1927, 1427; KG NJW 1973, 56, 58; BayObLG DNotZ 1990, 739, 740; OLG München 27. 9. 2023 – 34 Wx 240/23 e, DNotZ 2024, 186 Rn 15 ff; OLG Frankfurt FGPrax 2012, 100 f; OLG Köln MittRhNotK 1983, 52, 53; 1995, 321; OLG Zweibrücken FGPrax 1997, 127, 128; Güthe/Triebel § 19 Rn 33, 37, 38; Planck/Strecker § 891 Anm 5b; Bendix Recht 12 [1908] 848; Böttcher 1990, 486, 489). Die Tatsachen, aus denen 84 sich die Unrichtigkeit zweifelsfrei ergibt, müssen dabei nicht durch öffentlich beglaubigte Urkunden nachgewiesen worden sein (OLG Frankfurt ZfIR 2005, 254, 255 Rn 16; OLG München 9. 6. 2010 – Wx 42/10 Rn 14); § 29 GBO gilt nur für die Eintragungsvoraussetzungen. All dies ist praktisch unstreitig. Nicht so unproblematisch ist dagegen, worauf der Grundbuchrichter seine Überzeugung von der Unrichtigkeit des Grundbuches stützen darf und wie er im Falle von Bedenken gegen die Richtigkeit des Grundbuches zu verfahren hat.

85 *Berücksichtigen* darf der Grundbuchrechtspfleger bzw -richter nur solche Tatsachen, die sich aus den eigenen Erklärungen der Parteien, den vorgelegten Urkunden, dem Inhalt der Grundakten ergeben oder aber offenkundig oder gerichtsbekannt sind. In letzterer Hinsicht kommt insbes der Inhalt anderer Grundakten in Betracht, die dem Grundbuchrechtspfleger etwa in seiner Eigenschaft als Versteigerungsrechtspfleger oder (bei nach § 5 RpflG dem Richter vorgelegten Sachen) dem Grundbuchrichter etwa in seiner Eigenschaft als Prozessrichter bekannt geworden sind (so Planck/Strecker § 891 Anm 5b und die st Rspr: KGJ 25 A 117; 40 A 265 = RJA 11, 62; OLG Dresden OLGE 32, 407; Meikel/Böttcher[12] Einl D 51; Schöner/Stöber[16] Rn 342; gänzlich abw Weber Gruchot 53 [1909] 353, 369 ff: Beschränkung der Prüfungsmöglichkeit des Grundbuchrichters auf den von den Parteien selbst unterbreiteten Beweisstoff; dagegen wiederum Güthe/Triebel § 1 Rn 44 mwNw). Allerdings darf das Grundbuchamt bei der Verwertung der Unterlagen früherer Eintragungen diesen keine andere Bedeutung beimessen, als dies anlässlich jener Eintragungen geschehen ist (KGJ 40 A 199; HRR 1930 Nr 1468; OLG Schleswig SchlHA 1962, 174), also zB nicht jemand als bloßen Vorerben behandeln, den es früher ohne Beifügung des Nacherbenvermerks eingetragen hat (KGJ 1934, 2931 = HRR 1935 Nr 184); Ausnahmen mögen in seltenen Fällen denkbar sein (vgl Horber, GBO[16] Vorbem 6 B vor § 13 GBO).

86 Vielfach wird angenommen, dass das Grundbuchamt aufgrund seiner Pflicht, das Grundbuch so weit als möglich mit der Wirklichkeit in Übereinstimmung zu halten (zu dieser vgl Güthe/Triebel § 1 Rn 44; Meikel/Böttcher[12] Einl D 66) im Falle *begründeter Zweifel* an der Richtigkeit des Grundbuchstandes durch den Erlass einer **Zwischenverfügung** auf die Behebung dieser Zweifel hinwirken müsse (KGJ 29 A 147, 148 f = RJA 5, 125; 40 A 294; KG OLGE 8, 304, 305; Planck/Strecker § 891 Anm 5b; MünchKommBGB/Wacke[4] § 891 Rn 20; Meikel/Böttcher[12] Einl D 60; Meikel/Lichtenberger[8] § 19 Rn 88; Ertl DNotZ 1990, 684, 699; Böttcher Rpfleger 1990, 486, 489; **aA** OLG Hamburg OLGE 18, 118). Eine solche Zwischenverfügung wäre aber unzulässig (so auch Amann MittBayNot 2010, 451, 456 Fn 49; BeckOGK/Hertel [1. 9. 2024] § 891 Rn 57). Es besteht dafür bereits keine gesetzliche Grundlage, da § 18 Abs 1 GBO dafür das Fehlen einer Eintragungsvoraussetzung verlangt, die hier wegen der Vermutung des § 891 BGB gerade vorliegt. Es liegt im Wesen von „Bedenken", dass sie zur strikten Widerlegung der Vermutung nicht ausreichen. Das Grundbuchamt wird deshalb, weil voller Beweis der Unrichtigkeit erforderlich ist, die Eintragung vornehmen müssen, auch wenn seine Bedenken nicht behoben worden sind. Nun ist zwar das Grundbuchamt an seine Zwischenverfügung nicht gebunden, kann sie aufheben und auch die Eintragung trotz mangelnder Behebung der Bedenken vornehmen. Es widerspräche aber völlig dem Wesen der Zwischenverfügung, wenn man sie auch in einem Falle zulassen wollte, in dem von vornherein feststeht, dass auch bei Nichtbehebung der Bedenken eine Zurückweisung des Eintragungsantrags nicht erfolgen darf. Gerade die Ankündigung der Zurückweisung macht ja das Wesen der Zwischenverfügung aus. Der Antragsteller wäre gezwungen, sicherheitshalber Beschwerde gegen die Zwischenverfügung einzulegen.

Nicht verwehren kann man dem Grundbuchamt natürlich einen bloßen *Hinweis* an die Beteiligten, durch den es diese auf die Bedenken gegen die Richtigkeit des Grundbuchs aufmerksam macht; das ist uU schon im Interesse der Beteiligten geboten, um sie vor Schaden zu bewahren. Das Grundbuchamt ist aber weder dazu verpflichtet, noch darf es gar eine Zwischenverfügung erlassen, sondern es muss – ggf nach Ablauf einer mäßigen Frist, jedenfalls aber vor Erledigung eines weiteren Eintragungsantrags (§ 17 GBO) – die Eintragung vornehmen. **87**

Die für den als Grundpfandgläubiger Eingetragenen sprechende Vermutung des § 891 Abs 1 BGB (bzw aus §§ 1155, 891 Abs 1 BGB) ist nur begründeten Zweifeln ausgesetzt, nicht aber für das Grundbuchamt widerlegt, wenn ein Dritter eine privatschriftliche Abtretungserklärung des als Grundpfandgläubiger Eingetragenen vorlegt (OLG Köln MittRhNotK 1983, 53; Ertl DNotZ 1990, 684, 702 f; Schöner/Stöber[16] Rn 342b ; Staudinger/Wolfsteiner [2019] § 1155 Rn 39; Weber WM 2018, 1392, 1393) oder wenn das Grundbuchamt davon Kenntnis hat, dass neben der vom bewilligenden Briefinhaber vorgelegten Rückabtretungserklärung, die ihn ausweist, noch eine weitere im Besitz des Briefinhabers befindliche Abtretungserklärung existiert (OLG München 19. 10. 2011 – 34 Wx 208/11) oder wenn der der als Grundpfandgläubiger Eingetragene selbst eine Urkunde einreicht, in der davon die Rede ist, dass er das fragliche Grundpfandrecht bei anderer Gelegenheit abgetreten habe (OLG Köln MittRhNotK 1995, 321). Immerhin könnte die Abtretung des Briefrechts ja berechtigtermaßen angefochten oder dieses auf den als Gläubiger Eingetragenen zurückübertragen worden sein. Anders stellt sich die Situation dagegen dar, wenn der Dritte neben der privatschriftlichen Abtretungserklärung auch den Grundpfandbrief vorlegt. Damit ist zwar die Vermutung für die Rechtsinhaberschaft des eingetragenen Gläubigers nicht widerlegt (so aber BayObLG NJW 1991, 1398 = WuB IV A § 891 BGB 1. 92 [Rimmelspacher] = MittBayNot 1991, 256 m Anm Amann; LG Köln MittRhNotK 1995, 27, 28; MünchKommBGB/H Schäfer[9] § 891 Rn 15; Erman/Artz[17] § 891 Rn 20; Meikel/Böttcher[12] Einl D 57; Demharter[33] Anh 18 zu § 13 GBO; Bestelmeyer Rpfleger 1993, 279; Baumgärtel/Baumgärtel[1] § 891 Rn 17; Grüneberg/Herrler[84] § 891 Rn 9; für den Regelfall auch Joswig ZfIR 2001, 613, 622; anders aber OLG Köln MittRhNotK 1995, 321; Ertl DNotZ 1990, 684, 699 f; Schöner/Stöber[16] Rn 342b; Amann MittBayNot 1991, 258, 259), wohl aber die Vermutungsbasis in Frage gestellt: Für den als Gläubiger eines Briefgrundpfandrechts Eingetragenen spricht die Vermutung der Rechtsinhaberschaft nach hM ja nur, wenn er auch im (zumindest mittelbaren) Besitz des Grundpfandbriefes ist (s oben Rn 48). Solange letzteres nicht nachgewiesen ist, kann das Grundbuchamt deshalb bei Beachtung dieses problematischen Dogmas die Vermutung aus § 891 Abs 1 BGB nicht anwenden (Meikel/Böttcher[12] § 41 Rn 43). Wiederum anders stellt sich die Situation dar, wenn der als Grundpfandgläubiger Eingetragene seinerseits eine privatschriftliche Rückabtretungserklärung des Zedenten, der den Grundpfandbrief beim Grundbuchamt eingereicht hat, vorlegt. Da die privatschriftliche Abtretungserklärung ohne die gleichzeitige Verschaffung des mittelbaren Besitzes am Grundpfandbrief wirkungslos wäre, darf das Grundbuchamt – solange nicht Gegenindizien vorliegen – davon ausgehen, dass bei der Rückzession auch die Abtretung des Herausgabeanspruchs oder die Einräumung zweitstufigen mittelbaren Besitzes erfolgt ist: Die privatschriftliche Rückabtretungserklärung erbringt mithin Beweis nicht nur für die Einigung über die Rückabtretung, sondern auch für die Übertragung **88** des mittelbaren Besitzes am Grundpfandbrief auf den im Grundbuch als Gläubiger Eingetragenen (so im Ergebnis auch BayObLG NJW-RR 1991, 1398, 1399). Damit spricht für diesen dann wieder die Vermutung aus § 891 BGB (iE KG JW 1939, 562; BayObLG NJW-RR 1991, 1398, 1399; LG Köln MittRhNotK 1995, 27; MünchKommBGB/H Schäfer[9] § 891 Rn 15; NK-BGB/Krause[5] § 891 Rn 31; Baumgärtel/Baumgärtel[1] § 891 Rn 17; einschr Soergel/Kern[14] § 891 Rn 14; **aA** Bestelmeyer Rpfleger 1993, 279, 280; Meikel/Böttcher[12] Einl D 57), auch wenn man diese mit der hM vom Briefbesitz des als Gläubiger Eingetragenen abhängig macht. Ebenso spricht für den als Grundpfandgläubiger Eingetragenen trotz der Vorlage einer von ihm ausgestellten privatschriftlichen Abtretungserklärung die Vermutung aus § 891 Abs 1 BGB, wenn er (wieder) unmittelbarer Besitzer des Grundpfandbriefs ist (so iE OLG Köln MittRhNotK 1995, 321, 322 = FGPrax 1996, 5, 6; **aA** LG Köln MittRhNotK 1995, 27, 28 [Vermutung hier widerlegt]). Dies gilt unabhängig davon, ob er die Wirksamkeit der von ihm vorgenommenen Zession bestreitet oder eine zwischenzeitliche Rückzession behauptet. Entscheidend ist, dass gegenwärtig mit Grundbucheintrag und Briefbesitz die volle Vermutungsbasis besteht.

89 Ohne konkrete Anhaltspunkte dafür, dass der als Grundstückseigentümer Eingetragene in ehelicher Gütergemeinschaft lebt und das Grundstück deshalb in Wirklichkeit Gesamthandseigentum der Ehegatten bildet, ist das Grundbuchamt weder berechtigt noch verpflichtet, den *Nachweis des Güterstandes* zu verlangen. Dies gilt auch, soweit ausländisches Güterrecht anzuwenden wäre (KG OLGE 18, 211; LG Aurich Rpfleger 1990, 289). Die das Grundbuchamt bindende Rechtsvermutung aus § 891 BGB erstreckt sich hier darauf, dass das Eigentum des Eingetragenen nicht durch güterrechtliche Vereinbarung auf den Ehegatten des Eingetragenen übergegangen oder zu gemeinschaftlichem Eigentum der Ehegatten geworden ist (KG OLGZ 1973, 163 = NJW 1973, 428). Die Prüfungspflicht des Grundbuchamts wird nicht dadurch erweitert, dass die Verfügung, deren Eintragung beantragt ist, kraft einer sich aus ausländischem Güterrecht ergebenden Verfügungsbeschränkung unwirksam sein könnte (BayObLG DNotZ 1987, 98; Böhringer Rpfleger 1990, 337, 342 f; Amann MittBayNot 1986, 222, 225 ff; LG Aurich Rpfleger 1990, 289). Im Übrigen muss das Grundbuchamt natürlich auch die etwa für den Erwerber streitenden kollisionsrechtlichen Regelungen der Art 12 und 16 EGBGB beachten (LG Aurich Rpfleger 1990, 289; Böhringer Rpfleger 1990, 337, 339, 343). S auch § 892 Rn 267. – Bei *Bodenreformgrundflächen* im Beitrittsgebiet gilt allerdings die Vermutung des § 891 BGB nur eingeschränkt. Wenn jemand als Alleineigentümer eines solchen Grundstücks eingetragen ist, kommt ihm im Hinblick auf Art 233 § 11 Abs 5 EGBGB die Vermutung des Alleineigentums nur zu, wenn feststeht (bzw im Grundbuchverfahren: wenn dem Grundbuchamt in der Form des § 29 GBO nachgewiesen ist), dass er am 16. 3. 1990 nicht als Verheirateter dem gesetzlichen Güterstand der Eigentums- und Vermögensgemeinschaft des Familiengesetzbuches der DDR unterstand (OLG Rostock EWiR § 891 BGB 1/94, 657 [Suppliet]; **aA** [grundsätzlich Anwendbarkeit von § 891, aber Verpflichtung des Grundbuchamts zu Ermittlungen über die Richtigkeit des Grundbuchs] LG Neubrandenburg Rpfleger 1994, 293, 294; Keller MittBayNot 1993, 70, 72 f; ders VIZ 1993, 193).

90 Um die Unrichtigkeit des Grundbuchs annehmen zu können, muss das Grundbuchamt auch feststellen, dass das Grundbuch nicht etwa nach Maßgabe des § 892 BGB richtig geworden ist (RGZ 116, 340, 344; KGJ 31 A 271; 41 A 225; 52 A 145; KG NJW 1973, 56, 58; Baumgärtel/Baumgärtel[1] Rn 12; **aA** KGJ 40 A 265 = RJA 11, 62; 49 A 204). Dazu gehört auch die Feststellung der Kenntnis des Erwerbers von der Unrichtigkeit des Grundbuchs (OLG Dresden OLGE 32, 407).

IX. Übergangsrecht; neue Bundesländer

§ 891 BGB gilt auch für die schon vor dem 1. 1. 1900 in den öffentlichen Büchern des früheren Landesrechts eingetragenen Rechte, sofern diese Bücher nach § 87 GBO aF zu Grundbüchern iS des Reichsgrundbuchrechts erklärt wurden. Dies gilt ganz unabhängig davon, ob schon das frühere Recht eine dem § 891 BGB entsprechende oder ähnliche Vermutung kannte (RG JW 1912, 145 u 196; RG Gruchot 57, 987, 989; Rosenberg § 891 Anm I 2c mwNw; Planck/Strecker § 891 Anm 7; BGB-RGRK/Augustin § 891 Rn 1; Fuchs § 891 Anm 8; Habicht 476; **aA** Dernburg § 48, 6; Turnau/Förster § 891 Anm 6; Oberneck I 376). Weniger klar ist, ob das auch für die vor dem 1. 1. 1900 erfolgten Löschungen gelten kann (*bejahend* zB Planck/Strecker § 891 Anm 7). 91

§ 891 BGB gilt im Wesentlichen uneingeschränkt in den neuen Bundesländern (OLG Naumburg VIZ 1997, 116; Meikel/Böhringer[7] Sonderband C Rn 853; Flik DtZ 1996, 74 ff). S allerdings oben Rn 89. Das Recht der DDR hatte übrigens auch eine § 891 BGB inhaltlich entsprechende Vorschrift in § 7 Abs 1 der Grundstücksdokumentationsordnung (GDO) v 6. 11. 1975 (GBl DDR I 697). 92

§ 892
Öffentlicher Glaube des Grundbuchs

(1) Zugunsten desjenigen, welcher ein Recht an einem Grundstück oder ein Recht an einem solchen Recht durch Rechtsgeschäft erwirbt, gilt der Inhalt des Grundbuchs als richtig, es sei denn, dass ein Widerspruch gegen die Richtigkeit eingetragen oder die Unrichtigkeit dem Erwerber bekannt ist. Ist der Berechtigte in der Verfügung über ein im Grundbuch eingetragenes Recht zugunsten einer bestimmten Person beschränkt, so ist die Beschränkung dem Erwerber gegenüber nur wirksam, wenn sie aus dem Grundbuch ersichtlich oder dem Erwerber bekannt ist.

(2) Ist zu dem Erwerb des Rechts die Eintragung erforderlich, so ist für die Kenntnis des Erwerbers die Zeit der Stellung des Antrags auf Eintragung oder, wenn die nach § 873 erforderliche Einigung erst später zustande kommt, die Zeit der Einigung maßgebend.

Materialien: VE SR §§ 24, 25, 37; E I § 837, § 844 Abs 2; II § 810, rev § 877; III § 876; Schubert, SR I 354 ff, 429 ff; Mot III 208 ff, 214, 240; Prot III 75 ff, 214 f, 588 f, 707 ff; VI 222, 386, 398; D 124; Jakobs/Schubert, SR I 363 ff.

Schrifttum

Adlerstein, Rechtsgeschäfte des legitimierten Scheinerben an Nachlaßgrundstücken (Diss Bonn 1930)
Altmeppen, Disponibilität des Rechtsscheins (1993)
Asch, Der Schutz des Vormerkungsberechtigten durch den öffentlichen Glauben des Grundbuchs, JR 1927, 113
Assmann, Die Vormerkung (§ 883 BGB) (1998)
Bader, Der Schutz des guten Glaubens in Fäl-

len mit Auslandsberührung, MittRhNotK 1994, 161
Backhaus, Schutz des guten Glaubens bei Vollstreckungsakten? (Diss Freiburg 1959)
J P Bauer, Guter Glaube und Rechtsirrtum, in: GS D Schultz (1987) 21
F Beate, Zur Möglichkeit des gutgläubigen Erwerbs einer juristischen Person von ihrem Gesellschafter (1990)
Bestelmeyer, Gutgläubiger Erwerb und Erledigungsreihenfolge des § 17 GBO, Rpfleger 1997, 424
Boehmer, Welcher Zeitpunkt ist im Grundbuchverkehr nach § 892 BGB und § 20 AufwG für den guten Glauben des Erwerbers maßgebend?, DJZ 1927, 1518
Böhringer, Probleme des Notars mit unsichtbaren Grundbuchbelastungen und Verfügungsbeeinträchtigungen im Osten und Westen, BWNotZ 1992, 3
ders, Möglicher gutgläubiger Wegerwerb von beschränkten dinglichen Rechten und dessen Ausschluss, BWNotZ 2008, 70
Böttcher, Beeinträchtigungen der Verfügungsbefugnis, Rpfleger 1983, 49
ders, Verfügungsbeschränkungen, Rpfleger 1984, 377; 1985, 1
Brandis, Ein bereits bestehender unrichtiger Inhalt des Grundbuchs als Voraussetzung des gutgläubigen Erwerbs nach § 892 BGB, JW 1929, 3275
Brombach, Schutz des öffentlichen Glaubens des Grundbuches für den mittelbaren Zweiterwerber, HansRGZ 1936 A 54
Buch, Die Bestandsangaben des Grundbuchs, Gruchot 61 (1917) 432
Cammerer, Die Anwendung des § 892 bei Verfügungen über noch nicht eingetragene, eintragungsbedürftige Rechte, BayNotZ 22, 16
Caro, Vormerkung und guter Glaube, JR 1928, 117, 132
Chiusi, Zur Verzichtbarkeit von Rechtsscheinswirkungen, AcP 202 (2002) 494
Cohn, Zwei Fragen aus dem Recht des Grundstücksverkaufs, JR 1927, 337
Coing, Die Treuhand kraft privatem Rechtsgeschäft (1973) insbes S 118 ff, 195 ff
Cremer, Wiederherstellung des öffentlichen Glaubens des Grundbuches und Beseitigung sonstiger spezifischer Rechtsunsicherheiten im Grundstücksrecht des Beitrittsgebiets – der Stand zehn Jahre nach der Wiedervereinigung, NotBZ 2000, Sonderheft S 13
Crome, Alte Grunddienstbarkeiten und Publizitätsprinzip, ZAkDR 1938, 200
Demharter, Guter Glaube an Gemeinschaftsordnungen, DNotZ 1991, 28
ders, Guter Glaube und Glaubhaftmachung, Rpfleger 1991, 41
Deppert, Der gutgläubige Erwerb der Vormerkung (Diss Frankfurt 1970)
Ebel, Gutgläubiger Erwerb einer Auflassungsvormerkung vom eingetragenen Scheineigentümer und Erbfall, NJW 1982, 724
Eickmann, Konkurseröffnung und Grundbuch, Rpfleger 1972, 77
Epping, Die Aufwertungsrechtsprechung und der öffentliche Glaube des Grundbuchs, DRiZ 1931, 171
Ertl, Muß das Grundbuchamt den gutgläubigen Erwerb aus der Konkursmasse verhindern?, MittBayNot 1975, 204
ders, Gutgläubiger Erwerb von Sondernutzungsrechten, in: FS H Seuss (1987) 151
Ewald, Der Rückerwerb des Nichtberechtigten JherJb 76 (1926) 233
Finkenauer, Rückwirkung und Genehmigung, Verfügungsmacht und Gutglaubensschutz, AcP 203 (2003) 282
Förster, Zur Auslegung des § 892 BGB, Recht 1903, 351
Fritsch, Der öffentliche Glaube des Grundbuchs bei Personengleichheit des Verfügenden und des Erwerbers, JherJb 82 (1932) 253
Furtner, Gutgläubiger Erwerb einer Vormerkung?, NJW 1963, 1484
P Gieseke, Der öffentliche Glaube des Grundbuchs nach § 892 BGB (Diss Leipzig 1910)
Görmer, Gutglaubensschutz beim Erwerb einer Auflassungsvormerkung, JuS 1991, 1011
Goetzke/Habermann, Die Wirkung der gutgläubig erworbenen Auflassungsvormerkung gegenüber dem wahren Berechtigten – BGHZ 57, 341, JuS 1975, 82
Gross, Zum Rückerwerb von Grundstücken durch Nichtberechtigte, BlGBW 1965, 113
Gursky, Nachträglicher guter Glaube, JR 1986, 225

ders, Gutglaubensschutz bei der Ablösung von Grundpfandrechten, WM 2001, 2361
ders, Zum maßgeblichen Zeitpunkt für den Verlust einer Dienstbarkeit durch gutgläubigen Erwerb nach § 31 Baden-Württembergischem Ausführungsgesetz zum BGB, BWNotZ 1986, 58
HAAG, Der gutgläubige Zweiterwerb im Sachenrecht (2005)
HACHENBURG, Das BGB, Vorträge (2. Aufl 1900) 130
HAEGELE, Folgen falscher Grundstücksbezeichnungen beim Grundstückskauf, BlGBW 1957, 113
HAFNER, Ist ein gutgläubiger Erwerb von Grundstücken bei Fusion von Aktiengesellschaften ohne Liquidation möglich?, HoldhMSchr 22 (1913) 234
J HAGER, Verkehrsschutz durch redlichen Erwerb (1990)
ders, Ablösung von Grundpfandrechten und redlicher Erwerb, ZIP 1997, 133
HAGELBERG, Der öffentliche Glaube des Grundbuchs als aufwertungsrechtlicher Begriff, in: FG E Heinitz (1927) 146
E HARDER, Der öffentliche Glaube des Grundbuches im Aufwertungsrecht (Diss Hamburg 1930)
HEINSHEIMER, Zwei Beiträge zur Lehre vom Widerspruch, Gruchot 69 (1927) 401
ders, Die Anwendung des § 892 BGB auf Rechtsgeschäfte zwischen denselben natürlichen Personen und mit Verbänden, Gruchot 72 (1932) 174
HEPTING, Der Gutglaubensschutz bei Vormerkungen für künftige Ansprüche, NJW 1987, 865
HEROLD, Wie wirken im Grundbuchrechte die Verfügungsbeschränkungen zugunsten bestimmter Personen?, SächsArch 1 (1906) 481
ders, Von den Verfügungsbeschränkungen des § 892 BGB zur Eigentümergrundschuld der §§ 1163, 1177 BGB, SächsArch 3 (1908) 209
ders, Grenzstreitigkeiten und ihre Regelung, BlGBW 1961, 225
HESELER, Die unsichtbaren Grundstücksbelastungen im rechtsgeschäftlichen Verkehr mit Grundstücken, NJW 1950, 521
HEUER, Der öffentliche Glaube des Grundbuchs (Diss Heidelberg 1910)
HILDESHEIM, Die vorweggenommene Erbfolge im Anwendungsbereich des § 892 BGB, Rpfleger 1997, 12
HOLZER, Die Richtigstellung des Grundbuchs, zugleich ein Beitrag zur Auslegung der §§ 892, 894 BGB (2005)
ILG, Zum Fortbestand der in den württembergischen Servitutenbüchern eingetragenen Dienstbarkeiten, BWNotZ 2019, 318
JENNY, Der öffentliche Glaube des Grundbuchs nach dem schweizerischen ZGB (Bern 1926); dazu Rezension von BEYERLE AcP 127 (1927) 368
JUNG, Der Unternehmergesellschafter als personaler Kern der rechtsfähigen Gesellschaft (2003) (insbes S 637 ff)
JEPPE, Die notarielle Auflassung im Falle des § 892 BGB, ZBlFG 1 (1900) 203
vKARGER, Hindert der gutgläubige Erwerb eines belasteten Grundstücks die Wiedereintragung des Zedenten?, DJZ 1927, 222
KERN, Zum Geltungsbereich des § 892 Abs 2 BGB, WürttZ 54, 354
KESSELER, Risiken der Rangbescheinigung wegen des nur eingeschränkten Vertrauens auf den Inhalt des Grundbuchs – ein von der Rechtsprechung kreiertes Problem?, ZNotP 2004, 338
KIEHL, Erstreckt sich die Vermutung des § 892 BGB auf die Bestandsangaben des Grundbuchs?, BayZ 1923, 53
KIEHNLE, Der Erwerb kraft öffentlichen Glaubens in der württembergischen Pfandgesetzgebung von 1825/1828 und im Bürgerlichen Gesetzbuch (2004)
KINDL, Rechtsscheintatbestände und ihre rückwirkende Beseitigung (1999)
KNUR, Ist die Anwendung der Vorschriften über gutgläubigen Erwerb ausgeschlossen, wenn eine Eigentumsübertragung unter Lebenden vorliegt, diese aber die Bedeutung einer vorweggenommenen Erbfolge hat? (Diss Freiburg 1934)
KOHLER, Gutglaubensschutz im Grundstücksrecht beim Erwerb kraft Gesetzes?, Jura 2008, 321 ff und 481 ff
KÖTHER, Der Umfang der Prüfungspflicht im Grundbuchrecht, insbesondere zur Pflicht, das Grundbuch richtig zu halten und zur Mitwirkung des Grundbuchamts beim gutgläubigen Erwerb vom Nichtberechtigten (Diss Würzburg 1982)

KOLLER, Der gutgläubige Erwerb bei der Übertragung von Miteigentumsanteilen, JZ 1972, 646
KRAPP, Der Rückerwerb des Nichtberechtigten (Diss Mainz 1955)
KRAUEL, Die Anwendung der Vorschriften des Bürgerlichen Gesetzbuches über den Eigentumserwerb vom Nichtberechtigten bei Miteigentum (Diss iur Leipzig 1907)
KRETZSCHMAR, Die unrichtige Buchung von Grundstücken, Recht 1903, 327
ders, Kann die sich aus den Grundakten ergebende Unrichtigkeit des Grundbuchs ein Eintragungshindernis bilden?, Gruchot 49 (1905) 1
KUPISCH, Auflassungsvormerkung und guter Glaube, JZ 1977, 486
LEHMANN, Grundbuchfreiheit und öffentlicher Glaube, BayNotZ 53, 370
ders, Wirksamkeitsvermerk und guter Glaube, MittRhNotK 1997, 258
A LEIST, Privatrecht und Kapitalismus im 19. Jahrhundert (1911) 14
LENENBACH, Guter Glaube des Grundbuchamts als ungeschriebene Voraussetzung des Gutglaubenserwerbs?, NW 1999, 923
LIEDER, Die Lehre vom unwirksamen Rechtsscheinträger, AcP 201 (2010) 857
LIESSEM, Guter Glaube beim Grundstückserwerb von einem durch seinen Güterstand verfügungsbeschränkten Ehegatten?, NJW 1989, 497
LOCHER, Die Neugestaltung des Liegenschaftsrechtes (1942)
LOEBINGER, Zur Anwendung der Vorschriften über den öffentlichen Glauben des Grundbuchs im Rahmen der §§ 20 und 21 des Aufwertungsgesetzes, in: FG Max Fuchs (1926) 131
LUDWIG, Die gutgläubig erworbene Vormerkung und der anschließende Erwerb des vorgemerkten Rechts, DNotZ 1987, 403
G LÜKE, Der gutgläubige Erwerb einer Grunddienstbarkeit, JuS 1988, 524
LUTTER, Vorkaufsrechte nach dem Bundesbaugesetz und Grundbuchsperre, MDR 1962, 177
ders, Die Grenzen des sogenannten Gutglaubensschutzes im Grundbuch, AcP 164 (1964) 122
vMANGOLDT, Löschung von Hypotheken in der Rückwirkungszeit, Unrichtigkeit des Grundbuchs und Anwendung des § 892 BGB im Aufwertungsrecht, AcP 134 (1931) 81
MAUCH, Gutgläubiger Erwerb akzessorischer Sicherungsrechte, BWNotZ 1994, 139
MEDICUS, Besitz, Grundbuch und Erbschein als Rechtsscheinträger, Jura 2001, 294
MEISNER, Die Bedeutung der geometrischen Vermessung für die Ermittlung der Grenzen, SeuffBl 77 (1912) 251–257, 279
MEYER, Die Bösgläubigkeit des Miterben bei Erwerb von Nachlaßgrundstücken im Aufwertungsrecht, DRiZ 1927, 137 f
MICHALSKI, Die Funktion des Grundbuchs im System öffentlich-rechtlicher Beschränkungen, MittBayNot 1988, 204
MÜGEL, Die Tragweite des § 892 Abs 2, JR 1928, 45
MÜLBERT, Der redliche Vormerkungserwerb – oder: Die Vormerkung als akzessorisches Recht, AcP 197 (1997) 335
NEUMANN, Die Entscheidung des Kammergerichts … bezüglich der Berichtigung von katastergemäßen Größenangaben im Grundbuche, Gruchot 48 (1904) 20
NÜSSGENS, Der Rückerwerb des Nichtberechtigten (1939)
OBERNECK, Über den öffentlichen Glauben des Grundbuchs im Aufwertungsgesetz, in: FG Max Fuchs (1926) 137
OLZEN, Die vorweggenommene Erbfolge (1984) (insbes S 287)
OSTENDORF, Der Gutglaubenserwerb des Verwaltungstreuhänders, NJW 1974, 217
PIECHOTTA, Die Stellung des gutgläubigen Immobiliarerwerbers vor seiner Eintragung im Grundbuch (Diss Münster 1998)
PIKALO, Die Funktion des Grundbuchs im Landwirtschaftsrecht unter besonderer Berücksichtigung des Gutglaubensschutzes, DNotZ 1957, 227
PRINZ, Der gutgläubige Vormerkungserwerb und seine rechtlichen Wirkungen (Diss Köln 1988)
RAHN, Hat § 892 Abs 2 BGB Bedeutung für das Grundbuchverfahren?, Justiz 1966, 258
ders, Gutglaubensschutz und Rechtsnatur der Vormerkung, BWNotZ 1970, 25
RAMDOHR, Das Rechtsprinzip zum Schutze mangelhafter menschlicher Erkenntnisfähigkeit im BGB, Gruchot 44 (1900) 115–148, 324–382, 658–696, 801–820

RATZ, Die Aufwertung und der öffentliche Glaube des Grundbuchs, AcP 128 (1928) 309
H REEB, Die Tatbestände der sogenannten Nichtverkehrsgeschäfte (Diss Mainz 1967)
K vREIBNITZ, Der öffentliche Glaube des Erbscheins im Vergleich mit dem öffentlichen Glauben des Grundbuchs (Diss Rostock 1902)
REINICKE, Der Schutz des guten Glaubens beim Erwerb einer Vormerkung, NJW 1964, 2373
REISCHL, Fortwirkung von Einreden bei der Ablösung einer Sicherungsgrundschuld, JR 1998, 405
REISS, Grenzrecht und Grenzprozeß (1914)
ders, Die Bestandsangaben des Grundbuchs, JW 1915, 1413
REUL, Eintragung und Löschung des Insolvenzvermerks im Grundbuch versus gutgläubigen Erwerb, MittBayNot 2013, 16
RÖLL, Gutgläubiger Erwerb von Wohnungseigentum, in: FS H Seuss (1987) 233
ders, Das Eingangsflurproblem und der gutgläubige Erwerb von Wohnungseigentum, MittBayNot 1988, 22
ROETTGEN, Über die Grundstücksgrenzen im Grundbuchrecht, Gruchot 56 (1912) 208
ROTTENFUSSER, Der gutgläubige Erwerb der Auflassungsvormerkung (Diss Erlangen-Nürnberg 1981)
RÜHL, Materiellrechtliche Prüfungspflichten im Eintragungsverfahren (1990)
RUHWEDEL, Grundlagen und Rechtswirkungen sog relativer Verfügungsverbote, JuS 1980, 161
SACHSE, Das Spannungsverhältnis zwischen Baulastenverzeichnis und Grundbuch, NJW 1979, 195
SAWITZ, Der Inhalt des Grundbuches nach § 892 BGB (1908)
SCHILKEN, Wissenszurechnung im Zivilrecht (1983)
SCHMIDT-RÄNTSCH, Das Eigentumsfristengesetz, VIZ 1997, 2
SCHNEBLE, Das Grundbuch als Erkenntnisquelle, DRiZ 1952, 42
SCHNEIDER, Der historische und der grundbuchmäßige Begriff des Grundstücks und die neueste Rechtsprechung des Reichsgerichts, SeuffBl 76 (1911) 263
SCHÖNEWERK, Die gutgläubig erworbene Vormerkung und ihre Wirkungen (Diss Marburg 1985)
SCHÖNFELD, Verfügungsbeschränkungen und öffentlicher Glaube des Grundbuchs, JZ 1959, 140
SCHREIBER/BURBULLA, Der gutgläubige Erwerb von unbeweglichen Sachen, Jura 1999, 491
J SCHULZE, Liegenschaftserwerb vom Nichtberechtigten und Genehmigung (Diss Berlin 1962)
SCHWARZ, Der Schutz des Nacherben gegen die Wirkungen des öffentlichen Glaubens des Grundbuchs, Recht 1903, 226
SERICK, Rechtsform und Realität juristischer Personen (2. Aufl 1980), insbes S 192
E STEFFEN, Die Verdoppelung von Rechtsscheinträgern (Diss Kiel 1967)
STOEVESANDT, Der Rückerwerb des Nichtberechtigten (1936)
STRECKER, Der öffentliche Glaube des Grundbuchs bei Verfügungen über noch nicht eingetragene Rechte, Recht 1921, 180
STROHAL, Kommt dem Vorgemerkten der öffentliche Glaube des Grundbuchs zu Statten? Dekanatsprogramm Leipzig (1904)
TIEDTKE, Erwerb beweglicher und unbeweglicher Sachen kraft guten Glaubens, Teil II: Erwerb von Grundstücken, Jura 1983, 518
ders, Die Auflassungsvormerkung, Jura 1981, 354
ders, Gutgläubiger Erwerb im bürgerlichen Recht, im Handels- und Wertpapierrecht sowie in der Zwangsvollstreckung (1985)
UNRAU, Gutglaubensschutz bei der Ablösung von Grundpfandrechten (Diss Kiel 1993)
WACKE, Miete und Pacht vom Nießbraucher oder Vorerben sowie vom Nichtberechtigten. Historische und dogmatische Betrachtungen zu dem analogiefähigen §§ 1056, 2135 BGB – Zugleich eine Kritik an BGHZ 109, 111, in: FS Gernhuber (1993) 489
WANDREY, Veräußerungs- und Erwerbsverbote im Grundbuch, GrundE 1940, 5
WEBER, Die Verfügungsbeschränkungen und ihre Wirkungen im Grundbuchverkehr, DNotV 1907, 241
ders, Die Entwertung des Grundbuchs durch Gesetze, DNotZ 1950, 88
H WESTERMANN, Die Grundlagen des Gutglaubensschutzes, JuS 1963, 1

WIEGAND, Der öffentliche Glaube des Grundbuchs, JuS 1975, 205
WILHELM, Rechtsform und Haftung bei der juristischen Person (1981)
WITT, Miteigentum und gutgläubiger Erwerb, AcP 217 (2017) 107
WITTKOWSKI, Die Lehre vom Verkehrsgeschäft (1991)
TH WOLFF, Die Bedeutung des Katasters bei dem Erwerbe von Rechten an Grundstücken, Gruchot 45 (1901) 765
WUNNER, Gutglaubensschutz und Rechtsnatur der Vormerkung, NJW 1969, 113
WURZEL, Verkehrsgeschäfte und Aufwertungsrechtsprechung, DStZ 1928, 574
ZÄRBAN, Möglichkeiten des gutgläubigen Erwerbs einer Vormerkung (Diss Frankfurt 1966).

Systematische Übersicht

I. Grundlagen
1. Entstehungsgeschichte — 1
2. Inhalt der Regelung — 3
3. Nur Verfügungen über eingetragene Rechte — 5
4. Systemstellung — 7
5. Rechtspolitische Würdigung — 9
6. Fiktion – keine unwiderlegliche Vermutung — 10
7. Originärer oder derivativer Erwerb? — 11

II. Der Inhalt des Grundbuchs als Gegenstand des öffentlichen Glaubens
1. Begriff des Grundbuchs — 12
2. Besonderheiten bei Briefgrundpfandrechten — 15
3. Unwirksame Eintragungen — 16
4. Das maßgebliche Grundbuchblatt — 23
a) Subjektiv-dingliche Rechte — 23
b) Grundstücksgleiche Rechte — 24
5. Nur relevante Eintragungen — 26
6. Unrichtigkeit des Grundbuchs — 28
7. Doppelbuchungen — 29

III. Das Beglaubigungsgebiet im Einzelnen
1. Bestand und Grenzen des Grundstücks — 30
2. Bestand der Grundstücksrechte — 38
3. Die Person des Berechtigten — 46
4. Höchstpersönliche Rechte — 49
5. Gutglaubensresistente Rechte — 50
a) Altrechtliche Grunddienstbarkeiten — 50
b) Gesetzliche Vorkaufsrechte — 53
c) Besonderheiten im Beitrittsgebiet — 55
6. Vormerkungen — 56
7. Rangvorbehalt — 62
8. Rechte an Rechten — 63
9. Kein Gutglaubensschutz — 64
a) Recht auf Versteigerungserlös — 64
b) Widerspruch nach § 899 — 65
c) Rein tatsächliche Angaben — 66
d) Identität des Verfügenden; Mängel des Verfügungsgeschäfts selbst — 67
e) Abweichende tatsächliche Übung — 68
f) Öffentlich-rechtliche Verhältnisse — 69
g) Anfechtbarkeit nach AnfG — 70
h) Erwerbsgrund — 71

IV. Der Kreis der geschützten Geschäfte — 72
1. Erwerb von Grundstücksrechten und Rechten an Grundstücksrechten — 73
2. Erwerb durch Rechtsgeschäft — 77
3. Erwerbstatbestände ohne Gutglaubensschutz — 81
a) Erwerb kraft Gesetzes — 81
b) Vorweggenommene Erbfolge; Vermögensübernahme — 87
c) Erwerb durch Zwangsvollstreckung oder Arrestvollziehung — 89
d) Zuschlag in der Zwangsversteigerung — 92
e) Erwerb durch sonstigen Hoheitsakt — 94
f) Erwerb aufgrund gesetzlicher Übertragungspflicht — 95
4. Beschränkung auf Verkehrsgeschäfte — 96
a) Aneignung — 96
b) Personengleichheit von Veräußerer und Erwerber — 97
aa) Allgemeines; Bestellung einer Eigentümergrundschuld — 97
bb) Wechsel der Berechtigungsform ohne Wechsel des Rechtsträgers — 99

cc) Wirtschaftliche Identität von Verfügendem und Erwerber 105
α) Restkaufgeldhypothek 106
β) Geschäfte zwischen einer juristischen Person und ihren Mitgliedern 107
αα) Vollständige Identität 107
ββ) Teilidentität 108
γγ) Gesetzliche Vertreter 112
dd) Kenntnis der Umstände 114
ee) Der maßgebliche Zeitpunkt 115
ff) Beweislast 116
c) Treuhänderische Vollrechtsübertragungen 117
d) Von den Beschränkungen des § 181 BGB befreiter Testamentsvollstrecker 118
e) Geschäfte zwischen Miteigentümern 119
5. Sonderfälle 124

V. Zusammenfassung der positiven Voraussetzungen des Verkehrsschutzes nach § 892 Abs 1 S 1 125

VI. Hindernisse des gutgläubigen Erwerbs 129
1. Die Eintragung eines Widerspruchs 130
a) Voraussetzungen und Wirkungen 130
b) Wirkungslosigkeit unbegründeter Widersprüche 132
c) Zeitpunkt 133
d) Wirkungsgrenzen 135
e) Einzelfälle 137
2. Die Kenntnis der Unrichtigkeit des Grundbuchs 140
a) Allgemeines 140
b) Bezugspunkt der Kenntnis 145
c) Rechtsirrtum und Tatsachenirrtum 146
d) Voraussetzungen der Kenntnis im Einzelnen 152
e) Keine Gleichstellung der groben Fahrlässigkeit 161
f) Wessen Kenntnis ist entscheidend? 164
g) Nachweis der Kenntnis 172
h) Beweislast 174
3. Weitere Hindernisse für den gutgläubigen Erwerb; Ausschluss durch Sondervorschriften 176

VII. Der maßgebliche Zeitpunkt
1. Für die Buchlage als objektive Rechtsscheinbasis 184
2. Zeitpunkt für die Ausschlusswirkung der Widerspruchseintragung 188
3. Maßgebender Zeitpunkt für die Kenntnis (Abs 2) 196
a) Grundregel 196
b) Normalsituation: Eintragungsantrag nach Einigung 199
c) Einigung nach Antragstellung 206
d) Eintragungsantrag vor Erfüllung sonstiger Erwerbsvoraussetzungen 207
e) Nachträgliche Entstehung der beglaubigenden Buchlage 209
f) Einzelfälle 211
g) Sonderwertungen 216
h) Bedeutung des § 892 Abs 2 BGB für das Grundbuchverfahren 218

VIII. Wirkung des Schutzes 219
1. Die positive Seite 220
2. Die negative Seite 225
3. Nur zugunsten des Erwerbers 228
4. Relativität des Verkehrsschutzes? 229
5. Wirkung kraft Gesetzes 231
6. Formmangel 233
7. Endgültigkeit des Erwerbs 234
8. Rückerwerb des Nichtberechtigten 235

IX. Nicht eingetragene Verfügungsbeschränkungen (Abs 1 S 2)
1. Grundsätzliches 238
2. Übersicht über den Anwendungsbereich 240
3. Die Eintragung des Verfügungsverbots 245
4. Voraussetzungen des Gutglaubensschutzes 247
5. Bedeutung von § 892 Abs 1 S 2 für das Grundbuchverfahren 253
6. Abgrenzungsfragen 257
a) Verfügungsbeschränkungen nach § 129 VAG und § 111c StPO 257
b) Dinglicher Arrest 258
c) Verfügungsbeschränkungen aufgrund Rechtsgeschäfts 259
d) Bedingung und Befristung 263
e) Rechtshängigkeit 264

f) Verfügungsbeschränkungen des ehelichen Güterrechts ____ 265
g) Sonstige absolute Verfügungsbeschränkungen ____ 268
7. Verhältnis des § 892 Abs 1 S 2 zu Abs 1 S 1 ____ 269
8. Verhältnis des § 892 Abs 1 S 2 zu § 878 ____ 270

X. Besonderheiten des Hypothekenrechts in Kürze ____ 271

XI. Obligatorische Ausgleichsansprüche des Geschädigten ____ 272

XII. Neue Bundesländer; Sonstiges ____ 275

Alphabetische Übersicht

Abdingbarkeit ____ 232
Abmarkung ____ 157
Abtretungsausschluss ____ 220, 261
AGB, unwirksame ____ 196
Aktivvermerk ____ 23
Alte Rechte ____ 50 f
Amtsvormerkung ____ 190
Aneignung ____ 96
Anfechtbarkeit ____ 70, 156
Anwartschaft ____ 38, 74, 215
Aufhebung, Zustimmung zur ____ 41, 220
Aufwertungsrecht ____ 99, 279
Ausgleichsansprüche ____ 272 ff
Ausübungsüberlassung ____ 73
Außerhalb des Grundbuchs entstandene Rechte ____ 27, 50

Bedingungen ____ 41, 166, 192, 212, 263
Beitrittsgebiet, Besonderheiten im ____ 275
BGB-Gesellschaft ____ 47
Bestandsangaben ____ 30 ff
Bestandteile ____ 38
Beweislast ____ 116, 140, 174
Beweiswürdigung ____ 172 f
Böser Glaube ____ 140 ff
Briefgrundpfandrechte ____ 15, 48, 137, 214

Dienstbarkeiten ____ 13, 19, 23, 39, 40, 50 ff, 68, 80, 83, 98, 122, 128, 158, 159, 220, 226, 277
Disponibilität des Rechtsscheins ____ 231 f
dolus eventualis ____ 161
Doppelbuchung ____ 29
Doppelfehler ____ 46

Eigentümergrundschuld ____ 5, 48, 86, 98, 136, 181
Eintragung des Rechtsvorgängers ____ 46, 48
Eintragungsantrag ____ 190 ff
Eintragungsbewilligung ____ 13
Endgültigkeit des Erwerbs ____ 234
Enteignung ____ 94
Entstehungsgeschichte ____ 1 ff, 142
Erbbaurecht ____ 19, 24, 27, 221, 262
Erblasser, noch eingetragener ____ 46
Erbrechtliches ____ 13, 28, 46, 74, 82, 87, 101, 242
Erwerbsgeschäft ____ 66, 73 ff
Erwerbsverbot ____ 244

Fahrlässige Unkenntnis ____ 161 ff
Fiktion ____ 10, 228
Fischereirechte ____ 24
Flächenmaß ____ 66
Flurbereinigung ____ 94, 278
Formmangel, Heilung durch gutgläubigen Erwerb ____ 233

Gebäude ____ 37, 275
Gefälschte Eintragungen ____ 21
Gemeinschaftsverhältnis, fehlende Angabe ____ 19
Genehmigung ____ 193, 211
Gesamtvertretung ____ 166
Gesellschaften ____ 98 ff, 107 ff, 166 ff
Gesetzliche Übertragungspflicht ____ 95
Gesetzliche Vorkaufsrechte ____ 53
Gesetzlicher Erwerb ____ 81 ff, 249
Gewässereigentum ____ 35
Glaubhaftmachung ____ 175
Grenzen ____ 30 ff
Grundbuch ____ 12 ff
Grundbuchverfahren ____ 131, 140, 175, 218, 253 f
Grunddienstbarkeiten ____ 19, 23, 50, 179, 226
Grundstücksgleiche Rechte ____ 24
Grundstücksrechte, Bestand der ____ 38
Grundstücksteilung ____ 33
Güterrecht ____ 265 ff
Gutglaubensresistente Rechte ____ 50 ff

Höchstpersönliche Rechte 49
Hoheitsakt 94
Hypothekenrechtliches 15, 19, 27, 43, 48, 86, 106, 124, 138, 176, 180, 183, 213

Inhalt des Grundbuchs 13 f, 126
Insolvenzverfahren 240 ff, 253 f

Juristische Konstruktion des Erwerbs 11, 222
Juristische Personen 107 ff, 155

Kausalität des Rechtsscheins 7, 128, 140, 184
Kenntnis 114, 140 ff, 248
- Beweislast 174 f
- des Alleingesellschafters 167
- des Dritten beim Vertrag zugunsten Dritter 165
- Gesamtvertretung 166
- Nachweis 172 f
- Organwissen 166
- Vertreter ohne Vertretungsmacht 169
- Wissensfiktion 168
- Wissenszusammenrechnung 168
- Zeitpunkt 169, 196 ff
Kündigung 41, 220

Lastenfreier Erwerb 51, 57, 130, 225
Legalitätsprinzip des Grundbuchverfahrens 218
Leitungsdienstbarkeiten 277
Löschungserleichterung 45

Miete 73
Miteigentum 19, 28 f, 32, 34, 39 f, 46, 99 f, 101 f, 120, 122 f, 171, 222, 224, 228, 230, 261

Nacherbe 48
Neue Bundesländer 46, 277
Nichtige Eintragungen 71
Nießbrauch, Ausübungsüberlassung 19
Nießbrauch, vorbehaltener 106

Öffentliches Recht 69
Originärer Erwerb 11

Personengleichheit 97 ff
Persönliche Ansprüche 19, 28, 44, 260
Persönliche Eigenschaften 67
Pfandrechte an Liegenschaftsrechten 63
Prüfungspflicht des Grundbuchamts 218

Rang und öffentlicher Glaube 42, 229
Rangvorbehalt 13, 20, 42, 63
Rechte an Grundstücksrechten 63
Rechtsgeschäftlicher Erwerb 77 ff
Rechtshängigkeit 264
Rechtsirrtum 146 ff
Rechtsnachfolger 46 f
Rechtspolitisches 9
Relativität des Erwerbs 229
Restkaufgeldhypothek 106
Rötung, bloße 225
Rückerwerb des Nichtberechtigten 235 ff

Schadensersatz 163, 272
Scheinbestandteile 39
Sittenwidrige Schädigung 163, 166
Sondernutzungsrecht 221
Stellvertretung 67, 112, 155, 164 ff
Stockwerkseigentum 32
Strohmann 111
Subjektiv-dingliche Rechte 23, 80
Systemstellung 7

Tatsächliche Angaben im Grundbuch 66
Tatsächliche Übung 68
Teilung 33
Testamentsvollstrecker 118
Treuhänder 117

Überbau 39
Überbaurente 19
Übergangsrecht 275
Unentgeltlicher Erwerb 2, 272
Universalsukzession 83
Unrechtmäßige Löschung 222, 225
Unrichtigkeit des Grundbuches 28
Unterwerfungsklausel 43
Unwirksame Eintragungen 16 ff
Unzulässige Eintragungen 18 ff, 40
Unzuständiger Beamter 22
Urteil 89

Veränderungen des Grundbuchstandes 184, 186
Verfügungen, einstweilige 90, 241, 244, 260
Verfügungsbeschränkungen 238 ff
Vergleichsordnung 257

Verkehrsgeschäft 96 ff, 125
Vermögensübernahme 88
Versteigerungserlös 64
Vertrag zugunsten Dritter 165
Verzichtbarkeit des Gutglaubensschutzes 232
Vinkulierte Rechte 220, 261
Volkseigentum 46
Vorkaufsrecht, gesetzliches 53
Vorläufiger Erbe 46
Vormerkungen 56 ff, 89 ff, 187, 190, 215 f
Vorweggenommene Erbfolge 87

Währungsreform 275
Wasserrecht 35 f
Wegerecht 156
Wertbeständige Rechte 275
Wertpapierhypothek 124
Widerspruch 65, 160, 124 ff, 188 ff, 218
Widersprüche zwischen Eintragungen 19, 29, 176
Willensmängel 22
Wirkung des Schutzes 219 ff
Wissenszurechnung 165 ff
Wohnungseigentum 19, 31 f, 34, 123, 230, 262

Zeitpunkt des guten Glaubens 196 ff
Zeitpunkt, maßgeblicher 115, 184 ff, 188, 196 ff, 248
Zubehör 39
Zuschlag 92 ff
Zustimmung des Buchberechtigten 149
Zustimmung zur Aufhebung 41, 220
Zwangshypothek 27
Zwangsvollstreckung 89 f, 249
Zweigrecht an nicht bestehendem Stammrecht 222

I. Grundlagen

1. Entstehungsgeschichte

1 Der römisch-rechtliche Grundsatz „nemo plus iuris transferre potest quam ipse habet“ war ein schweres Hindernis für die Sicherheit des Rechtsverkehrs mit Immobilien und für den Realkredit. Zahlreiche partikulare Kodifikationen versuchten dem deshalb seit der 2. Hälfte des 18. Jahrhunderts auf unterschiedlichen Wegen Abhilfe zu schaffen (vgl Mot III 209 ff). Ein Teil der deutschen Territorien (insbes Hamburg, Lübeck und Mecklenburg) suchte die Lösung über das Prinzip der formalen Rechtskraft der Buchung, nach dem der Grundbuchinhalt die dingliche Rechtslage des Grundstücks unumstößlich feststellt. Die Mehrzahl der landesrechtlichen Grundbuch- und Hypothekengesetze wählte dagegen das System des Verkehrsschutzes, stattete also die Immobilienbücher (zunächst nur in Sonderbestimmungen und in sehr unterschiedlichem Umfang) mit öffentlichem Glauben aus. Das preußische ALR stellte – genauso wie das bayrische HypothG v 1. 7. 1822 und das württembergische PfandG v 15. 4. 1825 – nur den Erwerb von Hypotheken unter den Schutz des öffentlichen Glaubens. Das sächsische Gesetz über die Grund- und Hypothekenbücher v 6. 11. 1843 dehnte dann das Prinzip der publica fides auch auf die Eigentumsübertragung aus. Das preußische EigentumserwerbsG v 5. 5. 1872 schließlich brachte die partikularrechtliche Entwicklung zum Abschluss, indem es den Schutz, den das ALR vornehmlich der Hypothek gewährt hatte, auf alle dinglichen Rechte erweiterte. An den damit erreichten Stand knüpften die Verfasser des BGB an. In beiden Kommissionen war es unstreitig, dass das Prinzip des öffentlichen Glaubens des Grundbuchs Aufnahme in das BGB finden müsse. Der Standpunkt der Gesetzesverfasser wird schon in der Begründung des Teilentwurfs zum Sachenrecht, also der Beratungsgrundlage der ersten Kommission, deutlich zum Ausdruck gebracht. Es heißt hier: „Die öffentlichen Bücher vermögen ... die ihnen gestellte Aufgabe nur unter

der Voraussetzung zu lösen, dass die Nachrichten, welche sie über die Rechte am Grund und Boden enthalten, als richtig angesehen werden dürfen. Denn können die Beteiligten auf den Inhalt des Buches sich nicht verlassen, so sind sie der Gefahr der Täuschung ausgesetzt, und die ganze Einrichtung wirkt mehr schädlich als nützlich. Wenn daher der Gesetzgeber – in Erfüllung seiner Verpflichtung zur rechtlichen Sicherstellung des Immobiliarverkehrs und Kredits – auf das Grundbuch als die Erkenntnisquelle der Rechte am Grund und Boden verweist, so muss er zugleich die Reinheit dieser Quelle, die Zuverlässigkeit des Buches gewährleisten. Ohne positive Satzung kann die Verlässlichkeit des Grundbuchs nicht hergestellt werden. Die Misslichkeit solcher Satzungen mahnt indessen den Gesetzgeber, bei Aufstellung derselben nicht weiterzugehen, als das von ihm zu befriedigende Bedürfnis erheischt. Den Anforderungen aber, welche an die Sicherheit des Rechtsverkehrs in bezug auf Immobilien gestellt werden, ist genügt, wenn die Vorschriften des Gesetzes ergeben, dass jedem, der bei der Erwerbung eines Grundstücks oder eines Rechtes an demselben den Angaben des Grundbuches über die Rechtsverhältnisse des Grundstückes gefolgt ist, diese Angaben auch insoweit, als sie unvollständig oder unrichtig sind, als vollständig und richtig gewährleistet werden. Hierin besteht das Wesen des Prinzips des öffentlichen Glaubens der Immobilienbücher" (Johow, Begründung z Teilentwurf Sachenrecht I 182, 185 = Schubert, SR I 306, 309).

Über den exakten Anwendungsbereich des Prinzips des öffentlichen Glaubens des Grundbuchs traten während der Vorarbeiten zum BGB dann unterschiedliche Auffassungen zutage. Die erste Kommission wollte – der jüngeren Rechtsentwicklung in Preußen folgend – neben dem Erwerb durch Rechtsgeschäfte auch den „im Wege der Zwangsvollstreckung und Arrestvollziehung sich vollziehenden Erwerb" schützen (E I § 837 BGB), also insbes den gutgläubigen Erwerb einer Zwangshypothek an einem zu Unrecht für den Schuldner gebuchten Grundstück ermöglichen. Die zweite Kommission hat diese Ausdehnung des Prinzips des öffentlichen Glaubens beseitigt, weil dafür ein dringendes Bedürfnis nicht nachgewiesen sei (Prot III 77 = Mugdan III 541). Ein zweiter Streitpunkt war die Konstellation des unentgeltlichen Erwerbs. Während die erste Kommission – im Gegensatz zu den meisten Landesgesetzen – keinen Unterschied zwischen entgeltlichen und unentgeltlichen Rechtsgeschäften machen wollte, war es in der zweiten Kommission sehr umstritten, ob auch der von einem Nichtberechtigten Beschenkte den Schutz des öffentlichen Glaubens verdiene. Die zweite Kommission lehnte es schließlich mit 9:9 Stimmen durch den Stichentscheid des Vorsitzenden ab, den Schutz, den der öffentliche Glaube des Grundbuches dem Erwerber gewährt, auf den Fall des entgeltlichen Erwerbs zu beschränken. Begründet wurde dies insbes damit, dass es nach der Anerkennung der abstrakten Natur des dinglichen Vertrages systemwidrig wäre, die Wirksamkeit der Übereignung von der Ausgestaltung des Kausalverhältnisses abhängig zu machen (Prot III 82–84). Gleichzeitig berücksichtigte aber die zweite Kommission die geringere Schutzbedürftigkeit des unentgeltlichen Erwerbers dadurch, dass sie dem durch den gutgläubigen Erwerb expropriierten bisherigen Berechtigten einen Bereicherungsanspruch (den heutigen § 816 Abs 1 S 2 BGB) gegen den Beschenkten zubilligte (vgl Prot III 83–84, 87–88; VI 199–200; ausführlich zur Entstehungsgeschichte des § 892 Schubert, Die Entstehung der Vorschriften des BGB über Besitz- und Eigentumsübertragung 109 ff, 127 f, 137 ff). 2

2. Inhalt der Regelung

3 Zugunsten desjenigen, der ein Recht an einem Grundstück oder ein Recht an einem solchen Rechte durch Rechtsgeschäft erwirbt, gilt nach § 892 BGB der objektiv unrichtige Grundbuchinhalt hinsichtlich der positiven und negativen Voraussetzungen seines Erwerbs „als richtig“. Der redliche Erwerber, der das fragliche Recht nach Maßgabe der wirklichen Rechtslage überhaupt nicht oder nur mit schlechterem Inhalt oder Rang oder nur belastet mit dem Recht eines Dritten erworben hätte, wird also durch § 892 BGB so gestellt, wie er es nach dem Grundbuchinhalt erwarten konnte. Er erwirbt das Recht mit anderen Worten genauso, wie wenn die materielle Rechtslage dem Grundbuchinhalt entsprochen hätte.

4 § 892 Abs 1 BGB gewährleistet dabei den **Vertrauensschutz** sowohl in **positiver** wie in **negativer** Hinsicht (ganz hM, anders aber Wilhelm[7] Rn 665 Fn 1201a): Der potenzielle Erwerber eines Liegenschaftsrechts darf sich sowohl darauf verlassen, dass das eingetragene dingliche Recht, das er erwerben will, mit dem gebuchten Inhalt besteht und dem im Grundbuch als Rechtsträger Ausgewiesenen zusteht *(Richtigkeitsfiktion, positive Publizität),* wie auch darauf, dass nicht gebuchte bzw im Grundbuch bereits wieder gelöschte Belastungen dieses Rechts nicht bestehen *(Vollständigkeitsfiktion, negative Publizität).* Für (relative) Verfügungsbeschränkungen verwirklicht § 892 Abs 1 S 2 BGB dagegen nur den Gedanken der negativen Publizität; man darf sich nur darauf verlassen, dass außer den etwa eingetragenen keine weiteren eintragungsfähigen Verfügungsbeschränkungen bestehen; dagegen kann man nicht darauf vertrauen, dass die eingetragenen Verfügungsbeschränkungen auch tatsächlich bestehen (s unten Rn 238). – § 892 BGB selbst gilt nur für Verfügungen, die zum Erwerb eines Liegenschaftsrechts oder eines Rechtes an einem Liegenschaftsrecht führen sollen. § 893 BGB dehnt aber das in § 892 BGB ausgesprochene Grundprinzip auf andere, dh nicht auf eine Rechtsbestellung oder -übertragung abzielende Verfügungen eines Buchberechtigten über das eingetragene Recht aus; ferner auch auf Leistungen, die aufgrund eines eingetragenen Rechtes an den im Grundbuch als Inhaber des Rechts ausgewiesenen Nichtberechtigten erbracht werden.

3. Nur Verfügungen über eingetragene Rechte

5 Nur der Inhalt des Grundbuchs wird nach § 892 Abs 1 S 1 BGB als richtig fingiert; die Eintragung im Grundbuch bildet damit die unerlässliche objektive Rechtsscheinbasis. Ein gutgläubiger Erwerb ist deshalb auch nur dann möglich, wenn das Recht, über das verfügt wird, überhaupt im Grundbuch eingetragen ist. Das Gesetz bringt dies in § 892 BGB mit der Formulierung „über ein im Grundbuch eingetragenes Recht“ und im Rahmen des § 893 BGB mit der Wendung „für welchen ein Recht im Grundbuch eingetragen ist“, ganz deutlich zum Ausdruck. Bei (durch Art 127 EGBGB ermöglichten) Verfügungen über buchungsfreie und deshalb nicht gebuchte Grundstücke scheidet ein gutgläubiger Erwerb deshalb von vornherein aus (RGZ 164, 385, 389; Wolff/Raiser § 28 Fn 3; Staudinger/J Hönle/U Hönle [2018] Art 127 EGBGB Rn 6). Ebenso wenig wird durch § 892§ 892 BGB geschützt, wer sich eine im Grundbuch versehentlich ohne Unbrauchbarmachung des Briefes gelöschte Hypothek in der Form des § 1154 Abs 1 BGB abtreten lässt (Rosenberg § 892 Anm I 2 b; **aA** Goldmann/Lilienthal § 44 Fn 9). Verfügt der Grundstückseigentümer ein zweites Mal über die bereits abgetretene vorläufige Eigentümergrundschuld, so kommt ein gutgläubiger

Erwerb ebenfalls mangels geeigneter Rechtsscheinsgrundlage nicht in Betracht (s GABERDIEL, Kreditsicherung durch Grundschulden [8. Aufl 2008] Rn 464 f).

Art 233 § 4 Abs 1 S 3 EGBGB stellt klar, dass der gutgläubige Erwerb nutzungsrechtsbewehrten Gebäudeeigentums oder eines beschränkten dinglichen Rechts an einem solchen Gebäude nur möglich ist, wenn das betreffende Nutzungsrecht im Grundstücksgrundbuch eingetragen ist. Eine entsprechende Regelung trifft Art 233 § 2c Abs 3 EGBGB für das selbständige Gebäudeeigentum ohne dingliches Nutzungsrecht. 6

4. Systemstellung

Innerhalb der Vorschriften über den Erwerb vom Nichtberechtigten zeichnet sich die Regelung der §§ 892, 893 BGB durch den auffälligen Umstand aus, dass der Grund für die Existenz des Rechtsscheintatbestandes – dh für die Unrichtigkeit des Grundbuches – völlig irrelevant ist. Es kommt nicht darauf an, ob der wahre Berechtigte von dem unrichtigen Grundbuchinhalt Kenntnis haben und ihn verhindern konnte oder nicht. Der Vertrauensschutz wird im Gegensatz zum gutgläubigen Erwerb von Mobilien (§ 935 BGB) ohne das Korrektiv des Veranlassungsprinzips verwirklicht. Die §§ 892, 893 BGB bilden damit einen Anwendungsfall des (von H WESTERMANN so genannten) **„reinen Rechtsscheinprinzips“** (vgl H WESTERMANN JuS 1963, 1, 7; WIEGAND JuS 1975, 205, 207 f; CANARIS, Die Vertrauenshaftung im deutschen Privatrecht [1971] 471; FÜLLER, Eigenständiges Sachenrecht [2006] 265). Diese Ausgestaltung wird durch die besondere Qualität des Vertrauenstatbestandes ermöglicht: Die Grundbuchführung durch ein staatliches Organ und die detaillierte gesetzliche Regelung des Grundbuchverfahrens begründen eben eine außerordentlich starke Gewähr dafür, dass der Grundbuchinhalt normalerweise die wirkliche Rechtslage korrekt ausweist (vgl CANARIS, Die Vertrauenshaftung im deutschen Privatrecht [1971] 471 f). Bemerkenswert ist auch, dass die §§ 892, 893 BGB die subjektiven Voraussetzungen auf Seiten des Erwerbers minimal halten. Dem Erwerber schadet nur positive Kenntnis der Unrichtigkeit des Grundbuches; er wird also „von allen und jeglichen Sorgfaltspflichten entbunden“ (LUTTER AcP 164 [1964] 122, 123). Darüber hinaus verzichtet die gesetzliche Regelung des Gutglaubensschutzes im Liegenschaftsrecht auf jede Kausalität zwischen dem unrichtigen Grundbucheintrag und dem rechtsgeschäftlichen Verhalten des von der Regelung begünstigten Dritten: Sie verlangt nicht einmal, dass der Dritte vom unrichtigen Grundbuchinhalt überhaupt Kenntnis erlangt hatte (Mot III 212), und erst recht natürlich nicht, dass sein rechtsgeschäftliches Handeln durch diese Kenntnis mitmotiviert wurde (vgl WIEGAND JuS 1975, 205, 209; LIEDER AcP 210 [2010] 858, 873 ff; ferner unten Rn 184). Die §§ 892, 893 BGB schützen also nicht ein reales und nachgewiesenes, sondern nur ein **potenzielles Vertrauen** auf den Grundbuchinhalt; die Kausalität des Rechtsscheintatbestandes für das rechtsgeschäftliche Handeln des Dritten wird, wenn dieser die wahre Rechtslage nicht kannte, vom Gesetz einfach unterstellt, gleichsam unwiderleglich vermutet (LUTTER 123 f). Der Vertrauensschutzgedanke ist hier damit stark formalisiert und objektiviert (vgl LUTTER 123 f; WIEGAND JuS 1975, 205, 209). Oder mit den Worten von BOEHMER: „Nicht das subjektive Vertrauen, sondern die objektive Verlässlichkeit der amtlichen Verlautbarung ist die Grundlage des publica fides“ (Einführung[1] 232 f). 7

Die in den §§ 892, 893 BGB enthaltene Regelung des öffentlichen Glaubens des Grundbuchs ist zweifellos von überragender Bedeutung. Sie bildet unstreitig einen 8 der Grundpfeiler des geltenden Liegenschaftsrechts. Verschiedentlich wird allerdings behauptet, dass diese Normen in der Praxis gerade wegen der Verlässlichkeit der Grundbuchführung nur selten zum Zuge kommen (MünchKommBGB/H Schäfer[9] § 892 Rn 2 aE; AK-BGB/L vSchweinitz § 892 Rn 5; Tiedtke Jura 1983, 518 f). Das ist schwer zu überprüfen. Dass die veröffentlichte Rechtsprechung zu diesen Normen – jedenfalls wenn man von den Aufwertungsfällen einmal absieht – relativ gering ist, mag auch daran liegen, dass die Normen sehr präzise gefasst sind und deshalb nur verhältnismäßig wenig Interpretationsprobleme aufwerfen (Baur/Stürner[18] § 23 Rn 5).

5. Rechtspolitische Würdigung

9 Der besonders intensive Verkehrsschutz, den die §§ 892, 893 BGB verwirklichen, geht naturgemäß zu Lasten der Rechtssicherheit, genauer der Rechtserhaltungsinteressen. Der öffentliche Glaube des Grundbuchs bedeutet für jeden Inhaber eines Liegenschaftsrechts eine latente Gefahr des irreversiblen Rechtsverlustes, und zwar ohne die Garantie eines vollwertigen Ausgleichs: Die schuldrechtlichen Ausgleichsansprüche gegen den nichtberechtigt Verfügenden werden häufig nicht durchzusetzen sein, und eine Staatshaftung ist keineswegs immer gegeben (vgl Heck § 43 I 2; Locher 106). Die Hintansetzung der Rechtserhaltungsinteressen zugunsten des Verkehrsschutzes fällt hier wegen des Verzichtes auf die Zurechenbarkeit des Rechtsscheins und wegen der minimalen subjektiven Voraussetzungen auf Seiten des Erwerbers besonders rigoros aus; nicht zu Unrecht spricht Lutter (AcP 164 [1964] 122, 125) von einer „fast grob wirkenden Lösung". Dennoch wird die Ausprägung, die das Prinzip des öffentlichen Glaubens des Grundbuches in den §§ 892, 893 BGB gefunden hat, nur selten in Frage gestellt; ganz überwiegend hält man sie offenbar für rechtspolitisch sinnvoll. Die Gefährdung der Rechtserhaltungsinteressen kann und muss danach um der Vorteile dieser Lösung für den Rechtsverkehr mit Immobilien und den Realkredit willen ertragen werden (vgl etwa Endemann § 62, 1 b; MünchKommBGB/Wacke[4] § 892 Rn 4). Die von Brandt de lege ferenda vorgeschlagene Neukonzeption, nach der der Vertrauensschutz auf die Fälle einer vom Verlierer veranlassten oder trotz Zurechenbarkeit nicht beseitigten Buchunrichtigkeit beschränkt werden sollte (Eigentumserwerb und Austauschgeschäft 290 ff), hat schon der Bodenrechtsausschuss der AkDR verworfen, weil sie das Vertrauen auf das Grundbuch als unbedingt verlässliche Grundlage des Liegenschaftsverkehrs erschüttern müsse (Locher 106 ff, 113). Andere rechtspolitische Reformvorschläge stellen nicht die Grundkonzeption der §§ 892, 893 BGB in Frage, sondern betreffen Detailaspekte der Regelung. So ist mehrfach empfohlen worden, die Anforderungen an die Redlichkeit des Erwerbers zu verschärfen: Martin Wolff etwa plädierte für eine Angleichung an § 932 Abs 2 BGB (vgl Wolff/Raiser § 45 Fn 23). Der Bodenrechtsausschuss der AkDR lehnte eine solche Lösung dagegen ab, weil der Maßstab der groben Fahrlässigkeit keine sichere Abgrenzung für die dann gegebenen Erkundigungspflichten des Erwerbers liefern könnte, wollte aber jedenfalls bei bedingtem Vorsatz und bei Kenntnis der die Buchunrichtigkeit begründenden Tatsachen den Erwerb vom Buchberechtigten ausschließen (vgl Locher 122 ff). Zugleich empfahl er, den Schutz des öffentlichen Glaubens auf die Fälle eines entgeltlichen Erwerbs zu beschränken (Locher 117 ff).

6. Fiktion – keine unwiderlegliche Vermutung

Der Inhalt des Grundbuches „gilt als richtig". Das Gesetz operiert hier also mit einer Fiktion (so die ganz hM, vgl RGZ 86, 353, 356; 116, 177, 181; Planck/Strecker § 892 Anm III; BGB-RGRK/Augustin § 892 Rn 47; MünchKommBGB/H Schäfer[9] § 892 Rn 1; jurisPK-BGB/Toussaint[10] § 892 Rn 3; Bamberger/Roth/Hau/Poseck/Eckert[5] § 892 Rn 1; Jauernig/Berger[19] Vorbem 3 vor § 891; BeckOGK/Hertel [1. 9. 2024] § 892 Rn 91. 1; PWW/Huhn[18] § 892 Rn 1; HK-BGB/Staudinger[12] § 892 Rn 6; Baur/Stürner[18] § 23 Rn 39; Wiegand 1975, 206; Lutter AcP 164 [1964] 122, 124 Fn 8; Fuchs § 892 Anm 8). Andere sehen darin eine unwiderlegliche Vermutung (MünchKommBGB/Wacke[4] § 892 Rn 2; H Westermann/Eickmann[8] § 83 Rn 2; Kiehl LZ 1923, 53; RGZ 123, 19, 21). Das ist jedoch unzutreffend. Die Unrichtigkeit des Grundbuches ist in § 892 BGB offensichtlich vorausgesetzt (Jauernig/Berger[19] § 892 Rn 1; Lutter AcP 164 [1964] 122, 124 Fn 8). Dass § 892 BGB auch bei bloßen Zweifeln an der Richtigkeit des Grundbuches Bedeutung erlangen kann, nämlich die Beweiserhebung über die Richtigkeit oder Unrichtigkeit des Grundbuchstandes im Zeitpunkt der Verfügung überflüssig machen kann, ändert daran (entgegen MünchKommBGB/Wacke[4] § 892 Rn 2) nichts. Das erklärt sich dann vielmehr einfach aus der Äquipollenz (rechtlichen Gleichwertigkeit) des beiderseitigen Parteivorbringens, die dem Richter eine sofortige Entscheidung mit Alternativbegründung erlaubt. Der Wirkungsbereich der Fiktion ist im Übrigen sehr eingeschränkt. Sie kommt nur bei der Beurteilung der Konsequenzen der in §§ 892 f BGB genannten Verfügungen oder Leistungen zum Tragen: Dass das Grundbuch *vor* der Verfügung unrichtig war, kann weiterhin unbegrenzt geltend gemacht werden; und *nach* der Verfügung ist die Unrichtigkeit des Grundbuches in der Person des Erwerbers ja behoben. Der Sache nach bedeutet die Fiktion nichts anderes als die kraft Gesetzes eintretende Heilung eines an sich gegebenen Unwirksamkeitsgrundes (E Wolf § 10 F), nämlich der fehlenden Rechtsinhaberschaft oder Verfügungsbefugnis des Eingetragenen. Dies hätte der Gesetzgeber – wie etwa § 932 BGB zeigt – durchaus auch ohne die Benutzung der Fiktionsform zum Ausdruck bringen können; die Regelung wäre dann allerdings komplizierter ausgefallen. Der bloße Buchberechtigte wird durch § 892 BGB befähigt, zugunsten eines redlichen Dritten über ein ihm materiell nicht zustehendes Recht zu verfügen; dh ihm wird unter den Voraussetzungen des § 892 BGB zwar nicht die rechtliche Befugnis, wohl aber die faktische Möglichkeit zur Verfügung über dieses Recht eingeräumt (vTuhr II 1, 55). Die wohl herrschende Legitimationstheorie deutet diese faktische Möglichkeit als eine von der Rechtsordnung verliehene Rechtsmacht oder Legitimation (vgl Wolff/Raiser § 45 II 3; Sawitz 7; Predari 802; O vGierke 330 f; Endemann II 1, 62, 1 a; Crome I § 71, 4 b; Eichler 1, 127; dagegen aber Planck/Strecker § 892 Anm III 1 mwNw). 10

7. Originärer oder derivativer Erwerb?

Im Wesentlichen ein Streit um eine zweckmäßige Begriffsbildung ist die Auseinandersetzung darüber, ob es sich im Falle des § 892 BGB (und in den sonstigen Fällen eines Erwerbs vom Nichtberechtigten) um einen abgeleiteten oder um einen originären Erwerb handelt. Wer den Aspekt betont, dass die Verschaffung der dinglichen Rechtsposition hier ohne den Willen des Betroffenen erfolgt, dieser vielmehr aus seiner Rechtsstellung „verdrängt" wird, der wird die Einordnung unter die originären Erwerbsgründe bevorzugen (so Larenz/Wolf, AT[7] § 13 V S 238; Enneccerus/Nipperdey, AT § 141 III; Wolff/Raiser § 45 Fn 38, § 69 Fn 28; Gernhuber, BR[3] § 8 I 9; Hübner, AT[2] Rn 385; 11

Planck/Strecker § 892 Anm III 1). Wer dagegen das Schwergewicht darauf legt, dass der Veräußerer das fragliche Recht trotz seiner Nichtberechtigung kraft einer von der Rechtsordnung verliehenen Rechtsmacht durch wirksames Verfügungsgeschäft überträgt oder abspaltet, wird der Deutung als derivativer Erwerb zuneigen (so vTuhr, AT II 1, 53 ff; Süss AcP 151 [1951] 1, 12; H Westermann[5] § 45 IV 2; Prütting[38] Rn 441; BeckOGK/Hertel [1. 9. 2024] § 892 Rn 91. 2). J vGierke (§ 19 II 3 m § 32 III c) bezeichnet den Erwerb nach § 892 BGB wohl zutreffender als einen eigenartigen Mischtypus (s auch Neuner, AT[13] § 19 Rn 12). Ähnlich spricht Hübner (Der Rechtsverlust im Mobiliarsachenrecht [1955] 51 f) im Hinblick auf die §§ 932 ff BGB von einem Erwerbsvorgang, „der auf rechtsgeschäftlichen Elementen aufbaut, also nicht schlechthin originär erscheint, dem andererseits aber der wesentliche Gehalt eines rechtsgeschäftlichen Eigentumsübergangs fehlt“.

II. Der Inhalt des Grundbuchs als Gegenstand des öffentlichen Glaubens

1. Begriff des Grundbuchs

12 Öffentlichen Glauben genießt nach § 892 BGB (nur) der Inhalt des Grundbuchs. Als Grundbuch in diesem Sinne ist, wie sich aus § 3 Abs 1 S 2 GBO ergibt, das einzelne Grundbuchblatt zu verstehen, das speziell für dieses Grundstück angelegt ist (Rosenberg § 892 Anm II 1 b α; BGB-RGRK/Augustin § 892 Rn 49; MünchKommBGB/H Schäfer[9] § 892 Rn 5; s auch Staudinger/C Heinze [2018] § 873 Rn 261). Wenn das betreffende Grundstück mit einem anderen zusammengeschrieben ist (§ 4 GBO), tritt an dessen Stelle die Gesamtheit der auf das betreffende Grundstück bezogenen Eintragungen auf dem gemeinschaftlichen Grundbuchblatt. Zur Ausnahme bei Doppelbuchungen s unten Rn 29, Staudinger/C Heinze (2018) § 873 Rn 296.

13 Der Inhalt des Grundbuches bestimmt sich dabei nicht nach der Eintragung in einer einzelnen Abteilung oder Spalte, sondern nach dem Zusammenhang der Eintragungen in den verschiedenen Abteilungen des Grundbuchblattes (RGZ 98, 215, 219). Auszugehen ist also immer vom Gesamtinhalt des Grundbuchblatts. Es müssen sämtliche Eintragungen auf dem Grundbuchblatt aus allen Abteilungen und Spalten Berücksichtigung finden. Einander widersprechende Eintragungen auf dem gleichen Grundbuchblatt heben sich auf; es besteht dann keine für den Redlichkeitsschutz geeignete objektive Rechtsscheinbasis. Der Erwerber kann sich mithin nicht darauf berufen, dass er nur die eine Eintragung gekannt habe (Oberneck I § 45 bei Fn 30; NK-BGB/Krause[5] § 892 Rn 7). Ein Widerspruch zwischen Bestandsverzeichnis und Eintragung in Abt II, wie ihn das OLG Köln in NJW-RR 1998, 1630 annimmt, ist allerdings kaum vorstellbar: Wenn in Abt II eines gemeinschaftlichen Grundbuchblatts (§ 4 GBO) eine Vormerkung gebucht ist, die mehrere der Grundstücke belastet und diese Grundstücke später unter Löschung des bisherigen Eintrags vereinigt worden sind, die Nummern der Grundstücke aber im Eintrag der Vormerkung nicht angepasst worden sind, so ist doch weiterhin erkennbar, welche Grundflächen hier gemeint sind. – Kein den gutgläubigen Erwerb ausschließender Widerspruch liegt vor, wenn der Inhalt des möglicherweise bei der Übereignung des herrschenden Grundstücks gutgläubig erworbenen Rechts im Grundbucheintrag als Grunddienstbarkeit, in der dort in Bezug genommenen Eintragungsbewilligung aber als beschränkte persönliche Dienstbarkeit bezeichnet war; die Bezugnahme auf die Eintragungsbewilligung kann sich nun einmal nicht wirksam auf die Rechtsnatur des eingetragenen

Rechts beziehen (OLG Hamm Rpfleger 1981, 448). Wenn Miterben versehentlich als Miteigentümer eines Nachlassgrundstücks eingetragen sind, wird der öffentliche Glaube dieser Angabe aber wohl noch nicht dadurch zerstört, dass aus der Angabe über die Grundlage der Eintragung im Grundbuch hervorgeht, dass die Eintragung aufgrund Erbrechts erfolgt ist (Rosenberg § 892 Anm II 4 a; Schmitz JuS 1988, 476, 477; **aA** OLG Posen ZBlFG 7, 737). Und umgekehrt stehen auch Eintragungen, die an der falschen Stelle des Grundbuchblattes erfolgen (wie etwa die einer Hypothek in Abteilung II) regelmäßig unter dem Schutz des guten Glaubens, da ein Verstoß gegen die §§ 4 ff GBV der Eintragung noch nicht die Wirksamkeit nimmt (Planck/Strecker § 892 Anm I 5, II 1 c; Rosenberg § 892 Anm II 1 a S 409; BGB-RGRK/Augustin § 892 Rn 72; Meikel/Novak[7] § 3 Rn 15; s auch Staudinger/C Heinze [2018] § 873 Rn 287, 294; **abw** Predari 76 für Eintragung an völlig ungeeigneter Stelle). So genießt auch die Eintragung einer Rangänderung, die entgegen § 18 GBV nur beim zurücktretenden Recht eingetragen ist, den öffentlichen Glauben (RG HRR 1931, 1912; BGB-RGRK/Augustin § 892 Rn 48). Die Eintragung eines Rangvorbehalts, die entgegen der zwingenden Vorschrift des § 881 Abs 2 BGB nur beim vortretenden Recht vorgenommen wurde, könnte allerdings auch im Rahmen des § 892 BGB keinerlei Wirkung entfalten.

Soweit die Eintragung zulässigerweise (s §§ 874, 885 Abs 2, 1115 Abs 1 HS 2 BGB) 14
auf die *Eintragungsbewilligung* Bezug nimmt, wird die letztere damit zum Inhalt des Grundbuches (s Staudinger/C Heinze [2018] § 874 Rn 23); damit erstreckt sich auf sie auch der öffentliche Glaube (RG DNotV 1931, 365; BayObLG DNotZ 1987, 621, 623; OLGR Rostock 2001, 527, 528 f; OLG Hamm Rpfleger 1989, 448; jurisPK-BGB/Toussaint[10] § 892 Rn 9). Dasselbe gilt bei zulässiger Bezugnahme auf andere Eintragungsquellen, die die Bewilligung ersetzen (s Staudinger/C Heinze [2018] § 874 Rn 7, § 873 Rn 254). Der sonstige Inhalt der Grundakten, auch das sog Handblatt (§ 24 GBV), gehört dagegen nicht zum Inhalt des Grundbuches iS von § 892 BGB (OLG Köln NJW-RR 1998, 1630).

2. Besonderheiten bei Briefgrundpfandrechten

Besonderheiten bestehen bei **Briefgrundpfandrechten**. Briefhypotheken, Briefgrund- 15
schulden und Briefrentenschulden können durch privatschriftliche Abtretungserklarung übertragen werden (§ 1154 Abs 1 BGB, evtl iVm § 1192 Abs 1 BGB bzw § 1200 BGB). Um die Verkehrsfähigkeit der Briefgrundpfandrechte zu gewährleisten, bestimmt § 1155 BGB, dass der Besitzer des Hypothekenbriefes durch eine ununterbrochene Kette öffentlich beglaubigter Abtretungserklärungen, die auf den letzten im Grundbuch als Grundpfandgläubiger Eingetragenen zurückführt, genauso legitimiert wird, als wäre er selber im Grundbuch eingetragen. Der Grundbuchinhalt wird hier also praktisch um die Kette der Abtretungserklärungen erweitert; oder anders ausgedrückt: Der Briefbesitzer wird durch diese Kette gleichsam in das Grundbuch „hineinprojiziert" (Baur/Stürner[18] § 38 Rn 41). Als Rechtsinhaber iS von § 892 BGB beglaubigt ist damit nicht der im Grundbuch als Grundpfandgläubiger Eingetragene, sondern der nach § 1155 BGB legitimierte Briefbesitzer. S auch Rn 47. – Während die hM den Briefbesitz des als Grundpfandgläubiger Eingetragenen zur Voraussetzung für die Rechtsvermutung aus § 891 BGB erhebt (s § 891 Rn 48) und auch für die Anwendung von § 893 BGB 1. Fall verlangt (s § 893 Rn 10), wird eine entsprechende Einschränkung des § 892 BGB offenbar nicht diskutiert (s aber Staudinger/Wolfsteiner [2019] § 1155 Rn 6). Niemand will anscheinend den Schutz des öffentlichen Glaubens bei Verfügungen eines im Grundbuch als Gläubiger eingetragenen Nichtbe-

rechtigten von dem zusätzlichen materiellrechtlichen Erfordernis abhängig machen, dass der verfügende Nichtberechtigte auch im Besitz des Grundpfandbriefs ist. (Verfahrensrechtlich ist die Vorlage des Briefs natürlich nach §§ 41, 42 GBO für die Eintragung regelmäßig erforderlich). Nur im Rahmen des § 1155 BGB verlangt die Rechtsprechung, gestützt auf den Wortlaut der Vorschrift, wirklich den (Eigen-)Besitz des verfügenden Nichtberechtigten am Hypothekenbrief und lässt die bloße realisierte Besitzverschaffungsmacht nicht genügen (BGH NJW-RR 1993, 369 370 = MittRhNotK 1993, 69, 71; MünchKommBGB/Lieder[9] § 1155 Rn 3; NK-BGB/Zimmer[5] § 1155 Rn 3; Jauernig/Berger[19] § 1155 § 892 Rn 2; Staudinger/Wolfsteiner [2019] § 1155 Rn 6; **aA** Reinicke/Tiedtke NJW 1994, 345; J Hager ZIP 1993, 1446; Kollhosser EWiR § 1155 BGB 1/93, 254; Grüneberg/Herrler[84] § 1155 Rn 2). Falls der im Grundbuch als Gläubiger einer Briefgrundschuld Eingetragene zwar nicht im Besitz des Grundpfandbriefes ist, ihm aber ein Herausgabeanspruch gegen den (ebenfalls nichtberechtigten und selbst nicht nach § 1155 BGB legitimierten) gegenwärtigen Briefbesitzer zusteht, müsste er die Grundschuld durch Einigung, schriftliche Abtretungserklärung und Abtretung des Herausgabeanspruchs (§§ 1191 Abs 1, 1154 Abs 1, 1117 Abs 1 S 2, 931 BGB) nach § 892 BGB wirksam an einen gutgläubigen Erwerber übertragen können. Ebenso müsste der im Grundbuch als Gläubiger eines Briefgrundpfandrechts Eingetragene nach § 893 BGB Fall 2 auch ohne Besitz des Grundpfandbriefes wirksam das Grundpfandrecht aufheben können. Diese unterschiedliche Handhabung leuchtet nicht ein (ablehnend auch BeckOGK/Hertel [1. 9. 2024] § 892 Rn 62). Zu weiteren Konsequenzen des Verzichts auf ein Erfordernis des Briefbesitzes für den gutgläubigen Erwerb der Hypothek vgl Mülbert (AcP 197 [1997] 335, 387 Fn 145) und Wilhelm[7] (Rn 1622 f, 1628 ff). – Für den gutgläubigen Erwerb eines Briefgrundpfandrechts unerheblich ist es, wenn der gemäß § 1155 BGB legitimierte scheinbare Gläubiger sich den Besitz des Briefes durch verbotene Eigenmacht verschafft hatte (BGH NJW-RR 1997, 910).

3. Unwirksame Eintragungen

16 Unter dem Schutz des guten Glaubens stehen nur wirksame Eintragungen; nichtige Eintragungen sind rechtlich schlechthin wirkungslos, also keine Grundbucheintragungen im Rechtssinne und damit auch nicht Inhalt des Grundbuches iS von § 892 BGB (s Staudinger/C Heinze [2018] § 873 Rn 290).

17 **a)** Keinen Gutglaubensschutz genießen damit zunächst einmal die **„unfertigen** Einträge“, also Eintragungen, bei denen zumindest eine der beiden zwingend vorgeschriebenen Unterschriften (§ 44 Abs 1 S 2 HS 2 GBO) fehlt (s Staudinger/C Heinze [2018] § 873 Rn 261).

18 **b)** Ebenso wenig nehmen die **inhaltlich unzulässigen** Eintragungen (§ 53 Abs 1 S 2 GBO) am Schutz des guten Glaubens teil (ganz hM, RGZ 88, 21, 27; 98, 215, 219; 130, 64, 67; BGH MittBayNot 1995, 379, 381; BGH 4. 12. 2014 – V ZB 7/13, NJW-RR 2015, 645 Rn 13; BayObLG DNotZ 1977, 111, 112; BayObLGZ 1987, 390, 393, 398; BayObLG MittBayNot 1991, 255; Rpfleger 1995, 455; OLG Posen PosMSchr 1915, 32; OLG Frankfurt Rpfleger 1975, 305, 306; NJW-RR 1993, 1295, 1297; OLG Hamm OLGZ 1977, 264, 265; OLG Düsseldorf MDR 1957, 429; OLGR München 2007, 551, 552; Planck/Strecker § 892 Anm I 7; Rosenberg § 892 Anm II 1 a β; BGB-RGRK/Augustin § 892 Rn 55; BGB-RGRK/Räfle § 11 ErbbVO Rn 14; Winkler/Schlögel, Handbuch des Erbbaurechts[7] § 5 Rn 76; MünchKommBGB/H Schäfer[9] § 892 Rn 12; Grüneberg/Herrler[84] § 892 Rn 10; BeckOGK/Hertel [1. 9. 2024] § 892 Rn 51; Meikel/Schneider[12] § 53

Rn 46, 101; BAUER/SCHAUB/BAUER[5] § 53 Rn 65 f; WOLFF/RAISER § 45 Fn 2; BAUR/STÜRNER[18] § 23 Rn 15; WIEGAND JuS 1975, 205, 206; LUTTER AcP 164 [1964] 122, 152 ff; LIEDER AcP 210 [2010] 857, 865 f, 881; anders nur HECK § 44 I 5 für Eintragungen, deren Unzulässigkeit nicht „offenkundig" ist; dagegen mit Recht LUTTER Fn 112).

Inhaltlich unzulässig und damit kein geeigneter Rechtsscheinträger ist jede Eintragung, die einen Rechtszustand verlautbart, den es nicht geben kann (BGH 4. 12. 2014 – V ZB 7/13, NJW-RR 2015, 645, 646 Rn 13; BayObLG MittBayNot 1988, 126, 127). Dies gilt insbesondere für die Eintragung eines überhaupt **nicht eintragungsfähigen Rechtes**, zB die Eintragung von Sondereigentum ohne den damit verbundenen Miteigentumsanteil (RAPP MittBayNot 1996, 344, 347) oder die Eintragung eines Mietrechts (RGZ 54, 233; OLG Hamm DNotZ 1957, 314) oder eines schuldrechtlichen Wiederkaufsrechts (BayObLG JFG 4, 349, 350) oder einer Überbau- oder Notwegrente (RGZ 62, 99, 101). In letzterer Hinsicht ist allerdings zu beachten, dass die vertragliche Änderung oder Festlegung des Inhalts dieser Rechte ebenso wie ein Verzicht auf sie eintragungsfähig ist (s STAUDINGER/ROTH [2020] § 914 Rn 5, § 917 Rn 53; STAUDINGER/C HEINZE [2018] § 875 Rn 6); derartige Eintragungen stehen deshalb auch unter dem Schutz des guten Glaubens (dazu näher SAWITZ 83 ff; zum Verzicht auf die Überbaurente BÖCK MittBayNot 1976, 63, 64). Inhaltlich unzulässig ist beispielsweise die Eintragung einer Grunddienstbarkeit, die für das herrschende Grundstück keinen Vorteil bietet (§ 1019 BGB). Fehlt diese Voraussetzung, kann sie auch durch den öffentlichen Glauben des Grundbuches nicht ersetzt werden (ROSENBERG § 892 Anm III 2; ENDEMANN II 1 § 62 Fn 16; G LÜKE JuS 1988, 524, 525). Die Überlassung eines Nießbrauchs an einen Dritten zur Ausübung begründet richtiger Ansicht nach nur eine obligatorische Rechtsstellung des Dritten (BGHZ 55, 111, 115 mwNw; 62, 133, 140); sie ist deshalb nicht eintragungsfähig und eine etwa dennoch erfolgte Eintragung stünde nicht unter dem Schutz des öffentlichen Glaubens (s STAUDINGER/C HEINZE [2021] § 1059 Rn 18, 21; MEIKEL/IMHOF/RIEDEL[6] § 10 Rn 52a, Vorbem 79 zu § 13; BAUER/SCHAUB/BAYER/LIEDER[5] AT C 563 ff; LUTTER AcP 164 [1964] 122, 132). Inhaltlich unzulässig ist naturgemäß auch die Eintragung eines dem geltenden Recht unbekannten dinglichen Rechtes, zB einer Antichrese. Wenn im Grundbuch noch das mit einer **Erbpacht** belastete Eigentum des Erbverpächters eingetragen ist, obwohl das betreffende Landesrecht die Erbpacht inzwischen generell in freies Eigentum des Erbpächters umgewandelt hat, so ist der als Eigentümer eingetragene (ehemalige) Erbverpächter nicht in einer für den gutgläubigen Erwerb nach § 892 BGB geeigneten Weise legitimiert (RGZ 98, 215, 219 f). Zum einen ist das eingetragene Rechtsverhältnis hier – mit einem Erbpachtrecht belastetes Eigentum des Erbverpächters – rechtlich unmöglich, zum anderen ist aus dem Grundbucheintrag für jeden mit den gesetzlichen Bestimmungen Vertrauten erkennbar, dass der bisherige Erbverpächter sein Eigentum an den als Erbpächter Eingetragenen verloren haben muss (RGZ 98, 215, 219 f). Wird entgegen § 1114 BGB eine *Hypothek* an einem Miterbenanteil eingetragen, ist dies wiederum eine inhaltlich unzulässige Eintragung, die nicht zum Inhalt des Grundbuches iS von § 892 BGB gehört (RGZ 88, 21, 27 f); entsprechendes gilt für die Eintragung eines Rangverhältnisses zwischen einem Zwangsversteigerungsvermerk und beschränkten dinglichen Rechten (KG JW 1935, 2752). Inhaltlich unzulässig und deshalb kein geeigneter Anknüpfungspunkt für einen gutgläubigen Erwerb ist natürlich auch die Eintragung eines dinglichen Rechts mit einem gesetzlich nicht zugelassenen Inhalt, zB die Eintragung einer Zwangshypothek als Gesamthypothek oder bei Unterschreitung des erlaubten Mindestbetrages, ebenso grundsätzlich die Eintragung eines Erbbaurechts an anderer als an erster Stelle (§ 10 Abs 1 Erb- 19 bauRG; zu Ausnahmen vgl STAUDINGER/RAPP [2021] § 10 ErbbauRG Rn 12 ff; KEHE/HERRMANN Einl F 39 f). Die Situation ändert sich aber, wenn das dem Erbbaurecht vorgehende Recht versehentlich durch Nichtübertragung oder aufgrund einer unwirksamen oder gefälschten Aufhebungserklärung gelöscht worden ist, aber außerhalb des Grundbuchs weiter besteht. Das Grundstücksgrundbuchblatt weist nun nicht mehr eine gar nicht mögliche Rechtslage des Grundstücks aus.

Deshalb muss eine jetzt erfolgende Übertragung des Erbbaurechts unter dem Schutz des § 892 BGB stehen (**aA** BESTELMEYER Rpfleger 1997, 7, 9). Entsprechendes gilt nach hM für die Eintragung einer Unterteilung von Wohnungseigentum, bei der nicht alle Räume des unterteilten Sondereigentums wiederum als Sondereigentum ausgewiesen sind (BayObLGZ 1987, 390, 398 f; OLGR München 2007, 551, 552 Rn 14 ff; s aber unten Rn 32 und STAUDINGER/RAPP/WOBST [2023] § 6 WEG Rn 9 ff). Das nicht mit dem gesetzlich gebotenen oder mit unzulässigem Inhalt begründeten **Wohnungs- oder Teileigentum** kann nicht gutgläubig erworben werden (BGH 4. 12. 2014 – V ZB 7/13, NJW-RR 2015, 645 Rn 13; OLG Hamm NJW 1976, 1752 = Rpfleger 1976, 317; OLG München Rpfleger 2007, 459, 460). Ein Verzicht auf Wohnungs- und Teileigentum ist unwirksam und kann daher nicht ins Grundbuch eingetragen werden (BGH 10. 5. 2007 – V ZB 6/07, NJW 2007, 2254). Ist der Verzicht unzulässigerweise dennoch eingetragen, nimmt er nicht am Schutz des guten Glaubens teil (vgl OLG Zweibrücken 6. 10. 2022 – 3 W 52/22, ZWE 2023, 253 [der gutgläubiger Erwerb nach § 892 BGB ist in den Fällen des § 928 BGB aber ohnehin ausgeschlossen]; BeckOGK/HERTEL [1. 9. 2024] § 892 Rn 53 aE). Ihrem Inhalt nach unzulässig und deshalb iS von § 892 BGB nicht zum Inhalt des Grundbuchs gehörend sind schließlich auch **Eintragungen**, die sich in einem wesentlichen Punkt **widersprechen oder so unklar** sind, dass ihr Sinn durch Auslegung nicht zu ermitteln ist (RGZ 130, 64, 67; BayObLGZ 1961, 24, 35; BayObLG MittBayNot 1988, 126 [Eintragung eines Wohnungseigentumsrechts, bei der bestimmte Räume sowohl als Sondereigentum wie auch als Gemeinschaftseigentum dargestellt werden]; OLG Hamm Rpfleger 1989, 448; NJW-RR 1993, 1295, 1297; OLG Köln NJW-RR 1998, 1630 [Diskrepanz zwischen den laufenden Nummern im Bestandsverzeichnis und den laufenden Nummern in Abt II des Grundbuchs]); erst recht natürlich unvollständige Eintragungen, also solche, bei denen ein Teil des vom Gesetz verlangten Inhalts überhaupt fehlt oder aber nur durch eine unzulässige Bezugnahme zum Ausdruck gebracht wird (OLG Frankfurt Rpfleger 1975, 305 f: Eintragung eines Erbbaurechts ohne Konkretisierung der Art des Bauwerks; OLG Hamm OLGZ 1977, 264, 268 ff = NJW 1976, 1752 LS); die Eintragung einer Dienstbarkeit ohne Kennzeichnung ihres Inhalts im Eintragungsvermerk selbst (OLG Düsseldorf MDR 1957, 429). Die Widersprüchlichkeit kann sich auch aus einer an sich zulässigen Bezugnahme im Eintragungsvermerk ergeben (s STAUDINGER/C HEINZE [2018] § 874 Rn 24). Zu einer unzulässigen Eintragung, die nicht Grundlage eines gutgläubigen Erwerbs sein kann, führt naturgemäß auch eine kollidierende *Doppelbezugnahme*. Dieser Fall ist beispielsweise gegeben, wenn bei der Grundbucheintragung eines durch Unterteilung entstandenen Wohnungseigentums sowohl auf die ursprüngliche Teilungserklärung als auch auf die Unterteilungserklärung Bezug genommen wird und dabei nun die erstere bestimmte Räume als gemeinschaftliches Eigentum, die letztere aber als Sondereigentum ausweist (BGH Rpfleger 2005, 17). Die Rechtsscheinbasis ist aber nicht schon deshalb widersprüchlich, weil sich die Unrichtigkeit eindeutiger Aussagen eines Eintrags aus der „im Übrigen" in Bezug genommenen Eintragungsbewilligung ergibt (OLG Hamm Rpfleger 1989, 448). Ähnlich gelagert ist der vom BGH (4. 12. 2014 – V ZB 7/13, NJW-RR 2015, 645) entschiedene Fall, dass ohne die erforderliche Mitwirkung der übrigen Wohnungseigentümer eine Unterteilung von Wohnungseigentum erfolgt, in deren Rahmen Räume, die nach der Teilungserklärung nicht zu Wohnzwecken dienen, nach der Unterteilungserklärung neues *Wohnungs*eigentum bilden sollen. Die in Folge dieser unwirksamen Umwandlung von Teil- in Wohnungseigentum erfolgte Eintragung des neuen Wohnungseigentums ist unzulässig und lässt wegen ihres (erkennbaren) Widerspruchs zur Teilungserklärung – dort sind die Räume ja noch als nicht zu Wohnzwecken dienend ausgewiesen – auch keinen gutgläubigen Erwerb zu (BGH 4. 12. 2014 – V ZB 7/13, NJW-RR 2015, 645 Rn 13 ff; BeckOGK/Hertel [1. 9. 2024] § 892 Rn 53.1). So liegen die Dinge auch im Fall, dass an einem bislang im *Gemeinschaftseigentum* stehenden Raum *Sondereigentum* durch eine Teilungserklärung begründet werden soll, dies jedoch nur im Wohnungsgrundbuchblatt der „begünstigten" Wohnung – nicht aber in allen übrigen – eingetragen wird, sodass sie materiell-rechtlich unwirksam ist (DNotI-Report 2022, 109). Auch hier bietet die widersprüchliche Grundbuchlage – der Raum wird in einem Wohnungsgrundbuch als Sondereigentum, in allen übrigen als Gemeinschaftseigentum ausgewiesen – keine Grundlage für einen gutgläubigen Erwerb (DNotI-Report 2022, 109, 110). Kein relevanter Widerspruch ergibt sich beispielsweise, wenn die Art des Rechts im Grundbucheintrag als *Grunddienstbarkeit*, in der in den Bezug genommenen Eintragungsbewilligung dagegen als beschränkte persönliche Dienstbarkeit angegeben ist; für die Festlegung des Rechtes selbst ist nun einmal allein der Grundbucheintrag zuständig (OLGR Rostock 2001, 527, 529). Wenn sich aus der in Bezug genommenen Eintragungsbewilligung ergibt, dass Belastungsgegenstand ein anderes Grundstück sein sollte, schließt dies den gutgläubigen Miterwerb der eingetragenen Grunddienstbarkeit bei der Übereignung des (scheinbar) herrschenden Grundstücks nicht aus, denn die Bezugnahme kann sich nach § 874 BGB gar nicht auf den Belastungsgegenstand erstrecken (BayObLG DNotZ 1987, 621, 623). Anders dürfte allerdings zu entscheiden sein, wenn aus der Beschreibung des Ausübungsbereichs der (insoweit zulässigerweise in Bezug genommenen) Eintragungsbewilligung eindeutig hervorgeht, dass dieser Ausübungsbereich nicht auf dem ausweislich des Eintragungsvermerks belasteten Grundstück liegen kann (offengelassen von BayObLG DNotZ 1987, 621, 623). Im Übrigen wird ein gutgläubiger Miterwerb der beim falschen Grundstück eingetragenen Dienstbarkeit häufig schon daran scheitern, dass eine Dienstbarkeit an diesem Grundstück nicht den Anforderungen des § 1019 BGB entspricht oder dass ihre Ausübung dauernd unmöglich wäre (G Lüke JuS 1987, 524, 525). Wenn bei der Eintragung einer Hypothek vom Grundbuchamt Gläubiger und Schuldner verwechselt worden sind, so liegt nicht schon deshalb eine widerspruchsvolle Eintragung vor, weil die Eintragung im Übrigen auf die Bewilligung Bezug nimmt, die den richtigen Gläubiger nennt (RG DNotV 1932, 721). Eine solche Eintragung nimmt vielmehr am öffentlichen Glauben des Grundbuches teil. Ebenso erstreckt sich der öffentliche Glaube des Grundbuches auf die Eintragung eines Zinssatzes, selbst wenn sich aus der im Eintragungsvermerk in Bezug genommenen Eintragungsbewilligung ergibt, dass eine Einigung über den Zinssatz nicht stattgefunden hat (RG DNotV 1931, 365). Wenn aber im Grundbuch als Rechtsinhaber eine Bruchteilsgemeinschaft ausgewiesen ist und die angegebenen Quoten (§ 47 GBO) in der Summe 1/1 übersteigen, so liefert dieser offensichtlich widersprüchliche Eintrag keine geeignete Grundlage für den gutgläubigen Erwerb (Koller JZ 1972, 646, 647; **aA** Krauel, Die Anwendung der Vorschriften des BGB über den Eigentumserwerb bei Miteigentum [1907] 40). Fehlt in der Eintragung die *Angabe des Gemeinschaftsverhältnisses* mehrerer Erwerber bzw beim Erwerb zu Miteigentum die Angabe der Quoten, so wird die Eintragung dadurch nicht inhaltlich unzulässig. Das Recht entsteht vielmehr, wenn wenigstens die Einigung diesen Punkt mitumfasste (s STAUDINGER/C HEINZE [2018] § 873 Rn 57) entsprechend der Einigung für die Erwerber (s STAUDINGER/C HEINZE [2018] § 873 Rn 265 mwNw; WILHELM[7] Rn 210 Fn 358). Die Eintragung von Miteigentum ohne Quotenangabe kommt – obwohl sie unvollständig und berichtigungsbedürftig ist – vielmehr auch als Grundlage des gutgläubigen Erwerbs in Betracht (WILHELM[7] Rn 210 Fn 358). Falls etwa nach einer unwirksamen Anteilsübertragung der im Grundbuch eingetragene scheinbare Erwerber seinerseits über diesen wirklich existierenden, aber ihm nicht zustehenden Anteil verfügt, steht dieses Geschäft unter dem Schutz von §§ 892, 893 BGB (WILHELM[7] Rn 210 Fn 358). Überträgt dagegen einer der wirklichen Miteigentümer einen höheren als den ihm zustehenden Anteil, so scheidet ein gutgläubiger Erwerb aus; da das Grundbuch über die Höhe des Anteils nichts aussagt, fehlt es bereits an der objektiven Rechtsscheinsbasis (RG JW 1934, 2612, 2613; KG OLGE 6, 488; 18, 219, 221; MEIKEL/BÖHRINGER[12] § 47 Rn 348).

20 Inhaltlich unzulässig und damit ungeeignet als Grundlage eines Erwerbs nach § 892 BGB wird eine Eintragung aber nicht schon dadurch, dass sie *sachlich unrichtig* ist und der Grundbuchrichter offensichtlich von einer falschen Rechtsauffassung ausgegangen ist (RGZ 130, 64, 67: Rangvermerk beruhend auf der Annahme einer absoluten Wirkung des Rangvorbehalts nach § 7 AufwG). Unschädlich sind auch Verstöße gegen **bloße Ordnungsvorschriften** der GBV und GBO (BeckOGK/HERTEL [1. 9. 2024] § 892 Rn 51). Unschädlich ist daher zB die Eintragung in einer falschen Abteilung des Grundbuchs (RGZ 94, 5, 8); der Verstoß gegen § 47 GBO (RG SeuffA 91 Nr 104); die Eintragung des Vorrangs einer Hypothek nur beim zurücktretenden Recht (HRR 1931 Nr 1912). Dasselbe gilt für Eintragungen durch ein örtlich unzuständiges Grundbuchamt (§ 2 Abs 3 FamFG) oder durch einen gesetzlich ausgeschlossenen Grundbuchbeamten (§ 11 GBO; vgl auch STAUDINGER/C HEINZE [2018] § 873 Rn 285 ff, 290 ff; vgl auch § 891 Rn 19). Bloße Zweifel über den Inhalt der Eintragung machen diese nicht inhaltlich unzulässig, solange die Möglichkeit einer **Auslegung** besteht, die den Zweifel oder anscheinend vorliegenden Widerspruch löst (RGZ 113, 223, 231; 130, 64, 67; BayObLG NJW 1961, 1263, 1265).

21 **c)** Nicht unter dem Schutz des öffentlichen Glaubens stehen dagegen solche Eintragungen, die wegen wesentlicher Mängel kraft öffentlichen Rechts als unwirksam, nämlich als **nichtige Rechtspflegeakte** oder sogar als nur scheinbare Rechtspflegeakte (Nichtakte) anzusehen sind (BGHZ 7, 64; MünchKommBGB/WACKE[4] § 892 Rn 18; MünchKommBGB/H SCHÄFER[9] § 892 Rn 13; BGB-RGRK/AUGUSTIN § 892 Rn 58; AK-BGB/L vSCHWEINITZ Rn 26; GRÜNEBERG/HERRLER[84] § 873 Rn 13; WOLFF/RAISER § 36 I 1, 2; J HAGER 436 f; ganz hM, **aA** aber LUTTER AcP 164 [1964] 122, 152 ff; ROSENBERG § 892 Anm II 1 a β; HECK § 44 I 5; ENDEMANN § 62 Fn 12; HOERNER Gruchot 58 [1914] 840). Dies ist nach den allgemeinen Lehren des Verwaltungsrechts zu beurteilen, soweit nicht speziellere Vorschriften der Grundbuchordnung oder des FamFG eingreifen (MEIKEL/SCHNEIDER[12] § 53 Rn 10; KELLER/MUNZIG/KELLER[9] Einl § 2 Rn 51; WILHELM[7] Rn 708; s auch oben § 891 Rn 19). Insbesondere Eintragungen, die nicht vom Grundbuchamt, sondern von einer unbefugten Privatperson vorgenommen worden sind, stellen als bloße Scheinverwaltungsakte keine wirksamen Eintragungen dar und können deshalb, selbst wenn sie äußerlich einwandfrei und damit für Dritte nicht als Fälschungen erkennbar sind, auch nicht am Schutz der §§ 892, 893 BGB teilnehmen (PLANCK/STRECKER § 892 Anm I 7 und § 873 Anm 7; MünchKommBGB/WACKE[4] § 892 Rn 18; BIERMANN § 892 Anm 2; FUCHS § 892 Anm 7; WOLFF/RAISER § 36 I 1 b; GOLDMANN/LILIENTHAL § 44 II 3 d; WILHELM[7] Rn 708; PRÜTTING[38] Rn 220; LANGE

§ 24, 2; Meikel/Böttcher[12] § 44 Rn 68; Oberneck I 383; Predari 76, 79; Sawitz 44; Hoche NJW 1952, 1289; **aA** Lutter AcP 164 [1964] 122, 152 ff; Rosenberg § 892 Anm II 1 a β; Heck § 44 I 5; Endemann § 62 Fn 12; Hoerner Gruchot 58 [1914] 840; Josef AcP 96 [1905] 200, 216 ff; Förster ZZP 32 [1904] 331; Beyerle AcP 127 [1927] 368, 372; widersprüchlich MünchKommBGB/Wacke[4] § 892 Rn 18 m Fn 44). Dasselbe gilt für Eintragungen, die etwa eine andere Behörde als das Grundbuchamt vorgenommen hat (vgl § 44 Abs 2 Nr 3 VwVfG). Wenn eine Grundbucheintragung durch eine Radierung unbefugtermaßen inhaltlich geändert oder beseitigt wird, bleiben die Wirkungen der ursprünglichen Eintragung erhalten; an die unbefugte Texttilgung kann sich ein gutgläubiger Erwerb nicht anschließen (OLG Frankfurt Rpfleger 1981, 479). Sehr umstritten war früher die Behandlung von Eintragungen, die von *funktionell unzuständigen Beamten* des Grundbuchamtes herrühren, etwa von eigenmächtig handelnden Geschäftsstellenbeamten vollzogen worden sind (für Gutglaubensschutz Planck/Strecker § 873 Anm IV 4 b; Predari 79; Heidenhain DRZ 1924, 489; dagegen Güthe/Triebel II[5] Art 6 AGGBO Rn 12). Heute ergibt sich die Unwirksamkeit derartiger Eintragungen und damit ihre mangelnde Eignung als Basis für einen gutgläubigen Erwerb schon aus § 44 Abs 1 S 2 HS 2 GBO (s Staudinger/C Heinze [2018] § 873 Rn 261; ferner Lieder AcP 210 [2010] 857, 878 ff). Rechtspolitisch ist diese – vom Gesetz vorgegebene – Lösung nicht unbedenklich. Da der rechtsgeschäftliche Dritterwerber regelmäßig überhaupt nicht nachprüfen kann, ob die Unterschriften unter der Eintragung von zuständigen oder unzuständigen Beamten des Grundbuchamtes herrühren, müsste sich der Liegenschaftsverkehr eigentlich darauf verlassen können, dass die Eintragungen im Grundbuch von funktionell zuständigen Beamten vorgenommen worden sind. Rechtspolitisch vertretbar ist diese Lösung nur deshalb, weil bei Eintragungen, die funktionell unzuständige Beamte des Grundbuchamtes vorgenommen haben, regelmäßig Amtshaftungsansprüche gegeben sein werden.

Nichtig und deshalb nicht Inhalt des Grundbuches iS von § 892 BGB ist auch eine Eintragung, die durch eine Bedrohung des Grundbuchbeamten mit Leibes- oder Lebensgefahr erzwungen worden ist (BGHZ 7, 64, 69 = NJW 1952, 1289 f m Anm Hoche; BGB-RGRK/Augustin § 892 Rn 58; **aA** Lange § 24, 2; Lutter AcP 164 [1964] 122, 152 ff; MünchKommBGB/Wacke[4] § 892 Rn 18). Bei weniger schwerwiegenden Bedrohungen wird das allerdings nicht gelten können; § 48 Abs 2 S 3 Nr 1 VwVfG behandelt den durch Drohung erwirkten Verwaltungsakt ja nur als zurücknehmbar, sieht ihn also nicht als nichtig an (vgl Stelkens/Bonk/Sachs/Sachs, VwVfG[10] § 44 Rn 117, § 48 Rn 150 ff; Knack/Henneke/Peuker, VwVfG[11] § 44 Rn 19). Sonstige **Willensmängel** auf Seiten des Grundbuchbeamten (zB Geisteskrankheit, aber auch arglistige Täuschung, etwa bei Eintragung aufgrund gefälschter Eintragungsbewilligung) lassen die Wirksamkeit des staatlichen Hoheitsaktes der Eintragung unberührt (MünchKommBGB/Wacke[4] § 892 Rn 18; BGB-RGRK/Augustin § 892 Rn 58; Planck/Strecker § 892 Anm I 7 und § 873 Anm IV 4 b; Meikel/Ebeling[9] § 44 Rn 42; Meikel/Böttcher[12] § 44 Rn 69; Ertl § 873 Rn 172; Wolff/Raiser § 36 Fn 2a; Hoche NJW 1952, 1289 f mwNw; Josef Recht 1913, 731; ders JW 1929, 1862; **aA** Wieling AcP 209 [2009] 577, 595 f [für die Eintragung aufgrund gefälschter Eintragungsbewilligung]; Lieder AcP 210 [2010] 857, 878 ff). Dasselbe gilt für Eintragungen durch ein örtlich unzuständiges Grundbuchamt (§ 2 Abs 3 FamFG) oder durch einen gesetzlich ausgeschlossenen Grundbuchbeamten (§ 11 GBO). Vgl auch Staudinger/C Heinze (2018) § 873 Rn 285 ff, 290 ff, § 891 Rn 19. 22

4. Das maßgebliche Grundbuchblatt

a) Subjektiv-dingliche Rechte

23 Rechte, die dem jeweiligen Eigentümer eines Grundstücks zustehen (also Grunddienstbarkeiten, § 1018 BGB; subjektiv-dingliche Vorkaufsrechte, § 1094 Abs 2 BGB, und subjektiv-dingliche Reallasten, § 1110 BGB), sind nach § 9 GBO auf Antrag auch auf dem Blatt des herrschenden Grundstücks, und zwar im Bestandsverzeichnis, zu vermerken (§ 7 GBV). Dieser Vermerk hat jedoch bloß den Charakter eines Hinweises; für den Bestand solcher subjektiv-dinglicher Rechte (oder von Rechten an ihnen) ist allein der Inhalt des Grundbuchblattes des belasteten Grundstücks maßgebend (RGZ 104, 316, 319; RG JW 1929, 745 f m Anm Weigert; BGH NJW 1994, 2497, 2498; BayObLG 9, 301; SeuffBl 73, 239; BayObLGZ 1969, 284, 291; 1981, 119; BayObLGZ 1986, 513, 516 = DNotZ 1987, 621, 622; OLG Frankfurt Rpfleger 1979, 418; OLG Hamm Rpfleger 2003, 349, 350; Rosenberg § 892 Anm II 1 b β; Planck/Strecker § 892 Anm I 5; BGB-RGRK/Augustin § 892 Rn 73; MünchKommBGB/H Schäfer[9] § 892 Rn 6; Biermann § 892 Anm 2c; Meikel/Imhof/Riedel[6] § 9 Rn 20; Meikel/Böttcher[12] § 9 Rn 41; Fuchs § 892 Anm 5 A b β; Oberneck I 391; Predari 76, 254; Güthe/Triebel § 9 Rn 12; Keller/Munzig/Keller[9] § 9 Rn 13; Demharter[33] § 9 Rn 14; Arnheim § 8 Anm 5; Goldmann/Lilienthal § 44 II 3 e; O vGierke § 119 Fn 108; Cosack § 180 II 1 b; Müller Rn 1074a; Lutter AcP 164 [1964] 122, 158 Fn 125; **abw** Sawitz 79 f). Dennoch schützt der sog Aktivvermerk des § 9 GBO die Gläubiger von Grundpfandrechten am herrschenden Grundstück vor einem Rechtsverlust durch gutgläubig-lastenfreien Erwerb (vgl Bauer/Schaub/Kilian[5] § 21 Rn 17, 20 f), der nach einer ohne ihre Zustimmung erfolgenden und deshalb nach § 876 S 2 BGB materiell unwirksamen Aufhebung des subjektiv-dinglichen Rechts bei einer Übereignung des dienenden Grundstücks erfolgen könnte. Sehr streitig ist, ob eine Abrede iS von § 1021 Abs 1 S 2 BGB, die trotz Mitbenutzungsrechts des Grundstückseigentümers die Verpflichtung zur Unterhaltung der Anlage dem Dienstbarkeitsberechtigten auferlegt, nur auf dem Grundbuchblatt des dienenden Grundstücks oder zusätzlich auch noch auf dem Grundbuchblatt des herrschenden Grundstücks eingetragen werden muss (vgl Staudinger/J Weber [2017] § 1021 Rn 14 und MünchKommBGB/Mohr[9] § 1021 Rn 7 jeweils mit ausführlichen Nachweisen). Den Vorzug verdient aus den dort dargelegten Gründen die erstere Auffassung.

b) Grundstücksgleiche Rechte

24 Bei grundstücksgleichen Rechten, die nach §§ 143, 144 GBO ein eigenes Grundbuchblatt erhalten haben, ist für bestimmte Eintragungen dieses Sondergrundbuch, für andere das Grundbuchblatt des belasteten Grundstücks maßgebend; darin spiegelt sich die eigentümliche Doppelnatur dieser Rechtsfiguren, die ja gleichzeitig Grundstücksbelastung und juristischer Fundus sind. Bei den Angaben über die Entstehung des grundstücksgleichen Rechtes, über seinen Fortbestand und seine Dauer und über seinen Rang steht der Charakter der Grundstücksbelastung im Vordergrund. Dementsprechend ist für diese Angaben das Grundbuchblatt des Grundstücks zuständig. Diesbezügliche Angaben im Sondergrundbuch haben also nur die Funktion eines Hinweises, eventuelle Diskrepanzen heben den öffentlichen Glauben der Eintragung im Grundstücksgrundbuch nicht auf. Dagegen sind die Angaben im Sondergrundbuch maßgeblich für die Übertragungen und Belastungen des grundstücksgleichen Rechtes (KG OLGE 30, 15, 16; OLG Dresden JFG 2, 304, 306 f; Planck/Strecker § 892 Anm I 5; Biermann § 892 Anm 2c; ders § 1012 Anm 2b; jurisPK-BGB/Toussaint[10] § 892 Rn 7; Grüneberg/Herrler[84] § 892 Rn 11; Goldmann/Lilienthal II § 55 Fn 6; § 44 II 3e S 312;

GÜTHE/TRIEBEL § 8 Rn 16 f; PREDARI § 7 Anm 6 f; OBERNECK I 378, 391; MEIKEL/IMHOF/RIEDEL[6] § 8 Rn 50, 51; KELLER/MUNZIG/KELLER[9] § 8 Rn 4 f; DEMHARTER[33] Anh 47 ff zu § 8; LUTTER AcP 164 [1964] 122, 158). Wenn das Erbbaurecht versehentlich im Grundstücksgrundbuch gelöscht wurde, kann es also anschließend durch gutgläubig-lastenfreien Erwerb erlöschen, auch wenn die gleichzeitige Schließung des Erbbaugrundbuchs nicht erfolgt war. Ist im Erbbaugrundbuch versehentlich ein anderes Grundstück als das belastete angegeben, so scheidet ein gutgläubiger Erwerb des Erbbaurechts an dem im Erbbaugrundbuch benannten Grundstück aus (vgl GÜTHE/TRIEBEL § 8 Rn 14; KG OLGE 30, 15). Beim Erbbaurecht neuer Art ist nach § 14 Abs 2 ErbbauRG das Erbbaugrundbuch auch für die nähere inhaltliche Ausgestaltung des Erbbaurechts, mithin auch für etwaige spätere Inhaltsänderungen, maßgebend. Entsprechend will LUTTER (AcP 164 [1964] 122, 158) auch die anderen grundstücksgleichen Rechte behandeln. In Wirklichkeit dürfte es sich um eine nicht verallgemeinerungsfähige Sonderregelung handeln: Angaben über den Inhalt des grundstücksgleichen Rechtes betreffen den objektiven Bestand der Grundstücksbelastung und gehören somit der Natur der Sache nach in den Zuständigkeitsbereich des Grundstücksgrundbuches. Für Erbbaurechte älterer Art war es seit jeher ganz hM, dass das Grundstücksgrundbuch für alle Angaben über den Inhalt des Rechts einschließlich etwaiger Inhaltsänderungen zuständig ist (vgl PLANCK/STRECKER § 1015 Anm 6 mwNw; WITTMAACK, Erbbaurecht 172 f; KELLER/MUNZIG/KELLER[9] § 8 Rn 4; DEMHARTER[33] Anh 24 zu § 8; STAUDINGER/KOBER[9] § 1015 Anm 2c; GÜTHE/TRIEBEL § 8 Rn 16; THIEME § 8 Anm 3b). Das Gleiche muss für die übrigen grundstücksgleichen Rechte gelten (MEIKEL/IMHOF/RIEDEL[6] § 3 Rn 37); anders natürlich, wenn das Landesrecht unter Ausnutzung der in § 144 Abs 3 GBO enthaltenen Ermächtigung § 14 ErbbauRG für entsprechend anwendbar erklärt. Da die grundstücksgleichen Rechte ohne die korrekte Bezeichnung desjenigen, für den das grundstücksgleiche Recht bestellt wird, überhaupt nicht zur Entstehung gelangen können, gehören auch die Angaben über die Person des Ersterwerbers zu den für die Existenz des Rechtes entscheidenden Angaben. Bei etwaigen Divergenzen ist also wieder das Grundstücksgrundbuch maßgeblich (PLANCK/STRECKER § 14 ErbbVO Anm 2a; NK-BGB/HELLER[5] § 14 ErbbauRG Rn 10; BAMBERGER/ROTH/HAU/POSECK/MAASS[5] § 14 ErbbauRG Rn 5; GRÜNEBERG/WICKE[84] § 14 ErbbauRG Rn 1, 3; DEMHARTER[33] Anh 47 zu § 8; GÜTHE/TRIEBEL § 8 Rn 14; OLG Dresden JFG 2, 304, 307; aA LUTTER AcP 164 [1964] 122, 158 Fn 124). Gänzlich abweichend nahm FUCHS (§ 1015 Anm 6; ders, in: FS Wilke [2010] 113 ff) an, dass nach der Anlegung des Erbbaugrundbuches nur noch dieses das für alle Eintragungen maßgebliche Grundbuch iS des BGB sei (ebenso FUCHS/ARNHEIM, GBO § 7 Anm 7; ARNHEIM, GBO § 7 Anm 8). Demgegenüber vertrat SAWITZ (120 f) die Ansicht, dass der Inhalt und der Bestand des Erbbaurechts nur durch das Erbbaugrundbuch und die entsprechenden Eintragungen im Grundbuch des belasteten Grundstücks gemeinsam ausgewiesen werde, sodass bei etwaigen Diskrepanzen wegen eines Selbstwiderspruchs des Rechtsscheinträgers der gutgläubige Erwerb ausscheide (120). Entsprechend entschieden GÜTHE/TRIEBEL (§ 8 Rn 17) für den Fall, dass die beiden Grundbücher hinsichtlich der Person des (ersten) Erwerbers oder bezüglich des (ursprünglichen) Inhalts des Erbbaurechts sich widersprechen. – Für selbständige Fischereirechte in Bayern gilt Entsprechendes. Das Grundbuch ist für Bestand, Inhalt und Umfang, das Fischereigrundbuch für die Person des Inhabers und etwaige Belastungen maßgebend (BayObLG MittBayNot 1990, 303, 311). Solange aber das Gewässergrundbuch noch nicht angelegt ist, wird der gute Glaube an die Richtigkeit und Vollständigkeit der Eintragungen im Fischereigrundbuch auch hinsichtlich Bestand, Inhalt und Umfang des Fischereirechts geschützt (BayObLGZ 1990, 226, 231 f = MittBayNot 1990, 309, 311 f; Bay-

ObLGZ 1994, 66, 71 = MittBayNot 1994, 324, 325; **aA** BayObLGZ 15, 474). Ist der Umfang der Befugnisse des Berechtigten im Grundbucheintrag zu weit gezogen, kann sich deshalb der Inhalt des Rechts auf den angegebenen Rahmen durch gutgläubigen Erwerb erweitern (BayObLGZ 1990, 226, 231 f [Aalfangrecht im Grundbuch als Fischereirecht eingetragen]; BayObLG MittBayNot 1994, 324 [Fischereirecht an einem bestimmten Gewässer im Grundbuch zu Unrecht auf „alle Nebenbäche" erstreckt]). Wegen der Fischereirechte in Baden-Württemberg vgl Böhringer BWNotZ 1984, 153 ff.

25 Das **Bergwerkseigentum** ist jedenfalls ein grundstücksgleiches Recht, das im Grundbuch eingetragen wird (§ 17 Abs 3 BBergG). Es erhält bei der Verleihung ein eigenes Grundbuchblatt nach Maßgabe der landesrechtlichen Vorschriften. Da nach § 9 Abs 1 S 1 HS 2 BBergG auf das Bergwerkseigentum grundsätzlich die Vorschriften über grundstücksgleiche Rechte Anwendung finden, ist bei der Übertragung oder Belastung des Bergwerkseigentums ein gutgläubiger Erwerb nach § 892 BGB möglich (OLG Frankfurt Rpfleger 1996, 336 f). Da es jedoch an einer § 14 Abs 2 ErbbauRG entsprechenden Vorschrift fehlt, wird es nicht in die Grundbuchblätter der von ihm betroffenen Grundstücke eingetragen (vgl § 10 GBV). Unter diesen Umständen kann auch eine Übereignung eines dieser Grundstücke nicht zum teilweisen Erlöschen des Bergwerkseigentums durch gutgläubig lastenfreien Erwerb führen (OLG Frankfurt Rpfleger 1996, 336 f).

5. Nur relevante Eintragungen

26 Nach dem Wortlaut des Gesetzes soll zwar der „Inhalt des Grundbuches" als richtig gelten, allein damit kann nicht jede (zulässige) Grundbucheintragung gemeint sein. Die notwendige Begrenzung des „Beglaubigungsgebietes" – diese treffende Bezeichnung stammt von Heck – muss aus der Systemstellung des § 892 BGB erschlossen werden (Rosenberg § 892 Anm II 1 a; **aA** Sawitz 49). Dabei ist insbesondere der Funktionszusammenhang mit den §§ 894, 899 BGB zu beachten. Das Gesetz stellt mit dem Berichtigungsanspruch des § 894 BGB und dem Widerspruch (§ 899 BGB) die erforderlichen Instrumente zur Verfügung, um den öffentlichen Glauben einer unrichtigen Eintragung zu zerstören. Dann kann aber der öffentliche Glaube des Grundbuches auch nicht weiter reichen als diese Rechtsbehelfe, mit denen man sich gegen seine Gefahren sichern kann (Biermann § 892 Anm 2c; ders § 1012 Anm 2b; Ramdohr Gruchot 44 [1900] 324, 339). Der öffentliche Glaube des Grundbuchs erstreckt sich also nur auf solche Eintragungen, die nach §§ 894, 899 BGB auch Gegenstand des Berichtigungsanspruchs und des Widerspruchsverfahrens sein können, nämlich nur Eintragungen, die ein Recht an dem Grundstück, ein Recht an einem solchen Rechte oder eine Verfügungsbeschränkung der in § 892 Abs 1 BGB genannten Art betreffen. Bei den Verfügungsbeschränkungen ist dabei die Publizitätswirkung des Grundbuchinhaltes auf die Vollständigkeitsfiktion beschränkt (Abs 1 S 2).

27 Zu dem Inhalt des Grundbuches iS von § 892 BGB gehören damit alle Eintragungen, die bestimmungsgemäß über den Bestand, den Umfang, den Inhalt und den Rang eines Rechtes an einem Grundstück oder an einem Grundstücksrecht oder aber über die Person des Berechtigten Auskunft geben. § 892 Abs 1 S 1 BGB beglaubigt die Richtigkeit und Vollständigkeit der diesbezüglichen Angaben. Gewährleistet wird also, dass die (im maßgeblichen Grundbuch) eingetragenen Grundstücksrechte bzw Rechte an Grundstücksrechten mit dem buchmäßigen Umfang, Inhalt und Rang be-

stehen und dem im Grundbuch als Inhaber Benannten zustehen und dass andere als die eingetragenen Belastungen des Grundstücks bzw der eingetragenen Rechte an diesem Grundstück nicht existieren. Das gilt grundsätzlich für **alle eintragungsfähigen Rechte**, auch solche, die (wie zB im Falle der §§ 1075 Abs 1, 1287 S 2 BGB, 848 Abs 2 ZPO) außerhalb des Grundbuchs entstehen (Planck/Strecker § 892 Anm I 2; Rosenberg § 892 Anm II 1 a β, III 1). Solange derartige Rechte im Grundbuch nicht eingetragen sind, können sie also durch gutgläubig-lastenfreien Erwerb erlöschen (Staudinger/Seufert[11] § 892 Rn 69; Biermann § 892 Anm 4b; Planck/Strecker § 892 Anm I 2; Rosenberg § 892 Anm II 1 a β, III 1; BGB-RGRK/Augustin § 892 Rn 78; MünchKommBGB/H Schäfer[9] § 892 Rn 19; Grüneberg/Herrler[84] § 892 Rn 15; Fuchs § 892 Anm 6; Turnau/Förster § 892 Anm VIII 4; Crome § 377 Fn 28; Goldmann/Lilienthal § 44 Fn 68; Predari 75; Sawitz 90 ff; Lutter AcP 164 [1964] 122, 133; H Westermann/Eickmann[8] § 83 Rn 4; Wellenhofer[38] § 19 Rn 6; Kiehnle 229; **aA** Prot III 77; Endemann § 62 Fn 22; AK-BGB/L vSchweinitz Rn 22) oder bei der Bestellung eines weiteren Rechts durch den gutgläubigen Erwerb des Vorrangs für dieses eine Verschlechterung ihrer Rangstelle erfahren (vgl BayObLG Rpfleger 1994, 162 [zu § 848 ZPO]; BayObLGZ 1985, 332, 338; KG JW 1931, 2742, 2743; LG Fulda Rpfleger 1988, 252; Kerbusch Rpfleger 1988, 475, 476; Böttcher Rpfleger 1988, 252, 253). Der Wortlaut des Gesetzes bietet keinerlei Anhaltspunkt dafür, dass die Vollständigkeitsfiktion insoweit nicht gelten sollte. Eine derartige Einschränkung des öffentlichen Glaubens des Grundbuches würde nicht nur eine schwere Gefährdung des Liegenschaftsverkehrs darstellen und damit die Zielsetzung der §§ 892, 893 BGB gefährden, sie wäre auch ein willkürlicher Systembruch: Es ist nun einmal kein vernünftiger Grund dafür ersichtlich, warum gerade diese außerhalb des Grundbuchs entstehenden Rechte gutglaubensresistent sein sollen, während alle sonstigen außerhalb des Grundbuchs eingetretenen und im Grundbuch nicht nachgetragenen Veränderungen der dinglichen Rechtslage – wie etwa der Übergang der Hypothek auf den Eigentümer nach §§ 1163 Abs 1 S 2, 1164, 1173 BGB – redlichen Dritterwerbern nicht entgegengehalten werden können. Falls eine im Grundbuch nicht eingetragene Sicherungshypothek nach § 1287 S 2 BGB für den Gläubiger eines verpfändeten Eigentumsverschaffungsanspruchs mit der Erfüllung des Anspruchs entstanden ist, wird ein Erlöschen der Sicherungshypothek durch gutgläubig-lastenfreien Erwerb oder ein Rangverlust des Hypothekars durch gutgläubigen Erwerb des Vorrangs bei nunmehriger Belastung des Grundstücks durch den neuen Eigentümer auch nicht dadurch ausgeschlossen, dass die Verpfändung des bisherigen Eigentumsverschaffungsanspruchs bei einer diesen sichernden Vormerkung vermerkt ist. Der bloße Verpfändungsvermerk als solcher ist kein ausreichender Ersatz für die fehlende Buchung der Sicherungshypothek; er muss im Falle einer Weiterveräußerung oder erneuten Belastung des Grundstücks durch den neuen Eigentümer dem Erwerber nicht notwendigerweise die Kenntnisse von der Entstehung und dem Fortbestand der Sicherungshypothek verschaffen (BayObLGZ 1985, 332, 338 = DNotZ 1986, 345; DNotI-Gutachten DNotI-Report 2002, 177, 178 mwNw). Dass ein Nießbrauch nach § 1075 Abs 1 BGB bzw eine Hypothek nach §§ 1287 S 2 BGB, 848 Abs 2 ZPO jedenfalls nach ihrer Eintragung im Grundbuch dem öffentlichen Glauben unterliegen – also etwa im Falle einer versehentlichen Löschung durch den gutgläubig-lastenfreien Erwerb eines Dritten erlöschen können – ist übrigens nie bestritten worden (missverständlich deshalb AK-BGB/L vSchweinitz § 892 Rn 22). Selbstverständlich kann eine im Grundbuch eingetragene, mangels vorangegangener wirksamer Rechtspfändung aber in Wirklichkeit gar nicht nach § 848 Abs 2 ZPO entstandene Sicherungshypothek bei ihrer Übertragung gutgläubig erworben werden (MünchKommBGB/H Schäfer[9] § 892 Rn 19;

Böttcher Rpfleger 1987, 252, 254). – Zu den eintragungsfähigen Grundstücksrechten, die im Falle ihrer Nichteintragung durch gutgläubig-lastenfreien Erwerb erlöschen können, gehört auch die Entschädigungsforderung des Erbbauberechtigten beim Erlöschen des Erbbaurechts durch Zeitablauf (§ 27 ErbbauRG), da diese nach § 28 ErbbauRG auf dem Grundstück anstelle des erloschenen Erbbaurechts und mit dessen Rang haftet, also eine echte Belastung des Grundstücks darstellt. Dabei spielt es keine Rolle, ob man die Entschädigungsforderung als kraft Gesetzes entstehende Sicherungshypothek (so Soergel/Stürner[13] § 28 ErbbVO Rn 1) oder als ein an der Rangstelle des Erbbaurechts entstehendes eintragungsfähiges dingliches Recht eigener Art (so Staudinger/Rapp [2021] § 28 ErbbauRG Rn 1; BGB-RGRK/Räfle § 28 ErbbVO Rn 1; MünchKommBGB/Weiss[9] § 28 ErbbauRG Rn 4; Keller/Munzig/Keller[9] Einl § 3 Rn 224 aE) qualifiziert. Verneint wurde die Eintragungsfähigkeit und damit die Anwendbarkeit der §§ 891 ff BGB allerdings in der älteren Literatur (so von Planck/Strecker § 28 ErbbVO Anm 3b; Samoje, Erbbaurecht [1919] § 28 Anm 1; Sieskind, Das Erbbaurecht [1919] 105).

6. Unrichtigkeit des Grundbuchs

28 Ein Erwerb kraft guten Glaubens nach § 892 BGB kommt naturgemäß nur in Betracht, wenn der relevante (s Rn 26) Inhalt des Grundbuches unrichtig iS von § 894 BGB ist, wenn dieses also im Hinblick auf die an dem Grundstück bestehenden dinglichen Rechte und deren Belastungen mit der wirklichen Rechtslage nicht im Einklang steht oder aber wenn eine relative Verfügungsbeschränkung im Grundbuch nicht eingetragen ist. Eine bloß schuldrechtliche Verpflichtung des eingetragenen Rechtsinhabers kann nie die Unrichtigkeit des Grundbuches begründen (RGZ 53, 375; 60, 264; 62, 137 I; Planck/Strecker § 892 Anm II 2b). Das Gleiche gilt für eine bereits durch Einigung eingeleitete, aber noch nicht durch die dazugehörige Eintragung abgeschlossene Rechtsübertragung. Wenn der im Wege der Auslegung nach dem Standpunkt eines objektiven Betrachters ermittelte (s Staudinger/C Heinze [2018] § 873 Rn 269) maßgebliche Sinn der Eintragung die dingliche Rechtslage des Grundstücks zutreffend ausweist, kommt ein gutgläubiger Erwerb nicht in Betracht; es gibt keinen Redlichkeitsschutz gegen das Grundbuch. Der Erwerber kann sich also nicht darauf berufen, dass er eine vorhandene Grundbucheintragung nicht gekannt oder missverstanden habe. Dabei spielt es keine Rolle, ob der fragliche Eintrag besonders schwer verständlich gefasst war (RG Recht 1907 Nr 2740). Von einem Miterben kann ein Dritter also auch nach § 892 BGB nicht dessen Anteil an einem Nachlassgrundstück erwerben, wenn im Grundbuch die Eigentümer „als Miterben zu gleichen Teilen" eingetragen sind und der Erwerber diese höchst missverständliche Eintragung iS von Miteigentum nach Bruchteilen gedeutet hat (Rosenberg § 892 Anm II 4 a; s RGZ 88, 21, 27; RG Recht 1918, 1004; **abw** Kretzschmar JW 1916, 480, 482). Eine solche Eintragung könnte allenfalls als in sich widerspruchsvoll inhaltlich unzulässig sein (s Güthe/Triebel § 47 Rn 6), würde aber auch dann keine geeignete Grundlage für den gutgläubigen Erwerb abgeben (s oben Rn 19).

7. Doppelbuchungen

29 Außerordentlich umstritten war lange Zeit die Anwendbarkeit der §§ 892, 893 BGB im Falle der Doppelbuchung eines Grundstücks. Es geht hier um Sachverhalte, in denen das Grundstück bei der Anlegung des Grundbuches von vornherein irrtümlicherweise zweimal eingetragen worden ist oder in denen ein Grundstücksteil veräu-

ßert und deshalb auf einem neuen Grundbuchblatt als selbständiges Grundstück eingetragen worden ist, während die Abschreibung auf dem bisherigen Grundbuchblatt versehentlich unterblieben ist (vgl STEFFEN 4). Schon für das frühere preußische Recht hatte die Rechtsprechung angenommen, dass das Grundbuch sich in diesem Fall selbst widerspreche und daher keine der miteinander kollidierenden Eintragungen öffentlichen Glauben beanspruchen könne (Pr ObTrib 75, 333, 338 f; 83, 270; RGZ 11, 275, 278; 13, 246, 248; 29, 198, 205; 39, 241; RG Gruchot 33, 1069 f; JW 1900, 573; s auch DERNBURG, PrHypR I § 14). Diese Lösung wurde von der Rechtsprechung auch nach dem Inkrafttreten des BGB beibehalten; sie fand schnell die Zustimmung der Schrifttumsmehrheit und hat sich heute vollständig durchgesetzt (RGZ 56, 58, 62; RG JW 1912, 651; BGH DB 1969, 1458; KGJ 39 A 154; KG JW 1938, 3046 f; JFG 18, 181; OLG Kassel JW 1933, 1339; OLG Stuttgart WürttJb 24, 171; 25, 7, 15; BWNotZ 1978, 124 f; 1989, 84, 85; OLG Rostock 1998, 84, 85; PLANCK/STRECKER § 892 Anm I 5; BIERMANN § 892 Anm 2e; KRETZSCHMAR § 892 Anm II 1 d; FUCHS § 892 Anm 7; TURNAU/FÖRSTER § 892 Anm II 3; OBERNECK I 383; PREDARI 76; ENDEMANN § 52, 5 b; GOLDMANN/LILIENTHAL § 44 Fn 69; ARNHEIM § 2 Anm 20; KIEHL Gruchot 55, 844; KRETZSCHMAR Recht 1903, 328; MÜGEL DJZ 1898, 444; vREIBNITZ 78 ff; STAUDINGER/SEUFERT[11] § 892 Rn 6; BGB-RGRK/AUGUSTIN § 892 Rn 67; SOERGEL/KERN[14] § 892 Rn 10; NK-BGB/KRAUSE[5] § 892 Rn 7; BAMBERGER/ROTH/HAU/POSECK/ECKERT[5] § 892 Rn 4; ERMAN/ARTZ[17] § 892 Rn 10; GRÜNEBERG/HERRLER[84] § 892 Rn 11; WOLFF/RAISER § 37 I 3; H WESTERMANN/EICKMANN[8] § 83 Rn 17; BAUR/STÜRNER[18] § 23 Rn 14; BeckOGK/HERTEL [1. 9. 2024] § 892 Rn 58; WILHELM[7] Rn 709; MEIKEL/NOWAK[12] § 3 Rn 21; TIEDTKE 92; MEIKEL/IMHOF/RIEDEL[6] § 3 Rn 52; THIEME, GBO[4] § 2 Anm 5; DEMHARTER[33] § 3 Rn 25; SCHREIBER/BURBULLA Jura 1999, 491, 492; HOLZER 107 f mwNw; MÖRITZ Jura 2008, 245, 246; im Grundsatz auch STEFFEN 4 ff; einschränkend J HAGER 433 ff [gutgläubiger Erwerb nur ausgeschlossen, wenn auf dem anderen Grundbuchblatt der Berechtigte eingetragen ist, nicht aber, wenn dort ein anderer Nichtberechtigter als Rechtsinhaber ausgewiesen ist]). Demgegenüber wollten GÜTHE/TRIEBEL (§ 2 Rn 54) nur jeweils eins der beiden Grundbuchblätter, nämlich im Falle der irrtümlichen Anlegung eines zweiten Grundbuchblattes das erste, im Falle der versehentlich unterbliebenen Abschreibung dagegen das jüngere als wirksam und damit als geeignete Rechtsscheinbasis für den gutgläubigen Erwerb anerkennen (ähnlich BAUER/SCHAUB/WALDNER[5] § 3 Rn 20). Andere Autoren vertraten dagegen im Anschluss an JAKUBEZKY (Bemerkungen zu dem Entwurfe eines BGB [1892] 217) die Auffassung, dass jedes der beiden Grundbuchblätter eine taugliche Grundlage für den Erwerb kraft öffentlichen Glauben abgebe (ROSENBERG § 892 Anm II 1 b; SAWITZ 35 ff; neuerdings wieder FINKENAUER, Eigentum und Zeitablauf [2000] 108 ff; teilweise auch RAMDOHR Gruchot 44 [1900] 324, 344). Danach würde also jeweils der letzte gutgläubige Erwerb maßgebend sein, sodass etwa bei einer Reihe von Eigentumsumschreibungen auf den beiden Grundbuchblättern die Berechtigung permanent vom einen Blatt zum anderen Blatt überspringen müsste. HECK (§ 44, 4) hat diese Lösung deshalb treffend die „Wechseltheorie" genannt. Wiederum andere Autoren wollten den Konflikt nach dem Prioritätsprinzip lösen, also den zeitlich ersten Erwerb entscheidend sein lassen (KOHLER § 39 VI S 107; RIEZLER AcP 98 [1906] 372, 390 f für das kollidierende Bucheigentum [während er für die beschränkten dinglichen Rechte der „Wechseltheorie" folgt]; im Wesentlichen auch RAMDOHR Gruchot 44 [1900] 324, 344 f). HECK schließlich wollte (§ 44, 4) ebenfalls beiden Grundbuchblättern öffentlichen Glauben zuerkennen, die sich ergebende Kollision aber im Wege der Teilung lösen. Dh, er wollte die beiden Grundbuchblätter für den gutgläubigen Erwerb praktisch so behandeln, als wäre auf ihnen jeweils nur ein hälftiger Miteigentumsanteil an dem durch die Doppelbuchung dem Scheine nach verdoppelten Grundstück gebucht (dagegen FINKENAUER, Eigentum und Zeitablauf [2000] 111). Von diesen Lösungsvorschlägen kommen unseres

Erachtens die von GÜTHE/TRIEBEL und HECK nicht ernsthaft in Betracht, weil sie im Gesetz keinerlei Stütze finden (s auch STEFFEN 9, 12). Die Lösung nach dem Prioritätsprinzip, also die Begünstigung des früheren Erwerbs, widerspricht evidentermaßen den Intentionen des § 892 BGB (so mit Recht ROSENBERG Anm II 1b). Die „Wechseltheorie" von JAKUBEZKY, ROSENBERG und SAWITZ dagegen kann mit einigem Grund auf § 3 Abs 1 S 2 GBO verweisen, wonach das einzelne Grundbuchblatt, nicht die Gesamtheit der Grundbuchblätter als Grundbuch iS des BGB anzusehen ist (ROSENBERG § 892 Anm II 1b). Nicht ohne Anschein von Berechtigung ist auch der Hinweis auf die gewisse Inkonsequenz der hM, die darin liegt, dass sie für den Erwerb vom Berechtigten die Eintragung auf nur einem der beiden Grundbuchblätter genügen lässt (vgl etwa RGZ 56, 58, 62; BAUR/STÜRNER[18] § 23 Rn 14 und dazu FINKENAUER, Eigentum und Zeitablauf [2000] 110). Einleuchtend ist auch das Argument von ROSENBERG, dem Erwerber sei es nicht zumutbar, jedes überhaupt existierende Grundbuchblatt daraufhin durchzusehen, ob nicht das fragliche Grundstück auf ihn zufällig noch einmal gebucht sei. Dennoch sprechen unseres Erachtens die besseren Gründe für die Lösung der hM: Der Verkehrsschutz führt sich, wie STEFFEN (11) zu Recht betont, praktisch selbst ad absurdum, wenn der gutgläubige Erwerb nicht zur Übereinstimmung von Verlautbarungstatbestand und wirklicher Rechtslage führt, sondern sofort wieder über das nunmehr unrichtig gewordene andere Grundbuchblatt die Möglichkeit eines weiteren gutgläubigen Erwerbs eröffnet. Im Übrigen muss die Wechseltheorie, um den gutgläubigen Erwerb überhaupt konstruieren zu können, für den konkreten Rechtsscheinerwerb doch jeweils nur eines der beiden kollidierenden Grundbuchblätter als das maßgebliche ansehen. Dessen Vorrang lässt sich nun aber, wie STEFFEN (14 ff) überzeugend dargelegt hat, überhaupt nicht systemgerecht begründen. – Nach verbreiteter Auffassung soll ein gutgläubiger Erwerb aber möglich sein, wenn das Grundstück keinem der beiden Eingetragenen gehört und der Erwerbsinteressent sich dieses sicherheitshalber gleich zweimal, nämlich von jedem der beiden als Eigentümer eingetragenen Nichtberechtigten, übereignen lässt (WILHELM[7] Rn 709; STEFFEN 18 f; TIEDTKE Jura 1983, 518; SCHREIBER/BURBULLA Jura 1999, 491, 492). Das ist inkonsequent. Bei beiden Übereignungen fehlt es wegen der Doppelbuchung an der geeigneten Rechtsscheinsbasis. Noch anders will KIEHNLE (S 180 Fn 401) den Ansatz der Wechseltheorie auf solche Fälle beschränken, in denen der auf dem anderen Grundbuchblatt als Berechtigter Ausgewiesene ebenfalls ein Nichtberechtigter ist. Das löst das praktische Problem der Wechseltheorie, weil sich dann an dem ersten gutgläubigen Erwerb kein weiterer bei einer nunmehrigen Verfügung des auf dem anderen Grundbuchblatt Eingetragenen anschließen kann. Es fehlt aber wieder eine tragfähige dogmatische Begründung für die vorgeschlagene Differenzierung. – Mit der Konstellation der Doppelbuchung nicht vergleichbar ist der Fall, dass A als angeblicher oder wirklicher Erbe des bisherigen Rechtsinhabers bereits im Grundbuch eingetragen worden ist, B aber durch Erbschein als dessen Alleinerbe legitimiert ist. Hier geht der Grundbucheintrag als der speziellere Rechtsscheinträger vor (s auch § 891 Rn 55). Dies gilt auch für § 893 BGB: Handelt es sich bei dem Recht um eine Grundschuld und sind A und B Nichtberechtigte, so kann der Grundstückseigentümer mit befreiender Wirkung an A, nicht aber an B leisten.

III. Das Beglaubigungsgebiet im Einzelnen

1. Bestand und Grenzen des Grundstücks

Beglaubigt werden durch § 892 BGB zunächst einmal die Angaben des Grundbuches 30
über den Bestand und Umfang der Grundstücksrechte. Zum Beglaubigungsbereich gehören damit vor allem auch diejenigen Angaben des Bestandsverzeichnisses, aus denen zu entnehmen ist, welche bestimmte Grundfläche das Grundstück ausmacht, an dem das betreffende Recht besteht. Das ist heute die in Spalte 3 des Bestandsverzeichnisses ausgesprochene Verweisung auf das amtliche Verzeichnis iS von § 2 Abs 2 GBO, also regelmäßig das Liegenschaftskataster, durch die das Grundstück bestimmten vermessungstechnischen Einheiten (Flurstücken) gleichgesetzt wird, deren Umfang sich wiederum aus der zum Kataster gehörenden Flurkarte ergibt. Diese sog **Bestandsangaben** des Grundbuches, die die Grundstücksgrenze durch eine Bezugnahme auf das Kataster und dessen Flurkarte definieren, liefern nämlich nicht nur Informationen über die tatsächliche Beschaffenheit des Grundstücks (s dazu Rn 66), sondern sie kennzeichnen zugleich die dingliche Rechtslage, indem sie festlegen, auf welchen abgegrenzten Teil der Erdoberfläche sich die im Grundbuch eingetragenen Herrschaftsrechte erstrecken. Für den Gutglaubensschutz der §§ 892 f BGB ist also nicht der „historische", sondern der durch die Bestandsangaben des Grundbuches ausgewiesene Grenzverlauf maßgebend (s § 891 Rn 28 ff m umfangreichen Nw). Wenn also der durch die Bestandsangaben des Grundbuches ausgewiesene Umfang eines Grundstücks infolge einer Parzellenverwechselung oder infolge einer zeichnerisch unrichtigen Wiedergabe des Grenzverlaufes in der Flurkarte eine in Wirklichkeit zum Nachbargrundstück gehörende Teilfläche einschließt, so wird bei einer Veräußerung des Grundstücks der redliche Erwerber kraft des öffentlichen Glaubens des Grundbuchs auch Eigentümer dieser Teilfläche. Dies gilt allerdings nur dann, wenn sich die Einigung der Parteien überhaupt auf diese im Grundbuch versehentlich zum veräußerten Grundstück gerechnete Teilfläche bezog. Wenn bei der Veräußerung oder Belastung eines Grundstücks, dessen Grenze in der Flurkarte versehentlich in das Nachbargrundstück hinein verschoben wurde, sich beide Teile darüber einig sind, dass (nur) die im Besitz des Klägers befindliche oder durch Grenzeinrichtungen markierte Fläche, die dem wirklichen Bestand des Grundstücks entspricht, veräußert werden soll, so wird der im Grundbuch fälschlich ebenfalls zu diesem Grundstück gerechnete Teil des Nachbargrundstücks von der Veräußerung oder Belastung überhaupt nicht ergriffen, da die Definition des Auflassungsgegenstandes durch die Grundbuchblatt-Nummer (und damit die Bestandsangaben des Grundbuchblattes) dann nur eine irrtümliche Falschbezeichnung darstellt (vgl BGH MDR 2002, 510, 511). Für einen gutgläubigen Erwerb hinsichtlich der letzteren Fläche ist damit gar kein Raum (RGZ 77, 33; RG Recht 1913 Nr 3010; BGH WM 1965, 1008; OLG Hamm NJW-RR 1992, 152, 153; Planck/Strecker § 892 Anm I 1; Rosenberg § 892 Anm II 1 a γ; BGB-RGRK/Augustin § 892 Rn 63; MünchKommBGB/H Schäfer[9] § 892 Rn 17; H Westermann/Eickmann[8] § 83 Rn 3; Baur/Stürner[18] § 23 Rn 10; Dehner, Nachbarrecht [Loseblattausgabe] Teil B § 6 I 2 b; Meisner/Ring § 6 II 6; Sawitz 79 Fn 17; Predari § 2 Anm 21; Güthe/Triebel § 2 Rn 52 f; Lutter AcP 164 [1964] 122, 139 f; Haegele BlGBW 1957, 113, 114; Kiehnle 171 f). Dies gilt allerdings nur dann, wenn wirklich beide Seiten erkennbar von bestimmten örtlichen Grenzen des Grundstücks ausgehen, da sonst eine normative Auslegung der Einigungserklärungen zu dem Ergebnis führen wird, dass sich diese auf die grundbuchmäßig ausgewiesene Fläche erstrecken (Lutter 140 f). Ein versteckter Dissens ist

hier kaum vorstellbar (**aA** BGB-RGRK/Augustin § 892 Rn 63). Dass sich beide Seiten über die konkreten örtlichen Grenzen des Grundstücks einig sind, wird bei Grundstücksveräußerungen relativ häufig vorkommen, während bei Grundstücksbelastungen jedenfalls der Erwerber doch wohl häufig keine deutlichen Vorstellungen über die örtlichen Grenzen des Grundstücks haben wird und deshalb von den Bestandsangaben des Grundbuches ausgehen dürfte (so mit Recht Lutter 140 f). – Wenn der Käufer eines Grundstücks aber noch vor der Auflassung entdeckt, dass die in der Flurkarte angegebene Grenze des Grundstücks jenseits der markierten und dem Besitzstand des Verkäufers entsprechenden örtlichen Grenze verläuft, muss er annehmen, dass dem Veräußerer, der diesen Umstand nie erwähnt hat, die Diskrepanz unbekannt ist. Wenn er dann trotzdem den Veräußerer nicht auf die entdeckte Abweichung hinweist, darf er jedenfalls die Auflassungserklärung des Veräußerers nur in dem Sinne verstehen, dass sie sich nur auf die vom Veräußerer in Wirklichkeit besessene Grundfläche bezieht (LG Frankenthal NJW 1956, 873; **aA** Lutter 140 Fn 66). – Wenn die im Besitz des Veräußerers eines Grundstücks befindliche und eingefriedete Grundfläche über den rechtlichen Bestand des Grundstücks hinausgeht und einen Teil des Nachbargrundstücks umfasst, wird sich die Auflassung des Grundstücks, auch wenn dessen Grenzen im Grundbuch durch Verweis auf das Kataster korrekt definiert sind, regelmäßig nach dem Grundsatz der Unschädlichkeit einer falsa demonstratio auf die gesamte eingefriedete Fläche beziehen, also auch einen Streifen des dem Veräußerer nicht gehörenden Nachbargrundstücks umfassen. Ein gutgläubiger Erwerb dieses Streifens kommt aber natürlich nicht in Betracht, weil die Eigentumslage dieser Teilfläche im Grundbuch ja korrekt ausgewiesen ist (vgl OLG Brandenburg NJOZ 2007, 1113, 1116). Einen gutgläubigen Erwerb *gegen* das Grundbuch gibt es nun einmal nicht (s oben Rn 28).

31 Im Wesentlichen das gleiche gilt für die Abgrenzung der im Sondereigentum stehenden Raumeinheiten untereinander und des Sondereigentums von Gemeinschaftseigentum in den *Wohnungs- bzw Teileigentumsgrundbüchern,* nur dass hier an die Stelle der Bezugnahme auf das Kataster die Bezugnahme auf den Aufteilungsplan (§ 7 Abs 4 WEG) tritt. Im Gegensatz zu § 2 Abs 2 GBO, wonach die Definition der Grundstücksgrenzen ausschließlich durch die Bezugnahme auf das Kataster erfolgt, wird der Gegenstand des Sondereigentums nach §§ 7 Abs 1 und 3, 8 Abs 2 WEG sowohl durch den Aufteilungsplan, wie auch durch den Eintragungsvermerk und die dabei in Bezug genommene Eintragungsbewilligung beschrieben. Beide Erklärungsinhalte – die verbale und die zeichnerische – sind gleichrangig (BGH NJW 1995, 2851, 2853 mwNw). Die sich hieraus ergebende Aufteilung genießt den Schutz des öffentlichen Glaubens (OLG München 6. 6. 2017 – 34 Wx 440/16, NJW-RR 2018, 18 Rn 13; BayObLG DNotZ 1980, 745; OLG Karlsruhe DNotZ 1973, 235 f; OLG Zweibrücken ZWE 2011, 411, 413 f; Ludwig BWNotZ 1984, 133, 134; Lutter AcP 164 [1964] 122, 142 f; Thümmel BWNotZ 1987, 76, 83; Rapp MittBayNot 1996, 344, 345). Das wird relevant, wenn die Darstellung im Aufteilungsplan der dinglichen Einigung nicht entspricht oder wenn eine spätere Änderung der Zusammensetzung des Wohnungs- bzw Teileigentums unwirksam ist (Weitnauer/Briesemeister, WEG[9] § 3 Rn 41 ff). Soweit die wörtliche Beschreibung des Sondereigentums nicht mit der Darstellung im Aufteilungsplan übereinstimmt, ist die Eintragung perplex und damit nichtig, mithin kein Sondereigentum begründet worden (BGH NJW 1995, 2851, 2853). An die inhaltlich unzulässige und materiell wirkungslose Eintragung kann sich dann auch kein gutgläubiger Erwerb anschließen (BGH NJW 1995, 2851, 2854). Die gleiche Problematik kann bei landesrechtlichem Stockwerkseigentum

(Art 120 EGBGB; vgl dazu Staudinger/Thole [2023] § 1008 Rn 7 f; Thümmel JZ 1980, 125 ff) auftreten. Falls im Grundbuch einem Stockwerkseigentumsrecht mehr Räume zugeschrieben werden, als dieses in Wirklichkeit umfasst, können diese zu Unrecht als Bestandteil des Stockwerkseigentums gebuchten Räume bei einer Übertragung des Stockwerkseigentums nach § 892 BGB hinzuerworben werden (Thümmel BWNotZ 1987, 76, 83; iE auch Grözinger BWNotZ 1959, 318; Ripfel, Grundbuchrecht [1961] 94, 117 f). Ebenso kann ein Stockwerkseigentum auch nach § 892 BGB bei der Übertragung des Grundstücks erlöschen, wenn es nicht im Grundbuch eingetragen und dem Erwerber unbekannt ist (OLG Stuttgart DNotZ 1989, 84 für ein als Stockwerkseigentum zu qualifizierendes Kellerrecht; Thümmel BWNotZ 1987, 76, 83; **aA** OLG Karlsruhe BWNotZ 1987, 18). Dass das Stockwerkseigentum als echtes Sondereigentum nicht wie eine bloße Grundstücksbelastung durch „gutgläubig-lastenfreien" Erwerb untergehen kann (so OLG Karlsruhe BWNotZ 1987, 18) ist richtig, schließt aber ein Erlöschen dieses Sondereigentums durch gutgläubigen Erwerb nicht aus. Der Untergang ist hier einfach die Folge des Umstandes, dass das Grundbuch das Nichtvorliegen einer horizontalen Grundstücksteilung bezeugt. Es handelt sich also nicht um einen „lastenfreien" Erwerb, sondern um einen durch § 892 BGB ermöglichten Hinzuerwerb des bisherigen Sondereigentums. Der Fall liegt genauso wie bei der Übereignung eines Grundstücks, dem ein anderes unwirksam zugeschrieben worden ist, an einen Gutgläubigen. Hier geht ja auch das trotz der buchmäßigen Zuschreibung zunächst weiter bestehende Rechtsobjekt durch den gutgläubigen Erwerb unter.

Es gibt dabei allerdings rechtliche Hindernisse, die nicht durch einen gutgläubigen **32**
Erwerb nach § 892 BGB überwunden werden können. Falls ein Heizungsraum, der nach § 5 Abs 2 WEG notwendigerweise im gemeinschaftlichen Eigentum steht, als Sondereigentum gebucht ist, kann auch die Übertragung des fraglichen Wohnungseigentumsrechts an einen Gutgläubigen nicht dazu führen, dass der Erwerber auch das Sondereigentum an diesem Heizungsraum erlangt (Röll, in: FS Seuss [1987] 233, 235; ders MittBayNot 1990, 85, 87; 1991, 240, 242; OLG Schleswig MittBayNot 2008, 45, 46 ff m Anm Weigl). Entsprechendes gilt nach BayObLGZ 1987, 390, 398 f = DNotZ 1988, 316, 319 f und BayObLGZ 1995, 399 = DNotZ 1996, 660, 663, wenn bei der Unterteilung eines Wohnungseigentumsrechts ein bisher zum Sondereigentum gehörender Raum nicht wieder als Sondereigentum mit einem der neuen Miteigentumsanteile verbunden wird. Dann soll die Unterteilung nicht nur nichtig sein, sondern die gebuchten (scheinbaren) neuen Wohnungseigentumsrechte auch nicht durch gutgläubigen Erwerb nachträglich entstehen können (zust Weitnauer/Briesemeister WEG[9] § 8 Rn 3). Demgegenüber hebt Röll darauf ab, dass alle nicht ausdrücklich als Sondereigentum ausgewiesenen Räume durch das Grundbuch jedenfalls implizit als Gemeinschaftseigentum bezeichnet werden. Bei dieser Deutung verlautbart das Grundbuch aber eine inhaltlich zulässige, wenn auch nicht wirksam zustande gekommene Unterteilung. Der Grundbuchinhalt ist dann geeignete Rechtsscheinbasis für einen gutgläubigen Erwerb.

Der öffentliche Glaube des Grundbuchs erstreckt sich schließlich auch auf die **rechtliche Existenz** und Selbständigkeit des Grundstücks. Garantiert wird also auch, dass **33**
das im Grundbuch eingetragene Grundstück als Grundstück iS des BGB, mithin als selbständige unbewegliche Sache existiert und nicht nur einen unselbständigen Teil eines anderen Grundstücks bildet (BayObLG MittBayNot 1981, 125, 126). Eine zunächst unwirksame Grundstücksteilung kann also durch gutgläubigen Erwerb eines der

neugebildeten Teilgrundstücke wirksam werden (BayObLG MittBayNot 1981, 125, 126; OLG Frankfurt OLGZ 1985, 156, 157 = MittRhNotK 1985, 43, 44). Ebenso durch den gutgläubigen Erwerb von Auflassungsvormerkungen oder beschränkten Liegenschaftsrechten an einem der neu gebildeten Grundstücke (BayObLG MittBayNot 1995, 291, 293). S auch § 890 Rn 44.

34 Das Gleiche gilt für das **Wohnungs- oder Teileigentum**. § 892 BGB ermöglicht den Erwerb eines Wohnungseigentumsrechts von dem als Wohnungseigentümer Eingetragenen auch dann, wenn das Wohnungseigentum überhaupt noch nicht wirksam gebildet ist (Röll, in: FS Seuss [1987] 233, 234), etwa weil die erforderliche Gläubigerzustimmung (s Staudinger/C Heinze [2018] § 877 Rn 59) fehlt. Ein solcher Mangel des Gründungsgeschäfts (§§ 3, 4 WEG oder § 8 WEG) wird geheilt, sobald das erste Wohnungseigentumsrecht veräußert und dabei gutgläubig erworben wird, denn Wohnungseigentum kann nicht nur an einer einzelnen Wohnung entstehen (BGHZ 109, 179, 183; BayObLG NJW-RR 1998, 946; Staudinger/Rapp/Wobst [2023] § 3 WEG Rn 165; Röll, in: FS Seuss [1987] 233, 236, 238; MünchKommBGB/Krafka[9] § 3 WEG Rn 71; Weitnauer/Briesemeister, WEG[9] [2005] § 3 Rn 38; Demharter Rpfleger 1983, 133, 136; Dreyer DNotZ 2007, 594, 608 ff; **abw** Däubler DNotZ 1964, 216, 224 [Entstehung isolierten Wohnungseigentums]; Gaberdiel NJW 1972, 847 [kein gutgläubiger Erwerb]). Auch der gutgläubige Erwerb der ersten Vormerkung zur Sicherung eines Anspruchs auf Übereignung einer der (bisher unwirksam) gebildeten Wohnungs- oder Raumeigentumseinheiten heilt den Gründungsmangel (s Staudinger/Rapp/wobst [2023] § 3 WEG Rn 165). Entsprechendes gilt, wenn bei der Begründung von Wohnungseigentum durch Vertrag der Miteigentümer (§ 3 WEG) ein als Miteigentümer eingetragener Nichtberechtigter mitwirkt: Falls nur einer der anderen Beteiligten gutgläubig ist, entstehen sämtliche Wohnungseigentumsrechte (Grüneberg/Wicke[84] § 2 WEG Rn 2), wobei der Nichtberechtigte selbst allerdings nichts erwirbt (Soergel/Stürner[12] § 3 WEG Rn 10; Erman/Grziwotz[13] § 2 WEG Rn 9; Däubler DNotZ 1964, 224 f; **aA** Staudinger/Rapp/Wobst [2023] § 3 WEG Rn 157; Gaberdiel NJW 1972, 847, 853; Weitnauer WEG[7] § 3 Rn 6 f, 6g; s unten Rn 97 und Rn 123). Das ihm zugedachte Wohnungseigentum fällt damit an den wirklichen Inhaber des betreffenden Miteigentumsanteils (nach Däubler DNotZ 1964, 224 f allerdings nur, wenn er die Mitwirkung des Nichtberechtigten genehmigt; sonst soll er einfacher Miteigentümer bleiben).

35 Nach einer verbreiteten Auffassung wird allerdings die **physische Existenz** des Grundstücks selbst durch den öffentlichen Glauben nicht gewährleistet (Staudinger/Seufert[11] § 892 Rn 28; Rosenberg § 892 Anm II 1; Soergel/Kern[14] § 892 Rn 12; Kretzschmar § 892 Anm II 1 c; AK-BGB/L vSchweinitz Rn 31; MünchKommBGB/H Schäfer[9] § 892 Rn 17; BeckOGK/Hertel [1. 9. 2024] § 892 Rn 110. 1; Sawitz 60; Planck/Strecker § 892 Anm I 1; Henle DJZ 1901, 126 Fn 1; Güthe/Triebel § 2 Rn 51 aE; beiläufig BayObLGZ 8, 530, 535; 15, 195, 202). Das ist jedoch so nicht haltbar (so auch BGB-RGRK/Augustin § 892 Rn 66). Das Grundstück als ein räumlich abgegrenzter Teil der Erdoberfläche, dessen Grenzlinien sich aus dem Kataster ergeben, muss notwendigerweise existieren; tektonische Verschiebungen oder eine Überflutung der betreffenden Fläche können daran nichts ändern (Dehner, Nachbarrecht [Loseblattausgabe] Teil B § 1 III 2). Falls sich etwa die Oberfläche eines Grundstücks derart senkt, dass sie dauernd von dem Wasser eines angrenzenden Sees bedeckt wird, so bleibt das Grundstück als solches doch in den bisherigen Grenzen erhalten und das Eigentum daran erstreckt sich nunmehr auch auf das darüber befindliche Wasser (RG JW 1900, 492; Dehner Teil B § 1 III 2). Denkbar ist natürlich, dass sich infolge eines Versagens des Katasters oder infolge von Veränderungen

an der Erdoberfläche die Grenzpunkte nicht in die Örtlichkeit übertragen lassen; aber dadurch wird eben nicht die Existenz des Grundstücks in Frage gestellt, sondern nur die Nachweisbarkeit seiner räumlichen Ausdehnung.

Richtig ist allerdings, dass ein bisheriges Grundstück, das vom Meer oder einem Binnengewässer dauerhaft überflutet worden ist, anschließend nicht mehr gutgläubig erworben werden kann; die zwingenden bundes- oder landesrechtlichen Regelungen über die Eigentumslage an Gewässern und die Abgrenzung von Gewässer- und Ufergrundstücken schließen eine solche Möglichkeit aus (vgl BGHZ 110, 148, 155 = NJW 1990, 3263, 3265 [betr Erweiterung des Gewässerbettes einer Bundeswasserstraße]; OLG Oldenburg OLGZ 39 [1912] 354; OLG Oldenburg Rpfleger 1991, 412; BayObLG MittBayNot 1988, 38, 40 [betr Eigentumsveränderungen durch Überflutung und Anlandung, Art 7 Abs 1, 8 Abs 1 BayWG]; LG Oldenburg NdsRpfl 1983, 28; Meikel/Schneider[12] § 116 GBO Rn 14; Schöner/Stöber[16] Rn 345 m Fn 1169; Bengel[6] § 22 GBO Rn 92). Aber durch die Veränderung der Küstenlinie oder des Flussbettes ist hier nicht die physische Existenz des gebuchten Grundstücks zerstört worden – es gibt ja durchaus Gewässergrundstücke –, sondern seine rechtliche Existenz. Entsprechend ist die Situation beim Meeresstrand, wenn dieser „gemeines Eigentum des Staates“ (ALR II 14 § 21, II 15 § 80) ist (BGHZ 44, 27, 30 f). Wenn also eine im Privateigentum stehende Grundfläche unter Einwirkung der Meeresflut die Eigenschaften des Meeresstrandes annimmt, verliert sie damit die Fähigkeit, Gegenstand „normalen“ Privateigentums zu sein. Damit scheidet wiederum für die Zukunft die Möglichkeit eines gutgläubigen Erwerbs der fraglichen Fläche aus. Wenn in einem im Staatseigentum stehenden Gewässer durch Aufschüttung Neuland entsteht, unterliegt dieses, auch wenn es automatisch in Staatseigentum fällt, für die Zukunft doch den allgemeinen Privatrechtsgrundsätzen. Falls die betreffenden Flächen also überhaupt erst durch eine Flussbettveränderung überflutet worden waren und der ursprüngliche Eigentümer noch im Grundbuch eingetragen ist, kann dieser einem redlichen Erwerber nach § 892 BGB das Eigentum daran verschaffen (RG SeuffA 88 Nr 189; JW 1936, 3396, 3398). 36

Nicht beglaubigt wird selbstverständlich auch die Existenz eines Gebäudes, das als solches selbständiger Eigentumsgegenstand ist. Das bedeutet aber nicht, dass ein isoliertes (also nutzungsrechtsloses) Gebäudeeigentum in den neuen Ländern im Falle einer Zerstörung des Gebäudes wegen Wegfalls des Objektes endgültig unterginge. Vielmehr bleibt in diesem Falle eine selbständige Anwartschaft auf das Gebäudeeigentum im Falle der Wiederrichtung als selbständige dingliche Rechtsposition bestehen, wie sich aus Art 233 § 2b Abs 4 iVm § 4 Abs 3 S 1 und 2 EGBGB ergibt (Meikel/Böhringer[7] Sonderband C 644). Diese Anwartschaft ist wie das bisherige Gebäudeeigentum selbst nach den §§ 873, 925 BGB übertragbar. Falls etwa eine nichtige Übertragung des Gebäudeeigentums vorausgegangen und das Gebäudeeigentum deshalb für einen Nichtberechtigten gebucht ist, ist bei der Übertragung der Anwartschaft auch ein gutgläubiger Erwerb möglich. 37

2. Bestand der Grundstücksrechte

§ 892 Abs 1 S 1 BGB beglaubigt die Richtigkeit und Vollständigkeit der bestimmungsgemäßen Angaben des Grundbuches über Bestand, Inhalt und Rang der einzelnen Grundstücksrechte. Dies gilt allerdings *nur für eintragungsfähige Rechte* (s oben Rn 18). Der als Hypothekengläubiger Eingetragene beispielsweise kann aus 38 diesem Grunde auch einem Gutgläubigen nicht unter Offenlegung der noch ausstehenden Valutierung die Hypothekenanwartschaft durch Zession verschaffen, wenn die Einigung über die Bestellung der Hypothek unwirksam war (**aA** Raiser, Dingliche Anwartschaften [1961] 36 m Fn 86; Staudinger/Wolfsteiner [2019] § 1163 Rn 34). Die formgerechte (dh in der Form des § 925 BGB erfolgende, s Staudinger/Diehn [2020] § 925 Rn 129) Übertragung der Anwartschaft (s Staudinger/C Heinze [2018] § 873 Rn 183 f, Staudinger/Diehn [2020] § 925 Rn 128, 133) bzw des Anwartschaftsrechts des Auflassungsempfängers steht nicht unter dem Schutz des guten Glaubens (Staudinger/Diehn [2020] § 925 Rn 129; BGB-RGRK/Augustin §§ 925, 925a Rn 85; MünchKommBGB/Ruhwinkel[9] § 925 Rn 42; Erman/Artz[17] § 925 Rn 61; AK-BGB/L vSchweinitz § 925 Rn 71; Medicus/Petersen, BR[29] Rn 476; L Raiser, Dingliche Anwartschaften [1961] 36; J Hager 439 f; ders JuS 1991, 1, 5; Tiedtke 102; R Mayer, Die Anwartschaft aus der Auflassung [1960] 76 f; Kniffler, Abtretung, Verpfändung und Pfändung des Anwartschaftsrechts aus der Auflassung [1963] 36 ff; Syben, Anwartschaftsrechte auf Erwerb von Liegenschaftsrechten [1963] 79; Kuru, Übertragung und Pfändung der Anwartschaftsrechte [1958] 75). Dies gilt sowohl, wenn der verfügende Erstkäufer ein Anwartschaftsrecht infolge der bloßen Buchberechtigung des Erstveräußerers gar nicht erwerben konnte (s unten Rn 75), wie auch, wenn die Auflassung selbst aus anderen Gründen unwirksam war, genauso aber auch, wenn der verfügende Erstkäufer sein wirksam erworbenes Anwartschaftsrecht zuvor schon einmal an einen anderen Zessionar übertragen hatte (vgl Staudinger/Diehn [2020] § 925 Rn 129). In allen diesen Fällen scheitert ein redlicher Erwerb der angeblichen Anwartschaft des Zedenten einfach am Fehlen einer objektiven Rechtsscheinsbasis (vgl Medicus/Petersen BR[29] Rn 476). Davon zu unterscheiden ist natürlich die Frage, ob ein gutgläubiger Erwerb des Eigentums selbst durch den Zweiterwerber bei einer Kettenauflassung möglich ist, wenn der Erstveräußerer nur Buchberechtigter war. Vgl dazu § 893 Rn 41. Wegen der außerhalb des Grundbuchs entstandenen Rechte vgl oben Rn 27.

39 **a)** Gewährleistet wird dabei vor allem, dass die eintragungsfähigen und eingetragenen Rechte an dem fraglichen Grundstück oder der im Grundbuch bezeichneten Teilfläche (vgl § 7 Abs 2 GBO) oder dem betreffenden Miteigentumsanteil bestehen. Falls also eine Grunddienstbarkeit nur an einer Teilfläche besteht und diese Einschränkung bei der Anlegung des Loseblattgrundbuchs versehentlich nicht mitübertragen wird, kann eine spätere Veräußerung des herrschenden Grundstücks nach § 892 Abs 1 S 1 BGB iVm § 96 BGB zur Ausdehnung der Dienstbarkeit auf die anderen Grundstücksteile führen (OLG Hamm DNotZ 2003, 355, 358; s auch unten Rn 80, 220). Dagegen bietet der öffentliche Glaube des Grundbuches keine Gewähr dafür, dass die vorhandenen **Zubehörstücke** dem Eigentümer des Grundstücks gehören; die Möglichkeit des Eigentumserwerbs an Zubehörstücken des Grundstücks, die dem als Grundstückseigentümer eingetragenen Veräußerer nicht gehören, richtet sich vielmehr gemäß § 926 Abs 2 BGB allein nach den Regeln über den gutgläubigen Erwerb beweglicher Sachen (vgl auch BayObLGZ 6, 157; 8, 526; Sawitz 62). Ebenso wenig garantiert der öffentliche Glaube des Grundbuches, dass die auf dem Grundstück errichteten Gebäude oder sonstige mit Grund und Boden fest verbundenen Sachen wesentliche Bestandteile des Grundstücks und nicht nur Scheinbestandteile sind (RGZ 61, 188, 193; Planck/Strecker § 892 Anm I 1; Rosenberg § 892 Anm II 1 a S 410; Soergel/Kern[14] § 892 Rn 12; Predari S 204; Sawitz S 61). Da auch Gebäude, die von Grundstücksmietern oder -pächtern in massiver Bauweise errichtet worden sind, nach hM unter Umständen Scheinbestandteile iS von § 95 Abs 1 S 1 BGB darstellen können (s BGHZ 8, 1, 6; 10, 171, 176; MünchKommBGB/Stresemann[9] § 95 Rn 8; Staudinger/Dilcher

[1995] § 95 Rn 7; Erman/J Schmidt[17] § 95 Rn 1, 3; NK-BGB/Ring[3] § 95 Rn 21, 24), kann sich ein Grundstückserwerber niemals mit Sicherheit darauf verlassen, dass die vorhandenen Gebäude wirklich das rechtliche Schicksal des Grundstücks teilen. Darin liegt eine rechtspolitisch sicher nicht unbedenkliche Abschwächung des Verkehrsschutzes im Liegenschaftsrecht (s Planck/Strecker § 95 Anm 5). Erst recht wird natürlich das Vertrauen darauf, dass ein über die Grundstücksgrenze hinausgebauter Gebäudeteil eigentumsmäßig zum Stammgrundstück gehört, nicht durch § 892 BGB geschützt. Dies gilt auch, wenn das betreffende Gebäude in Raumeigentum (also Wohnungs- oder Teileigentum) nach dem WEG aufgeteilt worden ist, denn das Wohnungs- bzw Teileigentumsgrundbuch ist nun einmal nur für die Verlautbarung der „internen" Aufteilung des Raumeigentumsgrundstücks zuständig (Ludwig BWNotZ 1984, 133, 134 f; MünchKommBGB/Brückner[9] § 912 Rn 63; Ludwig Rpfleger 1983, 411, 419; **aA** Demharter Rpfleger 1983, 133, 136 f).

b) Der öffentliche Glaube des Grundbuchs garantiert die Existenz eingetragener Liegenschaftsrechte nicht schlechthin unbegrenzt, sondern nur soweit diese Rechte am fraglichen Gegenstand überhaupt *zulässig* sind. Das wiederum kann von den – aus dem Grundbuch nicht zu ersehenden – tatsächlichen Gegebenheiten abhängen, so zB die Frage, ob die eingetragene Dienstbarkeit für das herrschende Grundstück einen Vorteil bietet (§ 1019 BGB). Falls das Erfordernis der utilitas fundi nicht erfüllt ist, kann dem gutgläubigen Erwerber des herrschenden Grundstücks sein guter Glaube nichts helfen (s Rosenberg § 892 Anm III 2; Heck § 73, 6 b; s auch G Lüke JuS 1988, 524, 525). Ist bei der Bildung von Wohnungseigentum ein isolierter Miteigentumsanteil entstanden, weil die Teilungsgenehmigung ihn nur mit dem Sondereigentum an einer dem gemeinschaftlichen Gebrauch dienenden Anlage verbinden wollte (s BGHZ 109, 179, 184), so kann natürlich auch die Übertragung des scheinbaren Wohnungseigentums dem Erwerber nicht mehr als diesen isolierten Miteigentumsanteil verschaffen: Der Miterwerb des Sondereigentums scheitert wieder an der realen Ausgestaltung und Funktion des Raums: Der öffentliche Glaube des Grundbuchs kann nun einmal nicht zwingende rechtliche Hindernisse überwinden, die aus den realen Gegebenheiten erwachsen (Staudinger/Rapp/wobst [2023] § 3 WEG Rn 162 f; Meikel/Schneider[12] § 53 Rn 60). 40

c) Wenn im Grundbuch ein aufschiebend oder auflösend **bedingtes Recht** eingetragen ist, kann diese Eintragung der Natur der Sache nach den Bestand des Rechts nur beschränkt garantieren: Beglaubigt wird hier, dass das Recht als ein bedingtes entstanden und nicht aus anderen Gründen als dem Eintritt der auflösenden Bedingung erloschen ist. Dagegen gehört es nicht zur Aufgabe des Grundbuchs, über den Eintritt oder Ausfall der Bedingung Auskunft zu geben. Der Erwerber des bedingten Rechts kann sich somit nicht darauf berufen, dass ihm der Eintritt der auflösenden oder der Ausfall der aufschiebenden Bedingung nicht bekannt gewesen sei (RGZ 144, 26, 28; Planck/Strecker § 892 Anm I 3; Rosenberg § 892 Anm II 4; MünchKommBGB/H Schäfer[9] § 892 Rn 16; Sawitz 112 f; Hagemann DJZ 1908, 1339; Weber DJZ 1909, 543; **abw** Francke Recht 1909, 533). Ist aber ein bedingtes Recht als unbedingtes ausgewiesen, so erwirbt es der gutgläubige Dritte zweifellos mit dem grundbuchmäßigen Inhalt, also als unbedingtes (RGZ 144, 26, 28; Planck/Strecker § 892 Anm I 3; H Westermann/Eickmann[8] § 83 Rn 4). Eine solche Situation kann sich etwa ergeben, wenn die zunächst eingetragen gewesene Bedingung bei der Umstellung des Grundbuches auf maschinenschriftliches Verfahren versehentlich nicht mit übertragen worden ist oder wenn sie fälsch- 41 lich gelöscht worden ist. Nach hM darüber hinaus, wenn die Einigung über die Rechtsbestellung bedingt war, das Recht aber versehentlich als unbedingtes eingetragen wurde: Die hM nimmt nämlich zu Recht an, dass hier entgegen dem Inhalt der Eintragung nur ein bedingtes Recht entsteht (BGH FGPrax 2011, 163 f Rn 11; Wolff/Raiser § 38 II 5; Staudinger/Ertl[12] § 873 Rn 183; Staudinger/C Heinze [2018] § 873 Rn 194 mwNw; Planck/Strecker § 873 Anm II 2; Soergel/Kern[14] § 873 Rn 44; Grüneberg/Herrler[84] § 873 Rn 12). Die bedingte oder befristete Rechtsänderung ist nämlich gegenüber einer unbedingten und unbefristeten ein Minus; wenigstens hinsichtlich dieses geringeren Rechtsinhaltes stimmen Einigung und Eintragung überein. Nach hM entfaltet auch die versehentlich nicht eingetragene Bedingung einer Rangänderungsvereinbarung (§ 880 BGB) dingliche Wirkung, solange nicht der öffentliche Glaube des Grundbuchs zugunsten eines Dritterwerbers eintritt (Planck/Strecker § 880 Anm 3a; Staudinger/S Heinze [2018] § 880 Rn 15 mwNw). – Ist ein in Wirklichkeit unbedingtes Grundstücksrecht versehentlich als bedingtes eingetragen worden, so wird natürlich dem redlichen Erwerber des Grundstücks die eingetragene Bedingung als bestehend verbürgt (Sawitz 112 f Fn 19). – Dem Erwerber eines Rechts an einem grundstücksgleichen Recht wird durch § 892 BGB auch garantiert, dass das Verfügungsobjekt nicht durch eine vom Verfügenden oder von einem seiner Rechtsvorgänger ausgesprochene Genehmigung der Aufhebung des grundstücksgleichen Stammrechtes gefährdet ist (s Rn 220). – Der Erwerb eines Grundpfandrechts wird durch § 892 BGB aber nicht dagegen geschützt, dass dieses Recht entgegen seiner Annahme bereits gekündigt war; die Tatsache der **Kündigung** wird nun einmal nicht durch das Grundbuch verlautbart (s Staudinger/Wolfsteiner [2019] § 1141 Rn 24 mwNw).

42 **d)** § 892 BGB garantiert nicht nur den Bestand des eingetragenen Rechts, sondern auch seinen im Grundbuch ausgewiesenen **Inhalt und Rang**. Bei den Grundpfandrechten wird beispielsweise garantiert, dass das Recht in Höhe der vollen Grundpfandsumme Fremdgrundpfandrecht des als Gläubiger Eingetragenen ist, solange das Gegenteil nicht aus dem Grundbuch selbst (bzw bei Briefgrundpfandrechten gem § 1140 BGB aus einem Vermerk auf dem Grundbuchbrief) hervorgeht. Das gilt nach heute ganz hM auch für die Tilgungshypotheken (Amortisationshypotheken und Abzahlungshypotheken; s Staudinger/Wolfsteiner [2019] Vorbem 27 zu §§ 1113 ff mwNw; anders früher Rosenberg § 892 Anm II 4 a; Koban ArchBürgR 29, 1 ff; Dernburg § 208 V; M Wolff, Sachenrecht[9] § 137 Fn 3; Biermann § 892 Anm 1 b β; Cosack/Mitteis § 81 II 2 d; ferner auch noch AK-BGB/Winter §§ 1137/1138 Rn 10). Der hM ist zuzustimmen. Selbst wenn die Tilgungsabrede ins Grundbuch aufgenommen worden oder die Eigenschaft als Tilgungshypothek dem Zessionar bekannt ist, folgt daraus noch nicht die Kenntnis, dass die dem Tilgungsplan entsprechenden Zahlungen wirklich erfolgt sind. Was den Rang angeht, so ist es gleichgültig, ob sich das Rangverhältnis nach § 879 Abs 1 BGB aus der Reihenfolge bzw den Daten der Eintragung ergibt oder ob ein besonderer Rangvermerk, eine Rangänderung oder ein Rangvorbehalt eingetragen ist (Planck/Strecker Anm I 2); anders natürlich, wenn die Eintragung des Rangvorbehalts wegen Verstoßes gegen § 881 Abs 2 BGB nichtig ist (s oben Rn 13). Wegen der Komplikationen, die sich bei etwaigen Divergenzen zwischen der räumlichen und der zeitlichen Reihenfolge der Eintragungen in derselben Abteilung bzw bei unrichtigen oder fehlenden Datierungen ergeben, vgl Staudinger/S Heinze (2018) § 879 Rn 32 ff, 58 f, 61. Die Eintragung einer (materiell unwirksamen) Rangänderungsvereinbarung steht auch dann unter dem öffentlichen Glauben des Grundbuchs, wenn sie nur beim zurücktretenden Recht erfolgte; der redliche Erwerber des vortretenden Rechts er-

langt hier also den Vorrang (RG HRR 1931 Nr 1912; KGJ 44 A 258; MünchKommBGB/H Schäfer[9] § 892 Rn 16 Fn 94); ein Teil des Schrifttums hält einen nur beim zurücktretenden Recht eingetragenen Rangänderungsvermerk dagegen für materiellrechtlich wirkungslos (Staudinger/S Heinze [2018] § 880 Rn 22 mwNw; BGB-RGRK/Augustin § 892 Rn 19).

e) Der öffentliche Glaube des Grundbuches erstreckt sich grundsätzlich auch auf die Eintragung des **Zinssatzes** eines Grundpfandrechtes. Dies gilt auch dann, wenn sich aus der im Eintragungsvermerk in Bezug genommenen Eintragungsbewilligung ergibt, dass eine Einigung über den Zinssatz nicht stattgefunden hat (RG DNotZ 1931, 365, 367). Da der Zinssatz nach § 1115 BGB unbedingt im Grundbuch eingetragen werden muss, kann die Bezugnahme auf die Bewilligung für ihn keine Bedeutung haben. Die eingetragene Bestimmung des *Höchstersatzes* für den Fall der Zwangsversteigerung (§ 882 BGB) betrifft ebenfalls den Inhalt des Rechts; auch sie gehört deshalb zum Beglaubigungsbereich des Grundbuchs. Wird also ein solcher Höchstbetrag ohne wirksame Einigung eingetragen, so führt die anschließende Veräußerung des belasteten Grundstücks an einen redlichen Erwerber zu einer entsprechenden „Abschwächung“ des betreffenden Grundstücksrechts; es tritt also ein teilweiser Erwerb der Lastenfreiheit ein. Dagegen gehört die *Unterwerfungsklausel* des § 800 ZPO – deren Eintragungsvoraussetzungen sich ja nicht nach § 873 bzw § 877 BGB richten – nicht zum materiellen Inhalt der Hypothek, vielmehr stellt sie ein prozessuales Nebenrecht dar (RGZ 146, 308, 312; KG HRR 1931 Nr 1704; 1937 Nr 1657; OLG München HRR 1937, 1083; OLGR Rostock 2000, 326, 327; Planck/Strecker § 1115 Anm 6c mwNw; Oberneck II 118 f; BeckOGK/Hertel [1. 9. 2024] § 892 Rn 129 Stein/Jonas/Münzberg, ZPO[22] § 800 Rn 3; Lent DNotZ 1952, 411, 414; **abw** Rosenberg, Zivilprozeßrecht[9] § 173 I 8 c; OLG Colmar OLGE 12, 349; 13, 196; KGJ 21 A 19; 16 A 122; Schefold WürttZ 48, 229; Dennler BayNotZ 1903, 348 ff). Dann kann aber eine Unterwerfungsklausel, die versehentlich trotz Fehlens einer den Vorschriften der §§ 794 Nr 5, 800 ZPO entsprechenden Unterwerfungserklärung eingetragen worden ist, nicht zum Inhalt des Grundbuches iS von § 892 BGB gehören (BGHZ 108, 372, 376; OLGR Rostock 2000, 326, 327; KG HRR 1931, Nr 1704; 1937 Nr 1657; OLG München JFG 15, 259, 261; MünchKommBGB/H Schäfer[9] § 892 Rn 21; Grüneberg/Herrler[84] § 892 Rn 14; **aA** Planck/Strecker § 1115 Anm 6c; Sawitz 115 Fn 23; Bourier DNotZ 1935, 206). Konsequenterweise muss schließlich auch nach versehentlicher Löschung der zunächst zutreffend eingetragenen Unterwerfungsklausel ein gutgläubiger Erwerb des Grundstücks in dem Sinne, dass der neue Eigentümer der sofortigen Zwangsvollstreckung nicht mehr unterworfen wäre, ausscheiden (**aA** KG HRR 1937 Nr 1657; Meikel/Schneider[12] § 53 Rn 65). 43

Nicht zum Inhalt des dinglichen Rechts gehört natürlich auch die dem Recht zugrundeliegende und durch das Recht gesicherte *Forderung*. Im Falle der Verkehrshypothek wird allerdings die gesicherte Forderung dennoch kraft ausdrücklicher gesetzlicher Anordnung (§ 1138 BGB) in beschränktem Umfang in den Beglaubigungsbereich des Grundbuches einbezogen. 44

Eine bei einem Liegenschaftsrecht eingetragene **Löschungserleichterung** (§ 23 Abs 2 GBO) gehört weder zum Bestand noch zum Inhalt des Rechts, sondern verändert allein die Verfahrensvoraussetzungen für die Löschung des Rechts im Falle des Todes des Berechtigten (BGHZ 66, 341, 347). Ein bei einer Reallast eingetragener, aber nicht wirksamer Löschungserleichterungsvermerk kann deshalb auch nicht auf- 45 grund des öffentlichen Glaubens des Grundbuchs bei der Übertragung des Grundstücks wirksam werden (BayObLG DNotZ 1985, 41).

3. Die Person des Berechtigten

46 Unter dem Schutz des öffentlichen Glaubens stehen vor allem auch die Angaben des Grundbuches über die Person des Inhabers eines eingetragenen Rechts. § 892 BGB greift dabei auch ein, wenn der Verfügende im Zeitpunkt der Einigung noch Berechtigter war, im Zeitpunkt der Eintragung seine Rechtsinhaberschaft aber bereits außerhalb des Grundbuchs verloren hat. Wenn beispielsweise nach der formgerechten Einigung über die Abtretung einer Buchhypothek diese durch Erfüllung der Hypothekenforderung zur Eigentümergrundschuld wird, so wird der gutgläubige Zessionar durch § 892 Abs 1 S 1 BGB iVm § 1138 BGB geschützt; er erlangt eine forderungsentkleidete Hypothek. Oder wenn die Einigung über die Übertragung eines auflösend bedingten Rechtes erfolgt, bei dem die Bedingung im Grundbuch nicht ausgewiesen ist (vgl Staudinger/C Heinze [2018] § 873 Rn 194), und nun noch vor der Eintragung die Bedingung eintritt, erlangt der gutgläubige Erwerber wiederum nach § 892 Abs 1 S 1 BGB ein unbedingtes Recht. Im Falle des Miteigentums oder wenn ein beschränktes dingliches Recht für eine Bruchteilsgemeinschaft eingetragen ist (s Staudinger/vProff [2021] § 741 Rn 68 ff) erstreckt sich der öffentliche Glaube auch auf die angegebenen Beteiligungsquoten. Wenn als Rechtsinhaber eine Miterbengemeinschaft ausgewiesen ist, gilt der Schutz des § 892 BGB dagegen nicht für die etwa überflüssigerweise angegebenen Erbteile (KGJ 40 A 167, 169; vgl OLG München19. 7. 2016 – 34 Wx 62/16, RNotZ 2016, 665, 667; Planck/Strecker § 892 Anm II 1 a; BGB-RGRK/Augustin § 892 Rn 20). Das ergibt sich schon daraus, dass der Erbteil ja die Mitberechtigungsquote am ganzen Nachlass ausdrückt, während der darin theoretisch enthaltene „Anteil" an dem zum Nachlass gehörenden Grundstück keinen selbständigen Gegenstand des Rechtsverkehrs darstellt (§ 2033 Abs 2 BGB). Bei mehrfacher Abtretung des gleichen Erbteils ist mithin ein gutgläubiger Erwerb nicht möglich (KGJ 40 A 167, 169; Rosenberg § 892 Anm I 11 a; vTuhr I 167; MünchKommBGB/Wacke[4] § 892 Rn 23). Am Gutglaubensschutz teil hat aber die Angabe der Mitglieder einer Erbengemeinschaft, für die das Eigentum an einem Grundstück oder einem Liegenschaftsrecht gebucht ist. Dies gilt auch für die zum Zwecke der Grundbuchberichtigung erfolgte Eintragung eines Erbteilserwerbers. Falls sich nach einer Verfügung über das gemeinschaftliche Liegenschaftsrecht, an der der Erbteilserwerber mitgewirkt hat, herausstellt, dass die Erbteilsübertragung unwirksam war, kann die Verfügung doch nach § 892 BGB wirksam sein. Ist der als Rechtsinhaber Eingetragene bereits verstorben, so ist dessen wirklicher **Erbe** auch ohne Eintragung im Grundbuch in einer für den Gutglaubenserwerb genügenden Weise als Rechtsinhaber ausgewiesen (Mot III 211; OLG Naumburg NJOZ 2001, 1137, 1138; OLG Schleswig NJW-RR 2006, 1608, 1609; Wolff/Raiser § 45 Fn 26; Planck/Strecker § 892 Anm II 1 b; Rosenberg § 892 Anm II 2 b; Biermann § 892 Anm 5b; Oberneck I 378; Soergel/Kern[14] § 892 Rn 8; MünchKommBGB/Kohler[8] § 892 Rn 18; Grüneberg/Herrler[84] § 892 Rn 13; BeckOGK/Hertel [1. 9. 2024] § 892 Rn 94; Turnau/Förster § 892 Anm I 3; Fuchs § 892 Anm 3b bb; Goldmann/Lilienthal § 44 Fn 17, 99; Endemann II 1, 376 Fn 30; Crome § 372, 4; Ramdohr Gruchot 44 [1900] 324, 347). Die in der Buchberechtigung enthaltene Legitimation geht als vermögenswerte und dem Besitz ähnliche Position analog zu §§ 1922, 857 BGB automatisch auf den Erben über (kritisch Kiehnle 134 Fn 242). Dies gilt grundsätzlich auch für Verfügungen des vorläufigen Erben (s Staudinger/Mešina [2017] § 1959 Rn 15).

Da die Verfügung über Liegenschaftsrechte doch wohl eine pro herede gestio darstellt, durch die der vorläufige Erbe nach § 1943 BGB sein Ausschlagungsrecht verliert, kommt insoweit wohl nur der Fall in Betracht, dass die Annahme anfechtbar ist und nach der Verfügung auch wirklich angefochten wird. Der gutgläubige Erwerb ist allerdings ausgeschlossen, wenn der Verfügungsbegünstigte weiß, dass der ihm als Erbe Gegenüberstehende noch das Ausschlagungsrecht bzw die Möglichkeit der Anfechtung der Erbschaftsannahme hat (Staudinger/Mešina [2017] § 1959 Rn 15; MünchKommBGB/Leipold[9] § 1959 Rn 8; Soergel/Naczinsky[14] § 1959 Rn 11; KK-ErbR/Löhnig § 1959 Rn 4; DNotI-Gutachten DNotJ-Report 2006, 45, 46; **abw** Staudinger/Lehmann[11] § 1959 Rn 15). Wenn der Veräußerer nur Scheinerbe des im Grundbuch zu Unrecht als Rechtsinhaber Eingetragenen ist, also ein sogenannter Doppelfehler vorliegt, kann nur die kombinierte Anwendung von § 892 BGB und § 2366 BGB zu einem gutgläubigen Erwerb führen; der Veräußerer muss also durch Erbschein als Erbe des Eingetragenen ausgewiesen und der Erwerber auch insoweit gutgläubig sein (BGHZ 57, 341; OLG Naumburg 26. 10. 2006 – 2 U 77/06 Rn 16; MünchKommBGB/Kohler[8] § 892 Rn 18; Soergel/Kern[14] § 892 Rn 8; Erman/Artz[17] § 892 Rn 5; Grüneberg/Herrler[84] § 892 Rn 13). Dabei ist zu beachten, dass § 892 Abs 2 BGB im Rahmen des § 2366 BGB nach zutr hM nicht gilt (Staudinger/Herzog [2023] § 2366 Rn 16 mwNw; MünchKommBGB/Grziwotz[9] § 2366 Rn 17, 36; Grüneberg/Herrler[84] § 892 Rn 13; Lutter AcP 164 [1964] 122, 166 Fn 143). Der noch nicht eingetragene Erbe (des eingetragenen bisherigen Rechtsinhabers) ist – solange er nicht im Besitz eines weitergehenden Erbscheins ist – natürlich nur im wirklichen Umfang seines Erbrechts buchmäßig legitimiert. Bei Verfügungen eines noch nicht eingetragenen Vorerben kommen die Beschränkungen der §§ 2113 ff BGB deshalb auch dann zur Anwendung, wenn der Erwerber den Verfügenden für einen Vollerben gehalten hat (BGH NJW 1970, 943; Rosenberg § 892 Anm I 2 b; Grüneberg/Herrler[84] § 892 Rn 17; Schwarz Recht 1903, 226; Maenner LZ 1925, 12). Wie die Konstellation des Erbfalls sind auch die sonstigen Fälle einer Gesamtnachfolge zu behandeln (OLG Schleswig NJW-RR 2006, 1608, 1609 [Übergang der zum Geschäftsbereich des Bundesfinanzministeriums gehörenden Grundstücke des Bundes auf die Bundesanstalt für Immobilienaufgaben nach § 2 Abs 2 BImAG]). Wenn im Grundbuch eine nicht mehr existierende Konsumgenossenschaft Kreis H eingetragen ist, deren Gesamtrechtsnachfolgerin durch Verschmelzung aber die Konsumgenossenschaft H geworden ist, dann ist die letztere in einer für die Anwendung des § 892 BGB genügenden Weise legitimiert (OLGR Jena 1998, 402, 404; s auch OLG Dresden OLG-NL 1994, 155, 156). – Der Bestand des Verfügungsobjektes und die Person des Berechtigten werden gleichzeitig beglaubigt, wenn nach einer wirksamen Dereliktion eines Grundstücks der frühere Eigentümer etwa durch Vortäuschung eines Anfechtungsgrundes seine Wiedereintragung erreicht oder infolge eines Übertragungsfehlers wieder als Eigentümer ausgewiesen wird und nun sein angebliches Eigentum an einen Gutgläubigen überträgt. Durch den Eigentumserwerb nach § 892 Abs 1 S 1 BGB geht das Aneignungsrecht des Fiskus (§ 928 Abs 2 BGB) natürlich unter. – Bis zur am 22. 7. 1997 in Kraft getretenen Änderung von § 8 VZOG verlieh eine unwirksame, weil nicht auf einer wirksamen Enteignung beruhende Eintragung als Volkseigentum der als Rechtsträger bezeichneten Stelle nicht die Verfügungsbefugnis für Übereignungen des betreffenden Grundstücks (BGH VIZ 1998, 519; 1999, 161, 162 f; 2004, 362, 363). Die betreffende Buchposition ermöglichte jedoch den gutgläubigen Erwerb des zu Unrecht als volkseigen gebuchten Grundstücks von dem nur scheinbar Verfügungsberechtigten (BGH NJW-RR 2006, 1242, 1244 f).

47 Für die Gesellschaft bürgerlichen Rechts bestand **bis zum 31. 12. 2023** eine Sondersituation: Seit der Grundsatzentscheidung des BGH vom 29. 1. 2001 (BGHZ 146, 341) war im Schrifttum weitestgehend anerkannt, dass **(Außen-)Gesellschaften des bürgerlichen Rechts** prinzipiell rechtsfähig sind und damit selbst Träger der zum Gesellschaftsvermögen gehörenden Rechte sind (vgl die Nachweise bei Staudinger/C Heinze [2018] § 873 Rn 99). Spätere Entscheidungen des BGH bejahten zudem die Grundbuchfähigkeit der BGB-Gesellschaft, also ihre Fähigkeit, als Eigentümer von Grundstücken oder Inhaber von beschränkten Liegenschaftsrechten eingetragen zu werden (BGHZ 179, 102, 105 ff mwNw). Wegen der Aufgabe der Gesamthandskonstruktion passten aber nunmehr die §§ 47 GBO und 15 GBV nicht mehr für die Gesellschaft bürgerlichen Rechts. Die erforderlichen Änderungen dieser Verfahrensvorschriften traten am 18. 8. 2009 in Kraft, wobei diese nach Art 229 § 31 EGBGB überwiegend Rückwirkung entfalteten. Danach mussten bei der Eintragung eines Liegenschaftsrechts für eine GbR „auch" die Gesellschafter im Grundbuch eingetragen werden, und zwar in der gleichen Weise, wie im Grundbuch die Person des Berechtigten zu bezeichnen ist. Die Identifizierung der Gesellschafter erfolgte damit über eine Auflistung der Gesellschafter, sodass (im Gegensatz zu BGHZ 179, 102, 110) die bloße Angabe des Namens der Gesellschaft nicht mehr ausreichte. Andererseits hatte der BGH klargestellt, dass § 47 Abs 2 GBO eine § 29 GBO vorgehende Sonderregelung darstellt, die dafür sorgt, dass die GbR trotz ihrer weitgehenden Teilrechtsfähigkeit grundbuchverfahrensrechtlich weiterhin im Wesentlichen so behandelt werden kann wie zu Zeiten ihrer Deutung als Gesamthand (vgl Staudinger/C Heinze [2018] § 873 Rn 99). – Gleichzeitig mit den verfahrensrechtlichen Neuregelungen war mit § 899a BGB eine materiellrechtliche Neuregelung in Kraft getreten, die den gutgläubigen Erwerb von einer im Grundbuch als Inhaber eines Liegenschaftsrechts eingetragenen, in Wirklichkeit aber nichtberechtigten Gesellschaft bürgerlichen Rechts erleichtern sollte (vgl Staudinger/Diehn [2021] § 925 Rn 45 sowie Staudinger/Picker [2019] § 899a Rn 1 ff). Nach Außerkrafttreten des § 899a BGB und Änderung des § 47 GBO **zum 1. 1. 2024** bestehen indes keine Besonderheiten mehr für die (eingetragene) Gesellschaft bürgerlichen Rechts im Vergleich zu den Personenhandelsgesellschaften.

48 § 892 BGB verleiht nur dem „Inhalt des Grundbuchs" öffentlichen Glauben. Daraus müsste man eigentlich schließen, dass der gutgläubige Erwerb von einem Nichtberechtigten nur dann möglich ist, wenn der nichtberechtigte Veräußerer selbst unmittelbar durch das Grundbuch als Rechtsinhaber ausgewiesen wird (so in der Tat wohl RGZ 73, 127; 86, 353, 355; RG WarnR 1930 Nr 163). Eine verbreitete Auffassung scheint jedoch auf das **Erfordernis der Eintragung des Verfügenden** nicht nur für den bereits erwähnten Ausnahmefall des Erben (oben Rn 46) verzichten zu wollen, sondern darüber hinaus ganz allgemein in solchen Fällen, in denen der Rechtsvorgänger des Verfügenden im Grundbuch eingetragen ist und zusätzlich die Voraussetzungen für einen außerhalb des Grundbuches erfolgten Rechtsübergang vom eingetragenen auf den jetzigen Veräußerer vorliegen (so wohl Planck/Strecker § 892 Anm II 1 b; Rosenberg § 892 Anm I 2 b; BGB-RGRK/Augustin § 892 Rn 36; Goldmann/Lilienthal § 44 Fn 17, 99; Biermann § 892 Anm 5b; Staudinger/Seufert[11] § 892 Rn 11; Ramdohr Gruchot 44 [1900] 324, 347; die Äußerungen sind allerdings nicht sehr klar; s dazu Kiehnle 131 f mit Fn 240 f). Falls unstreitig oder nachgewiesenermaßen ein Tatbestand gegeben ist, der das fragliche Recht außerhalb des Grundbuchs vom Eingetragenen auf den jetzigen Veräußerer hätte übergehen lassen, wenn es dem Eingetragenen seinerzeit wirklich zugestanden hätte, soll der Erwerber nach dieser Ansicht offenbar so gestellt werden, als wäre er selbst an

Stelle seines Vormannes eingetragen. Damit würde vor allem die Konstellation erfasst, dass der Eigentümer über die angeblich nach §§ 1163 Abs 1 S 1, 1177 Abs 1 BGB erworbene Eigentümergrundschuld verfügt, während diese noch als Fremdhypothek eingetragen ist; wenn sich hier herausstellt, dass zwar die zugrunde liegende Forderung mittlerweile tatsächlich getilgt wurde, die Hypothek als solche aber überhaupt nicht wirksam begründet war, würde der redliche Zessionar die Grundschuld gutgläubig erworben haben (so wohl PLANCK/STRECKER § 892 Anm II 1 b; STAUDINGER/SEUFERT[11] § 892 Rn 11). Entsprechendes müsste dann für die Fälle gelten, in denen der als Inhaber eines Briefgrundpfandrechts eingetragene (oder gem § 1155 BGB als Rechtsinhaber legitimierte) Nichtberechtigte das Briefgrundpfandrecht durch privatschriftliche Abtretungserklärung und Briefübergabe (§§ 1154 Abs 1, 1192, 1200 Abs 1 BGB) auf den jetzigen Zedenten übertragen hatte (dieser jedoch nicht durch gutgläubigen Erwerb zum Rechtsinhaber geworden war). Diese Handhabung passt zu der (allerdings sehr umstrittenen) extensiven Interpretation des § 1155 BGB, nach der eine privatschriftliche Abtretungserklärung die Kette schon dann nicht unterbricht, wenn sie als solche einwandfrei ist, also das Recht, wenn es dem Zedenten zugestanden hätte, übertragen hätte (s STAUDINGER/SCHERÜBL[12] § 1155 Rn 25; anders aber NK-BGB/ZIMMER[5] § 1155 Rn 14; ERMAN/WENZEL[13] § 1155 Rn 4; GRÜNEBERG/HERRLER[84] § 1155 Rn 3). Unseres Erachtens entfernt sich diese Ansicht jedoch zu weit vom Gesetz (abl auch KIEHNLE 132 Fn 241). Die Grundlage des gutgläubigen Erwerbs – die objektive Rechtsscheinbasis also – kann doch wohl grundsätzlich nur das Grundbuch selbst (bzw die das Grundbuch verlängernde Kette öffentlich beglaubigter Abtretungserklärungen) bilden. Oder anders gesagt: Der öffentliche Glaube des Grundbuches verbürgt jeweils nur die gegenwärtige Existenz des eingetragenen Rechtes in der Person des Eingetragenen. Dieser Umstand verbietet es, für die Frage der Rechtsinhaberschaft an einen früheren Inhalt des Grundbuches anzuknüpfen und aus diesem sowie einem hypothetischen Rechtsübergang, der stattgefunden hätte, wenn die Rechtslage dem seinerzeitigen Grundbuchstand entsprochen hätte, nun eine neue Rechtsscheinbasis zusammenzustückeln. Die abweichende Lösung im Falle des Erben des Eingetragenen beruht auf einer Sonderwertung, die nicht (oder doch jedenfalls nicht über den Bereich der Gesamtrechtsnachfolge hinaus) verallgemeinerungsfähig ist. Wenn man von diesem Sonderfall einmal absieht, muss unseres Erachtens der nichtberechtigte Veräußerer selbst im Grundbuch eingetragen sein; die Eintragung eines Vormanns kann nicht ausreichen. Das Gleiche muss gelten, wenn der wirkliche, aber nicht im Grundbuch eingetragene, sondern nur durch Briefbesitz und schriftliche Abtretungserklärung legitimierte Hypothekengläubiger die Hypothek ohne Briefübergabe nach §§ 1154 Abs 1, 1117 Abs 1 S 2, 930 BGB überträgt, wobei die Abtretungserklärung auf ein mit dem Brief nicht verbundenes Blatt gesetzt und dem Erwerber ausgehändigt wird. Falls dieser ehemalige Hypothekar die Hypothek nun ein zweites Mal abtritt, fehlt es wieder an einer für den gutgläubigen Erwerb ausreichenden Rechtsscheinbasis. Aus dem gleichen Grunde steht die Abtretung der vorläufigen Eigentümergrundschuld an einen Zwischenkreditgeber nicht unter dem Schutz des guten Glaubens, wenn der Grundstückseigentümer diese zuvor bereits einmal nach §§ 1154 Abs 1 S 1 HS 2, 1117 Abs 1 S 2, 931 BGB an eine andere Person abgetreten hatte. – All dies bedeutet nicht, dass ein Gutglaubensschutz nach § 892 BGB schlechterdings nur dann in Betracht käme, wenn der Veräußerer im Grundbuch eingetragen ist. Nur die fehlende Rechtsinhaberschaft des Verfügenden kann grundsätzlich ohne dessen Eintragung im Grundbuch nicht durch die Redlichkeit des Erwerbers ersetzt werden. Anders ist es dagegen, wenn der im Grundbuch nicht eingetragene wirkliche Rechtsinhaber sein Recht überträgt oder belastet, diesem Recht aber im Grundbucheintrag ein zu weitgehender Inhalt beigelegt ist oder eine existierende Belastung des fraglichen Rechts im Grundbuch zu Unrecht gelöscht ist. Hier ist ein gutgläubiger Erwerb des „besseren" Rechtsinhalts bzw der Lastenfreiheit oder des Vorrangs vom nichteingetragenen Berechtigten denkbar. (Praktisch kommt hierfür allerdings wohl nur der Bereich der Briefgrundpfandrechte in Betracht, weil sonst das Veräußerungsgeschäft selbst in formeller Hinsicht [§ 39 GBO] die Voreintragung des Verfügenden im Grundbuch voraussetzt.) – Ein Sonderfall ist gegeben, wenn der Vorerbe des im Grundbuch eingetragenen Nichtberechtigten seine Eintragung herbeigeführt hat und nach Eintritt des Nacherbfalls der selbst im Grundbuch nicht eingetragene Nacherbe eine Verfügung vornimmt (vgl J Hager 433). Hier muss § 892 BGB genauso angewandt werden als wäre der Verfügende im Grundbuch eingetragen (implizit J Hager 433). Entscheidend ist, dass die Eintragung den Grund der Umschreibung auf die Vorerben ja offenlegt: damit wird deutlich, dass ihm die Rechtsinhaberschaft gerade in seiner Rolle als Vorerbe des bisher Eingetragenen zugeschrieben wird. Das aber bedeutet, dass die buchmäßige Legitimation als Rechtsinhaber beim Nacherbfall automatisch auf den Nacherben übergehen musste. Dieser (und nicht mehr der noch im Grundbuch eingetragene Vorerbe) ist damit in einer für den Gutglaubenserwerb genügenden Weise als Rechtsinhaber ausgewiesen.

4. Höchstpersönliche Rechte

49 Auch die Eintragungen **höchstpersönlicher Rechte** (wie Nießbrauch, beschränkte persönliche Dienstbarkeit, Wohnungsrecht) stehen unter dem Schutz des öffentlichen Glaubens. Zwar kann infolge ihrer Unübertragbarkeit § 892 BGB bei ihnen nicht zur Anwendung gelangen, aber dem Eingreifen von § 893 BGB steht nichts entgegen (Keller/Munzig/Meier[9] § 53 Rn 14 ee; s auch OLG Köln NRW-RR 1987, 1103). Im Übrigen kommt bezüglich der höchstpersönlichen Rechte natürlich auch die negative Seite von § 892 BGB wieder zur Anwendung, wenn diese nicht oder nicht mit ihrem vollen Umfang oder Inhalt eingetragen sind und das belastete Grundstück nunmehr an einen Redlichen übereignet wird; entsprechend ist bei unrichtiger Angabe des Ranges eines höchstpersönlichen Rechtes ein gutgläubiger Erwerb des Vorranges vor diesem möglich. Wenn der Grundstücksnießbrauch ausnahmsweise nach § 1059a Abs 1 Nr 2 BGB übertragbar ist, muss auch ein gutgläubiger Erwerb eines im Grundbuch eingetragenen und ausgeübten, aber nicht wirksam begründeten Nießbrauchs möglich sein. Entsprechendes gilt, wenn der Nießbrauch einer juristischen Person oder rechtsfähigen Personengesellschaft an einem beschränkten Liegenschaftsrecht nach § 1072 BGB in Verbindung mit § 1064 BGB durch bloße Erklärung an den Inhaber des belasteten Rechts aufgehoben worden ist, das Grundbuch danach nicht berichtigt worden ist und der bisherige Nießbraucher anschließend das Unternehmen oder einem Unternehmensteil auf einen Dritten überträgt, wobei diese Übertragung jedenfalls bei Fortbestand des Nießbrauchs nach § 1068 BGB iVm § 1059a Abs 1 Nr 2 BGB wirksam wäre. In einem solchen Fall muss die Übertragung unter dem Schutz des § 892 BGB stehen (s NK-BGB/Lemke[5] § 1072 Rn 4; Grüneberg/Herrler[84] § 1072 Rn 1; **aA** Staudinger/C Heinze [2021] § 1072 Rn 7; Bamberger/Roth/Hau/Poseck/Reischl[5] § 1072 Rn 8; Wilhelm[7] Rn 1948).

5. Gutglaubensresistente Rechte

a) Altrechtliche Grunddienstbarkeiten

Durch gesetzliche Vorschriften sind bestimmte dingliche Rechte von der Wirkung des öffentlichen Glaubens ausgenommen worden. So verschiedene gesetzliche Vorkaufsrechte (s unten Rn 53), die frühere Rentenbanksgrundschuld (§ 10 der VO v 15. 10. 1923), vor allem aber kraft landesgesetzlicher Vorschriften bestimmte Rechte auf den Vorbehaltsgebieten der Art 67, 109, 114 EGBGB. 50

Hier ist besonders wichtig die Vorschrift des Art 187 Abs 1 S 1 EGBGB, wonach altrechtliche Grunddienstbarkeiten „zur Erhaltung der Wirksamkeit gegenüber dem öffentlichen Glauben des Grundbuches nicht der Eintragung" bedürfen, sodass ein gutgläubiger lastenfreier Erwerb hinsichtlich solcher nicht eingetragener Rechte ausscheidet (Staudinger/J Hönle/U Hönle [2018] Art 187 EGBGB Rn 1 ff; BeckOGK/Hertel [1. 9. 2024] § 892 Rn 105). Die Norm gilt in den meisten *alten* Bundesländern; von der in Art 187 Abs 2 EGBGB eröffneten Möglichkeit einer abweichenden landesrechtlichen Regelung haben Baden-Württemberg (§ 31 AGBGB BW), Bremen (§ 37 brem AGBGB) und Hamburg (§ 44 hbg AGBGB) Gebrauch gemacht (zu § 31 AGBGB BW s OLG Karlsruhe 16. 12. 2021 – 12 U 392/20, BeckRS 2021, 39729 Rn 64; Ilg BWNotZ 2019, 318). Danach darf der Landesgesetzgeber freilich nur bestimmen, dass eine altrechtliche Grunddienstbarkeit ihre Wirksamkeit gegenüber dem öffentlichen Glauben des Grundbuchs bei nicht fristgerechter Eintragung im Grundbuch verliert, ein gutgläubiger lastenfreier Erwerb hier also doch möglich ist; Hamburg geht deshalb mit § 44 hbg AGBGB zu weit, wonach nicht eingetragene altrechtliche Grunddienstbarkeiten nach 30 Jahren automatisch erlöschen sollen (das LG Hamburg ZMR 2001, 37, 38 versuchte eine „verfassungskonforme Auslegung" der Norm dahingehend, dass die Fristversäumnis nur die Möglichkeit des Untergangs des Rechts durch gutgläubig-lastenfreien Erwerb eröffnet hat). In den *neuen* Bundesländern (und Ostberlin) sind die meisten altrechtlichen Grunddienstbarkeiten nach § 8 GBBerG iVm § 13 SachenR-DV ab dem 1. 1. 2001 erloschen; die vor dem 31. 12. 2000 vom Grundstückseigentümer anerkannten altrechtlichen Grunddienstbarkeiten sind allerdings auch ohne Grundbucheintragung bestehen geblieben und weiterhin gutglaubensresistent (BGH 15. 9. 2016 – V ZR 56/16, ZOV 2016, 150 Rn 79; Meikel/Böhringer[12] § 143 GBO Rn 35; Böhringer NJ 2001, 281). Die früher hM wollte solche Rechte, auch wenn sie eingetragen sind, nicht zum Inhalt des Grundbuches iS von § 892 BGB zählen, sodass etwa eine eingetragene und später versehentlich gelöschte altrechtliche Grunddienstbarkeit nicht durch gutgläubig-lastenfreien Erwerb untergehen könne (RGZ 62, 99, 101, 103; 93, 63, 65 f; Recht 1927 Nr 340; KGJ 27 A 115; Rosenberg § 892 Anm II 1 a β; Planck/Strecker § 892 Anm I 2; BGB-RGRK/Pritsch[11] Anm 27; MünchKommBGB/Falckenberg[2] § 1018 Rn 62; Schiffhauer Rpfleger 1975, 187, 195; Schmidt MittBayNot 1987, 203, 204 f; Predari 75; Holzer 196). Zu Recht vertritt heute die hM den gegenteiligen Standpunkt: Ist die altrechtliche Grunddienstbarkeit eingetragen, dann greift § 892 BGB (BGHZ 104, 139, 142 = NJW 1988, 2037, 2038 = WuB IV A § 1018 BGB 9. 88 [Stürner] = EWiR Art 187 EGBGB 1/88, 789 [Eickmann]; BayObLGZ 1997, 98, 106 [altrechtliches Stockwerks-Benutzungsrecht]; Staudinger/Seufert[11] § 892 Rn 70a; Staudinger/J Hönle/U Hönle [2018] Art 187 EGBGB Rn 3; BGB-RGRK/Augustin § 892 Rn 25; Soergel/Hartmann[12] Art 187 EGBGB Rn 3; MünchKommBGB/Wacke[4] § 892 Rn 16; MünchKommBGB/H Schäfer[9] § 892 Rn 19 f; MünchKommBGB/Mohr[9] § 1018 Rn 66, 74; BeckOGK/Hertel [1. 9. 2024] § 892 Rn 105; jurisPK-BGB/Toussaint[10] § 892 Rn 21; Grüneberg/Herrler[84] Art 187 EGBGB§ 892 Rn 2; H Westermann/Eickmann[8] § 83 Rn 5; Baur/Stürner[18] § 23 Rn 12 f; Eichler II 2, 376; Mei- 51

KEL/SCHNEIDER[12] § 53 Rn 56; LUTTER AcP 164 [1964] 122, 134; SAWITZ 100 f; MÜNZEL JR 1928, 9). Art 187 Abs 1 EGBGB hebt seinem klaren Wortlaut nach das Publizitätsprinzip für die altrechtlichen Grunddienstbarkeiten nämlich nur insoweit auf, als es um ihren Bestand *vor* der Eintragung geht; die Norm enthält aber keinerlei Aussage für den Zeitraum *nach* der fakultativen Eintragung dieser Rechte. Und als ausgesprochene Ausnahmevorschrift ist Art 187 Abs 1 EGBGB eng und nicht erweiternd auszulegen. Auf die Staatsakte der Eintragung und späteren Löschung muss sich der Liegenschaftsverkehr verlassen können (H WESTERMANN, SR[5] § 85 II 1b); dies vor allem auch deshalb, weil die Tatsache, dass es sich um ein Altrecht handelt, aus dem Grundbuch gar nicht immer zu ersehen ist (vgl BayObLGZ 1972, 267, 270 f). Wenn also bei der Eintragung einer altrechtlichen Grunddienstbarkeit deren Inhalt unrichtig – nämlich der Umfang der Befugnisse des Berechtigten bzw der Beschränkungen für den Grundstückseigentümer zu gering – angegeben worden ist, so reduziert sich der Inhalt der Grunddienstbarkeit bei einer Übereignung des dienenden Grundstücks an einen redlichen Erwerber auf den im Grundbuch angegebenen Inhalt (BGB-RGRK/AUGUSTIN § 892 Rn 25; **aA** RGZ 93, 63, 66; BGB-RGRK/PRITSCH[11] § 892 Anm 27). Entsprechendes muss dann aber auch im umgekehrten Fall gelten: Ist der Umfang der Befugnisse zu groß angegeben, kann bei der Übereignung des herrschenden Grundstücks durch gutgläubigen Erwerb eine Erweiterung auf den im Grundbucheintrag behaupteten Rahmen stattfinden (vgl BayObLG MittBayNot 1990, 309, 311 zur Parallelproblematik bei selbständigen Fischereirechten).

52 Auch vor dem Inkrafttreten des BGB entstandene, aber bisher im Grundbuch nicht eingetragene Rechte sind allerdings nur dann gutglaubensresistent, wenn dies ausdrücklich durch besondere gesetzliche Bestimmungen angeordnet ist. Soweit eine derartige Ausnahmebestimmung nicht gegeben ist, können sie also durch gutgläubig-lastenfreien Erwerb erlöschen. So für altrechtliche persönliche Dienstbarkeiten BayObLGZ 1953 Nr 19; für Reallasten OLG München OLGE 35, 328; BÖHRINGER BWNotZ 1992, 3, 5; für sächsische Kohlenabbaurechte Dresden ZBlFG 15, 26; für Fischereiberechtigungen RGZ 53, 314; für alte hannoversche Rechte RG DRW 1943, 707 (L); vgl ferner RGZ 56, 13; 66, 28; 74, 60; 87, 178; 127, 261 und STAUDINGER/J HÖNLE/U HÖNLE (2018) Art 184 EGBGB Rn 24.

b) Gesetzliche Vorkaufsrechte

53 Außerhalb des Beglaubigungsbereichs des Grundbuches stehen die gesetzlichen Vorkaufsrechte. Die Regelungen der älteren gesetzlichen Vorkaufsrechte brachten jeweils zum Ausdruck, dass diese Rechte ohne Eintragung selbst gegenüber gutgläubigen Dritten wirken (zB § 5 S 2 RSiedlG vom 18. 8. 1919 in der bis 31. 12. 1961 geltenden Fassung; vgl dazu WOLFF/RAISER § 92 III 2; PONFIK/WENZEL, RSiedlG[3] [1930] § 5 Anm 2; BREME DNotV 1921, 133, ZBlFG 22, 201; PLANCK/STRECKER Vorbem 3 c β vor § 1094). Den gleichen Effekt erreichte § 24 Abs 2 BBauG in der bis 31. 12. 1976 gültigen Fassung durch eine (auch schon in § 8 Abs 1 S 1 RSiedlG enthaltene) Verweisung auf § 1098 Abs 2 BGB, mit der dem gemeindlichen Vorkaufsrecht unabhängig von seiner etwaigen Eintragung die Vormerkungswirkung eines eingetragenen dinglichen Vorkaufsrechts beigelegt wurde, s dazu LUTTER AcP 164 (1964) 122, 135 ff. Die Ausklammerung dieser Rechte aus dem Verkehrsschutzbereich der §§ 892 f BGB war nur konsequent, da es sich dabei letztlich doch um öffentlich-rechtliche Positionen handelt.

In neuerer Zeit sind die wichtigsten gesetzlichen Vorkaufsrechte *entdinglicht* worden (s dazu Staudinger/Schermaier [2021] Einl 22 ff zu §§ 1094 ff). Die frühere automatische (vormerkungsgleiche) Wirkung des gesetzlichen Vorkaufsrechts gegenüber dem Dritterwerber ist damit beseitigt und durch andere Mechanismen zum Schutz des Vorkaufsberechtigten ersetzt, nämlich im Falle des Vorkaufsrechts nach dem RSiedlG durch die Verknüpfung des Vorkaufsrechts mit dem landwirtschaftsrechtlichen Genehmigungsverfahren, im Falle des Vorkaufsrechts nach §§ 24 ff BauGB durch eine Grundbuchsperre (§ 28 Abs 1 S 2 BauGB) und die Möglichkeit der vorkaufsberechtigten Gemeinde, die Eintragung einer Vormerkung zur Sicherung ihres Übereignungsanspruchs herbeizuführen (§ 28 Abs 2 S 3 BauGB). Falls diese Eintragung einer Vormerkung – wie regelmäßig – unterblieben ist, führt eine versehentliche Nichtbeachtung der Grundbuchsperre dazu, dass das gemeindliche Vorkaufsrecht dem zum Eigentümer gewordenen Dritterwerber gegenüber nicht mehr geltend gemacht werden kann. Dieser „vorkaufsfreie" Erwerb hat aber – entgegen Walter (JA 1961, 322, 326) – mit § 892 BGB nichts zu tun, tritt also insbesondere auch bei Kenntnis des Erwerbers von der Existenz des gesetzlichen Vorkaufsrechts ein (so MünchKommBGB/Wacke[4] § 892 Rn 17). Er ist einfach die notwendige Konsequenz der „Entdinglichung" der betreffenden Vorkaufsrechte, also der fehlenden dinglichen Absicherung des Übereignungsanspruchs des Vorkaufsberechtigten. – Zu Unrecht will L vSchweinitz (AK-BGB § 892 Rn 24) die Vorkaufsrechte nach §§ 24 ff BauGB wenigstens im Falle ihrer Eintragung am öffentlichen Glauben des Grundbuches teilhaben lassen. In Wirklichkeit ist ein rechtsgeschäftlicher Dritterwerb bei diesen Rechten überhaupt nicht denkbar; die gesetzlichen Vorkaufsrechte nach §§ 24 ff BauGB sind weder übertragbar noch belastbar. 54

c) Besonderheiten im Beitrittsgebiet

Das selbständige Gebäudeeigentum iS von Art 231 § 5 Abs 1 und 2 EGBGB war bis zum 31. 12. 2000 gegen einen Untergang durch gutgläubig-lastenfreien Erwerb des Grundstücks geschützt; nach Art 231 § 5 Abs 3 EGBGB ist seit dem 1. 1. 2001 ein solcher gutgläubiger lastenfreier Erwerb des Grundstücks wieder möglich. Kommt es zu ihm, hat der bisherige Gebäudeeigentümer nach Art 231 § 5 Abs 3 S 2 einen Wertersatzanspruch gegen den Veräußerer. Ebenso kann sich seit dem 1. 1. 2002 die Bestellung eines beschränkten Liegenschaftsrechts an dem mit dem nichteingetragenen Gebäude belasteten Grundstück nach Art 231 § 5 Abs 4 EGBGB iVm § 892 BGB dazu führen, dass sich das betreffende Liegenschaftsrecht auf das Gebäudeeigentum wie ein Grundstücksbestandteil erstreckt. Ein Nutzungsrecht nach den §§ 287-294 ZGB kann nach EGBGB Art 233 § 4 Abs 2 nicht durch gutgläubig-lastenfreien Erwerb erlöschen, wenn ein aufgrund des Nutzungsrechts zulässiges Gebäude in dem für den guten Glauben maßgeblichen Zeitpunkt zumindest teilweise errichtet war und der dem Erwerb des Grundstückseigentums dienende Eintragungsantrag vor dem 1. 1. 2001 gestellt war. 55

6. Vormerkungen

Problematisch ist, ob auch die Aussagen des Grundbuches über Vormerkungen durch den öffentlichen Glauben gedeckt werden. 56

a) Die Vormerkung ist nach zutreffender hM kein echtes dingliches Recht, sondern ein *Sicherungsmittel eigener Art*, das dem Schutz eines persönlichen Anspruchs 57 dient und das nur in einzelnen Richtungen dingliche Wirkung entfaltet, also einem dinglichen Recht nur angenähert ist (RGZ 151, 389, 392; BGHZ 25, 16, 23; 60, 46, 49; Staudinger/Gursky [2013] § 883 Rn 328; zum Meinungsstand s Staudinger/Kesseler [2020] § 883 Rn 22 ff; Planck/Strecker § 883 Anm 2; BGB-RGRK/Augustin § 883 Rn 10; Soergel/Kern[14] § 883 Rn 2; Erman/Artz[17] § 883 Rn 2; Grüneberg/Herrler[84] § 883 Rn 2; Baur/Stürner[18] § 20 Rn 61; H Westermann/Gursky[8] § 82 Rn 1; Prütting[38] Rn 203; Ertl Rpfleger 1977, 345, 346; Schneider DNotZ 1982, 523, 533; Tiedtke Jura 1981, 354, 370). Dennoch steht die Bewilligung einer Vormerkung durch einen eingetragenen Nichtberechtigten (also zu Unrecht als Inhaber eines Liegenschaftsrechts Eingetragenen) unter dem Schutz des öffentlichen Glaubens des Grundbuches (vgl § 893 Rn 39). Darüberhinaus muss jedenfalls die negative Seite des öffentlichen Glaubens, die Fiktion der Vollständigkeit des Grundbuchs, auch für Vormerkungen gelten. Da Vormerkungen nicht außerhalb des Grundbuches entstehen können, kommt insoweit nur die Konstellation der versehentlichen Löschung einer Vormerkung in Betracht; eine solche lässt nach heutiger Auffassung (vgl BGHZ 60, 46, 49) im Gegensatz zum älteren Schrifttum (zB Rosenberg § 883 Anm IV 7b) den materiellen Bestand der Vormerkung unberührt, macht also das Grundbuch „unrichtig“. Dass eine nicht mehr eingetragene Vormerkung durch gutgläubig-„lastenfreien“ Erwerb **erlöschen** kann, wird schon durch den Gesichtspunkt der Systemsymmetrie nahegelegt: Es ist ja heute ganz einhellige Auffassung, dass eine rechtsgeschäftlich bewilligte Vormerkung bei ihrer Begründung gutgläubig erworben werden kann (s § 893 Rn 39); Streit herrscht insoweit nur über die Begründung. Dementsprechend ist es denn heute auch unstreitig, dass umgekehrt die Wirkungen einer **zu Unrecht gelöschten Vormerkung** durch gutgläubigen Erwerb entfallen können: Wenn nach der versehentlichen Löschung der Vormerkung eine Belastung oder Übertragung des vormerkungsbetroffenen Rechts erfolgt und der Erwerber vom Fortbestand der Vormerkung keine Kenntnis hat, ist diese vormerkungswidrige Verfügung voll wirksam (BGHZ 60, 46, 51; BGH NJW 1991, 1113; 1994, 2947, 2948; LG Koblenz MittRhNotK 1984, 81; Baur/Stürner[18] § 20 Rn 64; Knöpfle JuS 1981, 157, 166; MünchKommBGB/Lettmaier[9] § 886 Rn 12; BGB-RGRK/Augustin § 886 Rn 13; Jauernig/Berger[19] § 883 Rn 29; Heck § 47 III 8; Güthe Gruchot 57 [1913] 94, 100). Dieser „vormerkungsfreie“ Erwerb führt zum Untergang der Vormerkung, wenn das betreffende Verfügungsgeschäft auf die Übertragung oder Aufhebung des vormerkungsbetroffenen Rechtes gerichtet war. Bei einer bloßen Belastung des vormerkungsbetroffenen Rechtes bleibt die Vormerkung natürlich bestehen, aber die Wirkungen nach § 883 Abs 2 bzw 3 BGB treten nicht ein. Ein vormerkungswidrig bestelltes und deshalb nach § 883 Abs 2 BGB zunächst relativ unwirksames Recht wird, wenn es nach einer versehentlich erfolgten Löschung der Vormerkung an einen redlichen Zweiterwerber abgetreten wird, dadurch voll wirksam (BGHZ 60, 46, 51). Wegen der Gefahr eines solchen vormerkungsfreien Erwerbs darf eine Auflassungsvormerkung, wenn ein vormerkungswidriges Zwischenrecht bestellt worden ist, bei der Eintragung des Vormerkungsgläubigers als Eigentümer nicht einfach gelöscht werden (s dazu BGB-RGRK/Augustin § 886 Rn 13). Problematisch ist allerdings die Konstruktion des vormerkungsfreien Erwerbs: Die Vormerkungswirkung ähnelt in gewisser Hinsicht einer Belastung des betroffenen Rechts; insofern ist insbesondere die Nähe zum dinglichen Vorkaufsrecht bemerkenswert, vgl § 1098 Abs 2 BGB. Andererseits deckt sich die Vormerkungswirkung jedenfalls partiell auch mit der eines relativen Veräußerungsverbotes (s § 888 Abs 2 BGB). Dies spricht dafür, § 892 Abs 1 S 1 BGB (beschränkt auf den negativen Aspekt) und Abs 1 S 2 gleichsam im Wege einer Gesamtanalogie heranzuziehen. Knöpfle (JuS 1981, 156, 167), der die Vormerkung als

Verfügungsbeschränkung wertet, will demgegenüber konsequenterweise nur § 891 Abs 1 S 2 (unmittelbar oder zumindest analog) anwenden, während RAEBEL (in: LAMBERT-LANG/TROPF/FRENZ Teil 5 Rn 267) nur § 892 Abs 1 S 1 BGB analog heranziehen will. – Bei der Eintragung einer Vormerkung aufgrund einer *einstweiligen Verfügung* kommt ein Gutglaubensschutz nach zutreffender hM nicht in Betracht, weil hier kein Erwerb „durch Rechtsgeschäft" gegeben ist (s Rn 90). Im Hinblick auf die negative Publizität des Grundbuches muss aber die Vormerkung nach § 885 Abs 1 S 1 BGB einer rechtsgeschäftlich bewilligten gleichstehen. Es ist kein vernünftiger Grund dafür ersichtlich, weshalb die Rechtswirkungen der aufgrund einer einstweiligen Verfügung eingetragenen Vormerkung über diejenigen einer rechtsgeschäftlich bewilligten hinausgehen sollten.

b) Weiterhin stellt sich die Frage, ob eine zu Unrecht eingetragene, in Wirklichkeit aber nicht bestehende Vormerkung ihrerseits den Schutz des öffentlichen Glaubens genießt, also im Falle ihrer Übertragung an einen redlichen Erwerber von letzterem kraft seines guten Glaubens erworben wird. Ein solcher **gutgläubiger Zweiterwerb** der Vormerkung vom eingetragenen Scheininhaber scheidet offensichtlich aus, wenn nicht einmal der gesicherte Anspruch existiert oder wenn dieser jedenfalls nicht dem Eingetragenen, sondern einem Dritten zusteht (BGHZ 25, 16, 23; BayObLG DNotZ 1989, 363 f, 1994, 184 f, Rpfleger 2000, 9, 10, KG OLGZ 1978, 122, 124, OLGR Köln 2001, 286, STAUDINGER/SEUFERT[11] § 899 Rn 8; MünchKommBGB/LETTMAIER[9] § 885 Rn 44, 47; H WESTERMANN/EICKMANN[8] § 83 Rn 34; WILHELM[7] Rn 2263; MEDICUS AcP 163 [1964] 1, 8; REINICKE NJW 1964, 2373, 2376; TIEDTKE Jura 1981, 354, 366 f; KNÖPFLE JuS 1981, 157, 166; MÜLBERT AcP 197 [1997] 335, 349 ff; AK-BGB/B vSCHWEINITZ § 885 Rn 22; allgM). Die Vormerkung kann ja nach (fast) allgemeiner Auffassung nicht selbständig übertragen werden, sondern sie geht als „Nebenrecht" der Forderung bei der Zession des gesicherten Anspruchs in Analogie zu § 401 BGB automatisch mit über (RGZ 83, 434, 438 f; BGHZ 25, 16, 23; s STAUDINGER/GURSKY [2013] § 883 Rn 344). Besteht aber der gesicherte Anspruch überhaupt nicht, so kann er natürlich auch nicht abgetreten werden; einen gutgläubigen Erwerb bei der Forderungsabtretung kennt das Gesetz ja nur im *Sonderfall des* **§ 405 BGB** (zu den Konsequenzen dieser Norm bei der Abtretung einer Scheinforderung, für die eine Vormerkung eingetragen ist, vgl MORELL Jura 2008, 165 ff). Steht der vormerkungsgesicherte Anspruch nicht dem Zedenten, sondern einem Dritten zu, so kommt ein gutgläubiger Forderungserwerb des Zessionars nur im Rahmen von *§ 2366 BGB* in Betracht (s Rn 60). Ein gutgläubiger Erwerb der Vormerkung bei völliger Nichtexistenz des zu sichernden Anspruchs wäre deshalb allenfalls denkbar, wenn sich die Vorschrift des § 1138 BGB, die beim gutgläubigen Erwerb der Verkehrshypothek über Mängel des zu sichernden Anspruchs hinweghilft, auf die Vormerkung entsprechend anwenden ließe (dafür in anderem Zusammenhang E WOLF, SR[2] 590) Eine solche Analogie verbietet sich aber schon deshalb, weil eine forderungsentkleidete Vormerkung im Gegensatz zu der über § 1138 BGB entstehenden forderungslosen Hypothek völlig funktionslos wäre (WUNNER NJW 1969, 113; REINICKE NJW 1964, 2373, 2376); die Vormerkung gibt ihrem Inhaber nun einmal kein von der Forderung gedanklich trennbares und selbständig durchsetzbares Recht, ihre Aufgabe erschöpft sich vielmehr darin, die Erfüllung des zugrunde liegenden Anspruchs zu sichern. Schon aus diesem Grunde unhaltbar ist auch die Auffassung von WACKE (MünchKommBGB/WACKE[4] § 883 Rn 66), der bei mehreren einander widersprechenden Zessionen des vormerkungsgesicherten Anspruchs durch den Eingetragenen einen gutgläubigen Erwerb des späteren Zessionars eintreten lassen will, wenn für diesen zufällig zuerst die Vormerkung umgeschrieben (oder 58 das gesicherte Recht eingetragen) wird. Da die zweite Abtretung dem betreffenden Zessionar den Anspruch nicht verschaffen kann, würde ihm ein isolierter Erwerb der Vormerkung überhaupt nichts nützen können (zu Recht abl auch AK-BGB/B vSchweinitz § 885 Rn 27). Genauso wie der gutgläubige Zweiterwerb der Vormerkung bei Fehlen der gesicherten Forderung muss konsequenterweise der gutgläubig-einredefreie Zweiterwerb der Vormerkung bei einredebehafteter Forderung ausgeschlossen sein (MünchKommBGB/Wacke[4] § 883 Rn 64; **aA** MünchKommBGB/Lettmaier[9] § 885 Rn 44 Fn 278; Mülbert AcP 197 [1997] 335, 392 ff).

59 Hiervon zu unterscheiden ist nun die andere Frage, ob eine zu Unrecht eingetragene Vormerkung nicht wenigstens in solchen Fällen Gutglaubensschutz genießt, in denen die zu sichernde Forderung *tatsächlich existiert* und auch dem angeblichen Inhaber der Vormerkung zusteht, in denen also nur der Akt der Vormerkungsbestellung selbst Mängel aufweist. Die Lösung dieser Frage ist im Gesetz wesentlich weniger deutlich vorgezeichnet; sie ist deshalb bis heute auch lebhaft *umstritten*. Im Schrifttum überwiegen dabei immer noch diejenigen Stimmen, die auch für diese Konstellation die Möglichkeit eines gutgläubigen Erwerbs der Vormerkung vom eingetragenen Scheininhaber **verneinen** (Wolff/Raiser § 48 VII 1; Baur/Stürner[18] § 20 Rn 52; Wilhelm[7] Rn 2262 ff, 2295 ff, 2300; Schwab[19] § 15 VII; Lange § 25 IV 2 e β; E Wolf[1] § 13 C II b; Medicus/Petersen BR[29] Rn 556 f; Medicus AcP 163 [1964] 1, 9 ff; Gerhardt I[5] 81 f; M Wolf[23] Rn 499; R Weber[4] § 11 Rn 60 ff; Dernburg § 51 II 9; Endemann § 65 2 c; O vGierke § 119 bei Fn 152; Goldmann/Lilienthal 2, 290; Maenner § 11 Fn 46; vTuhr I 136 f, 207; Rosenberg Anm § 883 V 2d S 332; Oberneck I 446; Planck/Strecker § 883 Anm 3 k; Staudinger/Seufert[11] § 883 Rn 73a; Soergel/Kern[14] § 883 Rn 67, § 893 Rn 8; NK-BGB/Krause[5] § 892 Rn 28; Bamberger/Roth/Hau/Poseck/Eckert[5] § 885 Rn 28; Grüneberg/Herrler[84] § 885 Rn 19; Zunft JW 1929, 2497 f mwNw; R Mayer NJW 1963, 2263; Tempel JuS 1965, 28; Reinicke NJW 1964, 2379; J Baur JZ 1967, 437; Wiegand JuS 1975, 212; Kupisch JZ 1977, 486, 495; Canaris, in: FS Flume [1978] I 371, 389; Rahn BWNotZ 1970, 25 ff; Tiedtke Jura 1981, 354, 367 ff; ders, Gutgläubiger Erwerb 115 ff; Gursky, Klausurenkurs[12] Rn 26 ff; Knöpfle JuS 1981, 157, 166; Görmer JuS 1991, 1011, 1012 f; Gottwald 23; Stinzing SächsArch 14, 1; Biermann, Widerspruch und Vormerkung [1901] 188; Bendix Gruchot 49 [1905] 529; Reichel, Die Umschreibung der Vormerkung [1905] 6 ff; Strohal, Kommt dem Vorgemerkten der öffentliche Glaube des Grundbuches zustatten? [Leipziger Dekanatsprogramm 1904] 9 Fn 7; K Philipsen, Die Vormerkung [Diss Jena 1903] 67; H Heinrich, Wirkungen der Vormerkung [Diss Erlangen 1911] 212 ff; Zärban, Möglichkeiten des gutgläubigen Erwerbs einer Vormerkung [Diss Mainz 1966] 19 ff; Habersack Rn 338; Assmann, Die Vormerkung [1998] 396 ff, 405; Stamm Jura 2006, 133, 139; Ehricke/Diehn JuS 2002, 669, 673 f; Füller 104 ff; Haag 106 ff, 127; ebenso in der Rechtsprechung: RG WarnR 1911, 184 = Recht 1911, 1003; ZBlFG 1911, 746, 749; OLG Hamburg OLGE 12, 174; s auch RGZ 116, 238, 239). **Für** die Möglichkeit eines solchen gutgläubigen Zweiterwerbs haben sich aber ebenfalls zahlreiche Autoren (H Westermann[5] § 85 IV 4; H Westermann/Eickmann[8] § 83 Rn 36; H P Westermann, Schwerpunkte[12] Rn 508; Wieling/Finkenauer, SR[6] § 22 Rn 17 [wo allerdings die Vormerkung als dingliches qualifiziert und die Abtretung § 873 unterworfen wird]; Heck § 47 III 10 S 201 f; E Wolf[2] § 13 C II b S 593; Schreiber Rn 413; Prütting[38] Rn 198; Stürner, Kreditsicherungsrecht[4] § 14 Rn 114, 81 ff; Harms[4] 300 f; Schapp/Schur Rn 375; Berger[4] § 13 Rn 32; BGB-RGRK/Augustin § 883 Rn 19; MünchKommBGB/Lettmaier[9] § 885 Rn 47; Erman/Artz[17] § 883 Rn 29; Jauernig/Berger[19] § 883 Rn 28; BeckOGK/Hertel [1. 9. 2024] § 892 Rn 115; AK-BGB/B vSchweinitz § 885 Rn 26; HK-BGB/Staudinger[12] § 883 Rn 36; Bauer/Schaub/Lieder[5] AT C. 97 ff; J Hager 115 f, 438 f und JuS 1990, 429, 438 f [wo aber der gutgläubige Erwerb von der Eintragung des Zessionars abhängig gemacht wird]; Weirich/Ivo Rn 955 f; Meikel/Schneider[12] § 53 Rn 50 mwNw; Furtner

NJW 1963, 1485; KEMPF JuS 1961, 24; WUNNER NJW 1969, 113, 116 ff; SCHREIBER Jura 1994, 493, 494; MÜLBERT AcP 197 [1997] 335, 381 ff, 388; SCHREIBER/PREUSS[4] Kap 14 Rn 58; LÖHNIG/GIETL JuS 2008, 102, 106; SAWITZ 115 ff, 118 f; FUCHS § 892 Anm 3a aa; GREGOR SEKLER, Die Lehre von der Vormerkung [1904] 142; SCHILDE, Die Unrichtigkeit des Grundbuches [1899] 14 ff; RAMDOHR Gruchot 44 [1900] 352; GÜTHE/TRIEBEL § 25 Rn 14; OTHMER, Die rechtliche Wirkung der Vormerkung [1904] 86 ff; RHEINEN, Ist die Vormerkung eine Verfügungsbeschränkung? [1929] 54 f; KELLER BWNotZ 1998, 27 f [gutgläubiger Erwerb der Sicherungswirkung vor einem kraft Zustimmung des ersten Vormerkungsgläubigers wirksam bestellten Finanzierungsgrundpfandrechts]; BÜHLER BWNotZ 1995, 171, 172 [gleiche Konstellation] wie auch Teile der Rechtsprechung (OLG München 17. 8. 2022 – 7 U 4125/19, MittBayNot 2023, 479 Rn 90; OLG Saarbrücken MittRhNotK 1995, 25, 27; LG Köln NJW-RR 2001, 306; LG München II 4. 6. 2008 – 11 O 2016/07 Rn 46) ausgesprochen. Innerhalb der letzteren Gruppe sind die Auffassungen über die Begründung wiederum geteilt: Einige Autoren (zB WESTERMANN, FURTNER) wenden § 892 BGB analog an, andere (zB HECK) ziehen eine Gesamtanalogie zu §§ 892, 893 BGB vor, B vSCHWEINITZ will stattdessen § 893 BGB 2. Fall anwenden und WUNNER, der in der Vormerkung im Gegensatz zur hM ein echtes dingliches Recht sieht, hält konsequenterweise § 892 BGB für unmittelbar einschlägig. Das BayObLG hat beiläufig die Auffassung geäußert, dass jedenfalls eine aufgrund gerichtlicher Entscheidung eingetragene Vormerkung nicht gutgläubig erworben werden kann (NJW-RR 1987, 812). Der BGH hat in seiner Entscheidung BGHZ 25, 16 (23 f) eine differenzierende Lösung vertreten: Danach soll ein späterer gutgläubiger Erwerb der anfänglich unwirksamen Vormerkung möglich sein, wenn die Vormerkung in der Person des ersten Erwerbers nur deshalb nicht entstanden ist, weil der Bewilligende Nichtberechtigter und der Erwerber bösgläubig war. Der gutgläubige Erwerb soll jedoch ausscheiden, wenn die anfängliche Unwirksamkeit der Vormerkung darauf beruht, dass die (vom wirklichen Inhaber des vormerkungsbetroffenen Rechtes erteilte) Bewilligung als solche nicht wirksam ist. Das Urteil liefert keinerlei Begründung für diese merkwürdige Unterscheidung, die von ASSMANN (397 f) und SCHREIBER/PREUSS (Kap 14 Rn 58 Fn 209) zu Unrecht geleugnet wird (vgl BGHZ 25, 16, 23 letzter Satz einerseits, S 24 dritt- und vorletzter Satz; erkannt ist die Differenzierung bei TIEDTKE 116 f; DEPPERT 114 Fn 1; DANNECKER MittBayNot 1979, 144). H WESTERMANN (SR[5] § 85 IV 4) hat deshalb die Vermutung geäußert, dass der BGH eine solche Differenzierung gar nicht habe vornehmen wollen, sondern sich lediglich ungeschickt ausgedrückt habe. So hat nunmehr auch der **BGH** selbst (9. 12. 2022 – V ZR 91/21, DNotZ 2023, 271 Rn 34) ausdrücklich festgestellt, dass er an dieser Differenzierung nicht mehr festhalten wird und **die Möglichkeit des gutgläubigen Zweiterwerbs einer Vormerkung bei bestehender Forderung** bestätigt.

Bei diesem Streit verdient unseres Erachtens die (ablehnende) Position der Schrift- **60**
tumsmehrheit den Vorzug. Eine unmittelbare Anwendung von § 892 BGB oder § 893 BGB 2. Fall kommt nicht in Betracht, weil die Vormerkung kein dingliches Recht darstellt und der Zedent somit auch nicht über ein dingliches Recht verfügt. Eine analoge Anwendung dieser Vorschriften ist aber schon deshalb bedenklich, weil dadurch doch wohl der Bereich der rechtsgeschäftlichen Verfügungen, auf den der Gesetzgeber den Gutglaubensschutz bewusst beschränkt hat, verlassen würde (BAUR/STÜRNER[18] § 20 Rn 52; SOERGEL/STÜRNER[13] § 893 Rn 8; MÜLLER Rn 1161; ZÄRBAN 28; TIEDTKE 116). Mit der Zession wird schließlich nur über den gesicherten Anspruch rechtsgeschäftlich verfügt, während die Vormerkung dem Anspruch dann kraft Gesetzes folgt. Dieses Bedenken wird durch die Behauptung, für eine „funktionale Be-

trachtungsweise“ liege „ein rechtsgeschäftlicher Erwerb der aus Anspruch und akzessorischer Vormerkung bestehenden Einheit vor“ (so MünchKommBGB/Lettmaier[9] § 885 Rn 47), nur unvollständig ausgeräumt: Der Zessionar braucht ja von der (angeblichen) Sicherung des übertragenen Anspruchs durch eine Vormerkung gar nichts zu wissen; wenn er diesen dann trotzdem infolge des öffentlichen Glaubens des Grundbuches erwürbe, dann geschähe dies sicher nicht aufgrund eines gerade auf die Vormerkung bezogenen Erwerbsgeschäfts. Ausschlaggebend ist aber unseres Erachtens der Umstand, dass der Zweiterwerb der Vormerkung sich außerhalb des Grundbuches, also nach den Regeln des Zessionsrechts und nicht nach denen des Liegenschaftsrechts vollzieht (Canaris JuS 1989, 80, 84; Gerhardt II 71; NK-BGB/Krause[5] § 892 Rn 28). Die unter § 892 BGB fallenden Rechtsübertragungen erfolgen dagegen alle in den besonderen Publizitätsformen des Liegenschaftsrechts (§§ 873, 925, 1153 f BGB); sie setzen mithin voraus, dass sich das Übertragungsgeschäft durch die Eintragung im Grundbuch bzw durch schriftliche Abtretungserklärung und Briefübergabe oder Übergabesurrogat nach außen manifestiert (Tempel JuS 1965, 28). Zwar gilt § 893 BGB 2. Fall auch für Verfügungen, für die keine besonderen liegenschaftsrechtlichen Formvorschriften bestehen (hierauf weisen Wunner NJW 1969, 113, 118 und MünchKommBGB/Lettmaier[9] § 885 Rn 47 hin). Dieser Umstand ist jedoch im vorliegenden Zusammenhang nicht relevant, denn als konstruktive Grundlage für einen Gutglaubensschutz bei der Übertragung der Vormerkung könnte doch wohl nur die Parallele zur Übertragung eines Liegenschaftsrechts und damit die Analogie zu § 892 Abs 1 S 1 BGB in Betracht kommen. Zu Recht sagt Canaris (Systemdenken und Systembegriff in der Jurisprudenz [1969] 104): „Die Unterstellung der Vormerkungsübertragung unter § 401 BGB statt unter § 873 BGB kann nur den Sinn haben, dass man in dieser nicht ein liegenschaftsrechtliches Verkehrsrecht, sondern lediglich ein unselbständiges Sicherungsmittel für die Forderung, ein Annex derselben sieht, und so wenig wie hinsichtlich dieser, kann es folgerichtig hinsichtlich jener einen gutgläubigen Erwerb geben.“

61 Von der grundsätzlichen Unmöglichkeit eines gutgläubigen Zweiterwerbs einer Vormerkung gibt es neben der mehr theoretischen Konstellation des § 405 BGB eine weitere und nun auch praktisch wichtige Ausnahme: Eine wirklich existierende Forderung kann ein Gutgläubiger nach **§ 2366 BGB** von einem bloßen Putativgläubiger (nämlich dem nur scheinbaren, aber durch einen Erbschein legitimierten Erben des bisherigen Gläubigers) erwerben, wenn sie ihm von diesem Putativgläubiger abgetreten wird und er im Augenblick der Zession auf die Erbenstellung des Zedenten vertraut. Die nach §§ 2366, 398 BGB wirksame Zession muss hier – wie bei jeder anderen Zession einer vormerkungsgesicherten Forderung – analog § 401 BGB die Vormerkung nach sich ziehen. Diese Ausnahme liefert keinerlei Munition für die These von der Möglichkeit des gutgläubigen Zweiterwerbs einer Forderung bei der Existenz der gesicherten Forderung. Die Ausnahme erklärt sich vielmehr daraus, dass hier gerade kein liegenschaftsrechtlicher Verkehrsschutz, sondern ausschließlich der anders begrenzte und hier im Ergebnis weitergehende erbrechtliche Verkehrsschutz zur Anwendung kommt: Wenn die Voraussetzungen des § 2366 BGB vorliegen, wird die vom Erben vorgenommene Verfügung über einen Nachlassgegenstand schlechthin und ohne weitere Anforderungen an Art und Modalitäten der Verfügung einfach wie die Verfügung des wirklichen Erben behandelt. Und es geht natürlich auch gar nicht um den gutgläubigen Zweiterwerb einer bisher nicht existierenden Vormerkung, sondern um einen ganz anderen Fall des gutgläubigen Zweiterwerbs, nämlich den gutgläubigen Zweiterwerb einer wirklich existierenden Vormerkung vom Putativgläubiger.

7. Rangvorbehalt

Die Angaben des Grundbuches über den Rang der Grundstücksbelastungen nehmen zweifellos auch dann am öffentlichen Glauben des Grundbuches teil, wenn sich das Rangverhältnis aus einem ausgenutzten Rangvorbehalt ergibt (s oben Rn 42). Problematisch ist dagegen, ob auch der im Grundbuch eingetragene, aber materiell nicht bestehende Rangvorbehalt selbst bei der Übertragung des Eigentums gutgläubig erworben werden kann. Das ist im älteren Schrifttum gelegentlich verneint worden, weil der Rangvorbehalt kein Recht iS von § 892 BGB sei (Gieseke 31). Nun ist die Rechtsnatur des Rangvorbehalts bekanntlich außerordentlich umstritten (vgl Staudinger/S Heinze [2018] § 881 Rn 15 und ausführlicher Rosenberg § 881 Anm IV; Grunsky, Rangfragen bei dinglichen Rechten [1963] 79 ff). Die Möglichkeit des gutgläubigen Erwerbs muss aber ganz unabhängig von der jeweiligen Stellungnahme im Streit um das Wesen des Rangvorbehalts bejaht werden (so auch die hM, vgl Planck/Strecker § 892 Anm II 1 a; Rosenberg § 881 IV 3; § 892 Anm 1c). Wenn man den Rangvorbehalt als Recht oder rechtsähnliches Gebilde deutet, das mit dem Eigentum am Grundstück subjektiv-dinglich verbunden ist, so wird man zum Schutze des redlichen Erwerbers § 892 BGB entsprechend anwenden müssen (so Rosenberg § 881 IV 3; § 892 Anm 1c; allgemein zum gutgläubigen Erwerb subjektiv-dinglicher Rechte oben Rn 23). Wer dagegen im Rangvorbehalt ein Stück vorbehaltenen Eigentumsrechts oder – aus anderer Perspektive – eine inhaltliche Beschränkung des vorbehaltsbetroffenen Rechtes sieht, muss den gutgläubigen Erwerb des Rangvorbehalts als einen Erwerb partieller Lastenfreiheit qualifizieren, kann also § 892 BGB unmittelbar heranziehen. – Konsequenterweise muss auch die negative Seite des öffentlichen Glaubens zur Anwendung kommen. Ein Rangvorbehalt, der im Grundbuch gelöscht, aber nicht wirksam aufgehoben worden ist (s Staudinger/S Heinze [2018] § 881 Rn 43), erlischt also bei der Übertragung des vorbehaltsbetroffenen Rechtes an einen redlichen Erwerber. – Wegen des gutgläubigen Ersterwerbs eines Rangvorbehalts s § 893 Rn 25. 62

8. Rechte an Rechten

Nur relativ selten diskutiert wird die Frage, ob auch die Aussagen des Grundbuches über Rechte an (nicht grundstücksgleichen) Rechten unter dem Schutz des öffentlichen Glaubens stehen. Der Wortlaut des § 892 Abs 1 S 1 BGB legt es an sich nahe, diese Frage ohne Weiteres zu bejahen. Dennoch liegt hier ein Problem, wie sich insbesondere an der Konstellation des Zweiterwerbs eines solchen Rechts zeigt. Da der Nießbrauch ja unübertragbar ist und die Überlassung des Nießbrauchs zur Ausübung (§ 1059 S 2 BGB) nur schuldrechtlich wirkt, kommt insoweit nur der Zweiterwerb eines Pfandrechts an einem Grundstücksrecht in Betracht. Die wohl **hM** ist der Auffassung, dass ein im Grundbuch eingetragenes, aber in Wirklichkeit nicht wirksam begründetes oder bereits wieder infolge Aufhebung erloschenes (§ 1255 BGB) Pfandrecht an einem Grundstücksrecht von einem redlichen Zessionar nach § 892 Abs 1 S 1 BGB gutgläubig erworben werden kann, wenn wenigstens die gesicherte Forderung besteht und dem als Pfandgläubiger Eingetragenen zusteht (Rosenberg § 892 Anm I 1 a; Kretzschmar § 892 Anm II 3 b; Planck/Strecker § 892 Anm II 1a und § 1273 Anm 2 r; Kretzschmar § 892 Anm II 3 b; Sawitz 93; H A Wolf JuS 1990, 994, 996; BeckOGK/ 63

Hertel [1. 9. 2024] § 892 Rn 131; wohl auch E Wolf[2] S 608 iVm S 382 f; K Carstens, Der gutgläubige Erwerb von Pfandrechten an Grundstücksrechten [1937]; mit Einschränkungen Düringer/Hachenburg/Koenige, HGB[3] Vorbem 67 vor § 368). Gegen diese Lösung sprechen jedoch die gleichen Bedenken, die dem gutgläubigen Zweiterwerb einer Vormerkung entgegenstehen: Auch das Pfandrecht kann nicht selbständig übertragen werden, sondern es folgt als bloßer Annex der gesicherten Forderung (§§ 1250 Abs 1, 1273 Abs 2 BGB). Diese gesetzgeberische Konstruktion, die Verankerung der Pfandrechtsübertragung im Zessionsrecht, lässt es nicht zu, bei der Abtretung des Pfandrechts durch einen nur scheinbaren Pfandgläubiger die sachenrechtlichen Verkehrsschutznormen heranzuziehen. Bekanntlich verneint die ganz hM ua mit eben dieser Begründung beim Mobiliarpfandrecht die Möglichkeit eines gutgläubigen Zweiterwerbs in Analogie zu § 1207 BGB (vgl Canaris, Systembegriff 102 f; Reinicke NJW 1974, 2372, 2376; MünchKommBGB/F Schäfer[9] § 1250 Rn 3; Staudinger/W Wiegand [2019] § 1250 Rn 4; Soergel/Habersack[14] § 1250 Rn 6 [m Einschr]; Jauernig/Berger[19] § 1250 Rn 1; H Westermann/Gursky[8] § 131 Rn 3; Wilhelm[7] Rn 2300; **aA** Heck § 105 IV; H Westermann[5] § 132 I 1 b; MünchKommBGB/Wacke[4] § 883 Rn 66 Fn 337). Dann kann aber für die entsprechende Konstellation beim Pfandrecht an (Immobiliar-)Rechten nichts anderes gelten; ein gutgläubiger Zweiterwerb eines solchen Pfandrechts muss ebenfalls ausscheiden (so auch Wilhelm[7] Rn 1898; MünchKommBGB/F Schäfer[9] § 1274 Rn 23 Fn 57; Lutter AcP 164 [1964] 122, 133; Staudinger/Spreng[11] § 1274 Rn 17; **aA** BeckOGK/Hertel [1. 9. 2024] § 892 Rn 131; Soergel/Habersack[14] § 1250 Rn 6, § 1274 Rn 17 für das Pfandrecht an der Hypothek). Dies muss auch dann gelten, wenn der Zessionar (der angeblich pfandgesicherten Forderung) im Grundbuch eingetragen wird (**aA** Düringer/Hachenburg/Koenige, HGB[3] Vorbem 67 vor § 368); diese Eintragung hat nämlich keinerlei konstitutive Bedeutung. – Die Vollständigkeitsfiktion des Grundbuches muss dagegen auch für Rechte an Grundstücksrechten gelten: Wenn ein Nießbrauch oder ein Pfandrecht an einem beschränkten Liegenschaftsrecht im Grundbuch zu Unrecht gelöscht worden ist, erwirbt ein redlicher Zessionar des belasteten Grundstücksrechtes dieses dem Grundbuchstand entsprechend lastenfrei (vgl Lutter Fn 41). Erfolgt statt der Abtretung eine erneute Verpfändung, so erwirbt der zweite Pfandgläubiger nach § 892 BGB – trotz des Ausschlusses des § 1208 BGB in § 1273 Abs 2 BGB – den Vorrang vor dem gelöschten Pfandrecht (Wolff/Raiser § 175 Fn 21). – Im Rahmen von § 893 BGB Fall 1 und 2 genießt ferner auch die Angabe über den Inhaber eines Rechtes an einem Liegenschaftsrecht den Schutz des öffentlichen Glaubens des Grundbuchs (vgl § 893 Rn 5). – Zur Frage des Gutglaubensschutzes bei der Aufgabe eines Rechtes an einem Grundstücksrecht (§§ 1068 Abs 2, 1072, 1064 BGB bzw §§ 1273 Abs 2, 1255 Abs 1 BGB) vgl § 893 Rn 44.

9. Kein Gutglaubensschutz

a) Recht auf Versteigerungserlös

64 Kein Recht an einem Grundstück iS von § 892 BGB stellt das *Recht auf den Versteigerungserlös* dar, in dem sich bei der Zwangsversteigerung des Grundstücks nach §§ 37 Nr 5, 92 ZVG ein durch den Zuschlag erloschenes Grundstücksrecht fortsetzt (RGZ 76, 373, 377; BGB-RGRK/Augustin § 892 Rn 20; Rosenberg § 892 Anm I 1 a α; MünchKommBGB/Wacke[4] § 892 Rn 24; teilweise abw MünchKommBGB/H Schäfer[9] § 892 Rn 30). Im Übrigen kann auch das durch den Zuschlag nach § 91 ZVG erloschene Grundstücksrecht selbst, auch wenn es im Grundbuch noch nicht nach § 130 ZVG gelöscht sein sollte, regelmäßig nicht gutgläubig erworben werden, weil der eingetragene Zwangsversteigerungsvermerk (§ 19 ZVG) gerade die Aufgabe hat, einen solchen gutgläubi-

gen Erwerb auszuschließen; infolge dieses Vermerks muss eben jeder potenzielle Erwerber mit der Möglichkeit rechnen, dass die auf dem Grundstück lastenden beschränkten dinglichen Rechte mittlerweile durch Zuschlag erloschen sein könnten (RGZ 76, 373, 377 f; Wolff/Raiser § 45 I 5 b δ; Rosenberg § 892 Anm II 4a). Anders natürlich, wenn die Einleitung des Zwangsversteigerungsverfahrens im Grundbuch versehentlich nicht vermerkt worden ist.

b) Widerspruch nach § 899

Nicht zum Inhalt des Grundbuches iS von § 892 BGB gehören die *Widersprüche* 65
nach § 899 BGB. Da ihre Funktion ausschließlich darin besteht, den öffentlichen Glauben in bestimmten Fällen auszuschalten, sind sie weder Grundstücksrechte noch Verfügungsbeschränkungen noch einer dieser Rechtsfiguren so ähnlich, dass sie ihnen im Analogiewege gleichgestellt werden könnten; Widersprüche können damit nicht ihrerseits unter dem Schutz des öffentlichen Glaubens des Grundbuches stehen (Biermann, Widerspruch und Vormerkung 96 ff; MünchKommBGB/H Schäfer[9] § 892 Rn 21; OLG Braunschweig OLGE 23, 348; **aA** Sawitz 119 f). Da der Widerspruch als solcher nicht übertragbar ist, käme ohnehin nur die negative Seite des öffentlichen Glaubens für eine Ausdehnung auf den Widerspruch in Betracht. Diese scheitert aber schon daran, dass richtiger Auffassung nach überhaupt nur ein eingetragener Widerspruch Wirkungen entfalten kann, sodass auch eine materiell ungerechtfertigte Löschung den Widerspruch untergehen lässt (s § 899 Rn 94).

c) Rein tatsächliche Angaben

Der öffentliche Glaube des Grundbuchs erstreckt sich – genau wie die Richtigkeits- 66
vermutung aus § 891 BGB (s § 891 Rn 10) – nicht auf die *rein tatsächlichen Angaben.* Dazu gehören die Angaben des Bestandsverzeichnisses über die Lage des Grundstücks (zB die Nennung von Straße und Hausnummer), über die Wirtschaftsart bzw die Bebauung mit Gebäuden oder sonstigen Baulichkeiten über die Größe (das Flächenmaß) des Grundstücks, ebenso etwaige Nachrichten über Nutzungswert, Schätzungswert oder Feuerversicherungswert (RGZ 73, 125, 128 f; RG SeuffA 55 Nr 67; RG WarnR 1924, Nr 98; BayObLG 1988, 39; LG Frankenthal NJW 1956, 873; LG Passau Rpfleger 1994, 500 m Anm Röll [inkorrekte Flächenangabe im Aufteilungsplan], VGH Baden-Württemberg ESVGH 16, 145; Planck/Strecker § 892 Anm I 1 mwNw; Rosenberg § 892 Anm II 1 a; Soergel/Kern[14] § 892 Rn 12; MünchKommBGB/H Schäfer[9] § 892 Rn 14; Grüneberg/Herrler[84] § 892 Rn 12; BeckOGK/Hertel [1. 9. 2024] § 892 Rn 110; AK-BGB/L vSchweinitz § 892 Rn 31). Dadurch, dass solche deskriptiven Angaben in das Grundbuch aufgenommen werden, werden sie nicht dem öffentlichen Glauben des Grundbuches unterstellt, denn sie bilden Tatsachenmitteilungen, während das Grundbuch nur die Übereinstimmung der wirklichen Rechtslage mit der im Grundbuch enthaltenen Darstellung der dinglichen Rechtsverhältnisse des Grundstücks garantiert. Im Übrigen ist die Beschränkung des Vertrauensschutzes auf die Aussagen des Grundbuches über Rechtsverhältnisse durch die Sachlogik vorgegeben: Durch eine Fiktion „kann zwar eine Rechtslage, nicht aber die äußere Lebenswirklichkeit verändert werden" (Lutter AcP 164 [1964] 122, 138). Ein tatsächlich nicht bestehendes Gebäude kann nun einmal auch durch die irrtümliche Angabe „Wohnhaus" im Bestandsverzeichnis des Grundbuchblattes nicht entstehen.

d) Identität des Verfügenden; Mängel des Verfügungsgeschäfts selbst

Der öffentliche Glaube des Grundbuches bietet keine Gewähr dafür, dass der Ver- 67
fügende mit dem Eingetragenen identisch und nicht nur eine zufällig namensgleiche

Person ist (Mot III 213; OLG Brandenburg 16. 8. 2017 – 5 W 6/17, FGPrax 2017, 245, 246; Planck/Strecker § 892 Anm III 3). Wenn also anstelle einer im Grundbuch noch eingetragenen, in Wirklichkeit aber bereits aufgelösten Personenhandelsgesellschaft eine später neugegründete, aber firmengleiche andere Gesellschaft verfügt, so kann dem redlichen Erwerber der Schutz des § 892 BGB nicht zuteilwerden (RG WarnR 1933 Nr 8; MünchKommBGB/Wacke[4] § 892 Rn 26). Erst recht hilft § 892 BGB nicht weiter, wenn jemand verfügt, der sich unter Vorlage gefälschter Ausweise für den Eingetragenen ausgibt (RGZ 128, 276, 279). Nicht von § 892 BGB garantiert werden auch solche persönlichen Verhältnisse oder rechtlichen Eigenschaften des Eingetragenen, von deren Vorhandensein die Wirksamkeit des Erwerbsgeschäfts abhängt: Das Grundbuch gewährleistet also nicht die Geschäftsfähigkeit des Eingetragenen (RGZ 69, 263, 268; WarnR 1936 Nr 2; KG OLGE 18, 110 f; Kiehnle 311 ff, 320), ebenso wenig wie die Vertretungsmacht desjenigen, der im Namen des Eingetragenen handelt (KG OLGE 18, 110 f) oder wie schließlich die Verfügungsmacht desjenigen Dritten, der mit angeblicher Zustimmung des Eingetragenen über das gebuchte Recht verfügt (RGZ 84, 242, 245). Eine Ausnahme macht insoweit nur die Eintragung eines „Grundbuchvertreters" iS von § 1189 BGB, also eines Stellvertreters, der mit Wirkung für und gegen den jeweiligen Gläubiger einer Inhaberhypothek bestimmte Verfügungen über die Hypothek treffen kann; diese Eintragung nimmt am öffentlichen Glauben des Grundbuchs teil (RG LZ 1925, 1071; Planck/Strecker § 1189 Anm 5d; MünchKommBGB/Lieder[9] § 1189 Rn 15; Staudinger/Wolfsteiner [2019] § 1189 Rn 13); eine im Grundbuch ausgewiesene, aber nicht wirksam verliehene bzw nach § 168 BGB bereits wieder erloschene Vertretungsmacht wird also unter den Voraussetzungen der §§ 892, 893 BGB als bestehend fingiert. Der öffentliche Glaube des Grundbuchs ersetzt natürlich auch nicht die fehlende Rechtsfähigkeit einer im Grundbuch als Rechtsinhaber eingetragenen Stiftung oder Personenvereinigung (RGZ 88, 83, 89; BayObLG Recht 1916, 1724). Die §§ 892, 893 BGB schützen nun einmal nur vor den Konsequenzen des Umstandes, dass dem Verfügenden die dingliche Rechtsposition, die ihm im Grundbuch zugeschrieben wird, ganz oder teilweise fehlt bzw dass dieser einer relativen Verfügungsbeschränkung unterworfen ist. Sonstige *materielle Mängel des Verfügungsgeschäfts selbst* deckt der öffentliche Glaube des Grundbuches nicht (RGZ 69, 263, 268; 84, 242, 245; 88, 83, 89; 128, 276, 279; Planck/Strecker § 892 Anm III 3; Rosenberg § 892 Anm II 1 a α, 3 a; Biermann § 892 Anm 4a; Lutter AcP 164 [1964] 122, 127). Hat aber ein unwirksames Rechtsgeschäft gleichwohl zur Eintragung des Erwerbers geführt, so gibt diese Eintragung natürlich eine geeignete Rechtsscheinbasis für den gutgläubigen Erwerb eines Dritten ab (RGZ 69, 263, 268; 88, 83, 89; 128, 276, 279).

e) Abweichende tatsächliche Übung

68 Nur der Inhalt der Grundbucheintragung selbst (einschließlich der zulässigerweise in Bezug genommenen Urkunden) genießt öffentlichen Glauben. Wenn die tatsächliche Ausübung einer Grunddienstbarkeit über den Umfang der Befugnisse hinausgeht, die diese Grunddienstbarkeit bei einer objektiven, die tatsächlichen Verhältnisse bei der Bestellung und die spätere reguläre Entwicklung berücksichtigenden Auslegung dem Eigentümer des herrschenden Grundstücks verleiht, so wird die Annahme eines Erwerbers des herrschenden Grundstücks, dass die von ihm vorgefundenen tatsächlichen Verhältnisse dem Inhalt der Grunddienstbarkeit entsprächen, nicht nach § 892 BGB geschützt (BGH NJW 1976, 417 = LM Nr 25 zu § 1018 BGB; MünchKommBGB/H Schäfer[9] § 892 Rn 14; AK-BGB/L vSchweinitz § 892 Rn 32; Lutter AcP 164 [1964] 122, 156; **aA** OLG Celle HEZ 1, 155; H Westermann[5] § 85 II 1b).

f) Öffentlich-rechtliche Verhältnisse

Der öffentliche Glaube des Grundbuches bezieht sich ferner nicht auf die *öffentlich-rechtlichen Verhältnisse eines* Grundstücks, die ja – wie insbes die öffentlich-rechtlichen Lasten (§ 54 GBO) – überwiegend auch gar nicht eintragungsfähig sind (vgl RG BayZ 1907, 490; WarnR 1911 Nr 84; Recht 1910 Nr 3181; ZBlFG 11, 653; JW 1910, 813; GRÜNEBERG/HERRLER[84] Einl 14 vor § 854). Dass beispielsweise die öffentlich-rechtlichen Baulasten nicht im Grundbuch, sondern in einem speziellen Baulastenverzeichnis eingetragen werden und somit gutglaubensresistent sind, bedeutet eine rechtspolitisch äußerst bedenkliche Gefährdung des Liegenschaftsverkehrs (s STAUDINGER/ERTL[12] Vorbem 75 zu §§ 873 ff; KELLER/MUNZIG/KELLER[9] Einl § 1 Rn 11; BÖHRINGER BWNotZ 1992, 3, 7). Die Bindung einer öffentlich geförderten Wohnung nach dem WoBindG kann nicht durch gutgläubig-lastenfreien Erwerb erlöschen (VG Freiburg NJW 1979, 1843 zur Fassung des WoBindG v 31. 1. 1974 [BGBl I 137]; Neufassung v 13. 9. 2001 [BGBl I 2404]). – Teilweise wird allerdings die Auffassung vertreten, öffentlich-rechtliche Lasten, die kraft ausdrücklicher gesetzlicher Anordnung entgegen der Regel des § 54 GBO im Grundbuch eintragbar seien (wie etwa die Umlegungsbeiträge nach § 64 BauGB oder die Hypothekengewinnabgabe), müssten durch gutgläubig-lastenfreien Erwerb erlöschen können (so LUTTER AcP 164 [1964] 122, 134 für die Fälle der irrtümlichen Löschung). Diese Auffassung ist jedoch mit dem öffentlich-rechtlichen Charakter der betreffenden Lasten kaum zu vereinbaren; die Eröffnung der Eintragungsmöglichkeit hat nicht den Sinn, diese Rechte dem öffentlichen Glauben des Grundbuches zu unterstellen. Im Falle der Hypothekengewinnabgabe bot sich für irrtümliche Löschungen ohne Ersuchen des Finanzamtes zudem ein Umkehrschluss aus § 111b Abs 2 LAG an. 69

g) Anfechtbarkeit nach AnfG

§ 892 BGB bezieht sich nicht auf die *Anfechtbarkeit* des der Grundbucheintragung zugrundeliegenden Rechtsgeschäfts nach dem AnfG. Die Tatsache, dass die Anfechtbarkeit des Erwerbs im Grundbuch nicht verlautbart ist, schließt also die Erstreckung der Anfechtung auf den Rechtsnachfolger des Ersterwerbers nach § 15 Abs 2 AnfG nicht aus (RG JW 1910, 762 = Recht 1910 Nr 3004; BayZ 1911, 163). 70

h) Erwerbsgrund

Angaben des Grundbuches über den *Erwerbsgrund,* über die „Grundlage der Eintragung“ (BGHZ 7, 64) unterliegen nicht dem öffentlichen Glauben. Ebenso wenig erstreckt sich dieser auf die Angabe des für das Umstellungsverhältnis entscheidenden Entstehungsgrundes der Hypothekenforderung (KG NJW 1952, 885). Das Gleiche gilt für den Hofvermerk nach der HöfeO (BGH RdL 1953, 54). Schließlich kann auch die im Grundbuch zu Unrecht eingetragene Löschungserleichterung gemäß § 23 Abs 2 GBO nicht gutgläubig erworben werden (BayObLG MittRhNotK 1983, 170). 71

IV. Der Kreis der geschützten Geschäfte

Der Schutz des öffentlichen Glaubens des Grundbuches greift nur bei bestimmten Rechtsgeschäften Platz, deren Kreis in §§ 892, 893 BGB festgelegt ist. Nach § 892 BGB selbst wird der auf Rechtsgeschäft beruhende Erwerb eines Rechtes an einem Grundstück oder eines Rechtes an einem Grundstücksrecht geschützt. § 893 BGB 2. Fall dehnt den Verkehrsschutz auf sonstige Rechtsgeschäfte aus, die eine Verfügung über ein im Grundbuch eingetragenes Recht enthalten. Diese Auffangregelung stellt der Sache nach die Generalklausel des Gutglaubensschutzes bei Verfügungen über 72 im Grundbuch eingetragene Rechte dar, während § 892 BGB einen Teilbereich in einer vorangestellten Sonderregelung heraushebt (AK-BGB/L vSchweinitz § 892 Rn 45). § 893 BGB 1. Fall schließlich stellt auch Leistungen, die aufgrund eines im Grundbuch eingetragenen Rechtes an den im Grundbuch als Rechtsinhaber Eingetragenen erbracht werden, unter den Schutz des öffentlichen Glaubens.

1. Erwerb von Grundstücksrechten und Rechten an Grundstücksrechten

73 § 892 BGB gilt mithin – wenn man die durch § 893 BGB bewirkte Erweiterung zunächst außer Betracht lässt – nur für den (rechtsgeschäftlichen) Erwerb von Grundstücksrechten und von Rechten an Grundstücksrechten. Die Norm erfasst damit nur Rechtsgeschäfte, die einem Dritten ein dingliches Recht an einem Grundstück oder an einem Grundstücksrecht unmittelbar verschaffen sollen, also **nur Verfügungen**. Wer mit dem im Grundbuch Eingetragenen lediglich in obligatorische Rechtsbeziehungen getreten ist, etwa einen Kauf-, Miet- oder Pachtvertrag geschlossen hat, wird durch § 892 BGB nicht geschützt (RGZ 106, 109, 111; RG WarnR 1912, 391; ZBlFG 6, 673; KGJ 26 A 250, 252; 33 A 277, 279). Daher besteht auch kein Schutz durch § 892 BGB, wenn der Sicherungsvertrag einer Grundschuld – als rein schuldrechtliche Vereinbarung – abgeschlossen oder geändert wird, auch wenn sich aus ihm regelmäßig Einreden gegen die Ausübung des dinglichen Rechts ergeben (BGH 19. 4. 2018 – IX ZR 230/15, NJW 2018, 2049 Rn 73; MünchKommBGB/H Schäfer[9] § 892 Rn 3). Auch § 893 BGB ist insoweit nicht einschlägig (s § 893 Rn 24). Das Gleiche gilt für die Überlassung der Ausübung eines nur buchmäßig existierenden Nießbrauchs (s § 893 Rn 24). Der bloße Übergang der Verwaltungs- und Verfügungsbefugnis über das Vermögen des Buchberechtigten auf den Insolvenzverwalter (§ 80 InsO) ist kein Erwerb iS von § 892 BGB (vgl RGZ 19, 59, 62 zum preußischen Recht; RG Gruchot 52, 1055 u 1061 zu § 6 KO). Entsprechendes gilt für denjenigen, der vom Hypothekengläubiger lediglich zur Einziehung der Hypothekenforderung ermächtigt worden ist (RGZ 72, 377, 379; Planck/Strecker § 892 Anm II 1a); bei der echten Inkassozession, die den Zessionar nach außen hin zum Rechtsinhaber macht, scheitert die Anwendung des § 892 BGB dagegen aus anderen Gründen, nämlich am Erfordernis des Verkehrsgeschäfts, s unten Rn 117.

74 § 892 BGB gilt ferner nicht für die Übertragung eines Erbteils (§ 2033 BGB), selbst wenn zu dem Nachlass Grundstücke und Grundstücksrechte gehören (KGJ 40, 167; HRR 1927 Nr 1219; 1928 Nr 2275; BayObLGZ 27, 109; Rosenberg § 892 Anm I 1 a η; vTuhr I 361; Staudinger/Löhnig [2020] § 2033 Rn 36). Verfügt wird hier nämlich nicht über das fragliche Liegenschaftsrecht selbst, sondern über die Mitgliedschaft in der Erbengemeinschaft und damit über den Anteil an dem Gesamthandsvermögen, zu dem dieses Liegenschaftsrecht gehört. Das nicht eingetragene Pfandrecht an einem Miterbenanteil kann deshalb bei dessen Übertragung nicht durch gutgläubig-lastenfreien Erwerb nach § 892 BGB erlöschen, selbst wenn der Nachlass praktisch nur aus einem Grundstück besteht (OLG Köln JMBl NW 1997, 44 = OLGR Köln 1997, 37). Entsprechendes gilt für die Übertragung oder Verpfändung des Anwartschaftsrechtes des Nacherben (s KGJ 42 A 228). Ebenso ist § 892 BGB nicht anwendbar, wenn alle Aktien einer AG (oder alle Geschäftsanteile einer GmbH) übertragen werden, die im Grundbuch als Inhaber eines Liegenschaftsrechts ausgewiesen ist. Diese Konstellation kann auch nicht im Analogiewege in den Schutz des öffentlichen Glaubens des Grundbuches einbezogen werden (RGZ 118, 335; 119, 126, 131; 130, 392, 393; Fritsch JherJb 82, 253, 298 f; Planck/Strecker § 892 Anm II 1 a mwNw; Reeb 32; MünchKommBGB/Wacke[4] § 892 Rn 42;

MünchKommBGB/H Schäfer[9] § 892 Rn 37 f; Emmerich JW 1930, 256; **aA** Lion/Levy JW 1928, 1555). Es lässt sich kaum ernsthaft behaupten, dass die Nichteinbeziehung dieser Fallgruppe in den Schutz des öffentlichen Glaubens auf eine willkürliche Ungleichbehandlung gleichgelagerter Sachverhalte hinausliefe; dies aber wäre angesichts des Ausnahmecharakters aller Vorschriften über den Erwerb vom Nichtberechtigten und auch angesichts der Tragweite der Norm unverzichtbare Voraussetzung für jede Ausdehnung über den Wortlaut hinaus. Das Gleiche gilt, wenn die Gesellschafter einer BGB-Gesellschaft, die fälschlich als Eigentümer eines Grundstücks im Grundbuch eingetragen ist, alle ihre Gesellschaftsanteile an einen Dritten veräußern (BGH WM 1997, 480, 481 = NJW 1997, 860, 861 = WiB 1997, 374 m Anm Pohler = ZAP ERW 1997, 33 m Anm Limmer; Wagner ZIP 2005, 637, 643; Münch DNotZ 2001, 535, 547). Erst recht gilt dies, wenn nur ein einzelner Anteil an einer solchen Gesellschaft übertragen wird (OLG Frankfurt 15. 7. 2002–20 W 478/01 Rn 21).

§ 892 BGB greift nur ein, wenn das übertragene oder eingeräumte Recht überhaupt 75
für eine *Eintragung im Grundbuch geeignet* ist. Schon hieran scheitert der gutgläubige (Erst-)Erwerb einer bloßen Auflassungsanwartschaft bzw des Anwartschaftsrechts des Auflassungsempfängers (L Raiser, Dingliche Anwartschaften [1961] 36; Bergermann MittRhNotK 1969, 687, 699). Lässt ein Bucheigentümer einem Gutgläubigen das Grundstück auf, schützt § 892 BGB den letzteren erst mit der Umschreibung des Eigentums. Der Erwerber erlangt nicht etwa schon bei der Stellung des Eintragungsantrags kraft seines guten Glaubens ein übertragbares Anwartschaftsrecht, das nun den späteren gutgläubigen Erwerb des Eigentums selbst garantieren könnte. Der gutgläubige Erwerb kann vielmehr immer noch an einer Grundbuchberichtigung oder Widerspruchseintragung scheitern, selbst wenn diese durch einen Verfahrensverstoß zustande gekommen ist (s unten Rn 185, 189). Dementsprechend kann die Übertragung der Auflassungsanwartschaft auf einen bösgläubigen Zweitanwärter dem letzteren nicht die Möglichkeit des gutgläubigen Erwerbs des Grundstückseigentums verschaffen.

Wegen des Gutglaubensschutzes beim Erwerb einer *Vormerkung* s Rn 56 ff; wegen 76
der Besonderheiten bei *Rechten an Rechten* vgl Rn 63.

2. Erwerb durch Rechtsgeschäft

Geschützt wird nur, wer ein Recht an einem Grundstück oder ein Recht an einem 77
ein Grundstück belastendes Recht „durch Rechtsgeschäft" erwirbt. Der Begriff des Erwerbs durch Rechtsgeschäft darf allerdings nicht zu eng in dem Sinne genommen werden, dass sich der Erwerbstatbestand in der rechtsgeschäftlichen dinglichen Einigung allein erschöpfen müsste; denn stets wird zum Rechtserwerb außer jener rechtsgeschäftlichen Einigung ein nicht rechtsgeschäftlicher Akt (Eintragung im Grundbuch, Übergabe des Briefes) erfordert. Es darf daher auch daraus, dass das Gesetz (vgl § 1163 BGB) die Entstehung der gesicherten Forderungen zur Voraussetzung der Vollendung des Hypothekenerwerbs durch den Gläubiger gemacht hat, nicht gefolgert werden, dass dieser Erwerb kein rechtsgeschäftlicher, sondern ein solcher kraft Gesetzes sei (RGZ 128, 277, 278). Daran ändert auch der Umstand nichts, dass die neben der Einigung erforderliche Eintragung etwa durch Ersuchen einer Behörde herbeigeführt worden ist (KG HRR 1929 Nr 1487).

78 Gleichgültig ist ferner, ob zu dem Erwerb die Voraussetzungen des § 873 BGB (Einigung und Eintragung) notwendig sind oder ob sich der rechtsgeschäftliche Erwerb ausnahmsweise ohne Eintragung vollzieht, wie zB bei der Übertragung und Verpfändung einer (bereits eingetragenen) Briefhypothek.

79 Ob dem Rechtserwerb ein gültiges Verpflichtungsgeschäft zugrunde liegt und von welcher Art der etwaige Rechtsgrund ist, ist für den Schutz des § 892 BGB gleichgültig. Die Norm ist deshalb auch anwendbar, wenn der Erwerb ein unentgeltlicher war, die Verfügung also etwa dem Vollzug einer Schenkung oder eines Vermächtnisses (s OLG Naumburg NJW 2003, 3209) diente. Über die Gründe für die Einbeziehung auch des unentgeltlichen Erwerbs in den Schutz des öffentlichen Glaubens s oben Rn 2 und Mot III 212; Prot III 84; ferner Planck/Strecker § 892 Anm II 1 b. Wegen der schuldrechtlichen Korrektur des unentgeltlichen Erwerbs durch § 816 Abs 1 S 2 BGB s Rn 272.

80 Erwerb durch Rechtsgeschäft liegt auch vor, wenn ein *subjektiv-dingliches Recht* (§§ 1018, 1094 Abs 2, 1105 Abs 2 BGB) mit dem Eigentum am herrschenden Grundstück (§ 96 BGB) übergeht (RGZ 104, 316, 319; BGH NJW 1994, 2947, 2948; KG HRR 1034, 1676). Da ein solches Recht vom BGB als wesentlicher Bestandteil des herrschenden Grundstücks behandelt wird und die Übereignung eines Grundstücks dieses notwendigerweise samt allen wesentlichen Bestandteilen erfasst und auch erfassen soll, muss der Mitübergang der zum Grundstück gehörenden subjektiv-dinglichen Rechte zum unmittelbar gewollten Inhalt des Übereignungsgeschäftes selbst gezählt werden; er bildet also nicht nur eine mittelbare gesetzliche Konsequenz dieses Rechtsgeschäfts. Wenn das auf dem Grundbuchblatt des belasteten Grundstücks (s oben Rn 23) ausgewiesene subjektiv-dingliche Recht in Wirklichkeit gar nicht besteht oder aber für den ersten Erwerber persönlich entstanden ist, so verschafft eine Übereignung des (angeblich) herrschenden Grundstücks dem redlichen Erwerber nach § 892 BGB auch das betreffende subjektiv-dingliche Recht (RGZ 104, 316, 319; KG HRR 1934 Nr 1676; OLG Frankfurt Rpfleger 1979, 418; OLG Hamm DNotZ 2003, 355; LG Mannheim BWNotZ 1984, 22; Planck/Strecker § 892 Anm II 1 a; Rosenberg § 892 Anm II 1 b β; NK-BGB/Krause[5] § 892 Rn 37; **aA** Biermann § 1028 Anm 1). Dies zeigt schon § 1028 Abs 2 BGB, der für einen Sonderfall den gutgläubigen Miterwerb einer Grunddienstbarkeit ausschließt, also davon ausgeht, dass ansonsten die Übertragung des herrschenden Grundstücks zum gutgläubigen Erwerb der Grunddienstbarkeit führen kann. Entsprechendes gilt für die Übertragung eines beschränkten dinglichen Rechtes für das bei einem anderen ein (in Wirklichkeit nicht wirksam begründeter) Rangvorbehalt eingetragen ist (Planck/Strecker § 892 Anm II 1a). Zur Frage, ob § 892 BGB voraussetzt, dass der Veräußerer selbst im Grundbuch eingetragen ist, so oben Rn 46, 48.

3. Erwerbstatbestände ohne Gutglaubensschutz

a) Erwerb kraft Gesetzes

81 Nur der rechtsgeschäftliche Erwerb von Liegenschaftsrechten wird durch § 892 BGB geschützt. Eine Ausdehnung des öffentlichen Glaubens auf kraft Gesetzes eintretende Rechtsänderungen haben die Verfasser des BGB nachdrücklich abgelehnt (s Johow, Begründung zum Teilentwurf Sachenrecht I 233; Mot Mugdan I 118 f). In der Tat wäre eine solche Ausdehnung durch den Gedanken des Verkehrsschutzes nicht mehr zu rechtfertigen, da bei kraft Gesetzes eintretenden Rechtsänderungen ein Vertrauen des Erwerbers auf die Richtigkeit des Grundbuchinhaltes gar nicht mitspielen kann (LOCHER 115).

§ 892 BGB greift also nicht ein bei solchen Erwerbsvorgängen, die sich *unmittelbar kraft Gesetzes* vollziehen (ROSENBERG § 892 Anm II 3 b β; PLANCK/STRECKER § 892 Anm II 1 d; BGB-RGRK/AUGUSTIN § 892 Rn 37; SOERGEL/KERN[14] § 892 Rn 3, 19; MünchKommBGB/H SCHÄFER[9] § 892 Rn 31; LUTTER AcP 164 [1964] 122, 159). Dies gilt insbesondere für den Erwerb durch Erbfolge, §§ 1922, 1937, 1941, 1967 BGB (vgl KG RJA 4, 58; OLG Naumburg 21. 5. 2019 – 12 Wx 10/19, RNotZ 2020, 42 Rn 14) und für die sonstigen Fälle der Gesamtnachfolge, zB den Eintritt der ehelichen Gütergemeinschaft (§§ 1415, 1416 BGB; vgl RG Gruchot 47, 667 f). Auch soweit in diesen Fällen dem Erwerb ein Rechtsgeschäft zugrunde liegt (wie zB Testament, Erbvertrag, Ehevertrag), kommt der Erwerb hier nicht „durch" Rechtsgeschäft iS des § 892 BGB zustande. Hier sind nämlich nur Rechtsgeschäfte gemeint, die unmittelbar die Übertragung oder Einräumung eines Liegenschaftsrechtes zum Gegenstand haben, bei denen sich der Parteiwille also exakt gerade auf die Verschaffung eines solchen Rechtes richtet. Die Verfügung von Todes wegen bezweckt dagegen etwas ganz anderes, nämlich die Zuwendung eines ganzen Vermögens einschließlich aller Verpflichtungen, und auch der Ehevertrag ist nicht unmittelbar auf Übertragung einzelner Gegenstände gerichtet, sondern auf die Begründung einer Vermögensgemeinschaft (vgl PLANCK/STRECKER § 892 Anm II 1 d S 270; ROSENBERG § 892 Anm II 3 b; vTUHR II 1, 166). Anders ist die Situation dagegen beim Erwerb des Vermächtnisnehmers von dem oder den Erben (§ 2174 BGB) und beim Erbschaftskauf (§ 2374 BGB), weil dabei eine Einzelübertragung der Vermögensstücke erfolgen muss (vTUHR II 1, 92; PLANCK/STRECKER § 892 Anm II 1 d S 270). Beim Erbschaftskauf erfolgt allerdings, wenn der Veräußerer bloßer Erbschaftsbesitzer war, eine Korrektur auf der schuldrechtlichen Ebene; der Erwerber muss die Liegenschaftsrechte, die er kraft seines guten Glaubens erlangt hat, nach § 2030 BGB an den wahren Erben herausgeben (s STAUDINGER/RAFF [2020] § 2030 Rn 5). Beim Erwerb eines Erben von der Erbengemeinschaft aufgrund einer Teilungsanordnung (§ 2048 BGB) scheidet § 892 BGB dagegen, was PLANCK/STRECKER (§ 892 Anm II 1 d S 270) übersehen, wiederum aus, und zwar mangels eines Verkehrsgeschäftes (s unten Rn 101). 82

Ausgeschlossen ist § 892 BGB auch in sonstigen Fällen eines Erwerbs durch *Universalsukzession:* So etwa beim Anfall eines Vereinsvermögens oder Stiftungsvermögens an den Fiskus (§§ 46, 88 S 2 BGB; anders dagegen im Falle der Liquidation, § 47 BGB); ferner im Falle einer Eingemeindung. Gesamtrechtsnachfolge und damit keine Anwendungsmöglichkeit für § 892 BGB ist auch in den Fällen der Verschmelzung von Rechtsträgern (§§ 2 ff UmwG) und der vollständigen Vermögensübertragung von einem Rechtsträger auf den anderen (§§ 174 ff UmwG). Ebenso wenig bedarf es bei der Spaltung eines Rechtsträgers (§ 123 UmwG) rechtsgeschäftlicher Übertragungsakte (vgl § 191 Abs 1 Nr 1 UmwG). Ein gutgläubiger Erwerb kommt deshalb nicht in Betracht (MAYER, in: WIDMANN/MAYER, UmwG § 126 Rn 176; s auch K SCHMIDT AcP 191 [1991] 495, 523). Vgl im Übrigen STAUDINGER/C HEINZE (2018) § 873 Rn 12 f und STAUDINGER/DIEHN (2020) § 925 Rn 27 ff. Das Gleiche gilt für eine partielle Gesamtrechtsnachfolge durch Umwandlungserklärung nach §§ 58, 56 UmwG (LG Rostock VIZ 2002, 589, 590). Dagegen war die Verpflichtung einer AG oder KGaA zur Gesamtvermögensübertragung nach bisherigem Recht (§ 361 AktG aF) im Wege der Einzelübertragung aller Vermögensbestandteile zu vollziehen; daher konnte hier 83 der Schutz des öffentlichen Glaubens eingreifen (BayObLGZ 1989, 136, 143). – Um Übergang durch Universalsukzession handelt es sich auch bei der Konstellation des § 1059a Abs 1 Nr 1 BGB; ein gutgläubiger Erwerb der eingetragenen, aber nicht wirksam begründeten Dienstbarkeit durch den Gesamtrechtsnachfolger des Buchberechtigten ist mithin nicht möglich (OLG Köln DNotZ 1958, 487, 489; BASSENGE NJW 1996, 2777, 2778). Im Falle des § 1059a Abs 1 Nr 2 BGB erfolgt die Übertragung der beschränkten persönlichen Dienstbarkeit dagegen durch Rechtsgeschäft; hier ist ein gutgläubiger Erwerb damit möglich (OLG Köln DNotZ 1958, 487, 489; BASSENGE NJW 1996, 2777, 2778).

84 Um Erwerb kraft Gesetzes handelt es sich auch im Falle der sog *Kontratabularersitzung* nach § 927 BGB; zu Unrecht gelöschte Belastungen des Grundstücks gehen also beim Eigentumserwerb des bisherigen Eigenbesitzers – trotz dessen Unkenntnis von ihrem Bestehen – nicht durch gutgläubig-lastenfreien Erwerb unter (WOLFF/RAISER § 62 III; PLANCK/STRECKER Anm II 1 d; MünchKommBGB/RUHWINKEL[9] § 927 Rn 7).

85 Auch die nach *§§ 1075 Abs 1, 1287 S 2* BGB erfolgende Umwandlung des Nießbrauches oder Pfandrechts an einem Auflassungsanspruch in einen Nießbrauch bzw eine Sicherungshypothek am geleisteten Grundstück ist ein Erwerb kraft Gesetzes; wenn der Schuldner nur Bucheigentümer war und ein Eigentumserwerb des Forderungsgläubigers an dessen Bösgläubigkeit scheiterte, nützt dem Pfandgläubiger oder Nießbraucher mithin sein eigener guter Glaube nichts (RG Gruchot 57, 1087, 1092 = WarnR 1913, 390; PLANCK/STRECKER § 892 Anm II 1 d S 271; ROSENBERG Anm II 3 b; WOLFF/RAISER § 45 I 3 b; vTUHR II 1, 167 Fn 142; STAUDINGER/DIEHN [2020] § 925 Rn 130; NK-BGB/KRAUSE[5] § 892 Rn 38; **aA** HACHENBURG, Vorträge [2. Aufl 1900] 180; J HAGER 112), sofern nicht die Voraussetzungen des § 166 Abs 2 BGB vorliegen.

86 Um einen Erwerb kraft Gesetzes handelt es sich auch in den Fällen, in denen eine *Hypothek* infolge Ablösung oder Wegfalls der gesicherten Forderung oder Verzicht des Gläubigers kraft Gesetzes *auf den Eigentümer übergeht* (§§ 1143, 1163, 1173, 1168, 1175, 1182 BGB) oder in denen sie infolge Befriedigung des Gläubigers vom rückgriffsberechtigten persönlichen Schuldner (§§ 1164, 1174 BGB) oder einem Bürgen (§§ 774 Abs 1 S 1, 1153 BGB) oder einem ablöseberechtigten Dritten (§§ 1150, 268 BGB) erworben wird (vgl RG Gruchot 52, 1060 f; HRR 1928 Nr 2274; 1930 Nr 1923; BGH NJW 1986, 1487 f m abl Anm CANARIS; NJW 1997, 190 f; BayObLGZ 28, 65; vTUHR II 1, 166; II 2, 85 Fn 145). Hier ist aber Folgendes zu beachten: Soweit der Übergang gesetzliche Folge einer Zahlung auf die Hypothek ist, ist im Falle der entsprechenden Leistung an einen im Grundbuch eingetragenen oder nach § 1155 BGB legitimierten Scheinhypothekar § 893 BGB anwendbar; dh, die Hypothek geht hier auf den Leistenden über, genauso als hätte er an den wirklichen Hypothekengläubiger gezahlt (KGJ 40 A 265 = RJA 11, 62; PLANCK/STRECKER § 893 Anm II 1 d S 271; ROSENBERG § 893 Anm II 3 b β mwNw; **aA** TURNAU/FÖRSTER § 892 Anm I 1 S 246; s näher § 893 Rn 16). Das gilt jedoch nach hM (s STAUDINGER/WOLFSTEINER [2019] § 1185 Rn 10; MünchKommBGB/LIEDER[9] § 1185 Rn 13) nur für die Verkehrshypothek, da man die Anwendbarkeit des § 893 BGB bei der Sicherungshypothek verneint (s § 893 Rn 12). Aber auch bei der Verkehrshypothek stellt sich die Situation normalerweise anders dar, wenn der persönliche Schuldner oder der Bürge zahlt (BAUR/STÜRNER[18] § 38 Rn 112; **aA** J HAGER 141 f [m Einschr]), weil diese Leistungen in aller Regel nicht aufgrund des dinglichen Rechts, sondern aufgrund der Forderung erfolgen (PLANCK/STRECKER § 893 Anm II 1 d S 271 mwNw). Hier kann der öffentliche Glaube des Grundbuches auch nicht dadurch anwendbar werden, dass aus Anlass der Tilgung der Hypothekenforderung noch ein Übertragungsakt vorgenommen wird, also der scheinbare Hypothekengläubiger die Hypothek auch noch an den zahlenden Schuldner oder Bürgen abtritt. Ein solches Geschäft kann allenfalls bestätigende oder beurkundende Wirkung haben. Wenn dagegen der Eigentümer, statt den Weg der Ablösung zu wählen, dem scheinbaren Hypothekengläubiger die hypothekarisch gesicherte Forderung abkauft und sich diese übertragen lässt, handelt es sich wiederum um einen Erwerb „durch Rechtsgeschäft" iS von § 892 BGB (vTUHR II 1, 166 Fn 137). – Um einen nichtrechtsgeschäftlichen und deshalb nicht unter dem Schutz des öffentlichen Glaubens stehenden Erwerb handelt es sich schließlich auch bei der Begründung von Sicherungshypotheken nach den durch Art 91 EGBGB aufrechterhaltenen Landesgesetzen (vgl BayObLGZ 3, 210 und STAUDINGER/J HÖNLE/U HÖNLE [2018] Art 91 EGBGB Rn 1 ff). Die entsprechende bundesrechtliche Regelung in dem früheren § 54 FGG ist durch Art 12 BtG vom 12. 9. 1990 (BGBl I 2002) aufgehoben worden.

b) Vorweggenommene Erbfolge; Vermögensübernahme

87 Wenn sich die Übertragung eines Liegenschaftsrechts als eine *Vorwegnahme der Erbfolge* darstellt, kann der Schutz des § 892 BGB nicht Platz greifen (RGZ 123, 52, 56 = JW 1929, 734 m zust Anm REINHARD; 136, 148, 150; SeuffA 83 Nr 65; BayObLGZ 26, 52; 29, 347, 350 f; BayObLG DNotZ 1988, 781, 782; MittBayNot 1986, 129, 130; 1990, 309, 311; KG HRR 1931 Nr 1756; OLG Zweibrücken OLGZ 1981, 139, 145; FGPrax 1999, 208, 209 f; OLG Brandenburg 24. 11. 2011 – 5 U 54/10 Rn 25; LG Bielefeld Rpfleger 2002, 200; PLANCK/STRECKER § 892 Anm II 1 b; BGB-RGRK/AUGUSTIN § 892 Rn 42; SOERGEL/KERN[14] § 892 Rn 21; ERMAN/ARTZ[17] § 892 Rn 17; JAUERNIG/BERGER[19] § 892 Rn 8; HK-BGB/STAUDINGER[12] § 892 Rn 13; LUTTER AcP 164 [1964] 122, 161 f; WOLFF/RAISER § 45 Fn 17; WIELING/FINKENAUER, SR[6]§ 10 Rn 61; BAUR/STÜRNER[18] § 23 Rn 27; MEIKEL/SCHNEIDER[12] § 53 Rn 72 m Fn 425 [Überlassungsvertrag in vorweggenommener Erbfolge]; SCHÖNER/STÖBER[16] Rn 349; vMANGOLDT AcP 134 [1934] 81, 90 ff; GUMMEL DNotZ 1929, 464 ff; FRITSCH JherJb 82 [1982] 253, 305 Fn 44; SCHLÜTER, Erbrecht[12] § 58 I 2; MEDICUS/PETERSEN BR[29] Rn 549; TIEDTKE 8; REEB 56 ff; SCHÖN, Der Nießbrauch an Sachen [1992] 230; SCHREIBER/BURBULLA Jura 1999, 491, 493; wohl auch SCHREIBER/RUGE/KLINCK[4] Kap 8 Rn 75; zweifelnd: MünchKommBGB/H SCHÄFER[9] § 892 Rn 31; **aA** aber GRÜNEBERG/HERRLER[84] § 892 Rn 3; BeckOGK/HERTEL [1. 9. 2024] § 892 Rn 26; KG Recht 1927 Nr 1710; OLG Braunschweig AufwRspr 1927 Sdh VI, 43; OLG Rostock MecklZ 44, 193; LG Bielefeld Rpfleger 1999, 22; LG Görlitz 12. 12. 2003 – 2 S 46/03 Rn 17; HEINSHEIMER Gruchot 72 [1952] 174, 179; E WOLF § 10 F I c 4 Fn 46; KNUR 41 ff; WILHELM[7] Rn 720 f; H WESTERMANN/EICKMANN[8] § 83 Rn 27 m Fn 23; NK-BGB/KRAUSE[5] § 892 Rn 40; OLZEN 287 ff, 292; HAGEN 147 ff; OTTE AcP 186 [1986] 313, 316; HILDESHEIM Rpfleger 1997, 12, 14; ECCHER, Antizipierte Erbfolge [1980] 189 f; KOHLER Jura 2008, 321, 324 ff; implizit [wegen Hinweis auf § 816 Abs 1 S 2 BGB] auch BGH WM 1964, 614, 616; offengelassen in BGHZ 30, 255, 256; BGH NJW 1982, 761; BGH 8. 3. 2024 – V ZR 176/22, WM 2024, 1618 Rn 29; vgl auch K SCHMIDT JuS 2008, 276, 278 [leitet aus BGH NJW 2007, 3204 wohl zu Unrecht ab, dass der BGH in den Fällen der vorweggenommenen Erbfolge den gutgläubigen Erwerb bejahen würde]). Es besteht kein Anlass, den Erwerber hier besser zu stellen, als wenn es zum Erbgang gekommen wäre und er das Vermögen des Erblassers somit durch Universalsukzession bzw das fragliche Grundstück im Wege der Auseinandersetzung mit den anderen Erben erhalten hätte. In beiden Fällen wäre aber eine Berufung auf den öffentlichen Glauben des Grundbuches ausgeschlossen gewesen (s Rn 82 und 101). Gewisse Schwierigkeiten bereitet allerdings die tatbestandliche Abgrenzung der successio anticipata. Das Reichsgericht hat betont, die Übertragung eines Grundstücks könne die Bedeutung einer Vorweg-

nahme der Erbfolge selbst dann haben, wenn darin nicht zugleich eine Vermögensübernahme im Sinne von § 419 aF liege (RGZ 136, 148, 149; ebenso BGB-RGRK/Augustin § 892 Rn 42; Soergel/Kern[14] § 892 Rn 21; **abw** Lutter Fn 137). Andererseits ist es offensichtlich, dass der Ausschluss des öffentlichen Glaubens keineswegs bei jeder unter Lebenden erfolgenden Übertragung eines Grundstückes auf den voraussichtlichen Erben angebracht ist (RGZ 136, 148, 150). Bloße Schenkungen müssen, auch wenn sie unter Anrechnung auf einen künftigen Erb- oder Pflichtteil erfolgen, von der vorweggenommenen Erbfolge unterschieden werden (Lutter Fn 137; s auch BGH NJW 1982, 761 f). Für den durch § 892 BGB beabsichtigten Schutz des Rechtsverkehrs besteht vielmehr nur dann kein Bedürfnis, wenn die Eigentumsübertragung nach ihrer tatsächlichen Gestaltung und nach dem Willen der Vertragsbeteiligten deutlich die Züge einer Vorwegnahme der Erbfolge an sich trägt (RGZ 136, 148, 150; OLG Zweibrücken FGPrax 1999, 208, 209 f; Reeb 58). Wenn das nicht der Fall ist, kann der gutgläubige Erwerb Platz greifen, das Ergebnis wird aber durch § 816 Abs 1 S 2 BGB auf der schuldrechtlichen Ebene korrigiert. Für Übereignungen, die zur Erfüllung einer Vermächtnisforderung erfolgen, gibt es eine entsprechende Einschränkung des Erwerbs von Nichtberechtigten nicht; es liegt dann ein Verkehrsgeschäft vor (OLG Naumburg NJW 2003, 3209, 3210) Daran ändert sich auch dann nichts, wenn es sich um ein Vorausvermächtnis für einen der Miterben handelt oder wenn das Vermächtnis zugunsten derjenigen Person ausgesetzt worden ist, die ohne die testamentarische Regelung Alleinerbe geworden wäre (so die Konstellation in OLG Naumburg NJW 2003, 3209, 3210). Zweifelhaft ist, ob man auch solche liegenschaftsrechtlichen Verfügungen, die aufgrund eines Erbverzichtsvertrages vollzogen werden, der Konstellation der vorweggenommenen Erbfolge gleichstellen darf (dafür MünchKommBGB/Wacke[4] § 892 Rn 37).

88 Der Erwerb von Grundstücksrechten bei der Übertragung eines Handelsgeschäfts, das der neue Inhaber unter der bisherigen Firma fortführt (§ 25 HGB), ist mit den Fällen der Gesamtrechtsnachfolge nicht zu vergleichen: Der Erwerber rückt hier ja nicht ipso iure in die Rechtsstellung des Veräußerers ein, die einzelnen Vermögensgegenstände (bzw die einzelnen zum Handelsgeschäft gehörenden Sachen und Rechte) müssen vielmehr jeweils durch Rechtsgeschäft auf den Erwerber übertragen werden. Dass der Erwerber kraft Gesetzes für die Verpflichtungen des Veräußerers haftet, kann für die Beurteilung des dinglichen Übertragungsgeschäfts angesichts der grundsätzlichen Trennung der schuldrechtlichen und der dinglichen Ebene nicht relevant sein. Entsprechendes galt vor dem 1. 1. 1999, wenn die Übertragung eines Grundstücksrechts im Rahmen einer Vermögensübernahme iS von § 419 aF erfolgte. Zu Recht nimmt deshalb die hM an, dass auch dem Unternehmenserwerber (bzw früher auch dem Vermögensübernehmer) der Schutz des § 892 BGB zugutekommt bzw kam (vgl RGZ 123, 52, 55; KG JW 1927, 1494 = HRR 1927 Nr 1220; BayObLG HRR 1927 Nr 1451; BayObLGZ 1989, 136, 143; Planck/Strecker § 892 Anm II 1 d S 270 mwNw; Rosenberg § 892 Anm II 3 b β; BGB-RGRK/Augustin § 892 Rn 41; MünchKommBGB/H Schäfer[9] § 892 Rn 37; BeckOGK/Hertel [1. 9. 2024] § 892 Rn 28; AK-BGB/L vSchweinitz § 892 Rn 48; vTuhr II 1, 91; Wolff/Raiser § 45 Fn 14; Fritsch JherJb 82 [1982] 253, 304 f; Pringsheim JW 1932, 3178; **aA** früher RG Recht 1909 Nr 269; KGJ 22 A 143 = OLGE 3, 33; Predari 68 Fn 9; Turnau/Förster § 892 Anm I 3 S 248; Dernburg[4] § 47, 4; Biermann[2] § 892 Anm 5b; Reichel JW 1910, 742 f). Der Erwerber wird hier allerdings häufig dem Altberechtigten gegenüber schuldrechtlich zur Herausgabe der nach § 892 BGB erlangten dinglichen Rechtsposition verpflichtet sein (aus §§ 823 Abs 1, 249 Abs 1 BGB, § 25 Abs 1 S 2, Abs 2 HGB [bzw früher auch iVm § 419 BGB], wenn dem Veräußerer Verschulden zur Last fiel, oder aus

§ 816 Abs 1 S 2 BGB; dagegen wäre der Anspruch aus § 816 Abs 1 S 1 BGB iVm § 25 Abs 1 S 2, Abs 2 HGB nur auf eine Geldzahlung gerichtet, vgl Lutter AcP 164 [1964] 122, 160 Fn 129).

c) Erwerb durch Zwangsvollstreckung oder Arrestvollziehung

Dem Erwerb durch Rechtsgeschäft ist nach § 898 ZPO der Fall gleichgestellt, dass die Einigungserklärung einer Partei durch ein rechtskräftiges Urteil nach § 894 ZPO ersetzt wird. Eine im neueren Schrifttum wohl vordringende Auffassung will diese Regelung auf die Konstellation des § 895 ZPO im Analogiewege ausdehnen; danach soll also ein gutgläubiger Erwerb einer *erzwungenen Vormerkung* stattfinden können, die aufgrund eines (gegen einen Buchberechtigten ergangenen) vorläufig vollstreckbaren Leistungsurteils und der an ein solches Urteil anknüpfenden Fiktion einer Vormerkungsbewilligung eingetragen wird (Reinicke NJW 1964, 2373, 2379 ff; MünchKommBGB/H Schäfer[9] § 892 Rn 26; Bamberger/Roth/Hau/Poseck/Eckert[5] § 885 Rn 20; Jauernig/Berger[19] § 883 Rn 27; HK-BGB/Staudinger[12] § 883 Rn 27; Bauer/Schaub/Lieder[5] AT C 100; Stein/Jonas/Bartels, ZPO[23] § 898 Rn 1; Thomas/Putzo/Seiler, ZPO[45] § 898 Rn 1; Wieczorek/Schütze/Rensen, ZPO[4] § 898 Rn 1; Tiedtke Jura 1983, 518, 522; J Baumann, Zwangsvollstreckungsrecht[1] § 28 II 3 aE; Mohrbutter, Handbuch des gesamten Vollstreckungs- und Insolvenzrechts [2. Aufl 1974] § 21 IV; Zärban 34 f; Othmer 89; Strohal, Kommt dem Vorgemerkten der öffentliche Glaube des Grundbuchs zustatten? [1904] 15, J Hager JuS 1990, 429, 437 f, Baur/Stürner[18] § 20 Rn 31; R Weber[4] § 11 Rn 57; Hüttinger NotBZ 1998, 105, 108; Schuschke, in: FS Kreft [2004] 151 ff, 161; NK-BGB/Krause[5] § 892 Rn 43; Erman/Artz[17] § 883 Rn 28; **aA** Blomeyer, Vollstreckungsverfahren [1975] § 90 V 3 Fn 63; Anders/Gehle/Schmidt, ZPO[82] § 898 Rn 1; Thomas/Putzo, ZPO[20] § 898 Anm 1; AK-BGB/L vSchweinitz § 892 Rn 54; AK-BGB/B vSchweinitz § 885 Rn 24; Grüneberg/Herrler[84] § 885 Rn 12; BeckOGK/Hertel [1. 9. 2024] § 892 Rn 14; Biermann, Widerspruch und Vormerkung 190; Sekler, Die Lehre von der Vormerkung 138 f; Assmann 354 f). Insbesondere Reinicke hat eine Fülle beachtenswerter Argumente für diese Lösung vorgebracht. Ein wirklich stringenter Nachweis der Erforderlichkeit der Gleichstellung des § 895 ZPO mit § 894 ZPO in der Frage des gutgläubigen Erwerbs ist damit aber noch nicht geführt und wohl auch nicht möglich. 89

Nicht unter dem Schutz des öffentlichen Glaubens steht jedenfalls nach zutreffender hM der Erwerb einer Vormerkung aufgrund *einstweiliger Verfügung* nach § 885 Abs 1 S 1 1. Alt BGB (RGZ 68, 150, 153; KGJ 33 A 277, 279 f; BayObLG NJW-RR 1987, 334; BGB-RGRK/Augustin § 892 Rn 45; Planck/Strecker § 883 Anm 3a; jurisPK-BGB/Stamm[10] § 885 Rn 67; NK-BGB/Krause[5] § 883 Rn 120; Erman/Artz[17] § 883 Rn 28; BeckOGK/Hertel [1. 9. 2024] § 892 Rn 15; MünchKommBGB/Lettmaier[9] § 885 Rn 50; AK BGB/L vSchweinitz § 892 Rn 53 ff; AK-BGB/B vSchweinitz § 885 Rn 24; Jauernig/Berger[19] § 892 Rn 8; Baur/Stürner[18] § 20 Rn 31; Prütting[38] Rn 199; Müller Rn 1158; M Wolf Rn 499; Reinicke NJW 1964, 2381 f; Knöpfle JuS 1981, 157, 166; Tiedtke Jura 1983, 518, 522; ders WM 1981, 1098; Assmann 351; Schreiber/Ruge/Preuss[4] Kap 14 Rn 56; Schuschke, in: FS Kreft [2004] 151 ff, 154; **aA** MünchKommBGB/Wacke[4] § 883 Rn 70, § 892 Rn 34, der § 898 ZPO als einen verallgemeinerungsfähigen Rechtsgedanken ansieht und den Redlichkeitsschutz auf alle Fälle einer Erzwingung von Individualansprüchen ausdehnen möchte; MünchKommBGB/Kohler[7] § 883 Rn 78, § 892 Rn 26; HK-BGB/Staudinger[12] § 883 Rn 27; J Hager JuS 1990, 429, 438; Bauer/Schaub/Lieder[5] C Rn 101; Wieling/Finkenauer, SR[6] § 22 Rn 15 aE [einstweilige Verfügung als erzwungene Bewilligung]; Berger[4] § 13 Rn 31 aE; Trupp JR 1990, 184, 188 Fn 14; Hüttinger NotBZ 1998, 105, 110). Hier bietet das Gesetz nämlich – im Gegensatz zu § 895 ZPO („gilt als ... bewilligt“) – keinerlei Anhaltspunkt dafür, dass diese erzwungene Vormerkung insoweit einer rechtsgeschäftlich bewilligten 90 gleichgestellt werden dürfte. Gänzlich unstreitig – und angesichts der eindeutigen Stellungnahme der Gesetzesverfasser eigentlich unbestreitbar – ist schließlich, dass im ganzen Bereich der Zwangsvollstreckung wegen Geldforderungen und der Arrestvollziehung der Schutz des § 892 BGB nicht eingreift. Der E I sah (in § 837 BGB) zwar in Anlehnung an das preußische Recht (RGZ 2, 261; 10, 252; 29, 244) noch eine Ausdehnung des öffentlichen Glaubens auf den Erwerb im Wege der Zwangsvollstreckung oder Arrestvollziehung vor. Die zweite Kommission hat eine solche Lösung aber aus guten Gründen verworfen. Die Ausdehnung des Gutglaubensschutzes auf die Pfändung und Überweisung eingetragener Grundstücksrechte oder auf den Erwerb einer Zwangs- oder Arresthypothek – die dem wahren Berechtigten die Möglichkeit einer erfolgreichen Intervention mit Hilfe der Drittwiderspruchsklage nach § 771 ZPO nehmen würde – wäre für die Rechtssicherheit noch wesentlich gefährlicher als der Vertrauensschutz beim rechtsgeschäftlichen Erwerb: Ein bloßer Buchberechtigter, der seine Nichtberechtigung kennt oder doch mit ihr rechnet, wird zumindest aus Furcht vor Strafe von einem Missbrauch seiner formalen Legitimation zumeist absehen. „Bei der Pfändung falle nun aber gerade diese äußerst wesentliche in der Person des Schuldners liegende Sicherheit fort. Der Schuldner werde gezwungen – und darin liege der Unterschied von der freiwilligen Rechtsübertragung – das wirkliche Recht verletzen zu lassen; es werde ein ihm nur formell zustehendes Recht, welches er freiwillig niemals dem wirklichen Berechtigten entzogen haben würde, lediglich aufgrund des Gesetzes einem anderen zugewiesen und dieser andere werde, lediglich dem gesetzlichen Prinzip zuliebe, auf Kosten eines unbeteiligten Dritten bereichert. Eine solche Ausdehnung des guten Glaubens werde als eine schwere Ungerechtigkeit empfunden werden, die um so härter erscheine, als der ja Verletzte gerade hier keine Aussicht habe, von dem Schuldner, welcher in der Regel zahlungsunfähig sein werde, Ersatz zu erlangen" (Prot MUGDAN III 541; ähnlich LOCHER 116).

91 Ausgeschlossen ist der Schutz des § 892 BGB somit insbesondere bei der Pfändung und Überweisung eines Grundpfandrechts (RGZ 59, 313, 315 f; 60, 221; 90, 335, 338; RG ZBlFG 9, 786) oder einer Reallast; ferner bei der Eintragung einer Zwangshypothek nach § 866 f ZPO (RGZ 54, 103, 105; 84, 265, 281; OLG Hamburg OLGE 15, 232; BGH WM 1963, 219; BGHZ 64, 194, 197) oder Arresthypothek nach § 932 ZPO (RG WarnR 1931 Nr 106; KGJ 20 A 85 ff; OLG Hamburg OLGE 15, 232; LG Itzehoe NZM 2001, 256) oder einer Sicherungshypothek nach § 128 ZVG (OLG Dresden SeuffA 67, 212). Die abweichende Auffassung von LÜKE (NJW 1954, 1669 ff), der entsprechend der publizistischen Theorie des Pfändungspfandrechts auch die Zwangshypothek an einem schuldnerfremden Grundstück sogar bei Bösgläubigkeit des Gläubigers mit der Eintragung entstehen lassen will, ist zu Recht allgemein abgelehnt worden (MünchKommBGB/H SCHÄFER[9] § 892 Rn 29; BAUR, ESJ SachR [1970] 48; A W BACKHAUS, Schutz des guten Glaubens bei Vollstreckungsakten [Diss Freiburg 1958] 63 ff; KOHLER, Das Verfügungsverbot [1984] 185 f; THOMAS/PUTZO/SEILER[39] § 867 Rn 10). Eine Zwangshypothek, die auf einem für den Schuldner gebuchten, in Wirklichkeit aber schuldnerfremden Grundstück eingetragen worden ist, kann allerdings, wenn die gesicherte Forderung besteht, im Falle ihrer Weiterübertragung von einem redlichen Zessionar erworben werden (BGHZ 64, 194, 197; BGH WM 1963, 219; OLG Köln OLGZ 1967, 499, 500; OLG Hamm OLGZ 1975, 305, 307; BayObLGZ 75, 398, 402 f; FURTNER NJW 1963, 1485; ders MDR 1964, 460, 461; TEMPEL JuS 1965, 29 Fn 12; SOERGEL/KERN[14] § 892 Rn 19 Fn 113). Der Erwerb einer Sicherungshypothek nach § 848 Abs 2 ZPO erfolgt ex lege im Rahmen eines Zwangsvollstreckungsverfahrens; Verkehrs-

schutz kann hierbei deshalb nicht stattfinden (RG Gruchot 57, 1087, 1092; WarnR 1913 Nr 390; BGB-RGRK/Augustin § 892 Rn 45).

d) Zuschlag in der Zwangsversteigerung

Ausgeschlossen ist der Schutz des § 892 BGB auch beim Erwerb durch Zwangsver- 92
steigerung. Das gilt zunächst für die öffentliche *Versteigerung eines gepfändeten Liegenschaftsrechts,* die als „andere Verwertungsart" iS von § 844 ZPO (bzw §§ 857 Abs 1, 844 ZPO) in Betracht kommt und für die dann in §§ 817 ff ZPO entsprechend anwendbar sind (Rosenberg, Zivilprozeßrecht[9] § 193 I; Stein/Jonas/Würdinger, ZPO[23] § 844 Rn 9 f). Wie die Eigentumszuweisung bei der Zwangsversteigerung beweglicher Sachen (s RGZ 156, 395, 397 ff; Gerhardt, Vollstreckungsrecht[2] § 8 II 2) erfolgt die Übertragung des versteigerten Immobiliarrechts an den Ersteher kraft eines staatlichen Hoheitsaktes, dessen Grundlage die Verstrickung bildet. Dem Ersteher hilft deshalb sein guter Glaube nichts, wenn das gepfändete Recht überhaupt nicht wirksam begründet worden war oder jedenfalls dem Schuldner nicht zustand, sodass Pfändung und Verstrickung ins Leere gingen (vgl Seuffert/Walsmann § 814 Nr 2; Rosenberg, Zivilprozeßrecht[9] § 193 IV 3 a; anders aber früher RG Recht 1915 Nr 1845; Rosenberg, Sachenrecht § 892 Anm II 3 b α im Anschluss an vTuhr II 1, 261 Fn 148; Reichel JherJb 53 [1908] 138 ff, 152; Emmerich, Pfandrechtskonkurrenzen [1909] 340 ff, die hier Erwerb durch Rechtsgeschäft annahmen). Dagegen ist § 892 BGB anwendbar, wenn die Verwertung nach § 844 ZPO durch freihändigen Verkauf bzw Versteigerung durch eine Privatperson erfolgt (BGH LM Nr 6 zu § 892 BGB; KG JW 1935, 3236; BGB-RGRK/Augustin § 892 Rn 44; Rosenberg, Zivilprozeßrecht[9] § 193 I; Stein/Jonas/Würdinger, ZPO[23] § 844 Rn 10).

Für die **Zwangsversteigerung von Grundstücken** besteht eine Sonderregelung in den 93
§§ 90, 91 iVm §§ 37 Nr 4 und 5, 52, 57 ff ZVG. Danach erwirbt der Ersteher das Grundstück mit dem Zuschlag frei von allen Belastungen, die nach den Versteigerungsbedingungen nicht aufrecht erhalten bleiben. Dies gilt nach fast einhelliger Auffassung selbst dann, wenn der Schuldner nicht der Eigentümer des versteigerten Grundstücks war und der Ersteher dies auch gewusst hat (RGZ 45, 284; 72, 269, 271; 129, 155, 159; Planck/Strecker § 892 Anm II 1 d; Rosenberg § 892 Anm II 3 b α; BGB-RGRK/Augustin § 892 Rn 45; Soergel/Kern[14] § 892 Rn 19; H Westermann[5] § 85 III 1a). Als Korrektur kommt hier allerdings nach hM die Haftung des bösgläubigen Erstehers aus § 826 BGB in Betracht (RGZ 69, 277, 280 f; BGH NJW 1971, 1751, 1752; KG DR 1940, 646). Abweichend allerdings MünchKommBGB/Wacke[4] (§ 892 Rn 35) und MünchKommBGB/H Schäfer[9] (§ 892 Rn 30), die § 892 BGB entsprechend anwenden wollen und somit den Eigentumserwerb des bösgläubigen Erstehers ausschließen.

e) Erwerb durch sonstigen Hoheitsakt

§ 892 BGB findet auch in den sonstigen Fällen eines Erwerbs durch Hoheitsakt 94
keine Anwendung. Dies gilt zB für den Rechtsübergang durch Eingemeindung (die man auch als Gesamtrechtsnachfolge ansehen kann, s Rn 81; RG Recht 1909 Nr 269) ebenso wie für das Enteignungsverfahren. Der gegen einen bloßen Buchberechtigten ergangene Enteignungsbeschluss wirkt also nicht zu Lasten des wirklichen Eigentümers bzw Rechtsinhabers (MünchKommBGB/H Schäfer[9] § 892 Rn 28; AK-BGB/L vSchweinitz § 892 Rn 50; **abw** KG OLGE 43, 4; OLG Hamm NJW 1966, 1132 mwNw; Predari RvglHdWB 3, 804). Dagegen schließt eine wirksame Enteignung noch nicht die Möglichkeit aus, dass der Enteignungsbegünstigte das erlangte Recht durch den gutgläubigen Erwerb eines Dritten verlieren könnte, wenn der Enteignete versehentlich noch im Grund-

buch eingetragen ist (MünchKommBGB/Wacke[4] § 892 Rn 32). Problematisch ist dabei, ob dies (beispielsweise bei einer Enteignung nach dem BauGB) bereits in dem Zeitraum geschehen kann, der zwischen dem Eintritt der neuen Rechtslage (§ 117 Abs 5 BauGB) und der Berichtigung des Grundbuches (§ 117 Abs 7 BauGB) liegt. Diese Frage wird zumeist verneint (KG OLGE 43, 4 f; BGB-RGRK/Augustin § 892 Rn 53; Soergel/Kern[14] § 892 Rn 21; Meikel/Schneider[12] § 53 Rn 14, 61; Schroedter/Breuer, BauGB[9] § 108 Rn 10 f; **aA** Güthe/Triebel II[6] 1803; MünchKommBGB/Wacke[4] § 892 Rn 32; NK-BGB/Krause[5] § 892 Rn 41). Eine tragfähige Begründung für diesen Ausschluss des § 892 BGB ist jedoch nicht ersichtlich. Es ist evident, dass die Zulassung des gutgläubigen Erwerbs in der genannten Situation den Sinn des ganzen Enteignungsverfahrens konterkariert. Der Gesetzgeber hat es jedoch versäumt, einen geeigneten Schutzmechanismus einzubauen. Zu erwägen ist freilich, ob nicht die Genehmigungspflicht aus § 109 BauGB, deren Wegfall ja im Gesetz gar nicht geregelt ist, erst mit der (nach § 117 Abs 7 BauGB veranlassten) Berichtigung des Grundbuches wirklich ihren Zweck erreicht hat und damit erlischt. Die Wirkungen eines unanfechtbar gewordenen, aber im Grundbuch noch nicht im Wege der Berichtigung nach § 84 BauGB berücksichtigten Beschlusses über eine vereinfachte Umlegung (§ 82 BauGB) können jedenfalls durch gutgläubigen Erwerb konterkariert werden, da der Beschluss das Grundbuch nicht sperrt (Waibel Rpfleger 1976, 347, 349). – Nach OLG Celle AgrarR 1975, 50 ist auch ein gutgläubiger Erwerb von Grundstücken ausgeschlossen, deren Eigentum dem Veräußerer durch die (vorzeitige) Ausführungsanordnung des Flurbereinigungsplanes vorzeitig entzogen worden ist. – Zum Verhältnis von § 15 FlurbG und § 892 BGB s BVerwG RdL 1977, 323. – Wenn eine Übereignung zum Zweck der Abwendung der Enteignung (zB nach § 110 BauGB) erfolgt, ist ein normaler rechtsgeschäftlicher Erwerb gegeben und gutgläubiger Erwerb deshalb möglich (MünchKommBGB/H Schäfer[9] § 892 Rn 28).

f) Erwerb aufgrund gesetzlicher Übertragungspflicht

95 Nicht um einen Erwerb kraft Gesetzes handelt es sich natürlich, wenn das Gesetz nur eine Verpflichtung zur Vornahme einer Verfügung über ein Liegenschaftsrecht ausspricht (zB §§ 648, 915 BGB). Die vom Grundstückseigentümer in Erfüllung seiner Pflicht aus § 648 BGB bestellte Sicherungshypothek erlangt also nach § 892 Abs 1 S 1 BGB den Vorrang vor einer bereits bestehenden, aber zu Unrecht gelöschten Grundstücksbelastung (vgl auch MünchKommBGB/H Schäfer[9] § 892 Rn 26). Befremdlich ist allerdings, dass die gesetzliche Verpflichtung des Gläubigers einer durch Grundschuld und Bürgschaft gesicherten Forderung zur Abtretung der Grundschuld auf den zahlenden Bürgen zu einem gutgläubig-bedingungsfreien oder gutgläubig-einredefreien Erwerb führen kann, während bei einer Hypothek der kraft Gesetzes eintretende Übergang auf den Bürgen (§§ 774, 412, 1153 Abs 1 BGB) jedenfalls nach der zutr hM (s oben Rn 86 und unten § 893 Rn 15) nicht diesen positiven Nebeneffekt für den neuen Hypothekar gehabt hätte (Boehmke-Albrecht JuS 1991, 309, 312). Der Umstand, dass bei der nicht akzessorischen Grundschuld der automatische Übergang der Sicherheit auf den zahlenden Bürgen zu einem gesetzlichen (nämlich aus der Wertung der §§ 774, 412, 401 BGB entwickelten) Anspruch auf Übertragung abgeschwächt ist, dient hier sicherlich nicht dem Zweck, die Rechtsstellung des Erwerbers zu verbessern. Das könnte dafürsprechen, diese Konstellation wie einen Erwerb kraft Gesetzes zu behandeln. Damit würde aber systemwidrigerweise die Wirksamkeit des Verfügungsgeschäftes von der Art der schuldrechtlichen Grundlage abhängig gemacht; deshalb muss auch bei dieser Konstellation Verkehrsschutz gewährt werden (Boehmke-Albrecht JuS 1991, 309, 312).

4. Beschränkung auf Verkehrsgeschäfte

a) Aneignung

Vom Wortlaut des § 892 Abs 1 S 1 BGB gedeckt ist an sich der Fall der Aneignung 96 eines herrenlos gewordenen Grundstücks nach § 928 Abs 2 S 2 BGB bzw Art 190 EGBGB, denn diese stellt im Gegensatz zur Okkupation beweglicher Sachen (s Staudinger/Heinze [2020] § 958 Rn 7) ein einseitiges Rechtsgeschäft dar. In § 892 BGB sind aber offensichtlich nur Rechtsgeschäfte gemeint, die auf einen abgeleiteten Rechtserwerb, eine translative oder konstitutive Rechtsnachfolge abzielen, die also ein Liegenschaftsrecht an einen Dritten übertragen oder für einen Dritten belasten wollen (vgl Endemann § 62, 3a m Fn 27, 28). Der gute Glaube daran, dass die im Grundbuch vermerkte Eigentumsaufgabe wirksam sei, wird deshalb nicht nach § 892 BGB geschützt, und genauso wenig kann eine wirksame Aneignung nach § 892 BGB zum Erlöschen nichteingetragener Grundstücksbelastungen führen (OLG Zweibrücken 6. 10. 2022 – 3 W 52/22, ZWE 2023, 253; OLGZ 1981, 139, 141; KG JFG 15, 112 = JW 1937, 1636, 1637; DJZ 1928, 517; Staudinger/Seufert[11] § 928 Rn 4a; Staudinger/Diehn [2020] § 928 Rn 27; BGB-RGRK/Augustin § 928 Rn 9; Grüneberg/Herrler[84] § 928 Rn 4; BeckOGK/Hertel [1. 9. 2024] § 892 Rn 29; Planck/Strecker § 928 Anm 5d; AK-BGB/L vSchweinitz § 928 Rn 22; Rosenberg § 892Anm II 3 c γ; Endemann § 62 Fn 28; H Westermann/Eickmann[8] § 85 Rn 4; Oberneck I 381; Ramdohr 347; MünchKommBGB/Ruhwinkel[9] § 928 Rn 15; iE Wittkowski 22 mwNw, 84 ff; **aA** Biermann § 892 Anm 3c; wohl auch Heck § 44 II 2). Ebenso wenig führt die Aneignung zum Erwerb eines für den jeweiligen Eigentümer des derelinquierten Grundstücks eingetragenen, aber nicht wirksam bestellten subjektiv-dinglichen Rechts. Auch § 893 BGB greift nicht ein. Die Eigentumsaufgabe ist zwar eine Verfügung, aber sie wird eben nicht durch ein Rechtsgeschäft mit dem späteren Okkupanten vollzogen. Nach hM genießt auch die Übertragung des Aneignungsrechts aus § 928 Abs 2 BGB nicht den Schutz des guten Glaubens (OLG Zweibrücken 6. 10. 2022 – 3 W 52/22, ZWE 2023, 253, 254; H Westermann/Eickmann[8] § 86, 4; Grüneberg/Herrler[84] § 928 Rn 4; AK-BGB/L vSchweinitz § 928 Rn 22; MünchKommBGB/Ruhwinkel[9] § 928 Rn 15). Das ist zutreffend, denn dieses Aneignungsrecht wird als solches ja gar nicht durch das Grundbuch verlautbart. Erst recht kann natürlich die Ausübung des zedierten Aneignungsrechts nicht zum Erlöschen nicht eingetragener Grundstücksbelastungen durch gutgläubig-lastenfreien Erwerb führen, denn der Erwerb des Eigentums vollzieht sich hier ja wiederum als ein originärer (KG JFG 15, 112 = JW 1937, 1636, 1637; DJZ 1928, 517; AK-BGB/L vSchweinitz § 928 Rn 22). Entsprechendes gilt für die Aneignung nach § 927 Abs 2 BGB (BGB-RGRK/Augustin § 927 Rn 11; Staudinger/Diehn [2020] § 927 Rn 27; MünchKommBGB/Ruhwinkel[9] § 927 Rn 7; Wolff/Raiser § 62 III; iE Wittkowski 22, 84 ff). Die Ausübung des Aneignungsrechts führt also nicht dazu, dass auf dem Grundstück lastende, aber versehentlich gelöschte Rechte durch gutgläubig-lastenfreien Erwerb untergehen (Wolff/Raiser § 62 III).

b) Personengleichheit von Veräußerer und Erwerber

aa) Allgemeines; Bestellung einer Eigentümergrundschuld

Schon der Wortlaut des § 892 BGB – „zugunsten desjenigen, welcher ein Recht ... 97 durch Rechtsgeschäft erwirbt" – deutet darauf hin, dass die Verfasser des BGB sich hierbei eine vom Veräußerer verschiedene Person vorstellten (Lutter AcP 164 [1964]

122, 159; **aA** Reeb 7 f). Hinzu kommt, dass § 892 BGB offensichtlich nur einen Spezialfall der in § 893 2. Alt BGB enthaltenen Generalklausel des Gutglaubenschutzes bei Verfügungen über im Grundbuch eingetragene Rechte bildet und dass in der letzteren Regelung ausdrücklich von einem Rechtsgeschäft die Rede ist, das zwischen dem Eingetragenen und „einem anderen" vorgenommen wird. Vor allem aber spricht die ratio legis der §§ 892 f BGB, nämlich der Schutz des rechtsgeschäftlichen Verkehrs, dafür, dass Verfügender und Erwerber nicht identisch sein dürfen (so schon Rosenberg § 892 Anm II 3 c γ, δ). § 892 BGB will im Interesse des redlichen Geschäftsverkehrs und damit letztlich der Allgemeinheit den Umsatz von Grundstücken und Liegenschaftsrechten und ihre Verwendung als Kreditunterlage auf eine sichere Basis stellen und nimmt zu diesem Zwecke die Expropriation des bisherigen Berechtigten in Kauf. Von einem schützenswerten rechtsgeschäftlichen Verkehr kann aber nur die Rede sein, wenn das betreffende Vermögensgeschäft wirklich eine Veränderung der Rechtszuständigkeit, also die translative oder konstitutive Singularsukzession eines Dritten herbeiführen will. Oder anders ausgedrückt: „Nur im Rahmen eines rechtsgeschäftlichen Dritterwerbes sind die Schutzbelange des Rechtsverkehrs so stark, dass ihnen das materiell bessere Recht des wahren Berechtigten geopfert werden kann" (Lutter AcP 164 [1964] 122, 159). Akte der Selbstbeschaffung verdienen keinen Verkehrsschutz.

98 Dass der von § 892 BGB bezweckte Schutz des rechtsgeschäftlichen Verkehrs nur für einen Erwerber gelten kann, der dem verfügenden Buchberechtigten als „Dritter" gegenübertritt, dass die Norm also bei Personengleichheit von Verfügendem und Erwerber keine Anwendung finden kann, ist denn auch schon früh erkannt worden (Rosenberg § 892 Anm II 3 c γ, δ; vTuhr II 1 136 Fn 76a; M Wolff, Sachenrecht[1] [1910] § 45 I 4; s auch Oberneck I 382). Dementsprechend war es seit jeher anerkannt, dass das einseitige konstitutive Rechtsgeschäft, durch das sich der Bucheigentümer selbst ein beschränktes dingliches Recht am Grundstück (etwa eine *Eigentümergrundschuld,* § 1196 BGB) bestellt, nicht unter dem Schutz des öffentlichen Glaubens des Grundbuches steht (M Wolff, Sachenrecht[1] § 45 I 4; vTuhr II 1 136 Fn 76a; Rosenberg § 892 Anm II 3 c γ, δ; Biermann § 892 Anm 5b; Planck/Strecker § 892 Anm II 1 e; Wieacker 164; Gieseke 24; Fritsch JherJb 82 [1932] 253, 258 ff; Epping DRiZ 1931, 173; RG WarnR 1934 Nr 38 S 87; BayObLGZ 25, 467 = JW 1927, 1433 m Anm Wrzeszinski; KG DNotZ 1927, 44 = OLGE 46, 61, 63; JW 1928, 189; Recht 1927 Nr 950; aus neuerer Zeit BGB-RGRK/Augustin § 892 Rn 9; Soergel/Kern[14] § 892 Rn 25; MünchKommBGB/H Schäfer[9] § 892 Rn 35; BeckOGK/Hertel [1. 9. 2024] § 892 Rn 31; AK-BGB/L vSchweinitz Rn 57; Grüneberg/Herrler[84] § 892 Rn 6; Wolff/Raiser § 45 I 4; H Westermann/Eickmann[8] § 83 Rn 28; Baur/Stürner[18] § 23 Rn 25; Eichler II 2, 386 f; E Wolf[2] § 10 F I c 4 S 426 f; Lutter AcP 164 [1964] 122, 160; Reeb 5 ff; Wiegand JuS 1975, 205, 210; K Schmidt AcP 191 [1991] 495, 524; Wittkowski 21 f [m umfangreichen Nw in Fn 2] 78 ff; iE auch Wilhelm[7] Rn 711). Nur Heck (§ 44 II 2) wollte es bei der Anwendung des § 892 BGB belassen, weil die Interessen des verlierenden Teils durch den Kondiktionsanspruch aus § 816 Abs 1 S 2 BGB ausreichend gewahrt seien; die von Heck vorgenommene Interessenanalyse ist jedoch wenig überzeugend (so auch Lutter Fn 133; Fritsch 259 f; Reeb 18 f). – Auch wenn der Bucheigentümer ein Recht für sich in seiner Eigenschaft als Eigentümer eines anderen Grundstücks bestellt (zB eine Grunddienstbarkeit) zielt die Verfügung nicht auf den Neuerwerb eines Dritten ab, findet also ein schützenswerter rechtsgeschäftlicher Verkehr nicht statt und kann deshalb § 892 BGB nicht eingreifen. S auch § 893 Rn 43. – Der Umstand, dass ein Verfügungsgeschäft von einem Nichtberechtigten zugunsten seines Ehegatten oder eines nahen *Verwandten* vorgenommen wird, schließt als solcher den Gutglaubensschutz des Grundbuchs nicht aus (BGH NJW 2007, 3204, 3207 Rn 35; OLGR München 2009, 385, 386).

bb) Wechsel der Berechtigungsform ohne Wechsel des Rechtsträgers

Erst relativ spät, nämlich erst im Zusammenhang mit der Aufwertungsproblematik 99
haben Rechtsprechung und Schrifttum erkannt, dass auch bei zweiseitigen Verfügungsgeschäften* über Liegenschaftsrechte die Anwendbarkeit des § 892 BGB an der personalen Identität von Veräußerer- und Erwerberseite scheitern kann. Es handelt sich dabei insbesondere um die Fälle, in denen bei einem rechtsgeschäftlichen Erwerb auf der Veräußerer- und Erwerberseite dieselben Personen, nur in jeweils unterschiedlicher rechtlicher Verbundenheit auftreten. Bei der Übertragung von Liegenschaftsrechten von einer Gesamthandsgemeinschaft auf eine personengleiche andere Gesamthandsgemeinschaft fehlt es ebenso wie bei der Umwandlung der bisherigen Bruchteilsberechtigung an einem Liegenschaftsrecht in Gesamthandsvermögen derselben Personen oder dem umgekehrten Vorgang an einem rechtsgeschäftlichen Dritterwerb und damit an einem verkehrsschutzbedürftigen Erwerbsakt; § 892 BGB kann mithin nicht angewandt werden (ganz hM, vgl BGHZ 173, 71, 77 Rn 22; Planck/Strecker § 892 Anm II 1 e; BGB-RGRK/Augustin § 892 Rn 10; Soergel/Kern[14] § 892 Rn 22; MünchKommBGB/H Schäfer[9] § 892 Rn 37 f; jurisPK/Toussaint[10] § 892 Rn 34 m Fn 59; AK-BGB/L vSchweinitz § 892 Rn 58; Wolff/Raiser § 45 I 4; § 101 III 2; Baur/Stürner[18] § 23 Rn 24; Eichler II 2, 386 f; Fritsch JherJb 82 [1932] 253 ff, 275 ff; Reeb 19 ff; Lutter AcP 164 [1964] 122, 160; aus der aufwertungsrechtlichen Literatur Mügel, AufwG[5] § 20 Anm 7; Quassowski, AufwG[5] 294 ff; Schlegelberger/Harmening, AufwG[5] 315; Neukirch, AufwG 289 f; Nadler, Grundbuch und Aufwertungsfragen I 231 f, II 202 ff; Güthe/Triebel II[5] 1800). Dies gilt auch dann, wenn dabei zugleich Verschiebungen in den Beteiligungsverhältnissen eintreten (Planck/Strecker § 892 Anm II 1 e; MünchKommBGB/K Schmidt[9] § 747 Rn 19 bei Fn 90; Jung, Der Unternehmergesellschafter [2002] 642; zweifelnd insoweit Koller JZ 1972, 646, 648). Ein gutgläubiger bzw gutgläubig-lastenfreier Erwerb kommt mithin nicht in Betracht bei der Übereignung eines Grundstücks von einer Erbengemeinschaft auf eine personengleiche KG (RGZ 117, 257, 265 ff = JW 1927, 2623; RG SeuffA 83 Nr 190 S 315 = Gruchot 71, 272, 273 f; OLG Hamburg OLGE 46, 72; Schreiber/Burbulla Jura 1999, 493) oder von einer fortgesetzten Gütergemeinschaft auf eine personengleiche OHG (KG HRR 1927 Nr 1141 = DNotV 1927, 350), desgleichen bei einer Übereignung zwischen personenidentischen Gesellschaften (BGH NJW-RR 1998, 1057, 1058); oder vom alleinigen Gesellschafter einer GmbH; ebenso wenig, wenn die Gesellschafter einer OHG das für die Gesellschaft eingetragene Grundstück bei deren Liquidation in Bruchteilseigentum der Gesellschafter umwandeln (KG OLGE 46, 46 = JFG 5, 409 = JW 1927, 805 mit Anm Lemberg). Dagegen wollte Rosenberg (§ 892 Anm II 3 b β) auch die Umwandlung von Gesamthand-

* Nach § 20 Abs 1 des AufwG vom 16. 7. 1925 (RGBl I 117) waren aufgewertete Hypotheken, die zuvor in Papiermark getilgt und deshalb im Grundbuch gelöscht worden waren, wieder einzutragen, „soweit nicht die Vorschriften über den öffentlichen Glauben des Grundbuches" entgegenstanden. Die Anwendung des AufwG führte zu einer Flut von Judikaten und zu umfangreichen wissenschaftlichen Auseinandersetzungen, die für die Dogmatik der §§ 892, 893 einen erheblichen Erkenntnisfortschritt brachten. Dabei haben sich auch solche Entscheidungen, die ausdrücklich nur für das Gebiet des Aufwertungsrechts Geltung beanspruchten, aber nicht durch spezielle aufwertungsrechtliche Gesichtspunkte geleitet waren, für die Interpretation der §§ 892 f als wichtig erwiesen (s Heinsheimer Gruchot 72 [1932] 174, 178).

seigentum in Miteigentum oder von Miteigentum in Gesamthandseigentum dem § 892 BGB unterstellen, weil hier immerhin eine völlige Umgestaltung der Eigentumsverhältnisse durch Rechtsgeschäfte erfolge. Entscheidend ist jedoch, dass sich der Inhalt des Rechtsgeschäfts auf einen Wechsel der *Berechtigungsform* beschränkt, nicht aber einen Wechsel des Rechtsträgers selbst herbeiführen soll. Ein schützenswerter „Güterumsatz" findet hier mithin nicht statt. § 892 BGB will aber, wie insbesondere M Wolff (Sachenrecht [1. Aufl 1910] § 45 I 4 und spätere Aufl) zu Recht betont hat, nur echte Verkehrsgeschäfte erfassen.

100 Ein für die Anwendung des § 892 BGB nicht geeignetes „Nichtverkehrsgeschäft" ist nach ganz hM auch dann gegeben, wenn auf der Erwerberseite *nur ein Teil* der auf der Veräußererseite Beteiligten steht (OLG Frankfurt 28. 4. 2008 – 25 U 164/05 Rn 59). Vorausgesetzt ist dabei nur, dass alle Erwerber gleichzeitig auch Verfügende sind, auf der Erwerberseite also nicht zusätzliche, dh nicht zu den Veräußerern gehörende, Personen auftauchen (Staudinger/Seufert[11] § 892 Rn 22; Planck/Strecker § 892 Anm II 1 e; BGB-RGRK/Augustin § 892 Rn 10 [inkonsequent aber Rn 12]; MünchKommBGB/H Schäfer[9] § 892 Rn 37 m Fn 196; jurisPK-BGB/Toussaint[10] § 892 Rn 34 m Fn 59; Erman/Hagen[9] § 892 Rn 12; BeckOGK/Hertel [1. 9. 2024] § 892 Rn 35; Reeb 23 f; Fritsch JherJb 82 [1932] 253 ff, 278 ff; Wolff/Raiser § 45 I 4; H Westermann/Eickmann[8] § 84 III 2; Lutter AcP 164 [1964] 122, 160 f; Wacke Jura 1986, 435, 436). Nach Wilhelm[7] Rn 718 f soll dies nur gelten, wenn eine Gesamthandsgemeinschaft eine Verfügung zugunsten eines Teils ihrer Mitglieder vornimmt. Übertrage dagegen eine aus drei Personen bestehende Miteigentümergemeinschaft ihr Grundstück, das mit einer im Grundbuch zu Unrecht gelöschten Grundschuld belastet ist, an eine aus zwei ihrer Mitglieder bestehende OHG, so erwerbe diese OHG nicht unbelastetes Grundstückseigentum, sondern zwei unbelastete Miteigentumsanteile von einem Drittel sowie einen belasteten Miteigentumsanteil in gleicher Höhe.

101 Ungeschützt bleibt somit die Übereignung eines Nachlassgrundstückes von der *Miterbengemeinschaft auf einen der Miterben* (RG Recht 1907 Nr 884; RGZ 136, 148, 150; BGH NJW 2001, 1069; BGHZ 173, 71, 77 = NJW 2007, 3204, 3205 Rn 22; KG JW 1927, 1000 mit zust Anm Mügel; OLG Stuttgart JW 1927, 1896; LG Altona SchlHA 1927, 278; OLG Hamm MittBayNot 1975, 72; OLG Naumburg NJW 2003, 3209, 3210; OLG Dresden ZfIR 2010, 545, 547; MünchKommBGB/H Schäfer[9] § 892 Rn 37 bei Fn 203; jurisPK-BGB/Toussaint[10] § 892 Rn 34 m Fn 58; Erman/Artz[17] § 892 Rn 19; BeckOGK/Hertel [1. 9. 2024] § 892 Rn 36; Harder JuS 1991, 216, 220; Wieling/Finkenauer, SR[6] § 10 Rn 3; Eberlborges, Die Erbauseinandersetzung [2000] 246) oder auf einen Teil der Miterben (OLG Dresden SächsJMBl 1927, 80 = SächsArch 1927, 267). Dabei ist gleichgültig, ob die Übereignung im Rahmen eines Erbauseinandersetzungsvertrages oder etwa aufgrund eines Vorausvermächtnisses erfolgt (Planck/Strecker § 892 Anm II 1e). Abweichend Rosenberg (§ 892 Anm II 3 b β), Heck (§ 44 II 3) und vTuhr (I 354), die § 892 BGB uneingeschränkt anwenden wollen, und Strohal (ErbR II[3] § 65 Fn 25), nach dem der gutgläubige Erwerb sich nicht auf den Bruchteil der Sache erstreckt, der dem eigenen Erbteil des Erwerbenden entspricht. Diese letztere Auffassung ist unhaltbar, da hier nicht über Miteigentumsbruchteile, sondern über die im vermeintlichen Gesamthandseigentum stehende Sache verfügt worden ist; Gesamthänder haben ja gar keine rechtlich fassbaren Anteile an den einzelnen Sachen. – Ebenso wenig greift der öffentliche Glaube des Grundbuches ein, wenn ein Grundstück von einer Gütergemeinschaft auf einen der Ehegatten bzw von einer fortgesetzten Gütergemeinschaft auf eines ihrer Mitglieder (RGZ 129, 119, 121; BGHZ 30,

255, 256; KG HRR 1928 Nr 1105 = JFG 5, 432; BayObLGZ 28 A 18; BayObLG JW 1930, 836; **aA** noch BayObLG JFG 3, 409 = JW 1926, 992) oder auf eine von einigen Mitgliedern der fortgesetzten Gütergemeinschaft gebildete OHG (KG HRR 1927 Nr 1141 = DNotZ 1927, 350) übertragen wird. Das Gleiche gilt, wenn eine OHG oder KG ein Grundstück an einen ihrer Gesellschafter übereignet (RG SeuffA 85 Nr 49; KG HRR 1929 Nr 47; **aA** OLG Stuttgart JW 1927, 61) oder wenn eine OHG einem ausscheidenden Gesellschafter als Abfindung eine Hypothek überträgt (vgl RGZ 120, 331, 332 f). Dagegen steht eine Übereignung nicht schon deshalb nicht unter dem Schutz des guten Glaubens, weil sie von einer Erbengemeinschaft zur Erfüllung einer Vermächtnisforderung vorgenommen wird und der Vermächtnisnehmer bei Nichtvorhandensein einer Verfügung von Todes wegen gesetzlicher Erbe geworden wäre (OLG Naumburg NJW 2003, 3209, 3210).

Ein unter dem Schutz des § 892 BGB stehendes Verkehrsgeschäft liegt dagegen vor, 102
wenn an der erwerbenden Gesamthand *zumindest eine Person* beteiligt ist, *die nicht zu den Veräußerern gehört,* mag auch ihre Beteiligungsquote gering sein (vgl BGHZ 173, 71, 76 ff = NJW 2007, 3204, 3205 Rn 22; RGZ 117, 257, 267: Übereignung eines Grundstücks von einer Miterbengemeinschaft auf eine die 6 Miterben und eine weitere Person umfassende KG; OLG Stuttgart JW 1927, 62, 63; im Grundsatz auch RG Gruchot 71, 272, 273 f = SeuffA 83 Nr 190, wo aber die Beteiligung einer weiteren Person auf der Erwerberseite für den konkreten Einzelfall für irrelevant erklärt wurde, weil diese Personenverschiedenheit nur zufällig entstanden und nach dem Innenverhältnis nur vorübergehend war). Die Möglichkeit, den gutgläubigen Erwerb nur für die auch auf der Veräußererseite stehenden Erwerber auszuschließen, scheitert hier an der Struktur der Gesamthand, die eine Zerlegung in selbständige Berechtigungen nicht gestattet (RGZ 117, 157, 2267; Fritsch JherJb 82 [1932] 253, 279; Reeb 23). Das ist anders, wenn eine aus A und B bestehende Gesamthand ein Grundstück auf A, B und C zu Miteigentum überträgt. Hier kann der Erwerbsakt für jeden der Miteigentumsanteile getrennt beurteilt werden; nur der neu hinzutretende C erlangt danach den Anteil durch Verkehrsgeschäft (Reeb 23; Tiedtke 89 f; Würdinger, Gesellschaften I [1937] 64; NK-BGB/Krause[5] § 892 Rn 45). Wenn die Existenz einer fortgesetzten Gütergemeinschaft ihren Mitgliedern nicht bewusst ist und nun eines von ihnen ein Grundstück, das auf seinen Namen eingetragen ist, in Wirklichkeit aber zum Gesamtgut der fortgesetzten Gütergemeinschaft gehört, an einen der anderen Gesamthänder übereignet, liegt natürlich ein Verkehrsgeschäft vor; es kann hier keine Rede davon sein, dass der Erwerber zugleich Verfügender ist (OLG Hamburg MDR 1959, 759 mit zum Teil anfechtbarer Begründung, vgl Lutter AcP 164 [1964] 122, 163 Fn 147; Erman/Artz[17] § 892 Rn 22; s auch OLG Stettin HRR 1937 Nr 1005; Tiedtke 91; **aA** aber Grüneberg/Herrler[84] § 892 Rn 6).

Abzulehnen ist jedenfalls die Entscheidung KG JFG 5, 426 = JW 1928, 1827 m zust 103
Anm Mügel. Dort hatte ein Gesellschafter einer OHG im Gesellschaftsvertrag ein Grundstück quoad dominium einzubringen versprochen, das Grundstück der Gesellschaft aber zunächst nur faktisch überlassen; vor der später erfolgten Übereignung war das Grundbuch dann infolge Löschung einer aufwertbaren Papiermarkhypothek unrichtig geworden. Das KG versagte der Gesellschaft hier den Schutz des § 892 BGB, weil diese bereits vor der Auflassung wirtschaftliche Eigentümerin des Grundstücks gewesen sei. Die OHG sei mithin beim Erwerb des Grundstücks nicht auf die Information des Grundbuches angewiesen gewesen und habe deshalb des Schutzes des öffentlichen Glaubens nicht bedurft. Das ist unrichtig, denn es kommt für die

Frage des Verkehrsgeschäfts nicht auf die wirtschaftliche Verfügungsmacht, sondern auf den Wechsel der Rechtszuständigkeit an. Die aus der früher erlangten Nutzung folgende Vertrautheit der Gesellschaft mit den Verhältnissen des Grundstücks wird erst bei der nachrangigen Frage nach der Redlichkeit der Gesellschaft relevant (Planck/Strecker § 892 Anm II 1 e; Heinsheimer Gruchot 72 [1932] 174, 180).

104 Die Lehre von der Unanwendbarkeit der Verkehrsschutznormen bei Nichtverkehrsgeschäften ist allerdings in neuerer Zeit mehrfach angegriffen worden (s auch unten Rn 107 ff). Insbesondere J Hager (118 ff) und Wittkowski (121 ff) verwerfen sie schlechthin. Diese Autoren bejahen deshalb auch in den unter Rn 80–82 behandelten Konstellationen den gutgläubigen Erwerb. Hager und Wittkowski haben zwar erhebliche Schwachpunkte in der Begründung der Lehre vom Verkehrsgeschäft aufgezeigt; in der Sache verdient jedoch die hM den Vorzug (s Gursky AcP 191 [1991] 368 ff und unten Rn 107).

cc) Wirtschaftliche Identität von Verfügendem und Erwerber

105 Die ganz hM hat aber – ebenfalls seit der Aufwertungsrechtsprechung – den Kreis der durch § 892 BGB geschützten Rechtsgeschäfte noch weiter eingeschränkt, indem sie den Filter des Verkehrsgeschäftes mit einer *wirtschaftlichen Betrachtungsweise* verband. Ein Verkehrsgeschäft scheidet danach auch dann aus, wenn Verfügender und Erwerber zwar formalrechtlich verschieden sind, faktisch aber (bei wirtschaftlicher Betrachtungsweise) zusammenfallen.

α) Restkaufgeldhypothek

106 Das ist zunächst einmal der Fall, wenn sich der Bucheigentümer bei der Veräußerung des Grundstücks ein dingliches Recht, insbesondere eine *Restkaufgeldhypothek,* von dem Erwerber bestellen lässt. Faktisch behält der Verfügende sich das Recht hier vor; für eine wirtschaftliche Betrachtungsweise führt er damit selbst die Bestellung des betreffenden Rechtes herbei. Der Schutz des öffentlichen Glaubens wäre deshalb unangemessen (KG JFG 5, 432, 436 = DJZ 1928, 1199; KG HRR 1928 Nr 2275; OLG Stuttgart OLGZ 1969, 477, 481; Planck/Strecker § 892 Anm II 1 e; BGB-RGRK/Augustin § 892 Rn 9; MünchKommBGB/H Schäfer[9] § 892 Rn 35; BeckOGK/Hertel [1. 9. 2024] § 892 Rn 31; AK-BGB/L vSchweinitz § 892 Rn 57; Wolff/Raiser § 45 I 4; Reeb 6 ff; Heinsheimer Gruchot 72 [1932] 180 f; Schön, Der Nießbrauch an Sachen [1992] 230; **aA** Heck 185; J Hager 118 ff; Wittkowski 170 ff). Allerdings muss hier differenziert werden: Der Veräußerer erwirbt vom *Berechtigten,* wenn der Käufer seinerseits nach § 892 BGB das Eigentum erlangt. Die vorgenommene Belastung ist damit wirksam (Wittkowski 171 f; NK-BGB/Krause[5] § 892 Rn 45). Falls der Käufer nicht kraft guten Glaubens das Eigentum erwirbt, kommt ein gutgläubiger Erwerb einer Restkaufgeldhypothek durch den Verkäufer schon deshalb nicht in Betracht, weil die zu sichernde Kaufpreisforderung wegen §§ 440 Abs 1, 323 Abs 1 aF bzw § 326 Abs 1 S 1 BGB nF gar nicht existiert (Wittkowski 172). Die Frage des gutgläubigen Erwerbs durch den Verkäufer stellt sich damit nur, wenn es sich bei dem „vorbehaltenen" Recht um eine Grundschuld oder ein sonstiges nichtakzessorisches Recht handelt und der Käufer seinerseits das Eigentum *nicht* gutgläubig erwirbt. Für diese Fallgestaltung ist es aber nicht einsichtig, warum der Verkäufer eigentlich besser stehen soll, als wenn er sich das Recht noch vor der Übereignung selbst bestellt hätte. Falls sich der Bucheigentümer bei der Auflassung an den gutgläubigen Käufer von diesem einen Nießbrauch bestellen lässt, soll der Nießbrauch allerdings nach verbreiteter Auffassung in der Person des wirklichen Grundstückseigentümers entstehen (Staudinger/C Heinze [2021] § 1032 Rn 9; Grüneberg/Herrler[84] § 1032 Rn 2; Schön, Der Nießbrauch an Sachen [1992] 231; Blomeyer AcP 153 [1953] 239, 253). Gegen diese Lösung sprechen die gleichen Bedenken wie gegen einen automatischen Rückfall des Eigentums an den Altberechtigten beim Rückerwerb des Nichtberechtigten (s unten Rn 237).

β) Geschäfte zwischen einer juristischen Person und ihren Mitgliedern

αα) Vollständige Identität

Wesentlich wichtiger ist die zweite Konstellation: Der Grundsatz, wonach § 892 BGB nicht anzuwenden ist, wenn sich auf der Veräußer- und Erwerberseite dieselben natürlichen Personen, wenn auch in „verschiedener rechtlicher Gestalt und Verbundenheit" gegenüberstehen, wurde von der Rechtsprechung im Zusammenhang mit der Aufwertungsproblematik auf den Fall ausgedehnt, dass sich als Parteien des an § 892 BGB zu messenden Rechtsgeschäfts auf der einen Seite eine **juristische Person** und auf der anderen Seite die Mitglieder dieser juristischen Person gegenüberstehen. Man setzte sich damit über die rechtliche Selbständigkeit der juristischen Person hinweg und hob stattdessen auf die **wirtschaftliche Identität** der Veräußerer- und Erwerberseite ab. Die Rechtsprechung hat die Anwendung von § 892 BGB beispielsweise abgelehnt, wenn es um die Übertragung eines Liegenschaftsrechts von einer OHG auf eine aus denselben Personen (und nur denselben Personen) bestehende GmbH (KG OLGE 46, 46, 47 = JW 1927, 1431 m abl Anm Bing = JFG 5, 413; dazu Wilhelm, Rechtsform 261 Fn 849) oder AG (RGZ 130, 390; KG JW 1927, 1494; BayObLGZ 26, 368 = BayZ 1927, 279) ging. Ebenso für die Übertragung eines Liegenschaftsrechts von den beiden alleinigen Aktionären auf die AG (RGZ 119, 126, 129 ff; JW 1928, 620 m Anm Lion-Levy) oder vom alleinigen Gesellschafter auf die GmbH (vgl RGZ 143, 202, 206 f, wo allerdings keine vollständige Personengleichheit gegeben war; inzidenter BGHZ 78, 318, 325 f; ferner BGH VIZ 1998, 519, 522 und OLG Dresden DtZ 1997, 30, 31 [Übereignung von Gemeinde auf kommunale Wohnungsbau-GmbH]; ZfIR 1998, 24, 31 f; OLGR Dresden 1996, 282, 286). Entsprechendes gilt für Verfügungsgeschäfte mit umgekehrter Richtung, also etwa für die Übertragung eines Liegenschaftsrechts von der Einmann-GmbH auf ihren Gesellschafter (RGZ 126, 46, 49 = JW 1930, 255 m Anm Emmerich; s auch RG BayZ 1931, 157) oder von einer Mehrpersonen-GmbH auf eine personengleiche OHG (OLG Karlsruhe AufwRspr 2, 669), für die Übertragung von der AG auf die im Besitz aller Aktien befindliche Muttergesellschaft (RG HRR 1931, Nr 1047). Die Literatur ist dieser Rechtsprechung ganz überwiegend gefolgt (Staudinger/Seufert[11] § 892 Rn 22a; Planck/Strecker § 892 Anm II 1 a, 5 b; BGB-RGRK/Augustin § 892 Rn 10; Soergel/Kern[14] § 892 Rn 23; Soergel/Hadding[13] Vorbem 35a zu § 21; MünchKommBGB/Reuter[7] Vorbem 28 zu § 21 [m Einschr]; MünchKommBGB/H Schäfer[9] § 892 Rn 38; NK-BGB/Krause[5] § 892 Rn 45; Erman/Artz[17] § 892 Rn 19; AK-BGB/L vSchweinitz § 892 Rn 60; Grüneberg/Herrler[84] § 892 Rn 6; BeckOGK/Hertel [1. 9. 2024] § 892 Rn 37; Hachenburg/Mertens, GmbHG[8] Anhang 65 zu § 13; Scholz/Bitter, GmbHG[13] § 13 Rn 79; Lutter/Bayer, GmbHG[18] § 13 Rn 16; Serick, Rechtsform und Realität juristischer Personen [2. Aufl 1980] 194 ff; Reeb 25 ff; Wolff/Raiser § 45 I 4; H Westermann/Eickmann[8] § 83 Rn 26 f; Baur/Stürner[18] § 23 Rn 25 f; Wieling/Finkenauer, SR[6] § 10 Rn 3; Eichler II 2, 386 f; Lange § 16 II 3 b; Enneccerus/Nipperdey, AT § 103 III Fn 11e; Wiedemann, Gesellschaftsrecht I 216, 235; Müller/Erzbach HansRGZ 1935 A 49; Neukirch JW 1931, 582 f; Fritsch JherJb 82, 253, 284 ff; Heinsheimer Gruchot 72 [1932] 174, 193 ff; Grashoff LZ 1927, 580 ff; vMangoldt AcP 134 [1931] 81 ff; Epping DRiZ 1931, 171; Lutter AcP 164 [1964] 122, 161; Reinhardt, in: FS Lehmann [1956] 580 f; Coing NJW 1977, 1795 f; Müller-Freienfels AcP 156 [1957] 522, 532 ff; Rehbinder, Konzernaußenrecht und Allgemeines Privatrecht [1969] 117, 466 ff; Marschall vBieberstein JZ 1965,

107

403, 405; Rittner, Die werdende juristische Person [1973] 274 f; weitere Nw bei Wittkowski 24 f Fn 10–14). Von Anfang an fanden sich allerdings auch kritische Stimmen (abl etwa Boesebeck JW 1927, 62; Bing JW 1927 1431; Heck § 44 II 3; BGB-RGRK/Busch[7] Anm 2). So wollen Kraft (Kölner Kommentar zum Aktiengesetz [2. Aufl 1988] § 1 Rn 45) und vor allem Wilhelm (Rechtsform und Haftung bei der juristischen Person [1981] 259 ff; ders, SR[7] Rn 717) selbst bei Rechtsgeschäften zwischen dem alleinigen Gesellschafter und seiner Gesellschaft das Vorliegen eines Verkehrsgeschäfts und damit das Eingreifen der Gutglaubensschutznormen bejahen (ebenso Beate 1 ff, 81, 156 f). Die gleiche Auffassung vertritt J Hager, der den Schutz des Altberechtigten allein über § 816 Abs 1 S 2 BGB verwirklichen will (127 ff), diesen schuldrechtlichen Rückübertragungsanspruch aber im Wege der Rechtsfortbildung vor Vollstreckungszugriffen der Gläubiger des gutgläubigen Erwerbers und um Sukzessionsschutz erweitern will (208 ff). Auch Wittkowski will § 892 BGB bei einer Übereignung von der Einmann-GmbH auf ihren alleinigen Gesellschafter oder umgekehrt anwenden und den bisherigen Eigentümer auf die schuldrechtlichen Ansprüche aus § 816 Abs 1 S 2 BGB oder § 816 Abs 2 BGB verweisen. Im Gegensatz zu J Hager sieht er jedoch keine Möglichkeit, den früheren Berechtigten gegen eine Entwertung seines obligatorischen Rückverschaffungsanspruchs durch eigene Verfügungen des gutgläubigen Erwerbers zu schützen (192 ff). Flume schließlich folgt der hM nur teilweise: Die Übertragung eines Liegenschaftsrechts vom Alleingesellschafter auf die Einmann-Gesellschaft will er mit Wilhelm als Verkehrsgeschäft behandeln, bei der umgekehrten Konstellation jedoch mit der hM den Gutglaubensschutz versagen (AT I 2, § 3 II S 71 f). Die hM verdient den Vorzug. Die Notwendigkeit einer wirtschaftlichen Betrachtungsweise, die bei sachenrechtlichen Rechtsübertragungen zwischen der juristischen Person und ihrem alleinigen Gesellschafter bzw der Gesamtheit ihrer Gesellschafter durch die juristische Person „hindurchleuchtet" und deshalb von der Identität der beiden Geschäftsparteien ausgeht, ist zwar aus der zuständigen Wertung des § 892 BGB, also der Beschränkung des Gutglaubensschutzes auf die Fälle des rechtsgeschäftlichen Dritterwerbs, nicht mit letzter Sicherheit ableitbar. Diese Handhabung ist jedoch rechtspolitisch sehr sinnvoll; und da sie nun seit mehr als 50 Jahren fast einhellig vertreten wird, erfordern schon die „Stabilitätsinteressen" ihre Beibehaltung (vgl auch K Schmidt AcP 191 [1991] 495, 524 f).

ββ) Teilidentität

108 Problematisch ist, ob der Ausschluss des Gutglaubensschutzes auch für solche Fälle gilt, in denen keine völlige Identität zwischen den Mitgliedern der verfügenden bzw erwerbenden juristischen Person und den auf der anderen Seite des Rechtsgeschäftes stehenden Personen gegeben ist. *Wenn auf der Erwerberseite zumindest eine weitere Person* hinzutritt, hat die Rechtsprechung – auch bei verhältnismäßiger Geringfügigkeit des Anteils des Dritten – regelmäßig ein unter dem Schutz des § 892 BGB stehendes Verkehrsgeschäft bejaht (so zB für die Einbringung eines Grundstücks in eine AG durch einen der Aktionäre, RG SeuffA 84 Nr 145 = Recht 1930 Nr 1711 = HRR 1930 Nr 1214; für die Veräußerung an eine vom Veräußerer und einem Dritten gebildete GmbH, KG HRR 1928 Nr 1144 [wo zugleich betont wird, dass ein nachträglicher Hinzuerwerb des Anteils des Dritten durch den Veräußerer unschädlich ist]; für eine Grundstücksübereignung an eine GmbH, an der der Veräußerer mit drei Vierteln der Geschäftsanteile beteiligt ist, RG JW 1930, 3740 = HRR 1930 Nr 781 m Anm Sternberg JW 1931, 2731; ebenso schließlich für die Übereignung von Grundstücken vom Mehrheitsgesellschafter auf die GmbH, an der außer dem Veräußerer nur noch ein Dritter mit etwa einem Zehntel beteiligt war, RG HRR 1031 Nr 591 = BayZ 1931, 157); im letzteren Falle hatte der Dritte, der sowohl Bevollmächtigter des Veräußerers wie Geschäftsführer der GmbH war, diese geringe Beteiligung sogar noch vom Veräußerer als Vergütung für seine Auslagen und Mühewaltungen beim Erwerb der fraglichen Grundstücke für den Veräußerer erhalten. Vgl ferner RGZ 119, 126, 132. In einer späteren Entscheidung hat allerdings das Reichsgericht „jedenfalls für den Bereich des § 14 AufwNov" (vom 9. 7. 1927) die Personengleichheit zwischen dem Grundstücksveräußerer und der erwerbenden GmbH bejaht, obwohl an letzterer außer dem Veräußerer noch dessen minderjähriger Sohn mit 1/30 beteiligt war (RGZ 143, 202, 206 = JW 1034, 609 m zust Anm Mügel). Der BGH hat ebenfalls in einem Fall – der allerdings bewegliche Sachen betraf – die Möglichkeit des gutgläubigen Erwerbs einer GmbH von einem ihrer mehreren Gesellschafter nachdrücklich bejaht (NJW-RR 2003, 170, 171).

Das Schrifttum bejaht bei diesen Fällen, in denen auf der Erwerberseite außer den **109**
auch auf der Veräußererseite Beteiligten noch weitere Personen stehen, ganz überwiegend ein verkehrsschutzbedürftiges Umsatzgeschäft (BGB-RGRK/Augustin § 892 Rn 10; MünchKommBGB/H Schäfer[9] § 892 Rn 37; Planck/Strecker § 892 Anm II 1 e; Soergel/Kern[14] § 892 Rn 24; Soergel/Hadding[13] Vorbem 35 zu § 21; MünchKommBGB/Reuter[7] Vorbem 27 f zu § 21; NK-BGB/Krause[5] § 892 Rn 45 aE; AK-BGB/L vSchweinitz § 892 Rn 60; Hachenburg/Mertens, GmbHG[8] Anh 66 zu § 13; Wolff/Raiser § 45 I 4 aE; Eichler II 2, 387; Serick 196; Fritsch JherJb 82 [1932] 308; Heinsheimer 192; Reeb 35; Lutter AcP 164 [1964] 122, 161 Fn 135). Vielfach werden allerdings auch differenzierende Lösungen vertreten (Müller-Freienfels AcP 156 [1957] 522, 532 f; Rehbinder, Konzernaußenrecht [1969] 467; Rittner, Die werdende juristische Person [1973] 275; Wiedemann, Gesellschaftsrecht I [1980] 216; Münch-Komm-GmbHG/Merkt[4] § 13 Rn 370; Scholz/Bitter, GmbHG[13] § 13 Rn 79; Lutter/Hommelhoff/Bayer, GmbHG[21] § 13 Rn 16; s auch Flume, AT I 2, 72). Diese Autoren wollen über die Möglichkeit oder den Ausschluss des gutgläubigen Erwerbs in den Fällen der Teilidentität die Schutzwürdigkeit der Erwerberseite im Einzelfall entscheiden lassen (besonders prononciert Rehbinder, Konzernaußenrecht [1969] 467); sie verneinen dabei die Schutzbedürftigkeit bereits dann, wenn die erwerbende juristische Person vom Veräußerer beherrscht bzw „völlig beherrscht" (Rehbinder) wird. Derartige Differenzierungen sind jedoch verfehlt (so auch Hachenburg/Mertens, GmbHG[8] Anh 66 zu § 13). Wenn die geringe Beteiligung eines einzigen außenstehenden Dritten auf der Erwerberseite schon im Falle des Erwerbs durch eine bloße Gesamthandsgemeinschaft die Annahme eines schutzwürdigen Verkehrsgeschäftes erzwingt, muss ein solches beim Erwerb durch eine juristische Person erst recht angenommen werden.

Weniger deutlich ist die Lösung für die umgekehrte Konstellation, also für Veräuße- **110**
rungen von der juristischen Person an eines ihrer Mitglieder bzw *an einen Teil ihrer Mitglieder.* Das Reichsgericht hat in derartigen Fällen das Vorliegen eines echten Verkehrsgeschäftes bejaht: für die Veräußerung eines Grundstücks durch eine AG an einen Aktionär, dessen Aktienbesitz hinter der Hälfte der Aktiengesamtheit zurückblieb (JW 1929, 1387 m Anm Goldschmidt II = SeuffA 83 Nr 217 = Gruchot 71, 93); für die von einer Familien-GmbH zugunsten eines ihrer drei Gesellschafter vorgenommenen Hypothekenbestellung (RGZ 130, 340, 341 = JW 1931, 582 m Anm Neukirch); in der erstgenannten Entscheidung ist allerdings angedeutet, dass bei ganz besonderer Sachlage etwas anderes gelten könne. Das OLG Frankfurt hat bei einer Veräußerung von einer GmbH an einen ihrer beiden Gesellschafter, der 48 % der Geschäftsanteile hielt, ein Verkehrsgeschäft bejaht (OLGR 2001, 128, 129). Das Schrifttum hat sich

überwiegend für die Anwendung des § 892 BGB ausgesprochen (Planck/Strecker § 892 Anm II 1 e; BGB-RGRK/Augustin § 892 Rn 10; Soergel/Kern[14] § 892 Rn 24; MünchKommBGB/Reuter[7] Vorbem 27 f zu § 21 [m Einschr]; MünchKommBGB/H Schäfer[9] § 892 Rn 37 f; NK-BGB/Krause[5] § 892 Rn 47; AK-BGB/L vSchweinitz § 892 Rn 60; Jauernig/Berger[19] § 892 Rn 10; Wieling/Fineknauer, SR[6] § 10 Rn 3 [für Veräußerung von Gesellschaft an einen Gesellschafter bzw einen Teil der Gesellschafter]; Hachenburg/Mertens, GmbHG[8] Anh 67 zu § 13; Eichler II 2, 387; Serick 197 f; Reeb 36 ff, 40; Heinsheimer Gruchot 72 [1932] 174, 192; Fritsch JherJb 82 [1932] 253, 307). Wolff/Raiser (§ 45 I 4) verneinen dagegen das Vorliegen eines Verkehrsgeschäftes; für sie ist also entscheidend, dass trotz des Wechsels der Rechtsform sämtliche Personen, die auf der Erwerberseite stehen, als Mitglieder der veräußernden juristischen Person zugleich auf der Erwerberseite beteiligt sind. Andere Autoren wollen nach Fallgruppen *differenzieren* (insbes Müller-Freienfels 533; Rehbinder 447 f). Ein schutzwürdiger Umsatzvorgang soll trotz der Teilidentität von Veräußerer- und Erwerberseite vorliegen, wenn ein „Kleinaktionär" oder „unbedeutender Minderheitsaktionär" ein Grundstück von „seiner" Gesellschaft erwirbt (Müller-Freienfels 533; Rehbinder 447; Lutter/Hommelhoff/Bayer, GmbHG[21] § 13 Rn 16; BeckOGK/Hertel [1. 9. 2024] § 892 Rn 38; wohl auch MünchKommBGB/H Schäfer[9] § 892 Rn 38). Er soll dagegen fehlen, wenn der Erwerber zugleich Mehrheitsgesellschafter der veräußernden AG oder GmbH ist (so Wiedemann, Gesellschaftsrecht I 235; Scholz/Bitter, GmbHG[13] § 13 Rn 79; Habersack, SR[10] Rn 151; auch Flume, AT I 2, 72 hält den Ausschluss des gutgläubigen Erwerbs beim Mehrheitsgesellschafter für sehr wohl vertretbar; ebenso BeckOGK/Hertel [1. 9. 2024] § 892 Rn 38 mwNw, der schon „ab einer die de minimis-Schwelle übersteigenden Beteiligung", jedenfalls aber bei einer Beteiligung des oder der Erwerber von mehr als 50 % an der veräußernden juristischen Person ein Verkehrsgeschäft ablehnt). Das Beispiel des Kleinaktionärs zeigt unseres Erachtens in der Tat, dass das allzu formale Kriterium der Zugehörigkeit des Erwerbers zur veräußernden juristischen Person offensichtlich ungeeignet ist, die Schutzunwürdigkeit des Erwerbers zu begründen; die Lösung von Wolff/Raiser ist insoweit verfehlt. Die differenzierenden Lösungen andererseits wären mit ganz erheblichen Abgrenzungsschwierigkeiten verbunden, würden also zu einem gerade im Liegenschaftsrecht inakzeptablen Verlust an Rechtssicherheit führen (Fritsch 307 f; Serick 198; Reeb 38; s auch Wilhelm, Rechtsform und Haftung bei der juristischen Person [1981] 272 ff). Aus diesem Grunde lässt sich das Merkmal des Verkehrsgeschäftes doch wohl nur bei *vollständiger Identität* der Mitglieder der veräußernden juristischen Person mit den auf der Erwerberseite stehenden Personen verneinen (so auch MünchKommBGB/Reuter[7] Vorbem 28 zu § 21; Jung, Der Unternehmergesellschafter [2005] 6421 f).

111 Bloße *Strohmänner* werden bei der Beurteilung der Frage, ob Personengleichheit besteht, außer Acht gelassen (RGZ 130, 390 = 1931, 2731 m Anm Sternberg; RG JW 1930, 3740; RG HRR 1930, Nr 1214; HRR 1931, Nr 591; Planck/Strecker § 892 Anm II 1 e S 274; MünchKommBGB/Wacke[4] § 892 Rn 42; AK-BGB/L vSchweinitz § 892 Rn 58; MünchKommBGB/Reuter[7] Vorbem 28 zu § 21; Fritsch 309; Scholz/Bitter, GmbHG[13] § 13 Rn 80; Hachenburg/Mertens, GmbHG[8] Anh 66 zu § 13).

γγ) Gesetzliche Vertreter

112 Die Anwendbarkeit des § 892 BGB ist nicht schon deshalb ausgeschlossen, weil die **gesetzlichen Vertreter** der erwerbenden juristischen Person *mit der anderen Vertragspartei personengleich* sind (RGZ 119, 126, 128; RG JW 1930, 3740; BayObLGZ 1989, 136, 143; KG JW 1027, 1494; Heinsheimer Gruchot 72 [1932] 174, 191 f; Planck/Strecker § 892 Anm II 1 e S 273 f; NK-BGB/Krause[5] § 892 Rn 47; Casper JuS 1998, 910, 912). Die Versagung des Gutglaubensschutzes bei Nichtverkehrsgeschäften ist allerdings vielfach damit begründet worden, dass der Erwerber infolge seiner personalen Nähe zum Veräußerer für die Orientierung über die dingliche Rechtslage des betreffenden Grundstücks auf die Information des Grundbuches nicht angewiesen sei (MÜLLER-ERZBACH HansRGZ 1935 A 49; vMANGOLDT AcP 134 [1931] 81, 93 f; STAUDINGER/SEUFERT[11] § 892 Rn 20; SOERGEL/KERN[14] § 892 Rn 23; REHBINDER, Konzernaußenrecht 467 f; s auch FRITSCH 272). Ebenso findet sich die Formulierung, der Vertrauensschutz nach § 892 BGB habe nur da einen Sinn, wo der Erwerber überhaupt „eine von der Kenntnis des Veräußerers abweichende Kenntnis gehabt haben kann" (KG HRR 1927 Nr 1141; HEINSHEIMER Gruchot 72 [1932] 174, 179). Wenn man von diesen Formeln ausginge, müsste man wohl auch hier den Gutglaubensschutz verneinen. Die genannten Wendungen sind jedoch zu Recht kritisiert worden; sie kennzeichnen nicht den entscheidenden Grund für die Restriktion des § 892 BGB (vgl LUTTER AcP 164 [1964] 122, 162; REEB 13; FLUME, AT I 2, 70 Fn 31). Ausschlaggebend kann nur die wirtschaftliche Identität der erwerbenden juristischen Person mit der Veräußererseite sein; die nach außen handelnden Organe der juristischen Person sind aber als solche auch für eine wirtschaftliche Betrachtungsweise nicht (mittelbare) Träger des Gesellschaftsvermögens. Freilich schließt die Kenntnis des handelnden Organs von der Unrichtigkeit des Grundbuchs den redlichen Erwerb aus (§ 166 BGB); wo eine solche Kenntnis aber nicht nachweisbar ist, muss § 892 BGB eingreifen, denn es liegt ein Verkehrsgeschäft vor: Das Recht geht in das Vermögen einer anderen Person über, nur der für die Erwerberseite Handelnde ist (zufällig) mit dem Veräußerer identisch.

Aus dem gleichen Grunde ist auch RGZ 131, 64 zuzustimmen: Wenn jemand, der als mittelbarer Stellvertreter eines Dritten ein Grundstück „erworben" hat, aber nur Bucheigentümer geworden ist, seinem Auftraggeber (oder dem Zessionar des Anspruchs aus §§ 675, 667 BGB) eine unwiderrufliche Vollmacht zur Verfügung über das Grundstück erteilt und der letztere nun das Grundstück unter Ausnutzung dieser Vollmacht an sich selbst übereignet oder sich daran eine Grundschuld bestellt, so handelt es sich um ein Verkehrsgeschäft. Weder die Bevollmächtigtenstellung noch der schuldrechtliche Auflassungsanspruch des Erwerbers gegen den Bucheigentümer rechtfertigen es, hier eine Personengleichheit von Verfügendem und Erwerber anzunehmen (PLANCK/STRECKER § 892 Anm II 1 e; **aA** ENDEMANN JW 1931, 610; BGB-RGRK/AUGUSTIN § 892 Rn 12). 113

dd) Kenntnis der Umstände

Ob der Erwerber die Umstände kennt, aus denen sich das Fehlen eines Verkehrsgeschäfts in diesem Sinne ergibt, ist gleichgültig; auch wenn er sie nicht kennt, kann § 892 BGB nicht angewandt werden (MünchKommBGB/H SCHÄFER[9] § 892 Rn 33 aE). Der gutgläubige Erwerb scheidet mithin beispielsweise auch dann aus, wenn dem Erwerber unbekannt ist, dass er alle Gesellschaftsanteile der verfügenden GmbH durch Erbfall erworben hat. Davon zu unterscheiden sind die Fälle, in denen etwa die Existenz einer fortgesetzten Gütergemeinschaft den Betroffenen unbekannt ist und der überlebende Ehegatte deshalb als scheinbarer Alleinberechtigter ein Liegenschaftsrecht an einen Abkömmling überträgt; denn hier tritt der Abkömmling schon objektiv gar nicht auf der Veräußererseite auf (s oben Rn 102 zu OLG Hamburg MDR 1959, 759; OLG Stettin HRR 1937, 1005) und muss deshalb Verkehrsschutz Platz greifen (**aA** GRÜNEBERG/HERRLER[84] § 892 Rn 6). Diese Grundsätze gelten für eine Belastung ebenso wie für eine Veräußerung eines Rechts (RGZ 130, 341; 131, 64). 114

ee) Der maßgebliche Zeitpunkt

115 Problematisch ist, zu welchem Zeitpunkt die Personenverschiedenheit von Veräußerer und Erwerberseite gegeben sein muss, damit ein Nichtverkehrsgeschäft ausgeschlossen und § 892 BGB angewandt werden kann. Das RG hat insoweit in Analogie zu § 892 Abs 2 BGB auf den Zeitpunkt der Stellung des Eintragungsantrags abgehoben (RGZ 119, 126, 132 für das Gebiet des Aufwertungsrechts; RGZ 130, 390, 391 f; [implizit] RG HRR 1930 Nr 1214; KG JFG 5, 425; ebenso Staudinger/Seufert[11] § 892 Rn 57a; Heinsheimer Gruchot 72 [1932] 174, 194). Angesichts des Ausnahmecharakters des § 892 Abs 2 BGB liegt es unseres Erachtens näher, den Zeitpunkt des Rechtserwerbs als maßgeblich anzusehen (ebenso Schreiber/Ruge/Klinck[4] Kap 8 Rn 76). Im Übrigen ist es natürlich nicht möglich, zwei verschiedene, wenn auch in sehr kurzem Abstand vorgenommene Rechtsgeschäfte bei der Entscheidung über die Anwendbarkeit des § 892 BGB zu einer Einheit zusammenzufassen, um so über eine Personengleichheit hinwegzukommen. Hat etwa der Erwerber eines Grundstücks kurz vor der Auflassung sämtliche Anteile der veräußernden GmbH erworben, so handelt es sich doch um ein Nichtverkehrsgeschäft (RGZ 126, 46 = JW 1930, 255 m abl Anm Emmerich; letzterem zustimmend aber Fritsch JherJb 82 [1932] 253, 308 Fn 51).

ff) Beweislast

116 Die *Beweislast* für eine Personengleichheit zwischen Veräußerer und Erwerber trifft den, der sich darauf zum Ausschluss des § 892 BGB beruft (RG 8. 3. 1930 – V 143/29 nach BGB-RGRK/Pritsch[11] Anm 12; ebenso BGB-RGRK/Augustin[12] § 892 Rn 11; MünchKomm-BGB/H Schäfer[9] § 892 Rn 33; BeckOGK/Hertel [1. 9. 2024] § 892 Rn 43; Baumgärtel/Laumen/Prütting/Kraeft/Pöpel[5] § 892 Rn 15).

c) Treuhänderische Vollrechtsübertragungen

117 An einem Verkehrsgeschäft fehlt es nach ganz hM bei der fiduziarischen Vollrechtsübertragung, sofern der Fiduziar das übertragene Recht allein im Interesse des Treugebers verwalten oder verwerten soll, es sich also um die echte oder uneigennützige Treuhand oder *Verwaltungstreuhand* handelt (Coing, Die Treuhand kraft privaten Rechtsgeschäfts [1973] 119; Ostendorf JuS 1974, 217; Reeb 47 ff; Stoevesandt 62; Ewald JherJb 76 [1926] 233, 273 f; W Weber, Der Durchgangserwerb vom Nichtberechtigten [1914] 98, 115 f; Hälbig, Der mittelbare Eigentumserwerb des Nichtberechtigten [Diss Halle-Wittenberg 1929] 21; Herrmann, Der Rückerwerb des Nichtberechtigten [Diss Leipzig 1933] 25 f; BGB-RGRK/Augustin § 892 Rn 7; MünchKommBGB/H Schäfer[9] § 892 Rn 36; BeckOGK/Hertel [1. 9. 2024] § 892 Rn 32; NK-BGB/Krause[5] § 892 Rn 48; ebenso im Bereich des Mobiliarsachenrechts Reinhardt/Erlinghagen JuS 1962, 41, 46; BGB-RGRK/Pikart § 932 Rn 31; MünchKommBGB/Quack[4] § 932 Rn 19; Grüneberg/Herrler[84] § 892 Rn 7; Schreiber/Jurgeleit[3] Kap 8 Rn 65; Soergel/Leptien[13] Vorbem 58 zu §§ 164 ff; Soergel/Höpfner[14] § 932 Rn 7). Auch hier könnte man sich schon auf den Standpunkt stellen, dass sich durch einen solchen Übertragungsvorgang nur die rechtliche Form der wirtschaftlichen Beherrschung ändert (so Coing, Die Treuhand kraft privaten Rechtsgeschäfts [1973] 119). Wichtiger ist es aber, dass der Erwerber hier kein schutzwürdiges eigenes Interesse an dem Erwerb des Grundstücks bzw Liegenschaftsrechts hat und der gutgläubige Erwerb damit allein dem verfügenden Nichtberechtigten, also dem Fiduzianten, zugutekäme (Ewald JherJb 76 [1926] 233, 273 f; Stoevesandt 62, Reeb 47 ff; Ostendorf 220; **abw** aber Nüssgens 89). Eine Anwendung von § 892 BGB kommt deshalb in der Tat nicht in Betracht (**abw** Grünschild, Die Treuhänderschaft zum Zwecke der Gläubigerbefriedigung [1914] 16; MünchKommBGB/Wacke[3] § 82 Rn Fn 75 [Anwendung von § 816 Abs 1 S 2 vorzuziehen]; ferner Nüssgens 88 ff). Konsequenterweise wird

man auch bei der Rückübereignung vom Verwaltungstreuhänder auf den Fiduzianten einen gutgläubigen Erwerb des letzteren ausschließen (Ewald 274; Reeb 84 f, 88). Anders stellt sich die Situation bei der Rechtsübertragung auf einen *eigennützigen* Treuhänder, also zB bei der Sicherungszession einer hypothekarisch gesicherten Forderung dar. Da hier ein schutzwürdiges eigenes Erwerbsinteresse des Treuhänders nicht zu leugnen ist, muss ein Verkehrsgeschäft bejaht werden und § 892 BGB damit Anwendung finden (Staudinger/Seufert[11] § 892 Rn 18; Planck/Strecker § 892 Anm II 1 b S 268; NK-BGB/Krause[5] § 892 Rn 48; Coing 120 mwNw, Stoevesandt 64; Reeb 49; Nüssgens 98; Ewald 255). Wegen des Rückerwerbs des Nichtberechtigten in diesen Fällen s Rn 235 ff. Wenn schließlich die Rechtsübertragung auf den Treuhänder zu dem Zwecke erfolgt, dass dieser das Recht zugunsten der Gläubiger des Treuhandgebers oder zugunsten sonstiger Dritter verwertet (also eine sog doppelseitige oder *mehrseitige Treuhand* gegeben ist), müssen in der Person des Treuhänders die Interessen der Drittbegünstigten geschützt werden (Stoevesandt 63; Nüssgens 93 f; Hälbig 21). Deshalb ist hier wiederum ein Verkehrsgeschäft zu bejahen (Staudinger/Seufert[11] § 892 Rn 18; Soergel/Leptien[13] Vorbem 58 zu § 164; Grünschild, Die Treuhänderschaft zum Zwecke der Gläubigerbefriedigung [1914] 16 [wo ausgeführt wird, der Treuhänder dürfe sich auf die so erlangte bessere Rechtsstellung nicht über den Treuzweck hinaus zum Nachteile von Drittberechtigten berufen]; Emmerich, Die Sanierung I [1930] 174 f).

d) Von den Beschränkungen des § 181 BGB befreiter Testamentsvollstrecker

Wenn ein von den Beschränkungen des § 181 BGB befreiter **Testamentsvollstrecker** 118
an sich selbst einen vermeintlich zum Nachlass gehörenden Gegenstand veräußert, liegt kein Grund vor, ein Verkehrsgeschäft zu leugnen (Grunewald/Riesenhuber, BR[10] § 892 Rn 369; Tiedtke 8; Soergel/Kern[14] § 892 Rn 26; Grüneberg/Herrler[84] § 892 Rn 5; **aA** OLG Karlsruhe als Vorinstanz zu BGH NJW 1981, 1271; der BGH lässt die Frage offen).

e) Geschäfte zwischen Miteigentümern

Sehr umstritten ist, ob der Gutglaubensschutz Platz greift, wenn ein Miteigentümer 119
nach Bruchteilen den Anteil eines anderen Miteigentümers oder die Anteile aller Miteigentümer hinzuerwirbt. Eine verbreitete Auffassung lehnt dies jedenfalls dann ab, wenn der *gleiche Mangel,* der dem Recht des Verfügenden anhaftet, auch den Anteil des Erwerbers betrifft (KG JW 1927, 2521; HRR 1928 Nr 1833; BayObLGZ 27, 109 = JW 1928, 522 m abl Anm Meyerowitz; Planck/Strecker § 892 Anm II 1 e; BGB-RGRK/Augustin § 892 Rn 10; BGB-RGRK/vGamm § 747 Rn 2; Soergel/Hadding[11] § 747 Rn 3; Wolff/Raiser § 45 Fn 19; E Harder, Der öffentliche Glaube des Grundbuchs im Aufwertungsrecht [1930] 113 f; wohl auch vMangoldt AcP 134 [1931] 81, 89). Gemeint sind hier Fälle, in denen eine Belastung des Grundstücks zu Unrecht gelöscht ist oder in denen die als Miteigentümer Eingetragenen in Wirklichkeit nur Buchberechtigte sind, weil das Rechtsgeschäft, durch das sie das Eigentum zu Bruchteilen übertragen bekommen haben, etwa wegen Geschäftsunfähigkeit des Veräußerers unwirksam war. Weitergehend wollen andere Stimmen bei der Anteilsveräußerung unter Miteigentümern den Gutglaubensschutz schlechthin ausschließen (OLG Köln LZ 1930, 1128 = DRiZ 1930 Nr 306; Soergel/Kern[14] § 892 Rn 26; Soergel/Hadding[11] § 747 Rn 3; BGB-RGRK/vGamm § 747 Rn 2; PWW/Huhn[18] § 892 Rn 9; Sternberg JW 1930, 836 f; vMangoldt AcP 134 [1931] 81, 89).

Für die Versagung des Gutglaubensschutzes besteht jedoch kein hinreichender 120
Grund (so auch BGHZ 173, 71, 75 ff = NJW 2007, 3204, 3205 ff Rn 17 ff, 20 ff, 31 ff m zust Anm Toussaint jurisPR-BGHZivilR 34/2007 Anm 1 = LMK 2007, 243471 m zust Anm Oetker = ZfIR

2007, 849 ff m zust Anm vGriessenbeck; KG HRR 1927 Nr 1325; OLG Stuttgart WürttZ 1927, 181; Staudinger/Eickelberg [2021] § 747 Rn 27 f; MünchKommBGB/K Schmidt[9] § 747 Rn 19; BGB-RGRK/Augustin § 892 Rn 10 aE; BGB-RGRK/Augustin § 1008 Rn 35; NK-BGB/Krause[5] § 892 Rn 49; Erman/Artz[17] § 892 Rn 20; Grüneberg/Herrler[84] § 892 Rn 8; BeckOGK/Hertel [1. 9. 2024] § 892 Rn 44; Lutter AcP 164 [1964] 122, 162; J Hager 164 ff; Krauel 38; Koller JZ 1972, 646, 648; Reeb 24 f; Tiedtke 90; J Hager 164 f; Fritsch JherJb 82 [1932] 253, 276 Fn 34; Heinsheimer Gruchot 72 [1932] 174, 181 f; Meyerowitz JW 1928, 522 f; Schreiner NJW 1978, 921, 924; Wittkowski 149 ff; Schreiber/Ruge/Klinck[4] Kap 8 Rn 76; implizit vTuhr I 84). Beim Miteigentum nach Bruchteilen besteht nun einmal keine Bindung zwischen den Miteigentümern wie beim Gesamthandseigentum, jeder Miteigentümer kann über seinen Anteil an der einzelnen Sache frei verfügen; das Schicksal der einzelnen Bruchteile ist deshalb grundsätzlich nicht von dem der anderen abhängig, jeder ist ein selbständiger Gegenstand des Rechtsverkehrs. Darum stehen auch die Miteigentümer den Bruchteilen ihrer Genossen als unbeteiligte Dritte gegenüber (BGH NJW 2007, 3204, 3205 Rn 24). Bei Unrichtigkeit des Grundbuchs, die alle Anteile betrifft, wird zwar idR die Kenntnis bzgl des eigenen Anteils die hinsichtlich der anderen in sich schließen, aber notwendig ist das nicht der Fall, und vielleicht kennt der Miteigentümer nicht einmal den Mangel seines eigenen Rechts; dann aber muss ihm § 892 BGB zugutekommen, denn er erwirbt nicht von sich selbst und es besteht auch keine wirtschaftliche Identität zwischen Verfügendem und Erwerber. All dies gilt auch dann, wenn ein Ehegatte seinen Anteil des vermeintlich gemeinschaftlichen, in Wirklichkeit aber einem Dritten gehörenden Grundstücks zum Zwecke der Vermögensauseinandersetzung bei der nachträglichen Vereinbarung von Gütertrennung auf den anderen überträgt (BGHZ 171, 71, 82 = NJW 2007, 3204, 3205 Rn 35).

121 Zumindest ein Teil der Vertreter der hier abgelehnten Ansicht lässt übrigens die Anwendung des § 892 BGB für bestimmte Geschäfte zwischen Miteigentümern doch wieder zu, nämlich wenn die Unrichtigkeit überhaupt nur den fremden, zu erwerbenden Bruchteil betrifft (Planck/Strecker § 892 Anm II 1e), sowie dann, wenn für einen Miteigentümer durch gemeinschaftliche Verfügung aller Miteigentümer an dem gemeinschaftlichen Grundstück ein neues Recht, zB eine Hypothek bestellt wird (KG HRR 1927 Nr 1325; Recht 1928 Nr 2461; Staudinger/Kober[10] § 892 Rn 23; Soergel/Kern[14] § 892 Rn 26). Für die letztere Konstellation wird die Ausnahme damit begründet, dass die Gemeinschaft der Eigentümer dem Erwerber insoweit als Fremde gegenüberstehe. Aber ist ihm dann ein anderer Miteigentümer nicht viel eher „Fremder" als die Gemeinschaft, der er doch auch selbst angehört?

122 Ob die *Belastung* der gemeinsamen Sache zugunsten eines Miteigentümers den Schutz des öffentlichen Glaubens genießt, ist in der Tat problematisch. Die Bestellung eines beschränkten dinglichen Rechts an dem gemeinschaftlichen Gegenstand bedarf ja nach § 747 S 2 BGB der Mitwirkung aller Teilhaber; und sie stellt nach eA eine echte Gesamtverfügung dar, die sich nicht einfach in parallele Verfügungsgeschäfte aller Teilhaber über ihre jeweiligen Anteile auflösen lässt (Staudinger/Eickelberg [2021] § 747 Rn 72 f; Larenz JherJb 83 [1933] 120 ff; A Blomeyer AcP 159 [1961] 385; **aA** MünchKommBGB/K Schmidt[9] § 747 Rn 26, 28; vTuhr I § 3 IV; Wittkowski 154 ff). Der jeweilige konstruktive Ansatz würde aber unseres Erachtens überstrapaziert, wenn man aus diesem Theorienstreit unterschiedliche Konsequenzen für die Gewährung oder Versagung des Gutglaubensschutzes ableiten wollte. Gesamtverfügungen, deren rechtliche Wirkungen sich auch durch parallele Einzelverfügungen der Miteigentümer erreichen ließen – wie das insbesondere bei der Belastung des in Miteigentum stehenden Grundstücks mit einem Grundpfandrecht der Fall ist (s Staudinger/Eickelberg [2021] § 747 Rn 73; MünchKommBGB/K Schmidt[9] § 747 Rn 28) – müssen jedenfalls für die Frage des gutgläubigen Erwerbs wie die Summe koordinierter Einzelverfügungen über die Miteigentumsanteile behandelt werden. Wenn also die Buchmiteigentümer eines Grundstücks dieses zugunsten eines von ihnen mit einem Grundpfandrecht belasten, erwirbt dieser kraft seines guten Glaubens ein Gesamtgrundpfandrecht an den übrigen Miteigentumsanteilen, nicht aber an dem für ihn selbst gebuchten Anteil, denn bezüglich des letzteren ist er ja zugleich Verfügender (Erman/Artz[17] § 892 Rn 20; Grüneberg/Herrler[84] § 892 Rn 8; iE auch Wittkowski 160; J Hager 166 f; NK-BGB/Krause[5] § 892 Rn 50). Wenn das Grundstück in Wirklichkeit im Alleineigentum eines Dritten steht, entsteht auf diese Weise eine Quotenbelastung bei einheitlichem Eigentum (s unten Rn 222; **abw** KG HRR 1927 Nr 1325; Recht 1928, Nr 2461; BGB-RGRK/Augustin § 892 Rn 12; Soergel/Kern[14] § 892 Rn 26; Erman/Hagen[9] § 892 Rn 12; MünchKommBGB/K Schmidt[9] § 747 Rn 27, nach denen der betreffende Miteigentümer hier schlechthin das Grundpfandrecht am gemeinsamen Gegenstand – und damit an allen Miteigentumsanteilen – erwirbt. Noch anders MünchKommBGB/Wacke[4] § 892 Rn 41: Verfügung ist als Nichtverkehrsgeschäft voll unwirksam). Dagegen kommt ein gutgläubiger Erwerb nicht in Betracht, wenn die vermeintlichen Miteigentümer das Grundstück zugunsten eines von ihnen mit einem Recht belasten, das – wie etwa das Erbbaurecht oder die Grunddienstbarkeit – an einem einzelnen Miteigentumsanteil überhaupt nicht bestellt werden kann. Hier ist die Mitwirkung des Erwerbers auf der Seite der Verfügenden überhaupt nicht zu vermeiden; es fehlt hier am Erfordernis des Verkehrsgeschäfts und ein gutgläubiger Erwerb scheidet deshalb aus (so auch Grüneberg/Herrler[84] § 892 Rn 8; NK-BGB/Krause[5] § 892 Rn 50; anders [nach der Größe des für den Verfügungsempfänger gebuchten Miteigentumsanteils differenzierend] Wittkowski 160). Entsprechendes gilt, wenn die vermeintlichen Miteigentümer das Grundstück unter Aufhebung der Gemeinschaft *in real geteiltes Eigentum zerlegen* (Staudinger/Eickelberg [2021] § 747 Rn 70; § 752 Rn 23; MünchKommBGB/K Schmidt[9] § 752 Rn 5; Soergel/Hadding[11] § 752 Rn 8; NK-BGB/Krause[5] § 892 Rn 51; **aA** J Hager 167; Krauel 53 ff; noch anders Wittkowski 161 ff, 166 [jeder erwirbt an dem ihm zugewiesenen Teilstück einen Miteigentumsanteil, der der Summe der für die anderen Beteiligten gebuchten Miteigentumsanteile am Ausgangsgrundstück entspricht]). Wenn der Alleineigentümer eines Grundstücks einem Dritten eine ideelle Hälfte des Grundstückseigentums überträgt, kann eine im Grundbuch nicht mehr ausgewiesene Belastung des Grundstücks natürlich nur an der übertragenen, nicht aber an der dem Verfügenden verbliebenen Miteigentumshälfte durch gutgläubig-lastenfreien Erwerb erlöschen (RG HRR 1929 Nr 835). Das RG hat dort allerdings offengelassen, ob das auch gilt, wenn der Alleineigentümer das Grundstück an eine bereits zwischen ihm und dem Dritten bestehende Miteigentumsgemeinschaft überträgt. Schon diese Fragestellung war jedoch verfehlt. Das Grundstück kann zwar einer bestehenden Gemeinschaft iS der §§ 741 ff BGB inkorporiert werden (s Staudinger/vProff [2021] § 741 Rn 158), aber in dinglicher Hinsicht bleibt nun einmal jede der in Miteigentum stehenden Sachen rechtlich selbständig. Der Alleineigentümer kann also gar nicht an eine bereits bestehende Miteigentümergemeinschaft übereignen, sondern lediglich durch Übertragung eines Eigentumsbruchteiles an den Dritten neues Miteigentum schaffen. Und dabei muss das bereits existierende Miteigentum belanglos sein, da es ja an einer anderen Sache besteht.

Die vertragliche Begründung von *Wohnungseigentum* (§ 3 WEG) steht ebenfalls **123**
nicht unter dem Schutz des § 892 BGB, wenn *alle* Beteiligten als Miteigentümer ein-

getragene Nichtberechtigte sind (SOERGEL/STÜRNER[12] § 3 WEG Rn 1; AnwK-BGB/KRAUSE[1] Rn 73; DÄUBLER DNotZ 1964, 216, 227; **aA** STAUDINGER/RAPP [2018] § 3 WEG Rn 65; BÄRMANN/ARMBRÜSTER, WEG[15] § 3 Rn 47), da der Vertrag nicht auf eine Rechtsverschiebung zwischen den Beteiligten gerichtet ist. Demgegenüber nimmt WITTKOWSKI (168 f) an, dass jeder der verfügenden vermeintlichen Miteigentümer wieder nur einen Miteigentumsanteil an dem ihm zugedachten Wohnungseigentum erwirbt. Er zerlegt nämlich den Gründungsvorgang nach § 3 WEG in zwei Teilakte, zunächst die Schaffung von sonderrechtsfähigen Grundstücksteilen, an denen das bisherige Miteigentum in diesem Zeitpunkt weiter besteht, und daran anschließend die gegenseitige Übertragung der Miteigentumsanteile. Diese Konstruktion ist jedoch unhaltbar. Im Vertrag nach § 3 WEG sind nun einmal die Schaffung von Sondereigentum und die Verbindung jeder Sondereigentumseinheit mit einem bestimmten Miteigentumsanteil untrennbar miteinander verbunden. Dann muss es an einem Verkehrsgeschäft aber auch dann fehlen, wenn nur ein Teil der Beteiligten bloße Buchmiteigentümer sind (AnwK-BGB/KRAUSE[1] § 892 Rn 73; anders die hM).

5. Sonderfälle

124 Bei der Übertragung einer *Wertpapierhypothek* (Inhaberhypothek bzw Orderhypothek, § 1187 BGB) bzw Inhabergrundschuld (§ 1195 BGB) kommt § 892 BGB schon deshalb nicht zur Anwendung, weil die Übertragung der Hypothekenforderung bzw der Grundschuld hier nach wertpapierrechtlichen Grundsätzen erfolgt (vgl WOLFF/RAISER § 152 II, § 155 II 3).

V. Zusammenfassung der positiven Voraussetzungen des Verkehrsschutzes nach § 892 Abs 1 S 1

125 **1.** Unter dem Schutz des § 892 BGB steht nur eine *rechtsgeschäftliche Verfügung* über das Grundstückseigentum oder ein Recht an einem Grundstück, die auf die konstitutive oder translative Rechtsnachfolge eines Dritten abzielt (Stichwort: Verkehrsgeschäft).

126 **2.** Der *Inhalt des Grundbuches* (oder genauer: Die Gesamtheit der wirksamen Eintragungen auf dem zuständigen Grundbuchblatt) muss dabei objektiv über die wahre Rechtslage des verfügungsbetroffenen Grundstücks oder Grundstücksrechts täuschen, indem er das Recht zu Unrecht als existent oder den Verfügenden zu Unrecht als Rechtsinhaber ausweist oder Inhalt oder Umfang oder Rang des betreffenden Rechtes als zu günstig erscheinen lässt oder eine eintragungsfähige Belastung des Rechtes oder Verfügungsbeschränkung für den Rechtsinhaber verschweigt. Dieser unrichtige Grundbuchinhalt muss für das fragliche Verfügungsgeschäft insofern relevant sein, als der Verfügungsbegünstigte danach den wirksamen Erwerb des Rechtes nach Maßgabe des Grundbuchinhaltes erwarten konnte, während er bei alleiniger Berücksichtigung der wirklichen Rechtslage das fragliche Recht entweder überhaupt nicht oder doch mit ungünstigerem Inhalt oder Umfang oder Rang oder nur mit einer aus dem Grundbuch nicht ersichtlichen Belastung erworben hätte.

127 **3.** Das Verfügungsgeschäft selbst muss – von der fehlenden Existenz des Verfügungsobjektes oder der fehlenden Rechtsmacht des Verfügenden abgesehen – wirksam sein; es dürfen also keine sonstigen gesetzlichen Tatbestandsmerkmale oder Wirksamkeitsvoraussetzungen fehlen (s Lutter AcP 164 [1964] 122, 127).

4. Die Kausalität des unrichtigen Grundbuchstandes für den Erwerbsentschluss des Dritten ist nicht Voraussetzung des gutgläubigen Erwerbs nach § 892 BGB. Ob der Erwerber das Grundbuch überhaupt eingesehen hat oder nicht, ob er überhaupt auf den Grundbuchinhalt Rücksicht genommen hat oder ob er sich lediglich auf das ihm von anderer Seite, zB vom Veräußerer Mitgeteilte, verlassen hat, ist völlig belanglos (Mot III 212; s oben Rn 7 und unten Rn 184). Falls der Erwerber eines Grundstücks bis zur Auflassung und Antragstellung überhaupt nicht erfahren hat, dass für den jeweiligen Eigentümer dieses Grundstücks eine Dienstbarkeit an einem Nachbargrundstück eingetragen ist, so fehlt ihm, wenn die Dienstbarkeit in Wirklichkeit gar nicht besteht, die Kenntnis der Unrichtigkeit des Grundbuchs. Er ist in diesem Punkt sozusagen in gar keinem Glauben. Das hindert aber den gutgläubigen Erwerb der Grunddienstbarkeit nach §§ 892 Abs 1 S 1, 96 BGB nicht. **128**

VI. Hindernisse des gutgläubigen Erwerbs

Der Verkehrsschutz der §§ 892, 893 BGB entfällt nach § 892 Abs 1 S 1 HS 2 BGB in zwei Fällen: einmal wenn ein *Widerspruch* gegen die Richtigkeit des Grundbuches eingetragen ist, zum anderen, wenn dem Erwerber (im Falle des § 893 BGB dem Leistenden bzw dem Geschäftsgegner des eingetragenen Nichtberechtigten) die *Unrichtigkeit des Grundbuches positiv bekannt* ist. Die Eintragung eines Widerspruchs und die Kenntnis der Unrichtigkeit bilden also negative Voraussetzungen des gutgläubigen Erwerbs. **129**

1. Die Eintragung eines Widerspruchs

a) Voraussetzungen und Wirkungen

Ein gutgläubiger Erwerb nach § 892 BGB ist ausgeschlossen, wenn ein (wirksamer) Widerspruch gegen die Richtigkeit des Grundbuches (§§ 899 BGB, 53 GBO) eingetragen ist. Der eingetragene Widerspruch zerstört also den öffentlichen Glauben des Grundbuchinhaltes; ob der Erwerber von dem Widerspruch Kenntnis gehabt hat oder nicht, ist dabei gleichgültig. All dies gilt auch für den gutgläubig-lastenfreien Erwerb: Ist etwa eine Grundschuld zu Unrecht gelöscht worden, aber ein Widerspruch gegen die Löschung eingetragen worden, kommt ein gutgläubig-lastenfreier Erwerb des Grundstücks nicht in Betracht (BayObLG MittBayNot 1985, 127). Den Ausschluss des öffentlichen Glaubens kann allerdings nur eine solche Eintragung eines Widerspruchs bewirken, die gewisse Mindestvoraussetzungen erfüllt. Die Eintragung darf natürlich nicht nichtig oder etwa (wegen Fehlens einer Unterschrift, § 44 Abs 1 S 2 HS 2 GBO) „unfertig“ sein und sie muss auf einer wirksamen Eintragungsgrundlage (s § 899 Rn 47 ff) beruhen. Ihrem Inhalt nach muss sie deutlich erkennen lassen, gegen welche Aussage des Grundbuchs sich der Widerspruch richtet und welche abweichende Rechtslage der Widersprechende behauptet, kurz, „welchen Berichtigungsanspruch der Widerspruch betrifft“ (vgl KGJ 23 A 133; 36 A 178; KG OLGE 8, 109; 9, 342; 12, 166; gegen diese Formulierung Rosenberg § 899 Anm III 2 d β S 484). Der Widerspruch muss damit das Recht, das gesichert werden soll, ebenso bezeichnen wie das betroffene Recht und den Inhalt des Widerspruchs, also die behauptete Diskrepanz zwischen buchmäßiger und wirklicher Rechtslage. Falls der Widerspruch sich etwa ge- **130** gen die Angabe des Berechtigten richtet, muss dies genauso in der Eintragungsformel des Widerspruchs mitgeteilt werden wie die Person des Rechtsinhabers, zu dessen Gunsten der Widerspruch erfolgt (s § 899 Rn 79). Der Widerspruch entfaltet seine Wirkungen nicht notwendigerweise mit seiner Eintragung. Ein Widerspruch, der aufgrund einer unwirksamen Bewilligung eingetragen worden ist, wird (erst) mit der nachträglichen mangelfreien Bewilligung (ex nunc) wirksam (s § 899 Rn 56). Erst hiermit „entsteht" der Widerspruch. – Wegen der Voraussetzungen der Eintragung s Erl zu § 899 BGB.

131 Der Widerspruch löst an sich *keine Grundbuchsperre* aus, behindert also Verfügungen über das widerspruchsbetroffene Recht nicht (RGZ 117, 346, 351 f; KGJ 26 A 250, 253; J Hager 427 mwNw). Er ist aber gleichsam eine Warnungstafel für den Liegenschaftsverkehr (Biermann, Widerspruch und Vormerkung 101; Predari 91) und wird daher potenzielle Erwerbsinteressenten regelmäßig abschrecken (MünchKommBGB/H Schäfer[9] § 892 Rn 40: „faktische Grundbuchsperre"). Wer sich trotzdem durch eine mit dem Widerspruch kollidierende Verfügung ein Liegenschaftsrecht übertragen oder bestellen lässt, tut dies auf eigene Gefahr; der öffentliche Glaube des Grundbuches schützt ihn nicht. Wenn der Widerspruch zutrifft, wird der Erwerber vielmehr genauso gestellt, als wäre das durch den Widerspruch geschützte Recht seit dem Zeitpunkt der Eintragung des Widerspruchs bereits wieder richtig im Grundbuch eingetragen gewesen.

b) Wirkungslosigkeit unbegründeter Widersprüche

132 Daraus folgt zugleich, dass nur der sachlich begründete, also zutreffende Widerspruch den gutgläubigen Erwerb hindern kann (RGZ 128, 52, 55; RG HRR 1930 Nr 1383). Wenn das Grundbuch die dingliche Rechtslage in dem betreffenden Punkt korrekt wiedergibt, ist der Widerspruch naturgemäß bedeutungslos. Unbegründet und damit wirkungslos ist aber auch ein Widerspruch, der berechtigterweise gegen die Rechtsinhaberschaft eines eingetragenen Nichtberechtigten protestiert, das fragliche Recht aber nicht für den wirklichen Rechtsinhaber, sondern für einen anderen Nichtberechtigten reklamiert (Rosenberg § 899 Anm IV 5; Soergel/Kern[14] § 892 Rn 29; MünchKommBGB/H Schäfer[9] § 892 Rn 41; Wolff/Raiser § 47 III 1; J Hager 428; Tiedtke 95). Ist im Übrigen ein Widerspruch einmal wirksam eingetragen worden, so wird er durch eine Rechtsnachfolge bei dem geschützten oder dem betroffenen Recht nicht berührt (Rosenberg § 899 Anm IV 5). Ein Widerspruch, der sich gegen eine unzutreffende Eigentümerangabe richtet, schließt bei jeder künftigen Verfügung des Bucheigentümers, also sowohl bei einer Übereignung wie auch bei einer Belastung des Grundstücks, die Möglichkeit des gutgläubigen Erwerbs aus; die gleiche Wirkung entfaltet ein solcher Widerspruch bei späteren Abtretungen oder Belastungen der fraglichen (vom Bucheigentümer nach Eintragung des Widerspruchs bestellten) beschränkten dinglichen Rechte (BGB-RGRK/Augustin § 892 Rn 83; MünchKommBGB/H Schäfer[9] § 892 Rn 41; Soergel/Kern[14] § 892 Rn 29; H Westermann/Eickmann[8] § 83 Rn 13 f).

c) Zeitpunkt

133 Da nur der wirksame (berechtigte) Widerspruch die objektive Rechtsscheinbasis zerstört, ist für ihn – wie für die objektive Rechtsscheinbasis insgesamt – dabei der Zeitpunkt entscheidend, in dem sich der gutgläubige Erwerb vollenden würde: Erst und zugleich noch in diesem Zeitpunkt muss der Widerspruch wirksam sein, also der durch den Widerspruch behauptete Grundbuchberichtigungsanspruch wirklich bestehen und die materielle Grundlage des Widerspruchs vorhanden sein. Der Wider-

spruch schließt also auch dann den gutgläubigen Erwerb aus, wenn er nach seiner Eintragung, aber noch vor dem potenziell unter § 892 BGB fallenden Erwerb wirksam geworden ist, etwa weil erst jetzt der durch den Widerspruch zu schützende Grundberichtigungsanspruch entstanden ist; und er hindert den gutgläubigen Erwerb, auch wenn er zunächst wirksam begründet worden war, nicht mehr, wenn er vor diesem Zeitpunkt (zB wegen Erlöschens des geschützten Nießbrauchs) nicht mehr begründet ist.

Die besonderen Tatsachen, aus denen sich die Unrichtigkeit des Grundbuchs herleitet, brauchen bei der Eintragung des Widerspruchs im Grundbuch nicht angegeben zu werden (KG JFG 2, 291, 293 mwNw); eine bei der Eintragung des Widerspruchs dennoch miteingetragene Begründung ist deshalb rechtlich bedeutungslos. Der Widerspruch behält also seine Funktion und Wirkung, auch wenn der ursprünglich angenommene und im Widerspruchseintrag überflüssigerweise genannte Grund für die Unrichtigkeit nicht zutrifft, wohl aber ein anderer Grund vorliegt, solange die Unrichtigkeit dieselbe bleibt (KG JFG 2, 291, 294). **134**

d) Wirkungsgrenzen

Der Widerspruch schaltet den öffentlichen Glauben des Grundbuches nicht vollständig, sondern nur innerhalb eines bestimmten Sektors aus: Er wirkt erstens nur insoweit wie er *sachlich begründet* ist. Und zweitens *verhindert* er *nur den gutgläubigen Erwerb gerade des betroffenen Rechtes selbst und solcher Zweigrechte, die nach Eintragung des Widerspruchs von ihm abgespalten worden sind* (s oben Rn 132). Diese letztere Wirkungsgrenze hat das RG nicht genügend beachtet: Nach RGZ 129, 124 sollte ein Widerspruch gegen das Eigentum, der nach Bestellung einer Hypothek eingetragen worden ist, auch dem gutgläubigen Zweiterwerb dieser Hypothek durch einen Abtretungsempfänger entgegenstehen, wenn der eingetragene Hypothekengläubiger sie mangels Valutierung selbst noch nicht erworben hatte (bekräftigt in SeuffA 87 Nr 146 S 280; zustimmend Planck/Strecker § 892 Anm II 2 c α; BGB-RGRK/Pritsch[11] § 892 Anm 82; Soergel/Kern[14] § 892 Rn 29 bei Fn 185). Diese Auffassung ist jedoch abzulehnen (so auch H Westermann/Eickmann[7] § 84 II 5 b; Wilhelm[7] Rn 680; Medicus/Petersen BR[29] Rn 551; Medicus AcP 163 [1964] 1, 13; R Weber[4] § 9 Rn 20 Fn 17; MünchKommBGB/H Schäfer[9] § 892 Rn 41; BGB-RGRK/Augustin § 892 Rn 83; Grüneberg/Herrler[84] § 892 Rn 23; Zeising ZJS 2010, 1 f). Der Widerspruch kann einfach keine weitergehenden Wirkungen haben, als eintreten würden, wenn im fraglichen Zeitpunkt statt des Widerspruchs direkt das durch den Widerspruch geschützte Recht im Wege der Grundbuchberichtigung wieder zutreffend eingetragen worden wäre (Medicus AcP 163 [1964] 1, 14). Die unterstellte Wiedereintragung des wirklichen Eigentümers würde aber einen gutgläubigen Erwerb der vom Bucheigentümer vorher bereits bestellten Hypothek bei deren nunmehriger Abtretung nicht ausschließen können: Da ein gutgläubiger Erwerb in der Person des ersten Hypothekars denkbar wäre, würde dem Zessionar, wenn er überhaupt das Grundbuch vor seinem Erwerb einsehen würde, dadurch nicht die positive Kenntnis der Nichtberechtigung des Zedenten verschafft werden. Dass die Entscheidung nicht zutreffen kann, wird besonders klar, wenn man überlegt, ob der richtige Eigentümer mit Hilfe derselben Behauptungen, die der Begründung seines Anspruchs auf Eintragung eines Widerspruchs bezüglich des Eigentums gedient haben, einen gesonderten Widerspruch gegen die Hypothek hätte erlangen können. Das wäre unmöglich gewesen, vielmehr hätte er dazu dartun müssen, dass dem Hypothekengläubiger die Unrichtigkeit des Grundbuchs in Ansehung des Eigentums bekannt gewesen sei. Ge- **135** gen den gutgläubigen Erwerb eines vor dem Widerspruch gegen das Eigentum eingetragenen begrenzten dinglichen Rechtes kann sich der wahre Eigentümer also nur dadurch schützen, dass er auch gegen dieses Recht einen Widerspruch eintragen lässt (weitere Argumente Staudinger/Seufert[11] § 899 Rn 24). Ein Widerspruch gegen die Eigentümereintragung wirkt auch gegen ein Eigentümerrecht nicht automatisch, sondern nur unter den gleichen Voraussetzungen wie gegen Fremdrechte am Grundstück, also nur, wenn das Zweigrecht nach der Eintragung (bzw genauer: Entstehung, s oben Rn 130 aE) des Widerspruchs bestellt worden ist (NK-BGB/Krause[5] § 892 Rn 55).

136 Nicht nur der Widerspruch iS von § 899 BGB, sondern auch der *Amtswiderspruch* nach § 53 GBO zerstört den öffentlichen Glauben des Grundbuchs (RGZ 129, 124, 184 f). Wegen der Rangverhältnisse s § 899 Rn 23. Der bloße Eingang eines Antrags auf Eintragung eines Widerspruchs berechtigt das Grundbuchamt nicht, einen bereits vorliegenden Antrag auf Eintragung eines damit nicht übereinstimmenden Rechts wegen der durch den Widerspruch ausgelösten Bedenken gegen die Richtigkeit des Grundbuches abzulehnen (**aA** BGB-RGRK/Augustin § 892 Rn 86). Zur Frage, wie das Grundbuchamt bei sicherer Überzeugung von der Unrichtigkeit des Grundbuches zu verfahren hat, s unten Rn 203. Zur Vergewisserung, ob ein dem Rechtserwerb entgegenstehender Widerspruch bereits beantragt ist, können nach § 12 Abs 1 S 2 GBO auch die noch nicht erledigten Eintragungsanträge eingesehen werden.

Ein zZ des Erwerbs *gelöschter* Widerspruch ist ohne Bedeutung (RG BayZ 1912, 440; sehr streitig). S dazu § 899 Rn 93.

e) Einzelfälle

137 Ein Widerspruch, der sich gegen ein *Briefgrundpfandrecht* richtet, ist auch dann rechtswirksam, wenn er nicht auf dem Grundpfandbrief vermerkt ist (RGZ 129, 124, 128).

138 § 1139 BGB gibt bei der *Buchhypothek* einem späteren Widerspruch wegen fehlender Valutierung rückwirkende Kraft. Wegen der Einzelheiten s Erl zu § 1139 BGB. Bei der Briefhypothek steht nach § 1140 S 2 BGB ein Widerspruch gegen die Richtigkeit des Grundbuchs, der aus dem Briefe oder einem Vermerk auf dem Briefe hervorgeht, einem im Grundbuch eingetragenen Widerspruch gleich.

139 Wird bei einer Zwangsversteigerung gegen ein bei der Feststellung des geringsten Gebotes berücksichtigtes Grundpfandrecht Widerspruch erhoben und deshalb eine bedingte Sicherungshypothek für die mögliche Zuzahlungsforderung gegen den Ersteher eingetragen (§§ 50 Abs 1, 125, 128 ZVG), so hat diese Eintragung nicht die Wirkung eines Widerspruchs gegen das betreffende Grundpfandrecht. Wenn dieses in Wirklichkeit nicht besteht, so kann es trotz der eingetragenen Sicherungshypothek gutgläubig erworben werden; die bloße Kenntnis von der Eintragung der Sicherungshypothek macht den Zessionar nicht notwendigerweise bösgläubig (OLG Stuttgart OLGE 39, 212).

2. Die Kenntnis der Unrichtigkeit des Grundbuchs

a) Allgemeines

Verkehrsschutz verdient nur der *redliche* rechtsgeschäftliche Erwerber. § 892 BGB hat deshalb den Erwerb kraft öffentlichen Glaubens von der subjektiven Voraussetzung der Redlichkeit abhängig gemacht. Dieses subjektive Regulativ wurde dabei jedoch – genauso wie das Erfordernis des guten Glaubens in § 932 BGB – negativ formuliert und damit zum Ausschlussgrund gemacht. Der Erwerb kraft öffentlichen Glaubens scheidet aus, wenn die Unrichtigkeit des Grundbuches dem Erwerber im entscheidenden Zeitpunkt bekannt ist. Darin liegt zunächst eine für den Erwerber günstige *Beweislastverteilung:* Nicht er muss seine Redlichkeit nachweisen, sondern sein Gegner, der den Erwerb bestreitet, muss den Beweis für die Unredlichkeit des Erwerbers erbringen. Darüber hinaus ist damit klargestellt, dass ein *positives Vertrauen* des Erwerbers auf den Inhalt des Grundbuches *nicht erforderlich* ist; irgendeine Kausalität des Grundbuchinhaltes für den Erwerbsentschluss ist nicht vorausgesetzt; der Erwerber wird vielmehr auch dann geschützt, wenn er das Grundbuch überhaupt nicht eingesehen hat (s oben Rn 7 und unten Rn 184). Die subjektiven Voraussetzungen sind darüber hinaus in § 892 BGB deutlich geringer als im Bereich des Mobiliarsachenrechts (§ 932 Abs 2 BGB). Dem Erwerber schadet nach § 892 BGB *nur positive Kenntnis*, weil dem Liegenschaftsverkehr angesichts der generellen Verlässlichkeit des amtlich geführten Grundbuches keinerlei Nachforschungen über eine möglicherweise vom Grundbuchinhalt abweichende dingliche Rechtslage des Grundstücks zugemutet werden sollte (s Mot III 221). Da der subjektive Maßstab des § 892 Abs 1 S 1 BGB von dem in § 932 Abs 2 BGB definierten „guten Glauben“ abweicht, liegt es nahe, diese Divergenz auch terminologisch klar zum Ausdruck zu bringen: Wolff/Raiser beispielsweise haben dafür plädiert, statt der „technisch verbrauchten“ Wendungen „guter, böser Glaube“ im Liegenschaftsrecht die Ausdrücke „Redlichkeit, Unredlichkeit“ zu benutzen (§ 45 Fn 22). 140

Die durch die Fassung des § 892 Abs 1 S 1 BGB zum Ausdruck gebrachte Beweislastverteilung impliziert eine entsprechende Feststellungslast im Grundbuchverfahren für die Eintragung eines Amtswiderspruchs gegen die Wiedereintragung eines zu Unrecht gelöschten und dann möglicherweise durch gutgläubig-lastenfreien Erwerb erloschenen Rechts: Das Grundbuchamt (bzw das Beschwerdegericht) hat von einem gutgläubig-lastenfreien Erwerb auszugehen, es sei denn, dass die Bösgläubigkeit des Erwerbers feststünde (BayObLG NJW-RR 1986, 380). 141

Die Fassung des subjektiven Korrektivs des öffentlichen Glaubens hat in der Entstehungsgeschichte des § 892 BGB verschiedene Wandlungen erfahren: 142

Nach E I § 837 Abs 2 S 1 BGB musste dem Erwerber die Kenntnis der „die Nichtübereinstimmung des Grundbuches mit der wirklichen Rechtslage“ ergebenden Tatsachen nachgewiesen werden. Im E II § 810 Abs 1 S 1 BGB wurde dies dahin abgeändert, dass daneben auch die Kenntnis der Unrichtigkeit des Buches schlechthin genügen solle; man verstand dies dahin, dass mala fides des Erwerbers auch dann vorliege, wenn ihm die Unrichtigkeit des Buches überhaupt – dh ohne genauere Kenntnis der Begründungstatsachen – glaubwürdig bekannt war, zB durch Mitteilung einer zuverlässigen Person (Prot III 85, 86). 143

144 Bei der Schlussrevision wurden die Worte: „oder eine Tatsache, aus welcher sie (die Unrichtigkeit) sich ergibt“, wieder gestrichen und damit die Gleichstellung einer Kenntnis der Tatsachen und einer Kenntnis der Unrichtigkeit an sich wieder beseitigt: Man ging davon aus, dass diese Gleichstellung eine Abschwächung des öffentlichen Glaubens enthalte, da dem einzelnen die Nachprüfung der Schlussfolgerung aus der amtlichen Eintragung nicht zugemutet werden könne, und dass andererseits gegenüber einer frivolen Berufung auf einen in Wirklichkeit nicht vorhandenen Rechtsirrtum die freie Beweiswürdigung des Richters helfend eingreifen könne (vgl Prot VI 222).

b) Bezugspunkt der Kenntnis

145 Die Unrichtigkeit des Grundbuchinhaltes muss dem Erwerber bekannt sein, wenn die Berufung auf den öffentlichen Glauben des Grundbuches ausgeschlossen sein soll. Bezugspunkt der Kenntnis ist damit aber nicht etwa die „Divergenz zwischen Buchstand und materieller dinglicher Rechtslage“ (so aber missverständlich Soergel/Kern[14] § 892 Rn 30): Diese Abweichung könnte dem Erwerber ja nur bewusst sein, wenn er das Grundbuch wirklich eingesehen oder sich in sonstiger Weise über den Grundbuchinhalt informiert hätte; gerade darauf kommt es aber unstreitig nicht an. Gegenstand der Kenntnis ist vielmehr einfach die *wirkliche,* im Grundbuch unrichtig bezeugte *dingliche Rechtslage des Grundstücks* (Baumgärtel/Laumen/Prütting/Kraeft/Pöpel[5] § 892 Rn 5 mwNw). Das Gesetz hebt hier also auf die Kenntnis eines Rechtszustandes ab. Das ist durchaus etwas anderes als die Kenntnis der Tatsachen, aus denen sich die Unrichtigkeit des Grundbuches ergibt. Die Kenntnis dieser Tatsachen ist für die Bejahung der Unredlichkeit entgegen der Auffassung der ersten Kommission (Mot III 221) weder unbedingt erforderlich, noch in jedem Falle ausreichend (RG SeuffA 83 Nr 189 S 313; Rosenberg § 892 Anm II 4 e β; Lutter AcP 164 [1964] 122, 163; Planck/Strecker § 892 Anm II 2 d α). Der Erwerber ist auch dann unredlich iS von § 892 1 S 1 BGB, wenn er die wirkliche Rechtslage (zB das fehlende Eigentum des Veräußerers) als solche zuverlässig kennt – etwa weil ihm eine glaubwürdige und rechtskundige Person davon Mitteilung gemacht hat – um die rechtlichen Gründe im Einzelnen aber nicht genau weiß (RG SeuffA 83 Nr 189 S 313; JW 1936, 804; Wolff/Raiser § 45 I 5 b α; MünchKommBGB/H Schäfer[9] § 892 Rn 47). Falls dem Erwerber auf solche Weise zuverlässig bekannt geworden ist, dass seinem Verkäufer die Veräußerung des Grundstücks rechtlich verboten ist, so ist er hinsichtlich des Veräußerungsverbotes unredlich, auch wenn er gar nicht weiß, worauf sich dieses des näheren stützt, ob zB Nacherbschaft vorliegt oder ein anderer Rechtsgrund (Strecker 97). Schließlich verlangt der Ausschluss des gutgläubigen Erwerbs nicht mehr als die Kenntnis desjenigen Faktors oder Ausschnitts der wirklichen Rechtslage, der ohne die Anwendung von § 892 BGB der (vollständigen) Wirksamkeit der betreffenden Verfügung entgegenstünde. Der gutgläubige Erwerb ist natürlich auch dann ausgeschlossen, wenn dem Erwerber die Person des wirklichen Eigentümers unbekannt ist. Für die Versagung des Gutglaubensschutzes genügt es, wenn er weiß, dass jedenfalls der Verfügende nicht, wie im Grundbuch angegeben, der Eigentümer ist (vgl auch BayObLG DNotZ 1987, 621, 624; vgl auch Kiehnle 171).

c) Rechtsirrtum und Tatsachenirrtum

146 Die Kenntnis der wirklichen Rechtslage (und damit der „Unrichtigkeit des Grundbuches“ iS von § 892 BGB) kann dem Erwerber andererseits auch dort fehlen, wo ihm die Tatsachen, aus denen sich die Unrichtigkeit des Grundbuches ergibt, durch-

aus bekannt sind. Kenntnis der Unrichtigkeit des Grundbuches ist nämlich erst dann gegeben, wenn der Erwerber aus den ihm bekannten Tatsachen auch die richtige rechtliche Schlussfolgerung gezogen hat und nicht etwa rechtsirrig den eingetragenen Rechtszustand für richtig hält. Wer also trotz Kenntnis der relevanten Tatsachen infolge *Rechtsirrtums* die im Grundbuch ausgewiesene Rechtslage des Grundstücks für gegeben ansah, genießt den Schutz des öffentlichen Glaubens; der Rechtsirrtum ist hier beachtlich (Prot VI 222; RGZ 91, 218, 222 f mwNw; 117, 180, 187; HRR 1934 Nr 806; BGH LM § 892 Nr 5; WM 1970, 476; OLG Hamm 13. 5. 2024 – 22 U 95/23, BeckRS 2024, 12448 Rn 116; OLG Stuttgart OLGZ 1969, 477, 480 f; OLGR Frankfurt 2001, 128, 130; Planck/Strecker § 892 Anm II 2 d α; Rosenberg § 892 Anm II 4 e β; BGB-RGRK/Augustin § 892 Rn 93; MünchKomm-BGB/H Schäfer[9] § 892 Rn 48; Soergel/Kern[14] § 892 Rn 33; BeckOGK/Hertel [1. 9. 2024] § 892 Rn 76; NK-BGB/Krause[5] § 892 Rn 60; jurisPK-BGB/Toussaint[10] § 892 Rn 41, 51; H Westermann/Eickmann[8] § 83 Rn 18; Wolff/Raiser § 45 I 5 b α; Baur/Stürner[18] § 23 Rn 30; **abw** Ratz AcP 128 [1928] 309, 321 ff; einschränkend auch J P Bauer, in: GS D Schultz [1987] 21, 36 f: Irrelevanz des Rechtsirrtums bei Verletzung allgemeiner oder beruflicher Informationsobliegenheiten). Ob ein solcher Irrtum anzunehmen ist, ist Tatfrage. Da die Kenntnis der Tatsachen normalerweise die Kenntnis der Rechtslage zur Folge hat, muss der Erwerber, der sich auf einen Rechtsirrtum beruft, dartun, welchem Irrtum er erlegen ist (BGH WM 1970, 476; Rosenberg § 892 Anm II 4 e ε; Kretzschmar § 892 Anm V; Wolff/Raiser § 45 Fn 25). Aber er braucht dies nur zu behaupten und kann es seinem Gegner überlassen, diese Behauptung zu widerlegen, sofern sich ihre Unwahrheit nicht schon aus der Art des behaupteten Irrtums ergibt (ebenso jurisPK-BGB/Toussaint[10] § 892 Rn 51).

Wer sich auf § 892 BGB beruft, muss bei Kenntnis der Tatsachen maW einen erklärlichen Rechtsirrtum dartun, ihn aber nicht beweisen. Bei der Prüfung der Glaubwürdigkeit einer solchen Behauptung sind die Umstände des Einzelfalls sorgfältig zu untersuchen (RGZ 91, 222 f; RG Gruchot 58 [1914] 1023; WarnR 1912 Nr 392; JW 1926, 2215). Wenn insoweit Anhaltspunkte verlangt werden, die den behaupteten Irrtum erklärlich erscheinen lassen, bedeutet dies nicht etwa eine unzulässige Verlagerung der Beweislast vom Gegner des Erwerbers auf diesen, sondern nur eine sachgerechte Beweiswürdigung (s Planck/Strecker § 892 Anm II 2d). **147**

Als möglicher Rechtsirrtum kommt in Betracht zB die Meinung, der Mangel der Geschäftsfähigkeit des Rechtsvorgängers des jetzt Verfügenden sei seinerzeit durch die Eintragung im Grundbuch geheilt worden (Wolff/Raiser § 45 I 5 b α; s auch BGH WM 1970, 476 und dazu J P Bauer, in: GS D Schultz [1987] 21, 23 f); uU sogar die irrige Annahme, die Darlehenshypothek sei als solche trotz Nichtauszahlung des Darlehens entstanden (RG JW 1936, 804). Ebenso war es, als Bordell-Hypotheken noch generell als nach § 138 BGB nichtig angesehen wurden, vorstellbar, dass der Zessionar einer solchen Hypothek von deren Gültigkeit ausgegangen war (RGZ 81, 266; RG WarnR 1914 Nr 253; 1914 Nr 288 = JW 1914, 929; 1919 Nr 24; OLG Kiel SchlHA 1918, 195). Ebenso kommt ein Irrtum über die Rechtsfolgen des Fehlens der Zustimmung eines Dritten in Betracht (RGZ 84, 395, 400); oder über die rechtliche Bedeutung einer fiduziarischen Abtretung (RGZ 91, 218). Außer Acht bleiben muss aber ein Irrtum, der sich auf die Anwendung des § 892 BGB auf dasjenige Geschäft bezieht, das den gutgläubigen Erwerb herbeiführen soll, RG (RGZ 91, 218, Zessionar kennt die dem Zedenten entgegenstehende Einrede, glaubt aber, diese werde durch die Abtretung aufgrund des § 892 BGB ausgeräumt). Oder: Der Erwerber kennt die Unrichtigkeit des Grundbuches, glaubt aber fälschlich, diese werde durch die Abtretung aufgrund des § 892 BGB ausgeräumt. Vgl über Rechts- **148** irrtum im Zusammenhang mit Einreden gegen die Hypothek, die nicht aus dem Grundbuch ersichtlich sind, ferner JW 1906, 226; 1911, 153; WarnR 1912 Nr 392; Gruchot 58, 1023; ferner §§ 1137, 1157 BGB m Bem.

149 Kein eigentlicher Rechtsirrtum, sondern ein – natürlich ebenfalls relevanter – *Tatsachenirrtum* ist (entgegen Staudinger/Seufert[11] § 892 Rn 40a) gegeben, wenn der Erwerber eines Grundstücks annimmt, ein auf dem Grundstück lastender und dann zu Unrecht gelöschter Nießbrauch sei in der Zwischenzeit durch Tod des Nießbrauchers erloschen (Wolff/Raiser § 45 I 5 b α; zust Kiehnle 236). Entsprechend ist die Situation, wenn ein Nießbrauch unter einer auflösenden Bedingung bestellt und später versehentlich gelöscht worden ist und der nunmehrige Erwerber des Grundstücks zwar von der Nießbrauchbestellung Kenntnis hat, zugleich aber zu Unrecht annimmt, die auflösende Bedingung sei inzwischen eingetreten. Auch hier fehlt es aufgrund dieses Tatsachenirrtums an der den gutgläubigen Erwerb der Lastenfreiheit ausschließenden Kenntnis der Fortexistenz der Belastung (vgl Kiehnle 236). Auch ein Tatsachenirrtum ist allerdings nur dann erheblich, wenn er überhaupt zum Grundbuch zurückführt, also den Erwerber wirklich gerade den Inhalt des Grundbuchs für richtig halten lässt (Rosenberg § 892 Anm II 4 e β). Wenn der Erwerber genau weiß, dass der im Grundbuch als Rechtsinhaber eingetragene Veräußerer in Wirklichkeit Nichtberechtigter ist, aber zugleich glaubt, der Veräußerer sei vom wirklichen Rechtsinhaber zu der betreffenden Verfügung ermächtigt worden, kommt ihm der öffentliche Glaube des Grundbuchs nicht zugute (ebenso NK-BGB/Krause[5] § 892 Rn 61). – Wiederum anders ist die Situation, wenn der Verfügende erklärtermaßen ein Nichtberechtigter ist, der Erwerber aber auf die ihm gegenüber wirksam erklärte Zustimmung des im Grundbuch als Rechtsinhaber Eingetragenen vertraut, dieser jedoch ebenfalls Nichtberechtigter ist: Hier wird der Erwerber nach §§ 873, 185, 893 BGB Fall 2 geschützt (s § 893 Rn 40).

150 In diesem Zusammenhang ist die Entscheidung RGZ 156, 122 zu erwähnen: Die Beklagte hatte vom preußischen Staat einen möglicherweise in Wirklichkeit den Klägern gehörenden See als buchungsfreies Grundstück ohne Eintragung nach Art 12 § 2, Art 27 prAGBGB erworben. Später war der Fiskus aufgrund einer Eigenbesitzbescheinigung nach Anlegung des Grundbuchblattes im Grundbuch als Eigentümer eingetragen worden und hatte das Grundstück nochmals durch Auflassung und Eintragung der Beklagten übereignet. Dagegen beantragten die Kläger Feststellung ihres Eigentums. Das Reichsgericht hat angenommen, dass die Beklagte jedenfalls durch grundbuchmäßigen Erwerb gutgläubig Eigentümerin geworden sei, gleichviel ob der preußische Staat damals Eigentümer gewesen sei. Der Umstand, dass die Beklagte mit dem Staat bereits vor der Eintragung ein Rechtsgeschäft auf Übereignung abgeschlossen hatte, genüge nicht zum Nachweis, dass sie die Unrichtigkeit der Eintragung des Staates als Eigentümer (trotz vorheriger Übereignung) gekannt habe, da sie angesichts der verworrenen Rechtsverhältnisse an dem See habe zweifeln müssen, ob die erste Übertragung wirksam gewesen sei. Kenntnis der die Unrichtigkeit begründenden Tatsachen aber genüge nicht allein.

151 Wenn der im Grundbuch eingetragene Veräußerer Nichtberechtigter ist, der Erwerber aber infolge eines Rechtsirrtums annimmt, der Veräußerer habe dinglich wirksam erworben, so schließt die gleichzeitige Kenntnis des Erwerbers von der Unwirksamkeit des schuldrechtlichen Grundgeschäfts und der von ihm daraus gezogene Schluss auf die Kondizierbarkeit der Rechtsposition des Veräußerers den gutgläubigen Erwerb nicht aus (vgl BGH 8. 3. 2024 – V ZR 176/22, WM 2024, 1618 Rn 27; ROSENBERG § 892 Anm II 4 e β; PLANCK/STRECKER § 892 Anm II 2 d α; **aA** WOLFF/RAISER § 45 Fn 25).

d) Voraussetzungen der Kenntnis im Einzelnen

Kenntnis der Unrichtigkeit des Grundbuches verlangt nicht mehr als das Wissen um die in concreto relevanten Aspekte der dinglichen Rechtslage. Wenn der Erwerber eines Grundstücks beispielsweise davon überzeugt ist, dass statt des im Grundbuch eingetragenen Veräußerers A der B Eigentümer dieses Grundstücks ist, während das Eigentum in Wirklichkeit dem C zusteht, ist er unredlich; denn entscheidend ist hier nur das Wissen um die Nichtberechtigung des Veräußerers. Dass dieses Wissen kein gesichertes ist, sondern eine auf Tatsachenirrtümern beruhende, nur gleichsam zufällig wenigstens im Ergebnis zutreffende Schlussfolgerung darstellt, darf ebenfalls keine Rolle spielen, weil auch eine solche aus unzulänglicher Quelle hergeleitete Überzeugung von der Nichtberechtigung des Veräußerers die Schutzbedürftigkeit des Erwerbers vollständig entfallen lässt. **152**

Wenn ein *bedingtes* Recht im Grundbuch unrichtig als unbedingt eingetragen ist, so ist gutgläubig nur der Erwerber, der das Bestehen der Bedingung nicht kennt, nicht aber derjenige, der die Bedingung kennt, aber an ihren Eintritt oder Ausfall glaubt (RGZ 144, 26, 28; SOERGEL/KERN[14] § 892 Rn 31, 38; BAUMGÄRTEL/LAUMEN/PRÜTTING/KRAEFT/PÖPEL[5] § 892 Rn 8). **153**

Die Unredlichkeit des Erwerbers kann sich auf einen bloßen *Teil* des übertragenen Liegenschaftsrechts beziehen. So etwa, wenn der Zedent einer in Wirklichkeit noch nicht valutierten Hypothek dem Zessionar erklärt hat, dass bisher erst die Hälfte der Darlehenssumme ausgezahlt sei (KG GrundE 1935, 732; SOERGEL/KERN[14] § 892 Rn 34). Oder wenn der Erwerber eines Grundstücks davon überzeugt ist, dass ein bestimmter Streifen des buchmäßig ausgewiesenen Grundstücks, auf das sich die Einigung bezieht, zum Nachbargrundstück gehört, während die wirkliche Grenze noch weiter einwärts verläuft. **154**

Die Kenntnis muss eine *aktuelle* sein (NK-BGB/KRAUSE[5] § 892 Rn 58). Wenn der Erwerber von der wirklichen Rechtslage des Grundstücks zwar vor längerer Zeit einmal erfahren, diese Information aber vor dem Geschäftsabschluss bereits wieder vergessen hat oder jetzt irrtümlich annimmt, sie habe sich auf ein anderes Grundstück bezogen, darf die frühere Kenntnis ihm nicht schaden (vgl vTUHR II 1 § 49 m Fn 23; **aA** ROSENBERG § 892 Anm II 4 e α). Es wäre einfach wertungsmäßig mit der Unschädlichkeit selbst größter Sorglosigkeit auf Seiten des Erwerbers nicht zu vereinbaren, wenn man den Rechtsscheinerwerb an einer vom Erwerber vielleicht ohne jedes Verschulden vergessenen früheren Kenntniserlangung scheitern lassen wollte. Dementsprechend kann auch ein einmal vorhandenes Wissen einer juristischen Person durch einen Wechsel in der Geschäftsführung verlorengehen (RG SeuffA 82 Nr 170; NK-BGB/KRAUSE[5] § 892 Rn 58). **155**

Die Kenntnis der *Anfechtbarkeit* des eigenen Rechtserwerbs des Veräußerers hat, wenn die Anfechtung nachträglich in wirksamer Weise erfolgt, nach § 142 Abs 2 BGB die gleiche Bedeutung wie die Kenntnis seiner Nichtigkeit (s Mot III 321; RGZ 89, 157; JFG 3, 359; SeuffA 79, 324; PLANCK/STRECKER § 892 Anm II 2 d α; ROSENBERG § 892 Anm II 4 e α; NK-BGB/KRAUSE[5] § 892 Rn 58; HAGELBERG, in: FS Heinitz [1926] 151 f). Die Unkennt- **156** nis von der etwa bereits erfolgten Anfechtung ist irrelevant. Entsprechendes gilt, wenn der Erwerber weiß, dass der Verfügende das Verfügungsobjekt durch Erbgang erlangt hat, seine Erbenstellung aber noch durch Anfechtung der Erbschaftsannahme verlieren kann (s oben Rn 46).

157 Es muss sich um *positive* Kenntnis handeln. Diese fehlt dem Erwerber, wenn ihm ein Schriftstück, das ihn über die wirkliche Rechtslage aufklären sollte, zugegangen ist, aber von ihm nicht gelesen worden ist (Cosack/Mitteis 120; Leist 43; Rosenberg § 892 Anm II 4 e β); anders allerdings, wenn der Adressat mit einem entsprechenden Inhalt rechnete und gerade deshalb die Kenntnisnahme unterlassen hat (vTuhr II 1, 130); dann darf er sich nach Treu und Glauben bzw analog § 162 Abs 1 BGB nicht auf die fehlende Kenntnisnahme berufen. Auch die prozessual ordnungsmäßige Zustellung einer über die Rechtslage aufklärenden Mitteilung ohne tatsächliche Kenntnisnahme führt – solange der gerade erwähnte Fall einer treuwidrigen Aufrechterhaltung der Unkenntnis nicht gegeben ist – die Rechtsfolge positiver Kenntnis nicht herbei, wie sich e contrario aus §§ 1070 Abs 2, 1275, 2129 Abs 2 BGB schließen lässt (Rosenberg § 892 Anm II 4 e β; s auch RGZ 87, 416 für § 407). Der Zugang bzw die Zustellung eines solchen Schriftstücks muss jedoch zu einer Beweislastumkehrung führen; es ist dann Sache des Adressaten, nachzuweisen, dass er vom Inhalt nicht Kenntnis genommen hat (s LAG Berlin BB 1969, 1353 zu § 407).

158 Ist ein *Wegerecht* zu Unrecht gelöscht worden, so ist der Erwerber des belasteten Grundstücks nicht schon deshalb bösgläubig, weil er von der Existenz des Weges und seiner Benutzung durch den Eigentümer des herrschenden Grundstücks weiß (**aA** Jansen DNotZ 1954, 209, 210). Ebenso wenig schließt die Kenntnis eines Grundstückserwerbers von dem Umstand, dass ein Nachbar des Veräußerers den Zugang zu seinem Haus über das fragliche Grundstück nimmt, die Kenntnis ein, dass der Nachbar dabei in Ausübung einer nichteingetragenen altrechtlichen Dienstbarkeit handelt (OLGR Stuttgart 1997, 73, 74). Ist dem Erwerber bekannt, dass auf dem Grundstück Stromleitungsmasten stehen, genügt dies ohne das Vorliegen weiterer Indizien nicht, um die positive Kenntnis des Erwerbers bezüglich einer auf dem Grundstück lastenden (versehentlich gelöschten) *Dienstbarkeit* anzunehmen (OLG Karlsruhe 7. 1. 2020 – 14 W 126/19, BWNotZ 2019, 338 Rn 16).

159 Weiß der Erwerber, dass das Grundbuch mit der durch ordnungsgemäße *Abmarkung* (§ 919 BGB) festgelegten Grundstücksgrenze nicht übereinstimmt, so kann er hinsichtlich der (von der Abmarkung abweichenden und unrichtigen) Grenzangabe im Grundbuch nicht gutgläubig sein (Staudinger/Roth [2020] § 919 Rn 19; Soergel/Herberg[14] § 919 Rn 6; MünchKommBGB/Brückner[9] § 919 Rn 9). Beriefe der Erwerber sich darauf, bei dieser Divergenz auf die Richtigkeit der Grundbuchangabe vertraut zu haben, so wäre dies unglaubwürdig. Es ist zumindest die Konstellation der Rn 162 gegeben.

Zum dolus eventualis vgl Rn 161.

160 Wenn ein Widerspruch zu Unrecht gelöscht worden ist und der Erwerber davon Kenntnis hat, schadet ihm dies nach einer im Schrifttum vertretenen Auffassung (Soergel/Kern[14] § 892 Rn 29 und § 899 Rn 17; MünchKommBGB/Wacke[4] § 892 Rn 47, § 894 Rn 10, § 899 Rn 31; MünchKommBGB/Kohler[8] § 892 Rn 43, § 899 Rn 27; **aA** Heinsheimer

Gruchot 69 [1927] 401, 415 Fn 1; STEMMLER 41; MünchKommBGB/H SCHÄFER[9] § 899 Rn 27). Insoweit kommt es darauf an, was mit „zu Unrecht" gemeint ist. Falls damit nur gemeint sein sollte, dass der bisherige Widerspruch inhaltlich zutreffend war, läuft die entsprechende Information schlicht auf die Kenntnis der Unrichtigkeit des Grundbuches hinaus. Falls damit aber nur die Kenntnis von einem Verfahrensverstoß bei der Löschung des Widerspruchs (im Extremfall: Löschung infolge versehentlicher Nichtmitübertragung bei der Anlage des Loseblatt- oder Computergrundbuchs) gemeint sein sollte, stellt sich die Situation anders dar. Wenn der Erwerber von der sachlichen Richtigkeit der Eintragung, gegen die sich der ihm bekannte Widerspruch richtete, überzeugt war, kann die zusätzliche Information über einen Verfahrensverstoß bei der Löschung dieses ja seiner Überzeugung nach unbegründeten Widerspruchs nicht einer Kenntnis der Unrichtigkeit des Grundbuchs gleichstehen.

e) Keine Gleichstellung der groben Fahrlässigkeit

Die auf grober Fahrlässigkeit beruhende Unkenntnis steht (anders als in § 932 BGB) 161
der Kenntnis nicht gleich. Das amtlich geführte Grundbuch hat eben seiner ganzen Einrichtung nach den Zweck, sichere Auskünfte über die Rechtsverhältnisse an Grund und Boden zu geben. Deshalb soll sich der Erwerber eines Grundstücks oder Grundstücksrechtes unbedingt auf den Inhalt des Grundbuches verlassen können, ohne dass eine Erkundigungspflicht in tatsächlicher oder rechtlicher Beziehung auch nur in Erwägung gezogen werden muss (vgl Mot III 221; RG Gruchot 50, 988). Selbst erhebliche Zweifel an der Richtigkeit des Grundbuches begründen grundsätzlich noch nicht die Unredlichkeit (RGZ 156, 122, 128; RG JW 1928, 102, 480, 1853; 1929, 581 f mit Anm FISCHER; 1931, 2695; 1936, 804; HRR 1927 Nr 281, 1837, 1945; 1928 Nr 754, 1022; SeuffA 84 Nr 198 aE; LZ 1932, 764; BayZ 1928, 138; 1931, 139; BayObLGZ 26, 82; 1989, 136, 144; OLG Kiel SchlHA 1913, 251, 270; OLG Jena FGPrax 2012, 55, 56 Rn 12; LEIST 43; ROSENBERG § 892 Anm II 4 e β; PLANCK/STRECKER § 892 Anm II 2 d β; BGB-RGRK/AUGUSTIN § 892 Rn 95; MünchKommBGB/H SCHÄFER[9] § 892 Rn 47 f; BeckOGK/HERTEL [1. 9. 2024] § 892 Rn 75; BAMBERGER/ROTH/HAU/POSECK/ECKERT[5] § 892 Rn 12 f; R WEBER[4] § 8 Rn 20). Gelegentlich ist versucht worden, die Lehre vom **dolus eventualis** in diesem Zusammenhang einzuführen (RATZ AcP 128 [1928] 309, 342; EICHLER II 2, 383; E WOLF[2] § 10 F I c 6; von der TRENCK JW 1926, 2661; KG JW 1926, 2215 m Anm BOESEBECK; BayObLG JW 1927, 807; de lege ferenda LOCHER 124). Der Erwerber wäre danach als bösgläubig anzusehen, wenn er ernsthaft mit der Möglichkeit der Grundbuchunrichtigkeit rechnete und den Erwerb vom Nichtberechtigten billigend in Kauf nahm. Diese Konstruktion ist jedoch zu Recht allgemein abgelehnt worden (RGZ 117, 181, 189; 156, 122, 128; RG SeuffA 82 Nr 170 S 301 f; BayZ 1928, 138; JW 1928, 102; 1929, 581; 1934, 1043; OLG Jena OLG-NL 2000, 37, 39; OLG Schleswig FGPrax 2004, 264, 266; LG Bayreuth MittBayNot 1987, 200, 203; PLANCK/STRECKER § 892 Anm II 2 d γ; BGB-RGRK/AUGUSTIN § 892 Rn 95; SOERGEL/KERN[14] § 892 Rn 31; MünchKommBGB/H SCHÄFER[9] § 892 Rn 47; BeckOGK/HERTEL [1. 9. 2024] § 892 Rn 75; GRÜNEBERG/HERRLER[84] § 892 Rn 24; WOLFF/RAISER § 45 I 5 b; JACUSIEL JR 1927, 279; HAGELBERG, in: FS vHeinitz [1926] 186 f). Die bloße „billigende Inkaufnahme" eines zwar nicht bekannten, aber als möglicherweise gegeben vorgestellten Umstandes ist nun einmal weniger als positive Kenntnis dieses Umstandes. Ein solcher dolus eventualis macht deshalb den Erwerber iS von § 892 BGB noch nicht unredlich. Eine Klausel des Grundstückskaufvertrages, durch die der Erwerber eine gelöschte Hypothek für den Fall übernimmt, dass sich die Löschung als zu Unrecht erfolgt herausstellen sollte, impliziert als solche nur dolus eventualis und schließt damit den gutgläubig-lastenfreien Erwerb noch nicht aus (PLANCK/STRECKER § 892 II 2 d β). Wenn die letzte Tatsacheninstanz dolus eventualis festgestellt hat, trägt

diese Feststellung den Ausschluss des gutgläubigen Erwerbs deshalb nur, wenn das Gericht darunter „einen gegenüber der unumstößlichen Gewissheit niederen Grad der Kenntnis verstanden“ hat (RG BayZ 1928, 138 f). Eine unumstößliche Gewissheit von der Unrichtigkeit des Grundbuches ist in § 892 BGB in der Tat nicht vorausgesetzt (RG BayZ 1928, 138 f); die hier gemeinte Kenntnis ist „mehr oder minder ein bloßes Fürwahrhalten“ (Johow, TE Sachenrecht, Begründung I 239 = Schubert, Redaktorenvorlagen, Sachenrecht I 363; s auch Prot Mugdan III 546).

162 Bei ausgesprochen dolosem Verhalten des Erwerbers, insbesondere wenn dieser sich der Erkenntnis der Buchunrichtigkeit **böswillig verschließt**, muss allerdings in Analogie zu § 162 BGB die Kenntnis unterstellt werden. Dies gilt etwa, wenn der Erwerber „über die Unrichtigkeit des Grundbuchstandes in einer Weise aufgeklärt worden ist, dass ein rechtlich Denkender sich der Überzeugung hiervon nicht verschließen würde“ (BGH LM § 892 BGB Nr 5 Bl 2; OLG Stuttgart BWNotZ 1978, 124 f; OLG Hamm NJW-RR 1993, 1295, 1298; BGB-RGRK/Augustin § 892 Rn 92; MünchKommBGB/H Schäfer[9] § 892 Rn 48; Erman/Artz[17] § 892 Rn 28; Baumgärtel/Baumgärtel[1] § 892 Rn 1; BeckOGK/Hertel [1. 9. 2024] § 892 Rn 75; Baumgärtel/Laumen/Prütting/Kraeft/Pöpel[5] § 892 Rn 6). Ferner, wenn der Erwerber sich einer Unterrichtung über die von ihm befürchtete Unrichtigkeit planmäßig entzieht (s schon oben Rn 157). Bei Tatsachenkenntnis des Erwerbers kann trotz Rechtsirrtums positive Kenntnis angenommen werden, wenn die bekannten Tatsachen dem Erwerber die Überzeugung von der Unrichtigkeit des Grundbuchinhalts geradezu aufdrängen (BGH 8. 3. 2024 – V ZR 176/22, WM 2024, 1618 Rn 27; BGH 24. 10. 2014 – V ZR 45/13, NJW 2015, 619, 622; OLG Hamm NJW-RR 1993, 1295, 1298; FGPrax 1997, 214, 215). Dies gilt insbesondere, wenn der Erwerber von der Geschäftsunfähigkeit des Einzelrechtsvorgängers des Verfügenden Kenntnis hat, daraus aber nicht auf die Nichtberechtigung des Veräußerers schließt (BGH WM 1970, 476; OLG Karlsruhe NJW-RR 1998, 445, 447; MünchKommBGB/H Schäfer[9] § 892 Rn 51 bei Fn 278). Wenn der Erwerber genau weiß, dass das Grundbuch bei Zugrundelegung der Auffassung, die Rechtsprechung und die ganz herrschende Literaturmeinung zu einer bestimmten Rechtsfrage vertreten, unrichtig ist, er diese Rechtsauffassung aber für verfehlt und das Grundbuch deshalb für richtig hält, kann von einem eigentlich dolosen Verhalten nicht unbedingt die Rede sein. Dennoch muss die Kenntnis der Beurteilung durch die hL und die obergerichtliche Praxis hier als Kenntnis iS von § 892 Abs 1 BGB ausreichen; auf die abweichende subjektive Auffassung des Erwerbers kann es nicht ankommen (RG LZ 1927, 1537; JW 1928, 102, 1361; MünchKommBGB/H Schäfer[9] § 892 Rn 48; NK-BGB/Krause[5] § 892 Rn 60; H Westermann[5] § 85 II 6b).

163 Darüber hinaus will die hM uU auch die Rechtsfolgen des gutgläubigen Erwerbs durch einen Schadensersatzanspruch wegen **vorsätzlicher sittenwidriger Schädigung** (§ 826 BGB) korrigieren, nämlich immer dann, wenn der Erwerber in Kenntnis einer möglichen Unrichtigkeit des Grundbuches und im Bewusstsein einer möglichen Schädigung des wahren Berechtigten in einer gegen die guten Sitten verstoßenden Weise den nach § 892 BGB wirksamen Erwerb herbeigeführt hat. Die aus diesem Schadensersatzanspruch abgeleitete Arglisteinrede soll dann dazu führen, dass der Erwerber sich auf den ihm an sich gebührenden Schutz des öffentlichen Glaubens nicht berufen darf (RGZ 117, 180, 189 ff; RG JW 1929, 581 m Anm Fischer; 1935, 3220 [L]; SeuffA 79, 300; 82, 300; BayZ 1928, 340; LZ 1932, 764; HRR 1927 Nr 1945; KG JW 1926, 2216 f [besonders weitgehend; von RGZ: 117, 180 aufgehoben]; OLG Stuttgart OLGZ 1969, 477, 481; OLG Celle FamRZ 1957, 273, 274; Planck/Strecker § 892 Anm II 2 d; BGB-RGRK/Augustin § 892

Rn 95; Soergel/Kern[14] § 892 Rn 35; Staudinger/Seufert[11] § 892 Rn 42; Jauernig/Berger[19] § 892 Rn 17; H Westermann/Eickmann[8] § 83 Rn 19; Wolff/Raiser § 45 Fn 23; Gernhuber, BR[3] § 8 IV 3 d [mit Einschränkung]; Prütting[38] Rn 215; Jacusiel JR 1927, 279, 283; Hoeniger LZ 1926, 161; s auch Epping DRiZ 1931, 171, 172 f). Es wird dabei allerdings betont, dass dieser Rechtsbehelf nur ausnahmsweise, in krassen Fällen, gegeben sein kann und dass die bloße Untätigkeit bei aufgetauchten Zweifeln dafür niemals genügt. Nach Seufert (Staudinger/Seufert[11] § 892 Rn 42) soll es unter Umständen für § 826 BGB genügen, wenn der Erwerber auf eine glaubwürdige Mitteilung eine ohne jede Schwierigkeit mögliche Erkundigung, die volle Aufklärung verspricht, unterlässt und die Vollendung des Erwerbes beschleunigt, damit der ihm angekündigte Nachweis nicht mehr zu seiner Kenntnis gelangt. Nach RGZ 117, 180, 189, 191 können die Voraussetzungen des § 826 BGB vorliegen, wenn ein Grundstückserwerber in Kenntnis der Tatsache, dass ein Hypothekengläubiger bei Abgabe der Löschungsbewilligung einen Vorbehalt wegen der Zahlung in Papiermark gemacht hatte, sei es auch im Zweifel über das Fortbestehen der Hypothek, die Löschung durch ein, wie er wusste, mangelhaft unterrichtetes Grundbuchamt abgewartet oder sogar gefördert hatte, ehe er zum Erwerb des Grundstücks schritt, um sich demnächst auf die Löschung zu berufen. H J Weber (Kreditsicherheiten[8] § 11 III 3 S 230) folgert hieraus, dass dem Erwerber generell bereits besonders grobe Fahrlässigkeit schadet. Der Rekurs auf § 826 BGB ist hier jedoch unzulässig, weil die bewusste gesetzgeberische Entscheidung, die subjektiven Voraussetzungen des gutgläubigen Erwerbs minimal zu halten und dem Erwerber nur positive Kenntnis schaden zu lassen, nicht auf einem solchen Umweg unterlaufen werden darf (so mit Recht MünchKommBGB/H Schäfer[9] § 892 Rn 49; NK-BGB/Krause[5] § 892 Rn 62; Grüneberg/Herrler[84] § 892 Rn 24; kritisch auch Wiegand JuS 1975, 205, 209; Baumgärtel/Laumen/Prütting/Kraeft/Pöpel[5] § 892 Rn 17; zurückhaltend auch BeckOGK/Hertel [1. 9. 2024] § 892 Rn 146, der die Arglisteinrede auf Ausnahmefälle beschränken will, „in denen neben der Erkenntnis möglicher Grundbuchunrichtigkeit weitere Tatbestandsmerkmale die Sittenwidrigkeit begründen"). Wegen RG SeuffA 82 Nr 170 s unten Rn 166.

f) Wessen Kenntnis ist entscheidend?

Erfolgte die liegenschaftsrechtliche Verfügung des Nichtberechtigten aufgrund eines echten Vertrages zugunsten Dritter, stellt sich die Frage, ob dem Erwerber nur die eigene Kenntnis oder nur bzw auch die des Versprechensempfängers schadet. Die Frage ist im ersteren Sinne zu entscheiden. Der *Versprechensempfänger* ist überhaupt nur bei dem schuldrechtlichen Grundgeschäft, nicht auch bei dem dinglichen Erfüllungsgeschäft beteiligt. (Auf der schuldrechtlichen Ebene wird man den gutgläubigen Erwerb allerdings analog § 816 Abs 1 S 2 BGB korrigieren mussen, wenn zwischen dem Versprechensempfänger und dem Dritten eine Schenkung vorliegt.) Entsprechend ist die Situation, wenn ein Nichtberechtigter zur Sicherung des Anspruchs des Dritten aus einem echten Vertrag zugunsten Dritter eine Vormerkung bestellt. Auch hier kann die nur beim Versprechensempfänger gegebene Kenntnis der Nichtberechtigung des Schuldners den gutgläubigen Erwerb der Vormerkung (s § 893 Rn 39) durch den Dritten nicht ausschließen (Assmann, Die Vormerkung [1998] 355 Fn 158 mwNw). 164

Falls der Erwerber bei der Einigung vertreten worden ist, kommt es nach § 166 Abs 1 BGB für die Frage der Kenntnis auf die **Person des Vertreters**, nicht die des Vertretenen an. Die Kenntnis des Vertreters bleibt auch dann maßgeblich, wenn diese aufgrund einer Spezialvollmacht nur gerade im konkreten Fall für den Erwerber gehandelt hat und im Zeitpunkt der Umschreibung (oder auch schon dem der An- 165 tragstellung) in gar keiner Beziehung mehr zum Erwerber steht (s Gursky JR 1986, 225, 228). Die eigene Kenntnis des Vertretenen muss diesem natürlich schaden, wenn er am Erwerb ebenfalls, nämlich durch die Stellung des Eintragungsantrages, mitgewirkt hat; darüber hinaus nach § 166 Abs 2 S 1 BGB, wenn der Bevollmächtigte nach seinen Weisungen gehandelt hat; der Begriff des Handelns nach Weisungen wird dabei sehr extensiv interpretiert (s Staudinger/Schilken [2024] § 166 Rn 33; ferner BayObLG NJW-RR 1989, 907, 910). In Analogie zu § 166 Abs 2 S 1 BGB muss dem Vertretenen die eigene Kenntnis schließlich auch dann schaden, wenn er um das bevorstehende oder bereits eingeleitete Vertretergeschäft wusste und dieses noch durch zumutbare Maßnahmen hätte verhindern können (so mit Recht Schilken, Wissenszurechnung im Zivilrecht [1983] 60 ff, 73, 267). Hat der Vertreter die Kenntnis erst nach der Abgabe der Einigungserklärung erlangt, so hindert dies den gutgläubigen Erwerb nicht, sofern der Vertreter nicht seiner Funktion nach weiterhin für die Prüfung der Berechtigung des Verfügenden zuständig war (Schilken 267). Wegen sonstiger Hilfspersonen s Schilken 268.

166 Bei *Gesamtvertretung* genügt die Kenntnis auch nur eines der mehreren Vertreter (RGZ 59, 400, 408; 78, 353; Schilken 103 mwNw; Staudinger/Schilken [2024] § 166 Rn 24; BGB-RGRK/Steffen § 166 Rn 6; Soergel/Bayer[14] § 166 Rn 14; MünchKommBGB/Schubert[9] § 166 Rn 16; Bamberger/Roth/Hau/Poseck/Schäfer[5] § 166 Rn 13; Scholz/Schneider/Schneider, GmbHG[13] § 35 Rn 124); dabei spielt es keine Rolle, ob der Betreffende nach außen hin aufgetreten ist oder nur intern zugestimmt hat (RG JW 1935, 2044). Entsprechendes gilt beim Erwerb durch eine Gesamthand; die Kenntnis eines der Gesamthänder (zB eines Mitglieds der noch nicht auseinandergesetzten Erbengemeinschaft von dem Umstand, dass das durch die Erbengemeinschaft angekaufte Grundstück dem Veräußerer nicht gehört) begründet die Unredlichkeit aller (MünchKommBGB/Kohler[8] § 892 Rn 52 aE; jurisPK-BGB/Toussaint[10] § 892 Rn 42). Bei *Personenvereinigungen* mit oder ohne Rechtspersönlichkeit kommt es auf das Wissen des Vertretungsorgans im maßgebenden Zeitpunkt an. Das ist bei der OHG der geschäftsführende persönlich haftende Gesellschafter, beim Verein der Vorstand, bei der GmbH der Geschäftsführer, bei der AG der Vorstand, nicht der Aufsichtsrat, nicht die Hauptversammlung (vgl näher Heinsheimer Gruchot 72 1932] 174, 189 ff). Ob das Organ das Wissen beruflich oder privat erworben hat, spielt keine Rolle (Scholz/Schneider/Schneider, GmbHG[13] § 35 Rn 122; Lutter/Hommelhoff/Kleindiek, GmbHG[21] § 35 Rn 60). Bei mehreren Organmitgliedern schadet die Kenntnis eines einzelnen von diesen unstreitig jedenfalls dann, wenn dieses bei dem konkreten Erwerbsgeschäft mitgewirkt hat. Der gutgläubige Erwerb einer BGB-Gesellschaft wird also jedenfalls schon durch die Kenntnis eines (an der Einigung unmittelbar oder durch Zustimmung beteiligten) Gesellschafters verhindert (BGH 13. 10. 2000 – V ZR 349/99, NJW 2001, 359, 360 [ohne explizite Beschränkung auf den Fall der Beteiligung]; OLG Frankfurt 15. 7. 2002 – 20 W 478/01 Rn 20). Erst recht scheidet ein gutgläubiger Erwerb bei einer Personengesellschaft aus, wenn die Gesellschaft ein Liegenschaftsrecht von einem seine Nichtberechtigung kennenden Gesellschafter übertragen bekommt (Kohler ArchBürgR 40, 241; **aA** vTuhr AT I 354; Rosenberg § 892 Anm II 4 e γ). Den Personengesellschaften schadet darüber hinaus in Analogie zu § 166 Abs 2 BGB auch die Kenntnis eines Gesellschafters, der am fraglichen Rechtsgeschäft nicht mitwirkt, aber davon weiß und es zumutbarerweise verhindern könnte (Schilken 104 ff, insbes 106 f, 119; ähnlich MünchKommBGB/Schramm[6] § 166 Rn 21 [insoweit Wertungen des § 166 Abs 2 entscheidend]; **abw** Heinsheimer Gruchot 72 [1932] 174, 185 ff, nach dem es überhaupt nur auf die Kenntnis der vertretungsberechtigten Gesellschafter ankommen soll). Bei juristischen Personen mit mehreren Vorstandsmitgliedern bzw Geschäftsführern, die Einzelvertretungsmacht haben, wirkt sich nach traditioneller Sicht die Kenntnis jedes dieser Organmitglieder aus, auch wenn dieses von dem fraglichen Rechtsgeschäft gar nichts weiß (RG JW 1935, 2044; BGH NJW 1984, 1953, 1954 [nicht zu § 892]; BGHZ 109, 327, 331 = NJW 1990, 975; Staudinger/Schilken [2024] § 166 Rn 31 f; Schilken 138; Enneccerus/Nipperdey, AT[15] § 109 Fn 27; Soergel/Bayer[14] § 166 Rn 63 ff; MünchKommBGB/Schubert[9] § 166 Rn 9 sowie BeckOGK/Hertel [1. 9. 2024] § 892 Rn 82 [nur bei typischerweise aktenmäßig festgehaltenem Wissen]; NK-BGB/Krause[5] § 892 Rn 63; Grüneberg/Herrler[84] § 892 Rn 24; jurisPK-BGB/Toussaint[10] § 892 Rn 43; Mertens, in: Kölner Kommentar zum AktG [2. Aufl] § 76 Rn 64; Scholz/Schneider/Schneider, GmbHG[13] § 35 Rn 123; s auch BGH WM 1959, 81, 84 = ZGenW 9, 331 [nicht zu § 892 BGB]; sehr str, vgl Nw bei Schilken 128; **abw** vor allem Flume, AT I 2 § 11 IV S 403 [Anknüpfung an § 28 Abs 2]; ferner Tintelnot JZ 1987, 795, 799 f; Baumann ZGR 1973, 284, 292 ff [Wissenszurechnung eines inaktiven Organs nur, wenn es von dem bevorstehenden Einzelgeschäft wusste und es verhindern konnte]; Staudinger/Schilken [2024] § 166 Rn 32 [Wissen eines am Geschäft nicht beteiligten Organs nur bei Möglichkeit der Einflussnahme auf das konkrete Geschäft relevant]; Hachenburg/Mertens, GmbHG[8] § 35 Rn 123 [Zurechnung der Kenntnis eines geschaftsfernen Organs nur dann, wenn bei ordnungsgemaßer Organisation das handelnde Organ die gleiche Kenntnis hätte haben können]; Noack/Servatius/haas/beurskens, GmbHG[23] § 35 Rn 63 ff [wissender Repräsentant der Gesellschaft muss mit der Möglichkeit rechnen, dass ein anderer unwissender Vertreter ein Geschäft abschließt, für das seine Kenntnis relevant ist]; Lutter/Hommelhoff/Kleindiek, GmbHG[19] § 35 Rn 61 [nur solche Kenntnisse eines nichtbeteiligten zuzurechnen, die der handelnde Geschäftsführer bei einer ordnungsgemäß geführten Organisation kennen würde oder kennen müsste]; Scholz/Schneider/Schneider, GmbHG[13] § 35 Rn 122 ff; ähnlich für die Zurechenbarkeit der Bösgläubigkeit eines Mitglieds eines Vereinsvorstands MünchKommBGB/Arnold[7] § 26 Rn 21 ff). Das ergibt sich bei Zugrundelegung der „Organtheorie“ der juristischen Person einfach daraus, dass auch das einzelne Organmitglied die Gesellschaft repräsentiert. Diese Handhabung ist jedoch äußerst problematisch. Indem die hM auf jedweden Zusammenhang zwischen dem Zufallswissen eines am konkreten Geschäft gar nicht beteiligten Organs und dem von einem anderen Organmitglied veranlassten oder abgeschlossenen Erwerbsgeschäft mit dem Buchberechtigten verzichtet, stellt sie die juristische Person im Vergleich zu Einzelpersonen deutlich schlechter. Die frühere Kenntnis eines längst ausgeschiedenen Organs kann erst recht nicht zu Lasten der juristischen Person nachwirken (RG SeuffA 77 Nr 65 [nicht zu § 892]; Staudinger/Schilken [2024] § 166 Rn 32; MünchKommBGB/Arnold[7] § 26 Rn 21 ff; Enneccerus/Nipperdey I 109 Fn 27; Baumann ZGR 1973, 282, 288 ff; Flume, AT I 2 § 11 IV S 403; **aA** BGH ZGenW 9 [1959] 331, 333 f = WM 1958, 81, 84; BGHZ 109, 327, 331 = NJW 1990, 975, 976 [zu § 463 S 2]; BGB-RGRK/Steffen § 166 Rn 5; Soergel/Leptien[13] § 166 Rn 5; Paulick ZGenW 9 [1959] 320, 322; MünchKommBGB/Schubert[9] § 166 Rn 21 f; Hachenburg/Mertens, GmbHG[8] § 35 Rn 126; Scholz/Schneider/Schneider, GmbHG[13] § 35 Rn 131; K Schmidt GesR[4] § 10 V 2a). Das wäre nicht damit zu vereinbaren, dass dem Erwerber nach § 892 BGB nur wirkliche und gegenwärtige Kenntnis, nicht schon ein früheres Erfahrenhaben schadet. Genau wie eine Einzelperson muss auch das einzelne Organ einer juristischen Person durch schlichtes Vergessen der relevanten Information gutgläubig werden; das Ausscheiden des Organs, das allein über die betreffende Information verfügt, beseitigt aber die Kenntnis der von ihm repräsentierten juristischen Person ebenso und muss deshalb gleichbehandelt werden. Das Reichsgericht hat in einem Falle, in dem der bösgläubige Geschäftsführer einer GmbH sein Amt gerade deshalb niedergelegt hatte, damit ein neuer – und von ihm bewusst nicht unterrichteter – Geschäftsführer ein bestimmtes Grundstück gutgläubig erwerben konnte, mit § 826 BGB geholfen

(RG SeuffA 82 Nr 170 S 301 f). Demgegenüber hat WACKE (MünchKommBGB/WACKE[4] § 892 Rn 49 Fn 158) sich unseres Erachtens zu Recht für eine Lösung über § 166 Abs 2 BGB ausgesprochen (ähnlich BAUMANN ZGR 1973, 284, 295).

167 Wenn der bösgläubige Alleingesellschafter einer GmbH das Erwerbsgeschäft von dem ahnungslosen Geschäftsführer für die GmbH abschließen lässt, muss ein gutgläubiger Erwerb evidentermaßen scheitern. Dabei ist es im Ergebnis gleichgültig, ob man dies unmittelbar aus den Wertungen des § 166 BGB herleitet (so J WILHELM, Rechtsform und Haftung bei der juristischen Person [1981] 46 ff; s auch BAUMANN ZGR 1973, 297 f; MünchKommBGB/REUTER[7] Vorbem 30 zu § 21) oder ob man hier einen Durchgriffsfall für gegeben hält (so SIEBERT BB 1954, 417; MÜLLER-FREIENFELS, Die Vertretung beim Rechtsgeschäft [1955] 416 Fn 7; wohl auch SCHILKEN 144; gegen jede Berücksichtigung der Kenntnis des Alleingesellschafters, der nicht zugleich Geschäftsführer ist, RG Recht 1929 Nr 1025; SCHILLING JZ 1953, 163; SERICK, Rechtsform und Realität 124 Fn 3; wohl auch REINHARDT, in: FS Lehmann [1956] 576, 580 f). Besonders problematisch ist, ob die Kenntnis des Alleingesellschafters von der wirklichen Rechtslage des fraglichen Grundstücks der GmbH auch dann zugerechnet werden kann, wenn dieser von dem bevorstehenden Abschluss des Rechtsgeschäfts überhaupt nichts weiß (*bejahend* wohl WILHELM, Rechtsform und Haftung bei der juristischen Person [1981] 47 f; MÜLLER-FREIENFELS, Die Vertretung beim Rechtsgeschäft [1955] 416 Fn 7; SIEBERT BB 1954, 417; *dagegen* SCHOLZ/WINTER[6], GmbHG § 13 Rn 26). Sehr umstritten ist auch, ob schon die Kenntnis eines bloßen Mehrheitsgesellschafters bzw die Kenntnis der Mehrheit der Gesellschafter der juristischen Person die letztere bösgläubig macht (*bejahend* WILHELM, Rechtsform 48; etwas enger MünchKommBGB/REUTER[7] Vorbem 30 vor § 21; nur für den Fall, dass die Gesellschaftermehrheit oder ein statutarisch dafür zuständiger Gesellschafter den Geschäftsführer zu dem Geschäft veranlasst oder den Geschäftsabschluss duldet SCHOLZ/WINTER[6] § 13 Rn 26; nach SCHOLZ/SCHNEIDER/SCHNEIDER, GmbHG[13] § 35 Rn 121 soll *dagegen* für eine Bösgläubigkeit bereits ausreichend sein, dass diese Veranlassung oder Duldung durch irgendeinen Gesellschafter erfolgt). Str ist ferner, ob schon die faktische Einflussnahme eines nicht die Mehrheit der Aktien bzw Geschäftsanteile besitzenden, aber „entscheidungsmächtigen" Gesellschafters dessen Kenntnis von der wirklichen Rechtslage relevant macht, also den gutgläubigen Erwerb der Gesellschaft trotz der Unkenntnis der Gesellschaftsorgane und der rechtsgeschäftlichen Vertreter der Gesellschaft hindert (vgl JUNG, Der Unternehmergesellschafter [2002] 540 f).

168 In der neueren Rechtsprechung finden sich demgegenüber Tendenzen, die zu einer erheblichen Ausweitung der Wissenszurechnung führen müssten (vgl STAUDINGER/THOLE [2023] § 990 Rn 51 ff). Der juristischen Person – aber auch einer Personengesellschaft oder einer sonstigen am Rechtsverkehr teilnehmenden Struktureinheit – soll auch das Wissen derjenigen Organwalter und Mitarbeiter zuzurechnen sein, die am Vertragsschluss selbst gar nicht beteiligt sind, sofern das Wissen bei ordnungsgerechter Organisation aktenmäßig festzuhalten, weiterzugeben und vor Vertragsabschluss abzufragen ist (BGH 13. 10. 2000 – V ZR 349/99, NJW 2001, 359, 360 mwNw). Diese Art der *Wissenszusammenrechnung* ist aber jedenfalls für § 892 BGB entschieden abzulehnen, da sie den vom Gesetz gewollten weiten liegenschaftsrechtlichen Verkehrsschutz mit seinen minimalen subjektiven Voraussetzungen konterkariert (s KOLLER JZ 1998, 75, 84). Die neuen Zurechnungsgrundsätze des BGH reagieren auf Sorgfaltsverstöße, nämlich auf eine offenbar unzulängliche Organisation des Informationsflusses in dem erwerbenden Unternehmen. Diese wird zum Anlass genommen, ein bei den für die Gesellschaft handelnden Personen nicht vorhandenes präsentes Wissen einfach zu fingieren. Das ist aber nicht damit vereinbar, dass § 892 BGB wirkliche Kenntnis des Erwerbers für den Ausschluss des gutgläubigen Erwerbs verlangt; eine verschuldete Unkenntnis, selbst gröbste Fahrlässigkeit also als Hinderungsgrund gerade nicht ausreicht. Es versteht sich von selbst, dass anders zu entscheiden wäre, wenn das Unternehmen durch die Wahl einer bestimmten Organisationsform das Zusammentreffen potenziell „schädlicher" Informationen beim in concreto entscheidenden Mitarbeiter planmäßig zu verhindern sucht (§ 162 BGB analog).

Im Fall der *Vertretung ohne Vertretungsmacht* ist nicht nur die Kenntnis oder Unkenntnis des falsus procurator entscheidend (so aber LG Augsburg BayZ 1931, 80 f), sondern auch die des Vertretenen, da dieser ja durch die erforderliche Genehmigung am Erwerbstatbestand mitwirkt (ebenso im Ergebnis, aber mit § 166 Abs 2 begründend, Hübner, AT[2] Rn 1233; Staudinger/Schilken [2024] § 166 Rn 29; wohl auch Soergel/Kern[14] § 892 Rn 37). Dabei genügt naturgemäß die Kenntnis im Zeitpunkt der Genehmigung (Staudinger/Schilken [2024] § 166 Rn 29). 169

Der beurkundende **Notar** ist natürlich nicht Vertreter der Parteien, sodass seine Kenntnis dem Erwerber keinesfalls schaden kann (RGZ 81, 82, 86; KG OLGZ 1973, 76, 82 = NJW 1973, 56, 58). Ebenso wenig kann die Kenntnis des *Grundbuchamtes* den gutgläubigen Erwerb hindern (RGZ 89, 152, 162). Ist der Notar hingegen von den Beteiligten bevollmächtigt worden, ein Geschäft zu vollziehen, ist der Notar nach Ansicht des OLG Hamm als deren Vertreter anzusehen, so dass seine Bösgläubigkeit nach § 166 Abs 1 BGB einem Beteiligten zugerechnet werden kann (13. 5. 2024 – 22 U 95/23, BeckRS 2024, 12448 Rn 113 f [wenngleich das OLG im konkreten Fall einen beachtlichen Rechtsirrtum des Notars erkannte und deshalb keine Bösgläubigkeit annahm]; **aA** BeckOGK/Hertel [1. 9. 2024] § 892 Rn 80). Das kann so nicht überzeugen: Vertritt der Notar die Parteien lediglich beim Vollzug des Geschäfts (auf Grund der üblichen Vollzugsvollmachten) durch Stellung der Anträge oder Bewilligungen nur hinsichtlich rein verfahrensrechtlicher Erklärungen nach §§ 13, 17 GBO (Meikel/Böttcher[12] § 13 Rn 20, 89, § 17 Rn 31), so übt er seine Kernaufgabe gegenüber allen Beteiligten aus, ist mithin funktional als öffentliche Amtsperson tätig, so dass seine Kenntnis keiner Partei zugerechnet werden kann (BeckOGK/Hertel [1. 9. 2024] § 892 Rn 80). Anderes ist nur anzunehmen, wenn er „amtsfern" und insofern als „echter" Vertreter im Rahmen des für § 892 BGB relevanten materiellrechtlichen Verfügungsgeschäfts (Einigung) für eine Partei tätig wird. 170

Erwerben mehrere ein Grundstück von einem Nichtberechtigten zu *Miteigentum,* so ist die Redlichkeit für jeden Erwerber gesondert zu prüfen; bei Bösgläubigkeit eines Teils der Erwerber entsteht Miteigentum des bisherigen Alleineigentümers und der redlichen Erwerber (Schilken S 116 Fn 399). 171

g) Nachweis der Kenntnis

Die Frage, ob im Einzelfall Kenntnis vorliegt, ist eine nur nach den konkreten Umständen des Falles zu beurteilende *Tatfrage,* die der freien Beweiswürdigung des Richters unterliegt (Baumgärtel/Baumgärtel § 892 Rn 1). Doch muss besonders davor gewarnt werden, auf dem Wege über die Beweiswürdigung dem Gesetz einen anderen Sinn zu geben, also etwa aus grober Sorglosigkeit oder bloßen Zweifeln des Erwerbers an der Richtigkeit des Grundbuches ohne Weiteres auf positive Kenntnis zu schließen. Andererseits dürfen die Anforderungen an den Nachweis dieser inneren 172

Tatsache natürlich nicht so hochgeschraubt werden, dass das ohnehin nur kleine subjektive Regulativ des Verkehrsschutzes leerläuft. Ein direkter Beweis der Kenntnis wäre nur durch Parteivernehmung des Erwerbers zu erbringen (§§ 445, 448 ZPO); dieser Weg ist jedoch in der Mehrzahl der Fälle nicht sehr erfolgversprechend (Baur/Stürner[18] § 23 Rn 30). Dann bleibt in der Tat nur noch die Möglichkeit des Nachweises mit Hilfe von Indizien (OLG Karlsruhe 7. 1. 2020 – 14 W 126/19, BWNotZ 2019, 338 Rn 14; Baumgärtel/Laumen/Prütting/Kraeft/Pöpel[5] § 892 Rn 6).

173 Das Reichsgericht hat ausgesprochen, dass die Regeln über den prima-facie-Beweis nicht anzuwenden seien (RGZ 130, 357, 359) und dass das Gericht alle die Umstände genauestens prüfen müsse, die der sich auf § 892 BGB berufende Erwerber gegen die Beweisführung des Gegners vorbringe (JW 1936, 804). Grundlage für die Feststellung der Kenntnis werden häufig Mitteilungen des Veräußerers sein, doch kommen auch Mitteilungen von Dritten in Betracht (RG JW 1910, 813). Wenn der Erwerber über die Grundbuchunrichtigkeit von glaubwürdiger Seite informiert worden ist und diese Mitteilung auch selbst nach Inhalt und tatsächlichen Angaben glaubwürdig war, wird man regelmäßig auf die positive Kenntnis des Erwerbers schließen dürfen (vgl RG Gruchot 50 [1906] 988, 991); es muss dann Sache des Erwerbers sein, darzulegen, weshalb er der betreffenden Mitteilung nicht geglaubt hat (Rosenberg Anm II 4 e ε aE). Die bloße Rechtsbehauptung einer interessierten Person wird als solche für die Verschaffung positiver Kenntnis kaum ausreichen; es bedarf vielmehr immer substantiierter Mitteilungen.

h) Beweislast

174 Es hat nicht der Erwerber seine Redlichkeit, sondern der Gegner die Kenntnis des Erwerbers von der Unrichtigkeit des Grundbuches im maßgebenden Zeitpunkt zu beweisen. Das ergibt sich aus der Fassung „es sei denn". Der damit eingeleitete Nebensatz enthält eine rechtshindernde Norm; der Erwerber braucht seine Redlichkeit nicht nur nicht zu beweisen, sondern nicht einmal zu behaupten. Es handelt sich nicht (wie Kober in früheren Auflagen angenommen hatte) um eine „Rechtsvermutung", denn es gibt kein zunächst vom Erwerber zu beweisendes Tatbestandsmerkmal, an das die Vermutung des guten Glaubens geknüpft wäre (wie etwa die Eigentumsvermutung an den Besitz, § 1006 BGB). Ebenso wird die Redlichkeit nicht stillschweigend vorausgesetzt im Sinne eines prima-facie-Beweises oder einer „tatsächlichen Vermutung", wie oft gesagt wird; dann würde nämlich der Gegner des Erwerbers lediglich einen Gegenbeweis führen müssen, dh aber, es würde genügen, wenn er die Überzeugung des Gerichts von der Redlichkeit des Erwerbers nur erschüttern könnte. In Wahrheit muss aber der Gegner des Erwerbers einen *Hauptbeweis* führen, nämlich dem Gericht die volle Überzeugung von der Kenntnis des Erwerbers verschaffen, und für den Erwerber genügt es, wenn er diese Überzeugung des Gerichtes wieder erschüttern kann (vgl dazu Rosenberg, Beweislast [5. Aufl 1965] 77, 122 ff, insbes 140). In der Sache allerdings besteht trotz der terminologischen Abweichungen Übereinstimmung (vgl RGZ 79, 165, 169; SeuffA 83 Nr 191; 84 Nr 198; Lutter AcP 164 [1964] 122, 166; Wiegand JuS 1975, 209; Baumgärtel/Baumgärtel[1] § 892 Rn 1; Baumgärtel/Laumen/Prütting/Kraeft/Pöpel[5] § 892 Rn 6). Damit kaum zu vereinbaren ist die Ansicht des BGH, wonach den Zessionar beim Erwerb einer Grundschuld die sekundäre Darlegungslast trifft, wenn der Gegner konkrete Tatsachen vorträgt, die den Verdacht eines kollusiven oder treuwidrigen Zusammenwirkens zwischen ihm und dem Zedenten zulasten des Eigentümers begründen (BGH 24. 10. 2014 – V ZR 45/13, NJW 2015, 619, 621). Diese

Modifikation der Beweislastverteilung, wonach der Zessionar bereits beim Verdacht seiner Bösgläubigkeit Tatsachen für seine Gutgläubigkeit darlegen muss, dürfte aber wohl auch nach Ansicht des BGH (vgl „ausnahmsweise eine Substanzierungslast" Rn 22) nur für diesen Sonderfall und damit nicht generell für § 892 BGB gelten.

Die Beweislastverteilung gilt auch im **Grundbuchverfahren**, obwohl dieses ein Verfahren der freiwilligen Gerichtsbarkeit ist, weil sie nicht auf Prozessrecht, sondern auf materiellem Recht beruht. Das Grundbuchamt kann eine rechtshindernde Norm nur anwenden, wenn ihm deren Voraussetzungen offenkundig oder in der Form des § 29 GBO nachgewiesen sind. Es muss also einen Grundbuchberichtigungsantrag nach § 22 GBO abweisen, wenn inzwischen ein Rechtserwerb vom bisherigen Buchberechtigten stattgefunden hat und die Kenntnis des Erwerbers von der Unrichtigkeit des Grundbuchs nicht durch öffentliche oder öffentlich beglaubigte Urkunden nachgewiesen wird (s auch § 891 Rn 90). Das wird kaum jemals möglich sein, wenn nicht der Erwerber freiwillig urkundlich seine Kenntnis zugibt (vgl RGZ 116, 340, 344; KGJ 31 A 271 = RJA 6, 245; OLG Dresden OLGE 25, 185; Planck/Strecker § 892 Anm II 2 a; Soergel/Kern[14] § 892 Rn 39; Friedenthal, in: FG Max Fuchs [1926] 100; **aA** KGJ 40 A 265 = RJA 11, 64; Güthe/Triebel § 19 Rn 37; Goldmann/Lilienthal § 44 bei Fn 114). Kommt es (für die Eintragung eines Amtswiderspruchs gegen die Wiedereintragung eines gelöschten und danach möglicherweise durch gutgläubig-lastenfreien Erwerb erloschenen Rechts) darauf an, ob ein gutgläubig-lastenfreier Erwerb stattgefunden hat, so muss das Grundbuchamt von der Gutgläubigkeit des Erwerbers ausgehen, solange dessen Kenntnis nicht mit Sicherheit feststeht (BayObLGZ 1985, 401 = DNotZ 1986, 357; BayObLGZ 1986, 515; zust Demharter Rpfleger 1991, 41, 42; iE auch Meikel/Schneider[12] § 53 Rn 114). Die für § 53 Abs 1 S 1 GBO erforderliche Glaubhaftmachung der Grundbuchunrichtigkeit (vgl Meikel/Schneider[12] § 53 Rn 84) setzt hier die Glaubhaftmachung des gutgläubig-lastenfreien Erwerbs voraus, die sich aber wiederum einfach aus der gesetzlichen Beweislastverteilung in § 892 BGB ergibt. Setzt die glaubhaft zu machende Unrichtigkeit des Grundbuchs dagegen einen bösgläubigen Erwerb voraus (Beispiel: nach Löschung eines Liegenschaftsrechts ohne wirksame Aufhebungserklärung ist das belastete Grundstück übereignet worden), so muss die positive Kenntnis des Erwerbers glaubhaft gemacht werden (Demharter Rpfleger 1991, 41, 42; Meikel/Schneider[12] § 53 Rn 85). Im Übrigen ist die sich aus § 892 BGB ergebende Beweislastverteilung (entgegen KG NJW 1973, 56, 58) nicht erst für die weiteren Folgen einer bereits vollzogenen Eintragung, sondern auch schon für die Frage maßgeblich, ob das Grundbuchamt die vollzogene Eintragung des möglicherweise gutgläubigen Erwerbers vornehmen darf (Baumgärtel/Baumgärtel[2] § 892 Rn 14; MünchKommBGB/Wacke[4] § 892 Rn 70). Vgl unten Rn 218. 175

3. Weitere Hindernisse für den gutgläubigen Erwerb; Ausschluss durch Sondervorschriften

a) Der Redlichkeitsschutz kann nicht Platz greifen, wenn die Aussage des Grundbuches durch eine *widersprechende andere Eintragung* entkräftet wird (s oben Rn 19, 29). Welche Tragweite dabei etwa die Eintragung einer Verfügungsbeschränkung hat, ist eine Frage der Auslegung derjenigen Normen, auf denen der betreffende Vermerk beruht. Der Zwangsversteigerungsvermerk beispielsweise bewirkt auch, dass der Erwerber einer durch Zuschlag erloschenen, aber im Grundbuch noch nicht gelöschten Hypothek durch § 892 BGB nicht geschützt wird, sondern nur das dem Ver- 176 fügenden wirklich zustehende Recht auf Befriedigung aus dem Versteigerungserlös erlangt (RGZ 76, 373, 377 f; RG SeuffA 85, 145; RGZ 129, 124; Rosenberg § 892 Anm II 4 a; Planck/Strecker § 892 Anm II 2 c γ; Wolff/Raiser § 45 I 5 δ). Nach Rosenberg schließt jeder im Grundbuch enthaltene Hinweis auf Umstände, die „möglicherweise eintreten und außerhalb des Grundbuches eine Wirkung gegen das gebuchte Recht herbeiführen könnten", für den Fall ihres tatsächlichen Eintritts den guten Glauben des Erwerbers aus (Anm II 4a). Das ist in dieser Allgemeinheit jedoch nicht haltbar. Die bloße Bezeichnung einer Hypothek als *Tilgungshypothek* im Grundbucheintrag oder auch die Aufnahme der Tilgungsabrede ins Grundbuch kann nicht dazu führen, dass dem Zessionar auch die dem Tilgungsplan entsprechenden, aber aus dem Grundbuch bzw Hypothekenbrief nicht ersichtlichen Teilleistungen entgegengesetzt werden können (s Staudinger/Wolfsteiner [2019] Vorbem 27 ff zu §§ 1113 ff mwNw; MünchKommBGB/Lieder[9] § 1138 Rn 20; Wolff/Raiser § 150 III 3; **aA** M Wolff, Sachenrecht[9] § 137 Fn 3; Koban ArchBürgR 29, 1 ff; Dernburg § 208 V; Rosenberg § 892 Anm II 4 a; AK-BGB/Winter §§ 1137, 1138 Rn 10). Selbst wenn die Tilgungsabrede ins Grundbuch aufgenommen worden oder die Eigenschaft als Tilgungshypothek dem Zessionar bekannt ist, folgt daraus noch nicht die Kenntnis, dass die dem Tilgungsplan entsprechenden Zahlungen wirklich erfolgt sind.

177 Wenn die Unrichtigkeit des Grundbuches aus dem Grundpfandbrief oder aus einem (amtlichen oder auch privaten) Vermerk auf diesem hervorgeht, so kann sich der Erwerber der Hypothek oder Grundschuld auf das Grundbuch nicht berufen (§ 1140 S 1 BGB). Ein auf dem Grundpfandbrief eingetragener Widerspruch wirkt nach § 1140 S 2 BGB genauso wie ein im Grundbuch selbst eingetragener Widerspruch. Bei Abweichungen von Grundbuch und Grundpfandbrief zerstört also der zutreffende Inhalt des Briefes den öffentlichen Glauben des Grundbuches.

178 **b)** In einer Reihe von Vorschriften wird der öffentliche Glaube des Grundbuches für bestimmte Konstellationen ausgeschlossen.

179 **aa)** Im Falle der *Dienstbarkeitsversitzung* nach § 1028 Abs 1 S 2 BGB (bzw §§ 1090, 1028 Abs 1 S 2 BGB) schließt § 1028 Abs 2 BGB die Möglichkeit eines gutgläubigen Erwerbs des erloschenen, aber im Grundbuch noch nicht gelöschten Rechtes aus. Hier ist nämlich der Augenschein der offensichtlich grundbuchwidrigen Anlage geeignet, das Vertrauen auf das Grundbuch zu erschüttern. Der Gutglaubensschutz muss aber wiederaufleben, wenn die störende Anlage nach dem Erlöschen der Grunddienstbarkeit beseitigt wird (so Planck/Strecker § 1028 Anm 4; Soergel/Stürner[13] § 1028 Rn 5; Grüneberg/Herrler[84] § 1028 Rn 2; Wolff/Raiser § 49 III 2 C; Heck § 73, 8 a; O vGierke II § 144 Fn 72; **aA** Staudinger/J Weber [2017] § 1028 Rn 5 f; BGB-RGRK/Rothe § 1028 Rn 5; MünchKommBGB/Mohr[9] § 1028 Rn 10; Soergel/Münch[14] § 1028 Rn 13).

180 **bb)** Beim Erwerb der Hypothekenforderung (§ 1138 BGB) bzw der Grundschuld oder Rentenschuld findet nach § 1159 Abs 2 BGB (evtl iVm §§ 1192, 1199 BGB) ein Gutglaubensschutz insoweit nicht statt, als es um *Rückstände von Zinsen und anderen Nebenleistungen* (s Böhringer BWNotZ 1992, 3 f, 5 f) geht. Nach der Lebensanschauung ist nämlich insoweit vom Grundbuch keine Auskunft zu erwarten, da es nicht üblich ist, bei jeder Zahlung von Hypothekenzinsen die getilgten Raten im Grundbuch löschen zu lassen (Wolff/Raiser § 45 III). Dasselbe gilt nach § 1107 BGB iVm § 1159 Abs 2 BGB für die Abtretung von Ansprüchen auf die einzelnen Leistungen bei der Reallast; hier sind richtiger Ansicht nach ebenfalls nur die rückständigen Reallastleistungen gemeint (STAUDINGER/REYMANN [2021] § 1107 Rn 24 f; PLANCK/STRECKER § 1107 Anm 2 k β). Für alsbald nach der Abtretung fällig werdende Zinsen kommen nach § 1158 BGB (iVm §§ 1192, 1199 BGB) die Schuldnerschutzvorschriften der §§ 406–408 BGB zur entsprechenden Anwendung; auch dadurch wird der Verkehrsschutz für den Erwerber eingeschränkt. Die Zinsrückstandshypothek ihrerseits kann allerdings durch gutgläubig-lastenfreien Erwerb erlöschen (BÖHRINGER BWNotZ 1992, 3, 6).

cc) Der Erwerber einer offenen Briefeigentümergrundschuld (§ 1196 BGB) läuft wegen der Möglichkeit einer nicht auf dem Grundschuldbrief vermerkten Zwischenabtretung Gefahr, nur ein Grundpfandrecht zu erwerben, das nach §§ 1196 Abs 3, 1179a Abs 1, 883 Abs 2, 888 Abs 1 BGB dem gesetzlichen Löschungsanspruch eines nachrangigen Grundpfandgläubigers weichen muss. Verkehrsschutz findet insoweit nicht statt. 181

dd) Wegen der *altrechtlichen Dienstbarkeiten* und *gesetzlichen Vorkaufsrechte* s oben Rn 40 ff. Wegen des **Erbschaftskaufs** s STAUDINGER/RAFF (2020) § 2030 Rn 5 f. 182

ee) ROSENBERG (§ 892 Anm I 3 a β) erwähnt noch die folgende Konstellation: Wenn ein Vermögensnießbraucher nach § 1086 S 1 BGB die Vollstreckung eines nachrangigen Grundpfandgläubigers dulden muss – was denkbar ist, wenn der ursprünglich nur am Grundstück bestehende Nießbrauch nach der Hypothekenbestellung auf das ganze Vermögen ausgedehnt worden ist – kann diese günstige Rechtsstellung des Hypothekengläubigers nicht dadurch geschmälert werden, dass der Nießbraucher einem an letzter Stelle stehenden Grundpfandrecht nach § 880 BGB den Vorrang einräumt; auf den guten Glauben des letzteren Grundpfandgläubigers kann es dabei nicht ankommen (RGZ 70, 344, 348). Darin liegt aber keine eigentliche Durchbrechung des § 892 BGB. Die Anwendung der Norm scheidet hier schon deshalb aus, weil das Befriedigungsrecht aus § 1086 BGB gar nicht eintragungsfähig, das Grundbuch also gar nicht unrichtig ist. 183

VII. Der maßgebliche Zeitpunkt

1. Für die Buchlage als objektive Rechtsscheinbasis

Da die Wirkung des § 892 BGB in einer Fiktion der Richtigkeit des den Erwerber begünstigenden Grundbuchstandes besteht (s Rn 219 ff), muss die betreffende unrichtige Buchlage jedenfalls in dem Augenblick bestanden haben, in dem sich der unter dem Schutz des öffentlichen Glaubens stehende Rechtserwerb **vollendet**; also regelmäßig im Zeitpunkt der Eintragung des Erwerbers (WIEGAND JuS 1975, 205, 208; LUTTER AcP 164, 122, 166; LOCHER 125; SOERGEL/KERN[14] § 892 Rn 45; GRÜNEBERG/HERRLER[84] § 892 Rn 23). Das RG hatte früher angenommen, dass die dem Erwerber günstige unrichtige Buchlage darüber hinaus auch schon im Zeitpunkt des „den Erwerb vermittelnden Rechtsgeschäfts" gegeben gewesen sein müsse (RGZ 74, 416, 420; 92, 254, 255). Zur Begründung hatte das RG ausgeführt, nach dem Grundgedanken des Gesetzes könne der öffentliche Glaube des Grundbuches demjenigen nicht zur Seite stehen, der das Erwerbsgeschäft gar nicht im Vertrauen auf die Richtigkeit des Grundbuches abgeschlossen haben könne, weil das Grundbuch zur Zeit dieses Rechtsgeschäfts noch 184 gegen das Bestehen des vom Erwerb betroffenen Rechtes gesprochen habe (RGZ 74, 416, 420). Diese Erwägung war allerdings nicht tragfähig. Die Tatsache, dass § 892 BGB nicht das Erfordernis des guten Glaubens aufstellt, sondern umgekehrt die Unredlichkeit des Erwerbers zum Hinderungsgrund für den gutgläubigen Erwerb erklärt, macht zugleich deutlich, dass der Inhalt des Grundbuches für den Entschluss des Erwerbers, das fragliche Rechtsgeschäft abzuschließen, in keiner Weise ursächlich gewesen sein muss (Johow, Teilentwurf Sachenrecht, Begründung I, 235 ff = Schubert, SR I 359 ff; Mot III 212; RGZ 86, 350, 356 [unter Aufgabe der in RGZ 61, 195, 202 f vertretenen Gegenauffassung]; BGH NJW 1980, 2413 f; BayObLGZ 6, 588, 592; OLGR Hamm 1997, 193, 194; Wiegand JuS 1975, 205, 209; Lutter AcP 164 [1964] 122, 166; Strecker Recht 1921, 180, 183; Planck/Strecker § 892 Anm II 2 S 274; Biermann § 892 Anm 8 e; Predari 76; Turnau/Förster § 892 Anm I 4 aE; Rosenberg § 892 Anm II 4 e ε; BGB-RGRK/Augustin § 892 Rn 96; MünchKommBGB/Wacke[4] § 892 Rn 48; MünchKommBGB/H Schäfer[9] § 892 Rn 45; Erman/Artz[17] § 892 Rn 1; AK-BGB/L vSchweinitz § 892 Rn 83; Wolff/Raiser § 45 I 5 b γ; H Westermann/Eickmann[8] § 83 Rn 18, 21; Baur/Stürner[18] § 23 Rn 32; vTuhr, AT II 1, 136 Fn 71; Kiehnle 160 ff; iE auch J Hager 419 ff; Baumgärtel/Baumgärtel[1] § 892 Rn 4; anders aber Wiegand JuS 1978, 145, 150). Das RG hat sich denn auch später selbst korrigiert. Seit RGZ 116, 351, 354 und 116, 356, 361 f ist es st Rspr, dass der Erwerber das Grundbuch nur in dem Zeitpunkt für sich haben muss, in dem sich der Rechtserwerb vollendet (RGZ 140, 35, 38 ff; 147, 298, 302; RG WarnR 1935 Nr 58; BGH NJW 1980, 2413 f; Rpfleger 2003, 118, 120; OLG Nürnberg 26. 4. 2021 – 15 W 987/21, NotBZ 2022 71, 73; KG JW 1927, 1884; ebenso die ganz hM in der Literatur Soergel/Kern[14] § 892 Rn 40, 45; MünchKommBGB/Wacke[4] § 892 Rn 48; BeckOGK/Hertel [1. 9. 2024] § 892 Rn 83; AK-BGB/L vSchweinitz § 892 Rn 102; Wolff/Raiser § 45 Fn 5, 21; H Westermann/Eickmann[8] § 83 Rn 21; Baur/Stürner[18] § 23 Rn 33 f; Cosack/Mitteis § 31 I 2 aE; J Hager 425 f; Brombach HansRGZ 1936, 54 ff; Böttcher Rpfleger 1988, 252, 253; DNotI-Report 2019, 37, 38 f). Wird etwa nach Stellung eines Antrags auf Eigentumsumschreibung ein Vorkaufsrecht oder eine sonstige dingliche Belastung zu Unrecht gelöscht und erst danach der Umschreibungsantrag vollzogen, so kann nach dieser zutreffenden Auffassung ein gutgläubig-lastenfreier Erwerb stattfinden (BGH NJW 1980, 2413 f; Rpfleger 2003, 118, 120). Ebenso kann die Veräußerung eines Grundstücks auch dann nach § 892 BGB wirksam sein, wenn der Veräußerer selbst erst nach der Auflassung und der Stellung des Eintragungsantrags im Grundbuch (aber natürlich noch vor der Umschreibung des Grundstücks auf den Erwerber) eingetragen wurde (RGZ 116, 351, 353 ff; BayObLGZ 6, 588, 592 f zu § 25 bayrHG; Rosenberg § 892 Anm II 1 a α; Planck/Strecker § 892 II 1 b; MünchKommBGB/H Schäfer[9] § 892 Rn 53; Soergel/Kern[14] § 892 Rn 46); zur Frage, bis zu welchem Zeitpunkt hier dem Erwerber die Kenntnis der Grundbuchunrichtigkeit schadet, s unten Rn 210. Dies gilt auch, wenn eine nicht gültig bestellte Briefhypothek oder Briefgrundschuld nach §§ 1117 Abs 2, 1154 Abs 1 BGB bereits vor ihrer Eintragung abgetreten wird; der Zessionar erwirbt sie nach § 892 BGB mit der Eintragung auf den Namen des Zedenten, wenn er zu dieser Zeit noch gutgläubig ist (RGZ 140, 35, 37 ff; RG WarnR 1935 Nr 58; Planck/Strecker § 892 Anm II 1 b; Arnheim JW 1930, 2456; BGB-RGRK/Augustin § 892 Rn 124; Soergel/Kern[14] § 892 Rn 47; s auch BGHZ 60, 46, 53). Zu Unrecht hatte demgegenüber das OLG Düsseldorf (JW 1930, 2456) den oben entwickelten Grundsatz auf solche Fälle beschränken wollen, in denen der Erwerber zum Zwecke seines Erwerbs selbst im Grundbuch eingetragen werden muss und dabei dann den Veräußerer als grundbuchmäßig Berechtigten vorfindet; wo sich der Erwerb des Zessionars dem des Zedenten ohne zeitlichen Zwischenraum anschließe, meinte es, sei auch für einen guten Glauben des Erwerbers kein Raum. Dabei wurde aber wiederum übersehen, dass ein solcher guter Glaube in § 892 BGB gerade nicht zur positiven Voraussetzung des Verkehrsschutzes gemacht worden ist. Wenn die unmittelbar vor der Eintragung des Erwerbers erfolgte Eintragung des Veräußerers für § 892 BGB ausreicht, obwohl sie ja ohnehin nur eine ganz theoretische Chance der Kenntnisnahme des Erwerbers vom legitimierenden Buchstand vor seiner eigenen Eintragung eröffnet, besteht kein vernünftiger Grund, anders zu entscheiden, wo sich der zeitliche Abstand zwischen der Eintragung des Verfügenden und der Vollendung des Erwerbs auf eine logische Sekunde reduziert. Dann liegt es aber auch nahe, mit dem Reichsgericht und der hM noch einen Schritt weiter zu gehen: Für den gutgläubigen Erwerb muss es sogar unschädlich sein, wenn der dem Erwerber günstige Grundbuchstand gleichzeitig mit seiner eigenen Eintragung herbeigeführt wird, selbst wenn alle Einschreibungen in derselben Verfügung angeordnet und unter demselben Datum vollzogen werden (RGZ 123, 19, 22 f; 140, 35, 39 f; 147, 298, 302; RG WarnR 1935 Nr 58 S 122; BGH NJW 1969, 93, 94; NJW 2003, 202, 203; BayObLG Rpfleger 2004, 37 f = FGPrax 2003, 201 m zust Anm Demharter; Rosenberg § 892 Anm II 4 e δ S 426; BGB-RGRK/Augustin § 892 Rn 123; Soergel/Kern[14] § 892 Rn 46; MünchKommBGB/H Schäfer[9] § 892 Rn 57 f; Wiegand JuS 1975, 205, 208; Lutter AcP 164, 122, 173 f Fn 195; Böttcher Rpfleger 1988, 252, 253; J Hager 426; Wiegand JuS 1975, 205, 208; J Hager 426; **aA** OLG Hamm OLGE 31, 313 ff; Brandis JW 1929, 3275; Neukirch JW 1930, 2397, 2399; Hagelberg, in: FS Heinitz [1926] 182 f; Boehmer DJZ 1927, 1518, 1521 f; Goldmann/Lilienthal § 79 Fn 17; Staudinger/Kober[10] § 892 Rn 55, neuerdings wieder Kiehnle 139 ff, 155). Wird bei einer Grundstücksveräußerung eine vom Käufer nicht übernommene Hypothek erst gleichzeitig mit dessen eigener Eintragung gelöscht, so kann – wenn die Löschung unbegründet war – ein gutgläubig-lastenfreier Erwerb stattfinden (RGZ 123, 19, 22 f; 140, 35, 39 f; Soergel/Kern[14] § 892 Rn 46). Das Gleiche gilt, wenn die Eigentumsumschreibung auf den Grundstückskäufer auf einem neuen Grundbuchblatt erfolgt und dabei nun ein auf dem Grundstück lastendes dingliches Vorkaufsrecht nicht mitübertragen wird und somit nach § 46 Abs 2 GBO gelöscht wird. Auch dann ist der für den Erwerber günstige Grundbuchstand zusammen mit dessen eigener Eintragung als Eigentümer geschaffen worden; das genügt für den gutgläubig-lastenfreien Erwerb (BayObLG NJW 2003, 3785). Dass hier die Löschung nicht *in* der gleichen Verfügung des Rechtspflegers wie die Eigentumsumschreibung angeordnet worden ist, sondern nur *bei* der Ausführung der Verfügung über die Eigentumsumschreibung versehentlich erfolgt ist, kann das Ergebnis nicht ändern. Wird ein Erbbaurecht zu Unrecht gelöscht und gleichzeitig eine Grundschuld eingetragen, so erwirbt der Grundschuldgläubiger im Falle seiner Redlichkeit nach § 892 BGB den Vorrang vor dem außerhalb des Grundbuches weiter bestehenden Erbbaurecht (BGH NJW 1969, 93, 94).

Die Möglichkeit des gutgläubigen Erwerbs ist allerdings eingeschränkt, wenn die Hypothek – was zulässig ist (s Boehmer ZAkDR 1940, 173, 174 f; Grüneberg/Herrler[84] § 1113 Rn 7) – sofort auf den Namen des Zessionars als des ersten Gläubigers ohne Voreintragung des Zedenten gebucht wird (KG HRR 1931 Nr 1048). Der Zessionar kann hier zwar die Hypothek gutgläubig erwerben, wenn der Hypothekenbesteller nur Bucheigentümer war. War aber die Hypothekenforderung noch beim Zedenten und damit vor der Entstehung der Hypothek gepfändet worden, so erwirbt der Zessionar die Hypothek nur mit dem Pfändungspfandrecht belastet (KG HRR 1931 Nr 1408). Ein gutgläubig-lastenfreier Erwerb nach § 892 BGB wäre nur möglich, wenn schon für den ursprünglichen Gläubiger die Hypothek ohne das diese belastende Pfändungspfandrecht eingetragen worden wäre (KG HRR 1931 Nr 1408; kritisch Kiehnle 144 Fn 277). Entsprechendes gilt für den Fall der Kettenveräußerung eines Grundstücks ohne Zwi- 185 scheneintragung des ersten Auflassungsempfängers: Wenn dieser das Grundstück mit Einwilligung des nur buchberechtigten Erstveräußerers an den Zweitkäufer übereignet, sich aber auch die Einwilligung als unwirksam herausstellt, kommt ein gutgläubiger Erwerb nicht in Betracht (Lutter AcP 164 [1964] 122, 167 Fn 172 [c]). Das Gleiche gilt, wenn der erste Veräußerer Berechtigter ist, die Auflassung an den Zwischenmann und damit auch die Weiterveräußerungsermächtigung unwirksam ist: Auch hier scheitert ein gutgläubiger Erwerb des Zweitkäufers wieder an der fehlenden Eintragung des Erstkäufers (Lutter AcP 164 [1964] 122, 167 Fn 172 [b]). Im Ergebnis ändert sich auch dann nichts, wenn anstelle der Genehmigungskonstruktion die der Übertragung der Auflassungsanwartschaft (s Staudinger/Diehn [2020] § 925 Rn 128) gewählt wird: Sie scheitert an der Unwirksamkeit der ersten Auflassung, da ein gutgläubiger Erwerb der Anwartschaft nicht in Betracht kommt (s oben Rn 38). Eine „Als-ob-Betrachtung", die eine Eintragung des Zwischenmanns für die Anwendung des § 892 BGB einfach unterstellt, ist nicht möglich (**aA** Kohler, Verfügungsverbot 288 f). Ebenso wenig ist Raum für Verkehrsschutz, wenn der Grundstückseigentümer eines hypothekarisch belasteten Grundstücks das angeblich bereits durch Rückzahlung zur Eigentümergrundschuld gewordene Grundpfandrecht, das im Grundbuch noch korrekt als Fremdhypothek ausgewiesen ist, an einen Dritten abtritt. Das Grundbuch ist hier ja bis zur eigenen Eintragung des Zessionars tatsächlich richtig; diese eigene Eintragung des Erwerbers ist aber keine für den gutgläubigen Erwerb geeignete Legitimationsbasis (RGZ 128, 280 II; Soergel/Kern[14] § 892 Rn 48).

186 Wenn sich der Grundbuchstand zwischen der Antragstellung und der Eintragung des Erwerbers *zuungunsten des Erwerbers verändert*, muss der Erwerber das natürlich immer gegen sich gelten lassen, denn es gibt nun einmal keinen gutgläubigen Erwerb entgegen dem Grundbuchinhalt (J Hager 426 mwNw). Dies gilt selbst dann, wenn die Änderung unter Verstoß gegen die §§ 17, 15 GBO herbeigeführt worden ist (RG HRR 1931 Nr 1313 = SeuffA 85 Nr 144). § 892 BGB fingiert immer nur die Richtigkeit des Grundbuches im Zeitpunkt des Erwerbs; auf eine spätere unrichtige Eintragung kann sich der Erwerber nicht berufen (OLG Dresden SeuffA 67 Nr 212). Ein gutgläubiglastenfreier Erwerb kommt nicht in Betracht, wenn die unberechtigte Löschung einer Hypothek erst nach dem Eigentumsübergang auf den Erwerber vorgenommen wurde. Wird nach einer Briefhypothek eine Sicherungshypothek gemäß § 128 ZVG eingetragen, die der erstgenannten Hypothek nach § 128 Abs 1 S 1 ZVG im Range vorgeht, ohne dass dieser Vorrang im Eintragungsvermerk zum Ausdruck gebracht würde, so kann sich der Gläubiger der Briefhypothek auf § 892 BGB nicht berufen, denn erst die Eintragung der Sicherungshypothek enthielt ja eine Unrichtigkeit zu seinen Gunsten (OLG Dresden SeuffA 67 Nr 212).

187 Wenn eine *Vormerkung* gutgläubig erworben worden ist, wird die Durchsetzbarkeit des gesicherten Anspruchs durch die §§ 883 Abs 2, 888 BGB gewährleistet. § 883 Abs 2 BGB lässt sich dabei im Wege teleologischer Extension dahingehend verallgemeinern, dass bei dem späteren Erwerb des vorgemerkten Rechts die Rechtszuständigkeit des Vormerkungsschuldners oder die diese ersetzenden Voraussetzungen des Rechtsscheinserwerbs nur im Zeitpunkt des Entstehens der Vormerkung vorliegen müssen (Gursky, Klausurenkurs[12] Rn 38 ff; im Ergebnis ganz hM, s RGZ 121, 44, 47; BGHZ 28, 182, 187; 57, 341, 343; BGH NJW 1981, 446, 447; BeckRS 2007, 13424 Rn 21; BGH 8. 3. 2024 – V ZR 176/22, WM 2024, 1618 Rn 26 [der Zeitpunkt der Anspruchsentstehung bei künftigen oder bedingten Ansprüchen nach § 883 Abs 1 S 2 ist nicht maßgeblich]; BayObLG MittBayNot 1991,

78, 79; OLG Dresden NotBZ 1999, 261 m zust Anm Scheel; OLG Jena OLG-NL 2000, 37, 39; OLG Karlsruhe NJW-RR 1998, 445, 447; OLG Schleswig FGPrax 2004, 264, 265; LG Erfurt NotBZ 2000, 387; Staudinger/Seufert[11] § 883 Rn 56; Planck/Strecker § 883 Anm 2k; Rosenberg § 892 Anm II 4 e δ aE; BGB-RGRK/Augustin § 883 Rn 18; MünchKommBGB/Wacke[4] § 893 Rn 11; Soergel/Kern[14] § 892 Rn 43; NK-BGB/Krause[5] § 892 Rn 68; Erman/Artz[17] § 883 Rn 26; Grüneberg/Herrler[84] § 885 Rn 13; Jauernig/Berger[19] § 883 Rn 26; HK-BGB/Staudinger[12] § 883 Rn 24; BeckOGK/Hertel [1. 9. 2024] § 892 Rn 60; Bauer/Stürner § 20 Rn 29; Wilhelm[7] Rn 2266 f; Wieling/Finkenauer, SR[6] § 22 Rn 29; H P Westermann[12] Rn 509; Berger[4] Rn § 13 Rn 31; Schapp/Schur[4] Rn 373; Schreiber Rn 411; Müller Rn 1157a; Schöner/Stöber[16] Rn 1536; Schreiber/Ruge/Preuss[4] Kap 14 Rn 56 f; Lambert-Lang/Tropf/Frenz/Raebel Teil 5 Rn 297; Reinicke/Tiedtke[5], Gutgläubiger Erwerb 108 ff; Stürner, Kreditsicherungsrecht[4] § 14 Rn 71 ff; Roloff NJW 1968, 484 ff; Mülbert AcP 197 [1997] 335, 343 f; Tiedtke Jura 1981, 354, 362 f; J F Baur/Riede JuS 1987, 380, 384; Witt JuS 2004, 48, 50; **aA** Assmann 102 ff, 357 ff, 370 mwNw; Kiehnle 289 ff, 305; E Wolf § 13 B IV 2; Goetzke/Habermann JuS 1972, 82 ff; Wiegand JuS 1975, 205, 212; Knöpfle JuS 1981, 157, 165 f; s auch Staudinger/Kesseler [2020] § 883 Rn 263; § 888 Rn 83 f). Die allgemeine Regel, dass der beglaubigende Grundbuchstand noch im Augenblick der Vollendung des geschützten Rechtsübergangs gegeben sein muss, wird hier also durch die sog Konservierungswirkung der Vormerkung (vgl DNotI-Report 2006, 45, 47) durchbrochen. (Hinsichtlich des Merkmals der Kenntnis findet dann durch § 892 Abs 2 BGB eine nochmalige Vorverlagerung auf die Stellung des Eintragungsantrags für die Vormerkung statt [s unten Rn 216]). Problematisch ist, ob zur Umschreibung des Eigentums auf den Gläubiger der gutgläubig erworbenen Auflassungsvormerkung noch eine Eintragungsbewilligung des bisherigen wirklichen Eigentümers erforderlich ist (verneinend OLG Karlsruhe NJW-RR 1998, 445 ff; OLG Dresden NotBZ 1999, 261 m zust Anm Scheel; Erman/Artz[17] § 883 Rn 26). Das hängt davon ab, ob § 19 GBO von § 20 GBO verdrängt wird (zu Recht verneinend die heute wohl hM, vgl Meikel/Böttcher[12] § 19 Rn 24, § 20 Rn 6; Bauer/Schaub/Kilian[5] § 19 Rn 40 ff; Demharter[33] § 20 Rn 2; ferner Staudinger/C Heinze [2018] § 873 Rn 60 mwNw; **aA** neuestens wieder Kesseler ZNotP 2005, 176 ff, 184) und wie der Begriff des „Betroffenen" iS von § 19 GBO zu verstehen ist. Die Eintragungsbewilligung erübrigt sich, wenn man als „Betroffenen" nur denjenigen ansieht, dessen gegenwärtiges grundbuchmäßiges Recht durch die fragliche Eintragung beeinträchtigt wird oder beeinträchtigt werden kann (vgl BGHZ 66, 341, 345; Meikel/Böttcher[12] § 19 Rn 36; Keller/Munzig/Munzig[9] § 19 Rn 35 ff); das wäre ja der Bucheigentümer (Mülbert AcP 197 [1997] 335, 347 f; **abw** Canaris JuS 1969, 82; Kupisch JZ 1977, 486, 496). Wenn man dagegen annimmt, dass jedenfalls bei rechtsändernden Eintragungen stets der wirkliche Berechtigte Betroffener iS von § 19 GBO ist (vgl Bauer/Schaub/Kilian[5] § 19 Rn 136; iE auch Meikel/Böttcher[12] § 19 Rn 40) oder wenn man sogar kumulativ die Bewilligung des Bucheigentümers und des wirklichen Berechtigten verlangt, dann muss der Vormerkungsgläubiger analog § 888 Abs 1 BGB vom bisherigen wirklichen Eigentümer die verfahrensrechtlich erforderliche Bewilligungserklärung verlangen können (vgl Canaris JuS 1999, 80, 83). – Die Konservierungswirkung der Vormerkung gilt auch für den gutgläubig-lastenfreien Erwerb nach § 116 Abs 2 iVm § 122, 111 SachenRBerG (BGH BeckRS 2007, 13424 Rn 22).

2. Zeitpunkt für die Ausschlusswirkung der Widerspruchseintragung

Maßgebender Zeitpunkt, zu dem der Widerspruch eingetragen und wirksam (s Rn 133) sein muss, um den gutgläubigen Erwerb hindern zu können, ist die **Vollendung des Rechtserwerbs**. Mit dem Wort „erwirbt" ist in § 892 Abs 1 BGB die Erfül- 188 lung der gesamten gesetzlichen Tatbestandsmerkmale des Erwerbs mit Ausnahme der fehlenden Rechtsmacht des Verfügenden gemeint (Lutter AcP 164 [1964] 122, 168 mwNw). Eine Vorverlegung dieses Zeitpunkts in Analogie zu § 892 Abs 2 BGB kommt angesichts des offensichtlichen Ausnahmecharakters dieser Norm nicht in Betracht (KG JFG 2, 291, 292; OLG Düsseldorf DNotZ 1976, 168, 170; OLG Brandenburg NJOZ 2008, 1632, 1635; Rosenberg § 892 Anm II 4 b; Planck/Strecker § 892 Anm II 2 c; Biermann § 892 Anm 8d; Turnau/Förster[3] § 892 Anm IV 8 [im Gegensatz zur 2. Aufl]; BGB-RGRK/Augustin § 892 Rn 86; MünchKommBGB/Wacke[4] § 892 Rn 45; MünchKommBGB/H Schäfer[9] § 892 Rn 42; NK-BGB/Krause[5] § 892 Rn 69; jurisPK-BGB/Toussaint[10] § 892 Rn 36; Kretzschmar § 892 Anm IV 1; Grüneberg/Herrler[84] § 892 Rn 23; H Westermann/Eickmann[8] § 83 Rn 12 f; Eichler II 2, 385 Fn 88; Vieweg/Lorz[9] § 13 Rn 51; Tiedtke 95; Kiehnle 137 f; Schultze 60 ff; Wiegand JuS 1975, 205, 208; Lutter AcP 164 [1964] 122, 170 Fn 183; J Hager JuS 1987, 555, 558; ders, Verkehrsschutz 427; **aA** Hachenburg, Vorträge[2] 162; im Ergebnis auch Förster Recht 1903, 351, 354; gegen den letzteren RGZ 57, 277, 281 f). Da das Fehlen eines Widerspruchs zur objektiven Rechtsscheinbasis gehört, wäre es auch sachwidrig, insoweit auf einen anderen Zeitpunkt abzustellen als denjenigen, der für den Grundbuchstand im Allgemeinen maßgeblich ist. De lege ferenda wäre es allerdings sinnvoller, bezüglich aller negativen und positiven Voraussetzungen des gutgläubigen Erwerbs einheitlich den Zeitpunkt der Antragstellung für maßgeblich zu erklären (Locher 127).

189 Der Widerspruch hindert den gutgläubigen Erwerb auch dann, wenn er nur durch Verfahrensfehler rechtzeitig vor der Umschreibung ins Grundbuch gelangt ist (s Hager JuS 1991, 1, 3 bei Fn 34).

190 Problematisch ist, ob in Fällen, in denen der Antrag auf grundbuchmäßigen Vollzug der Verfügung des Nichtberechtigten an einem behebbaren Mangel leidet und das Grundbuchamt deshalb den später beantragten Widerspruch erst nach Eintragung einer *Amtsvormerkung* nach § 18 Abs 2 GBO einträgt, dieser Widerspruch den Gutglaubensschutz noch ausschließen kann. Das ist zu verneinen, weil anderenfalls der Zweck der §§ 17, 18 GBO vereitelt würde (Medicus AcP 163 [1963] 1, 5 [nur für den Fall, dass der Erstantrag auf Eintragung einer – den gutgläubigen Erwerb endgültig sichernden – Vormerkung gerichtet war]; umfassender MünchKommBGB/Lettmaier[9] § 885 Rn 52; BGB-RGRK/Augustin § 892 Rn 86; Schreiber/Ruge/Klinck[4] Kap 8 Rn 83; **aA** Schreiber/Jurgeleit[3] Kap 8 Rn 72 f). Diese Normen wollen ja gerade erreichen, dass bei ordnungsgemäßem Vorgehen des Grundbuchamtes die rechtlichen Wirkungen kollidierender Eintragungsanträge sich nach der Reihenfolge ihres Eingangs bestimmen (Medicus AcP 163 [1963] 1, 5).

191 Wenn der Erwerb eintragungsbedürftig ist, so hindert ihn der Widerspruch nicht nur, wenn dieser nach der Einigung und vor der Eintragung, sondern auch, wenn er nach der Eintragung, aber vor der nachfolgenden Einigung im Grundbuch vermerkt worden ist (Rosenberg § 892 Anm II 4 b; Grüneberg/Herrler[84] § 892 Rn 23; Wiegand JuS 1975, 205, 208 Fn 40; AK-BGB/L vSchweinitz § 892 Rn 81; Turnau/Förster § 892 Anm IV 8). Ein Teil des älteren Schrifttums hielt demgegenüber den zwischen Eintragung des Rechtserwerbs und nachfolgender Einigung vermerkten Widerspruch für irrelevant, weil sich gem § 879 BGB das Rangverhältnis nach dem Zeitpunkt der Eintragung bestimme (Maenner § 7 Fn 49; Planck/Strecker § 892 Anm II 2 c α; nur für die Fälle, in denen es wirklich um den gutgläubigen Erwerb des Vorrangs geht Biermann Anm 8d; s auch Oberneck I 387; Endemann § 62 Fn 23). Diese Ansicht war jedoch verfehlt. Die Frage, ob eine geeignete objektive Rechtsscheinbasis vorhanden ist und deshalb Verkehrsschutz gewährt werden kann, hat mit der in § 879 BGB geregelten Problematik überhaupt nichts zu tun (s ROSENBERG § 892 Anm II 4b).

Beim gutgläubigen Erwerb einer Vormerkung, die einen künftigen oder aufschiebend bedingten Anspruch sichert, braucht die gesamte objektive Rechtsscheinbasis nur im Zeitpunkt der Vormerkungseintragung gegeben sein (s oben Rn 187). Eine zwischen Vormerkungseintragung und Anspruchsentstehung (bzw Bedingungseintritt) erfolgte Eintragung einer relativen Verfügungsbeschränkung oder eines Widerspruchs kann also den gutgläubigen Erwerb der Vormerkung nicht mehr hindern (BGH WM 1981, 16 = NJW 1981, 446; HÜTTINGER NotBZ 1998, 105, 109). Entsprechendes muss dann auch für die zur Sicherung einer künftigen oder aufschiebend bedingten Forderung erfolgende Hypothekenbestellung oder Verpfändung eines Liegenschaftsrechts gelten. 192

Falls außer Eintragung und Einigung noch weitere Umstände für den Rechtserwerb erforderlich sind, so müssen auch diese der Eintragung (bzw gegebenenfalls dem Zeitpunkt des nachträglichen Wirksamwerdens) des Widerspruchs vorangehen, damit ein gutgläubiger Erwerb möglich ist (H WESTERMANN/EICKMANN[8] § 83 Rn 12; BGB-RGRK/AUGUSTIN § 892 Rn 86; ROSENBERG § 892 Anm II 4b). So zB die Briefübergabe oder die sie ersetzende Vereinbarung im Falle des § 1117 BGB (RGZ 89, 152, 160). Der gutgläubige Erwerb scheitert deshalb, wenn der Buchberechtigte das von einem vollmachtlosen Vertreter in seinem Namen abgeschlossene Geschäft erst nach Eintragung des Widerspruchs *genehmigt* (RGZ 134, 283, 286; STAUDINGER/DILCHER[12] § 184 Rn 7; STAUDINGER/KLUMPP [2024] § 184 Rn 137; BGB-RGRK/STEFFEN § 184 Rn 7; BGB-RGRK/AUGUSTIN § 892 Rn 87; SOERGEL/KERN[14] § 892 Rn 44; H WESTERMANN/EICKMANN[8] § 83 Rn 12; ZUNFT AcP 152 [1952/53] 289, 298 f; LUTTER AcP 164 [1964] 122, 168; THIELE, Die Zustimmung in der Lehre vom Rechtsgeschäft [1966] 268 ff, 274 f; SCHÖNFELD JZ 1959, 140, 143; RAAPE AcP 121 [1923] 257, 289; COHN JR 1927, 337, 345 f; FLUME, AT II[3] § 57, 3 b; HÜBNER, AT[2] Rn 1352; vTUHR II 2, 240 Fn 206; ENNECCERUS/NIPPERDEY § 204 IV 2; J SCHULTZE 83; EBBECKE Gruchot 63, 177, 179 f; HELLWIG, Grenzen der Rückwirkung, in: FS JurFak Gießen [1907] 34 Fn 2; **aA** RGZ 69, 268; PLANCK/STRECKER § 892 Anm II 2 c α; ROSENBERG § 892 Anm II 4 b; vTUHR II 2, 240; nur gegen die Begründung von RGZ 134, 283 und für eine Lösung durch analoge Anwendung von § 184 Abs 2 PFISTER JZ 1969, 623, 626). Die in § 184 Abs 1 BGB angeordnete Rückwirkung passt hier nicht, denn diese Norm meint nur die vom materiell wirklich Berechtigten erteilte Genehmigung (LUTTER AcP 164 [1964] 122, 168). Aber auch wenn im Zeitpunkt der Widerspruchseintragung noch eine erforderliche gerichtliche oder behördliche Genehmigung aussteht, darf der Widerspruch nicht mit Hilfe der – für solche Fallkonstellationen gar nicht gemeinten – Rückwirkung der Genehmigung ausgeschaltet werden (LUTTER 168 f; BGB-RGRK/AUGUSTIN § 892 Rn 114; im Ergebnis auch LOEDINGER, in: FG Max Fuchs [1926] 131, 135; ZUNFT AcP 152 [1952/53] 289, 300; **aA** RGZ 142, 59, 62 für eine vormundschaftsgerichtliche Genehmigung; FLUME, AT II[3] § 54, 7; BGB-RGRK/STEFFEN § 184 Rn 7; THIELE, Die Zustimmung 271). Die Rückwirkung würde hier nämlich auf eine Erweiterung des Gutglaubensschutzes hinauslaufen, für die kein wirkliches Bedürfnis besteht: Solange der Erwerber noch mit der Möglichkeit der Genehmigungsversagung rechnen muss – die fraglichen Genehmigungen sind ja weitgehend Ermessensentscheidungen – hat er keinen Anlass, wegen des vermeintlichen Erwerbs irgendwelche schwer rückgängig zu machenden Dispositionen zu treffen; er wird deshalb durch die Gefahr des Scheiterns des gutgläubigen Erwerbs in diesem Zeitraum nicht unangemessen benachteiligt (s LUTTER AcP 164 [1964] 122, 169). Noch anders J SCHULTZE 99: Irrelevanz des Widerspruchs, der nach Stellung 193 des Antrags auf Erteilung der behördlichen Genehmigung eingetragen wird. Vgl auch zur Parallelproblematik beim Zeitpunkt der Kenntnis Rn 208. Was speziell die vormundschaftsgerichtliche Genehmigung betrifft, so ist zu beachten, dass das Genehmigungserfordernis überhaupt entfällt, wenn das Mündel oder Kind hinsichtlich des Verfügungsobjektes nur Nichtberechtigter ist. Die obigen Ausführungen müssen mit denen in Rn 191 zusammen gesehen werden. Der gutgläubige Erwerb scheitert mithin auch dann, wenn eine erforderliche Genehmigung erst nach der Eintragung erfolgt und ein Widerspruch erst zwischen Eintragung und Genehmigungserteilung ins Grundbuch gelangt ist. Dabei darf es keine Rolle spielen, ob der Widerspruch – wie im Normalfall – gegen das Recht des Verfügenden oder unmittelbar gegen die Rechtsposition des Erwerbers eingetragen worden ist.

194 Auch wenn die Eintragung des Rechtserwerbes und des Widerspruchs *gleichzeitig* erfolgt, kommt ein gutgläubiger Erwerb nicht in Betracht (RG WarnR 1933 Nr 150; BGB-RGRK/Augustin § 892 Rn 86; MünchKommBGB/Wacke[4] § 892 Rn 45; Soergel/Kern[14] § 892 Rn 29). Der rechtzeitig eingetragene Widerspruch hindert den gutgläubigen Erwerb selbst dann, wenn die Eintragung des Erwerbers vor dem Widerspruch beantragt war, der Grundbuchrichter aber unter Verstoß gegen § 17 GBO den Widerspruch zuerst eingetragen hat (BGB-RGRK/Augustin § 892 Rn 86; Rosenberg § 892 Anm II 4 b; MünchKommBGB/H Schäfer[9] § 892 Rn 42).

195 Die Eintragung des Widerspruchs kann den gutgläubigen Erwerb eines Liegenschaftsrechtes allerdings nicht blockieren, wenn der Erwerber zu diesem Zeitpunkt bereits durch eine gutgläubig erworbene Vormerkung gesichert war (s oben Rn 192).

3. Maßgebender Zeitpunkt für die Kenntnis (Abs 2)

a) Grundregel

196 Grundsätzlich muss der Erwerber zur Zeit der *Vollendung seines Rechtserwerbs* gutgläubig sein (BGH 13. 10. 2000 – V ZR 349/99, NJW 2001, 359, 360). Das ergibt sich aus Abs 1 S 1, wonach zugunsten desjenigen, der ein Recht „erwirbt", der Inhalt des Grundbuches als richtig gilt, und auch aus Abs 2 HS 2, wonach die „Zeit der Einigung" für die Kenntnis des Erwerbers maßgebend sein soll, wenn die nach § 873 BGB erforderliche Einigung „erst später" zustande kommt. Deshalb ist unter der „zu dem Erwerbe des Rechtes erforderlichen Eintragung" nur eine Eintragung zu verstehen, durch die der Erwerb des Rechtes vollendet wird. So im Anschluss an Strecker (Recht 1921, 180) und unter Aufgabe der früheren entgegenstehenden Rechtsprechung (RGZ 74, 416; 92, 254; s aber auch schon RGZ 86, 356; 89, 152, 160) das RG ständig seit RGZ 116, 351; s RGZ 123, 19; 128, 278; ausführlich 140, 35 (wo WarnR 1930 Nr 163 als missverständlich, aber nicht entgegenstehend bezeichnet wird).

197 Mit dieser Grundregel stimmt es, wie bereits erwähnt, überein, dass die *Einigung* dann der maßgebende Zeitpunkt für die Kenntnis des Erwerbers ist, wenn sie *der Eintragung zeitlich nachfolgt;* denn der Rechtserwerb vollzieht sich erst, wenn Einigung *und* Eintragung vorliegen. Die ausdrückliche Bestimmung in Abs 2 HS 2 war ua erforderlich, um eine Ausdehnung des HS 1 auf diesen Fall auszuschließen. Darüber hinaus bringt HS 2 aber auch eine an den Grundgedanken des HS 1 anknüpfende weitere Durchbrechung der Grundregel (s unten Rn 206).

Die Grundregel, wonach die Kenntniserlangung bis zur Vollendung des Rechtserwerbs relevant ist, gilt ferner auch dann, wenn zum Rechtserwerb eine Eintragung nicht erforderlich ist, wie zB bei der Übertragung der Briefhypothek durch schriftliche Abtretungserklärung und Übergabe des Hypothekenbriefes (§ 1154 Abs 1 BGB): Es ist kein gutgläubiger Erwerb möglich, wenn vor der Übergabe des Hypothekenbriefes Kenntnis erlangt wird (Planck/Strecker § 892 Anm II 2 d ε; Turnau/Förster § 892 Anm IV 7; Rosenberg § 892 Anm II 4 e δ; MünchKommBGB/H Schäfer[9] § 892 Rn 55; Wieling/Finkenauer, SR[6] § 20 Rn 66). Entsprechendes gilt, wenn die Übergabe des Briefes durch eine Vereinbarung nach § 1117 Abs 2 BGB ersetzt wird (RGZ 137, 95, 97). **198**

b) Normalsituation: Eintragungsantrag nach Einigung

Eine Ausnahme ergibt sich jedoch aus Abs 2 HS 1: Ist zum Rechtserwerb die Eintragung im Grundbuch erforderlich (wie meist, § 873 BGB) und folgt diese der Einigung nach, so ist anstelle des Zeitpunkts der Eintragung der Zeitpunkt der Stellung des Antrags auf Eintragung (vgl Staudinger/C Heinze [2018] § 873 Rn 249) entscheidend. Dies gilt unabhängig davon, ob die vorangegangene Einigung bereits bindend war oder nicht (Rosenberg § 892 Anm II 4 e δ; aA Neumann Anm III 1 f α). **199**

Wenn also der Erwerber bei der der Einigung nachfolgenden Antragstellung gutgläubig ist, so schadet es ihm nicht, wenn er in der bis zum Vollzug der Eintragung vergehenden Zeit erfährt, dass das Grundbuch unrichtig ist; aufgrund seines bei Antragstellung vorhandenen guten Glaubens erwirbt er das Recht, obwohl er schließlich noch vor Vollendung des Erwerbs Kenntnis von der Unrichtigkeit erlangt hat. Diese Bestimmung will – ähnlich wie § 878 BGB – den Erwerber gegen die zeitlichen Zufälligkeiten der Erledigung des Eintragungsantrags schützen (RGZ 141, 379, 383): Der Erwerb oder sein Scheitern soll nicht von der Dauer des Eintragungsverfahrens abhängen, da die Parteien auf den Zeitpunkt der Eintragung ja keinerlei Einfluss haben und sich je nach Geschäftsanfall beim Grundbuchamt erhebliche Verzögerungen ergeben können. Vor allem aber sollte mit § 892 Abs 2 BGB die Voraussetzung dafür geschaffen werden, dass der Erwerber nach Stellung des Eintragungsantrags ohne Gefahr den Gegenwert an den Veräußerer entrichten kann (Prot III 80 = Mugdan III 544 f). Dieser Zweck ist aber höchst unvollkommen erreicht worden, denn es bleibt die Gefahr einer Abweisung oder auch der Zurücknahme des etwa nur von dem Veräußerer gestellten Antrags, aber auch einer Veränderung des Grundbuchstandes selbst bestehen. Der letzteren Gefahr entgeht der Erwerber selbst dann nicht, wenn er anhand der Grundakten klärt, dass keine unerledigten anderweitigen Eintragungsanträge vorhanden sind: Jedenfalls ein Amtswiderspruch (§ 53 Abs 1 S 2 BGB) könnte seinen Eintragungsantrag noch überholen, da für den Amtswiderspruch nach hM nicht das Erledigungsgebot des § 17 GBO gilt (s Rn 218). Ein vorsichtiger Erwerber wird deshalb nicht zahlen, solange nicht zB die Hypothek für ihn eingetragen ist und auch der Hypothekenbrief ihm ausgehändigt worden bzw die Übergabe durch eine Vereinbarung nach § 1117 Abs 2 BGB ersetzt worden ist. Vgl Planck/Strecker § 892 Anm II 2 d ε, ferner unten Rn 218. **200**

Der umgekehrte Fall, dass der Erwerber zwar zur Zeit der Antragstellung (vielleicht auch schon bei der Einigung) die Unrichtigkeit des Grundbuches gekannt hat, bis zur Vollendung der Eintragung dann aber die Überzeugung gewinnt, dass das Grundbuch doch richtig sei, wird selten vorkommen. In einem solchen Falle müsste es wohl bei der Regel des Abs 1 bleiben, da Abs 2 eine den Erwerber nur begüns- **201** tigende Sondervorschrift darstellt. Die bona fides superveniens kommt dem Erwerber also hier zugute (so auch KG als Vorinstanz zu RGZ 116, 345, 349; das RG lässt in dieser Aufwertungssache die Frage für den Bereich des allgemeinen bürgerlichen Rechts offen).

202 Eine relevante bona fides superveniens kann aber nur da vorliegen, wo der ursprünglich bösgläubige Erwerber infolge unzutreffender neuer Informationen zu der Überzeugung gelangt, dass das Grundbuch doch richtig, der Veräußerer also doch der Berechtigte ist. Sie ist dagegen nicht schon deshalb gegeben, weil das bösgläubige Organ der erwerbenden juristischen Person oder der bösgläubige Vormund des erwerbenden Mündels zwischen Einigung und Eintragung durch einen gutgläubigen Nachfolger ersetzt wird oder wenn der bösgläubige Aktivbeteiligte der Einigung in diesem Zeitraum stirbt und von einem Gutgläubigen beerbt wird (Gursky JR 1986, 225, 228 f; **aA** G Boehmer RG-Praxis III 216, 285 f). Andernfalls entstünde ein Wertungswiderspruch zu § 166 Abs 1 BGB: Wenn der gutgläubige Erwerber bei der Einigung durch einen aufgrund Spezialvollmacht für ihn auftretenden bösgläubigen Stellvertreter repräsentiert wird, wird ihm dessen Kenntnis ja ohne Weiteres zugerechnet, obwohl dieser mit dem Rechtsgeschäft und dem Erwerber anschließend gar nichts mehr zu tun hat. Dann muss aber auch die (nur) bei der Einigung vorhandene Unredlichkeit der Erwerberseite grundsätzlich beachtlich sein. – Der Erwerber profitiert von einer bona fides superveniens auch dann noch, wenn er die Überzeugung, dass der Verfügende doch der Berechtigte sei, erst während der Dauer des Grundbuchverfahrens erlangt (KG als Vorinstanz zu RGZ 345, vgl S 349). Der Zeitpunkt des § 892 Abs 2 BGB passt hier nicht, da diese Norm ja ausschließlich eine Begünstigung des Erwerbers bezweckt (Gursky JR 1986, 225, 229).

203 Die Bedeutung des Abs 2 HS 1 erschöpft sich aber darin, dass er den für die Kenntnis maßgebenden Zeitpunkt feststellt; er soll den Erwerber nur gegen Zufälligkeiten des Grundbuchverfahrens schützen, nicht ihm den Nachweis irgendeiner Erwerbsvoraussetzung ersparen (RGZ 141, 383). Die Vorschrift stellt den Zeitpunkt der Antragstellung nicht in jeder Beziehung dem des Rechtserwerbs gleich (JFG 11, 227). Sie besagt insbesondere nicht, dass die Eintragung im Zeitpunkt der Antragstellung als ausgeführt gelten solle (RGZ 57, 277). Sie schützt nicht gegen Veränderungen des Grundbuchstandes (RGZ 57, 277, RGZ 62, 365; SeuffA 84 Nr 198) und zwar auch nicht, wenn dieser ordnungswidrig herbeigeführt worden ist (RG HRR 1031 Nr 1313 = SeuffA 84 Nr 144). Die Vorschrift hat schließlich keinen Einfluss auf den für die Beurteilung der Kenntnis des Gläubigers bei der Insolvenzanfechtung maßgebenden Zeitpunkt (RGZ 51, 284; insbes 68, 150).

Im Einzelnen ist zu bemerken:

204 Der Eintragungsantrag ist erst dann gestellt, wenn er beim Grundbuchamt eingeht, § 13 Abs 2 S 2 GBO (vgl Meikel/Böttcher[12] § 13 GBO Rn 68 ff). Die bloße Ermächtigung des Notars, den Eintragungsantrag zu stellen (§ 15 GBO) reicht damit nicht aus (RG Recht 1924 Nr 1504; HRR 1930, Nr 217; MünchKommBGB/H Schäfer[9] § 892 Rn 54). Im Zeitraum zwischen der notariellen Beurkundung, die die Vermutung des § 15 GBO auslöst, und dem Eingang der Urkunde beim Grundbuchamt ist mithin noch eine erhebliche Unsicherheit für den Erwerbswilligen gegeben, s Jeppe ZBlFG 1, 203.

205 Ob der Eintragungsantrag vom Erwerber oder vom Veräußerer gestellt wird (s § 13 Abs 2 GBO), ist für die Wirkung des Abs 2 gleichgültig (Biermann § 892 Anm 8c; Planck/Strecker § 892 Anm II 2 d ε; MünchKommBGB/H Schäfer[9] § 892 Rn 54; Lutter AcP 164 [1964] 122, 172; Schreiber/Burbulla Jura 1999, 491, 494). Die Norm setzt aber als selbstverständlich voraus, dass der Antrag auch zum Erfolg, also zur beantragten Eintragung führt (Lutter AcP 164 [1964] 122, 170; Rosenberg § 892 Anm II 4 e ε). Wird der Antrag *zurückgenommen oder zurückgewiesen* (sei es auch nur wegen Nichtzahlung der Grunderwerbssteuer [RG HRR 1929 Nr 384]), so kommt er nicht mehr in Betracht, und im Falle einer Wiederholung ist nur dieser neue Antrag maßgebend (RG HRR 1929 Nr 384; KG OLGE 46, 41, 42; JFG 11, 227, 228; RJA 4, 113; Lutter AcP 164 [1964] 122, 170; MünchKommBGB/H Schäfer[9] § 892 Rn 54; Rosenberg § 892 Anm II 4 e ε; Planck/Strecker § 892 Anm II 2 d ε). Das gilt auch dann, wenn der Antragsteller gebeten hat, seinen Antrag einstweilen zurückzustellen (KG Recht 1926 Nr 1360). Andererseits schadet es nichts, wenn dem Vollzug der Eintragung zunächst noch irgendwelche rein verfahrensmäßigen Hindernisse entgegenstehen, wie zB das Fehlen einer steuerlichen Unbedenklichkeitsbescheinigung (RG HRR 1929 Nr 1370) oder eines Negativattestes. Wenn der Antrag zurückgewiesen worden ist, die Eintragung aber später aufgrund einer Beschwerde dann doch noch vollzogen wurde, erfolgt diese Eintragung immer noch aufgrund des ursprünglichen Antrags. Die nach der Stellung des Antrags erlangte Kenntnis kann also den gutgläubigen Erwerb dann nicht hindern (Lutter AcP 164 [1964] 122, 170 f). Das ist insofern bemerkenswert, als die Beschwerde ja grundsätzlich unbefristet möglich ist. Eine wesentliche Einschränkung ist jedoch erforderlich, weil sich sonst ein untragbarer Wertungswiderspruch zur neueren (und zu Recht fast allgemein gebilligten) Rechtsprechung zu § 878 BGB (BGHZ 136, 87 = JZ 1998, 159 m Anm Gerhardt; s dazu Staudinger/C Heinze [2018] § 878 Rn 45) ergeben würde. So wie der Schutz des § 878 BGB mit der rechtmäßigen Zurückweisung eines unvollständigen Eintragungsantrags endet, auch wenn später eine auf neues Vorbringen bzw neu beigebrachte Unterlagen gestützte Erinnerung oder Beschwerde gegen die Zurückweisung Erfolg hat, so muss auch für § 892 BGB die erfolgreiche Erinnerung oder Beschwerde gegen die rechtmäßige Antragszurückweisung als neuer Antrag gewertet werden (Gerhardt JZ 1998, 159, 160; implizit anders Lutter AcP 164 [1964] 122, 170 f).

c) Einigung nach Antragstellung

206 Der Fall, dass die Einigung zwischen Antragstellung und Eintragung nachgeholt wird, ist durch § 892 Abs 2 HS 2 BGB mit erfasst. Denn das Wort „später" bezieht sich offensichtlich auf die Wendung „die Zeit der Stellung des Antrags auf Eintragung", nicht nur auf „Eintragung" (Lutter AcP 164 [1964] 122, 175). § 892 Abs 2 HS 2 BGB erhält damit dem Erwerber den in HS 1 gewährten Rechtsvorteil insoweit aufrecht, wie dies sachlich gerechtfertigt ist: Der Umstand, dass der Eintragungsantrag hier voreilig, nämlich vor dem Zustandekommen der Einigung gestellt worden ist, darf dem Erwerber nicht eine unverdiente Besserstellung verschaffen, soll ihm andererseits aber auch nicht schaden. Für die Kenntnis ist also auch hier nach Abs 2 HS 2 der Moment der Einigung maßgeblich. Für die Anwendung von § 892 Abs 2 HS 2 BGB bei Einigung nach Antragstellung ist es unerheblich, ob die Einigung bereits bindend ist oder nicht (Rosenberg § 892 Anm II 4 e δ; **aA** Neumann Anm III 1 f α).

d) Eintragungsantrag vor Erfüllung sonstiger Erwerbsvoraussetzungen

207 Die Regelung des § 892 Abs 2 HS 1 BGB beruht offensichtlich auf der Vorstellung, dass der Erwerb nur noch von der Eintragung abhängt, bei fortbestehender Gutgläu-

bigkeit also auch ohne die Sonderregel mit der Eintragung wirksam werden müsste. Die früher ganz hM hat daraus geschlossen, dass die Vorschrift des Abs 2 HS 1 in solchen Fällen, in denen außer Einigung und Eintragung ein weiterer Rechtsakt erforderlich ist und dieser der Eintragung nachfolgt, schlechthin unanwendbar sein müsste.

208 Damit bliebe in derartigen Fällen die Zeit des Erwerbs maßgebend (Staudinger/Seufert[11] § 892 Rn 54; Planck/Strecker § 892 Anm II d ε; Rosenberg § 892 Anm II 4 e δ). Heute setzt sich im Anschluss an Lutter (AcP 164 [1964] 122, 174 ff) die Auffassung durch, dass bei dieser Konstellation der Rechtsvorteil des Abs 2 HS 1 nicht vollständig entfallen kann, vielmehr *die Unkenntnis nur bis zur Nachholung des letzten (außer der Eintragung) noch fehlenden Tatbestandserfordernisses* fortdauern muss (BGB-RGRK/Augustin § 892 Rn 118, 121 f; MünchKommBGB/H Schäfer[9] § 892 Rn 55; BeckOGK/Hertel [1. 9. 2024] § 892 Rn 84; AK-BGB/L vSchweinitz § 892 Rn 95a; Erman/Artz[17] § 892 Rn 34a; Jauernig/Berger[19] § 892 Rn 20; Reischl JuS 1998, 125, 131; wohl auch Grüneberg/Herrler[84] § 892 Rn 25; H Westermann/Eickmann[8] § 83 Rn 21; Schreiber/Jurgeleit[3] Kap 8 Rn 82; ebenso früher schon Goldmann/Lilienthal II 304 Fn 62). Diese Ansicht verdient in der Tat den Vorzug. Die in Abs 2 HS 2 für den Fall der nachträglichen Einigung getroffene Regelung kann ohne Weiteres als eine verallgemeinerungsfähige Lösung verstanden werden, die das Modell für andere Sachverhalte abgeben soll, bei denen erst im Laufe des Eintragungsverfahrens ein gesetzliches Tatbestandserfordernis der Verfügung nachgeholt wird. Vor allem aber fehlt – wie Lutter 175 f zu Recht betont – jeder vernünftige Grund dafür, den Erwerber allein deshalb schlechter zu stellen, weil er den Eintragungsantrag nicht zeitgleich mit, sondern bereits vor der Erfüllung der letzten materiellrechtlichen Voraussetzung des Rechtserwerbs gestellt hat.

e) Nachträgliche Entstehung der beglaubigenden Buchlage

209 Entsprechend ist die Situation, wenn sich der Grundbuchstand zwischen Antragstellung und Eintragung zugunsten des Erwerbers verändert, wenn der Verfügende also etwa selbst erst im Grundbuch eingetragen wird, nachdem er oder der Verfügungsbegünstigte den Eintragungsantrag bereits gestellt hat, oder wenn eine dem Grundstückserwerber unbekannte Belastung erst nach der Stellung des Antrags auf Umschreibung des Eigentums versehentlich im Grundbuch gelöscht wird. Das RG und ihm folgend das Schrifttum hatten angenommen, dass dann Abs 2 HS 1 nicht eingreifen könne und deshalb nach der Regel des Abs 1 der Zeitpunkt des endgültigen Rechtserwerbs maßgebend sein müsse (RGZ 89, 152, 161 f; 116, 351, 354; 123, 19, 21; 140, 35, 38 f; KG JW 1927, 1884 f; Staudinger/Seufert[11] § 892 Rn 57; Planck/Strecker § 892 Anm II 2 d ε; Wolff/Raiser § 45 Fn 21; Heck § 43 III 5; Westermann[4] § 85 II 4; Brombach HansRGZ 1936 A 54, 59; Cammerer BayNotZ 1922, 16, 20; Schönfeld JZ 1959, 140, 141 m Fn 9). Wenn im Zeitpunkt der Antragstellung das Grundbuch noch richtig sei, so wurde argumentiert, komme dieser Zeitpunkt für die Kenntnis der Unrichtigkeit naturgemäß nicht in Betracht; damit scheide die in Abs 2 HS 1 angeordnete Rückbeziehung aus, und für irgendeine andere Vorverlegung des für die Kenntnis maßgeblichen Zeitpunkts biete das Gesetz keinen Anhaltspunkt (s RGZ 116, 351, 354; Staudinger/Seufert[11] § 892 Rn 57). Diese Beweisführung war jedoch zu vordergründig, weil sie die Möglichkeit einer teleologischen Extension oder Umbildung des Abs 2 nicht in Erwägung zog. Es ist nun einmal nicht einzusehen, warum es dem Erwerber eigentlich schaden sollte, dass er den Eintragungsantrag verfrüht, nämlich vor der Eintragung seines eigenen Rechtsurhebers und nicht gleichzeitig mit dieser gestellt hat (Lutter AcP 164 [1964] 122, 177).

§ 892 Abs 2 BGB ist hier vielmehr mit der Modifikation anzuwenden, dass die Unkenntnis nur bis zu der (der Stellung des Eintragungsantrags nachfolgenden) Entstehung der beglaubigenden Buchlage andauern muss (Lutter AcP 164 [1964] 122, 176 ff; BGB-RGRK/Augustin § 892 Rn 119; Soergel/Kern[14] § 892 Rn 46; MünchKommBGB/H Schäfer[9] § 892 Rn 58; NK-BGB/Krause[5] § 892 Rn 73; Erman/Artz[17] § 892 Rn 34; Grüneberg/Herrler[84] § 892 Rn 25; AK-BGB/L vSchweinitz § 892 Rn 103; Jauernig/Berger[19] § 892 Rn 20; BeckOGK/Hertel [1. 9. 2024] § 892 Rn 88; HK-BGB/Staudinger[12] § 892 Rn 22; H Westermann[5] § 85 II 4 aE; Wieling/Finkenauer, SR[6] § 20 Rn 66; Wellenhofer[38] § 19 Rn 24; Tiedtke 94; Baur/Stürner[18] § 23 Rn 33 f; Schreiber/Jurgeleit Kap 8 Rn 83; entgegen MünchKommBGB/Wacke[3] § 892 Rn 59 Fn 177 ist Boehmer DJZ 1927, 1518, 1522 nicht dieser Auffassung zuzurechnen; er hat vielmehr die Möglichkeit des gutgläubigen Erwerbs bei nachträglicher Grundbuchunrichtigkeit schlechthin ausschließen wollen).

In den Fällen der nachträglichen Entstehung der beglaubigenden Buchlage wird der Erwerber bei der Einigung häufig genau wissen, dass der Verfügende noch nicht Berechtigter ist. Diese Kenntnis darf den Schutz des § 892 BGB jedoch nicht ausschließen, wenn der Erwerber darauf vertraut hat, dass der Verfügende das Verfügungsobjekt noch rechtzeitig erwerben wird und dann im Grundbuch tatsächlich eine entsprechende Umschreibung auf den Verfügenden erfolgt. Hier hätte der Erwerber jedenfalls theoretisch noch nach der Eintragung des Verfügenden das Grundbuch einsehen können, und er hätte dabei dann die Überzeugung gewinnen müssen, dass der Verfügende in der Zwischenzeit – wie von ihm erwartet – zum Berechtigten geworden sei. Die nachträgliche Entstehung der beglaubigenden Buchlage stellt, da sie die Erwartung des Erwerbers bestätigt, damit eine neue Situation her, die die ursprüngliche Kenntnis der Nichtberechtigung des Verfügenden „überholt" (Gursky JR 1986, 225, 229). 210

f) Einzelfälle

aa) Keine Besonderheiten ergeben sich für den Zeitpunkt der Kenntnis, wenn die Wirksamkeit der Verfügung des Nichtberechtigten noch von einer privatrechtlichen oder öffentlich-rechtlichen Genehmigung abhängt. Die Genehmigungserteilung entfaltet – wie oben Rn 193 ausgeführt – für die Frage des gutgläubigen Erwerbs keine Rückwirkung. Damit bleibt es, wenn die Genehmigung erst nach der Eintragung erteilt wird, bei der Regel des Abs 1; die Unkenntnis muss also bis zur Vollendung des Rechtserwerbs (und das heißt hier: der Genehmigung) andauern. Wird die Genehmigung dagegen noch während des Eintragungsverfahrens erteilt, so hat dies die gleiche Wirkung wie die Nachholung eines anderen materiellrechtlichen Erfordernisses des Rechtsgeschäfts: Kenntniserlangung nach der Genehmigung ist jedenfalls unschädlich, wenn nicht noch sonstige Voraussetzungen des Erwerbs (mit Ausnahme der Eintragung) fehlten (Lutter AcP 164 [1964] 122, 175 f). Bis zur Genehmigung muss die Unkenntnis des Erwerbers aber andauern. Der Erwerb von einem vollmachtlos vertretenen Buchberechtigten wird nicht durch § 892 BGB geschützt, wenn der letztere den Vertragsschluss erst nach der Kenntniserlangung des Erwerbers genehmigt (RGZ 134, 283, 286 ff; Thiele, Die Zustimmung [1966] 273 ff; Staudinger/Seufert[11] § 892 Rn 54; Staudinger/Gursky [2014] § 184 Rn 38; Staudinger/Klumpp [2024] § 184 Rn 109; MünchKommBGB/Bayreuther[9] § 184 Rn 25 f; Grüneberg/Herrler[84] § 892 Rn 25; Soergel/Kern[14] § 892 Rn 44; **aA** RGZ 69, 263 ff; Pfister JZ 1969, 623 ff; vTuhr AcP 117 [1919] 193, 195 Fn 15; Finkenauer AcP 203 [2003] 282, 293 f, 311 f, 313 f). Andernfalls würde der Verkehrsschutz unangemessen ausgeweitet (vgl oben Rn 193). Dass jedenfalls in den Fällen, in denen auf 211

Seiten des Erwerbers ein falsus procurator tätig geworden ist, dem Vertretenen auch eine zwischen Antragstellung und Genehmigung erlangte Kenntnis schaden muss, liegt ohnehin auf der Hand: Es geht nicht an, die Bösgläubigkeit des Erwerbers in dem Moment zu ignorieren, in dem dieser den für seinen Erwerb maßgeblichen rechtsgeschäftlichen Akt vornimmt. Aber auch in den Fällen, in denen erst nach der Stellung des Eintragungsantrages eine behördliche oder vormundschaftsgerichtliche Genehmigung erfolgt, darf die Rückwirkung der Genehmigung keine Berücksichtigung finden, muss dem Erwerber also jede bis zur Genehmigungserteilung erlangte Kenntnis schaden (Lutter AcP 164 [1964] 122, 166 ff, 174 Fn 197; AK-BGB/L vSchweinitz § 892 Rn 98 ff; Grüneberg/Herrler[84] § 892 Rn 25; H Westermann/Eickmann[8] § 83 Rn 21; Tiedtke 94; Schönfeld JZ 1959, 140, 142; iE auch Zunft AcP 152 [1952/53] 289, 298 ff; Schreiber/Burbulla Jura 1999, 491, 494; Baur/Stürner[18] § 23 Rn 34; **aA** [im Hinblick auf die Rückwirkung der Genehmigung] RGZ 125, 53, 56 [zu § 22 Abs 2 AufwG]; 142, 59, 63 [zu § 1435 aF BGB]; KG HRR 1927 Nr 1138; DNotZ 1929, 293, 294; Planck/Strecker § 892 Anm II 2 d ε; BGB-RGRK/Steffen § 184 Rn 7; Soergel/Stürner[14] § 892 Rn 42; MünchKommBGB/Bayreuther[9] § 184 Rn 28 mwNw; Wieling/Finkenauer, SR[6] § 20 Rn 66; Kieckebusch VerwA 1966, 17, 49 f; noch anders MünchKommBGB/Wacke[4] § 892 Rn 57 [entscheidend der Zeitpunkt der Einleitung des Genehmigungsverfahrens]).

212 **bb) Aufschiebend bedingte oder befristete Rechte** entstehen als solche bereits mit ihrer Bestellung, nicht erst mit dem Eintritt der Bedingung oder des Termins; für die Gutgläubigkeit ist deshalb der Zeitpunkt des – von dem Bedingungseintritt abgesehen – letzten zum Erwerbe erforderlichen Rechtsaktes maßgebend bzw nach Abs 2 der Zeitpunkt der Stellung des Antrags auf Eintragung; die Kenntnis, die der Erwerber dann vor dem Bedingungseintritt erlangt, kann ihm nicht mehr schaden (Planck/Strecker § 892 Anm II 2 d ε; Rosenberg § 892 Anm II 4 e ε; MünchKommBGB/Wacke[4] § 892 Rn 57; MünchKommBGB/H Schäfer[9] § 892 Rn 55; Soergel/Kern[14] § 892 Rn 42; NK-BGB/Krause[5] § 892 Rn 65; Erman/Artz[17] § 892 Rn 36; AK-BGB/L vSchweinitz § 892 Rn 97; Grüneberg/Herrler[84] § 892 Rn 25; BeckOGK/Hertel [1. 9. 2024] § 892 Rn 87; Soergel/Klinck[14] § 158 Rn 13; H Westermann/Eickmann[8] § 83 Rn 6; Wieling/Finkenauer, SR[6] § 20 Rn 66; vTuhr, AT II 2, 296; Heck § 43 III 6; Wiegand JuS 1975, 205, 210 Fn 70; Strohal, in: FS Degenkolb [1871] 150; Kupisch JZ 1977, 486, 494; s auch BGHZ 10, 69, 72 und 30, 374, 377 zu § 932; anders früher H Westermann bis zur 2. Aufl und in Erman[2] Anm 12). Da der Inhaber eines aufschiebend bedingten Rechtes (oder entsprechend eines aufschiebend bedingt übertragenen Rechtes) vor dem Bedingungseintritt jedenfalls über eine dingliche Anwartschaft verfügt, die nach Maßgabe der §§ 160–162 BGB gegen schädliche Verfügungen geschützt ist, ist es nur konsequent, wenn bereits der Erwerb dieser Anwartschaft als Erwerb eines Rechtes iS von § 892 BGB behandelt wird. Falls das Verfügungsgeschäft allerdings unter einer *Wollensbedingung* geschlossen worden ist und man eine solche für zulässig hält, muss die Unkenntnis noch bis zur Billigungserklärung andauern (so mit Recht Flume, AT II[3] § 38, 2d S 687). Bei einer Wollensbedingung zugunsten des verfügenden Nichtberechtigten fehlt es vor der Bestätigung ja an jeder sicheren Erwerbsaussicht, und auch im Falle der Wollensbedingung zugunsten des Erwerbers ist entscheidend, dass dieser der Sache nach das fragliche Rechtsgeschäft überhaupt erst durch seine Billigungserklärung perfekt macht. Die Zulässigkeit von Wollensbedingungen bei sachenrechtlichen Erklärungen ist allerdings mehr als zweifelhaft (mit guten Gründen ablehnend Staudinger/Ertl[12] § 873 Rn 73 f; Hübner, AT[2] Rn 1128; s ferner Staudinger/C Heinze [2018] § 873 Rn 123).

cc) Die Hypothek entsteht als solche erst mit der Entstehung der gesicherten Forderung. Daraus folgert die ganz hM, dass die Bestellung einer Hypothek durch einen Bucheigentümer nur dann nach § 892 BGB wirksam werden kann, wenn der Erwerber auch noch im Zeitpunkt der *Valutierung* der Hypothek gutgläubig ist (RGZ 128, 276, 278 f; 141, 379, 382; STAUDINGER/SEUFERT[11] § 892 Rn 55; BGB-RGRK/AUGUSTIN § 892 Rn 121; SOERGEL/KERN[13] § 892 Rn 38; AK-BGB/L vSCHWEINITZ § 892 Rn 95; GRÜNEBERG/HERRLER[84] § 892 Rn 25 [aa]; MEDICUS/PETERSEN BR[29] Rn 477; WEBER, Kreditsicherungsrecht[9] § 11 III 3 S 185; J HAGER 123, 126 f; ders JuS 1987, 555, 556; LUTTER AcP 164 [1964] 121, 168; BROMBACH HansRGZ 1936 A 53, 58 ff; IMHOF JW 1935, 1195 f; MünchKommBGB/H SCHÄFER[9] § 892 Rn 55; **aA** OLG Kassel JW 1935, 1195; ferner RAISER, Dingliche Anwartschaften [1961] 35 f [ohne auf die abweichende hM einzugehen]; mit eingehender Interessenanalyse WILHELM[7] Rn 1594 ff; kritisch auch CANARIS ZHR 151 [1987] 517, 542 f und HAMM JuS 1998, 648, 652 Fn 27). Das Reichsgericht hat allerdings eine Ausnahme für den Fall der Höchstbetragshypothek gemacht; bei dieser sollte es mit Rücksicht auf ihre Eigenart und den ihr zugrundeliegenden wirtschaftlichen Zweck genügen, wenn der gute Glaube bei der (der Einigung nachfolgenden) Eintragung gegeben ist (JW 1935, 2669 f; ebenso KG JFG 11, 277, 284 ff). Die Literatur erwägt darüber hinaus, ob nicht auch im Falle der Hypotheken für künftige Forderungen eine Ausnahme gelten müsse (STAUDINGER/SEUFERT[11] § 892 Rn 55; BGB-RGRK/AUGUSTIN § 892 Rn 121), was allerdings nicht recht verständlich ist, denn damit würde keine bloße Ausnahme statuiert, sondern die angenommene Regel aufgegeben: Schließlich ist jede für ein noch auszuzahlendes Darlehen bestellte Hypothek eine Hypothek für eine künftige Forderung. Näher läge es schon, danach zu differenzieren, ob der Hypothekengläubiger die zu sichernde Forderung selbst durch Darlehensauszahlung begründen soll oder ob er – wie bei Hypotheken zur Sicherung von Vertragsstrafenversprechen – auf deren Entstehung gar keinen Einfluss hat. Die hM ist jedoch überhaupt abzulehnen. Dass der zukünftige Gläubiger (jedenfalls im Regelfall der Bestellung der Hypothek durch den wirklichen Eigentümer) bereits mit der (der Einigung nachfolgenden) Eintragung der noch nicht valutierten Hypothek eine „unentziehbare Anwartschaft auf den Erwerb der Hypothek erlangt", ist entgegen der Annahme des Reichsgerichts (JW 1935, 2629, 2630) keine Besonderheit der Höchstbetragshypothek, sondern gilt für jede Buchhypothek. Die Valutierung ist dann nur noch die Rechtsbedingung, die zur automatischen Umwandlung der Anwartschaft in das definitive Recht führt. Dann wird man aber die Einräumung einer solchen „unentziehbaren Anwartschaft" durch Einigung und Eintragung der Bestellung eines „Rechtes" iS von § 892 BGB gleichstellen müssen, weil sich sonst eine befremdliche Diskrepanz zur Behandlung aufschiebend bedingt bestellter Rechte ergeben würde. Zu Unrecht hat MEDICUS (MEDICUS/PETERSEN BR[29] Rn 477) hiergegen eingewandt, die Argumentation mit dem Anwartschaftsrecht bedeute einen Zirkelschluss. Dass bei der Hypothekenbestellung durch den wirklichen Eigentümer der Darlehensgläubiger und künftige Hypothekar bereits mit der der Einigung nachfolgenden Eintragung eine unentziehbare Anwartschaft auf den Erwerb der Hypothek erlangt, ist völlig unbestreitbar. Dieser Befund rechtfertigt es aber, bei der Hypothekenbestellung durch einen Nichtberechtigten das eigentliche Verfügungsgeschäft als bereits mit Einigung und Eintragung abgeschlossen anzusehen und die noch ausstehende Rechtsbedingung für den Gutglaubensschutz zu ignorieren. Würde etwa eine Grundschuld unter der ausdrücklichen Bedingung der Auszahlung des zu sichernden Darlehens von einem Nichtberechtigten bestellt, so brauchte der Darlehensgeber zweifellos nur im Zeitpunkt der der Einigung nachfolgenden Eintragung gutgläubig zu sein. Warum dies bei der akzessorischen Hypothek, bei der das Gesetz selbst eine entsprechende 213

Rechtsbedingung für den Erwerb des Darlehensgebers statuiert und damit die rechtsgeschäftliche Bedingung überflüssig macht, anders sein soll, leuchtet nicht ein.

214 Die **Briefhypothek** wird erst erworben, wenn sie eingetragen und der Hypothekenbrief übergeben ist, § 1117 BGB (Entstehung der Forderung selbstverständlich vorausgesetzt). Deshalb muss der Hypothekengläubiger noch im Zeitpunkt der Briefübergabe gutgläubig sein (RGZ 89, 152, 160; 128, 276, 278). Hat aber der Hypothekengläubiger mit dem Eigentümer schon vor der Antragstellung eine Vereinbarung nach § 1117 Abs 2 BGB (einseitige Anweisung an das Grundbuchamt nach § 60 Abs 2 GBO genügt nicht) getroffen, so erwirbt er die Hypothek bereits mit der Eintragung, und für seinen guten Glauben ist deshalb der Zeitpunkt der Antragstellung maßgebend (RGZ 89, 152, 160). Auf den Zeitpunkt der Vereinbarung kommt es nur an, wenn die Vereinbarung erst nach der Stellung des Eintragungsantrags zustande gekommen ist. Gleiches gilt von der Übertragung der Briefhypothek nach § 1154 BGB: Maßgebend ist der Zeitpunkt, in dem der letzte der notwendigen Übertragungsakte vorgenommen wird, in der Regel wohl die Briefübergabe; wird aber die Abtretungserklärung (§ 1154 Abs 1 BGB) durch Eintragung im Grundbuch ersetzt, führt die berichtigende Anwendung von Abs 2 (s oben Rn 182 ff) zum gleichen Ergebnis, auch wenn die Briefübergabe noch vor Vollzug der Eintragung erfolgt (**abw** wohl Staudinger/Seufert[11] § 892 Rn 55: Zeitpunkt der Antragstellung maßgeblich; hier ist aber möglicherweise nur die Konstellation der Briefübergabe vor Antragstellung bedacht). Die nach der Antragstellung und zwischen Briefübergabe und Eintragung erlangte Kenntnis ist unschädlich. Zu beachten ist im Übrigen, dass es bei der Hypothekenabtretung auf die wirkliche Entstehung der Forderung niemals ankommen kann, weil bei der Verkehrshypothek § 892 BGB ja auch „in Ansehung der Forderung" gilt, § 1138 BGB.

215 **dd)** § 892 Abs 2 HS 1 BGB gilt auch für den (durch § 893 BGB Fall 2 ermöglichten) gutgläubigen Ersterwerb einer **Vormerkung** (BGHZ 28, 182, 187; 57, 341, 343; BGH NJW 1981, 446; OLG Karlsruhe NJW-RR 1998, 445, 447; Soergel/Kern[14] § 892 Rn 43; Assmann 355 ff; Kupisch JZ 1977, 486, 494; D Reinicke NJW 1964, 2373, 2375; Medicus AcP 163 [1963] 1, 5 f). Der zweite Halbsatz von § 892 Abs 2 BGB scheint dagegen bei der Vormerkung überhaupt nicht einzugreifen, da diese nach richtiger Ansicht nur eine einseitige Bewilligung (§ 885 BGB), nicht etwa noch eine zusätzliche Einigung verlangt (s Staudinger/Gursky [2013] § 885 Rn 3 ff; Staudinger/Kesseler [2020] § 885 Rn 3 ff [der die Bewilligung jedoch als bloße formell-rechtliche Erklärung ansieht]). In Wirklichkeit passt zwar der Wortlaut der Norm nicht, wohl aber die hinter ihr stehende Wertung. Aus § 892 Abs 2 BGB wird ja auch abgeleitet, dass in den Fällen, in denen die beglaubigende Rechtslage oder die letzte materiellrechtliche Erwerbsvoraussetzung erst nach der Antragsstellung eintritt, die Unkenntnis des Erwerbers nur bis zu diesem Zeitpunkt, nicht aber bis zur Eintragung selbst andauern muss (s oben Rn 207 f). Diese Regel muss auch für den Erwerb einer Vormerkung gelten (J Hager JuS 1987, 555, 557). – Bei dem Gesagten bleibt es auch dann, wenn die Vormerkung einen *künftigen oder aufschiebend bedingten Anspruch* sichern soll. Auch hier müssen die objektiven Gutglaubensschutzvoraussetzungen (also die beglaubigende Buchlage und das Fehlen eines Widerspruchs) nur bei Eintragung der Vormerkung und muss die Unkenntnis des Erwerbers sogar nur bei der Stellung des Eintragungsantrags für die Vormerkung gegeben sein (BGH WM 1981, 16 = NJW 1981, 446; MünchKommBGB/Lettmaier[9] § 885 Rn 45 f; Soergel/Kern[14] § 892 Rn 43; NK-BGB/Krause[5] § 892 Rn 65; M Wolf[23] Rn 499; Kupisch JZ 1977, 486, 494; D Reinicke NJW 1964, 2373, 2375; Medicus AcP 163 [1963] 1, 5 f; Tiedtke 111; Grune-

WALD/RIESENHUBER, BR[10] Rn 878; J F BAUR/RIEDE JuS 1987, 380, 383; ASSMANN 355 f; SCHREIBER/RUGE/PREUSS[4] Kap 14 Rn 57; WILHELM[7] Rn 2271 ff; PRÜTTING/STERN/WIEDEMANN, Die Examensklausur [2. Aufl 2000] 83). Demgegenüber will eine andere Ansicht den Gutglaubensschutz nur gewähren, wenn die Unkenntnis des potenziellen Vormerkungsgläubigers bis zur Entstehung des gesicherten Anspruchs andauert (so HEPTING NJW 1987, 870 ff; RIMMELSPACHER, Kreditsicherungsrecht [2. Aufl 1987] Rn 624; H WESTERMANN/EICKMANN[7] § 84 IV 2; J HAGER JuS 1990, 429, 431; PRINZ 86 f; GERHARDT JZ 1990, 1067, 1068; MünchKommBGB/WACKE[3] § 885 Rn 65). Diese Auffassung ist jedoch abzulehnen (so schon H WESTERMANN/GURSKY[8] § 82 Rn 42). Unzutreffend ist insbesondere die These HEPTINGS, die Vormerkung zur Sicherung eines künftigen Anspruchs entstehe überhaupt erst mit der Anspruchsentstehung (dagegen auch J HAGER Fn 165). § 883 Abs 1 S 2 BGB müsste dann eine rein verfahrensrechtliche Norm sein, die ausnahmsweise schon die Eintragung eines erst künftig entstehenden Rechtes erlaubt. Da aber gar nicht zu bestreiten ist, dass auch eine Vormerkung für einen künftigen Anspruch schon vor der Entstehung des künftigen Anspruchs ihre Sicherungs- und Rangwirkung entfaltet, ist HEPTING zu der Annahme gezwungen, dass der Verfügungsschutz der nachträglich entstehenden Vormerkung kraft expliziter gesetzlicher Anordnung auf den Zeitpunkt der Eintragung der Vormerkung zurückwirkt. Diese Ersatzkonstruktion ist jedoch unbefriedigend. Die Sicherungswirkung beispielsweise beginnt entgegen dem Wortlaut des § 883 Abs 2 BGB nämlich gar nicht notwendigerweise mit der Eintragung der Vormerkung, sondern setzt erst mit dem unter Umständen später liegenden Zeitpunkt der Entstehung der Vormerkung ein (s STAUDINGER/GURSKY [2013] § 883 Rn 225), der aber wiederum vor dem Zeitpunkt der Entstehung des gesicherten Anspruchs liegen kann. Wenn die gutgläubig erworbene Vormerkung aber, wie HEPTING meint, überhaupt erst mit der Anspruchsentstehung entstünde, dann dürfte es natürlich gar keine Rückwirkung geben. Das aber würde bedeuten, dass der bis zur Anspruchsentstehung gutgläubig gebliebene Vormerkungsgläubiger nicht einmal gegen vormerkungswidrige Zwischenverfügungen des Nichtberechtigten selbst geschützt wäre. Dies zeigt, dass der „Verfügungsschutz" und der „Erwerbsschutz" (= Sicherung der Möglichkeit des Erwerbs vom Nichtberechtigten) doch ganz eng miteinander zusammenhängen und gleichzeitig gewährleistet sein müssen. Weitere wichtige Argumente gegen die These von HEPTING finden sich bei WILHELM[7] Rn 2273 ff. Was den gutgläubigen Zweiterwerb einer Vormerkung anbelangt, so ist seine Möglichkeit richtiger Ansicht nach durch §§ 892 f BGB nicht eröffnet (s oben Rn 58 ff). Denkbar ist ein solcher gutgläubiger Zweiterwerb allerdings in der Konstellation des § 2366 BGB, also bei der Abtretung der wirklich vormerkungsgesicherten Forderung durch einen mittels Erbschein legitimierten Scheinerben des bisherigen Gläubigers (s oben Rn 61). – Zur Bedeutung im Grundbuchverfahren s Rn 218.

g) Sonderwertungen

aa) Wenn der Erwerber im Zeitpunkt der Kenntniserlangung bereits durch eine gutgläubig erworbene *Vormerkung* gesichert war, so kann die Kenntniserlangung auch den gutgläubigen Erwerb des „vorgemerkten" Rechts nicht hindern; anderenfalls wäre nämlich der gutgläubige Erwerb der Vormerkung überhaupt sinnlos (ganz hM, s oben Rn 187; zur Bedeutung für das Grundbuchamt s Rn 218 aE). Das Gleiche gilt, wenn der gutgläubige Erwerb der vom Nichtberechtigten bewilligten Vormerkung zum Zeitpunkt der Kenntniserlangung bereits durch die Stellung des Eintragungsantrags eingeleitet war und später tatsächlich erfolgte, also nicht durch eine zwischenzeitliche Widerspruchseintragung oder Grundbuchberichtigung noch verhindert wurde; die 216

Kenntniserlangung als solche kann ja den gutgläubigen Erwerb der Vormerkung nicht hindern, weil auch insoweit § 892 Abs 2 BGB eingreift (s oben Rn 187).

217 **bb)** Wenn jemand nach §§ 1273, 1274 Abs 1, 1138, 1155, 892 BGB gutgläubig ein Pfandrecht an einer eingetragenen, aber mangels Valutierung bisher nur scheinbaren Fremdhypothek erworben hat und er sich nun nach Pfandreife die Hypothek gem § 1282 Abs 1 S 3 BGB an Zahlungs statt abtreten lässt, erwirbt er diese trotz zwischenzeitlicher Kenntniserlangung von der Nichtvalutierung. Diese Kenntnis muss irrelevant sein, weil die Abtretung nur der Realisierung des bereits erworbenen Pfandrechts dient (RG BayZ 1906, 80; WarnR 1914 Nr 253; KG HRR 1930 Nr 1838; Oberneck I 386; Turnau/Förster § 892 Anm IV 7; Rosenberg § 892 II 4 e δ aE; Staudinger/D Wiegand [2019] § 1282 Rn 13; BGB-RGRK/Kregel § 1282 Rn 8; MünchKommBGB/F Schäfer[9] § 1282 Rn 13; Soergel/Habersack[14] § 1282 Rn 8).

h) Bedeutung des § 892 Abs 2 BGB für das Grundbuchverfahren

218 Nach bisher hM hat § 892 Abs 2 BGB nur für den vollendeten Rechtserwerb Bedeutung. Das Grundbuchamt kann und muss danach wegen des Legalitätsprinzips, wenn es von der Unrichtigkeit des Grundbuches überzeugt ist, den *Eintragungsantrag zurückweisen,* obwohl der Verfügungsbegünstigte im Zeitpunkt der Antragstellung gutgläubig ist (KGJ 27 A 97, 101 = OLGE 8, 107, 109 = RJA 4, 110; KGJ 28 A 92, 93; OLG Hamburg 24. 2. 2017 – 13 W 12/17, MittBayNot 2018, 163, 164 m Anm Braun; OLG Rostock 2. 6. 2014 – 3 W 24/13, Rpfleger 2015, 13; BayObLG Rpfleger 2003, 573; BayObLGZ 1994, 66, 71 f = MittBayNot 1994, 324, 325; OLG München JFG 16, 144, 148 f; KG NJW 1973, 56, 58; OLG Frankfurt Rpfleger 1991, 361, 362; OLG Frankfurt Rpfleger 1991, 361, 362; FGPrax 1999, 6; OLG Karlsruhe NJW-RR 1998, 445, 446; OLG Schleswig FGPrax 2004, 264, 265; Wilhelm[7] Rn 726 f; Güthe/Triebel § 1 Rn 44; § 19 Rn 33, 37; Meikel/Imhof/Riedel[6] § 19 Rn 60; Meikel/Schneider[12] § 53 Rn 123; Keller/Munzig/Munzig[9] § 19 Rn 86 ff; Bauer/Schaub/Bauer[5] § 38 Rn 37; Demharter[33] § 13 Rn 12, § 19 Rn 58; Hügel/Holzer GBO § 1 Rn 114, § 19 Rn 79; Holzer, Richtigstellung 261; Staudinger/Seufert[11] § 892 Rn 58; BGB-RGRK/Augustin § 892 Rn 125; Soergel/Kern[14] § 892 Rn 18; Bamberger/Roth/Hau/Poseck/Eckert[5] § 892 Rn 25; Herold SächsArch 1906, 493; 1908, 279; Schönfeld JZ 1959, 140, 141 f; Rahn Justiz 1966, 258 ff; J Hager 428 ff; Stöber, GBO-Verfahren und Grundstückssachenrecht [2. Aufl 1998] Rn 320 ff; Bestelmeyer Rpfleger 1997, 424, 426; Schmenger BWNotZ 2004, 97, 118; Schreiber/Ruge/Müller[3] Kap 7 Rn 69). Entsprechendes soll gelten, wenn das Grundbuchamt nach Antragstellung von einer noch nicht eingetragenen Verfügungsbeschränkung erfährt (OLG Düsseldorf MittBayNot 1975, 224; Staudinger/Seufert[11] § 892 Rn 84; Güthe/Triebel Vorbem 70 zu § 13; Demharter[33] § 22 Rn 52; Jaeger/Weber, KO § 113 Rn 9; Bauer/Schaub/Kilian[5] § 19 Rn 233 ff, 251). Der Erwerber habe, wird argumentiert, keinen Anspruch auf einen materiell nicht gerechtfertigten Erwerb, und es könne nicht die Aufgabe des Grundbuchamtes sein, ihm zu einem solchen zu verhelfen. Wenn das Grundbuchamt positive Kenntnis von der Nichtberechtigung des Verfügenden habe, dann fehle einfach dessen Bewilligungsbefugnis (§ 19 GBO) bzw im Falle der Übereignung der nach § 20 GBO erforderliche Nachweis der wirksamen Auflassung (OLG Karlsruhe NJW-RR 1998, 445, 446). Im neueren Schrifttum dringt jedoch die gegenteilige Auffassung vor, nach der das Grundbuchamt den Eintragungsantrag weder zurückweisen noch den gutgläubigen Erwerb durch die (entgegen §§ 17, 45 GBO) vorgezogene Erledigung eines später eingegangenen Antrags auf Grundbuchberichtigung (oder Eintragung der Verfügungsbeschränkung) verhindern darf (Ertl MittBayNot 1975, 204; ders Rpfleger 1980, 41, 44 f; Grüneberg/Herrler[84] § 892 Rn 1; Meikel/Böttcher[12] Einl D 74 ff; Bauer/Schaub/Wilke[5] § 17 Rn 9;

Schöner/Stöber[16] Rn 352; Keller/Munzig/Munzig[9] § 19 Rn 86 ff; Hügel/Reetz, GBO § 13 Rn 29; MünchKommBGB/H Schäfer[9] § 892 Rn 67 f; MünchKommBGB/Lettmaier[9] § 878 Rn 12; NK-BGB/Krause[5] § 892 Rn 74; Erman/Artz[17] § 892 Rn 37; BeckOGK/Hertel [1. 9. 2024] § 892 Rn 139; AK-BGB/L vSchweinitz §§ 892, 893 Rn 94 [implizit]; Wieling/Finkenauer, SR[6] § 20 Rn 67; Müller Rn 1127; R Weber[4] § 8 Rn 26; Eickmann, GBVerfR[3] Rn 112 ff; ders Rpfleger 1972, 77, 78 f; Habscheid ZZP 1977, 199; ders, Freiwillige Gerichtsbarkeit[7] § 41 III; Böttcher Rpfleger 1983, 187, 190 ff; 1990, 486, 492; Ripfel Justiz 1966, 49, 51; Böhringer BWNotZ 1985, 102; Rpfleger 1990, 337, 338; Tiedtke Jura 1983, 518, 521; ders, Gutgläubiger Erwerb 97; Kohler, Verfügungsverbot 119 ff; Foerste, Verfügungsbeschränkung 100 ff; Lambert-Lang/Tropf/Frenz/Raebel Teil 5 Rn 301 f; Köther 153, 184; Piechotta 110 ff; Rademacher MittRhNotK 1983, 90; Rühl 208 ff, 244 f, 252; Rieger BWNotZ 2001, 79, 86 ff; Schreiber/Burbulla Jura 1999, 491, 495; K H Schmitz JuS 1995, 245, 246; Lenenbach NJW 1999, 923 – 925; Kesseler ZNotP 2004, 338 ff, 344 f; Füller, Eigenständiges Sachenrecht [2006] 546; frühzeitig auch schon Kretzschmar Gruchot 49 [1905] 3 ff; ebenso LG Koblenz Rpfleger 1997, 159; s auch unten Rn 253). Dieser letzteren Auffassung ist beizupflichten. Die frühere hM ist mit der Wertung des § 892 Abs 2 BGB nicht zu vereinbaren. Der Gesetzgeber wollte mit dieser Norm nämlich erreichen, dass der Erwerber bereits nach Stellung des Eintragungsantrags ohne Gefahr die Gegenleistung an den Veräußerer erbringen kann. Dieses Ziel erreicht die Norm aber nur, wenn der redliche Antragsteller sich darauf verlassen kann, dass das Grundbuchamt die beantragte Eintragung vornehmen muss, deren materielle Voraussetzungen jedenfalls bei unterstellter Richtigkeit des Grundbuches alle erfüllt wären und denen schließlich auch kein früher gestellter Antrag entgegensteht (s Eickmann, GBVerfR[3] 114); das letztere kann er ja durch Einsicht der noch nicht erledigten Eintragungsanträge (§ 12 Abs 1 GBO) überprüfen. Wenn allerdings die Eintragung des verfügenden Nichtberechtigten unter *Verletzung gesetzlicher Vorschriften* zustande gekommen war, so kann der vom redlichen Verfügungsempfänger gestellte Eintragungsantrag noch durch einen *Amtswiderspruch* nach § 53 Abs 1 S 1 GBO überholt werden, da für den letzteren das Prioritätsprinzip der §§ 17, 45 GBO nicht gilt (Eickmann, GBVerfR[3] 116; Meikel/Schneider[12] § 53 Rn 87; Bauer/Schaub/Wilke[5] § 17 Rn 9; Keller/Munzig/Vollmer[9] § 17 Rn 42 f; Demharter[33] § 17 Rn 2, § 53 Rn 39; NK-BGB/Krause[5] § 892 Rn 74; **aA** MünchKommBGB/Wacke[4] § 885 Rn 65; Foerste, Verfügungsbeschränkung 50 ff, 100 ff, 143 ff; Reuter MittBayNot 1994, 115, 116; Kretzschmar Gruchot 49 [1905] 1, 5). Die Übereinstimmung der Wirkungen des Amtswiderspruchs und des Widerspruchs iS von § 899 BGB rechtfertigt es – entgegen Wacke – noch nicht, das Behandlungsgebot der §§ 17, 45 GBO auf den Amtswiderspruch zu übertragen. Die Pflicht des Grundbuchamtes zur Korrektur des gesetzeswidrig zustande gekommenen Rechtsscheintatbestandes ist nicht nur eine Konsequenz der Verantwortlichkeit des Grundbuchamtes für dessen Entstehung, sondern impliziert zugleich eine besondere Schutzbedürftigkeit des wirklichen Rechtsinhabers. Diese rechtfertigt es, hier die Möglichkeit der Verhinderung des gutgläubigen Erwerbs bis zum Abschluss des Eintragungsverfahrens offenzuhalten. Das gilt um so mehr, als der Gesetzesverstoß bei der inhaltlich unzulässigen Eintragung idR verschuldet sein dürfte und damit einen Amtshaftungsanspruch auslösen kann. – Die hM, nach der das Grundbuchamt auch ohne das Vorliegen eines Gesetzesverstoßes iS von § 53 Abs 1 S 1 GBO eine Amtspflicht zur Verhinderung eines gutgläubigen Erwerbs vom eingetragenen Nichtberechtigten hat, betont allerdings, dass das wegen der Vermutung des § 891 Abs 1 BGB nur bei dem Grundbuchamt *bekannter* Unrichtigkeit gelten kann. Es müssten dem Grundbuchamt Tatsachen bekannt oder nachgewiesen worden sein, aus denen sich die Unrichtigkeit ergibt; bloße Möglichkeiten oder Mutmaßungen genügten insoweit nicht (OLG Zweibrücken FGPrax 1997, 127, 128; OLG Düsseldorf Rpfleger 2000, 107, 108). Ist bereits eine wirksame *Vormerkung* zu Gunsten des Erwerbers eingetragen, darf das Grundbuchamt den gutgläubigen Erwerb nach allgemeiner Ansicht nicht mehr verhindern – selbst wenn dieser nach Eintragung der Vormerkung bösgläubig geworden ist (ganz hM, vgl nur BeckOGK/Hertel [1. 9. 2024] § 892 Rn 140; DNotI-Report 2019, 185, 187 mwNw). Denn ansonsten würde die auf den Zeitpunkt der Eintragung der Vormerkung vorverlagerte Sicherungswirkung unterlaufen, deren gutgläubiger Erwerb wäre damit sinnlos (s dazu Rn 187, 216).

VIII. Wirkung des Schutzes

219 Die Wirkung des durch § 892 BGB gewährleisteten Verkehrsschutzes besteht darin, dass der Inhalt des Grundbuches zugunsten des Erwerbers *als richtig gilt.* Damit ist gemeint, dass der Erwerber das Recht so erlangt, wie er es nach Maßgabe des Buchstandes erwarten konnte, während er es ohne den öffentlichen Glauben des Grundbuches, also bei Geltung des Satzes nemo plus iuris transferre potest quam ipse habet, entweder überhaupt nicht oder doch mit schlechterem Rang oder ungünstigerem Inhalt oder nur belastet erworben hätte (Rosenberg § 892 Anm III 1).

1. Die positive Seite

220 Nach der **positiven Seite** wird dem Erwerber nicht nur die Existenz des verfügungsbetroffenen Rechts in der Person des Veräußerers, sondern auch dessen grundbuchmäßiger Inhalt und Umfang und sein (etwa durch einen Rangvermerk oder eine Eintragung nach § 881 BGB oder § 882 BGB ausgewiesener) Rang voll gewährleistet. Dies gilt auch für die nach dem Grundbuchinhalt mit dem übertragenen Recht verbundenen subjektiv-dinglichen Rechte (§ 96 BGB), und zwar auch, wenn diese nur auf dem Grundbuchblatt des belasteten Grundstücks eingetragen sind (s Rn 23), ferner für die eingetragenen Nebenrechte wie zB Hypothekenzinsen mit Ausnahme der laufenden und rückständigen (§§ 1158 f BGB). Der Zessionar einer Hypothek erwirbt diese also mit dem eingetragenen Betrag, der Pfandgläubiger das Pfandrecht an der Grundschuld mit dem für diese im Grundbuch verlautbarten Inhalt und Rang (KG OLGE 46, 61, 62 f), der Erwerber des herrschenden Grundstücks die Dienstbarkeit so, wie sich diese aus der Eintragung im Grundbuchblatt des dienenden Grundstücks und den darin zulässigerweise in Bezug genommenen Urkunden ergibt. Da die Befristung einer Grunddienstbarkeit nicht zu deren Inhalt gehört, ist die Bezugnahme auf die Eintragungsbewilligung insoweit unwirksam. Der gutgläubige Erwerber des herrschenden Grundstücks erwirbt daher eine unbefristete Grunddienstbarkeit, wenn die Befristung aus dem Grundbuch selbst nicht zu entnehmen ist (LG Mannheim BWNotZ 1984, 22; s auch Staudinger/C Heinze [2018] § 874 Rn 27). Auch eine zulässigerweise (s Staudinger/C Heinze [2018] § 873 Rn 26) vereinbarte *Vinkulierung* einer Grundschuld kann durch einen gutgläubigen (verbotsbefreiten) Erwerb ausgeschaltet werden, wenn die eingetragene Abrede über den Abtretungsausschluss (§§ 399 2. Alt, 413 BGB) bei der Anlegung des Computergrundbuchs versehentlich nicht mit übertragen worden ist (s auch unten Rn 261). Wenn der Inhaber eines Rechtes an einem beschränkten Liegenschaftsrecht die Zustimmung zur Aufhebung des letzteren (also des „Stammrechtes") erteilt hat, wirkt diese Zustimmung nach § 892 BGB nicht zu Lasten des redlichen Erwerbers des Zweigrechts, sodass dieser an die Zustimmung seines Rechtsvorgängers nicht gebunden ist (Rosenberg § 876 Anm II 5 a; Planck/Strecker § 876 Anm 4; MünchKommBGB/Lettmaier[9] § 876 Rn 15; BGB-RGRK/Augustin § 876 Rn 22; Goldmann/Lilienthal § 36 Fn 41; Siber, Buchrechtsgeschäft 99 Fn 2; s auch Staudinger/C Heinze [2018] § 876 Rn 34). Nach der hier vertretenen Auffassung kommt dies jedoch nur in Betracht, wenn das aufzuhebende Stammrecht ein grundstücksgleiches Recht darstellt; die Abtretung von beschränkten dinglichen Rechten zweiten Grades steht nicht unter dem Schutz des guten Glaubens (s oben Rn 63). Entsprechendes gilt für die von einem Grundpfandgläubiger ausgesprochene Zustimmung zu einer für den Inhaber des belasteten Wohnungseigentums nachteiligen Änderung der Teilungserklärung einer Wohnungseigentümergemeinschaft; die Zustimmung müsste nach §§ 404, 413 BGB auch der Zessionar des Grundpfandgläubigers gegen sich gelten lassen; § 892 BGB schaltet jedoch diese Bindung des neuen Grundpfandgläubigers für den Fall seiner Redlichkeit aus (s OLG Hamm MittRhNotK 1995, 24, 25). Auch eine nicht eingetragene Kündigungsbestimmung kann nach § 892 BGB dem Erwerber einer Verkehrshypothek nur entgegengesetzt werden, wenn dieser sie kannte (Staudinger/Wolfsteiner [2019] § 1141 Rn 24; Rosenberg § 892 Anm III 1); dagegen wirkt die zulässigerweise erklärte Kündigung auch einem redlichen Rechtsnachfolger des Grundstückseigentümers oder Hypothekengläubigers gegenüber, da das Grundbuch nicht zur Offenlegung dieser Tatsache bestimmt ist (Staudinger/Wolfsteiner [2019] § 1141 Rn 24 mwNw; Rosenberg § 892 Anm II 4a). – Da die Gesamtheit der Aussagen des Grundbuchs über den Inhalt der eingetragenen Rechte als richtig gilt, muss auch eine als Konkretisierung des Inhaltes eingetragene, aber wegen Verstoßes gegen §§ 9–11 AGBGB bzw jetzt §§ 307–309 BGB nicht wirksam getroffene Abrede durch gutgläubigen Erwerb geheilt werden können (Schöner/Stöber[16] Rn 214 Fn 657 mwNw; Ertl Rpfleger 1980, 1, 8). Eine verbreitete Auffassung nimmt demgegenüber an, dass die Eintragung einer gegen die §§ 305 ff BGB verstoßenden Klausel inhaltlich unzulässig sei und deshalb keine geeignete Rechtsscheinsgrundlage abgeben könne (s Meikel/Böttcher[10] Einl H 147 m umfangreichen Nw; NK-BGB/Krause[5] § 892 Rn 12; in der Begründung abweichend und einschränkend Meikel/Schneider[12] § 53 Rn 55, jeweils m umfangreichen Nw; differenzierend Westermann/Eickmann[8] § 83 Rn 4). Diese Ansicht ist jedoch aus den bei Staudinger/C Heinze (2018) § 873 Rn 44 dargelegten Gründen nicht haltbar. – Wird eine Hypothek, die infolge einer unwirksamen Zession einem anderen als dem als Hypothekar Eingetragenen zusteht, von dem Buchgläubiger an einen Darlehensgeber verpfändet, so erwirbt der letztere das Pfandrecht nach § 892 Abs 1 S 1 BGB. Damit muss er aber atypischerweise auch ein Pfandrecht an der Hypothekenforderung erwerben, da sonst eine unangemessene Verschlechterung der Rechtslage des Grundstückseigentümers und Schuldners der Hypothekenforderung einträte (s Karper JuS 1989, 33, 35).

Nach § 2 ErbbauRG gehören bestimmte schuldrechtliche Vereinbarungen zwischen dem Grundstückseigentümer und dem Erbbauberechtigten im Falle ihrer Eintragung „zum Inhalt des Erbbaurechts". Ebenso können nach §§ 5 Abs 4 S 1, 10 Abs 3 WEG die Wohnungseigentümer Vereinbarungen über ihr Verhältnis untereinander und nunmehr auch Beschlüsse auf Grund einer solchen Vereinbarung (insbesondere Abreden über Verfügungsbeschränkungen, Benutzungsbeschränkungen und Verwaltungsregeln) durch die Herbeiführung der Eintragung im Grundbuch „zum Inhalt des Sondereigentums" machen. Genauso können nach § 33 Abs 4 WEG Vereinbarungen über Art und Umfang der Nutzung, Instandhaltung, Lastentragung, Versicherung und Sicherheitsleistung „als Inhalt des Dauerwohnrechts" getroffen werden. Man ist sich darüber einig, dass die in diesen Vereinbarungen begründeten Ansprü- **221** che selbst schuldrechtlicher Natur bleiben. Sehr umstritten ist aber, ob die mit der Eintragung bewirkte Verknüpfung dieser Ansprüche bzw Pflichten mit dem *Erbbaurecht* oder *Wohnungseigentum* oder *Dauerwohnrecht* eine Inhaltsänderung des Erbbaurechts bzw des Wohnungseigentums- oder Dauerwohnrechts bedeutet, sodass auch die diesbezüglichen Angaben des Grundbuchs wie alle Aussagen des Grundbuchs über den Inhalt der eingetragenen Rechte nach §§ 892, 893 BGB den öffentlichen Glauben des Grundbuchs genießen. Dies wird zum Teil verneint, weil die einzige Funktion der durch §§ 2 ErbbauRG, 5 Abs 4, 10 Abs 3, 33 Abs 4 WEG ermöglichten Verdinglichung schuldrechtlicher Regelungen in ihrer automatischen Erstreckung auf Rechtsnachfolger, also in der Verleihung von Sukzessionsschutz gesehen wird (so SCHNAUDER, in: FS Bärmann und Weitnauer [1990] 567, 591 ff; speziell für Gemeinschaftsregelungen beim Wohnungseigentum und insbesondere Sondernutzungsrechte F SCHMIDT MittBayNot 1985, 237, 245; P ULMER, in: FS Weitnauer [1980] 204, 226; DEMHARTER DNotZ 1991, 28, 33 ff; ERMAN/GANTEN[9] § 5 WEG Rn 13; speziell für § 2 ErbbVO STAUDINGER/RING [1994] § 2 ErbbVO Rn 6; BGB-RGRK/RÄFLE § 2 ErbbVO Rn 5; INGENSTAU/HUSTEDT § 2 ErbbauRG[10] Rn 13; AK-BGB/FINGER § 2 ErbbVO Rn 6; WINKLER/SCHLÖGEL, Handbuch des Erbbaurechts[7] § 4 Rn 37; RANFT, Die „Verdinglichung" des Erbbaurechtsinhalts [1993] 34 f; SCHÖNER/STÖBER[16] Rn 1746; LG Köln MDR 2002, 1186 f; differenzierend WEITNAUER DNotZ 1990, 385, 389 ff; WEITNAUER/W LÜKE, WEG[8] § 10 Rn 31; § 15 Rn 34). Man wird die vom Gesetz gewählte Formulierung, wonach die fraglichen Vereinbarungen zum „Inhalt des Erbbaurechts bzw zum Inhalt des Sondereigentums" gehören bzw „Inhalt des Dauerwohnrechts" werden, aber doch wohl ernster nehmen müssen. Sie impliziert beispielsweise, dass die nachträgliche Eintragung solcher Abreden als echte Inhaltsänderung des betreffenden Rechts nach §§ 877, 876 BGB in direkter bzw (beim Wohnungseigentum) in entsprechender Anwendung der Zustimmung der betroffenen Realberechtigten bedarf, was durchaus sachgerecht ist (vgl STAUDINGER/C HEINZE [2018] § 877 Rn 47; für analoge Anwendung der §§ 877, 876 aber auch die meisten Anhänger der rein schuldrechtlichen Konzeption der eingetragenen Gemeinschaftsregelungen, vgl SCHNAUDER, in: FS Bärmann und Weitnauer [1990] 567, 587 f; WEITNAUER, in: 2. FS Larenz [1983] 705, 717; WEITNAUER/LÜKE, WEG[9] [2005] § 15 Rn 37; ERTL DNotZ 1988, 4, 14 f). Da insbesondere die Verknüpfung des Wohnungseigentums mit einem Sondernutzungsrecht für den Wert des Wohnungseigentums eine erhebliche Bedeutung haben kann, spricht auch ein offensichtliches rechtspolitisches Bedürfnis dafür, auch insofern Verkehrsschutz zu gewähren (so auch ERTL, in: FS Seuss [1987] 151, 159; **aA** aber SCHNAUDER 594). Für die in § 2 ErbbauRG genannten Abreden gilt dies mindestens in gleichem Maße. Auch die durch Grundbucheintragung zum Inhalt des Sondereigentums bzw Erbbaurechts oder Dauerwohnrechts erhobenen schuldrechtlichen Vereinbarungen bzw Beschlüsse müssen mithin für die Anwendung der §§ 892, 893 BGB zum Inhalt des dinglichen Rechts gehören (MEIKEL/SCHNEIDER[12] § 53 Rn 51 m umfangreichen Nw; speziell für die §§ 10 Abs 2, 15 WEG: BayObLG DNotZ 1990, 381; Rpfleger 1991, 308; OLG Frankfurt FGPrax 1997, 214, 215 [implizit]; OLG Stuttgart OLGZ 1986, 35 = NJW-RR 1986, 315, 318; LG Stuttgart WE 1999, 119; BGB-RGRK/AUGUSTIN § 10 WEG Rn 23; RÖLL, in: FS Seuss [1987] 233, 238; STAUDINGER/RAPP [2018] § 3 WEG Rn 65; OTT ZWE 2001, 17; iE auch FÜLLER, Eigenständiges Sachenrecht [2006] 268 f; speziell für § 2 ErbbVO [jetzt ErbbauRG] WEICHHAUS Rpfleger 1979, 329, 332; PLANCK/STRECKER § 2 ErbbVO Anm 3; STAUDINGER/RAPP [2021] § 2 ErbbauRG Rn 6). Bei der Übertragung eines Wohnungseigentumsrechts kann also ein hierfür eingetragenes, aber nicht wirksam begründetes Sondernutzungsrecht gutgläubig erworben werden (so die wohl hM, vgl BGH 21. 10. 2016 – V ZR 78/16, MittBayNot 2017, 234 Rn 19 [obiter dictum]; OLG Stuttgart OLGZ 1986, 35; BayObLG DNotZ 1990, 382 f; Rpfleger 1991, 308; OLGR Hamm 2009, 130, 131 f; LG Nürnberg-Fürth NJW 2009, 3442,

3444 f; LG München I WuM 2011, 305 f; Staudinger/Rapp [2021] § 2 ErbbauRG Rn 6; Staudinger/Kreuzer [2018] § 10 WEG Rn 132; BGB-RGRK/Augustin § 10 WEG Rn 23; NK-BGB/Krause[1] § 892 Rn 84; Schöner/Stöber[16] Rn 2885, 2916; Ertl, in: FS Seuss [1987] 151, 159 f [§ 893 BGB analog]; differenzierend Weitnauer DNotZ 1990, 385, 389 ff; **abl** LG Köln MDR 2002, 1186, 1187 f; Schmidt PiG Nr 18 S 37, 50; Demharter DNotZ 1991, 28 ff; Schnauder, in: FS Bärmann und Weitnauer [1990] 567, 594 f; Bärmann/Pick/Merle[8] § 10 Rn 66; Weitnauer/Lüke § 15 Rn 35; W Lüke/Becker DNotZ 1996, 676, 677 f; Grüneberg/Wicke[84] § 10 WEG Rn 14; wohl auch Kreuzer MittBayNot 1996, 339, 343; wNw bei Staudinger/C Heinze [2018] § 877 Rn 51 und Staudinger/Rapp/Wobst [2023] § 5 WEG Rn 118; das 2020 in Kraft getretene Wohnungseigentumsmodernisierungsgesetz (WEMoG) überlässt die Beantwortung dieser Frage weiterhin ausdrücklich der Rechtsprechung vgl BT-Drucks 19/18791 S 42). Das Gleiche muss für die isolierte Übertragung eines Sondernutzungsrechts an einen anderen Wohnungseigentümer gelten (Füller, Eigenständiges Sachenrecht [2006] 269 ff mwNw; Staudinger/Rapp/Wobst [2023] § 5 WEG Rn 120 mwNw; auch hierfür **abl** Schnauder, in: FS Bärmann und Weitnauer [1990] 567, 594 f). Der gutgläubige Erwerb eines Sondernutzungsrechts scheitert aber, wenn die Eintragung des betreffenden Sondernutzungsrechts in sich widersprüchlich und deshalb inhaltlich unzulässig war, etwa weil die Grundbucheintragung von der Übertragung des Sondernutzungsrechts am Stellplatz Nr 3, die in Bezug genommene Eintragungsbewilligung aber vom Stellplatz Nr 4 spricht (OLG Zweibrücken 5. 11. 2012 – 3 W 127/12 Rn 10; OLG Zweibrücken FGPrax 2011, 175, 176). – Wird eine nach § 10 Abs 3 S 1 WEG verdinglichte schuldrechtliche Vereinbarung oder ein auf Grund einer solchen Vereinbarung gefasster Beschluss der Wohnungseigentümer versehentlich gelöscht, so kann diese dem die Vereinbarung nicht kennenden Erwerber eines Wohnungseigentumsrechts, für den sie nachteilig wäre, nicht entgegengesetzt werden (OLG Hamm Rpfleger 1994, 60 f; Weitnauer/W Lüke, WEG[8] § 10 Rn 31; Meikel/Schneider[12] § 53 Rn 51; Grüneberg/Wicke[84] § 10 WEG Rn 14). Dies gilt auch für eine wirksam vereinbarte restriktive Zweckbestimmung des Sondereigentums, die bei dessen Übertragung infolge einer im Grundbuch eingetragenen, aber unwirksamen späteren Änderungsvereinbarung nicht mehr ausgewiesen war (OLG Frankfurt FGPrax 1997, 214, 215). Für einen solchen „vereinbarungsfreien" Erwerb genügt es, dass die fragliche Abrede gerade im Grundbuch des erworbenen Wohnungseigentumsrechts gelöscht ist; dass sie in den anderen Wohnungseigentumsgrundbüchern weiterhin verlautbart wird, bildet kein Hindernis für den Verkehrsschutz, da der Erwerber keinen Anlass hat, auch diese einzusehen (OLG Hamm Rpfleger 1994, 60, 61; **aA** AnwK-BGB/Krause[1] § 892 Rn 86). Ein gutgläubiger Erwerb kommt nunmehr durch die Änderungen des 2020 in Kraft getretenen **Wohnungseigentumsmodernisierungsgesetzes** (WEMoG) auch wegen eines auf Grund einer Vereinbarung gefassten und eingetragenen Beschlusses nach § 5 Abs 4 S 1 WEG in Betracht, da insoweit keine Grundlage für eine abweichende Behandlung gegenüber eingetragenen Vereinbarungen besteht (BeckOGK/Falkner [1. 4. 2024] § 10 WEG Rn 330; so auch Staudinger/Wobst [2023] § 10 WEG Rn 90, der eingetragene Regelungen zwischen den Wohnungseigentümern als Gegenstand eines gutgläubigen Erwerbs iE aber generell ablehnt). Um den gutgläubigen Erwerb eines eingetragenen – aber nur anfechtbaren (nicht nichtigen) – Beschlusses während der laufenden Anfechtungsklage zu verhindern, ist die Eintragung eines Rechtshängigkeitsvermerks (s dazu Rn 264, § 899 Rn 102) im Wege der einstweiligen Verfügung möglich (Staudinger/Wobst [2023] § 10 WEG Rn 91; Abramenko ZMR 2020, 453, 457; vgl auch BT-Drucks 19/18791 S 42); ein Widerspruch hilft insoweit nicht, da der Beschluss bis zu seiner Aufhebung durch Urteil gültig (§ 23 Abs 4 S 2 WEG) und das Grundbuch daher richtig ist. Für Beschlüsse, die vor dem 1. 12. 2020 gefasst wurden, ist die Übergangsvorschrift des § 48 Abs 1

WEG zu beachten. – Ist im Erbbaugrundbuch aufgrund einer entsprechenden nachträglichen, aber unwirksamen Einigung ein Heimfallanspruch des Grundstückseigentümers (§ 2 Nr 4 ErbbauRG) eingetragen worden, so wird er dem redlichen Erwerber des Grundstücks durch § 892 BGB garantiert (Füller, Eigenständiges Sachenrecht [2006] 268). Ist umgekehrt ein existierendes Heimfallrecht versehentlich gelöscht worden, muss es bei der Übertragung des Erbbaurechts an einen Gutgläubigen untergehen (vgl Planck/Strecker § 2 ErbbVO Anm 6d; Strecker Recht 1920, 227, 233). – Der Umstand, dass bestimmte von Haus aus schuldrechtliche Abreden zum Inhalt des Erbbaurechts erhoben werden können, kann sich natürlich auch schon beim gutgläubigen Erwerb eines Erbbaurechts auswirken. Wenn ein Bucheigentümer ein Erbbaurecht bestellt und dabei mit dem Erwerber eine Vereinbarung über die Lastentragung nach § 2 Nr 3 ErbbauRG getroffen wird, so bindet diese den jeweiligen Grundstückseigentümer und den jeweiligen Erbbauberechtigten (Strecker Recht 1920, 227, 230).

222 Die positive Richtigkeitsfiktion bereitet konstruktive und praktische Schwierigkeiten, wenn sie zum Erwerb eines Rechtes an einem in Wirklichkeit *nicht existierenden* beschränkten dinglichen Recht führt (vgl auch unten Rn 229 und Westermann/Gursky[8] § 139 Rn 2). Wird etwa eine Grundschuld verpfändet, nachdem eine vorrangige Grundstücksbelastung zu Unrecht gelöscht worden ist, so gilt diese Grundschuld zugunsten des redlichen Pfandgläubigers als mit dem Rang bestehend, der aus dem Grundbuch ersichtlich war (KG OLGE 46, 61, 62; HRR 1930 Nr 1838). Dieser Vorrang der Grundschuld vor dem gelöschten Recht kann aber natürlich nicht weitergehen, als zur Verwirklichung des Pfandrechts erforderlich ist (s unten Rn 229). Ebenso führt die Bestellung eines Grundpfandrechts an einem in Wahrheit nicht bestehenden Erbbaurecht dazu, dass der Grundpfandgläubiger in jeder Hinsicht rechtlich so gestellt wird, als wäre dieses Erbbaurecht wirksam (BGH WM 1963, 533; Staudinger/Rapp [2021] § 11 ErbbauRG Rn 21 f; MünchKommBGB/Weiss[9] § 11 ErbbauRG Rn 21 mwNw; NK-BGB/Krause[5] § 892 Rn 75); der Grundpfandgläubiger kann also beispielsweise nach § 1147 BGB die Zwangsversteigerung des fingierten Erbbaurechts betreiben und dieses entsteht mit dem Zuschlag für den Ersteher (MünchKommBGB/Weiss[9] § 11 ErbbauRG Rn 21; Schöner/Stöber[16] Rn 1742). H Westermann (SR[5] § 85 II 1b) neigte dagegen aus Gründen der Praktikabilität zu der Annahme, dass die Hypothek hier unmittelbar am Grundstück selbst entstehe (ebenso H Westermann/Eickmann[8] § 83 Rn 4). Für eine solche Lösung fehlt jedoch jeder Anhaltspunkt im Gesetz (abl wohl auch AnwK-BGB/Krause[1] § 892 Rn 70 Fn 97). Das Erbbaurecht gilt aber nicht schlechthin, sondern nur zugunsten der Grundpfandgläubiger als entstanden (BayObLGZ 1986, 294, 301). Da das Grundbuch also hinsichtlich des Erbbaurechts selbst auch durch den gutgläubigen Erwerb der Grundpfandrechte am Erbbaurecht nicht richtig wird, kann für den Grundstückseigentümer ein Amtswiderspruch gegen die Eintragung des Erbbaurechts eingetragen werden (BayObLGZ 1986, 294, 301). Ähnlich kann ein gutgläubiger Erwerb nach § 892 BGB zur Belastung eines fiktiven Miteigentumsanteils eines im Alleineigentum (s BayObLGZ 1974, 466, 469; MünchKommBGB/K Schmidt[9] § 1008 Rn 6 aE; oben Rn 122) oder eines im Gesamthandseigentum einer Erbengemeinschaft (s KGJ 51, 220, 223 f; OLG Hamm DNotZ 1954, 256 m Anm Hoche; BGB-RGRK/Augustin § 892 Rn 44) stehenden Grundstücks führen.

223 Beim Erwerb eines Grundstücks bewirkt aber § 892 BGB nicht, dass die im Zeitpunkt des Erwerbs eingetragenen Inhaber von begrenzten dinglichen Rechten trotz etwaiger Unrichtigkeit ihrer Eintragung im Verhältnis zum Erwerber als wirkliche und ausschließliche Berechtigte anzusehen wären, weil dadurch die Rechtsstellung des Erwerbers nicht berührt wird (RGZ 116, 177; 126, 92; Planck/Strecker § 892 Anm III 1 aE). Ebenso wenig konnte § 892 BGB dazu führen, dass der Erwerber sich auf den Charakter einer Hypothek als einer im Verhältnis von 10:1 umzustellenden Darlehenshypothek berufen konnte, KG NJW 1952, 885 (zwar berührt das die Rechtsstellung des Eigentümers erheblich, doch ist das Grundbuch nicht dazu bestimmt, über die Umstände Auskunft zu geben, die für die Umstellung 10:1 oder 1:1 maßgebend sind).

Bei der Übertragung eines **Miteigentumsanteils** durch einen Nichtberechtigten er- 224
geben sich ebenfalls gewisse Schwierigkeiten, wenn der fragliche Miteigentumsanteil gar nicht existiert, da dann auch die Miteigentumsquote wenigstens eines Teils der Berechtigten unrichtig angegeben sein muss (s oben Rn 19). Hier muss geklärt werden, zu wessen Lasten der Verlust aus dem gutgläubigen Erwerb des Miteigentumsanteils geht (s Witt AcP 217 [2017] 107, 120 ff). Das können natürlich nur solche Miteigentümer sein, deren Quote im Grundbuch zu niedrig angegeben war. Diese verlieren, wenn außer dem Verfügenden kein weiterer Schein-Miteigentümer im Grundbuch eingetragen ist, exakt den Teil ihrer Miteigentumsquote, die im Grundbuch nicht ausgewiesen ist, sodass die Quotenangaben nunmehr materiell richtig sind (vgl Koller JZ 1972, 647). Ist dagegen ein weiterer Schein-Miteigentümer eingetragen, geht jedem Miteigentümer der im Grundbuch nicht ausgewiesene Teil seiner Miteigentumsquote anteilig verloren (Beispiel: Es besteht Miteigentum von A zu $^{1}/_{2}$, B zu $^{1}/_{4}$ und C zu $^{1}/_{4}$; im Grundbuch eingetragen ist A mit der Quote von $^{1}/_{8}$, B mit $^{1}/_{8}$, D mit $^{3}/_{8}$ und E mit $^{3}/_{8}$; E überträgt nun seinen scheinbaren Anteil an einen Gutgläubigen X. Dann verliert A $^{3}/_{16}$, B $^{1}/_{16}$ und C $^{1}/_{8}$). Fehlt die Angabe der Bruchteile im Grundbucheintrag, kommt ein gutgläubiger Erwerb eines höheren als des wirklich bestehenden Anteils des Verfügenden mangels jeder Rechtsscheinsbasis natürlich nicht in Betracht (MünchKommBGB/K Schmidt[9] § 742 Rn 6). – Wird ein *Miteigentumsanteil* oder eine *Wohnungs- oder Teileigentumseinheit* an einem Grundstück übertragen, nachdem eine auf dem Grundstück lastende Grunddienstbarkeit versehentlich gelöscht oder schon gar nicht gebucht worden war, erlischt die Dienstbarkeit bei Gutgläubigkeit des Anteilserwerbers nach § 892 BGB an dem betreffenden Anteil. Damit erlischt die Grunddienstbarkeit aber auch an allen anderen Miteigentumsanteilen bzw Wohnungs- oder Teileigentumseinheiten, wenn sie ihrem Inhalt nach nur am gesamten Grundstück bzw an allen Anteilen zugleich bestehen kann (BGH 23. 7. 2015 – V ZB 1/14, NJW-RR 2015, 1497, 1498 Rn 14 [Leitungsdienstbarkeit nach § 9 Abs 1 S 1 GBBerG] mwNw zum Meinungsstand; BeckOGK/Hertel [1. 9. 2024] § 892 Rn 104 ff; **aA** OLG Dresden ZfIR 2010, 545, 547 f Rn 23 m abl Anm Heggen 550 ff). Bloße Miteigentumsanteile können nach hM nicht mit einer Grunddienstbarkeit belastet werden (vgl BGHZ 36, 187, 189; BGH WM 1984, 1030; Meikel/Morvilius[10] Einl C Rn 285; NK-BGB/Otto[5] § 1018 Rn 28; m Einschr Staudinger/J Weber [2017] § 1018 Rn 55 f) und somit kann diese auch nicht an einzelnen Miteigentumsanteilen isoliert fortbestehen.

2. Die negative Seite

Nach der **negativen** Seite wird dem Erwerber die Vollständigkeit des Grundbuchs ge- 225
währleistet in Ansehung aller eintragungsfähigen Rechte, die nicht durch besondere gesetzliche Vorschrift (s Rn 50) der Wirkung des öffentlichen Glaubens entzogen sind.

Der redliche Grundstückserwerber erlangt das Recht also frei von sämtlichen eintragungsfähigen (und nicht unter die betreffenden Ausnahmevorschriften fallenden) Belastungen, die zu Unrecht gelöscht worden oder außerhalb des Grundbuchs entstanden und bisher nicht im Grundbuch eingetragen worden sind **(gutgläubig-lastenfreier Erwerb)**. Entsprechend erlangt der Erwerber eines beschränkten dinglichen Rechts den Vorrang vor anderen nicht eingetragenen, aber außerhalb des Grundbuchs (weiter)bestehenden eintragungsfähigen Rechten. Wegen des „vormerkungsfreien Erwerbs" s Rn 57. Für den gutgläubig-lastenfreien Erwerb spielt es keine Rolle, ob ein Recht durch Löschungsvermerk (§ 46 Abs 1 GBO) oder durch Nichtübertragung (§ 46 Abs 2 GBO) gelöscht worden ist (BGHZ 104, 139, 142; OLG Brandenburg 15. 4. 2010 – 5 U 40/08 Rn 46, 54; 27. 11. 2008 – 5 U 165/07 Rn 39). Die bloße Rötung ohne Löschungsvermerk wäre allerdings keine Löschung. Die Rötung ist nur ein buchungstechnisches, der Übersichtlichkeit des Grundbuchs dienendes Hilfsmittel. Wer die bloße Rötung für eine Löschung hält, wird nicht durch § 892 BGB geschützt. Ein gutgläubig-lastenfreier Erwerb ist auch dann nicht ausgeschlossen, wenn die Existenz des zu Unrecht gelöschten Rechts aus den Handakten hervorgeht. Diese sind nun einmal nicht Bestandteil des maßgeblichen Grundbuchblattes (s oben Rn 14). Der Käufer eines Grundstücks, das mit einer Grunddienstbarkeit belastet ist, kann gutgläubig lastenfreies Eigentum erwerben, wenn im Zusammenhang mit seiner Eintragung als Eigentümer im Grundbuch die Mitübertragung der Grunddienstbarkeit auf ein neues Grundbuchblatt versehentlich unterbleibt (OLG Brandenburg 27. 11. 2008 – 5 U 165/07 Rn 39). Entscheidende Voraussetzung des gutgläubig-lastenfreien Eigentumserwerbs ist, dass die Belastung im Zeitpunkt der Eintragung des neuen Eigentümers nicht mehr und noch nicht wieder im Grundbuch steht (OLG Brandenburg 27. 11. 2008 – 5 U 165/07 Rn 39).

226 Eine wirksam begründete Dienstbarkeit kann auch dann durch gutgläubig-lastenfreien Erwerb erlöschen, wenn zuvor bei einer Übertragung auf ein neues Grundbuchblatt die Angabe des Inhalts des Rechts versehentlich weggelassen worden ist und die Eintragung auf dem neuen Blatt damit inhaltlich unzulässig ist (vgl Staudinger/C Heinze [2018] § 873 Rn 264). Diese Konstellation muss der Löschung durch Nichtmitübertragung (§ 46 Abs 2 GBO) gleichgestellt werden (Jansen DNotZ 1954, 209, 210). – Wird das herrschende Grundstück geteilt und ein Teil veräußert, so wirkt die Eintragung der Dienstbarkeit auf dem Grundbuchblatt des dienenden Grundstücks wegen § 1025 S 1 BGB auch dann zugunsten der nunmehrigen Eigentümer der getrennten Teile fort, wenn sich die Teilung nicht aus dem Grundbuchblatt des dienenden Grundstücks ergibt. Die Dienstbarkeit ist ja nicht gelöscht worden, und die nunmehrigen Servitutenberechtigten lassen sich problemlos aus den Grundbuchblättern der durch die Teilung entstandenen Grundstücke ermitteln. Die Übereignung des dienenden Grundstücks kann schon deshalb nicht zum Erlöschen der Dienstbarkeit durch gutgläubig-lastenfreien Erwerb führen (BGH Rpfleger 2008, 295, 296).

227 Die negative Publizität des Grundbuchs garantiert dem gutgläubigen Erwerber eines Grundstücks oder Grundstücksrechts auch, dass die eingetragenen *Belastungen* des erworbenen Rechts *nicht über den* im Grundbuch *verlautbarten Rahmen hinausgehen:* Der Erwerber wird hierdurch dagegen abgesichert, dass ein im Grundbuch eingetragenes bedingtes oder befristetes Recht sich als in Wirklichkeit unbedingt oder unbefristet herausstellt; ebenso dagegen, dass der Betrag eines existierenden Grundpfandrechts infolge einer unberechtigten Teillöschung höher ist als im Grundbuch ausgewiesen. Entsprechendes gilt, wenn das Grundbuch in sonstiger Hinsicht den Umfang der Befugnisse untertreibt, die ein beschränktes dingliches Recht am erworbenen Grundstück bisher seinem Inhaber verlieh. So wird etwa eine eingetragene, aber nicht wirksam vereinbarte Abbedingung des § 1059 S 2 BGB durch die Übereignung des nießbrauchbelasteten Grundstücks an einen redlichen Erwerber nach § 892 Abs 1 S 1 BGB wirksam. Eine solche Abrede gehört nämlich zum Inhalt des Nießbrauchs selbst; sie schränkt die dingliche Rechtsmacht des Nießbrauchers ein (vgl BGHZ 95, 99; Staudinger/C Heinze [2021] § 1059 Rn 9; Schöner/Stöber[16] Rn 1387; Baur/Stürner[18] § 32 Rn 17).

3. Nur zugunsten des Erwerbers

Die Fiktion des § 892 BGB wirkt *nur zugunsten des Erwerbers,* nicht zu seinem Nachteil (Prot III 85; Turnau/Förster § 892 Anm III 1; Planck/Strecker § 892 Anm III 5; BGB-RGRK/Augustin § 892 Rn 3; MünchKommBGB/H Schäfer[9] § 892 Rn 72; Cosack/Mitteis II 1 § 31 I 4; s auch § 893 Rn 36). Es gelten also nicht etwa Rechte, die eingetragen waren, ohne rechtsbeständig zu sein, zu Lasten des Erwerbers als wirksam. Dies kann dazu führen, dass der Erwerber insgesamt eine wesentlich bessere Rechtsstellung erlangt, als er nach Einsicht des Grundbuches erwarten konnte (zB: A veräußert ein Grundstück an B unter Stundung des größten Teils des Kaufpreises, wofür B ihm eine den Wert des Grundstücks fast ausschöpfende Hypothek bestellt. B veräußert das Grundstück weiter an C, der die Hypothek übernimmt. Nunmehr stellt sich heraus, dass A im Zeitpunkt der Veräußerung bereits geisteskrank war. Hier hat C das Grundstück entgegen seiner Erwartung unbelastet erworben [**aA** Kiehnle 292 Fn 24]). Dieser Effekt darf sicherlich nicht noch dadurch gesteigert werden, dass im Wege einer „selektiven Beurteilungsmethode" (so Lutter) zusammengehörende Phänomene getrennt werden, dh aus einem einheitlichen Scheintatbestand willkürlich nur die dem Erwerber günstigen Züge herausgegriffen und statt der anderen dann die entsprechenden Elemente des wirklichen Sachverhaltes zugrunde gelegt werden (Lutter AcP 164 [1964] 122, 179 ff). Die Abgrenzung kann allerdings schwierig sein. Wenn jemand, der als befreiter Vorerbe im Grundbuch eingetragen ist, in Wirklichkeit aber unbeschränkter Miterbe ist, ohne Zustimmung des vermeintlichen Nacherben unentgeltlich ein Grundstück veräußert, dann konnte die Übereignung bei unterstellter Richtigkeit des Grundbuches nach §§ 2136, 2113 Abs 2 BGB nicht wirksam sein. Dennoch hat der Erwerber hier – da in Wirklichkeit ja kein Nacherbe vorhanden ist – gutgläubig das Eigentum erworben (so OLG Celle FamRZ 1957, 273 m Anm Ferid; **aA** Lutter AcP 164 [1964] 122, 179 ff). Die fehlende Verfügungsbefugnis, die der unzutreffende Nacherbenvermerk impliziert, ist etwas ganz anderes als die in Wirklichkeit fehlende Rechtsinhaberschaft, als die die Zugehörigkeit des Grundstücks zu einem Gesamthandsvermögen gewertet werden muss. – Es sind übrigens auch sonst Fälle denkbar, in denen der Erwerber durch § 892 BGB im Ergebnis bessergestellt wird, als wenn der grundbuchmäßig ausgewiesene Scheinsachverhalt wahr wäre: So zB, wenn der im Grundbuch zu Unrecht als Rechtsinhaber genannte Veräußerer in seiner Geschäftsfähigkeit beschränkt ist. Hier kann die Verfügung überhaupt nur deshalb ohne Zustimmung des gesetzlichen Vertreters und des Vormundschaftsgerichtes zum Erfolg führen, weil der Verfügende Nichtberechtigter ist, es sich also für ihn um ein sogenanntes neutrales Geschäft handelt (s MünchKommBGB/Spickhoff[9] § 107 Rn 54 f mwNw; Soergel/Höpfner[14] § 932 Rn 37 f [m Einschr]; Neuner/Wolf, AT[12] § 34 Rn 33; Flume AT II § 13, 7b aE; Wilhelm[7] Rn 882 ff [m Einschr]; Hommelhoff/Stüsser Jura 1985, 654, 658; **aA** aber 228

Medicus/Petersen BR[29] Rn 542; Braun Jura 1993, 459 f; Staudinger/C Heinze [2020] § 932 Rn 10 ff; MünchKommBGB/Oechsler[9] § 932 Rn 11 [jeweils zu § 932]; wohl auch Kiehnle 292 f; im Ergebnis auch Biermann § 892 Anm 4a). Ähnliche Erscheinungen gibt es auch bei anderen Rechtsscheintatbeständen, vgl etwa K Schmidt, Handelsrecht[5] § 14 II 4, zu § 15 Abs 1 HGB; Jaeger/Henckel, KO[9] § 7 Rn 71. – Selbstverständlich erlangt der im Grundbuch als Eigentümer eingetragene Nichtberechtigte kein Miteigentum dadurch, dass ein Dritter von ihm einen Miteigentumsanteil gutgläubig erwirbt (vgl RG DJZ 1929, 917).

4. Relativität des Verkehrsschutzes?

229 Die Fiktion wirkt nur zugunsten des redlichen Erwerbers und seiner Rechtsnachfolger, zugunsten Dritter aber nur reflexweise, also nur soweit sich dies per consequentiam aus dem Schutz des redlichen Erwerbers ergibt (s Rosenberg § 892 Anm III 3; Planck/Strecker § 892 Anm III 5; Turnau/Förster § 892 Anm III 1; Fuchs § 892 Anm 8). Dies wird vielfach auf die Formel gebracht, § 892 BGB wirke nur relativ, nicht absolut (so etwa BGHZ 51, 50, 53 f; Staudinger/Seufert[11] § 892 Rn 71; Fuchs § 892 Anm 8; s auch Wellenhofer[35] § 19 Rn 31). Darin steckt Richtiges und Falsches zugleich. In zahlreichen Situationen wirkt sich der gutgläubige Erwerb eben doch auf dem Umwege über den Erwerber zugunsten dritter Personen aus, weil deren Mitbegünstigung einfach die notwendige gesetzliche Folge des Erwerbs ist (s unten Rn 232). Wenn etwa ein verpfändetes Liegenschaftsrecht durch gutgläubigen Erwerb wertvoller wird – zB weil hierdurch eine zu Unrecht gelöschte Bedingung entfällt oder das Recht den Vorrang vor einem anderen, zu Unrecht gelöschten Recht erlangt – profitiert der Pfandgläubiger auch bei eigener Kenntnis der bisherigen Rechtslage zwangsläufig von dieser positiven Veränderung des Stammrechts. Eine Beschränkung der Fiktionswirkung aus ihrer Ausrichtung auf den redlichen Erwerber zeigt sich praktisch nur in zwei Konstellationen: Nämlich beim Erwerb eines beschränkten dinglichen Rechtes zweiten Grades und beim gutgläubigen Erwerb des Vorrangs. Wenn etwa eine Hypothek an einem in Wirklichkeit nicht bestehenden Erbbaurecht oder ein Pfandrecht an einer nicht bestehenden Hypothek erworben wird, so wird das belastete beschränkte dingliche Recht ersten Grades nur insoweit fingiert, wie es zur Ausübung des gutgläubig erworbenen Zweigrechtes erforderlich ist (BayObLGZ 1986, 471, 472; Rosenberg § 892 Anm III 3). Wird also die Hypotheken- oder Pfandforderung später getilgt, muss mit dem gutgläubig erworbenen Recht zweiten Grades auch die Fiktion der Existenz seines Gegenstandes entfallen (Rosenberg § 892 Anm III 1 aE). Entsprechendes gilt, wenn eine mangels vorgeschriebener Genehmigung unwirksame Grundstücksteilung durch gutgläubigen Erwerb eines beschränkten Liegenschaftsrechts an einem der beiden neuen Grundstücke wirksam geworden ist (s § 890 Rn 53); wenn dieses Recht erlischt, muss damit wieder das ungeteilte Ausgangsgrundstück entstehen. Und wenn eine Grundstücksbelastung zu Unrecht gelöscht worden ist, so gilt dieses Recht zugunsten desjenigen, der nunmehr in Unkenntnis des wirklichen Sachverhalts ein weiteres Recht an dem fraglichen Grundstück erwirbt, als nicht existent oder besser gesagt, es darf keine Wirkung zum Nachteil dieses Erwerbers entfalten, während es im Verhältnis zu den Inhabern der bereits vor der unrechtmäßigen Löschung begründeten Rechte bei der bisherigen Rechtslage verbleibt. Das bedeutet nichts anderes, als dass hier der durch § 892 BGB geschützte Erwerber für sein Recht den Vorrang vor dem gelöschten erlangt, während dieses im Verhältnis zu den bisher bereits nachfolgenden Rechten oder den nunmehr ohne den Schutz des § 892 BGB begründeten

neuen Rechten seinen bisherigen Rang behält (Rosenberg § 892 Anm III 3; Planck/Strecker § 892 Anm III 5). Auf diese Weise entstehen *relative Rangverhältnisse* von der Art, wie sie sich bei einem ausgeübten Rangvorbehalt infolge der Eintragung von Zwischenrechten ergeben (KG JFG 5, 397, 403; Planck/Strecker Vorbem 4 vor § 879 m ausf Nw; Staudinger/S Heinze [2018] § 879 Rn 75; MünchKommBGB/Lettmaier[9] § 881 Rn 22, MünchKommBGB/H Schäfer[9] § 892 Rn 73; BGB-RGRK/Augustin § 892 Rn 5; Wolff/Raiser § 41 IV 2; Heck § 43 IV 2 a; K Müller Rn 1126c; Grunsky, Rangfragen bei dinglichen Rechten [1963] 111 ff; Bund, in: Gedschr J Rödig [1978] 211, 223 ff; Kiehnle 230 f m Fn 32, 545 ff; **abw** aber einerseits Brachvogel Gruchot 69, 46 ff, andererseits Breit, Der Grundbuchrang und seine Probleme [1928] 111; gegen beide Grunsky 116 ff; fundamental abweichend auch Dettmar, Materielle und formelle Funktion des Ranges im Grundstückssachenrecht [1977] 211 ff, 227 ff, 288, der einen automatischen Rangverlust bei Löschung annimmt). Entsprechendes gilt, wenn nach der unrechtmäßigen Löschung des erstrangigen von drei Grundpfandrechten das drittrangige verpfändet wird, nur dass hier der relative Vorrang des verpfändeten Rechtes vor dem gelöschten zusätzlich noch nur zugunsten des Pfandgläubigers besteht, also auf den Umfang der Pfandforderung begrenzt ist und beim Erlöschen des Pfandrechtes überhaupt entfällt (KG OLGE 46, 61, 63). Zum gutgläubigen Erwerb des Vorrangs bei Abweichung zwischen örtlicher und zeitlicher Reihenfolge der Eintragungen s Staudinger/S Heinze (2018) § 879 Rn 37.

Problematisch ist die Beschränkung der Fiktionswirkung in den Fällen, in denen *unwirksam Wohnungseigentum* gebildet und eins der bisher nur scheinbar entstandenen **Wohnungseigentumsrechte** *anschließend mit einer Auflassungsvormerkung oder einem Grundpfandrecht belastet* wird. Bekanntlich wird ein Mangel der Teilungsvereinbarung der Miteigentümer (§ 3 WEG) bzw der Teilungserklärung des Alleineigentümers (§ 8 WEG) nach hM geheilt, wenn auch nur eins der (scheinbar entstandenen) Wohnungseigentumsrechte an einen Gutgläubigen übertragen wird (vgl BGHZ 109, 179, 183; BayObLG MittBayNot 1998, 254; Erman/Artz[17] § 892 Rn 46; Röll, in: FS Seuss [1987] 233, 236 ff; Weitnauer/Briesemeister WEG[9] § 3 Rn 38; s auch oben Rn 34 und Staudinger/Rapp/Wobst [2023] § 3 WEG Rn 165). Diese Heilung des gesamten Gründungsgeschäfts ist notwendig, weil jedenfalls das übertragene Wohnungseigentumsrecht gutgläubig erworben werden muss, dieses aber nicht ohne die anderen Wohnungseigentumsrechte existieren kann. Nach hM (vgl Staudinger/Rapp/Wobst [2023] § 3 WEG Rn 165; Röll MittBayNot 1988, 22, 23; 1990, 85, 87) soll der gleiche Effekt eintreten, wenn eines der (entgegen der Buchlage noch gar nicht entstandenen) Wohnungseigentumsrechte zugunsten eines Gutgläubigen mit einer Vormerkung oder einem Grundpfandrecht belastet wird. In der Tat wäre eine Fiktion der Entstehung nur des belasteten Wohnungseigentumsrechts, auf das sich das Verfügungsgeschäft bezieht, genauso sachwidrig wie im Falle eines gutgläubigen Erwerbs des Wohnungseigentumsrechts selbst. Erwägen könnte man allerdings, ob die (ja nur im Interesse des Vormerkungsgläubigers bzw Grundpfandgläubigers eintretende) Heilungswirkung des gutgläubigen Erwerbs nicht auf die Dauer des Bestehens des gutgläubig erworbenen Rechts beschränkt sein muss, sodass etwa die Wohnungseigentumsrechte sich bei einem Erlöschen der Vormerkung bzw des Grundpfandrechts automatisch wieder in bloße Miteigentumsanteile zurückverwandeln würden. Eine solche Lösung wäre zwar dogmatisch konsequent, aber äußerst unpraktikabel. Man wird deshalb annehmen müssen, dass auch der gutgläubige Erwerb einer Vormerkung oder eines beschränkten dinglichen Rechts an einem eingetragenen aber noch nicht existierenden Wohnungseigentumsrecht Gründungsmängel dieser Wohnungseigentümergemeinschaft nicht 230 nur allseitig, sondern auch endgültig heilt (so auch ERMAN/ARTZ[17] § 892 Rn 46). Gänzlich abweichend nimmt WILHELM nur eine beschränkte Fiktion der Existenz des fraglichen Wohnungseigentums an (WILHELM[5] Rn 2040), entscheidet hier also genauso wie die hM bei der Belastung eines scheinbaren beschränkten Liegenschaftsrechts (s oben Rn 222). Diese Konstruktion wäre immerhin möglich, wenn das gutgläubig erworbene Recht ein Grundpfandrecht ist; sie verbietet sich aber jedenfalls, wenn etwa ein Nießbrauch an dem bis dahin gar nicht existierenden Wohnungseigentum nach § 892 BGB erworben worden ist.

5. Wirkung kraft Gesetzes

231 Die Wirkung des § 892 BGB tritt **ex lege**, also unabhängig vom Willen des Begünstigten ein; aus dem Wort „zugunsten“ darf nicht etwa geschlossen werden, dass der Inhalt des Grundbuches nur dann als richtig gelten sollte, wenn der Erwerber sich ausdrücklich auf den Schutz des öffentlichen Glaubens beruft (Mot III 215; BGH WM 1963, 533, 534; OLG Frankfurt MDR 1985, 498 = OLGZ 1985, 156, 158; BGB-RGRK/AUGUSTIN § 892 Rn 3; vTUHR, AT II 1, 141; HECK § 44 III; WILHELM[7] Rn 728 Fn 1298 f; KOHLER § 39 VI 1 S 105 f; vCAEMMERER, in: FS Boehmer [1954] 148 Fn 13; grundsätzlich auch LUTTER AcP 164 [1964] 122, 181 f; **aA** aber COSACK/MITTEIS § 31 I 4 a [II]; ALTMEPPEN 232 ff). Der Erwerber kann deshalb auf den Schutz des öffentlichen Glaubens auch nicht verzichten (BGH BWNotZ 1963, 67; OLG Frankfurt MDR 1985, 498 = OLGZ 1985, 156, 158; SOERGEL/KERN[14] § 892 Rn 50; CHIUSI AcP 202 [2002] 494, 501 Fn 23) und ebenso wenig durch Rechtsgeschäft mit dem verlierenden Teil die alte Rechtslage mit Rückwirkung wiederherstellen (LUTTER AcP 164 [1964] 122, 181 f). Eine solche Dispositionsmöglichkeit des durch § 892 BGB geschützten Erwerbers passt nun einmal schlecht zu einem ex lege eintretenden Erwerb, und es besteht rechtspolitisch auch gar kein Bedürfnis dafür. Wenn der Rechtsscheinbegünstigte den unerwarteterweise zulasten eines Dritten eingetretenen Erwerb unter diesen Umständen nicht will, mag er dem Altberechtigten eine Rückübertragung des erworbenen Rechts bzw Neubegründung des durch gutgläubig-lastenfreien Erwerb erloschenen Rechts anbieten.

232 Inkonsequenterweise will allerdings eine verbreitete Auffassung im Falle des gutgläubig-lastenfreien Erwerbs anders entscheiden. Wenn ein Grundstück nach der zu Unrecht erfolgten Löschung der erstrangigen Hypothek unter Übernahme der im Grundbuch ausgewiesenen nachrangigen Belastung von einem Redlichen erworben wird, führt § 892 BGB zum Untergang der fraglichen Hypothek. Der Eigentümer könnte jedoch, so meint man, die Wiedereintragung der Hypothek zu dem alten Rang bewilligen, weil die Fiktion eben nur zugunsten des neuen Eigentümers, nicht aber auch zugunsten der Inhaber der nachrangigen Rechte wirke (KGJ 31, 271, 273; ROSENBERG § 892 Anm III 3; OBERNECK I 420; MünchKommBGB/H SCHÄFER[9] § 892 Rn 73; SCHILDE 63 f; LUTTER AcP 164 [1964] 122, 181; iE auch WILHELM[7] Rn 701 [Weiterbestehen des gelöschten Rechts im Verhältnis zu den nachrangigen Rechten wirkt sich als Rangvorbehalt für den Eigentümer aus]). Diese Auffassung ist abzulehnen. Sie würde für einen Teilbereich praktisch die vom Gesetzgeber gewollte Zwangsläufigkeit des Verkehrsschutzes aufheben und an ihrer Stelle ein Wahlrecht des Begünstigten setzen. Ein solches wäre aber der Rechtssicherheit abträglich und würde für die Inhaber der durch den gutgläubig-lastenfreien Erwerb aufgerückten Rechte einen schwer erträglichen Schwebezustand schaffen. Im Falle des gutgläubig-lastenfreien Erwerbs geht also das gelöschte Recht mit absoluter Wirkung, auch gegenüber den anderen Belastungen des Grundstücks, unter, und diese Rechtsfolge kann nicht zur Disposition des Eigentümers stehen (KG DNotZ 1927, 350, 351; FUCHS § 892 Anm 8 [sub c]; wohl auch BGB-RGRK/AUGUSTIN § 892 Rn 5). Ebenso wenig kann das durch gutgläubig-lastenfreien Erwerb untergegangene Recht wiederaufleben, wenn der durch § 892 BGB geschützte redliche Grundstückserwerber sein Eigentum gemäß § 928 BGB aufgibt (PLANCK/STRECKER § 892 Anm III 5; **aA** KGJ 31, 271, 273 V RJA 6, 241, 243; ROSENBERG § 892 Anm III 3; KIEHNLE 543; wohl auch LUTTER 181 Fn 221) oder wenn der Eigentümer in der Zwangsversteigerung ohnehin leer ausgehen würde (die Möglichkeit der Wiedergeltendmachung des „dem Eigentümer gegenüber" erloschenen Rechtes in diesen Fällen erwägen STAUDINGER/SEUFERT[11] § 892 Rn 71a und MünchKommBGB/H SCHÄFER[9] § 892 Rn 73). Schließlich können bei gutgläubig-lastenfreiem Eigentumserwerb auch im Gegensatz zur Konstellation der Rn 229 (gutgläubiger Erwerb des Vorrangs) keine relativen Rangverhältnisse entstehen (**aA** KIEHNLE 547 f).

6. Formmangel

Ein **Formmangel** des Grundstückskaufvertrages wird auch dann gemäß § 311b Abs 1 S 2 BGB geheilt, wenn der Eigentumserwerb kraft guten Glaubens erfolgt (BGHZ 47, 266 = 1967, 1272 f; NK-BGB/KRAUSE[5] § 892 Rn 77; jurisPK-BGB/TOUSSAINT[10] § 892 Rn 48). 233

7. Endgültigkeit des Erwerbs

Der durch § 892 Abs 1 S 1 BGB ermöglichte Erwerb einer günstigen dinglichen Rechtsposition ist – vorbehaltlich einer Korrektur auf der schuldrechtlichen Ebene durch § 816 Abs 1 S 2 BGB (vgl dazu BGH 8. 3. 2024 – V ZR 176/22, WM 2024, 1618 Rn 42) – grundsätzlich endgültiger Natur. Das bedeutet zunächst einmal, dass die Wirkungen des gutgläubigen Erwerbs nicht entfallen, wenn der durch § 892 BGB geschützte Erwerber nachträglich erklärt, er verzichte auf den Schutz der Norm (s oben Rn 231). Der redliche Erwerber bleibt darüber hinaus auch dann durch § 892 BGB geschützt, wenn er nach dem Erwerb Erbe des nichtberechtigten Veräußerers wird (RG Bolze 4 Nr 79; RGZ 22, 340; Gruchot 32 [1888] 1084; 41, 958; Recht 1908 Nr 2670; PLANCK/STRECKER § 892 Anm III 2; TURNAU/FÖRSTER § 892 Anm I 3 S 248); und ebenso bleiben die Wirkungen des gutgläubigen Erwerbs bestehen, wenn der nichtberechtigte Veräußerer seinerseits den gutgläubigen Erwerber beerbt (RG WarnR 1919 Nr 25 = LZ 1919, 470; MünchKommBGB/KOHLER[8] § 892 Rn 71). Der redliche Erwerber kann das erlangte Recht ferner rechtsgeschäftlich weiterübertragen, ohne dass seinem Rechtsnachfolger die etwaige Kenntnis von den Umständen des Erwerbs seines Auktors schaden könnte; diese Kenntnis muss irrelevant sein, da der Rechtsnachfolger des gutgläubigen Erwerbers ja vom Berechtigten erwirbt (Prot III 84 f = MUGDAN III 546; RGZ 129, 124, 128; 134, 283, 284; JW 1928, 1367; RG SeuffA 84 Nr 138 S 233; BGH WM 2001, 453, 454 f [für den gutgläubig-einredefreien Erwerb]; OLG Dresden SeuffA 67 Nr 12; KG OLGE 2, 266; OLG Königsberg OLGE 25, 378; OLGR Rostock 2001, 527, 529; BayObLG DNotZ 1987, 621, 624; ROSENBERG § 892 Anm III 1; PLANCK/STRECKER § 892 Anm III 2; BGB-RGRK/AUGUSTIN § 892 Rn 13; vTUHR, AT II 2, 19 f; TURNAU/FÖRSTER § 892 Anm IV 4). Nur durch diese – von der RG-Rechtsprechung zum preußischen Recht (s RGZ 32, 226) abweichende – Lösung wird ein effektiver Verkehrsschutz gewährleistet; wenn auch dem Rechtsnachfolger des redlichen Erwerbers die Kenntnis der vorausgegangenen Verfügung eines Nichtberechtigten schaden würde, wäre das erworbene Recht kaum zu veräußern (KOHLER 105 f). Streitig ist allerdings, ob die Wirkung des gutgläubigen Erwerbs auch im Falle einer späteren Rückübertragung des erworbenen Rechts auf den verfügenden Nichtberechtigten auf- 234 rechterhalten bleibt (s Rn 235). Natürlich kann das gutgläubig erworbene Recht auch Gegenstand eines gesetzlichen Erwerbs oder von Zwangsvollstreckungsmaßnahmen sein; und bei der rechtsgeschäftlichen Weiterübertragung spielt dann eine etwaige wirtschaftliche Identität von Veräußerer- oder Erwerberseite keine Rolle, besteht also nicht das Erfordernis des Verkehrsgeschäfts. Genauso wie der gutgläubige Erwerb selbst ist auch der korrespondierende Rechtsverlust des Betroffenen ein definitiver. Das Recht fällt mithin auch bei einer Dereliktion oder Aufhebung durch den gutgläubigen Erwerber nicht an den früheren Inhaber zurück.

8. Rückerwerb des Nichtberechtigten

235 Da der gutgläubige Erwerb definitiv ist und die erlangte Rechtsposition vom Erwerber als Berechtigtem auf einen Rechtsnachfolger weiterübertragen wird, muss auch eine „Rück"übertragung auf den verfügenden Nichtberechtigten möglich sein (**aA** Turnau/Förster § 892 Anm IV 4 aE), und zwar unabhängig von dessen eigenem guten oder bösen Glauben im Zeitpunkt der Verfügung oder einer in der Zwischenzeit erlangten Kenntnis von seiner damals fehlenden Berechtigung. So sind denn das RG (Recht 1919 Nr 1105 = LZ 1919, 470 = WarnR 1919, 38) und das OLG Königsberg (OLGE 25, 378, 380) davon ausgegangen, dass die Rückabtretung einer zunächst unwirksam begründeten und dann vom Zessionar gutgläubig erworbenen Hypothek an den schlechtgläubigen Zedenten dem letzteren in der Tat die Hypothek verschafft (ebenso Staudinger/Seufert[11] § 892 Rn 89; BGB-RGRK/Augustin § 892 Rn 14).

236 Die bislang hM will den Erwerb des Nichtberechtigten allerdings nur dann akzeptieren, wenn die Rückübertragung vom Zwischenerwerber auf ihn „zufällig", nämlich aufgrund eines neuen, selbständigen Kausalgeschäftes erfolgt (selbst insoweit ablehnend Eichler II 1, 178 f; J Schmidt, Aktionsberechtigung und Vermögensberechtigung [1969] 145 ff). Bei Rückübertragungen, die sich als bloße Rückabwicklung des ursprünglichen Verfügungsgeschäftes darstellen (etwa Rückübertragung infolge Rücktritt [bzw früher gegebenenfalls Wandlung], Unwirksamkeit des Grundgeschäfts oder Wegfall des Sicherungszwecks bei der eigennützigen Treuhand), soll die Rückübertragung dazu führen, dass das Recht automatisch wieder an den Altberechtigten fällt, die frühere Rechtslage also ipso iure wieder entsteht (Planck/Strecker § 892 III 2; BGB-RGRK/Augustin § 892 Rn 14; Soergel/Kern[14] § 892 Rn 53; MünchKommBGB/Wacke[4] § 892 Rn 74; MünchKommBGB/H Schäfer[9] § 892 Rn 39; Staudinger/Lorenz [2007] § 816 Rn 22; Staudinger/Seufert[11] § 816 Rn 8b; Staudinger/Berg[11] § 932 Rn 35; Soergel/Mühl[12] § 932 Rn 5; jurisPK-BGB/Toussaint[10] § 892 Rn 47; PWW/Huhn[18] § 892 Rn 15; Wolff/Raiser § 69 IV [nur für bewegliche Sachen]; Baur/Stürner[18] § 52 Rn 34 [mit Bedenken]; Wieling/Finkenauer, SR[6] § 10 Rn 40; Wilhelm[7] Rn 729; H Westermann[5] § 47 II 3; Müller 2418 ff; Schapp/Schur Rn 207; Prütting[38] Rn 232; Harms 152; Wellenhofer[38] § 8 Rn 37; Esser/Weyers, BesSchR[8] § 50 II 3; Gross BlGBW 1965, 113; Reeb 84 ff; ders, Grundprobleme des Bereicherungsrechts [1975] 85 ff; Gernhuber, BR[3] § 8 II 3; J vGierke 56 iVm 89; Ewald JherJb 76 [1926] 233, 315 f; Lopau JuS 1971, 233 f; Kohler JuS 1990, 530, 532; Nüssgens 125 ff, 147 f [vorwiegend zu §§ 932 ff], dort auf S 11 ff umfangreiche Übersicht über das ältere Schrifttum; speziell für die Rückübertragung des Treuguts vom Fiduziar auf den Fiduzianten: Coing, Die Treuhand kraft privaten Rechtsgeschäfts [1973] 196 f; Gernhuber, BR[2] § 20 III 1 c; Kiehl JW 1922, 787 f; H Emmerich, Die Sanierung I [1930] 174; vgl auch OLG Darmstadt HRR 1934 Nr 324). Dabei streitet man sich dann darüber, ob die ursprüngliche Rechtslage rückwirkend (so Nüssgens 148 f; Reeb 98 f) oder nur mit Wirkung ex nunc (so Harms, SR[4] 152 f; J F Hoffmann AcP 215 [2015] 794, 810, 816, 827 ff) wiederauflebt.

Entsprechend will man auch die Konstellation des „mittelbar bösgläubigen Erwerbs" behandeln, also den Fall, dass der Nichtberechtigte das Grundstückseigentum oder Liegenschaftsrecht planmäßig gerade deshalb an einen gutgläubigen Dritten überträgt, um es später von diesem wirksam zurückzuerwerben (dazu NÜSSGENS 151 ff; REEB 99 ff). Die hM wird dabei offenbar von zwei Gesichtspunkten geleitet: Zum einen der Überzeugung, dass es grob unbillig wäre, wenn ausgerechnet der Nichtberechtigte von dem Rechtsübergang, den er selbst rechtswidrig herbeigeführt hat, profitieren würde. Zum anderen betont sie die schutzwürdigen Interessen des Altberechtigten, der vor einem Zugriff der Gläubiger des Nichtberechtigten auf den Gegenstand der unbefugten Verfügung geschützt werden müsse. Konstruiert wird der automatische Rückfall an den Altberechtigten heute in erster Linie im Anschluss an NÜSSGENS mit einer Restriktion der Verkehrsschutzvorschriften, die ja eine schnelle und zuverlässige Abwicklung des Güterumsatzes ermöglichen sollen. Wenn das gutgläubig erworbene Recht aber im Wege bloßer Rückabwicklung des ursprünglichen Geschäfts auf den Nichtberechtigten übertragen werde, stehe fest, dass gar kein Güterumsatz eingetreten, sondern nur ein im Ergebnis erfolgloser Versuch eines Güterumsatzes gemacht worden sei. Dieser Umstand rechtfertige es, den Gesamttatbestand der Verfügung des Nichtberechtigten und ihrer Rückabwicklung aus dem Anwendungsbereich der Verkehrsschutzvorschriften herauszunehmen (NÜSSGENS 129 ff; REEB 85). Ähnlich plädiert neuerdings J F HOFFMANN für eine teleologische Reduktion des Abstraktionsprinzips, welches allein den Rechtsverkehr schützen wolle, welcher bei der Rückabwicklung an den Nichtberechtigten aber gerade nicht betroffen sei; das Eigentum falle daher beim Rückerwerb des Nichtberechtigten ex nunc auf den ursprünglich Berechtigten zurück (AcP 215 [2015] 794, 810, 816 ff, 828 f). Bei der Konstellation des mittelbar bösgläubigen Erwerbs operiert man teilweise auch mit dem Gesichtspunkt der Gesetzesumgehung (REICHEL GrünhutsZ 42, 173, 259; REEB 99 ff; kritisch NÜSSGENS 151 ff) oder mit einer Analogie zu § 162 Abs 2 BGB (STEIN, Der Rechtserwerb des Nichtberechtigten [1920] 38; OBERLÄNDER, Der mittelbare Eigentumserwerb des Nichtberechtigten [1925] 20 ff).

Seit jeher hat es aber auch Stimmen gegeben, die die These vom automatischen Wie- 237
deraufleben der früheren Rechtslage als *systemwidrig ablehnten* und den Altberechtigten auf obligatorische Ansprüche etwa aus §§ 816 Abs 1 S 1, 818 Abs 1 oder §§ 823 Abs 1, 249 S 1 BGB gegen den Nichtberechtigten verwiesen, aufgrund deren der letztere dem Altberechtigten den Verfügungsgegenstand zurückübertragen muss (etwa vTUHR, AT II 1, 142 Fn 105; HEDEMANN § 22 III b; F HAYMANN JherJb 77 [1927] 261; KRAWIELICKI JherJb 81 [1931] 257, 310; OERTMANN JR 1930, 169; ders JurLitBl 1915, 13 f; STOEVESANDT 73 [der allerdings dem Altberechtigten im Konkurs des Nichtberechtigten ein Aussonderungsrecht und in der Einzelzwangsvollstreckung gegen den Nichtberechtigten ein Interventionsrecht zubilligt, 69 ff]; GRUNSKY JZ 1962, 209 Fn 42; ausführlich WIEGAND JuS 1971, 62 ff). Diese Position gewinnt gerade im neueren Schrifttum zunehmend Anhänger (vgl H WESTERMANN/GURSKY[8] § 47 Rn 16; VIEWEG/LORZ[9] § 5 Rn 13 ff; SCHWAB, SR[21] § 16 VIII, § 32 VI; E WOLF, SR[2] § 10 F I c 9; BGB-RGRK/PIKART § 932 Rn 34, 35; BeckOGK/HERTEL [1. 9. 2024] § 892 Rn 143; MünchKommBGB/QUACK[4] § 932 Rn 62 ff; MünchKommBGB/OECHSLER[9] § 932 Rn 25 f, 73; SOERGEL/HÖPFNER[14] § 932 Rn 42 ff; NK-BGB/KRAUSE[5] § 892 Rn 76; NK-BGB/MELLER-HANNICH[5] § 932 Rn 38; BAMBERGER/ROTH/HAU/POSECK/KINDL[5] § 932 Rn 7; AK-BGB/REICH § 932 Rn 6; GRÜNEBERG/HERRLER[84] § 892 Rn 20 iVm § 932 Rn 17; JAUERNIG/BERGER[19] § 892 Rn 14m § 932 Rn 2; HK-BGB/STAUDINGER[12] § 892 Rn 31; WIEGAND JuS 1971, 62 ff; MUSIELAK, in: FS Kegel [2002] 125 ff, 139; ders JuS 2010, 377 ff, 381 f; R WEBER JuS 1999, 1, 10; FÜLLER 219 ff; im Grundsatz auch J HAGER 183 ff, der aber den bereicherungsrechtlichen Rückübertragungsanspruch durch Vollstreckungs- und Sukzessions-

schutz verstärken will). Sie ist in der Tat vorzugswürdig: Die Interessenlage gebietet den automatischen dinglichen Rückfall an den Altberechtigten im Augenblick des Rückerwerbs des Nichtberechtigten nicht so dringend, als dass sich eine solche evidentermaßen gesetz- und systemwidrige Lösung als zur Vermeidung eines „Rechtsnotstandes" gebotene *Rechtsfortbildung contra legem* rechtfertigen ließe. Sicher, der Nichtberechtigte soll nicht vom gutgläubigen Erwerb profitieren, aber das wird ja auch durch seine *schuldrechtliche* Restitutionspflicht – die sich im Falle einer echten Rückabwicklung der unbefugten Verfügung zumindest aus §§ 816 Abs 1 S 1, 818 Abs 1 BGB immer begründen lässt (s Nüssgens 118 ff) – auch gewährleistet. Die transitorische dingliche Rechtsposition als solche ist kein irgendwie ins Gewicht fallender Vorteil. Die Interessen des Altberechtigten aber sind nun einmal durch den eingetretenen gutgläubigen Erwerb auf Dauer hintangesetzt worden; für ihn, der ja mit einem endgültigen Rechtsverlust rechnen musste, bedeutet bereits die Erlangung eines schuldrechtlichen Anspruchs auf Rückverschaffung des fraglichen Rechts einen gnädigen Zufall. Gerade im Liegenschaftsrecht ist die „Umlenkung" des Rückübertragungsgeschäftes auf den daran gar nicht beteiligten Altberechtigten noch zusätzlichen Bedenken ausgesetzt, denn sie läuft ja auf einen Rechtserwerb ohne, ja gegen das Grundbuch hinaus (bezeichnenderweise lehnen denn auch Wolff/Raiser [§ 45 II 2] und Wieling/Finkenauer [SR[6] § 20 Rn 70] die von ihnen für den Bereich des Mobiliarsachenrechts nachdrücklich vertretene Lehre vom automatischen Rückfall an den Altberechtigten für das Gebiet des Liegenschaftsrechts ab. Wilhelm hat in der 1. Aufl Rn 535 genauso differenziert, sich aber in der 2. Aufl Rn 631 Fn 291 auch insoweit der hL angeschlossen). – Der BGH hat in einer Entscheidung, die allerdings bewegliche Sachen betraf, iE iS der hier vertretenen Meinung entschieden, die Existenz der gegenteiligen hM vom automatischen Eigentumsrückfall an den Altberechtigten beim Rückerwerb des Nichtberechtigten aber völlig übersehen (21. 10. 2002 – II ZR 118/02, NJW-RR 2003, 170, 171; ähnlich auch schon BGH WM 1969, 657, 659; s dazu Gursky JZ 2005, 285, 290 f). Dass der Nichteigentümer, der eine fremde Sache unter dem Schutz der §§ 932 ff oder §§ 892 f BGB wirksam übereignet hat, später das Eigentum an dieser Sache von seinem Verfügungsempfänger erwerben kann, bezeichnet der BGH nämlich unzutreffenderweise als allgemein anerkannt. Er weist nur darauf hin, dass der ehemalige Nichtberechtigte nach einem solchen wirksamen Rückerwerb dem Altberechtigten schuldrechtlich entweder aufgrund einer Schadensersatzpflicht aus positiver Forderungsverletzung iVm § 249 BGB oder aus § 823 Abs 1 BGB iVm § 249 BGB bzw nach den §§ 812 ff BGB zur (Weiter-)Übereignung der Sache an den früheren Eigentümer verpflichtet sei. Das aber ist die Position der hier vertretenen Mindermeinung in dem Streit um die richtige Behandlung des Rückerwerbs des Nichtberechtigten.

IX. Nicht eingetragene Verfügungsbeschränkungen (Abs 1 S 2)

1. Grundsätzliches

238 Die negative Seite des öffentlichen Glaubens, also die Fiktion der Vollständigkeit des Grundbuches, gilt auch für die relativen Verfügungsbeschränkungen. Der Umstand, dass der verfügende Rechtsinhaber einer solchen relativen Verfügungsbeschränkung unterliegt, kann die von ihm vorgenommene Übertragung oder Belastung eines eingetragenen Rechtes nach § 892 Abs 1 S 2 BGB nur dann unwirksam machen, wenn die Beschränkung entweder aus dem Grundbuch ersichtlich oder dem Erwerber bekannt ist. Zugunsten des redlichen Erwerbers wird also die Nichtexistenz der nicht-

eingetragenen relativen Verfügungsbeschränkung fingiert. Dagegen ist der positive Aspekt des öffentlichen Glaubens im Falle der Verfügungsbeschränkung nicht verwirklicht: Der redliche Erwerber darf sich nicht darauf verlassen, dass die im Grundbuch eingetragenen Verfügungsbeschränkungen wirklich (noch) bestehen: Wenn etwa ein Testamentsvollstrecker nach Beendigung seines Amtes oder ein Insolvenzverwalter nach Aufhebung des Insolvenzverfahrens, aber vor Löschung des Testamentsvollstrecker- bzw Insolvenzvermerks ein Grundstück veräußert oder eine Hypothek bestellt, kann sich der Erwerber nicht auf den öffentlichen Glauben des Grundbuches berufen, sondern die Verfügung ist unwirksam (BGH 19. 10. 2023 – V ZB 8/23, NJW 2024, 580 Rn 31 [Testamentsvollstreckervermerk];Wolff/Raiser § 45 II 1; Wilhelm[7] Rn 704 f; Wiegand JuS 1975, 205, 207). Der Ausschluss der positiven Richtigkeitsvermutung bei Verfügungsbeschränkungen ist auch durchaus sachgerecht. Das Grundbuch soll über die dingliche Rechtslage des konkreten Grundstücks informieren; es kann dagegen nicht dazu bestimmt sein, über die Rechtsverhältnisse, auf denen die Verfügungsbeschränkung des Eigentümers oder sonstigen Rechtsinhabers beruht, detailliert Auskunft zu geben (Wiegand JuS 1975, 205, 207; Baur/Stürner[18] § 23 Rn 41).

Wenn nach der Eröffnung des Insolvenzverfahrens ein zur Insolvenzmasse gehörendes Liegenschaftsrecht nach §§ 81 Abs 1 S 2 InsO, 892 Abs 1 S 2 BGB gutgläubig erworben worden ist (vgl dazu OLG Düsseldorf 2. 8. 2019 – 3 Wx 120/19, FGPrax 2019, 251), kann der Erwerb nach §§ 129 ff, 147 Abs 1 InsO wegen Gläubigerbenachteiligung anfechtbar sein (s dazu MünchKommBGB/Wacke[4] § 892 Rn 63; BeckOGK/Hertel [1. 9. 2024] § 892 Rn 133 aE; zur Parallelkonstellation bei § 878 auch Staudinger/C Heinze [2018] § 878 Rn 71; MünchKommBGB/Wacke[4] § 878 Rn 24). 239

2. Übersicht über den Anwendungsbereich

§ 892 Abs 1 S 2 BGB schützt den redlichen Erwerber nur vor solchen Verfügungsbeschränkungen, die den Schutz bestimmter Personen bezwecken. Man spricht insoweit üblicherweise von „relativen" Verfügungsbeschränkungen. Aus dieser Bezeichnung darf aber nicht geschlossen werden, dass hier nur Veräußerungsbeschränkungen (iwS) erfasst würden, bei denen die normale Rechtsfolge des Verstoßes die relative Unwirksamkeit ist. Unter § 892 Abs 1 S 2 BGB fällt nämlich außer den relativen Verfügungsverboten iS von §§ 135, 136 BGB beispielsweise auch der mit der Eröffnung des Insolvenzverfahrens beim Schuldner nach §§ 80, 81 InsO eintretende Verlust der Verfügungsbefugnis, wie sich aus der expliziten Verweisung in § 81 Abs 1 S 2 und § 91 Abs 2 InsO ergibt. Dabei ist die Unwirksamkeit gegenüber den Insolvenzgläubigern nach heute ganz herrschender und zutreffender Auffassung gerade kein Fall einer relativen Unwirksamkeit, vielmehr handelt es sich um eine – durch den Zweck des Insolvenzverfahrens sachlich beschränkte – absolute Unwirksamkeit (HK-InsO/Eickmann[4], § 81 Rn 8; vgl auch Jaeger/Henckel, KO[9] § 7 Rn 14 mwNw; Böttcher Rpfleger 1983, 187). Das Gleiche gilt für die im Eröffnungsverfahren angeordneten Verfügungsbeschränkungen (§ 21 Abs 2 Nr 2 Fall 1 InsO und den Zustimmungsvorbehalt des § 21 Abs 2 Nr 2 Fall 2 InsO), wie sich aus der in § 24 Abs 1 InsO angeordneten entsprechenden Anwendung von § 81 InsO ergibt (vgl OLG Köln 28. 10. 2019 – 2 Wx 290/19, 2 Wx 296-298/19, NZI 2020, 247, 248 m Anm Keller; Gerhardt, Kölner Schrift zur InsO[2] 193, 194 Rn 3). Auch dies sind absolute Verfügungsverbote, für die die §§ 24 Abs 1, 81 Abs 1 S 2 die Möglichkeit einer Ausschaltung durch gutgläubig-verbotsbefreiten Erwerb schaffen (vgl Bachmann Rpfleger 2001, 105, 108 ff). Entsprechendes gilt für den Ausschluss der Verfügungs- 240 befugnis über Nachlassgegenstände, der beim Erben mit der Anordnung der Testamentsvollstreckung oder Nachlassverwaltung eintritt (§§ 1984 Abs 1 S 1, 1985 Abs 1 BGB; §§ 2211 Abs 1, 2205 S 2 BGB). Auch hier sind Verfügungen des Erben grundsätzlich absolut unwirksam (s Staudinger/Dobler [2020] § 1984 Rn 8; Staudinger/Dutta [2021] § 2211 Rn 2). Dass dennoch ein gutgläubiger Erwerb nach § 892 Abs 1 S 2 BGB möglich ist, folgt im Falle der Testamentsvollstreckung aus § 2211 Abs 2 BGB und ergibt sich für die Nachlassverwaltung aus der in § 1984 Abs 1 S 2 BGB angeordneten entsprechenden Anwendung der §§ 80, 81 InsO. Ferner gehören hierher – wie sich aus § 2113 Abs 3 BGB ergibt – auch die Beschränkungen des Vorerben durch das Recht des Nacherben, obwohl die Konsequenz der § 2113 BGB widersprechenden Verfügungen eine zeitlich hinausgeschobene Vollunwirksamkeit ist (s Staudinger/Avenarius [2019] § 2113 Rn 24), also in ihrer Wirkungsweise dem Eintritt einer auflösenden Bedingung vergleichbar ist. Im Falle des § 2129 BGB geht die – ohnehin beschränkte – Verfügungsbefugnis des Vorerben total auf den Verwalter über; Verfügungen des Vorerben selbst sind also – sofern die Verfügungsentziehung nicht durch den guten Glauben des Erwerbers nach §§ 2129 Abs 2, 892 Abs 1 S 2 BGB überwunden wird – absolut unwirksam (J Kohler, Das Verfügungsverbot gem § 938 Abs 2 ZPO im Liegenschaftsrecht [1984] 14; Raape, Das gesetzliche Veräußerungsverbot des BGB [1908] 101 f). Die sog relativen Verfügungsbeschränkungen des § 892 Abs 1 S 2 BGB stellen nach alledem eine sehr heterogene Gruppe von Beeinträchtigungen der Verfügungsbefugnis dar, deren einziges gemeinsames Merkmal die positivrechtliche Anordnung ihrer Gutglaubensanfälligkeit ist. – Denkbar ist auch, dass eine Verfügungsbeschränkung nur teilweise eingetragen ist. Das wäre etwa der Fall, wenn ein Vorerbe im Grundbuch zu Unrecht als befreiter Vorerbe ausgewiesen ist. Dann können solche Verfügungsbeschränkungen, von der der Vorerbe gem § 2136 BGB befreit werden kann, nach § 892 Abs 1 S 2 BGB durch gutgläubigverbotsbefreiten Erwerb ausgeschaltet werden (LG Stuttgart BWNotZ 2007, 121, 122).

241 In den Kernbereich der Formulierung des § 892 Abs 1 S 2 BGB fallen zweifellos die **gerichtlichen und behördlichen (relativen) Verfügungsverbote** (§§ 136, 135 Abs 2 BGB), etwa das Verfügungsverbot aufgrund *Beschlagnahme* infolge Zwangsversteigerung oder Zwangsverwaltung (§§ 20, 23, 146 ZVG); ebenso die *Pfändung* eines Liegenschaftsrechts, etwa eines Grundpfandrechts oder einer Reallast (§§ [857 Abs 6], 830, 829 Abs 1 S 2 ZPO); vor allem aber der Paradefall der relativen Unwirksamkeit (Medicus ZZP 90, 88), das Verfügungsverbot aufgrund einer einstweiligen Verfügung (§ 938 Abs 2 ZPO). Vgl dazu RGZ 67, 39, 42 (Sicherung eines Anfechtungsanspruchs); 90, 335; JW 1903 Beil 75; HRR 1926 Nr 938; JFG 4, 418; KG JW 1925, 643; 1926, 2701; OLG Köln NJW 1955, 717; OLG Celle NJW 1970, 1882; OLG Frankfurt NJW 1978, 2100 = OLGZ 1979, 75; aus der Literatur Herold SächsArch 1910, 231 ff: Die Eintragung gerichtlicher Veräußerungsverbote als Grenze der Anspruchssicherung im Grundbuch; J Kohler, Das Verfügungsverbot gemäß § 938 Abs 2 ZPO im Liegenschaftsrecht (1984). Die durch einstweilige Verfügung angeordnete Sequestration eines Grundstücks kann uU eine Verfügungsbeschränkung enthalten (s KG JW 1937, 2115). Ein solches gerichtliches Verfügungsverbot kann auch vom Bundesverfassungsgericht im Verfassungsbeschwerdeverfahren zum Schutze des Beschwerdeführers angeordnet werden (BVerfG LKV 2005, 2011). Auch das allgemeine Veräußerungsverbot, welches das Gericht nach dem mit Wirkung zum 1. 1. 1999 aufgehobenen (BGBl I 2911) § 106 Abs 1 S 2 KO (nunmehr: § 22 Abs 2 Nr 2 InsO) für die Zeit zwischen Zulassung des Konkursantrags und Entscheidung über diesen gegen den Gemeinschuld-

ner verhängen konnte, wurde von der hM als ein relatives Veräußerungsverbot iS von § 136 BGB angesehen (vgl OLG Köln KTS 1971, 52; OLG Stuttgart BWNotZ 1985, 127; Böttcher Rpfleger 1985, 381 f mwNw; Bock, Die Auswirkungen der Konkurseröffnung und des Veräußerungsverbots nach § 106 I 3 KO auf den Grundbuchverkehr [1980] 81; Beer, Die relative Unwirksamkeit [1975] 189; Enneccerus/Nipperdey § 144 II 2; Kuhn/Uhlenbruck, KO[11] § 106 Rn 4 mwNw; Jaeger/Weber, KO[8] § 106 Anm 4; Kilger/Schmidt, KO[17] § 106 Anm 3; Eickmann KTS 1974, 202 f; Gerhardt, in: FS Flume [1978] I 527, 537 ff). Für den Fall, dass die richterliche Anordnung nach § 106 KO neben dem Veräußerungsverbot zugleich die Einsetzung eines Sequesters enthielt, nahm allerdings Gerhardt (in: FS Flume I [1978] 527, 537 ff) ein absolutes und nur durch die Zwecke der Sequestration beschränktes Veräußerungsverbot an. Bei letzterer Einordnung musste aber § 7 KO entsprechend angewandt werden (Gerhardt 541), sodass über die letztere Norm doch wieder § 892 Abs 1 S 2 BGB zur Anwendung kam. Relative Verfügungsbeschränkungen iS der §§ 135, 136 BGB sind auch die im Insolvenzeröffnungsverfahren nach § 21 Abs 1 InsO angeordneten besonderen Veräußerungsverbote zum Schutze einzelner, besonders gefährdeter Bestandteile des Schuldnervermögens (vgl Bachmann Rpfleger 2001, 105, 107). Schließlich wirken nach dem seit 1. 7. 2017 geltenden § 75 Abs 3 StGB auch die Anordnung der Einziehung oder die Anordnung des Vorbehalts der *Einbeziehung* von Taterträgen (§§ 73 StGB ff) oder Tatprodukten (§§ 74 StBG ff) bis zum Übergang des Eigentums als relative Veräußerungsverbote – entsprechendes bestimmten zuvor die bis dato geltenden Bestimmungen des Verfalls. Die Pfändung eines Nießbrauchs ist nach § 857 Abs 3 ZPO möglich (vgl dazu BGHZ 62, 133 ff; Staudinger/C Heinze [2021] § 1059 Rn 26 f; darstellend, im Ergebnis jedoch verneinend MünchKommBGB/Pohlmann[9] § 1059 Rn 22 ff), und zwar nach hM sogar dann, wenn eine Ausübungsüberlassung an Dritte mit dinglicher Wirkung ausgeschlossen ist (Wilke, in: Lambert-Lang/Tropf/Frenz Teil 6 Rn 131). Sie schafft für den Nießbraucher ein Verfügungsverbot. Falls die mögliche (vgl Staudinger/C Heinze [2021] § 1059 Rn 29; Bauer/Schaub/Bayer/Lieder[5] AT C 548) Eintragung der Pfändung nicht erfolgt ist, kann der Nießbraucher gegenüber dem Rechtsnachfolger des Eigentümers, dem die Pfändung gem §§ 857, 829 Abs 3 ZPO zugestellt wurde (s BGHZ 62, 140), unter dem Schutz des § 892 Abs 1 S 2 BGB auf den Nießbrauch verzichten. Auch die vorläufige Untersagung der Begründung von *Wohnungs- oder Teileigentum* nach § 15 Abs 1 S 2 iVm § 172 Abs 2 BauGB ist zivilrechtlich als behördliches Veräußerungsverbot nach § 136 BGB anzusehen und fällt damit nach § 135 Abs 2 BGB in den Anwendungsbereich des § 892 Abs 1 S 2 BGB; wobei die verbotswidrige Teilung als solche zwar nicht zu einem gutgläubigen Erwerb führen kann (kein Verkehrsgeschäft), wohl aber die spätere Veräußerung an einen gutgläubigen Dritten (BGH 19. 12. 2019 – V ZB 145/18, MittBayNot 2020, 385 Rn 15 ff).

Bei *Verpfändung* oder Pfändung eines *Miterbenanteils* besteht das Pfandrecht bzw Pfändungspfandrecht nicht unmittelbar an den einzelnen Nachlassgegenständen. Da aber Verfügungen über Nachlassgegenstände Inhalt und Wert des Pfandrechts beeinträchtigen müssten, sind sie dennoch in entsprechender Anwendung von § 1276 Abs 2 BGB an die Zustimmung des Pfandgläubigers gebunden (MünchKommBGB/F Schäfer[9] § 1274 Rn 41 f m umfangreichen Nw; s auch Staudinger/D Wiegand [2019] § 1276 Rn 8; Staudinger/Löhnig [2020] § 2033 Rn 42). Dieses Zustimmungserfordernis wirkt sich wie eine relative Verfügungsbeschränkung aus, führt also bei Verstößen zur relativen Unwirksamkeit der verbotswidrigen Verfügung (BGH NJW 1967, 200, 201; BayObLGZ 1959, 50, 57 = NJW 1959, 1780; Meikel/Imhof/Riedel[6] Vorbem 169 vor § 13; Meikel/Böttcher[12] Nach 242

§ 20 Rn 17; Schöner/Stöber[16] Rn 1665). Diese Rechtsfolge kann bei der Veräußerung eines Nachlassgegenstandes an Dritte durch § 892 Abs 1 S 2 BGB (bzw bei Mobilien durch §§ 136, 135 Abs 2, 932 ff BGB) ausgeschaltet werden (MünchKommBGB/F Schäfer[9] § 1274 Rn 42). Bei der Übertragung auf einen Miterben zum Zwecke der Auseinandersetzung findet dagegen kein Gutglaubensschutz statt, da es sich dann nicht um ein Verkehrsgeschäft handelt (s Rn 101).

243 Im Falle der Übertragung und sofortigen aufschiebend bedingten Rückübertragung eines Gesellschaftsanteils einer Gesellschaft des bürgerlichen Rechts entsteht für den Erwerber (und nunmehrigen auflösend bedingt berechtigten Gesellschafter) eine Verfügungsbeschränkung aus § 161 Abs 1 BGB. Bei der einfacheren Konstellation einer nur auflösend bedingten Übertragung ergibt sich die gleiche Verfügungsbeschränkung für den Erwerber aus § 161 Abs 2 BGB. In beiden Fällen könnte eine von allen Gesellschaftern einschließlich des von der Verfügungsbeschränkung betroffenen Erwerbers getroffene Verfügung über ein zum Gesellschaftsvermögen gehörendes Grundstück im Falle ihrer Wirksamkeit zu einer Entwertung des Gesellschaftsvermögens und damit des betreffenden Gesellschaftsanteils führen, die durch die Verfügungsbeschränkung verhindert werden soll. Daher sollen einer Ansicht nach die Wirkungen der Verfügungsbeschränkung auch auf Verfügungen über zum Gesellschaftsvermögen gehörende Grundstücke erstreckt werden. Was wiederum dazu führen soll, dass die Verfügungsbeschränkung aus § 161 Abs 1 oder 2 BGB im Grundbuch eingetragen werden kann, um einen gutgläubigen verbotsbefreiten Erwerb nach § 892 Abs 1 S 2 BGB zu verhindern (LG Zwickau DNotZ 2003, 131, 132 f mit zust Anm Demharter). Dieses Verständnis ist jedoch mit der – nunmehr auch gesetzlich geregelten – Rechtsfähigkeit der am Rechtsverkehr teilnehmenden Gesellschaft bürgerlichen Rechts unvereinbar. Da es sich bei dem Grundstück um Gesellschaftsvermögen handelt, über das die Gesellschaft als Eigentümerin verfügt – und nicht die Gesellschafter als solche – liegt keine Verfügung des Anteilserwerbers vor (BeckOGK/Reymann [1. 6. 2024] § 161 Rn 35.2). Dieser ist an der Verfügung der Gesellschaft allenfalls als Vertreter der Gesellschaft beteiligt, wobei diese Vertretungsmacht durch § 161 BGB nicht beeinträchtigt wird (BeckOGK/Reymann [1. 6. 2024] § 161 Rn 70; Schöner/Stöber[16] Rn 4292). Die Verfügungsbeschränkung kann daher auch nicht eingetragen werden (OLG Köln 20. 12. 2010 – 2 Wx 118/10, FGPrax 2011, 62, 65; Schöner/Stöber[16] Rn 4292; Ruhwinkel MittBayNot 2009, 421, 425).

244 Die Rechtsprechung bejaht seit RGZ 117, 287, 291 auch die Möglichkeit eines durch einstweilige Verfügung ausgesprochenen gerichtlichen *Erwerbsverbotes,* durch das etwa bei Formnichtigkeit des Grundstückskaufvertrages der bereits durch Auflassung eingeleitete Vorgang der Übereignung noch blockiert und damit die Heilung des Kaufvertrages verhindert werden kann (s RGZ 120, 118 f; OLG Hamm DNotZ 1970, 662; Habscheid, in: FS Schiedermair [1976] 245, 252; MünchKommBGB/Armbüster[9] § 136 Rn 15, 16; Beer, Die relative Unwirksamkeit [1975] 172; Wolf/Neuner, AT[13] § 55 Rn 34 f). Die Zulässigkeit solcher Erwerbsverbote ist im Schrifttum immer noch außerordentlich umstritten (abl beispielsweise Flume, AT II[3] § 17 6 e; Larenz, AT[7] § 23 IV; dazu ausführlich Staudinger/Kesseler [2020] § 888 Rn 125 ff). Im vorliegenden Zusammenhang sind sie jedenfalls – wenn man sie überhaupt anerkennt – nicht von eigenständiger Bedeutung. Nach heute ganz hM kann das Erwerbsverbot nämlich – mangels Voreintragung des Betroffenen (§ 39 GBO) – nicht im Grundbuch eingetragen werden (BayObLGZ 1997, 55 = Rpfleger 1997, 304; OLG München FamRZ 1969, 151, 152; OLG Hamm

DNotZ 1970, 661, 662; KG JW 1938, 2984; Rpfleger 1962, 177, 178; STEIN/JONAS/GRUNSKY, ZPO[22] § 938 Rn 26; H WESTERMANN[5] § 84 VI 4; HABSCHEID, in: FS Schiedermair [1976] 245, 249; BAUER/SCHAUB/BAUER[5] § 39 Rn 37 m Fn 236 ff; BGB-RGRK/AUGUSTIN § 888 Rn 24; MünchKommBGB/WACKE[4] § 888 Rn 23; ERMAN/ARTZ[17] § 888 Rn 16; GRÜNEBERG/HERRLER[84] § 888 Rn 11; BRUNS/PETERS, Vollstreckungsrecht[3] § 50 II 1 c; SCHÖNER/STÖBER[16] Rn 1649; VOLHARD DNotZ 1987, 523, 533; WEIRICH/MACKEPRANG Rn 745; BÖTTCHER BWNotZ 1993, 25, 34; HEYDRICH MDR 1997, 796; **aA** PLANCK/STRECKER Vorbem VII 2 d; WIELING/FINKENAUER SR[6] § 1 Rn 33 aE; BAUR/STÜRNER[18] § 15 Rn 32; HÜBNER, AT[2] Rn 974; für den Fall, dass für den Verbotsgegner bereits eine Auflassungsvormerkung eingetragen ist, auch LG Tübingen BWNotZ 1984, 39). Wenn man (mit GRÜNEBERG/HERRLER[84] § 888 Rn 11; HABSCHEID 254) annimmt, dass eine trotz des Erwerbsverbots vollzogene Eintragung nicht zum wirksamen Erwerb führen kann, dann kann der Verbotsgeschützte mit Hilfe des Widerspruchs (§ 899 BGB) den gutgläubigen Erwerb eines Dritten verhindern (KELLER/MUNZIG/VOLMER[9] § 18 Rn 39; DEMHARTER[33] § 19 Rn 97; GERHARDT II 48; BÖTTCHER BWNotZ 1993, 25, 33 f). Sieht man dagegen mit anderen (zB HUBERNAGEL Gruchot 73 [1933] 36, 45 f) den verbotswidrigen Erwerb als dinglich wirksam, aber nicht mit der Heilungswirkung nach § 311b Abs 1 S 2 BGB verbunden an, so wäre eine Vormerkung zur Sicherung des Rückauflassungsanspruchs aus § 812 Abs 1 S 1 1. Alt BGB der richtige Weg (vgl MünchKommBGB/WACKE[4] § 888 Rn 23a). Vgl auch STAUDINGER/KESSELER (2020) § 888 Rn 125. Für einen gutgläubig-verbotsbefreiten Erwerb ist nur Raum, wenn man die Rechtsfolge einer trotz des Verbots erfolgten Eintragung streng in Analogie zum Verfügungsverbot konstruiert, also einen relativ-unwirksamen Erwerb annimmt (dafür HÜBNER, AT Rn 526; MEIKEL/BESTELMEYER[10] § 60 Rn 84 Fn 200 ff; LANGE/SCHEYHING/SCHIEMANN[6] 29 Fn 6). Dann droht ein kraft des öffentlichen Glaubens voll wirksamer Erwerb jedenfalls bei einer Weiterübertragung des relativ-unwirksam erworbenen Rechts. Gerade um einen solchen gutgläubigen Erwerb Dritter zu verhindern, wird dann auch vielfach die Möglichkeit einer Eintragung des Erwerbsverbots nach bzw gleichzeitig mit der Eintragung des verbotenen Erwerbs bejaht (RGZ 117, 297, 294; SOERGEL/KERN[14] § 873 Rn 10; ERMAN/HAGEN[9] § 925 Rn 34; BAUR/STÜRNER[18] § 15 Rn 31; HÜBNER, AT[2] Rn 974; LANGE/SCHEYHING/SCHIEMANN[6] 28 Fn 3; BÖTTCHER BWNotZ 1993, 25, 32 [nur als Hilfsübertragung für das von ihm abgelehnte „Erwerbsverbot mit Verbotswirkung"]; gegen diese Eintragungsmöglichkeit HABSCHEID, in: FS Schiedermair [1976] 245, 250). Darüber hinaus müsste man auch schon einen gutgläubigen Erwerb durch den Verbotsgegner selbst zulassen (so ERMAN/ARNOLD[17] §§ 135, 136 Rn 12; BÖTTCHER BWNotZ 1993, 25, 332), wenn der letztere trotz Zustellung des Verbots (§§ 936, 922 Abs 2 ZPO) ausnahmsweise keine Kenntnis von dem Verbot erlangt hat und seine Unkenntnis auch nicht auf einer planmäßigen Vermeidung der Kenntnisnahme (s Rn 157) beruht.

3. Die Eintragung des Verfügungsverbots

245 Der verbotswidrige Erwerb wird durch das relative Verfügungsverbot nicht behindert, wenn das Verbot nicht im Grundbuch (oder auf dem Grundpfandbrief, § 1140 BGB) eingetragen ist und der Erwerber es in dem nach § 892 Abs 1 S 1 und Abs 2 BGB maßgeblichen Zeitpunkt nicht kennt. Bei einem gutgläubig verbotsbefreiten Erwerb wird also die Schutzwirkung des Verbots den Verkehrsinteressen geopfert. Da ein relatives Verfügungsverbot mithin überhaupt erst durch die Offenlegung im Grundbuch effektiv werden kann, muss es auch im Grundbuch eintragbar sein; die Eintragungsfähigkeit ist in § 892 Abs 1 S 2 BGB als selbstverständlich vorausgesetzt. Trotz fehlender gesetzlicher Regelung ist deshalb beispielsweise auch die Nachlass-

verwaltung eintragungsfähig (s Staudinger/Dobler [2020] § 1984 Rn 12). Ebenso muss die Verpfändung oder Pfändung eines Miterbenanteils eintragungsfähig sein, wenn zum Nachlass ein Grundstück oder Liegenschaftsrecht gehört, weil nur so ein gutgläubig-verbotsbefreiter Erwerb des Rechtes zu verhindern ist (RGZ 90, 232, 237; KGJ 33, 226, 231; KG HRR 1934 Nr 1055; BayObLG 1959, 50, 57; OLG Frankfurt Rpfleger 1979, 205; OLG Hamm JMinBl NRW 1959, 111; Staudinger/D Wiegand [2019] § 1276 Rn 8; Staudinger/Löhnig [2020] § 2033 Rn 42; Rosenberg § 894 Anm III 1 d; Meikel/Imhof/Riedel[6] Vorbem 169 vor § 13; Meikel/Sieveking[7] Anh 156 zu § 19; Keller/Munzig/Keller[9] Einl § 4 Rn 37; Demharter[33] Anh 33 b zu § 13). Genauso muss wegen § 161 Abs 3 BGB die bedingte Abtretung eines Miterbenanteils behandelt werden (BayObLGZ 1994, 29, 31; Meikel/Böttcher[12] § 22 Rn 40 aE; Keller/Munzig/Keller[9] Einl § 4 Rn 36; Demharter[33] Anhang 33 b zu § 13; Winkler MittBayNot 78, 1; Staudenmaier BWNotZ 1959, 191). Im Falle der auflösenden Bedingung ist also die Verfügungsbeschränkung für den Erbteilserwerber, im Falle der aufschiebenden Bedingung die Verfügungsbeschränkung für den NochMiterben eintragbar. Entsprechendes gilt für ein Pfandrecht oder Pfändungspfandrecht am Nacherbenrecht (RGZ 83, 434, 436; Staudinger/Avenarius [2019] § 2100 Rn 80). Die umstrittene Frage, ob auch die Pfändung oder Verpfändung der Mitgliedschaft in einer Personengesellschaft im Grundbuch eintragbar ist (*bejahend* KG DNotZ 1977, 376, 378 f; DNotZ 1928 575; OLG Hamm Rpfleger 1977, 136; Güthe/Triebel[6] II 1843; Meikel/Imhof/Riedel[6] § 22 Rn 44; Meikel/Sieveking[7] Anh 156 zu § 19; Staudinger/Seufert[11] § 892 Rn 81; Rupp/Fleischmann Rpfleger 1984, 223, 227; Hintzen Rpfleger 1992, 262, 263; *verneinend* OLG Zweibrücken Rpfleger 1982, 413; OLG Hamm DNotZ 1987, 357 = WuB § 859 ZPO 1/87 [Stürner]; OLG Dresden SeuffA 64, 248; AG Ahrensburg JurBüro 1964, 844; Staudinger/Habermeier [2003] § 725 Rn 8; MünchKommBGB/F Schäfer[8] § 725 Rn 26; Staudinger/Wiegand [2019] § 1274 Rn 56 f; Schöner/Stöber[16] Rn 4292; Soergel/Kern[14] § 894 Rn 10; Stein/Jonas/Würdinger, ZPO[23] § 859 Rn 10) hat der BGH (20. 5. 2016 – V ZB 142/15, FGPrax 2016, 241 Rn 10) nunmehr – zutreffend verneinend – im Sinne der zweiten Auffassung entschieden. Eine Bindung der Gläubiger an die Zustimmung des Pfandgläubigers bei Verfügungen über Gegenstände des Gesellschaftsvermögens in Analogie zu § 1276 BGB wäre mit der Struktur der Personalgesellschaften nicht zu vereinbaren (BGH 20. 5. 2016 – V ZB 142/15, FGPrax 2016, 241 Rn 18 ff; MünchKommBGB/F Schäfer[9] § 1274 Rn 75 mwNw; s auch Rümker WM 1973, 626, 630 ff; Hadding/Schneider, Gesellschaftsanteile als Kreditsicherheit [1979] 48 ff, 52).

246 Solange die Verfügungsbeschränkung eingetragen ist, ist gesichert, dass auch eine Weiterübertragung des Rechts durch den Erwerber nicht (voll) wirksam sein kann (Rosenberg § 892 Anm II 4 d; für die Verfügungsbeschränkung des Vorerben Lange/Kuchinke, Erbrecht[5] § 28 IV 8b). Entsprechend bleibt beispielsweise die Wirkung eines gerichtlichen Veräußerungsverbotes bestehen, wenn der bösgläubige Erwerber das verbotsbetroffene Recht an einen ebenfalls bösgläubigen Nacherwerber weiterüberträgt (s J Kohler, Das Verfügungsverbot 73 mwNw).

4. Voraussetzungen des Gutglaubensschutzes

247 Hinsichtlich des *Zeitpunktes,* in dem die Verfügungsbeschränkung eingetragen sein muss, um den gutgläubigen Erwerb nach § 892 Abs 1 S 2 BGB auszuschließen, gilt das oben in Rn 188 ff zum Widerspruch Ausgeführte entsprechend.

248 Besonderheiten ergeben sich aber hinsichtlich der **Kenntnis**. Ergibt sich das Verfügungsverbot aus der Anordnung der Zwangsversteigerung oder Zwangsverwaltung

(§§ 20, 23 Abs 1, 146 ZVG), so steht nach § 23 Abs 2 S 1 ZVG (evtl iVm § 146 Abs 1 ZVG) die bloße Kenntnis von der Stellung des Zwangsversteigerungs- bzw Zwangsverwaltungsantrags der Kenntnis der Beschlagnahme selbst gleich. Im Übrigen kann bei der Frage, ob der Erwerber von einer nichteingetragenen Verfügungsbeschränkung Kenntnis hatte, im Gegensatz zur Situation im Anwendungsbereich des Abs 1 S 1 nicht jeder Tatsachen- oder Rechtsirrtum relevant sein, da sonst die Beschränkungen weitgehend leerlaufen würden und der von ihnen intendierte Schutz unvernünftig weit zurückgenommen würde. Die unter § 892 Abs 1 S 2 BGB fallenden Beeinträchtigungen der Verfügungsbefugnis sind nun einmal derart „technische" Rechtsfiguren, dass man von Laien keine auch nur annähernd zutreffenden Vorstellungen über sie erwarten kann. Daran darf die Feststellung der Bösgläubigkeit aber nicht scheitern. Da die Kenntnis nur die fehlende Eintragung der Verfügungsbeschränkung ersetzt, kann man als Gegenstand der Kenntnis sinnvollerweise auch nicht mehr verlangen, als im Grundbuch offengelegt werden müsste (Rosenberg § 892 Anm II 4 e α, β S 417, 424). Es muss also ausreichen, wenn der Erwerber gewusst hat, dass der Veräußerer das Grundstück bzw Liegenschaftsrecht nur als Vorerbe erlangt hat oder dass der Erblasser, von dem der Veräußerer das fragliche Liegenschaftsrecht geerbt hat, einen Testamentsvollstrecker eingesetzt hat oder dass über das Vermögen des Veräußerers bereits das Insolvenzverfahren eröffnet worden ist. Der bloße Umstand, dass der Erwerber sich infolge fehlender Rechtskenntnisse der Auswirkungen dieser Umstände auf die Verfügungsbefugnis des Veräußerers nicht bewusst war, macht ihn noch nicht redlich iS von § 892 Abs 1 S 2 BGB (Rosenberg 424). Darüber hinaus ist zu berücksichtigen, dass selbst die Eintragung der Verfügungsbeschränkung ja noch keinen zwingenden Schluss darauf zulassen würde, dass die Beschränkung im konkreten Falle wirklich zum Tragen kommt; die Verfügung könnte ja im Einzelfall infolge Zustimmung der verbotsgeschützten Person bzw des Konkursverwalters etc wirksam sein (Rosenberg 417). Daraus lässt sich folgern, dass auch die irrtümliche Annahme einer solchen, die Unwirksamkeit überwindenden Zustimmung die Kenntnis iS von § 892 Abs 1 S 2 BGB nicht auszuschließen vermag (Rosenberg 424; s auch Staudinger/Dutta [2021] § 2211 Rn 20). Wenn ein befreiter Vorerbe ein Liegenschaftsrecht unentgeltlich – und damit nach §§ 2113 Abs 2, 2136 BGB aufschiebend unwirksam – an einen Dritten überträgt und dieser es dann an einen Vierten weiterüberträgt, so wäre die irrige Annahme des letzteren, die Verfügung des Vorerben sei entgeltlich und deshalb voll wirksam gewesen, irrelevant (s Staudinger/Avenarius [2019] § 2113 Rn 102). Die irrige Annahme einer Befreiung des Vorerben von den Beschränkungen des § 2113 Abs 1 BGB schließt dagegen, wenn der Nacherbenvermerk überhaupt fehlt, die Bösgläubigkeit des Erwerbers in Bezug auf diesen Unwirksamkeitsgrund aus (Lange/Kuchinke ErbR[5] § 28 IV 8 b; Kipp/Coing, ErbR[14] § 49 IV 6). Problematisch ist, ob bei Verfügungen des Schuldners über Liegenschaftsrechte der Erwerber den Schutz des § 892 Abs 1 S 2 BGB genießt, wenn er die Eröffnung des Insolvenzverfahrens kennt, aber irrtümlich annimmt, das Recht gehöre nicht zur Masse (wohl zu Unrecht bejahend Jaeger/Henckel, KO[9] § 7 Rn 51; Kilger/Schmidt, KO[17] § 7 Anm 5; zweifelnd Eickmann ZIP 1985, 127, 128). Für die Beweislast ergeben sich im Rahmen des § 892 Abs 1 S 2 BGB keine abweichenden Voraussetzungen (s Rn 174), sodass der Gegner des Erwerbs die Kenntnis des Erwerbers von der Verfügungsbeschränkung beweisen muss (OLG Düsseldorf 2. 8. 2019 – 3 Wx 120/19, FGPrax 2019, 251 [so der Insolvenzverwalter die Verfahrenseröffnung, wenn er gegen einen gutgläubigen Erwerb nach § 81 Abs 1 S 2 InsO iVm § 892 Abs 1 S 2 BGB vorgeht]).

249 Hinsichtlich der übrigen Voraussetzungen des Gutglaubensschutzes bestehen im Rahmen des Abs 1 S 2 BGB keine Besonderheiten. Insbesondere ist auch hier der Verkehrsschutz auf den Bereich des *rechtsgeschäftlichen Erwerbs* und den gleichstehenden Fall des § 898 ZPO beschränkt. Im neueren Schrifttum wird allerdings teilweise die Auffassung vertreten, dass bei gerichtlichen und behördlichen Veräußerungsverboten (§§ 136, 135 BGB) der Gutglaubensschutz auch auf die Fälle des exekutiven Erwerbs ausgedehnt sei, da sich § 135 Abs 2 BGB auf beide Sätze des Abs 1 beziehe und außerdem ein überzeugender Grund für die Schlechterstellung des in der Zwangsvollstreckung Erwerbenden fehle (MünchKommBGB/Armbrüster[9] § 135 Rn 51; NK-BGB/Looschelders[3] § 135 Rn 32; Wolf/Neuer, AT[13] § 55 Rn 33; Ruhwedel JuS 1980, 161, 167 Fn 44; **aA** die hM, RGZ 90, 335, 338; Staudinger/Dilcher[12] § 135 Rn 12; Soergel/Meier[14] § 135 Rn 41; BGB-RGRK/Krüger-Nieland § 135 Rn 5; Bamberger/Roth/Hau/Poseck/Wendtland[5] § 135 Rn 12; Grüneberg/Ellenberger[84] § 135, 136 Rn 9; PWW/Ahrens[18] §§ 135, 136 Rn 10; MünchKommZPO/Schmidt/Brinkmann[6] § 772 Rn 16; Stein/Jonas/Münzberg, ZPO[22] § 772 Rn 7; differenzierend J Kohler, Das Verfügungsverbot gemäß § 932 Abs 2 ZPO [1981] 185 ff; Staudinger/Kohler [2024] § 135 Rn 84 ff). Das letztere Argument lässt sich jedoch umkehren: Es leuchtet nicht ein, warum die fundamentale Begrenzung des Verkehrsschutzes auf den rechtsgeschäftlichen Bereich gerade bei gutgläubigverbotsbefreitem Erwerb nach §§ 135 Abs 2, 892 Abs 1 S 2 BGB außer Kraft gesetzt sein sollte. Nach Larenz (AT[6] § 23 IV S 464) soll sogar der Eigentumserwerb nach § 90 ZVG relativ unwirksam sein, wenn nicht § 135 Abs 2 BGB eingreift. Das ist jedoch mit § 90 Abs 1 ZVG schlechterdings nicht zu vereinbaren (s J Kohler, Das Verfügungsverbot gem § 938 Abs 2 ZPO im Liegenschaftsrecht [1984] 191 ff). Schon wegen des Ausschlusses des Gutglaubensschutzes bei nichtrechtsgeschäftlichem Erwerb unzutreffend ist die Annahme von Wacke (MünchKommBGB/Wacke[4] § 883 Rn 6), beim Zusammentreffen zweier gerichtlicher Verfügungsverbote könne das später erlassene nach § 892 BGB den „Vorrang" vor dem früher ergangenen erlangen.

250 Hinzuweisen ist nur darauf, dass die Eintragung einer Verfügungsbeschränkung für eine bestimmte Einzelverfügung durch die Eintragung eines (unzutreffenden) Wirksamkeitsvermerks neutralisiert werden kann (Wilhelm[7] Rn 707). Wenn ein Verfügungsverbot bei der Umschreibung des Grundbuchblattes versehentlich nicht mitübertragen und damit nach § 46 Abs 2 GBO gelöscht wurde, scheitert die Möglichkeit des gutgläubig verbotsbefreiten Erwerbs natürlich nicht daran, dass die (ursprüngliche) Existenz des Verfügungsverbotes aus dem geschlossenen Grundbuchblatt hervorgeht. Dieses ist nun einmal nicht mehr das maßgebliche Grundbuch iS von § 892 BGB.

251 Eine Besonderheit besteht auch bei der Verfügungsbeschränkung des Erben, die sich aus der Anordnung einer Testamentsvollstreckerschaft ergibt. Wenn der Erbe selbst noch gar nicht im Grundbuch eingetragen ist und dementsprechend auch noch die Eintragung des Testamentsvollstreckervermerks fehlt, kommt bei der Übertragung eines zum Nachlass gehörenden Rechts durch den Erben, der die Erbfolge gem § 35 GBO durch eine in öffentlicher Urkunde errichtete Verfügung von Todes wegen nachgewiesen hat und gem § 40 Abs 1 GBO nicht im Grundbuch eingetragen worden ist, ein vollwirksamer Erwerb kraft guten Glaubens nach §§ 2211 Abs 2, 892 Abs 1 S 2 BGB nicht in Betracht. Es fehlt hier einfach die geeignete Rechtsscheinbasis (Kipp/Coing § 70 II 2; Staudinger/Dutta [2021] § 2211 Rn 22).

Wird über das Vermögen eines Gesellschafters einer Gesellschaft bürgerlichen Rechts das Insolvenzverfahren eröffnet, unterliegt nicht die Gesellschaft selbst, sondern nur der betreffende Gesellschafter einem Verfügungsverbot mit der Konsequenz, dass seine Gesellschafterrechte jetzt nach § 80 Abs 1 InsO nur noch vom Insolvenzverwalter wahrgenommen werden können. Ein Insolvenzvermerk gem § 32 Abs 1 Nr 1 InsO kann im Falle der bloßen Gesellschafterinsolvenz denn auch gar nicht eingetragen werden. Das war unter der Geltung des § 899a BGB (bis 31. 12. 2023) noch anders, da insoweit auch die Vertretungsbefugnis der eingetragenen Gesellschafter nach §§ 899a S 2, 891 Abs 1 BGB vermutet wurde (Staudinger/Picker [2019] § 899a Rn 7) und die Eintragung eines Insolvenzvermerks zur Zerstörung des guten Glaubens an die Vertretungsbefugnis daher notwendig war (vgl BGH 13. 7. 2017 – V ZB 136/16, NJW 2017, 3715 Rn 17; OLG Dresden 5. 10. 2011 – 17 W 828/11, NZG 2012, 679, 680; K Schmidt/Keller, InsO[20] § 32 Rn 26; MünchKommBGB/H Schäfer[9] § 899a Rn 15). 252

5. Bedeutung von § 892 Abs 1 S 2 für das Grundbuchverfahren

Nach hM darf das Grundbuchamt, wenn es Kenntnis von der Eröffnung des Insolvenzverfahrens oder Anordnung der Nachlassverwaltung oder Testamentsvollstreckung hat, Eintragungen aufgrund von Verfügungen des nicht verfügungsberechtigten Rechtsinhabers nicht mehr vornehmen, sofern der Wegfall der Verfügungsbefugnis nicht nach § 878 BGB (oder infolge Zustimmung des Insolvenzverwalters oder Testamentsvollstreckers) unerheblich ist. Die Kenntnis von einer solchen „Verfügungsentziehung“ bewirkt danach also eine Art Grundbuchsperre (Jaeger/Henckel, KO[9] § 7 Rn 19; Meikel/Imhof/Riedel[6] Vorbem 134, 138, 139 vor § 13; BGB-RGRK/Augustin § 892 Rn 125). Entsprechend muss das Grundbuchamt nach hM verfahren, wenn es davon Kenntnis hat, dass die Verfügung gegen ein (nicht durch § 878 BGB ausgeschaltetes) gerichtliches oder behördliches Verfügungsverbot verstößt, das noch nicht eingetragen ist und dessen Eintragung auch noch nicht beantragt ist (BayObLG NJW 1954, 1120 f = DNotZ 1954, 394 ff; MittBayNot 2004, 41, 42 m Anm Heinemann; KG NJW 1973, 56, 58; JW 1938, 3122; OLG München JFG 16, 144, 149; OLG Düsseldorf MittBayNot 1975, 224; OLG Karlsruhe Rpfleger 1998, 68; Wilhelm[7] Rn 726 f; Staudinger/Seufert[11] § 892 Rn 85; Staudinger/Dilcher[12] § 135 Rn 13; BGB RGRK/Augustin § 892 Rn 125; Soergel/Kern[14] § 892 Rn 18; Grüneberg/Herrler[84] § 888 Rn 10; Soergel/Hefermehl[13] §§ 135, 136 Rn 18; Meikel/Sieveking[7] Anh 10, 21 zu § 19; Meikel/Krause[11] § 38 Rn 81; Meikel/Schneider[12] § 53 Rn 123; Keller/Munzig/Munzig[9] § 19 Rn 86; Bauer/Schaub/Bauer[5] § 38 Rn 37; Bauer/Schaub/Kilian[5] § 19 Rn 233 ff, 251; Demharter[33] § 19 Rn 58; Bestelmeyer Rpfleger 1997, 424; zweifelnd Soergel/Meier[14] §§ 135 Rn 46). Das Grundbuchamt habe dann die Eintragung davon abhängig zu machen, dass entweder das Verfügungsverbot vorher eingetragen oder dass ihm die Zustimmung der durch das Verbot geschützten Person oder aber Umstände nachgewiesen werden, aus denen sich ergibt, dass die Eintragung der Verfügung der geschützten Person gegenüber wirksam ist. Die durch die Kenntnis des Grundbuchamtes ausgelöste Grundbuchsperre soll hier jedoch nur eine vorläufige sein; man ist sich weitgehend einig darüber, dass sie mit der Eintragung des Verfügungsverbotes entfällt (BayObLGZ 1960, 157, 159; Soergel/Kern[14] § 892 Rn 17 f; Meikel/Imhof/Riedel[6] Vorbem 122 vor § 13; abw aber Jaeger/Weber, KO[8] § 113 Anm 11; Kuhn/Uhlenbruck, KO[11] § 113 Rn 4; Böhle/Stamschraeder/Kilger, KO[13] § 113 Anm 4; Meikel/Imhof/Riedel[6] Vorbem 134 vor § 13 für das mit Wirkung zum 31. 12. 1998 aufgehobene [BGBl I 2911] Veräußerungsverbot nach § 106 KO, dessen Einordnung aber streitig war, s oben Rn 241). Weitergehend will Heinemann (MittBayNot 2004, 41, 42) die Grundbuchsperre schon mit Ablauf der Ein-Monats-Frist des § 929 Abs 2 ZPO entfal- 253 len lassen, wenn bis dahin die Eintragung des Verfügungsverbots nicht erfolgt ist. Richtiger Ansicht nach darf das Grundbuchamt aber auch bei noch fehlender Eintragung der Verfügungsentziehung bzw des Verfügungsverbots den gutgläubigen Erwerb nicht verhindern (Staudinger/Kohler [2024] § 135 Rn 123 ff; NK-BGB/Krause[5] § 892 Rn 82; Raebel, in: Lambert-Lang/Tropf/Frenz Teil 5 Rn 188, S 301 ff; Wieling/Finkenauer, SR[6] § 20 Rn 67; Müller Rn 1127; Harms, SR[4] 256; Ertl, MittBayNot 1975, 204; Eickmann, GBVerfR[3] 115 ff, 124 ff; Böttcher Rpfleger 1983, 187, 191; ders Rpfleger 1985, 381, 385 f; Meikel/Schneider[12] § 38 Rn 85; Bauer/vOefele/Bauer[3] § 13 Rn 102; Hügel/Hügel GBO, Sonderbereiche, Verfügungsbeeinträchtigungen, Rn 14; Böhringer Rpfleger 1990, 337, 344; Rademacher MittRhNotK 1983, 90; Bock, Die Auswirkung der Konkurseröffnung und des Veräußerungsverbots nach § 106 Abs 1 S 3 auf den Grundbuchverkehr [1980] 81; Hesse/Saage/Fischer, GBO[4] § 19 Anm III 1 a; Steiner/Teufel, ZVG § 23 Rn 29; MünchKommInsO/Ott/Vuia[4] § 81 Rn 23; Nerlich/Römermann/Wittkowski § 81 Rn 20; MünchKommBGB/Wacke[4] § 888 Rn 21, § 892 Rn 70; MünchKommBGB/Lettmaier[9] § 888 Rn 31; MünchKommBGB/H Schäfer[9] § 892 Rn 67; Kohler, Verfügungsverbot, 108 ff, 132 f; Foerste 103; Rieger BWNotZ 2001, 86 f; Helwich RpflStud 2001, 79, 81; Bachmann Rpfleger 2001, 105, 112; Kesseler ZNotP 2004, 338 ff, 344 f); es gilt insoweit das oben in Rn 218 Ausgeführte entsprechend. Das betrifft aber auch die dort hervorgehobene Ausnahme: Das Grundbuchamt darf den gutgläubigen Erwerb noch durch Eintragung eines Amtswiderspruchs verhindern, wenn die „beglaubigende Buchlage" (dh die Nichteintragung der Verfügungsbeschränkung oder -entziehung) auf einem Gesetzesverstoß des Grundbuchamts beruht (s Raebel, in: Lambert-Lang/Tropf/Frenz Teil 5 Rn 301 f). Dafür reicht schon die trotz Nachweises in der Form des § 35 GBO versehentlich unterbliebene Eintragung des Testamentsvollstreckervermerks oder Nacherbenvermerks (§§ 51 f GBO; s Raebel Rn 312).

254 Wenn der Insolvenzvermerk (oder der Vermerk über die Anordnung der Testamentsvollstreckung oder Nachlassverwaltung) einmal im Grundbuch eingetragen ist, darf das Grundbuchamt – vorbehaltlich des § 878 BGB, der aber nur bei einem vorangegangenen Verstoß gegen die §§ 17, 45 GBO noch eingreifen kann – aufgrund weiterer Verfügung des nicht (mehr) verfügungsbefugten Rechtsinhabers keine Eintragungen mehr vornehmen, da jetzt ja feststeht, dass die fehlende Verfügungsbefugnis nicht mehr durch den guten Glauben des Erwerbers ersetzt werden kann (Staudinger/Seufert[11] § 892 Rn 84; MünchKommBGB/H Schäfer[9] § 892 Rn 65; Soergel/Kern[14] § 892 Rn 17; Böttcher Rpfleger 1983, 187, 191 mwNw in Fn 44; ders Rpfleger 1985, 381, 386 mwNw in Fn 68). Anders ist die Situation bei Verfügungen, die nur gegen ein eingetragenes relatives Verfügungsverbot iS von § 136 BGB verstoßen. Hier ist das Grundbuchamt bei Vorliegen der verfahrensrechtlichen Voraussetzungen gehalten, die Eintragung zu vollziehen (Mot III 219 f; RGZ 105, 71, 76; KGJ 44 A 174, 179; BayObLGZ 1960, 157, 159; BayObLG DNotZ 1954, 394, 395; Staudinger/Kohler [2024] § 135 Rn 123 ff; Meikel/Böttcher[12] Anh 182 nach § 20). Es bleibt dem Verbotsgeschützten überlassen, die Unwirksamkeit geltend zu machen (s Erl Staudinger/Kesseler [2020] § 888 Rn 1 ff; ferner Staudinger/Dilcher[12] § 135 Rn 16).

255 Eine **Löschung** des verbotsbetroffenen beschränkten dinglichen Rechtes darf das Grundbuchamt trotz Eintragung des relativen Verfügungsverbotes nur nach Nachweis der Zustimmung des Verbotsgeschützten vollziehen, weil durch die Löschung der Vermerk des Verfügungsverbotes selbst auch gegenstandslos werden müsste und somit das gelöschte Recht durch einen anschließenden gutgläubig-lastenfreien Erwerb des Grundstücks endgültig untergehen oder bei zwischenzeitlicher Bestellung eines weiteren beschränkten Liegenschaftsrechts einen Rangverlust erleiden könnte (RGZ 65, 219; 102, 332; PLANCK/STRECKER Vorbem VII 2 c β vor § 873; MEIKEL/IMHOF/RIEDEL[6] Vorbem 122 vor § 13; MEIKEL/BÖTTCHER[12] Anh 183 nach § 20 [m Einschr]; KELLER/MUNZIG/MUNZIG[9] § 19 Rn 93 aE) [m Einschr]; RAEBEL, in: LAMBERT-LANG/TROPF/FRENZ Teil 5 Rn 186; BÖTTCHER Rpfleger 1985, 381, 386 f; **aA** MEIKEL/BESTELMEYER[10] § 17 Rn 35, 37; BESTELMEYER Rpfleger 1994, 189, 192). – Eine weitere Ausnahme wird durch § 1 Abs 4 S 1 ErbbauRG erzwungen: Ein Erbbaurecht kann, wenn der Eigentümer einem eingetragenen Verfügungsverbot unterliegt, nur mit Zustimmung des Verbotsgeschützten (oder bei Ausschaltung des Verbotes durch § 878 BGB oder durch § 892 Abs 1 S 2, Abs 2 BGB) eingetragen werden (MEIKEL/BÖTTCHER[12] § 18 Rn 92, Anh 189 nach § 20; KELLER/MUNZIG/ERTL[4] § 19 Rn 111; BÖTTCHER Rpfleger 1985, 381, 387 f; EICKMANN, GBVerfR, 5. Kap § 3 IV 1. 3 Rn 171). Das Veräußerungsverbot schafft nämlich eine Schwebelage, die wie die in § 1 Abs 4 S 1 ErbbauRG untersagte auflösende Bedingung eine Veräußerung oder Beleihung des Erbbaurechts praktisch verhindern würde. Aus diesem Grunde hat der BGH § 1 Abs 4 S 1 ErbbauRG beispielsweise bei der Bestellung eines Erbbaurechts durch einen nicht befreiten (und damit der Verfügungsbeschränkung aus § 2113 BGB unterliegenden) Vorerben angewandt (BGHZ 52, 269, 271; zust STAUDINGER/RAPP [2021] § 1 ErbbauRG Rn 38a; BGB-RGRK/RÄFLE § 1 ErbbVO Rn 63 mwNw; MünchKomm-BGB/WEISS[9] § 1 ErbbauRG Rn 83 ff [Ausnahme für Nacherbfall zu festem Termin]; SCHÖNER/STÖBER[16] Rn 1683; MEIKEL/BÖTTCHER[12] Anh 189 nach § 20; **aA** WINKLER DNotZ 1970, 651).

In welcher Weise und an welcher Stelle die Verfügungsbeschränkungen einzutragen sind, ergibt sich aus §§ 10, 11 GBVerfG, auf den Vorbehaltsgebieten des § 136 GBO aus den landesrechtlichen Vorschriften. Die Tragweite der in diesem Zusammenhang verwendeten Rechtsbegriffe (zB Insolvenzverfahren, Zwangsverwaltung usw) muss jedermann auch ohne nähere Erläuterung im Grundbuch gegen sich gelten lassen, s Rn 28 und 248. **256**

6. Abgrenzungsfragen

a) Verfügungsbeschränkungen nach § 129 VAG und § 111c StPO

Um redlichkeitsanfällige („relative“) Verfügungsbeschränkungen iS von § 892 Abs 1 S 2 BGB handelt es sich auch bei den Verfügungsbeschränkungen nach *§ 129 VAG* (Zustimmungserfordernis des Treuhänders einer Versicherung, früher § 72 Abs 1 VAG KG JFG 11, 321; HRR 1934 Nr 645, 1485; GÜTHE/TRIEBEL II 2049; PRÖLLSS/SCHMIDT/FREY, VAG[11] § 72 Rn 5; MEIKEL/IMHOF/RIEDEL[6] Vorbem 150 vor § 13; KELLER/MUNZIG/MUNZIG[9] Einl § 6 Rn 92; SCHÖNER/STÖBER[16] Rn 4065; BAUER/SCHAUB/KILIAN[5] § 19 Rn 212 aE; vTHÜSEN DNotZ 1936, 534; mit anderem Akzent [absolute Verfügungsbeschränkung mit Gutglaubensschutz] RAEBEL, in: LAMBERT-LANG/TROPF/FRENZ Teil 5 Rn 344; noch anders SIEG VersR 1990, 469 [absolute Verfugungsbeschrankung ohne Gutglaubensschutz]; BLOMEYER, in: FS [1999] Hirsch 44 f; verneinend auch MEIKEL/BÖTTCHER[11] Anh 35 nach § 20). Ferner bei der Beschlagnahme nach § 111c StPO. Letztere wird allerdings bei Grundstücken nach § 111c Abs 3 StPO erst durch die Eintragung eines Beschlagnahmevermerks im Grundbuch bewirkt; § 892 Abs 1 S 2 BGB kann deshalb nur bei einer unzutreffenden Löschung des Vermerks eingreifen. **257**

b) Dinglicher Arrest

Keine Verfügungsbeschränkungen sind der **dingliche Arrest** nach §§ 928 ff ZPO (er bedarf der Vollziehung, bei Grundstücken durch Eintragung einer Arresthypothek), der (mangels Erlasses der einschlägigen Verordnungen bisher ohnehin nirgends ein- **258** geführte) Bauvermerk nach dem Gesetz zur Sicherung von Bauforderungen vom 1. 6. 1909, eine Verpachtungsbeschränkung (KGJ 51 A 297).

c) Verfügungsbeschränkungen aufgrund Rechtsgeschäfts

259 Verfügungsbeschränkungen **aufgrund Rechtsgeschäfts** kommen hier grundsätzlich (zu Ausnahmen unten Rn 261) nicht in Betracht, da diese mit dinglicher Wirkung nicht begründet werden können (§ 137 BGB) und das Grundbuch für die Aufnahme schuldrechtlicher Verhältnisse nicht bestimmt ist. Soweit Verfügungsbeschränkungen durch Rechtsgeschäft ins Leben gerufen werden, wie zB die durch Nacherben- oder Testamentsvollstreckereinsetzung, wird nicht gerade die Verfügungsbeschränkung durch Rechtsgeschäft begründet, sondern ein anderes Rechtsverhältnis, mit dem das Gesetz eine Verfügungsbeschränkung verbindet, vgl Mot III 2–16; Prot II 76; VI 386; diese Fälle sollten durch die weite Fassung des § 892 BGB einbezogen werden.

260 **aa)** Eine nach § 137 S 2 BGB mögliche *obligatorische Verpflichtung,* wonach der Schuldner Verfügungen über ein bestimmtes Liegenschaftsrecht zu unterlassen hat, kann auch nicht durch eine Vormerkung verdinglicht werden, denn sie zielt ja gerade nicht auf eine Änderung der dinglichen Rechtslage ab und hat damit nicht den in § 883 Abs 1 S 1 BGB geforderten Inhalt (KG OLGE 6, 122 f; OLG Hamm DNotZ 1956, 151; Reichel JherJb 46 [1904] 75 f; J Kohler, Das Verfügungsverbot 294 f). Die hM lässt allerdings zu, dass ein schuldrechtlicher Anspruch auf Unterlassung einer Verfügung bei drohender Verletzung durch ein richterliches Verfügungsverbot (§ 938 Abs 2 ZPO) gesichert und intensiviert wird (BGH LM § 137 BGB Nr 2; BGHZ 134, 182, 187 = LM § 883 Nr 24 m Anm Stürner/Bruns; BayObLG NJW 1978, 700, 701; Baur/Stürner[18] § 20 Rn 68; Staudinger/Seufert[11] § 892 Rn 82; Staudinger/Dilcher[12] § 137 Rn 19; MünchKommBGB/Mayer-Maly[4] § 137 Rn 31; Bülow JuS 1994, 1, 8; ausf Nw bei Kohler 23 Fn 27). Diese Ansicht ist jedoch abzulehnen (Oertmann Recht 1916, 57 ff; Raible, Vertragliche Beschränkung der Übertragung von Rechten [1969] 180 ff; Chr Berger, Rechtsgeschäftliche Verfügungsbeschränkungen [1998] 123 ff; MünchKommBGB/Armbrüster[9] § 137 Rn 33; MünchKommBGB/Wacke[4] § 883 Rn 6; J Kohler 293 ff; Staudinger/Kohler [2024] § 137 Rn 62 f mwNw; Merrem JR 1993, 53, 55). Eine solche einstweilige Verfügung würde nämlich weitergehende Wirkungen entfalten, als sie das künftige Urteil im Hauptprozess haben könnte (s Raible 180).

261 **bb)** Umstritten ist, inwieweit **beschränkte Liegenschaftsrechte** durch Rechtsgeschäft nach §§ 413, 399 2. Alt BGB **vinkuliert**, dh mit der Eigenschaft der Unveräußerlichkeit ausgestattet werden können. Die Skala der Auffassungen reicht von völliger Ablehnung (Böttcher Rpfleger 1983, 49, 50 f) über die ausnahmsweise Zulassung einer mittelbaren Vinkulierung akzessorischer Rechte durch die Bindung der Forderung (Däubler NJW 1968, 1117, 1122; MünchKommBGB/Kieninger[9] § 413 Rn 4) bis zur generellen Bejahung mit Ausnahme der subjektiv-dinglichen Rechte (Übersicht bei Raible 182 ff). Die hM hält es zB für möglich, dass die Abtretbarkeit einer Grundschuld bei der Bestellung oder durch inhaltsänderndes Rechtsgeschäft (also durch Einigung und Eintragung, §§ 873, 877 BGB) ausgeschlossen wird (OLG München JFG 16, 291, 295; OLG Stuttgart OLGZ 1965, 96; OLG Hamm NJW 1968, 1289; OLG Köln DNotZ 1970, 419, 422; Huber, Die Sicherungsgrundschuld [1965] 164; Staudinger/Wolfsteiner [2019] Einl 138 ff zu §§ 1113 ff; Berger, Rechtsgeschäftliche Verfügungsbeschränkungen [1998] 360 f; Bauer/Schaub/Schäfer[5] § 26 Rn 18; **aA** Meikel/Böttcher[12] § 26 Rn 20 mwNw; Medicus, AT[12] Rn 676; für bloße Einrede gegen den Zessionar Raible, Vertragliche Beschränkungen der Übertragung von Rechten [1969] 193 ff). Soweit danach die Übertragbarkeit ausgeschlossen werden kann, muss aber

auch der gutgläubige Erwerb eines solchen vinkulierten Rechtes möglich sein, wenn die diesbezügliche Angabe im Grundbuch nachträglich irrtümlicherweise wieder gelöscht worden ist (s RAIBLE 185, 187, 201 mwNw; MünchKommBGB/WACKE[4] § 892 Rn 65; SOERGEL/KERN[14] § 892 Rn 15; GRÜNEBERG/HERRLER[84] § 892 Rn 18; **abw** ROSENBERG § 892 Anm II 4 d β, wo die Möglichkeit einer der konstitutiven Eintragung der Unübertragbarkeit nachfolgenden Unrichtigkeit übersehen ist). Entsprechendes gilt, wenn der Abtretungsausschluss trotz entsprechender Einigung von vornherein nicht mit eingetragen war; die Grundschuld ist dann als nicht übertragbare entstanden (s STAUDINGER/C HEINZE [2018] § 873 Rn 195). Dabei ist richtiger Ansicht nach allerdings nicht § 892 Abs 1 S 2 BGB, sondern Abs 1 S 1 einschlägig, da die Eigenschaft der Unübertragbarkeit zum grundbuchmäßig auszuweisenden Rechtsinhalt gehört. Die Übertragbarkeit eines Miteigentumsanteils kann richtiger Ansicht nach nicht ausgeschlossen werden (OLG Hamm DNotZ 1973, 549, 551; MünchKommBGB/SCHMIDT[9] § 1010 Rn 9 m Fn 44; DÖBLER MittRhNotK 1983, 181, 189; WALTER DNotZ 1975, 518; **aA** aber RAIBLE 71 f; CHR BERGER 359; J KOHLER 321 Fn 426). Die Frage des Gutglaubensschutzes stellt sich insoweit also nicht. Dagegen kommt § 892 Abs 1 S 1 BGB zur Anwendung, wenn eine eingetragene Teilungsbeschränkung oder Verwaltungs- und Benutzungsregelung der Miteigentümer (§ 1010 Abs 1 BGB) zu Unrecht gelöscht wurde (s STAUDINGER/THOLE [2023] § 1010 Rn 53; MünchKommBGB/WACKE[4] § 892 Rn 65 Fn 204).

cc) Klare Durchbrechungen des Prinzips des § 137 S 1 BGB enthalten die §§ **5 ErbbauRG, 12, 30, 35 WEG**, nach denen die Veräußerung und Belastung eines Erbbaurechts oder Wohnungserbbaurechts und die Veräußerung des Wohnungseigentums oder eines Dauerwohn- oder Dauernutzungsrechts von einer Zustimmung (des Eigentümers bzw der anderen Wohnungseigentümer) abhängig gemacht werden kann. Diese Vereinbarungen gehören, sobald sie mit der konstitutiven Eintragung wirksam werden, zum Inhalt des jeweiligen Rechts; sie stellen damit keine Verfügungsbeschränkungen iS von § 892 Abs 1 S 2 BGB dar; dort sind offensichtlich nur solche Beschränkungen gemeint, die außerhalb des Grundbuches entstehen (ROSENBERG § 892 Anm II 4 d β). Dennoch kann (entgegen BÖTTCHER Rpfleger 1984, 377, 380; BGB-RGRK/AUGUSTIN § 12 WEG Rn 25 und anderen) auch hier wieder ein gutgläubiger Erwerb (nach § 892 Abs 1 S 1 BGB) stattfinden, wenn die Verfügungsbeschränkung versehentlich gelöscht wurde oder sich ihre eingetragene spätere Aufhebung als unwirksam herausstellt (vgl OLG München 4. 4. 2014 – 34 Wx 62/14, NJW-RR 2014, 905; RAIBLE 205; PLANCK/STRECKER § 5 ErbbVO Anm 3; GRÜNEBERG/HERRLER[84] § 892 Rn 18). Letzteres gilt insbesondere auch dann, wenn eine Veräußerungsbeschränkung nach § 12 WEG aufgrund eines Aufhebungsbeschlusses (§ 12 Abs 4 S 2 WEG) im Grundbuch gelöscht worden ist, der Beschluss aber erfolgreich angefochten wird. In der Zwischenzeit kann ein Verkäufer das betreffende Wohnungs- oder Teileigentum trotz fehlender Zustimmung nach § 892 Abs 1 S 1 BGB wirksam erwerben (BÄRMANN/SUILMANN, WEG[15] § 12 Rn 73; iE WILSCH NotBZ 2007, 305, 307, wo aber § 892 Abs 1 S 2 angewandt wird). Problematisch ist insoweit allerdings, ob ein gutgläubig-vereinbarungsfreier Erwerb im Hinblick auf § 10 Abs 3 S 1 WEG überhaupt notwendig ist, oder ob die Bindungswirkung der Veräußerungsbeschränkung gegenüber Sonderrechtsnachfolgern nicht sogar im Falle der Kenntnis erlischt. Die letztere Annahme empfiehlt sich unseres Erachtens nicht: Die Formulierung „wenn sie ... im Grundbuch eingetragen sind" in § 10 Abs 3 S 1 WEG aE ist vielmehr so zu lesen, als stünde da „eingetragen *worden* sind" (so iE auch OLG Hamm NJW-RR 1993, 1295 ff; vgl ferner STAUDINGER/THOLE [2023] § 1010 Rn 53). 262

d) Bedingung und Befristung

263 Im Zusammenhang mit § 892 Abs 1 S 2 BGB werden häufig auch **Bedingung und Befristung** als rechtsgeschäftliche Verfügungsbeschränkungen erwähnt (zB bei BGB-RGRK/Augustin § 892 Rn 101). Richtiger Ansicht nach handelt es sich dabei jedoch nicht um Verfügungsbeschränkungen von der Art, die § 892 Abs 1 S 2 BGB meint, sondern um absolut wirkende Begrenzungen des Rechtes selbst (Oertmann § 161 Anm 1; Rosenberg § 892 Anm II 4 d β; Planck/Strecker § 873 Anm II 2; Kretzschmar 118; Güthe/Triebel Vorbem 80 vor § 13; Meikel/Imhof/Riedel[6] Vorbem 177 vor § 13; Kohler II 2, 90; Sawitz 112; Du Chesne BayNotZ 1919, 226; Böttcher Rpfleger 1983, 49 mwNw). Damit kommt in Bezug auf Bedingungen und Befristungen über §§ 161 Abs 3, 892 Abs 1 S 1 BGB auch der positive Aspekt des Gutglaubensschutzes zur Anwendung. Wenn ein unbedingt entstandenes beschränktes dingliches Recht infolge eines Übertragungsfehlers im Grundbuch nur als bedingtes ausgewiesen ist, wird dem redlichen Erwerber des Grundstücks kraft der negativen Seite des § 892 Abs 1 S 1 BGB die eingetragene Bedingung als bestehend verbürgt (Sawitz 112 f Fn 19; s oben Rn 41). Wird umgekehrt ein nur bedingtes oder befristetes Recht im Grundbuch kraft eines Übertragungsfehlers als unbedingt bzw unbefristet ausgewiesen, so erwirbt der redliche Zessionar dieses Recht kraft der positiven Seite des § 892 Abs 1 S 1 BGB als unbedingtes bzw unbefristetes. Entsprechendes gilt für die wegen § 925 Abs 2 BGB seltene Konstellation des nur bedingten Eigentums. Wenn A von den Erben des letzten eingetragenen Grundstückseigentümers unter derselben auflösenden Bedingung sämtliche Erbanteile erwirbt, erlangt er damit auflösend bedingtes Eigentum. Wird bei der Grundbuchberichtigung versehentlich unbedingtes Eigentum eingetragen oder die Bedingung später gelöscht, muss eine Weiterübereignung des Grundstücks von A an den gutgläubigen B letzterem unbedingtes Eigentum verschaffen. – Unbedingte Verfügungen des nur bedingt Berechtigten darf das Grundbuchamt nicht eintragen, weil dadurch das Grundbuch unrichtig werden würde (Planck/Strecker Vorbem VII 2 c β zu §§ 873 ff S 123 mwNw). Wenn eine solche Eintragung aber dennoch erfolgt ist, so ist sie ihrerseits geeignete Grundlage für einen gutgläubigen Erwerb. Das Grundbuch ist nicht etwa in sich selbst widersprüchlich, da die unbedingte Verfügung ja mit Zustimmung desjenigen erfolgt sein könnte, dem das Recht mit Bedingungseintritt zufallen würde. – All dies gilt aber nur für Bedingungen oder Befristungen des Rechtes selbst, das das Verfügungsobjekt bildet, sowie für Begrenzungen der Rechtsinhaberschaft des Verfügenden, die sich aus einer vorangegangenen bedingten oder befristeten Verfügung über das gleiche Recht ergeben. Anders liegt die Sache bei Bedingungen oder Befristungen, die die Mitgliedschaft in einer Gesamthand betreffen, die ihrerseits über das ihr zustehende Recht verfügt. Bei Nachlassgrundstücken etwa kann die Verfügungsbeschränkung eines Miterben oder Anteilserwerbers, die sich aus einer von diesem zuvor vorgenommenen aufschiebend bedingten Übertragung (bzw Rück- oder Weiterübertragung) des Erbteils ergibt, nur nach § 892 Abs 1 S 2 BGB behandelt werden: Ist die Verfügungsbeschränkung nicht eingetragen, so wird zugunsten des redlichen Erwerbers ihre Nichtexistenz (und dh: das Vorhandensein der Verfügungsbefugnis) fingiert (BayObLGZ 1994, 29, 31). Für den positiven Aspekt des Gutglaubensschutzes ist dagegen kein Raum. Ist die vorangegangene Erbteilsübertragung eingetragen und wirkt der im Grundbuch benannte Erbteilserwerber auf Seiten der Erbengemeinschaft bei der Übertragung des Grundstücks mit, wird der Erwerber also nicht geschützt, wenn der fragliche Erbteilserwerber den Erbteil zu diesem Zeitpunkt bereits wieder weiterübertragen hatte.

c) Rechtshängigkeit

Keine echte Verfügungsbeschränkung bewirkt die **Rechtshängigkeit** in Ansehung eines Grundstücks oder Grundstücksrechts (OLG Stuttgart NJW 1960, 1109; MDR 1979, 853; OLG Zweibrücken DNotZ 1989, 580; SOERGEL/KERN[14] § 892 Rn 16; MünchKommBGB/H SCHÄFER[9] § 892 Rn 61; MünchKommZPO/GOTTWALD[6] § 325 Rn 110; KELLER/MUNZIG/KELLER[9] Einl § 1 Rn 90; BÖTTCHER Rpfleger 1983, 49, 52; SAWITZ 113 f; **aA** Mot III 217 = MUGDAN III 120; STAUDINGER/SEUFERT[11] § 892 Rn 80; BGB-RGRK/AUGUSTIN § 879 Rn 19; GÜTHE/TRIEBEL Vorbem 81 zu § 13; MEIKEL/IMHOF/RIEDEL[6] Vorbem 164 zu § 13). § 265 ZPO setzt die Befugnis der Parteien, über das streitbefangene Recht zu verfügen, geradezu voraus. Ein Urteil hat aber nach § 325 Abs 1 ZPO grundsätzlich Rechtskraftwirkung auch für und gegen solche Personen, die nach Eintritt der Rechtshängigkeit Rechtsnachfolger einer Partei geworden sind. Diese Rechtskrafterstreckung wird ihrerseits wiederum durch § 325 Abs 2 ZPO eingeschränkt, wonach die Vorschriften über den Erwerb vom Nichtberechtigten – und damit § 892 BGB – entsprechende Anwendung finden sollen. Wer nach Eintritt der Rechtshängigkeit das streitbefangene Liegenschaftsrecht von der Partei, der dieses im Urteil abgesprochen worden ist, erwirbt, unterliegt mithin nicht der Rechtskrafterstreckung, wenn ihm im Zeitpunkt der Antragstellung (oder der nachfolgenden Einigung, s Rn 197, 206) nicht nur die Nichtberechtigung des Verfügenden, sondern auch die Rechtshängigkeit nicht bekannt war und die letztere auch nicht im Grundbuch eingetragen war. § 325 Abs 2 ZPO erhöht damit die Anforderungen an den guten Glauben des Erwerbers, weil dieser weder das materielle Recht des Veräußerers, noch die Rechtshängigkeit kennen darf. Die Kenntnis der Rechtshängigkeit ist aber nur für die Frage der Rechtskrafterstreckung von Bedeutung; keinesfalls schließt die bloße Kenntnis der Rechtshängigkeit bereits materiellrechtlich den Gutglaubenserwerb aus (s VOLSHAUSEN JZ 1988, 584, 592). Zum Verhältnis von § 325 ZPO und § 892 BGB vgl auch RGZ 79, 165; 88, 268; KG JW 1932, 191. Die in § 325 Abs 2 ZPO ausgesprochene Verweisung auf § 892 BGB setzt offensichtlich voraus, dass die Rechtshängigkeit im Grundbuch eingetragen und auf diese Weise die Rechtskrafterstreckung auf Rechtsnachfolger gesichert werden kann. Die Zulässigkeit der Eintragung eines Rechtshängigkeitsvermerks ist denn auch heute fast allgemein anerkannt (OLG Stuttgart NJW 1960, 1109 f; MDR 1979, 853 = OLGZ 1979, 300, 302 f mwNw; OLG München NJW 1966, 1030; OLG Zweibrücken OLGZ 1989, 260, 261 mwNw; OLG Schleswig SchlHA 1994, 169; OLG München MDR 2000, 782; ZÖLLER/VOLLKOMMER, ZPO[35] § 325 Rn 50; RAHN BWNotZ 1960, 61 ff; MEIKEL/IMHOF/RIEDEL[6] Vorbem 164 vor § 13; MEIKEL/BÖTTCHER[12] Anh 23 nach § 20; KELLER/MUNZIG/KELLER[9] Einl § 1 Rn 90; BAUER/SCHAUB/LIEDER[5] AT H. 11a; BAUER/SCHAUB/BAYER/MEIER-WEHRSDORFER[5] § 29 Rn 66; DEMHARTER[33] Anh 21, 34 zu § 13; STEIN/JONAS/ALTHAMMER, ZPO[23] § 325 Rn 44; BÖTTCHER Rpfleger 1983, 49, 52; STADLER Jura 2001, 433, 439; KRUG ZEV 1999, 161, 165 mwNw; ZEISING ZJS 2010, 1 ff, 9; **aA** Mot III 217 f = MUGDAN III 120; KRETZSCHMAR § 892 Anm III 10; FUCHS § 892 Anm 15; TURNAU/FÖRSTER § 892 Anm III 2; LICKLEDER ZZP 114 [2001] 195 ff). Die Eintragung eines Rechtshängigkeitsvermerks kommt allerdings nur bei solchen Klagen in Betracht, bei denen es um die Existenz oder den Umfang einer dinglichen Rechtsposition geht; bei einer Klage auf Übereignung wäre er nicht zulässig (OLG Braunschweig MDR 1992, 74; OLG Schleswig FamRZ 1996, 175; OLG Stuttgart Rpfleger 1997, 15; OLG Brandenburg 27. 11. 2007 – 5 Wx 29/07 Rn 5; SCHÖNER/STÖBER[16] Rn 1653; MEIKEL/BÖTTCHER[12] Anh 23 nach § 20; **aA** OLG München NJW 1966, 1030). Die Rechtshängigkeit soll ja die Streitbefangenheit des Grundstücks oder Grundstücksrechts zum Ausdruck bringen und diese ist bei der Klage auf Durchsetzung eines schuldrechtlichen Verschaffungsanspruchs nicht gegeben. Gesetzliche Ansprüche auf Eintragung eines Rechtshängigkeitsvermerks enthalten die §§ 113 Abs 3 264

S 2 und 3, 116 Abs 2 S 2 SachenRBerG, 8 Abs 4 GBBerG. Die Eintragung der Rechtshängigkeit des Anspruchs aus einem eingetragenen Grundpfandrecht ist trotz § 325 Abs 3 ZPO zulässig, da diese Vorschrift nur dem gutgläubigen Erwerber des Grundstücks, nicht dem Erwerber des Grundpfandrechts gegenüber Bedeutung hat; diesem gegenüber bleibt es bei der Regel des § 325 Abs 2 ZPO (Güthe/Triebel Vorbem 81 vor § 13 GBO; Planck/Strecker Vorbem VII 2 c β zu §§ 873 ff S 121; Sawitz 115). Wegen der Eintragungsvoraussetzungen beim Rechtshängigkeitsvermerk vgl unten § 899 Rn 102.

265 **f) Verfügungsbeschränkungen des ehelichen Güterrechts** fallen nicht unter § 892 Abs 1 S 2 BGB.

aa) Die Verfügungsbeschränkungen beim gesetzlichen Güterstand der **Zugewinngemeinschaft** – von denen im vorliegenden Zusammenhang nur das Zustimmungserfordernis bei Verfügungen eines Ehegatten über sein „Vermögen im Ganzen" (§ 1365 Abs 1 S 2 BGB) in Betracht kommt – wirken richtiger und ganz herrschender Ansicht nach **absolut** (s Staudinger/Thiele [2017] § 1365 Rn 99, § 1369 Rn 63). Die Beschränkung aus § 1365 Abs 1 S 2 BGB ist deshalb nicht im Grundbuch eintragbar und kann mithin auch nicht durch den Verkehrsschutz nach § 892 Abs 1 S 2 BGB ausgeschaltet werden (Staudinger/Thiele [2017] § 1365 Rn 99; Soergel/Hermann Lange[12] § 1365 Rn 58; MünchKommBGB/H Schäfer[9] § 892 Rn 63; Lutter AcP 164 [1964] 122, 128; **aA** nur Frank NJW 1959, 135 sowie im Ergebnis Braga FamRZ 1967, 652, 656 ff). Die daraus resultierende Gefährdung des Liegenschaftsverkehrs wird aber von der ganz hM durch eine restriktive Interpretation des § 1365 BGB abgemildert: Bei Verfügungen über Einzelgegenstände kann dem Erwerber das Zustimmungserfordernis nach der herrschenden *subjektiven* Theorie nur entgegengehalten werden, wenn dieser weiß, dass der Geschäftsgegenstand so gut wie das ganze Vermögen des Verfügenden ausmacht oder doch die Umstände kennt, aus denen sich dies ergibt (s Staudinger/Thiele [2017] § 1365 Rn 20 ff). Der damit erreichte Schutz der Verkehrsinteressen bleibt allerdings deutlich hinter § 892 Abs 1 S 2 BGB zurück: Die Annahme des Erwerbers, dass sein Vertragspartner unverheiratet sei und deshalb den Beschränkungen des gesetzlichen Güterstandes nicht unterliegen könne, wird nicht geschützt (Böttcher Rpfleger 1984, 377, 380; Kritik de lege ferenda bei Liessem NJW 1989, 497, 502). – Ein gutgläubiger Erwerb nach § 892 BGB scheidet im Übrigen nur für den unmittelbaren Nachmann des Ehegatten aus. Bei einer Weiterübertragung des wegen § 1365 Abs 1 S 2 BGB nicht wirksam erworbenen Rechtes ist ein gutgläubiger Zweiterwerb denkbar (OLG Köln OLGZ 1969, 171; OLG Zweibrücken FamRZ 1986, 997, 998; vgl auch OLG München 17. 8. 2022 – 7 U 4125/19, MittBayNot 2023, 479 Rn 90; MünchKommBGB/Kohler[8] § 892 Rn 63; Soergel/Hermann Lange[12] § 1365 Rn 60; Gernhuber/Coester-Waltjen, FamR[6] § 35 Rn 8).

266 **bb)** Auch die Verfügungsbeschränkungen der §§ 1423–1425 BGB, denen bei der **Gütergemeinschaft** der alleinverwaltende Ehegatte oder bei der fortgesetzten Gütergemeinschaft der überlebende Ehegatte (§ 1487 Abs 1 BGB) unterliegt, sind absoluter Natur (Böttcher Rpfleger 1984, 377, 381). Die Ausschaltung dieser Verfügungsbeschränkungen mit Hilfe des § 892 Abs 1 S 2 BGB verbietet sich aber auch schon deshalb, weil dem alleinverwaltenden Ehegatten ja nicht nur die Verfügungsbefugnis – kraft einer singulären Beschränkung – fehlt, sondern bei ihm schon die alleinige Rechtsinhaberschaft nicht gegeben ist: Die §§ 1423–1425 BGB begrenzen ja nur die ehevertraglich eingeräumte Alleinverwaltungsmacht und lassen damit den allgemei-

nen Grundsatz zum Durchbruch kommen, dass über Gegenstände eines Gesamthandsvermögens nur die Gesamthänder gemeinsam verfügen können (Soergel/Gaul[12] § 1422 Rn 14). – Gutgläubige Dritte können aber nach § 892 BGB geschützt werden, wenn die Gütergemeinschaft trotz § 1416 Abs 3 BGB noch nicht im Grundbuch eingetragen ist, sondern das gemeinschaftliche Grundstück dort als Alleineigentum eines der Ehegatten ausgewiesen ist (KG NJW 1973, 428, 429 f; Staudinger/Felgentraeger[11] § 1422 Rn 60; BGB-RGRK/Finke § 1422 Rn 24, § 1450 Rn 19; BGB-RGRK/Augustin § 892 Rn 102; Soergel/Gaul[12] § 1412 Rn 16, § 1422 Rn 14, § 1453 Rn 4; MünchKommBGB/Kohler[8] § 892 Rn 63; MünchKommBGB/H Schäfer[9] § 892 Rn 63 aE; MünchKommBGB/Münch[9] § 1422 Rn 21; Erman/Heinemann[15] § 1422 Rn 5; Jauernig/Budzikiewicz[19] §§ 1423–1428 Rn 16; BeckOGK/Hertel [1. 9. 2024] § 892 Rn 136; Staudinger/Löhnig [2023] § 1412 Rn 21, § 1422 Rn 55, § 1450 Rn 44; Beitzke/Lüderitz, FamR[26], § 16 III 4; Liessem NJW 1989, 497, 499; Dölle FamR § 70 VI 6; Reithmann DNotZ 1961, 18; Lüke JuS 1988, 466; im Grundsatz Böttcher Rpfleger 1984, 377, 380; **aA** Grüneberg/Siede[84] § 1422 Rn 5; Gernhuber/Coester-Waltjen, FamR[6] § 38 Rn 71 [gutgläubiger Erwerb nur vom nichtverwaltenden Ehegatten möglich]; Mikat, in: FS Felgentraeger [1969] 323, 349 f; Staudinger/Thiele [2018] § 1412 Rn 48 ff, § 1450 Rn 43; im Ergebnis auch Lutter AcP 164 [1964] 122, 130). An der bereits erfolgten Eintragung der Gütergemeinschaft im Güterrechtsregister – das Güterrechtsregister wurde zum 1. 1. 2023 abgeschafft; nach den Übergangsregelungen des Art 229 § 64 EGBGB ist es für Altfälle aber weiterhin von Bedeutung (vgl BeckOK-BGB/Scheller/Sprink [1. 8. 2024] § 1412 Rn 18) – kann der gutgläubige Erwerb nicht scheitern; das Grundbuch stellt nämlich insoweit den spezielleren und damit maßgeblichen Rechtsscheinträger dar (Mot IV 318 f; Soergel/Gaul[12] § 1412 Rn 16, § 1422 Rn 14; MünchKommBGB/Münch[9] § 1422 Rn 21, § 1412 Rn 10; BGB-RGRK/Finke § 1412 Rn 24, § 1450 Rn 19; Erman/Heinemann[15] § 1422 Rn 5; Reithmann DNotZ 1961, 1, 18; 1979, 77; Böttcher Rpfleger 1984, 377, 380; Lüke JuS 1986, 464, 466). Auch nach der neuen Rechtslage sind die Vorschriften der §§ 892, 893 BGB gegenüber § 1412 BGB nF vorrangig (BeckOK-BGB/Scheller/Sprink [1. 8. 2024] § 1412 Rn 15). Wenig plausibel erscheint es, wenn ein Teil der Literatur (Gernhuber/Coesterwaltjen, FamR[6] § 35 Rn 8; Böttcher Rpfleger 1984, 377, 380; Staudinger/Thiele [2018] § 1412 Rn 48; Mikat, in: FS Felgentraeger [1969] 323, 349 f) den Gutglaubensschutz gerade für den Fall ausschließen will, dass der als Alleineigentümer Eingetragene und als solcher bei der Verfügung auftretende Ehegatte der Gesamtgutsverwalter ist: Die Befugnis zur Alleinverfügung über Grundstücke fehlt einem in Gütergemeinschaft lebenden Ehegatten doch ganz unabhängig davon, ob er das Gesamtgut grundsätzlich allein oder nur mit- oder überhaupt nicht verwaltet; dieser aus der bloßen Mitberechtigung resultierende Mangel wird eben durch den von der Grundbucheintragung ausgehenden Rechtsschein des Alleineigentums überwunden. – Falls der Erwerber positiv weiß, dass der im Grundbuch als Alleineigentümer Eingetragene und als solcher verfügende Ehegatte im Güterstand der Gütergemeinschaft lebt, so macht ihn das nicht notwendigerweise bösgläubig iS von § 892 BGB. Der Erwerber kann ja glauben, dass es sich bei dem fraglichen Grundstück um Vorbehaltsgut (§ 1418 BGB) handelt. – Im Übrigen ist zu beachten, dass der gutgläubige Erwerb nichts an der Unwirksamkeit des Verpflichtungsgeschäfts ändert (Gernhuber/Coester-Waltjen, FamR[6] § 38 Rn 83; Jauernig/Budzikiewicz[19] §§ 1423–1428 Rn 16), das gutgläubig erworbene Grundstück also vom anderen Ehegatten kraft seines Revokationsrechts aus § 1428 BGB kondiziert werden kann (Soergel/Gaul[12] § 1428 Rn 7; Jauernig/Budzikiewicz[19] §§ 1423–1428 Rn 20).

Bedurfte der Verfügende aufgrund eines **Güterstands fremden Rechts** der Zustimmung seines Ehegatten, so boten die Art 12 Abs 1 und 16 Abs 1 EGBGB aF dem 267

Erwerber Schutz (vgl LG Aurich Rpfleger 1990, 289 f; Liessem NJW 1989, 497, 500 f; Amann MittBayNot 1986, 222, 226 f; Bader MittRhNotK 1994, 161; Schotten DNotZ 1994, 670, 674 ff). Falls der Veräußerer oder sein Ehegatte seinen gewöhnlichen Aufenthalt im Inland hatte oder er hier ein Gewerbe betrieb, kamen nach Art 16 Abs 1 EGBGB aF iVm § 1412 aF die Verfügungsbeschränkungen des fremden gesetzlichen oder vertraglichen Güterstandes nur zur Anwendung, wenn dieser Güterstand im deutschen Güterrechtsregister eingetragen war oder wenn der Dritte ihn positiv kannte oder schließlich, wenn sie nicht über § 1365 BGB hinausgingen, also auch bei Maßgeblichkeit des deutschen Güterrechts bestünden. Die zweite Variante war dabei schon dann erfüllt, wenn der Erwerber wusste, dass der Veräußerer in einem bestimmten ausländischen Güterstand lebt; Kenntnis der daraus sich ergebenden konkreten Verfügungsbeschränkung musste er nicht haben (Amann 226; Staudinger/Mankowski [2010] Art 16 EGBGB Rn 43). **Art 28 EuGüVO** gewährleistet nunmehr an Stelle des Art 16 EGBGB aF den Verkehrsschutz (vgl zu dessen Voraussetzungen und zur fortdauernden Bedeutung des alten Rechts MünchKommBGB/Looschelders[9] Art 28 EuGüVO Rn 1 ff). Art 28 EuGüVO ist nach Art 3 Nr 1 lit b EGBGB gegenüber dem weiterhin bestehenden – ebenfalls Verkehrsschutz gewährenden – Art 12 EGBGB vorrangig (BeckOGK/Finkelmeier [1. 3. 2024] § 892 Rn 15). Dem Streit, ob Art 12 EGBGB neben Art 16 EGBGB aF anwendbar ist oder letzterer vorrangig ist, kommt daher (nur) noch für die – freilich nicht wenigen – Fälle Bedeutung zu, für die nach Art 229 § 47 EGBGB (insb Eheschluss vor dem 29. 1. 2019) Art 28 EuGüVO noch nicht gilt (BeckOGK/Finkelmeier [1. 3. 2024] § 892 Rn 15 f; vgl zur alten Rechtlage auch die Nw bei Staudinger/Hausmann [2019] Art 12 EGBGB Rn 44, wo aber diese Grundlage nicht für einschlägig erklärt wird; Hausmann favorisiert stattdessen einen zusätzlichen Rückgriff auf den allgemeinen Rechtsgedanken des Art 16 Abs 2 EGBGB).

g) Sonstige absolute Verfügungsbeschränkungen

268 Gegenüber gesetzlichen Verfügungsbeschränkungen mit absoluter Wirkung kommt – von den oben Rn 240 erwähnten Ausnahmen abgesehen – ein Gutglaubensschutz nicht in Betracht. Sie sind in aller Regel auch nicht eintragungsfähig. Hierher gehört beispielsweise die Vermögensbeschlagnahme nach §§ 290-293, 443 StPO (s BayObLGZ 12, 31; 21, 299; KGJ 29 A 238 = RJA 5, 260; Planck/Strecker Vorbem VII 2 c vor § 873 [S 118]; Meikel/Böttcher[11] Anh 39 nach § 20; **aA** KEHE/Ertl[3] Einl J 19); ferner die landesrechtlichen Veräußerungsverbote im Bereich des Art 119 EGBGB Nr 1. Das – eintragungsbedürftige – Veräußerungsverbot nach § 75 BVersorgungsG (früher § 77 RVersorgungsG) hat ebenfalls absolute Wirkung (BGH BVersBl 1956 Heft 4, S 69; Meikel/Imhof/Riedel[6] Vorbem 128 vor § 13; Meikel/Böttcher[11] Anh 30 nach § 20; Schwarz bei Sichtermann 107 f; so auch schon RGZ 130, 209, 210 zu § 77 RVersorgungsG). Es entsteht zwar erst mit der Eintragung im Grundbuch (und beeinträchtigt deshalb früher erworbene Rechte nicht, RGZ 130, 209, 210), aber es bleibt trotz einer unrechtmäßigen Löschung dem gutgläubigen Erwerber gegenüber bestehen. Vgl im Übrigen 10. Aufl Rn 86; Planck/Strecker Vorbem VII 2 c α zu §§ 873 ff S 118. – Öffentlich-rechtliche Genehmigungserfordernisse für liegenschaftsrechtliche Verfügungen – etwa nach § 51 Abs 1 BauGB oder §§ 144, 169 BauGB – können selbstverständlich nicht durch den guten Glauben des Erwerbers ausgeschaltet werden. Dies gilt auch für die nach § 35 Abs 6 BauGB angeordnete Genehmigungsbedürftigkeit von Grundstücksveräußerungen. – Durch eine Baulast kann keine Verfügungsbeschränkung begründet werden (vgl Schöner/Stöber[16] Rn 3197).

7. Verhältnis des § 892 Abs 1 S 2 zu Abs 1 S 1

§ 892 Abs 1 S 2 BGB kann **mit § 892 Abs 1 S 1** BGB **zusammentreffen**, wenn etwa gegen den verfügenden Buchberechtigten ein richterliches Veräußerungsverbot (§ 938 Abs 2 ZPO) ergangen war (wie in RGZ 106, 136, 139 f). Dann ist der Erwerb nur wirksam, wenn die Voraussetzungen *beider* Sätze erfüllt sind und der Erwerber somit in doppelter Hinsicht gutgläubig ist. **269**

8. Verhältnis des § 892 Abs 1 S 2 zu § 878

Verfügungsbeschränkungen, die erst entstehen, nachdem die Einigung bzw Verfügungserklärung des Berechtigten bindend geworden und der Eintragungsantrag gestellt ist, können nach § 878 BGB nicht mehr verhindern, dass der eingeleitete Rechtserwerb mit der konstitutiven Eintragung im Grundbuch wirksam wird. Für den Schutz des § 878 BGB ist es dabei völlig gleichgültig, wann die Verfügungsbeschränkung dem Erwerber bekannt oder im Grundbuch vermerkt wird (s Staudinger/C Heinze [2018] § 878 Rn 23). Nur wenn bei Eintritt der Verfügungsbeschränkung entweder noch keine bindende Einigung vorlag oder aber der Eintragungsantrag noch nicht gestellt war, die Verfügungsbeschränkung also nicht schon nach § 878 BGB zu spät kommt, stellt sich die Frage eines gutgläubigen Erwerbs nach § 892 Abs 1 S 2 BGB. Erst unter dieser Voraussetzung kommt es also darauf an, ob die Verfügungsbeschränkung vor der Vollendung des Erwerbs im Grundbuch eingetragen oder bei der Antragstellung (§ 892 Abs 2 BGB) oder der nachfolgenden Einigung oder einseitigen Verfügungserklärung (s § 893 Rn 32) dem Erwerber bekannt war. Die Konstellation des § 878 BGB kommt – wie Lettmaier (MünchKommBGB/Lettmaier[9] § 878 Rn 5) zu Recht betont – in der Praxis sehr viel häufiger vor als die des § 892 Abs 1 S 2 BGB. – Der Schutz, den § 878 BGB bietet, ist dabei auch insoweit der weitergehende, als § 878 BGB auch absolute und gutglaubensresistente Verfügungsbeschränkungen ausschaltet und das Erfordernis des Verkehrsgeschäfts dort nicht besteht (MünchKommBGB/Lettmaier[9] § 878 Rn 5). Vgl auch Staudinger/Ertl[12] § 878 Rn 3; Staudinger/C Heinze (2018) § 878 Rn 6. – § 878 und § 892 Abs 1 S 2 BGB können nur ausnahmsweise auch gleichzeitig eingreifen, nämlich vor allem, wenn der verfügende Rechtsinhaber gleichzeitig mehreren Verfügungsbeschränkungen unterliegt (s Schönfeld JZ 1959, 140, 142). Vgl ferner Staudinger/C Heinze (2018) § 878 Rn 7. **270**

X. Besonderheiten des Hypothekenrechts in Kürze

Nach § 1138 BGB gelten bei der *Verkehrshypothek* die Vorschriften der §§ 891–899 BGB auch in Ansehung der Forderung und der dem Eigentümer nach § 1137 BGB zustehenden Einreden. Damit wird nicht etwa ein gutgläubiger bzw gutgläubig-einredefreier Erwerb der Forderung ermöglicht, sondern dieser Erwerb wird nur insoweit fingiert, als dies nach der gesetzlichen Konstruktion des Hypothekenübergangs für den (einredefreien) Erwerb der Hypothek selbst notwendig ist. Darüber hinaus findet nach § 1157 BGB im Falle der Abtretung die Bestimmung des § 892 BGB auch auf Einreden Anwendung, die dem Eigentümer aufgrund eines zwischen ihm und dem bisherigen Gläubiger bestehenden besonderen Rechtsverhältnisses gegen die Hypothek zustehen. § 1155 BGB erweitert ebenfalls den Verkehrsschutz, indem hier der gutgläubige Erwerb auch von einem nicht im Grundbuch eingetragenen Besitzer des Hypothekenbriefes ermöglicht wird, falls dieser durch eine ununterbroche- **271** ne und auf den letzten eingetragenen Hypothekengläubiger zurückführende Kette öffentlich beglaubigter Abtretungserklärungen legitimiert ist. § 1140 BGB erweitert demgegenüber die Hinderungsgründe für den gutgläubigen Erwerb, da danach ein vom Grundbuch abweichender Briefinhalt bzw ein auf dem Grundpfandbrief eingetragener Vermerk oder Widerspruch den öffentlichen Glauben des Grundbuches zerstören kann. Zu § 1139 BGB s oben Rn 138; zu §§ 1158, 1159 Abs 2 BGB oben Rn 180. Wegen der Besonderheiten bei der Wertpapierhypothek s STAUDINGER/WOLFSTEINER (2019) § 1187 Rn 23 f.

XI. Obligatorische Ausgleichsansprüche des Geschädigten

272 **1.** Der zugunsten des redlichen Erwerbers eingetretene Rechtsverlust ist in dinglicher Beziehung endgültig. Der hierdurch Geschädigte hat nur einen persönlichen Bereicherungsanspruch aus § 816 Abs 1 S 1 BGB gegen denjenigen, der als buchmäßig legitimierter Nichtberechtigter wirksam verfügt hat. Gegen den redlichen Erwerber steht ihm ein auf Herausgabe des Erlangten, also auf Rückgängigmachung der eingetretenen Rechtsverschiebung gerichteter Bereicherungsanspruch nur im Falle des unentgeltlichen Erwerbs zu (§ 816 Abs 1 S 2 BGB). Dieser gewährt allerdings im Falle der Insolvenz des Erwerbers kein Aussonderungsrecht und kann im Falle entgeltlicher Weiterveräußerung durch den Erwerber nicht gegen dessen Singularsukzessor geltend gemacht werden. Falls im Rahmen einer unentgeltlichen Verfügung ein gutgläubig-lastenfreier Erwerb eingetreten ist, wäre der Anspruch aus § 816 Abs 1 S 2 BGB auf Wiederbegründung des Rechtes gerichtet. Eine Wiederbegründung zum bisherigen Rang scheidet allerdings praktisch aus, wenn weitere nachstehende Rechte vorhanden sind (s oben Rn 232). Die Inhaber der durch den gutgläubig-lastenfreien Erwerb aufgerückten nachrangigen Rechte sind ihrerseits nicht aus § 816 Abs 1 S 2 BGB herausgabepflichtig, da sie nur reflexweise bereichert sind. Eine Schadensersatzpflicht des gutgläubigen Erwerbers wegen fahrlässiger Eigentumsverletzung (bzw fahrlässiger Verletzung eines sonstigen dinglichen Rechtes) nach § 823 Abs 1 BGB scheidet aus (RGZ 85, 61, 64; 90, 395, 397; LZ 1918, 45; 1926, 169; BGH JZ 1956, 490 [zu § 932]; PLANCK/STRECKER § 892 Anm II 2; MünchKommBGB/WACKE[4] § 892 Rn 73; MünchKommBGB/H SCHÄFER[9] § 892 Rn 74; NK-BGB/KRAUSE[5] § 892 Rn 85; WOLFF/RAISER § 45 Fn 35). Die Wertung des § 892 BGB, dass dem Erwerber nur positive Kenntnis schaden soll, verdrängt insoweit das Deliktsrecht. Zur Inanspruchnahme des Erwerbers aus § 826 BGB s Rn 163.

273 **2.** Wenn der den gutgläubigen Erwerb ermöglichende unrichtige Grundbuchstand darauf zurückzuführen ist, dass ein Grundbuchbeamter vorsätzlich oder fahrlässig die ihm obliegende Amtspflicht verletzt hat, so ist § 839 BGB (iVm Art 34 GG) einschlägig (s KEHE/DÜMIG Einl C 47).

274 **3.** Wenn der als Eigentümer eingetragene Nichtberechtigte das Grundstück mit einer Hypothek belastet, kann der Gläubiger diese nach § 892 Abs 1 S 1 BGB wirksam erwerben. Der wahre Eigentümer kann auch nach seiner Wiedereintragung gegen den Hypothekengläubiger nicht vorgehen. Die Bestellung der Hypothek stellt sich jedoch als eine Verschlechterung des Grundstücks dar; deren Beseitigung kann der wahre Eigentümer von dem Bucheigentümer zwar nicht nach § 1004 BGB (so aber OLG München SeuffA 61 Nr 8; OLGE 18, 116; R SCHMIDT [Schrifttum vor § 1004] 58; DALLINGER, Die Pflichten des Buchbesitzers [Diss Tübingen 1958] 81 ff), wohl aber unter dem Gesichts-

punkt des Schadensersatzes verlangen. Die hM wendet insoweit die §§ 989, 990, 992 BGB entsprechend an (s STAUDINGER/THOLE [2023] Vorbem 195 zu §§ 987 ff; § 989 Rn 7 ff).

XII. Neue Bundesländer; Sonstiges

In den neuen Bundesländern war der öffentliche Glaube des Grundbuchs insbesondere durch Art 233 § 4 Abs 2, 7 und Art 233 § 5 Abs 2 EGBGB eingeschränkt. Bestimmte dingliche Nutzungs- und Mitbenutzungsrechte nach dem ZGB-DDR, die nicht im Grundbuch eingetragen sind, konnten zunächst weder durch gutgläubig-lastenfreien Erwerb erlöschen noch durch den öffentlichen Glauben des Grundbuchs eine Rangverschlechterung erfahren (vgl dazu MünchKommBGB/vOEFELE, Nachtragsband zur 3. Aufl, Art 233 § 4 Rn 37 ff, § 5 Rn 17 ff; MEIKEL/BÖHRINGER[7] Sonderband C 645, 567–589, 860–875). Diese Besonderheiten sind – nach mehrfacher Fristverlängerung – mit Ablauf des 31. 12. 2000 entfallen (vgl oben Rn 55; MünchKommBGB/vOEFELE[3] Art 233 § 4 Rn 42 ff; MünchKommBGB/JOOST[3] Art 233 EGBGB § 5 Rn 21; ferner die Übersichten von BÖHRINGER ZfIR 2000, 671 ff, Rpfleger 1999, 429 ff und NotBZ 2002, 117 ff). Vor diesem Stichtag war aber ein solches Mitbenutzungsrecht auch dann gegen einen gutgläubig lastenfreien Erwerb geschützt, wenn es bereits vor dem Beitritt in das Grundbuch eingetragen und danach – vor oder nach dem Beitritt – versehentlich gelöscht bzw auf ein neues Grundbuchblatt nicht mitübertragen worden war (BGH VIZ 2004, 334, 335 f). Der gutgläubige Erwerb des selbständigen Gebäudeeigentums nach § 288 Abs 4 und § 292 Abs 3 ZGB-DDR setzt nach Art 233 § 4 Abs 1 S 3 EGBGB voraus, dass sich die entsprechende unzutreffende Eintragung im Grundstücksgrundbuch (und nicht nur im Gebäudegrundbuch) befindet. 275

Wertbeständige Rechte: § 4 S 1 des GBBerG v 20. 12. 1993 (BGBl I 2192) sieht vor, dass die nach §§ 1-3 GBBerG eintretende Umstellung wertbeständiger Rechte zum Erhalt ihrer Wirksamkeit gegenüber dem öffentlichen Glauben des Grundbuchs nicht der Eintragung bedarf. Vgl dazu DEMHARTER[33] Anh 5 zu §§ 84–89. 276

Die gemäß § 9 Abs 1 GBBerG entstandenen Leitungsdienstbarkeiten für Energieversorgungsunternehmen waren zunächst auch ohne Eintragung im Grundbuch gutglaubensresistent. Sie konnten nämlich bis zum 31. 12. 2010 nicht durch gutgläubig-lastenfreien Erwerb erlöschen (§ 9 Abs 1 S 2 GBBerG). 277

Nach § 15 S 1 FlurbG muss der Erwerber eines Grundstücks, das im Flurbereinigungsgebiet liegt, die Ergebnisse des bis zu seiner Eintragung im Grundbuch oder bis zur Anmeldung des Erwerbs durchgeführte Flurbereinigungsverfahrens gegen sich gelten lassen – und zwar unabhängig davon, ob der Erwerber Kenntnis von dem laufenden Flurbereinigungsverfahren hatte. Ist eine im Flurbereinigungsplan vorgesehene Belastung neuer Rechtszustand gem § 61 S 2 FlurbG geworden, muss der Erwerber diese auch bei fehlender Eintragung im Grundbuch gegen sich gelten lassen. Ist das Flurbereinigungsverfahren durch bestandskräftige Schlussteststellung nach § 149 Abs 3 FlurbG abgeschlossen, steht § 15 S 1 FlurbG einem gutgläubigen lastenfreien Erwerb nach § 892 BGB nicht (mehr) entgegen (BGH 20. 7. 2018 – V ZR 199/17, NJW-RR 2019, 209 Rn 14 ff). 278

Wegen des **Übergangsrechts** vgl STAUDINGER/KOBER[10] § 892 Rn 91. Über das **Aufwertungsrecht** und seine Beziehungen zum öffentlichen Glauben vgl STAUDINGER/KO- 279

BER[10]. Über **Währungsreform** und **Lastenausgleich** vgl STAUDINGER/SEUFERT[11] § 892 Rn 95 ff.

§ 893
Rechtsgeschäft mit dem Eingetragenen

Die Vorschrift des § 892 findet entsprechende Anwendung, wenn an denjenigen, für welchen ein Recht im Grundbuch eingetragen ist, auf Grund dieses Rechts eine Leistung bewirkt oder wenn zwischen ihm und einem anderen in Ansehung dieses Rechts ein nicht unter die Vorschrift des § 892 fallendes Rechtsgeschäft vorgenommen wird, das eine Verfügung über das Recht enthält.

Materialien: E I § 838; II § 811, rev § 878; III § 877; Mot III 223; Prot III 86; D 125; JAKOBS/SCHUBERT, SR I 388 ff.

Schrifttum

Vgl das Schrifttum von § 892, insbes HACHENBURG 240 ff.
KOHLER, Dingliches Vorkaufsrecht und Gutglaubensschutz gemäß § 893 BGB, ZfIR 2016, 809
RAMDOHR Gruchot 44 (1900) 334, 345 ff, 351 ff, 358
TIEDTKE, Zahlung des Grundstückseigentümers an den nichtberechtigten, im Grundbuch aber eingetragenen Gläubiger eines Grundpfandrechts, NJW 1997, 851.

Systematische Übersicht

I. Allgemeines 1

II. Leistungen an den Buchberechtigten (§ 893 1. Alt)
1. Anwendungsbereich 3
2. Leistender und Empfänger; Art der Leistungsbewirkung 13
3. Wirkung 16

III. Nicht unter § 892 fallende Verfügungen (§ 893 2. Alt)
1. Voraussetzungen 23
a) Verfügungen 24
b) Die beteiligten Personen 31
c) Wer muss gutgläubig sein? 34
d) Einzelfälle 37
e) Nur Verkehrsgeschäfte 43
f) Aufhebung von Zweigrechten 44
g) Prozessführung 45
2. Wirkungen 46

IV. Kein Schutz des Buchberechtigten selbst 47

Alphabetische Übersicht

Abdingbarkeit 22
Ablösung durch Buchberechtigten 47
Ablösung von Grundpfandrechten 5 ff, 16, 21
Aufhebung von Liegenschaftsrechten 14, 25, 37
Aufhebung von Zweigrechten 44
Aufrechnung gegen eingetragenes Recht 26
Aufwertung 47

Beschränkung der Richtigkeitsfunktion 20

Briefgrundpfandrechte, Besonderheiten bei 10 f
Dereliktion 37
Disponibilität 22
Eigentumsaufgabe 37
Einseitige Verfügungsgeschäfte 32
Erfüllungssurrogate 14
Erlass 14
Erwerbsgeschäfte des Buchberechtigten 47
Gutgläubiger Erwerb von Grundpfandrechten bei Ablösung 16
Hypothekenkapital 4, 10 ff
Inhaltsänderung von Liegenschaftsrechten 25
Kettenveräußerung 40 ff
Kündigung an bzw durch Buchgläubiger 26
Leistender 13
Leistungsempfänger 15
Leistung an Buchberechtigen 3 ff
Leistung aufgrund eingetragenen Rechts 4 ff
Mietzins 7
Persönlicher Schuldner, Zahlung durch 5
Prozessführung 45
Rangänderung von Liegenschaftsrechten 25
Rangvorbehalt, nachträgliche Bestellung 25
Scheinhypothekar, Ablösung durch 21
Schuldrechtliche Ansprüche von dinglich Berechtigten 7
Schutz bei Leistung an Buchberechtigen 3 ff
Schutz bei sonstigen Verfügungen 23 ff
– Aufhebung von Zweigrechten 44
– Beschränkung auf Verkehrsgeschäfte 43
– beteiligte Personen 26
– Prozessführung 45
– Voraussetzungen 23 ff
– Wirkungen 46
Sicherungshypothek 12
Überlassung der Ausübung eines Nießbrauchs 24
Verkehrsgeschäfte 43
Vermietung oder Verpachtung durch Bucheigentümer 24
Verzicht auf Schutz 22
Verzicht gegenüber Buchberechtigtem 47
Vormerkungsbewilligung durch Buchberechtigten 39
Vormerkungseintragung als Rechtsscheinsbasis 9
Wohnungseigentümerbeschlüsse 24
Zeitpunkt der Leistungsbewirkung 16
Zinsrückstände 5, 11
Zustimmung eines buchmäßig legitimierten Nichtberechtigten 40
Zweigrechte, Aufhebung von 44

I. Allgemeines

Nach § 892 BGB darf sich auf das Grundbuch berufen, wer ein Recht an einem Grundstück oder ein Recht an einem solchen Rechte durch Rechtsgeschäft erwirbt. Durch § 893 BGB wird dieser Schutz ausgedehnt 1

(1) auf denjenigen, der an einen im Grundbuch als Berechtigter eingetragenen Nichtberechtigten **aufgrund dieses Rechtes eine Leistung bewirkt**;

(2) auf denjenigen, der mit dem als Berechtigter eingetragenen Nichtberechtigten **in Ansehung dieses Rechtes** ein nicht unter die Vorschriften des § 892 BGB fallendes **Rechtsgeschäft** abschließt, das eine **Verfügung** über das eingetragene Recht enthält.

2 Die Gründe für die Abtrennung des § 893 BGB von § 892 BGB liegen nicht in einer sachlichen Verschiedenheit, sondern sind technischer und stilistischer Natur: Man wollte offenbar zur Entlastung des grundsätzlichen § 892 BGB die minder bedeutsamen Fälle gleichsam in einem Nachtrage zusammenstellen.

II. Leistungen an den Buchberechtigten (§ 893 1. Alt)

1. Anwendungsbereich

3 Es muss sich um ein eintragungsfähiges Recht handeln, das wirksam und auf dem zuständigen Grundbuchblatt eingetragen ist. Insoweit gelten die Ausführungen in § 892 Rn 13 ff entsprechend. Das Recht kann auch ein Liegenschaftsrecht zweiten Grades, etwa ein Pfandrecht oder Nießbrauch an einem Grundpfandrecht oder einer Reallast sein (Rosenberg § 893 Anm I 1 a, b γ; MünchKommBGB/H Schäfer[9] § 893§ 893 Rn 3). Darüber hinaus **muss dieses Recht auch wirklich existieren** (s Rn 16). Bei Leistungen an den nur scheinbaren Inhaber eines eingetragenen, aber in Wirklichkeit nicht bestehenden Rechtes kann die primäre Wirkung von § 893 1. Alt BGB, das Freiwerden von dem dinglichen Recht, überhaupt nicht eintreten. Es besteht dann auch kein vernünftiger Grund, die üblichen Nebenfolgen der Leistung auf ein wirklich existierendes Recht der betreffenden Art – wie etwa der Übergang des Grundpfandrechts auf den Zahlenden nach §§ 1143, 1153 BGB oder §§ 1163 Abs 1 S 2, 1177 BGB – eintreten zu lassen, zumal damit der Gutglaubensschutz systemwidrig auf einen Erwerb kraft Gesetzes ausgedehnt würde (s unten Rn 16).

4 „Aufgrund" dieses eingetragenen und wirklich existierenden Rechtes muss eine Leistung bewirkt sein. Mit dieser Formulierung können nur Leistungen gemeint sein, auf die der Rechtsinhaber **kraft des** betreffenden **dinglichen Rechtes ein Anrecht hatte**, die ihm also gerade nach dem Inhalt seines dinglichen Rechtes zustanden (Rosenberg § 893 Anm I 1 b α; Planck/Strecker § 893 Anm 1a; jurisPK-BGB/Toussaint[10] § 893 Rn 6; Erman/Artz[17] § 893 Rn 2; Grüneberg/Herrler[84] § 893 Rn 2; Unrau 6 f mwNw; Gursky WM 2001, 2361 f; Kohler Jura 2008, 481, 483). Dass die Grundbucheintragung die Veranlassung und die Grundlage des Handelns bildete (so Staudinger/Seufert[11] § 893 Rn 2; Erman/Hagen[9] § 893 Rn 2; Ramdohr Gruchot 44 [1900] 456), ist weder ausreichend (s unten Rn 7 f) noch unbedingt erforderlich. Auch § 893 BGB enthält nämlich Anwendungsfälle eines objektivierten Verkehrsschutzes, bei denen die zu schützende Vermögensverschiebung nicht durch die Kenntnisnahme vom unrichtigen Grundbuchinhalt motiviert sein muss (s § 892 Rn 7).

5 Unter § 893 1. Alt BGB fallen beispielsweise Kapital- oder Zinszahlungen, die auf ein eingetragenes Grundpfandrecht erbracht werden (Beispiele aus der Rechtsprechung: KG OLGE 18, 110: Grundstückseigentümer zahlt das Hypothekenkapital nach unwirksamer Zession der Hypothek an den eingetragenen Zessionar; OLG Dresden OLGE 25, 185, 187 = SeuffBl 78, 69, 71: Grundstückseigentümer oder ehemaliger Grundstückseigentümer nach Weiterveräußerung zahlt das Hypothekenkapital nach nichtiger Pfändung der Hypothek an den Pfändungspfandgläubiger). Ebenso kommt hier die Bewirkung der wiederkehrenden Leistungen oder die Bezahlung der Ablösesumme bei der Rentenschuld und der Reallast in Betracht (jurisPK-BGB/Toussaint[10] § 893 Rn 6). Dagegen ist die Tilgung der durch eine Hypothek gesicherten *Forderung* kein Anwendungsfall von § 893 1. Alt BGB (Planck/Strecker § 893 Anm 1a; Boehmer ArchBürgR 37, 205, 217 f; Biermann §§ 892, 893 Anm 6a; NK-BGB/Krau-

se[5] § 893 Rn 5; jurisPK-BGB/Toussaint[10] § 893 Rn 7; Erman/Artz[17] § 893 Rn 3; Sternberg JherJb 61 [1912] 400 ff; Unrau 12 f mwNw; **aA** wohl OLG Hamburg HRR 1934 Nr 851; BeckOGK/Hertel [1. 9. 2024] § 893 Rn 12, 12.1). § 1138 BGB ändert daran für die **Verkehrshypothek** nichts, denn die dort angeordnete entsprechende Anwendung des § 893 BGB „in Ansehung der Forderung" gilt ja nur „für die Hypothek" selbst (Planck/Strecker § 893 Anm 1a; missverständlich MünchKommBGB/Wacke[4] § 893 Rn 4; **aA** BeckOGK/Hertel [1. 9. 2024] § 893 Rn 12, 12.1, der § 1138 bei Zahlung auf die Forderung entsprechend anwenden will). Schon daraus folgt, dass sich der persönliche Schuldner gegenüber einer Inanspruchnahme aus der Forderung von Seiten des wirklichen Gläubigers niemals darauf berufen kann, dass er durch Zahlung an den Eingetragenen freigeworden sei (Goldmann/Lilienthal II § 79 III 1 S 558). Zu erwägen ist allenfalls, ob § 893 1. Alt BGB hier nicht wenigstens hinsichtlich der Auswirkungen der Zahlung auf das Schicksal der Hypothek selbst eingreift, ob also nicht möglicherweise der gegenüber dem Eigentümer regressberechtigte persönliche Schuldner durch die Zahlung an den eingetragenen Scheingläubiger die Hypothek erwirbt (dafür in der Tat Kretzschmar § 1164 Anm 3; weitergehend Neumann § 892 Anm I 1 c; Brachvogel Gruchot 47, 555, die den Schuldner darüber hinaus auch von seiner persönlichen Verpflichtung freiwerden lassen; s auch Boehm 245). Eine solche Lösung wäre jedoch insofern bedenklich, als sie auf die Gewährung von Verkehrsschutz bei einem gesetzlichen Erwerbstatbestand hinausliefe (s Oberneck II § 139, 3, S 248 f; Fuchs § 893 Anm 7 [wo jedoch unzutreffenderweise das Freiwerden des persönlichen Schuldners von seiner Verpflichtung bejaht wird]). Die Ablehnung des Hypothekenerwerbs nach §§ 893 1. Alt, 1164 BGB bedeutet allerdings, dass die in § 1138 BGB ausgesprochene Verweisung auf § 893 BGB für die 1. Alt der letzteren Norm keinerlei Bedeutung hat. Bei Zahlungen, die der (vom Schuldner verschiedene) Grundstückseigentümer oder ein Ablösungsberechtigter (§ 1150 BGB) an den buchmäßig legitimierten Scheingläubiger der Hypothek erbringt, greift nach alledem regelmäßig der Schutz des § 893 BGB ein, bei Zahlungen des persönlichen Schuldners oder eines Bürgen dagegen normalerweise nicht, da deren Leistungen in aller Regel nicht auf die Hypothek erfolgen (Planck/Strecker § 892 Anm II 1 d S 271 mwNw; Biermann §§ 892, 893 Anm 6a; Sternberg JherJb 61 [1912] 400 ff; MünchKommBGB/H Schäfer[9] § 893 Rn 6; Erman/Artz[17] § 893 Rn 3). Das ist jedoch nur eine Faustregel. Im Einzelfall kann es sich durchaus anders verhalten, etwa weil der persönliche Schuldner (und frühere Grundstückseigentümer) vom jetzigen Grundstückseigentümer infolge einer fehlgeschlagenen Schuldübernahme nach § 415 Abs 3 BGB Befreiung – und damit Erfüllung der Hypothekenforderung nach § 267 BGB – verlangen kann; entscheidend ist dann, worauf tatsächlich gezahlt worden ist. § 893 BGB Fall 1 muss schließlich auch dann eingreifen, wenn der Eigentümer Zinsrückstände an einen als Gläubiger der Hauptforderungshypothek eingetragenen Nichtberechtigten zahlt (U Schwab, Das Recht der Hypothekenzinsen [1968] 61 mwNw; iE Staudinger/Scherübl[12] § 1159 Rn 12; Staudinger/Wolfsteiner [2019] § 1159 Rn 15, 20). Es wäre wenig sinnvoll, wenn der Eigentümer nur bei einer exakt am Fälligkeitstermin oder verfrüht erfolgten Zahlung geschützt würde, bei einer geringfügig verspäteten Zahlung aber nicht. Zahlt der Eigentümer Zinsrückstände noch nach deren Abtretung an den Zedenten, wird er bereits durch §§ 1159 Abs 1 S 1, 407 BGB geschützt. Ob Zahlungen des Eigentümers/Schuldners bei der **(Sicherungs-) Grundschuld** unter dem Schutz von § 893 1. Alt BGB stehen, hängt davon ab, *worauf* gezahlt worden ist (vgl dazu Staudinger/Wolfsteiner [2019] Vorbem 86 ff zu §§ 1191 ff). § 893 BGB 1. Fall ist jedenfalls unanwendbar, wenn der Eigentümer/Schuldner explizit nur *auf die Forderung* zahlt (BGH 23. 1. 1996 – XI ZR 75/95, NJW 1996, 1207; BeckOGK/Hertel [1. 9. 2024] § 893 Rn 11); ferner auch dann, wenn bei Auslegung nach der Interessenlage ein entsprechender Wille des Zahlenden anzunehmen ist (vgl auch UNRAU 8 f). Leistet der Eigentümer hingegen (ausnahmsweise) *auf die Grundschuld,* so greift § 893 1. Alt BGB ein; dies führt nach hM aber nur dazu, dass die Grundschuld als Eigentümergrundschuld auf ihn übergeht, mangels Akzessorietät nicht auch zum Erlöschen der gesicherten Forderung (BGH 23. 1. 1996 – XI ZR 75/95, NJW 1996, 1207, 1208; GRÜNEBERG/HERRLER[84] § 893 Rn 2; BeckOGK/HERTEL [1. 9. 2024] § 893 Rn 11; **aA** TIEDTKE NJW 1997, 851 f; s auch unten Rn 16). Im praktisch wichtigen Fall der Sicherungsgrundschuld sind freilich dingliche und persönliche Schuld nach dem Telos der Sicherungsabrede dergestalt miteinander verknüpft, dass die Leistung des Eigentümer-Schuldners auf die dingliche Schuld nicht nur dazu führt, dass eine Eigentümergrundschuld entsteht, sondern auch, dass die Forderung in gleichem Umfang erlischt (BGH 9. 5. 1980 – V ZR 89/79, NJW 1980, 2198, 2199) bzw der Gläubiger an deren Geltendmachung jedenfalls gehindert ist. Bei der **Hypothek** wird man Zahlungen des Eigentümers/Schuldners als Leistungen auf die aus Forderung und Hypothek bestehende funktionale Einheit verstehen können und damit zur Anwendung von § 893 1. Alt BGB gelangen können (UNRAU 10 ff; implizit TIEDTKE NJW 1997, 851, 852), auch wenn das Gesetz den Übergang der Hypothek in § 1163 Abs 1 S 2 BGB als Konsequenz des Erlöschens der Forderung konstruiert (s Rn 17). Daraus allein ist aber noch nicht abzuleiten, dass der Eigentümer dann auch von der persönlichen Forderung frei wird (so aber BGH 23. 1. 1996 – XI ZR 75/95, NJW 1996, 1207, 1208 [unter unzutreffender Berufung auf § 1138, der über das Schicksal der Forderung gerade keine Aussage trifft]; MünchKommBGB/H SCHÄFER[9] § 893 Rn 4 f; ERMAN/ARTZ[17] § 893 Rn 2 aE; GRÜNEBERG/HERRLER[84] § 893 Rn 2). S unten Rn 17.

6 Nach § 893 1. Alt BGB geschützt ist auch der Grundstückseigentümer, der an den scheinbaren Inhaber eines in Wirklichkeit einem anderen zustehenden dinglichen Vorkaufsrechts leistet (PLANCK/STRECKER § 893 Anm 1a; BGB-RGRK/AUGUSTIN § 893 Rn 6; E WOLF, SR[2] § 10 F II a 3 bb). Das Gleiche gilt, wenn der Grundstückseigentümer eines mit einer Grunddienstbarkeit belasteten Grundstücks die von ihm nach §§ 1021, 1105 f BGB zu tragenden Kosten der Anlagenunterhaltung an den buchmäßig legitimierten scheinbaren Servitutenberechtigten erbringt (BGB-RGRK/AUGUSTIN § 893 Rn 6; MünchKommBGB/H SCHÄFER[9] § 893 Rn 3; jurisPK-BGB/TOUSSAINT[10] § 893 Rn 6). Falls der Grundstückseigentümer die Unterhaltung nach dem Inhalt der Grunddienstbarkeit eigentlich in natura zu leisten hätte, sich aber mit dem Nichtberechtigten über eine Vorschuss- oder erstattungsweise Zahlung der Kosten einigt und diese Zahlung dann erbringt, kommen beide Alternativen des § 893 BGB in Kombination zur Anwendung. Als Leistung, die aufgrund des eingetragenen Rechts erbracht wird, führen die Mot (III 223 = MUGDAN III 123) auch die Ausübung einer Grunddienstbarkeit an. Gemeint sind hier offenbar Dienstbarkeiten, die eine quantitativ oder zeitlich begrenzte Nutzungsbefugnis verleihen (der Servitutenberechtigte darf etwa im Jahr zwei Monate lang Vieh auf dem dienenden Grundstück weiden lassen oder dort pro Jahr 30 Zentner Äpfel abernten, usw). Hier muss sich dann der wirkliche Servitutenberechtigte die Nutzung seitens des eingetragenen Nichtberechtigten dem Eigentümer gegenüber anrechnen lassen; die bloße Duldung der Nutzung durch den Buchberechtigten wird also mit einer Leistung an diesen gleichgestellt (hM, s ROSENBERG § 893 Anm I 1 b γ; PLANCK/STRECKER § 893 Anm 1a; FUCHS § 893 Anm 1; MünchKommBGB/WACKE[4] § 893 Rn 3). Es dürfte sich dabei eher um eine analoge Anwendung von § 893 1. Alt BGB handeln. – Zahlt der Gläubiger einer verpfändeten Grundschuld nach einer unwirksamen Zession der Pfandforderung zur Ablösung des Pfandes an den bereits im Grundbuch eingetragenen Zessionar, so wird er durch § 893 BGB Fall 1

geschützt. Anders wäre bei einer Zahlung des Schuldners der Pfandforderung zu entscheiden, da dieser ja nicht auf das Pfandrecht leistet (**aA** wohl Rosenberg § 893 Anm I 1 b γ).

Die Bezahlung von **Mietzins** an den Bucheigentümer steht nicht unter dem Schutz des § 893 BGB (MünchKommBGB/H Schäfer[9] § 893 Rn 7; BeckOGK/Hertel [1. 9. 2024] § 893 Rn 7). Teilweise wird zwar die Auffassung vertreten, sie müsse ausnahmsweise darunter fallen, wenn nach einer (unwirksamen) Grundstückveräußerung der Mieter trotz fehlender Anzeige iS von § 566e BGB im Vertrauen auf den Grundbucheintrag an den eingetragenen Erwerber zahlt (Staudinger/Kober[10] § 893 Rn 2; Fuchs § 893 Anm 1b; Goldmann/Lilienthal II § 44 Fn 38; Erman/Hagen[9] § 893 Rn 2; Mitteis, Zwei Fragen aus dem Bürgerlichen Recht [1905] 42). Diese Ansicht trifft aber nicht zu, denn die Mietforderung steht ja nicht dem Eigentümer als solchem, sondern dem Vermieter zu (Planck/Strecker § 893 Anm 1a; Rosenberg § 893 Anm I 1 b β; Biermann §§ 892, 893 Anm 6a; Oberneck I § 45 Fn 12; Kretzschmar § 893 Anm 2a; BGB-RGRK/Augustin § 893 Rn 5; MünchKommBGB/H Schäfer[9] § 893 Rn 7; NK-BGB/Krause[5] § 893 Rn 9; jurisPK-BGB/Toussaint[10] § 893 Rn 7; Erman/Artz[17] § 893 Rn 4; Grüneberg/Herrler[84] § 893 Rn 2; Wieacker 165; Prütting[38] Rn 226; Weimar MDR 1966, 817 f). 7

Seiner Systemstellung nach kann § 893 1. Alt BGB nur solche Leistungen meinen, deren Rechtsgrund das dingliche Recht selbst bildet. Dafür spricht insbesondere die enge Verwandtschaft mit der 2. Alt der Norm. Die bewusste Einziehung oder Entgegennahme derartiger Leistungen hätte sich zur Not auch als Verfügung über das dingliche Recht qualifizieren, also auch unter die 2. Alt der Norm subsumieren lassen. Der Gesetzgeber hat denn auch diese Konstellation nur zur Klarstellung besonders aufgeführt, Mot III 123. Dann kann sich aber § 893 1. Alt BGB nicht auf die Erfüllung schuldrechtlicher Ansprüche erstrecken, die (wie etwa §§ 823 Abs 1, 987 ff BGB) aus der Verletzung oder Nutzung eines dinglichen Rechtes erwachsen sind (Rosenberg § 893 Anm I 1 b β; Altmeppen 115; NK-BGB/Krause[5] § 893 Rn 9; jurisPK-BGB/Toussaint[10] § 893 Rn 7; **aA** Kretzschmar § 893 Anm 2a; Ramdohr 356; Neuner JuS 2007, 401, 408), aber eben doch selbständige Verfügungsobjekte darstellen (s auch Staudinger/Gursky [2013] § 991 Rn 20; Staudinger/Thole [2023] § 991 Rn 46 [analoge Anwendung des § 893 S 1 bedenkenswert, aber schwierig]). Das Eigentum kommt mithin als Grundlage der befreienden Zahlung überhaupt nicht in Betracht (so mit Recht Rosenberg § 893 Anm I 1 b β; grundsätzlich anders aber MünchKommBGB/Wacke[4] § 893 Rn 4a zumindest de lege ferenda). Allenfalls wird man § 893 1. Alt BGB auf die Erfüllung der Ansprüche des Eigentümers aus dem mit einem Nießbrauch verbundenen Begleitschuldverhältnis ausdehnen können (so Wolff/Raiser § 117 IV 2 für den Anspruch des Eigentümers aus § 1039 Abs 1 auf Wertersatz für vom Nießbraucher zuviel gezogene Früchte); dann kann der Befreiungstatbestand des § 893 BGB Fall 1 mit dem aus § 1058 BGB zusammentreffen (vgl dazu Wolff/Raiser § 117 IV 2; Planck/Brodmann § 1058 Anm 3; Staudinger/C Heinze [2021] § 1058 Rn 4). 8

Die Eintragung einer **Vormerkung** liefert richtiger Ansicht nach grundsätzlich keine geeignete Rechtsscheingrundlage für einen Gutglaubenserwerb (s § 892 Rn 56 ff, aber auch unten Rn 28). Dies gilt auch für § 893 1. Alt BGB; der Schuldner wird also durch Leistung an einen buchmäßig legitimierten Putativgläubiger der Vormerkung dem wirklichen Gläubiger gegenüber nicht frei (Planck/Strecker § 893 Anm 1a; Rosenberg § 893 Anm I 1 a; BGB-RGRK/Augustin § 893 Rn 6; Biermann §§ 892, 893 Anm 6a; NK-BGB/ 9

Krause[5] § 893 Rn 9; Erman/Artz[17] § 893 Rn 5; Grüneberg/Herrler[84] § 893 Rn 2; BeckOGK/Hertel [1. 9. 2024] § 893 Rn 8; Endemann II 1 § 62 Fn 35). Auch mit einer analogen Anwendung von § 409 BGB dürfte sich der Schutz des Schuldners entgegen Wacke (MünchKommBGB/Wacke[4] § 893 Rn 6) kaum begründen lassen.

10 Eine Besonderheit ergibt sich bei **Briefgrundpfandrechten**. Kapitalrückzahlungen an den im Grundbuch als Grundpfandgläubiger Eingetragenen stehen jedenfalls dann nicht unter dem Schutz des § 893 BGB, wenn der Buchberechtigte nicht auch im Besitze des Grundpfandbriefes ist (RGZ 150, 348, 356; BGH NJW 1996, 1207; Rpfleger 2010, 129, 130 Rn 15–17; Staudinger/Wolfsteiner [2019] § 1155 Rn 5 f; Soergel/Kern[14] § 893 Rn 2; MünchKommBGB/Wacke[4] § 893 Rn 2; MünchKommBGB/H Schäfer[9] § 893 Rn 3; NK-BGB/Krause[5] § 893 Rn 6; jurisPK-BGB/Toussaint[10] § 893 Rn 10; AK-BGB/L vSchweinitz § 893 Rn 65; Planck/Strecker § 893 Anm 1a; Biermann §§ 892, 893 Anm 6a; Erman/Artz[17] § 893 Rn 1; Grüneberg/Herrler[84] § 893 Rn 2; Eichler II 1, 382; Unrau 29 Fn 91). Das ist fast unstreitig; auch Rosenberg (§ 893 Anm I 1 b γ) ist – entgegen der insoweit nichtzutreffenden Darstellung bei MünchKommBGB/Wacke[2] § 893 Rn 2 – der gleichen Auffassung. Die gegenteilige Position wird nur von Joswig (ZfIR 2001, 613, 620) vertreten. Ansonsten herrscht Streit nur darüber, ob Kapitalrückzahlungen auf Briefgrundpfandrechte sogar gänzlich aus dem Anwendungsbereich des § 893 BGB herausfallen (so wohl RGZ 56, 414, 416; Fuchs § 893 Anm 1a; Oberneck I 379; Prütting[38] Rn 226), bzw darüber, ob die Anwendung der Norm außer dem bloßen Briefbesitz des buchmäßig legitimierten Nichtberechtigten auch die Vorlegung des Briefes voraussetzt (so Staudinger/Seufert[11] § 893 Rn 2; Endemann II 1 § 62 Fn 35; wohl auch BGB-RGRK/Augustin). Was die erstgenannte These betrifft, so geht deren Unrichtigkeit schon aus § 1155 BGB hervor, denn dort wird § 893 BGB ausdrücklich für anwendbar erklärt; für Leistungen an den grundbuchmäßig als Hypothekar Ausgewiesenen, der sich zusätzlich noch im Besitz des Hypothekenbriefes befindet, kann natürlich nichts anderes gelten als für Leistungen an den nach § 1155 BGB legitimierten Pseudohypothekar (Rosenberg § 893 Anm I 1 b γ; Goldmann/Lilienthal § 44 Fn 30; zust Planck/Strecker § 893 Anm 1a).

11 Im Übrigen ist es evident, dass der Grundstückseigentümer allein dadurch, dass er nach §§ 1144, 1145, 1160 BGB nur gegen Vorlage und Aushändigung des Grundpfandbriefes leisten muss, bei Kapitalrückzahlungen noch nicht genügend geschützt ist und deshalb (entgegen RGZ 150, 348, 356 und Prütting[38] Rn 226) die Anwendung von § 893 1. Alt BGB dringend geboten ist: So zB wenn die letzte Abtretung des Grundpfandrechts aus irgendeinem Grunde unwirksam war, das Grundpfandrecht also nicht dem durch Grundbuch und Briefbesitz legitimierten Zessionar, sondern weiterhin dem Zedenten zusteht (Rosenberg § 893 Anm I 1 b γ; Goldmann/Lilienthal § 44 Fn 30). Dafür, dass der Schutz des § 893 BGB von der Vorlage (oder gar Aushändigung) des Hypothekenbriefes abhängen sollte, gibt es keinerlei Anhaltspunkte; die §§ 1144, 1145, 1160 BGB begründen schließlich keine Pflicht des Grundstückseigentümers, nur gegen Vorlage und Aushändigung des Hypothekenbriefes zu leisten (Rosenberg § 893 Anm I 1 b γ). Wer Hypothekenkapital zurückzahlt, ohne sich den Brief vorlegen und aushändigen oder die Zahlung auf dem Hypothekenbrief vermerken zu lassen, handelt zwar leichtsinnig; aber es besteht kein Anlass, ihm deswegen auch den Schutz des § 893 BGB zu versagen, sofern der Zahlungsempfänger nur tatsächlich durch Grundbucheintragung und Besitz des Hypothekenbriefes (oder gem § 1155 BGB) als Hypothekar ausgewiesen war (Rosenberg § 893 Anm I 1 b γ). Das wäre wertungsmäßig nicht damit zu vereinbaren, dass der Leistende ja unstreitig

auch ganz unabhängig davon geschützt wird, ob er nun das Grundbuch eingesehen hat oder nicht. – Bei den rückständigen und alsbald fällig werdenden *Zinsen* und ähnlichen Nebenleistungen ist der Grundstückseigentümer durch die §§ 1158, 1159 BGB geschützt.

Nach heute ganz hM ist § 893 BGB bei der **Sicherungshypothek** *nicht* anwendbar, wird also der Grundstückseigentümer, der das Hypothekenkapital an einen buchmäßig ausgewiesenen Scheinhypothekar leistet, dadurch gegenüber dem wirklichen Hypothekengläubiger *nicht* frei (Staudinger/Scherübl[12] § 1185 Rn 9; Staudinger/Wolfsteiner [2019] § 1185 Rn 12; BGB-RGRK/Schuster § 1185 Rn 9; MünchKommBGB/Lieder[9] § 1185 Rn 13; Soergel/Heukenkampf[14] § 1185 Rn 3; NK-BGB/Krause[5] § 893 Rn 7; jurisPK-BGB/Toussaint[10] § 893 Rn 7; Erman/Artz[17] § 893 Rn 3; Grüneberg/Herrler[84] § 893 Rn 2; Wolff/Raiser § 151 Fn 4; H Westermann[5] § 94 III 2; Baur/Stürner[18] § 42 Rn 16 f; E Wolf § 11 K II b 3; Heck § 98, 4; Tiedtke NJW 1997, 851, 852; Kiehnle 523 Fn 811; anders überwiegend die ältere Literatur, s Planck/Strecker § 1185 Anm 1b; Biermann § 1185 Anm 2a; Oberneck I § 157, 6b; Turnau/Förster § 1185 Anm II 1; Kretzschmar § 1185 Anm 3c aE; Quandt, Die Sicherungshypothek [1904] 111). Zur Begründung verweist die hM darauf, dass sich bei der Sicherungshypothek die Legitimation des Gläubigers ausschließlich nach der Forderung richte. Dieses Argument ist jedoch nicht tragfähig, da dabei die ratio legis der §§ 1184, 1185 BGB überhaupt nicht berücksichtigt wird. Die Sicherungshypothek ist doch gerade als eine für den Eigentümer besonders günstige und sichere Belastungsform geschaffen worden; mit dieser Zielrichtung wäre es aber unvereinbar, wenn der Grundstückseigentümer bei Rückzahlung des Kapitals einer Sicherungshypothek größeren Risiken ausgesetzt wäre als im Falle der Verkehrshypothek (zust MünchKommBGB/Wacke[4] § 893 Rn 5; MünchKommBGB/Kohler[8] § 893 Rn 6). Der Ausschluss des § 893 BGB ist auch kein notwendiger und deshalb hinzunehmender ungewollter Nebeneffekt der gesetzlichen Konstruktion der Sicherungshypothek als eines streng akzessorischen Rechtes: Wenn sich bei der Sicherungshypothek das „Recht des Gläubigers aus der Hypothek nur nach der Forderung bestimmt", so wird dadurch der Verkehrsschutz für eventuelle Zessionare reduziert; dass damit gleichzeitig auch der Verkehrsschutz für den Eigentümer entfallen müsste, folgt daraus aber noch nicht. Entgegen der hM gilt daher § 893 BGB Var 1, wenn auf die Hypothek geleistet wird (ebenso BeckOGK/Hertel [1. 9. 2024] § 893 Rn 13). 12

2. Leistender und Empfänger; Art der Leistungsbewirkung

Da das Gesetz nicht sagt, **von wem** die Leistung bewirkt sein müsse, besteht auch keine Beschränkung auf eine im Voraus bestimmte Anzahl von Personen. § 893 1. Alt BGB ist daher auch dann anzuwenden, wenn ein Dritter, sei es für den Eigentümer, sei es um das Recht selbst zu erwerben (vgl §§ 1143, 1150, 268 BGB), die Leistung bewirkt (ebenso BGB-RGRK/Augustin § 893 Rn 6). 13

Der Wortlaut spricht nur von einem *Bewirken der Leistung.* Für die üblichen **Erfüllungssurrogate** (wie Aufrechnung oder Annahme an Erfüllungs Statt) kann aber nichts anderes gelten (allg Ansicht, vgl Planck/Strecker § 893 Anm 1a mwNw; Rosenberg § 893 Anm I 1 d; MünchKommBGB/Wacke[4] § 893 Rn 3; NK-BGB/Krause[4] § 893 Rn 11; BeckOGK/Hertel [1. 9. 2024] § 893 Rn 16; jurisPK-BGB/Toussaint[10] § 893 Rn 9; Wolff/Raiser § 45 I 2 b; Eichler II 2, 382; s auch RG HRR 1934 Nr 851 über Aufrechnung gegenüber einem Treuhänder). Sie fallen – wenn man sie nicht im Wege extensiver Interpretation des Begriffs 14 der „Leistung“ unter § 893 1. Alt BGB bringen will – jedenfalls als sonstige Verfügungsgeschäfte unter die 2. Alt dieser Norm (so für Hinterlegung unter Rücknahmeverzicht und Aufrechnung Rosenberg § 893 Anm I 1 d; für die Aufrechnung auch Soergel/Kern[14] § 893 Rn 4). Letzteres macht aber nur dann Sinn, wenn man mit der hM auch Verfügungen *gegenüber* dem Buchberechtigten unter die 2. Alt bringt; der buchmäßig legitimierte scheinbare Grundpfandgläubiger kann ja selbst mit dem dinglichen Anspruch nicht gegenüber einer Geldforderung aufrechnen (s Staudinger/Bieder/Gursky [2022] § 387 Rn 5). Durch die in § 893 BGB eröffnete Möglichkeit einer befreienden Leistung an den Eingetragenen wird im Übrigen eine Ungewissheit über die Person des Gläubigers (§ 372 BGB) und somit eine schuldbefreiende Hinterlegung des Betrages unter Verzicht auf die Rücknahme (§ 378 BGB) nicht ausgeschlossen; RGZ 97, 173. Der verschiedentlich miterwähnte (vgl jurisPK-BGB/Toussaint[10] § 893 Rn 9; MünchKommBGB/Wacke[4] § 893 Rn 3) Erlass, der ohnehin kein echtes Erfüllungssurrogat bildet, gehört nicht in den vorliegenden Zusammenhang, da § 893 1. Alt BGB ja nur für Leistungsbewirkungen im Hinblick auf das dingliche Recht gilt. Ein unter dem Schutz des § 893 BGB stehender **Erlass** (§ 397 BGB) der Grundpfandsumme durch den scheinbaren Grundpfandgläubiger beispielsweise kommt von vornherein nicht in Betracht; hierfür stehen allein die sachenrechtlichen Rechtsgeschäfte der Aufhebung (§ 875 BGB) bzw des Verzichts auf das Grundpfandrecht (§ 1168 BGB) zur Verfügung (so implizit Staudinger/Rieble [2022] § 397 Rn 196). Bei Letzteren handelt es sich aber um sonstige Verfügungen iS von § 893 BGB 2. Fall.

15 Die Leistung muss an denjenigen bewirkt werden, für den das Recht im Grundbuch eingetragen ist. Der **Leistungsempfänger** muss also grundsätzlich selbst im Grundbuch als Rechtsinhaber ausgewiesen sein. Eine verbreitete Auffassung will jedoch auch Leistungen an den nicht eingetragenen Rechtsnachfolger des Eingetragenen genügen lassen, wenn sich die Rechtsnachfolge außerhalb des Grundbuches vollzogen hat (so Ramdohr 347 f; Rosenberg § 893 Anm I 1 a; Planck/Strecker § 893 Anm 1 vor a; Goldmann/Lilienthal II § 44 I 2 b α). Das ist – als generelle Aussage – aus den in § 892 Rn 48 dargelegten Gründen unzutreffend. Der Erbe des Eingetragenen ist allerdings genauso legitimiert wie es sein Erblasser wäre (jurisPK-BGB/Toussaint[10] § 893 Rn 8; MünchKommBGB/H Schäfer[9] § 893 Rn 2). Und die Leistung an den wirklichen Rechtsinhaber muss auch dann unter dem Schutz von § 893 1. Alt BGB stehen, wenn dieser (etwa infolge einer nichtigen Weiterübertragung) gegenwärtig nicht im Grundbuch eingetragen ist. Das wirkt sich aus, wenn gleichzeitig eine existierende Belastung des Rechts im Grundbuch nicht vermerkt ist.

3. Wirkung

16 Die Folgen der entsprechenden Anwendung des § 892 BGB bestehen hauptsächlich darin, dass der Inhalt des Grundbuches zur Zeit der Leistung als richtig gilt, sofern nicht zu diesem Zeitpunkt entweder ein Widerspruch eingetragen ist oder aber dem Leistenden die Unrichtigkeit bekannt ist. Maßgebend ist insoweit der *Zeitpunkt,* in dem die Leistung „bewirkt“ ist, also der Leistungserfolg eintritt (vgl BGHZ 87, 156, 162 f mwNw; BGB-RGRK/Augustin § 893 Rn 3; NK-BGB/Krause[5] § 893 Rn 13; jurisPK-BGB/Toussaint[10] § 893 Rn 16; MünchKommBGB/H Schäfer[9] § 893 Rn 16), etwa das übersandte Geld beim Gläubiger eintrifft. Nach MünchKommBGB/Wacke[4] § 893 Rn 12 und MünchKommBGB/Kohler[8] § 893 Rn 15 soll dagegen für die Frage der Redlichkeit der Abschluss der Leistungshandlung entscheidend sein. Der Inhalt des Grundbuches gilt als richtig, dh der als Inhaber des fraglichen Rechts Eingetragene gilt als der wirkliche Berechtigte und eine im Grundbuch nicht vermerkte Verfügungsbeschränkung oder Belastung des Rechts wird als nicht existent behandelt. Die Leistung an den eingetragenen Nichtberechtigten hat im Übrigen *in jeder Hinsicht die gleiche Wirkung wie sie die Zahlung an den wahren Berechtigten* haben würde (Biermann §§ 892, 893 Anm 6a). Wenn die Befriedigung des Hypothekengläubigers zur Folge hätte, dass der Leistende die Hypothek (mit oder ohne die bisherige Hypothekenforderung) erwirbt (§§ 1143, 1153 BGB; §§ 1150, 268, 1153 BGB; §§ 1163 Abs 1 S 2, 1177 Abs 1 BGB; §§ 1173, 1174 BGB), so löst auch die Zahlung an den buchmäßig legitimierten Pseudohypothekar nach § 893 1. Alt BGB diese Wirkung aus (KG OLGE 18, 110, 111; Rosenberg § 893 Anm I 2; Biermann §§ 892, 893 Anm 6a; Planck/Strecker § 892 Anm II 1 d S 271 2. Abs mwNw, § 893 Anm 2, § 1143 Anm 2d, § 1150 Anm 3; Staudinger/Scherübl[12] § 1150 Rn 22 f; Staudinger/Wolfsteiner [2019] § 1143 Rn 13, [2002] § 1150 Rn 22; BGB-RGRK/Augustin § 892 Rn 39; Soergel/Platschek[14] § 1150 Rn 8; jurisPK-BGB/Reischl[10] § 1143 Rn 14 f; NK-BGB/Krause[5] § 893 Rn 5; Wolff/Raiser § 45 I 2 b; Wieling/Finkenauer, SR[6] § 27 Rn 47; MünchKommBGB/Lieder[9] § 1150 Rn 36; Erman/Wenzel[17] § 1150 Rn 6; BeckOGK/Hertel [1. 9. 2024] § 893 Rn 23; Jauernig/Berger[19] § 1143 Rn 2; Wolff/Raiser § 45 I 2 b; H Westermann, SR[5] § 106 V 2; H Westermann/Eickmann[8] § 104 Rn 18; Baur/Stürner[18] § 38 Rn 110, 113 f; Tiedtke, Gutgläubiger Erwerb 124; Rimmelspacher WM 1986, 809, 810; Reinicke/Tiedtke WM 1986, 813, 816 f; J Hager ZIP 1997, 133, 135; Unrau 29 ff, 46 ff; Reischl JuS 1998, 318, 319; Fuchs § 1143 Anm 3e; § 1150 Anm 7b; **abw** Oberneck II 234; nur gegen die Begründung, nicht gegen das Ergebnis J Hager 138). Diese wertungsmäßig gebotene Ausdehnung der Rechtsfolgenanordnung des § 893 BGB Fall 1 darf entgegen J Hager 139 aber nicht zum Ausgangspunkt für eine generelle Anerkennung des Gutglaubensschutzes auch bei gesetzlichen Erwerbstatbeständen genommen werden. Es handelt sich hier nun einmal um einen klar umrissenen und nicht verallgemeinerungsfähigen Sonderfall. Es bedeutet deshalb auch durchaus keinen Wertungswiderspruch zu dieser Handhabung des § 893 BGB Fall 1, dass der BGH (NJW 1986, 1487 f m Anm Canaris = WM 1986, 293; NJW 1997, 190, 191 = LM § 268 BGB Nr 5 m krit Anm Konzen = DNotZ 1997, 383 m krit Anm Wolfsteiner) bei der Ablösung einer dem Zahlungsempfänger zustehenden, aber einredebehafteten Grundschuld einen *gutgläubig-einredefreien Erwerb* verneint hat (zust NK-BGB/Krause[5] § 893 Rn 4; Grüneberg/Herrler[84] § 1157 Rn 3; Erman/Wenzel[17] § 1150 Rn 6; Reinicke/Tiedtke WM 1986, 813, 819; Gursky WM 2001, 2361 ff, 2366; **abl** J Hager 138 ff; Rimmelspacher WM 1986, 809 ff; Canaris NJW 1986, 1488 f; Staudinger/Wolfsteiner [2019] § 1150 Rn 44; MünchKommBGB/H Schäfer[9] § 892 Rn 32; Soergel/Platschek[14] § 1150 Rn 8; Jauernig/Berger[19] § 1157 Rn 3; H Westermann/Eickmann[8] § 104 Rn 18; Wilhelm[7] Rn 1811 m Fn 2818; Medicus/Petersen BR[29] Rn 547; Unrau 122 ff; Armbrüster JuS 1998, 824, 825 f; Reischl JR 1998, 405 ff). – Lässt man den gutgläubig-einredefreien Erwerb hingegen grundsätzlich zu, ist bei *Sicherungsgrundschulden* § 1192 Abs 1a BGB zu beachten, der einen gutgläubig-einredefreien Erwerb auch im Falle des Erwerbs durch Ablösung ausschließt (MünchKommBGB/Lieder[9] § 1192 Rn 21; Staudinger/Wolfsteiner [2019] § 1192 Rn 47). – § 893 BGB Fall 1 hilft eben nur über die Tatsache hinweg, dass der Ablösende an die falsche Person gezahlt hat und ermöglicht damit eine Art mittelbar rechtsgeschäftlichen Erwerb des abzulösenden Rechts, wenn und soweit dieses wirklich besteht (s oben Rn 3 und unten Rn 20; Reinicke/Tiedtke WM 1986, 813, 819; BeckOGK/Hertel [1. 9. 2024] § 893 Rn 5, 23). Wenn jemand ein *eingetragenes, aber in Wirklichkeit gar nicht existierendes Recht abzulösen versucht,* bringt auch § 893 BGB Fall 1 dieses nicht zur Entstehung (Gursky WM 2001, 2361, 2362 ff; Reinicke/Tiedtke WM 1986, 813, 816; NK-BGB/Krause[5] § 893 Rn 2; jurisPK-BGB/Toussaint[10] § 893 Rn 18; Grüneberg/Herrler[84]

§ 893 Rn 1; **aA** Bülow, Kreditsicherungsrecht[10] Rn 494; Wolfsteiner DNotZ 1997, 387, 389; Kiehnle 364 f; implizit Canaris NJW 1986, 1488, 1489), genauso wie § 893 BGB Fall 2 nicht dazu führt, dass die bloße Verlegung der Ausübungsstelle einer eingetragenen, aber nicht wirksam bestellten Dienstbarkeit das Recht entstehen lässt (s unten Rn 25). – Die Möglichkeit eines redlichen Erwerbs eines Grundpfandrechts bei einer nach § 893 BGB 1. Fall wirksamen Ablösungsleistung ist im Übrigen noch in einem weiteren Punkt eingeschränkt: Sie scheidet nämlich aus, wenn die abzulösende Hypothek in Wirklichkeit eine *Eigentümergrundschuld* darstellt (Reinicke/Tiedtke WM 1986, 813, 819; Gursky WM 2001, 2361, 2366; **abw** Wilhelm[7] Rn 696a; Wieling/Finkenauer, SR[6] § 27 Rn 44, 47; J Hager ZIP 1997, 135, 137). Wenn der Eigentümer selbst die Ablöseleistung erbringt, macht § 893 1. Alt BGB evidentermaßen keinen Sinn. Aber auch wenn ein nachrangiger Berechtigter oder Grundstücksbesitzer die Ablösung versucht, kann § 893 1. Alt BGB nicht weiterhelfen. Der Gutglaubenserwerb des getilgten Rechts bei der Ablösungsleistung beruht ja auf dem Ablösungsrecht des Zahlenden, und ein solches kann nun einmal gar nicht bestehen, wenn das Grundpfandrecht in Wirklichkeit dem Eigentümer selbst zusteht: Eine Geltendmachung des dinglichen Anspruchs aus § 1147 BGB gegen den Eigentümer kommt dann ja nicht in Betracht, und genauso scheidet dann wegen § 1197 Abs 2 BGB eine Zwangsvollstreckung aus der Eigentümergrundschuld aus (Gursky WM 2001, 2361, 2366). – Problematisch ist, ob bei einer nach § 893 1. Alt BGB wirksamen Ablösungsleistung auch ein gutgläubig-lastenfreier Erwerb des fraglichen Rechts möglich ist, ob also etwa die Leistung an einen wirklichen Grundpfandgläubiger zum Erwerb eines unbelasteten Grundpfandrechts führt, wenn das daran bestehende Pfandrecht im Grundbuch nicht eingetragen und dem Ablösenden auch nicht bekannt war. Die Frage dürfte zu bejahen sein (Reinicke/Tiedtke WM 1986, 813, 817; Gursky WM 2001, 2361, 2366). Die Konstellation liegt nämlich näher bei dem Fall der Leistung an den falschen Gläubiger als bei dem der versuchten Ablösung eines gar nicht existierenden Rechts (vgl Gursky WM 2001, 2361, 2366). – Für die Konstellation des *§ 1164 BGB,* also die Leistung des persönlichen Schuldners, dem der Eigentümer erstattungspflichtig ist, gilt § 893 1. Alt BGB allerdings (entgegen Rosenberg § 893 Anm I 1 c, 2) nicht, denn der persönliche Schuldner zahlt hier auf die gesicherte Forderung (Staudinger/Scherübl[12] § 1164 Rn 8; Staudinger/Wolfsteiner [2019] § 1164 Rn 9; Planck/Strecker § 1164 Anm 2b mwNw; MünchKommBGB/Lieder[9] § 1164 Rn 6; Jauernig/Berger[19] § 1164 Rn 6; H Westermann/Eickmann[8] § 104 Rn 19; Baur/Stürner[18] § 38 Rn 112; kritisch J Hager 141).

17 Ein Grundstückseigentümer, der zugleich persönlicher Schuldner ist, wird mit seiner nach § 893 BGB 1. Fall befreiend wirkenden Leistung auf die (Verkehrs-)Hypothek anerkanntermaßen auch von seiner persönlichen Verpflichtung frei (BGH 23. 1. 1996 – XI ZR 75/95, NJW 1996, 1207, 1208; BGB-RGRK/Augustin § 893 Rn 6 aE; MünchKommBGB/Wacke[4] § 893 Rn 5; jurisPK-BGB/Toussaint[10] § 893 Rn 18; Erman/Artz[17] § 893 Rn 3; Grüneberg/Herrler[84] § 893 Rn 2; Tiedtke NJW 1997, 851, 852; skeptisch BeckOGK/Hertel [1. 9. 2024] § 893 Rn 12; **aA** Goldmann/Lilienthal II § 79 Fn 46). Der BGH hat dies mit § 1138 BGB begründet. Was damit gemeint sein soll, bleibt mysteriös: Zum einen trifft § 1138 BGB über das Schicksal der Forderung als solcher ja überhaupt keine Aussage, sondern fingiert nur ihre Existenz, soweit diese wegen des Akzessorietätsdogmas für den Erwerb des dinglichen Rechts benötigt wird. Zum anderen betrifft § 1138 BGB überhaupt nur die Übertragung von Forderung und Hypothek, und diese Konstellation ist bei der Zahlung des Eigentümers auf das Grundpfandrecht naturgemäß nicht gegeben. Bei der Sicherungsgrundschuld soll die nach § 893 1. Alt BGB wirksame

Ablösungsleistung des Grundstückseigentümers/Schuldners dagegen nach hM nur zum Erwerb des Grundpfandrechts, nicht auch zum Erlöschen der gesicherten Forderung führen (BGH 23. 1. 1996 – XI ZR 75/95, NJW 1996, 1207, 1208 = WiB 1996, 542 m Anm Seeker = WuB I F 3 Grundpfandrechte 4. 96 [Grün]; Erman/Artz[17] § 893 Rn 3; jurisPK-BGB/Toussaint[10] § 893 Rn 18; **aA** Tiedtke NJW 1997, 851, 852 f). Der BGH hat dies mit dem Fehlen einer § 1138 BGB entsprechenden Regelung bei der Sicherungsgrundschuld begründet, was aus den oben genannten Gründen nicht überzeugen kann.

Der wirkliche, aber nicht eingetragene Berechtigte hat zum Ausgleich gegen den Empfänger der Leistung einen Bereicherungsanspruch aus § 816 Abs 2 BGB. **18**

Ist der eingetragene Hypothekengläubiger nicht der materiell Berechtigte, so soll nach KG RJA 11, 62 = KGJ 40 A 265 seine Quittung nicht zum grundbuchmäßigen Nachweis des Hypothekenübergangs auf den gutgläubig zahlenden Grundstückseigentümer genügen; der gute Glaube des Zahlenden müsse vielmehr anderweitig erwiesen werden, zB durch ein beglaubigtes Anerkenntnis des materiell an der Hypothek Berechtigten. Diese (in früheren Auflagen zustimmend zitierte) Entscheidung ist unzutreffend, vgl § 892 Rn 175. **19**

Im Rahmen von § 893 1. Alt BGB ist die *Richtigkeits- und Vollständigkeitsfiktion* im Übrigen *gegenständlich beschränkt* (s auch oben Rn 3). Garantiert wird dem Leistenden nur die dingliche Empfangsberechtigung des Eingetragenen, also seine Rechtsinhaberschaft und das Fehlen von nicht eingetragenen Belastungen (vgl Gursky WM 2001, 2361, 2366) oder Verfügungsbeschränkungen iS von § 892 Abs 1 S 2 BGB. Die Angaben über den Rechtsinhalt stehen hier dagegen nicht unter dem Schutz des öffentlichen Glaubens (ebenso jurisPK-BGB/Toussaint[10] § 893 Rn 5): Wenn etwa eine Hypothek in Höhe von 20 000 € bestellt ist, die Angabe der Hypothekensumme im Grundbuch aber später infolge eines Übertragungsfehlers in 10 000 € verändert worden ist und nun der neue Grundstückseigentümer, der das Grundstück durch Erbgang erworben hat und von der Unrichtigkeit des Grundbuches nichts weiß, die 10 000 € an den Gläubiger zahlt, bleibt die Hypothek in Höhe der restlichen 10 000 € natürlich als Fremdhypothek bestehen (zust jurisPK-BGB/Toussaint[10] § 893 Rn 5). Der öffentliche Glaube des Grundbuches schützt natürlich auch nicht gegen die Möglichkeit, dass dem eingetragenen Rechtsinhaber infolge von Geschäftsunfähigkeit die Empfangszuständigkeit für die betreffende Leistung fehlt (s § 892 Rn 67). **20**

Die Voraussetzungen des § 893 1. Alt BGB sind nicht gegeben, wenn ein im Grundbuch eingetragener bzw nach § 1155 BGB legitimierter Scheinhypothekar ein vorrangiges Grundpfandrecht ablöst. Da dem Zahlenden dann ein Ablöserecht gar nicht zusteht, können auch die Rechtsfolgen einer wirksamen Ablösung nicht eintreten. Der zahlende Scheinhypothekar erwirbt die vorrangige Hypothek also nicht (Wolff/Raiser § 140 V 1 Fn 16; Soergel/Platschek[14] § 1150 Rn 8; NK-BGB/Krause[5] § 893 Rn 15; Jauernig/Berger[19] § 1150 Rn 4; **aA** Heck § 44 II 4; H Westermann/Eickmann[8] § 104 Rn 20; J Hager 142 f Fn 116). Eine analoge Anwendung von § 893 BGB Fall 1 verbietet sich, da die Verkehrsschutztatbestände des Liegenschaftsrechts nur das Vertrauen auf die Eintragung einer fremden Rechtsposition schützen (Soergel/Platschek[14] § 1150 Rn 8). Das Gleiche gilt, wenn ein bloßer Bucheigentümer einen Grundpfandgläubiger befriedigt (Tiedtke 125 f). **21**

22 Auf den Schutz des § 893 1. Alt BGB kann der Leistende nach hM im Gegensatz zur Situation bei § 407 BGB nicht verzichten (O vGierke III 195 m Fn 77; vTuhr II 1, 141 m Fn 102; Leonhard, AllgSchR 666; Salomon JW 1914, 728 f; Roth JZ 1972, 150 Fn 14; vOlshausen, Gläubigerrecht und Schuldnerschutz bei Forderungsübergang und Regreß [1988] 93; NK-BGB/Krause[5] § 893 Rn 16; BeckOGK/Hertel [1. 9. 2024] § 893 Rn 21; **aA** Altmeppen 116 f). Die Frage kann angesichts des engen systematischen Zusammenhangs der beiden Normen nicht anders entschieden werden als für § 892 BGB, wo die hM ja ebenfalls – und unseres Erachtens zu Recht – die Möglichkeit des Verzichts auf den Schutz ablehnt (s § 892 Rn 231). Die sich bei dieser Lösung ergebende Divergenz zur Handhabung des § 407 Abs 1 BGB kann wegen der größeren Verlässlichkeit der Rechtsscheinsbasis im Falle des § 893 1. Alt BGB hingenommen werden, zumal sich auch die Disponibilität des Schuldnerschutzes durch die letztere Norm mit guten Gründen in Zweifel ziehen lässt (vgl OLG Dresden MDR 1994, 559 m Anm Karst).

III. Nicht unter § 892 fallende Verfügungen (§ 893 2. Alt)

1. Voraussetzungen

23 § 892 BGB schützt nur Rechtsgeschäfte, die unmittelbar auf den Erwerb eines Grundstücksrechts oder eines Rechtes an einem Grundstück abzielen. § 893 2. Alt BGB erstreckt den Schutz des öffentlichen Glaubens auf alle sonstigen Verfügungen über ein im Grundbuch eingetragenes Recht.

a) Verfügungen

24 Es muss sich um ein Rechtsgeschäft handeln, das in Ansehung eines im Grundbuch eingetragenen Rechtes abgeschlossen wird und das eine Verfügung über das betreffende Recht enthält, aber nicht die Übertragung oder Belastung des Rechtes zum Ziel hat. Der Begriff der Verfügungsgeschäfte hat hier den üblichen Sinn, in dem das BGB diesen terminus technicus verwendet (s Staudinger/Dilcher[12] Vorbem 44 zu § 104): Verfügungsgeschäfte sind danach solche Rechtsgeschäfte, durch die unmittelbar auf ein bereits bestehendes Recht eingewirkt, dieses nämlich übertragen, belastet, aufgehoben oder inhaltlich geändert werden soll. Zur Maßgeblichkeit dieses herkömmlichen Begriffsverständnisses für § 893 2. Alt BGB s RGZ 90, 395, 398 f und die dort näher ausgeführte Entstehungsgeschichte der Vorschrift, ferner RGZ 92, 35 ff; 106, 109, 111 f; BGHZ 1, 294, 304; 13, 1, 3; KGJ 51 A 295, 298; JW 1925, 1415. § 893 2. Alt BGB kann deshalb auf bloße Verpflichtungsgeschäfte nicht angewandt werden. Dies gilt auch für die Vermietung oder Verpachtung eines Grundstücks. Schuldrechtliche Besitzüberlassungsverträge enthalten zwar ein verfügungsrechtliches Element (s Staudinger/Gursky [2013] § 986 Rn 32; § 185 Rn 102 m umfangreichen Nw; Staudinger/Thole [2023] § 986 Rn 67), sind aber von den Verfassern des BGB deutlich von den Verfügungen im eigentlichen Sinne unterschieden worden, vgl § 1821 Abs 1 Nr 1 aF, jetzt § 1850 Nr 1 und § 2113 BGB im Gegensatz zu § 1822 Nr 4 u 5 aF, jetzt § 1853 und § 2135 BGB. Eine Gleichstellung der schuldrechtlichen Besitzüberlassungsverträge mit Verfügungen im Analogiewege – wie sie etwa im Falle des § 185 BGB von der hM befürwortet wird (s Staudinger/Gursky [2013] § 986 Rn 23; § 185 Rn 98 m umfangreichen Nw; Staudinger/Klumpp [2024] § 185 Rn 142; Gursky JR 1983, 266) – verbietet sich im Falle von § 893 2. Alt BGB schon deshalb, weil sie praktisch auf eine Inhaltserweiterung der betreffenden relativen Besitzrechte hinauslaufen würde (Diederichsen, Das Recht zum Besitz aus Schuldverhältnissen [1965] 141 ff, 144). Der Abschluss eines **Miet- oder Pacht-**

vertrages nebst der dazu gehörigen Besitz- oder Gebrauchsüberlassung an den Mieter oder Pächter steht mithin *nicht* unter dem Schutz des öffentlichen Glaubens (RGZ 106, 109, 111 f; KGJ 51 A 295, 298; DIEDERICHSEN, Das Recht zum Besitz aus Schuldverhältnissen [1965] 141 ff, 144; BGB-RGRK/AUGUSTIN § 893 Rn 15; PLANCK/STRECKER § 893 Anm 1b mwNw; ROSENBERG § 893 Anm II 1a mwNw; BIERMANN §§ 892, 893 Anm 6 b γ; FUCHS § 893 Anm 2b bb α; TURNAU/FÖRSTER § 893 Anm II 1 b; SOERGEL/KERN[14] § 893 Rn 3; NK-BGB/KRAUSE[5] § 893 Rn 17; ERMAN/ARTZ[17] § 893 Rn 10; GRÜNEBERG/HERRLER[84] § 893 Rn 3; BeckOGK/HERTEL [1. 9. 2024] § 893 Rn 32; STAUDINGER/V EMMERICH [2024] § 566 Rn 12; MünchKommBGB/H SCHÄFER[9] § 893 Rn 12; EMMERICH, in: FS Gitter [1995] 241, 247 f; vTUHR II 1 § 54 bei Fn 113; WOLFF/RAISER § 45 Fn 9; BAUR/STÜRNER[18] § 23 Rn 23; WILHELM[7] Rn 697; SCHAPP/SCHUR[4] Rn 369; CROME § 372 Fn 13; ENDEMANN § 62 Fn 33; GOLDMANN/LILIENTHAL § 44 I 2 b γ; DERNBURG § 47, 6; O vGIERKE § 119 Fn 119; FINKENAUER Jura 2001, 606, 610; **aA** MITTEIS, Zwei Fragen aus dem Bürgerlichen Recht [Dekanatsprogramm Leipzig 1905] 20 ff; STROHAL, ErbR II[3] 167 f; RAAPE JherJb 71 [1922] 97 ff, 180 ff; HELLWIG, Wesen und subjektive Begrenzung der Rechtskraft 428 f; SIBER, Die Passivlegitimation bei der rei vindicatio [1907] 241 ff; KÜHNE AcP 140 [1935] 1, 50 ff; HECK, SchR § 100, 10 [nur im Ergebnis: Analogie zu § 1056]; CANARIS, in: FS Flume [1978] I 371, 403 f; OTTE, in: FS Wieacker [1978] 463, 472 f [nur im Ergebnis, da eine Analogie zu § 571 aF bevorzugend]; ders, in: GedSchr Sonnenschein [2002] 181, 187 ff, 199 [Lösung über § 893]; WACKE, in: FS Gernhuber [1993] 489, 516 ff, 519 f; MünchKommBGB/WACKE[4] § 893 Rn 10; MünchKommBGB/KOHLER[8] § 893 Rn 12). Die mit einer solchen Analogie verbundene weitere Verdinglichung der Miete und Pacht passt nicht in das innere System des liegenschaftsrechtlichen Verkehrsschutzes: Als Verfügungstatbestand könnte hier ohnehin nicht der bloße Abschluss des obligatorischen Vertrages gewertet werden; es müsste vielmehr auch die Besitzüberlassung an den Mieter oder Pächter hinzukommen. Damit würde aber der Verkehrsschutz dann von einem Element abhängig gemacht, das im Liegenschaftsrecht ansonsten keine Rolle spielt, während es für den Verkehrsschutz im Mobiliarsachenrecht prägend ist. Hinzu kommt, dass § 893 BGB Fall 2 den liegenschaftsrechtlichen Verkehrsschutz doch nur in solchen Fällen unabhängig von der Einhaltung der grundbuchmäßigen Form gewährt, in denen es um die bloße Modifikation eines ohnehin gegebenen dinglichen Rechtes geht (zB Kündigung eines Grundpfandrechtes durch den Buchgläubiger, s Rn 26). In allen Fällen, in denen eine neue dingliche oder quasi-dingliche Rechtsposition eingeräumt werden soll, verlangen § 892 BGB und § 893 BGB 2. Fall durchaus eine Verfügung in den speziellen Publizitätsformen des Liegenschaftsrechts. (Aus dem Bereich des § 893 BGB Fall 2 kommt insoweit nur die Bestellung einer Vormerkung durch einen Buchberechtigten in Betracht.) Auch hierzu passt die Ausdehnung des liegenschaftsrechtlichen Verkehrsschutzes auf die Fälle einer Vermietung oder Verpachtung eines fremden Grundstücks nicht. Schließlich spricht auch die schiere Existenz der §§ 1056, 2135 BGB eher gegen eine Ausdehnung des liegenschaftsrechtlichen Verkehrsschutzes auf die Grundstücksvermietung oder Verpachtung durch einen Nichtberechtigten. Wenn diese unter § 893 BGB Fall 1 fiele, dann wäre damit doch wohl auch die über den Zeitraum der eigenen Berechtigung hinausreichende Vermietung bzw Verpachtung durch einen Nießbraucher oder Vorerben erfasst. Wenn aber ohnehin bereits § 893 BGB Fall 1 den notwendigen Schutz des Mieters eines Nießbrauchers oder Vorerben garantiert hätte, dann hätte eigentlich kaum ein Anlass für die besondere Regelung der Problematik in den §§ 1056, 2135 BGB bestanden. – Auch die Vereinbarung über die Ausübungsüberlassung eines Nießbrauchs ist rein obligatorischer Natur (BGHZ 55, 111, 115; STAUDINGER/C HEINZE [2021] § 1059 Rn 21 mwNw) und kann deshalb ebenfalls nicht unter dem Schutz des öffentlichen Glaubens des Grundbuches stehen (BGHZ 62, 133, 140).

25 Verfügungsgeschäfte iS von § 893 2. Alt BGB sind beispielsweise die Aufhebung eines eingetragenen Liegenschaftsrechts (§§ 875, 1183 BGB) und der Verzicht auf ein Grundpfandrecht (§§ 1168, 1175 BGB), die Inhaltsänderung des Rechts (§ 877 BGB und als Spezialfälle § 1023 BGB [Verlegung der Ausübungsstelle einer Grunddienstbarkeit], § 1119 Abs 2 BGB [Abänderung von Zahlungszeit und -ort bei der Hypothek], §§ 1116 Abs 3, 1186, 1198, 1203 BGB [Umwandlung eines Grundpfandrechts in ein anderes] und § 1180 BGB [Auswechselung der Hypothekenforderung]), die Rangänderung (§ 880 BGB), die nachträgliche Bestellung eines Rangvorbehalts (§ 881 BGB) durch den buchmäßig legitimierten scheinbaren Inhaber des wirklich existierenden zurücktretenden Rechtes (**aA** Planck/Strecker § 893 Anm 1 b β), ebenso die spätere Ausübung eines zu Unrecht eingetragenen Rangvorbehalts durch Einigung zwischen dem Eigentümer und dem Inhaber des vortretenden Rechts (Rosenberg § 881 Anm V 6 a) oder die Ausübung eines wirklich existierenden Rangvorbehalts durch einen Bucheigentümer. Nach Rosenberg (§ 881 Anm III 1 a, 2 a, IV 4 a, V 6 a) soll der Grundstückseigentümer nach § 893 2. Alt BGB einen nachträglich bestellten Rangvorbehalt darüber hinaus auch dann erwerben können, wenn das zurücktretende Recht nicht wirksam begründet worden ist. Rosenberg behandelt damit den Rangvorbehalt in diesem Punkte genauso wie eine echte Belastung des vom Vorbehalt betroffenen Rechts (zum gutgläubigen Erwerb von Zweigrechten an nicht existierenden Grundstücksrechten s § 892 Rn 222). Der Sinn einer solchen Analogie bleibt allerdings dunkel, da der Rangvorbehalt ohnehin nur „inter partes" wirkt. Ein Rangvorbehalt ohne zurücktretendes Recht ist damit eine contradictio in adjecto. Auswirken könnte sich die Lösung von Rosenberg allerdings, wenn später das zurücktretende (vermeintliche) Recht weiterübertragen und dabei gutgläubig erworben wird. Während die ganz hM die Möglichkeit eines gutgläubigen Erwerbs des Vorrangs bei Nichtexistenz des zurücktretenden Rechts im Falle des Rangvorbehalts verneint (vgl Staudinger/S Heinze [2018] § 881 Rn 26; Planck/Strecker § 881 Anm 6), wird sie von der hM bei der Rangänderung bejaht (vgl Staudinger/S Heinze [2018] § 880 Rn 38; MünchKommBGB/Lettmaier[9] § 880 Rn 23; Grunsky, Rangfragen bei dinglichen Rechten [1963] 70 ff). Diese Ungleichbehandlung wirkt befremdlich. Auch bei der Rangänderung ist die Möglichkeit eines gutgläubigen Erwerbs des Vorrangs trotz Nichtexistenz des zurücktretenden Rechts in Wirklichkeit schon deshalb ausgeschlossen, weil der Rangrücktritt ohnehin n ur zu Lasten des zurücktretenden Rechts, nach § 880 Abs 5 BGB aber nicht zu Lasten der Zwischenrechte wirkt; über die letztere Norm setzt die hM sich ohne tragfähigen Grund hinweg. Zudem bietet sich eine Argumentation aus § 880 Abs 4 BGB an. Anerkanntermaßen ist aus der letztgenannten Norm zu schließen, dass bei einem nicht rechtsgeschäftlichen Erlöschen des zurücktretenden Rechts (etwa Tod des Inhabers der zurücktretenden beschränkten persönlichen Dienstbarkeit) die Wirkungen des Rangrücktritts wieder entfallen und das vortretende Recht seine bessere Rangposition also verliert. Damit wäre es nicht zu vereinbaren, wenn das vortretende Recht diese bessere Rangposition bei schon anfänglicher Nichtexistenz des zurücktretenden Rechtes erhielte und behielte. – Zur Frage, ob nach einer nichtigen Übertragung eines Wohnungseigentums der Wohnungseigentümer das Abstimmungsverhalten des scheinbaren Erwerbers bei Beschlüssen der Wohnungseigentümergemeinschaft nach § 893 BGB gegen sich gelten lassen muss, vgl Staudinger/Häublein (2023) § 25 WEG Rn 12.

26 Unter § 893 2. Alt BGB fällt ferner die Kündigung eines Grundpfandrechts (§§ 1141, 1193, 1202 BGB, s Mot III, 223; BGHZ 1, 294, 298, 304 ff; vTuhr II 1, § 54 Fn 36); dies spielt

allerdings nur dann eine Rolle, wenn die Kündigung durch den Buchgläubiger ausgesprochen oder an ihn gerichtet ist; der Bucheigentümer ist dagegen nach §§ 1141, 1192 BGB ohne Weiteres auch bei Kenntnis des Gläubigers von seiner fehlenden Berechtigung zur Erklärung oder Empfangnahme der Kündigung legitimiert (s RG Recht 1919 Nr 74). Die Aufrechnung gegen ein eingetragenes Recht oder die Annahme einer Leistung durch den Buchberechtigten an Erfüllungs Statt sind ebenfalls sonstige Verfügungsgeschäfte iS von § 893 2. Alt BGB, wenn man sie nicht sogar unter die 1. Alt der Norm subsumieren will (s oben Rn 14). Schließlich wendet die ganz hM § 893 2. Alt BGB allgemein auch auf die rechtsgeschäftsähnlichen Handlungen der Mahnung im Falle des § 1146 BGB, der Anzeige gem § 1128 Abs 1 S 1 BGB und des Widerspruchs nach § 1128 Abs 1 S 2 BGB an (Planck/Strecker § 893 Anm 1 b β; BeckOGK/Hertel [1. 9. 2024] § 893 Rn 36; Staudinger/Wolfsteiner [2019] § 1128 Rn 11 ff, § 1146 Rn 3; MünchKommBGB/Lieder[9] § 1146 Rn 7, § 1128 Rn 9); dabei kann es sich natürlich nur um eine analoge Anwendung handeln.

Die Verweisung auf § 892 BGB deckt *mehrere Varianten.* Verkehrsschutz findet bei den nicht auf Rechtsverschaffung gerichteten Verfügungen gem § 893 BGB 2. Fall iVm § 892 Abs 1 S 1 BGB statt, wenn der Verfügende bloßer Buchberechtigter ist. So beispielsweise, wenn der buchmäßig legitimierte scheinbare Inhaber eines (wirklich bestehenden) Rechtes an einem Grundstück dieses aufhebt (§ 875 BGB). Entsprechendes gilt bei einer Vormerkung (s oben Staudinger/Thole [2023] § 886 Rn 72 f). Ebenso, wenn ein Liegenschaftsrecht aufgehoben wird, das mit einem im Grundbuch nicht ausgewiesenen Pfandrecht oder Nießbrauch belastet ist; hier wird die an sich erforderliche Zustimmung des Nießbrauchers oder Pfandgläubigers (§ 876 S 1 BGB) wiederum durch § 893 2. Fall iVm § 892 Abs 1 S 1 BGB ersetzt, wenn das Redlichkeitserfordernis erfüllt ist (Rosenberg § 876 Anm I 1, § 893 Anm II 2; MünchKommBGB/Lettmaier[9] § 876 Rn 12 aE; Hachenburg, Vorträge[2] 250). § 893 BGB Fall 2 iVm § 892 Abs 1 S 2 BGB kommt zur Anwendung, wenn der Inhaber des aufzuhebenden Rechtes einer nicht eingetragenen Verfügungsbeschränkung unterliegt. 27

Soweit zu bestimmten Verfügungen über Rechte an Grundstücken eine **Zustimmung** des Grundstückseigentümers oder von Drittberechtigten erforderlich ist (wie zB zur Aufhebung nach §§ 876, 1183 S 2 BGB, 26 ErbbauRG, der Inhaltsänderung nach §§ 877, 876 S 1, 3 BGB oder zur Rangänderung nach § 880 Abs 2 S 3 BGB, im Falle des Erbbaurechts auch zur Verfügung oder Belastung, §§ 5 ErbbauRG) ist auch diese Zustimmung eine selbständige Verfügung (RG RJA 17, 22; Planck/Strecker § 893 Anm 1 b β; Rosenberg § 893 Anm II 1 a; Flume AT II 2 § 55; MünchKommBGB/Schramm[5] Vorbem 40 ff zu §§ 182 ff; Staudinger/Gursky [2014] Vorbem 50 zu §§ 182 ff; BeckOGK/Hertel [1. 9. 2024] § 893 Rn 29). Auch die *Genehmigung der Verfügung eines Nichtberechtigten* (§ 185 Abs 2 S 1 BGB Fall 1) durch einen anderen, buchmäßig legitimierten Nichtberechtigten ist zumindest wie eine Verfügung iS von § 893 2. Alt BGB zu behandeln (RGZ 90, 395, 399 f; MünchKommBGB/Wacke[4] § 893 Rn 9; Finkenauer AcP 203 [2003] 282, 310; s auch Staudinger/Klumpp [2024] § 185 Rn 27; MünchKommBGB/Schramm[5] Vorbem 42 zu §§ 182 ff; MünchKommBGB/Bayreuther[9] § 182 Rn 1 ff; BeckOGK/Hertel [1. 9. 2024] § 893 Rn 29). Wenn etwa der Bucheigentümer das Grundstück verkauft und der Käufer es, ohne selbst Eigentümer zu werden, mit Zustimmung des Verkäufers im eigenen Namen einem Dritten übereignet, so erwirbt dieser das Eigentum nach §§ 873, 925, 185 Abs 1, 893 2. Alt BGB (s Karl Kniffler, Abtretung, Verpfändung und Pfändung des Anwartschaftsrechts aus der Auflassung [Diss Köln 1963] 37 f; Robert Maier, Die Anwartschaft aus der Auflassung 28

[Diss München 1960] 78; J KOHLER 289 Fn 290; LUTTER AcP 164 [1964] 122, 167 Fn 172; FINKENAUER AcP 203 [2003] 282, 310). Ähnlich ist die Situation bei der Zustimmung zu einer vormerkungswidrigen Verfügung. Stimmt nach einer unwirksamen Zession eines vormerkungsgesicherten Anspruchs auf Übereignung eines Grundstücks der bereits im Grundbuch eingetragene Zessionar der Bestellung eines Finanzierungsgrundpfandrechtes zu, so kann diese Zustimmungserklärung eines Nichtberechtigten nach § 893 BGB Fall 2 iVm § 892 Abs 1 S 1 BGB wirksam sein (so auch LEHMANN MittBayNot 1997, 258 [wo aber offenbleibt, ob § 893 2. Fall oder § 892 Abs 1 S 1 anzuwenden ist]; GURSKY DNotZ 1998, 273, 280; NK-BGB/KRAUSE[5] § 893 Rn 17 f; s auch STAUDINGER/GURSKY [2013] § 883 Rn 249 und 274; **aA** STÖBER MittBayNot 1997, 143, 146). Nach Ansicht des Reichsgerichts soll darüber hinaus auch die Erteilung einer unwiderruflichen *Vollmacht* zur Verfügung über ein Grundstück ihrerseits eine Verfügung über das Grundstück darstellen; dies jedenfalls dann, wenn es sich um eine mit einem Parzellierungsvertrag verbundene Vollmacht handelt, durch die der Bevollmächtigte zur Einräumung des Besitz- und Nutzungsrechts an die Käufer der Trennstücke ermächtigt wird (RGZ 90, 395, 400; zust ROSENBERG § 893 Anm II 1 a; PLANCK/STRECKER § 893 Anm 1 b β; BGB-RGRK/AUGUSTIN § 893 Rn 13; SOERGEL/KERN[14] § 893 Rn 3; ENNECCERUS/NIPPERDEY, AT § 143 Fn 11; H LEHMANN, AT § 37 III 4; STAUDINGER/COING[12] Vorbem 68 zu § 104; zweifelnd ERMAN/HAGEN[9] § 893 Rn 3). Das ist jedoch grob systemwidrig, denn die Vollmacht verleiht nur die Rechtsmacht zum rechtsgeschäftlichen Handeln für eine ganz bestimmte Person, den Vollmachtgeber, also hier den Nichtberechtigten (abl auch NK-BGB/KRAUSE[5] § 893 Rn 22; MünchKommBGB/SCHRAMM[4] Vorbem 39 zu § 182 Fn 73; MÜLLER-FREIENFELS, Die Vertretung beim Rechtsgeschäft [1955] 257 ff; THIELE, Die Zustimmungen in der Lehre vom Rechtsgeschäft [1966] 297; FLUME, AT II § 52, 4). Als solche ist sie aber ohne Rücksicht auf den guten oder bösen Glauben des Bevollmächtigten wirksam. Die vom Bevollmächtigten vorgenommene Veräußerung einer Parzelle dagegen kann nur wirksam sein, wenn der Erwerber hinsichtlich der Eigentümerstellung des Vertretenen gutgläubig war (FLUME AT II § 52, 4; vTUHR AcP 117 [1919] 193 ff, 199 ff; RAAPE AcP 121 [1923] 257 ff, 271 f; 123, 194 ff; s auch STAUDINGER/DILCHER[12] § 167 Rn 9). Umstritten ist, ob auch die bloße *Einwilligung* des Buchberechtigten in die Verfügung eines Nichtberechtigten als solche bereits als Verfügung gewertet werden kann (*verneinend* MünchKommBGB/THIELE[1] Vorbem 32 zu § 182; *bejahend* PLANCK/STRECKER § 893 Anm 1 b β). Entscheidend ist hierbei, dass eine Einwilligung in eine Verfügung die Rechtslage des Verfügungsobjekts überhaupt erst mit der Vornahme des Verfügungsgeschäfts beeinflusst (FLUME, AT II § 57, 2). Deshalb wäre es jedenfalls verfehlt, schon die Einwilligung für sich alleine unter § 893 2. Alt BGB zu bringen, also etwa zu argumentieren, die vom Bucheigentümer ausgesprochene unwiderrufliche Einwilligung sei infolge der damaligen Redlichkeit des Ermächtigten auch dem wirklichen Eigentümer gegenüber wirksam und die einmal erlangte Verfügungsbefugnis könne auch durch die nachträgliche Kenntniserlangung von der wirklichen Eigentumslage nicht zerstört werden (dagegen mit Recht RAAPE AcP 121 [1923] 257, 284 zu § 2367). Auch für die im Interesse des Ermächtigten erteilte unwiderrufliche Verfügungseinwilligung kann insoweit nichts anderes gelten (zweifelnd RAAPE 285 Fn 40). § 893 2. Alt BGB kommt vielmehr erst zur Anwendung, wenn der vom Bucheigentümer Ermächtigte von der Verfügungseinwilligung Gebrauch macht und der Partner des Verfügungsgeschäfts hinsichtlich der Rechtsinhaberschaft des Einwilligenden gutgläubig ist (kritisch HENCKEL JZ 1997, 333, 342).

29 Auch im Rahmen von § 893 2. Alt BGB ist allerdings die **Richtigkeits- und Vollständigkeitsfiktion des Grundbuchs gegenständlich beschränkt**: Es wird lediglich garantiert, dass das für den Verfügenden eingetragene Recht keiner anderen Person zusteht und dass der Verfügende keinen nicht eingetragenen Verfügungsbeschränkungen unterliegt (so auch Assmann 371 f). Dass das Recht überhaupt existiert und dass es den im Grundbuch ausgewiesenen Inhalt hat, wird hier dagegen nicht gewährleistet; dies geschieht lediglich im Rahmen von § 892 BGB für die dort geregelten Erwerbstatbestände (**abw** Soergel/Kern[14] § 893 Rn 1: dem Geschäftsgegner werde auch die Rechtsbeständigkeit garantiert). Besteht das von der Verfügung betroffene Recht überhaupt nicht oder hat es einen geringeren Umfang als im Grundbuch angegeben ist, so kann nur durch eine unter § 892 Abs 1 S 1 BGB fallende Übertragung das Recht entstehen bzw sich auf den grundbuchmäßig ausgewiesenen Umfang erweitern. Eine bloße Kündigung einer gar nicht existierenden Hypothek durch den im Grundbuch als Gläubiger Eingetragenen geht einfach ins Leere; ebenso eine Rangänderung oder eine Auswechselung der Hypothekenforderung (entgegen Soergel/Konzen[13] § 1180 Rn 3 muss die Nichtgewährung von Verkehrsschutz hier also nicht mit dem Fehlen eines Verkehrsgeschäftes begründet werden). Das Gleiche dürfte für die versuchte Umwandlung eines (in Wirklichkeit gar nicht existierenden) Grundpfandrechts in ein anderes gelten, da hier eine bloße Inhaltsänderung der im Übrigen gleichbleibenden Grundstücksbelastung, nicht die Aufhebung des bisherigen Grundpfandrechts und die Begründung eines neuen gewollt ist (Gursky AcP 191 [1991] 368, 372 f). Falls der Nichtberechtigte, aber im Grundbuch als Eigentümer eingetragene Grundstücksverkäufer sich zunächst eine Eigentümergrundschuld bestellt und sich dann mit dem Käufer über deren Umwandlung in eine Restkaufgeldhypothek einigt, kann er die letztere also entgegen Wittkowski (175 f) nicht nach §§ 1198, 877, 873, 892 BGB erwerben (Gursky AcP 191 [1991] 368, 372 f).

30 Eine **Ausnahme** muss aber gemacht werden. Im Normalfall zielen die unter § 893 BGB, 2. Fall zu bringenden Rechtsgeschäfte ja auf bloße Modifikationen einer (wirklich oder vermeintlich) bereits vorhandenen Rechtsposition; sie wollen dem Verfügungsbegünstigten nicht eine neue, selbständige Rechtsposition verschaffen. Gerade deshalb gehen sie ins Leere, wenn das *Objekt* der Verfügung gar *nicht existiert;* sie könnten ihre Wirkung ja nur entfalten, wenn das Verfügungsobjekt zunächst begründet würde, und darauf ist die betreffende Verfügung gar nicht gerichtet. Das ist anders im Falle der Bestellung einer Vormerkung; dieses Verfügungsgeschäft ist zwar auch nicht auf die Verschaffung eines echten dinglichen Rechts gerichtet; es will aber immerhin dem Erwerber eine selbständige Rechtsposition einräumen, die einem dinglichen Recht wenigstens ähnlich ist. Gerade deshalb kann und muss hier der Gutglaubensschutz die volle Reichweite wie bei § 892 BGB haben. Die Bestellung einer Vormerkung zur Sicherung eines Anspruchs auf Abtretung einer Grundschuld muss deshalb auch dann gutgläubig erworben werden können, wenn die im Grundbuch eingetragene Grundschuld in Wirklichkeit gar nicht existiert (s dazu oben § 892 Rn 222). Es besteht kein Anlass, diese Konstellation im Ergebnis anders zu behandeln als die Verpfändung einer solchen nur vermeintlich existierenden Grundschuld. Ebenso kann die Bestellung einer Auflassungsvormerkung an einem gebuchten, aber mangels wirksamer Teilung gar nicht entstandenen Wohnungseigentum nach § 893 BGB 2. Fall zum Erwerb der Vormerkung an dem bisher gar nicht existierenden Verfügungsobjekt führen (s § 892 Rn 230). Auffällig ist dabei, dass hier erst die Möglichkeit des gutgläubigen Erwerbs der Vormerkung dafür sorgt, dass der durch die Vormerkung zu sichernde Anspruch überhaupt entstehen kann, nämlich nicht an der Unmöglichkeit der Leistungserbringung scheitert.

b) **Die beteiligten Personen**

31 Das Gesetz spricht davon, dass das unter dem Schutz des öffentlichen Glaubens stehende Verfügungsgeschäft zwischen „demjenigen, für welchen ein Recht im Grundbuch eingetragen ist" und „einem anderen" vorgenommen worden sein muss. Die erstere Rolle kann neben dem buchmäßig (oder gem § 1155 BGB) legitimierten scheinbaren Inhaber des verfügungsbetroffenen Rechts auch dessen wirklicher Inhaber wahrnehmen, nämlich wenn eine Belastung des Rechts oder eine Verfügungsbeschränkung für ihn im Grundbuch nicht eingetragen ist (s oben Rn 15, § 892 Rn 225, 238). Der grundbuchmäßige Ausweis der Rechtsinhaberschaft eines Briefgrundpfandrechts reicht allerdings auch hier nur aus, wenn der als Gläubiger Eingetragene zugleich im Besitze des Hypothekenbriefes ist (Rosenberg § 893 Anm II 1 b).

32 Das Rechtsgeschäft muss zwischen dem wirklichen oder formell legitimierten scheinbaren Rechtsinhaber „und einem anderen" abgeschlossen sein. Man ist sich dabei darüber einig, dass mit dieser Formulierung nicht nur Verfügungsgeschäfte, die eine Einigung enthalten, gemeint sind, sondern dass auch **einseitige Rechtsgeschäfte**, die einem bestimmten Gegner gegenüber vorgenommen werden müssen, erfasst werden. Gleichgültig ist nach traditioneller Auffassung grundsätzlich (s aber § 892 Rn 48) auch, ob der wirkliche oder scheinbare Inhaber des von der Verfügung betroffenen Rechtes Adressat oder Urheber der einseitigen Verfügungserklärung ist (zB NK-BGB/Krause[5] § 893 Rn 24). Wenn also der buchmäßig (und durch Briefbesitz) legitimierte scheinbare Gläubiger eines wirklich bestehenden Grundpfandrechts durch Erklärung gegenüber dem Eigentümer und anschließender Eintragung auf das Grundpfandrecht verzichtet (§ 1168 BGB), wird der redliche Grundstückseigentümer genauso durch § 893 2. Alt BGB geschützt, wie wenn er die Hypothek gegenüber dem eingetragenen Scheinhypothekar kündigt (zu letzterem Fall vgl Planck/Strecker § 1142 Anm 3; MünchKommBGB/Lieder[9] § 1141 Rn 16 mwNw). § 1141 Abs 1 S 2 BGB regelt den umgekehrten Fall. Die Einbeziehung der Kündigung gegenüber dem Scheingläubiger ist allerdings nicht unproblematisch. § 893 BGB 2. Fall meint doch wohl – wie § 892 BGB – Verfügungsgeschäfte des Nichtberechtigten.

33 Eine Reihe von einseitigen Verfügungsgeschäften kann sowohl gegenüber dem von der Verfügung Begünstigten als **auch gegenüber dem Grundbuchamt** vorgenommen werden. Dies gilt zB für die Aufgabe eines beschränkten Liegenschaftsrechts (§ 875 Abs 1 S 2 BGB), den Verzicht auf ein Grundpfandrecht (§ 1168 Abs 2 BGB) und die noch zu erörternden Fälle der Vormerkungsbewilligung (§ 885 BGB) und der erforderlichen Zustimmung (eines Drittberechtigten bzw des Eigentümers) zur Aufhebung (§§ 876 S 3, 1183 S 2 BGB) oder Inhaltsänderung (§§ 877, 876 S 3 BGB) oder Rangänderung (§ 880 Abs 2 S 3 BGB) eines Rechts. Es besteht Konsens darüber, dass derartige Verfügungserklärungen jedenfalls dann von § 893 2. Alt BGB erfasst werden, wenn sie in concreto tatsächlich dem anderen Teil gegenüber abgegeben worden sind. Immer noch umstritten ist jedoch, ob solche Verfügungen auch dann den Schutz des öffentlichen Glaubens genießen, wenn sie unmittelbar gegenüber dem Grundbuchamt erklärt werden. Das ältere Schrifttum hat die Frage überwiegend verneint (Fuchs § 893 Anm 2a bb; Biermann §§ 892, 893 Anm 6 b; Staudinger/Kober[9] § 893 Anm II 2; Cosack § 180 I 1 a β; Endemann § 62 Fn 34; Maenner § 7 Fn 19; ebenso heute noch BGB-RGRK/Augustin § 893 Rn 10). Andere wollen in Übereinstimmung mit der Auffassung der 2. Kommission (Prot III 87) § 893 2. Alt BGB nur dann anwenden, wenn das Grundbuchamt nach den besonderen Umständen des Einzelfalles als emp-

fangsberechtigter Vertreter des Begünstigten aufgefasst werden kann (so STAUDINGER/SEUFERT[11] § 893 Rn 6, wo allerdings zugleich betont wird, dass man dies in der Regel nicht annehmen könne; für eine quasi-Vertreterstellung des Grundbuchamtes kraft gesetzlicher Ermächtigung demgegenüber STAUDINGER/ERTL[12] § 875 Rn 15). Nach anderen soll die an das Grundbuchamt gerichtete Verfügungserklärung nur dann Verkehrsschutz genießen, wenn über die Vornahme der Verfügung vor oder nach der Erklärungsabgabe gegenüber dem Grundbuchamt eine Verständigung unmittelbar zwischen den Beteiligten stattgefunden hat (ROSENBERG § 893 Anm II 1 c, COSACK/MITTEIS II 1 § 31 I 2 c; STROHAL, Kommt dem Vorgemerkten der öffentliche Glaube des Grundbuches zustatten? [Dekanatsprogramm Leipzig 1904] 16 f; PRÜTTING[38] Rn 227; wohl auch BIERMANN §§ 892, 893 Anm 6b β). Das neuere Schrifttum schließlich stellt ganz überwiegend die vor oder gegenüber dem Grundbuchamt abgegebene Erklärung der an den Begünstigten selbst gerichteten für die Anwendung von § 893 2. Alt BGB gleich (MünchKommBGB/H SCHÄFER[9] § 893 Rn 10; SOERGEL/KERN[14] § 893 Rn 4 Fn 15; NK-BGB/KRAUSE[5] § 893 Rn 24; AK-BGB/L vSCHWEINITZ § 893 Rn 72; ERMAN/ARTZ[17] § 893 Rn 7; GRÜNEBERG/HERRLER[84] § 893 Rn 3; BeckOGK/HERTEL [1. 9. 2024] § 893 Rn 37; H WESTERMANN[5] § 85 III 3 c; WOLFF/RAISER § 39 Fn 2, 4; LANGE § 24 Fn 6; MEDICUS AcP 163 [1964] 1, 4; ebenso früher schon PLANCK/STRECKER § 893 Anm 1 b β, § 1168 Anm 2a δ; SIBER, Buchrechtsgeschäft 51 f Fn 2; PREDARI S 69 [der aber in § 22 Anm 5e den Verzicht nach § 1168 unter § 892 subsumiert]). Der letzteren Auffassung ist zuzustimmen. Entscheidend ist, dass in den genannten Fällen die Erklärungsabgabe gegenüber dem Grundbuchamt und die gegenüber den anderen Beteiligten vom Gesetz doch offenbar als gleichwertige und identische Wirkungen auslösende Formen der Vornahme des jeweiligen Verfügungsgeschäftes zur Wahl gestellt werden; damit wäre es kaum zu vereinbaren, wenn die gegenüber dem Grundbuchamt abgegebene Verfügungserklärung in der Frage des Gutglaubensschutzes diskriminiert würde. § 893 2. Alt BGB ist also auf die Erklärungen der letzteren Art entsprechend anzuwenden, sofern sich nur hinter dieser rechtstechnischen Einkleidung der Sache nach ein Verkehrsgeschäft verbirgt. Das Erfordernis der Redlichkeit muss dann natürlich nicht beim Grundbuchamt, sondern bei dem materiell betroffenen „anderen Teil", für den das Grundbuchamt die Erklärung entgegennimmt, erfüllt sein. Wegen mehrerer Beteiligter s unten Rn 36.

c) Wer muss gutgläubig sein?

Soweit die Verfügung bzw das verfügungsähnliche und deshalb jedenfalls analog § 893 2. Alt BGB zu behandelnde Rechtsgeschäft in einer Zustimmung besteht, hat der Zustimmende meist die Wahl zwischen mehreren Erklärungsadressaten. Deshalb ist problematisch, auf welchen von diesen für die Frage der Redlichkeit abzustellen ist. ROSENBERG (§ 893 Anm II 2 Abs 2) vertrat die Auffassung, dass nur die Redlichkeit oder Unredlichkeit des tatsächlichen Erklärungsempfängers maßgeblich sein könnte (ebenso implizit WOLFF/RAISER § 39 II Fn 4). Das ist in der Tat ein richtiger Ansatz. Zu beachten ist jedoch, dass dieser durch eine vorrangige Regel modifiziert oder ausgeschaltet werden kann. Das ist die Erwägung, dass nur die Redlichkeit oder Unredlichkeit des bzw eines Verfügungsbegünstigten maßgeblich sein kann, also nur die Bewusstseinslage einer Person, deren Rechtsstellung durch die betreffende Verfügung unmittelbar verbessert wird. Die entsprechende Anwendung des § 892 BGB, die § 893 BGB 2. Fall anordnet, verlangt nur einmal, dass auf die dem Rechtserwerber im unmittelbaren Anwendungsbereich des § 892 BGB funktional entsprechende Person abgestellt wird. Damit würde es aber nicht vereinbar sein, wenn etwa bei der Zustimmung des Bucheigentümers zu einer Verfügung seines Vertragspartners, an den er das Grundstück verkauft hat, auf den guten Glauben dieses Verfügenden 34

Erstkäufers abgestellt würde. Für diesen ist die Weiterveräußerung ein neutrales Geschäft; ihre Heilung durch §§ 892, 893 BGB 2. Fall bringt ihm allenfalls mittelbare Vermögensvorteile. Und auf den ideellen Gewinn, der in der Verleihung bloßer Verfügungsmacht über das fremde Grundstück bzw der Heilung der von ihm unbefugt vorgenommenen Verfügung liegt, wird man wohl nicht abstellen dürfen. Hinzu kommt, dass die Zustimmung (des Buchberechtigten) zur Verfügung des nichtberechtigten Erstkäufers richtiger Ansicht nach gar keine völlig selbständige Verfügung ist, sondern ein bloßes Hilfsgeschäft des Veräußerungsgeschäfts (s STAUDINGER/GURSKY [2014] Vorbem 48 f zu §§ 182 ff). Gerade deshalb ist es angebracht, bei der Frage, ob die Zustimmung des Bucheigentümers durch § 893 BGB 2. Fall geheilt wird, (allein) auf den guten Glauben des durch diese Zustimmung Alleinbegünstigten, also des Erwerbers aus dem Hauptgeschäft abzustellen (ebenso FINKENAUER AcP 203 [2003] 282, 310).

35 Anders dürfte zu entscheiden sein, wenn eine wegen mittelbarer Rechtsbeteiligung vorgeschriebene und kraft Gesetzes unwiderrufliche Einwilligung von einem buchmäßig legitimierten Nichtberechtigten erteilt wird. Derartige Einwilligungen werden von der hM im Ergebnis zu Recht als selbständige Verfügungsgeschäfte behandelt, die die Zulässigkeit des beabsichtigten Hauptgeschäftes sofort endgültig klären (s STAUDINGER/GURSKY [2014] Vorbem 50 zu §§ 182 ff). Hier wird man deshalb wohl auf den guten Glauben des konkreten Adressaten der Einwilligung abstellen müssen, also gegebenenfalls doch den guten Glauben der verfügenden Partei des geplanten Hauptgeschäftes genügen lassen müssen, wenn ihm gegenüber die Einwilligung erklärt worden ist.

36 Besondere Schwierigkeiten ergeben sich, wenn die einseitige Verfügungserklärung des buchmäßig legitimierten Nichtberechtigten zulässigerweise an das Grundbuchamt gerichtet wird. Wenn nur ein materiell Erklärungsbegünstigter vorhanden ist (wie zB bei der Bewilligung einer Vormerkung, s STAUDINGER/KESSELER [2020] § 885 Rn 17) kommt natürlich auch nur dieser insoweit in Betracht. Wenn durch die an das Grundbuchamt gerichtete Verfügungserklärung dagegen mehrere materiell begünstigt werden, bleibt wohl nichts anderes übrig, als die Redlichkeit *aller* Erklärungsbegünstigter zu verlangen (BeckOGK/HERTEL [1. 9. 2024] § 893 Rn 40; **abw** ROSENBERG § 893 Anm II 2 Abs 2 und NK-BGB/KRAUSE[5] § 893 Rn 25 [Gutgläubigkeit eines von ihnen genügt]). Im Falle der Zustimmung des Pfandgläubigers zur Aufhebung einer verpfändeten Reallast (§ 876 S 1 BGB) wären dies der Grundstückseigentümer und die Inhaber gleich- und nachrangiger Rechte am Grundstück. Problematisch ist dagegen, ob auch der Reallastgläubiger selbst als Zustimmungsbegünstigter eingestuft werden kann. Man könnte dies verneinen, weil bei ihm ja als Folge der Zustimmung nur ein Rechtsverlust eintritt (so STAUDINGER/GURSKY § 893 Rn 35 [2002]). Richtiger ist es aber wohl, darauf abzustellen, dass die Zustimmung dem Reallastgläubiger die Vornahme des gewollten Verfügungsgeschäftes (dh der Aufhebung der Reallast) ermöglicht, an dieser Stelle also seine Rechtsmacht erweitert (iE MünchKommBGB/LETTMAIER[9] § 876 Rn 14; s auch STAUDINGER/C HEINZE [2018] § 876 Rn 37, 39). Wenn in der vor dem Grundbuchamt abgegebenen Erklärung allerdings ausdrücklich gesagt ist, zu wessen Gunsten die Aufhebung erfolgt, könnte man erwägen, ob das Grundbuchamt nicht in der Tat als Quasivertreter dieses Beteiligten behandelt werden und damit allein auf die Kenntnis oder Unkenntnis des letzteren abgehoben werden kann. Dagegen spricht jedoch, dass das Gesetz die Benennung eines bestimmten Begünstigten für die Erklärung gegenüber dem Grundbuchamt überhaupt nicht vorschreibt.

d) Einzelfälle

Wenn der buchmäßig legitimierte scheinbare Inhaber eines (wirklich bestehenden) Rechts an einem Grundstück dieses durch Erklärung gegenüber dem Inhaber eines nachrangigen Rechtes **aufhebt** (und die dazugehörige Eintragung erfolgt), kann die Anwendung von § 893 2. Alt BGB zu unbefriedigenden Ergebnissen führen. Auch einem bösgläubigen Grundstückseigentümer müsste hier nämlich der gute Glaube des begünstigten Nachhypothekars zugutekommen. WOLFF/RAISER (§ 39 Fn 4) möchten dieses Ergebnis dadurch vermeiden, dass als Rechtsfolge des gutgläubigen Erwerbs nach §§ 893 2. Alt, 875 BGB hier nicht der Untergang des aufgehobenen Rechts, sondern lediglich eine Rangverschlechterung eintreten soll; das ist jedoch aus dem Gesetz nicht zu begründen (die früher von M WOLF § 39 Fn 4 u ROSENBERG § 875 Anm IV 4 b β vertretene Auffassung, die Nachberechtigten seien überhaupt keine möglichen Adressaten der Aufgabeerklärung, vermeidet zwar das geschilderte unbefriedigende Ergebnis, ist aber mit dem Wortlaut des § 875 nicht zu vereinbaren, vgl STAUDINGER/C HEINZE [2018] § 875 Rn 52; PLANCK/STRECKER § 875 Anm 3b α). Der wahre Rechtsinhaber hat damit nur einen Bereicherungsanspruch nach § 816 Abs 1 S 1 BGB gegen den verfügenden Buchberechtigten und bei unentgeltlicher Verfügung nach § 816 Abs 1 S 2 BGB gegen den Eigentümer (BeckOGK/HERTEL [1. 9. 2024] § 893 Rn 28). 37

Kein Anwendungsfall von § 893 2. Alt BGB ist der **Verzicht** des Bucheigentümers **auf das Eigentum** (§ 928 BGB), denn hier fehlt es am Begünstigten und damit „dem anderen“ iS von § 893 2. Alt BGB (ebenso jetzt jurisPK-BGB/TOUSSAINT[10] § 893 Rn 13; s auch § 892 Rn 96). 38

Auch die Bewilligung einer **Vormerkung** durch einen eingetragenen Nichtberechtigten steht nach ganz hM unter dem Schutz des öffentlichen Glaubens. Da die Eintragung einer Vormerkung gem § 883 Abs 2 BGB zu einer dinglichen Gebundenheit des davon betroffenen Grundstücks oder Liegenschaftsrechts führt, kann die Bewilligung einer Vormerkung als unmittelbare Einwirkung auf das von dieser betroffene Recht und damit als Verfügung über dieses qualifiziert werden. Die Bewilligung einer Vormerkung durch einen zu Unrecht im Grundbuch Eingetragenen ist mithin ein unmittelbarer Anwendungsfall von § 893 2. Alt BGB (RGZ 118, 230, 233 f; 121, 44, 46; BGHZ 25, 16, 23; 28, 182, 186; 57, 341, 343; BGH NJW 1981, 446 f; OLG Karlsruhe NJW-RR 1998, 445; STAUDINGER/SEUFERT[11] § 883 Rn 56; PLANCK/STRECKER § 883 Anm 3 k; SOERGEL/KERN[14] § 893 Rn 7 f; ROSENBERG § 883 Anm V 5; MünchKommBGB/H SCHÄFER[9] § 893 Rn 13; WOLFF/RAISER § 48 IV; MÜLLER/GRUBER Rn 2895; SCHAPP/SCHUR Rn 372; EICHLER II 2, 381; CANARIS, in: FS Flume [1978] I 371, 387 ff; ASSMANN 349 ff; GURSKY, Klausurenkurs[12] Rn 37; KRAUSS, in: FS Schippel [1996] 220, 237; GÖRMER JuS 1991, 1011, 1012; BAUER/RIEDEL JuS 1987, 380, 382; BeckOGK/HERTEL [1. 9. 2024] § 893 Rn 30; EHRICKE/DIEHN JuS 2002, 669, 670. Für nur analoge Anwendung von § 893 und/oder § 892 H WESTERMANN[5] § 85 IV 3; BAMBERGER/ROTH/HAU/POSECK/ECKERT[5] § 885 Rn 19; SCHREIBER/RUGE/PREUSS[4] Kap 14 Rn 56 mwNw in Fn 199; KNÖPFLE JuS 1981, 157; TIEDTKE Jura 1981, 354, 361; REINICKE NJW 1964, 2373, 2374; WIEGAND JuS 1975, 205, 211; J HAGER JuS 1987, 555, 556 f; KIEHNLE 294 f; wohl auch MEDICUS/PETERSEN BR[29] Rn 553 [wenigstens entsprechende Anwendung] und MAUCH BWNotZ 1994, 139, 146 f. Für unmittelbare Anwendung von § 892 KEMPE JuS 1961, 22, 24; WUNNER NJW 1969, 113, 116; WILHELM[7] Rn 2264; WIELING/FINKENAUER, SR[6] § 22 Rn 15; E WOLF § 13 B IV c 1 S 589 f; ähnlich R WEBER § 11 Rn 53. Ohne Stellungnahme zur Rechtsgrundlage bejaht wird die Möglichkeit des gutgläubigen Erwerbs der Vormerkung von FÜLLER 103 f. Gegen die Möglichkeit des gutgläubigen Erwerbs einer Vormerkung früher ENDEMANN II 1, § 65 Fn 22; vTUHR II 1, 254; DERNBURG III § 51 II 9; GOLDMANN/LILIENTHAL II § 43 39

Fn 25; Oberneck I 446, 452). Wegen des Zeitpunkts der Redlichkeit s § 892 Rn 215 f und unten Rn 46. Zum Vormerkungserwerb vom Schuldner bei fehlender Kenntnis von der Eröffnung des Insolvenzverfahrens s § 892 Rn 240. Wegen der Wirkungen der gutgläubig erworbenen Vormerkung s Erl zu §§ 883, 885 und 888 BGB. Wegen der Bedeutung der gutgläubig erworbenen Vormerkung für den gutgläubigen Erwerb des vorgemerkten Rechts s § 892 Rn 187, 195, 215. Zum Ausschluss des gutgläubigen Erwerbs von „arrestatorischen" (dh aufgrund einstweiliger Verfügung eingetragenen) Vormerkungen vgl § 892 Rn 90. – § 893 2. Alt BGB ersetzt zwar die fehlende Rechtsinhaberschaft oder Verfügungsbefugnis des Vormerkungsschuldners und gegebenenfalls die bisher fehlende Existenz des mit der Vormerkung zu „belastenden" Rechts (s Rn 30), nicht aber auch die sonstigen Tatbestandselemente einer wirksamen Vormerkungsbestellung. Wenn also der zu sichernde Anspruch nicht existiert oder nicht vormerkungsfähig ist, kommt auch ein gutgläubiger Erwerb der Vormerkung nicht in Betracht.

40 Ein Fall der **Zustimmung eines buchmäßig legitimierten Nichtberechtigten** zur Verfügung eines weiteren Nichtberechtigten (s oben Rn 28) ist regelmäßig gegeben, wenn der Bucheigentümer eines Grundstücks dieses verkauft und dem Käufer auflässt und der letztere es nun ohne seine eigene Eintragung als Eigentümer herbeizuführen weiterveräußert und seinerseits seinem eigenen Käufer auflässt. Wenn der Erstverkäufer eine Ermächtigung zur Weiterveräußerung nicht sogar explizit erteilt hat, wird sie sich doch als konkludente Erklärung regelmäßig aus der von ihm vorgenommenen Auflassung entnehmen lassen (s Staudinger/C Heinze [2018] § 873 Rn 79). Dann aber ist das Bedürfnis für Verkehrsschutz genauso wie bei der Parallelkonstellation im Bereich der beweglichen Sachen (vgl zu dieser BGHZ 10, 81; 56, 123, 129; Gursky, Klausurenkurs[12] Rn 160; Medicus/Petersen BR[29] Rn 566) unzweifelhaft gegeben. Die buchmäßige Legitimation des den handelnden Nichtberechtigten ermächtigenden Dritten ist eine der Eintragung des Verfügenden selbst völlig gleichwertige Rechtsscheinsgrundlage. Die Möglichkeit des gutgläubigen Erwerbs ergibt sich hier aus §§ 873, 925, 185 Abs 1, 893 2. Alt, 892 Abs 1 S 1 BGB (Kohler 289 Fn 290; Lutter AcP 164 [1964] 122, 167 Fn 172 [a] scheint den Erwerb unmittelbar über § 892 [ohne Vermittlung durch § 893 2. Alt] herleiten zu wollen). Dabei kommt es naturgemäß nur auf die Kenntnis oder Unkenntnis des Zweitkäufers, nicht aber auf die Bewusstseinslage des Erstkäufers/Ermächtigten an (Lutter AcP 164 [1964] 122, 167 Fn 172 [a]; Ramdohr Gruchot 44 [1902] 246 ff).

41 Komplizierter ist die Situation, wenn die Parteien des zweiten Kaufvertrages nicht diesen Weg, sondern die Konstruktion einer formgerechten (§ 925 BGB analog) Anwartschaftsrechtsübertragung wählen. Der Gesichtspunkt des Anwartschaftsrechts trägt hier (entgegen Kohler 289 f) auch bei Gutgläubigkeit des Zweitkäufers dessen Eigentumserwerb nicht, da ja ein Anwartschaftsrecht des Erstkäufers mangels Eigentümerstellung des Erstverkäufers und Unmöglichkeit eines gutgläubigen Ersterwerbs des Anwartschaftsrechts vom Nichtberechtigten (s oben § 892 Rn 75) gar nicht existiert und ein gutgläubiger Zweiterwerb eines Anwartschaftsrechts erst recht ausscheidet (s § 892 Rn 38). Ob man aber die zweigliedrige Kette von Auflassungen, die vom Bucheigentümer über den Erstkäufer zum Zeitkäufer führt, auch ohne echte Anwartschaftsrechtsübertragung für die Anwendung von § 892 BGB einer unmittelbaren Auflassung vom Buchberechtigten an den Zweitkäufer gleichstellen kann, ist alles andere als selbstverständlich (*bejahend* noch Staudinger/Gursky [1996] § 892 Rn 135a; iE auch Kohler 289; s dazu auch oben § 892 Rn 185). Wenn man die Frage bejaht, handelt es sich um einen unmittelbaren Erwerb des Zweikäufers vom Buchberechtigten. Erforderlich ist dann natürlich auch nur der gute Glaube des Zweitkäufers; die etwaige Kenntnis des Zwischenmanns der Auflassungskette wäre notwendigerweise irrelevant (Kohler 290; **abw** Kniffler, Abtretung, Verpfändung und Pfändung des Anwartschaftsrechts aus der Auflassung [1963] 39). Bezugspunkt des guten Glaubens kann dabei aber nur das buchmäßige Eigentum des der Verfügung des Zweitveräußerers wirklich zustimmenden Erstveräußerers sein, nicht eine zu fingierende Zwischeneintragung des Erstkäufers (so aber Kohler 290).

Der gutgläubige Erwerb des Zweitkäufers scheitert naturgemäß bei beiden Konstruktionen (also der Ermächtigungslösung wie auch der der Anwartschaftsrechtszession), wenn die Auflassung vom Buchberechtigten an den Erstkäufer an einem weiteren Mangel leidet (vgl Lutter AcP 164 [1964] 122, 162, 167 Fn 172 [c]), bei der Ermächtigungslösung auch, wenn sich aus der wirksamen Auflassung durch den Buchberechtigten aus besonderen Gründen (s BGH NJW 1967, 936 f; Staudinger/Gursky [2014] § 185 Rn 42) keine Ermächtigung zur Weiterveräußerung herauslesen lässt. **42**

e) Nur Verkehrsgeschäfte

§ 893 BGB macht mit der Formulierung „und einem anderen" deutlich, dass das Verfügungsgeschäft zwischen zwei verschiedenen Personen vorgenommen worden sein muss. Auch für den Bereich von § 893 2. Alt BGB gilt deshalb das Erfordernis des Verkehrsgeschäfts (Planck/Strecker § 893 Anm 1b vor β; NK-BGB/Krause[5] § 893 Rn 26; jurisPK-BGB/Toussaint[10] § 893 Rn 14). Vgl dazu § 892 Rn 96 ff. Die Verschmelzung (Verbindung oder Zuschreibung) von Grundstücken durch den Bucheigentümer steht damit nicht unter dem Schutz des öffentlichen Glaubens (Rosenberg § 893 Anm II 3 c δ; MünchKommBGB/H Schäfer[9] § 892 Rn 34; MünchKommBGB/Wacke[4] § 890 Rn 6; Wittkowski 86), und ebenso wenig die reale Grundstücksteilung (MünchKommBGB/Wacke[4] § 890 Rn 6, implizit BGHZ 81, 395 [gutgläubiger Erwerb nicht schon bei der Teilung durch den Bucheigentümer, sondern erst bei der schenkweisen Weiterübereignung eines Teilstücks]) sowie die Bildung von Wohnungseigentum durch Vorratsteilung gemäß § 8 WEG (Soergel/Stürner[12] § 8 WEG Rn 9; Gaberdiel NJW 1972, 848; Däubler DNotZ 1964, 216; H Westermann/Eickmann[8] § 83 Rn 26 f). **43**

f) Aufhebung von Zweigrechten

Eine Verfügung über ein eingetragenes Recht ist zweifellos auch die Aufgabe eines Nießbrauchs oder Pfandrechts an einem beschränkten dinglichen Recht; wenn sie von einem eingetragenen Nichtberechtigten erklärt wird, muss deshalb § 893 2. Alt BGB eingreifen (Planck/Strecker § 893 Anm 1 b β). Derartige Verfügungen erfolgen zwar nach der (als Systembruch zu qualifizierenden) gesetzlichen Regelung in §§ 1068 Abs 2, 1072, 1064 BGB und §§ 1273 Abs 2, 1255 Abs 1 BGB außerhalb des Grundbuches durch einseitige empfangsbedürftige Aufgabeerklärung des Berechtigten. Dieser Umstand lässt jedoch – im Gegensatz etwa zur gesetzlichen Konstruktion des Pfandrechtsübergangs, s § 892 Rn 63 – keinen Schluss auf die Unangemessenheit des immobiliarsachenrechtlichen Verkehrsschutzes zu (Lutter AcP 164 [1964] 122, 132 f). § 893 2. Alt BGB erfasst ja – im Gegensatz zu § 892 BGB – auch sonst eine Reihe von Verfügungen, für die besondere liegenschaftsrechtliche Publizitätsformen nicht vorgeschrieben sind (s oben Rn 26). **44**

g) Prozessführung

45 Auf die **Prozessführung** über ein eingetragenes Recht erstreckt sich § 893 BGB nicht, denn diese hat weder rechtsgeschäftlichen Charakter, noch beeinflusst sie unmittelbar die materielle Rechtslage (vgl Mot II 123; Rosenberg § 893 Anm II 1 a; BGB-RGRK/Augustin § 893 Rn 15; NK-BGB/Krause[5] § 893 Rn 26; Erman/Artz[17] § 893 Rn 10; BeckOGK/Hertel [1. 9. 2024] § 893 Rn 33; ausf Biermann §§ 892, 893 Anm 7; **abw** Hellwig, Rechtskraft § 60 S 424 ff, 480 ff). Das gegen den eingetragenen Nichtberechtigten ergangene Urteil wirkt daher grundsätzlich nicht gegen den wirklichen Berechtigten. Dagegen findet § 893 BGB natürlich Anwendung bei einem Prozessvergleich, der eine materiellrechtliche Verfügung über ein Liegenschaftsrecht enthält (Wieacker 166).

2. Wirkungen

46 Die Wirkungen des öffentlichen Glaubens nach § 893 2. Alt BGB bestehen darin, dass für das fragliche Verfügungsgeschäft der Inhalt des Grundbuches als richtig gilt. Das Rechtsgeschäft wird also genauso behandelt als wäre der daran – als Vertragspartner bzw Urheber oder Adressat der einseitigen Verfügungserklärung – beteiligte Buchberechtigte der wirkliche Rechtsinhaber des von der Verfügung betroffenen Rechtes bzw als würde die nicht eingetragene Belastung des Rechtes oder die nicht eingetragene Verfügungsbeschränkung des Berechtigten nicht existieren. Dies gilt allerdings entsprechend § 892 Abs 1 S 1 HS 2 BGB nur dann, wenn weder ein Widerspruch eingetragen noch dem von der Verfügung Begünstigten die Unrichtigkeit bekannt ist. Die legitimierende Buchlage muss dabei in dem Zeitpunkt gegeben sein, in dem der Tatbestand des Verfügungsgeschäfts vollständig erfüllt ist; das gleiche gilt grundsätzlich für die Unkenntnis des Verfügungsbegünstigten (Rosenberg § 893 Anm II 2; Planck/Strecker § 893 Anm 2; MünchKommBGB/H Schäfer[9] § 893 Rn 17; jurisPK-BGB/Toussaint[10] § 893 Rn 16). Wenn zum Tatbestand der Verfügung allerdings die Eintragung im Grundbuch gehört, wird der entscheidende Zeitpunkt für die Redlichkeit durch die entsprechende Anwendung von § 892 Abs 2 BGB vorverlegt. Da ja nur eine sinngemäße Anwendung der letzteren Norm angeordnet ist, kann diese auch dort herangezogen werden, wo das Verfügungsgeschäft neben der Eintragung nicht eine Einigung, sondern nur eine einseitige Verfügungserklärung erfordert (Rosenberg § 893 Anm II 2; NK-BGB/Krause[5] § 893 Rn 27). So zB im Falle der Bewilligung einer Vormerkung (BGHZ 28, 182, 187; 57, 341, 343; Soergel/Kern[14] § 893 Rn 8 f; Kupisch JZ 1977, 486, 494 mwNw; s auch Staudinger/Gursky [2013] § 883 Rn 341 und § 885 Rn 17). Bei eintragungsbedürftigen Verfügungen muss der Verfügungsbegünstigte also nur im Zeitpunkt der Stellung des Eintragungsantrags (bzw der nachfolgenden Perfektion der Einigung oder einseitigen Verfügungserklärung) redlich gewesen sein. – Die Wirkungen der nach § 893 2. Alt BGB wirksamen Verfügungen sind genauso endgültig wie die eines Rechtserwerbs nach § 892 BGB (s § 892 Rn 234). Wenn also ein Rangvorbehalt gutgläubig erworben worden ist (s § 892 Rn 62, § 893 Rn 25), kommt es bei seiner Ausübung auf die Gutgläubigkeit des Inhabers des vortretenden Rechtes nicht an. Dieser einigt sich hier ja mit dem Eigentümer als dem wirklichen Inhaber des nunmehr existierenden Rangvorbehalts (Rosenberg § 893 Anm IV 4 a).

IV. Kein Schutz des Buchberechtigten selbst

47 § 892 BGB sagt ausdrücklich, dass das Grundbuch bei erwerbsvermittelnden Verfügungen *nur zugunsten des Erwerbers* als richtig gilt. Dementsprechend kann auch

der Schutz von § 893 2. Alt BGB nur zugunsten des anderen Teils eingreifen, also nicht bei Verfügungsgeschäften, bei denen nur der Buchberechtigte begünstigt wird bzw im Falle seiner wirklichen Rechtsinhaberschaft begünstigt würde (so mit Recht Rosenberg § 892 Anm II 3 c δ, § 875 Anm IV 4 b β; NK-BGB/Krause[5] § 893 Rn 29; Wolff/Raiser § 45 Fn 8; Hellwig, Lehrbuch des deutschen Zivilprozessrechts I § 55 III; vTuhr II 1 60 Fn 180, 185; **aA** aber Heck § 44 II 4). Wenn der Inhaber eines beschränkten dinglichen Rechts durch Erklärung gegenüber dem Bucheigentümer das Recht aufgibt (§ 875 BGB) oder der Hypothekar ihm gegenüber auf die Hypothek verzichtet (§ 1168 BGB), kann § 893 2. Alt BGB diesem Geschäft nicht zur Wirksamkeit verhelfen (Planck/Strecker § 1168 Anm 2 a δ mwNw; MünchKommBGB/Lieder[9] § 1168 Rn 21; Jauernig/Berger[19] § 1168 Rn 2); die Hypothek verwandelt sich auch nicht in eine Eigentümergrundschuld des wirklichen Eigentümers. Ebenso wenig, wenn der Inhaber eines beschränkten dinglichen Rechts sich mit dem Bucheigentümer über die nachträgliche Bestellung eines Rangvorbehalts für den letzteren einigt oder wenn die nach § 876 BGB erforderliche Zustimmung von einem bloßen Buchberechtigten erklärt wird. Vgl Rosenberg § 875 Anm VI 4 b β, § 876 Anm II 5 b β, § 881 Anm III 2 a. Entsprechendes gilt, wenn der Bucheigentümer für sein vermeintliches Grundstück eine Grunddienstbarkeit oder sonstiges subjektiv-dingliches Recht an einem anderen Grundstück erwirbt (vTuhr II 1, 396 Fn 180). vTuhr (II 1, 396 f) wollte in diesen Fällen dem wirklichen Eigentümer die Möglichkeit geben, die fehlende „Erwerbsmacht" des Nichtberechtigten durch Genehmigung analog § 185 Abs 2 S 1 1. Var BGB zu heilen und sich damit den Vorteil des Geschäfts zu sichern. Seine Lehre von der Erwerbsmacht und der Erwerbsermächtigung wird jedoch ganz überwiegend abgelehnt (s MünchKommBGB/Schramm[5] § 185 Rn 51; Doris, Die rechtsgeschäftliche Ermächtigung [1974] 150 ff). Zur Parallelproblematik bei § 893 BGB 1. Fall vgl oben Rn 21.

§ 894
Berichtigung des Grundbuchs

Steht der Inhalt des Grundbuchs in Ansehung eines Rechts an dem Grundstück, eines Rechts an einem solchen Recht oder einer Verfügungsbeschränkung der in § 892 Abs. 1 bezeichneten Art mit der wirklichen Rechtslage nicht im Einklang, so kann derjenige, dessen Recht nicht oder nicht richtig eingetragen oder durch die Eintragung einer nicht bestehenden Belastung oder Beschränkung beeinträchtigt ist, die Zustimmung zu der Berichtigung des Grundbuchs von demjenigen verlangen, dessen Recht durch die Berichtigung betroffen wird.

Schrifttum

App, Widerspruch und Vormerkung zur Sicherung von Vollsteckungsmaßnahmen im Grundbuch, DStZ 1986, 167

Ascher, Ist der Berichtigungsanspruch bei der Zwangsvollstreckung wegen einer Geldforderung pfändbar? (Diss Münster 1910)

Bestelmeyer, Die Rechtsfolgen eines ohne gleichzeitige Verlautbarung der Erbfolge im Grundbuch eingetragenen Nacherben- oder Testamentsvollstreckervermerks, ZEV 1996, 261

ders, Löschung einer Zwangshypothek infolge Eröffnung der Gesamtvollstreckung?, DtZ 1997, 274

Biermann, Widerspruch und Vormerkung (1901), insbes 73 ff

Böttcher, Die Berichtigung des Grundbuchs, RpflStud 1991, 33

BREME, Berichtigung des Grundbuches bei materieller Unrichtigkeit der Eintragungen im Bestandsverzeichnis, insbesondere bei Grenzunrichtigkeit, ZBlFG 13 (1913) 356
W BUSCHMANN, Die Befugnis zum Berichtigungsanspruch nach § 894 BGB, BlGBW 1972, 221
DU CHESNE, Die Pfändung des Berichtigungsanspruchs, SächsArch 14 (1904) 603
ders, Berichtigungsanspruch und Widerspruch, SächsArch 1 (1906) 289
ders, Anspruch aus § 888 und Berichtigungsanspruch, DNotZ 1912, 456
ders, Wann begründet das Vorhandensein einer Verfügungsbeschränkung die Unrichtigkeit des Grundbuchs?, ZBlFG 12 (1912) 602
ders, Zur Übertragung des Berichtigungsanspruchs, ZBlFG 13 (1913) 141
ders, Die Pfändung des Berichtigungsanspruchs und das Kammergericht, DNotV 1916, 73
ders, Vollabtretung oder Zession des Berichtigungsanspruchs, DNotZ 1920, 274–278, 282
CROON-GESTEFELD, Dingliche Ansprüche und das allgemeine Schuldrecht, ZfPW 2022, 285
DALLINGER, Die Pflichten des Buchbesitzers (Diss Tübingen 1959)
DEMELIUS, Berichtigungsklage und Löschungsklage, AcP 157 (1958/59) 361
DOCHNAHL, Sind die Bestimmungen der §§ 986 Satz 1 und 1004 Abs 2 BGB auf den Grundbuchberichtigungsanspruch zu übertragen?, JherJb 53 (1908) 303
EICKMANN, Widerspruch und Grundbuchberichtigung bei Nichtigkeit nach §§ 1365, 1366, Rpfleger 1981, 213
ders, Muß zur Grundbuchberichtigung nach dem Tod eines BGB-Gesellschafters dem Grundbuchamt der Gesellschaftsvertrag vorgelegt werden?, MittBayNot 1992, 11
FLIK/KELLER, Zur Klage auf Grundbuchberichtigung für Gebäudeeigentum und Mitbenutzungsrechte sowie zu vorläufigen Sicherungsmaßnahmen, DtZ 1996, 330, 335
H FRANCKE, Die rechtliche Natur des Berichtigungsanspruchs (Diss Jena 1907)
FURTNER, Verhältnis der grundbuchrechtlichen Rechtsbehelfe zu der Klage aus dem sachenrechtlichen Anspruch, DNotZ 1963, 196
GOLDMANN, Der Anspruch auf Grundbuchberichtigung nach § 894 des Bürgerlichen Gesetzbuchs (1904)
ders, Die Abtretung und Pfändung des Berichtigungsanspruchs, Gruchot 62 (1918) 478
GRASSHOF, § 894 BGB. Gewillkürte Prozeßstandschaft. Kann in der notariellen Auflassung die Einwilligung, einen Berichtigungsanspruch geltend zu machen, erblickt werden?, DJZ 1929, 984
GÜTHE, Die Unrichtigkeit des Grundbuchs im Rechtsgebiete der Vormerkung, Gruchot 57 (1913) 1
ders, Die Rechtsnatur der Eintragungsbewilligung, ZBlFG 13 (1913) 125–140, 165
HEGEWISCH, Ein besonderer Fall der Grundbuchberichtigung, JW 1911, 929
H HELLWIG, Ermächtigung zur Prozeßführung über fremde Rechte im eigenen Namen, Gruchot 55 (1911) 607
HELSPER, Grundbuchberichtigung ohne Unbedenklichkeitsbescheinigung?, NJW 1973, 1485
HENDRIX, Praktische Fragen der Grundbuchberichtigung, DWW 1937, 702
W HERFURTH, Die rechtliche Natur des Berichtigungsanspruchs (Diss Jena 1907)
E HOFFMANN, Die rechtliche Natur des Berichtigungsanspruchs (Diss Rostock 1905)
M HOFFMEISTER, Die Geldvollstreckung in nichteingetragene Vermögensrechte (Diss Halle 1912), insbes 48 11
HOLZER, Unwirksamkeit der Zwangssicherungshypothek durch Gesamtvollstreckungseröffnung, ZIP 1996, 780
ders, Die Richtigstellung des Grundbuchs (2005)
ders, Klar- und Richtigstellungen im Grundbuch, NotBZ 2008, 14
HORSTMANN, Untersuchungen über die Anwendbarkeit schuldrechtlicher Normen auf dingliche Ansprüche (1938)
JÄCKLE, Anspruchskonkurrenz zwischen Restitutionsanspruch und zivilrechtlichem Herausgabe- bzw Grundbuchberichtigungsanspruch, OVS 1994, 9
JOSWIG, Beweislast und Darlegungslast bei der Grundschuld, Teil I, ZfIR 2001, 613
K KLINGHARDT, Die rechtliche Natur des Berichtigungsanspruchs (Diss Jena 1912)
KÖBLER, Der Grundbuchberichtigungsanspruch, JuS 1982, 181

J Kohler, Das Verfügungsverbot gemäß § 938 Abs 2 ZPO im Liegenschaftsrecht (1984)
Kretzschmar, Die unrichtige Buchung von Grundstücken, Recht 1903, 327
Krückmann, Zum Berichtigungsanspruch, ZBlFG 15 (1915) 277
ders, Noch eine Bemerkung zum Berichtigungsanspruch, ZBlFG 15 (1915) 378
Kübel, Die Arglisteinrede und das Zurückbehaltungsrecht in Schwarzkaufprozessen, JR 1927, 161
Kuttner, Urteilswirkungen außerhalb des Zivilprozesses (1914) 79
Landauer, Zur Lehre von der Eintragungsbewilligung und der Berichtigung des Grundbuchs, ZBlFG 8 (1908) 743
ders, Über die sogenannte Berichtigungsbewilligung, ZBlFG 13 (1913) 745–759, 777
Liefeldt, Rechtfertigt § 894 oder § 1004 BGB die Löschung einer zu Unrecht eingetragenen Auflassungsvormerkung?, JW 1935, 102
K Liepmann, Die Pfändbarkeit des Anspruchs auf Berichtigung des Grundbuchs (Diss Heidelberg 1910)
H Lindenberg, Grundbuchberichtigungen aus fremdem Recht (Diss Göttingen 1930)
Linderhaus, Die Zwangsvollstreckung in den sachenrechtlichen Anspruch auf Berichtigung des Grundbuchs (§ 894 BGB) (Diss Konstanz 1999)
Linkhorst, Hypothekenbestellung zu Schiebungszwecken, DR 1938, 427
Mende, Zur Frage der Übertragbarkeit und Pfändbarkeit des Berichtigungsanspruchs, JherJb 70 (1921) 151
Meyer, Zu §§ 894, 1155 BGB, SeuffBl 70 (1905) 162
Möritz, Schließt die Doppelbuchung eines Grundstücks den Anspruch aus § 894 BGB aus?, Jura 2008, 245
Petersen, Der Grundbuchberichtigungsanspruch, Jura 2016, 872
Pohle, Der materiellrechtliche und der prozessuale Verzicht auf den Grundbuchberichtigungsanspruch, JZ 1956, 53
Predari, Bemerkungen zum vorigen Aufsatz (= Goldmann, Die Abtretung und Pfändung des Berichtigungsanspruchs) Gruchot 62 (1918) 545
Ramdohr, Das Rechtsprinzip zum Schutze mangelhafter menschlicher Erkenntnisfähigkeit im BGB, Gruchot 44 (1900) 324, insbes 361
Reiss, Grenzrecht und Grenzprozeß (1914) 30
Rodig, Kann der auf Löschung einer Grundbucheintragung abzielende Berichtigungsanspruch des Schuldners gepfändet werden?, JR 1933, 181
Schatzky, Die Grundbuchberichtigung zum Zwecke der Immobiliarvollstreckung (Diss Breslau 1902)
K Schilde, Die Unrichtigkeit des Grundbuchs nach neuem deutschen Reichsrecht (Diss Leipzig 1899)
M Schlegel, Der Berichtigungsanspruch (Diss Leipzig 1909)
Scholl, Parzellenverwechslung, WürttZ 1924, 163
Schopper, Ein Beitrag zur Lehre von der Pfändbarkeit des Berichtigungsanspruchs, Recht 1908, 75
Staffel, Erörterungen über die Grundbuchberichtigung im künftigen Recht, SächsArch 9 (1899) 202
Staudenmaier, Auflösend bedingte Erbteilsübertragung und Grundbuchberichtigung, BWNotZ 1959, 191
Stintzing, Pfändung des Berichtigungsanspruchs, Recht 1905, 72
Strübe, Auflassung und Bewilligung der Grundbuchberichtigung, Recht 1908, 806
Taupitz, Rechtsprobleme der teilweisen Unrichtigkeit des Grundbuchs, WM 1983, 1150
Vogel, Die Eintragung der gütergemeinschaftlichen Mitberechtigten im Grundbuche, SeuffBl 76, 149
Volmer, Zur Frage der Eintragungsfähigkeit der Pfändung und Überweisung des Berichtigungsanspruchs, Gruchot 59 (1915) 624
Wilh Wagener, Die Pfändung und Überweisung des Berichtigungsanspruchs zwecks Eintragung einer Zwangshypothek (Diss Erlangen 1910)
Weber, Die Verfügungsbeschränkungen und ihre Wirkungen im Grundbuchverkehr, DNotV 1907, 241
D Weber, Grundbuchberichtigungen ohne Unbedenklichkeitsbescheinigung, NJW 1973, 2015; 1981, 1940

WEIMAR, Der dingliche und schuldrechtliche Berichtigungsanspruch, MDR 1959, 631
WENDT, Zur Frage der Übertragbarkeit und Pfändung des Berichtigungsanspruchs, JherJb 70 (1921) 151
WERTENBRUCH, Grundbucheintragung und Zwangshypothek bei der Gesellschaft bürgerlichen Rechts, WM 2003, 1785
WIEACKER, Zur Struktur des Berichtigungsanspruchs, DJZ 1936, 989
P WOLF, Mehrfache Pfändung des Grundbuchberichtigungsanspruchs, LZ 1915, 1651
TH WOLFF, Die ungerechtfertigte Löschung, AcP 91 (1901) 366
MAX WOLFF, Schwebende Unrichtigkeit des Grundbuchs, insbesondere beim Eigentumswechsel infolge von Schwarzverkäufen, JW 1926, 950
ZEISING, Der grundbuchrechtliche Rechtshängigkeitsvermerk – ungeregelt und entbehrlich?, ZJS 2010, 1.

Systematische Übersicht

I. Allgemeines
1. Bedeutung des Berichtigungsanspruchs — 1
2. Weitere Möglichkeiten der Grundbuchberichtigung — 3
3. Verhältnis der Berichtigungsklage zu den grundbuchrechtlichen Rechtsbehelfen — 6
4. Verhältnis zu vermögensrechtlichen Restitutionsansprüchen — 8

II. Rechtliche Natur des Berichtigungsanspruchs
1. Dinglicher Anspruch — 11
2. Konsequenzen der Charakterisierung als dinglicher Anspruch — 14
3. Stellung innerhalb der dinglichen Ansprüche — 17

III. Die Unrichtigkeit des Grundbuchs
1. Allgemein — 19
a) Inhalt des Grundbuchs — 20
b) Unrichtigkeit des Grundbuchs — 22
c) Ungenauigeiten in der Bezeichnung des Berechtigten — 23
2. Gründe der Unrichtigkeit — 24
3. Art der Unrichtigkeit — 25
a) Falsche Bestandsangaben — 26
b) Falscher Berechtigter — 27
aa) Grundsätzlich — 27
bb) Veränderungen bei Gesamthandsgemeinschaften, rechtsfähigen Personengesellschaften und juristischen Personen — 29
c) Nichteintragung eines Rechts — 37
d) Unrichtige Angaben über Inhalt, Umfang oder Rang der Rechte — 38
e) Eintragung einer nicht existierenden Belastung oder Beschränkung — 41
f) Nichteintragung einer existierenden Verfügungsbeschränkung — 45
g) Sonstige Unrichtigkeiten im Hinblick auf Verfügungsbeschränkungen — 50
h) Nichteintragung einer Vormerkung — 53
i) Sonstige Unrichtigkeiten in Bezug auf Vormerkungen — 55
4. Keine Unrichtigkeit — 57
5. Gegenwärtige Unrichtigkeit — 64
6. Erweiterter Anwendungsbereich bei Grundpfandrechten — 66

IV. Aktivlegitimation
1. Aus eigenem Recht — 67
a) Inhaber des nicht oder nicht richtig eingetragenen Rechts — 67
b) Mehrere Mitberechtigte; Insolvenz — 70
c) Einzelfälle — 71
d) Rechtsverlust nach Rechtshängigkeit — 78
e) Verhältnis mehrerer Berichtigungsansprüche zueinander — 79
2. Gesetzliche Ermächtigung zur Geltendmachung — 80
3. Abtretung, Pfändung, Ermächtigung — 81
a) Unzulässigkeit der Zession — 81
b) Ermächtigung zur Geltendmachung — 82
c) Unzulässigkeit der Verpfändung — 88
d) Pfändung — 89
aa) Zulässigkeit — 89
bb) Wirkung — 92
cc) Ersatz durch Feststellungsklage — 94

V. Passivlegitimation
1. Allgemein 95
2. Doppelte Unrichtigkeit 101
3. Dritte, deren Zustimmung erforderlich ist 106
4. Einzelfälle 108
5. Mehrere Inhaber des betroffenen Rechts 110
6. Verlust der Buchposition 111
7. Fehlende Verfügungsbefugnis 113

VI. Anspruchsinhalt
1. Formgerechte Berichtigungsbewilligung 116
2. Fortbestand des Anspruchs bis zur Grundbuchberichtigung 125
3. Verzug 126
4. Hilfsanspruch auf Duldung der Vermessung 127

VII. Einwendungen und Einreden des Anspruchsgegners
1. Anspruchsleugnende Einwendungen 128
2. Rechtsverschaffungspflicht des Klägers 129
3. Verzicht 130
4. Zurückbehaltungsrecht 133
5. Einwand der unzulässigen Rechtsausübung; Verwirkung 145
6. Sonstiges 147
7. Keine zulässigen Einwendungen 150

VIII. Beweislast 155

IX. Prozessuales
1. Rechtsweg 159
2. Gerichtsstand 161
3. Rechtsschutzbedürfnis 162
4. Klageantrag 164
5. Rechtsnachfolge nach Rechtshängigkeit 166
6. Rechtskraft 167
7. Zwangsvollstreckung; Berichtigungsverfahren 168

X. Konkurrenzen; sogenannter schuldrechtlicher Berichtigungsanspruch 170

XI. Entsprechende Anwendung der §§ 987 ff 173

Alphabetische Übersicht

Abtretung des Berichtigungsanspruchs 81
actio negatoria 17 f
Adressat der Bewilligung 124
AGB, unwirksame 38
Aktivlegitimation 67 ff
Allgemeines Schuldrecht, Anwendbarkeit 15
Amtliche Berichtigung des Grundbuchs 3
Angaben tatsächlicher Art 20
Auflassung statt Berichtigungsbewilligung 120

Bedingung 38
Beeinträchtigung 68
Belastung, nicht existierende 47, 73
Berichtigungserleichterung 5
Berichtigungsverfahren 168 f
Berichtigung von Amts wegen 3
Beschwerde 4
Beseitigungsanspruch aus § 1004 18
Bestandsangaben, falsche 26, 71
Beweislast 155
Bewilligung des Betroffenen 116 ff
Bürgerlich-rechtliche Gesellschaft 29, 99

Dinglicher Anspruch 11 ff
Doppelbuchung 6, 26
Doppelte Unrichtigkeit 101

Eigentümergrundschuld, vorläufige 129
Eigentümer-Besitzer-Verhältnis 173
Einreden und Einwendungen 128 ff
Erbrechtliches 32, 46, 51 f, 96, 109
Erfüllung 125, 155
Erlöschen des Berichtigungsanspruchs 125
Ermächtigung, gesetzliche 80
– rechtsgeschäftliche 82
– zur Selbsteintragung 83
exceptio doli 129

Feststellungsklage 94
Forderung bei akzessorischen Rechten 40

Gerichtsstand 161
Gesellschaft bürgerlichen Rechts 29 f
Grundbuchrechtliche Rechtsbehelfe 3 ff
Grunddienstbarkeiten, altrechtliche 37
Grundpfandrechte 66
Grundstücksgrenzen 26, 71

Inhalt des Berichtigungsanspruchs 116 ff
Inhaltsänderung 54
Insolvenzverfahren 14, 49, 70, 113

Klageantrag 164
Kondizierbarkeit der Bewilligung 16
Konkurrenzen 170
Konkurs 47
Kostenlast 18, 148

Leistungsstörungsrecht 15

Mitberechtigte 68, 70 f, 110, 122

Nacherbe 47, 51 f, 109
Nachholung der Einigung 131
Neue Bundesländer 8, 97, 159
Nichteintragung, eines Rechts 37
– einer Verfügungsbeschränkung 45 ff
– einer Vormerkung 53 ff

Passivlegitimation 95 ff
Personenwechsel in Gesamthandsgemeinschaften 29 ff
Pfändung des Berichtigungsanspruchs 89 ff
Prozessuales 159 ff

Rang 37, 39, 121
Rechtshängigkeit 78, 111, 165
Rechtsinhalt, unrichtiger 38
Rechtskraft 166
Rechtsnatur des Berichtigungsanspruchs 11 ff
Rechtsschutzbedürfnis 7, 26, 112, 162
Rechtsweg 159
Restitutionsansprüche 8 f
Revokationsrecht des Ehegatten 80

Schuldrechtlicher Berichtigungsanspruch 170 f
Schwebend unwirksamer Erwerb 145

Teilflächen 127
Teilweise Geltendmachung 117

Umkehrung der Parteirollen 67
Unbedenklichkeitsbescheinigung 169
Undeutlichkeit 22
– bei Namen 23
Unrichtigkeit 19 ff
– Arten der 25 ff
– doppelte 100, 101 f
– gegenwärtige 64
– Nachweis der 5
– schwebende 145
Unzulässige Eintragungen 8, 21
Unzulässige Rechtsausübung 129, 144

Veräußerungsverbot 48
Verfügungsbeschränkungen 13, 39, 45 ff, 73, 76
Verfügungsbeschränkung des Betroffenen 113
Verlust der Buchposition 111
Vermessung 127
Verpfändung des Berichtigungsanspruchs 88
Verwendungen 137 f, 173
Verwirkung 144
Verzicht 130
Verzug 126, 173
Voreintragung eines Zwischenmanns 123
Vormerkung 42 f, 53 ff, 62

Widerspruch 42, 57

Zeitpunkt 64
Zession 81
Zurückbehaltungsrecht 139 ff
Zustimmung zur Berichtigung 106 f
Zwangsvollstreckung 168 f
Zweigrecht an nicht existierendem Recht 107

I. Allgemeines

1. Bedeutung des Berichtigungsanspruchs

Das Grundbuch hat die Aufgabe, ein zutreffendes und vollständiges Bild der dinglichen Rechtslage des Grundstücks zu liefern. Es soll zuverlässig über den Eigentümer eines jeden Grundstücks, die auf diesem Grundstück lastenden beschränkten dinglichen Rechte und die wiederum an diesen bestehenden Zweigrechte, über die jeweiligen Rechtsinhaber und über etwaige Verfügungsbeschränkungen, denen die Rechtsinhaber hinsichtlich dieser Rechte unterliegen, Auskunft geben. Da das Gesetz den Eintragungen im Grundbuch aber keine formelle Rechtskraft beilegt (s § 891 Rn 1) und das Grundbuchamt bei den meisten rechtsändernden Eintragungen das Vorliegen der materiell erforderlichen Einigung gar nicht zu prüfen hat (§ 19 GBO) und da sich zudem eine Reihe von Rechtsänderungen an Grundstücksrechten außerhalb des Grundbuches, also ohne Eintragung, vollzieht, ergibt sich vielfach die Möglichkeit einer *Diskrepanz zwischen Grundbuchinhalt und wirklicher Rechtslage.* Eine solche Unrichtigkeit des Grundbuchs bedeutet für jeden, dessen bestehendes dingliches Recht im Grundbuch nicht oder nicht richtig eingetragen ist, eine erhebliche Gefährdung: Er kann jederzeit infolge des öffentlichen Glaubens des Grundbuchs (§§ 892, 893 BGB), unter Umständen auch infolge Tabularersitzung bzw -versitzung (§§ 900 Abs 1, Abs 2 BGB [iVm §§ 1029, 1036, 1090 BGB], § 901 BGB) einen Rechtsverlust erleiden. Ein nichteingetragener Eigentümer kann sein Recht auch leichter durch Ausschlussurteil nach § 927 BGB verlieren als ein eingetragener. In ähnlicher Weise ist derjenige, der durch eine im Grundbuch nicht eingetragene Verfügungsbeschränkung geschützt werden soll, nach §§ 892 Abs 1 S 2, 893 BGB der Gefahr ausgesetzt, dass die Verfügungsbeschränkung durch den gutgläubigen Erwerb eines Dritten ausgeschaltet werden könnte. Der im Grundbuch nicht eingetragene wirkliche Rechtsinhaber ist zudem bei der Rechtsverfolgung behindert, da er sich nicht auf die Vermutung des § 891 BGB stützen kann. Darüber hinaus ist er wegen des Verfahrenserfordernisses der Voreintragung des Betroffenen (§ 39 GBO) faktisch nicht in der Lage, wichtige Verfügungen über sein Recht vorzunehmen. 1

Nach Grundbuchverfahrensrecht könnte derjenige, zu dessen Ungunsten der Grundbuchinhalt von der wirklichen Rechtslage abweicht, die Richtigstellung des Grundbuches durch einen entsprechenden Antrag (§ 13 GBO) ohne Weiteres erreichen, wenn er zugleich in öffentlich beglaubigter Form (§ 29 GBO) die Berichtigungsbewilligung des eingetragenen „Passivbeteiligten" (also desjenigen, dessen Buchrecht durch die Berichtigung betroffen würde) beibrächte. Eines besonderen Nachweises der Unrichtigkeit gegenüber dem Grundbuchamt bedürfte es dann nicht (§ 22 Abs 1 GBO e contrario); auch für die Grundbuchberichtigung gilt insoweit das formelle Konsensprinzip (Bewilligungsprinzip) des § 19 GBO (Rosenberg § 894 Anm I 3). Naturgemäß wird der Passivbeteiligte aber nur selten freiwillig dazu bereit sein, die Berichtigung zu bewilligen. Das Gesetz gewährt dem durch die Unrichtigkeit des Grundbuchs Benachteiligten deshalb in § 894 BGB einen besonderen privatrechtlichen Anspruch, aufgrund dessen er den Passivbeteiligten notfalls im Klagewege zur Erklärung der Berichtigungsbewilligung zwingen kann. Dieser Anspruch wird herkömmlicherweise – sprachlogisch nicht ganz korrekt – als Grundbuchberichtigungsanspruch bezeichnet. Er wird ergänzt durch Ansprüche auf Vornahme gewisser weiterer Handlungen, die in bestimmten Situationen zur Herbeiführung der Grundbuchberichti- 2 gung zusätzlich noch erforderlich sind: Wenn der aus § 894 BGB verpflichtete wirkliche Inhaber des von der Berichtigung betroffenen Rechtes selbst im Grundbuch nicht eingetragen ist, sodass seine Bewilligung nach dem Voreintragungsgrundsatz des § 39 GBO verfahrensrechtlich für die Berichtigung nicht ausreichen würde, hat er nach § 895 BGB auf Verlangen des Berichtigungsberechtigten sein Recht eintragen zu lassen. Und soweit zur Berichtigung die Vorlage eines Grundpfandbriefes erforderlich ist, kann der Berichtigungsberechtigte nach § 896 BGB von dem jeweiligen Briefbesitzer die Vorlage des Briefes beim Grundbuchamt verlangen. Zur vorläufigen und sofortigen Sicherung des Berichtigungsberechtigten gegen die aus dem öffentlichen Glauben des Grundbuchs resultierenden Risiken dient der Widerspruch (§ 899 BGB). Über die Kosten der Berichtigung s § 897 BGB, über die Verjährung dieses Anspruchs § 898 BGB.

2. Weitere Möglichkeiten der Grundbuchberichtigung

3 Die Berichtigung des Grundbuches lässt sich aber nicht nur über die Durchsetzung des materiellrechtlichen Anspruchs aus § 894 BGB erreichen, es gibt vielmehr auch verfahrensrechtliche Wege zu diesem Ziel: Eine Berichtigung des Grundbuchs *von Amts wegen* erfolgt der Regel nach nicht. Selbst wenn die unrichtige Eintragung durch einen Missgriff des Grundbuchamtes bewirkt wurde, hat dieses die Korrektur normalerweise auf die Eintragung eines Amtswiderspruchs zu beschränken (§ 53 Abs 1 S 1 GBO). Nur inhaltlich unzulässige Eintragungen sind von Amts wegen zu löschen (§ 53 Abs 1 S 2 GBO). Die §§ 82, 82a GBO verleihen dem Grundbuchamt allerdings die Befugnis, bei einer außerhalb des Grundbuches eingetretenen Änderung der Eigentumslage den Eigentümer zur Herbeiführung der Berichtigung zu zwingen und diese notfalls auch von Amts wegen durchzuführen. Ferner kann das Grundbuchamt unter bestimmten Voraussetzungen gegenstandslose Eintragungen von Amts wegen löschen (§§ 84-89 GBO) und unklare oder unübersichtliche Rangverhältnisse von Amts wegen klarstellen (§§ 90 ff GBO).

4 Die Beseitigung einer unrichtigen Eintragung im Wege der **Beschwerde** ist ausgeschlossen, wenn die Eintragung von solcher Art ist, dass sich an sie ein gutgläubiger Erwerb anschließen könnte (s § 71 Abs 2 S 1 GBO und die Kommentare dazu). Nach § 71 Abs 2 S 2 GBO kann aber im Wege der Beschwerde verlangt werden, dass das Grundbuchamt angewiesen wird, nach § 53 GBO einen Widerspruch einzutragen oder eine Löschung vorzunehmen. Darüber hinaus ist das Beschwerdegericht nicht gehindert, die beanstandete und an sich unter § 71 Abs 2 S 1 GBO fallende Eintragung nach § 22 GBO (s unten) zu berichtigen, wenn diese erst nachträglich unrichtig geworden ist.

5 Manchmal kann die Berichtigung des Grundbuchs von dem Berechtigten allein erwirkt werden. Nach **§ 22 Abs 1 S 1 GBO** bedarf es nämlich zur Berichtigung des Grundbuchs der Bewilligung des Passivbeteiligten dann nicht, wenn dem Grundbuchamt die Unrichtigkeit nachgewiesen wird. Diese Ausnahme von der Regel des formellen Konsensprinzips (§ 19 GBO) wurde zugelassen, um den Grundbuchverkehr nicht über Gebühr zu erschweren. Ihre Bedeutung wird allerdings durch die hohen Anforderungen eingeschränkt, die an die Führung des Nachweises der Unrichtigkeit gestellt werden. Die Unrichtigkeit muss nach § 29 GBO entweder für das Grundbuchamt offenkundig sein oder aber ihm durch öffentliche oder öffentlich be-

glaubigte Urkunden nachgewiesen werden. In dieser Form lässt sich der Nachweis bei vielen Fällen einer Grundbuchunrichtigkeit nicht erbringen (vgl etwa OLG Brandenburg 20. 12. 2007 – 5 Wx/07 Rn 25 ff). Das Bestehen oder Nichtmehrbestehen von Verfügungsbeschränkungen – Beispielsfälle, die § 22 Abs 1 S 2 GBO hervorhebt – wird sich regelmäßig durch öffentliche Urkunden nachweisen lassen; ebenso der Rechtsübergang durch Erbfolge. Gleichermaßen genügt für den Nachweis der zwischenzeitlich erfolgten Umwandlung der eingetragenen Fremdhypothek in eine Eigentümergrundschuld infolge Tilgung die Beibringung einer öffentlich beglaubigten Quittung des Gläubigers (anstelle einer Berichtigungsbewilligung). Im Übrigen muss das Grundbuchamt bei dieser Berichtigung ohne Beteiligung des Betroffenen mit großer Vorsicht vorgehen, insbesondere stets prüfen, ob nicht das Grundbuch durch einen anderweitigen Vorgang richtig geworden sein kann. Besteht diese Möglichkeit, so ist die Berichtigung nach § 22 GBO abzulehnen. Zu Ermittlungen ist das Grundbuchamt dabei nicht verpflichtet. Kann der Nachweis durch öffentliche Urkunden nicht geführt werden, ist die Berichtigung nach § 22 GBO ohne Bewilligung des Eigentümers nicht möglich, sodass Klage nach § 894 BGB zu erheben ist, in deren Rahmen alle Beweismittel zugelassen sind (vgl OLG München 18. 12. 2019 – 7 U 898/19, NJW-RR 2020, 399 Rn 45 ff; BeckOGK/Hertel [1. 9. 2024] § 894 Rn 107.1 [insb zu alten Dienstbarkeiten, deren Ausübungsbereich unklar ist]). – Im Verfahren nach § 22 GBO kann der Antragsgegner einer Löschung – anders als bei der Grundbuchberichtigungsklage (s unten Rn 133) – keine Zurückbehaltungsrechte aus Gegenansprüchen (insb § 273 BGB u § 1000 BGB) geltend machen, da die Prüfung der materiellen Rechtslage nicht im Aufgabenbereich des Grundbuchamts liegt (OLG München 6. 2. 2023 – 34 Wx 5/23e, MittBayNot 2024, 268 Rn 19 m Anm Kübler-Wachendorff; BeckOGK/Hertel [1. 9. 2024] § 894 Rn 107; einschränkend Keller/Munzig/Meier[9] § 22 Rn 173 [soweit diese ausnahmsweise in der Form des § 29 GBO nachgewiesen werden]). – Auch im Verfahren nach § 22 GBO kann und muss in Extremfällen auf den Nachweis in der Form des § 29 GBO verzichtet werden (vgl KG 26. 8. 1997 – 1 W 2905–97, NJW-RR 1998, 447, 449 [offenkundige Nichtexistenz des eingetragenen Grundschuldgläubigers]; einschränkend Dümig ZfIR 2005, 240, 242 f: nur wenn anderenfalls überhaupt keine Möglichkeit zur Berichtigung des Grundbuchs bestünde). In den Fällen einer Nichtexistenz des Berechtigten kommt auch ein Verfahren zur Berichtigung wegen Gegenstandslosigkeit der Eintragung nach § 84 Abs 2 lit a GBO in Betracht (Dümig ZfIR 2005, 240, 241). Vgl näher die Kommentare zu § 22 GBO, insbesondere Keller/Munzig/Meier[9] § 22 Rn 120 ff. Eine Ausnahme von § 22 Abs 1 GBO – und damit eine Rückkehr zum formellen Konsensprinzip – bilden dann wieder die §§ 23, 24 GBO (Löschung von Rechten auf Lebenszeit bzw von auflösend bedingten oder befristeten Rechten). Weitere Berichtigungserleichterungen enthalten die §§ 25, 26 GBO.

3. Verhältnis der Berichtigungsklage zu den grundbuchrechtlichen Rechtsbehelfen

Der Anspruch aus § 894 BGB wird durch die Möglichkeit des Berechtigten, die Richtigstellung des Grundbuches auch ohne Mitwirkung des Betroffenen auf dem Wege des § 22 GBO erreichen zu können, nicht ausgeschlossen; der Grundbuchberichtigungsanspruch ist also nicht etwa subsidiärer Natur (Planck/Strecker § 894 Anm VI 1). Der Passivbeteiligte darf die Zustimmung zur Berichtigung des Grundbuchs somit nicht etwa deshalb verweigern, weil der Berechtigte die Berichtigung auch schon nach § 22 GBO erwirken könnte (RG WarnR 1914 Nr 126 S 181 f; JW 1925, 1796; 6

HRR 1931 Nr 1049; Planck/Strecker Anm VI 1 mwNw; Biermann § 894 Anm 3; Fuchs § 894 Anm 6; Rosenberg § 894 Anm I 5; Wolff/Raiser § 46 Fn 2). Problematisch ist dagegen, ob (und bejahendenfalls unter welchen Voraussetzungen) die Möglichkeit eines Vorgehens nach § 22 GBO das **Rechtsschutzbedürfnis** für die Berichtigungsklage entfallen lässt. Die ältere Rechtsprechung und Literatur hatte diese Frage (zumeist nicht ausdrücklich, sondern implizit) generell verneint, war also von einer unbeschränkten Wahlmöglichkeit des Berichtigungsinteressenten zwischen beiden Rechtsbehelfen ausgegangen (so RG WarnR 1914 Nr 126 S 181 f; JW 1925, 1796; HRR 1931 Nr 1049; OLG Braunschweig OLGE 14, 124 f; OLG Hamburg OLGE 18, 403, 405; KG OLGE 29, 347, 349 f; Planck/Strecker § 894 Anm VI 1; Rosenberg § 894 Anm I 5; ebenso im prozessrechtlichen Schrifttum Wieser, Das Rechtsschutzinteresse des Klägers im Zivilprozeß [1971] 19 [referierend]; Rosenberg/Schwab/Gottwald, Zivilprozeßrecht[18] § 90 Rn 38 f; A Blomeyer, Zivilprozeßrecht[2] § 35 II 1 a; Bruns, Zivilprozessrecht § 24 Rn 129b; s auch OLG Celle ZfIR 1997, 574). Demgegenüber dringt neuerdings die Ansicht vor, dass für die Berichtigungsklage das Rechtsschutzbedürfnis fehlt, wenn das Berichtigungsverfahren nach § 22 GBO zweifelsfrei zum Erfolg führen muss und dem Kläger damit ein einfacherer und kostengünstigerer, aber genauso sicherer Weg zur Durchsetzung des Klageziels zur Verfügung steht (BGH 10. 2. 2006 – V ZR 110/05, NJW-RR 2006, 886 Rn 7; BGH 17. 2. 2023 – V ZR 22/22, NJW 2023, 2343 Rn 41; BayObLGZ 1982, 400, 402 f; 1994, 129, 132; OLG Zweibrücken OLGZ 1967, 439, 441 = NJW 1967, 1809; OLG Frankfurt 4. 10. 2012 – 4 U 132/10 Rn 108, NJW 1969, 1906 f; OLG Schleswig MDR 1982, 143; Staudinger/J Hönle/U Hönle [2018] Art 187 EGBGB Rn 5; BGB-RGRK/Augustin § 894 Rn 45; MünchKommBGB/Wacke[4] § 894 Rn 3; MünchKommBGB/H Schäfer[9] § 894 Rn 3; Soergel/Kern[14] § 894 Rn 2; NK-BGB/Krause[5] § 894 Rn 60; jurisPK-BGB/Toussaint[10] § 894 Rn 70; Erman/Artz[17] § 894 Rn 3; Grüneberg/Herrler[84] § 894 Rn 1; Vieweg/Lorz[9] § 13 Rn 57; Jauernig/Berger[19] § 894 Rn 2; Meikel/Böttcher[12] § 22 Rn 77; Bauer/Schaub/Schäfer[5] § 22 Rn 23 aE; KEHE/Munzig[5] § 22 Rn 1; Keller/Munzig/Meier[9] § 22 Rn 3; Furtner DNotZ 1963, 196 ff; Köhler JuS 1981, 181, 184; auch schon OLG Naumburg JW 1925, 1796 f). Diese Auffassung erscheint in der Tat vorzugswürdig. Das Rechtsschutzinteresse für die Berichtigungsklage lässt sich jedenfalls – entgegen Hoffmann (NJW 1970, 148) und AK-BGB/L vSchweinitz (§ 894 Rn 3) – kaum damit begründen, dass das Verfahren nach § 22 GBO nicht zu einer rechtskräftigen Feststellung des geltend gemachten Rechtes führe; eine solche würde schließlich auch im Falle der sofortigen Erfüllung des Berichtigungsanspruchs durch den Passivbeteiligten fehlen: Dieser wäre durch die abgegebene Berichtigungsbewilligung ebenfalls nicht gehindert, nachträglich die Unbegründetheit des Berichtigungsverlangens geltend zu machen und nun seinerseits auf Berichtigung des Grundbuches zu klagen. – Wenn allerdings auch nur geringe Zweifel daran bestehen, ob sich die Berichtigung auf dem Wege des § 22 GBO erreichen lassen wird, muss dem Berichtigungsinteressenten der Klageweg offenstehen (s BGH 10. 2. 2006 – V ZR 110/05, NJW-RR 2006, 886 Rn 7; OLG Celle KTS 1977, 47 f; OLG Karlsruhe 16. 12. 2021 – 12 U 392/20, BeckRS 2021, 39729 Rn 78; OLG Schleswig MDR 1982, 143; BGB-RGRK/Augustin § 894 Rn 45; MünchKommBGB/Wacke[4] § 894 Rn 3; Erman/Artz[17] § 894 Rn 3; Grüneberg/Herrler[84] § 894 Rn 1; s auch Hoffmann NJW 1970, 148). Der Nachweis, dass eine im Grundbuch nicht eingetragene altrechtliche Dienstbarkeit zum Zeitpunkt der Anlegung der Grundbücher schon bestanden hat und noch fortbesteht, ist im Verfahren nach § 22 GBO, also mit öffentlichen und öffentlich beglaubigten Urkunden, kaum zu führen (OLG Frankfurt 4. 10. 2012 – AZ 4 U 132/10 Rn 108; zur ähnlichen Problematik in den Fällen des § 1026 BGB s BeckOGK/Hertel [1. 9. 2024] § 894 Rn 107.1 mwNw). – Die Beseitigung einer **Doppelbuchung** erfolgt nicht auf dem Wege des § 894 BGB (**aA** MünchKommBGB/Wacke[4] § 894 Rn 8m Fn 30; MünchKommBGB/H Schäfer[9] § 894 Rn 14;

Erman/Artz[17] § 894 Rn 8), sondern von Amts wegen nach § 38 GBV (s dazu Demharter[33] § 3 Rn 26). Die letztere Vorschrift regelt das Verfahren zur Beseitigung der Doppelbuchung abschließend (NK-BGB/Krause[5] § 894 Rn 13). § 894 BGB passt schon deshalb nicht, weil sich die einander widersprechenden Eintragungen aufheben, es also insoweit an einer wirksamen Eintragung fehlt (s auch unten Rn 26 sowie § 891 Rn 50, Staudinger/C Heinze [2018] § 873 Rn 296).

Das Reichsgericht hatte auch im Falle *inhaltlich unzulässiger Eintragungen* eine (hier auf § **1004 BGB** gestützte) Beseitigungsklage zugelassen (RG JW 1923, 750 für die Eintragung eines „Mietrechts"). Heute ist jedoch fast allgemein anerkannt, dass für eine solche Klage jedenfalls das Rechtsschutzbedürfnis fehlt, weil der durch die unzulässige Eintragung Beeinträchtigte die Löschung von Amts wegen (§ 53 Abs 1 S 2 GBO) anregen und notfalls auf dem im Verhältnis zur Klage billigeren Wege der Beschwerde (§ 71 Abs 2 S 2 GBO) erzwingen kann (BGH NJW 1962, 963 [betreffend die Eintragung eines Amtswiderspruchs ohne Angabe des Berechtigten]; BGB-RGRK/Augustin § 894 Rn 45; MünchKommBGB/Wacke[4] § 894 Rn 3; NK-BGB/Krause[5] § 894 Rn 12; Meikel/Böttcher[12] § 22 Rn 77 mwNw). Im Übrigen ist bei einer inhaltlich unzulässigen Eintragung aber auch materiellrechtlich gar kein Grundbuchberichtigungsanspruch gegeben (s Rn 21). 7

4. Verhältnis zu vermögensrechtlichen Restitutionsansprüchen

Tatbestandlich können bei einer in der früheren DDR auf Druck staatlicher Stellen bzw aufgrund unlauterer Machenschaften zustande gekommenen Grundstücksveräußerung sowohl die zivilrechtlichen Eigentumsverwirklichungsansprüche (wie der Grundbuchberichtigungsanspruch und der Vindikationsanspruch) wie auch ein Restitutionsanspruch nach § 1 Abs 1 lit c bzw § 1 Abs 3 jeweils iVm § 3 VermG erfüllt sein, nämlich dann, wenn das betreffende Verfügungsgeschäft zusätzlich an einem Mangel litt, der schon nach dem maßgeblichen Zivilrecht der DDR zu seiner Unwirksamkeit führen musste. Falls dieser Mangel bei wertender Betrachtung in einem engen inneren Zusammenhang mit dem vom Vermögensgesetz tatbestandlich erfassten staatlichen Unrecht steht, ergeben sich die Rechtsfolgen abschließend aus dem Vermögensgesetz und wird deshalb auch der tatbestandsmäßig gegebene *Grundbuchberichtigungsanspruch verdrängt* (BGH LM § 1 VermG Nr 16 m Anm Weber = BGHZ 130, 231, 234 ff; WM 1995, 1730, 1731 ff; ZOV 1999, 357; s auch OLG Magdeburg DtZ 1994, 377; OLGR Brandenburg 1995, 218; KG 7. 7. 2011 – 28 U 10/10 Rn 16). Dies ist zB der Fall, wenn die Beteiligten ein Scheingeschäft zur Abwehr oder Abmilderung der Unrechtsfolgen geschlossen haben (BGHZ 122, 204, 209 ff; LM § 63 DDR ZGB Nr 2 = NJW 1993, 2530 = WM 1993, 1643, 1644 = MDR 1993, 1079, 1080 = EWiR § 1 VermG 8/93, 1129 [Thomas]; LM § 63 ZGB-DRR Nr 1 = WM 1993, 1291 = EWiR § 1 VermG 6/93, 1023 [Brand] = MDR 1993, 1080; BGHZ 130, 231, 236 = LM § 1 VermG Nr 16 m Anm Weber = WM 1995, 1730, 1732 = EWiR § 1 VermG 10/95, 1029 m Anm Pee; BGH 19. 11. 1993 – V ZR 119/92 [juris]). Ebenso, wenn die Veräußerung von einem für den damaligen Eigentümer handelnden staatlichen Verwalter vorgenommen wurde, der für diese Aufgabe nach dem Recht der DDR unzuständig war, dessen Unzuständigkeit aber angesichts der damaligen Rechtsverhältnisse nicht erfolgreich geltend gemacht werden konnte (BGH 7. 7. 1995 – V ZR 243/94, BGHZ 130, 231, 237 ff). Ebenso bei kollusivem Zusammenwirken des vom Staatlichen Notariat eingesetzten Abwesenheitspflegers mit dem Grundstückserwerber (BGH DtZ 1997, 158, 159). Wenn der zusätzliche Mangel des Veräußerungsgeschäfts dagegen, wie etwa Fehler bei der notariellen Beurkundung, von den unlauteren Machenschaf- 8 ten unabhängig war und lediglich ein allgemeines Risiko des Rechtsverkehrs in der DDR verwirklichte, werden zivilrechtliche Ansprüche und damit auch der Grundbuchberichtigungsanspruch nicht ausgeschlossen (BGHZ 130, 231, 242; BGH WarnR 1994 Nr 208 S 428 = LM § 1 VermG Nr 12 = WM 1994, 1852; BGH DtZ 1997, 122; **aA** Sendler NJW 1995, 1797, 1799 f).

9 Während der BGH Formmängel grundsätzlich als zufällige Zusatzmängel behandelt, die zivilrechtliche Rechtsbehelfe auslösen, entscheidet er anders, wenn die Nichtigkeit des Veräußerungsgeschäfts darauf beruht, dass der vom Ausreisewilligen beauftragte Rechtsanwalt die Beurkundung vorgenommen hat; in einem solchen Fall soll der Mangel nur vermögensrechtliche Restitutionsansprüche auslösen können (BGH LM DDR-NotG Nr 2 m Anm M Weber = DtZ 1997, 122 f = WM 1997, 771 = MDR 1997, 337 = EWiR § 894 BGB 1/97, 503 [U M Schmidt]).

10 Anders als die „normalen" Scheingeschäfte zur Abwehr oder Abmilderung von Unrechtsfolgen behandelt der BGH verdeckte Treuhandverträge: Wenn ein ausreisewilliger Eigentümer einen Grundstücks- oder Eigenheimkaufvertrag beurkunden ließ, mit dem Erwerber aber darüber einig war, dass dieser nur die Stellung eines Treuhänders erhalten sollte, hat der Erwerber kein Eigentum erlangt und ist der Eigentümer nach Ansicht des BGH nicht daran gehindert, seine Rechte vor den Zivilgerichten geltend zu machen (BGH LM § 66 DDR-ZGB Nr 1 m Anm M Weber = WM 1993, 998 = MDR 1993, 755 = EWiR 1993, 611 [Briesemeister]; LM § 13 GVG Nr 206 = WM 1996, 1190, 1191 = MDR 1996, 571 = OV spezial 1996, 296 [Bodenstab]; ebenso KGR 1995, 229). Der BGH hat dies damit begründet, dass die Parteien bei Unwirksamkeit des Scheingeschäfts und der verdeckten Treuhandabrede im Ergebnis genau das erreicht hätten, was sie mit der Treuhandabrede erreichen wollten, nämlich die Sicherung des Eigentums des scheinbaren Veräußerers. Unter diesen Umständen bestehe kein Bedürfnis für einen Schutz des Treuhänders durch das Vermögensgesetz. Demgegenüber vertritt das BVerwG die Auffassung, dass auch in solchen Fällen zivilrechtliche Rechtsbehelfe durch die Sonderregelung des Vermögensgesetzes verdrängt werden, der Treuhänder also Rückgabeansprüche nur nach dem Vermögensgesetz geltend machen kann (BVerwG 19. 1. 1995 – 7 C 42/93, BVerwGE 97, 286 = NJW 1995, 1506; so wohl auch Knorz/Gottfried/Gottfried, in: Kimmel, Offene Vermögensfragen, § 1 VermG Rn 234).

II. Rechtliche Natur des Berichtigungsanspruchs

1. Dinglicher Anspruch

11 Der Berichtigungsanspruch ist nach ganz hM *dinglicher* Natur (s Mot III 234, 236, 424; Prot Mugdan III 560; Planck/Strecker § 894 Anm I mwNw [insbes auch zu abweichenden älteren Auffassungen]; MünchKommBGB/H Schäfer[9] § 894 Rn 1; BGB-RGRK/Augustin § 894 Rn 42; BeckOGK/Hertel [1. 9. 2024] § 894 Rn 3; Soergel/Kern[14] § 894 Rn 20; Biermann § 894 Anm 2a; Fuchs § 894 Anm 4; Kretzschmar § 894 Anm II 4; Cosack/Mitteis II 1 § 28 II 2 b; vTuhr I 250; Dernburg III § 49 II; Westermann § 73 II; J vGierke § 18 II 3; Hedemann § 14 III 2 c; E Wolf § 9 G II; Wieacker DJZ 1936, 989; RGZ 51, 417, 420; 57, 322; RG WarnR 1914 Nr 291; RGZ 158, 40, 43; BGHZ 5, 76, 82; BGH WM 1982, 384, 385; einschränkend, nämlich nach der einzutragenden Rechtsposition differenzierend: Wolff/Raiser § 46 pr m Fn 4; Rosenberg § 894 Anm VI 2, 3; Krückmann ZBlFG 15, 277 f). Das ist für den größten und wichtigsten Teil des Anwendungsgebietes des § 894 BGB, nämlich die Fälle, in denen mit Hilfe des

Grundbuchberichtigungsanspruchs die richtige Eintragung eines dinglichen Rechts oder die Löschung einer nicht bestehenden Belastung oder Beschränkung erreicht werden soll, kaum zu bezweifeln: Der Berichtigungsanspruch ist hier jeweils ein Ausfluss des dinglichen Rechtes, aufgrund dessen er erhoben wird. Und er dient auch jeweils dazu, einen dem Inhalt des Rechtes widersprechenden tatsächlichen Zustand zu beseitigen. Nach Sinn und Zweck der Grundbucheinrichtung muss zum Inhalt eines buchungsfähigen dinglichen Rechtes nämlich auch dessen korrekte Verlautbarung im Grundbuch gehören (Mot III 236; PREDARI 83; FUCHS § 894 Anm 1a; FRANCKE 13; ROSENBERG § 894 Anm VI 2 mwNw; ENDEMANN II 1 § 63, 1 S 381). Dass der Berichtigungsanspruch – im Gegensatz zur Normalsituation dinglicher Ansprüche – nicht unmittelbar auf die Herstellung des dem Inhalt des dinglichen Rechtes entsprechenden tatsächlichen Zustandes gerichtet ist, sondern den Anspruchsgegner nur zu einer bestimmten Mitwirkung bei dieser Herstellung (des dem Inhalt des dinglichen Rechtes kongruenten Buchstandes) anhält, ist eine durch die Technik des Grundbuchverfahrens erzwungene, für den Charakter des Anspruchs aber unwesentliche Besonderheit (COSACK, BR II[6] § 179 II 2 wollte seinerzeit den Berichtigungsanspruch unter die obligatorischen Ansprüche einordnen, weil er nicht bloß zu einem Dulden oder Unterlassen, sondern zu einem positiven Tun verpflichte. Das ist aber beim dinglichen Anspruch, der Vindikation, nicht anders; ebenso wenig im Falle der Negatoria, s STAUDINGER/GURSKY [2013] § 1004 Rn 136). Sehr zu Recht betonte die Mehrheit der 1. Kommission, der Grundbuchberichtigungsanspruch etwa des nicht eingetragenen Eigentümers und sein Herausgabeanspruch seien „nur" verschiedene Erscheinungsformen des aus dem dinglichen Rechte entspringenden Anspruchs auf Schutz desselben gegen jeden, der sich der Verwirklichung des Rechtes entgegenstelle (Protokolle der 1. Komm 3959 = JAKOBS/SCHUBERT, SR I 403). Der Grundbuchberichtigungsanspruch ist mithin genau wie die Vindikation oder die actio negatoria ein sachenrechtlicher Rechtsverwirklichungsanspruch (= dinglicher Anspruch im engeren Sinne). Er ist damit nur ein „unselbständiger Ausfluss des dinglichen Rechts, das durch die unrichtige Eintragung betroffen ist" (H WESTERMANN, SR[6] § 73 II 1 a; zust OLG Brandenburg 6. 5. 2003 – 10 U 3/02, OLG-NL 2004, 251, 252).

Problematisch ist demgegenüber, ob der Berichtigungsanspruch auch im Rahmen seines durch § 1157 S 2 BGB erweiterten Anwendungsbereichs dinglichen Charakter hat. Das wird vielfach verneint (ROSENBERG § 894 Anm VI 3; KRÜCKMANN ZBlFG 15, 277 f; GOLDMANN 32 f; HERFURTH 17; SCHLEGEL 17). Wenn dem so wäre, dürfte man aus dieser singulären Ausdehnung entgegen RAMDOHR (Gruchot 44 [1900] 361 f) jedenfalls noch nicht schließen, dass der Berichtigungsanspruch auch normalerweise, außerhalb dieser Verweisung, obligatorischer Natur sein müsse (GOLDMANN 32 f; SCHLEGEL 17), denn § 1157 S 2 BGB lässt sich ohne Weiteres dahingehend verstehen, dass hier der Sache nach nur eine entsprechende Anwendung des § 894 BGB angeordnet wird (Verweisungsanalogie). Im Übrigen ist aber der Schluss, dass der auf Eintragung persönlicher Einreden gerichtete Grundbuchberichtigungsanspruch aus §§ 1157 S 2, 894 BGB nicht dinglicher Art sein könne, weil er aus einer besonderen obligatorischen Rechtsbeziehung zwischen Eigentümer und Hypothekar entspringe, durchaus nicht zwingend. § 1157 S 1 BGB lässt sich nämlich als eine Transpositionsnorm begreifen, die nach Art der §§ 986 Abs 2, 1004 Abs 2 BGB aus einer an sich schuldrechtlichen Bindung eine zeitweise Abschwächung der dinglichen Rechtsmacht (hier des Hypothekars) entstehen lässt. Da nun jedes Zurückdrängen der dinglichen Herrschaftsmacht des Inhabers eines beschränkten dinglichen Rechts notwendigerweise eine korrespondierende Wiederausdehnung der Eigentümerbefugnisse impliziert, wären 12 die Einreden iS von § 1157 S 1 BGB und das Recht auf ihre Bekundung im Grundbuch entgegen Ramdohr dann doch wohl nur „unselbständige Ausflüsse und Betätigungen des Eigentums“.

13 Der Grundbuchberichtigungsanspruch ist allerdings nicht nur zum Schutze von eintragungsfähigen dinglichen Rechten gegeben, er greift vielmehr nach heute allgemein vertretener und in der Tat zutreffender Ansicht auch zur Sicherung von bestehenden, aber im Grundbuch nicht verlautbarten (insbes zu Unrecht gelöschten) Verfügungsbeschränkungen ein (s unten Rn 45). Obwohl der Anspruch in diesem Sonderfall (entgegen Schlegel 21) zweifellos kein echter dinglicher Rechtsverwirklichungsanspruch ist, besteht kein Anlass, ihn rechtlich anders als einen solchen zu behandeln (Rosenberg § 894 Anm VI 3; s auch Francke 19). Damit würde nämlich die Disharmonie, die ohnehin in der Ausdehnung seines Anwendungsbereichs über das Gebiet der dinglichen Rechte hinaus liegt, ohne Not noch vergrößert. Gerade die beiden kennzeichnendsten Merkmale des dinglichen Anspruchs im engeren Sinne, nämlich seine Akzessorietät gegenüber der zu schützenden Rechtsposition und die Determination seines Inhalts durch den Inhalt der letzteren (s Rosenberg § 894 Anm VI 3), sind auch beim Berichtigungsanspruch zur Sicherung von Verfügungsbeschränkungen evidentermaßen sachgerecht.

2. Konsequenzen der Charakterisierung als dinglicher Anspruch

14 Die dingliche Rechtsnatur wirkt sich vor allem im Insolvenzverfahren über das Vermögen des Anspruchsgegners aus: Der Berichtigungsanspruch wird als *dinglicher* Anspruch durch die Eröffnung des Insolvenzverfahrens über das Vermögen des Verpflichteten nicht berührt; er ist als Aussonderungsanspruch iS von § 47 InsO (bis 31. 12. 1998: § 43 KO) vom Insolvenzverwalter zu erfüllen (Mot III, 236; Prot III 102; RGZ 60, 257, 261; 86, 235, 240; RG Recht 1915 Nr 2374; OLG Hamm SeuffA 62 Nr 101 S 175; OLG Celle WM 1984, 1136, 1137; Jaeger/Henckel, InsO § 47 Rn 23; Kuhn/Uhlenbruck, KO[11] § 43 Rn 57; Kilger/Schmidt, Insolvenzgesetze[17] § 43 KO Anm 4; Kübler/Prütting/Prütting, InsO [2007] § 47 Rn 75; MünchKommInsO/Ganter[4] § 47 Rn 334; K Schmidt ZZP 90 [1977] 38, 51; BGB-RGRK/Augustin § 894 Rn 42; MünchKommBGB/H Schäfer[9] § 894 Rn 32; Soergel/Kern[14] § 894 Rn 23; NK-BGB/Krause[5] § 894 Rn 2; Erman/Artz[17] § 894 Rn 5; Grüneberg/Herrler[84] § 894 Rn 5; BeckOGK/Hertel [1. 9. 2024] § 894 Rn 99; AK-BGB/L vSchweinitz § 894 Rn 5; Biermann § 894 Anm 2a; Predari 85 Fn 42; Fuchs § 894 Anm 5; Goldmann/Lilienthal § 45 III; Cosack/Mitteis II 1 § 28 II 2 b; Wolff/Raiser § 46 pr; Goldmann 85, 87 f). Rosenberg (§ 894 Anm III 3 c; ähnlich Kretzschmar JW 1916, 167; Staudinger/Seufert[11] § 894 Rn 48) weicht nur in der Konstruktion ab. Danach soll der Berichtigungsanspruch nur dann unter § 43 KO aF (seit 1. 1. 1999: § 47 InsO) fallen, wenn der Konkursverwalter (Insolvenzverwalter) das betroffene Recht wirklich für die Masse in Anspruch nimmt; in den übrigen Fällen soll der Berichtigungsanspruch aber eine Masseschuld bilden. Die hier zugrundeliegende Annahme, dass das Aussonderungsrecht eine wirkliche Rechtsanmaßung voraussetzt, ist jedoch unzutreffend (s K Schmidt ZZP 90 [1977] 38, 50). Wegen weiterer Auswirkungen des dinglichen Charakters des Grundbuchberichtigungsanspruchs im prozessualen Bereich (insbes für Gerichtsstand, Rechtshängigkeit und Rechtskraft) s Rn 78, 111, 161, 166.

15 Die Zugehörigkeit des Grundbuchberichtigungsanspruchs zur Kategorie der dinglichen Ansprüche hat weiterhin zur Folge, dass die Normen des *allgemeinen Schuld-*

rechts auf ihn nicht unmittelbar, sondern allenfalls entsprechend anwendbar sind. Die Analogie verbietet sich, wenn die Übertragung der betreffenden schuldrechtlichen Regelung die spezifische Rechtsverwirklichungsfunktion des Grundbuchberichtigungsanspruchs beeinträchtigen müsste. Das wäre bei der Anwendung der Vorschriften über den Erlass und die Abtretung (§§ 397 ff BGB) der Fall (s unten Rn 81, 130). Dagegen ist die Einordnung des Grundbuchberichtigungsanspruchs unter die dinglichen Rechtsverwirklichungsansprüche (= dingliche Ansprüche im engeren Sinne) kein Grund, die Regeln über den Schuldnerverzug nicht anzuwenden, wie schon § 990 Abs 2 BGB beweist (s unten Rn 126). Hier stellt sich nur die Frage, ob die §§ 280 Abs 1 und 2, 286 BGB als solche oder nur in Verbindung mit dem Filter des § 990 Abs 2 BGB entsprechend angewandt werden müssen (s unten Rn 126). Demgegenüber sollte man auf gar keinen Fall § 281 BGB, der vom Gesetzgeber nicht als qualifizierter Verzugsfall konzipiert ist, auf den Grundbuchberichtigungsanspruch übertragen; die Bedenken, die gegen eine Kombination dieser Norm mit § 985 BGB (s Staudinger/Gursky [2013] § 985 Rn 81 ff; **anders aber** BGH 18. 3. 2016 – V ZR 89/15, NJW 2016, 3235 Rn 14 ff) und mit § 1004 BGB (Staudinger/Gursky [2013] § 1004 Rn 168; Katzenstein AcP 206 [2006] 96 ff, **anders** wieder Gruber/Lösche NJW 2007, 2815, 2817 f) erhoben worden sind, gelten für den Grundbuchberichtigungsanspruch erst recht (s zum Ganzen auch Croon-Gestefeld ZfPW 2022, 285, 299 ff).

Der Umstand, dass der Grundbuchberichtigungsanspruch zu den dinglichen Anspru- 16
chen gehört, ändert nichts daran, dass die zur Erfüllung des Berichtigungsanspruchs erfolgende Abgabe der Berichtigungsbewilligung eine „Leistung“ iS des Bereicherungsrechts darstellt (vgl Staudinger/Gursky [2013] § 985 Rn 5 zur Parallelproblematik bei der Vindikation in Auseinandersetzung mit Henckel, dessen gegenteilige These konsequenterweise auch für den Berichtigungsanspruch gelten müsste). Bestand die Buchunrichtigkeit und damit der Berichtigungsanspruch, der erfüllt werden sollte, in Wirklichkeit gar nicht, kann die Berichtigungsbewilligung deshalb kondiziert werden (RGZ 146, 355, 360; MünchKommBGB/Wacke[4] § 894 Rn 35).

3. Stellung innerhalb der dinglichen Ansprüche

Man streitet darüber, ob der Grundbuchberichtigungsanspruch eine besondere Ge- 17
staltung des allgemeinen Abwehranspruchs bildet, also negatorischer Natur ist, oder ob er – weil auf Herausgabe des „Buchbesitzes“ gerichtet – näher mit § 985 BGB verwandt ist. Im ersteren Sinne Mot III 236, 424; RGZ 57, 320, 322; 135, 33, 35; RG WarnR 1914 Nr 291; HRR 1926 Nr 466; BGHZ 5, 76, 82; Planck/Strecker § 894 Anm I; Biermann § 894 Anm 2a; Kretzschmar § 894 Anm II 4; Turnau/Förster § 894 Anm II 6; Oberneck I 414; Predari 81; MünchKommBGB/H Schäfer[9] § 894 Rn 1; Soergel/Kern[14] § 894 Rn 20; jurisPK-BGB/Toussaint[10] § 894 Rn 2; Heck § 42, 6; Kohler II 2, 86; Crome III § 373, 1; Goldmann/Lilienthal II § 45 pr S 315; Wieling/Finkenauer[6] § 20 Rn 45; Prütting[38] Rn 241; Rudolf Schmidt, Der negatorische Beseitigungsanspruch (1924) 58 f; Wellenhofer[38] § 20 Rn 3; einschränkend (mit § 1004 verwandter, aber selbständiger Anspruch) Wolff/Raiser § 46 Fn 5; J vGierke § 21 II 3); im letzteren Sinne Staudinger/Seufert[11] § 894 Rn 3a; H Westermann/Eickmann[8] § 71 Rn 8; M Wolf, SR[23] Rn 519; Erman/Hagen[9] § 894 Rn 11; wohl auch Lange Rn 103. Nach Wieacker (Bodenrecht 171; DJZ 1936, 989, 990) ist der Berichtigungsanspruch ein Sonderfall des dinglichen Herausgabeanspruchs, wenn er auf Herstellung des Buchbesitzes gerichtet ist, dagegen ein

Sonderfall des Störungsanspruchs aus § 1004 BGB, soweit er sich gegen eine Beeinträchtigung des Buchbesitzes durch Eintragung einer nicht existierenden Belastung richtet. In Wirklichkeit ist die ganze Fragestellung angesichts der außerordentlich engen Verwandtschaft von § 1004 BGB und § 985 BGB nicht sonderlich sinnvoll (s E Picker, Der negatorische Beseitigungsanspruch [1972] 94). § 1004 BGB ist nun einmal die Generalklausel des dinglichen Rechtsschutzes gegen Eigentumsbeeinträchtigungen, § 985 BGB dagegen die Spezialregelung für eine bestimmte Beeinträchtigungsform, die Vorenthaltung des Besitzes (s Staudinger/Gursky [2016] § 1004 Rn 2). § 894 BGB kann damit nur eine weitere Sonderregelung bilden, die sich wie die §§ 985 und 1004 BGB dagegen richtet, dass ein Dritter dem Eigentümer zukommende Herrschaftsbefugnisse „usurpiert" (s Staudinger/Gursky [2013] Vorbem 2 zu §§ 985 ff); nur die Art der „rechtsusurpierenden Position", die der Anspruchsgegner räumen soll, ist jeweils verschieden. Die Vorstellung einer besonderen funktionellen Verwandtschaft zwischen dem Grundbuchberichtigungsanspruch und der Vindikation ist wohl durch die aus dem österreichischen Recht stammende (s Dallinger S 2) bildhafte Redeweise vom Buchbesitz suggeriert worden. Die Betonung der besonderen Nähe zum Eigentumsherausgabeanspruch dient offenbar dazu, die Heranziehung der vindikatorischen Nebenansprüche zu rechtfertigen (E Picker, Der negatorische Beseitigungsanspruch [1972] 93). Diese bedarf jedoch einer selbständigen und genaueren Begründung (s unten Rn 173).

18 Da nun der Gesetzgeber für die Beeinträchtigung dinglicher Rechte durch fehlende oder unrichtige Verlautbarungen im Grundbuch mit den §§ 894 ff BGB einen selbständigen Rechtsbehelf zur Verfügung stellt, der insbes hinsichtlich der Kostenlast (§ 897 BGB) von **§ 1004 BGB** als der Generalklausel des negatorischen Rechtsschutzes abweicht, kann die letztere Norm in den Fällen der Grundbuchunrichtigkeit überhaupt nicht zur Anwendung gelangen (E Picker, Der negatorische Beseitigungsanspruch [1972] 94 Fn 212; Planck/Brodmann § 1004 Anm 2b; MünchKommBGB/H Schäfer[9] § 894 Rn 2; jurisPK-BGB/Toussaint[10] § 894 Rn 76; Grüneberg/Herrler[84] § 894 Rn 13; BeckOGK/Hertel [1. 9. 2024] § 894 Rn 3, 102; Eichler II 2, 390). Ein Teil der Literatur postuliert demgegenüber einen neben dem Grundbuchberichtigungsanspruch aus § 894 BGB stehenden, aus § 1004 BGB hergeleiteten Beseitigungsanspruch mit Kostenlast des Berichtigungsschuldners, der gegeben sein soll, wenn die Unrichtigkeit des Grundbuches durch den Eingetragenen oder seinen Rechtsvorgänger verursacht wurde (Offtermatt [Schrifttum vor § 1004] 109 ff; Rudolf Schmidt 59; E Wolf, § 3 E V a 3 kk S 154; wohl auch Planck/Strecker § 894 Anm 1; Endemann II 1 § 63 Fn 20, § 65, 7; Krug ZEV 1999, 161, 162; implizit wohl auch RGZ 121, 44, 45). Diese Auffassung ist jedoch schon deshalb verfehlt, weil das Kriterium der Verursachung für § 1004 BGB gar keine Rolle spielt und damit zur Eingrenzung eines aus dieser Norm abgeleiteten Berichtigungsanspruchs mit Kostenlast des Schuldners untauglich wäre (s Staudinger/Gursky [2013] § 1004 Rn 3 ff, 93 ff, 96 ff): Störer iS von § 1004 BGB müsste jeder sein, der rechtswidrig dem Eigentümer vorbehaltene Herrschaftsmacht ausübt bzw hat. Das aber wäre beim Bucheigentümer immer der Fall, gleichgültig ob er die betreffende unrichtige Eintragung selbst verursacht hat oder nicht. Canaris (JZ 1992, 1114, 1115 Fn 10) will demgegenüber die Kostenregelung des § 897 BGB auf den seiner Meinung nach mit § 894 BGB konkurrierenden Anspruch aus § 1004 BGB entsprechend anwenden. Für einen solchen zusätzlichen dinglichen Anspruch neben der Spezialregelung des § 894 BGB besteht aber gar kein Bedarf (s Staudinger/Gursky [2013] § 1004 Rn 64). – Falls die Grundbuchunrichtigkeit auf einer unerlaubten Handlung des Anspruchs-

gegners beruht, gehören die Berichtigungskosten natürlich zu dem von diesem zu ersetzenden Schaden (H WESTERMANN/EICKMANN[8] § 71 Rn 19).

III. Die Unrichtigkeit des Grundbuchs

1. Allgemein

Erste und wichtigste Voraussetzung des Berichtigungsanspruchs ist eine gegenwärtige Unrichtigkeit des Grundbuchs: Der Inhalt des Grundbuches muss von der wirklichen materiellen Rechtslage abweichen, und diese Diskrepanz muss ein Recht an einem Grundstück oder ein Recht an einem solchen Rechte oder eine relative Verfügungsbeschränkung iS von § 892 Abs 1 S 2 BGB betreffen. 19

a) Inhalt des Grundbuchs

Mit **Inhalt des Grundbuchs** ist dabei die Gesamtheit der Angaben gemeint, die die gegenwärtige dingliche Rechtslage kennzeichnen. Angaben rein tatsächlicher Natur – wie die deskriptiven Angaben des Bestandsverzeichnisses im Gegensatz zu den die Identität und Grenzen des Grundstücks kennzeichnenden Bestandsangaben (KG OLGE 31, 316) – sind hier genauso wenig wie im Rahmen des § 892 BGB (s § 892 Rn 30, 66) gemeint. Die Berichtigung derartiger Angaben erfolgt von Amts wegen (BayObLGZ 1987, 410, 412; OLG Oldenburg Rpfleger 1991, 412; MEIKEL/BÖTTCHER[12] § 22 Rn 87 mwNw; KELLER/MUNZIG/MEIER[9] § 22 Rn 11; DEMHARTER[33] § 22 Rn 22 ff). Das gilt auch für die Angabe des Erwerbsgrundes (KG OLGE 15, 344 = KGJ 34 A 245; MÜGEL JW 1931, 3655). Auch Angaben über öffentlich-rechtliche Verhältnisse, soweit diese überhaupt eintragungsfähig sind, gehören nicht zum Inhalt des Grundbuchs iS von § 894 BGB. Ebenso wenig sind solche Einträge gemeint, die gar nicht dazu bestimmt sind, die Rechtslage autoritativ zu verlautbaren, sondern die bloßen Hinweischarakter haben, wie der Vermerk über subjektiv-dingliche Rechte im Bestandsverzeichnis des herrschenden Grundstücks (§ 7 GBV; s § 892 Rn 23 ff) oder diejenigen Grundbuchvermerke, die auf die Zugehörigkeit zu einem absoluten gesetzlichen Verfügungsbeschränkungen unterliegenden Sondervermögen hinweisen sollen (s KELLER/MUNZIG/MEIER[9] § 22 Rn 20) wie etwa der bisherige Reichsheimstättenvermerk nach § 4 RHeimstG oder der Hofvermerk nach der Höfeordnung (zur Irrelevanz des letzteren für den öffentlichen Glauben des Grundbuchs s BGH RdL 1953, 54). Überhaupt deckt sich der Inhalt des Grundbuchs iS des § 894 BGB weitestgehend mit dem, was im Rahmen des § 892 Abs 1 BGB als der Inhalt des Grundbuchs gilt; wegen der Einzelheiten kann deshalb auf die Erläuterungen in § 892 Rn 12 ff verwiesen werden. Das bedeutet allerdings nicht, dass der Berichtigungsanspruch nur soweit reicht wie der öffentliche Glaube des Grundbuchs (so aber STAUDINGER/SEUFERT[11] § 894 Rn 6; MEIKEL/BÖTTCHER[12] § 22 Rn 85; BÖTTCHER RpflStud 1991, 33, 38; KELLER/MUNZIG/MEIER[9] § 22 Rn 9; FUCHS § 894 Anm 2; KRETZSCHMAR § 894 Anm II 2; PREDARI S 82; AK-BGB/L vSCHWEINITZ § 894 Rn 15; EICHLER II 2, 387; dagegen ROSENBERG § 894 Anm III 1b ε; PLANCK/STRECKER § 894 Anm II 1; BIERMANN § 894 Anm 1c; DÜMIG ZfIR 2005, 240; s auch unten Rn 38). § 894 BGB will den Berichtigungsberechtigten nicht nur vor einem Rechtsverlust infolge des öffentlichen Glaubens des Grundbuchs, sondern auch vor den sonstigen möglichen rechtlichen und wirtschaftlichen Nachteilen schützen, die sich aus der unrichtigen Darstellung der dinglichen Rechtslage ergeben (s Rn 1). Das zeigt sich schon daran, dass § 894 BGB ausdrücklich den Berichtigungsanspruch auch gegenüber der Eintragung einer nicht existierenden Verfügungsbeschränkung gewährt, obwohl sich doch an diese kein gut- 20 gläubiger Erwerb anschließen kann (s Rosenberg § 894 Anm III 1b ε). Dementsprechend kann mit Hilfe des Berichtigungsanspruchs beispielsweise auch die Löschung eines nicht oder nicht mehr existierenden höchstpersönlichen Rechtes oder aber etwa eines zu Unrecht eingetragenen Pfandrechts an einem beschränkten Liegenschaftsrecht erzwungen werden, obwohl bei dieser Art von Eintragungen die Gefahr eines gutgläubigen Erwerbs nicht besteht (s § 892 Rn 49, 63); ebenso die Beseitigung einer nach § 1028 Abs 1 BGB erloschenen Dienstbarkeit (OLG Kiel SchlHAnz 1902, 118; Biermann § 894 Anm 1c), obwohl § 1028 Abs 2 BGB die Möglichkeit des gutgläubigen Erwerbs des erloschenen Rechts ausdrücklich ausschließt (s § 892 Rn 179).

21 § 894 BGB meint – genau wie § 892 BGB (s § 892 Rn 16 ff) – nur wirksame Einträge. **Inhaltlich unzulässige Eintragungen** – wie etwa die eines nicht buchungsfähigen Rechtes – sind ohne jede Rechtswirkung (RGZ 88, 27; KG DRW 1942, 1796). Da ihre Unwirksamkeit für den Rechtskundigen offensichtlich ist, schaffen sie gar keine buchmäßige Legitimation. Sie machen das Grundbuch deshalb nicht unrichtig iS von § 894 BGB; ihre Beseitigung erfolgt vielmehr nur nach § 53 Abs 1 S 2 GBO (KG DRW 1942, 1796; Staudinger/Ertl[12] Vorbem 95 zu §§ 873 ff; Keller/Munzig/Meier[9] § 53 Rn 40; MünchKommBGB/Wacke[4] § 894 Rn 3, 14; MünchKommBGB/H Schäfer[9] § 894 Rn 3; Soergel/Kern[14] § 894 Rn 4; jurisPK-BGB/Toussaint[10] § 894 Rn 17; Grüneberg/Herrler[84] § 894 Rn 3; Meikel/Böttcher[12] § 22 Rn 85; H Schmid Rpfleger 1987, 133, 137; Köbler JuS 1982, 181, 183; **abw** Rosenberg § 894 Anm III 1d [unter Missverständnis des Begriffs der inhaltlich unzulässigen Eintragungen]; Warneyer § 894 Anm II). Dagegen will Hertel (BeckOGK/Hertel [1. 9. 2024] Rn 36) hier einen Anspruch aus § 894 BGB zulassen: Die Norm erfasse nach ihrem Wortlaut auch inhaltlich unzulässige Eintragungen; weiter spreche der Schutzzweck der Norm für eine weite Auslegung, da mitunter unklar sei, ob die Eintragung zulässig oder unzulässig ist. Auch der BGH hat bei einer auf Löschung einer inhaltlich unzulässigen Eintragung gerichteten Berichtigungsklage nur das Rechtsschutzinteresse verneint (24. 1. 1962 – V ZR 116/60, NJW 1962, 963; insoweit zustimmend KGR 1995, 133; BGB-RGRK/Augustin § 894 Rn 45; MünchKommBGB/Wacke[4] § 894 Rn 3; Furtner DNotZ 1963, 196; wie hier jurisPK-BGB/Toussaint[10] § 894 Rn 17). Das OLG Karlsruhe hat sich dem angeschlossen, verneint das Rechtsschutzinteresse für die Berichtigungsklage aber lediglich dann, wenn die Amtslöschung nach § 53 Abs 1 S 2 GBO zweifelsfrei zu erreichen ist (27. 6. 2022 – 25 U 477/21, BeckRS 2022, 47947 Rn 47). Vielfach lässt man bei einer unzulässigen Eintragung auch einen Beseitigungsanspruch aus § 1004 BGB zu (RG JW 1923, 750 für die Eintragung eines Mietrechts; Planck/Strecker § 894 Anm II 1a β; BGB-RGRK/Augustin § 894 Rn 13; Grüneberg/Herrler[84] § 894 Rn 3; mit Hinweis auf das im Allgemeinen fehlende Rechtsschutzbedürfnis MünchKommBGB/Wacke[4] § 894 Rn 14; NK-BGB/Krause[5] § 894 Rn 12; Erman/Artz[17] § 894 Rn 14 [jedenfalls für nicht eintragungsfähige Einträge]). Dieser Weg ist aber zumindest dann nicht gangbar, wenn das betreffende Recht wirklich besteht, nur eben seiner Art nach nicht zum Kreis der eintragungsfähigen Rechte gehört. Aber auch sonst dürfte die – ja offensichtlich unwirksame – Eintragung kaum als eine relevante Eigentumsbeeinträchtigung zu bewerten sein.

b) Unrichtigkeit des Grundbuchs

22 Das Grundbuch ist unrichtig, wenn sein Inhalt von der wirklichen materiellen Rechtslage abweicht. Das ist nicht der Fall, wenn die Eintragung nur ungeschickt oder **undeutlich** gefasst ist, bei vernünftiger (objektiver) Auslegung (dazu Staudinger/C Heinze [2018] § 873 Rn 269) – etwa infolge Heranziehung der zugrunde liegenden Urkunde – dann doch die wirkliche Rechtslage zum Ausdruck bringt (RGZ 53, 412, 414;

RG JW 1911, 976; 1917, 908; LZ 1928, 891 = SeuffA 82 Nr 175 [mit Recht einschränkend]; KG OLGE 16, 171; DR 1942, 1796; Planck/Strecker § 894 Anm II 1a α; Rosenberg § 894 Anm III 1a vor α; Warneyer[1] § 894 Anm II; über den **Unterschied zwischen Undeutlichkeit und Unrichtigkeit des Grundbuchs** vgl insbes KG OLGE 16, 171; Holzer, Klar- und Richtigstellungen 38 ff, 203 f; ders NotBZ 2008, 14 ff; OLG Frankfurt 21. 7. 2011 – 20 W 67/11 Rn 12 f; OLG München 22. 2. 2018 – 34 Wx 109/17, RNotZ 2018, 325 Rn 59 ff [aus zwei ideellen Anteilen zusammengesetzter Miteigentumsanteil]).

c) Ungenauigeiten in der Bezeichnung des Berechtigten

Ungenauigkeiten in der Bezeichnung des Berechtigten (Schreibfehler, unzutreffende 23
Vornamen, falsche oder ungenaue Angaben über Beruf und Wohnort) stellen ebenfalls keine Unrichtigkeit iS von § 894 BGB dar, sofern sie nicht zu einer Fehlinformation über die Identität des Berechtigten führen, also auf eine andere Person als den wirklichen Berechtigten schließen lassen (OLG München 28. 7. 2014 – 34 Wx 286/14, ErbR 2014, 539; OLG Frankfurt 21. 7. 2011 – 20 W 67/11, FGPrax 2011, 221; KGJ 27 A 244; 32 A 199, 203; 38 A 237; KG OLGE 7, 197; 8, 219; 8, 309; 11, 5; 15, 345; 16, 151, 157; 18, 194; 18, 210; 18, 248; 20, 296; JW 1936, 1082 f; LG Tilsit ZBlFG 7, 839; NK-BGB/Krause[5] § 894 Rn 8; Grüneberg/Herrler[84] § 894 Rn 3; **aA** OLG Colmar 8, 111 [Berichtigungsanspruch bei unrichtigem Vornamen]). Existiert daher (möglicherweise) noch eine andere Person mit den im Grundbuch vermerkten Daten, ist mithin diejenige Person, die eingetragen ist, nicht zwingend mit derjenigen Person, die die Änderung der eingetragenen Personalien begehrt, identisch, so ist das Grundbuch nicht lediglich unklar gefasst und die **bloße Richtigstellung** von Amts wegen ausgeschlossen; anderenfalls könnte das Grundbuchamt dieser Person eigenmächtig ihre Eintragung und damit ihren Rechtsscheinträger für das Eigentum nehmen (OLG Frankfurt 21. 7. 2011 – 20 W 67/11, FGPrax 2011, 221). Die Richtigstellung hat von Amts wegen durch *Klarstellungsvermerk* (vgl KG JFG 3, 333, 338) zu erfolgen (Güthe/Triebel § 22 Rn 7; Meikel/Böttcher[12] § 22 Rn 88; Keller/Munzig/Meier[9] § 22 Rn 15 ff; Grüneberg/Herrler[84] § 894 Rn 3); sie benötigt keinen Nachweis in der Form des § 29 GBO, vielmehr ist der Freibeweis zulässig (OLG Düsseldorf 23. 3. 2018 – I-3 Wx 128/14, 3 Wx 128/14, RNotZ 2018, 546 Rn 13; OLG München 28. 7. 2014 – 34 Wx 286/14, ErbR 2014, 539; OLG Frankfurt 21. 7. 2011 – 20 W 67/11, FGPrax 2011, 221). Diese Klarstellung ist insbesondere bei der nachträglichen Namensänderung des Berechtigten (durch Heirat, Scheidung, Adoption etc), der Adressänderung des Berechtigten infolge seines Wohnorts- oder Berufswechsels oder der Eintragung des Berechtigten mit einer ihm nicht zustehenden Adelsbezeichnung (KG HRR 1931 Nr 986) geboten. Weitergehend will Hertel (BeckOGK/Hertel [1. 9. 2024] § 894 Rn 38) dem wahren Berechtigten immer dann einen Anspruch auf Zustimmung zur Änderung der Eintragung gegen den Bucheigentümer analog § 894 BGB gewähren, wenn das Grundbuchamt – egal ob berechtigt oder unberechtigt – eine Bewilligung des Eingetragenen für erforderlich hält; andernfalls könne der Berechtigte keine Berichtigung erreichen, wenn das Grundbuchamt eine Berichtigungsbewilligung für erforderlich hält, das Prozessgericht hingegen eine bloße Klarstellung als ausreichend erachtet. Dem ist nicht zu folgen. Vielmehr ist die materiellrechtlich vorgegebene Unterscheidung zwischen der bloßen Richtigstellung (die keiner Bewilligung des eingetragenen Berechtigten bedarf, da sich der Inhalt der Eintragung durch sie nicht ändert) und der Grundbuchberichtigung nach § 22 GBO auch verfahrensrechtlich durchführbar, ohne dass für den Berechtigten „Schutzlücken“ entstehen (so aber BeckOGK/Hertel [1. 9. 2024] § 894 Rn 38). Lehnt das Grundbuchamt die beantragte Änderung der eingetragenen Personalien zu Unrecht ab, so kann und muss der Berechtigte die begehrte

Änderung gegen das Grundbuchamt nämlich im Wege der Beschwerde (§ 71 GBO) durchsetzen. Diese ist auch statthaft, da der Berechtigte mit ihr gerade keine Grundbuchberichtigung, sondern lediglich die Richtigstellung seiner ungenau gefassten Bezeichnung als Eigentümer begehrt (OLG Düsseldorf 23. 3. 2018 – I-3 Wx 128/14, 3 Wx 128/14, RNotZ 2018, 546 Rn 13; OLG München 11. 7. 2013 – 34 Wx 271/13, NJOZ 2015, 361).

2. Gründe der Unrichtigkeit

24 § 894 BGB gilt im Gegensatz zu § 53 GBO nicht nur für Fälle der ursprünglichen Unrichtigkeit, in denen also eine eingetragene Rechtsänderung in Wirklichkeit nicht erfolgt ist, sondern auch für Eintragungen, die zunächst die dingliche Rechtslage zutreffend wiedergaben, dann aber durch eine Rechtsänderung außerhalb des Grundbuches unrichtig geworden sind (nachträgliche Unrichtigkeit, man spricht hier auch von „Unvollständigkeit" des Grundbuchs, s Güthe/Triebel § 22 Rn 6; Keller/Munzig/Meier[9] § 22 Rn 29). Wie die Unrichtigkeit des Grundbuchs entstanden ist, bleibt für § 894 BGB belanglos; es kommt also insbesondere nicht darauf an, ob der Anlass vielleicht in der Sphäre des jetzigen Berichtigungsgläubigers selbst liegt oder ob die Unrichtigkeit der Eintragung auf einem Verfahrensfehler des Notars oder des Grundbuchamts beruht. Die Unrichtigkeit mag beispielsweise auf einem Versehen des Grundbuchrechtspflegers bei der Eintragung selbst oder auf einem Übertragungsfehler bei der Umschreibung des Grundbuchblattes (§ 28 GBV) beruhen. Sehr viel häufiger wird ohne Verfahrensverstoß des Grundbuchamtes eine Rechtsänderung eingetragen, obwohl deren materielle Voraussetzungen gar nicht gegeben sind. Diese Möglichkeit wird schon durch das formelle Konsensprinzip des § 19 GBO eröffnet. Die für die gebuchte Rechtsänderung materiell erforderliche Einigung (§ 873 BGB) oder einseitige Verfügungserklärung (s Staudinger/C Heinze [2018] § 873 Rn 216) ist etwa nicht erfolgt oder nichtig bzw erfolgreich angefochten oder wegen Fehlens bzw Versagung der materiell erforderlichen Zustimmung eines Dritten oder einer Behörde schwebend oder endgültig unwirksam. Zur schwebenden Unwirksamkeit s aber unten Rn 145; ferner Planck/Strecker § 894 Anm VI 5. Auch die Nichtübereinstimmung von Einigung und Eintragung führt regelmäßig zur Unrichtigkeit des Grundbuchs (s Staudinger/C Heinze [2018] § 873 Rn 190 ff; Keller/Munzig/Meier[9] § 22 Rn 34 ff; AK-BGB/L vSchweinitz § 894 Rn 16 ff; Beispiele aus der Rechtsprechung RGZ 53, 412; 70, 356; 106, 113; 108, 146; 139, 118, 129 f; SeuffA 61 Nr 155; LZ 1928, 891; BayObLG MittBayNot 1982, 177; KGJ 53, 173 f, 177, 183; OLGE 39, 245; ferner KGJ 26 A 245; 39 A 175: Divergenz von Einigung und Eintragung hinsichtlich der Person des Erwerbers; OLG Hamm JW 1933, 2921: Divergenz hinsichtlich des Schuldners der Hypothekenforderung). Anders allerdings, wenn die Eintragung hinter der vereinbarten Rechtsänderung zurückbleibt und dabei anzunehmen ist, dass der Wille der Beteiligten jedenfalls auch den Eintritt dieser im Grundbuch allein verlautbarten geringeren Rechtsänderung umfasst (s Staudinger/C Heinze [2018] § 873 Rn 196; Keller/Munzig/Meier[9] § 22 Rn 36 f). Über Abweichungen im Hinblick auf eine Bedingung s Staudinger/C Heinze (2018) § 873 Rn 196, § 874 Rn 21, 27, und unten § 892 Rn 41; über Divergenzen hinsichtlich des Charakters der Hypothek s Staudinger/C Heinze (2018) § 873 Rn 207 ff; Staudinger/Wolfsteiner (2019) § 1116 Rn 33 ff, § 1184 Rn 10. Zu einer Diskrepanz von Einigung und Eintragung kommt es insbesondere auch dann, wenn infolge eines Fehlers des Notars bereits die beim Grundbuchamt eingereichte beglaubigte Abschrift der Bewilligung in einem bestimmten Punkte von der Urschrift (und damit zugleich von der Einigung) abweicht und nun das Grundbuchamt in der Eintragung zulässigerweise

(§ 874 BGB) auf die Bewilligung Bezug nimmt. Mit dieser Bezugnahme wird nämlich nicht etwa der (richtige) Inhalt der Urschrift zum Inhalt der Eintragung gemacht (KGJ 15 A 85 = JW 1937, 1549; KEHE/Munzig[5] § 22 Rn 34; Keller/Munzig/Meier[9] § 22 Rn 58). Das Grundbuch ist dann unter den gleichen Voraussetzungen und in der gleichen Art zu berichtigen, wie wenn der Eintragungsvermerk selbst fehlerhaft wäre (KGJ 15 A 85 = JW 1937, 1549); es wird also nicht etwa die in Bezug genommene Bewilligung berichtigt. Unrichtig ist das Grundbuch natürlich auch dann, wenn ein Recht eingetragen worden ist, das aus tatsächlichen Gründen an dem fraglichen Grundstück gar nicht bestehen kann: Beispielsweise eine beschränkte persönliche Dienstbarkeit, deren Ausübung schon bei der Bestellung objektiv und dauernd unmöglich ist (BGH 7. 12. 1984 – V ZR 189/83, NJW 1985, 1025: Bimsabbaurecht an einem im Wasserschutzgebiet liegenden Grundstück). Denkbar ist auch, dass eine Eintragung oder Löschung, die aufgrund einer Berichtigungsbewilligung erfolgt ist, das Grundbuch unrichtig hat werden lassen, weil dieses entgegen der Annahme der Beteiligten bis dahin doch richtig war (s Keller/Munzig/Meier[9] § 22 Rn 54 f). Die Abweichung zwischen der im Grundbuch ausgewiesenen und der wirklichen Rechtslage kann schließlich auch darauf beruhen, dass sich eine *Rechtsänderung* durch Vorgänge *außerhalb des Grundbuchs* vollzogen hat. Hierher gehören zB die Umwandlung eines Nießbrauchs oder Pfandrechts an einem Auflassungsanspruch in den Nießbrauch bzw eine Sicherungshypothek am geleisteten Grundstück (§§ 1075 Abs 1, 1287 S 2 BGB, 848 Abs 2 S 2 ZPO), der kraft Gesetzes erfolgende Übergang eines Grundpfandrechts auf den Eigentümer, den persönlichen Schuldner oder einen ablöseberechtigten Dritten (§§ 1143; 1163 Abs 1 S 2; 1164; 1168; 1170 Abs 2 S 1; 1173, 1174 Abs 1 HS 1; 1150, 268 Abs 3, 426 Abs 2, 774; 1182 BGB; 868 Abs 1 ZPO; früher auch § 87 VerglO); ebenso der Übergang der Vormerkung bei Abtretung der gesicherten Forderung, der Übergang von Grundpfandrechten zwischen zwei Bausparkassen infolge einer Bestandsübertragung (§ 14 BausparkassenG v 16. 11. 1972, BGBl I 2097), die durch Landesgesetz erfolgende Übertragung von Grundstückseigentum oder beschränkten Liegenschaftsrechten des betreffenden Bundeslandes auf neue Anstalten oder Stiftungen des öffentlichen Rechts (vgl Volkerz NVwZ 2004, 1438, 1440 f; kritisch Ipsen NdsVBl 2003, 1, 5), ferner der Rechtsübergang durch Eintritt der Nacherbfolge (§ 2100 BGB), Erbteilsübertragung (§ 2033 BGB), Begründung der Gütergemeinschaft durch Ehevertrag (§ 1416 Abs 2 BGB) bzw Eintritt der fortgesetzten Gütergemeinschaft, Tod eines Abkömmlings bei der letzteren (§ 1490 BGB), Beendigung der Gütergemeinschaft durch Scheidung, vor Inkrafttreten des MoPeG am 1. 1. 2024 auch durch Veränderungen im Gesellschafterbestand einer BGB-Gesellschaft (sehr streitig, vgl Böttcher Rpfleger 2007, 437, 439 f; s auch Rn 30), Anfall des Vereinsvermögens oder Stiftungsvermögens an den Fiskus (§§ 46, 88 Abs 1 S 3 BGB), der Eigentumserwerb des Bundes an einer Erweiterung einer Bundeswasserstraße (§ 3 Abs 2 S 1 WaStrG, s OLG Celle NdsRpfl 1983, 250), Enteignung, Zuschlag in der Zwangsversteigerung von Grundstücken (§ 90 ZVG) bzw in der öffentlichen Versteigerung eines beschränkten Liegenschaftsrechts (§ 844 ZPO; s KGJ 31 A 315), ferner die Begründung dinglicher Rechte durch anfechtbaren Bescheid des Amtes zur Regelung offener Vermögensfragen (§ 34 Abs 1 S 1, 2 VermG) und die Vermögenszuordnung gemäß §§ 1, 4 VZOG, schließlich der Eigentumsübergang durch Umlegung (§§ 45 ff BauGB) oder vereinfachte Umlegung (früher Grenzregelung, §§ 80 ff BauGB). Die Unrichtigkeit kann sich auch im Vollstreckungsverfahren ergeben, wenn etwa eine Zwangshypothek nach § 867 Abs 1 ZPO eingetragen wurde, diese aber wegen Verletzung vollstreckungsrechtlicher Vorschriften ausnahmsweise unwirksam ist (vgl OLG Stuttgart 6. 3. 2018 – 6 W 10/18, BeckRS 2018,

20977 Rn 16). Außerhalb des Grundbuchs vollziehen kann sich auch die Übertragung, Verpfändung und Pfändung von Briefgrundpfandrechten (§§ 1154 Abs 1 [1192, 1200], 1274 Abs 1 BGB, 830 ZPO). Unrichtig geworden ist das Grundbuch ferner, wenn die eingetragene aufschiebende Bedingung oder Befristung etwa einer Rechtsbestellung oder Übertragung (JW 1902, Beil 222) eingetreten oder die eingetragene auflösende Bedingung endgültig ausgefallen ist (RGZ 129, 155, 158). Eingetragene Rechte gehen andererseits in vielen Situationen auch ohne Löschung im Grundbuch unter: So durch den Eintritt einer auflösenden Bedingung oder Befristung (§§ 158 Abs 2, 163 BGB); das auf einen Verkaufsfall beschränkte dingliche Vorkaufsrecht (§ 1097 BGB) durch Nichtausübung, höchstpersönliche Rechte (§§ 1061, 1090 Abs 2 BGB) durch den Tod eines Rechtsinhabers; entsprechend vom Vorerben bestellte Rechte unter Umständen durch den Eintritt des Nacherbfalls (§ 2113 BGB, s RG Gruchot 58 [1914] 671); Grunddienstbarkeiten unter Umständen durch Teilung des herrschenden oder dienenden Grundstücks (§§ 1025 S 2, 1026 BGB; vgl Schmenger BWNotZ 2007, 73, 84 f; OLG München 25. 7. 2017 – 34 Wx 390/16), durch Versitzung (§ 1028 Abs 1 S 2 BGB) oder durch den (nicht nur vorübergehenden) Wegfall der utilitas fundi (§ 1019 BGB; s etwa BGH NJW 2008, 3123, 3124; OLG Hamm 26. 1. 2012 – 16 U 4/11 Rn 30 f; OLG Düsseldorf 19. 4. 2010 – I-9 U 244/09 Rn 29; OLG Köln Rpfleger 1980, 389; OLGR Zweibrücken 2004, 399 f); ferner, wenn infolge von Veränderungen der Beschaffenheit des dienenden Grundstücks die Ausübung der Dienstbarkeit dauernd ausgeschlossen ist (BGH NJW 2008, 3123, 3124). In bestimmten Fällen erfolgt ein Rechtsverlust durch Ausschlussurteil (§§ 887, 1104 BGB; § 1112 BGB; § 1170 BGB; § 1171 BGB); und schließlich vollzieht sich auch die Aufhebung von Rechten an (nicht grundstücksgleichen) Liegenschaftsrechten außerhalb des Grundbuchs (vgl §§ 1072, 1064 BGB; §§ 1273 Abs 2, 1255 Abs 1 BGB). Nach BGH WM 1967, 1248, 1249 soll sich bei einer Reallast die Rentenhöhe infolge einer Leistungsvorbehaltsklausel durch die dabei vorgesehene Entscheidung eines Schiedsgutachters ändern können; der Berechtigte könne dann vom Grundstückseigentümer nach § 894 BGB verlangen, dass dieser der Eintragung der Veränderung im Grundbuch zustimme. Hier ist übersehen, dass eine derartige Anpassungsklausel nicht dem sachenrechtlichen Bestimmtheitserfordernis entspricht und deshalb nur schuldrechtliche Wirkungen entfalten kann. Im Übrigen ist natürlich auch denkbar, dass sich die Unrichtigkeit des Grundbuchs aus einer Gesetzesänderung ergibt (vgl Keller/Munzig/Meier[9] § 22 Rn 68) oder dass sie daraus resultiert, dass das Bundesverfassungsgericht eine Norm, die Grundlage für die Eintragung war, für verfassungswidrig erklärt. So dürfte die Nichtigerklärung von Art 15 Abs 1 und 2 HS 1 EGBGB aF (BVerfGE 63, 181 ff) dazu geführt haben, dass sich die Angaben des Grundbuchs über den oder die Berechtigten in zahlreichen Fällen als unzutreffend herausstellten (vBar/Ipsen NJW 1985, 2849, 2855).

3. Art der Unrichtigkeit

25 Hinsichtlich der Art der Unrichtigkeit ergeben sich die folgenden Möglichkeiten:

a) Falsche Bestandsangaben

26 Die Angaben des Grundbuches darüber, welcher abgegrenzte Teil der Erdoberfläche das Grundstück ausmacht (s § 891 Rn 28, § 892 Rn 30), sind unrichtig (vgl Planck/Strecker § 894 Anm II 1a α; Rosenberg § 894 Anm III 1b α; Güthe/Triebel § 22 Rn 4; Breme ZBlFG 13, 356 ff; BGB-RGRK/Augustin § 894 Rn 4; jurisPK-BGB/Toussaint[10] § 894 Rn 5). Dabei ist gleichgültig, ob bereits die in Spalte 3 des Bestandsverzeichnisses enthaltene

Bezugnahme auf das Liegenschaftskataster falsch ist, also hier ein Flurstück als Teil des betreffenden Grundstücks aufgeführt wird, das in Wirklichkeit zu einem Nachbargrundstück gehört (bzw umgekehrt) oder ob infolge eines Vermessungs- oder Kartierungsfehlers die zeichnerische Darstellung der Außengrenzen der zum Grundstück gehörenden Flurstücke in der Flurkarte des Liegenschaftskatasters vom wirklichen Grenzverlauf abweicht (wegen des Klageantrags im letzteren Falle s Rn 164). Eine Diskrepanz zwischen Bestandsangaben und wirklicher Grundstücksgrenze kann sich auch ergeben, wenn vor einer Grundstücksveräußerung nicht die volle Fläche des Grundstücks im Besitz des Veräußerers war, die markierte örtliche Grenze vielmehr hinter der rechtlichen Umgrenzung des Grundstücks zurückblieb und sich nun bei der Veräußerung der übereinstimmende Wille der Parteien nur auf die im Besitz des Veräußerers befindliche und durch die vorhandenen Grenzeinrichtungen markierte Fläche bezogen hat (s Taupitz WM 1983, 1150; vgl ferner § 892 Rn 30). Gemeint sind hier aber immer nur solche Sachverhalte, in denen ein Flächenstück ausschließlich auf dem falschen Grundbuchblatt gebucht ist, nicht dagegen die Fälle einer (inhaltlich divergierenden) Doppelbuchung (s § 891 Rn 50, § 892 Rn 29). Die kollidierenden Eintragungen heben sich im letzteren Falle hinsichtlich des für zwei Grundstücke gleichzeitig gebuchten Geländestreifens gegenseitig auf (Dehner, Nachbarrecht [Loseblattausgabe] Teil B § 6 I 5 aE). Die Beseitigung einer solchen **Doppelbuchung** erfolgt (allein) im Verfahren nach § 38 GBV (**aA** BeckOGK/Hertel [1. 9. 2024] § 894 Rn 39. 2, wonach ein Berichtigungsanspruch nach § 894 besteht, wenn ein Grundstück unzulässigerweise doppelt im Grundbuch gebucht und eine der Eintragungen unrichtig ist; allerdings fehle das Rechtsschutzbedürfnis für eine Klage nach § 894, wenn klar ist, dass das GBA im Sinne des Klagenden die Doppelbuchung beseitigen wird; Erman/Artz[17] § 894 Rn 8; ferner Biermann Widerspruch und Vormerkung 76, für den Fall, dass bei einer Teilveräußerung eines Grundstücks das Trennstück zwar auf das neue Grundbuchblatt übertragen, aber nicht auf dem alten Grundbuchblatt abgeschrieben worden ist). Unrichtig ist das Grundbuch an sich auch, wenn eine Vereinigung oder Zuschreibung iS von § 890 BGB oder eine Grundstücksteilung ohne wirksame Verfügungserklärung (s § 890 Rn 24, 28, 52) oder unter Verstoß gegen zwingende gesetzliche Vorschriften erfolgt ist oder wenn die Art der Verbindung dem erklärten Willen des Eigentümers nicht entspricht (§ 890 Rn 30). Da hier der Grundstückseigentümer aber gleichzeitig Berichtigungsinteressent und Betroffener ist, kann § 894 BGB naturgemäß nicht eingreifen. Die Unrichtigkeit kann vielmehr nur im Verfahren nach § 22 GBO berichtigt werden (s § 890 Rn 30). Anders natürlich bei einer zu Unrecht vorgenommenen Zuschreibung im Hinblick auf die Wirkung des § 1131 BGB. Ein Grundbuchberichtigungsanspruch wegen falscher Bestandsangaben ist theoretisch auch dann gegeben, wenn Anlandungen bzw Trockenlegungen von Gewässerteilflächen oder Abspülungen bzw Überflutungen zu Grenzveränderungen von Gewässergrundstücken führen. Faktisch wird die gerichtliche Geltendmachung des Berichtigungsanspruchs aber zumindest entbehrlich, weil diese Grenzveränderungen von Amts wegen bei Vorlage eines entsprechenden Veränderungsnachweises des Vermessungsamts ins Grundbuch übernommen werden müssen (vgl BayObLG Rpfleger 1988, 254 = BayObLGZ 1987, 410; Meikel/Böttcher[12] § 22 Rn 87; Demharter[33] § 22 Rn 24). Unter diesen Umständen dürfte für die Berichtigungsklage das Rechtsschutzbedürfnis fehlen.

b) Falscher Berechtigter

aa) Grundsätzlich

Die Unrichtigkeit kann darin bestehen, dass das Grundbuch unzutreffende Auskunft über den oder die Inhaber eines eingetragenen Rechtes gibt. Das ist vor allem der **27**

Fall, wenn im Grundbuch aufgrund der Bewilligung des eingetragenen Berechtigten eine Rechtsübertragung ausgewiesen worden ist, das Übertragungsgeschäft aber unwirksam ist oder gar nicht stattgefunden hat. Ferner immer dann, wenn ein Rechtsübergang außerhalb des Grundbuchs stattgefunden hat (s oben Rn 24). Hierher gehören aber natürlich auch die Fälle, dass ein mehreren Rechtsinhabern gemeinschaftlich zustehendes Recht im Grundbuch einem von diesen allein zugeschrieben wird (Biermann 80 f), dass Mitberechtigte nicht genannt, in Wirklichkeit Unbeteiligte als mitberechtigt aufgeführt werden, die Art der *Mitberechtigung* (Bruchteils- oder Gesamthandsberechtigung) falsch angegeben ist oder dass im Falle der Bruchteilsberechtigung unzutreffende Beteiligungsverhältnisse angegeben werden. Nach hM gilt das gleiche für den Fall, dass die in § 47 Abs 1 GBO vorgeschriebene Angabe der Art des Gemeinschaftsverhältnisses bzw der Bruchteile überhaupt fehlt (RGZ 54, 85 ff; BayObLG Rpfleger 1996, 21; OLG Celle OLGE 14, 185; Staudinger/Huber[12] § 742 Rn 7; Staudinger/vProff [2021] § 742 Rn 9; MünchKommBGB/K Schmidt[9] § 742 Rn 6; Planck/Strecker § 894 Anm II 1 β; Rosenberg § 894 Anm III 1b β; MünchKommBGB/Wacke[4] § 894 Rn 8; Meikel/Böhringer[12] § 47 Rn 348; Demharter[33] § 47 Rn 35; für Unrichtigkeit iS von § 22 GBO auch OLG Hamm DNotZ 1965, 408 ff; BayObLGZ 10, 355, 357; Güthe/Triebel § 22 Rn 7, § 47 Rn 10; Predari § 48 Anm 4; BeckOGK/Hertel [1. 9. 2024] § 894 Rn 18 will § 894 zumindest analog anwenden). Das ist jedoch bedenklich (abl Fuchs/Arnheim § 48 Rn 11; Meikel/Böttcher[12] § 22 Rn 88): Das Grundbuch ist in diesen Fällen eher lückenhaft als unrichtig; es spiegelt ja nicht eine andere Rechtslage als die bestehende vor, sondern verweigert nur auf eine bestimmte Frage die Antwort. Nicht überzeugend ist jedenfalls die Annahme des Reichsgerichts, § 894 BGB verlange gar keinen echten Widerspruch zwischen dem Inhalt des Grundbuchs und der wirklichen Rechtslage, sondern nur ein „Nichtineinklangstehen" von Grundbuch und Wirklichkeit, und ein solches liege auch bei der fehlenden Verlautbarung der Miteigentumsanteile vor (RGZ 54, 85, 86 f). Nicht zu übersehen ist allerdings, dass die Anwendung des § 894 BGB Dritten den Vollstreckungszugriff auf die Bruchteilsberechtigung, deren Quote nicht angegeben ist, erleichtern würde (vgl die Sachverhalte von RGZ 54, 85 und OLG Celle OLGE 14, 185). Da das materiell unschädliche Fehlen der in § 47 Abs 1 GBO vorgeschriebenen Angaben natürlich die Aussagekraft des Grundbuches beeinträchtigt und deshalb unerwünscht sein muss, wird man eine solche Unvollständigkeit zumindest für die Anwendung von § 22 GBO einer echten Unrichtigkeit des Grundbuches gleichstellen müssen (Meikel/Böttcher[12] § 22 Rn 88 mwNw; Demharter[33] § 47 Rn 35; für unmittelbare Anwendung der Norm OLG Hamm OLGE 18, 208 ff; wohl auch BayObLG SeuffA 65 Nr 181). All dies galt nicht in gleichem Maße für die in § 47 Abs 2 GBO aF bis zum 31. 12. 2023 vorgeschriebenen weitergehenden Angaben zu den Gesellschaftern einer Gesellschaft bürgerlichen Rechts. Vgl dazu Staudinger/Picker (2019) § 899a Rn 2 und 19 f.

28 Die Person des Rechtsinhabers wird auch dann unrichtig gekennzeichnet, wenn das Grundbuch eine *bedingte* Rechtsübertragung als unbedingt oder eine unbedingte als bedingt ausweist. Das Gleiche gilt, wenn es lediglich den Eintritt oder endgültigen Ausfall der Bedingung nicht verlautbart. – Das Recht des *Nacherben* (§ 2100 BGB) ist vom Gesetz nicht als aufschiebend bedingte Rechtsinhaberschaft bezüglich der Nachlassgegenstände konstruiert. Der Nacherbenvermerk (§ 51 GBO) bekundet vielmehr, dass der Vorerbe gewissen Verfügungsbeschränkungen unterliegt (§§ 2113 ff BGB). Die Konstellation des zu Unrecht eingetragenen Nacherbenvermerks gehört deshalb nicht hierher, sondern zu e) (Rn 41).

bb) Veränderungen bei Gesamthandsgemeinschaften, rechtsfähigen Personengesellschaften und juristischen Personen

Bei den **Gesamthandsgemeinschaften** stehen die zum Gesamthandsvermögen gehörenden Rechte nach *traditioneller* Ansicht nicht der Gesamthand selbst als einer rechtsfähigen Einheit zu; Rechtsträger sind vielmehr die Mitglieder der Gemeinschaft „in ihrer gesamthänderischen Verbundenheit“. Falls ein Grundstück oder Liegenschaftsrecht zu einem Gesamthandsvermögen gehört, sind deshalb sämtliche Gesamthänder als gesamthänderisch gebundene Mitberechtigte einzutragen, wobei dann nach § 47 Abs 1 2. Alt GBO auch die Art der Gesamthandsgemeinschaft angegeben werden soll. – Beachte: Dies gilt **nicht** für die stärker verselbstständigten und insofern einer juristischen Person angenäherten **Personengesellschaften** des Handelsrechts (OHG, KG), die selbst rechts- und grundbuchfähig sind (§§ 105 Abs 2, 161 Abs 2 HGB). Dies gilt weiter nicht für die **Gesellschaft bürgerlichen Rechts**, die als Außengesellschaft (nach ganz hM seit Langem, seit 1. 1. 2024 aber auch ausdrücklich gesetzlich) rechtsfähig und als eingetragene Gesellschaft ebenfalls grundbuchfähig ist (§§ 705 Abs 2 Alt 1 BGB, § 47 Abs 2 GBO). – Dementsprechend führt ein *Personenwechsel* jedenfalls bei den nicht teilrechtsfähigen Gesamthandsgemeinschaften zur Unrichtigkeit des Grundbuchs, wenn zum Gesamthandsvermögen ein Grundstück oder Liegenschaftsrecht gehört (Meikel/Böttcher[12] § 22 Rn 40). Dass § 47 GBO auch die Art der Eintragung von Gesamthandsgemeinschaften regeln will, dürfte kaum zu bestreiten sein. Wenn die GBO hier aber die namentliche Aufführung der Gesamthänder verlangt, liegt darin doch wohl die Entscheidung, dass die unrichtige Angabe der Mitglieder (und damit auch eine nachträglich eintretende Veränderung im Mitgliederbestand) als Unrichtigwerden des Grundbuchs zu verstehen ist, dass die üblichen Rechtsbehelfe zur Beseitigung der Unrichtigkeit auslösen muss. Der aus einer Gesamthandsgemeinschaft Ausscheidende muss mithin die Berichtigung bewilligen, weil sonst die Berechtigten nicht richtig im Grundbuch eingetragen wären: So etwa bei der **Erbengemeinschaft** im Falle einer Verfügung eines Miterben über seinen Anteil nach § 2033 BGB (RGZ 90, 232, 235 f; RJA 6, 235; BGH NJW 1969, 92; OLG Colmar OLGE 25, 377; KG KGJ 33 A 207; KG DR 1944, 455 [Übertragung sämtlicher Erbanteile auf eine von den Miterben gebildete bürgerlich-rechtliche Gesellschaft]; BayObLGZ 30, 63; 1959, 50; BayObLG NJW-RR 1987, 398; BayObLGZ 1994, 158, 160; LG Düsseldorf RNotZ 2002, 233 [teilweise Übertragung eines Erbanteils auf einen anderen Miterben]; Meikel/Böttcher[12] § 22 Rn 40) oder im Falle des Ausscheidens eines Erben durch Teilauseinandersetzung, die nach BGHZ 138, 8 durch formfreien Abschichtungsvertrag erfolgen kann. Entsprechend ist die Situation bei der fortgesetzten **Gütergemeinschaft** im Falle des Verzichts eines Abkömmlings auf seinen Anteil am Gesamtgut; der Abkömmling scheidet hierdurch aus der fortgesetzten Gütergemeinschaft aus, und sein Anteil wächst nach § 1491 Abs 4 BGB den übrigen Gesamthändern zu. Das Gleiche galt vor Inkrafttreten des **MoPeG** (Personengesellschaftsrechtsmodernisierungsgesetz [BGBl 2021 I 3436]) auch für Veränderungen des Gesellschafterbestandes bei einer **Gesellschaft bürgerlichen Rechts**, die ein Gesamthandsvermögen gebildet hatte und für die schon deshalb § 47 Abs 2 GBO aF galt (s Staudinger/C Heinze [2018] § 873 Rn 99). War beispielsweise der Anteil eines BGB-Gesellschafters bei dessen Tod infolge einer Nachfolge- oder Eintrittsklausel des Gesellschaftsvertrages auf eine andere Person als den Erben übergegangen, musste und konnte der neue Gesellschafter die zu seiner Eintragung im Grundbuch erforderlichen Eintragungsbewilligungen der Erben des verstorbenen Gesellschafters und der übrigen Gesellschafter mit Hilfe des Grundbuchberichtigungsanspruchs erzwingen (Kremer RNotZ 2004, 239, 250 f mwNw). Wie die Übertragung 29 einer einzelnen Gesellschafterstellung ist auch die gleichzeitige Auswechselung aller Gesellschafter durch formlosen Vertrag möglich (BGHZ 44, 229; BGH NJW 1978, 1525); auch hier war dann eine Berichtigung des Grundbuchs erforderlich. Bei der Beendigung einer *zweigliedrigen* Gesellschaft bürgerlichen Rechts durch Ausübung eines *Übernahmerechts* findet nach § 712c Abs 1 S 2 BGB – entsprechend der bereits vor Inkrafttreten des MoPeG herrschenden Ansicht (BGHZ 32, 307, 413 ff; BGH NJW 1966, 827, 828; 1990, 1171; OLG Celle MDR 1978, 846; BayObLG Rpfleger 1983, 431; Staudinger/C Heinze [2018] § 873 Rn 12; MünchKommBGB/Lettmaier[9] § 873 Rn 25; MünchKommBGB/Ulmer/Schäfer[5] § 730 Rn 81 f; Staub/Ulmer § 105 HGB Rn 303; Soergel/Hadding/Kiessling[13] Vorbem 28 zu §§ 730; Palandt/Sprau[78] § 736 Rn 4; Jauernig/Stürner[17] § 736 Rn 5; Westermann, Handbuch der Personalgesellschaften I Rn 566; Flume, AT I 1 § 17 VIII [S 373 f]; Rimmelspacher AcP 173 [1973] 1, 2, 18 f; Schünemann, Grundprobleme der Gesamthandsgesellschaft [1975] 196 f; Eickmann Rpfleger 1985, 85, 90 f; 2009, 537, 542; für die Notwendigkeit der Einzelübertragung von der Gesamthand auf den übernehmenden Gesellschafter dagegen MünchKommBGB/Wacke[4] § 873 Rn 15; Ganter NJW 1965, 1553, 1560 f; Holzapfel, Ehegattenschenkungen und Gläubigerschutz [1979] 40 ff; differenzierend Staudinger/Kessler[12] § 736 Rn 8 ff) – eine automatische Umwandlung des bisherigen Gesellschaftseigentums in Alleineigentum des Übernehmers statt. Der Ausscheidende ist also aus § 894 BGB verpflichtet, der Berichtigung des Grundbuchs zuzustimmen (BGH WarnR 1990 Nr 1; BayObLG Rpfleger 1983, 431, 432; BayObLGZ 1980, 299, 302 f). Wird für die Auswechselung eines Gesellschafters einer zweigliedrigen Gesellschaft der Weg des Doppelvertrages gewählt, bei dem der Ausscheidende und der neu eintretende Gesellschafter den Vertrag jeweils nur mit dem fortsetzungsbereiten Gesellschafter schlossen, so wurde die Gesellschaft mit dem auch bei gleichzeitigem Abschluss der Verträge logisch vorrangigen Ausscheiden des einen der bisherigen beiden Gesellschafter zunächst einmal aufgelöst, wodurch das Gesellschaftsvermögen zu Alleineigentum des fortsetzungsbereiten Gesellschafters wurde (MünchKommBGB/Lettmaier[9] § 873 Rn 26; MünchKommBGB/Schäfer[9] § 711 Rn 5; HGB-RGRK/Fischer § 130 Anm 12; **aA** offenbar Staudinger/Seufert[11] § 894 Rn 21c; MünchKommBGB/Wacke[4] § 894 Rn 13 und Meikel/Böttcher[12] § 22 Rn 45; jeweils für den Fall, dass der Neueintritt nahtlos an das Ausscheiden anschließt). Hier müssen die Gegenstände des bisherigen Gesellschaftsvermögens also auf die durch den Eintritt neu gegründete Gesellschaft erst wieder übertragen werden; ein Grundbuchberichtigungsanspruch kann dieser bzw dem neu Eingetretenen gar nicht zustehen. Kein automatischer Rechtsübergang erfolgt auch bei der Aufspaltung einer Gesellschaft bürgerlichen Rechts in mehrere personengleiche Gesellschaften, denen jeweils ein Teil des ursprünglich ungeteilten Gesellschaftsvermögens zugewiesen wird (BayObLGZ 1980, 299, 304 f).

30 Seit Inkrafttreten des **MoPeG** (Personengesellschaftsrechtsmodernisierungsgesetz [BGBl 2021 I 3436]) zum 1. 1. 2024 sind die Gesellschafter – und damit auch Gesellschafterwechsel (BeckOGK/Hertel [1. 9. 2024] § 894 Rn 19) – der **Gesellschaft bürgerlichen Rechts** entgegen § 47 Abs 2 S 2 GBO aF **nicht** mehr in das Grundbuch einzutragen. Vielmehr wird die Gesellschaft bürgerlichen Rechts nunmehr *als solche unter ihrem Namen* (§ 707 Abs 2 Nr 1 lit a BGB, § 15 Abs 1 Nr 2 GBV) *in das Grundbuch eingetragen.* Ihre Eintragung in das Grundbuch soll dabei nur erfolgen, wenn sie im Gesellschaftsregister (§§ 707 ff BGB) eingetragen ist (§ 47 Abs 2 GBO). Allerdings ist eine unter Verstoß hiergegen erfolgte Eintragung einer rechtsfähigen Gesellschaft bürgerlichen Rechts dennoch wirksam, da es sich bei § 42 Abs 2 GBO nF nur um eine verfahrensrechtliche „Soll-Vorschrift" handelt (BT-Drucks 19/27635, 207; Bauer/Schaub/Wegmann[5] § 47 Rn 216 f; Keller/Munzig/Keller[9] § 47 Rn 47). Die Eintragung in das Gesellschaftsregister bewirkt insbesondere, dass § 15 HGB entsprechend anwendbar ist (§ 707a Abs 3 S 1 BGB nF). Als Folge der durch § 707a Abs 3 BGB iVm § 15 HGB angeordneten **Registerpublizität** bedarf es auch der Sonderregel des § 899a BGB nicht mehr. Denn die Gesellschafter sind – ebenso wie die Vertretungsverhältnisse der Gesellschaft bürgerlichen Rechts und deren Existenz – nunmehr aus dem Gesellschaftsregister ersichtlich, so dass der Rechtsverkehr durch § 15 HGB in seinem Vertrauen hierauf bei schuldrechtlichen wie dinglichen Geschäften geschützt ist. Deshalb wurde § **899a BGB** durch Art 1 Nr 4 iVm Art 137 S 1 MoPeG (BGBl 2021 I 3436) zum 1. 1. 2024 *aufgehoben*. – Bedeutung behält § 899a BGB noch für **Altfälle** (vgl Art 229 § 21 Abs 4 EGBGB). Nach der Übergangsregelung des Art 229 § 21 Abs 4 S 1 EGBGB sind § 899a aF und § 47 Abs 2 GBO aF weiterhin auf Eintragungen anzuwenden, wenn **vor dem 1. 1. 2024** die Einigung oder Bewilligung erklärt und der Antrag auf Eintragung beim Grundbuchamt gestellt worden ist. Dies gilt auch für einen durch Vormerkung gesicherten Anspruch, wenn *vor* dem 1. 1. 2024 bereits eine Vormerkung eingetragen oder jedenfalls deren Eintragung bewilligt und beim Grundbuchamt beantragt worden ist, Art 229 § 21 Abs 4 S 2 EGBGB. Gesellschaften, die noch nach alter Rechtslage mit ihren Gesellschaftern eingetragen sind, können erst nachdem sie die Eintragung in das Gesellschaftsregister herbeigeführt haben, das Grundbuch richtigstellen lassen (Art 229 § 21 Abs 3 EGBGB). Dabei handelt es sich nicht um eine Berichtigung iSd § 894 BGB, § 22 GBO, da sich die Identität der Gesellschaft nicht ändert (BeckOGK/Hertel [1. 9. 2024] Art 229 § 21 EGBGB Rn 17; s auch Rn 32). Für die Richtigstellung sind nach Art 229 § 21 Abs 3 S 1 EGBGB dennoch ausdrücklich die Vorschriften des Zweiten Abschnitts der Grundbuchordnung anzuwenden und Berichtigungsbewilligungen aller im Grundbuch eingetragenen Gesellschafter erforderlich (Art 229 § 21 Abs 3 S 2 EGBGB) sowie die Zustimmung der einzutragenden im Gesellschaftsregister eingetragenen Gesellschaft (eGbR) bürgerlichen Rechts, wenn Grundeigentum oder ein Erbbaurecht der eGbR Gegenstand ist (Art 229 § 21 Abs 3 S 2 EGBGB iVm § 22 Abs 2 GBO) (s zum Ganzen auch Wilsch MittBayNot 2023, 457). Zwar ist die Eintragung in das Gesellschaftsregister und die anschließende Richtigstellung des Grundbuchs grundsätzlich freiwillig (§ 707 Abs 1 BGB [„können"]) – will die Gesellschaft jedoch Grundeigentum erwerben oder darüber verfügen, ist diese (verfahrensrechtliche) Voraussetzung nach § 42 Abs 2 GBO nF, Art 229 § 21 Abs 1 EGBGB (BT-Drucks 19/27635, 108: „faktischer Zwang"). Eine Änderung im Bestand der Gesellschafter kann seit dem 1. 1. 2024 im Grundbuch nicht mehr eingetragen werden, auch wenn die Änderung noch vor dem 1. 1. 2024 stattgefunden hat und der Antrag ebenfalls noch vor dem 1. 1. 2024 gestellt worden ist, da einer Berichtigung Art 229 § 21 Abs 2 S 1 EGBGB entgegensteht – Art 229 § 21 Abs 4 EGBGB ist nicht (analog) anwendbar (OLG Frankfurt 11. 4. 2024 – 20 W 187/23, NotBZ 2024, 274, 275 f; BeckOGK/Hertel [1. 9. 2024] Art 229 § 21 EGBGB Rn 14 [keine Fortschreibung dieser funktionslosen Eintragung]). – So **endete** zum 1. 1. 2024 die *grundbuchrechtliche Sondersituation für die Gesellschaft bürgerlichen Rechts*: Bis Anfang 2001 ging man noch allgemein davon aus, dass die Gesellschaft bürgerlichen Rechts als solche nicht grundbuchfähig ist, so dass die Gesellschaft nach § 47 GBO unter Nennung aller Gesellschafter und mit dem Zusatz „als Gesellschafter bürgerlichen Rechts" (oder einem gleichbedeutenden Vermerk) eingetragen werden musste (vgl Staudinger/C Heinze [2018] § 873 Rn 99). Im Anschluss an das Grundsatzurteil des BGH vom 29. 1. 2001 (BGHZ 146, 341 = NJW 2001, 1056), durch das die grundsätzliche Rechtsfähigkeit der BGB-Außengesellschaft und ihre Parteifähigkeit im Zivilprozess anerkannt wurden, war lebhaft diskutiert worden, ob nun nicht konsequenterweise auch die Grundbuchfähigkeit jedenfalls solcher BGB-Gesellschaften, die einen Gesamtnamen führen, bejaht werden muss. Der BGH wies in seiner Entscheidung BGHZ 179, 102, 105 ff vom 4. 1. 2008 nachdrücklich darauf hin, dass die damalige Fassung der §§ 47 GBO, 15 GBV für die selbständige rechtliche Einheit der Gesellschaft bürgerlichen Rechts nicht mehr passt und dass dieser Umstand wiederum zu einer Blockade des rechtsgeschäftlichen Verkehrs mit Grundstücken und beschränkten Liegenschaftsrechten von BGB-Gesellschaften zu führen drohe (juris Rn 13). Diesen Gefahren versuchte der Gesetzgeber dann durch Einführung des § 899a aF und § 47 Abs 2 GBO aF entgegenzuwirken, die beide zum 18. 8. 2009 in Kraft traten. Nach dem so geänderten § 47 Abs 2 GBO aF mussten bei der Eintragung eines Liegenschaftsrechts für eine Gesellschaft bürgerlichen Rechts „auch" die Gesellschafter im Grundbuch eingetragen werden (umfassend zum Verfahren der Eintragung, BeckOGK/Hertel [1. 12. 2017] § 894 Rn 19 ff mwNw). Die Identifizierung der Gesellschaft erfolgt damit über die erforderliche Auflistung ihrer Gesellschafter. Nach § 899a S 1 aF wurde vermutet, dass die nach § 47 Abs 2 S 1 GBO aF als Gesellschafter einer bürgerlichrechtlichen Gesellschaft eingetragenen Personen wirklich deren Gesellschafter sind *(positive Vermutung)* und dass außer diesen Personen keine weiteren Gesellschafter vorhanden sind *(negative Vermutung)*. Aus dem Zusammenspiel von § 47 Abs 2 S 1 GBO aF und § 899a S 1 aF wurde zudem vermutet, dass die Gesellschaft jedenfalls dann ordnungsgemäß vertreten ist, wenn alle im Namen der Gesellschaft handelnden Personen im Grundbuch als Gesellschafter eingetragen sind. Umstritten blieb, ob § 899a aF auch das schuldrechtliche Grundgeschäft erfasste. S zur alten Rechtslage Staudinger/Picker (2019) § 899a Rn 1 ff – Vgl zu den erheblichen Änderungen durch das MoPeG auch: Böhringer NotBZ 2021, 369 ff; Bolkart MittBayNot 2021, 319 ff; Lieder/Hilser NotBZ 2021, 401 ff; Reymann DNotZ 2021, 103 ff; Meier NJW 2024, 465 ff; Kramer FGPrax 2023 193 ff; Röss NZG 2023, 401 ff; Keller NotBZ 2023, 448 ff; Salomon DNotZ 2024, 650 ff.

31 Auch bei den **Personengesellschaften des Handelsrechts** (also OHG und KG) ist im Falle des Gesellschafterwechsels eine Grundbuchberichtigung weder erforderlich noch möglich, weil diese Gesellschaften ja unter ihrer Firma eingetragen werden (§ 105 Abs 2 HGB, § 15 Abs 1 Nr 2 GBV; vgl HGB-RGRK/Weipert[2] § 142 Anm 15). Wohl aber besteht ein Anspruch aus § 894 BGB, wenn bei einer zweigliedrigen Gesellschaft (infolge einer Ausschließungsklage nach § 134 S 3 HGB oder eines Ausscheidens aus anderen Gründen oder rechtsgeschäftlicher Übertragung des anderen Anteils) einer der beiden Gesellschafter das Gesellschaftsvermögen ohne Liquidation übernimmt. In allen diesen Fällen geht nämlich das Gesellschaftsvermögen – wie § 105 Abs 3 HGB und § 712a Abs 1 S 2 BGB nunmehr ausdrücklich bestimmen – (einschließlich der dazu gehörigen Grundstücke bzw Liegenschaftsrechte) im Wege der *Gesamtrechtsnachfolge* auf den Übernehmer über (LG Bonn 20. 4. 2004 – 6 T 49/04 Rn 8; Hopt, HGB[43] § 105 Rn 8; Anhang nach § 105: § 712a Rn 3), es sind keine weiteren Übertragungsakte erforderlich; das bisherige Gesellschaftseigentum verwandelt sich also in Alleineigentum des Übernehmers (Staub/Schäfer[4] § 140 Rn 26). Die automatische Umwandlung der bisherigen gesamthänderischen Mitberechtigung in alleinige Rechtsinhaberschaft des Übernehmers tritt auch bei einem zugunsten der OHG begründeten dinglichen Vorkaufsrecht ein, da dieses in Analogie zu § 1059a Nr 1 BGB bestehen bleibt (BGHZ 50, 307, 310). Der nunmehrige Alleininhaber ist in diesen Fällen als Einzelkaufmann mit seinem bürgerlichen Namen einzutragen (OLG München JFG 14, 498), wozu aber wiederum die Bewilligung des Ausgeschiedenen beigebracht

oder die Beendigung der Gesellschaft und der Übergang des Gesellschaftsvermögens dem Grundbuchamt gem §§ 22, 29 GBO nachgewiesen werden muss. Dieser Nachweis kann regelmäßig über die von allen Gesellschaftern unterzeichnete und gerichtlich beglaubigte Anmeldung der Übernahme zum Handelsregister erbracht werden (s KG HRR 1936 Nr 1437; OLG Stuttgart HRR 1935 Nr 796; GroßkommHGB/Ulmer[3] § 142 Anm 30) oder durch die Vorlage eines Handelsregisterauszugs (Bauer/Schaub/Schäfer[5] § 22 Rn 213). Insbesondere wenn die Anmeldung noch nicht erfolgt ist, muss der Übernehmer aber auch vom Ausgeschiedenen Mitwirkung bei der Berichtigung des Grundbuches verlangen können (HGB-RGRK/Weipert[2] § 142 Anm 15; Hueck, Recht der OHG[4] S 468 f; anders wohl GroßkommHGB/Ulmer[3] § 142 Rn 3). Die Verpflichtung des Ausgeschiedenen lässt sich zwar schon als Nebenpflicht aus der Übernahmevereinbarung bzw als nachwirkende Verpflichtung aus der Gesellschafterstellung begründen, sie muss aber auch aus § 894 BGB selbst herleitbar sein. Das Grundbuch wird selbstverständlich auch dann unrichtig, wenn eine Gesamthandsgemeinschaft durch eine kraft Gesetz (§ 2033 BGB) oder nach der Vertragsgestaltung in concreto zulässige Übertragung aller Anteile am Gesamthandsvermögen auf einen der Gesamthänder oder einen Dritten endet (vgl RGZ 88, 116: Erwerb aller Erbanteile durch einen der Miterben; BGHZ 71, 296, 299 f = BGH NJW 1978, 1525: Übertragung aller Geschäftsanteile einer Personenhandelsgesellschaft auf einen Nichtgesellschafter; ferner BGH BWNotZ 1979, 149; BayObLG Rpfleger 1983, 431; LG Köln MittRhNotK 1977, 125). Zur Grundbuchberichtigung bei Tod eines Gesellschafters vgl unten Rn 99.

Das Grundbuch wird dagegen nicht unrichtig iS von § 894 BGB (bzw § 22 GBO), 32
wenn der Inhaber eines eingetragenen Liegenschaftsrechts unter Aufrechterhaltung der bisherigen Identität lediglich seine *Rechtsform ändert;* bei einer solchen formwechselnden Umwandlung (§§ 190 ff UmwG) findet nämlich überhaupt kein Rechtsübergang statt (s BGH NJW 1967, 821; OLG Hamm Rpfleger 1984, 95 = OLGZ 84, 50; BayObLG Rpfleger 1983, 431; NJW 1952, 28 = BayObLGZ 1950, 51, 426; KG JFG 1, 368; LG Darmstadt DNotZ 1960, 388; Soergel/Hadding/Kiessling[13] § 705 Rn 2; MünchKommBGB/Ulmer[5] § 705 Rn 9 f; MünchKommBGB/Schäfer[9] § 705 Rn 14 ff; NK-BGB/Krause[5] § 894 Rn 9; BeckOGK/Hertel [1. 9. 2024] § 894 Rn 16; KEHE/Munzig[5] § 20 Rn 30; Fischer DNotZ 1955, 182, 183 [überwiegend zur Rechtslage vor Inkrafttreten des UmwG]). Die grundbuchmäßige Berücksichtigung des Wechsels der Rechtsform erfordert nur eine Richtigstellung tatsächlicher Angaben, nämlich der bloßen Bezeichnung des – genügend individualisierten – Rechtsträgers (s BayObLG NJW 1952, 28, 29; BB 1983, 333; KEHE/Dümig[5] § 22 Rn 15; Schöner/Stöber[16] Rn 995h; MünchKommBGB/Ulmer[5] § 705 Rn 14 Fn 8; AK-BGB/L vSchweinitz § 873 Rn 18; Ganssmüller DNotZ 1955, 172, 173 Fn 3). Dies gilt auch in den Fällen, in denen sich eine bürgerlich-rechtliche Gesellschaft in eine OHG oder KG umwandelt oder umgekehrt (vgl OLG München 30. 11. 2015 – 34 Wx 70/15, NZG 2016, 275 Rn 12; Schöner/Stöber[16] Rn 985, 4281). Daran hat auch das im Rahmen des MoPeG eingeführte Verfahren des Statuswechsels nach § 707c BGB (iVm § 106 Abs 3, § 107 Abs 2 S 2, Abs 3 HGB) für die Änderung der Rechtsform rechtsfähiger Personengesellschaften nichts geändert (MünchKommBGB/Schäfer[9] § 705 Rn 17, 19). Bei Verschmelzung von Rechtsträgern (§§ 2 ff UmwG) und der vollständigen Vermögensübertragung von einem Rechtsträger auf einen anderen (§§ 174 ff UmwG) kommt ein Berichtigungsanspruch schon deshalb nicht in Betracht, weil der infolge dieser Vorgänge nunmehr zu Unrecht eingetragene Rechtsträger ja gar nicht mehr existiert. Die Sachlage ist damit genauso wie bei derjenigen Unrichtigkeit des Grundbuchs, die durch Erbfolge oder durch Anfall des Vereinsvermögens an den Fiskus (§ 46 S 1 BGB) eintritt. Anders ist die

Situation dagegen bei der Abspaltung (§ 123 Abs 2 UmwG) oder Ausgliederung (§ 123 Abs 3 UmwG). Hier geht ja nur ein bestimmter Teil des Vermögens des übertragenden Rechtsträgers auf den oder die übernehmenden Rechtsträger über. Gehören zu dem übergegangenen Vermögensteil Liegenschaftsrechte, so kann der übernehmende Rechtsträger von dem übertragenden anschließend auch aus § 894 Zustimmung zur Berichtigung des Grundbuchs verlangen (NK-BGB/Krause[5] § 894 Rn 24). Eine identitätswahrende Umwandlung einer Erbengemeinschaft in eine aus den Miterben bestehende Personengesellschaft ist nicht möglich (KG KGJ 51, 180; OLG Hamm DNotZ 1958, 416; Fischer DNotZ 1955, 182, 183; Hueck, Recht der OHG[4] § 6 Fn 55; Westermann, Handbuch der Personalgesellschaften I [Stand: Okt 2007] Rn 123; Staudinger/Kessler[12] § 719 Rn 19; Staudinger/Habermeier [2003] § 705 Rn 5; MünchKommBGB/Ulmer[5] § 705 Rn 15; **aA** Ganssmüller DNotZ 1955, 172 ff). Ein dingliches Recht an einem Grundstück erlischt schließlich nicht allein dadurch, dass die berechtigte Gesellschaft nach Auflösung im Handelsregister gelöscht wurde; denn die Löschung im Handelsregister wirkt im Falle noch vorhandenen Gesellschaftsvermögens nur deklaratorisch, nicht rechtsgestaltend, sodass mit der Liquidationsgesellschaft noch ein Berechtigter vorhanden ist (OLG Hamm 5. 1. 2017 – I-15 W 246/16, FGPrax 2017, 108, 109 – für ein Vorkaufsrecht einer GmbH Co KG).

33 Eintragungsfähige Rechte, die die (grundbuchfähige, vgl BGHZ 45, 338, 348) **Vorgesellschaft** einer juristischen Person erworben hat, gehen mit der Entstehung der juristischen Person im Zeitpunkt der Handelsregistereintragung (§ 41 Abs 1 S 1 AktG, § 11 Abs 1 GmbHG) nach der heute ganz hA automatisch auf die **juristische Person** über (BGHZ 80, 129, 140; MünchKommBGB/Reuter[7] §§ 21, 22 Rn 80 ff; Holzer 158 f). Ob dies als ein Fall formwechselnder (identitätswahrender) Umwandlung oder als Fall der Universalsukzession (wie etwa bei der Transformation einer Personenhandelsgesellschaft in eine Kapitalgesellschaft) anzusehen ist, bleibt weiterhin umstritten. Die letztere Auffassung (so Kübler/Assmann, GesR[6] § 25 II 3 c; Staudinger/Ertl[12] § 873 Rn 54) erscheint plausibler (vgl Staudinger/C Heinze [2018] § 873 Rn 107); die Identitätstheorie ist jedoch ganz hM (vgl K Schmidt, GesR[4] § 11 IV 4). Bei der Eintragung der GmbH oder AG ins Handelsregister wird das Grundbuch mithin hinsichtlich des Zusatzes „in Gründung" unrichtig, diese Unrichtigkeit kann aber naturgemäß – wie auch sonst bei einer Gesamtrechtsnachfolge – mangels fortexistierenden Berichtigungsschuldners nur auf dem Wege des § 22 GBO, nicht aber mit Hilfe des Grundbuchberichtigungsanspruchs beseitigt werden.

34 Als Berechtigter kann nach hM (RGZ 62, 7, 10; BayObLG Rpfleger 1973, 56; OLG Düsseldorf NJW 1969, 2151; 15. 1. 2021 – I-3 Wx 253/20, NJW-RR 2021, 469 Rn 15; Holzer 137; einschränkend: Keller/Munzig/Munzig[9] § 15 GBV Rn 7 mwNw; **aA** OLG Schleswig NJW 1969, 215) auch die **Zweigniederlassung** einer Personenhandelsgesellschaft oder Kapitalgesellschaft eingetragen werden. Die Umschreibung eines Grundbuchrechts von der Haupt- auf die Zweigniederlassung und umgekehrt ist nach verbreiteter Auffassung Grundbuchberichtigung (KG JW 1937, 1743 = HRR 1937 Nr 821; Güthe/Triebel § 15 GBV Anm 20; Hesse/Saage/Fischer § 22 GBO Anm II 1a). Das wird damit begründet, dass durch die Umschreibung geänderte Vertretungsverhältnisse zum Ausdruck gebracht würden, also nicht eine bloße Namensberichtigung vorliege. Ein Anspruch nach § 894 BGB kommt allerdings niemals in Betracht, weil die Zweigniederlassung keine eigene Rechtspersönlichkeit hat, demnach auch ein Anspruch der Zweigniederlassung gegen die Hauptfirma und umgekehrt unmöglich ist (so auch KG JW 1937, 1743 = HRR 1937

Nr 821 und OLG Düsseldorf 15. 1. 2021 – I-3 Wx 253/20, NJW-RR 2021, 469 Rn 17). Aber auch die Anwendung des § 22 GBO ist nicht geboten, weil in Wahrheit das Grundbuch nicht unrichtig ist; es ist nicht dazu bestimmt, Vertretungsverhältnisse auszuweisen (aA wohl das OLG Düsseldorf 15. 1. 2021 – I-3 Wx 253/20, NJW-RR 2021, 469 Rn 16 f). Dinglich berechtigt ist aber auch unter der Firma der Zweigniederlassung immer die Hauptfirma (vgl OLG Düsseldorf NJW 1952, 32), und deshalb weist das Grundbuch die Rechtslage immer richtig aus. Es ist nicht zu erkennen, wie bei fälschlicher Eintragung der Zweigniederlassung ein gutgläubiger Erwerb nach § 892 BGB möglich sein sollte, wie das KG (JW 1937, 1743 = HRR 1937 Nr 821) annimmt. In Wahrheit handelt es sich um die Eintragung einer Zweckbestimmung entsprechend der Regelung des § 15 Abs 2 GBV für juristische Personen des öffentlichen Rechts, und auch da kommt ein gutgläubiger Erwerb nicht in Betracht. Immerhin dürfte es berechtigt sein, den Antrag auf Eintragung der Zweigniederlassung anstelle der Hauptniederlassung oder umgekehrt an die Form des § 29 GBO zu binden, da die Eintragung doch gewisse Vertrauenswirkungen auf denjenigen ausübt, der das Grundbuch einsieht, und deshalb Möglichkeiten des Missbrauchs ausgeschlossen werden sollten. Doch genügt, weil eben keine Berichtigung vorliegt, der Antrag einer zur Vertretung der Hauptniederlassung befugten Person auch dann, wenn das Recht von der Zweigniederlassung auf die Hauptniederlassung umgeschrieben werden soll.

Wird bei einer im Grundbuch eingetragenen Erbengemeinschaft ein Erbanteil teilweise an einen Miterben übertragen, so wird das Grundbuch dadurch entgegen dem LG Düsseldorf (26. 2. 2003 – 25 T 89/02, RNotZ 2002, 233) nicht unrichtig. Der Übertragende bleibt ja Miterbe, und die Beteiligungsquote darf ohnehin bei Gesamthandsgemeinschaften nicht angegeben werden (vgl Meikel/Böhringer[12] § 47 Rn 231). Letzteres liegt daran, dass bei den Gesamthandsgemeinschaften rechtlich relevante Anteile an den einzelnen zum Gesamthandsvermögen gehörenden Gegenständen ohnehin nicht bestehen. 35

Bei Eintragung für den *Fiskus* oder eine Gebietskörperschaft oder sonstige juristische Person des öffentlichen Rechts kann nach § 15 Abs 2 GBV auf formlosen Antrag des Berechtigten durch einen Klammerzusatz der Teil des Vermögens, dem das Grundstück oder Grundstücksrecht zugehört, angegeben werden. Wird dieser Klammerzusatz infolge Übergangs des Rechts auf eine andere statio fisci unzutreffend, stellt dies wegen der rechtlichen Unselbständigkeit der betreffenden Verwaltungsstellen keine unrichtige Angabe des Berechtigten, mithin keine Unrichtigkeit des Grundbuches iS von § 22 GBO dar (KGJ 38 A 237 = OLGE 20, 397 f; MünchKommBGB/Wacke[4] § 894 Rn 13; s auch KG OLGE 4, 488, 489). Anders im Verhältnis einer gemeindlichen Sparkasse mit eigener Rechtspersönlichkeit zur Gemeinde (KG JW 1938, 2407 f). 36

c) Nichteintragung eines Rechts

Die Abweichung des Grundbuchinhalts von der materiellen Rechtslage kann ferner darin bestehen, dass ein bestehendes und eintragungsfähiges Recht an einem Grundstück oder an einem solchen Rechte im Grundbuch nicht eingetragen ist. Hierher gehört auch der Fall des zu Unrecht gelöschten Rangvorbehalts, wenn man den Rangvorbehalt als Eigentümerrecht eigener Art oder doch als ein rechtsähnliches Gebilde deutet (Rosenberg § 894 Anm III 1b α; s ferner hier § 892 Rn 62). Ebenso der Fall, dass die Entschädigungsforderung des Erbbauberechtigten wegen Erlöschens des Erbbaurechts (§§ 27, 28 ErbbauRG) noch nicht eingetragen oder versehentlich gelöscht 37 worden ist (§ 892 Rn 27). Eine mit Hilfe des Anspruchs aus § 894 BGB zu beseitigende Unrichtigkeit des Grundbuches ist schließlich auch dann gegeben, wenn eine altrechtliche (und nach Art 187 Abs 1 S 1 EGBGB durch den öffentlichen Glauben des Grundbuchs nicht gefährdete) Grunddienstbarkeit im Grundbuch nicht eingetragen ist (OLG München OLGZ 1990, 100, 101; OLG Karlsruhe Rpfleger 2002, 304; Staudinger/J Hönle/U Hönle [2018] Art 187 EGBGB Rn 5; jurisPK-BGB/Toussaint[10] § 894 Rn 22 m umfangreichen Nw in Fn 39; s auch BayObLG DNotZ 1980, 103, 105; Rpfleger 1982, 467; LG Baden Justiz 1982, 50; implizit OLG Kiel SchlHAnz 1902, 118, 119). Die Versäumung der Frist des § 31 Abs 1 badwürtt AGBGB ändert daran nichts; sie eröffnet lediglich die Möglichkeit eines Erlöschens der Dienstbarkeit durch gutgläubig-lastenfreien Erwerb des Grundstücks (LG Baden Justiz 1982, 50). Der Dienstbarkeitsberechtigte kann seinen Anspruch auf Bewilligung der Eintragung darüber hinaus auch auf Art 187 Abs 1 S 2 EGBGB stützen (OLG Darmstadt HessRspr 17, 229). Selbst wenn man aber mit LG Dresden JW 1934, 2354 f nur Art 187 Abs 1 S 2 EGBGB als einschlägige Anspruchsgrundlage heranziehen wollte, müsste doch § 898 BGB entsprechend angewandt werden, käme also eine Anspruchsverjährung nicht in Betracht (so LG Osnabrück RdL 1957, 305; LG Dresden JW 1934, 2354 f; Soergel/Hartmann[12] Art 187 EGBGB Rn 2; Grüneberg/Herrler[84] Art 187 EGBGB Rn 2; **aA** LG Münster JW 1933, 646m abl Anm Reineke). Die Nichteintragung eines beschränkten Liegenschaftsrechts fällt aber nur dann unter § 894 BGB, wenn das Grundstück, an dem es besteht, überhaupt gebucht ist. Bei nach § 3 Abs 2 GBO buchungsfreien und deshalb bisher nicht gebuchten Grundstücken muss der Inhaber eines (altrechtlichen oder nach Art 128 EGBGB begründeten) beschränkten dinglichen Rechts die Anlegung eines Grundbuchblattes für das Grundstück erwirken. Auch die Eintragung der außerhalb des Grundbuchs entstandenen, aber eintragungsfähigen Rechte (wie des Nießbrauchs nach § 1075 Abs 1 BGB oder der Sicherungshypothek nach §§ 1287 S 2 BGB, 848 Abs 2 S 2 ZPO) kann mit Hilfe des § 894 BGB erzwungen werden.

d) Unrichtige Angaben über Inhalt, Umfang oder Rang der Rechte

38 § 894 BGB greift naturgemäß auch dann ein, wenn ein bestehendes und eintragungsfähiges Recht zwar eingetragen, aber „nicht richtig" eingetragen ist. Das ist der Fall, wenn das Grundbuch den Inhalt, Umfang oder Rang des Rechtes anders erscheinen lässt, als er in Wirklichkeit ist. Um eine unrichtige Wiedergabe des Rechts*inhaltes* handelt es sich beispielsweise dann, wenn ein *bedingtes* Recht im Grundbuch (etwa infolge eines Übertragungsfehlers) als unbedingtes ausgewiesen (so OLG München 7. 10. 2016 – 34 Wx 256/16, Rn 14; dazu Anm Wenkebach IMR 2017, 36) oder umgekehrt ein unbedingtes Recht als bedingtes eingetragen ist. Auch wenn das Grundbuch bei einem bedingt bestellten Recht lediglich den zwischenzeitlichen Eintritt der aufschiebenden Bedingung nicht vermerkt, ist das Grundbuch unrichtig iS von § 894 BGB. Zwar besteht insoweit nicht die Gefahr eines Rechtsverlustes durch gutgläubigen Erwerb (s § 892 Rn 41), aber § 894 BGB ist nun einmal nicht ausschließlich Gegenmittel gegen den öffentlichen Glauben des Grundbuches (Biermann § 894 Anm 1c; **aA** AK-BGB/L vSchweinitz § 894 Rn 15; s oben Rn 20). Der Inhalt eines beschränkten Liegenschaftsrechts ist auch dann im Grundbuch unrichtig ausgewiesen, wenn eine den Inhalt des Rechts betreffende und im Grundbuch durch Bezugnahme auf die Bewilligung eingetragene Klausel der Einigung wegen Verstoßes gegen die §§ 305–310 BGB unwirksam ist. In der Literatur wird allerdings teilweise angenommen, dass der betreffende Teil der Eintragung dann sogar inhaltlich unzulässig ist (so H Schmid Rpfleger 1987, 133 ff; Meikel/Böttcher[12] Einl D 117). Träfe das zu, so wäre der Weg der Grundbuchberichtigungsklage versperrt (s Rn 7, 21). Der Verstoß gegen die §§ 305–310 BGB kann jedoch schon deshalb nicht zu einer inhaltlichen Unzulässigkeit iS von § 53 Abs 1 S 2 GBO führen, weil die gleiche Regelung ja im Falle ihres Aushandelns wirksam wäre (STAUDINGER/C HEINZE [2018] § 873 Rn 44; KELLER/MUNZIG/KELLER[7] Einl § 2 Rn 44).

Hinsichtlich des Inhalts eines eingetragenen Grundstücksrechts ist das Grundbuch auch dann unrichtig, wenn ein Höchstersatz für die Zwangsversteigerung (§ 882 BGB) ohne wirksame dahingehende Einigung eingetragen oder umgekehrt die wirksame Höchstersatzklausel unberechtigterweise gelöscht worden ist (s § 892 Rn 43). Dagegen gehört die Unterwerfungsklausel des § 800 ZPO nicht zum Inhalt des jeweiligen Grundpfandrechts (s § 892 Rn 43); bei ihrer versehentlichen Löschung oder zu Unrecht erfolgten Eintragung ist also kein Grundbuchberichtigungsanspruch gegeben. Die Konstellation des eingetragenen, aber nicht wirksam begründeten (und noch nicht ausgeübten) Rangvorbehalts gehört wiederum zur vorliegenden Gruppe, wenn man im Rangvorbehalt eine inhaltliche Beschränkung des vorbehaltsbetroffenen Rechts (oder aus anderer Perspektive: ein Stück vorbehaltenes Eigentum) sieht (vgl § 892 Rn 62). Wenn ein für einen Wohnungseigentümer eingetragenes Sondernutzungsrecht mangels Zustimmung eines Grundpfandgläubigers (vgl STAUDINGER/C HEINZE [2018] § 877 Rn 69) nicht wirksam entstanden ist, steht allen anderen Wohnungseigentümern ein Grundbuchberichtigungsanspruch zu (BayObLG Rpfleger 1991, 308): Die Begründung von Sondernutzungsrechten nach §§ 5 Abs 4 S 1, 10 Abs 1, 3 WEG bedeutet nämlich eine Änderung des Inhalts des Sondereigentums bei allen Wohnungseigentumsrechten (BGHZ 91, 343, 345). Überhaupt ist eine Unrichtigkeit des Grundbuchs iS von § 894 BGB gegeben, wenn eine wirksam zum Inhalt des Sondereigentums (§§ 5 Abs 4 S 1, 10 Abs 1, 3, WEG) oder des Erbbaurechts (§ 2 ErbbauRG) oder eines Dauerwohnrechts (§ 33 Abs 4 WEG) erhobene Vereinbarung infolge eines Übertragungsfehlers nicht mehr oder mit unzutreffendem Inhalt eingetragen ist (vgl BÄRMANN WEG[15] § 10 Rn 139) oder umgekehrt die eingetragene Regelung nicht wirksam vereinbart ist. Bei auf Grund einer Vereinbarung gefassten und eingetragenen Beschlüssen nach §§ 5 Abs 4 S 1, 10 Abs 3 S 1 WEG, die nur anfechtbar, aber nicht nichtig sind, liegt bis zu deren Aufhebung durch rechtskräftiges Urteil (§ 23 Abs 4 S 2 WEG) keine Unrichtigkeit vor (STAUDINGER/WOBST [2023] § 10 WEG Rn 91; s auch § 892 Rn 221) – Der *Rang* eines Rechtes kann in der Eintragung beispielsweise falsch verlautbart sein, wenn das Grundstück bei der Eintragung des betreffenden Rechts bereits mit einer nicht eingetragenen, aber nach Art 187 Abs 1 S 1 EGBGB gutglaubensresistenten altrechtlichen Dienstbarkeit belastet war oder wenn ein zu Unrecht gelöschtes Recht gegenüber dem Inhaber eines später bestellten Rechtes infolge rechtzeitiger Eintragung eines Widerspruchs oder infolge Bösgläubigkeit des Erwerbers seinen Rang behält. Ebenso, wenn eine abweichende Rangbestimmung (§ 879 Abs 3 BGB) oder nachträgliche Rangänderung (§ 880 BGB) ohne wirksame Einigung eingetragen worden ist oder wenn die nach § 880 Abs 2 BGB erforderliche Zustimmung zur Rangänderung fehlt oder nicht wirksam war oder wenn das vortretende Recht (STAUDINGER/S HEINZE [2018] § 880 Rn 39) oder der ausgenutzte Rangvorbehalt (§ 881 BGB) in Wirklichkeit gar nicht wirksam begründet worden oder mit zu hoher Summe eingetragen worden war. Unrichtig ist die Rangangabe des Grundbuches auch, wenn eine Hypothek in Abteilung III neben der sie betreffenden, in Wirklichkeit aber bereits erloschenen und damit mit dem Rang vor anderen, nach der Vormerkung entstandenen Rechten eingetragen wird (KGJ 41 A 39

223; WILHELM JZ 1990, 501, 506 Fn 30). S auch STAUDINGER/GURSKY (2013) § 883 Rn 276 aE. – Selbstverständlich ist ein Grundbuchberichtigungsanspruch auch gegeben, wenn ein noch nicht ausgenutzter eingetragener Rangvorbehalt mangels wirksamer Einigung nicht wirksam begründet worden ist oder wenn die Eintragung versehentlich einen zu hohen Betrag des Rangvorbehalts angibt (ROSENBERG § 881 Anm III 2c α, β; STAUDINGER/S HEINZE [2018] § 881 Rn 10, 12; MünchKommBGB/LETTMAIER[9] § 881 Rn 10; ULBRICH MittRhNotK 1995, 289, 307 mwNw).

40 Bei den (streng oder abgeschwächt) *akzessorischen Rechten* gehört auch die Individualisierung der Forderung, die das Recht sichern soll, zur Kennzeichnung des Rechtsinhaltes. Die Eintragung einer anderen als der wirklich zugrunde liegenden Forderung macht das Grundbuch also notwendigerweise unrichtig iS von § 894 BGB (die Berichtigungsbedürftigkeit des Grundbuchs ergibt sich dabei auch im Falle der Verkehrshypothek nicht etwa erst aus der in § 1138 BGB angeordneten entsprechenden Anwendung des § 894 BGB; diese Ausdehnung des Berichtigungsanspruchs zielt vielmehr nur auf die Fälle, dass die in der Eintragung korrekt angegebene Hypothekenforderung nicht entstanden oder erloschen oder einredebehaftet ist. Wenn § 1185 Abs 2 BGB die Anwendung des § 1138 BGB bei der Sicherungshypothek ausschließt, ändert das deshalb nichts daran, dass auch dort die Nennung der falschen Forderung das Grundbuch unrichtig macht). Wenn das akzessorische Recht wirksam begründet worden ist, das Grundbuch aber infolge eines späteren Übertragungsfehlers über die zugrunde liegende Forderung unrichtig Auskunft gibt, also etwa statt des vom Eigentümer verschiedenen Darlehensnehmers den Grundstückseigentümer selbst als Schuldner der Hypothekenforderung bezeichnet, sind beide Parteien (Grundstückseigentümer und Hypothekengläubiger) einander aus § 894 BGB verpflichtet (vgl MünchKommBGB/WACKE[4] § 894 Rn 12m Fn 58: hier ist rangwahrend eine Eigentümergrundschuld entstanden). Anders ist zu entscheiden, wenn die gleiche Verwechslung bereits bei der konstitutiven Eintragung der Hypothek erfolgt (**aA** MünchKommBGB/WACKE[4] § 894 Rn 12; OLG Schleswig SchlHAnz 1917, 88); dann ist die Hypothek nämlich wegen der einen wesentlichen Punkt betreffenden Diskrepanz von Einigung und Eintragung überhaupt nicht entstanden (OLG Hamm JW 1933, 2921m zust Anm MATZKE; BGB-RGRK/MATTERN § 1115 Rn 29; GRÜNEBERG/HERRLER[84] § 1115 Rn 7; BeckOGK/HERTEL [1. 9. 2024] § 894 Rn 26; **aA** MünchKommBGB/H SCHÄFER[9] § 894 Rn 15 [für rangwahrende Entstehung einer Eigentümergrundschuld]). In diesem Falle kann nur der Grundstückseigentümer von dem als Hypothekar Eingetragenen aus § 894 BGB Zustimmung zur Löschung der Hypothek verlangen. Dem Berichtigungsschuldner wird aber regelmäßig ein Anspruch auf Bestellung der Hypothek zustehen; daran scheitert dann der Berichtigungsanspruch (s Rn 129).

e) Eintragung einer nicht existierenden Belastung oder Beschränkung

41 Die Diskrepanz zwischen der wirklichen und der im Grundbuch verlautbarten Rechtslage kann ferner darin bestehen, dass das Grundstückseigentum oder ein sonstiges eintragungsfähiges Recht mit einer an sich eintragungsfähigen, aber in Wirklichkeit „nicht bestehenden Belastung oder Beschränkung“ eingetragen ist. Erfasst werden damit zunächst einmal die Fälle, in denen ein beschränktes Liegenschaftsrecht oder ein Recht an einem solchen eingetragen, aber in Wirklichkeit nicht entstanden oder durch Anfechtung vernichtet oder außerhalb des Grundbuchs erloschen ist. Eine „nicht bestehende Belastung“ des Grundstückseigentums ist beispielsweise im Grundbuch ausgewiesen, wenn eine unwirksame Zwangshypothek einge-

tragen ist (vgl dazu BGH WM 1995, 1695 ff, für eine Zwangshypothek, die nach dem zum 31. 12. 1998 außer Kraft getretenen § 7 Abs 3 S 1 GesO unwirksam war; vgl auch OLG Stuttgart, Beschluss v 6. 3. 2018 – 6 W 10/18, BeckRS 2018, 20977 Rn 16). Diese Unwirksamkeit ist nämlich keine nur relative, sondern eine durch die Zwecke der Gesamtvollstreckung beschränkte absolute (BGH WM 1995, 1695 ff; s auch unten Rn 124). Mit dem Begriff „Beschränkung" sind hier in erster Linie die in HS 1 erwähnten relativen Verfügungsbeschränkungen iS von § 892 Abs 1 S 2 BGB gemeint, also diejenigen Verfügungsbeschränkungen, die im Grundbuch eingetragen sein müssen, wenn der gutgläubig – beschränkungsfreie Erwerb eines Dritten ausgeschlossen sein soll. Welche Verfügungsbeschränkungen zu dieser umfangreichen und in sich sehr heterogenen Kategorie zählen, ist in § 892 Rn 240 ff dargelegt. Das Grundbuch ist iS von § 894 BGB unrichtig, wenn im Grundbuch bei einem eingetragenen Recht vermerkt ist, dass der Rechtsinhaber hinsichtlich seines ganzen Vermögens oder gerade im Hinblick auf das fragliche Recht einer solchen Verfügungsbeschränkung unterliegt, während diese Verfügungsbeschränkung in Wirklichkeit nicht oder doch nicht mehr besteht. Die erstere Situation ist beispielsweise gegeben, wenn bei einem Recht ein Nacherbenvermerk (§ 51 GBO) eingetragen ist, obwohl der Rechtsinhaber Vollerbe ist, das Nacherbenrecht also nie bestanden hat (OLG München JFG 23, 300); ebenso, wenn das betreffende Recht, bei dem der Nacherbenvermerk eingetragen wurde, in Wirklichkeit gar nicht zum Nachlass gehört. Wegen zwischenzeitlichen Erlöschens der eingetragenen Verfügungsbeschränkung ist der Berichtigungsanspruch gegeben, wenn die einstweilige Verfügung nach § 938 Abs 2 ZPO, die die Grundlage der Eintragung bildete, durch vollstreckbare Entscheidung aufgehoben worden ist (MünchKommBGB/H Schäfer[9] § 894 Rn 16; J Kohler 26 f). Ebenso, wenn die Testamentsvollstreckung bei einer Abwicklungsvollstreckung (§ 2203 BGB) nach materiellem Recht wegen vollständiger Aufgabenerledigung beendet ist (OLG München 30. 1. 2019 – 34 Wx 181/18, NotBZ 2019, 309, 311; Keller/Munzig/Meier[9] § 22 Rn 112 mwNw); wenn der Testamentsvollstrecker gestorben ist und der Erblasser für diesen Fall keine Ersatzbestimmung getroffen hat (Keller/Munzig/Meier[9] § 22 Rn 112), wenn der Nacherbe sein Anwartschaftsrecht auf den Vorerben übertragen hat und dieser dadurch zum Vollerben geworden ist (s Staudinger/Avenarius [2019] § 2100 Rn 86) oder wenn der Vorerbe das betreffende Recht bereits mit Zustimmung des Nacherben oder als befreiter Vorerbe entgeltlich – und damit nach §§ 2113, 2136 BGB auch dem Nacherben gegenüber vollwirksam – einen Dritten weiterübertragen hat (BayObLG Rpfleger 1982, 467, 468; KG Rpfleger 1968, 224; OLG Hamburg Rpfleger 2004, 617, 618; Bauer/Schaub/Schaub[5] § 51 Rn 139; Schöner/Stöber[16] Rn 3516). In diesen Fällen kann das Grundbuchamt den Nacherbenvermerk nach § 84 GBO auch von Amts wegen löschen. Keine Unrichtigkeit des Grundbuchs iS von § 894 BGB ist entgegen Schaub (ZEV 1996, 151) gegeben, wenn ein Nacherben- oder Testamentsvollstreckervermerk irrtümlich ohne die dazugehörige Erbfolge eingetragen worden ist. Nach Ansicht des BayObLG (ZEV 1996, 150) ist dann eine inhaltlich unzulässige Eintragung iS von § 53 Abs 1 S 2 GBO gegeben (ebenso Schaub ZEV 1996, 151). Wenn wenigstens beim Nacherbenvermerk oder Testamentsvollstreckervermerk selbst klargestellt ist, auf welchen Nachlass sich der Vermerk bezieht, dürfte eine materiell wirksame, wenn auch ordnungswidrige Eintragung gegeben sein (Bestelmeyer ZEV 1996, 261 f). Ist aufgrund eines unwirksamen Testaments ein Nacherbenvermerk für die künftigen Kinder des alleinigen Sohnes des Erblassers eingetragen, die im Zeitpunkt des Nacherbfalls leben, so kann der Anspruch des gesetzlichen Erben auf Bewilligung der Löschung des Nacherbenvermerks nur gegen einen nach

§ 1882 S 2 BGB bestellten Pfleger gerichtet werden (vgl OLG Hamm MittBayNot 1997, 240).

42 Bemerkenswert ist, dass das Gesetz bei der Aufzählung der möglichen Beeinträchtigungsformen nicht die präzise Formulierung „Eintragung einer nicht bestehenden Verfügungsbeschränkung" wählt, sondern den ganz allgemeinen und blasseren Ausdruck der „Beschränkung" verwendet. Damit sollten offenbar auch sonstige unrichtige Eintragungen erfasst werden, die sich wenigstens faktisch wie eine Verfügungsbeschränkung auswirken, weil sie etwaige Erwerbsinteressenten, die die wirkliche Rechtslage ja regelmäßig nicht zuverlässig aufklären können, abschrecken müssen (vgl Mot III 236). Diesen Effekt hat insbesondere die unrichtige Eintragung eines Widerspruchs oder einer Vormerkung. Es ist deshalb heute allgemein anerkannt, dass mit Hilfe des Grundbuchberichtigungsanspruchs auch die Beseitigung einer zu Unrecht eingetragenen bzw erloschenen **Vormerkung** oder eines unberechtigten **Widerspruchs** erreicht werden kann. Für die *Vormerkung* vgl RGZ 163, 62; RG WarnR 1910 Nr 239; 1913 Nr 184; BGH WM 1966, 1224, 1226; 1974, 663; NJW 1983, 565; NJW-RR 1989, 198 = DNotZ 1989, 501, 502; WM 1989, 348, 350; JZ 1995, 572; NJW 1996, 3006, 3007; 1998, 3196; Rpfleger 1997, 76, 77; NJW 2000, 278, 279; BGHZ 150, 138, 142; BGH ZfIR 2002, 1022, 1023; BGH 17. 2. 2023 – V ZR 22/22, NJW 2023, 2343 Rn 33; BGH 8. 3. 2024 – V ZR 176/22, RNotZ 2024, 456 Rn 21; BayObLGZ 1959, 223, 226; 1987, 231, 232; KG OLGZ 1969, 202 ff = NJW 1969, 138 f; OLG Düsseldorf DNotZ 1992, 49, 50; OLGR Hamm 1998, 381; Planck/Strecker § 894 Anm II 3 a; Rosenberg § 894 Anm III 1b α, ε; BGB-RGRK/Augustin § 894 Rn 10; MünchKommBGB/H Schäfer[9] § 894 Rn 18; Soergel/Kern[14] § 894 Rn 9; AK-BGB/L vSchweinitz § 894 Rn 35; Grüneberg/Herrler[84] § 894 Rn 2; Wolff/Raiser § 46 Fn 9; Güthe Gruchot 57 (1913) 1, 10 ff; Medicus AcP 163 (1964) 1, 8; vOlshausen JZ 1976, 522 mwNw; Assmann 453 f; **aA** (Beseitigungsanspruch aus § 1004 BGB) früher RG JW 1933, 1822; Turnau/Förster § 886 Anm II 2; Maenner § 10 Fn 12; auch noch BGB-RGRK/Augustin § 883 Rn 5 (für die Konstellation der vormerkungswidrigen Belastung); dagegen Staudinger/Gursky (2013) § 1004 Rn 64 mwNw Für den Fall des unberechtigten *Widerspruchs* vgl BGH 15. 3. 2024 – V ZR 115/22, NJW 2024, 2310 Rn 6; BGH 9. 12. 2022 – V ZR 91/21, DNotZ 2023, 271 Rn 8 (Amtswiderspruch nach § 53 GBO); BGH 5. 5. 2006 – V ZR 236/05, NJW-RR 2006, 1242, 1242 (Rn 5); BGH 31. 10. 1968 – V ZR 117/67, NJW 1969, 93; OLG Dresden SächsArch 4 (1909) 17 (bzgl Amtswiderspruch); OLG Brandenburg 11. 1. 2018 – 5 W 131/17, RPfleger 2018, 320; Planck/Strecker § 894 Anm II 3 a; Rosenberg § 894 Anm III 1b α, ε; BGB-RGRK/Augustin § 894 Rn 10; MünchKommBGB/H Schäfer[9] § 894 Rn 18; Soergel/Kern[14] § 894 Rn 9; NK-BGB/Krause[5] § 894 Rn 21; Predari 83 f; Biermann § 894 Anm 1d; Kretzschmar § 894 Anm IV 2; Fuchs § 894 Anm 4 cc; Goldmann/Lilienthal § 45 Fn 66; H Westermann/Eickmann[8] § 71 Rn 26; Baur/Stürner[18] § 18 Rn 26; **aA** früher Endemann II 1 § 63 Fn 20; Maenner § 10 Fn 12; Frey ZBlFG 3 (1903) 557, 561. Es dürfte sich dabei allerdings – entgegen der hA – um eine unmittelbare, nicht eine analoge Anwendung des § 894 handeln (zust BeckOGK/Hertel [1. 9. 2024] § 894 Rn 29): Der mögliche Sinnbereich des Wortes „Beschränkung" wird sicher nicht überschritten, wenn man darunter auch Widerspruch und Vormerkung bringt. Der eingetragene Vormerkungsgläubiger ist nach alledem einem Grundbuchberichtigungsanspruch ausgesetzt, wenn die materiellrechtlichen Entstehungsvoraussetzungen der Vormerkung nach § 885 BGB fehlen oder beseitigt worden sind: So wenn die Bewilligung der Vormerkung

(§ 885 BGB) etwa mangels erforderlicher Zustimmung des Familiengerichts (OLG Oldenburg DNotZ 1971, 484) unwirksam ist (s aber Staudinger/Kesseler [2020] § 885 Rn 11); oder wenn die Vormerkung von einem bloßen Buchberechtigten zugunsten eines Bösgläubigen bewilligt wurde. Ebenso wenn die einstweilige Verfügung, aufgrund deren die Vormerkung eingetragen worden ist, aufgehoben wird (s Staudinger/Gursky [2013] § 885 Rn 47; MünchKommBGB/Lettmaier[9] § 885 Rn 12; **aA** Staudinger/Kesseler [2020] § 885 Rn 63 [rein verfahrensrechtliche Bedeutung der einstweiligen Verfügung]) oder wenn die Vormerkung wegen Versäumung der Fristen des § 929 Abs 2 und 3 ZPO nichtig ist (vgl Staudinger/Gursky [2013] § 885 Rn 39, § 886 Rn 25; MünchKommBGB/Wacke[4] § 894 Rn 11). Desgleichen, wenn der zugrundeliegende Anspruch nicht oder nicht mehr besteht bzw endgültig in einen (nicht vormerkungsfähigen) Geldanspruch übergegangen ist (Effertz NJW 1977, 794). Aus dem letzteren Grunde erlischt etwa die nachrangige Auflassungsvormerkung mit der Erfüllung des durch die vorrangige gleichartige Vormerkung gesicherten Übereignungsanspruchs (Effertz NJW 1977, 794; s auch Staudinger/Kesseler [2020] § 883 Rn 344). Für eine Berichtigungsklage wird hier jedoch regelmäßig das Rechtsschutzbedürfnis fehlen, da die Vormerkung dann nach §§ 84 ff GBO als gegenstandslos von Amts wegen zu löschen ist (Effertz NJW 1977, 794). Nach altem Recht konnte der Verkäufer eines Grundstücks durch die Entscheidung für Schadensersatz nach § 326 Abs 1 S 2 HS 1 aF den Erfüllungsanspruch des Käufers beseitigen und dadurch einen auf Löschung der bestellten Auflassungsvormerkung gerichteten Grundbuchberichtigungsanspruch erlangen (BGHZ 87, 156, 159 f; 126, 131, 136 f; BGH NJW 2000, 278, 279; Evangelou/Muscheler BB 1989, 1439, 1440; **aA** KG BB 1984, 811). Auch nach neuem Recht bedeutet das berechtigte Verlangen des Verkäufers von Schadensersatz statt der Leistung, dass mit seinem eigenen Erfüllungsanspruch (§ 281 Abs 4 BGB nF) auch der Anspruch des Käufers auf Übereignung des Grundstücks und mit ihm die ihn sichernde Vormerkung entfällt (Staudinger/Schwarze [2014] § 281 Rn D 18; MünchKommBGB/Ernst[9] § 281 Rn 120; Grüneberg/Grüneberg[84] § 281 Rn 52). Der Inhaber des betroffenen Rechtes hat den Grundbuchberichtigungsanspruch ferner auch dann, wenn die Vormerkung wegen Eintritts einer auflösenden Bedingung oder analog § 418 BGB infolge einer vom Gläubiger konsentierten privativen Schuldübernahme oder wegen Ausschlusses des Vormerkungsübergangs bei der Zession des gesicherten Anspruchs (KGJ 43 A 209) oder infolge Ausschlusses des Vormerkungsgläubigers im Aufgebotsverfahren (§ 887 BGB) oder durch Zuschlag in der Zwangsversteigerung erlischt. Die Eintragung der Vormerkung ist dagegen nicht unrichtig iS von § 894 BGB, sondern inhaltlich unzulässig und deshalb von Amts wegen zu löschen, wenn sich aus ihr ergibt, dass der zugrunde liegende Anspruch (etwa weil seine künftige Entstehung noch von der Willkür des Schuldners abhängt) gar nicht vormerkungsfähig ist (BayObLGZ 1977, 103; Keller/Munzig/Dümig[9] § 22 Rn 78). – Wird die *Nichtigkeit eines Grundstückskaufvertrags* rechtskräftig festgestellt, so präjudiziert dies die Entscheidung über die Grundbuchsberichtigungsklage – damit steht nämlich nicht nur das Nichtbestehen des durch Vormerkung gesicherten Anspruchs aus diesem Vertrag fest, sondern darüber hinaus auch, dass die Vormerkung nicht entstanden und das Grundbuch daher insoweit unrichtig geworden ist (BGH 17. 2. 2023 – V ZR 22/22, NJW 2023, 2343 Rn 34; BeckOGK/Hertel [1. 9. 2024] § 894 Rn 26). Auch wenn im Wege der Grundbuchberichtigungsklage die Löschung einer Auflassungsvormerkung wegen angeblicher Nichtigkeit des Kaufvertrages verlangt wird, ist ein vorangegangenes rechtskräftiges Urteil, das die Klage des Käufers auf Feststellung der Wirksamkeit des Kaufvertrages abwies, nach § 325 Abs 1 ZPO für die Grundbuchberichtigungsklage bindend; das Gericht kann dann nicht das Bestehen des vormerkungsgesicherten Anspruchs bejahen (BayObLG DNotZ 1996, 30, 31). Anders ist die Situation jedoch, wenn die Feststellungsklage nach den Entscheidungsgründen nur als „derzeit unbegründet" abgewiesen worden ist (BayObLG DNotZ 1996, 30, 31). Ist die auf Löschung einer Vormerkung gerichtete Grundbuchberichtigungsklage in einem Vorprozess rechtskräftig abgewiesen worden, so steht dies einer erneuten Klage nicht entgegen, wenn der Klage ein anderer Streitgegenstand zu Grunde liegt. Dieser kann sich daraus ergeben, dass der Klage im Rahmen des zweigliedrigen Streitgegenstands – bei gleichbleibenden Anträgen – auf Grund abweichender Tatsachen ein anderer Sachverhalt zu Grunde liegt. Als abweichende Tatsache kommt wegen der Akzessorietät der Vormerkung ausnahmsweise auch eine gerichtliche Entscheidung über eine rechtliche Vorfrage in Betracht – so zum Beispiel die (im Vorprozess nicht geltend gemachte) Feststellung der Nichtigkeit des Grundstückskaufvertrags nach § 117 BGB (BGH 17. 2. 2023 – V ZR 22/22, NJW 2023, 2343 Rn 31 ff). Neben dem Antrag auf Feststellung der Nichtigkeit des Grundstückkaufvertrags kann hilfsweise, für den Fall, dass der Antrag auf Feststellung der Nichtigkeit des Grundstückskaufvertrags Erfolg hat, bereits der Antrag auf Grundbuchberichtigung hinsichtlich der Vormerkung gestellt werden (BGH 17. 2. 2023 – V ZR 22/22, NJW 2023, 2343 Rn 35 ff). – Ist für einen existierenden Eigentumsverschaffungsanspruch ohne wirksame Bewilligung oder einstweilige Verfügung eine Auflassungsvormerkung eingetragen worden, so steht dem Berichtigungsanspruch des Grundstückseigentümers keine Einwendung oder Einrede des berichtigungsverpflichteten scheinbaren Vormerkungsgläubigers entgegen (OLGR Naumburg 1998, 157, 158; Grüneberg/Herrler[84] § 885 Rn 8); der Übereignungsanspruch impliziert nämlich richtiger Ansicht nach keinen Anspruch auf Bewilligung der Vormerkung (s Staudinger/Gursky [2013] § 883 Rn 26). – Der Anspruch auf Löschung einer nach § 895 S 1 ZPO eingetragenen Vormerkung kann nicht darauf gestützt werden, dass der zu sichernde Anspruch nicht bzw nicht mehr existiert (vgl BayObLG Rpfleger 1997, 525 und dazu Staudinger/Gursky [2013] § 886 Rn 45).

43 Falls dem durch Vormerkung gesicherten Anspruch eine peremtorische Einrede entgegensteht, macht dieser Umstand das Grundbuch noch nicht unrichtig; der Inhaber des vormerkungsbetroffenen Rechts hat hier vielmehr den Beseitigungsanspruch aus § 886 BGB.

44 Fraglich ist, ob der Widerspruchsgegner mit Hilfe des Grundbuchberichtigungsanspruchs auch dann gegen den Widerspruch vorgehen kann, wenn die mit dem Widerspruch behauptete Grundbuchunrichtigkeit möglicherweise tatsächlich besteht, aber jedenfalls die wirksame Eintragungsgrundlage (Bewilligung oder einstweilige Verfügung) fehlt (vgl die Konstellation von OLGR Düsseldorf 2001, 379, 380: Eintragung nur aufgrund einer eidesstattlichen Versicherung). Es liegt nahe, die Frage zu bejahen. Praktische Bedeutung hat sie aber kaum: Der Widerspruch ist dann ja ohnehin unwirksam, und der Widerspruchsgegner hat kein Interesse daran, den Widerspruchsbegünstigten auf diesen Umstand aufmerksam zu machen.

f) Nichteintragung einer existierenden Verfügungsbeschränkung

45 Der Grundbuchberichtigungsanspruch ist nach dem klaren Wortlaut des § 894 BGB jedenfalls dann gegeben, wenn ein im Grundbuch eingetragenes Recht durch die Eintragung einer in Wirklichkeit nicht oder nicht mehr bestehenden Verfügungsbeschränkung (der in § 892 Abs 1 S 2 BGB bezeichneten Art) beeinträchtigt wird. Schwieriger ist zu entscheiden, ob § 894 BGB auch dann eingreift, wenn eine nach materiellem Recht bestehende Verfügungsbeschränkung vom Grundbuch nicht verlautbart wird, wenn also eine solche Beschränkung entweder bisher überhaupt noch nicht eingetragen oder aber bereits wieder zu Unrecht gelöscht worden ist. Der Wortlaut der Norm spricht eher dagegen: Der Inhalt des Grundbuchs steht zwar auch in diesen Fällen „in Ansehung ... einer Verfügungsbeschränkung der in § 892 Abs 1 BGB bezeichneten Art mit der wirklichen Rechtslage nicht im Einklange", aber die Anforderungen, die § 894 BGB an den Berichtigungsgläubiger stellt, sind nicht erfüllt: Der Berichtigungsanspruch wird hier ja nur demjenigen gewährt, dessen „Recht" nicht oder nicht richtig oder nur mit einer nicht bestehenden Belastung oder Beschränkung eingetragen ist, und mit dem Terminus „Recht" kann dabei dem Zusammenhang nach kaum etwas anderes gemeint sein als die im 1. HS genannten Liegenschaftsrechte, zu denen eine bloße Verfügungsbeschränkung nicht gehört. Andererseits geht aber § 22 Abs 1 GBO, dessen Anwendungsgebiet sich doch im Wesentlichen mit dem von § 894 BGB deckt, ganz selbstverständlich davon aus, dass das Grundbuch bei Nichterwähnung einer bestehenden Verfügungsbeschränkung unrichtig ist, ihre nachträgliche Eintragung also eine Grundbuchberichtigung darstellt. Schon dieser Umstand legt es nahe, § 894 BGB in diesem Sinne berichtigend auszulegen (KG JW 1928, 2466, 2467 = JFG 5, 298, 302 f; Weber DNotZ 1907, 241, 248; MünchKomm-BGB/H Schäfer[9] § 894 Rn 16 bei Fn 87; dagegen J Kohler 83 ff). Vor allem ist zu berücksichtigen, dass die Rechtsposition des durch die relative Verfügungsbeschränkung Geschützten bei fehlender oder unvollständiger Eintragung genauso durch den öffentlichen Glauben des Grundbuchs gefährdet ist, wie dies bei nicht oder nicht richtig eingetragenen Liegenschaftsrechten der Fall ist. Und es ist nun einmal kein Grund dafür ersichtlich, weshalb gerade bei nicht eingetragenen Verfügungsbeschränkungen die normalen Schutzmittel gegen die aus dem öffentlichen Glauben des Grundbuchs erwachsenden Risiken, also der Berichtigungsanspruch und der tatbestandlich von diesem abhängige Widerspruch, verweigert werden sollten. Die Möglichkeit, die Grundbuchberichtigung nach § 22 GBO zu erwirken, bietet dem durch die Verfügungsbeschränkung Geschützten jedenfalls bei bestimmten Konstellationen keinen ausreichenden Schutz (s § 899 Rn 42). Zu Recht ist deshalb seit langem fast allgemein anerkannt, dass § 894 BGB auch auf die Fallgruppen der nicht gebuchten Verfügungsbeschränkungen ausgedehnt werden muss (RGZ 90, 232, 235; BGH 19. 12. 2019 – V ZB 145/18, NJW-RR 2020, 395 Rn 27; KG KGJ 31 A 263, 265; 37 A 273, 279; 52 A 140, 144; RJA 10, 69, 72; 16, 331; OLGE 40, 54, 55; BayObLGZ 1994, 29, 31; OLG Braunschweig FamRZ 1995, 443, 444 f; Rosenberg § 894 Anm III 1b δ; Planck/Strecker § 894 Anm II 2; Biermann § 894 Anm 1e; BGB-RGRK/Augustin § 894 Rn 7, 23; MünchKommBGB/H Schäfer[9] § 894 Rn 16; Soergel/Kern[14] § 894 Rn 10; jurisPK-BGB/Toussaint[10] § 894 Rn 10, 35; NK-BGB/Krause[5] § 894 Rn 29; Erman/Artz[17] § 894 Rn 11; Grüneberg/Herrler[84] § 894 Rn 2; BeckOGK/Hertel [1. 9. 2024] § 894 Rn 31; Oberneck I 406; Kretzschmar § 894 Anm IV 1; Wolff/Raiser § 46 I bei Fn 12; Wilhelm[7] Rn 668 [unter Hinweis auf Mot Mugdan III 130]; H Westermann/Eickmann[8] § 71 Rn 15; Crome § 373 bei Fn 7; Endemann II 1 § 63 bei Fn 20; Goldmann/Lilienthal § 45 Fn 18; Cosack/Mitteis II 1 § 28 I aE; Prütting[38] Rn 242; Predari 82 f; Raape, Das gesetzliche Verfügungsverbot [1908] 80; Weber DNotZ 1907, 264 ff; Goldmann [Diss] 47 ff; Herold SächsArch 1906, 497; 1910, 322; Schilde 55; aA gegenwärtig nur J Kohler 83 ff; differenzierend früher Planck/Achilles[1] Anm II 2; Biermann, Widerspruch und Vormerkung 86 f; Turnau/Förster § 894 Anm II 2 [Berichtigungsanspruch nur bei Beschränkungen, die in einem weiteren Sinne den Inhalt des Rechts selbst betreffen, etwa Bedingungen oder Befristungen, Nacherbenrecht, Testamentsvollstreckung], ähnlich Du Chesne ZBlFG 12, 602).

46 **Einzelfälle**: Zu den Verfügungsbeschränkungen iS von § 892 Abs 1 S 2 BGB, deren Eintragung sich mit Hilfe des § 894 BGB erzwingen lässt – wenn die Berichtigungsklage nicht am fehlenden Rechtsschutzinteresse scheitert, s oben Rn 6 – gehören etwa die Beschränkungen des Vorerben durch das Recht des Nacherben (s KG KGJ 47 A 165, 168; 52 A 140, 143 ff = OLGE 40, 54 ff; OLGE 40, 122, 125; OLG Braunschweig FamRZ 1995, 443, 444; Planck/Strohal § 2113 Anm 4c; Bestelmeyer Rpfleger 1994, 189, 190; jurisPK-BGB/Toussaint[10] § 894 Rn 9) ebenso bei einem Grundstück, das einer Erbengemeinschaft gehört, die Verfügungsbeschränkung des Erbteilserwerbers, die sich aus einer aufschiebend bedingten Rückübertragung des Erbteils an den Erbteilsveräußerer ergibt (BayObLGZ 1994, 29, 31 f); ferner die Verfügungsbeschränkung, die sich nach der Wertung des § 1276 BGB aus der Pfändung des Miterbenanteils ergibt (RGZ 90, 232 ff, 235; BayObLG NJW 1959, 1780, 1781; KGJ 33 A 226, 231; OLG Hamm Rpfleger 1961, 201; Rosenberg § 894 Anm III 1b ε; Planck/Ebbecke § 2033 Anm 4; KEHE/Keller Einl D 39; Rupp/Fleischmann Rpfleger 1984, 223, 225 f; s auch § 892 Rn 242; Staudinger/D Wiegand [2019] § 1276 Rn 8; Staudinger/Löhnig [2020] § 2033 Rn 27); entsprechend die Verfügungsbeschränkung zugunsten des Gläubigers, der das Anwartschaftsrecht des Nacherben hat pfänden lassen (RGZ 83, 434, 438; KGJ 42 A 228, 239 f; 47 A 165, 167; Meikel/Böhringer[12] § 51 Rn 172; s auch Staudinger/Avenarius [2019] § 2100 Rn 80). Die (Ver-)Pfändung des Anteils an einer BGB-Gesellschaft führt nicht zu einer Verfügungsbeschränkung hinsichtlich der einzelnen Gegenstände des Gesellschaftsvermögens (BGH 20. 5. 2016 – V ZB 142/15, WM 2016, 1973 Rn 10 f; OLG Hamm MittBayNot 1987, 100, 101 = WuB § 859 ZPO 1/87 [Stürner/Münch]; MünchKommBGB/Ulmer/Schäfer[5] § 725 Rn 11, 25 mwNw; Soergel/Kern[14] § 894 Rn 10; **aA** Rupp/Fleischmann Rpfleger 1984, 223 ff für den Fall, dass die Übertragbarkeit des Gesellschaftsanteils im Gesellschaftsvertrag zugelassen war; konsequenterweise billigten diese Autoren dem Pfändungspfandgläubiger auch den Berichtigungsanspruch zur Erwirkung der Eintragung zu). S auch § 892 Rn 245.

47 Ist ein Nacherbenvermerk zu Unrecht gelöscht worden, kann der Nacherbe nach Eintritt des Nacherbfalls aufgrund von § 894 BGB nicht mehr Bewilligung der Wiedereintragung des Nacherbenvermerks, sondern nur noch die Bewilligung seiner eigenen Eintragung als nunmehriger Rechtsinhaber verlangen. Die Wiedereintragung des Vermerks würde die jetzige Rechtslage nämlich nicht korrekt wiedergeben, also an die Stelle der bisherigen Unrichtigkeit des Grundbuchs nur eine andere setzen (KGJ 49 A 177 f = OLGE 34, 222 f; OLG Hamm Rpfleger 1991, 59, 60; Demharter[33] § 51 Rn 20; Güthe/Triebel § 51 Rn 13; Staudinger/Avenarius [2019] § 2113 Rn 37 2. Abs; **aA** MünchKommBGB/Wacke[4] § 894 Rn 9m Fn 37, wonach für die Geltendmachung des Berichtigungsanspruchs nur das Rechtsschutzinteresse fehlt). – Ist ein Nacherbenvermerk zu Unrecht gelöscht worden, nachdem der Vorerbe das Grundstück unentgeltlich und damit nach § 2113 Abs 2 BGB nur auflösend bedingt wirksam übereignet hat, kann der Nacherbe von dem Erwerber nach § 894 BGB Zustimmung zur Wiedereintragung des Nacherbenvermerks verlangen. Dieser schützt den Nacherben nämlich nicht nur vor einem gutgläubigen Erwerb bei Verfügungen des Vorerben selbst, sondern auch gegenüber jedem weiteren Erwerber (OLG Braunschweig FamRZ 1995, 443, 444).

48 Wenn der einer Verfügungsbeschränkung iS von § 892 BGB unterliegende Rechtsinhaber vor deren Eintragung eine Verfügung zugunsten eines Bösgläubigen vorgenommen hat, sind die Konsequenzen nicht einheitlich: Handelt es sich um die Verfügungsbeschränkungen, denen ein Vorerbe unterworfen ist, dann hat der Nacherbe einfach den Berichtigungsanspruch auf Bewilligung der Eintragung des Nacherben-

vermerks gegen den Erwerber (KGJ 52 A 140, 143 ff – OLGE 40, 51 ff; MünchKommBGB/Wacke[4] § 894 Rn 9; MünchKommBGB/H Schäfer[9] § 894 Rn 17). Etwas anders ist die Situation, wenn es sich bei der fraglichen Verfügungsbeschränkung um ein *gerichtliches oder behördliches Veräußerungsverbot* iS der §§ 136, 135 BGB handelt, also etwa um ein gem § 938 Abs 2 ZPO ergangenes Verfügungsverbot. Wenn dieses einen obligatorischen Anspruch, der seinem Inhalt nach gem § 883 Abs 1 S 1 BGB vormerkungsfähig wäre, sicherte, kann der verbotsgeschützte Gläubiger vom verbotsbelasteten Schuldner wegen der relativen Unwirksamkeit der Verfügung weiterhin Erfüllung verlangen und zugleich nach § 888 Abs 2 iVm Abs 1 BGB vom Erwerber die verfahrensrechtlich erforderliche Zustimmung. Zu beachten ist aber, dass anerkanntermaßen auch das Veräußerungsverbot selbst automatisch gegenüber dem bösgläubigen Erwerber weiterwirkt (vgl J Kohler 73 mwNw in Fn 89), diesem also ebenfalls Verfügungen über das (relativ unwirksam erworbene) Recht untersagt sind. Der Verbotsgeschützte muss deshalb zusätzlich den Berichtigungsanspruch des § 894 BGB gegen den bösgläubigen Dritterwerber haben, mit dessen Hilfe er die nachträgliche Eintragung des Veräußerungsverbotes erzwingen kann (so auch MünchKommBGB/H Schäfer[9] § 894 Rn 17 Fn 91 unter allerdings nicht ganz passender Berufung auf RGZ 132, 145, 148). Dementsprechend muss auch ein Widerspruch wegen der fehlenden Eintragung des Verfügungsverbotes möglich sein. Anderenfalls bestünde nämlich die Gefahr, dass das Veräußerungsverbot durch eine erneute Verfügung des Dritterwerbers zugunsten eines gutgläubigen Vierten nach § 892 Abs 1 S 2 BGB seine Wirkung verliert. Dagegen kann der Geschützte grundsätzlich nicht mit Hilfe des Grundbuchberichtigungsanspruchs gegen den bösgläubigen Dritterwerber unmittelbar die Beseitigung der Eintragung der verbotswidrigen Verfügung erzwingen (Planck/Strecker § 894 Anm II 2, § 888 Anm I 2 g; Güthe/Triebel § 25 Rn 36 [2. Abs]; vgl auch RGZ 132, 419, 424 zur Parallelproblematik bei der Vormerkung). Zum einen ist der Lösungsweg, den der Gesetzgeber mit den kombinierten Rechtsfolgenanordnungen der §§ (136) 135 Abs 1 S 1, 888 Abs 2 für die Verwirklichung des verbotsgesicherten Anspruchs zur Verfügung stellt, insoweit offensichtlich als abschließende Spezialregelung gemeint. Zum anderen weicht der Grundbuchinhalt nach der verbotswidrigen und deshalb relativ unwirksamen Verfügung doch nur insoweit von der wirklichen Rechtslage ab, als er die dem Verbotsbetroffenen verbleibende „relative Rechtszuständigkeit" (oder genauer: seine eigenartige Rechtsmacht zur erneuten Verfügung über das auf den Dritterwerber bereits übergegangene Recht) nicht ausweist. Die Wiedereintragung des verbotsbelasteten Veräußerers im Wege der Grundbuchberichtigung würde damit über die Beseitigung dieser „Unrichtigkeit" weit hinausgehen, das Grundbuch also ihrerseits unrichtig machen. – Wenn ein Veräußerungsverbot anstelle des eigentlich einschlägigen Widerspruchs eingetragen wird und anschließend der Verbotsbetroffene das fragliche Recht weiter überträgt, so soll nach J Kohler (133 ff) das Verfügungsverbot den gutgläubigen Erwerb ausschließen, sodass gegen den Erwerber der Grundbuchberichtigungsanspruch gegeben wäre (so ist wohl auch MünchKommBGB/Wacke[4] § 894 Rn 17 zu verstehen). Für ein derartiges „widerspruchsvertretendes Verfügungsverbot" besteht jedoch keinerlei Bedürfnis. Wenn aber der Weg des Verfügungsverbotes einmal irrtümlich beschritten wird, muss eine anschließende verbotswidrige Verfügung dem Erwerber doch wohl zumindest diejenige Rechtsposition nach § 892 BGB verschaffen, die er nach dem Grundbuchinhalt erwarten konnte: also einen relativ unwirksamen Rechtserwerb. – Schwierigkeiten müsste die Durchsetzung eines gerichtlichen Verfügungsverbots bereiten, das einen schlichten Verfügungsunterlassungsanspruch iS von § 137 S 2 BGB zum Gegenstand hat. Das Reichsgericht wollte dem Verbotsgeschützten bei der vergleichbaren Konstellation eines (nach preußischem Recht) durch Vertrag begründeten dinglichen Verfügungsverbots in Analogie zu § 894 BGB einen Anspruch auf Bewilligung der Wiedereintragung des verbotsbetroffenen Veräußerers gewähren (RGZ 132, 145, 148 f; ebenso BGB-RGRK/Augustin § 894 Rn 7, 23; MünchKommBGB/Wacke[4] § 894 Rn 17). Dieser Weg verbietet sich nach dem oben Gesagten aber schon deshalb, weil er nicht zu einem richtigen Grundbuch führen würde (so auch J Kohler 314). Man könnte eher daran denken, dem Verbotsgeschützten in Analogie zu § 888 Abs 2 BGB einen Anspruch auf Rückauflassung an den Veräußerer (bzw Rückübertragung des verbotswidrig erworbenen beschränkten Liegenschaftsrechts an diesen) zu geben (für unmittelbare Anwendung von § 888 Abs 2 BGB Knoke, in: FG Karl Güterbock [1910] 401, 423 f). Dagegen spricht jedoch, dass § 883 Abs 2 BGB nach zutreffender hM keinen Anspruch auf eine materiellrechtliche Zustimmung gibt; die analoge Anwendung einer Norm kann nun einmal nicht zu einer Veränderung des Inhaltes der Rechtsfolgenanordnung führen. Die Suche nach einem konstruktiven Ausweg erübrigt sich aber, weil ein gerichtliches Verfügungsverbot zur Sicherung eines reinen Verfügungsunterlassungsanspruchs in Wirklichkeit überhaupt nicht erlassen werden darf; es ist nach der Wertung des § 137 S 1 BGB unzulässig (J Kohler 293 ff, 321; ders DNotZ 1989, 339, 342 f; Staudinger/Kohler [2024] § 137 Rn 59 mwNw; MünchKommBGB/Wacke[4] § 888 Rn 3; Merrem JR 1993, 53, 55; mit Einschränkungen auch Chr Berger, Rechtsgeschäftliche Verfügungsbeschränkungen [1998] 123 ff; **aA** BGH LM § 137 BGB Nr 2 [obiter]; BGHZ 134, 182, 186; BayObLG NJW 1978, 700, 701; OLG Köln MittRhNotK 1995, 102; NK-BGB/Looschelders[4] § 136 Rn 9, 137 Rn 21 f; Böhringer Rpfleger 1994, 45, 47; und die hM; dazu umfangreiche Nw bei J Kohler 23 Fn 27, 295 Fn 311).

49 Andere gerichtliche oder behördliche Verfügungsverbote, die nicht als einstweilige Verfügung nach § 938 Abs 2 ZPO, sondern kraft spezieller gesetzlicher Ermächtigung erlassen werden, dienen regelmäßig nicht dem Schutz eines schuldrechtlichen Erfüllungsanspruchs. § 883 Abs 2 BGB kann hier deshalb nicht zur Anwendung gelangen (**aA** offenbar Böttcher Rpfleger 1985, 381, 385). Hier muss die konkrete *Rechtsfolge des Verbotsverstoßes* jeweils im Wege gesetzesergänzender Auslegung (s Ruhwedel JuS 1980, 161, 166) aus der ratio legis der betreffenden Vorschrift entwickelt werden. Zumeist wird hier das Ergebnis wohl sein, dass der Verbotsgeschützte gegenüber dem Erwerber einen Anspruch auf Rückübertragung der (relativ-unwirksam erlangten) Rechtsposition auf den der Verfügungsbeschränkung unterliegenden Veräußerer hat. Dies galt beispielsweise für § 106 KO (seit 1. 1. 1999: § 22 Abs 2 Nr 2 InsO). Teilweise abw Eickmann KTS 1974, 202, 214 f und Böttcher (Rpfleger 1985, 381, 385), die bei einer vom (späteren) Insolvenzschuldner verbotswidrig vorgenommenen Grundstücksübereignung dem Konkursverwalter einen Anspruch auf Zustimmung zur Grundbuchberichtigung (= Wiedereintragung des Insolvenzschuldners als Eigentümer) gewähren, bei der verbotswidrigen Belastung des Grundstücks mit einem Grundpfandrecht dagegen einen Anspruch darauf, dass der Gläubiger auf das Recht verzichtet. Warum der Anspruch im ersteren Falle auf eine bloße Verfahrenserklärung (nämlich die Berichtigungsbewilligung) und nur im zweiten Falle auf eine materiell-rechtliche Verfügung gerichtet sein soll, bleibt dabei unerfindlich. – Die Wirkung eines Verfügungsverbots zugunsten des betreibenden Gläubigers hat die Anordnung der Zwangsversteigerung oder Zwangsverwaltung (§ 23 Abs 1 S 1 ZVG iVm §§ 20 Abs 1, 146 Abs 1 ZVG). Wegen der Konsequenzen, die sich hier ergeben, wenn der Schuldner vor Eintragung des Zwangsversteigerungs- bzw Zwangsverwaltungsvermerks eine Verfügung zugunsten eines Bösgläubigen vornimmt, vgl JAECKEL/GÜTHE, ZVG[7] § 23 Rn 5, § 26 Rn 3; KORINTENBERG/WENZ, ZVG[6] § 26 Anm 2.

g) Sonstige Unrichtigkeiten im Hinblick auf Verfügungsbeschränkungen

Eine den Anspruch aus § 894 BGB auslösende Grundbuchunrichtigkeit ist auch dann gegeben, wenn eine relative Verfügungsbeschränkung iS von § 892 Abs 1 S 2 BGB nicht ihrem vollen Umfang nach eingetragen ist, wenn also etwa statt des in einer einstweiligen Verfügung ausgesprochenen Verbots jeder Verfügung über das betreffende Grundstück nur ein „Belastungsverbot" eingetragen ist (vgl KELLER/MUNZIG/MEIER[9] § 22 Rn 111; PLANCK/STRECKER § 894 Anm II 2, 4. Abs). Ebenso ist das Grundbuch natürlich unrichtig, wenn der Eintrag den Umfang der bestehenden Verfügungsbeschränkung übertreibt (Beispiel: Bei der Eintragung des Nacherbenvermerks ist die in § 51 GBO vorgeschriebene Angabe der Befreiungen des Vorerben unterblieben). In derartigen Fällen wird allerdings eine Berichtigungsklage selten erforderlich sein, weil sich der Umfang der Verfügungsbeschränkung mit öffentlichen Urkunden nachweisen lassen wird. 50

Das Grundbuch ist natürlich auch dann unrichtig und berichtigungsbedürftig, wenn die Person desjenigen, der durch ein relatives Verfügungsverbot geschützt wird, wechselt. Das ist beispielsweise der Fall, wenn das Anwartschaftsrecht des Nacherben, das sich ja im Hinblick auf die Nachlassgegenstände wie ein Verfügungsverbot der in § 892 Abs 1 S 2 BGB bezeichneten Art auswirkt (KGJ 52 A 166, 168; SOERGEL/WEGMANN[14] § 2100 Rn 21), von diesem auf einen Dritten übertragen wird (zur Veräußerlichkeit des Anwartschaftsrechts des Nacherben und zu den Rechtsfolgen der Übertragung s STAUDINGER/AVENARIUS [2019] § 2100 Rn 74 ff; SOERGEL/WEGMANN[14] § 2100 Rn 23, 24; MEIKEL/BÖHRINGER[12] § 51 Rn 159 ff). Entsprechendes gilt für die Pfändung oder Verpfändung des Nacherbenrechtes (s dazu MEIKEL/BÖHRINGER[12] § 51 Rn 22 ff). Auch in diesen Fällen ist allerdings der Berichtigungsanspruch wegen der Möglichkeit des Vorgehens nach § 22 GBO kaum von Bedeutung. 51

Nach ROSENBERG (§ 894 Anm III 1b ε) hat der Nacherbe den Berichtigungsanspruch auch dann, wenn sein Recht durch die Eintragung einer nicht bestehenden Belastung oder Beschränkung beeinträchtigt wird. Das ist bedenklich: Der Nacherbenvermerk dient allein der Offenlegung der Verfügungsbeschränkungen, denen der Vorerbe vor dem Nacherbfall unterworfen ist. Er soll deutlich machen, dass bestimmte Verfügungen des Vorerben, wenn sie endgültig wirksam sein sollen, der Zustimmung des Nacherben bedürfen. An diesem Erfordernis der Zustimmung des Nacherben ändert aber eine etwaige Pfändung oder Verpfändung des Nacherbenrechts überhaupt nichts. Bei Unwirksamkeit der eingetragenen Pfändung oder Verpfändung spiegelt das Grundbuch lediglich vor, dass zu Verfügungen des Vorerben außer der Zustimmung des Nacherben noch die des angeblichen Pfandgläubigers erforderlich sei. 52

h) Nichteintragung einer Vormerkung

Die Vormerkung (§§ 883 ff BGB) ist nach zutreffender hA kein echtes dingliches Recht, sondern ein Sicherungsmittel eigener Art, das dem Schutz eines persönlichen Anspruchs dient und nur in einzelnen Richtungen dingliche Wirkungen hat, also einem dinglichen Recht nur angenähert ist (RGZ 151, 389, 392; BGHZ 25, 16, 23; 60, 46, 49; SCHNEIDER DNotZ 1982, 523, 528, 533; TIEDTKE Jura 1981, 354, 370; vgl auch CANARIS, in: FS Flume [2014] I 371, 381 ff; MünchKommBGB/WACKE[4] § 883 Rn 3). Dieses Mischgebilde aus schuld- 53 rechtlichen und dinglichen Elementen kann aber anerkanntermaßen in vielerlei Hinsicht nach Analogie der für dingliche Rechte geltenden Vorschriften behandelt werden (s BGHZ 60, 46, 50; MünchKommBGB/Lettmaier[9] § 883 Rn 7). So ist man sich heute darüber einig, dass der Vormerkungsgläubiger bei fehlender oder unrichtiger Verlautbarung seiner quasidinglichen Rechtsposition im Grundbuch den Schutz des § 894 BGB genießen muss (Planck/Strecker § 894 Anm II 3 b; Biermann § 894 Anm 1 f; Rosenberg § 894 Anm III 1b ε; MünchKommBGB/H Schäfer[9] § 894 Rn 18; Soergel/Kern[14] § 894 Rn 9; NK-BGB/Krause[5] § 894 Rn 18; Erman/Artz[17] § 894 Rn 12; Grüneberg/Herrler[84] § 894 Rn 2; StudK/Jacoby/vHinden[18] § 894 Rn 4; Jauernig/Berger[19] § 883 Rn 29; AK-BGB/L vSchweinitz § 894 Rn 33; Köbler JuS 1982, 181, 185; RGZ 129, 184, 186; 132, 419, 424; BGHZ 60, 46, 50 f; BayObLGZ 1961, 63, 68; KG HRR 1930 Nr 117). Es handelt sich dabei um eine analoge Anwendung der Norm.

54 Früher war allerdings streitig, ob auch bei unrechtmäßiger Löschung einer Vormerkung der Grundbuchberichtigungsanspruch gegeben ist. Ein Teil des Schrifttums verneinte dies aufgrund der Annahme, dass die Vormerkung als bloßer Grundbuchvermerk nicht außerhalb des Grundbuches existieren könne, mithin auch bei einer unrechtmäßigen Löschung untergehen müsse (Rosenberg § 894 Anm III 1b ε, § 883 Anm IV 7b α; Kretzschmar § 894 Anm IV 2; Turnau/Förster § 886 Anm II 5; Crome III § 376 Fn 134; O vGierke § 119 Fn 167; Oberneck I 463; Goldmann/Lilienthal § 42 bei Fn 12; Biermann, Widerspruch und Vormerkung 214; Walsmann, Der Verzicht 87; ebenso KGJ 43 A 214 = RJA 12, 170; KGJ 50 A 168, 173; KG OLGE 30, 21; HRR 1929 Nr 1434). Zu Recht hat sich aber demgegenüber seit langem die Auffassung durchgesetzt, dass die Vormerkung durch eine zu Unrecht (dh ohne Vorliegen eines materiellen Erlöschensgrundes) erfolgte Löschung nicht untergehen kann, dass das Grundbuch dadurch vielmehr iS von §§ 22 GBO, 894 BGB unrichtig und berichtigungsbedürftig wird (RGZ 128, 184, 186; 132, 423; BGHZ 60, 46, 51; BayObLGZ 1961, 63, 68; OLG München 16. 12. 2015 – 34 Wx 283/15, NJW-RR 2016, 529 Rn 36; Planck/Strecker § 886 Anm 1b; Fuchs § 894 Anm 3; MünchKommBGB/H Schäfer[9] § 894 Rn 18; BGB-RGRK/Augustin § 894 Rn 10; Soergel/Kern[14] § 894 Rn 9; jurisPK-BGB/Toussaint[10] § 894 Rn 11m Fn 11; NK-BGB/Krause[5] § 894 Rn 18; Erman/Artz[17] § 894 Rn 12; BeckOGK/Hertel [1. 9. 2024] § 894 Rn 12; Wolff/Raiser § 46 VI 2 d; § 48 Fn 42; Güthe Gruchot 57 [1913] 1, 89 ff; Brachvogel JherJb 81 [1931] 32 ff; Schilde 54 f). Die Vormerkung wäre nicht das zuverlässige Sicherungsmittel, das sie sein soll und dessen der Liegenschaftsverkehr dringend bedarf, wenn ihre Wirkungen schon durch eine versehentliche oder durch die Vorlage einer gefälschten Löschungsbewilligung erschlichene Löschung entfielen. – Da *vormerkungswidrige Verfügungen* nur relativ unwirksam sind, wird das Grundbuch durch ihre Eintragung nicht unrichtig (s auch Rn 62). Der Vormerkungsgläubiger kann die Beseitigung solcher Eintragungen deshalb nicht nach § 894 BGB erzwingen, sondern ist nach §§ 883 Abs 2, 888 Abs 1 BGB darauf verwiesen, gegen den Schuldner auf Erfüllung und gegen den Dritterwerber auf Zustimmung zu klagen (RGZ 132, 416, 424; KG JFG 5, 324; HRR 1927 Nr 2186; BayObLGZ NJW-RR 1987, 1416, 1418; BeckOGK/Hertel [1. 9. 2024] § 894 Rn 30). Dies gilt auch dann noch, wenn der Vormerkungsgläubiger bereits das dingliche Recht erworben hat, auf dessen Begründung oder Verschaffung der vorgemerkte Anspruch unmittelbar gerichtet war, beispielsweise wenn der Gläubiger einer Auflassungsvormerkung bereits als Eigentümer eingetragen ist, aber noch die Beseitigung einer vom Vormerkungsschuldner vormerkungswidrig bestellten Belastung des Grundstücks erwirken muss (**aA** Güthe Gruchot 57 [1913] 1 72 94; Staudinger/Kober[9] § 888 Anm III 6; Biermann § 888 Anm 3, 4; Goldmann/Lilienthal § 41 Fn 24; **dagegen zu Recht** Planck/Strecker § 894 Anm I 2 g; Rosenberg

§ 888 Anm III 4; Kretzschmar § 894 Anm III; Cosack/Mitteis II 1 § 25 V; Güthe/Triebel § 25 Rn 36; Reichel JherJb 46 [1904] 59, 142; Voss JherJb 60 [1912] 293, 328 ff; s auch KG FJG 5, 324). Anders ist die Situation, wenn der Grundstückseigentümer das Grundstück nach Verkauf und Bestellung einer Auflassungsvormerkung für den Käufer noch mit einer weiteren Auflassungsvormerkung für einen zweiten Käufer belastet und nunmehr der erste Vormerkungsgläubiger seinen Übereignungsanspruch durchsetzt. Er kann anschließend nämlich mit Hilfe des Grundbuchberichtigungsanspruchs die Löschung der zweiten Vormerkung erzwingen. Mit der Übereignung des Grundstücks vom Vormerkungsschuldner an den ersten Vormerkungsgläubiger ist nämlich der bisher vormerkungsgesicherte zweite Übereignungsanspruch wegen nachträglicher subjektiver Unmöglichkeit erloschen; damit ist aber notwendigerweise auch die Vormerkung untergegangen.

i) Sonstige Unrichtigkeiten in Bezug auf Vormerkungen

55 Der Grundbuchberichtigungsanspruch ist natürlich auch dann gegeben, wenn das Grundbuch die *falsche Person als Gläubiger* der wirklich existierenden Vormerkung ausweist. Da die Vormerkung infolge ihrer Akzessorietät bei der Abtretung des gesicherten Anspruchs automatisch mitübergeht, hat der Zessionar den Grundbuchberichtigungsanspruch gegen den Zedenten (KG HRR 1930 Nr 117; KGJ 43 A 209, 212; BayObLGZ 1962, 322, 325; BayObLGZ 1971, 307, 310; Planck/Strecker § 894 Anm II 2c, § 883 Anm 4). Ebenso lässt sich im Wege der Grundbuchberichtigung nach § 894 BGB (oder § 22 GBO) die Eintragung der erfolgten Pfändung oder Verpfändung der durch Vormerkung gesicherten Forderung erreichen (KG JW 1937, 249; BayObLGZ 1967, 295, 297; BayObLG NJW 1976, 1895; MünchKommBGB/Kohler[8] § 883 Rn 72; Planck/Strecker § 894 Anm II 2 c, § 883 Anm 4; Vollkommer Rpfleger 1969, 410). Dem Vormerkungsgläubiger steht der Grundbuchberichtigungsanspruch zu, wenn bei der Vormerkung eine in Wirklichkeit nicht bestehende Belastung oder Beschränkung eingetragen ist (Rosenberg § 894 Anm III 1b ε; Planck/Strecker § 894 Anm II 3b aE; Schilde 54); ebenso wenn das Grundbuch die *Rangverhältnisse* zu Lasten der Vormerkung unrichtig ausweist: Der Vormerkungsgläubiger kann also beispielsweise vom Inhaber eines vorrangig oder gleichrangig eingetragenen, in Wirklichkeit aber nicht existierenden Rechtes die Bewilligung der Löschung des Rechts verlangen (Rosenberg § 894 Anm III 1b ε). Der Anspruchsgegner kann sich allerdings durch die Einräumung des Vorrangs befreien (s Rn 121). Was für ein unzutreffendes Rangverhältnis bei den rangfähigen Vormerkungen gilt, trifft auch auf die unzutreffende Ausweisung der Wirksamkeitsreihenfolge (s Staudinger/Gursky [2013] § 883 Rn 279 f) von Auflassungsvormerkungen im Verhältnis zu beschränkten Liegenschaftsrechten, anderen Auflassungsvormerkungen und Verfügungsbeschränkungen zu. – Der BGH lässt es zu, dass nach einer eingetragenen Zession und späterer Rückzession die Berichtigung des Grundbuchs nicht durch Eintragung eines zweiten Abtretungsvermerks, sondern durch Löschung des ersten Abtretungsvermerks erfolgt (BGH 27. 9. 2007 – III ZR 278/06, juris Rn 18). Das ist bedenklich, weil damit der Anschein entsteht, die erste Zession sei unwirksam gewesen.

56 Berichtigungsbedürftig wird das Grundbuch schließlich auch, wenn sich außerhalb des Grundbuchs der *Inhalt des vormerkungsgesicherten Anspruchs ändert* (KG DNotZ 1930, 109, 110; Reichel Recht 1907, 1512; Güthe/Triebel § 25 Rn 32; Keller/Munzig/Meier[9] § 22 Rn 87). Dabei ist allerdings im Einzelnen streitig, welche Inhaltsänderungen insoweit überhaupt in Betracht kommen (s dazu Staudinger/Gursky [2013] § 883 Rn 354 ff;

STAUDINGER/KESSELER [2020] § 883 Rn 452 ff; PROMBERGER Rpfleger 1977, 157, 158; ferner STAUDINGER/KOBER[9] § 883 Anm 7c; RHEINEN, Ist die Vormerkung eine Verfügungsbeschränkung [1929] 51 ff; BIERMANN § 886 Anm 3; REICHEL, Umschreibung der Vormerkung [1905] 36 ff). Falls eine Auflassungsvormerkung zur Sicherung des bei Annahme einer Vertragsofferte künftig entstehenden Übereignungsanspruchs im Grundbuch eingetragen ist, entsteht durch die nachträgliche Annahme der Offerte natürlich kein Berichtigungsbedarf (BayObLG NJW-RR 1995, 398). Der zu sichernde Anspruch ist nicht geändert worden, sondern entstanden.

4. Keine Unrichtigkeit

57 **a)** Die materiell unrechtmäßige Löschung eines Widerspruchs macht das Grundbuch nach zutreffender Ansicht nicht unrichtig, da der **Widerspruch** im Gegensatz zur Vormerkung in der Tat einen bloßen Grundbuchvermerk darstellt, der außerhalb des Grundbuches nicht existieren kann (s § 899 Rn 94). Der Inhaber des bisher durch Widerspruch gesicherten Rechts kann deshalb nicht nach § 894 BGB (oder § 22 GBO) vorgehen, sondern muss einen erneuten Widerspruch gegen die Richtigkeit der angegriffenen Eintragung erwirken (MünchKommBGB/H SCHÄFER[9] § 899 Rn 6; jurisPK-BGB/TOUSSAINT[10] § 894 Rn 12 aE; GRÜNEBERG/HERRLER[84] § 894 Rn 3).

58 Wird das widerspruchsgesicherte Recht übertragen, ohne dass zugleich auch der Widerspruch auf den neuen Rechtsinhaber umgeschrieben wird, so tritt dadurch ebenfalls keine Unrichtigkeit des Grundbuchs ein (**aA** KELLER/MUNZIG/MEIER[9] § 22 Rn 104; ROSENBERG § 894 Anm III 1b, § 899 Anm IV 5); der Widerspruch wirkt vielmehr automatisch auch zugunsten des Rechtsnachfolgers des in der Eintragungsformel des Widerspruchs Genannten (MünchKommBGB/H SCHÄFER[9] § 894 Rn 18; s auch § 892 Rn 132, § 899 Rn 22). Die Umschreibung des Widerspruchs ist somit nicht Grundbuchberichtigung, sondern bloße Klarstellung.

59 **b)** Im Sinne von § 894 BGB „unrichtig" ist das Grundbuch nur bei einer Abweichung zwischen materieller Rechtslage und Grundbuchinhalt. Wenn die materiellen Voraussetzungen einer bestimmten Rechtsänderung mit deren konstitutiver Eintragung sämtliche erfüllt sind, führt das etwaige Fehlen wesentlicher **verfahrensrechtlicher** Voraussetzungen (etwa eines Eintragungsantrags, § 13 GBO, oder der Bewilligung, § 19 GBO) nicht zur Unrichtigkeit des Grundbuchinhaltes. Eine solche Eintragung kann deshalb nicht mit Hilfe des Grundbuchberichtigungsanspruchs beseitigt werden (COSACK/MITTEIS II 1 § 28 I 3b). Auch wenn das Grundbuchamt abweichend von der Antragsreihenfolge die Eintragung vornimmt und damit gegen § 17 GBO verstößt, verletzt es zwar eine Amtspflicht, das Grundbuch wird dadurch jedoch nicht unrichtig, da die Rechte von vornherein mit dem eingetragenen Rang entstehen (OLG München 19. 6. 2015 – 34 Wx 24/15, Rpfleger 2015, 693). Unrichtig im Sinne von § 894 BGB ist das Grundbuch schließlich auch nicht, wenn das Grundbuchamt das *Rangverhältnis* unter mehreren in das Grundbuch einzutragenden Rechten abweichend von einer verfahrensrechtlichen Rangbestimmung einträgt; unrichtig ist es vielmehr nur, wenn die Eintragung unter Verstoß gegen eine materiell-rechtliche Rangvereinbarung erfolgt (BGH 20. 2. 2014 – V ZB 179/13, NJW-RR 2014, 788, 790 mwNw).

60 **c)** Das Grundbuch wird nicht unrichtig, wenn die Eintragung hinter der Einigung zurückbleibt, das Recht aber nach § 139 BGB wenigstens mit dem im Eintrag ange-

gebenen geringeren Inhalt und Umfang entstanden ist (Staudinger/Ertl[12] § 873 Rn 184; Staudinger/C Heinze [2018] § 873 Rn 196 f); der bisher nicht durch die Eintragung vollzogene Teil der Einigung ist dadurch auch nicht verbraucht (Keller/Munzig/Meier[9] § 22 Rn 37; Bauer/Schaub/Schäfer[5] § 22 Rn 54). Für den umgekehrten Fall, dass die Eintragung weiter als die Einigung gefasst ist, ist das Recht hingegen nur mit dem Inhalt und Umfang der Einigung entstanden (BeckOGK/Hertel [1. 9. 2024] § 894 Rn 30). Dies ist etwa der Fall, wenn ein *bedingtes* Recht im Grundbuch (etwa infolge eines Übertragungsfehlers) als unbedingtes ausgewiesen ist (so OLG München 7. 10. 2016 – 34 Wx 256/16, Rn 14; s dazu schon Rn 38).

d) Der Umstand, dass ein *obligatorischer* Anspruch auf die Herbeiführung einer Änderung der dinglichen Rechtslage besteht, macht das Grundbuch naturgemäß noch nicht unrichtig (vgl RGZ 53, 375; 60, 259 ff; BayObLGZ 1998, 255, 259 f = Rpfleger 1999, 178, 179; Soergel/Kern[14] § 894 Rn 5). Daran ändert sich auch dann nichts, wenn bereits das erste für die Rechtsänderung erforderliche Element, die Einigung oder einseitige Verfügungserklärung, vorliegt (und sogar bindend ist), aber eben noch die konstitutive Eintragung fehlt (OLG München SeuffA 67 Nr 181 S 328; Rosenberg § 894 Anm III 1c). Wenn eine dem Eintragungsprinzip unterliegende Rechtsänderung sachenrechtlich unanfechtbar ist, aber mangels wirksamen Kausalgeschäfts kondizierbar ist, gehört der Fall überhaupt nicht unter § 894 BGB. Ebenso wenig steht der Anspruch aus § 894 BGB einem Hypothekengläubiger zu, dessen Recht bei der Begründung (zB infolge einer Verletzung der §§ 17, 45 GBO durch das Grundbuchamt) mit einem schlechteren als dem vereinbarten Rang eingetragen wurde; der Hypothekar hat hier nur einen obligatorischen, auf Verschaffung des richtigen Ranges gerichteten Resterfüllungsanspruch (s Staudinger/S Heinze [2018] § 879 Rn 45 ff; Wolff/Raiser § 41 III; Gursky, Klausurenkurs[12] Rn 12 f; ferner OLG Dresden SeuffA 61 Nr 155; BayObLGZ 16, 126). Genauso wenig kann der neue Grundstückseigentümer aufgrund von § 894 BGB die Löschung einer als Gläubigerhypothek eingetragenen Post erwirken, wenn diese in Wahrheit Eigentümergrundschuld des Grundstücksveräußerers ist; der Erwerber ist hier darauf angewiesen, seinen Anspruch aus §§ 433 Abs 1 S 2, 435, 437 Nr 1, 439 Abs 1 1 Alt, 442 Abs 2 BGB gegen den Veräußerer durchzusetzen (zum alten, insofern inhaltsgleichen Kaufrecht RGZ 60, 259, 264; RG BayZ 1909, 392; MünchKommBGB/Wacke[4] § 894 Rn 15). Der jetzige Eigentümer kann aber nach § 14 GBO selbst den Antrag auf Grundbuchberichtigung stellen, sobald er ein rechtskräftiges Urteil über seinen schuldrechtlichen Löschungsanspruch erstritten hat. Wenn eine Verfügung über ein Grundstück oder Liegenschaftsrecht nach § 143 Abs 1 InsO (= § 37 KO) bzw § 11 Abs 1 AnfG nF (= § 7 AnfG aF) erfolgreich angefochten wird, so führt dies nicht zur Unrichtigkeit des Grundbuches (RGZ 67, 39, 41; 71, 176, 178 f). Die Anfechtung hat nämlich keine dingliche Wirkung (so aber die „Dinglichkeitstheorie", zB vTuhr II 1 § 57 VII; Crome I § 80 III; Hellwig ZZP 26, 474 ff, 478; Hellmann SeuffBl 70, 401 ff), sondern löst nur einen *schuldrechtlichen* Anspruch des Anfechtungsgläubigers bzw Insolvenzverwalters gegen den Anfechtungsgegner aus, aufgrund dessen der letztere im Falle des § 11 Abs 1 AnfG den Vollstreckungszugriff auf das anfechtbare Erlangte zu dulden hat (RGZ 162, 218, 220 f; BGH NJW 1961, 1463 f; Jaeger, Die Gläubigeranfechtung[2] Einl IV A, § 1 Rn 10 ff § 7 Rn 1 ff, § 9 Rn 8; Huber, AnfG [10. Aufl 2006] § 11 Rn 17; hM), im Falle des § 143 Abs 1 InsO das anfechtbar Erlangte der Insolvenzmasse zurückzugewähren hat (Jaeger/Henckel, KO[9] § 37 Rn 152; J Kohler 370; Uhlenbruck/Borries/Hirte[15] § 143 Rn 1, 5a). Das Grundbuch ist natürlich auch dann nicht unrichtig, wenn es eine 61

Grundbuchbelastung verschweigt, die gar nicht buchungsfähig ist, wie etwa eine Überbaurente (§§ 912, 914 BGB).

62 **e)** Nicht zu einer Unrichtigkeit des Grundbuchs führen regelmäßig *vormerkungswidrige Verfügungen* (BayObLG NJW-RR 1987, 1416, 1417; DNotZ 1999, 667, 669 f; OLG Hamm OLGZ 1993, 284, 286 m abl Anm DEMHARTER Rpfleger 1993, 442; jurisPK-BGB/TOUSSAINT[10] § 894 Rn 16): Hier hat der Vormerkungsgläubiger nur die Möglichkeit, seinen gesicherten Anspruch durch ein kombiniertes Vorgehen gegen den Vormerkungsschuldner und den Zwischenerwerber durchzusetzen (s STAUDINGER/KESSELER [2020] § 883 Rn 236 f). Nur eine vormerkungswidrige Aufhebung bzw Inhalts- oder Rangänderung eines an den Vormerkungsgläubiger abzutretenden beschränkten Liegenschaftsrechts bedarf in Analogie zu §§ 876, 877, 880 Abs 3 BGB der Zustimmung des Vormerkungsberechtigten (s STAUDINGER/KESSELER [2020] § 883 Rn 310 ff mwNw). Erfolgt die Löschung bzw Eintragung ohne diese Zustimmung, ist die Verfügung also absolut unwirksam. Der Grundbuchberichtigungsanspruch steht aber im Falle der unwirksamen Inhalts- oder Rangänderung des vormerkungsbetroffenen Rechts nur dem Vormerkungsschuldner, nicht dem Vormerkungsgläubiger zu. Einen eigenen Grundbuchberichtigungsanspruch zur Wiederherstellung der korrekten Inhalts- oder Rangangabe erhält der Vormerkungsgläubiger erst mit der Erfüllung des vormerkungsgesicherten Anspruchs, also als neuer Inhaber des bisher vormerkungsbetroffenen Rechts. Entsprechend ist die Situation, wenn der teilende Eigentümer nach Eintragung einer Auflassungsvormerkung für den ersten Erwerber eines Wohnungseigentumsrechts noch eine Änderung der Gemeinschaftsordnung einseitig getroffen und eintragen lassen hat; das Grundbuch wird dadurch absolut unrichtig, der Vormerkungsgläubiger ist davon aber noch nicht betroffen und hat deshalb noch keinen eigenen Grundbuchberichtigungsanspruch (BayObLGZ 1998, 255, 259 = Rpfleger 1999, 178, 179). Im Falle der unwirksamen Aufhebung des vormerkungsbetroffenen Rechts muss der Vormerkungsgläubiger nach § 895 BGB vorgehen (s STAUDINGER/KESSELER [2020] § 888 Rn 48).

63 Keinen Grundbuchberichtigungsanspruch hat auch der Gläubiger eines Rückübertragungsanspruchs aus § 3 Abs 1 S 1 VermG, denn das Grundbuch wird ja erst mit dem Eintritt der Bestandskraft der dem Antrag stattgebenden Entscheidung über den Restitutionsanspruch (§ 34 VermG) unrichtig (OLGR Brandenburg 2002, 33, 34; LG Berlin DtZ 1991, 412, 413; HORN, Das Zivil- und Wirtschaftsrecht im neuen Bundesgebiet [2. Aufl 1993] § 13 Rn 214 ff; MünchKommBGB/H SCHÄFER[9] § 894 Rn 11; HAAS JZ 1994, 572, 573; FIEBERG/REICHENBACH/MESSERSCHMIDT/NEUHAUS/REDEKER/HIRTSCHULZ/TANK [Stand: Jan 2007] § 3 VermG Rn 135; DEMHARTER[33] § 22 Rn 16).

5. Gegenwärtige Unrichtigkeit

64 Der Grundbuchberichtigungsanspruch setzt wie alle dinglichen Rechtsverwirklichungsansprüche einen *gegenwärtigen* unrechtmäßigen Zustand, hier also eine gegenwärtige Unrichtigkeit des Grundbuchinhaltes voraus. Der Richter darf der Grundbuchberichtigungsklage somit nicht stattgeben, wenn die bei Klageerhebung ursprünglich bestehende *Unrichtigkeit* während des Prozesses, also spätestens bis zur letzten mündlichen Verhandlung *geheilt* worden ist. Dies kann auf verschiedene Weise geschehen: Zumeist wird es darum gehen, dass eine zunächst noch fehlende materielle Wirksamkeitsvoraussetzung der im Grundbuch bereits verlautbarten Verfü-

gung nachgeholt oder ersetzt wird: So zB die Einigung (§ 873 BGB) oder Aufgabeerklärung (§ 875 BGB) (s Staudinger/C Heinze [2018] § 873 Rn 8 f; § 875 Rn 71), oder die erforderliche Zustimmung eines Dritten, etwa nach § 876 BGB (dazu Staudinger/C Heinze [2018] § 876 Rn 47 und unten Rn 106) oder § 880 Abs 2 S 2 BGB oder nach § 108 BGB oder § 177 BGB oder § 185 Abs 2 BGB; oder eine familiengerichtliche, betreuungsgerichtliche oder behördliche Genehmigung etwa nach §§ 1643 Abs 1, 1799 Abs 1, 1850, 1856 BGB oder nach § 35 Abs 2 BauGB oder § 144 BauGB oder § 2 GrdstVG, ferner durch Zeitablauf (§§ 900, 901, 1028 Abs 1 S 2 BGB), bei nicht eingetragenen höchstpersönlichen Rechten durch Tod des Berechtigten, bei nicht eingetragenen auflösend bedingten Rechten durch Bedingungseintritt usw Hat jemand *unter fremdem Namen* handelnd ein Liegenschaftsrecht erworben, so ist dieses weder für ihn noch für den eingetragenen Namensträger begründet, also zunächst einmal ein Berichtigungsanspruch des Verfügenden gegen den Namensträger gegeben (MünchKommBGB/Wacke[4] § 894 Rn 12). Der Namensträger kann jedoch durch Genehmigung analog § 177 BGB (s Staudinger/Schilken [2024] § 177 Rn 21) dem Anspruch die Grundlage entziehen, vorausgesetzt allerdings, dass er die Genehmigung nicht bereits verweigert hat. Wegen eines Verzichtes auf den Berichtigungsanspruch und einer möglichen Verwirkung des Anspruchs s unten Rn 130, 144. Nicht eigentlich hierher gehört der Fall, dass die Unrichtigkeit durch den *gutgläubigen Erwerb eines Dritten* endet, denn dann hat diesem Dritten gegenüber nie ein Grundbuchberichtigungsanspruch bestanden (sofern nicht bei seiner Eintragung zunächst noch die Einigung oder eine sonstige Wirksamkeitsvoraussetzung seines Erwerbs fehlte). Gleiches gilt für den Fall, dass die Unrichtigkeit durch den Erwerb kraft unanfechtbaren Zuschlags nach § 90 ZVG in der Zwangsversteigerung endet (vgl OLG München 21. 11. 2018 – 34 Wx 105/18, NZG 2019, 1183 Rn 21 f; MünchKommBGB/H Schäfer[9] § 894 Rn 4). Wird ein Grundpfandrecht an einem zu Unrecht eingetragenen Erbbaurecht gutgläubig erworben, entfällt dadurch der Berichtigungsanspruch gegen den scheinbaren Erbbauberechtigten ebenfalls nicht; die Existenz des Erbbaurechts wird ja nur zugunsten des Grundpfandgläubigers fingiert (s § 892 Rn 222). Somit kann auch weiterhin ein Amtswiderspruch gegen das Erbbaurecht eingetragen werden (BayObLGZ 1986, 294, 301; Meikel/Schneider[12] § 53 Rn 72 bei Fn 429).

Da § 894 BGB eine gegenwärtige Unrichtigkeit des Grundbuches voraussetzt, lassen **65** sich mit diesem Rechtsbehelf unrichtige Angaben über einen vergangenen Rechtszustand nicht korrigieren, obwohl dieser für andere Rechtsfragen weiterhin von Bedeutung sein kann (s § 891 Rn 42): Wenn etwa die Parteien einer nichtigen Grundstücksveräußerung unzutreffenderweise nur den Kaufvertrag, nicht aber auch die Übereignung als unwirksam ansehen und deshalb eine Rückübereignung vornehmen, wird durch die Wiedereintragung des Veräußerers die bisherige Unrichtigkeit des Grundbuches beseitigt. Zwar lässt der Grundbuchinhalt weiterhin den Schluss zu, dass der Grundstückskäufer zwischen seiner Eintragung und der Wiedereintragung des Verkäufers Eigentümer war. Es ist jedoch kein Rechtsbehelf ersichtlich, mit dem der Grundstückseigentümer in dieser Hinsicht eine Korrektur des Grundbuchinhaltes erreichen könnte. Die Grundlage der Wiedereintragung des Veräußerers (s § 9 lit d GBV) ist mit der in Spalte 4 der ersten Abteilung genannten Rückauflassung korrekt gekennzeichnet (s KG OLGE 15, 344 f = KGJ 34 A 245 f).

6. Erweiterter Anwendungsbereich bei Grundpfandrechten

66 § 894 BGB findet nach § 1157 S 2 BGB (evtl iVm §§ 1192 Abs 1, 1200 Abs 1 BGB) bei den Grundpfandrechten auch wegen solcher Einreden Anwendung, die der Eigentümer dem Grundpfandrecht aufgrund eines besonderen Rechtsverhältnisses zwischen ihm und dem Grundpfandgläubiger entgegenhalten kann. Darüber hinaus kommt die Norm bei der Verkehrshypothek nach § 1138 BGB auch im Hinblick auf die Forderung und wegen der dem Eigentümer gem § 1137 BGB zustehenden (schuldnerbezogenen und bürgenmäßigen) Einreden zur Anwendung. S dazu Staudinger/Wolfsteiner (2019) § 1138 Rn 27, § 1157 Rn 12.

IV. Aktivlegitimation

1. Aus eigenem Recht

a) Inhaber des nicht oder nicht richtig eingetragenen Rechts

67 Der Berichtigungsanspruch steht (wenn man von den Fällen der analogen Anwendung des § 894 BGB zunächst einmal absieht) nur demjenigen zu, dessen eintragungsfähiges Recht gegenwärtig entweder überhaupt nicht oder nicht richtig im Grundbuch eingetragen ist oder aber durch die Eintragung einer nicht bestehenden Belastung oder Beschränkung beeinträchtigt wird. Es kann also nicht etwa jeder, der ein Interesse daran hat, die Zustimmung zur Berichtigung des Grundbuches verlangen (RGZ 53, 408, 410; RG Gruchot 48 [1904] 934, 937; OLG Colmar ElsLothZ 39, 598). Wer etwa das Grundstück vom nicht eingetragenen Eigentümer gekauft oder gemietet hat, kann daher – solange er den Berichtigungsanspruch des Eigentümers nicht hat pfänden oder sich „abtreten" lassen (dazu Rn 81 ff, 89 ff) – nicht erfolgreich gegen den Bucheigentümer auf Zustimmung zur Berichtigung des Grundbuchs klagen. Ebenso wenig haben die Gläubiger des nicht eingetragenen Berechtigten, die in dessen Recht vollstrecken möchten, einen eigenen Berichtigungsanspruch (OLG Dresden OLGE 2, 152; Biermann § 894 Anm 2b). Gleiches gilt auch für den Anwartschaftsrechtsinhaber (OLG Hamm 23. 2. 2023 – 22 W 24/22, MittBayNot 2024, 338 Rn 26). Mitgliedern einer Eigentümergemeinschaft steht ebenfalls kein Berichtigungsanspruch nach § 894 BGB zu, wenn sie damit erreichen wollen, dass als Berechtigter einer für einen Dritten gebuchten Teileigentumseinheit wieder der ursprüngliche Bauträger eingetragen wird (OLGR Frankfurt 2006, 376, 377).

67a Weiter greift § 894 BGB nicht ein, wenn der Antragsteller vorbringt, ein eingetragenes Recht stünde ihm nicht zu (BGH 7. 12. 2017 – V ZB 59/17, NZM 2018, 759, 760, dazu Anm Herrler NotBZ 2018, 303; BGH 17. 6. 2005 – V ZR 78/04, NJW 2005, 2983 [unter II 1]; Grüneberg/Herrler[84] § 894 Rn 6; MünchKommBGB/H Schäfer[9] § 894 Rn 19). Der *Bucheigentümer* kann also nicht selbst vom wirklichen Eigentümer die (nach § 22 Abs 2 GBO zu dessen Wiedereintragung grundsätzlich erforderliche) Zustimmung zur Grundbuchberichtigung verlangen, und zwar selbst dann nicht, wenn er an dieser Berichtigung ein Interesse hat, weil er als Bucheigentümer für die Lasten des Grundstücks in Anspruch genommen wird (jurisPK-BGB/Toussaint[10] § 894 Rn 34). Auch eine analoge Anwendung des § 894 BGB kommt hier nicht in Betracht (BGH 7. 12. 2017 – V ZB 59/17, NZM 2018, 759, 760; BGH 17. 6. 2005 – V ZR 78/04, NJW 2005, 2983 [unter II 1]; OLG Rostock OLGE 26, 97 f; BGB-RGRK/Augustin § 894 Rn 22; MünchKommBGB/H Schäfer[9] § 894 Rn 19; NK-BGB/Krause[5] § 894 Rn 30; jurisPK-BGB/Toussaint[10] § 894 Rn 34; Grüneberg/Herrler[84]

§ 894 Rn 6; Meikel/Böttcher[12] § 22 Rn 74; **aA** OLG Karlsruhe DRiZR 1933, Nr 377; Piekenbrock JuS 2006, 679, 680 f); denn weder liegt eine planwidrige Regelungslücke vor, noch sind die Sachverhalte qualitativ miteinander vergleichbar: Der Anspruch aus § 894 BGB ist dinglicher Natur und will den Rechtsinhaber davor schützen, dass er ein Recht verliert, weil dieses im Grundbuch nicht oder nicht richtig eingetragen ist (s Rn 11). Dieser dingliche Rechtsverlust droht dem Buchberechtigten aber gerade nicht (so auch BGH 7. 12. 2017 – V ZB 59/17, NZM 2018, 759, 760). Der Buchberechtigte bedarf eines Anspruchs aus § 894 BGB auch gar nicht, weil er auf Feststellung der Eigentümerstellung des wirklichen Berechtigten klagen und mit dem rechtskräftigen Urteil auf dem Wege des § 22 GBO die Berichtigung herbeiführen kann.

Ist ein Recht infolge einer Verwechselung für einen falschen Berechtigten eingetragen worden, steht demjenigen, der Rechtsinhaber werden sollte, wiederum kein Berichtigungsanspruch zu, da er das Recht ja noch gar nicht erworben hat (KG OLGE 8, 211, 212; 16, 151, 152; KGJ 39 A 175, 177 f; OLG Zweibrücken NJW-RR 1989, 100 [Eintragung des falschen herrschenden Grundstücks]; jurisPK-BGB/Toussaint[10] § 894 Rn 35; s auch RGZ 133, 279); die Eintragung der falschen Person ist im Hinblick auf den Rechtserwerb des wirklich Gemeinten einfach eine Nichteintragung (KGJ 39 A 175, 178; OLG Rostock BeckRS 2007, 08766 [unter II 1d]). Die Grundbuchberichtigungsklage kann auch von dem Nachlasspfleger für die unbekannten Erben des früheren Inhabers des streitbefangenen Liegenschaftsrechts erhoben werden (vgl OLG Dresden VIZ 2000, 55). – Der wirkliche Inhaber des nicht richtig oder nur mit einer unzutreffenden Belastung oder Beschränkung eingetragenen Rechts ist für den Grundbuchberichtigungsanspruch im Übrigen auch dann aktivlegitimiert, wenn an seiner Stelle ein Nichtberechtigter im Grundbuch als Inhaber des betreffenden Rechtes ausgewiesen ist. Der wirkliche Eigentümer eines für einen Nichtberechtigten gebuchten Grundstücks kann beispielsweise schon vor der eigenen Wiedereintragung als Eigentümer gegen den als Inhaber eines vom Nichtberechtigten bestellten, aber wegen Bösgläubigkeit des Erwerbers oder rechtzeitiger Widerspruchseintragung nicht entstandenen beschränkten Liegenschaftsrechts den auf Erteilung der Löschungsbewilligung gerichteten Grundbuchberichtigungsanspruch gegen den als Rechtsinhaber Eingetragenen geltend machen. Natürlich muss er dazu wegen § 891 BGB seine Aktivlegitimation nachweisen, also die für den als Eigentümer Eingetragenen sprechende Rechtsvermutung widerlegen. **67b**

Wenn ein eintragungsfähiges dingliches Recht im Grundbuch nicht oder nicht richtig (dh nicht mit dem richtigen Inhalt, Umfang oder Rang oder stattdessen nur mit einer nicht existierenden Belastung oder Beschränkung) eingetragen ist, so ist anspruchsberechtigt in erster Linie natürlich der Inhaber dieses Rechtes selbst. Der Inhaber eines nicht richtig eingetragenen Rechtes ist allerdings nicht automatisch aktivlegitimiert: Vielmehr muss hier hinzukommen, dass der Rechtsinhaber durch die Diskrepanz zwischen dem grundbuchmäßig verlautbarten und dem wirklichen Inhalt, Umfang oder Rang seines Rechtes „beeinträchtigt" wird. Dieses nur im Zusammenhang mit der Eintragung einer nicht bestehenden Belastung oder Beschränkung genannte Erfordernis ist sinngemäß zu ergänzen. Der Gesetzgeber hat übersehen, dass eine *Beeinträchtigung* des Rechtsinhabers zwar bei der Nichteintragung seines Rechts ohne Weiteres gegeben ist, die unrichtige Verlautbarung eines Rechts aber ihrer Art nach für den Rechtsinhaber durchaus vorteilhaft sein kann (NK-BGB/Krause[5] § 894 Rn 25). Wenn das Grundbuch Inhalt, Umfang oder Rang des Rechtes als zu günstig **68** darstellt, wäre es sinnwidrig, dem Inhaber des Rechts einen Grundbuchberichtigungsanspruch zu gewähren (zumal auch ein möglicher Anspruchsgegner regelmäßig gar nicht ersichtlich wäre). Wenn Miteigentumsquoten im Grundbuch unrichtig angegeben sind, kann der buchmäßig Begünstigte allerdings wegen des Lasten- und Kostenverteilungsmaßstabs (§ 748 BGB) daran interessiert sein, eine Korrektur zu erreichen. Dies geht jedoch nicht auf dem Wege des Grundbuchberichtigungsanspruchs. Eine Verpflichtung der anderen Teilhaber zur Mitwirkung bei der Berichtigung des Grundbuchs lässt sich vielmehr (ebenso wie bei der Parallelkonstellation der unwirksamen Dereliktion einer Miteigentumsquote, vgl BGHZ 115, 1, 10) als Nebenpflicht (§ 242 BGB) aus dem gesetzlichen Schuldverhältnis der Miteigentumsgemeinschaft herleiten (das Kammergericht wollte in OLGZ 1988, 355, 359 einen solchen Anspruch zu Unrecht aus § 1004 BGB ableiten). Nach RG JW 1928, 2446 und Soergel/Kern[14] § 894 Rn 15 soll der Inhaber einer subjektiv-persönlichen Reallast nicht berechtigt sein, die Berichtigung zu verlangen, wenn statt einer solchen eine subjektiv-dingliche Reallast eingetragen sei. Das ist nicht haltbar: Eine subjektiv-dingliche Reallast ist im Vergleich zu der als Personalrecht ausgestalteten nicht einfach ein Plus, sondern ein Aliud; für die konkreten Interessen des Berechtigten mag die Rechtsform der subjektiv-persönlichen Reallast durchaus vorteilhafter sein. – Wenn ein belastetes beschränktes Liegenschaftsrecht trotz fehlender Zustimmung des Drittberechtigten zur Rechtsaufgabe gelöscht worden ist, steht der Berichtigungsanspruch nach zutreffender hM nicht nur dem Drittberechtigten, sondern auch dem Aufhebenden selbst zu (s Staudinger/C Heinze [2018] § 876 Rn 46; MünchKommBGB/Lettmaier[9] § 876 Rn 17; s auch unten Rn 145).

69 Wie oben (Rn 67a) dargelegt, ist nur der wirkliche Inhaber des nicht richtig oder nur mit einer unzutreffenden Belastung oder Beschränkung eingetragenen Rechtes für den Berichtigungsanspruch aktivlegitimiert; einem bloßen *Buchberechtigten* fehlt die Anspruchsberechtigung (BGH 7. 12. 2017 – V ZB 59/17, NZM 2018, 759, 760; BGH 17. 6. 2005 – V ZR 78/04, NJW 2005, 2983 [unter II 1]; Biermann § 894 Anm 2b; Planck/Strecker § 894 Anm III 1 vor a; Rosenberg § 894 Anm III 2d mwNw; BGB-RGRK/Augustin § 894 Rn 18; NK-BGB/Krause[5] § 894 Rn 30; Turnau/Förster § 894 Anm II 6; Oberneck I 418; Predari 81 Fn 30; Meikel/Böttcher[12] § 22 Rn 74 bei Fn 313; BeckOGK/Hertel [1. 9. 2024] § 894 Rn 44; Wolff/Raiser § 46 Fn 8; Goldmann/Lilienthal § 42 Fn 28; Endemann § 63 Fn 25; **aA** Schilde 53 f, 56 ff). Wenn A, der als Eigentümer eingetragen ist, gegen B, für den auf dem Grundstück eine Grunddienstbarkeit eingetragen ist, auf Löschung klagt, kann also B sich ohne Weiteres damit verteidigen, dass er die Eigentümerstellung des A und damit dessen Aktivlegitimation für den Berichtigungsanspruch bestreitet; er muss dann allerdings wegen § 891 BGB regelmäßig die fehlende Berechtigung des Klägers beweisen. Dies muss (entgegen Staudinger/Seufert[11] § 894 Rn 35; Fuchs § 894 Anm 4 [sub b aa]) auch dann gelten, wenn B hier sein Recht von A selbst herleitet; es ist nicht ersichtlich, warum hier die fehlende Anspruchsberechtigung des Klägers durch eine replica doli ersetzbar sein sollte. Vgl im Übrigen auch Rn 67.

b) Mehrere Mitberechtigte; Insolvenz

70 Ob **mehrere Mitberechtigte** den Berichtigungsanspruch einzeln oder nur gemeinschaftlich geltend machen können, hängt von der Art der zwischen ihnen bestehenden Gemeinschaft ab (s RG ZBlFG 5, 790; RGZ 60, 126; Planck/Strecker § 894 Anm III 1; Rosenberg § 894 Anm III 2 d; jurisPK-BGB/Toussaint[10] § 894 Rn 37). Wenn mehrere als nicht eingetragene **Miteigentümer** Gläubiger des Berichtigungsanspruchs sind, so kann jeder von ihnen natürlich Zustimmung zur Eintragung seines Miteigentumsanteils verlangen, darüber hinaus aber nach § 1011 BGB auch die ganze Sache prozessual vertreten, also Zustimmung des Buchberechtigten zur Eintragung aller Miteigentümer verlangen (RG JW 1911, 280; JR 1925 Nr 674; HRR 1920 Nr 1220; BGB-RGRK/Augustin § 894 Rn 17; MünchKommBGB/H Schäfer[9] § 894 Rn 20; Grüneberg/Herrler[84] § 894 Rn 6; BeckOGK/Hertel [1. 9. 2024] § 894 Rn 47; Meikel/Böttcher[12] § 22 Rn 74; s auch RGZ 60, 269, 270; OLG Hamm ZfIR 1998, 52). Hingegen kann ein Miteigentümer keinen Berichtigungsanspruch geltend machen, wenn die Grundbuchunrichtigkeit nicht den eigenen Miteigentumsanteil, sondern lediglich den Anteil eines anderen Miteigentümers betrifft (OLG Stuttgart 24. 5. 2018 – 19 W 30/18, BeckRS 2018, 24819 Rn 12; 26. 6. 2018 – 19 W 30/18, BeckRS 2018, 24818 Rn 12; BeckOGK/Hertel [1. 9. 2024] § 894 Rn 48).Wenn ein beschränktes Liegenschaftsrecht, das mehreren Personen in **Bruchteilsgemeinschaft** zusteht (vgl Staudinger/vProff [2021] § 741 Rn 128), nicht oder nicht richtig eingetragen ist, kann nach hM jeder Mitberechtigte aufgrund von § 744 Abs 2 BGB Klagen zur Verteidigung des gemeinschaftlichen Gegenstandes erheben (Staudinger/vProff [2021] § 744 Rn 47; s auch RGZ 76, 298, 299; 112, 361, 367; BGHZ 17, 181, 185; BGB-RGRK/vGamm § 744 Rn 13). Dieser Konstruktion bedarf es nicht, wenn man § 1011 BGB im Wege der Analogie auf alle Bruchteilsgemeinschaften ausdehnt, deren Gegenstand ein absolutes Recht ist (dafür MünchKommBGB/K Schmidt[9] § 1011 Rn 3, §§ 744/745 Rn 47). Ist eine Grunddienstbarkeit zu Unrecht gelöscht worden, kann mithin jeder der Miteigentümer des herrschenden Grundstücks ohne Mitwirkung der anderen den Berichtigungsanspruch geltend machen (OLG Hamm ZfIR 1998, 52). Gehört das nicht oder nicht richtig eingetragene Recht zum Gesamthandsvermögen einer *Miterbengemeinschaft*, so kann jeder Miterbe selbständig den Berichtigungsanspruch der Erbengemeinschaft geltend machen, ohne dass er dazu die Zustimmung der anderen Miterben darlegen müsste (RG HRR 1930 Nr 1220; s auch RGZ 132, 81 ff; BGHZ 44, 367). Die Einzelklagebefugnis besteht hier grundsätzlich auch dann, wenn der Berichtigungsanspruch sich gegen einen Miterben richtet (RG ZBlFG 5, 790 = JW 1905, 146). Wegen der Situation bei der *Gütergemeinschaft* oder fortgesetzten Gütergemeinschaft s die §§ (1487 Abs 1), 1421, 1422 S 1, 1429 (Verwaltung durch einen Ehegatten bzw fortgesetzte Gütergemeinschaft); §§ 1450 ff, 1455 Nr 6–8 und 10 BGB (gemeinsame Verwaltung); §§ 1497, 1472 BGB (Situation während der Liquidation der Gütergemeinschaft); die Geltendmachung des Berichtigungsanspruchs dürfte wohl immer eine „zur Erhaltung notwendige Maßregel" iS von § 1472 Abs 3 HS 2, 1455 Nr 10 BGB darstellen. Eine entsprechende Anwendung des § 2039 S 1 BGB kommt während des Bestehens der Gütergemeinschaft nicht in Betracht, wohl aber während ihrer Liquidation (s Staudinger/Felgentraeger[11] § 1450 Rn 40; Staudinger/Löhnig [2023] § 1450 Rn 30, § 1472 Rn 7; Soergel/Gaul/Althammer[13] § 1450 Rn 15). – Die Einzelklagebefugnis des Gesellschafters einer **Gesellschaft bürgerlichen Rechts** ist seit dem 1. 1. 2024 in § 715b Abs 1 BGB (Gesellschafterklage) geregelt, wobei dadurch nur die Rechtsansicht der ganz hM kodifiziert worden ist; entsprechend normiert § 715b Abs 1 S 1 BGB die actio pro socio, während § 715b Abs 1 S 2 BGB die Einzelklage des Gesellschafters gegen Dritte nur unter sehr engen Voraussetzungen zulässt. – Wenn nach alter Rechtslage vor Inkrafttreten des MoPeG bei gemeinschaftlichem Erwerb eines Rechtes die Erwerber nach § 47 Abs 2 GBO aF „als Gesellschafter des bürgerlichen Rechts" eingetragen wurden, obwohl eine solche Gesellschaft in Wirklichkeit nicht bestand, erlangten sie dadurch Miteigentum nach Bruchteilen (Staudinger/vProff [2021] § 741 Rn 228). Hier musste jeder Miteigentümer von den anderen nach § 894 BGB Zustimmung zur Grundbuchberichtigung verlangen können. – Ein Nachlasspfleger kann den Grundbuchberichtigungsanspruch wegen eines zum Nachlass gehörenden Grundstücks- oder Liegenschaftsrechts sowohl im eigenen Namen geltend machen wie auch in seiner Eigenschaft als gesetzlicher Vertreter des oder der Erben einklagen (BGH ZOV 2000, 394, 395 = ZEV 2001, 32 = WM 2000, 2057, 2058). Er kann darüber hinaus diese beiden Möglichkeiten auch kombinieren (BGH ZOV 2000, 394, 395 = ZEV 2001, 32 = WM 2000, 2057, 2058; MEIKEL/BÖTTCHER[12] § 22 Rn 74). – Steht das nicht oder nicht richtig eingetragene Recht einer Erbengemeinschaft zu, so kann auch ein einzelner Miterbe trotz Bestehens einer Testamentsvollstreckerschaft den Grundbuchberichtigungsanspruch erheben (OLG Stuttgart 30. 7. 2013 – 8 W 173, 279/12, 8 W 173/12, 8 W 279/12, MittBayNot 2013, 489; LG Stuttgart 26. 2. 1998 – 1 T 30/97, ZEV 1998, 357, 358). – Im **Insolvenzverfahren** über das Vermögen des beeinträchtigten Rechtsinhabers ist der Insolvenzverwalter allein befugt, den Anspruch aus § 894 BGB für den Insolvenzschuldner zu verfolgen (s RGZ 77, 106, 108; LZ 1911, 709; BGHZ 150, 138, 142; NK-BGB/KRAUSE[5] § 894 Rn 32; jurisPK-BGB/TOUSSAINT[10] § 894 Rn 37; ERMAN/ARTZ[17] § 894 Rn 19). In diesem Falle kann der aus § 894 BGB Verpflichtete die Zustimmung zur Grundbuchberichtigung nicht etwa deshalb verweigern, weil ihm gegenüber dem Schuldner ein obligatorischer Anspruch auf Verschaffung des bereits für ihn eingetragenen, bisher aber noch nicht entstandenen Rechts zusteht; ein solcher Anspruch wäre vielmehr nur als einfache Insolvenzforderung geltend zu machen (RGZ 77, 106, 109; BGB-RGRK/AUGUSTIN § 894 Rn 17). Die nach § 7 Abs 3 S 1 GesO (aufgehoben zum 1. 1. 1999) eingetretene Unwirksamkeit einer Zwangssicherungshypothek an einem Grundstück des Schuldners konnte der Gesamtvollstreckungsverwalter im Wege der Grundbuchberichtigungsklage oder im Verfahren nach § 22 GBO nur geltend machen, wenn er das massezugehörige Grundstück verwerten wollte (OLG Jena Rpfleger 1996, 363, 364). S auch unten Rn 124 aE.

c) Einzelfälle

71 **aa)** Wenn das Grundbuch (durch die Bestandsangaben bzw durch die in diesen enthaltene Verweisung auf das Liegenschaftskataster und seine Flurkarte) den Verlauf der **Grundstücksgrenzen unrichtig definiert**, nämlich eine bestimmte Teilfläche des Grundstücks als nicht zu diesem gehörig erscheinen lässt, wird dadurch nicht nur der Grundstückseigentümer selbst, sondern per consequentiam grundsätzlich auch jeder Inhaber eines beschränkten Rechtes an diesem Grundstück oder eines wiederum an einem dieser Rechte bestehenden Zweigrechts beeinträchtigt: Da hier jeweils der Gegenstand ihres Rechtes im Grundbuch zu ihrem Nachteil unrichtig ausgewiesen ist, muss allen diesen Personen der Grundbuchberichtigungsanspruch zustehen. Eine Ausnahme wird man allenfalls bei Dienstbarkeiten machen können, wenn die Ausübung des Rechtes auf einen bestimmten Teil des belasteten Grundstücks beschränkt ist und das zu Unrecht nicht als Bestandteil des Grundstücks gebuchte Flächenstück gänzlich außerhalb des Ausübungsbereichs liegt (Gedanke des § 1026 BGB). – Falls die Quote eines Miteigentümers im Grundbuch zu niedrig ausgewiesen ist, steht wiederum ein Berichtigungsanspruch nicht nur diesem Miteigentümer selbst, sondern auch den Inhabern eines auf dem betreffenden Anteil lastenden beschränkten dinglichen Rechts (oder eines wiederum daran bestehenden Pfandrechts oder Nießbrauchs) zu; auch hier ist nämlich jeweils das Objekt der Belastung nicht seinem vollen Umfang nach eingetragen. Nach RGZ 54, 85 hat der Inhaber eines Grundpfandrechtes an einem Miteigentumsanteil den Berichtigungsanspruch aus § 894 BGB auch dann, wenn die Größe des betreffenden Anteils im Grundbuch entgegen

§ 47 GBO nicht verlautbart ist (ebenso Rosenberg Anm III 2a α; MünchKommBGB/Wacke[4] § 894 Rn 18). S dazu oben Rn 27.

bb) Wenn ein Recht für eine **andere Person** als den wirklichen Rechtsträger gebucht ist, kommt als Gläubiger des Berichtigungsanspruchs nur dieser Rechtsinhaber in Betracht. Der Grundstückseigentümer etwa kann durch die Eintragung eines falschen Hypothekars oder Grundschuldgläubigers nicht beeinträchtigt sein (RG HRR 1930 Nr 1615; BGH WM 1978, 1030 f; 2000, 1057, 1058 = NotBZ 2000, 191; KG JW 1935, 3236; OLG Schleswig 22. 3. 2024 – 17 U 68/23, BeckRS 2024, 6411 Rn 67; OLG Frankfurt 19. 4. 2011 – 20 W 232/08, juris Rn 13; BGB-RGRK/Augustin § 894 Rn 20; MünchKommBGB/H Schäfer[9] § 894 Rn 21; Soergel/Kern[14] § 894 Rn 15; NK-BGB/Krause[5] § 894 Rn 26; Meikel/Schmidt-Räntsch[12] § 71 Rn 121). Das Gleiche gilt für den Inhaber eines nachrangigen Rechts; auch er kann nicht dadurch beeinträchtigt werden, dass als Inhaber eines wirklich existierenden vorrangigen Rechts die falsche Person eingetragen ist (OLGR Saarbrücken 1998, 74, 75). Ebenso wenig kann der Inhaber eines nachstehenden Rechtes einen bloßen Legitimationsmangel bei den vorgehenden Rechten geltend machen (vgl RGZ 15, 224; 62, 168, 170; 73, 50, 52). Falls mit der Eintragung einer Arresthypothek mangels Existenz des Arrestanspruchs nur eine Eigentümergrundschuld entstanden ist, kann ein späterer Grundstückserwerber nicht nach § 894 BGB die Löschungsbewilligung verlangen (BGH WM 1978, 1130). Ausnahmsweise anders ist jedoch zu entscheiden, wenn das für die falsche Person gebuchte beschränkte Liegenschaftsrecht kein Grundpfandrecht, sondern eine *beschränkte persönliche Dienstbarkeit* oder ein *dingliches Vorkaufsrecht* ist (OLG München 4. 1. 2017 – 34 Wx 250/16, NJW-RR 2017, 1165 Rn 15; LG Stendal 31. 3. 2010 – 21 O 245/09; Grüneberg/Herrler[84] § 894 Rn 6; MünchKommBGB/H Schäfer[9] § 894 Rn 21; **aA** waren wir noch in der Vorauflage Staudinger/Picker [2019] § 894 Rn 72; daran wollen wir aber nicht mehr festhalten). Denn der Gesetzgeber hat die Verkehrsfähigkeit dieser Rechte durch §§ 1059 S.1, 1059a BGB (für den Nießbrauch) und § 1098 Abs 3 BGB (für das Vorkaufsrecht) eingeschränkt. Die Person des Inhabers des dinglichen Rechts ist daher hier – anders als bei einem Grundpfandrecht – von zentraler Bedeutung für den Bestand und den Inhalt dieses Rechts, so dass die Eintragung einer anderen Person als des wirklichen Rechtsträgers den Grundstückseigentümer beeinträchtigt (OLG München 4. 1. 2017 – 34 Wx 250/16, NJW-RR 2017, 1165 Rn 15). Ist ein *Wohnungseigentumsrech*t ohne die nach der Teilungserklärung in Verbindung mit § 12 Abs 1 WEG erforderliche Zustimmung und damit absolut unwirksam (vgl BayObLG Rpfleger 1983, 350; Meikel/Grziwotz[12] Einl B 164) übertragen worden, so steht der Grundbuchberichtigungsanspruch gegen den eingetragenen Erwerber nur dem verfügenden Wohnungseigentümer, nicht auch den übrigen Wohnungseigentümern oder dem Verwalter, zu (OLG Hamm ZfIR 2001, 843, 844; 2001, 924, 926; OLG Frankfurt NJW-RR 2004, 524; Grüneberg/Wicke[84] § 12 WEG Rn 16; Meikel/Böttcher[12] § 22 Rn 74; **aA** Sauren WEG [6. Aufl 2014] § 12 Rn 25). Den übrigen Wohnungseigentümern steht aber ein schuldrechtlicher Anspruch gegen den Verfügenden zu, wonach dieser den ihm zustehenden Grundbuchberichtigungsanspruch geltend machen muss (OLG Hamm ZfIR 2001, 924, 926; OLG Frankfurt NJW-RR 2004, 524; Schöner/Stöber[16] Rn 2904c m Fn 722). Bei Eintragung des nach hM nicht möglichen Verzichts auf einen Miteigentumsanteil an einem Grundstück kann den übrigen Miteigentümern aus den gleichen Gründen kein eigener Grundbuchberichtigungsanspruch zustehen (KG NJW 1989, 42, 43); im Übrigen fehlt es auch an einem geeigneten Anspruchsgegner, solange nicht der Fiskus analog § 928 BGB als neuer Inhaber des Anteils eingetragen worden ist. 72

73 **cc)** Wenn ein Recht mit einer in Wirklichkeit **nicht bestehenden Belastung** oder Beschränkung gebucht ist, steht der Berichtigungsanspruch zunächst einmal jedenfalls dem Inhaber dieses Rechtes zu. Das Gesetz begnügt sich allerdings nicht mit der Voraussetzung, dass die Belastung zu Unrecht eingetragen ist, sondern verlangt als zusätzliche Voraussetzung (RGZ 135, 33, 35), dass der Kläger durch die unrichtige Eintragung „beeinträchtigt" ist. Über den Begriff der Beeinträchtigung sagen die Motive (III 236): „Die Beeinträchtigung liegt vornehmlich darin, dass derjenige, zu dessen Gunsten diese Eintragung besteht, über das ihm zugeschriebene Recht durch Veräußerung oder durch Belastung verfügen, hierdurch aber das Recht des anderen vernichten oder entwerten kann. Eine mehr oder minder erhebliche Entwertung des Rechtes wird sich überdies nicht selten schon daraus ergeben, dass die unrichtige Eintragung den Berechtigten an der Verfügung über das Recht tatsächlich hindert, da dritte Personen, zu deren Gunsten derselbe verfügen könnte, kaum je in der Lage sein werden, sich von der wirklichen Rechtslage zu überzeugen." Der unrichtige Grundbuchinhalt stellt für den betroffenen Rechtsinhaber eine Beeinträchtigung nach alledem immer dann dar, wenn er ein rechtsschutzwürdiges Interesse an der ordnungsgemäßen Verlautbarung der wirklichen (materiellen) Rechtslage hat. Ein solches Interesse des Rechtsinhabers, dessen Recht mit einer in Wirklichkeit nicht bestehenden Belastung oder Beschränkung eingetragen ist, wird nur in äußerst seltenen Fällen zu verneinen sein. Der Grundstückseigentümer ist etwa durch die Eintragung eines nicht bestehenden Wiederkaufsrechts nicht mehr beeinträchtigt, wenn er auf die Klage des (angeblichen) Wiederkaufsberechtigten rechtskräftig zur Rückübereignung des Grundstücks verurteilt worden ist (RGZ 135, 33). Das Reichsgericht hat – allerdings nicht aus dem Begriff der Beeinträchtigung, sondern mit dem auf das fehlende sachliche Interesse gestützten Einwand der Arglist argumentierend – sogar eine Berichtigungsklage eines Treuhänders im Eigentum abgewiesen, mit der dieser die Löschung einer Hypothek erwirken wollte, die der Treugeber aufgrund einer Generalvollmacht des Treuhänders für ein dann nicht ausgezahltes Darlehen einem Dritten bestellt hatte (RG JW 1934, 3054; zust BGB-RGRK/Augustin § 894 Rn 20). Das dürfte zu weit gehen. – Ist eine Grunddienstbarkeit infolge einer für das Grundbuchamt nicht erkennbaren Parzellenverwechselung in Einigung und Eintragungsbewilligung für das falsche Grundstück eingetragen worden, kann der Grundbuchberichtigungsanspruch natürlich nur von dem Eigentümer des scheinbar belasteten Grundstücks erhoben werden, nicht auch vom Eigentümer des Grundstücks, das das herrschende werden sollte. Letzterer hat die Grunddienstbarkeit ja gerade nicht erworben (OLG Zweibrücken NJW-RR 1989, 100; vgl auch BGH Rpfleger 1994, 157, 158). Die Eintragung einer Grundschuld im Erbbaugrundbuch ist unrichtig, wenn sie nicht von der erforderlichen Zustimmung des Grundstückseigentümers (§ 5 Abs 2 ErbbauRG) gedeckt ist. Der sich daraus ergebende Grundbuchberichtigungsanspruch steht aber nur dem Erbbauberechtigten, nicht dem Grundstückseigentümer zu (OLG Hamm NJW-RR 2011, 1652, 1654 f).

74 Weist das Grundbuch ein in Wirklichkeit nicht entstandenes oder bereits wieder erloschenes beschränktes Liegenschaftsrecht aus, so wird dadurch aber nicht nur der Grundstückseigentümer selbst beeinträchtigt, sondern genauso gut die Inhaber der gleichrangig mit dem fraglichen Recht oder nachrangig gegenüber ihm gebuchten Rechte, denn damit bekundet das Grundbuch für diese eine schlechtere als ihre wirkliche Rangposition, was ihre Realisierungschance in einer Zwangsversteigerung des Grundstücks verschlechtern müsste (RG WarnR 1908 Nr 379 S 285; 1912 Nr 259; RGZ 73, 50,

52; 146, 355, 359; BGH NJW 1996, 3006, 3007; KG KGJ 47 A 207, 208; OLG München 9. 6. 2017 – 34 Wx 23/17, BeckRS 2017, 113371 Rn 9; OLG Kiel SchlHAnz 1912, 263; ROSENBERG § 894 Anm III 2a β; PLANCK/STRECKER § 894 Anm III 1 b; BIERMANN § 894 Anm 2b; FUCHS § 894 Anm 4b; KRETZSCHMAR § 894 Anm III 2; OBERNECK I 418; BGB-RGRK/AUGUSTIN § 894 Rn 20; NK-BGB/KRAUSE[5] § 894 Rn 27; PREDARI 84; WOLFF/RAISER § 84 Fn 6; ENDEMANN II 1 § 63, 3 d; STAFFEL SächsArch 9 [1899] 202, 214 ff): So beispielsweise der Gläubiger, für den in der Zwangsversteigerung wegen einer im geringsten Gebot berücksichtigten, aber nicht existierenden Grundschuld eine bedingte Sicherungshypothek gem §§ 50 Abs 2 Nr 2, 125, 128 ZVG eingetragen worden ist (RG WarnR 1912 Nr 259). Das Gleiche gilt (wegen § 883 Abs 3 BGB) für die Gläubiger von gleich- oder nachrangig gebuchten Vormerkungen (ROSENBERG § 894 Anm III 2a β; s auch STAUDINGER/GURSKY [2013] § 883 Rn 282; **aA** OLG Düsseldorf FGPrax 2007, 9 f); ferner für die Inhaber eines Nießbrauchs oder Pfandrechts an einem beschränkten Liegenschaftsrecht, das im Grundbuch als nachrangig gegenüber dem in Wirklichkeit erloschenen oder gleichrangig mit diesem eingetragen ist. Ebenso kann der Gläubiger eines Pfändungspfandrechts an einem Liegenschaftsrecht aufgrund von § 894 BGB die Löschung eines früher bestellten, aber unwirksamen bzw bereits wieder erloschenen Pfandrechts an dem gleichen Rechte erwirken (s RGZ 65, 364, 365). Das Erlöschen eines Rechtes an einem vorrangig eingetragenen Rechte kann der nachrangige Hypothekengläubiger dagegen genauso wenig wie einen bloßen Legitimationsmangel des als Inhaber des vorrangigen Rechtes Eingetragenen geltend machen (ungenau STAUDINGER/SEUFERT[11] § 894 Rn 26). Die fortdauernde Verlautbarung dieses erloschenen Zweigrechtes kann den nachrangigen Hypothekengläubiger überhaupt nicht beeinträchtigen, weil ihm ohnehin der volle Inhalt des betreffenden Rechtes vorgeht, gleichgültig ob dieses nun noch in Stamm- und Zweigrecht „zerlegt" oder bereits wieder konsolidiert ist. Anders natürlich, wenn es sich bei dem erloschenen dinglichen Recht zweiten Grades um ein solches handelt, das nach § 892 BGB an einem eingetragenen, aber in Wahrheit gar nicht existierenden Primärrecht erworben worden war (s § 892 Rn 222, 230); ein solches gutgläubig erworbenes Recht an einem in Wirklichkeit nicht existierenden beschränkten dinglichen Recht wirkt sich ja im Verhältnis zu nachrangigen Grundstücksbelastungen wie eine unmittelbare Belastung des Grundstücks selbst aus.

dd) Ist der **Inhalt oder Umfang** eines beschränkten Liegenschaftsrechts zum Vorteil 75 des Rechtsinhabers unrichtig angegeben – etwa eine zu hohe Grundpfandsumme eingetragen – so wird dadurch außer dem Grundstückseigentümer wiederum jeder Inhaber eines gleich- oder nachrangigen Liegenschaftsrechtes beeinträchtigt; ebenso jeder, dem ein Recht an einem dieser gleich- oder nachrangigen Rechte zusteht; ebenso schließlich jeder Gläubiger eines durch Vormerkung gesicherten Anspruchs auf Übertragung oder Belastung eines der gleich- oder nachrangigen Liegenschaftsrechte.

ee) Durch die Eintragung einer nicht entstandenen oder bereits wieder erloschenen 76 **Verfügungsbeschränkung**, die sich gegen den Grundstückseigentümer oder den Inhaber eines beschränkten Liegenschaftsrechts richtet, können auch die Inhaber der auf dem Grundstück bzw Liegenschaftsrecht lastenden Rechte beeinträchtigt sein (ROSENBERG § 894 Anm III 2a β; BGB-RGRK/AUGUSTIN § 894 Rn 23). Das ist etwa der Fall, wenn die Verfügungsbeschränkung bereits vor der Belastung eingetragen war, im Falle ihres Bestehens also bereits zur relativen Unwirksamkeit der betreffenden Rechtsbestellung geführt hätte. Wenn die eingetragene Verfügungsbeschränkung tatsächlich besteht, aber die nunmehr erfolgende Belastung des von der Verfügungsbeschränkung betroffenen Rechtes dennoch (etwa infolge Zustimmung des Geschützten) wirksam ist, ohne dass dies aus dem Grundbuch ersichtlich wäre, muss der Erwerber aus § 894 BGB die Zustimmung des Geschützten zur Eintragung eines klarstellenden Wirksamkeitsvermerkes verlangen können (NK-BGB/Krause[5] § 894 Rn 29; zu diesem deklaratorischen „Rangvermerk" vgl MünchKommBGB/Lettmaier[9] § 879 Rn 12; Keller/Munzig/Keller[9] § 45 Rn 12).

77 **ff)** Bei Eintragung einer nicht entstandenen oder bereits wieder erloschenen *Vormerkung* ist jeder Inhaber eines gleichrangig oder nachrangig gebuchten Rechtes an dem von der Vormerkung betroffenen Liegenschaftsrecht durch die Unrichtigkeit beeinträchtigt; ebenso jeder Gläubiger einer gleich- oder nachrangig gebuchten weiteren Vormerkung. Soweit die zu Unrecht gebuchte Vormerkung einen Übereignungsanspruch sichert, ist dabei die im Grundbuch verlautbarte Wirksamkeitsreihenfolge maßgeblich (s Staudinger/Gursky [2013] § 883 Rn 280). Auch der Inhaber einer Zwangshypothek kann nach § 894 BGB die Löschung einer vorrangig eingetragenen Auflassungsvormerkung verlangen, die wegen Nichtigkeit des Kaufvertrags nicht entstanden ist (BGH Rpfleger 1997, 76, 77).

d) Rechtsverlust nach Rechtshängigkeit

78 Da der Berichtigungsanspruch jeweils die korrekte Verlautbarung einer *gegenwärtigen* dinglichen Rechtsposition im Grundbuch herbeiführen soll, kann er auch nur dem *gegenwärtigen* Inhaber des nicht oder nicht richtig oder nur mit einer nicht bestehenden Belastung oder Beschränkung eingetragenen Rechts zustehen. Der Richter muss die Berichtigungsklage also abweisen, wenn der Kläger das Recht bis zur letzten mündlichen Verhandlung verliert. Im Falle der Veräußerung des Rechtes nach Rechtshängigkeit der Berichtigungsklage kommen allerdings die §§ 265, 266 ZPO zur Anwendung (s RGZ 121, 381). Ein früherer Rechtsinhaber kommt als Gläubiger des Berichtigungsanspruchs (etwa mit dem Ziel der Löschung einer nicht mehr bestehenden Belastung) auch dann nicht in Betracht, wenn der Grundbuchinhalt bereits während seiner Rechtsinhaberschaft unrichtig geworden war (RGZ 53, 408, 410 f; OLG Kassel SeuffA 66 Nr 29 = OLGE 25, 8 ff; Rosenberg § 894 Anm III 2 c; MünchKommBGB/H Schäfer[9] § 894 Rn 4 u 20). Das RG hat allerdings angenommen, dass der nachstehende Hypothekengläubiger aufgrund von § 894 BGB die Nichtexistenz vorrangig gebuchter Grundstücksbelastungen selbst dann noch geltend machen könne, wenn seine eigene Hypothek durch den Zuschlag erloschen sei (RGZ 73, 50, 52; zust Staudinger/Seufert[11] § 894 Rn 26; MünchKommBGB/Wacke[4] § 894 Rn 16 aE). Das wäre jedoch grob systemwidrig (zustimmend BeckOGK/Hertel [1. 9. 2024] § 894 Rn 53. 1). Erhebt der Grundstückseigentümer gegen den Käufer, für den eine Auflassungsvormerkung eingetragen ist, die Klage aus § 894 BGB auf Zustimmung zur Löschung der Vormerkung wegen Nichtigkeit des Kaufvertrages und damit Nichtexistenz des gesicherten Anspruchs, so ist die nunmehr erfolgende Abtretung des vormerkungsgesicherten Anspruchs nach § 265 Abs 2 ZPO prozessual irrelevant (BGH MDR 2002, 1185 f).

e) Verhältnis mehrerer Berichtigungsansprüche zueinander

79 In den Fällen, in denen die Inhaber mehrerer Rechte wegen der gleichen Grundbuchunrichtigkeit den Berichtigungsanspruch erheben können, sind diese Ansprüche völlig unabhängig voneinander (s Staffel SächsArch 9 [1899] 202, 216 ff). Falls mehrere Berichtigungsgläubiger zusammen Klage erheben, sind sie (entgegen Staffel 219)

keine notwendigen Streitgenossen (ROSENBERG § 894 Anm III 2c): Die Sachentscheidung muss nämlich nicht notwendigerweise einheitlich ausfallen. Einer der Kläger könnte beispielsweise dem Einwand ausgesetzt sein, dass er schuldrechtlich zur Duldung des unrichtigen Buchstandes verpflichtet sei; das aber würde die Abweisung der Klage der anderen nicht rechtfertigen.

2. Gesetzliche Ermächtigung zur Geltendmachung

Falls eine Grundstücksveräußerung als Gesamtvermögensgeschäft eines Ehegatten **80** mangels Zustimmung des anderen Ehegatten nach § 1365 BGB unwirksam ist, umfasst das Revokationsrecht des anderen Ehegatten (§ 1368 BGB) auch den Grundbuchberichtigungsanspruch (BGH 25. 6. 1993 – V ZR 7/92, NJW 1993, 2441; MünchKomm-BGB/H SCHÄFER[9] § 894 Rn 22; BeckOGK/HERTEL [1. 9. 2024] § 894 Rn 54; NK-BGB/KRAUSE[5] § 894 Rn 32; PWW/HUHN[18] § 894 Rn 7; MEIKEL/BÖTTCHER[12] § 22 Rn 74; H WESTERMANN/EICKMANN[8] § 71 Rn 10 f; EICKMANN Rpfleger 1981, 213, 214).

3. Abtretung, Pfändung, Ermächtigung

a) Unzulässigkeit der Zession

Die Frage der Abtretbarkeit des Berichtigungsanspruchs war früher sehr stark um- **81** stritten. Für die Möglichkeit einer Zession haben sich in den ersten Jahrzehnten nach Inkrafttreten des BGB zahlreiche bedeutende Autoren ausgesprochen (ROSENBERG § 894 Anm VII 1 a; DERNBURG III § 49 II 1; O vGIERKE II § 119 Fn 191; GOLDMANN/LILIENTHAL II § 45 II; CROME III § 373, 6; GOLDMANN Gruchot 62 [1918] 478, 482 ff; OBERNECK I 423; OERTMANN AcP 113 [1915] 51, 75; KRÜCKMANN ZBlFG 15, 378; in frühen Auflagen auch PLANCK/STRECKER; GÜTHE/TRIEBEL und BIERMANN; zuletzt noch HECK § 49, 9 und HORSTMANN 70). Die Rechtsprechung hat jedoch nach anfänglichem Schwanken (s etwa RG Recht 02, 236 Nr 1146; KGJ 36 A 180; OLG Posen OLGE 10, 388) die Abtretbarkeit der Sache nach (wenn auch nicht immer terminologisch) ständig verneint (s etwa RGZ 59, 289, 293 ff; 62, 322, 327; 64, 165, 168; 66, 21 ff; 73, 306 ff; 78, 87, 89 f; 91, 396; 94, 10; 112, 260, 265; RG WarnR 1910 Nr 239; 1931 Nr 65; JW 1911, 280; 1922, 218; 1932, 1206, 1207; 1936, 3047; BGH WM 1966, 1224, 1225; BGHZ 155, 329, 339; 1972, 384, 385; BGH NJW-RR 1988, 126, 127; NJW 2009, 3155, 3157; KGJ 47 A 165, 173 = OLGE 31, 138 f) und die Schrifttumsmehrheit stand in dieser Kontroverse seit jeher auf Seiten der Rechtsprechung (BIERMANN[3] § 894 Anm 2h; PLANCK/STRECKER[5] § 894 Anm III 3a mwNw; TURNAU/FÖRSTER § 894 Anm II 11; KRETZSCHMAR § 899 Anm V 5; WARNEYER[1] § 894 Anm V; PREDARI 86; vTUHR, Unwiderrufliche Vollmacht [1908] 83 ff; DU CHESNE ArchBürgR 36, 52 ff; ders ZBlFG 13, 141 ff und öfters; VOLMER Gruchot 59 [1915] 636 ff; MENDE JherJb 70 [1921] 151 ff; ENDEMANN II 1 § 63 Fn 17; WOLFF/RAISER § 46 VI; COSACK/MITTEIS II 1 § 28 II 2 d; WIEACKER 172; heute **allgA**, s BGB-RGRK/AUGUSTIN § 894 Rn 26; MünchKommBGB/H SCHÄFER[9] § 894 Rn 24; SOERGEL/KERN[14] § 894 Rn 26; NK-BGB/KRAUSE[5] § 894 Rn 4; jurisPK-BGB/TOUSSAINT[10] § 894 Rn 65; GRÜNEBERG/HERRLER[84] § 894 Rn 5; BeckOGK/HERTEL [1. 9. 2024] § 894 Rn 56; AK-BGB/L vSCHWEINITZ § 894 Rn 6; E WOLF § 9 G III e; BAUR/STÜRNER[18] § 18 Rn 45; H WESTERMANN/EICKMANN[8] § 71 Rn 6; VIEWEG/LORZ[9] § 13 Rn 57 Fn 304; EICHLER II 2, 394; LANGE § 23 II 4; NÖRR/SCHEYHING/PÖGGELER, Sukzessionen [2. Aufl 1999] § 3 II 2, 3, IV 2; FINKENAUER, Eigentum 226; KÖBLER JuS 1982, 179, 184; SCHERNER JuS 1992, 762, 764; MEIKEL/BÖTTCHER[12] § 22 Rn 79). Da der Berichtigungsanspruch keine selbständige Folgeerscheinung des beeinträchtigten dinglichen Rechts bildet, sondern eine zum Inhalt dieses Rechtes gehörende Befugnis zum Ausdruck bringt (s oben Rn 11), kann er in der Tat von dem dinglichen Recht nicht getrennt, insbesondere nicht isoliert abgetreten werden. Er geht vielmehr bei der Übertragung des dinglichen Rechts automatisch mit über (RGZ 62, 322, 327; jurisPK-BGB/Toussaint[10] § 894 Rn 65). Andererseits kann aber auch das dingliche Recht selbst, dessen ordnungsgemäße Verlautbarung der Berichtigungsanspruch herbeiführen soll, nicht durch eine bloße Abtretung dieses Anspruchs übertragen werden: Dies wäre offensichtlich mit §§ 873, 925 BGB unvereinbar; eine § 931 BGB entsprechende Vorschrift kennt das Liegenschaftsrecht ja nicht (RGZ 59, 289, 294 f; 62, 322, 327).

b) Ermächtigung zur Geltendmachung

82 Der Gläubiger des Berichtigungsanspruchs kann aber einen Dritten dazu ermächtigen, den Anspruch **im eigenen Namen** (also nicht etwa als Stellvertreter) geltend zu machen (so die st Rspr, etwa RGZ 53, 408, 411; 64, 165, 169; 73, 306; 78, 87, 90, 91; 390, 396; 112, 260, 265; WarnR 1931 Nr 65; BGH WM 1966, 1224, 1225; 1972, 384, 386; WM 1987, 1406, 1407; NJW-RR 1988, 126, 127; MDR 2002, 510; NJW 2009, 3155, 3157; OLG Frankfurt Rpfleger 1964, 116; ebenso das ganz überwiegende Schrifttum, s Planck/Strecker § 894 Anm III 3 a; BGB-RGRK/Augustin § 894 Rn 26; Soergel/Kern[14] § 894 Rn 26; BeckOGK/Hertel [1. 9. 2024] § 894 Rn 57; H Westermann/Eickmann[8] § 71 Rn 11; E Wolf § 9 G III e; Eichler II 2, 394; Nörr/Scheyhing/Pöggeler, Sukzessionen [2. Aufl 1999] § 3 IV 2; Scherner JuS 1992, 762, 765; nur terminologisch abweichend eine ältere Lehre, die von einer Überlassung des Anspruchs zur Ausübung sprach: Hirsch, Übertragung zur Rechtsausübung 1 [1910] 306 ff; Biermann § 894 Anm 2h; Volmer Gruchot 59 [1915] 640 ff; J vGierke 61). vTuhr (unwiderrufliche Vollmacht [1908] 83 ff; AT I 267) und andere (zB Kretzschmar § 899 Anm V 5; Planck/Siber § 398 Anm 1b γ; Du Chesne DNotZ 1916, 86 ff; jetzt wohl noch Prütting[38] Rn 244) wollten demgegenüber die Verfügungsbefugnis des „Ermächtigten" als (unwiderrufliche) Vollmacht deuten; diese Konstruktion ist jedoch verfehlt, da der Ermächtigte den Berichtigungsanspruch gerade nicht im Namen des Berechtigten, sondern im eigenen Namen verfolgen soll (Planck/Strecker § 894 Anm III 3 a; Wolff/Raiser § 46 Fn 25). Eine „Abtretung" des Berichtigungsanspruchs wird in der Regel in eine solche Ermächtigung umzudeuten sein (RGZ 64, 165, 168; WarnR 1922 Nr 15; BGH WM 1987, 1406, 1407; MDR 2002, 510; Scherner JuS 1992, 762, 765; NK-BGB/Krause[5] § 894 Rn 4; nur in der Konstruktion abw Soergel/Kern[14] § 894 Rn 26 [Ermächtigung kann in der unzulässigen Abtretung enthalten sein]). Die Ermächtigung bedeutet in prozessualer Hinsicht einen Fall der gewillkürten Prozessstandschaft (dazu Rosenberg/Schwab/Gottwald, Zivilprozeßrecht[18] § 46 Rn 33 ff); letztere setzt allerdings zusätzlich ein schutzwürdiges Interesse des Ermächtigten an der gerichtlichen Geltendmachung des fremden Berichtigungsanspruchs im eigenen Namen voraus (RGZ 91, 391, 396; RG JW 1926, 252; MünchKommBGB/Wacke[4] § 894 Rn 23; MünchKommBGB/H Schäfer[9] § 894 Rn 25; BGB-RGRK/Augustin § 894 Rn 26). Dieses ist ohne Weiteres gegeben, wenn der Veräußerer eines als lastenfrei verkauften Grundstücks den Anspruch aus § 894 BGB wegen einer zu Unrecht eingetragenen Grundstücksbelastung nach der Übereignung des Grundstücks im eigenen Namen einklagen will (BGH WM 1966, 1224; Stein/Jonas/Jacoby, ZPO[23] Vorbem 51 vor § 50). Ebenso, wenn ein Pflichtteilsberechtigter anstelle des Erben des früheren Grundstückseigentümers den Berichtigungsanspruch wegen einer angeblich unwirksamen Übereignung des Grundstücks geltend macht (BGH 2. 10. 1987 – V ZR 182/86, WM 1987, 1406, 1407 = NJW-RR 1988, 126, 127). Der Ermächtigende bleibt Gläubiger des Anspruchs, kann ihn deshalb auch weiterhin (neben dem Ermächtigten) geltend machen (RG JW 1932, 1206; anders insoweit die Abtretungstheorie, s Rosenberg § 894 Anm VII 1b). Der Ermächtigende verliert diese Befugnis gem § 137 BGB auch dann nicht, wenn er dem Ermächtigten gegenüber auf sie „verzichtet" (RG JW 1922, 218 m Anm Fuchs). Aus dem gleichen Grunde bleibt die

Ermächtigung frei widerruflich, auch wenn der Berechtigte damit eine schuldrechtliche Verpflichtung gegenüber dem Ermächtigten verletzt. Der Anspruchsgegner kann sich dementsprechend auch jederzeit durch Abgabe der Berichtigungsbewilligung gegenüber dem Gläubiger selbst von seiner Verpflichtung befreien (RG JW 1932, 1206, 1207 f; NK-BGB/Krause[5] § 894 Rn 4; s aber unten Rn 125 zur Frage der Erfüllung). Andererseits muss der Anspruchsberechtigte aber auch Rechtshandlungen zwischen dem Ermächtigten und dem Anspruchsgegner, insbesondere auch ein ungünstiges Urteil, welches im Rechtsstreit zwischen diesen ergangen ist, gegen sich gelten lassen (RGZ 73, 306, 309; RG JW 1936, 3047). Die Ausübungsbefugnis des Ermächtigten kann naturgemäß nicht länger dauern als der Berichtigungsanspruch selbst, von dem sie abgespalten ist; die Ermächtigung wird also gegenstandslos, wenn der bisherige Berichtigungsgläubiger das beeinträchtigte Recht weiterüberträgt und damit automatisch auch den Anspruch aus § 894 BGB verliert (OLG Kassel SeuffA 66, 29 = OLGE 26, 8; Recht 1912, 590; Rosenberg § 894 Anm VII 1 e; Planck/Strecker § 894 Anm III 3b). Die Ermächtigung kann formlos, auch stillschweigend erfolgen (NK-BGB/Krause[5] § 894 Rn 4; Erman/Artz[17] § 894 Rn 20). Sie wird regelmäßig in der Auflassung eines nicht für den Grundstückseigentümer gebuchten Grundstücks oder Grundstücksteils zu sehen sein (RGZ 46, 225; 62, 322, 327; 78, 87, 90; RG JW 1910, 941; RGZ 112, 260, 266; KG OLGE 21, 405, 407; Planck/Strecker § 894 Anm III 3 b; Rosenberg § 894 Anm VII 1 c; Soergel/Kern[14] § 894 Rn 26); ebenso in der Abtretung eines zur Zeit überhaupt nicht oder jedenfalls nicht für den Zedenten eingetragenen Rechtes (RGZ 64, 165, 166 f). Wenn sich der Grundstücksveräußerer dem Erwerber gegenüber zur Herbeiführung der Löschung einer materiell nicht mehr bestehenden Belastung des Grundstücks verpflichtet, liegt darin zugleich die Abrede, dass der Veräußerer auch nach der Umschreibung des Eigentums auf den Erwerber verpflichtet und damit notwendigerweise befugt sein soll, den nunmehr dem Erwerber zustehenden Berichtigungsanspruch geltend zu machen (RGZ 53, 408, 412; 64, 165, 168; Planck/Strecker § 894 Anm III 3 b; Rosenberg § 894 Anm VII 1 c; Warneyer[1] § 894 Anm V; Dernburg III 170; kritisch OLG Kassel SeuffA 66 Nr 29 S 60). Wenn der Erwerber aber das Grundstück weiterveräußert, entfällt mit dem Eigentumsübergang auch die Ermächtigung; eine erneute Ermächtigung durch den neuen Grundstückseigentümer kann nicht schon darin gesehen werden, dass bei dieser Weiterveräußerung wieder eine entsprechende Löschungspflicht des ersten Erwerbers und jetzigen Veräußerers vereinbart worden ist (OLG Kassel SeuffA 66 Nr 29 S 60). Zum Fall der Auflassung eines Grundstücks, auf dessen Grundbuchblatt eine bestimmte Parzelle nicht mit aufgeführt ist, s unten Rn 85. Falls eine Ermächtigung im Einzelfall nicht bereits stillschweigend mit der Auflassung erteilt worden ist – etwa weil der Partei zu diesem Zeitpunkt die Unrichtigkeit noch gar nicht bekannt war, kann diese Ermächtigung natürlich auch noch zu einem späteren Zeitpunkt ausgesprochen werden (RGZ 78, 87, 90; Planck/Strecker § 894 Anm III 3b mwNw).

Streitig war zeitweise ferner, ob die Ermächtigung zur Geltendmachung eines fremden Berichtigungsanspruchs nicht auch in der Weise denkbar ist, dass der Ermächtigte die Zustimmung unmittelbar zu seiner eigenen Eintragung verlangen kann. Eine solche **Ermächtigung zur „Selbsteintragung"** ist von manchen für den Fall angenommen worden, dass alle außer der Eintragung erforderlichen Rechtsakte zur Übertragung des dem Berichtigungsanspruch zugrunde liegenden dinglichen Rechts vom bisherigen Inhaber auf den Ermächtigten bereits vorliegen, dem letzteren also das Grundstück bereits aufgelassen, die Eigentümergrundschuld abgetreten ist, usw (so [zum Teil vom Boden der Abtretungstheorie] OLG Königsberg OLGE 29, 327; OLG Marienwerder 83

HRR 1939 Nr 1248; BayObLG OLGE 40, 260; GÜTHE/TRIEBEL[5] § 39 Rn 11; FÖRSTER Recht 1904, 89, 91; FALKMANN ZBlFG 5, 302; GOLDMANN Gruchot 62 [1918] 478, 506 ff, 510; HORSTMANN 77 ff; [weitergehend] HECK § 42, 10; für einen Sonderfall auch WOLFF/RAISER § 46 VI 1b im Gegensatz zur grundsätzlichen Stellungnahme in § 46 VI 1 vor a). Diese Ansicht verkennt jedoch, dass § 894 BGB als dinglicher Anspruch nur die Verwirklichung der (durch den Grundbuchinhalt beeinträchtigten) dinglichen Rechtsposition des Anspruchsberechtigten zum Ziel haben kann. Die unmittelbare Auflassung vom Bucheigentümer an den zur Ausübung des Berichtigungsanspruchs ermächtigten Grundstückskäufer wäre nun aber etwas ganz anderes als die Zustimmung zur (Wieder-)Eintragung des bisherigen Grundstückseigentümers, mit der die bestehende „Beeinträchtigung" der dinglichen Rechtsposition des letzteren beseitigt würde. Der Grundstückseigentümer selbst würde deshalb aus § 894 BGB vom Bucheigentümer eine solche Auflassung an den Käufer nicht verlangen können; dann kann er eine derartige Befugnis natürlich auch nicht durch eine Ermächtigung einem Dritten (dem Grundstückskäufer) verleihen. Im Ergebnis wie hier die ganz überwiegende Auffassung (s RGZ 59, 289, 294; 64, 165, 169; 66, 21; 78, 87, 90 f; 112, 260, 265; RG Gruchot 55 [1911] 100, 105 = JW 1910, 941; BGH WM 1972, 384, 386; OLG Königsberg SeuffA 62, 250, 262; PLANCK/STRECKER § 894 Anm III 3 a; BGB-RGRK/AUGUSTIN § 894 Rn 26; SOERGEL/KERN[14] § 894 Rn 26; MünchKommBGB/H SCHÄFER[9] § 894 Rn 25; NK-BGB/KRAUSE[5] § 894 Rn 4; ERMAN/ARTZ[17] § 894 Rn 20; AK-BGB/L vSCHWEINITZ § 894 Rn 9; MEIKEL/BÖTTCHER[12] § 22 Rn 79; COSACK/MITTEIS § 28 II 2 d; EICHLER II 2, 394; PRÜTTING[38] Rn 244). Der Buchberechtigte könnte sich allerdings seiner Verpflichtung aus § 894 BGB auch durch eine Auflassung des Grundstücks an den – zur Geltendmachung des Berichtigungsanspruchs ermächtigten – Grundstückskäufer entledigen. Dieser würde dann mit der Eintragung das Eigentum erlangen, da man in der vom Eigentümer vorgenommenen Auflassung an ihn und der dabei ausgesprochenen Ermächtigung zur Geltendmachung des Berichtigungsanspruchs doch wohl die Zustimmung (§ 185 BGB) zu der Verfügung des Bucheigentümers sehen kann (ROSENBERG § 894 Anm VII 1 d; KIEHL Gruchot 55 [1911] 842, 844 f; GOLDMANN Gruchot 62 [1918] 478, 503). Problematischer ist, ob der zur Geltendmachung des Berichtigungsanspruchs ermächtigte Grundstückskäufer, dem der wirkliche Eigentümer das Grundstück bereits aufgelassen hat, aufgrund einer vom Buchberechtigten freiwillig auf den Namen des Ermächtigten erteilten Eintragungsbewilligung eingetragen werden darf. Das ist angesichts des § 39 GBO zu verneinen (RGZ 133, 279, 282 f; KGJ 26 A 245; 37 A 262; OLG Frankfurt Rpfleger 1964, 116, 117; PLANCK/STRECKER § 894 Anm 3a; FUCHS/ARNHEIM § 70 Anm 10; SCHATZKY 61 Fn 1; FALKMANN ZBlFG 5, 302; BGB-RGRK/AUGUSTIN § 894 Rn 26; ERMAN/ARTZ[17] § 894 Rn 20; GRÜNEBERG/HERRLER[84] § 894 Rn 5; **aA** BayObLG OLGE 40, 260; WOLFF/RAISER § 46 Fn 27; H WESTERMANN[5] § 73 II 1 b; GOLDMANN Gruchot 62 [1918] 478, 503 f m Fn 20; PREDARI Gruchot 62, 545, 552; FÖRSTER Recht 1904, 89 ff; ENDEMANN II 1 § 55 Fn 22; HAEGELE Rpfleger 1964, 118). Eine entsprechende Anwendung des § 40 GBO erscheint ausgeschlossen, weil es sich dort um einen Fall der Gesamtrechtsnachfolge handelt. § 39 GBO dient dem Zweck, die Entwicklung der dinglichen Rechtslage im Grundbuch offenzulegen, den Zusammenhang der Rechtsübertragungen darzustellen. § 40 GBO schafft „eine breite Lücke im Zusammenhang der Eintragungen" (HESSE/SAAGE/FISCHER § 39 Anm I). Daraus kann aber nicht die Befugnis abgeleitet werden, diese Lücke noch zu verbreitern. Es wird zuwenig beachtet, dass die Voreintragung des wahren Inhabers auch im Interesse des Erwerbers erforderlich ist: Nur dadurch kann er den Schutz des öffentlichen Glaubens erlangen; wird er nämlich unmittelbar eingetragen, so war sein Rechtsvorgänger nicht eingetragen, und § 892 BGB kommt nicht zur Anwendung, wenn etwa noch eine im Grundbuch nicht eingetragene Belastung besteht; die Eintragung des Bucheigentümers ist insoweit irrelevant, weil der Erwerber von diesem ja dann nicht erworben hat, zum anderen die Unrichtigkeit der betreffenden Eintragung auch kennt. (Die fehlende Voreintragung des Erben nach § 40 GBO schadet dagegen dem Erwerber im Rahmen des § 892 BGB nicht, denn der wirkliche Erbe des eingetragenen Buchberechtigten gilt zugunsten des Erwerbers als der wahre Berechtigte, vgl § 892 Rn 46).

Wird allerdings die Eintragung entgegen § 39 GBO trotzdem vorgenommen, so hat sie doch rechtsbegründende Wirkung, sofern die übrigen Voraussetzungen vorliegen, weil es sich nur um eine Ordnungsvorschrift handelt (H Westermann[5] § 73 II 1 b; Planck/Strecker § 894 Anm 3a). **84**

Viel erörtert worden ist folgender Fall: Eine Parzelle des Grundstücks des E ist irrtümlich auf dem Grundbuchblatt des Grundstücks des B eingetragen. E lässt dem K nun sein Grundstück einschließlich der fraglichen Parzelle auf, worin zugleich eine Ermächtigung zur Geltendmachung seines Berichtigungsanspruchs liegt (s oben Rn 82). Nun wird – ohne vorherige Grundbuchberichtigung – das Grundstück des E auf K umgeschrieben. Vielfach ist die Auffassung vertreten worden, dass K damit auch das Eigentum an dem ganzen Grundstück (einschließlich der falsch eingetragenen Parzelle) erlangt habe, also nun aus eigenem Recht den Berichtigungsanspruch gegen B verfolgen könne (Staudinger/Seufert[11] § 894 Rn 32; Goldmann/Lilienthal § 45 Fn 25; Oberneck I 424 Fn 83; auch die sehr dunklen Ausführungen in RGZ 62, 327 sind wohl so zu verstehen; s auch Biermann § 894 Anm 2h). Das ist jedoch unzutreffend: Die Eintragung wirkt nur für den in den Bestandsangaben definierten Bereich; K kann deshalb die fragliche Parzelle noch nicht zu Eigentum erworben haben (Rosenberg § 894 Anm VII 1 c; Wolff/Raiser § 46 VI 1). Er ist also misslicherweise darauf angewiesen, den Berichtigungsanspruch des E kraft der ihm erteilten Ermächtigung geltend zu machen. Die Berichtigung kann dabei nur dadurch erfolgen, dass die fragliche Parzelle auf einem neu angelegten Grundbuchblatt als nunmehr selbständiges Grundstück für E eingetragen wird (vgl KGJ 26 A 245; RGZ 133, 279, 282 f; OLG Frankfurt Rpfleger 1964, 116, 117; Rosenberg § 894 Anm VII 1 d; BGB-RGRK/Augustin § 894 Rn 26). **85**

Die Ermächtigung zur Geltendmachung des fremden Berichtigungsanspruchs im eigenen Namen verleiht dem Ermächtigten auch die Befugnis, zugunsten des Ermächtigenden einen Widerspruch (§ 899 BGB) zu erwirken (Planck/Strecker § 894 Anm III 3c). **86**

Genauso wenig wie der Berichtigungsanspruch selbst, der ja nur einen unselbständigen Ausfluss des beeinträchtigten Rechts bildet, kann die einem Dritten erteilte Ermächtigung zu seiner Geltendmachung im Grundbuch eingetragen werden (Planck/Strecker § 894 Anm III 3 b; Rosenberg § 894 Anm VII 1 f; **aA** OLG Dresden OLGE 2, 152). Falls der Ermächtigte die Eintragung eines Widerspruchs erwirkt, kann bei diesem nicht vermerkt werden, dass die Eintragung hier von einem ermächtigten Dritten veranlasst wurde (Planck/Strecker § 894 Anm III 3 b; Rosenberg § 894 Anm VII 1 f; s unten Rn 93). **87**

c) Unzulässigkeit der Verpfändung

Die Verpfändung des Berichtigungsanspruchs ist infolge seiner Unabtretbarkeit gem § 1274 Abs 2 BGB ausgeschlossen, da eine dem § 857 Abs 3 ZPO entsprechende **88**

Vorschrift fehlt (BGB-RGRK/Augustin § 894 Rn 26; MünchKommBGB/Wacke[4] § 894 Rn 23; NK-BGB/Krause[5] § 894 Rn 5; Prütting[38] Rn 244; Köbler JuS 1981, 181, 184; Meikel/Böttcher[12] § 22 Rn 80). Ein praktisches Bedürfnis für eine Verpfändung besteht auch nicht, da zur Vorbereitung einer Verpfändung des Rechtes selbst auch eine Ermächtigung zur Geltendmachung des Berichtigungsanspruchs ausreicht.

d) Pfändung

aa) Zulässigkeit

89 Eine Vollpfändung des Berichtigungsanspruchs ist aus dem gleichen Grunde unzulässig. Dagegen ist eine Pfändung und Überweisung des Berichtigungsanspruchs zur Ausübung anerkanntermaßen zulässig (BGHZ 33, 76, 83; BGH NJW 1996, 3147, 3148; Planck/Strecker § 894 Anm III 3a mwNw, auch zu den überholten Gegenstimmen; BGB-RGRK/Augustin § 894 Rn 27; MünchKommBGB/H Schäfer[9] § 894 Rn 27; Soergel/Kern[14] § 894 Rn 28; NK-BGB/Krause[5] § 894 Rn 5; jurisPK-BGB/Toussaint[10] § 894 Rn 65; AK-BGB/L vSchweinitz § 894 Rn 11; Grüneberg/Herrler[84] § 894 Rn 5; Jauernig/Berger[19] § 894 Rn 8; BeckOGK/Hertel [1. 9. 2024] § 894 Rn 58; Meikel/Böttcher[12] § 22 Rn 81; J Kohler, Das Verfügungsverbot gem § 938 Abs 2 ZPO [1984] 371 f; RGZ 94, 5, 10; KGJ 47 A 174 = RJA 14, 229; OLG Köln OLGZ 1969, 338, 314; s auch BGHZ 33, 76, 83; gänzlich abw [Pfändung de lege lata unzulässig] nur Linderhaus 148 ff, 186 f). Das ist aus dem Gesetz allerdings nicht unmittelbar ableitbar: § 857 Abs 3 ZPO meint doch wohl nur solche übertragbare Rechte, deren Ausübung einen selbständigen Vermögenswert hat. Darüber hinaus gilt die Norm ja eigentlich nur für den Bereich der Vollstreckung wegen Geldforderungen, nicht dagegen für die Vollstreckung von Titeln, die auf die Abgabe von Willenserklärungen (zB Übereignung des zZ nicht für den Veräußerer gebuchten Grundstücks) lauten. Das ältere Schrifttum hat die Pfändbarkeit teilweise auf eine Analogie zu § 851 Abs 2 ZPO gestützt (s vTuhr I § 268 Fn 12; Kretzschmar § 899 Anm V 5; ders Recht 1903, 329 ff; Hoffmann 60 ff; dagegen Mayer Gruchot 56 [1912] 535; Volmer Gruchot 59 [1915] 647) bzw für den Bereich der Zwangsvollstreckung von Individualansprüchen mit einer Analogie zu § 886 ZPO begründet (Schilde 90; Staffel 210; Goldmann Gruchot 62, 528; Volmer 647 f; Achilles/Strecker § 14 Anm 4; Güthe/Triebel § 14 Rn 30; Predari 87, 297; Rosenberg § 894 Anm VII 2b β; dagegen Arnheim § 14 Anm 19). Es dürfte sich wohl eher um eine durch § 857 Abs 3 ZPO nur erleichterte „Rechtsfortbildung mit Rücksicht auf ein unabweisbares Bedürfnis des Rechtsverkehrs" (zu dieser s Larenz, Methodenlehre[6] 414) handeln. Die Pfändbarkeit des Grundbuchberichtigungsanspruchs ist für ein funktionsfähiges Zwangsvollstreckungsrecht unverzichtbar, da eine Vollstreckung in ein dem Schuldner gehörendes, aber zur Zeit für ihn nicht gebuchtes Recht ebenso wie die Vollstreckung eines Anspruchs auf Verschaffung oder Belastung eines gegenwärtig nicht für den Schuldner eingetragenen Rechtes nach §§ 17 Abs 1, 146 Abs 1 ZVG, 867 ZPO, 39 Abs 1 GBO erst nach vorheriger Eintragung des Schuldners möglich ist. Diese könnte der Gläubiger aber ohne eine Pfändung des Berichtigungsanspruchs des Schuldners regelmäßig gar nicht herbeiführen; das ihm durch § 14 GBO eingeräumte Antragsrecht für eine Berichtigung des Grundbuchs würde ihn nämlich nicht der Notwendigkeit entheben, entweder die Bewilligung des Berichtigungsverpflichteten beizubringen (§ 19 GBO) oder aber gem § 22 GBO den Nachweis der Unrichtigkeit in der außerordentlich erschwerten Form des § 29 GBO zu erbringen. Wegen der Pfändung einer noch als Fremdhypothek eingetragenen Eigentümergrundschuld vgl Staudinger/Wolfsteiner (2019) § 1163 Rn 98; Tempel JuS 1967, 215, 216.

Die Pfändung ist auch im Arrestverfahren zulässig (s Silberschmidt ZZP 45 [1915] 505 und Warneyer[1] § 894 Anm V). Rechtlich unzulässig ist dagegen eine Überweisung des Berichtigungsanspruchs an Zahlungs Statt nach § 835 Abs 2 ZPO, da hierin eine unzulässige Vollübertragung zum Ausdruck käme (ebenso Rosenberg § 894 Anm VII 2 b; MünchKommBGB/Wacke[4] § 894 Rn 24 aE). 90

Unzulässig ist die Pfändung eines Anspruchs auf Zustimmung zur Löschung eines Rechtes, da hieraus eine Befriedigung des Gläubigers nicht erfolgen kann (RG WarnR 1910 Nr 239; BayObLG SeuffBl 73, 765; OLG Dresden OLGE 18, 235; Planck/Strecker § 894 Anm III 3 a; Erman/Hagen[9] § 894 Rn 13; NK-BGB/Krause[5] § 894 Rn 5; Grüneberg/Herrler[84] § 894 Rn 5; H Westermann[5] § 73 II 1 b; Hein JW 1931, 545; Goldmann Gruchot 62 [1918] 478, 529 mwNw; Volmer Gruchot 59 [1915] 624, 626 Fn 3; Rosenberg § 894 Anm VII 2b α [der zutreffend darauf hinweist, dass der Gläubiger nach Eintragung einer Sicherungshypothek auf dem Grundstück des Schuldners die Löschung eines voreingetragenen, nicht bestehenden Rechts aus eigenem Rechte betreiben kann]; A Blomeyer, Vollstreckungsverfahren [1975] § 61 II 2; **aA** MünchKommBGB/H Schäfer[9] § 894 Rn 27 aE; Soergel/Kern[14] § 894 Rn 28; Rodig JR 1933, 181; Hellwig/Oertmann, System des Deutschen Zivilprozeßrechts II [1919] 369 f). 91

bb) Wirkung

Die Pfändung und Überweisung zur Einziehung hat die gleiche Wirkung wie eine rechtsgeschäftlich erteilte Ermächtigung zur Geltendmachung des Berichtigungsanspruchs (MünchKommBGB/H Schäfer[9] § 894 Rn 28). Der Schuldner bleibt also trotz der Pfändung befugt, den Berichtigungsanspruch geltend zu machen. Der Pfandgläubiger seinerseits ist aber ebenfalls dazu legitimiert, den Berichtigungsanspruch im eigenen Namen gerichtlich und außergerichtlich (zB durch Mahnung, die den Anspruchsgegner in Verzug setzt) geltend zu machen und auf diese Weise die ordnungsgemäße Eintragung des berichtigungsberechtigten Vollstreckungsschuldners herbeizuführen (RGZ 94, 5, 10; KG OLGE 31, 138, 139 ff; OLG Köln OLGZ 1969, 338, 340; BGB-RGRK/Augustin § 894 Rn 27; MünchKommBGB/H Schäfer[9] § 894 Rn 28; NK-BGB/Krause[5] § 894 Rn 5; Meikel/Böttcher[12] § 22 Rn 81; Kohler 371). (Das Antragsrecht des Pfandgläubigers für das Eintragungsverfahren ergibt sich dann aus § 14 GBO [Kohler 371].) Ein Pfandrecht an dem dinglichen Recht selbst erlangt der Gläubiger durch die Pfändung des Berichtigungsanspruchs natürlich nicht (OLG Königsberg SeuffA 62 Nr 147; OLG Colmar OLGE 18, 198; MünchKommBGB/H Schäfer[9] § 894 Rn 28; Meikel/Böttcher[12] § 22 Rn 81; J Kohler 372 Fn 630); ein solches Pfandrecht entsteht auch nicht mit der Durchführung der Berichtigung; § 848 Abs 2 ZPO deckt diesen Fall nicht (KGJ 47 A 169 = RJA 14, 266). – Über **mehrfache Pfändung** des Berichtigungsanspruchs vgl P Wolf LZ 1915, 1651 und Goldmann Gruchot 62 (1918) 537 ff; Rosenberg § 894 Anm VII 2 d. 92

Durch die Pfändung und Überweisung zur Einziehung erhält der Gläubiger auch die Möglichkeit zur Erwirkung eines *Widerspruchs* gegen die Richtigkeit des Grundbuchs zugunsten des wahren Berechtigten, dh eben seines Schuldners (OLG Dresden ZZP 33, 85 ff; ZBlFG 5, 624; OLGE 2, 152 f; OLG Colmar OLGE 18, 198; BayObLG SeuffBl 73, 765; Biermann § 894 Anm 2h; Rosenberg § 894 Anm VII 2c γ m umfangreichen Nw; Planck/Strecker § 894 Anm III 3 c; BGB-RGRK/Augustin § 894 Rn 26; MünchKommBGB/H Schäfer[9] § 894 Rn 28; Soergel/Kern[14] § 894 Rn 28; BeckOGK/Hertel [1. 9. 2024] § 894 Rn 57; NK-BGB/Krause[5] § 894 Rn 5; Volmer 670 ff). Nach verbreiteter Auffassung kann bei der Eintragung des Widerspruchs vermerkt werden, dass dieser aufgrund einer Pfändung und Über- 93 weisung des Berichtigungsanspruchs erwirkt worden ist (OLG Dresden OLGE 2, 152; ZBlFG 5, 624 f; OLG Colmar OLGE 18, 198; Predari 87; Turnau/Förster § 1163 Anm II 12; Kretzschmar § 899 Anm III 2, V 6; Schopper Recht 1908, 75 ff; Wagener 49; Güthe/Triebel § 44 Rn 23; Du Chesne SächsArch 1906, 289). Das ist jedoch unzutreffend: Ein solcher Vermerk wäre funktionslos, weil der Widerspruch ohnehin nur zugunsten des Berichtigungsberechtigten wirkt (im Ergebnis hM: vgl KGJ 47 A 165, 180 f = OLGE 31, 138, 143 f; Rosenberg § 894 Anm VII 2c α, γ; Biermann § 894 Anm 2 i; Planck/Strecker § 894 Anm III 3 c; BGB-RGRK/Augustin § 894 Rn 27; Volmer Gruchot 59 [1915] 628, 660 ff; Goldmann Gruchot 62 [1918] 541; Goldmann/Lilienthal § 45 Fn 26; Oberneck I 425; Güthe/Triebel § 14 Rn 29; MünchKommBGB/H Schäfer[9] § 894 Rn 28 bei Fn 186; NK-BGB/Krause[5] § 894 Rn 5 bei Fn 16). Der Berichtigungsberechtigte (Vollstreckungsschuldner) ist beispielsweise trotz der Pfändung nicht daran gehindert, den vom Pfändungsgläubiger erwirkten Widerspruch wieder löschen zu lassen (Rosenberg § 894 Anm VII 2c γ; Planck/Strecker § 899 Anm 7; Volmer 628, 671; Goldmann 540). Ein bei der Pfändung ausgesprochenes Inhibitorium (§ 829 Abs 1 S 2 BGB) würde dem nicht entgegenstehen, da die Aufgabe des Widerspruchs keine Verfügung über den gepfändeten Berichtigungsanspruch darstellt. Erst recht verbietet sich damit eine Widerspruchseintragung unmittelbar zugunsten des Pfändungsgläubigers (Rosenberg § 894 Anm VII 2c γ; Planck/Strecker § 894 Anm III 3 c; **aA** Krückmann ZBlFG 15, 283 f; Bruck, Eigentümerhypothek [1903] 238; Horn, Eigentümerhypothek [1906] 163 f). Die Eintragung der Pfändung des Berichtigungsanspruchs für sich alleine (also ohne die Eintragung eines Widerspruchs) kommt angesichts der Eintragungsunfähigkeit des Berichtigungsanspruchs selbst ebenfalls nicht in Betracht (OLG Colmar OLGE 18, 198; KG KGJ 47 A 169, 179 = OLGE 31, 188; Rosenberg § 894 Anm VII 2c α mwNw; Planck/Strecker § 894 Anm III 3 b; Biermann § 894 Anm 2g; MünchKommBGB/H Schäfer[9] § 894 Rn 28; BGB-RGRK/Augustin § 894 Rn 27; Soergel/Kern[14] § 894 Rn 28; Oberneck I 425; Güthe/Triebel § 14 Rn 29; Volmer Gruchot 59 [1915] 624, 660 ff; Crome III § 373 Rn 33; Wolff/Raiser § 46 Fn 26; **aA** OLG Dresden OLGE 2, 152; Goldmann/Lilienthal § 45 Fn 26; Turnau/Förster I 922; Bruck, Eigentümerhypothek [1903] 238; Horn, Eigentümerhypothek [1906] 163 f).

cc) Ersatz durch Feststellungsklage

94 Der Gläubiger, der in ein seinem Schuldner gehörendes, aber nicht für diesen eingetragenes Liegenschaftsrecht vollstrecken möchte, kann allerdings noch auf einem anderen Wege als dem der Pfändung und gerichtlichen Durchsetzung des Berichtigungsanspruchs seines Schuldners zum Ziel gelangen. Er hat nämlich richtiger Ansicht nach auch die Möglichkeit, unmittelbar die Feststellungsklage gegen den Buchberechtigten zu erheben (Stein/Jonas/Roth, ZPO[23] § 256 Rn 36; Güthe/Triebel § 14 GBO Rn 31; Predari, GBO 297; Turnau/Förster § 14 GBO Anm II 5; Achilles/Strecker, GBO § 14 Anm 4; Volmer Gruchot 59, 634 Fn 10 und 656; Denkschrift zur GBO 49; MünchKommBGB/H Schäfer[9] Rn 27; **aA** aber Seuffert/Walsmann § 867 ZPO Anm 3b; Staffel 202; Schatzky 52; Goldmann/Lilienthal II 129 Fn 24; Wagener 11; Mayer Gruchot 56 [1912] 540; Paul Wolf LZ 1915, 1651 und Goldmann Gruchot 62 [1918] 517 ff). Das Feststellungsurteil führt dann den Nachweis der Unrichtigkeit iS von § 22 GBO (Güthe/Triebel § 14 GBO Rn 31).

V. Passivlegitimation

1. Allgemein

Der Berichtigungsanspruch besteht gegenüber „demjenigen ... dessen Recht durch die Berichtigung betroffen wird". Gemeint ist damit derjenige, zu dessen Gunsten der Grundbuchinhalt von der wirklichen Rechtslage abweicht (Mot III 236), dessen Buchposition also durch die Anpassung des Buchinhaltes an die wirkliche Rechtslage beseitigt oder geschmälert werden müsste. 95

Wenn die Unrichtigkeit des Grundbuches darin besteht, dass dort die falsche Person als Rechtsinhaber ausgewiesen wird oder darin, dass ein nicht existierendes Recht an einem Grundstück oder an einem beschränkten Liegenschaftsrecht eingetragen ist, ist passiv legitimiert natürlich der betreffende *Buchberechtigte,* dem die Buchposition durch die Berichtigung vollständig entzogen werden soll. Dabei kommt es nicht darauf an, ob der Eingetragene für seine Eintragung verantwortlich ist (BGH 9. 12. 2022 – V ZR 91/21, DNotZ 2023, 271 Rn 9, 11; Grüneberg/Herrler[84] § 894 Rn 7). Falls der Eingetragene in der Zwischenzeit verstorben ist, ist automatisch sein Erbe Gegner des Berichtigungsanspruchs geworden, denn die in der Buchberechtigung liegende Legitimation geht als vermögenswerte und dem Besitz ähnliche Position analog §§ 1922, 857 BGB auf den Erben über (s § 892 Rn 46; § 891 Rn 22, 30; nur iE Wilhelm[7] Rn 674; s aber auch § 895 Rn 3). Der noch nicht eingetragene Erbe ist allerdings nur dann dem Grundbuchberichtigungsanspruch ausgesetzt, wenn die noch für den Erblasser eingetragene Rechtsposition ihrer Art nach überhaupt vererblich ist (vgl BGH NJW 1996, 3006, 3007). Ist in das Grundbuch zu Unrecht Volkseigentum eingetragen worden und der frühere Rat der Stadt (der Gemeinde, des Kreises) als Rechtsträger im Grundbuch eingetragen, so ist die Stadt (die Gemeinde, der Landkreis) nach § 8 Abs 1 S 1 Buchstabe a VZOG befugt, die Berichtigung des Grundbuchs zu bewilligen. Dadurch wird zugleich die Passivlegitimation für den Grundbuchberichtigungsanspruch begründet (BGHZ 132, 245, 249 f = WM 1996, 864, 866; OLG Dresden VIZ 1999, 55, 57). Soll die Löschung einer nicht bestehenden Verfügungsbeschränkung erwirkt werden, ist Anspruchsgegner natürlich derjenige, zu dessen Gunsten diese Beschränkung eingetragen ist. 96

Handelt es sich dagegen darum, dass ein existierendes Recht oder eine bestehende Verfügungsbeschränkung im Grundbuch nicht verlautbart ist, so geht der Berichtigungsanspruch gegen den *wirklichen Inhaber* desjenigen Rechtes, das im Grundbuch zu Unrecht als unbelastet oder nicht von einer Verfügungsbeschränkung betroffen erscheint; darüber hinaus gegen den eingetragenen (oder als Erbe des Eingetragenen wie selbst buchmäßig legitimiert zu behandelnden) wirklichen Inhaber eines jeden Rechtes, dessen buchmäßiger Rang sich durch die Grundbuchberichtigung, also die (Wieder-)Eintragung des zu Unrecht gelöschten oder außerhalb des Grundbuches entstandenen Rechtes, verschlechtern müsste. Entsprechend ist die Situation in solchen Fällen, in denen das Grundbuch einen besseren als den wirklichen Inhalt oder Umfang oder Rang eines bestehenden (und für den wirklichen Inhaber gebuchten) Rechtes ausweist. Ein qualitativer Unterschied zu den Fällen des vorigen Absatzes liegt darin allerdings kaum. Die Verpflichtetenstellung beruht hier nämlich weniger auf der wirklichen Rechtsinhaberschaft als auf der Tatsache, dass die buchmäßig verlautbarte über die wirkliche Rechtsposition hinausgeht, der Rechtsinhaber also 97 durch den unrechtmäßigen Grundbuchstand begünstigt wird, oder anders ausgedrückt, dass er nicht in dem Maße berechtigt ist, wie es nach dem Grundbuchinhalt scheint.

98 Der Berichtigungsanspruch wegen Nichteintragung eines Rechtes an einem Grundstück kann auch dann noch geltend gemacht werden, wenn das Grundstück infolge Eigentumsaufgabe (§ 928 BGB) herrenlos geworden ist. Die Berichtigungsklage kann hier nämlich gegen einen nach § 58 ZPO vom Gericht zu bestellenden Vertreter (Prozesspfleger) gerichtet werden (Planck/Strecker § 928 Anm 6 mwNw; Biermann § 894 Anm 2b).

99 § 899a BGB stellte bis zu seiner Aufhebung durch das MoPeG (s dazu Rn 30) zum 1. 1. 2024 für solche Gesellschaften des bürgerlichen Rechts, zu deren Vermögen Grundstücke oder beschränkte Liegenschaftsrechte gehörten, die Vermutung auf, dass alle Personen, die nach § 47 Abs 2 S 1 BGB aF im Grundbuch als Gesellschafter einer GbR eingetragen sind, wirklich Gesellschafter dieser Gesellschaft sind, und dass keine weiteren Gesellschafter vorhanden sind. Diese Vermutung griff auch in solchen Fällen ein, in denen nach Ausscheiden (mindestens) eines Gesellschafters und/oder Eintritt (mindestens) eines neuen Gesellschafters das Grundbuch unrichtig geworden war und deshalb nach § 894 BGB berichtigt werden musste (OLG Brandenburg NJW-RR 2011, 1036 f; OLG München NJW-RR 2010, 1667; OLG Zweibrücken Rpfleger 2010, 208 f Rn 9 f und FGPrax 2010, 286; DNotI-Report 2010, 145, 147; Grüneberg/Herrler[82] § 899a Rn 9). Auf der Grundlage dieser Vermutungswirkung musste geprüft werden, ob es wirklich zu einer Änderung im Gesellschafterbestand und damit zu einer Unrichtigkeit des Grundbuchs gekommen ist.

100 In den neuen Bundesländern ist für die Grundbuchberichtigungsklage eines Eigentumsprätendenten auch legitimiert, wer im Grundbuch nur als „Rechtsträger" für „Eigentum des Volkes" eingetragen ist (KG ZIP 1991, 1033, 1034), wenn er bei ursprünglicher Richtigkeit dieser Eintragung nach Art 233 § 2 EGBGB iVm den Vorschriften über die Abwicklung des Volkseigentums Eigentümer geworden wäre (KG ZIP 1991, 1033, 1034; OLG Dresden VIZ 1999, 55, 57).

2. Doppelte Unrichtigkeit

101 Komplikationen ergeben sich bei bestimmten „Doppelfehlern" des Grundbuches. Ein Teil dieser Fälle wird von § 895 BGB erfasst (vgl dazu § 895 Rn 1 ff). Nicht einschlägig ist die letztere Norm dagegen, wenn ein belastetes Recht für einen anderen als den wirklichen Rechtsinhaber gebucht ist und nun die Belastung materiell zu Unrecht gelöscht wird. Hier kann die Berichtigung bezüglich des gelöschten Rechts nach formellem Grundbuchrecht ohne Weiteres erfolgen, ohne dass zuvor der wahre Inhaber des belasteten Rechtes eingetragen werden müsste (Beispiel: Das Grundbuch weist N als Eigentümer des in Wirklichkeit dem E gehörenden Grundstücks aus; außerdem ist eine auf dem Grundstück lastende Hypothek des Gläubigers G unberechtigterweise gelöscht worden). Der Buchberechtigte ist hier auch für den Berichtigungsanspruch passiv legitimiert (Rosenberg § 894 Anm III 3a α; Predari 84; BGB-RGRK/Augustin § 894 Rn 37; s auch RG SeuffA 81, 295, 297; HRR 1929 Nr 141). Er kann sich also nicht damit verteidigen, dass er als Buchberechtigter nicht zur Verfügung über das von der Berichtigung betroffene Recht berechtigt sei. Von der Berichtigung betroffen ist ja ohnehin nur das buchmäßige Recht, und nur über dieses verfügt der Bucheigentümer, wenn er dem Berichtigungsanspruch des nicht eingetragenen Hypothekars nachkommt. Entsprechendes gilt, wenn nach der in Form des § 1154 Abs 1 S 1 BGB erfolgten Zession einer Briefhypothek der Grundstückseigentümer die Hypothekensumme an den Zessionar gezahlt hat; der Eigentümer hat dann den Berichtigungsanspruch gegen den noch im Grundbuch eingetragenen Zedenten (OLG Oldenburg JW 1936, 401).

Die Bewilligung der Wiedereintragung des Hypothekars durch den Bucheigentümer **102** ist im erstgenannten Beispiel nichts anderes als eine teilweise Räumung seiner Buchposition „unbelastetes Eigentum“, nämlich die „Herausgabe“ desjenigen Teils, der nicht dem wirklichen Grundstückseigentümer, sondern dem Hypothekar zusteht. Aus diesem Grunde darf das Grundbuchamt entgegen ROSENBERG (§ 894 Anm III 3a α) die beantragte und vom Buchberechtigten bewilligte Wiedereintragung auch dann nicht ablehnen, wenn es die Nichtberechtigung des Bewilligenden positiv kennt. Die Berichtigungsbewilligung ist nämlich – wie jede Bewilligung iS von § 19 GBO – nach richtiger Ansicht eine reine Verfahrenserklärung, die nur eine formelle (grundbuchmäßige) Bewilligungsberechtigung voraussetzt (s dazu KEHE/ERTL[4] § 19 Rn 49 ff; KELLER/MUNZIG/MEIER[9] § 22 Rn 143 f). Demgegenüber nimmt allerdings eine verbreitete Auffassung an, dass die auf Wiedereintragung des zu Unrecht gelöschten Rechts gerichtete Berichtigungsbewilligung des bloßen Bucheigentümers nicht ausreicht, wenn das Grundbuchamt positive Kenntnis von der Nichtberechtigung des Bewilligenden hat (vgl MEIKEL/BÖTTCHER[12] § 19 Rn 40 mwNw und § 22 Rn 109 bei Fn 473; BAUER/SCHAUB/SCHÄFER[5] § 22 GBO Rn 12; das entspricht der Position, die der BGH in NJW-RR 2006, 888, 889 Rn 14 zur Bewilligung einer konstitutiven Eintragung einnimmt). Die bloße Möglichkeit oder Vermutung des Grundbuchamts, dass der als Eigentümer Eingetragene bloßer Buchberechtigter sei, beseitigt aber auch nach dieser Auffassung noch nicht die Bewilligungsmacht des Eingetragenen; auch für das Grundbuchamt gilt ja die Vermutung aus § 891 BGB (s oben § 891 Rn 83 ff; BAUER/SCHAUB/KILIAN[5] § 19 Rn 136 ff, 139).

Schwieriger zu entscheiden ist, ob nicht unter Umständen auch der *wirkliche Inhaber* **103** eines nicht eingetragenen oder für einen Dritten gebuchten Rechtes, das seinerseits den Gegenstand einer ebenfalls nicht eingetragenen Belastung oder Verfügungsbeschränkung bildet, dem Berichtigungsanspruch aus § 894 BGB ausgesetzt ist (*bejahend* ROSENBERG § 894 Anm III 3a α). Der Wortlaut des § 895 BGB, der ja auch einen selbst nicht eingetragenen Inhaber eines von der Berichtigung betroffenen Rechtes als den „nach § 894 BGB Verpflichteten“ bezeichnet, spricht eher dafür. Das Gesetz betrachtet also offenbar auch den wirklichen Inhaber des im Grundbuch „zu gut“ dargestellten Rechtes als von der Berichtigung „betroffen“ bzw als „Störer“. Der anspruchsberechtigte Inhaber eines nicht eingetragenen Zweigrechts hat damit in den Fällen einer unwirksamen, aber im Grundbuch eingetragenen Übertragung des belasteten Liegenschaftsrechts die Wahl, ob er gegen den Buchberechtigten oder den wirklichen Inhaber des von der Berichtigung betroffenen Rechtes vorgehen will, während bei unzutreffender Löschung des belasteten Liegenschaftsrechts und des Zweigrechts nur der Inhaber des ersteren für den Grundbuchberichtigungsanspruch passivlegitimiert ist. Die nach § 894 BGB erzwungene oder freiwillig abgegebene Berichtigungsbewilligung des selbst nicht eingetragenen Berichtigungsgegners nützt dem Anspruchsberechtigten wegen § 39 GBO allerdings nur dann etwas, wenn er dessen Rechtsinhaberschaft in der Form des § 29 GBO nachweisen kann und der Berichtigungsgegner außerdem – wozu er aus § 895 BGB verpflichtet ist – seine eigene Eintragung beantragt. Unter den Voraussetzungen des § 14 GBO genügt stattdessen auch der Antrag des Berichtigungsklägers selbst. Falls dieser den wirklichen Inhaber des belasteten Rechts nur auf Abgabe der Zustimmungserklärung zur Wiedereintragung der Belastung verklagt und ein vollstreckbares Urteil erstritten hat, kann er also auch selbst das Berichtigungsverfahren nach § 22 GBO einleiten. Dass zudem oder statt des eigentlichen Berichtigungsanspruchs gerade der Anspruch aus § 895 BGB tituliert ist, ist entgegen Meikel/Böttcher[12] § 14 Rn 7 nicht zu verlangen; wäre auch diese Voraussetzung gegeben, dann bedürfte es des eigenen Antragsrechts des Berichtigungsklägers ohnehin kaum, weil ja der Antrag des Beklagten jedenfalls bei Rechtskraft des Urteils nach § 894 ZPO als gestellt gelten würde. § 14 GBO soll vielmehr gerade das Vorgehen nach § 895 BGB in bestimmten Konstellationen entbehrlich machen (Güthe/Triebel § 14 Rn 19).

104 In den Fällen der gleichzeitigen unberechtigten Löschung eines beschränkten Liegenschaftsrechts und des darauf lastenden Zweigrechts hat der Inhaber des letzteren dagegen keinen eigenen Grundbuchberichtigungsanspruch gegen den Grundstückseigentümer (obwohl die in Staudinger/C Heinze [2018] § 876 Rn 46 **aA** aufgeführten Autoren davon auszugehen scheinen). Der Grundstückseigentümer ist nicht derjenige, der durch die bloße Wiedereintragung des mitgelöschten Zweigrechts betroffen würde. Er kann und muss die Wiedereintragung des Zweigrechts deshalb nicht bewilligen. Damit bleibt in der Regel nur der umständliche Weg des § 895 BGB. Der indirekte Weg funktioniert allerdings nicht in der sehr unwahrscheinlichen Konstellation, dass zunächst ein Zweigrecht an einem gebuchten, aber nicht existierenden Liegenschaftsrecht ersten Grades gutgläubig erworben worden ist und später beide Rechte (das Zweigrecht zu Unrecht) gelöscht worden sind. Hier wird man den Grundbuchberichtigungsanspruch wohl gegen den Grundstückseigentümer richten müssen, zumal das Zweigrecht ohne zugehöriges Stammrecht sich im Wesentlichen doch wie eine unmittelbare Grundstücksbelastung auswirkt.

105 Ist ein Grundstück mit einer Hypothek und diese mit einem Pfandrecht belastet und werden Hypothek und Pfandrecht gelöscht, kann der Pfandgläubiger die Wiedereintragung beider Rechte natürlich nicht durch eine gegen den Grundstückseigentümer gerichtete Klage erzwingen: Ein gegen diesen gerichteter Grundbuchberichtigungsanspruch steht ihm gar nicht zu. Der Pfandgläubiger muss hier stattdessen nach § 895 BGB vorgehen.

3. Dritte, deren Zustimmung erforderlich ist

106 In bestimmten Fällen würde die Berichtigungsbewilligung des durch den Grundbucheintrag formell Begünstigten nicht ausreichen, wäre vielmehr zum Vollzug der Berichtigung nach Verfahrensrecht die Zustimmung dritter Personen notwendig, weil diese von der Berichtigung immerhin mittelbar betroffen würden. So bedarf die Löschung eines Grundpfandrechts nach § 27 GBO der Zustimmung des Grundstückseigentümers, sofern sich die Nichtexistenz des Rechtes nicht in der Form des § 29 GBO nachweisen lässt. Ebenso darf das Grundbuchamt die Löschung eines belasteten Liegenschaftsrechtes nur mit Zustimmung des Inhabers des Zweigrechtes vornehmen, eine Inhalts- oder Rangänderung nicht ohne Zustimmung der dadurch benachteiligten Drittberechtigten und eventuell auch der des Grundstückseigentümers; die §§ 876, 877, 880 Abs 2 S 2, Abs 3 BGB, die primär materiellrechtliche Voraussetzungen für die entsprechenden Verfügungsgeschäfte aufstellen, enthalten nämlich zugleich verfahrensrechtliche Wertungen, die auch für die betreffenden Grundbuchberichtigungen gelten müssen (s Staudinger/Ertl[12] § 876 Rn 2; Keller/Munzig/Munzig[9] § 19 Rn 39; Güthe/Triebel § 22 Rn 34; Rosenberg § 894 Anm III 3a α). Wenn nun an diesen Zustimmungserfordernissen die Durchsetzung des Berichtigungsanspruchs scheitern könnte, würde sich eine gefährliche, vom Gesetzgeber sicher nicht gewollte Rechtsschutzlücke auftun. Deshalb ist § 894 BGB erweiternd auszulegen: Für den Anspruch passivlegitimiert ist auch jeder, ohne dessen Zustimmung nach formellem Grundbuchrecht die Berichtigung nicht durchgeführt werden kann (allg Ansicht, BGHZ 41, 30, 32; Rosenberg § 894 Anm III 3a δ; MünchKommBGB/Wacke[4] § 894 Rn 21; MünchKommBGB/H Schäfer[9] § 894 Rn 29 f; Soergel/Kern[14] § 894 Rn 18; jurisPK-BGB/Toussaint[10] § 894 Rn 40; Erman/Artz[17] § 894 Rn 23; Grüneberg/Herrler[84] § 894 Rn 7; BeckOGK/Hertel [1. 9. 2024] § 894 Rn 68; Jauernig/Berger[19] § 894 Rn 6; AK-BGB/L vSchweinitz § 894 Rn 45; Fuchs § 894 Anm 5a; Eichler II 2, 391 f). Wegen § 880 Abs 2 S 2 BGB ist beispielsweise für den Berichtigungsanspruch, mit dessen Hilfe der buchmäßige Rang einer Hypothek verschlechtert werden soll, auch der Grundstückseigentümer passiv legitimiert (Rosenberg § 894 Anm III 3a δ; im Ergebnis MünchKommBGB/H Schäfer[9] § 894 Rn 29 aE; Güthe ZBlFG 13, 165, 182; **aA** OLG Karlsruhe BadRPrax 1903, 62; Soergel/Kern[14] § 894 Rn 18). Nicht aus § 894 BGB verpflichtet ist dagegen eine Person, deren Zustimmung das Grundbuchamt lediglich aufgrund einer unzutreffenden Rechtsansicht für eine verfahrensrechtliche Voraussetzung der Berichtigung hält (so lag der Fall wohl in BGHZ 41, 30). Der Anspruchsberechtigte hat hier nur die Möglichkeit, gegen die Entscheidung des Grundbuchamtes Beschwerde (§ 71 Abs 1 GBO) einzulegen. Unzutreffend ist schließlich auch die Annahme des Reichsgerichts, die Berichtigungsklage könne auch gegen einen nicht Eingetragenen gerichtet werden, wenn dieser das streitige Recht für sich in Anspruch nehme (RG JW 1931, 651). Wenn gemäß §§ 118, 126, 128 ZVG eine Sicherungshypothek für „die noch festzustellenden Berechtigten" eingetragen ist, so begründet allein der Umstand, dass jemand der Berechtigte zu sein behauptet, noch nicht die Passivlegitimation für eine die Hypothek betreffende Grundbuchberichtigungsklage (OLG Posen PosMschr 1911, 104, 105).

Wenn mit Hilfe des Berichtigungsanspruchs die Löschung eines zu Unrecht eingetra- **107**
genen beschränkten Liegenschaftsrechts herbeigeführt werden soll, an dem in der Zwischenzeit durch gutgläubigen Erwerb ein Zweigrecht entstanden ist (s § 892 Rn 229), so ist eine Zustimmung des Inhabers dieses Zweigrechts zur Löschung nicht erforderlich, dieser mithin auch nicht dem Berichtigungsanspruch ausgesetzt. Die Löschung darf hier vielmehr überhaupt nur unter Vorbehalt des gutgläubig erworbenen Zweigrechts erfolgen (s Rosenberg § 894 Anm III 1 e, 3a β; Hegewisch JW 1911, 929 ff; MünchKommBGB/H Schäfer[9] § 894 Rn 31 aE; Baur/Stürner[18] § 18 Rn 35).

4. Einzelfälle

Falls mit dem Berichtigungsanspruch die Löschung oder Umschreibung eines *Brief-* **108**
grundpfandrechtes oder die Eintragung eines auf diesem lastenden Zweigrechtes erreicht werden soll und der gegenwärtige Besitzer des Hypothekenbriefes nach § 1155 BGB legitimiert ist, so ist nur dieser (nicht aber ein noch im Grundbuch eingetragener früherer Gläubiger) für den Berichtigungsanspruch passiv legitimiert; § 1155 BGB fingiert hier ja die Eintragung des Briefbesitzers (s OLG Frankfurt Rpfleger 1975,

301; Staudinger/Wolfsteiner [2019] § 1155 Rn 39; ferner MünchKommBGB/Lieder[9] § 1155 Rn 27). Dementsprechend dürfte hier ein Berichtigungsanspruch des durch die Kette beglaubigter Abtretungserklärungen ausgewiesenen Briefbesitzers gegen den noch im Grundbuch stehenden früheren Gläubiger nicht in Betracht kommen; der Briefbesitzer kann hier die Berichtigung nach §§ 26, 29 GBO selbst erwirken. Wenn die Berichtigung dagegen ein Briefgrundpfandrecht betrifft, das dem gegenwärtigen wirklichen oder scheinbaren Inhaber in der Form des § 1154 Abs 1 S 1 BGB ohne öffentliche Beglaubigung übertragen worden war, muss sich der Anspruch aus § 894 BGB grundsätzlich gegen den noch im Grundbuch als Grundpfandgläubiger Eingetragenen richten (vgl Güthe/Triebel § 22 Rn 32). Den für die Berichtigung benötigten Brief muss sich der Anspruchsberechtigte dann nach § 896 BGB verschaffen.

109 Wenn mit Hilfe des Berichtigungsanspruchs die Eintragung der *Pfändung eines Nacherbenrechts* erwirkt werden soll (s oben Rn 46, 51), so bereitet die Entscheidung über den Anspruchsgegner Schwierigkeiten. Man könnte mit KGJ 42 A 228, 237 und Güthe/Triebel[3] § 51 Rn 21 argumentieren, dass durch die Pfändung bzw Verpfändung die Verfügungsmöglichkeiten des Vorerben weiter beschränkt würden, weil er nunmehr zusätzlich zur Zustimmung des Nacherben noch die des Pfandgläubigers benötigte; dies würde es nahelegen, den Vorerben zumindest auch als von der Eintragung der Pfändung Betroffenen iS von § 39 GBO (bzw Gegner des Berichtigungsanspruchs) zu behandeln. Richtiger dürfte es allerdings sein, in der durch die Pfändung eintretenden Aufspaltung der Zustimmungsbefugnis lediglich eine tatsächliche Änderung der Situation des Vorerben zu sehen, die dessen Rechtsstellung als solche nicht beeinträchtigt. Damit wäre dann Betroffener iS von § 39 GBO und Gegner des Berichtigungsanspruchs ausschließlich der Nacherbe (so RGZ 83, 434, 439 ff; KG KGJ 47 A 165, 168; Rosenberg § 894 Anm III 3a α).

5. Mehrere Inhaber des betroffenen Rechts

110 Falls das von der Berichtigung betroffene Buchrecht mehreren Personen zusteht, kann die Berichtigung nur aufgrund der Bewilligung aller erfolgen, sind mithin auch alle aus § 894 BGB verpflichtet (BGB-RGRK/Augustin § 894 Rn 39; Planck/Strecker § 894 Anm IV; MünchKommBGB/H Schäfer[9] § 894 Rn 31; Grüneberg/Herrler[84] § 894 Rn 7). So ist die Klage auf Löschung des Nacherbenvermerks gegen alle Nacherben zu richten, die die Berichtigungsbewilligung nicht freiwillig erklärt haben (RGZ 93, 292, 294 ff; Planck/Strecker § 894 Anm IV). Anders ist die Situation natürlich, wenn einer der Mitberechtigten das alleinige Verfügungsrecht hat (s unten Rn 113). Wenn die Unrichtigkeit allerdings überhaupt nur einen einzelnen Miteigentumsanteil betrifft, ist selbstverständlich auch nur dessen buchmäßiger Inhaber dem Berechtigungsanspruch ausgesetzt. – Soweit das von der Berichtigung betroffene Buchrecht für eine Erbengemeinschaft eingetragen ist, muss der Grundbuchberichtigungsanspruch infolge seiner dinglichen Natur im Wege der Gesamthandsklage (§ 2058 Abs 2 BGB) geltend gemacht werden. Die Miterben sind damit notwendige Streitgenossen iS von § 62 ZPO (OLG Naumburg NJW-RR 1998, 308, 309).

6. Verlust der Buchposition

111 Aus § 894 BGB verpflichtet ist anerkanntermaßen immer nur, wer gegenwärtig Inhaber einer im Widerspruch zum Recht des Berichtigungsklägers stehenden Buchposi-

tion ist, nicht etwa auch dessen unmittelbarer oder mittelbarer Rechtsvorgänger, unter dem die unrichtige Buchlage erstmals entstand: Es ist ein allgemeines Charakteristikum aller dinglichen Rechtsverwirklichungsansprüche, dass sie jeweils einem „Störer" die von diesem usurpierten Herrschaftsbefugnisse des Berechtigten entziehen wollen (s Staudinger/Gursky [2013] § 1004 Rn 4, 17); solche Ansprüche entfallen deshalb, wie § 985 BGB deutlich zeigt, sobald der Anspruchsgegner seine usurpierende Position aufgibt bzw einbüßt, also kein Hindernis für die Herrschaftsausübung des Berechtigten mehr bildet. Dementsprechend kommt der Berichtigungsanspruch gegen den bisherigen Gegner in Wegfall, sobald dieser seine Buchposition verliert, also etwa wenn ein Dritter an seiner Stelle als Berechtigter eingetragen wird (RGZ 121, 379, 381; Planck/Strecker § 894 Anm IV; Rosenberg § 894 Anm III 3 b; Volmer 633); es entsteht dann ein neuer Berichtigungsanspruch gegen diesen Dritten, sofern dessen Erwerb nicht nach § 892 BGB wirksam und die Unrichtigkeit damit beseitigt ist. Falls der Anspruchsverpflichtete das betroffene Recht allerdings erst nach Rechtshängigkeit des Berichtigungsanspruchs weiter überträgt, ist das Erlöschen des Anspruchs nach § 265 Abs 2 S 1 ZPO prozessual irrelevant (allgA, s RGZ 121, 379, 381; RG JW 1922, 218; BGH MDR 2002, 285; Planck/Strecker § 894 Anm 4; Rosenberg § 894 Anm III 3 b; MünchKommBGB/H Schäfer[9] § 894 Rn 33; abw nur Kretzschmar § 894 Anm V 4, § 899 Anm IV 3). Der Kläger kann dann den bisherigen Antrag aufrechterhalten (Wieczorek, Großkommentar ZPO[2], § 265 Anm F III a; Stein/Jonas/Roth, ZPO[23] § 265 Rn 33). Für das Urteil bleibt hier damit der Grundbuchstand vor der Weiterübertragung des betreffenden Rechts maßgeblich. Das rechtskräftige Urteil wirkt dann nach § 325 ZPO auch gegenüber dem Rechtsnachfolger im „betroffenen Recht", sofern dieser nicht in dem in § 325 Abs 2 ZPO vorausgesetzten doppelten Sinne gutgläubig war. Der Kläger kann wegen dieser Rechtskrafterstreckung die Klausel nach §§ 727, 731 ZPO umschreiben lassen. – Der Rechtsnachfolger ist allerdings unter den Voraussetzungen des § 266 ZPO berechtigt und auf Verlangen des Klägers verpflichtet, den Rechtsstreit als Hauptpartei zu übernehmen.

Nach Ansicht des BGH entfällt das Rechtsschutzbedürfnis für eine auf Löschung ei- **112**
ner Grundstücksbelastung gerichtete Grundbuchberichtigungsklage nicht schon deshalb, weil das fragliche Recht ohne Bewilligung des Eingetragenen und damit zu Unrecht gelöscht wird (BGH LM § 1018 Nr 36 = NJW-RR 1988, 1229 = WM 1988, 1595). Hier wird der ehemals eingetragene scheinbare Rechtsinhaber zwar faktisch seine Wiedereintragung unter Berufung auf § 22 GBO möglicherweise erzwingen können, obwohl das Grundbuch durch die verfahrensfehlerhafte Löschung nicht unrichtig, sondern richtig geworden ist. Diese bloße Chance, die bereits verlorene Buchposition noch einmal wiederzuerlangen, reicht aber für die Passivlegitimation des Grundbuchberichtigungsanspruchs nicht aus. Als Rechtsbehelf bietet sich hier nur die Feststellungsklage an.

7. Fehlende Verfügungsbefugnis

Die Berichtigungsbewilligung, die der aus § 894 BGB Verpflichtete zu erteilen hat, **113**
ist wie jede Bewilligung iS von § 19 GBO eine reine Verfahrenserklärung, keine materiellrechtliche Verfügung (s Keller/Munzig/Munzig[9] § 19 Rn 10 ff, Keller/Munzig/Meier[9] § 22 Rn 143; str, abw zB Staudinger/Seufert[11] § 894 Rn 42). Eine wirksame Bewilligung kann aber nur derjenige erteilen, dem die formelle Bewilligungsbefugnis zusteht. Diese wiederum ergibt sich aus einer analogen Anwendung der Vorschriften über

die materielle Verfügungsbefugnis (Keller/Munzig/Munzig[9] § 19 Rn 47). Falls dem Inhaber des von der Berichtigung betroffenen Rechtes also die Verfügungsmacht bezüglich dieses Rechtes fehlt (bzw fehlen würde, wenn es kein bloßes Buchrecht wäre), muss sich der Berichtigungsanspruch stattdessen gegen denjenigen richten, der an seiner Stelle die Verfügungsmacht hat bzw unter der genannten Voraussetzung haben würde (KGJ 40 A 157 ff; OLG Stuttgart WürttJb 14, 52; Rosenberg § 894 Anm III 3 c; Güthe ZBlFG 13, 181; Schweitzer ZBlFG 3, 449 ff; MünchKommBGB/H Schäfer[9] § 894 Rn 32; Keller/Munzig/Munzig[9] § 19 Rn 51; Keller/Munzig/Meier[9] § 22 Rn 153). Daher richtet sich der Berichtigungsanspruch im Insolvenzverfahren über das Vermögen des Inhabers des betroffenen Rechts gem §§ 80, 81 InsO gegen den Insolvenzverwalter (vgl RG JW 1904, 403; OLG Hamm SeuffA 62 Nr 175; OLG Celle NJW 1985, 204; Rosenberg § 894 Anm III 3 c; Planck/Strecker § 894 Anm IV; Soergel/Kern[14] § 894 Rn 18; jurisPK-BGB/Toussaint[10] § 894 Rn 46; **aA** Hoffmeister 67 ff). Entsprechendes gilt bei Nachlassverwaltung oder Testamentsvollstreckung. Der Anspruch auf Löschung eines für den Schuldner eingetragenen Rechts richtet sich aber wieder gegen den Schuldner, wenn der Insolvenzverwalter das angebliche Recht freigegeben hat (OLG Karlsruhe ZIP 1982, 192 f bzgl einer Rückauflassungsvormerkung; jurisPK-BGB/Toussaint[10] § 894 Rn 46). Der Umstand, dass das Grundbuchamt den Vollzug der beantragten Löschung von einem Nachweis der Freigabe in der Form des § 29 GBO abhängig gemacht hat, begründet auch keinen zusätzlichen Anspruch gegen den Insolvenzverwalter (OLG Karlsruhe ZIP 1982, 192 f): Die für die Passivlegitimation des Schuldners entscheidende Frage der Freigabe muss im Rahmen des Berichtigungsprozesses ohnehin geklärt werden; nach Rechtskraft des klagezusprechenden Urteils besteht deshalb auch keine Notwendigkeit mehr für einen besonderen Nachweis der Freigabe.

114 Verliert der Betroffene die Bewilligungsbefugnis (etwa infolge Eröffnung des Insolvenzverfahrens über sein Vermögen) zu einem Zeitpunkt, zu dem er bereits die formgerechte Berichtigungsbewilligung (§§ 19, 29 GBO) dem Anspruchsberechtigten ausgehändigt oder die Bewilligung gegenüber dem Grundbuchamt erklärt hat und der Antrag auf Berichtigung bereits gestellt worden ist, so bleibt die Bewilligung wirksam. Auf die Berichtigungsbewilligung findet nämlich nach der zutreffenden ganz hM § 878 BGB entsprechende Anwendung (s Staudinger/Ertl[12] § 878 Rn 5; Staudinger/C Heinze [2018] § 878 Rn 11; MünchKommBGB/Lettmaier[9] § 878 Rn 16; Soergel/Kern[14] § 878 Rn 5; Erman/Artz[17] § 878 Rn 3; Grüneberg/Herrler[84] § 878 Rn 4; BeckOGK/Hertel [1. 9. 2024] § 894 Rn 67; AK-BGB/L vSchweinitz § 878 Rn 6; Meikel/Sieveking[7] Anh 47 zu § 19; Keller/Munzig/Meier[9] § 22 Rn 153). Weitergehend Rosenberg (§ 894 Anm III 3d), nach dem die Verfügungsmacht überhaupt nur bei Abgabe vorzuliegen braucht (so wohl auch Biermann § 894 Anm 2d).

115 Die Berichtigungsbewilligung durch den gesetzlichen Vertreter des Buchberechtigten bedarf gem §§ 1850 Nr 1 BGB bzw nach § 1643 Abs 1 BGB iVm § 1850 Nr 1 BGB der familiengerichtlichen (früher vormundschaftsgerichtlichen) Genehmigung (s Staudinger/Engler [2004] § 1821 Rn 52 mwNw; jurisPK-BGB/M Herberger[10] § 1850 Rn 33; Klüsener Rpfleger 1981, 461, 468; differenzierend Böttcher Rpfleger 1987, 485; MünchKommBGB/Krollludwigs[9] § 1850 Rn 31m Fn 122). Dies gilt jedenfalls dann, wenn bei unzutreffender Berichtigungsbewilligung ein Rechtsverlust durch gutgläubigen Erwerb in Betracht kommt (Meikel/Böttcher[12] § 22 Rn 75).

VI. Anspruchsinhalt

1. Formgerechte Berichtigungsbewilligung

Der Anspruch ist nach der Formulierung des Gesetzes auf die „Zustimmung zu der Berichtigung des Grundbuchs" gerichtet. Gemeint ist damit die Abgabe der Berichtigungsbewilligung (§§ 19, 22) in der nach § 29 GBO erforderlichen Form (Planck/Strecker § 894 Anm V pr, 1; Rosenberg § 894 Anm IV 1 a; BGB-RGRK/Augustin § 894 Rn 30; MünchKommBGB/H Schäfer[9] § 894 Rn 39 f). Eine Abgabe zu Protokoll des Grundbuchamtes ist seit dem Inkrafttreten des BeurkG nicht mehr zulässig (KEHE/Eickmann § 1 Rn 2). – Die Berichtigungsbewilligung ist reine Verfahrenshandlung und keine materiellrechtliche Willenserklärung (s oben Rn 113). 116

Der **Inhalt** der Bewilligung muss dabei so beschaffen sein, dass durch die bewilligte Eintragung oder Löschung die Unrichtigkeit beseitigt, also der der wirklichen Rechtslage entsprechende Grundbuchstand hergestellt wird. Der Anspruch kann deshalb nicht darauf beschränkt werden, dass der als Eigentümer eingetragene Nichtberechtigte die Löschung der Eigentümerangabe bewilligen soll; dadurch würde das Grundbuch nicht richtig, sondern unvollständig werden, da die Eintragung eines Rechts ohne Angabe des Berechtigten inhaltlich unzulässig ist (BGH 16. 9. 2022 – V ZR 151/21, NotBZ 2023, 34, 35 m Anm Böhringer; 2. 2. 1979 – V ZR 14/77, BGHZ 73, 302, 307; LM § 894 BGB Nr 6 = NJW 1970, 1544). Nicht notwendigerweise ausgeschlossen ist dagegen eine *teilweise Geltendmachung* des Berichtigungsanspruchs (RGZ 78, 374; Planck/Strecker § 894 Anm V 3 aE; Rosenberg § 894 Anm IV 1 pr; Predari 83). So kann im Falle der Nichtigkeit der ein ganzes Grundstück umfassenden Auflassung das Berichtigungsverlangen auf eine Teilfläche des Grundstücks beschränkt werden (RGZ 78, 371, 374). 117

Der Inhalt der Bewilligung hängt naturgemäß von der Art der Unrichtigkeit ab, kann also sehr unterschiedlich sein. Für den Fall des Nichtbestehens eines das Grundstück oder ein Recht an diesem belastenden eingetragenen Rechtes oder einer eingetragenen Verfügungsbeschränkung ist die Löschung dieser Eintragung zu bewilligen; für den Fall, dass ein Recht außerhalb des Grundbuchs entstanden ist, die Eintragung dieses Rechtes, im Falle unrichtiger Einschreibung eines Rechtes die Eintragung des richtigen, vollständigen Inhalts. Wegen der irrtümlichen Eintragung einer Parzelle auf ein anderes Grundbuchblatt vgl RGZ 62, 324. 118

Goldmann/Lilienthal (§ 45 IV 1) vertraten (unter unzutreffender Berufung auf RGZ 48, 55) die Auffassung, dass der Berichtigungsanspruch auch auf Anerkennung derjenigen Tatsache gerichtet werden könne, durch welche die Unrichtigkeit des Grundbuches nachgewiesen wird. Dafür bietet das Gesetz jedoch keinerlei Anhaltspunkt. Der Betroffene erfüllt also durch ein bloßes Anerkenntnis der Unrichtigkeit noch nicht den Berichtigungsanspruch (Rosenberg § 894 Anm IV 1; Planck/Strecker § 894 Anm IV 3). 119

Etwas anderes als die formgerechte Zustimmung zur Grundbuchberichtigung kann aufgrund des § 894 BGB grundsätzlich nicht verlangt werden (vgl hierzu die Fälle RG Gruchot 59 [1915] 477, 480; JW 1902 Beil 202 u 240; Turnau/Förster I 239 ff). Insbesondere kann der wirkliche Inhaber eines Rechtes von dem Buchberechtigten nicht verlangen, dass das Recht an ihn in der Weise übertragen wird, die das Gesetz für die 120 rechtsgeschäftliche Übertragung eines solchen Rechtes vorschreibt (Rosenberg § 894 Anm IV 1 b; Planck/Strecker § 894 Anm V 3). Dementsprechend ist der Bucheigentümer nicht zur **Auflassung** an den wirklichen Eigentümer (RG Recht 1901 Nr 2191; JW 1902 Beil 202; BGHR 2006, 147, 148; KG KGJ 22 A 143, 146; Rosenberg § 894 Anm IV 2; Planck/Strecker § 894 Anm V 3; Predari Gruchot 62 [1918] 550; Kretzschmar § 894Anm II 3; abw RGZ 139, 353, 355 f; OLGR Schleswig 2004, 345, 346; möglicherweise auch BayObLG NotBZ 2000, 64, 65), der buchmäßige Inhaber einer Grundschuld nicht zur Abtretung an den wirklichen Gläubiger verpflichtet (RG JW 1902 Beil 240 Nr 126; Gruchot 59, 480 f; OLG Kiel SchlHAnz 1927, 53 f; Goldmann/Lilienthal § 45 Fn 39; MünchKommBGB/H Schäfer[9] § 894 Rn 39). Es ist den Parteien allerdings unbenommen, sich freiwillig der Rechtsform der Auflassung bzw Zession zu bedienen, da auf diesem Wege ebenfalls der richtige Buchstand hergestellt wird (Rosenberg § 894 Anm IV 1 b; Planck/Strecker § 894 Anm V 3; Biermann § 894 Anm 2d; Predari 85; Güthe/Triebel § 22 Rn 59; Arnheim § 22 Anm 27; **aA** Strübel Recht 1908, 806; Güthe ZBlFG 13, 165, 178; dagegen wiederum Landauer ZBlFG 13, 745, 758). Problematisch ist dabei allerdings, ob das Grundbuchamt die Eintragung auf dieser Grundlage überhaupt vollziehen darf, wenn ihm die gegenwärtige Unrichtigkeit des Grundbuchs bekannt ist. Bei einer strengen Auffassung des Legalitätsgrundsatzes (dazu Keller/Munzig/Keller[9] Einl § 2 Rn 10, 34 ff) läge die Annahme nahe, dass das Grundbuchamt nicht wissentlich bei einer Verschleierung des wirklichen Rechtsgrundes einer Eintragung mitwirken darf; denn die Angabe des Erwerbsgrundes ist zwar eine nicht zum Inhalt des Grundbuches iS von §§ 892 f BGB oder der §§ 894 BGB, 22 GBO zählende Tatsachenangabe, aber eben doch für die Rekonstruktion der zeitlichen Abfolge der Rechtsänderungen von erheblicher Bedeutung. Demgegenüber stand die Praxis bisher auf dem Standpunkt, dass der Berichtigungsanspruch des Eigentümers gegen den Bucheigentümer auch in der Form eines Anspruchs auf Auflassung geltend gemacht werden könne, da der Beklagte hierdurch nicht beschwert werde (RGZ 139, 353, 355 f; RG SeuffA 85 Nr 11; WarnR 1929 Nr 44; KG KGJ 34 A 245, 247 = OLGE 15, 344, 345; 19, 285, 286; KG ZfIR 2001, 660, 662; OLGR Schleswig 2004, 345, 346; ebenso BGB-RGRK/Augustin § 894 Rn 33 [mit der Einschränkung „wenn der Beklagte nicht besondere ihn benachteiligende Umstände darzulegen vermag"]; MünchKommBGB/Wacke[4] § 894 Rn 26; MünchKommBGB/H Schäfer[9] § 894 Rn 39; Grüneberg/Herrler[84] § 894 Rn 8; J Hager, Verkehrsschutz durch redlichen Erwerb [1990] 441 Fn 125; **aA** RG JW 1902, Beil 202; KGJ 22 A 143, 146). In einer neueren Entscheidung hat der BGH jedoch klargestellt, dass der Grundbuchberichtigungsanspruch des wirklichen Eigentümers gegen den Bucheigentümer nicht erfolgreich im Wege einer Klage auf Auflassung verfolgt werden kann (BGHR 2006, 147, 148). Wird die Klage dennoch auf Auflassung gerichtet, ist zu prüfen, ob die gebotene Auslegung möglicherweise doch ergibt, dass als Klageziel die Abgabe der Berichtigungsbewilligung gemeint ist (BGH VIZ 2003, 36, 37). Andernfalls müsste die Klage abgewiesen werden. Entsprechendes gilt, wenn der Grundbuchberichtigungsanspruch eine Hypothek betrifft, die nach §§ 1163 Abs 1 S 2, 1177 Abs 1 BGB Eigentümergrundschuld geworden ist, so hat der als Hypothekar Eingetragene an sich nur die Umschreibung der Hypothek als Grundschuld auf den Namen des Eigentümers zu bewilligen (RGZ 101, 231, 234). Die Rechtsprechung und die ganz hM billigen dem Eigentümer jedoch auch die Befugnis zu, stattdessen sofort die Bewilligung der Löschung der Hypothek zu verlangen (RGZ 56, 322, 327; 86, 235, 240; 91, 218, 226; 101, 231, 234 f; RG Gruchot 58, 665, 670; BGHZ 41, 30, 31; BGH WM 1972, 384, 385; Planck/Strecker § 894 Anm V 3; BGB-RGRK/Augustin § 894 Rn 32; MünchKommBGB/H Schäfer[9] § 894 Rn 39; jurisPK-BGB/Toussaint[10] § 894 Rn 59; Grüneberg/Herrler[84] § 894 Rn 8; Wolff/Raiser § 146 III 3; H Westermann/Eickmann[8] § 71 Rn 19; **aA** Rosenberg § 894 Anm IV 1b). „Denn er (der Grundstückseigentümer) ist materiellrechtlich zur Verfügung über die zur Grundschuld gewordene Hypothek befugt und gibt dadurch, dass er Bewilligung der Löschung der Hypothek vom Beklagten verlangt, seine Einwilligung iS des § 185 Abs 1 BGB zu dieser dem Beklagten an sich nicht zustehenden Verfügung über die Hypothek. Andererseits ist der Beklagte, weil er als Hypothekengläubiger eingetragen steht, in der Lage, die Löschungsbewilligung zu erklären, auch wird er dadurch, dass er zur Bewilligung der Löschung statt zur Bewilligung der Umschreibung der Hypothek als Grundschuld auf den Eigentümer verurteilt wird, nicht beschwert" (so RGZ 101, 231, 234). In der Tat dürfte diese Lösung aus dem Gesichtspunkt der Verfahrensökonomie zu rechtfertigen sein. (Für den Fall der Zahlung auf die Hypothek ergibt sich der Anspruch des Grundstückseigentümers auf Löschungsbewilligung schon aus § 1144 BGB). Falls ein einzelner Miterbe den Berichtigungsanspruch wegen einer zum Nachlass gehörenden, im Grundbuch aber noch als Fremdhypothek ausgewiesenen Eigentümergrundschuld geltend macht, kann er allerdings nur die Umschreibung als Eigentümergrundschuld auf die Erbengemeinschaft, nicht etwa auch die Löschung verlangen, da die Miterben über die zum Nachlass gehörende Eigentümergrundschuld nach § 2040 Abs 1 BGB nur gemeinsam verfügen können (BGH WM 1972, 384, 385).

Wenn ein eingetragenes Recht am Grundstück nicht rechtsbeständig ist, können auch die Inhaber gleich- oder nachrangig eingetragener Rechte oder Vormerkungen die Zustimmung zur Berichtigung des Grundbuchs, und dh an sich: die Bewilligung der Löschung des Rechts verlangen (dafür ohne Einschränkung Rosenberg § 894 Anm III 2a β; Planck/Strecker § 894 Anm III 1b α). Da der Anspruchsberechtigte aber nur hinsichtlich des Rangs seines Rechtes bzw seiner Vormerkung beeinträchtigt ist, kann der Verpflichtete sich hier schon durch *Einräumung des Vorranges* befreien (RGZ 146, 355, 359; jurisPK-BGB/Toussaint[10] § 894 Rn 59; Grüneberg/Herrler[84] § 894 Rn 8). Das ändert aber natürlich nichts daran, dass der Grundstückseigentümer seinen eigenen auf Zustimmung zur Löschung gerichteten Berichtigungsanspruch weiterhin geltend machen kann. 121

Falls der Kläger lediglich als Gesamthänder *mitberechtigt* ist, kann er naturgemäß nur die Umschreibung auf die Gesamthand, nicht auf sich selbst verlangen (RG JW 1902 Beil 202). Wegen des Berichtigungsanspruchs von Miteigentümern s oben Rn 70. 122

Nach Ansicht des Reichsgerichts soll der Inhaber eines Briefgrundpfandrechts von einem mittelbaren Rechtsvorgänger, der noch im Grundbuch eingetragen ist, im Hinblick auf § 39 GBO auch die *Zustimmung zur Voreintragung des Zwischenmanns* verlangen können (JW 1938, 1255; zust BGB-RGRK/Augustin § 894 Rn 30; Soergel/Kern[14] § 894 Rn 14). Das ist unzutreffend, denn mit dieser Eintragung würde die Unrichtigkeit des Grundbuches nicht beseitigt (abl auch Grüneberg/Herrler[84] § 894 Rn 8). Der Hypothekar muss hier vielmehr über § 1154 Abs 1 S 2 BGB die Kette öffentlich beglaubigter Abtretungserklärungen erwirken, und anschließend selbst seine Eintragung nach §§ 22, 29 GBO herbeiführen (den Anspruch seines Vorgangers aus § 1154 Abs 1 S 2 BGB gegen dessen noch eingetragenen Vormann hat er beim Erwerb der Hypothek nach § 401 BGB mit erlangt, s RGZ 135, 557; Staudinger/Wolfsteiner [2019] § 1154 Rn 45; Planck/Strecker § 1154 Anm 4a δ mwNw). 123

Wem gegenüber der Anspruchsverpflichtete die formgerechte Berichtigungsbewilligung abzugeben hat, ist in § 894 BGB nicht ausdrücklich gesagt. Nach der Natur 124 der Sache kommt als Adressat sowohl der Anspruchsberechtigte selbst wie auch das Grundbuchamt in Betracht (Volmer Gruchot 59 [1915] 624, 633; abw Rosenberg § 894 Anm IV 1 a: nur das Grundbuchamt; s auch KG OLGE 46, 36, 37: empfangsberechtigt zunächst und stets auch das Grundbuchamt). Der vom Gesamtvollstreckungsverwalter geltend gemachte Berichtigungsanspruch des Schuldners wegen einer vor Verfahrensbeginn eingetragenen und nach § 7 Abs 3 S 1 GesO (aufgehoben zum 1. 1. 1999) unwirksam gewordenen Zwangshypothek war allerdings nach Ansicht des BGH nur auf Aushändigung der Löschungsbewilligung an den Verwalter gerichtet (BGH NJW 1995, 1695, 1697). Der Verwalter darf nach Ansicht des BGH von dieser Löschungsbewilligung nur Gebrauch machen, wenn und soweit dies zur Verwertung des Grundstücks im Rahmen der Gesamtvollstreckung erforderlich ist (BGH NJW 1995, 1695, 1697; ebenso OLG Jena Rpfleger 1996, 363, 364; krit Keller Rpfleger 1997, 45, 48 ff). Nach Böhringer (DtZ 1996, 258, 259) muss er dazu eine bereits erfolgte Auflassung des Grundstücks nachweisen (**aA** insoweit Mitlehner ZIP 1995, 1428).

2. Fortbestand des Anspruchs bis zur Grundbuchberichtigung

125 Der Berichtigungsanspruch erlischt nicht schon dadurch, dass der Anspruchsgegner dem Berechtigten (oder einem von diesem zur Geltendmachung des Anspruchs Ermächtigten oder einem Gläubiger des Berechtigten, der den Berichtigungsanspruch hat pfänden und sich überweisen lassen) die formgerechte Bewilligungserklärung aushändigt (**aA** Volmer Gruchot 59 [1915] 624, 633 f und Tempel JuS 1967, 215, 216 Fn 19, die darin eine Erfüllung iS von § 362 BGB sehen). Das eigentliche Ziel des Grundbuchberichtigungsanspruchs besteht darin, dem Anspruchsgegner den Vorteil der ihn begünstigenden unrichtigen Buchlage zu entziehen und damit zugleich die dem Inhalt des dinglichen Rechtes des Anspruchstellers kongruente Buchposition wiederherzustellen. Da der Buchberechtigte den Inhalt des Grundbuches nicht selbst verändern kann, legt das Gesetz ihm statt der Verpflichtung zur Störungsbeseitigung die weniger weitgehende Verpflichtung auf, bei der Herstellung des richtigen Buchstandes durch die Abgabe einer Berichtigungsbewilligung mitzuwirken (vgl vTuhr I 250). Dementsprechend muss der Berichtigungsanspruch auch so lange bestehen bleiben, wie der unrichtige Buchstand nicht beseitigt ist, der Anspruchsgegner also die im Widerspruch zum Recht des Gläubigers stehende Buchposition tatsächlich einnimmt. Falls der Berechtigte die erlangte Bewilligungserklärung verliert, kann er deshalb – ohne Rücksicht darauf, ob ihn insoweit ein Verschulden trifft – die nochmalige Ausstellung verlangen (OLG Marienwerder OLGE 7, 27; SeuffA 58 Nr 213; Biermann § 894 Anm 2d; Planck/Strecker § 894 Anm VI 2; MünchKommBGB/H Schäfer[9] § 894 Rn 40; jurisPK-BGB/Toussaint[10] § 894 Rn 56; ebenso im Ergebnis [Wiederaufleben des Anspruchs] auch Volmer 634 Fn 11; Goldmann Gruchot 62 [1918] 478, 538). Anders naturgemäß, wenn das Verlangen nach nochmaliger Erteilung der Berichtigungsbewilligung unter den gegebenen Umständen rechtsmissbräuchlich wäre.

3. Verzug

126 Ebenso wie bei anderen dinglichen Ansprüchen (s Staudinger/Gursky [2013] § 1004 Rn 165) finden die Regeln über den Schuldnerverzug auch auf den Berichtigungsanspruch Anwendung (Rosenberg § 894 Anm IV 3; K Hellwig, Anspruch und Klagrecht 29 Fn 15; H Hellwig Gruchot 55 [1911] 607, 618; D Reinicke NJW 1968, 788, 789). Wenn der Verpflichtete mit der Erteilung der Berichtigungsbewilligung in Verzug gerät, muss er also dem Berechtigten nach §§ 280 Abs 1 und Abs 2, 286 BGB den Verzögerungsschaden erstatten. Eine verbreitete Auffassung nimmt allerdings an, dass die Verzugshaftung nur unter den Voraussetzungen des analog anzuwendenden § 990 Abs 2 BGB, also nur bei Bösgläubigkeit des Buchbesitzers eintritt (OLG Saarbrücken OLGZ 1987, 221, 223; MünchKommBGB/H Schäfer[9] § 894 Rn 48; PWW/Huhn[13] § 894 Rn 9; Grüneberg/Herrler[84] § 894 Rn 10; Wilhelm[7] Rn 676, 1237 Fn 2074; ebenso schon P Schwerdtner, Der Verzug im Sachenrecht [1973] 169 ff, dazu Gursky AcP 174 [1974] 415, 416). Das ist in der Tat konsequent, wenn man mit der hM die §§ 987 ff BGB auf das Verhältnis des Buchberechtigten zum wirklichen Rechtsinhaber analog anwendet (s Rn 173). Der Ausschluss der Verzugshaftung bei bloßer Rechtshängigkeit gilt allerdings nicht für eine mit dem Grundbuchberichtigungsanspruch konkurrierende Leistungskondiktion (s Staudinger/Gursky [2013] § 990 Rn 103; **aA** Wilhelm[7] Rn 676 Fn 1218). § 818 Abs 4 BGB verweist ja nicht nur auf § 292 BGB und damit mittelbar auf die Haftung des verklagten Vindikationsgegners, sondern auf die „allgemeinen Vorschriften“, zu denen auch die Verzugsnormen gehören. – Fraglich ist, ob auch die Regeln über den *Annahmeverzug* entsprechend anwendbar sind. Immerhin könnte der Anspruchsgegner die „geschuldete Leistung“ auch ohne Mitwirkung des Berechtigten erbringen, indem er die Berichtigungsbewilligung unmittelbar dem Grundbuchamt aushändigt. Andererseits wäre es wohl nicht angemessen, den etwa bereits für den Anspruchsgegner eingetretenen Schuldnerverzug andauern zu lassen, obwohl der Brief mit der formgerechten Berichtigungsbewilligung vom Berechtigten zurückgewiesen wird. Weitere Konsequenzen als die der purgatio morae dürfte der Annahmeverzug allerdings kaum haben.

4. Hilfsanspruch auf Duldung der Vermessung

Die Unrichtigkeit des Grundbuches kann darin bestehen, dass eine bestimmte, katastermäßig nicht unter einer eigenen Flurstücknummer geführte Fläche nicht auf dem Grundbuchblatt des Grundstücks, zu dem sie gehört, sondern auf dem Grundbuchblatt des Nachbargrundstücks gebucht ist. In diesem Falle setzt die Grundbuchberichtigung die Vermessung der betreffenden Fläche voraus. Der Berichtigungsgegner ist dann nach Treu und Glauben verpflichtet, diese Vermessung zu dulden (BGH NJW 1986, 1867, 1868; BayObLGZ 1962, 210, 214 = RdL 1962, 243; BGB-RGRK/Augustin § 894 Rn 31; Meikel/Imhof/Riedel[6] § 22 Rn 18; MünchKommBGB/H Schäfer[9] § 894 Rn 39 aE; jurisPK-BGB/Toussaint[10] § 894 Rn 63; Grüneberg/Herrler[84] § 894 Rn 9; Taupitz WM 1983, 1150, 1153; Schäfer BWNotZ 1957, 123). S auch unten Rn 164. **127**

VII. Einwendungen und Einreden des Anspruchsgegners

1. Anspruchsleugnende Einwendungen

Der Beklagte kann selbstverständlich klageleugnende Einwendungen erheben. Er darf sich insbesondere auch damit verteidigen, dass der Kläger selbst nicht materiell berechtigt sei: Wenn der als Eigentümer Eingetragene A gegen B, für den eine Dienstbarkeit auf dem Grundstück eingetragen ist, auf Löschung klagt, kann B also ohne Weiteres einwenden, dass A selbst nur Bucheigentümer sei. Dieser Einwand der mangelnden Aktivlegitimation ist ein Bestreiten des Klagegrundes. S oben Rn 69. **128**

2. Rechtsverschaffungspflicht des Klägers

129 Der Beklagte kann einwenden, der Kläger sei ihm gegenüber obligatorisch verpflichtet, die dem vorhandenen Buchstand entsprechende Rechtsstellung herbeizuführen (RGZ 77, 106, 109; 78, 371, 377; 137, 324, 335 f; RG JW 1911, 653, 654; Recht 1912, Nr 1318; SeuffA 81 Nr 106; Gruchot 58 [1914] 1033, 1037; JW 1934, 3054 ff; BGH BB 1963, 286; NJW 1974, 1651 = JR 1975, 17 m Anm K Schmidt; RNotZ 2007, 28, 30 Rn 18; Planck/Strecker § 894 Anm VI 2; Rosenberg § 894 Anm V 2 b; Oberneck I 422; BGB-RGRK/Augustin 46; MünchKommBGB/Wacke[4] § 894 Rn 30; MünchKommBGB/H Schäfer[9] § 894 Rn 36; Soergel/Kern[14] § 894 Rn 32; jurisPK-BGB/Toussaint[10] § 894 Rn 48; Erman/Artz[17] § 894 Rn 31; Grüneberg/Herrler[84] § 894 Rn 11; AK-BGB/L vSchweinitz § 894 Rn 51; Jauernig/Berger[17] § 894 Rn 10; BeckOGK/Hertel [1. 9. 2024] § 894 Rn 77; HK-BGB/Staudinger[9] § 894 Rn 11; H Westermann/Eickmann[8] § 71 Rn 21; Wilhelm[7] Rn 595; Eichler II 2, 392; E Wolf § 9 G III c; Müller Rn 876 f-h; M Wolf/Wellenhofer[27] § 20 Rn 10; M Wolff, in: FG Richard Koch [1903] 150, 170 ff; Dochnahl JherJb 53 [1908] 303 ff; Buschmann BlGBW 1972, 221, 222; Schilde 68 ff; heute allgemein anerkannt; abw früher Fuchs § 894 Anm 6c; Biermann § 894 Anm 2e; Goldmann/Lilienthal II § 45 Fn 35; Kretzschmar § 894 Anm II 3; Maenner § 10 Fn 16, die den Berichtigungsverpflichteten auf den Weg der Widerklage verwiesen). Der Berichtigungsanspruch scheitert also, wenn auf einen wirksamen schuldrechtlichen Vertrag eine nichtige Einigung und die Eintragung erfolgt ist; ebenso, wenn der Anspruch auf die Rechtsänderung sich aus einem Vermächtnis ergibt und der Übertragungsakt unwirksam war; desgleichen, wenn ein unerkannt Geisteskranker ein Liegenschaftsrecht aufgrund einer kraft Gesetzes entstandenen Verpflichtung übertragen hat. Aus dem gleichen Grunde führt der Umstand, dass die eingetragene Fremdhypothek nach §§ 1163 Abs 1 S 1, 1177 Abs 1 BGB noch Eigentümergrundschuld ist, nicht zu einem durchsetzbaren Berichtigungsanspruch, wenn der Gläubiger noch ein Recht auf den Erwerb der Hypothek hat (s RGZ 77, 106, 109; MünchKommBGB/Lieder[9] § 1163 Rn 15; Wolff/Raiser § 145 III; Planck/Strecker § 1163 Anm 3a; Grüneberg/Herrler[84] § 1163 Rn 6; AK-BGB/Winter § 1163 Rn 16; Medicus/Petersen BR[29] Rn 470; Lange 104; Köbler JuS 1982, 181, 184; Meikel/Böttcher[12] § 22 Rn 78). Der schuldrechtliche Verschaffungsanspruch setzt sich in allen diesen Fällen gegenüber der dinglichen Rechtsposition durch (H Westermann/Eickmann[8] § 71 Rn 21). Streitig ist allerdings immer noch, ob diese Einwendung gegenüber dem Berichtigungsanspruch sich aus § 242 BGB herleitet, nämlich einen Anwendungsfall des dolo-petit-Einwandes bildet (s oben Rn 11; Müller/Gruber Rn 2561; BGH 28. 6. 1974 – V ZR 131/72, NJW 1974, 1651; RNotZ 2007, 28, 30 Rn 18; Grüneberg/Herrler[84] § 894 Rn 11; wohl auch BGH BB 1963, 286) oder ob er in Analogie zu § 986 BGB (bzw zu §§ 986, 1004 Abs 2 BGB) zu begründen ist (so M Wolff, Dochnahl, Rosenberg, HK-BGB/Staudinger[9] § 894 Rn 12; Saar/Posselt JuS 2002, 778, 781; Erman/Artz[17] § 894 Rn 31; BeckOGK/Hertel [1. 9. 2024] § 894 Rn 77, nach dessen Ansicht sich die beiden Begründungsansätze nicht widersprechen, da § 986 BGB nur eine spezielle Ausformung der Einrede aus § 242 BGB sei; **aA** Wilhelm[7] Rn 595; MünchKommBGB/H Schäfer[9] § 894 Rn 36). Die letztere Konstruktion erscheint angesichts der engen systematischen Verwandtschaft des Berichtigungsanspruchs mit den §§ 985, 1004 BGB (dazu oben Rn 14) sachgerechter. Dabei bietet sich in Zweifelsfällen insbesondere eine Orientierung an der detaillierteren Regelung des § 986 BGB an, die ja auch im Rahmen von § 1004 Abs 2 BGB zur Lückenfüllung herangezogen werden muss (s Staudinger/Gursky [2013] § 1004 Rn 200; Staudinger/Thole [2023] § 1004 Rn 554). Wenn E sein Grundstück an A verkauft, dieser es an B weiterverkauft und E es nun unmittelbar an B übereignet, die Auflassung aber aus irgendwelchen Gründen nichtig ist, hat B analog § 986 Abs 1 S 1 HS 2 BGB ein abgeleitetes obligatorisches „Recht zum Ta-

bularbesitz" und ist deshalb dem Berichtigungsanspruch des Eigentümers nicht ausgesetzt (Wolff/Raiser § 46 IV; M Wolff, in: FG R Koch [1903] 172; Wieacker DJZ 1936, 989, 991 f). Entsprechend ist die Situation, wenn E dem A sein Grundstück wirksam verkauft, aber unwirksam aufgelassen hat und A nach seiner Eintragung dem bösgläubigen B eine Buchhypothek bestellt (Bsp bei Wieacker, Bodenrecht 172). Hier kann nicht nur A, sondern auch B die Berichtigungsbewilligung verweigern (Wieacker, Bodenrecht 172). Der Umstand, dass der Berichtigungsgegner im ersten Beispiel trotz der nichtigen Auflassung wenigstens die Eintragung als Eigentümer und damit den Tabularbesitz erlangt hat, kann übrigens als eine Teilerfüllung seines Anspruchs aus dem Kaufvertrag gewertet werden. Der Einwand des obligatorischen Rechtes zum Buchbesitz muss deshalb genauso wie die exceptio rei venditae et traditae des Grundstückskäufers gegenüber der Vindikation (s Staudinger/Gursky [2013] § 986 Rn 14; Staudinger/Thole [2023] § 986 Rn 22 f; RGZ 138, 296, 298) bei einer Verjährung des zugrundeliegenden obligatorischen Anspruchs auf Übereignung des Grundstücks bestehen bleiben. (Anders müssten insoweit diejenigen Autoren entscheiden, die die Konstruktion des dolo-petit-Einwandes bevorzugen.) Dem Grundstückseigentümer, der dem buchmäßigen Inhaber einer Grunddienstbarkeit schuldrechtlich zur wirksamen Bestellung der Dienstbarkeit verpflichtet ist, steht auch dann kein durchsetzbarer Berichtigungsanspruch zu, wenn das Grundbuch nach der Eintragung der Dienstbarkeit wirksam mit einem anderen Liegenschaftsrecht, etwa einer Grundschuld, belastet worden ist (BGH 28. 6. 1974 – V ZR 131/72, NJW 1974, 1651). Problematisch ist dagegen, ob der gleiche Einwand auch dem Grundschuldgläubiger entgegengesetzt werden könnte, wenn dieser die Löschung der vorrangig eingetragenen, aber materiell nicht bestehenden Dienstbarkeit verlangte (*bejahend* Rosenberg § 894 Anm III 1e α; M Wolff, in: FG R Koch 172; *verneinend* Rappaport, Die Einrede aus dem fremden Rechtsverhältnis [1904] 211). Die Frage dürfte zu verneinen sein, da auch die exceptio rei venditae et traditae infolge ihrer Relativität sich nicht gegenüber den Grundpfandgläubigern durchsetzen kann, nämlich nicht vollstreckungsbeständig ist (s Staudinger/Gursky [2013] § 986 Rn 62, 64). Die Berichtigungsansprüche des Eigentümers und des Grundschuldgläubigers sind nun einmal rechtlich voneinander völlig unabhängig. Praktisch kann dies allerdings zu einem unerfreulichen Wettlauf führen: Der Buchberechtigte erwirbt die Grunddienstbarkeit wegen § 879 Abs 2 BGB mit dem Rang der ursprünglich unwirksamen Eintragung, wenn er für seinen obligatorischen Verschaffungsanspruch gegen den Eigentümer schneller ein rechtskräftiges Urteil erlangt, als der Grundschuldgläubiger seinen Berichtigungsanspruch gegen ihn durchsetzen kann; erfolgt aber zunächst die Löschung der Grunddienstbarkeit, so büßt der Buchberechtigte die Chance auf rangwahrende „Heilung" des unwirksamen Erwerbs ein. – Die typische Schwäche der obligatorischen Berechtigung zeigt sich auch, wenn der zur Verschaffung der Dienstbarkeit verpflichtete Eigentümer das Grundstück an einen Dritten übereignet. Der Dritte erlangt hier einen durchsetzbaren Berichtigungsanspruch, weil der Einwand des obligatorischen Rechts zum Tabularbesitz nur ein Derivat eines Schuldvertrages ist, der ohne spezielle gesetzliche Anordnung (wie in §§ 571, 986 Abs 2 BGB) vertragsfremde Dritte nicht binden kann (so im Ergebnis auch M Wolff, in: FG R Koch 172). – Die Einwendung des Beklagten, dass der Gläubiger des Berichtigungsanspruchs ihm zur Bestellung oder Übertragung des fraglichen Rechtes verpflichtet sei, versagt unstreitig auch, wenn der Gläubiger des Berichtigungsanspruchs in Konkurs fällt und der Berichtigungsanspruch nunmehr vom Insolvenzverwalter geltend gemacht wird (RGZ 77, 106, 108 f; M Wolff, in: FG R Koch 172; Rosenberg § 894 Anm III 1e α; BGB-RGRK/Augustin § 894 Rn 17). Auch das entspricht der

Situation bei der obligatorischen Besitzberechtigung, s STAUDINGER/GURSKY (2013) § 986 Rn 73; STAUDINGER/THOLE (2023) § 986 Rn 158 ff. Wer als Vermächtnisnehmer einen Anspruch auf Übereignung eines Grundstücks gegen die Erben des bisherigen Grundstückseigentümers hat, aber selbst als vermeintlicher Alleinerbe im Grundbuch eingetragen wird, kann allerdings den Berichtigungsanspruch der Erbengemeinschaft nicht mit dem Hinweis auf seinen Übereignungsanspruch abwehren: Da die Übereignung eine neue Eintragung des Vermächtnisnehmers erfordert (s STAUDINGER/C HEINZE [2018] § 873 Rn 213), ist die vorherige Grundbuchberichtigung geradezu Voraussetzung für die Erfüllbarkeit seines eigenen Übereignungsanspruchs (BGH LM § 873 Nr 1; GERNHUBER, BR[3] § 24 V 1b). Klagt A, dessen Recht zu Unrecht mit Nachrang gegenüber dem Recht des B eingetragen ist, gegen den letzteren aus § 894 BGB auf Zustimmung zur Berichtigung der Rangverhältnisse, so kann der Beklagte sich gegenüber dem eingeklagten Grundbuchberichtigungsanspruch nach Auffassung des BGH unter Umständen sogar mit einem fremden Anspruch, nämlich dem Anspruch des Grundstückseigentümers gegen den Kläger auf Zustimmung zur Löschung (genauer wäre: Aufhebung) des Rechtes des Klägers verteidigen (BGH 29. 9. 2006 – V ZR 25/06, RNotZ 2007, 28, 30 Rn 18). Ihm soll nämlich der Einwand des Rechtsmissbrauchs zustehen, wenn er vom Grundstückseigentümer zur Geltendmachung des Aufhebungsanspruchs ermächtigt worden ist und insoweit auch die Voraussetzungen der gewillkürten Prozessstandschaft gegeben sind.

3. Verzicht

130 Der Berichtigungsverpflichtete kann sich nicht mit Erfolg darauf berufen, dass der Anspruchsberechtigte ihm gegenüber auf den Berichtigungsanspruch verzichtet habe. Ein eigentlicher Verzicht (oder genauer: Erlassvertrag) ist nämlich nicht möglich (RG JW 1922, 218 [höchstens schuldrechtliche Wirkung]; OLG Schleswig DNotZ 2000, 775, 777 f; MünchKommBGB/H SCHÄFER[9] § 894 Rn 34; jurisPK-BGB/TOUSSAINT[10] § 894 Rn 65; NK-BGB/KRAUSE[5] § 894 Rn 6; ERMAN/ARTZ[17] § 894 Rn 5; PLANCK/STRECKER § 894 Anm II 1b, VI 3; GRÜNEBERG/HERRLER[84] § 894 Rn 5, 11; H WESTERMANN/EICKMANN[8] § 72 Rn 13; BeckOGK/HERTEL [1. 9. 2024] § 894 Rn 78; EICHLER II 2, 393 f Fn 134; E WOLF § 9 G III e S 400; MÜLLER/Gruber Rn 2564; GERNHUBER, BR[3] § 23 V 3 a; POHLE JZ 1956, 53 f; HOFFMANN 63; SCHILDE 67; WALSMANN, Der Verzicht [1912] 81; GOLDMANN/LILIENTHAL § 45 Fn 34; MAENNER § 10 Fn 16; MEIKEL/BÖTTCHER[12] § 22 Rn 78 a.E; BAUER/SCHAUB/SCHÄFER[5] § 22 Rn 161; KÖBLER JuS 1982, 181, 184; **aA** ROSENBERG § 894 Anm V 1 c; HOFFMEISTER 60; FINKENAUER 226 mwNw; offengelassen in RG Recht 1907 Nr 1313; JW 1930, 906, 907); die dinglichen Rechtsverwirklichungsansprüche sind wegen ihrer Unselbständigkeit und ancillarischen Funktion nun einmal keine selbständigen Verfügungsgegenstände (s STAUDINGER/GURSKY [2013] § 985 Rn 4; STAUDINGER/THOLE [2023] § 985 Rn 5; STAUDINGER/GURSKY [2013] § 1004 Rn 170; einschränkend STAUDINGER/THOLE [2023] § 1004 Rn 420 [Dinglichkeit des Anspruchs aus § 1004 Abs 1 S 1 BGB stehe einem Erlass nicht entgegen]).

131 Häufig wird in dem Verzicht oder Erlass einfach die *Nachholung der Einigung* zu sehen sein; dann bewirkt er den dinglichen Rechtsübergang und macht das Grundbuch richtig (WOLFF/RAISER § 46 Fn 19; PLANCK/STRECKER § 894 Anm II 1b, VI 3; ROSENBERG § 894 Anm V 1 c; VOLMER Gruchot 59 [1915] 624, 644 Fn 31; BIERMANN § 894 Anm 2k; MünchKommBGB/H SCHÄFER[9] § 894 Rn 34; GRÜNEBERG/HERRLER[84] § 894 Rn 11; MEIKEL/EBELING[7], Sonderband A § 38 Rn 7; BAUER/SCHAUB/SCHÄFER[5] § 22 Rn 161). Ebenso kann der Verzicht die Genehmigung der infolge Widerspruchseintragung oder Bösgläubigkeit des Erwerbers unwirksamen Verfügung eines Nichtberechtigten oder der Einigungserklärung eines vollmachtslosen Vertreters enthalten und auf diese Weise den bisherigen Mangel des Erwerbsgeschäfts heilen (SCHILDE 66 f; BAUER/SCHAUB/SCHÄFER[5] § 22 Rn 161). Falls die Einigung allerdings formgebunden (§ 925 BGB) ist, kann der Verzicht auf den Berichtigungsanspruch sie naturgemäß nicht ersetzen. Doch wird der Verzicht dann regelmäßig iS eines *pactum de non petendo* auszulegen oder in ein solches umzudeuten sein. Der Anspruchsberechtigte ist dann obligatorisch gebunden, sich der Geltendmachung des Berichtigungsanspruchs zu enthalten, und der Verpflichtete hat demgemäß eine Einrede gegen den Berichtigungsanspruch (SCHILDE 66 f; VOLMER Gruchot 59 [1915] 624, 644 Fn 31; PLANCK/STRECKER § 894 Anm II 1b, VI 3; PREDARI 88; MünchKommBGB/WACKE[4] § 894 Rn 28; MünchKommBGB/H SCHÄFER[9] § 894 Rn 34; NK-BGB/KRAUSE[5] § 894 Rn 6; ERMAN/ARTZ[17] § 894 Rn 5, GRÜNEBERG/HERRLER[84] § 894 Rn 11; H WESTERMANN/EICKMANN[8] § 71 Rn 13; **aA** BeckOGK/HERTEL [1. 9. 2024] § 894 Rn 79; wohl auch WOLFF/RAISER § 46 Fn 19; BIERMANN § 894 Anm 2k; ferner FUCHS JW 1922, 218, der einen solchen schuldrechtlich wirkenden Verzicht nur unter der Voraussetzung als wirksam ansieht, dass der Buchberechtigte zugleich einen schuldrechtlichen Anspruch auf die dem Buchstand entsprechende Rechtsänderung erhält). Demgegenüber hält POHLE (JZ 1956, 53, 54) eine zeitlich unbegrenzte Verpflichtung, keine Berichtigung zu verlangen, wegen Verstoßes gegen den Grundsatz der Grundbuchwahrheit für unzulässig (ebenso wohl GERNHUBER, BR[3] § 23 V 3 a; abl EICHLER II 2, 393 Fn 134).

Da ein Verzicht auf den Berichtigungsanspruch – sofern er nicht die bisher fehlende 132
Einigung oder Genehmigung enthält und damit das Grundbuch richtig macht – nur schuldrechtliche Wirkungen entfaltet, kann der Eigentümer auch nicht im Voraus mit Wirkung gegenüber seinem Singularsukzessor auf die Berichtigung bei nur teilweiser Tilgung der Hypothekenforderung verzichten (SCHÄFER BWNotZ 1957, 123). Insolvenzfest ist die aus dem pactum de non petendo entspringende Einrede natürlich nicht (SCHILDE 67 f; MünchKommBGB/H SCHÄFER[9] § 894 Rn 34). Im Grundbuch eintragbar ist der Verzicht nicht (LG Hamburg Rpfleger 1959, 52 f).

4. Zurückbehaltungsrecht

Es ist auch zulässig, gegenüber dem Berichtigungsanspruch ein Zurückbehaltungs- 133
recht geltend zu machen (RGZ 114, 266, 268; 115, 35, 46; BGHZ 41, 30, 33 ff; 75, 288, 293; BGH WM 1966, 1224; NJW 1985, 383; 1988, 3260, 3261 = WarnR 1988 Nr 115; WarnR 1990 Nr 1; NJW-RR 1990, 847, 848; NJW 2000, 278, 279 = LM § 273 BGB Nr 54 m Anm WIELING; BGHZ 150, 138, 144; OLG Rostock 21. 4. 2006 – 6 U 230/00, juris Rn 9; STAUDINGER/BITTNER/KOLBE [2019] § 273 Rn 40; BGB-RGRK/AUGUSTIN § 894 Rn 47; MünchKommBGB/H SCHÄFER[9] § 894 Rn 35; BeckOGK/HERTEL [1. 9. 2024] § 894 Rn 80). Zur Bedeutung im Berichtigungsverfahren nach § 22 GBO s oben Rn 5. Falls der Anspruchsgegner aus demselben rechtlichen Verhältnis einen fälligen Gegenanspruch gegen den Berechtigten hat, steht ihm nach § 273 Abs 1 BGB die Einrede des Zurückbehaltungsrechts zu (RGZ 141, 220, 226; BGH WM 1966, 1224). So beispielsweise wegen der Leistungskondiktion auf Rückzahlung des Kaufpreises aus dem nichtigen Grundstücksveräußerungsgeschäft (RGZ 72, 61, 65 f; 115, 35, 46; RG LZ 1927, 48; BGH WM 1966, 1224, 1225); ferner wegen des Kondiktionsanspruchs auf Rückzahlung der Hypothekenvaluta infolge Nichtigkeit des Darlehensvertrages (RGZ 132, 81; OLG Kiel SchlHAnz 1935, 8; SOERGEL/KERN[14] § 894 Rn 31); und auch ein Schadensersatzanspruch aus § 826 BGB kann die Grundlage für das Zurückbehaltungsrecht aus § 273 Abs 1 BGB bilden (RGZ 132, 81). Ist eine Sicherungsgrundschuld ge-

nauso wie der Darlehensvertrag wegen Geschäftsunfähigkeit des Darlehensnehmers und Grundstückseigentümers unwirksam, kann der Darlehensgeber dem Grundbuchberichtigungsanspruch des letzteren allerdings nach Ansicht des BGH wegen der Wertung der §§ 1192 Abs 1, 1144 BGB kein Zurückbehaltungsrecht wegen gegenläufiger Schadensersatzansprüche oder wegen anderer persönlicher Ansprüche entgegensetzen (BGH 25. 4. 1988 – II ZR 17/87, NJW 1988, 3260, 3261). Dieser (schon von BGHZ 71, 19, 23 für eine endgültig nicht valutierte Hypothek vertretene) Analogieschluss drängt sich nicht gerade auf (zu Recht kritisch WILHELM[1] Rn 528 Fn 641a; anders aber in den späteren Aufl). Jedenfalls darf man diese Lösung (entgegen GOTTWALD, PdW[12] Fall 31) nicht auf ein Zurückbehaltungsrecht wegen des Bereicherungsanspruchs des Darlehensgebers auf Rückzahlung der Darlehenssumme ausdehnen, da hier das Sicherungsinteresse des Darlehensgebers evident schutzwürdig ist und die Schlechterstellung gegenüber anderen Anspruchsgegnern von Grundbuchberichtigungsansprüchen unmotiviert wäre. Zurückbehaltungsrechte gegenüber Grundbuchberichtigungsansprüchen werden allerdings generell durch § 242 BGB begrenzt (OLG Koblenz NotBZ 2007, 374 f Rn 12). Mehreren klagenden Miterben kann der Berichtigungsverpflichtete aber kein Zurückbehaltungsrecht wegen einer Forderung entgegenhalten, die ihm nur gegenüber einem von ihnen zusteht (RGZ 132, 81).

134 Vgl auch RGZ 134, 144: B hatte mit unwirksamer Vollmacht des A dessen Grundstück an C verkauft und übereignet, A die Eintragung eines Widerspruchs und schließlich die Berichtigung des Grundbuchs erreicht, C aber in der Zeit zwischen Eintragung des Widerspruchs und der Berichtigung sich eine Eigentümergrundschuld bestellt. Nun klagte A auf Löschung der Grundschuld, und demgegenüber berief sich C auf seine Forderung auf Rückzahlung des Kaufpreises, jedoch ohne Erfolg, weil C die Grundschuld erst nach Eintragung des Widerspruchs bestellt hatte und überdies zwischen dem Berichtigungsanspruch und dem Bereicherungsanspruch des C kein Zusammenhang bestand, der die Annahme „desselben rechtlichen Verhältnisses" gerechtfertigt hätte. Anders wäre es noch bei der Klage auf Berichtigung durch Eintragung des A als Eigentümer gewesen.

135 Wenn der Grundstücksverkäufer aus § 894 BGB gegen den Käufer auf Bewilligung der Löschung der für den letzteren eingetragenen Auflassungsvormerkung klagt, weil der Käufer durch Rücktritt nach §§ 323 Abs 1, 2, 346 BGB den Kaufvertrag in ein Rückgewährschuldverhältnis umgewandelt hat, so kann der Käufer diesem Anspruch ein Zurückbehaltungsrecht aus § 273 Abs 1 BGB wegen des von ihm gezahlten Teilkaufpreises entgegensetzen (BGH LM § 894 BGB Nr 12 = MDR 1989, 341 = NJW-RR 1989, 201, 202). Dieses Zurückbehaltungsrecht entfällt nicht schon deshalb, weil dem Verkäufer noch ein vom Käufer zu ersetzender Schaden entstehen könnte (BGH LM § 894 BGB Nr 12 = MDR 1989, 341 = NJW-RR 1989, 201, 202). Verlangt der Grundstücksverkäufer vom Käufer neben der Löschung der für diesen eingetragenen Auflassungsvormerkung Schadensersatz wegen Nichterfüllung, ergibt die Abrechnung aber wegen der baulichen Investitionen des Käufers statt eines Schadens des Verkäufers ein Guthaben des Käufers, so kann dieser wegen seines Erstattungsanspruchs aus ungerechtfertigter Bereicherung ebenfalls ein Zurückbehaltungsrecht gegenüber dem Grundbuchberichtigungsanspruch des Verkäufers geltend machen (BGH 1. 10. 1999 – V ZR 162/98, NJW 2000, 278, 279 = LM § 273 BGB Nr 54 m Anm WIELING). – Falls das Vermögen einer BGB-Gesellschaft durch das Ausscheiden eines der beiden Gesellschafter dem anderen zufällt und er nun von dem Ausgeschiedenen Zustimmung zur

Grundbuchberichtigung hinsichtlich der zum bisherigen Gesellschaftsvermögen gehörenden Grundstücke verlangt, kann der Ausgeschiedene sich mit einem Zurückbehaltungsrecht wegen seines Abfindungsanspruchs verteidigen (BGH 8. 1. 1990 – II ZR 115/89, NJW 1990, 1171 f; OLG Köln DB 1994, 2019, 2020; NJW-RR 2002, 519, 520). Die Ausübung des Zurückbehaltungsrechts kann aber eine unzulässige Rechtsausübung darstellen, wenn dadurch die Fortsetzung des Geschäfts durch den bisherigen Mitgesellschafter in Frage gestellt, gefährdet oder beeinträchtigt würde, etwa weil das Grundstück als Sicherungsobjekt für die Aufnahme eines dringend benötigten Betriebsmittelkredits gebraucht wird oder weil es zur Befriedigung sonstiger Ansprüche beliehen oder verwertet werden muss, diese Maßnahmen aber ohne vorherige Berichtigung des Grundbuchs nicht durchgeführt werden können (BGH 8. 1. 1990 – II ZR 115/89, NJW 1990, 1170, 1171; OLG Rostock 21. 4. 2006 – 6 U 230/00 Rn 9). – Ist eine Auflassungsvormerkung infolge der Anfechtung des Kaufvertrages durch den Käufer erloschen, so kann der Käufer dem Anspruch des Verkäufers auf Zustimmung zur Löschung der Vormerkung ein Zurückbehaltungsrecht nicht nur wegen des gezahlten Kaufpreisteils, sondern auch wegen des ihm infolge der arglistigen Täuschung zustehenden Schadensersatzanspruchs entgegensetzen (BGH NJW-RR 1990, 847, 848).

Verlangt der Insolvenzverwalter (früher: Konkursverwalter) des Verkäufers aus **136** § 894 BGB Löschung der vom Verkäufer bewilligten Auflassungsvormerkung wegen Formmangels des Kaufvertrages, so kann ein Zurückbehaltungsrecht des Käufers nicht auf dessen gegenläufigen Kondiktionsanspruch wegen des gezahlten Kaufpreises gestützt werden (vgl BGHZ 150, 138, 144 ff = LM § 273 BGB m Anm Marotzke; BGH NZI 2003, 605, 606). Ein auf § 273 Abs 1 BGB gestütztes Zurückbehaltungsrecht konnte im Konkurs über die Grenzen des mit Wirkung zum 1. 1. 1999 außer Kraft getretenen § 49 Abs 1 Nr 3 und 4 KO hinaus nicht zugelassen werden (BGH NZI 2003, 605, 606). Im Insolvenzverfahren ist die Situation genauso; hier sind Zurückbehaltungsrechte nur unter den Voraussetzungen von § 51 Nr 2 und 3 InsO insolvenzbeständig. Auch die Saldotheorie liefert gegenüber dem ja dinglichen Berichtigungsanspruch keine geeignete Verteidigungsposition (BGHZ 150, 138, 146 f).

Neben § 273 Abs 1 BGB kommen aber auch die besonderen Zurückbehaltungsrech- **137** te wegen **Verwendungen**, also § 273 Abs 2 BGB und § 1000 BGB in Betracht (RGZ 72, 61, 67 f; 114, 266, 268; 115, 35, 46; 133, 283, 286; 137, 336, 353 ff; 141, 220, 226; 163, 62; WarnR 1912 Nr 417; 1930 Nr 28; HRR 1928 Nr 2276; LZ 1927, 48; BGHZ 41, 30, 34 ff; BGH WM 1966, 1224, 1226; dabei wird § 1000 nur in der letzten Entscheidung als mögliche Grundlage des Zurückbehaltungsrechts genannt; für § 273 Abs 2 als Grundlage des Zurückbehaltungsrechts entscheiden sich BGHZ 75, 288, 293 und OLG Brandenburg OLG-NL 1999, 201, 204 sowie im Schrifttum MünchKommBGB/II Schäfer[9] § 894 Rn 35; Erman/Artz[17] § 894 Rn 35; BeckOGK/Hertel [1. 9. 2024] § 894 Rn 81; Köbler JuS 1982, 181, 185; die Anwendung von § 1000 bevorzugen Soergel/Kern[14] § 894 Rn 31; MünchKommBGB/Raff[9] Vorbem 51 zu §§ 987 ff; NK-BGB/Krause[5] § 894 Rn 49; Staudinger/Gursky [2013] Vorbem 79 zu §§ 994 ff; für Anwendbarkeit beider Normen HK-BGB/Staudinger[9] § 894 Rn 10). Die Rechtfertigung des Zurückbehaltungsrechts aus § 273 Abs 2 BGB bereitet allerdings gewisse Schwierigkeiten. Zunächst einmal geht der Anspruch aus § 894 BGB ja auf Abgabe einer Willenserklärung, während § 273 Abs 2 BGB von Ansprüchen auf Herausgabe eines Gegenstandes spricht. Das ist noch kein wesentlicher Einwand, da sich das Ziel des Berichtigungsanspruchs ja ohne Weiteres als „Herausgabe der Buchposition“ (und damit eines Gegenstandes) verstehen lässt. Weiterhin verlangt § 273 Abs 2 BGB, dass die Verwendungen gerade auf den herauszugebenden Gegenstand gemacht worden sind. Verwendungen des Berichtigungsverpflichteten können aber nur auf das Grundstück, nicht auf die herauszugebende Buchposition gemacht worden sein. Es fehlt also an sich an der erforderlichen Identität der Gegenstände. Die Rechtsprechung hat dies als irrelevant angesehen, weil das Eigentumsrecht einerseits und das Grundstück als sein Objekt andererseits eine untrennbare Einheit bildeten, Verwendungen auf das Grundstück also als solche auf das Eigentum selbst zu gelten hätten (BGHZ 41, 30, 35 f). Diese Überlegung hilft aber nicht weiter, weil der Berichtigungsverpflichtete ja nicht die Herausgabe des Eigentums, sondern die Herausgabe seiner Buchposition schuldet (Gernhuber, BR[3] § 23 V 3 c; ders, Das Schuldverhältnis [1989] § 30 VI 3b). Der Sache nach stellt die Rechtsprechung hier die Herausgabe des Bucheigentums der Herausgabe des Grundstücks selbst praktisch im Analogiewege gleich. Die Identität der Gegenstände wurde auch in einem Fall bejaht, in dem ein auf Löschung in Anspruch genommener ehemaliger Nießbraucher die Bewilligung bis zur Erstattung seiner Grundstücksinvestitionen verweigern wollte (RGZ 141, 220, 226). Das Reichsgericht hat sogar gegenüber einem Anspruch auf Löschung der Auflassungsvormerkung infolge Formnichtigkeit des Kaufvertrages ein Zurückbehaltungsrecht des Käufers wegen seiner Verwendungen auf das Grundstück zugelassen (RGZ 163, 62, 63). Damit war der Bogen allerdings wohl überspannt: Gegenüber dem Anspruch auf Löschung oder Umschreibung einer zur Eigentümergrundschuld gewordenen Fremdhypothek hat der Verpflichtete auch nach Ansicht der Rechtsprechung kein Zurückbehaltungsrecht wegen seiner auf das Grundstück gemachten Verwendungen (BGHZ 41, 30).

138 Zu beachten ist schließlich, dass § 273 Abs 2 BGB jedenfalls dem Wortlaut nach im Gegensatz zu § 1000 BGB einen *fälligen* Verwendungsersatzanspruch verlangt, während es in den genannten Entscheidungen (mit Ausnahme von RGZ 141, 220) um die erst mit der Herausgabe des Grundstücks nach § 1001 BGB fällig werdenden Ansprüche aus den §§ 994 ff BGB ging. Die Rechtsprechung hat diesen Unterschied allerdings eingeebnet; sie lässt auch für das Erfordernis des „fälligen Anspruchs“ in § 273 BGB einen solchen Anspruch des Schuldners genügen, der jedenfalls mit seiner eigenen Leistung fällig würde (BGHZ 73, 317, 319; 111, 154, 156; 116, 244, 248; ebenso Staudinger/Bittner/Kolbe [2019] § 273 Rn 26; MünchKommBGB/Krüger[9] § 273 Rn 30; Gernhuber, Das Schuldverhältnis [1989] § 30 II 4b). Hinzu kommt noch, dass die Rechtsprechung generell auf die Rechtsbeziehung zwischen dem wirklichen Eigentümer und dem Bucheigentümer die §§ 987 ff BGB entsprechend anwendet, demgemäß also dem Bucheigentümer auch Verwendungsersatzansprüche in Analogie zu §§ 994 ff BGB gewährt (RGZ 133, 283, 285 f; BGHZ 75, 288, 293 f). Das Zurückbehaltungsrecht wegen solcher Verwendungen wird aber vom BGH (BGHZ 75, 288, 293 f) inkonsequenterweise aus § 273 Abs 2 BGB (nicht aus § 1000 BGB) hergeleitet (zu Recht kritisch Jauernig/Berger[19] § 894 Rn 10; MünchKommBGB/Medicus[4] Vorbem 23 zu §§ 987 ff; wie der BGH aber Wilhelm[7] Rn 676, 1237). Das OLG Brandenburg (OLG-NL 1999, 201, 204) betont, dass die Verwendungsersatzansprüche nach §§ 994 ff BGB dem Grundbuchberichtigungsanspruch auch schon vor der Herausgabe des Grundstücks entgegengehalten werden können.

139 Zu alledem ist folgendes zu sagen: In den genannten Entscheidungen ging es zumeist darum, dass sich nach einer nichtigen Grundstücksveräußerung der im Besitz des Grundstücks befindliche Erwerber gegenüber der Klage aus § 894 BGB auf ein Zurückbehaltungsrecht wegen seiner Grundstücksinvestitionen berief (so RGZ 72, 61, 67; 114, 266 f; 115, 35, 45 ff; RGZ 163, 62, 63; LZ 1927, 48; WarnR 1930 Nr 28; BGH WM 1966, 1244;

OLGR Brandenburg 1999, 10, 13 f). Die Verwendungsersatzansprüche ergaben sich hier also jeweils unmittelbar aus den §§ 994 ff BGB. Dann konnte aber – mangels „Fälligkeit" dieser Ansprüche (§ 1001 BGB) – das Zurückbehaltungsrecht nur aus § 1000 BGB hergeleitet werden. Diese Norm muss in der Tat analog angewandt werden, wenn der Eigentümer vom unrechtmäßigen Besitzer nicht Herausgabe des Grundstücks, sondern zunächst nur Einwilligung in die Berichtigung des Grundbuches verlangt (s Staudinger/Gursky [2013] § 1000 Rn 15; Staudinger/Thole [2023] § 1000 Rn 5; NK-BGB/Krause[5] § 894 Rn 49; Neuner[7] Rn 179). Gänzlich abweichend wollen Wieling/Finkenauer (SR[6] § 20 Rn 49 und Anm zu BGH LM § 273 BGB Nr 54 unter 2.) dem Buchberechtigten keinerlei Zurückbehaltungsrecht wegen seiner Verwendungen auf das Grundstück zubilligen; der bei doppelnichtigem Veräußerungsgeschäft im Grundbuch eingetragene Käufer ist dieser Meinung nach durch die unmittelbare Anwendung der §§ 994, 996, 1000 BGB gegenüber dem Vindikationsanspruch und die Möglichkeit der selbständigen klageweisen Geltendmachung des Verwendungsersatzanspruchs nach § 1001 BGB im Falle der Herausgabe des Grundstücks genügend geschützt. – Ob bei Verwendungen eines Bucheigentümers oder sonstigen Buchberechtigten, der nicht im Besitz des Grundstücks ist, die §§ 994 ff BGB wirklich entsprechend angewandt werden können, müsste einmal näher untersucht werden (s unten Rn 173). Ein dringendes Bedürfnis dafür ist jedenfalls auf den ersten Blick nicht ersichtlich: Wenn man auf die Analogie verzichtet, muss der Ausgleich für solche Verwendungen (etwa die Ablösung von Grundstücksbelastungen, RGZ 133, 283) nach Kondiktionsrecht erfolgen, und der Bereicherungsanspruch könnte dann die Grundlage für ein Zurückbehaltungsrecht aus § 273 Abs 1 oder 2 BGB bilden.

Ein Zurückbehaltungsrecht des Bucheigentümers, das ihm aus § 273 Abs 2 BGB oder § 1000 BGB gegenüber dem Grundbuchberichtigungsanspruch zustehen könnte, würde jedenfalls in einer Insolvenz des Grundstückseigentümers und Gläubigers des Berichtigungsanspruchs keine Verteidigungsposition gegen den vom Insolvenzverwalter geltend gemachten Grundbuchberichtigungsanspruch gewähren (§ 51 Nr 2 InsO e contrario, vgl BGH 23. 5. 2003 – V ZR 279/02, NZI 2003, 605 f). Im Ergebnis gilt insoweit also das gleiche wie für das Zurückbehaltungsrecht aus § 273 Abs 1 BGB wegen eines gegenläufigen Rückzahlungsanspruchs (s oben Rn 136). **140**

Der Dritte, dem der Vorerbe ein Nachlassgrundstück aufgrund gemischter Schenkung übereignet hat, hat gegenüber dem vom Nacherben nach Eintritt des Nacherbfalls erhobenen Berichtigungsanspruch ein Zurückbehaltungsrecht wegen seiner Gegenleistung und im Rahmen des § 2124 Abs 2 S 2 BGB auch wegen Verwendungen, die er auf das Grundstück gemacht hat (BGH NJW 1985, 382, 383 f). **141**

Ein Ankaufsrecht des Verpflichteten aufgrund des SachenRBerG kann jedenfalls nicht vor Durchführung des notariellen Vermittlungsverfahrens Grundlage für ein Zurückbehaltungsrecht gegenüber dem Grundbuchberichtigungsanspruch sein (OLG Naumburg 9. 5. 2000 – 11 U 235/99). **142**

Ein Zurückbehaltungsrecht gegenüber dem Grundbuchberichtigungsanspruch ergibt sich schließlich auch aus § 897 BGB (s § 897 Rn 5). **143**

5. Einwand der unzulässigen Rechtsausübung; Verwirkung

144 Dem Berichtigungsanspruch kann auch der **Einwand der unzulässigen Rechtsausübung** entgegengesetzt werden (BGH 22. 2. 2019 – V ZR 244/17, NJW 2019, 3638 Rn 23 f; zuvor schon BGHZ 122, 308, 314 f = DNotZ 1993, 738, 740m umfangreichen Nw; BGH Rpfleger 1999, 74, 75). Wegen der insoweit in Betracht kommenden Tatbestände vgl Staudinger/J Schmidt[12] § 242 Rn 1359 ff. Selbst der Einwand der *Verwirkung* kann gegenüber dem Grundbuchberichtigungsanspruch erhoben werden (BGH Betrieb 1963, 286; BGHZ 122, 308, 314 f m umfangreichen Nw; OGHZ 1, 279 = MDR 1949, 161 m Anm Beitzke; OLGR Brandenburg 1997, 62, 63; OLG-NL 1999, 201, 203; Staudinger/J Schmidt[12] § 242 Rn 482, 1363; Staudinger/Looschelders/Olzen [2024] § 242 Rn 915 mwNw; MünchKommBGB/Wacke[4] § 894 Rn 30, § 898 Rn 1; MünchKommBGB/H Schäfer[9] § 894 Rn 37; BeckOGK/Hertel [1. 9. 2024] § 894 Rn 83; Soergel/Kern[14] § 894 Rn 32; Erman/Artz[17] § 894 Rn 31; H Westermann/Eickmann[8] § 71 Rn 9; Wieling AcP 176 [1976] 334, 339 ff; ders, in: Scritti in honore A Guarino V [1985] 2519, 2529 ff; NK-BGB/Krause[5] § 894 Rn 50; Bauer/Schaub/Schäfer[5] § 22 Rn 163; krit bzw einschränkend Beitzke MDR 1949, 161; Grussendorf AcP 150 [1949] 430; Mühl NJW 1956, 1659, 1661 zu V 2; 1960, 1133 ff; HK-BGB/Staudinger[9] § 894 Rn 12; gänzlich ablehnend Wieling/Finkenauer, SR[6] § 20 Rn 50 aE; Finkenauer, Eigentum und Zeitablauf [2000] 222 ff). Da aber das dingliche Recht selbst nicht der Verwirkung unterliegt, muss auch die Annahme einer Verwirkung seiner dinglichen Durchsetzungsansprüche auf Extremfälle beschränkt bleiben, da diese ja auf eine inhaltliche Schmälerung des dinglichen Rechts selbst hinausläuft (OLG Karlsruhe 20. 8. 2013 – 12 U 41/13, MDR 2013, 1213, 1214). Im Falle des Grundbuchberichtigungsanspruchs kommt hinzu, dass das mit der Verwirkung verbundene langfristige Auseinanderfallen von Buchstand und Rechtslage jedenfalls nicht wünschenswert ist. Nach einem obiter dictum des OLG Brandenburg (19. 4. 2006 – 4 U 169/05 Rn 75) reichen 12 Jahre Untätigkeit für das Zeitmoment der Verwirkung nicht aus. – Die Geltendmachung des Berichtigungsanspruchs bedeutet nicht schon deshalb ein venire contra factum proprium, weil der Berichtigungsberechtigte die Unrichtigkeit des Grundbuchs durch seine Eintragungsbewilligung selbst mit veranlasst hat (KG NJW 1969, 138). Wer als Vertreter ohne Vertretungsmacht nach § 10 ZGB-DDR auf das Eigentum eines anderen für diesen verzichtet hat, ist nach Treu und Glauben jedenfalls dann daran gehindert, als Erbe des bisherigen Eigentümers die Wirksamkeit des Verzichts im Wege des Grundbuchberichtigungsanspruchs geltend zu machen, wenn er sich noch nach dem Erbfall in der DDR zu dem Verzicht bekannt, insbesondere gegen ihn als Eigentümer des fraglichen Grundstücks erhobene Ansprüche unter Berufung auf den Verzicht geleugnet hat (BGH Rpfleger 1999, 74, 75 f = EWiR 1999, 63 [Kohler] = NJ 1999, 198 m Anm Fritsche). Die Erhebung der Grundbuchberichtigungsklage stellt unter diesen Umständen ein unzulässiges widersprüchliches Verhalten dar (MünchKommBGB/H Schäfer[9] § 894 Rn 37). Überhaupt dürfte ein venire contra factum proprium vorliegen, wenn der wahre Eigentümer eines Grundstücks erst die Unrichtigkeit des Grundbuches selbst herbeigeführt hat, weil sie ihm vorteilhaft erschien und später doch mit Hilfe des Grundbuchberichtigungsanspruchs seine Wiedereintragung erreichen will (BGH 13. 12. 2007 – V ZR 24/07 Rn 7). – Falls der Grundstückseigentümer zehn Jahre nach einer wegen Fehlens der vormundschaftsgerichtlichen Genehmigung unwirksamen Grundstücksveräußerung die Grundbuchberichtigungsklage erhebt, kann darin ein venire contra factum proprium liegen, wenn er nach seinem Volljährigwerden den Kaufpreis entgegengenommen und der Grundstückskäufer das Grundstück zwischenzeitlich mit einem Millionenaufwand bebaut hat (BGH NJW 1979, 1656). – Bei einer wegen Geisteskrankheit oder (seinerzei-

tiger) Entmündigung des Veräußerers unwirksamen Grundstücksübereignung kann die vom Erben erhobene Grundbuchberichtigungsklage treuwidrig sein, wenn der Kläger in der vorgefassten Absicht, sich später auf die Nichtigkeit der Veräußerung zu berufen, sich einen Teil des Kaufpreises auszahlen lassen hat (vgl BGHZ 44, 367, 370). Hat der Veräußerer dagegen mehrere Erben und hat nur einer von diesen ein solches anstößiges Vorverhalten an den Tag gelegt, kann der Berichtigungsklage der Miterbengemeinschaft der Einwand des Rechtsmissbrauchs nicht entgegengesetzt werden (BGHZ 44, 367, 370). Wiederum anders ist die Situation, wenn anstelle der Miterbengemeinschaft der fragliche Miterbe allein – und gegen den Widerspruch der übrigen – die Berichtigungsklage erhebt: Dann liegt ein Missbrauch der aus § 2039 Abs 1 BGB folgenden Prozessführungsbefugnis vor, der zur Abweisung der Klage als unzulässig führt (BGHZ 44, 367, 370 ff). Wer als Vermächtnisnehmer einen Anspruch auf Übereignung eines Grundstücks hat, aber selbst als angeblicher Alleinerbe im Grundbuch eingetragen wird, kann den Berichtigungsanspruch der Erbengemeinschaft nicht mit dem Hinweis auf seinen Übereignungsanspruch abwehren (**aA** MünchKommBGB/Wacke[4] § 894 Rn 30 Fn 164; Buschmann BlGBW 21 [1972] 221 f): Da die Übereignung eine *neue* Eintragung des Vermächtnisnehmers erfordert (s Staudinger/C Heinze [2018] § 873 Rn 213), ist die vorherige Grundbuchberichtigung geradezu Voraussetzung für die Erfüllbarkeit seines Übereignungsanspruchs (BGH LM § 873 BGB Nr 1; Gernhuber, BR[3] § 24 V 1b). Macht der Eigentümer den Grundbuchberichtigungsanspruch geltend, stellt dies auch dann eine unzulässige Rechtsausübung dar, wenn er auf Grund eines Schadensersatzanspruchs aus vorsätzlicher sittenwidriger Schädigung nach §§ 826, 830 Abs 1, 840, 249 Abs 1 BGB verpflichtet ist, das Eigentum an den Anspruchsgegner rückzuübertragen (BGH 22. 2. 2019 – V ZR 244/17, NJW 2019, 3638 Rn 24 f).

Jedenfalls vorläufig unzulässig ist die Erhebung des Berichtigungsanspruchs auch, **145** wenn die Auflassung (oder sonstige Einigung), aufgrund deren der Beklagte eingetragen worden ist, infolge Nichteinholung einer erforderlichen behördlichen Genehmigung *schwebend unwirksam* ist. Die Parteien eines genehmigungsbedürftigen Rechtsgeschäftes unterliegen schon während der Dauer des Schwebezustandes nach Treu und Glauben gewissen Bindungen; sie dürfen beispielsweise nichts tun, was die Genehmigungserteilung gefährden oder vereiteln müsste (s Grüneberg/Grüneberg[84] § 242 Rn 33; Hübner, AT[2] Rn 977). Dementsprechend müssen sie auch vorweggenommene Teilerfüllungen einstweilen bestehen lassen (BGH LM § 986 BGB Nr 1; s aber auch BGHZ 65, 123). Solange die Genehmigung noch erteilt werden kann, würde deshalb auch das Berichtigungsverlangen gegen Treu und Glauben verstoßen (Rosenberg Anm V 2 d; Max Wolff JW 1926, 950 ff). Anders stellt sich die Situation allerdings dar, wenn es sich bei dem bereits durch Eintragung vollzogenen genehmigungsbedürftigen Grundstücksveräußerungsgeschäft um einen *„Schwarzkauf"* handelt; dann bestehen nämlich grundsätzlich keine aus § 242 BGB ableitbaren Mitwirkungs- und Treuepflichten der Parteien (RG JW 1925, 2234; 1928, 2515; Staudinger/Meier [2023] § 311b Abs 1 Rn 365; Staudinger/Schumacher [2012] § 311b Rn 239 ff; MünchKommBGB/Wacke[4] § 894 Rn 30 Fn 165). Damit ist der Veräußerer hier nicht gehindert, die Einwilligung des Erwerbers zur Berichtigung des Grundbuchs zu verlangen (**aA** Max Wolff 951). Falls der Veräußerer sich aber in einem Vergleich zur Mitwirkung bei der Erlangung der erforderlichen behördlichen Genehmigung verpflichtet hat, steht diese schuldrechtlich gültig übernommene Treuepflicht der Klage auf Grundbuchberichtigung wiederum bis zur Entscheidung der Genehmigungsbehörde entgegen (RG JW 1925, 2234, 2236;

MünchKommBGB/Wacke[4] § 894 Rn 30). Im Ergebnis wie die Konstellation des Schwarzkaufs dürfte auch die seltene Konstellation zu behandeln sein, dass eine Eintragung im Grundbuch trotz Fehlens der vorgeschriebenen familiengerichtlichen Genehmigung erfolgt ist. Hier dürfte der Zweck des Genehmigungserfordernisses selbst eine vorläufige Bindung an das betreffende Rechtsgeschäft ausschließen (iE ebenso MünchKommBGB/Wacke[4] § 894 Rn 30). – Auch in sonstigen Fällen einer schwebenden Unwirksamkeit des Erwerbs kann die vorzeitige Geltendmachung des Berichtigungsanspruchs treuwidrig sein. Zum Teil wird dies für die Konstellation angenommen, dass ein beschränktes Liegenschaftsrecht ohne die nach § 876 BGB erforderliche Zustimmung eines Drittberechtigten gelöscht worden ist, die Genehmigung aber noch nicht verweigert ist (Rosenberg § 894 Anm III 1e α, § 876 Anm III 2; Staudinger/Gursky[12] § 894 Rn 10; ähnlich Staudinger/Ertl[12] § 876 Rn 20). Hierfür besteht allerdings kaum ein Bedürfnis (Staudinger/C Heinze [2018] § 876 Rn 46). Die bindende Aufhebungserklärung bleibt ja als solche auch dann existent, wenn der Inhaber des Stammrechts dessen Wiedereintragung im Grundbuch erlangt. Der Inhaber des Zweigrechts, dessen Zustimmung erforderlich ist, kann der Aufhebung immer noch zustimmen, und der Grundstückseigentümer kann dann die erneute Löschung und damit die Aufhebung des Rechts herbeiführen (Wolff/Raiser § 39 IV). – Wenn die Aufgabe eines belasteten Liegenschaftsrechts ohne die erforderliche Zustimmung des Drittberechtigten durch Löschung vollzogen ist und dieser nun die Genehmigung verweigert, verstößt die Erhebung der Berichtigungsklage durch den Aufhebenden selbst erst recht nicht gegen Treu und Glauben (s dazu MünchKommBGB/Lettmaier[9] § 876 Rn 17; Staudinger/C Heinze [2018] § 876 Rn 46; ferner Staudinger/Ertl[12] § 876 Rn 19). – Nicht vernachlässigt werden darf aber das Sicherungsbedürfnis des Veräußerers, der infolge der „schwebend unrichtigen“ Grundbucheintragung ja der Gefahr ausgesetzt ist, dass der Anspruchsgegner vor der möglichen Genehmigungsverweigerung unter dem Schutz des öffentlichen Glaubens des Grundbuchs über sein Buchrecht verfügt. Aus dem vorläufigen Ausschluss des Berichtigungsanspruchs darf hier also nicht auf die Unzulässigkeit eines Widerspruchs geschlossen werden (so iE auch Wilhelm[7] Rn 684 Fn 1223 und Staudinger/Ertl[12] § 876 Rn 20). Vgl § 7 Abs 2 GrdstVG, der bei Eintragungen, die ohne die nach dem GrdstVG erforderliche Genehmigung erfolgt sind, die Eintragung eines Amtswiderspruchs verlangt (vgl dazu auch OLG Brandenburg 11. 1. 2018 – 5 W 131/17, RPfleger 2018, 320 [keine analoge Anwendung, wenn die Genehmigung erfolgt ist]).

146 Die auf Wiedereintragung als Eigentümer gerichtete Grundbuchberichtigungsklage ist nicht schon deshalb rechtsmissbräuchlich, weil der Verpflichtete einen Ankaufsanspruch nach dem SachenRBerG geltend machen kann (OLG Naumburg 9. 5. 2000 – 11 U 235/99).

6. Sonstiges

147 *Dilatorische Einreden* ergeben sich aus den Rechtsgedanken der §§ 23, 24 GBO: Wenn ein eingetragenes Recht auf die Lebenszeit des Berechtigten beschränkt ist oder sonst mit dem Eintritt eines bestimmten Zeitpunktes oder Ereignisses erlischt, kann der Erbe bzw der bisherige Rechtsinhaber die Zustimmung zur Berichtigung des Grundbuchs so lange verweigern, als noch Leistungen rückständig sind (Schilde 68; Rosenberg § 894 Anm V 2a).

Der Verpflichtete kann die Abgabe der Zustimmungserklärung verweigern, bis ihm die *Kosten* derselben vorgeschossen sind (s § 897 Rn 5). **148**

Falls ein Grundstück nach Eintragung einer Auflassungsvormerkung veräußert worden ist und der Vormerkungsgläubiger daraufhin erfolgreich aus § 888 Abs 1 BGB gegen den neuen Eigentümer geklagt hat, sich dann aber die Unwirksamkeit der Vormerkung herausstellt, liegt es nahe, dass sich der (scheinbare) Vormerkungsgläubiger gegenüber der nunmehr vom neuen Grundstückseigentümer erhobenen (auf Zustimmung zur Löschung der Vormerkung gerichteten) Grundbuchberichtigungsklage mit dem Einwand der Rechtskraft verteidigt (vgl J Kohler EWiR § 888 BGB 1. 88, S 1086). Dieser Gesichtspunkt hilft ihm aber nicht, da die rechtskräftige Verurteilung aus § 888 Abs 1 BGB keine rechtskräftige Feststellung der Existenz der Vormerkung enthält. **149**

7. Keine zulässigen Einwendungen

a) Die Einrede der Verjährung wird durch § 898 BGB ausgeschlossen. **150**

b) Der Verpflichtete kann den Berechtigten nicht auf den Weg des § 22 GBO verweisen (s oben Rn 6 f). **151**

c) Auch wenn der Berichtigungsverpflichtete die Berichtigungsbewilligung bereits einmal abgegeben hat, steht ihm grundsätzlich kein Einwand der Erfüllung zu, solange die Unrichtigkeit andauert (s oben Rn 125). **152**

d) Der Berichtigungsschuldner kann naturgemäß nicht einwenden, dass er nicht der wahre Inhaber des von der Berichtigung betroffenen Rechtes sei (s Rn 101). **153**

e) Wenn der Berichtigungsanspruch gegen den buchmäßigen Inhaber eines in Wirklichkeit nicht existierenden beschränkten Liegenschaftsrechtes erhoben wird, kann sich der Anspruchsgegner nicht mit dem Hinweis verteidigen, dass in der Zwischenzeit ein Dritter gutgläubig ein Zweigrecht hieran (s § 892 Rn 222, 229) erworben hat (Rosenberg § 894 Anm III 1e β). Die Löschung des fraglichen Rechts muss dann natürlich unter Vorbehalt der Rechte des Dritten erfolgen (Rosenberg § 894 Anm III 1e β; Hegewisch JW 1911, 928 ff). **154**

VIII. Beweislast

Die Beweislast für die gegenwärtige Unrichtigkeit des Grundbuchs trifft – allgemeinen Grundsätzen entsprechend – den Kläger, zumal diesem zumeist (s aber Rn 157) auch die Vermutung des § 891 BGB entgegensteht (s § 891 Rn 56 ff, 75 ff; BGH 10. 12. 2004 – V ZR 120/04, NJW-RR 2005, 599, 600; OLG Brandenburg FamRZ 1999, 1616; OLG Dresden VIZ 2000, 369, 370; Baumgärtel/Laumen/Prütting/Kraeft/Pöpel[3] § 894 Rn 1; Joswig ZfIR 2001, 613, 620). Falls der Beklagte substantiiert behauptet, die ursprünglich gegebene Unrichtigkeit sei nachträglich beseitigt worden, muss der Kläger deshalb auch beweisen, dass dies nicht geschehen ist (BGH NJW 1979, 1656 [vom Beklagten behauptete Genehmigung nach § 1821 Abs 1 Nr 1 iVm § 1829 Abs 3 aF]; NJW-RR 1999, 376, 377; BGH 21. 10. 2005 – V ZR 63/05, juris Rn 11, insoweit nicht in BGHR 2006, 147; Baumgärtel/Laumen/Prütting/Kraeft/Pöpel[5] § 894 Rn 2; Rosenberg § 894 Anm III 4; MünchKommBGB/H Schäfer[9] § 894 Rn 44; **155**

NK-BGB/Krause[5] § 894 Rn 57; Erman/Artz[17] § 894 Rn 15); ebenso, wenn sich die Möglichkeit, dass die Unrichtigkeit durch ein bestimmtes Ereignis fortgefallen sein könnte, schon aus dem vorgetragenen Grundbuchinhalt ergibt oder wenn sie nach den Umständen des Falles ohne Weiteres naheliegend erscheint. Wenn der Grundstückseigentümer auf Löschung einer Darlehenshypothek wegen Nichtbestehens der zugrunde liegenden Forderung klagt und der Beklagte einwendet, dass lediglich die Angabe des Schuldgrundes unrichtig sei, der Hypothek in Wirklichkeit ein anderes Schuldverhältnis zugrunde liege, muss der Kläger nachweisen, dass die Angabe des Schuldgrundes doch zutrifft oder dass auch die betreffende andere, der Hypothek nach Darstellung des Beklagten zugrunde liegende Forderung nicht existiert (s RGZ 57, 320; Baumgärtel/Laumen/Prütting/Kraeft/Pöpel[5] § 894 Rn 1); anders natürlich, wenn man davon ausgeht, dass die hinsichtlich des Schuldgrundes bestehende Divergenz zwischen Einigung und Eintragung zur Nichtentstehung der Hypothek führt (s Gursky, Klausurenkurs[12] Rn 231 mwNw).

156 Falls der Grundstückseigentümer auf Löschung einer Höchstbetragshypothek oder sonstigen Sicherungshypothek wegen Nichtentstehung der Forderung klagt, greift nach §§ 1184 Abs 1, 1185 Abs 2, 1190 Abs 3 BGB keine gesetzliche Vermutung für den Bestand der Forderung (wie bei der Verkehrshypothek nach §§ 1138, 891 BGB) zugunsten des Beklagten ein; der Beklagte trägt deshalb die Beweislast für Bestand und Umfang der Forderung (RG HRR 1936 Nr 687; MünchKommBGB/Wacke[4] § 894 Rn 33; BGB-RGRK/Augustin § 894 Rn 51; NK-BGB/Krause[5] § 894 Rn 57; jurisPK-BGB/Toussaint[10] § 894 Rn 66; Baumgärtel/Laumen/Prütting/Kraeft/Pöpel[5] § 894 Rn 5). Zur Beweislast für den Einwand der mangelnden Aktivlegitimation s oben Rn 67. Zur Beweislast im Erbprätendentenstreit s § 891 Rn 67.

157 Falls der Kläger mit der Grundbuchberichtigungsklage (gestützt auf eine analoge Anwendung von § 894 BGB) die Löschung eines Widerspruchs begehrt, kommt ihm selbst die Vermutung aus § 891 Abs 1 BGB zu Hilfe (BGH 5. 5. 2006 – V ZR 236/05, NJW-RR 2006, 1242 Rn 5). Der Klage muss deshalb stattgegeben werden, wenn es dem beklagten Widerspruchsbegünstigten nicht gelingt, die Unrichtigkeit des Grundbuchs und damit die Richtigkeit des Widerspruchs nachzuweisen (BGH 5. 5. 2006 – V ZR 236/05, NJW-RR 2006, 1242 Rn 5; jurisPK-BGB/Toussaint[10] § 894 Rn 66).

158 Besonders geregelt ist die Beweislast für die Grundbuchberichtigungsklage, mit der sich ein Grundstückseigentümer gegen die Eintragung einer (angeblich) nach § 9 Abs 1 GBBerG entstandenen Leitungsdienstbarkeit wendet (§ 9 Abs 5 S 5 GBBerG).

IX. Prozessuales

1. Rechtsweg

159 Für die Klage aus § 894 BGB ist der Zivilrechtsweg auch dann gegeben, wenn der Beklagte aufgrund eines staatlichen Hoheitsaktes anstelle des Klägers im Grundbuch eingetragen worden ist und der Kläger nun die Nichtigkeit dieses Hoheitsaktes geltend macht (BGHZ 5, 76, 81 ff, 85 = LM § 13 GVG Nr 1; KG ZIP 1991, 1033, 1034; Soergel/Kern[14] § 894 Rn 30; MünchKommBGB/H Schäfer[9] § 894 Rn 41; Erman/Artz[17] § 894 Rn 38). Ob der Hoheitsakt wirksam oder nichtig ist, stellt nämlich nur eine öffentlich-rechtliche

Vorfrage des zwischen Privatleuten geführten bürgerlich-rechtlichen Rechtsstreits dar (MünchKommBGB/H Schäfer[9] § 894 Rn 41; NK-BGB/Krause[5] § 894 Rn 58). Dagegen ist für die Klage auf Löschung eines Pfändungsvermerks, der die Pfändung eines Grundpfandrechts durch das Finanzamt wegen rückständiger Steuern (§§ 309, 310, 321 Abs 6 AO) zum Ausdruck bringt, der ordentliche Rechtsweg nicht gegeben, wenn der Kläger die Unrichtigkeit des Vermerks mit der Nichtentstehung oder Tilgung oder Verjährung der Steuerschuld begründet (BGH NJW 1967, 563 f). Der BGH hat dies insbesondere mit § 327 Abs 1 RAO = § 256 AO 1977 begründet, wonach der Steuerschuldner Einwendungen gegen den beizutreibenden Steueranspruch nur außerhalb des Zwangsverfahrens mit den speziell hierfür vorgesehenen Rechtsbehelfen verfolgen kann. Dagegen muss der Zivilrechtsweg offenstehen, wenn ein Dritter die Löschung des zugunsten des Finanzamtes eingetragenen Pfändungsvermerks erreichen will, weil er statt des Steuerschuldners der wirkliche Grundschuldgläubiger sei und auch bereits im Zeitpunkt der Pfändung gewesen sei (zu weitgehend deshalb die Formulierung bei Soergel/Kern[14] § 894 Rn 30). – Der Rechtsweg zu den ordentlichen Gerichten ist für die Klage auf Zustimmung zur Eintragung eines altrechtlichen, angeblich durch unvordenkliche Verjährung erworbenen Nutzungsrechts an gemeindlichen Grundstücken schon dann gegeben, wenn der Kläger die privatrechtliche Natur eines solchen Nutzungsrechts behauptet; auch wenn der Beklagte sich demgegenüber darauf beruft, die fragliche Nutzungsbefugnis könne nur öffentlich-rechtlichen Charakter haben, hat dies auf den Rechtsweg keinen Einfluss (BayObLG BayVBl 1983, 665). Die Geltendmachung eines Grundbuchberechtigungsanspruchs wegen Sittenwidrigkeit und deshalb Nichtigkeit der Veräußerung eines „Mauergrundstücks" muss auf dem Zivilrechtsweg erfolgen (BGH ZOV 2005, 85 f; OLGR Brandenburg 2005, 659 ff). Auch wenn mit der Grundbuchberichtigungsklage das (angeblich) fortbestehende Eigentum an einem als „Eigentum des Volkes" eingetragenen Grundstück geltend gemacht wird, handelt sich um eine bürgerlich-rechtliche Streitigkeit iS von § 13 GVG (KG ZIP 1991, 1033, 1034). Begründet ist die Klage allerdings nur, wenn die Überführung in Staatseigentum schon nach dem Recht der DDR unwirksam war und der Mangel auch nicht durch Art 237 § 1 Abs 1 EGBGB am 24. 7. 1997 rückwirkend geheilt worden ist (s Staudinger/Rauscher [2016] Art 237 EGBGB Rn 1 ff). Die Grundbuchberichtigungsklage gegen einen in der DDR zu Unrecht als Eigentümer Eingetragenen ist darüber hinaus auch dann unbegründet, wenn dieser durch eine Quasi-Buchersitzung nach Art 237 § 1 Abs 2 EGBGB am 1. 10. 1998 das Eigentum erlangt hat (s dazu Staudinger/Rauscher [2016] Art 237 § 2 EGBGB Rn 1 f; NK-BGB/Krause[1] § 894 Rn 60 f). Für den Grundbuchberichtigungsanspruch eines Grundstückseigentümers, gegen den in der Spätphase der DDR ein Enteignungsbeschluss ergangen, aber mangels Bekanntgabe an ihn rechtlich nicht existent geworden ist, ist nach § 13 GVG der Zivilrechtsweg gegeben (BGH 25. 7. 2003 – V ZR 362/02, VIZ 2003, 581, 582). Für die öffentlich-rechtlich ausgestalteten Ansprüche auf Rückübertragung nach dem VermG wäre demgegenüber der Verwaltungsrechtsweg begründet (BGH 7. 7. 1995 V ZR 243/94, WM 1995, 1730, 1731).

Klagt nach bestandskräftigem Abschluss des Vermögenszuordnungsverfahrens ein Eigentumsprätendent eines früher volkseigenen Grundstücks, gegen den der Zuordnungsbescheid mangels Beteiligung am Zuordnungsverfahren nach § 2 Abs 3 VZOG keine Wirkung entfaltet, gegen den aufgrund des Zuordnungsbescheids als Eigentümer Eingetragenen auf Zustimmung zur Grundbuchberichtigung, so ist für diese Kla- 160 ge der Rechtsweg zu den ordentlichen Gerichten eröffnet (OLG Naumburg OLG-NL 2000, 270, 271 = NJ 2000, 321 m Anm GRUBER mwNw).

2. Gerichtsstand

161 Für Berichtigungsklagen, „durch die das Eigentum, eine dingliche Belastung oder die Freiheit von einer solchen geltend gemacht wird", ist nach § 24 Abs 1 ZPO dasjenige Gericht ausschließlich zuständig, in dessen Bezirk das Grundstück belegen ist (forum rei sitae, ausschließlicher dinglicher Gerichtsstand; s RGZ 82, 20, 24; 88, 55, 61; jurisPK-BGB/TOUSSAINT[10] § 894 Rn 67; NK-BGB/KRAUSE[5] § 894 Rn 59). § 24 ZPO greift insbesondere ein, wenn mit der Berichtigungsklage die Eintragung des Klägers als des wahren Eigentümers herbeigeführt werden soll (STEIN/JONAS/ROTH, ZPO[23] § 24 Rn 15) oder wenn eine Berichtigung der Bestandsangaben, also die Umbuchung eines bestimmten Grundstücksteils vom Grundbuchblatt eines Nachbargrundstücks auf das des Klägers erreicht werden soll. Als Geltendmachung des Eigentums iS von § 24 ZPO stellt sich auch eine Berichtigungsklage dar, mit der der Kläger sich gegen einen Widerspruch wendet, den der Beklagte gegen seine Eigentümerstellung erwirkt hat (WERTHEIMER, Der dingliche Gerichtsstand [1908] 54 f). „Geltendmachung einer dinglichen Belastung" iS von § 24 ZPO wäre etwa eine Berichtigungsklage, mit der die Eintragung eines (zu Unrecht gelöschten oder außerhalb des Grundbuches entstandenen) Rechts an einem Grundstück (bzw an einem grundstücksgleichen Recht) verlangt wird; ebenso eine Berichtigungsklage, die die Veränderung der Angaben des Grundbuches über Inhalt, Umfang oder Rang eines Rechtes an einem Grundstück (bzw an einem grundstücksgleichen Recht) anstrebt, beispielsweise also auch die auf Löschung eines vorrangig gebuchten Rechtes gerichtete Klage. Nach verbreiteter Auffassung soll § 24 ZPO dagegen bei einem Streit um die Rechtsinhaberschaft eines unstreitig bestehenden beschränkten Liegenschaftsrechts nicht eingreifen (STEIN/JONAS/ROTH, ZPO[23] § 24 Rn 22; OLG Hamburg SeuffA 64 Nr 15 [I] = OLGE 13, 75; OLG Dresden OLGE 17, 86; BGB-RGRK/AUGUSTIN § 894 Rn 43; NK-BGB/KRAUSE[5] § 894 Rn 59; ERMAN/ARTZ[17] § 894 Rn 39); anders nur wegen § 25 ZPO für die Klage auf Umschreibung eines Grundpfandrechts auf den Eigentümer (STEIN/JONAS/ROTH, ZPO[23] § 24 Rn 21; OLG Hamburg SeuffA 64 Nr 15 [II]). Es bleibt jedoch unerfindlich, weshalb der Prätendentenstreit um die Inhaberschaft eines beschränkten Liegenschaftsrechts keine „Geltendmachung" dieses Rechtes sein soll, während der gleichgelagerte Streit zwischen zwei Eigentumsprätendenten anerkanntermaßen eine Geltendmachung des Eigentums wäre. § 24 ZPO muss deshalb auch im ersteren Falle einschlägig sein (ROSENBERG § 894 Anm VI 3 b; WACH, Handbuch des Deutschen Civilprozeßrechts I 418; BGB-RGRK/AUGUSTIN § 894 Rn 43; WIECZOREK/SCHÜTZE/SMID/HAUSMANN[5] § 24 ZPO Rn 36; RG Gruchot 37 [1893] 1063). Ebenso gehört hierher die Klage auf Löschung eines Widerspruchs, der sich gegen die Existenz, den Inhalt, Umfang oder Rang eines eingetragenen beschränkten dinglichen Rechts oder die Person des Rechtsinhabers richtet (s STEIN/JONAS/ROTH, ZPO[23] § 24 Rn 21; WERTHEIMER 46 f; OLG Augsburg OLGE 11, 169). Die Klage auf Wiedereintragung einer zu Unrecht gelöschten Vormerkung muss der Geltendmachung eines dinglichen Rechtes gleichgestellt werden; § 24 ZPO ist hier also analog anzuwenden (RGZ 82, 20, 24; STEIN/JONAS/ROTH, ZPO[23] § 24 Rn 19). Für den Prätendentenstreit um die Gläubigerstellung des vormerkungsgesicherten Anspruchs kann dann nichts anderes gelten. Problematisch ist dagegen, ob auch für die Klage auf Bewilligung der Eintragung einer Verfügungsbeschränkung in entsprechender Anwendung von § 24 ZPO der Gerichtsstand der belegenen Sache gegeben ist (*bejahend* ROSENBERG § 894 Anm VI 5 b; wohl auch WARNEYER[1] § 894

Anm I Fn 4; *verneinend* KRETZSCHMAR § 894 Anm V 4; BIERMANN § 894 Anm 2 f; ders, Widerspruch und Vormerkung 104; TURNAU/FÖRSTER § 894 Anm II 19 S 301; PLANCK/STRECKER § 894 Anm I; OBERNECK I 422 f; WERTHEIMER 46). Die letztere Ansicht dürfte vorzugswürdig sein, da es hier eigentlich nicht um die dingliche Rechtslage des Grundstücks, sondern um die persönlichen Verhältnisse des Beschränkten geht (TURNAU/FÖRSTER § 894 Anm II 19 S 301). Mit dem Begriff „dingliche Belastung" ist nur ein eintragungsfähiges Recht an einer unbeweglichen Sache, also an einem Grundstück oder an einem grundstücksgleichen Recht, gemeint. Deshalb kommt ein Berichtigungsanspruch wegen eines Rechtes an einem beschränkten (und nicht grundstücksgleichen) Liegenschaftsrecht nicht in Betracht (ROSENBERG § 894 Anm VI 3 b; MünchKommBGB/WACKE[4] § 894 Rn 32). Als „Geltendmachung der Freiheit von einer solchen" (dinglichen Belastung) stellt sich jede Berichtigungsklage dar, die auf die Löschung eines nicht bestehenden Grundstücksrechts (RG Gruchot 57 [1913] 160) oder einer nicht bestehenden Belastung eines grundstücksgleichen Rechtes abzielt (STEIN/JONAS/ROTH, ZPO[23] § 24 Rn 23). Die Klage auf Löschung einer auf dem Grundstück oder grundstücksgleichen Recht lastenden Vormerkung ist wieder im Analogiewege gleichzustellen (ANDERS/GEHLE[82] § 24 ZPO Rn 8). Nicht hierher gehört dagegen die Klage auf Löschung einer nicht bestehenden Verfügungsbeschränkung (TURNAU/FÖRSTER § 894 Anm II 19 S 301; BIERMANN § 894 Anm 2 f; KRETZSCHMAR § 894 Anm V 4; wohl auch PLANCK/STRECKER § 894 Anm 1; BGB-RGRK/AUGUSTIN § 894 Rn 43; **aA** ROSENBERG § 894 Anm VI 5 c; iE auch WERTHEIMER 54 f: Geltendmachung des Eigentums). Ebenso wenig die Klage auf Löschung eines Rechtes an einem (nicht grundstücksgleichen) beschränkten Liegenschaftsrecht (RGZ 51, 231, 234; OLG Hamburg OLGE 11, 47; ROSENBERG § 894 Anm VI 3 c; STEIN/JONAS/ROTH, ZPO[23] § 24 Rn 23; BGB-RGRK/AUGUSTIN § 894 Rn 43; MünchKommBGB/H SCHÄFER[9] § 894 Rn 41). Gänzlich abweichend GOLDMANN (88 ff), der nur die auf Löschung eingetragener Grundstücksbelastungen gerichteten Berichtigungsklagen unter § 24 ZPO bringen wollte.

3. Rechtsschutzbedürfnis

Für die klageweise Geltendmachung des Grundbuchberichtigungsanspruchs fehlt **162**
das Rechtsschutzinteresse nicht bereits deshalb, weil die klagende Partei ihr Ziel auch durch Beteiligung am Vermögenszuordnungsverfahren nach § 3 VZOG erreichen könnte; es entfällt allerdings, wenn in dem letzteren Verfahren ein Zuordnungsbescheid ergangen ist (BGH WM 1995, 1726; 1728 = EWiR 1995, 592 [PREU]). Ebenso fehlt das Rechtsschutzbedürfnis für die Berichtigungsklage, wenn das Berichtigungsverfahren nach § 22 GBO zweifelsfrei zum Erfolg führen müsste (vgl oben Rn 6). Das Rechtsschutzinteresse kann ferner entfallen, wenn aller Voraussicht nach nur eine vorläufige Unrichtigkeit des Grundbuchs gegeben ist, die der Gesetzgeber als Durchgangsstadium vorgesehen hat und gegen deren Risiken der potenzielle Gläubiger des Berichtigungsanspruchs sich selbst schützen kann (LANGE § 23 II 1; KÖHLER JuS 1982, 181, 184): So etwa, wenn eine Briefhypothek bereits eingetragen ist, der noch im Besitz des Grundpfandbriefes befindliche Darlehensnehmer/Grundstückseigentümer aber das Darlehen noch nicht ausgezahlt bekommen hat. Materiellrechtlich scheitert der Grundbuchberichtigungsanspruch hier allerdings ohnehin in den meisten Fällen an der Rechtsverschaffungspflicht des Anspruchstellers (s Rn 129). – S im Übrigen auch Rn 26 aE.

Die Klage auf Löschung einer Zwangshypothek ist nicht deshalb unzulässig, weil der **163**
Berichtigungskläger von möglichen vollstreckungsrechtlichen Rechtsbehelfen keinen

Gebrauch gemacht hat (BGHR BGB § 894 Vollstreckungsfähigkeit 1). – Für die Klage auf Löschung einer Grunddienstbarkeit entfällt nach BGH LM § 1018 BGB Nr 36 Bl 2 nicht allein dadurch das Rechtsschutzbedürfnis, weil die Dienstbarkeit nach dem klagezusprechenden (aber nicht rechtskräftigen) Urteil erster Instanz vom Grundbuchamt verfahrensfehlerhaft gelöscht worden ist. Das ist zutreffend. Zu beachten ist allerdings, dass die Löschung eines zu Unrecht eingetragenen Rechts den bisherigen Grundbuchberichtigungsanspruch untergehen lässt, weil der bisher gegebene Störungszustand danach nicht mehr existiert (s Rn 64 f). Um eine Abweisung der Klage als unbegründet zu vermeiden, müsste der Kläger hier durch Klageänderung zu einer Feststellungsklage übergehen. – Für eine Klage eines Grundpfandgläubigers auf Bewilligung der Löschung einer vorrangig eingetragenen Auflassungsvormerkung entfällt das Rechtsschutzinteresse nicht schon deshalb, weil der Wert des Grundstücks durch andere, dem Kläger vorgehende Grundschulden ausgeschöpft ist (BGH NJW 1996, 3147, 3150).

4. Klageantrag

164 Der Klageantrag kann nur dahin gehen, den Beklagten zu verurteilen, eine genau zu bestimmende Eintragung oder Löschung zu bewilligen (Planck/Strecker § 894 Anm V 3). Bei der Berichtigungsklage des Eigentumsprätendenten sollte dieser nach Ansicht des Reichsgerichts den Antrag allerdings sachgemäß dahin stellen, den Beklagten zu verurteilen, anzuerkennen, dass nicht ihm, sondern dem Kläger das Eigentum zustehe, und demgemäß zu bewilligen, dass der Kläger als Eigentümer eingetragen werde (RG SeuffA 85 Nr 11 S 23; ebenso Staudinger/Seufert[11] § 894 Rn 45a; s auch RJA 9, 59 und 203). Das ist jedoch unzutreffend, denn § 894 BGB verpflichtet den Anspruchsgegner nicht zu einem solchen „Anerkenntnis". Die Bewilligung muss allerdings zum Ausdruck bringen, dass sie „zum Zwecke der Berichtigung" erfolgt. Die Bewilligung muss darüber hinaus auch den Grund der Berichtigung, insbes den materiellen Rechtsakt, durch den sich außerhalb des Grundbuches eine Rechtsänderung vollzogen habe, zum Ausdruck bringen (KG JW 1936, 1056; KGJ 40, 265, 270 f; Staudinger/Seufert[11] § 894 Rn 42; MünchKommBGB/Wacke[4] § 894 Rn 26; MünchKommBGB/H Schäfer[9] § 894 Rn 39 bei Fn 256; BGB-RGRK/Augustin § 894 Rn 53). Davon bei Löschungsbewilligungen eine Ausnahme zu machen (so KG JW 1934, 1056; BGB-RGRK/Augustin § 894 Rn 53; MünchKommBGB/H Schäfer[9] § 894 Rn 39 bei Fn 256) gibt es keinen Anlass. Aber man wird noch einen Schritt weiter gehen müssen: Zumindest bei freiwillig abgegebenen Berichtigungsbewilligungen ist erforderlich, dass die gegenwärtige Grundbuchunrichtigkeit und die Eignung der beantragten Eintragung oder Löschung zu deren Beseitigung schlüssig behauptet wird (vgl BayObLG DNotZ 1991, 598, 599; Rpfleger 1994, 410, 412; OLG Jena FGPrax 2001, 12; Meikel/Böttcher[12] § 22 Rn 109 bei Fn 474, Rn 110; KEHE/Munzig[5] § 22 Rn 68; Keller/Munzig/Meier[9] § 22 Rn 158 ff; Eickmann, Grundbuchverfahrensrecht Rn 363 f; Schöner/Stöber[16] Rn 364; Egerland NotBZ 2001, 34). Dem Erfordernis eines bestimmten Antrags (§ 253 Abs 2 Nr 2 ZPO) ist bei einer Berichtigungsklage wegen unrichtiger Definition der Grundstücksgrenzen im Grundbuch nur dann Rechnung getragen, wenn die Grundfläche, die der Kläger für sein Grundstück zusätzlich reklamiert, exakt bezeichnet ist. Wenn der Kläger das nicht kann – und seine Unkenntnis auch nicht über den Hilfsanspruch auf Duldung der Vermessung zu beseitigen ist – wäre die Grenzscheidungsklage nach § 920 BGB der richtige Rechtsbehelf (s dazu Dehner, Nachbarrecht [Loseblattausgabe] Teil B § 6 I). Der BGH stellt allerdings noch höhere Anforderungen. Danach genügt es für einen bestimmten Klageantrag nicht ein-

mal, wenn die gemeinte Teilfläche durch einen notariellen Vertrag mit Skizze hinreichend genau bestimmt ist. Die Klage auf Bewilligung der Berichtigung des Grundbuchs hinsichtlich des **Eigentums** an einer Grundstücksteilfläche ist danach vielmehr unzulässig, solange diese nicht eine eigene Katasterparzelle bildet oder wenigstens ein vom Beklagten (als dem im Grundbuch als Eigentümer Eingetragenen) genehmigter Veränderungsnachweis vorliegt (BGH LM § 894 BGB Nr 10 = WM 1986, 678, 679). Wenn beides nicht der Fall ist, muss der Gläubiger des Berichtigungsanspruchs danach zunächst einmal den in Rn 127 behandelten Hilfsanspruch auf Duldung der Vermessung durchsetzen, bevor er die Berichtigungsklage geltend machen kann. Das ist umständlich, beugt aber der vom BGH befürchteten Schwierigkeit bei der Vollstreckung eines Urteils, dass die gemeinte Teilfläche nur unter Bezugnahme auf eine Planskizze beschreibt, vor.

5. Rechtsnachfolge nach Rechtshängigkeit

Zur Rechtsnachfolge nach Rechtshängigkeit s oben Rn 78, 111. **165**

6. Rechtskraft

Immer noch umstritten – wenn auch nunmehr höchstrichterlich entschieden – ist, inwieweit bei einer Klage aus § 894 BGB die Feststellungen des Urteils zur dinglichen Rechtslage in Rechtskraft erwachsen. Ein großer Teil der älteren Rechtsprechung und des Schrifttums steht auf dem Standpunkt, dass die Rechtskraft einer positiven Entscheidung der Berichtigungsklage sich auch auf die Feststellung, dass das mit der Klage geltend gemachte Recht bestehe und dem Kläger zustehe, erstreckt (RGZ 158, 40, 43; BGH WM 1976, 187, 188; 1978, 194, 195; 2000, 320, 321; ZfIR 2002, 489, 490 f; OLG Jena OLG-NL 2001, 41 Rn 9; OLG Naumburg OLG-NL 1998, 182, 183; OLG Brandenburg NJOZ 2008, 1632, 1638; Stein/Jonas/Althammer, ZPO[23] § 322 Rn 83, 209; Rosenberg/Schwab/Gottwald, Zivilprozeßrecht[18] § 155 Rn 7; A Blomeyer, Zivilprozeßrecht, Erkenntnisverfahren [2. Aufl 1985] § 89 V 4 d; Grunsky, Grundlagen des Verfahrensrechts[3] 520 ff; MünchKommZPO/Gottwald[6] § 322 Rn 57; MünchKommBGB/Wacke[4] § 894 Rn 34; Erman/Artz[17] § 894 Rn 41; BeckOGK/Hertel [1. 9. 2024] § 894 Rn 96; Zeuner, Die objektiven Grenzen der Rechtskraft [1958] 133 ff; Mädrich MDR 1982, 455, 456; m Einschränkungen Henckel, Prozeßrecht und materielles Recht [1970] 180 ff). *Die andere Ansicht*, der sich der **BGH** angeschlossen hat (9. 2. 2018 – V ZR 299/14, NJW 2019, 71 Rn 15 ff), lehnt dies ab (OLG München FGPrax 2012, 104 f; Zöller/Vollkommer, ZPO[35] Vorbem 36 vor § 322; Grüneberg/Herrler[84] § 894 Rn 12; MünchKommBGB/H Schäfer[9] § 894 Rn 45; Nikisch, Zivilprozeßrecht[2] § 106 II 1 b; Jaeger ZZP 60 [1936] 341; Eickmann Rpfleger 1981, 213, 215; Meikel/Böttcher[12] § 22 Rn 119; Bauer/Schaub/Schäfer[5] § 22 Rn 173; Keller/Munzig/Meier[9] § 22 Rn 118, der letzteren Auffassung bereits zuneigend, aber die Frage noch offenlassend BGH WM 2002, 705, 706 = NotBZ 2002, 100, 101 = LM § 325 ZPO Nr 19 m Anm Sachsen Gessaphe sowie BGH NJW-RR 2008, 1397, 1398 f = MDR 2008, 815, 816 m Anm Toussaint jurisPR-BGHZivilR 12/2008 Anm 5 [E] und m Anm F O Fischer LMK 2008, 261532; wohl auch Bamberger/Roth/Eckert[3] Rn 26). Im Gleichlauf mit dem Vindikationsanspruch aus § 985 BGB sei die dingliche Rechtlage nur als Vorfrage für den eigentlichen Anspruchsinhalt – Herausgabe der Buchposition – relevant und liege damit außerhalb der Grenzen der objektiven Rechtskraft des Urteils nach § 322 ZPO (BGH 9. 2. 2018 – V ZR 299/14; NJW 2019, 71 Rn 20 ff). Um die Rechtskraftwirkung auf diese Vorfragen zu erstrecken, sei es den Parteien nach allgemeinen Grundsätzen möglich und zumutbar, diesbezüglich Feststellungsanträge (§ 256 Abs 1, 2 ZPO) zu stellen (BGH NJW **166**

9. 2. 2018 – V ZR 299/14; NJW 2019, 71 Rn 29). Die erstgenannte Auffassung nimmt hingegen an, dass mit der Abweisung der Berichtigungsklage das Bestehen des Rechtes, um dessen Löschung es gegangen sei, rechtskräftig festgestellt sei (RG JW 1931, 1805, 1806 = HRR 1931 Nr 892; BGH LM § 322 ZPO Nr 16) bzw dass die rechtskräftige Abweisung der Klage auf Bewilligung der Eintragung des Klägers als Eigentümer das Eigentum des Klägers rechtskräftig verneint (RG JW 1936, 3047; BGH WM 1978, 195; kritisch, aber letztlich ohne Stellungnahme BGH WM 2000, 320, 321 Rn 9). Vom theoretischen Ansatz ist dies allerdings nicht einfach zu begründen (Gerhardt, Fälle und Lösungen, Zivilprozeßrecht[5] 40 Fn 21; Wieling JZ 1986, 5, 10; BGH NotBZ 2002, 100, 101). Warum beim Berichtigungsanspruch die Feststellungen über das Bestehen oder Nichtbestehen des dinglichen Rechtes in Rechtskraft erwachsen, während bei der Vindikationsklage die Feststellungen zur Eigentumslage nur eine bloße Vorfrage des Urteils betreffen (s Staudinger/Gursky [2013] § 985 Rn 155), will auf den ersten Blick nicht einleuchten. Im Fall des Eigentumsherausgabeanspruchs zeigt jedoch die Entstehungsgeschichte, dass dieser im Gegensatz zum gemeinrechtlichen Verständnis der Vindikation keine rechtsfeststellende Funktion haben sollte (Staudinger/Gursky [2013] § 985 Rn 155). Zum anderen ist der gedankliche Zusammenhang zwischen den Feststellungen über Existenz, Inhalt und Umfang der von den Parteien geltend gemachten dinglichen Rechte einerseits und der Bejahung oder Verneinung des Berichtigungsanspruchs doch wohl noch etwas näher als der zwischen der Feststellung des Eigentümers und der Entscheidung über den Vindikationsanspruch: Der Grundbuchberichtigungsanspruch ist nur die technische Form, in der der Streit um die Existenz oder Nichtexistenz eines bestimmten dinglichen Rechtes, seinen Inhalt oder Rang oder die Person des Rechtsinhabers ausgetragen wird (Stein/Jonas/Althammer, ZPO[23] § 322 Rn 83, 209; **aA** BGH 9. 2. 2018 – V ZR 299/14; NJW 2019, 71 Rn 25); es geht den Parteien um eine bindende Entscheidung dieser Rechtsfrage, nicht nur um die Berichtigung des Grundbuches. Der erstgenannten Auffassung ist deshalb zuzustimmen. – Mit der Abweisung der Klage eines Eigentumsprätendenten wird das Eigentum des Klägers natürlich nur dann rechtskräftig verneint, wenn die Entscheidung überhaupt auf das fehlende Eigentum des Klägers gestützt war (BGB-RGRK/Augustin § 894 Rn 52), nicht aber, wenn das Gericht den Einwand der Rechtsverschaffungspflicht des Klägers (s Rn 129) oder den Einwand der Arglist für gegeben hielt. – Auf die schuldrechtliche Grundlage der dinglichen Rechtsänderung erstreckt sich das Urteil bei der Berichtigungsklage nicht; ist im Rahmen einer Klage aus § 894 BGB rechtskräftig entschieden, dass der Berichtigungskläger aufgrund wirksamer Eintragung und Auflassung Eigentümer geworden ist, so kann gleichwohl in einem neuen Verfahren die Gültigkeit der Auflassung für die von der Eigentumsfrage unabhängige Frage der Heilung eines formungültigen Kaufvertrages nach § 311b Abs 1 BGB erneut geprüft werden und bei Verneinung der Heilung auf Rückauflassung aus § 812 BGB erkannt werden (RG JW 1935, 2269; vgl dazu A Blomeyer, in: FS Lent 56 Fn 60; Henckel 181 f). Ebenso wenig stellt die Abweisung der Klage des Grundstückseigentümers auf Löschung einer Auflassungsvormerkung den Auflassungsanspruch selbst rechtskräftig fest (OLG Düsseldorf DNotZ 1971, 371, 372; Gerhardt, Fälle und Lösungen, Zivilprozeßrecht[5] 40 f; J Blomeyer NJW 1969, 587 ff; ders NJW 1970, 179, 181; offengelassen in BGHZ 52, 150, 151). Wenn der Grundstückseigentümer gegen den als Inhaber eines dinglichen Wohnungsrechts eingetragenen Raumbesitzer ein rechtskräftiges Räumungsurteil erwirbt, so wird bei einer späteren, auf Löschung des Wohnungsrechts gerichteten Grundbuchberichtigungsklage das Gericht hierdurch nicht gehindert, die Entstehung und das Fortbestehen des Wohnungsrechts zu bejahen; die Feststellung des ersten Urteils, dass das Woh-

nungsrecht nicht oder nicht mehr besteht, ist nämlich nicht in Rechtskraft erwachsen (BGH 13. 11. 1998 – V ZR 29/98, NZM 1999, 138, 139). – Die rechtskräftige Abweisung der Berichtigungsklage, die ein angeblicher Miterbe kraft gesetzlicher Erbfolge gegen den als testamentarischen Erben Eingetragenen erhoben hat, hindert den Kläger aber nach Ansicht des BGH nicht, mit einer neuen Klage geltend zu machen, nicht der Beklagte, sondern er habe den Erblasser kraft Verfügung von Todes wegen beerbt (NJW 1976, 1095 = FamRZ 1976, 146m zust Anm Schwab; MünchKommBGB/H Schäfer[9] § 894 Rn 45; NK-BGB/Krause[5] § 894 Rn 61). – Zur Rechtskraftwirkung des Urteils bei einer von einem einzelnen Miteigentümer gemäß § 1011 BGB in gesetzlicher Prozessstandschaft für die anderen mit erhobenen Grundbuchberichtigungsklage vgl Staudinger/Thole (2023) § 1011 Rn 22 ff.

Der Grundberichtigungsklage steht natürlich nicht entgegen, dass der Kläger mit seiner Rechtsauffassung im Grundbuchbeschwerdeverfahren (§§ 71 ff GBO) erfolglos geblieben ist (BGHR BGB § 894 Grundbuchverfahren 1). 167

7. Zwangsvollstreckung; Berichtigungsverfahren

Die Zwangsvollstreckung des der Berichtigungsklage stattgebenden Urteils vollzieht sich nach allgemeinen Grundsätzen. Das rechtskräftige klagezusprechende Urteil ersetzt gem § 894 ZPO die formgerechte Bewilligungserklärung des Beklagten (KG KGJ 21 A 297, 302; OLG Naumburg 20. 5. 2014 – 12 Wx 72/13, NJW-RR 2014, 1229, 1231), nicht aber die neben der Bewilligung noch erforderlichen Eintragungsvoraussetzungen (Güthe/Triebel § 19 Rn 96 f; MünchKommBGB/Wacke[4] § 894 Rn 27). Das Urteil ist für den Grundbuchbeamten bindend (OLG Darmstadt JFG 11, 219; s auch Stein/Jonas/Leipold, ZPO[21] § 322 Rn 294); im Übrigen braucht er auch schon wegen des formellen Konsensprinzips nicht mehr nachprüfen, ob das Urteil zu Recht ergangen ist. Das Urteil erbringt jedoch genauso wenig wie die freiwillig erteilte Berichtigungsbewilligung den Unrichtigkeitsnachweis iS von § 22 GBO (s Güthe/Triebel § 22 Rn 29, 34); der Grundbuchbeamte muss vielmehr in beiden Fällen die Eintragung ablehnen, wenn er positiv weiß, dass der gegenwärtige Grundbuchinhalt richtig ist, durch die Vornahme der angeblichen Berichtigung also unrichtig würde (RGZ 73, 154, 156 f; KGJ 21 A 297, 302; 48 A 184, 186; BayObLGZ 1954, 225; OLG Hamm JMinBl NRW 1961, 249; Planck/Strecker § 894 Anm V 2; MünchKommBGB/Wacke[4] § 894 Rn 27; Güthe/Triebel § 22 Rn 11, 29; Güthe ZBlFG 13, 128 ff; Meikel/Imhof/Riedel[6] § 22 Rn 21; Meikel/Böttcher[12] § 22 Rn 109, 114 [schon bei begründeten Zweifeln an der dargelegten Unrichtigkeit], 107; KEHE/Munzig[5] § 22 Rn 67; Keller/Munzig/Meier[9] § 22 Rn 118 f, 160). Bloße Zweifel des Grundbuchamtes rechtfertigen aber die Ablehnung des Antrags nicht (KG RJA 11, 237; BayObLGZ 34, 181; Meikel/Imhof/Riedel § 22 Rn 21; MünchKommBGB/Wacke[4] § 894 Rn 27; abw Landauer ZBlFG 8 [1908] 743, 751 ff). Eine verbreitete Auffassung nimmt demgegenüber an, dass selbst dieses aus dem Legalitätsgrundsatz abgeleitete eingeschränkte Prüfungsrecht versagen soll, wenn der Betroffene zur Abgabe der Berichtigungsbewilligung rechtskräftig verurteilt ist (Rosenberg § 894 Anm I 3; Kuttner, Urteilswirkungen außerhalb des Zivilprozesses [1914] 86 ff; wohl auch Staudinger/Seufert[11] § 894 Rn 49 und BGB-RGRK/Augustin § 894 Rn 53). Eine solche Ausnahme ist jedoch nicht anzuerkennen (so implizit KG KGJ 21 A 297, 302 = RJA 2, 49): Die gem § 894 ZPO fingierte Berichtigungsbewilligung kann keine weitergehenden Wirkungen haben als die tatsächlich erteilte. Wie bei einer freiwillig erteilten Berichtigungsbewilligung (s oben Rn 164) muss das Grundbuchamt den Antrag aber schon dann ablehnen können, wenn ihm die gegenwärtige Unrich- 168 tigkeit des Grundbuchs und deren Beseitigung durch die beantragte Eintragung oder Löschung nicht einmal schlüssig vorgetragen worden ist (Keller/Munzig/Meier[9] § 22 Rn 160). – Überholt ist auch die Auffassung, dass der Unrichtigkeitsnachweis neben der Berichtigungsbewilligung erforderlich sei, wenn das Grundbuch durch die Eintragung eines anderen Eigentümers oder Erbbauberechtigten berichtigt werden soll (so Wolff/Raiser § 33 Fn 17; Dernburg § 49 II; Oberneck I 408 f; Biermann § 894 Anm 2d). § 22 GBO lässt nun einmal in allen Fällen statt des Nachweises der Unrichtigkeit die bloße Beibringung der Berichtigungsbewilligung genügen, ohne für die Fälle des § 20 GBO eine Ausnahme zu machen (RGZ 73, 154; BayObLG DJZ 1911, 98; KGJ 36 A 172 ff = OLGE 18, 111 ff; KG RJA 11, 237; Rosenberg § 894 Anm I 3; Goldmann/Lilienthal § 45 Fn 59). Die Gefahr, dass die Parteien statt der Auflassung den Weg der scheinbaren Grundbuchberichtigung wählen könnten, ist angesichts der Risiken eines solchen Verfahrens für den Erwerber, der ja statt des Eigentums nur die Buchposition erlangt, sicherlich nicht hoch (Rosenberg § 894 Anm I 3). – Falls der Anspruchsgegner berechtigtermaßen ein Zurückbehaltungsrecht geltend gemacht hat, tritt die Fiktionswirkung des § 894 Abs 1 S 1 ZPO erst mit der Erteilung einer vollstreckbaren Ausfertigung ein (§ 894 Abs 1 S 2 ZPO). – Ist das klagezusprechende Urteil erst vorläufig vollstreckbar, so gilt die Eintragung eines Widerspruchs (§ 899 BGB) als bewilligt (§ 895 ZPO).

169 Nach hM setzt die Berichtigung des Eigentümers oder Erbbauberechtigten im Antragsverfahren die Vorlage der **Unbedenklichkeitsbescheinigung** des Finanzamtes (§ 22 GrEStG 1983v 17. 12. 1982, BGBl I 1777) voraus, wenn der außerhalb des Grundbuchs erfolgte Erwerbstatbestand (zB Zuschlag in der Zwangsversteigerung, Erbteilsveräußerung) seiner Art nach grunderwerbssteuerpflichtig ist (s BayObLG MittRhNotK 1983, 13; OLG Celle Nds Rpfl 1985, 71; LG Oldenburg Rpfleger 1984, 265; Schöner/Stöber[16] Rn 148; Weber NJW 1973, 2015; ders NJW 1981, 1940; KEHE/Munzig[5] § 20 Rn 220, § 22 Rn 88; Keller/Munzig/Munzig[9] § 20 Rn 202; Keller/Munzig/Meier[9] § 22 Rn 174; Demharter[33] § 20 Rn 48; **aA** Helsper NJW 1973, 1485m beachtenswerten Argumenten). Anders dagegen für die Wiedereintragung des Eigentümers nach unwirksamer Veräußerung KG DRiZR 1928 Nr 475; OLG Frankfurt NJW-RR 1996, 14; Soergel/Kern[14] § 894 Rn 22; ferner für die Eintragung dessen, der ein Grundstück nach § 927 BGB erworben hat OLG Zweibrücken Rpfleger 1987, 105.

X. Konkurrenzen; sogenannter schuldrechtlicher Berichtigungsanspruch

170 Neben dem Grundbuchberichtigungsanspruch können dem Berechtigten unter Umständen auch *schuldrechtliche Ansprüche auf Abgabe der Berichtigungsbewilligung* zustehen: So aus §§ 823, 249 Abs 1 BGB, wenn der Buchberechtigte seine Eintragung durch ein Delikt herbeigeführt hat (MünchKommBGB/H Schäfer[9] § 894 Rn 47 aE; Grüneberg/Herrler[84] § 894 Rn 13; AK-BGB/L vSchweinitz § 894 Rn 56; H Westermann/Eickmann[8] § 71 Rn 6 f; Köbler JuS 1982, 181, 185). Wenn man mit der hM auf die Beziehung des Buchberechtigten zum wirklichen Rechtsinhaber die Vorschriften des Eigentümer-Besitzer-Verhältnisses entsprechend anwendet (s Rn 129), ist allerdings die nur in § 992 BGB durchbrochene Sperrwirkung gegenüber dem Deliktsrecht zu beachten (Grüneberg/Herrler[84] § 894 Rn 13). Ein deliktsrechtlich begründeter Anspruch auf Herausgabe der Buchposition, also Abgabe der Berichtigungsbewilligung, kommt dann vor allem in solchen Fällen in Betracht, in denen der Buchberechtigte Eintragungsunterlagen gefälscht oder den Berichtigungsgläubiger durch Betrug zu der (mittlerweile angefochtenen) Verfügung gebracht hatte. Ein schuldrechtlicher Berichtigungsanspruch kann sich ferner aus § 812 Abs 1 S 1 1. Alt BGB ergeben, wenn der Anspruchsgegner die Buchposition durch eine Leistung des Berechtigten erlangt hat (Köbler JuS 1982, 181, 185; BGB-RGRK/Augustin § 894 Rn 28; MünchKommBGB/H Schäfer[9] § 894 Rn 47; Grüneberg/Herrler[84] § 894 Rn 13; H Westermann/Eickmann[8] § 71 Rn 6 f; Baur/Stürner[18] § 18 Rn 32 f; s auch OLG Saarbrücken OLGZ 1987, 221, 224). Das ist insbesondere der Fall, wenn sowohl die Verfügung, die zur Eintragung des Berichtigungsschuldners geführt hat, wie auch das dieser zugrundeliegende Kausalgeschäft nichtig oder erfolgreich angefochten sind (Meikel/Böttcher[12] § 22 Rn 83; H Westermann/Eickmann[8] § 71 Rn 6 f). Der doppelten Anspruchsgrundlage entspricht in diesen Fällen nicht eine Verdoppelung der Sicherungsmittel (**aA** MünchKommBGB/Wacke[4] § 894 Rn 35): Der (auf Rückverschaffung der bloßen Buchposition gerichtete) schuldrechtliche Berichtigungsanspruch kann nämlich richtiger Auffassung nach nicht durch Vormerkung gesichert werden (s § 899 Rn 25). Bei Unwirksamkeit nur des dinglichen Rechtsgeschäfts besteht dagegen weder ein schuldrechtlicher noch der dingliche Berichtigungsanspruch, sondern nur der schuldrechtliche Erfüllungsanspruch aus dem Grundgeschäft; dem dinglichen Berichtigungsanspruch steht hier der Einwand aus dem gültigen Kausalgeschäft entgegen (s Rn 129). Der Anspruch des Verkäufers, der dem Käufer bei einem Schwarzkauf eine Auflassungsvormerkung bewilligt hat, auf Zustimmung des Käufers zu deren Löschung ließe sich auch auf § 812 Abs 1 S 1 1. Alt BGB stützen (BGH ZfIR 2003, 729). Praktische Bedeutung hat das kaum.

Üblicherweise spricht man von einem schuldrechtlichen Berichtigungsanspruch auch **171** in solchen Fällen, in denen die geschuldete Bewilligung gerade nicht den richtigen Buchstand herbeiführen, sondern einen früheren, ebenfalls unrichtigen wiederherstellen soll (OLG Hamm als Vorinstanz zu BGH NJW 1973, 613 [vgl dort 614 sub I]; MünchKommBGB/Wacke[4] § 894 Rn 35; MünchKommBGB/Lieb[3] § 812 § 894 Rn 294; Grüneberg/Herrler[84] § 894 Rn 13). Das ist beispielsweise dann der Fall, wenn der Bucheigentümer das Grundstück weiterveräußert, Kaufvertrag und Übereignung aber unwirksam sind: Der Veräußerer kann hier mit Hilfe der Leistungskondiktion vom Erwerber die Rückverschaffung der Buchposition verlangen (BGH NJW 1973, 613, 614 mwNw [wo allerdings unzutreffend ein nachträglicher Eigentumserwerb des Beklagten bejaht wurde, vgl § 873 Rn 213]; Staudinger/W Lorenz [2007] § 812 Rn 74; MünchKommBGB/Wacke[4] § 894 Rn 35; Soergel/Kern[14] § 894 Rn 25; jurisPK-BGB/Toussaint[10] § 894 Rn 83; Grüneberg/Herrler[84] § 894 Rn 13; Wolff/Raiser § 46 Fn 5). Die Etikettierung „schuldrechtlicher Berichtigungsanspruch" ist in diesen Fällen allerdings irreführend (Wolff/Raiser § 46 Fn 5; Baur/Stürner[18] § 18 Rn 32 f; BeckOGK/Hertel [1. 9. 2024] § 894 Rn 106; Wieling/Finkenauer, SR[6] § 20 Rn 51). Noch weniger passt diese Benennung in solchen Fällen, in denen die buchmäßig verlautbarte dingliche Rechtsposition wirksam begründet worden ist, aber nicht dem Grundgeschäft entspricht oder infolge Unwirksamkeit des Grundgeschäfts rechtsgrundlos ist (vgl Soergel/Kern[14] § 894 Rn 25).

In BGHZ 115, 1, 10 erwägt der BGH einen Berichtigungsanspruch aus § 894 BGB **172** analog oder aus § 1004 Abs 1 BGB, wenn unzulässigerweise die (nach BGHZ 115, 1, 7 ff unwirksame) Dereliktion eines Miteigentumsanteils an einem Grundstück eingetragen worden ist; für die erstere Anspruchsgrundlage hat sich das KG (OLGZ 1988, 355, 359) ausgesprochen. Beide Normen passen jedoch nicht. Richtig dürfte es sein, eine entsprechende Nebenpflicht aus dem gesetzlichen Schuldverhältnis der Miteigentümergemeinschaft herzuleiten (vgl auch BGHZ 115, 1, 7 ff). Einen entsprechenden Anspruch aus § 242 BGB hat nun auch das OLG Schleswig bei bestehender schuldrechtlicher Sonderverbindung unter der Voraussetzung bejaht, dass der unrichtig Eingetragene die unrichtige Eintragung unter Verletzung seiner Treue- und Rücksichtnahmepflichten veranlasst hat oder aufrechterhält (22. 3. 2024 – 17 U 68/23, BeckRS 2024, 6411 Rn 73); konkret ging es hier um einen den Parteien gemeinsam zustehenden Anspruch aus dem Sicherungsvertrag auf Rückübertragung einer (Teil-)Grundschuld.

XI. Entsprechende Anwendung der §§ 987 ff

173 Die ganze hM wendet auf die Rechtsbeziehungen des eingetragenen Nichtberechtigten zum wirklichen Rechtsinhaber die §§ 987 ff BGB entsprechend an (RG JW 1928, 1387 f; WarnR 1928 Nr 144; HRR 1928 Nr 2089; RGZ 121, 335 f; 133, 283; 139, 353 ff; 158, 40, 44 ff; BGH WM 1964, 677; BGHZ 75, 288, 292; BGH NJW 1985, 382, 383 f; Staudinger/Gursky [2013] Vorbem 85 zu §§ 987 ff; § 989 Rn 6; Vorbem 79 zu §§ 994 ff; § 1004 Rn 64; Planck/Brodmann § 989 Anm 3a; BGB-RGRK/Augustin § 894 Rn 45, 56; BGB-RGRK/Pikart § 987 Rn 27, § 1000 Rn 9; MünchKommBGB/Wacke[4] § 894 Rn 36; MünchKommBGB/Medicus[4] Vorbem 23 zu §§ 987 ff mwNw; MünchKommBGB/Baldus[5] Vorbem Rn 38 zu §§ 987–1003; Soergel/Kern[14] § 894 Rn 3; Soergel/Stadler[13] Vorbem 6 vor §§ 987 ff; Grüneberg/Herrler[84] § 894 Rn 10; BeckOGK/Hertel [1. 9. 2024] § 894 Rn 86; AK-BGB/L vSchweinitz § 894 Rn 57; Schlegelberger/Vogels/vSpreckelsen Vorbem 3 vor §§ 987 ff; HK-BGB/Staudinger[9] § 894 Rn 14; Fischer/Henle/Titze § 989 Anm 5; Achilles/Leiss § 894 Anm 10; Wolff/Raiser § 2 II 2, § 46 Fn 5, 16; H Westermann/Eickmann[8] § 71 Rn 8; Wilhelm[7] Rn 676, 1237 [nicht für Nutzungsherausgabe]; Hedemann § 29 IV vor a; Lange § 23 II 4a Fn 4b; **aA** Heck § 42, 12a, § 43 IV 4c; Dallinger, Die Pflichten des Buchbesitzers [1959] 60 f, 99 f). Allerdings ist die Notwendigkeit dieser Analogie bis jetzt nie näher begründet worden; die bisherige Rechtfertigung erschöpft sich vielmehr im Wesentlichen in der Behauptung, dass die Stellung, in der sich der Bucheigentümer gegenüber dem Berichtigungsanspruch des wirklichen Eigentümers befinde, der des unrechtmäßigen Sachbesitzers gegenüber dem Herausgabeanspruch des Eigentümers wesensverwandt sei (RGZ 121, 335, 336; Staudinger/Seufert[11] § 894 Rn 5a; H Westermann/Eickmann[8] § 71 Rn 8). Es wäre deshalb sehr zu begrüßen, wenn diese These einmal anhand einer sorgfältigen und detaillierten Analyse der Interessenlage überprüft würde; hier ist das schon aus Platzgründen nicht möglich. Dabei wäre insbesondere zu klären, ob die Analogie nicht auf solche Fälle beschränkt werden kann, in denen ein unrechtmäßiger Besitzer eines Grundstücks, der gleichzeitig Buchberechtigter ist, schädigende Handlungen vornimmt oder Nutzungen zieht oder Verwendungen macht, die weniger durch den Sachbesitz als solchen als durch die Buchposition veranlasst bzw ermöglicht sind. – Wenn man der hM folgt, hat der Buchberechtigte für die von ihm vorgenommene, nach § 892 BGB wirksame Belastung oder Übertragung seines angeblichen Rechts nicht schon bei leichter Fahrlässigkeit, sondern nur unter den erschwerten Voraussetzungen der (entsprechend anwendbaren) §§ 989, 990 BGB Schadensersatz zu leisten (s RGZ 121, 335 f; 139, 353 ff; 158, 40, 44 ff; NK-BGB/Krause[5] § 894 Rn 55; Wolff/Raiser § 2 II 2). *Bösgläubig* iS von § 990 Abs 1 BGB analog ist der Buchberechtigte, wenn er beim Erwerb des „Tabularbesitzes" seine Nichtberechtigung gekannt oder nur infolge grober Fahrlässigkeit verkannt hat oder wenn er später davon positive Kenntnis erlangt hat (Wolff/Raiser § 2 II 2). Wenn er die unrichtige Buchposition allerdings ohne eigenes Zutun erlangt hat, muss für § 990 Abs 1 S 1 BGB der Zeitpunkt maßgeblich sein, in dem der Buchberechtigte erstmals von der fraglichen Eintragung erfährt. Eine deliktische Schadensersatzpflicht des Buchbesitzers kommt analog § 992 BGB nur dann in Betracht, wenn bereits die Buchposition durch eine Straftat erlangt worden ist (RGZ 158, 40, 47; NK-BGB/Krause[5] § 894 Rn 56). Bei der Übernahme des Normenkomplexes der §§ 987 ff BGB dürfte sich der Ausschluss jeder *Verzugshaftung* des redlichen Besitzers (s Staudinger/Gursky [2013] § 990 Rn 100) kaum ausklammern lassen: Einen redlichen – wenn auch schuldhaft die Rechtslage verkennenden – Berichtigungsgegner kann der Berechtigte also (unter der Prämisse der entsprechenden Anwendung der §§ 987 ff BGB auf den Buchberechtigten) überhaupt nur dadurch in Verzug setzen, dass er ihm zusätzlich zur Mahnung noch durch überzeugende Beweismittel die positive Kenntnis von der Unrichtigkeit des Grundbuches verschafft (OLGZ Saarbrücken 1987, 221, 223; Wilhelm[7] Rn 676, 1237m Fn 2074; s auch oben Rn 126). – Die entsprechende Anwendung der Vorschriften über die *Nutzungsherausgabe* des unrechtmäßigen Sachbesitzers bedeutet, dass dem Buchberechtigten, der den Tabularbesitz entgeltlich (vgl § 988 BGB) von einem Dritten erlangt hat (also keiner Leistungskondiktion des Berechtigten unterliegt), alle Nutzungen verbleiben, die er vor seinem Bösgläubigwerden bzw der Rechtshängigkeit der Berichtigungsklage gezogen hat (s RGZ 133, 283, 285 [m unzutreffendem Ausschluss der Leistungskondiktion; BGB-RGRK/Augustin § 894 Rn 45). Wegen des Verhältnisses der §§ 987 ff BGB zu § 816 Abs 1 S 1 BGB vgl Staudinger/Gursky (2013) Vorbem 39 f zu §§ 987 ff. Im Übrigen ist es durchaus denkbar, dass der aus § 894 BGB zur Räumung seiner Buchposition verpflichtete scheinbare Eigentümer gleichzeitig ein echtes (vindikationsausschließendes) Recht zum Besitz hat. Dann verbietet sich offensichtlich die analoge Anwendung der §§ 987 ff BGB (so auch BGH 11. 3. 2005 – V ZR 160/04, NJW-RR 2005, 965, 967). Es wäre eine offensichtliche Manipulation, wollte man das Erfordernis des unrechtmäßigen Besitzes des nach §§ 987 ff BGB Nutzungsherausgabepflichtige durch ein Ausweichen in das Eigentümer-Tabularbesitzer-Verhältnis aushebeln, in dem nur das Fehlen eines obligatorischen Anrechts auf den Tabularbesitz entscheidend ist. – Wegen der Verwendungsersatzansprüche des Buchbesitzers s oben Rn 137.

§ 895
Voreintragung des Verpflichteten

Kann die Berichtigung des Grundbuchs erst erfolgen, nachdem das Recht des nach § 894 Verpflichteten eingetragen worden ist, so hat dieser auf Verlangen sein Recht eintragen zu lassen.

Materialien: E I § 1029 Abs 2, § 1826 Abs 2; II rev § 880; III § 879; Mot III 546, VIII f; Prot VI 223 ff; Jakobs/Schubert, SR I 408 f.

I. Funktion des Anspruchs; Entstehungsgeschichte

1 Ist der Eigentümer des Grundstücks oder ein sonst dinglich Berechtigter nicht im Grundbuch eingetragen, so entstehen Schwierigkeiten für Dritte, die ein erworbenes dingliches Recht an dem Grundstück oder dem Grundstücksrecht zur Eintragung bringen wollen, da das Angriffsobjekt des Berichtigungsanspruchs im Grundbuch fehlt. Nach § 39 Abs 1 GBO darf das Grundbuchamt aber eine Eintragung grundsätz-

lich nur dann vornehmen, wenn die Person, deren Recht durch die Eintragung betroffen wird, bereits im Grundbuch als der Berechtigte eingetragen ist. Die bloße Berichtigungsbewilligung des selbst nicht eingetragenen Eigentümers oder Rechtsinhabers würde dem Dritten hier deshalb noch nicht die Möglichkeit verschaffen, die Eintragung seines Rechts zu erwerben. § 895 BGB schafft daher Abhilfe, indem er den Anspruch des Berichtigungsberechtigten erweitert: Dieser kann zusätzlich zur formgerechten Berichtigungsbewilligung (§ 894 BGB) verlangen, dass der Berichtigungsverpflichtete sein Recht eintragen lässt. – § 895 BGB stammt aus der Bundesratsvorlage. Der E I hatte nur Sonderbestimmungen zugunsten des Nießbrauchers einer Forderung auf Übereignung eines Grundstücks (§ 1029 Abs 2 BGB) und zugunsten des Nacherben (§ 1826 Abs 2 BGB) vorgesehen. Die erstere erübrigte sich, weil die Art und Weise der Einziehung der Forderung geändert wurde; die Eintragung des im Wege der Surrogation entstehenden Nießbrauchs am Grundstück (§ 1075 Abs 1 BGB) kann der Nießbraucher bereits nach § 894 BGB erreichen (s § 894 Rn 37). Die Sondervorschrift für das Verhältnis des Nacherben zum selbst nicht eingetragenen Vorerben wurde dagegen verallgemeinert und in den Abschnitt über „allgemeine Vorschriften über Rechte an Grundstücken" verlagert (s Prot V 110 f).

II. Voraussetzungen

1. Zweifache Unrichtigkeit

2 § 895 BGB kommt nur zur Anwendung, wenn das Recht „des nach § 894 BGB Verpflichteten" gegenwärtig nicht eingetragen ist. Die Norm setzt damit (mindestens, s unten Rn 4) einen Doppelmangel des Grundbuchs, eine zweifache Unrichtigkeit voraus. Die erste Diskrepanz zwischen Grundbuchinhalt und materieller Rechtslage muss darin bestehen, dass ein eintragungsfähiges Recht des Anspruchsgegners entweder überhaupt nicht oder (bei der Konstellation von Rn 4 **aA**) jedenfalls nicht für ihn als Rechtsinhaber eingetragen ist (Rosenberg § 895 Anm I 2 spricht insoweit von „primärer" Unrichtigkeit). Die zweite (sekundäre) Unrichtigkeit muss dann darin liegen, dass das fragliche Recht mit einer nicht eingetragenen Belastung beschwert oder von einer nicht eingetragenen Verfügungsbeschränkung betroffen ist (Rosenberg § 895 Anm I 2). Die Beseitigung dieses zweiten Mangels soll mit Hilfe des zusätzlichen Anspruchs aus § 895 BGB ermöglicht werden. Wegen anderer Doppelmängel des Grundbuchs, bei denen es der Heranziehung des § 895 BGB nicht bedarf, vgl oben § 894 Rn 101.

3 **Einzelfälle**: Wenn die Eintragung eines außerhalb des Grundbuchs entstandenen Rechtes (§§ 1075 Abs 1, 1287 S 2 BGB) oder die Wiedereintragung eines zu Unrecht gelöschten Liegenschaftsrechtes gegenüber dem *Erben* des noch eingetragenen verstorbenen Grundstückseigentümers erzwungen werden soll, kann die Berichtigung gem § 39 Abs 1 GBO erst erfolgen, nachdem der Erbe selbst als Grundstückseigentümer eingetragen ist. Der Inhaber des fraglichen Rechts kann deshalb vom Erben nach § 895 BGB verlangen, dass dieser sich als Grundstückseigentümer eintragen lässt (Wieacker 173; Heck § 42, V b; Rosenberg § 895 Anm I 2; MünchKommBGB/H Schäfer[9] § 895 Rn 2; BeckOGK/Hertel [1. 9. 2024] § 895 Rn 5; Bohn, Grundbuchrecht Rn 307; wohl abw, aber unklar BGB-RGRK/Augustin § 895 Rn 2 aE).

4 Wenn das Grundstückseigentum oder ein sonstiges eintragungsfähiges Recht des *Vorerben* entweder überhaupt nicht im Grundbuch eingetragen ist oder wenn das

Grundbuch statt seiner einen nichtberechtigten Dritten als Eigentümer bzw Rechtsinhaber ausweist, kann der Nacherbe vom Vorerben verlangen, dass er sich eintragen lässt und damit zugleich die Eintragung des Nacherbenvermerks (§ 51 GBO) ermöglicht (RGZ 61, 228, 232; KGJ 52 A 140, 144; OLG Naumburg 9. 7. 2019 – 12 Wx 28/19, DNotZ 2021, 146; Thiesing Recht 1903, 37). Wenn das im Grundbuch noch nicht eingetragene Nacherbenrecht gepfändet wird, kann dem Antrag auf Eintragung der Pfändung naturgemäß erst nach der Eintragung des Nacherbenrechts selbst entsprochen werden (KGJ 47 A 165, 168). Der Pfandgläubiger hat deshalb den Anspruch aus § 895 BGB gegen den Nacherben. Wenn nun zusätzlich noch der Vorerbe nicht eingetragen ist, ergibt sich hier eine **dreifache Unrichtigkeit** des Grundbuchs, zu deren Beseitigung gleich zwei hintereinandergeschaltete Ansprüche aus § 895 BGB dienen: Der Pfandgläubiger kann verlangen, dass der Nacherbe sein Anwartschaftsrecht eintragen lässt. Dieser wiederum kann vom Vorerben verlangen, dass er seine eigene Eintragung herbeiführt. Wenn eine verpfändete Hypothek zu Unrecht gelöscht worden ist, ist die Wiedereintragung des Pfandrechts erst nach der erfolgten Wiedereintragung der Hypothek möglich. Der Hypothekar muss deshalb auf Verlangen des Pfandgläubigers für die Beseitigung dieser primären Unrichtigkeit sorgen.

Nach verbreiteter Auffassung soll auch der Inhaber eines Rechtes an einem ideellen *Miteigentumsanteil* nach § 895 BGB von allen Miteigentümern verlangen können, dass diese die bisher fehlende Angabe der Miteigentumsanteile (§ 47 GBO) herbeiführen (Staudinger/Seufert[11] § 895 Rn 1; Warneyer[1] § 895 Anm 1; Planck/Strecker § 895 Anm 2, 4; BGB-RGRK/Augustin § 895 Rn 4; MünchKommBGB/H Schäfer[9] § 895 Rn 2; BeckOGK/Hertel [1. 9. 2024] § 895 Rn 5). § 895 BGB ist jedoch gar nicht einschlägig. Wenn man hier überhaupt eine Unrichtigkeit des Grundbuches bejaht (s § 894 Rn 27), wird man auch unmittelbare Berichtigungsansprüche des Hypothekars sowohl gegen den Inhaber des belasteten Anteils wie auch gegenüber den anderen Miteigentümern bejahen müssen (Rosenberg § 895 Anm I 2; in RGZ 54, 85, 87 blieb letztlich offen, ob § 894 BGB oder § 895 BGB heranzuziehen ist). 5

Falls die *Hypothek* auf den persönlichen Schuldner nach § 1164 BGB übergegangen, aber nicht umgeschrieben ist und nun der Grundstückseigentümer den neuen Hypothekengläubiger befriedigt, ist entgegen Staudinger/Seufert[11] § 895 Rn 5 kein Fall des § 895 BGB gegeben: Es liegt gegenwärtig keine doppelte Unrichtigkeit vor, sondern die erste Unrichtigkeit ist von einer zweiten abgelöst worden. Der Grundstückseigentümer kann hier unmittelbar gegen den noch als Hypothekar Eingetragenen aus § 894 BGB klagen. Er kann aber stattdessen auch von dem befriedigten zweiten Hypothekengläubiger (ehemaligen persönlichen Schuldner) nach § 1144 BGB die Aushändigung der zur Grundbuchberichtigung erforderlichen Urkunden verlangen. Zu diesen dürften auch diejenigen Berichtigungsurkunden gehören, deren Aushändigung der ehemalige persönliche Schuldner seinerseits nach § 1167 BGB vom ursprünglichen Hypothekengläubiger verlangen kann. Mit den so erlangten Urkunden könnte der Eigentümer dann selbst die Berichtigung nach § 22 GBO erwirken. 6

Die *Pfändung eines Erbteils* kann auf dem Grundbuchblatt eines zum Nachlass gehörenden Grundstücks wegen § 39 GBO erst eingetragen werden, nachdem das Grundstück auf die Erben umgeschrieben ist (s dazu Stöber Rpfleger 1976, 197 ff). § 895 BGB gewährt dem Pfandgläubiger hier einen Anspruch auf Vornahme der zur Eintragung der Erbengemeinschaft erforderlichen Handlungen nur gegenüber demjenigen Er- 7 ben, dessen Erbteil er gepfändet hat (Staudinger/Löhnig [2020] § 2033 Rn 49; Soergel/Lettmaier[14] § 2033 Rn 30; Börner JuS 1968, 108, 109; **aA** Planck/Strecker § 895 Anm 4; OLG Colmar ElsLothrZ 37, 133, 135). Die Mitwirkung der übrigen Erben kann er jedoch nach §§ 1273 Abs 2, 1258, 2038 Abs 1 S 2 BGB verlangen (OLG Köln MDR 1962, 574 f; Rasch JW 1935, 1136, 1137; Staudinger/Löhnig [2020] § 2033 Rn 49; Soergel/Lettmaier[14] § 2033 Rn 30; **aA** Rosenberg § 895 Anm II 2 a: Pfändung und Überweisung des Berichtigungsanspruchs des Pfandschuldners gegen die Miterben erforderlich). Die Miterben sind nach beiden Anspruchsgrundlagen jeweils gehalten, ihre Eintragung unter Nachweis der Erbfolge in der Form des § 35 Abs 1 bzw eventuell Abs 3 GBO herbeizuführen. Einer besonderen Zustimmung der Miterben zu ihrer Eintragung bedarf es neben dem Nachweis der Erbfolge nach § 22 Abs 2 GBO nicht; der Pfandgläubiger hat deshalb auch keinen Anspruch auf diese Zustimmungserklärungen (**aA** OLG Köln MDR 1962, 574 f; Rasch JW 1935, 1136, 1137; Staudinger/Löhnig [2020] § 2033 Rn 49; Soergel/Lettmaier[14] § 2033 Rn 30).

Wegen eines weiteren Beispielsfalls vgl Staudinger/Gursky (2013) § 883 Rn 258 aE.

2. Erforderlichkeit der Voreintragung

8 § 895 BGB setzt voraus, dass die Berichtigung des Grundbuchs erst nach der eigenen Eintragung des Anspruchsgegners erfolgen kann. Wo die Voreintragung nicht erforderlich ist – wie nach §§ 39 Abs 2, 40 GBO – besteht daher auch kein Anspruch aus § 895 BGB (Planck/Strecker § 895 Anm 2; BGB-RGRK/Augustin § 895 Rn 2; Turnau/Förster § 895 Anm II 1; Warneyer[1] § 895 Anm 1; MünchKommBGB/H Schäfer[9] § 895 Rn 3; Biermann § 895 Anm 1; **aA** Fuchs § 895 Anm 3; einschränkend auch Rosenberg § 895 Anm I 2). Das gilt etwa in dem Falle, dass eine Buchhypothek noch für den verstorbenen früheren Gläubiger eingetragen ist, aber diesem bereits bezahlt und damit zur Eigentümergrundschuld geworden war. Hier bedarf der Grundstückseigentümer zur Umschreibung oder Löschung der Hypothek nur der (notfalls über § 894 BGB erzwingbaren) Berichtigungsbewilligung des Erben sowie nach § 35 GBO eines Erbscheins, den er regelmäßig selbst nach §§ 357 Abs 2 FamFG, 896, 792 ZPO beantragen kann. § 895 BGB spricht allerdings bezeichnenderweise nicht davon, dass die Voreintragung für die Durchführung der Berichtigung aus Rechtsgründen („nach Maßgabe der §§ 39, 40 GBO") erforderlich sein müsse (BGB-RGRK/Augustin § 895 Rn 3); das Gesetz knüpft den Anspruch vielmehr ganz allgemein daran, dass die Berichtigung ohne die Eintragung nicht erfolgen kann. Deshalb muss auch ein *tatsächliches Hindernis* genügen, also etwa der Umstand, dass das Grundbuchamt rechtsirrig einen Ausnahmefall der §§ 39 Abs 2, 40 GBO verneint und Voreintragung fordert (Rosenberg § 895 Anm I 2; Planck/Strecker § 895 Anm 2; BGB-RGRK/Augustin § 895 Rn 3; MünchKommBGB/H Schäfer[9] § 895 Rn 3; jurisPK-BGB/Toussaint[10] § 895 Rn 5; Grüneberg/Herrler[84] § 895 Rn 1; **aA** wohl Erman/Hagen[9] § 895 Rn 1). Dass auch die Beschwerde erfolglos geblieben ist, wird man dabei nicht verlangen dürfen (Staudinger/Seufert[11] § 895 Rn 2; NK-BGB/Krause[5] § 895 Rn 8; **aA** BGB-RGRK/Augustin § 895 Rn 3). Ein tatsächliches Hindernis in diesem Sinne dürfte auch vorliegen, wenn der Berichtigungsberechtigte den Erbschein selbst nicht erwirken kann, weil er nicht über die dazu notwendigen Urkunden oder Beweismittel verfügt (NK-BGB/Krause[5] § 895 Rn 8; Rosenberg [§ 895 Anm I 2] nimmt dagegen an, dass der Berichtigungsverpflichtete analog § 895 auch gehalten ist, dem Berichtigungsgläubiger die erforderlichen Beweismittel zu verschaffen).

3. Sonstige Voraussetzungen

Hinsichtlich Aktivlegitimation, Passivlegitimation sowie Einwendungen und Einreden gilt das zu § 894 BGB Ausgeführte (vgl insbesondere § 894 Rn 103). Der Anspruch ist ja eine bloße Erweiterung des Grundbuchberichtigungsanspruchs; er setzt deshalb voraus, dass jedenfalls auch ein Grundbuchberichtigungsanspruch zwischen den Parteien gegeben ist, dessen Durchsetzung aber zunächst aus verfahrensrechtlichen Gründen scheitert (s oben Rn 8). Wer den Grundbuchberichtigungsanspruch gepfändet hat (vgl § 894 Rn 89 ff), ist automatisch auch für den Anspruch aus § 895 BGB aktivlegitimiert (Planck/Strecker § 895 Anm 2). **9**

III. Anspruchsinhalt

Der Inhalt des Anspruchs aus § 895 BGB unterscheidet sich von dem aus § 894 BGB. Während der Berichtigungsverpflichtete nach § 894 BGB lediglich seine Zustimmung zur Grundbuchberichtigung zu erklären braucht, muss er nach § 895 BGB eine andere, präjudizielle Berichtigung, nämlich seine eigene Eintragung, selbst herbeiführen. Beides ist letztlich ein Ausdruck des in Mot III 236 herausgestellten Prinzips, dass der Berichtigungsverpflichtete als „Störer" die Beseitigung der Grundbuchunrichtigkeit nicht nur zu dulden hat, sondern dass er positiv dabei mitwirken muss, sofern und soweit die Berichtigung ohne diese Mitwirkung nicht möglich wäre. Infolge dieser Übereinstimmung teilt der Anspruch aus § 895 BGB auch die Rechtsnatur des eigentlichen Grundbuchberichtigungsanspruchs aus § 894 BGB; er gehört wie dieser zu den dinglichen Ansprüchen (**aA** Rosenberg § 895 Anm II 2). Die vielfach benutzte Kennzeichnung als „formaler Hilfsanspruch" zum Berichtigungsanspruch (vgl Soergel/Kern[14] § 895 Rn 1; jurisPK-BGB/Toussaint[10] § 895 Rn 1) bringt die Verwandtschaft der beiden Rechtsbehelfe nicht genügend zum Ausdruck. **10**

Die in § 895 BGB ausgesprochene Verpflichtung des Berichtigungsgegners, „sein Recht eintragen zu lassen", kann eine Reihe *unterschiedlicher Handlungspflichten* umfassen: **11**

Die erste und wichtigste Verpflichtung des Beklagten, die er – wie die Dinge liegen – stets erfüllen muss, ist die Stellung des Eintragungsantrags beim Grundbuchamt. Wenn sich der Anspruch gegen den Erben des Eingetragenen richtet, muss dieser die zum Nachweis des Erbfalls und der Erbfolge (s § 35 GBO) erforderlichen Urkunden beschaffen und dem Grundbuchamt vorlegen. Falls die Beseitigung der primären Unrichtigkeit die formgerechte Berichtigungsbewilligung eines Dritten erfordert, deren Erteilung der Anspruchsgegner seinerseits vom letzteren nach § 894 BGB verlangen kann, folgt aus § 895 BGB die Verpflichtung, diese Berichtigungsbewilligung im Klagewege beizubringen (**aA** offenbar Heck § 42, 5a). In dem oben Rn 4 erwähnten Fall dreifacher Unrichtigkeit muss er darüber hinaus mit Hilfe seines eigenen Anspruchs aus § 895 BGB für die Voreintragung des Dritten sorgen. Falls der Anspruchsgegner den Nachweis der primären Unrichtigkeit in der Form des § 29 GBO führen kann, ist er gehalten, die Berichtigung nach § 22 GBO herbeizuführen. Schließlich muss der Anspruchsgegner an sich auch einen vom Grundbuchamt gem § 13 S 2 GNotKG verlangten *Kostenvorschuss* zahlen. Das ist jedoch praktisch nicht bedeutsam, weil der Anspruchsgegner ein Zurückbehaltungsrecht wegen der Kostenvorschusspflicht des Berichtigungsberechtigten (s § 897 Rn 5) geltend machen kann. **12**

IV. Prozessuales

1. Gerichtsstand

13 Rosenberg (§ 895 Anm II 1) war der Ansicht, dass für die Klage aus § 895 BGB der gewöhnliche Gerichtsstand, nicht der ausschließliche dingliche Gerichtsstand (§ 24 ZPO) gelte. Angesichts des engen Zusammenhangs der Norm mit § 894 BGB kann aber für die Klage aus § 895 BGB kaum etwas anderes gelten als für die prozessuale Durchsetzung des eigentlichen Berichtigungsanspruchs (MünchKommBGB/H Schäfer[9] § 895 Rn 5; s § 894 Rn 161).

2. Vollstreckung

14 Bereits bei der Fassung des Klageantrags ist besonders darauf zu achten, ob ein gleichlautendes Urteil auch vollstreckungsfähig wäre. Die Art der Vollstreckung ist im Übrigen streitig. Richtiger Ansicht nach ist wie folgt zu unterscheiden:

15 Die Verpflichtung des Beklagten zur Stellung des Eintragungsantrags ist auf die Abgabe einer Willenserklärung iS des § 894 ZPO gerichtet; mit der Rechtskraft des klagezusprechenden Urteils gilt deshalb der Eintragungsantrag als gestellt (OLG Braunschweig SeuffA 56 Nr 142; Planck/Strecker § 895 Anm 3; MünchKommBGB/H Schäfer[9] § 895 Rn 6; NK-BGB/Krause[5] § 895 Rn 11; Erman/Artz[17] § 895 Rn 5; Grüneberg/Herrler[84] § 895 Rn 2; Güthe/Triebel § 19 Anm 96; Arnheim 261; O vGierke § 119 Fn 182; Stein/Jonas/Bartels, ZPO[23] § 894 Rn 9; **aA** Oberneck DNotZ 1901, 482; Kipp, Verurteilung zur Abgabe von Willenserklärungen [1892] 83 ff; zweifelnd Rosenberg § 895 Anm II 2a). Dabei ist es gleichgültig, ob der Urteilssatz die Verpflichtung zur Stellung des Eintragungsantrags ausdrücklich ausspricht oder ob er einfach auf die „Bewirkung der Eintragung" lautet, denn in der letzteren Formulierung ist die Verurteilung zur Antragstellung implizit mitenthalten (**aA** anscheinend Planck/Strecker § 895 Anm 3).

16 § 894 ZPO kommt aber nur dann in Betracht, wenn der für das Grundbuchverfahren vorgeschriebene Inhalt des Eintragungsantrags aus der Urteilsformel, gegebenenfalls unter Heranziehung der Urteilsgründe, eindeutig hervorgeht (vgl RGZ 76, 409). Ist das nicht der Fall, fehlt zB in der Urteilsformel die nach § 47 GBO erforderliche Angabe über ein Beteiligungsverhältnis und ist diese auch nicht aus den Gründen zu entnehmen, so ist nach § 888 ZPO zu vollstrecken (vgl Rn 17).

17 Wenn § 894 ZPO nicht anwendbar ist, weil etwa kein rechtskräftiges Urteil, sondern ein gerichtlicher Vergleich vorliegt oder weil das Urteil unter Vorbehalt der Erbenhaftung ergangen ist (RGZ 49, 415, 417 f) oder weil die auf Bewirkung der Eintragung lautende Urteilsformel den Eintragungsantrag nicht genügend deutlich enthält, dann (aber nur dann) hat Vollstreckung nach § 888 ZPO zu erfolgen. Die Herbeiführung der Eintragung, insbesondere der Eintragungsantrag, ist keine vertretbare Handlung, weil die aufgrund des § 887 ZPO auszusprechende Ermächtigung die dem Berechtigten fehlende Vollmacht zur Antragstellung nicht ersetzen kann (OLG Rostock OLGE 9, 131 und die hM: Planck/Strecker § 895 Anm 3; BGB-RGRK/Augustin § 895 Rn 6; Rosenberg § 895 Anm II 2 b; MünchKommBGB/H Schäfer[9] § 895 Rn 6; Soergel/Kern[14] § 895 Rn 3; Erman/Artz[17] § 895 Rn 5; Grüneberg/Herrler[84] § 895 Rn 2; BeckOGK/Hertel [1. 9. 2024] § 895 Rn 14; Warneyer[1] § 895 Anm 1; Predari 86; Rosenberg, Zivilprozeßrecht § 208 I 2 b; Stein/Jonas/Bar-

TELS, ZPO[23] § 887 Rn 13; KIPP, Verurteilung zur Abgabe von Willenserklärungen [1892] 93 ff, 100; **aA** RGZ 55, 57; OLG Braunschweig SeuffA 56 Nr 142; BIERMANN § 895 Anm 1; OBERNECK I 416; GOLDMANN/LILIENTHAL § 45 Fn 41).

Falls außer dem Eintragungsantrag noch eine weitere Handlung des Schuldners notwendig ist, so ist insoweit nach den §§ 883 ff ZPO zu vollstrecken. Die Zahlung des Kostenvorschusses (s oben Rn 12) kann nach § 887 ZPO erzwungen werden (insoweit zutreffend OLG Braunschweig SeuffA 56 Nr 142). Doch kann der Kläger die Kosten auch vorschießen und später nach § 788 ZPO beitreiben (MünchKommBGB/H SCHÄFER[9] § 895 Rn 6), was der Beschleunigung halber zu empfehlen ist. Wenn schließlich auch noch die Handlung eines Dritten notwendig und deshalb vom Schuldner herbeizuführen ist, so kommt nur eine Zwangsvollstreckung nach § 888 ZPO in Frage: Der Berichtigungsschuldner ist dann nach § 888 ZPO zur Klageerhebung usw anzuhalten (MünchKommBGB/H SCHÄFER[9] § 895 Rn 6; GRÜNEBERG/HERRLER[84] § 895 Rn 2). **18**

Die eben erwähnten weiteren Handlungspflichten des Berichtigungsschuldners müssen aber aus dem Urteil deutlich ersichtlich sein. Ist nur zur Abgabe einer Willenserklärung verurteilt, so kann daraus auf keine weitere Handlung vollstreckt werden. Ist zur „Bewirkung der Eintragung“ verurteilt, so werden die dafür erforderlichen Handlungen in der Regel selbstverständlich und deshalb aus dem Urteil ohne ausdrückliche Erwähnung zu entnehmen sein. Um Verzögerungen zu vermeiden (in Grundbuchsachen ist ein erst in der Beschwerdeinstanz des Zwangsvollstreckungsverfahrens errungener Erfolg oft ein Pyrrhussieg), ist die Angabe aller neben der Willenserklärung erforderlichen Handlungen des Schuldners bereits im Klageantrag ratsam. **19**

Früher wurde vielfach die Auffassung vertreten, dass der Kläger nach Erstreitung eines vollstreckbaren klagezusprechenden Urteils über den Anspruch aus § 895 BGB aufgrund des Antragsrechts nach § 14 GBO auch ohne jede Mitwirkung des Beklagten dessen Eintragung herbeiführen könne (STAUDINGER/KOBER[9] § 895 Anm I 3; FUCHS § 895 Anm 1; BIERMANN § 895 Anm 1; KRETZSCHMAR § 895 Anm 2). Hier war jedoch übersehen, dass ein solches Urteil noch keinen für § 22 GBO ausreichenden Nachweis der primären Unrichtigkeit schafft (s dazu ROSENBERG § 895 Anm II 2a). Wenn aber derjenige, der bereits ein Urteil aus § 894 BGB erwirkt hat, ausnahmsweise selbst die für diesen Nachweis der primären Unrichtigkeit im Verfahren nach § 22 GBO erforderlichen Unterlagen beibringen kann, so kann er infolge seines Antragsrechts aus § 14 GBO die Voreintragung des Verurteilten selbst herbeiführen; hier erübrigt sich für ihn also die Klage aus § 895 BGB (GRÜNEBERG/HERRLER[84] § 895 Rn 1). – Durch die Möglichkeit des Vorgehens nach §§ 14, 22 GBO wird nach hM das Rechtsschutzinteresse für die Klage aus § 895 BGB nicht ausgeschlossen; der Berechtigte soll vielmehr vollkommen freie Wahl haben, welchen Weg er einschlagen will (STAUDINGER/SEUFERT[11] § 895 Rn 7; MünchKommBGB/H SCHÄFER[9] § 895 Rn 4; BGB-RGRK/AUGUSTIN § 895 Rn 3; NK-BGB/KRAUSE[3] § 895 Rn 9; s auch OLG Düsseldorf JW 1933, 2779). Das Verhältnis zu den grundbuchrechtlichen Rechtsbehelfen ist aber bei der Klage aus § 895 BGB nach den gleichen Grundsätzen zu beurteilen wie für die Berichtigungsklage nach § 894 BGB (s dort Rn 6). Auch für die Klage aus § 895 BGB fehlt also das Rechtsschutzbedürfnis, wenn das Berichtigungsverfahren nach § 22 GBO zweifelsfrei zum Erfolg führen muss (MünchKommBGB/H SCHÄFER[9] § 895 Rn 4 aE). **20**

V. Obligatorische Ansprüche

21 Wer nur einen obligatorischen Anspruch auf Einräumung eines dinglichen Rechtes hat, kann die zur Realisierung dieses Anspruchs erforderliche Voreintragung seines Schuldners nicht mit Hilfe von § 895 BGB erzwingen (Planck/Strecker § 895 Anm 2; Fuchs § 895 Anm 5; Rosenberg § 895 Anm I 1; BGB-RGRK/Augustin § 895 Rn 6; MünchKomm-BGB/H Schäfer[9] § 895 Rn 4; jurisPK-BGB/Toussaint[10] § 895 Rn 2). Jedoch dürfte die obligatorische Verpflichtung zur Verschaffung des Grundstückseigentums oder eines beschränkten Liegenschaftsrechts regelmäßig auch die (selbständig einklagbare) Verpflichtung implizieren, die zur Erfüllung jener Rechtsverschaffungspflicht unumgängliche eigene Eintragung herbeizuführen (s Mot zur GBO 81 f; Fuchs § 895 Anm 5; BGB-RGRK/Augustin § 895 Rn 6; Soergel/Kern[14] § 895 Rn 2; jurisPK-BGB/Toussaint[10] § 895 Rn 2; BeckOGK/Hertel [1. 9. 2024] § 895 Rn 15; NK-BGB/Krause[5] § 895 Rn 2; Meikel/Böttcher[12] § 14 Rn 45 [sogar für Zahlungsansprüche, wenn die Unrichtigkeit ein Vollstreckungshindernis darstellt]; zurückhaltender Rosenberg § 895 Anm I 1; MünchKommBGB/H Schäfer[9] § 895 Rn 4).

22 Einem Gläubiger, der gegen seinen zur Zeit nicht eingetragenen Schuldner bereits ein Urteil auf Bestellung oder Übertragung eines Liegenschaftsrechts erstritten hat, kommt wiederum die Erleichterung des § 14 GBO zugute. Er kann also selbst das Berichtigungsverfahren nach § 22 GBO anstrengen. Dasselbe gilt für solche Gläubiger, die einen vollstreckbaren Titel über eine Geldforderung erlangt haben und zugunsten dieser die Eintragung einer Zwangshypothek oder die Einleitung der Zwangsverwaltung oder Zwangsversteigerung anstreben (s §§ 866 ff, 932 ZPO, 17 ZVG).

23 Voraussetzung ist in diesen Fällen aber, dass der Schuldner selbst dinglich berechtigt und nur nicht eingetragen ist, ferner, dass der urkundliche Nachweis der Unrichtigkeit des Grundbuchs (§ 22 GBO) erbracht werden kann. Ist statt des Schuldners ein anderer als Berechtigter eingetragen und die Unrichtigkeit des Grundbuchs ohne dessen Mitwirkung nicht urkundlich nachweisbar, so kann der Gläubiger auf doppelte Weise vorgehen: Entweder er lässt sich aufgrund seines vollstreckbaren Titels, wenn dieser auf Geld lautet, den Berichtigungsanspruch seines Schuldners überweisen (s hierüber näher § 894 Rn 89) und geht dann gegen den Eingetragenen aus § 894 BGB vor, oder aber er erhebt direkt die Feststellungsklage dahin, dass nicht der Eingetragene, sondern sein Schuldner der wirkliche Berechtigte ist, und bewirkt dann jeweils die Eintragung des Schuldners (s Denkschrift zur GBO 49; Staudinger/Seufert[11] § 873 Rn 63d; Heck § 42, 5a).

24 Hat der Schuldner keinen dinglichen Berichtigungsanspruch, sondern selbst nur einen persönlichen Anspruch auf Übertragung des dinglichen Rechtes, so muss § 14 GBO natürlich versagen. Pfändung (§ 848 ZPO) hilft nur, soweit der Gläubiger über einen auf Geldzahlung gerichteten Titel verfügt.

25 Auch der nur obligatorisch Berechtigte kann sich die notwendigen Urkunden für die Voreintragung seines Schuldners nach der ZPO verschaffen, gleichviel, ob er sie zum Zwecke der Zwangsvollstreckung wegen einer Geldforderung (§ 792 ZPO, § 17 ZVG) oder zur Herbeiführung einer Eintragung benötigt, die aufgrund eines die Willenserklärung des Schuldners ersetzenden Urteils (zB eines Urteils auf Hypothekenbestellung) vorgenommen werden soll (§ 896 ZPO).

§ 896
Vorlegung des Briefes

Ist zur Berichtigung des Grundbuchs die Vorlegung eines Hypotheken-, Grundschuld- oder Rentenschuldbriefs erforderlich, so kann derjenige, zu dessen Gunsten die Berichtigung erfolgen soll, von dem Besitzer des Briefes verlangen, dass der Brief dem Grundbuchamt vorgelegt wird.

Materialien: E I § 1109 Abs 2; II § 1091, rev § 881; Mot III 745 f; Prot III 646; VI 386; Jakobs/Schubert, SR I 409, 664 ff.

I. Funktion und Rechtsnatur; Entstehungsgeschichte

Wenn sich die Berichtigung des Grundbuchs auf ein Briefgrundpfandrecht bezieht, 1
so ist regelmäßig die Zustimmung des Gläubigers allein nicht genügend, sondern es muss nach §§ 41, 42 GBO auch der *Brief* dem Grundbuchamt vorgelegt werden. Damit der Berichtigungsberechtigte dies erreichen kann, gibt ihm § 896 BGB einen besonderen Anspruch auf Vorlegung des Briefes. Dieser Anspruch richtet sich gegen jeden (unmittelbaren oder mittelbaren) Besitzer des Briefes, ohne Rücksicht darauf, ob dieser zugleich aus § 894 BGB verpflichtet ist oder nicht (RGZ 47, 158, 161; 69, 36, 42). Damit kann sich der Anspruch auch gegen eine ansonsten unbeteiligte Person richten, die hier nur deshalb in Anspruch genommen wird, weil sie zufällig ein faktisches Hindernis für die richtige Darstellung der dinglichen Rechtsposition des Klägers beseitigen kann. Er gleicht darin den Abholungsansprüchen aus §§ 867 S 2, 1005 BGB (Staudinger/Gursky [2013] Vorbem 2 zu §§ 985 ff) oder den Ansprüchen auf Vorlegung oder Duldung der Besichtigung aus §§ 809–811 BGB oder bestimmten Auskunftsansprüchen (zB § 2028 BGB). Der Anspruch aus § 896 BGB kann deshalb im Gegensatz zu dem aus § 895 BGB nicht als Erweiterung oder Teil des Berichtigungsanspruchs begriffen werden (**aA** Cosack/Mitteis § 28 II 2 c; Goldmann/Lilienthal § 45 IV). Er ist vielmehr obligatorischer Natur (Rosenberg § 896 Anm II 2; Kretzschmar § 896 Anm 2; jurisPK-BGB/Toussaint[10] § 896 Rn 1; **aA** Endemann II 1 § 63 Fn 27). Dennoch ist er zweifellos insolvenzfest, da er überhaupt nicht zu einer Schmälerung der Masse führen kann. Man kann ihn (etwas gewaltsam) als Masseschuldanspruch iS von § 55 Abs 1 Nr 1 InsO (bis 31. 12. 1998: § 59 Nr 1 KO) einordnen (s Jaeger/Lent, KO[8] § 43 Rn 27 zu § 809; BeckOGK/Hertel [1. 9. 2024] § 896 Rn 12).

Die ersten beiden Entwürfe des BGB hatten den Vorlegungsanspruch nur dem 2
Grundstückseigentümer zur Ermöglichung der Löschung einer erloschenen Hypothek gewährt. Die jetzige allgemeinere Fassung findet sich erstmals (ohne Begründung) in der Bundesratsvorlage.

II. Voraussetzungen

1. Der Anspruch setzt einen **bestehenden Grundbuchberichtigungsanspruch** (§ 894 3
BGB) voraus, dessen Durchsetzung er ermöglichen soll. Wer nur einen persönlichen Anspruch auf Bestellung oder Übertragung eines dinglichen Rechtes hat, wird zwar

von seinem Schuldner regelmäßig auch die Beschaffung der zur Eintragung erforderlichen Unterlagen verlangen können (BGB-RGRK/Augustin § 896 Rn 4; Fuchs § 896 Rn 2; jurisPK-BGB/Toussaint[10] § 896 Rn 2; s auch § 895 Rn 21); Dritten gegenüber fehlt ihm aber ein § 896 BGB entsprechender Rechtsbehelf.

4 **2.** Der Anspruch aus § 896 BGB ist darüber hinaus nur dann gegeben, wenn die **Vorlage des Grundpfandbriefes zur Berichtigung des Grundbuchs erforderlich** ist. Wann das der Fall ist, ergibt sich aus den §§ 41, 42 GBO. Soweit nach § 41 Abs 2 GBO (Ausschließungsbeschluss) oder § 42 S 2 GBO (Inhabergrundschuld und Inhaberrentenschuld) ausnahmsweise die Briefvorlage entbehrlich ist, besteht der Vorlegungsanspruch also nicht (Rosenberg § 896 Anm I 2; BGB-RGRK/Augustin § 896 Rn 1). Anders allerdings wiederum, wenn das Grundbuchamt – was kaum vorstellbar ist – die Voraussetzungen dieser Ausnahmeregelungen zu Unrecht verneinen und deshalb auf der Vorlegung des Briefes bestehen sollte (Planck/Strecker § 896 Anm 2; Warneyer[1] § 896 Anm 1; MünchKommBGB/H Schäfer[9] § 896 Rn 2; jurisPK-BGB/Toussaint[10] § 896 Rn 6; NK-BGB/Krause[5] § 896 Rn 2; Erman/Artz[17] § 896 Rn 2; vgl auch § 895 Rn 8).

5 Der Vorlegungsanspruch muss dem Berichtigungsberechtigten übrigens auch dann zustehen, wenn er nicht sofort die Berichtigungsklage erheben, sondern sich zunächst darauf beschränken will, die **Eintragung eines Widerspruchs** zu erwirken (s Biermann, Widerspruch und Vormerkung 117). Man wird dann allerdings verlangen müssen, dass die Briefvorlage auch für die Widerspruchseintragung erforderlich ist, also die Voraussetzungen des § 41 Abs 1 S 2 GBO nicht erfüllt sind.

6 **3.** **Anspruchsberechtigt ist** „derjenige, zu dessen Gunsten die Berichtigung erfolgen soll", also der Inhaber des Berichtigungsanspruchs aus § 894 BGB. Angesichts der bloßen Hilfsfunktion des Vorlegungsanspruchs gegenüber dem Berichtigungsanspruch muss eine rechtsgeschäftlich erteilte oder durch Pfändung erworbene Ermächtigung zur Geltendmachung des letzteren automatisch auch zur Geltendmachung des Vorlegungsanspruchs im eigenen Namen berechtigen (Rosenberg § 896 Anm I 3). Darüber hinaus lässt man auch eine Pfändung (nur) des Vorlegungsanspruchs selbst zu (RGZ 59, 313, 318; Rosenberg § 896 Anm I 3; Planck/Strecker § 896 Anm 3). Das Grundbuchamt selbst ist weder berechtigt noch verpflichtet, die Vorlage des Briefes anzuordnen (KG RJA 6, 165).

7 Auch dem mittelbaren Besitzer muss der Anspruch aus § 896 BGB gegenüber dem unmittelbaren Besitzer zustehen können. Aus dem Besitzmittlungsverhältnis selbst wird sich nämlich eine Vorlegungspflicht nicht in allen Fällen begründen lassen (vgl Planck/Landois § 809 Anm 2a).

8 **4.** Zur Vorlegung **verpflichtet** ist der jeweilige Besitzer des Briefes. Gemeint ist hier nicht nur der unmittelbare, sondern auch der mittelbare Besitzer (Planck/Strecker § 896 Anm 4; Rosenberg § 896 Anm I 4; Fuchs § 896 Anm 3; BGB-RGRK/Augustin § 896 Rn 6). Die Vorlegungspflicht trifft auch die öffentliche Hinterlegungsstelle, bei der der Brief nach mehrfacher Pfändung wegen Ungewissheit über die Person des Berechtigten hinterlegt worden ist (KG OLGE 15, 347; ebenso Rosenberg § 896 Anm I 4; NK-BGB/Krause[5] § 896 Rn 3; MünchKommBGB/H Schäfer[9] § 896 Rn 4). Wenn eine Hypothek verpfändet worden und anschließend nach §§ 1154 Abs 1 S 1, 1117 Abs 1 S 2, 931 BGB weiterübertragen worden ist oder durch Leistung des rückgriffsberechtigten

Schuldners an den Hypothekengläubiger und den Pfandgläubiger gemeinsam (§ 1281 BGB) bzw an den Pfandgläubiger allein (§ 1282 BGB) nach § 1143 BGB auf den Schuldner übergegangen ist, unterliegt der Pfandgläubiger dem Vorlegungsanspruch des neuen Hypothekars (s auch RGZ 47, 158, 160).

Der im Besitz des Briefes befindliche Hypothekengläubiger (oder Dritte) ist ebenso dem Vorlegungsanspruch des Eigentümers ausgesetzt, wenn die Hypothek wegen teilweiser Nichtentstehung der Forderung oder teilweiser Tilgung zum Teil Eigentümergrundschuld (geworden) ist. Der Eigentümer kann hier allerdings auch nach §§ 749, 752, 1152 BGB Aufhebung der Gemeinschaft am Hypothekenbrief und Vollziehung der Teilung in Natur durch Herstellung eines Teilhypothekenbriefes verlangen (RGZ 59, 313, 318; 69, 36, 42). Soll die unter Übergabe eines Teilhypothekenbriefes vollzogene Teilabtretung einer Hypothek im Grundbuch eingetragen werden, so ist dazu verfahrensrechtlich nach hM auch die Vorlage des Stammhypothekenbriefes erforderlich, weil der Eintragungsvermerk des § 62 Abs 1 GBO auch auf diesem erfolgen müsse (KGJ 30 A 236; BGB-RGRK/Augustin § 896 Rn 6; Planck/Strecker § 896 Anm 4; Thieme Anm 2 aE; BeckOGK/Hertel [1. 9. 2024] § 896 Rn 4; Meikel/Imhof/Riedel[6] § 62 Rn 11). Diese Ansicht ist jedoch mit § 1152 S 2 BGB unvereinbar (s auch Güthe/Triebel § 61 Rn 36). 9

Vorlegungspflichtig nach § 896 BGB ist immer der **gegenwärtige** Besitzer. Der Besitz des Beklagten muss also grundsätzlich noch bis zur letzten mündlichen Verhandlung fortbestehen, nicht nur zur Zeit der Klagezustellung vorhanden gewesen sein (MünchKommBGB/H Schäfer[9] § 896 Rn 4; jurisPK-BGB/Toussaint[10] § 896 Rn 7; Erman/Artz[17] § 896 Rn 4; **aA** RG JW 1904, 92; Staudinger/Seufert[11] § 896 Rn 7; MünchKommBGB/Wacke[4] § 896 Rn 4; NK-BGB/Krause[5] § 896 Rn 3; Grüneberg/Herrler[84] § 896 Rn 1). Beruft sich der Beklagte etwa darauf, der Brief sei ihm während des Prozesses abhandengekommen, so ist dieses Vorbringen grundsätzlich erheblich (Rosenberg § 896 Anm I 4). Wenn der Beklagte allerdings nähere Angaben über die Art und Weise des behaupteten Besitzverlustes verweigert, dürfte eine tatsächliche Vermutung für die Fortdauer des Besitzes bestehen (für das Bestehen einer sekundären Behauptungslast des Beklagten Baumgärtel/Laumen/Prütting/Krafft/Pöpel[5] § 896 Rn 1). Prozessual überhaupt irrelevant ist der nach Rechtshängigkeit eingetretene Besitzverlust, wenn er auf einer „Veräußerung" des streitbefangenen Hypothekenbriefes durch den Beklagten beruht (§ 265 Abs 2 S 1 ZPO). Der Kläger kann den bisherigen Antrag aufrechterhalten (s Staudinger/Thole [2023] § 985 Rn 128). Für das Urteil ist dann die Besitzlage entscheidend, die vor der Weitergabe des Besitzes bestand. Das rechtskräftige Urteil wirkt gem § 325 ZPO auch gegenüber dem Rechtsnachfolger im Besitz, sofern dieser nicht in dem in § 325 Abs 2 ZPO vorausgesetzten doppelten Sinne gutgläubig war. Der Kläger kann wegen dieser Rechtskrafterstreckung die Klausel nach §§ 727, 731 ZPO umschreiben lassen. Veräußerung im Sinne von §§ 265, 325 ZPO ist jede willentliche Besitzübertragung (vgl Rosenberg/Schwab/Gottwald[18] § 101 Rn 11). 10

Vom **mittelbaren Besitzer** kann die Vorlegung des Grundpfandbriefes sinnvollerweise nur erwartet werden, wenn er überhaupt in der Lage ist, dem unmittelbaren Besitzer entsprechende Weisungen zu geben bzw sich kraft des zwischen ihm und dem unmittelbaren Besitzer bestehenden Rechtsverhältnisses jederzeit wieder in den unmittelbaren Besitz des Briefes setzen kann. Das wäre etwa im Verhältnis zwischen Hinterleger und Verwahrer des Hypothekenbriefes, nicht aber im Verhältnis des Hy- 11 pothekars zum Pfandgläubiger der Fall. § 896 BGB bedarf hier einer entsprechenden Restriktion (ähnlich wie dies richtiger Ansicht nach bei § 809 BGB erforderlich ist [Staudinger/Müller[11] § 809 Rn 3 mwNw]). Soweit § 896 BGB danach überhaupt im Verhältnis zum mittelbaren Besitzer anwendbar ist, bleibt die Rechtsfolgenanordnung der Norm unmodifiziert, ist die Verurteilung also auf Vorlegung zu richten (jurisPK-BGB/Toussaint[10] § 896 Rn 7; **aA** teilweise die Literatur zu § 809, vgl etwa Enneccerus/Lehmann § 218 I 2 und Planck/Landois § 809 Anm 2a: Mittelbarer Besitzer schuldet nur Abtretung bzw Ausübungsüberlassung der eigenen Ansprüche gegen den unmittelbaren Besitzer).

12 Befindet sich der Hypothekenbrief im **Mitbesitz** mehrerer, so trifft die Verpflichtung sämtliche Mitbesitzer gemeinschaftlich (§ 431 BGB), da die Vorlegungspflicht auf eine unteilbare Leistung gerichtet ist (s Siegel, Die Vorlegung von Urkunden im Prozeß [1904] 152 zu § 809). – Die Möglichkeit der *Urheberbenennung* gem § 76 ZPO passt unseres Erachtens bei bloßen Vorlegungsansprüchen nicht (Planck/Landois § 809 Anm 2 c γ; **aA** BGB-RGRK/Steffen § 809 Rn 5; Förster/Kann § 76 Anm 2a; Seufert, ZPO[10] § 76 Anm 2a; Sydow/Busch § 76 ZPO Anm 1 jeweils im Hinblick auf §§ 809, 810; Staudinger/Müller[11] § 809 Rn 3; MünchKommZPO/Schultes[6] § 76 Rn 2).

13 Auch wenn der Hypothekenbrief einem *Besitzdiener* anvertraut ist, richtet sich der Vorlegungsanspruch nur gegen den Besitzerherrn.

III. Einwendung und Einreden

14 Falls sich der Anspruch aus § 896 BGB gegen den *Berichtigungsgegner* selbst richtet, muss dieser alle Einwendungen und Einreden, die ihm gegenüber dem Anspruch aus § 894 BGB zustehen, auch dem Vorlegungsanspruch entgegensetzen können (Rosenberg § 896 Anm I 5).

15 Richtet sich der Anspruch aber gegen einen *Dritten,* so sind die Verteidigungsmöglichkeiten nur sehr beschränkt. Eine Anwendung von § 986 BGB wäre jedenfalls mit dem Charakter des Anspruchs unvereinbar (ebenso MünchKommBGB/H Schäfer[9] § 896 Rn 5; jurisPK-BGB/Toussaint[10] § 896 Rn 7; BeckOGK/Hertel [1. 9. 2024] § 896 Rn 10; **aA** KG JW 1936, 1136; Staudinger/Seufert[11] § 896 Rn 4; Planck/Strecker § 896 Anm 5; MünchKommBGB/Wacke[4] § 896 Rn 5; BGB-RGRK/Augustin § 896 Rn 8; Soergel/Kern[14] § 896 Rn 2; Erman/Artz[17] § 896 Rn 6). Die doch nur geringfügige Interessenbeeinträchtigung, die die Vorlegung des Briefes mit sich bringt, mutet das Gesetz auch einem berechtigten Besitzer, etwa dem Hypothekar als Papiereigentümer, zu.

16 Denkbar ist allerdings ein *Zurückbehaltungsrecht* des Vorlegungspflichtigen (**aA** KG OLGE 26, 8 Fn 2), etwa wegen der Kostenvorschusspflicht (s § 897 Rn 5) des Gläubigers (Rosenberg § 896 Anm I 5 b β). Ein solches Zurückbehaltungsrecht steht dem Briefbesitzer gegenüber dem Vorlegungsverlangen des Grundstückseigentümers beispielsweise auch zu, wenn er den Hypothekar im Auftrag des Grundstückseigentümers oder als berechtigter Geschäftsführer ohne Auftrag für diesen befriedigt hat und somit vom letzteren nach §§ 662 bzw 670, 677, 683 S 1, 670 BGB Erstattung seiner Aufwendungen beanspruchen kann (Boehm 72 im Anschluss an Mot III 746; Planck/Strecker § 896 Anm 5; Rosenberg § 896 I 5 b β; Fuchs § 896 Anm 5; BGB-RGRK/Augustin § 896 Rn 8; **aA** Kretzschmar § 896 Anm 4; Oberneck I 422). Die Einrede der Verjährung entfällt (§ 898 BGB).

IV. Anspruchsinhalt

Im Gegensatz etwa zu den weitergehenden Ansprüchen aus §§ 1144, 1150, 1167 BGB geht der Anspruch aus § 896 BGB allein auf die Vorlage des Briefes beim Grundbuchamt, nicht auf seine Herausgabe an den Kläger (RG SeuffA 91 Nr 128). Falls der Briefbesitzer mit der Vorlegung in Verzug gerät, hat er den daraus entstehenden Schaden nach Maßgabe der §§ 280 Abs 1 und Abs 2, 286 BGB zu ersetzen (Rosenberg § 896 Anm II 4; NK-BGB/Krause[5] § 896 Rn 5). 17

V. Prozessuales

1. Gerichtsstand

Der Anspruch ist im allgemeinen Gerichtsstand geltend zu machen, da er nicht dinglicher Natur ist (Rosenberg § 896 Anm II 2; Kretzschmar § 896 Anm 2; Hoffmann 54). Anders allerdings, wenn die Klage auf Briefvorlage mit der Berichtigungsklage verbunden wird; hier muss der dingliche Gerichtsstand des Sachzusammenhanges wegen (analog § 25 ZPO) auch für den ersten Anspruch gegeben sein (Wertheimer, Der dingliche Gerichtsstand [Diss München 1908] 46; MünchKommBGB/H Schäfer[9] § 896 Rn 5). 18

2. Vollstreckung

Die Zwangsvollstreckung erfolgt nach § 883 Abs 1 ZPO (RG Gruchot 50, 1110, 1112; Rosenberg § 896 Anm II 3; Planck/Strecker § 896 Anm 6; Soergel/Kern[14] § 896 Rn 3; Biermann § 896 Anm 1; Fuchs § 896 Anm 6; Kretzschmar § 896 Anm 2; Turnau/Förster § 896 Anm 2; Oberneck I 417; Güthe/Triebel § 14 Rn 35; BGB-RGRK/Augustin § 896 Rn 9; MünchKommBGB/H Schäfer[9] § 896 Rn 5; BeckOGK/Hertel [1. 9. 2024] § 896 Rn 13; NK-BGB/Krause[5] § 896 Rn 6; Erman/Artz[17] § 896 Rn 7; Anders/Gehle[82] § 883 Rn 3, 6, 17; **aA** Goldmann/Lilienthal § 45 Fn 44: § 887 ZPO). Die Vorlegung ist nämlich nichts anderes als eine Herausgabe zu einem ganz bestimmten, vorübergehenden Zweck (BGB-RGRK/Augustin § 896 Rn 9). Der Gerichtsvollzieher hat also den Brief wegzunehmen und ihn dem Grundbuchamt auszuhändigen. 19

VI. Entsprechende Anwendung

§ 896 BGB handelt nur von den Grundpfandbriefen. Die Vorschrift muss jedoch bei Wertpapierhypotheken im Analogiewege auf das Inhaber- oder Orderpapier ausgedehnt werden, das die hypothekarisch gesicherte Forderung verbrieft und das nach § 43 GBO für eine Eintragung bei der Hypothek dem Grundbuchamt vorgelegt werden muss (Rosenberg § 896 Anm I 1; Planck/Strecker § 896 Anm 7; Fuchs § 896 Anm 4; Biermann § 896 Anm 1; Oberneck I 416; BGB-RGRK/Augustin § 896 Rn 1; MünchKommBGB/H Schäfer[9] § 896 Rn 1; NK-BGB/Krause[5] § 896 Rn 1; BeckOGK/Hertel [1. 9. 2024] § 896 Rn 3; jurisPK-BGB/Toussaint[10] § 896 Rn 11; Schilde 51; Güthe/Triebel § 14 Rn 35). 20

VII. Sonderbestimmungen

Im Hypothekenrecht enthalten die §§ 1144, 1150, 1167 BGB Sonderbestimmungen für Fälle, in denen der Eigentümer oder der Schuldner oder ein Dritter die Hypothek durch vollständige Befriedigung des Gläubigers nach §§ 1143, 1150, 1163, 1164 21

BGB erwirbt. Der Leistende kann hier sogar die Aushändigung des Briefes verlangen.

§ 897
Kosten der Berichtigung

Die Kosten der Berichtigung des Grundbuchs und der dazu erforderlichen Erklärungen hat derjenige zu tragen, welcher die Berichtigung verlangt, sofern nicht aus einem zwischen ihm und dem Verpflichteten bestehenden Rechtsverhältnis sich ein anderes ergibt.

Materialien: E I § 843 Abs 2; II § 813 Abs 2, rev § 822; Mot III 237; Prot III 102.

Schrifttum

Gregor, Kostentragungspflicht für zur Löschung der Hypothek erforderlichen Erbschein, NJW 1960, 1286 f.

1. Kostentragung für die Grundbuchberichtigung

1 § 897 BGB regelt die **Kostentragung** für die Grundbuchberichtigung im Verhältnis der Parteien zueinander. Die Norm betrifft also nicht die Frage, wer im Verhältnis zum Grundbuchamt oder zum Notar kostenpflichtig ist. Das entscheidet sich nämlich allein nach öffentlichem Recht (nach der GNotKG, bis 31. 7. 2013: KostO).

2 Für das Innenverhältnis der Beteiligten legt § 897 BGB die Kostentragungslast grundsätzlich dem Berichtigungsberechtigten auf. Da die Berichtigungskosten im Interesse des Berechtigten aufgewendet werden, entspricht dies in der Regel auch der Billigkeit. Ähnliche Vorschriften enthalten die § 369 BGB (Quittungskosten) und § 798 BGB (Ersatzurkunde).

3 § 897 BGB spricht nur von den Kosten der „Berichtigung des Grundbuchs und der dazu erforderlichen Erklärungen". Damit sind neben den Eintragungsgebühren namentlich die Kosten der öffentlichen Beurkundung oder Beglaubigung der Berichtigungsbewilligung (§ 29 S 1 GBO) erfasst (vgl § 843 Abs 2 BGB E I). Aber auch die Kosten, die dem Berichtigungsgegner durch die von ihm gem § 895 BGB herbeizuführende Voreintragung seines eigenen Rechtes entstehen, wird man hierunter zu bringen haben (Rosenberg § 897 Anm I 1; MünchKommBGB/H Schäfer[9] § 897 Rn 1; **aA** implizit Gregor NJW 1960, 1286 f). Auf die Kosten der Vorlegung des Grundpfandbriefs (§ 896 BGB) dürfte § 897 BGB entsprechend anzuwenden sein (Rosenberg § 897 Anm I 1; MünchKommBGB/H Schäfer[9] § 897 Rn 1; NK-BGB/Krause[5] § 897 Rn 3). Toussaint (jurisPK-BGB/Toussaint[10] § 897 Rn 4) versteht die Regelung des § 897 BGB als (reine) Freistellungsverpflichtung. Bei diesem Verständnis fehlt dann in der Norm eine Aussage über die Fallgestaltung, bei der der Berichtigungsverpflichtete die Kosten der

Berichtigung bereits getragen hat. Toussaint nimmt deshalb an, dass dem Berichtigungsverpflichteten ein Erstattungsanspruch dann nur unter den (zusätzlichen) Voraussetzungen einer Geschäftsführung ohne Auftrag oder einer Rückgriffskondiktion oder aufgrund eines Schadensersatzanspruches wegen pflichtwidriger Verzögerung der Freistellung zusteht. Das dürfte ein zu enges Verständnis der Norm sein. Auch die angebrachte Kostenerstattungspflicht gegenüber dem Berichtigungsschuldner, der die Berichtigung bereits veranlasst und deren Kosten getragen hat, dürfte unmittelbar aus § 897 BGB selbst zu entnehmen sein. Dagegen gewährt § 897 BGB dem Berichtigungsverpflichteten keinen Anspruch auf ein Entgelt für die Tätigkeit, die er zur Beschaffung der notwendigen Unterlagen erbringen muss. Schon aus diesem Grunde kann in allgemeinen Geschäftsbedingungen der Kreditinstitute keine Vergütung für die Abgabe der Löschungsbewilligung für ein Finanzierungsgrundpfandrecht verlangt werden (BGHZ 114, 330, 334; jurisPK-BGB/Toussaint[10] § 897 Rn 7; jurisPK-BGB/Reischel[10] § 1144 Rn 9; **aA** Sonnenhol WuB I A Nr 22 AGB-Banken 2. 91).

Die Kosten der über die Berichtigungsansprüche geführten Prozesse sind in § 897 BGB nicht gemeint. Für sie gelten allein die §§ 91 ff ZPO. Wenn der Beklagte die Erfüllung seiner Verpflichtungen aus den §§ 894 f BGB nicht zuvor bereits abgelehnt oder sonst durch sein Verhalten Anlass zur Klage gegeben hatte, hat er es nach § 93 ZPO in der Hand, auch insoweit eine Kostenpflicht seinerseits durch sofortige und unbedingte Anerkennung des Klageanspruchs abzuwenden (OLG München 16. 2. 2023 – 35 U 3149/22, NJW 2023, 1592 [ohne Einwand des Kostenvorschusses]; BeckOGK/Hertel [1. 9. 2024] § 897 Rn 7). Zur Kostenvorschusseinrede und zu deren Schicksal im Prozess s Rn 5. 4

2. Vorschusspflicht

Eine **Vorschusspflicht** wird vom Gesetz nicht ausdrücklich statuiert. Andererseits bieten die Gesetzesmaterialien auch keinen Anhaltspunkt dafür, dass dem Berichtigungsgegner zugemutet werden sollte, für den Berechtigten Auslagen zu machen oder eine Verbindlichkeit einzugehen; vielmehr würde dies sogar einem allgemeinen Beschluss der zweiten Kommission (Prot VI 164, 386) widersprechen (Planck/Strecker § 897 Anm 2). Unter diesen Umständen bietet sich eine Gesamtanalogie zu den §§ 369 Abs 1, 403 S 2, 798 S 2, 799 Abs 2 S 2, 800 S 2 BGB an, die eine Vorschusspflicht in vergleichbaren Situationen explizit anordnen. Der Berichtigungsgegner kann mithin die Abgabe der Bewilligungserklärung verweigern, bis ihm die Kosten derselben vorgeschossen sind (Planck/Strecker § 897 Anm 2; Rosenberg § 897 Anm I 1; Fuchs § 897 Anm 1; Kretzschmar § 897 Anm 2; Turnau/Förster § 897 Anm 1; BGB-RGRK/Augustin § 897 Rn 3; MünchKommBGB/H Schäfer[9] § 897 Rn 2; Soergel/Kern[11] § 897 Rn 3; jurisPK-BGB/Toussaint[10] § 897 Rn 5; Erman/Artz[17] § 897 Rn 2; BeckOGK/Hertel [1. 9. 2024] § 897 Rn 6; Goldmann/Lilienthal § 45 Fn 48; Meikel/Böttcher[12] § 22 Rn 78). S auch § 895 Rn 12. Die aus § 897 BGB ableitbare Vorschusspflicht des Berichtigungsberechtigten bildet bei der Konstellation des § 1144 BGB die Grundlage für ein Zurückbehaltungsrecht des Hypothekengläubigers (vgl OLG Köln MDR 1983, 668 f; Soergel/Kern[14] § 897 Rn 3; NK-BGB/Krause[5] § 897 Rn 4; Erman/Artz[17] § 897 Rn 2; Schöner/Stöber[16] Rn 2746). Erhebt der Gläubiger eines Grundbuchberichtigungsanspruchs nach § 894 BGB Klage, verliert der Schuldner jedoch die (ggf bereits vorprozessual erhobene) Kostenvorschusseinrede; denn wegen der besonderen Art der Vollstreckung nach § 894 ZPO – Fiktion der Erklärung des Schuldners – entstehen diesem insoweit auch keine 5 weiteren, nach § 897 BGB zu ersetzenden Kosten; die Verurteilung ist daher unbedingt nach § 894 S 1 ZPO (nicht § 894 S 2 ZPO) auszusprechen (OLG München 16. 2. 2023 – 35 U 3149/22, NJW 2023, 1592; BeckOGK/Hertel [1. 9. 2024] § 897 Rn 7).

3. Subsidiarität

6 § 897 BGB gilt nur dann, wenn sich nicht aus einem zwischen den Beteiligten bestehenden Rechtsverhältnis ein anderes ergibt. Die Regelung des § 897 BGB ist mithin nur eine **subsidiäre** (Planck/Strecker § 897 Anm 3; MünchKommBGB/H Schäfer[9] § 897 Rn 3). Das zwischen den Parteien bestehende Rechtsverhältnis, das die Kostenfrage entscheidet, kann unmittelbar auf Gesetz beruhen. Die in diesem Zusammenhang meist angeführten §§ 369, 402, 919 Abs 3 BGB betreffen allerdings nicht die eigentlichen Berichtigungskosten. Eine gegenüber der Regelung des § 897 BGB vorrangige und von ihr abweichende Entscheidung über die Kostentragungspflicht ergibt sich aber beispielsweise aus den §§ 433 Abs 1 S 2, 435 S 2, 437 Nr 1, 439 Abs 1, 2 BGB, wonach der Verkäufer im Grundbuch eingetragene, aber nicht bestehende Rechte auf seine Kosten zur Löschung zu bringen hat, die der Sache nach die gleiche Regelung treffen, ohne die Kostentragung explizit anzusprechen. Sie kann ferner auch aus dem Gesichtspunkt der Schadensersatzpflicht wegen unerlaubter Handlung resultieren (BGB-RGRK/Augustin § 897 Rn 4; MünchKommBGB/H Schäfer[9] § 897 Rn 3); so wenn der Berichtigungsverpflichtete die Unrichtigkeit des Grundbuchs durch vorsätzliche Urkundenunterdrückung oder durch Vorlage gefälschter Eintragungsunterlagen herbeigeführt hat. Ebenso hat der Berichtigungsschuldner die Kosten selbst zu tragen, wenn er aufgrund einer Auflassung eingetragen worden ist, die der Veräußerer wegen einer vom Berichtigungsverpflichteten verübten arglistigen Täuschung erfolgreich angefochten hat. Im Verhältnis des Vorerben zum Nacherben besteht keine Besonderheit (Fuchs § 897 Anm 3; Rosenberg § 897 Anm II 2; Turnau/Förster § 897 Anm 1; Oberneck I 425; BGB-RGRK/Augustin § 897 Rn 4; MünchKommBGB/H Schäfer[9] § 897 Rn 3; AK-BGB/L vSchweinitz § 897 Rn 3). Abweichend Dernburg (III § 49 II 4) mit der Begründung, der Vorerbe dürfe keine Möglichkeit haben, die an sich von ihm zu tragenden Kosten der eigenen Eintragung auf den Nacherben abzuwälzen, indem er seine Eintragung arglistig verzögere. Ein Arglistfall braucht jedoch keinesfalls immer gegeben zu sein, wenn der Vorerbe die Eintragung seines Rechts nicht sofort veranlasst (Fuchs § 897 Anm 3). Wenn der Nacherbe nicht abwarten will, bis der Vorerbe selbst seine Eintragung betreibt – mit der zugleich die Eintragung des Nacherbenvermerks nach § 51 GBO von Amts wegen erfolgen muss – so muss er die Kosten nach § 897 BGB tragen (Fuchs § 897 Anm 3; MünchKommBGB/H Schäfer[9] § 897 Rn 3; NK-BGB/Krause[5] § 897 Rn 10; AK-BGB/L vSchweinitz § 897 Rn 3). Im Schrifttum wird teilweise die Auffassung vertreten, dass der berichtigungspflichtige ehemalige Hypothekar die durch Erbgang oder Einzelrechtsnachfolge auf seiner Seite entstehenden Mehrkosten (etwa die Kosten des Erbscheins) in Analogie zu § 369 Abs 2 BGB selbst tragen müsse (Gregor NJW 1960, 1286; MünchKommBGB/H Schäfer[9] § 897 Rn 3; MünchKommBGB/Wacke[4] § 897 Rn 1). § 369 Abs 2 BGB, der von der Erhöhung der Quittungskosten durch Vervielfältigung der Gläubigerzahl handelt, eignet sich jedoch kaum für eine derartige Analogie (abl auch NK-BGB/Krause[5] § 897 Rn 7; jurisPK-BGB/Toussaint[10] § 897 Rn 6). Auch wenn die Berichtigung in der Löschung eines unrechtmäßigen Widerspruchs besteht, richtet sich die Kostenverteilung (entgegen MünchKommBGB/Wacke[4] § 897 Rn 3; MünchKommBGB/H Schäfer[9] § 897 Rn 3) nach § 897 BGB. S § 899 Rn 92.

4. Verjährung

Die **Verjährung** des Anspruchs aus § 897 BGB richtet sich nach § 195 BGB (Rosenberg § 897 Anm III). 7

5. Schuldrechtlicher Berichtigungsanspruch

Auf den sogenannten **schuldrechtlichen Berichtigungsanspruch** ist § 897 BGB nicht 8
entsprechend anwendbar (MünchKommBGB/Wacke[4] § 897 Rn 3; MünchKommBGB/H Schäfer[9] § 897 Rn 3; Planck/Strecker § 897 Anm 1 aE; Soergel/Kern[14] § 897 Rn 2; Planck/Landois § 812 Anm I 1 b; BeckOGK/Hertel [1. 9. 2024] § 897 Rn 10; Erman/Artz[17] § 897 Rn 1; **aA** Westermann/Eickmann[8] § 71 Rn 20; für den Bereicherungsanspruch wegen Wegfalls des Rechtsgrundes auch Staudinger/Seufert[11] § 897 und MünchKommBGB/Wacke[4] § 897 Rn 3 unter unzutreffender Berufung auf RG LZ 1920, 114 = SeuffA 75 Nr 68). Die Kostenbelastung kann hier je nach Art der schuldrechtlichen Beziehung zwischen den Parteien unterschiedlich ausfallen. Das muss hier jedoch nicht vertieft werden. Die Frage nach einem schuldrechtlichen Berichtigungsanspruch ist nämlich identisch mit der in Rn 6 angesprochenen Frage, ob die subsidiäre Kostenregelung des § 897 BGB durch eine vorrangige schuldrechtliche Beziehung der Parteien verdrängt wird. Auch für die Kosten der Löschung einer vormerkungswidrig eingetragenen Belastung im Rahmen von § 888 BGB gilt § 897 BGB nicht (BeckOGK/Hertel [1. 9. 2024] § 897 Rn 10; DNotI-Report 2012, 2; **aA** AK-BGB/L vSchweinitz § 888 Rn 5).

6. Ausnahme

Eine Ausnahme von § 897 BGB enthält implizit § 4 S 2 GBBerG (s Böhringer DtZ 1994, 194).

§ 898
Unverjährbarkeit der Berichtigungsansprüche

Die in den §§ 894 bis 896 bestimmten Ansprüche unterliegen nicht der Verjährung.

Materialien: E II 813 Abs 3, rev § 883; III 882; Prot III 102 ff; IV 589; Jakobs/Schubert, SR I 399 ff.

Schrifttum

Finkenauer, Eigentum und Zeitablauf – das dominium sine re im Grundstücksrecht (2000), besonders S 95 ff: Die Verjährbarkeit des Berichtigungsanspruchs

Henle, Zu § 898 BGB, Das Recht 1900, 487.

Die Norm erklärt den Grundbuchberichtigungsanspruch selbst (§ 894 BGB) und sei- 1
ne beiden Erweiterungen (§§ 895, 896 BGB) für **unverjährbar**. Der Ausschluss der

Verjährung gilt nicht für den Anspruch auf die Kosten der Berichtigung (§ 897 BGB).

2 Der E I enthielt noch keine besondere Vorschrift; die erste Kommission verneinte das Bedürfnis dafür und nahm vielmehr an, dass der Berichtigungsanspruch genauso wie jeder andere Anspruch der Verjährung unterliegen müsse. Die Mehrheit der zweiten Kommission sah in dem Berichtigungsanspruch einen formellen Hilfsanspruch, der von dem jeweiligen Hauptanspruch auf Verwirklichung des dinglichen Rechts abhängig sein müsse (Prot III 107 = MUGDAN III 560): „Solange der Hauptanspruch nicht verjährt sei, dürfe auch der Berichtigungsanspruch nicht erloschen sein ... Wenn (aber) der Hauptanspruch verjährt sei, müsse auch der Berichtigungsanspruch ausgeschlossen werden." Dementsprechend wurde § 843 Abs 3 BGB E II von der Redaktionskommission wie folgt gefasst: „Der Berichtigungsanspruch unterliegt nicht der Verjährung; er kann jedoch nicht mehr geltend gemacht werden, wenn der Anspruch auf Herstellung des der wirklichen Rechtslage entsprechenden Zustandes verjährt ist." Bei der Schlussredaktion wurde der zweite Halbsatz dieser Vorschrift jedoch gestrichen, weil sein Inhalt durch die zusammenfassenden Vorschriften der §§ 815, 816 BGB E II (= §§ 900, 901 BGB) gedeckt sei (Prot IV 598 = MUGDAN III 560).

3 Durch diese Entstehungsgeschichte ist eine langdauernde Kontroverse über die Reichweite des § 898 BGB ausgelöst worden. Ein Teil des Schrifttums nimmt an, dass die Vorschrift nur die selbständige Verjährung der Berichtigungsansprüche ausschließen wolle; die Verjährung des materiellen Hauptanspruchs aus dem Recht, aufgrund dessen die Berichtigung erfolgen soll, ermögliche dagegen auch die Verjährung des Berichtigungsanspruchs (PLANCK/STRECKER § 898 Anm 2; STAUDINGER/KOBER[10] § 898 Anm 1; KRETZSCHMAR § 898 Anm 2; WARNEYER[1] § 898 Anm 1; CROME III § 373 Fn 18; HENLE Recht 1900, 487; ders DJZ 1901, 126 Fn 1; PREDARI 89; WILLENBÜCHER 42; FINKENAUER 95 ff; WIELING/FINKENAUER, SR[6] § 20 Rn 50). Wenn also nicht der Bucheigentümer, sondern ein Dritter im Besitz des Grundstücks ist, würde die Verjährung des Herausgabeanspruchs des wirklichen Eigentümers (§ 985 BGB) auch zur Verjährung seines Berichtigungsanspruchs führen. Diese Auffassung ist jedoch angesichts des eindeutigen Gesetzeswortlauts, der die Ansprüche aus §§ 894–896 BGB nun einmal schlechthin für unverjährbar erklärt, abzulehnen (hM, besonders eingehend ROSENBERG § 898 Anm 2; ferner BGHZ 122, 308, 314 = NJW 1993, 2178, 2179; OLG Brandenburg ZEV 2003, 516, 518; BGB-RGRK/AUGUSTIN § 898 Anm 1; ERMAN/ARTZ[17] § 898 Rn 2; MünchKommBGB/H SCHÄFER[9] § 898 Rn 1; GRÜNEBERG/HERRLER[84] § 898 Rn 1; BeckOGK/HERTEL [1. 9. 2024] § 898 Rn 3; BIERMANN § 898 Anm 1; FUCHS § 898 Anm 2; BOEHM 72 f; SCHILDE 68 ff; OBERNECK I 421 f; GOLDMANN/LILIENTHAL I § 60 II 2 a m Fn 22; WOLFF/RAISER § 46 Fn 20; H WESTERMANN/EICKMANN[8] § 71 Rn 9; WILHELM[7] Rn 675 m Fn 1213). Ihr steht zudem der erkennbare Wille des historischen Gesetzgebers entgegen: Die Mindermeinung versucht der Sache nach, § 843 Abs 3 HS 2 BGB E II auf interpretativem Wege in das BGB hineinzulegen, obwohl dieser Normteil bei der Schlussredaktion doch bewusst gestrichen worden ist. Diese Entscheidung ist (entgegen FINKENAUER 97) auch kein bloßes Redaktionsversehen, auch wenn die Konsequenzen möglicherweise nicht vollständig übersehen worden sind. Die hL führt auch nicht zu unerwünschten Ergebnissen, weil der Geltungsbereich des § 898 BGB ohnehin durch die §§ 900, 901 BGB sehr eingeschränkt wird: Liegen deren Voraussetzungen vor, so wird das Grundbuch richtig, dh die dingliche Rechtslage dem bisher unrichtigen Grundbuch angepasst (PIEKENBROCK, Befristung [2006] 388).

§ 898 BGB ist entsprechend anzuwenden auf den Anspruch aus Art 187 Abs 1 S 2 EGBGB (LG Dresden JW 1934, 2354; LG Osnabrück RdL 1957, 305; MünchKommBGB/H Schäfer[9] § 898 Rn 1; NK-BGB/Krause[5] § 898 Rn 2; Grüneberg/Herrler[84] Art 187 EGBGB Rn 2; BeckOGK/Hertel [1. 9. 2024] § 898 Rn 4). Das Gleiche gilt für den Anspruch aus § 1154 Abs 1 S 2 BGB auf Nachholung der zunächst unterlassenen Beglaubigung (vgl LG München II 13. 9. 2007 – 9 B O 6932/05, BeckRS 2007, 15962 [unter II 2. 2 b ff]). Vgl für den Anspruch auf Eintragung von Mitbenutzungsrechten im Beitrittsgebiet (Art 233 § 5 EGBGB), OLG Jena 17. 12. 2008 – 8 U 118/07, LSK 2014, 210288.

§ 898 BGB schließt eine **Verwirkung** des Berichtigungsanspruchs nicht aus, weil diese nicht nur auf dem Zeitablauf beruht wie die Verjährung (BGHZ 122, 308, 314 m umfangreichen Nw; OLGR Brandenburg 1998, 118, 121; OGHZ 1, 279 = MDR 1949, 161 m Anm Beitzke; OLGR Brandenburg 1999, 10, 13; BGB-RGRK/Augustin § 898 Rn 1; MünchKommBGB/H Schäfer[9] § 898 Rn 1; BeckOGK/Hertel [1. 9. 2024] § 898 Rn 11; jurisPK-BGB/Toussaint[10] § 898 Rn 8; Wolff/Raiser § 46 V; Westermann/Eickman[8] § 71 Rn 9; Grussendorf AcP 150 [1949] 430, 434; **aA** NK-BGB/Krause[5] § 898 Rn 6: Rechtsfolge unangemessen, weil damit ein Nichtberechtigter auf Dauer als Berechtigter im Grundbuch ausgewiesen wäre; Finkenauer 236; s auch oben § 894 Rn 144). 4

Peters und Zimmermann schlugen in ihrem Gutachten zur *Reform* des Verjährungsrechts vor, § 898 BGB durch eine Neufassung des § 194 BGB entbehrlich zu machen, nämlich Herausgabe- und Unterlassungsansprüche aus dinglichen Rechten überhaupt von der Verjährung auszunehmen (Gutachten und Vorschläge zur Überarbeitung des Schuldrechts I [1981] 186, 287, 318 f, 331, 333). Diese Anregung ist bei der Reform des Verjährungsrechts durch das SchuldRModG 2002 nicht berücksichtigt worden. 5

Es gibt eine **Ausnahme** von der Unverjährbarkeit des Grundbuchberichtigungsanspruchs. Ist der scheinbare Erbe des bisherigen Rechtsinhabers im Grundbuch eingetragen worden, führt § 2029 BGB dazu, dass sich die Verjährungsregelung des Erbschaftsanspruchs (§ 197 Abs 1 Nr 2 BGB) auch auf den konkurrierenden Grundbuchberichtigungsanspruch erstreckt (s Staudinger/Raff [2020] § 2029 Rn 24 mNw; **aA** OLG Brandenburg ZEV 2003, 516, 518 Rn 27; Grüneberg/Weidlich[84] § 2029 Rn 2). 6

Auch der Grundbuchberichtigungsanspruch nach §§ 13 Abs 3, 15 GDO-DDR war unverjährbar (§ 13 Abs 4 GDO-DDR). 7

§ 899
Eintragung eines Widerspruchs

(1) In den Fällen des § 894 kann ein Widerspruch gegen die Richtigkeit des Grundbuchs eingetragen werden.

(2) Die Eintragung erfolgt auf Grund einer einstweiligen Verfügung oder auf Grund einer Bewilligung desjenigen, dessen Recht durch die Berichtigung des Grundbuchs betroffen wird. Zur Erlassung der einstweiligen Verfügung ist nicht erforderlich, dass eine Gefährdung des Rechts des Widersprechenden glaubhaft gemacht wird.

Materialien: VE SR §§ 37–39; E I § 844 I, § 845; II § 814, rev § 884; III § 883; Mot III 237 ff, 242 ff; Prot III 68, 107 ff, 116; VI 222 f; JAKOBS/SCHUBERT, SR I 319 ff.

Schrifttum

BIERMANN, Widerspruch und Vormerkung. Abhandlungen zum Privatrecht und Civilprozeß des Deutschen Reiches, Band 8, 2. Heft (1901)
BÖHRINGER, Sicherung von Rechtspositionen durch Widerspruchseintragung in ostdeutschen Grundbüchern, VIZ 1999, 569
DU CHESNE, Widerspruch gegen die Richtigkeit des Grundbuchs und Zuschlag, SeuffBl 72 (1907) 523
ders, Verfügungsbeschränkung, Vormerkung und Widerspruch, RhNotZ 53 (1908) 25
ders, Berichtigungsanspruch und Widerspruch, SächsArch 1 (1906) 289
ders, Der Inhalt des Widerspruchs gegen die Richtigkeit des Grundbuchs, PosMschr 1909, 64
EICKMANN, Widerspruch und Grundbuchberichtigung bei Nichtigkeit nach §§ 1365, 1366 BGB, Rpfleger 1981, 213
FREY, Arten und Wirkungen der Widerspruchseintragung in Grundbuchsachen, ZBlFG 3 (1903) 557
HEINSHEIMER, Zwei Beiträge zur Lehre vom Widerspruch, Gruchot 69 (1928) 401
KRANICHFELD, Zum Widerspruchsvermerk im Grundbuch, SächsArch 5 (1910) 393
KRETZSCHMAR, Die Berücksichtigung eines im Grundbuch eingetragenen Widerspruchs und der Vormerkung im Zwangsversteigerungsverfahren, Recht 1903, 589
ders, Die Auflassungsvormerkung und der im Grundbuche eingetragene Widerspruch bei der Zwangsversteigerung des Grundstückes, JW 1914, 561
E LEVI, Die Wirkungen des Widerspruchs gegen die Richtigkeit des Grundbuchs (Diss Berlin 1933)
LICKLEDER, Die Eintragung eines Rechtshängigkeitsvermerks im Grundbuch, ZZP 114 (2001) 195
LILIENTHAL, Widerspruch gegen die Richtigkeit des Grundbuchs und Vormerkung, Die Grundstücks-Warte 1926, 129
MAI, Die Veräußerung der streitbefangenen Sache und die Eintragung eines Rechtshängigkeitsvermerks, BWNotZ 2003, 108
MEDICUS, Vormerkung, Widerspruch und Beschwerde, AcP 163 (1964) 1
NUSSBAUM, Deutsches Hypothekenwesen (2. Aufl 1921), insbes S 38 ff
vOLSHAUSEN, Der Schutz des guten Glaubens an die Nicht-Rechtshängigkeit, JZ 1988, 584
REISS, Grenzrecht und Grenzprozeß (1914), insbes S 110 ff
RIVE, Die Wirkung des Widerspruchs im Grundbuch, GrundE 1926, 99
K SCHILDE, Die Unrichtigkeit des Grundbuchs nach neuem Deutschem Reichsrecht (Diss Leipzig 1899), insbes S 71 ff
J SCHMIDT, Die ungerechtfertigte Löschung von Vormerkung und Widerspruch (Kölner Rechtswissenschaftliche Abhandlungen Heft 9, 1933)
SCHREIBER, Der Widerspruch gegen die Richtigkeit des Grundbuchs, Jura 2005, 241
SEKLER, Die Lehre von der Vormerkung nach dem neuen Reichsrecht (1904), insbes S 286 ff
SINGBARTL/ZINTL, Die Bedeutung des Rechtshängigkeitsvermerks gegen den Willen des Betroffenen, MDR 2014, 1240
vSPRECKELSEN, Grundbuchwidersprüche wegen fehlender behördlicher Genehmigung eines Rechtsvorgangs, DJ 1938, 1812
H G STEMMLER, die Rückwirkung der Löschung des Widerspruchs (Diss Leipzig 1929)
VOLMER, Zur Frage der Eintragungsfähigkeit der Pfändung und Überweisung des Berichtigungsanspruchs, Gruchot 59 (1915) 624, insbes S 658 ff
M WEIGELT, Vormerkung und Widerspruch (Diss Breslau 1901)
WEIMAR, Der Widerspruch und Amtswiderspruch, MDR 1974, 642.

Vgl auch Schrifttum zu § 894.

Systematische Übersicht

I. Zweck und Entstehungsgeschichte der Regelung 1

II. Wirkungen des Widerspruchs
1. Rechtserhaltende Wirkungen 3
2. Keine positiven (also rechtsbestärkenden oder rechtserweiternden) Wirkungen 12
3. Keine Grundbuchsperre 17

III. Das Wesen des Widerspruchs
1. Allgemeiner Charakter 19
2. Widerspruch und Vormerkung 24

IV. Materielle Entstehungsvoraussetzungen
1. Ein Berichtigungsanspruch des Widersprechenden gegen den Widerspruchsgegner 26
a) Anwendungsfälle 26
b) Beschränkung auf den Bereich des öffentlichen Glaubens 34
c) Speziell: Eintragung oder Löschung einer Vormerkung 36
d) Widerspruch gegen die Eintragung oder Löschung eines Widerspruchs? 39
e) Widerspruch gegen die Eintragung oder Löschung einer Verfügungsbeschränkung 41
f) Sonstiges 43
2. Wirksame Eintragung 46
3. Materiellrechtliche Eintragungsgrundlagen 47
a) Allgemeines 47
b) Die Eintragungsbewilligung des oder der Betroffenen 49
aa) Rechtsnatur 49
bb) Wirksamkeitsvoraussetzungen 51
cc) Verhältnis zur Eintragung 56
dd) Fingierte Bewilligung 57
c) Einstweilige Verfügung 59
aa) Verfahren zur Erwirkung 59
bb) Antragsgegner und Inhalt 62
cc) Vollziehung 65
dd) Verhältnis zur Eintragung 66
ee) Streitwert, Kosten 67
d) Kumulation der Eintragungsgrundlagen 69
e) Eintragung auf einseitigen Antrag? 71

V. Eintragungsverfahren
1. Formellrechtliche Eintragungsvoraussetzungen 72
2. Die Eintragung selbst 79
3. Beschwerde 86
4. Insolvenzverfahren 87

VI. Erlöschen des Widerspruchs
1. Wegfall materiellrechtlicher Voraussetzungen 88
2. Löschung 93
3. Rückwirkung? 95
4. Aufgebotsverfahren 98

VII. Besondere Arten des Widerspruchs
1. § 1139 99
2. Amtswiderspruch 100
3. Widerspruchseintragung auf behördliches Ersuchen 101

VIII. Rechtshängigkeitsvermerk 102

Alphabetische Übersicht

Abtretbarkeit 22
Akzessorietät 22
Amtswiderspruch 100
Anfechtbarkeit 33, 52, 96
Anwendungsfälle 26 ff

Behördliches Ersuchen 101
Beschwerde 87
Beseitigung des Widerspruchs 92
Betroffener 48
Beweiserleichterung durch Widerspruch 13
Bezeichnung 81
Briefrechte 85

Einseitiger Antrag 71
Einstweilige Verfügung 59 ff

Eintragung des Widerspruchs 46, 56, 66, 72 ff
Eintragungsbewilligung 49 ff
Einwendungen gegen den Berichtigungsanspruch 44
Erledigungsreihenfolge 76
Erlöschen des Widerspruchs 88 ff

Gläubigeranfechtung 33
Glaubhaftmachung 60
Grundlagen für die Eintragung 47 ff

Höchstpersönliche Rechte 43
Hypothekenrechtliches 32, 33, 44, 77

Insolvenzverfahren 16, 79, 87

Kosten der einstweiligen Verfügung 68

Löschung 18, 93 ff
Löschung, Klage auf 92
Normzweck 1

Obligatorische Ansprüche 33

Pfändung 22, 79
Prüfungspflicht des Grundbuchamtes 76

Rang 23
Rechtliche Natur 19 ff
Rechtshängigkeitsvermerk 102
Restitutionsansprüche 33
Rückwirkung der Löschung 95 ff
Rückwirkung des Widerspruchs 95 ff

Sperre des Grundbuchs 17

Tatsächliche Angaben 33

Übergang 22
Urteil 57

Verfahrensrechtliche Vermerke 45
Verfügungsbeschränkungen 41
Verzicht 91
Vormerkung, Verhältnis zum Widerspruch 24 f, 36, 48, 81

Wesen des Widerspruchs 19 ff
Widerruf der Bewilligung 54
Widerspruch gegen Widerspruch 39
Wirkungen des Widerspruchs 3 ff

Zwangsversteigerung 6, 14
Zurückbehaltungsrecht 32

I. Zweck und Entstehungsgeschichte der Regelung

1 Der Widerspruch gegen die Richtigkeit des Grundbuches soll zum Schutz gegen die aus dem öffentlichen Glauben des Grundbuchs drohenden Gefahren dienen. Er ist als vorläufige Maßregel zugunsten desjenigen gedacht, dem ein Anspruch auf Berichtigung des Grundbuchs zusteht, zB zum Schutze des Eigentümers, der eine Hypothek zurückgezahlt hat, ohne dass das Grundbuch bisher berichtigt wurde, oder zum Schutze des wirklichen Eigentümers gegenüber dem im Grundbuch fälschlich als Eigentümer eingetragenen Nichtberechtigten, usw Vgl hierzu die Bem zu § 894 BGB. Die gerichtliche Durchsetzung des Berichtigungsanspruchs wird ja häufig viel Zeit erfordern; während dieser Zeit wäre dann der Inhaber des nicht oder nicht für ihn oder nicht mit dem wirklichen Inhalt oder Rang oder mit einer in Wirklichkeit gar nicht existierenden Belastung eingetragenen Rechtes der Gefahr ausgesetzt, dass sein Recht durch eine nach §§ 892, 893 BGB wirksame Verfügung des Buchberechtigten vereitelt oder beeinträchtigt werden könnte. Der Gesetzgeber hat deshalb dem Gläubiger des Berichtigungsanspruchs durch die Einführung des Widerspruchs ein weiteres, rasch einsetzbares Schutzmittel zur Sicherung seines Rechtes zur Verfügung gestellt: Einen im Wege des einstweiligen Rechtsschutzes erwirkbaren vorläu-

figen Eintrag, der gegen die Richtigkeit des Grundbuchinhaltes „protestiert" und damit gleichzeitig den öffentlichen Glauben des Grundbuchs suspendiert.

Der Widerspruch gegen die Richtigkeit des Grundbuchs ist keine Neuschöpfung der Verfasser des BGB, sondern geht auf Vorbilder in den Partikularrechten zurück, die „Protestation", „Verwahrung" oder auch „Vormerkung" genannt wurden (s Biermann, Widerspruch und Vormerkung 1 ff; Mot Mugdan III 131 f). Das jüngere preußische Recht fasste – im EEG und in der GBO von 1872 – unter der Bezeichnung „Vormerkung" zwei unterschiedliche Rechtsbehelfe zusammen, von denen der eine dem heutigen Widerspruch (§ 899 BGB), der andere der heutigen Vormerkung (§ 883 BGB) entsprach. Die erste Kommission nahm lediglich den vorläufigen Eintrag zum Schutz bestehender dinglicher Rechte gegen die mit dem öffentlichen Glauben des Grundbuches verbundenen Gefahren mit der Bezeichnung „Vormerkung" in ihren Entwurf auf, wollte also auf die Rechtsfigur der Vormerkung zur Sicherung von obligatorischen Ansprüchen auf Verschaffung oder Aufhebung von dinglichen Rechten verzichten (§§ 844, 845 BGB E I; s dazu Mot III 239 ff = Mugdan III 132 ff; Biermann, Widerspruch und Vormerkung 58 ff). Die zweite Kommission korrigierte diese Entscheidung aufgrund der durchweg ablehnenden Stellungnahmen der Landesregierungen und unter dem Eindruck massiver Kritik im Schrifttum. Gleichzeitig führte sie für den im ersten Entwurf als „Vormerkung" bezeichneten Rechtsbehelf die weitaus treffendere Bezeichnung „Widerspruch" ein (s Prot III 107 ff = Mugdan III 562 ff). 2

II. Wirkungen des Widerspruchs

1. Rechtserhaltende Wirkungen

Der eingetragene, materiell wirksame und sachlich zutreffende Widerspruch hat eine Reihe verschiedener Rechtswirkungen, die aber alle darin übereinstimmen, dass ein Verlust des geschützten Rechts oder eine Beeinträchtigung der Durchsetzbarkeit der aus ihm fließenden Rechtsverwirklichungsansprüche verhindert wird. Der Widerspruch hat damit ausschließlich rechtserhaltende Funktion. 3

a) Die wichtigste und für den Charakter des Widerspruchs prägende Auswirkung ist die, dass er **den öffentlichen Glauben des Grundbuchs zerstört** (§ 892 Abs 1 S 1 HS 2 BGB). Soweit der Widerspruch reicht und berechtigt ist, beseitigt er den Rechtsschein des Grundbucheintrags und damit die Möglichkeit eines gutgläubigen Erwerbs vom Nichtberechtigten oder Nicht-so-Berechtigten. Er hat damit den gleichen Effekt, den die positive Kenntnis des Erwerbers von der Unrichtigkeit der Grundbucheintragung haben würde (jedenfalls wenn man davon absieht, dass für diese beiden Ausschlussgründe des Erwerbs vom Nichtberechtigten unterschiedliche Zeitpunkte maßgeblich sind). Wenn sich der berechtigte Widerspruch gegen die Existenz des Rechtes, über das verfügt werden soll oder gegen die Rechtsinhaberschaft des Verfügenden richtet, führt er dazu, dass die Verfügung des Buchberechtigten als eines Nichtberechtigten schlechthin unwirksam ist. Wendet sich der Widerspruch dagegen, dass dem Recht im Grundbuch ein zu weitgehender Inhalt oder ein zu guter Rang beigelegt oder dass eine Belastung des Rechtes zu Unrecht gelöscht worden ist, so kann eine Übertragung des betreffenden Rechts dem Erwerber trotz seiner Redlichkeit dieses nur mit seinen bisherigen Eigenschaften verschaffen; ein gutgläubiger Erwerb des besseren Rechtsinhaltes oder Ranges oder der Lastenfreiheit schei- 4 det aus. Das ist früher gelegentlich in dem Sinne gedeutet worden, als schüfe der Widerspruch analog der Vormerkungswirkung des § 883 Abs 2 und 3 BGB eine besondere dingliche Gebundenheit oder Verfügungsbeschränkung (etwa Kretzschmar § 899 Anm IV 1). Diese Interpretation war jedoch verfehlt: Der Widerspruch schließt nur die faktische Möglichkeit des Buchberechtigten aus, unter dem Schutze des öffentlichen Glaubens über das Recht zu verfügen. Die Unwirksamkeit der Verfügung des Buchberechtigten ist damit nicht Konsequenz einer besonderen Verfügungsbeschränkung, sondern sie beruht einfach auf der dinglichen Wirkung des geschützten Rechts und dem damit korrespondierenden Mangel des Rechts des Verfügenden. Daraus ergibt sich ohne Weiteres, dass die Unwirksamkeitsfolge nur dann eintreten kann, wenn das durch den Widerspruch zu sichernde Recht wirklich besteht und dem Widersprechenden auch wirklich zusteht; der zugunsten eines Nichtberechtigten eingetragene Widerspruch ist bedeutungslos, er kann die Wirksamkeit nachteiliger Verfügungen nicht behindern (MünchKommBGB/Wacke[4] § 899 Rn 24; NK-BGB/Krause[5] § 899 Rn 26; Wieling/Finkenauer[6] § 20 Rn 79). – Die den öffentlichen Glauben des Grundbuchs zerstörende Wirkung des Widerspruchs entfällt, wenn der Erwerber vor der Widerspruchseintragung (bzw genauer: vor der Entstehung des Widerspruchs [s unten Rn 56]) bereits eine Vormerkung gutgläubig erworben hatte (s Staudinger/Kesseler [2020] § 883 Rn 263).

5 Auf die Unwirksamkeit einer gegen das gesicherte Recht verstoßenden Verfügung kann sich naturgemäß nicht nur der Widerspruchsberechtigte selbst, sondern *auch jeder Dritte berufen,* denn damit wird ja nur die absolute Wirkung des gesicherten dinglichen Rechts geltend gemacht (Planck/Strecker § 899 Anm 5a; Rosenberg § 899 Anm IV 1 a; Biermann § 899 Anm 4; MünchKommBGB/H Schäfer[9] § 899 Rn 26; NK-BGB/Krause[5] § 899 Rn 27; Erman/Artz[17] § 899 Rn 15; Grüneberg/Herrler[84] § 899 Rn 5; BeckOGK/Hertel [1. 9. 2024] § 899 Rn 49; Wolff/Raiser § 47 III 1; Goldmann/Lilienthal § 45 Fn 80; Crome § 375, 4; J vGierke § 22 II 1; Weber § 9 Rn 23; Levi 1 ff, 16 ff; Sekler, Die Lehre von der Vormerkung [1904] 295; **aA** BGB-RGRK/Augustin § 899 Rn 9; Fuchs § 899 Anm 3b; Turnau/Förster § 899 Anm 3; Oberneck I, 471; Kretzschmar § 899 Anm IV; Dernburg § 51 III aE; wohl auch Schilde 80 [s dazu aber Levi 8 Fn 19]). Wenn also ein Widerspruch gegen das Eigentum des Buchberechtigten eingetragen ist, so kann die Unwirksamkeit einer von diesem später bestellten Hypothek nicht nur vom wirklichen Eigentümer, sondern auch von nachstehenden Grundpfandgläubigern geltend gemacht werden (**aA** BGB-RGRK/Augustin § 899 Rn 9). Wenn die an erster Stelle eingetragene Hypothek des A nicht besteht und der an zweiter Stelle eingetragene Nießbraucher B deshalb die Eintragung eines Widerspruchs veranlasst hat, kommt dessen Wirkung notwendigerweise den Inhabern nachrangiger dinglicher Rechte zugute. Wenn A nun seine Hypothek an einen redlichen Zessionar überträgt, können sich diese Inhaber nachrangiger Rechte ebenfalls auf die Unwirksamkeit der Zession berufen (s Levi 8 Fn 19): Nach dem klaren Wortlaut des § 892 Abs 1 S 2 BGB wirkt der berechtigtermaßen eingetragene Widerspruch genauso wie die positive Kenntnis des Erwerbers von der Unrichtigkeit; wie letztere schließt er die Rechtsscheinwirkung schlechthin, und nicht etwa nur im Verhältnis zu dem in der Eintragungsformel des Widerspruchs genannten Begünstigten aus. Vgl über diese Hauptwirkung des Widerspruchs auch § 892 Rn 129 ff, 188 ff.

6 **b)** Im **Zwangsversteigerungsverfahren** sind bei der Feststellung des geringsten Gebotes nicht eingetragene Rechte, „die durch Eintragung eines Widerspruchs ... gesichert sind, wie eingetragene Rechte zu berücksichtigen" (§ 48 ZVG). Gemeint sind

hier die Fälle, in denen mit dem Widerspruch die Existenz eines (außerhalb des Grundbuchs entstandenen bzw zu Unrecht gelöschten) Rechtes behauptet wird, das eine selbständige Belastung des Grundstückes bilden und dem betreibenden Gläubiger im Range vorgehen würde. Wenn sich nachträglich herausstellt, dass das durch den Widerspruch geschützte und in das geringste Gebot aufgenommene Recht nicht besteht, so sind die §§ 50 Abs 2 Nr 1, 51, 125 Abs 2 ZVG anzuwenden (Steiner/Riedel, ZVG[7] § 50 Anm 4 c; s auch Steiner/Eickmann, ZVG[9] § 50 Rn 16; BeckOGK/Hertel [1. 9. 2024] § 899 Rn 53). Eine durch Widerspruch gesicherte nicht eingetragene Grundstücksbelastung, die dem Recht des betreibenden Gläubigers nachgeht, erlischt nach § 91 ZVG durch den Zuschlag; im Verteilungsverfahren ist dann nach §§ 119, 120 ZVG zu verfahren (s Steiner/Riedel, ZVG[7] § 50 Anm 4c).

c) Als **weitere Wirkungen** des Widerspruchs lassen sich noch anführen: **7**

aa) der Widerspruch hemmt die Tabularersitzung (§ 900 Abs 1 S 3, Abs 2 BGB), **8**

bb) der Widerspruch gegen die zu Unrecht erfolgte Löschung eines Rechtes oder **9**
gegen die bisherige Nichteintragung eines außerhalb des Grundbuches entstandenen Rechtes *schließt die Verjährung* der Ansprüche aus diesem Recht *aus* (§ 902 Abs 2 BGB). Damit entfällt dann auch die Möglichkeit einer Buchversitzung nach § 901 BGB.

cc) Ein Ausschlussurteil, das zum Zwecke der Kontratabularersitzung nach erfolg- **10**
tem Aufgebot gegen den Bucheigentümer ergangen ist, wirkt nach § 927 Abs 3 BGB nicht gegen den wirklichen Eigentümer, wenn zu seinen Gunsten vorher bereits ein Widerspruch eingetragen war.

In allen diesen Fällen wird also die Erwirkung der Eintragung des Widerspruchs als **11**
aktive Ausübung des geschützten dinglichen Rechts gewertet (Endemann II 1, § 64, 3b).

2. Keine positiven (also rechtsbestärkenden oder rechtserweiternden) Wirkungen

Andere als die genannten rechtserhaltenden Wirkungen hat der Widerspruch nicht. **12**
Insbesondere verändert er das dingliche Recht, das ihm zugrunde liegt, inhaltlich in keiner Weise (Mot II 239; Volmer Gruchot 59 [1915] 624, 659).

a) Das durch den Widerspruch gesicherte Recht selbst gilt noch nicht als ein ein- **13**
getragenes Recht (missverständlich Endemann II 1 § 64, 3b); die §§ 902 Abs 2 BGB, 48 ZVG, in denen dem Widerspruch eine solche Wirkung für bestimmte Konstellationen ausdrücklich beigelegt ist, enthalten keinen verallgemeinerungsfähigen Rechtsgedanken (MünchKommBGB/H Schäfer[9] § 899 Rn 22). Dem durch Widerspruch geschützten Inhaber des nicht (bzw für einen Dritten) eingetragenen Rechtes stehen also weder die Vermutung aus § 891 BGB noch die Rechtsscheinwirkung des öffentlichen Glaubens des Grundbuchs (OLG Colmar RJA 13, 263, 268; RGZ 117, 346, 352) zur Seite, während umgekehrt dem widerspruchsbetroffenen Recht durch die Eintragung des Widerspruchs die Vermutung des § 891 BGB nicht entzogen wird (s § 891 Rn 53). Der eingetragene Widerspruch erleichtert mithin dem Widerspruchsberechtigten in keiner Weise die Beweisführung: Dieser muss vielmehr seine Rechtsinhaberschaft bzw das Nichtbestehen einer zu Unrecht eingetragenen Belastung bzw die

Existenz seines eigenen, außerhalb des Grundbuches entstandenen oder zu Unrecht gelöschten Rechtes voll beweisen. Der Grundstückseigentümer, der an den angeblichen Grundpfandgläubiger zahlt, der nur durch die Eintragung eines Widerspruchs „legitimiert" ist, wird dadurch nicht nach § 893 1. Alt BGB befreit (Biermann, Widerspruch und Vormerkung 98).

14 Ein im Grundbuch eingetragener Widerspruch gegen das Eigentum des Schuldners macht das durch den Widerspruch geschützte Eigentum des Widersprechenden noch nicht zu einem „aus dem Grundbuch ersichtlichen Recht" iS von § 28 ZVG, aufgrund dessen das Vollstreckungsgericht das Verfahren von Amts wegen aufzuheben oder einzustellen hätte (Planck/Strecker § 899 Anm 5c; Rosenberg § 899 Anm IV 2 a; Biermann § 899 Anm 3b; Fuchs § 899 Anm 3a; Turnau/Förster § 899 Anm I 8; BGB-RGRK/Augustin § 899 Rn 11; MünchKommBGB/H Schäfer[9] § 899 Rn 23; BeckOGK/Hertel [1. 9. 2024] § 899 Rn 58; Dassler/Schiffhauer/Hintzen/Engels/Rellermeyer, ZVG[16] § 28 Rn 42; Güthe/Triebel § 25 Rn 23; Oberneck I 470 f; Predari 92; Crome III § 375, 4e α; Goldmann/Lilienthal § 45 Fn 81; **aA** Endemann II 1 § 64 Fn 36; Schilde 78; Kretzschmar Recht 1903, 592; ders SächsArch 11 [1901] 185 ff; ders JW 1914, 561 ff, 564; Strecker, Die allgemeinen Vorschriften über Rechte an Grundstücken [1898] 109; Lippmann JherJb 54 [1909] 138). Das Grundbuch weist hier ja nur aus, dass der Widersprechende behauptet, Eigentümer des betreffenden Grundstücks zu sein. Der Widersprechende ist deshalb darauf angewiesen, nach §§ 771 ff ZPO zu intervenieren. Bestritten ist, ob der berechtigte Widerspruch gegen das Eigentum des Vollstreckungsschuldners mit dem Zuschlag erlischt, wenn der wirkliche Grundstückseigentümer die rechtzeitige Intervention versäumt, oder ob das durch den Widerspruch geschützte Eigentum auch dem Ersteher gegenüber geltend gemacht werden kann (im ersteren Sinne: Reinhard/Müller, ZVG[3/4] § 37 Anm VI 5 c, § 48 III 2; Stöber ZVG[23] § 48 Rn 18. 2; Böttcher ZVG[7] § 28 Rn 36, § 48 Rn 4; Dassler/Schiffhauer/Hintzen/Engels/Rellermeyer, ZVG[16] § 48 Rn 4; MünchKommBGB/H Schäfer[9] § 899 Rn 23; Steiner/Eickmann, ZVG[9] § 48 Rn 25; Reinhard Gruchot 62 [1918] 319; Fischer/Schäfer, ZVG § 48 Anm 4; Meiser Gruchot 57 [1913] 602; Du Chesne SeuffBl 72, 523; im letzteren Sinne OLG Frankfurt Recht 1908 Nr 399; Korintenberg/Wenz, ZVG[6] § 48 Anm 6; Crome III § 375, 4e m Fn 88; Jäckel/Güthe, ZVG[7] § 48 Rn 5; Th Wolff, ZVG § 9 Anm 6). Dass eine – dem Recht des betreibenden Gläubigers vorgehende – Auflassungsvormerkung in das geringste Gebot aufzunehmen ist und deshalb nach §§ 48, 52 ZVG auch nach dem Zuschlag bestehen bleibt, ist heute ganz hM (BGHZ 46, 124, 126; Staudinger/Seufert[11] § 883 Rn 61; MünchKommBGB/Lettmaier[9] § 883 Rn 76; MünchKommBGB/Wacke[4] § 883 Rn 51 mwNw; ferner Staudinger/Gursky [2013] § 883 Rn 298 f; Staudinger/Kesseler [2020] § 883 Rn 357 f). Diese Lösung, die auf den ersten Blick mit § 91 ZVG kaum zu vereinbaren scheint, ist wohl unvermeidlich, weil sich anderenfalls insbesondere bei Vormerkungen zur Sicherung von künftigen oder bedingten Ansprüchen unüberwindliche Schwierigkeiten ergeben würden (s Wörbelauer DNotZ 1963, 652 ff). Der Widerspruch zur Sicherung des Eigentums eines Dritten kann aber kaum eine schwächere Wirkung haben als die Vormerkung zur Sicherung eines Anspruchs auf Übereignung. – Im Übrigen ist wegen der Berücksichtigung und Wirkung der verschiedenen Arten des Widerspruchs im Zwangsversteigerungsverfahren auf die Kommentare zu §§ 28, 37, 48 ZVG zu verweisen.

15 **b)** Die **Heilung** eines formnichtigen Kaufvertrages durch Auflassung und Eintragung (§ 311b Abs 1 S 2 BGB) wird nicht dadurch ausgeschlossen, dass gleichzeitig mit der Eintragung des Erwerbers ein Widerspruch zugunsten des Veräußerers eingetragen wird (RGZ 109, 331, 334 – LZ 1925, 475; MünchKommBGB/ H Schäfer[9] § 899 Rn 22; Soergel/Kern[14] § 899 Rn 15; NK-BGB/Krause[5] § 899 Rn 29). Die Heilungswirkung setzt ja einen wirksamen Eigentumserwerb des Käufers voraus; dann muss aber der Widerspruch unberechtigt sein.

c) Im **Insolvenzverfahren über das Vermögen** des Passivbeteiligten entfaltet der Widerspruch nur die oben in Rn 3 ff geschilderten Wirkungen. Er muss hier keine weitergehenden Aufgaben übernehmen, denn der Grundbuchberichtigungsanspruch kann als dinglicher Anspruch ja auch ohne die Eintragung eines Widerspruchs gegen den Insolvenzverwalter durchgesetzt werden (Rosenberg § 899 Anm IV 1c). 16

3. Keine Grundbuchsperre

Der Widerspruch führt nicht zu einer Sperre des Grundbuchs (RG DNotZ 1930, 423, 424; KGJ 28 A 250, 253 = OLGE 8, 188, 189; BayObLG Recht 1903 Nr 1122; OLG Dresden AnnSächsOLG 33, 414; Planck/Strecker § 899 Anm 5b; Rosenberg § 899 Anm IV 1 a; Kretzschmar § 899 Anm IV 1; Soergel/Kern[14] § 899 Rn 15; MünchKommBGB/H Schäfer[9] § 899 Rn 20; NK-BGB/Krause[5] § 899 Rn 26; jurisPK-BGB/Toussaint[10] § 899 Rn 33; Erman/Artz[17] § 899 Rn 17; BeckOGK/Hertel [1. 9. 2024] § 899 Rn 55; Bauer/Schaub/Lieder[5] AT C 235; Wolff/Raiser § 47 III 1; Frey ZBlFG 3, 557, 565). Das Grundbuchamt hat also Eintragungen und Löschungen vorzunehmen, als ob der Widerspruch nicht vorhanden wäre. Nach Staudinger/Seufert[11] § 899 Rn 18 sollte das Grundbuchamt zum Vollzug einer vom Widerspruchsbetroffenen bewilligten Eintragung selbst dann verpflichtet sein, wenn der Grundbuchbeamte aus den aktenmäßigen Unterlagen die Überzeugung von der vollen Berechtigung des Widersprechenden gewonnen hätte (ebenso schon Frey ZBlFG 3, 557, 565; anders aber KGJ 28 A 250, 253 = OLGE 8, 188, 189). Diese Auffassung ist mit der Pflicht des Grundbuchamtes zur Wahrung der Richtigkeit des Grundbuchs (s KEHE/Dümig[3] Einl C Rn 66 ff) kaum zu vereinbaren. 17

Die hM ist der Ansicht, dass eine **Löschung** des vom Widerspruch betroffenen Rechtes die Schutzwirkung des Widerspruchs vereiteln würde. Sie verlangt deshalb für die Aufhebung eines Rechtes, bei dem ein Dritter die Eintragung eines Widerspruchs zur Sicherung seiner angeblichen Rechtsinhaberschaft hat eintragen lassen, die Zustimmung dieses widerspruchsbegünstigten Dritten (Staudinger/Ertl[12] § 876 Rn 5; MünchKommBGB/Wacke[4] § 876 Rn 4, § 893 Rn 29; Soergel/Kern[14] § 899 Rn 15; NK-BGB/Krause[5] § 899 Rn 26; AK-BGB/L vSchweinitz § 876 Rn 1; Meikel/Schneider[12] § 53 Rn 122; Güthe/Triebel § 25 Anm 22; Predari 92; Weber DNotZ 1907, 241, 252 f; KG HRR 1928 Nr 1463 = DNotV 1928, 577 [Widerspruch wegen Nichtvalutierung der Hypothek]). Diese Ansicht ist abzulehnen (so auch Rosenberg § 899 Anm IV 1 a; Biermann, Widerspruch und Vormerkung 123; s dazu auch Staudinger/C Heinze [2018] § 876 Rn 7; unentschieden BeckOGK/Hertel [1. 9. 2024] § 899 Rn 56.1, der die hM für praktikabler, aber auch für „systematisch weniger konsequent" erachtet). Trotz der Löschung des betroffenen Rechtes bleibt der Widerspruch als solcher ja aus dem Grundbuch ersichtlich. Dafür, dass er mit der Löschung des betroffenen Rechtes automatisch seine Wirkung verlieren müsste, gibt es weder einen Anhaltspunkt im Gesetz, noch folgt dies schon aus der Natur der Sache. Das Weiterbestehen des Widerspruchs ist sinnvoll, gerade weil die Löschung als solche ja nicht zu einer endgültigen Vernichtung des Rechtes führt, sondern genauso wie sonstige Grundbucheintragungen eine Entscheidung ohne materielle oder formelle Rechtskraft darstellt und damit korrigierbar bleibt (s Rosenberg § 883 IV 1h). Die praktischen Schwie- 18 rigkeiten, die im Rahmen der Parallelproblematik bei der Vormerkung die Zustimmung des Vormerkungsgläubigers zur Löschung des vormerkungsbetroffenen Rechtes erforderlich erscheinen lassen (s dazu MünchKommBGB/Wacke[4] § 876 Rn 13 Fn 30, § 883 Rn 47; MünchKommBGB/Lettmaier[9] § 876 Rn 3, 17, § 883 Rn 61 Fn 387 sowie Staudinger/Gursky [2013] § 883 Rn 258; Staudinger/Kesseler [2020] § 883 Rn 310 ff), treten im Falle des Widerspruchs nicht auf: Die vom Buchberechtigten erklärte Aufgabe des widerspruchsbetroffenen Rechtes ist nicht nach §§ 893 2. Alt, 892 Abs 1 S 1 HS 2 1. Alt BGB wirksam, und der widerspruchsbegünstigte wirkliche Rechtsinhaber kann mit Hilfe des Grundbuchberichtigungsanspruchs die Wiedereintragung mit dem bisherigen Rang erzwingen.

III. Das Wesen des Widerspruchs

1. Allgemeiner Charakter

19 Die Eintragung eines Widerspruchs begründet zweifellos kein dingliches Recht, sowenig sie eine Veränderung des angegriffenen dinglichen Rechtes herbeiführt oder etwa bewirkt, dass das gesicherte Recht selbst als eingetragen gelten kann. Der Widerspruch stellt vielmehr einen Grundbuchvermerk eigener Art dar, eine Schutzeintragung, die den Inhaber eines bereits bestehenden dinglichen Rechts, das im Grundbuch nicht oder nicht richtig oder nur mit einer in Wirklichkeit nicht existierenden oder doch nur in geringerem Umfang bestehenden Belastung beschwert oder für einen anderen eingetragen ist, gegen die aus dem öffentlichen Glauben des Grundbuchs resultierenden Gefahren eines vollständigen oder teilweisen Rechtsverlustes und in bestimmtem Umfang auch gegen die Gefahr eines Rechtsverlustes durch Verschweigung (vgl §§ 901, 900 Abs 2, 927 Abs 3 BGB, §§ 48, 91, 92 ZVG) schützen soll. Man kann diesen Vermerk als eine vorläufige Eintragung begreifen, die von vornherein bestimmt ist, von einer endgültigen Eintragung, nämlich der Grundbuchberichtigung abgelöst zu werden (Biermann, Widerspruch und Vormerkung 95 f). Wenn der Widerspruch grundlos ist, so hat er keinerlei Rechtswirkungen. Ein sachlich zutreffender Widerspruch dagegen zerstört die vom unrichtigen Grundbuchinhalt ausgehende Legitimation des Nichtberechtigten oder Nicht-so-Berechtigten, ohne zugleich die Vermutungswirkung des Grundbucheintrags zu beseitigen.

20 Der Widerspruch offenbart – wie die frühere Bezeichnung „Protestation“ treffend zum Ausdruck brachte – einen Protest gegen den Inhalt des Grundbuchs: Der Widersprechende behauptet, dass dieser Inhalt zu seinem Nachteil unrichtig ist, der Sache nach also, dass ihm ein Grundbuchberichtigungsanspruch zusteht. Insoweit ist gegen die früher verbreitete Formulierung, der Widerspruch „bekunde“ oder „verlautbare“ den Berichtigungsanspruch (vgl etwa OLG Dresden OLG 2, 152; Kretzschmar § 899 Anm V 6; MünchKommBGB/H Schäfer[9] § 899 Rn 1) eigentlich wenig einzuwenden (**aA** Staudinger/Seufert[11] § 899 Rn 3; Volmer Gruchot 59 [1915] 624, 664; Rosenberg § 899 Anm III 2 d β). Die Funktion des Widerspruchs würde aber verkürzt, wenn man in ihm nur ein Mittel zur Sicherung des zugrundeliegenden Berichtigungsanspruchs verstehen würde (so Heinsheimer Gruchot 69 [1928] 401, 419; Stemmler 3). Der Widerspruch schützt das nicht oder nicht richtig eingetragene dingliche Recht schlechthin und damit die Gesamtheit der aus diesem fließenden Ansprüche (s Volmer Gruchot 59 [1915] 624, 664).

Der Widerspruch wurde vielfach als ein verfahrensrechtlicher Schutzvermerk bezeichnet (zB KG HRR 1928, 842 und PALANDT/BASSENGE[44] § 899 Anm 5a „Verfahrensmittel"; MünchKommBGB/WACKE[4] § 899 Rn 22 „grundbuchrechtlicher Schutzvermerk"). Das ist nicht unbedenklich, da der Widerspruch eindeutig materiellrechtliche Entstehungsvoraussetzungen (Rn 26 ff) hat. Gänzlich abweichend SEKLER (294), der im Widerspruch in der Tat einen bloßen Grundbuchvermerk sehen wollte, der wirksam sei, sobald und solange er im Grundbuch eingetragen sei. Dagegen zu Recht LEVI 28 f. 21

Der Widerspruch ist gegenüber dem dinglichen Recht, das ihm zugrundeliegt und das er sichert, **akzessorisch** (BIERMANN, Widerspruch und Vormerkung 96; COSACK § 183 III; BAUER/SCHAUB/LIEDER[5] AT C 244). Da er keine über die Sicherung dieses Rechtes hinausgehenden Rechtswirkungen entfaltet, versteht es sich von selbst, dass er nicht isoliert (dh losgelöst von dem zugrundeliegenden Recht) abgetreten, gepfändet oder verpfändet werden kann (KG 36 A 178, 179; 47 A 177; VOLMER Gruchot 59 [1915] 624, 659; PLANCK/STRECKER § 899 Anm 6; MünchKommBGB/H SCHÄFER[9] § 899 Rn 22; NK-BGB/KRAUSE[5] § 899 Rn 3; ERMAN/ARTZ[17] § 899 Rn 2; BeckOGK/HERTEL [1. 9. 2024] § 899 Rn 9). Ebenso, dass er im Falle einer nach Widerspruchseintragung erfolgten wirksamen Übertragung oder Belastung des gesicherten Rechts automatisch auch dem Rechtsnachfolger des in der Eintragungsformel des Widerspruchs genannten seinerzeitigen Inhabers dieses Rechts zugutekommt (ROSENBERG § 899 Anm IV 5 unter Berufung auf §§ 401, 412, 413; TURNAU/FÖRSTER § 899 Anm II 7; OBERNECK I 472; MEIKEL/BÖTTCHER[12] § 22 Rn 35; KELLER/MUNZIG/MEIER[9] § 22 Rn 104). Falls das gesicherte Recht überhaupt nicht oder jedenfalls nicht für den Widersprechenden eingetragen ist, scheitert eine solche Übertragung allerdings regelmäßig am Eintragungserfordernis gem § 873 BGB; denkbar wäre aber etwa ein Übergang der zu Unrecht gelöschten oder außerhalb des Grundbuchs entstandenen Hypothek (§§ 1163, 1173 Abs 2, 1143; 1164, 1150, 268 BGB) oder eines Pfandrechts an einem beschränkten Liegenschaftsrecht (§§ 1250, 1273 Abs 2 BGB). 22

Der Widerspruch fällt nicht unter die Rangvorschrift des § 879 BGB; da er weder ein dingliches Recht noch einem solchen ähnlich ist, sondern lediglich ein Schutzmittel für dingliche Rechte bildet (s Rn 19), hat er **keinen eigenen Rang** (RGZ 129, 124, 127; RG WarnR 1931 Nr 106 S 219; STAUDINGER/S HEINZE [2018] § 879 Rn 11; PLANCK/STRECKER § 879 Anm 7 f; BGB-RGRK/AUGUSTIN § 879 Rn 15; MünchKommBGB/H SCHÄFER[9] § 899 Rn 21; BeckOGK/HERTEL [1. 9. 2024] § 899 Rn 60; ERMAN/ARTZ[17] § 899 Rn 2; H WESTERMANN/EICKMANN[8] § 71 Rn 23; GRUNSKY, Rangfragen bei dinglichen Rechten [1963] 57; **aA** GÜTHE/TRIEBEL § 45 Rn 13; THIEME, GBO[4] § 45 Anm 7; HESSE/SAAGE/FISCHER § 45 Anm II 1; MEIKEL/IMHOF/RIEDEL[6] § 45 Rn 35; s auch KRETZSCHMAR § 879 Anm 5; FUCHS § 899 Anm 6). Auch die verbreitete Vorstellung, der Widerspruch teile den Rang des durch ihn gesicherten Rechtes (so RGZ 129, 124, 127; STAUDINGER/S HEINZE [2018] § 879 Rn 11; STAUDINGER/SEUFERT[11] § 899 Rn 27), ist dogmatisch nicht ganz korrekt, aber jedenfalls unschädlich. In Wirklichkeit hat nur das gesicherte Recht selbst einen Rang und dieser wird durch den Widerspruch mit geschützt (H WESTERMANN/EICKMANN[8] § 71 Rn 23; ERMAN/ARTZ[17] § 899 Rn 2). Ein Widerspruch, der sich gegen die unrechtmäßige Löschung eines Rechts oder gegen eine unzutreffende Rangangabe richtet, schließt für die Zukunft die Möglichkeit einer Rangverschlechterung des gesicherten Rechts durch den gutgläubigen Erwerb des Vorrangs für ein anderes Recht aus. Diese rangwahrende Wirkung ist der einzige Einfluss, den der Widerspruch auf die Rangverhältnisse des gesicherten Rechtes ausübt. 23

2. Widerspruch und Vormerkung

24 Widerspruch und Vormerkung haben gemeinsame Vorläufer (s oben Rn 2). Auch ihre Rechtsnatur lässt sich – wenn man sehr allgemeine und abstrakte Formulierungen wählt – übereinstimmend kennzeichnen: Beide sind keine dinglichen Rechte, sondern bilden jeweils sachenrechtliche Schutzeintragungen eigener Art, die eine außerhalb ihrer selbst liegende Rechtsposition sichern sollen und gegenüber der letzteren akzessorisch sind. Dennoch bestehen hier ganz wesentliche Unterschiede, die sich letztlich alle aus der Verschiedenartigkeit der jeweils gesicherten Rechtspositionen ergeben: Während der Widerspruch ein bereits bestehendes dingliches Recht gegen die Gefahren einer fehlenden oder unrichtigen Verlautbarung im Grundbuch schützt, soll die Vormerkung ja einen bloßen schuldrechtlichen Anspruch auf dingliche Rechtsänderung gegen eine mögliche Vereitelung sichern, indem sie das betroffene dingliche Recht in eigenartiger Weise für den Vormerkungsgläubiger „bindet". Der Widerspruch *protestiert* gegen die Aussagen des Grundbuchtextes und behauptet damit die Notwendigkeit einer Grundbuchberichtigung; die Vormerkung dagegen *„prophezeit"* eine künftige Änderung der dinglichen Rechtslage und hält damit zugleich die Möglichkeit dieser Rechtsänderung offen (s Wolff/Raiser § 48 pr). „Wer sich vormerken lässt, behauptet gar nicht, dass das Grundbuch falsch ist, während, wer einen Widerspruch erhebt, gerade alles auf die Unrichtigkeit des Grundbuchs aufbaut" (Hedemann § 14 IV c). Die Vormerkung entfaltet gewisse positive Wirkungen von dinglicher Art (Sicherungswirkung, Vollwirkung, Rangwirkung, s Erl zu § 883), der Widerspruch dagegen wirkt nur negativ (rechtserhaltend). Weiterhin hat der Widerspruch im Gegensatz zur Vormerkung keinen Rang. Überhaupt steht die Vormerkung gerade wegen ihrer positiven Wirkungen einem selbständigen dinglichen Recht sehr viel näher als der Widerspruch. Ein Widerspruch gegen die Eintragung einer Vormerkung ist nicht zulässig (s dazu unten Rn 36).

25 Angesichts der sich klar unterscheidenden Aufgaben der beiden Rechtsbehelfe ist es grundsätzlich nicht möglich, Vormerkung und Widerspruch gleichzeitig zum Schutze ein und desselben Rechtes geltend zu machen (Reichel JherJb 46 [1904] 59, 66 f). Zu Unrecht wird angenommen, Widerspruch und Vormerkung könnten zusammentreffen, wenn sowohl die im Grundbuch eingetragene Verfügung wie deren schuldrechtliches Grundgeschäft nichtig seien und nun sowohl der schuldrechtliche wie der dingliche Berichtigungsanspruch gesichert werden sollten (Hoche JW 1927, 1817; Soergel/Kern[14] § 883 Rn 68; MünchKommBGB/Wacke[4] § 883 Rn 5 und 13, § 894 Rn 25; s auch RGZ 139, 353, 355). Der sog schuldrechtliche Berichtigungsanspruch hat hier die Herausgabe der bloßen Buchposition zum Gegenstand, zielt also nicht auf eine dingliche Rechtsänderung ab und ist deshalb gar nicht vormerkungsfähig (so auch jurisPK-BGB/Toussaint[10] § 894 Rn 81; ferner Wilhelm[7] Rn 2227). In dem durch § 1157 S 2 BGB erweiterten Anwendungsbereich des Widerspruchs kann es allerdings praktisch zu einer *Kumulation* von Widerspruch und Vormerkung kommen (s Staudinger/Scherübl[12] § 1157 Rn 8). Wenn die Valutierung der eingetragenen Grundschuld endgültig ausbleibt, kann der Grundstückseigentümer sowohl die Eintragung eines Widerspruchs zur Sicherung seiner Einrede der Nichterfüllung des Sicherungszwecks (§§ 1192 Abs 1, 1157 S 2 BGB) wie auch die Eintragung einer Vormerkung zur Sicherung seines (der Einrede zugrundeliegenden) Anspruchs auf Rückgewähr der Grundschuld erwirken (s Planck/Strecker § 1157 Anm 3c). Aber auch hier sichern die beiden Rechtsbehelfe dann unterschiedliche, wenn natürlich auch eng zusammenhängende Rechtspositionen. In der

Konstellation des § 1169 BGB besteht die Möglichkeit einer solchen Doppelsicherung durch Widerspruch und Vormerkung entgegen der hM (s STAUDINGER/WOLFSTEINER [2019] § 1169 Rn 20) dagegen nicht, da der Anspruch aus § 1169 BGB dinglicher Natur (BGH WM 1978, 986, 987) und damit nicht vormerkungsfähig ist (PLANCK/STRECKER § 1169 Anm 3d mwNw; s auch REICHEL JherJb 46 [1904] 58, 67 Fn 1). Wegen der Konsequenzen, die sich ergeben, wenn statt eines Widerspruchs versehentlich eine Vormerkung eingetragen wird, s Rn 81.

IV. Materielle Entstehungsvoraussetzungen

1. Ein Berichtigungsanspruch des Widersprechenden gegen den Widerspruchsgegner

a) Anwendungsfälle

Ein Widerspruch gegen die Richtigkeit des Grundbuchs kann nur „in den Fällen des § 894" eingetragen werden. Ein Widerspruch iS von § 899 BGB ist mithin materiell nur dann zulässig, wenn wirklich eine Unrichtigkeit des Grundbuchs vorliegt, die nach § 894 BGB einen Anspruch des Widersprechenden gegen den Widerspruchsgegner (Passivbeteiligten) auf Zustimmung zur Berichtigung des Grundbuchs auslöst (s aber auch unten Rn 44 und § 894 Rn 145 aE). In Betracht kommt der Widerspruch damit in folgenden Fällen (s BIERMANN, Widerspruch und Vormerkung 73): 26

(1) Ein bestehendes und eintragungsfähiges Recht an einem gebuchten Grundstück oder an einem beschränkten Liegenschaftsrecht an einem gebuchten Grundstück ist nicht bzw (infolge unrechtmäßiger Löschung) nicht mehr eingetragen. 27

(2) Ein bestehendes und eintragungsfähiges Recht an einem gebuchten Grundstück bzw an einem Recht an einem gebuchten Grundstück ist nicht richtig, sondern mit einem schlechteren als dem wirklichen Inhalt, Umfang oder Rang oder zu Unrecht als bedingt oder befristet eingetragen. 28

(3) Ein bestehendes und eintragungsfähiges Recht an einem gebuchten Grundstück bzw an einem Recht an einem gebuchten Grundstück ist einem anderen als dem wirklichen Berechtigten zugeschrieben. Dem steht es gleich, wenn ein Briefgrundpfandrecht im Grundbuch zwar für den wirklichen Gläubiger eingetragen, ein Dritter sich aber im Besitz des Briefes befindet und nach § 1155 BGB legitimiert ist (s OLG Frankfurt Rpfleger 1975, 301). 29

(4) Ein Grundstück oder Grundstücksrecht ist mit einer in Wirklichkeit nicht oder nicht mehr oder nur mit geringerem Inhalt oder Umfang bestehenden Belastung eingetragen. 30

(5) Das Grundstückseigentum oder ein beschränktes Liegenschaftsrecht unterliegt einer Verfügungsbeschränkung, die im Grundbuch nicht ausgewiesen ist (dieser Fall ist allerdings problematisch und streitig, s unten Rn 41 f). 31

(6) Für den Bereich der Grundpfandrechte wird der Anwendungsbereich des Widerspruchs durch § 1138 BGB und § 1157 S 2 BGB (bzw §§ 1192 Abs 1, 1157 S 2 BGB; §§ 1199, 1200, 1157 S 2 BGB) erweitert. Danach kann ein Widerspruch auch 32

zur Erhaltung von eintragungsfähigen, aber bisher im Grundbuch nicht verlautbarten Einreden gegen das Grundpfandrecht eingetragen werden. Sonderfälle eines Widerspruchs: § 1139 BGB ermöglicht bei der Buchhypothek für eine Darlehensforderung die rückwirkende Eintragung eines Widerspruchs (vgl unten Rn 99); nach § 1140 S 2 BGB steht ferner bei einer Briefhypothek ein aus dem Brief oder einem Vermerk auf dem Brief hervorgehender Widerspruch einem im Grundbuch eingetragenen gleich.

33 Ein Widerspruch gegen die Unrichtigkeit rein tatsächlicher Angaben des Grundbuchs wäre dagegen unzulässig (KG OLGE 7, 197); ebenso wenig kann sich ein Widerspruch gegen eine Eintragung richten, die bereits inhaltlich unzulässig ist (s KG OLGE 18, 219, 221). Er scheidet damit insbesondere bei Eintragungen aus, deren Unvollständigkeit und damit Unrichtigkeit für jedermann erkennbar ist (KG OLGE 18, 219, 221: Eintragung mehrerer Berechtigter ohne Angabe des Gemeinschaftsverhältnisses; s auch RG JW 1934, 2612; Meikel/Böhringer[10] § 47 Rn 277). Da der Widerspruch immer nur zum Schutz bereits bestehender dinglicher Rechte dient, kann er auch nicht im Hinblick auf die Anfechtung einer Rechtsbestellung oder Übertragung nach dem Anfechtungsgesetz oder nach den §§ 129 ff InsO (bis 31. 12. 1998: §§ 29 ff KO) eingetragen werden (RGZ 69, 39, 41; BayObLGZ 6, 200). Der Rückgewähranspruch nach § 143 InsO (= § 37 Abs 1 KO) bzw § 11 AnfG nF (= § 7 AnfG aF) ist nun einmal kein dingliches Recht (Staudinger/Gursky [2013] § 883 Rn 33 f; Staudinger/Kesseler [2020] § 883 Rn 47 f [dort auch zur Sicherung dieser Ansprüche]). Ebenso wenig rechtfertigt die Gläubigerstellung eines Restitutionsanspruchs aus § 3 VermG die Eintragung eines Widerspruchs, da der Restitutionsberechtigte eine dingliche Rechtsposition erst mit der Bestandskraft der seinem Antrag stattgebenden Entscheidung (§ 34 VermG) erlangt (KG DtZ 1991, 298; OLG Naumburg DtZ 1998, 30; LG Berlin DtZ 1991, 412; BezG Dresden DtZ 1991, 250; 1991, 302; BezG Frankfurt/Oder NJ 1992, 218; [iE] BezG Potsdam ZOV 1991, 48; Kohler DNotZ 1991, 699; ders NJW 1991, 465, 469; Kinne ZOV 1991, 21 f; Staudinger/Rauscher [2016] Art 233 § 2 EGBGB Rn 52; Demharter[33] § 22 Rn 16; Redeker/Hirtschulz/Tank, in: Fieberg/Reichenbach/Messerschmidt/Neuhaus, VermG § 3 Rn 326; **aA** KreisG Wernigerode DtZ 1991, 96; BezG Frankfurt/Oder DNotZ 1991, 739; KreisG Beekow ZOV 1991, 52). Anders ist nur zu entscheiden, wenn glaubhaft gemacht wird, dass die Inanspruchnahme des Grundstücks bereits nach dem Recht der DDR gesetzwidrig war und dass somit das Eigentum des Antragstellers entgegen dem Grundbucheintrag fortbesteht (Staudinger/Rauscher [2016] Art 233 § 2 EGBGB Rn 52). Immer setzt der Widerspruch eine gegenwärtige Unrichtigkeit des Grundbuches voraus. Ein Widerspruch kann deshalb nicht mehr zur Entstehung gebracht werden, wenn das Grundbuch bereits durch einen gutgläubigen Erwerb nach § 892 BGB oder Tabular(v)ersitzung nach §§ 901 f BGB richtig geworden ist (s RGZ 65, 98; KG OLGE 25, 387; Rosenberg § 899 Anm II 1 a; NK-BGB/Krause[5] § 899 Rn 7; Bauer/Schaub/Lieder[5] AT C 197).

b) Beschränkung auf den Bereich des öffentlichen Glaubens

34 Der Gesetzgeber hat mit der Verweisung auf § 894 BGB auf eine besonders einfache Weise den Anwendungsbereich des Widerspruchs kennzeichnen wollen. Der Rahmen, den er damit abgesteckt hat, ist aber zu weit ausgefallen. Da der Widerspruch im Wesentlichen nur die Aufgabe hat, einen Rechtsverlust durch gutgläubigen Erwerb zu verhindern, wäre sein Einsatz überall dort sinnwidrig, wo die Gefahr eines derartigen Rechtsverlustes ohnehin nicht besteht. § 899 BGB bedarf insoweit einer teleologischen **Restriktion** (OLG Karlsruhe Rpfleger 1997, 471, 472; OLG Jena OLG-NL 1995,

44, 46; ROSENBERG § 899 Anm II 1 b; PLANCK/STRECKER § 899 Anm 2b; MünchKommBGB/H SCHÄFER[9] § 899 Rn 1, 3, 20 ff; SOERGEL/KERN[14] § 899 Rn 5; NK-BGB/KRAUSE[5] § 899 Rn 6; ERMAN/ARTZ[17] § 899 Rn 3 f; BAMBERGER/ROTH/ECKERT[5] § 899 Rn 3; GRÜNEBERG/HERRLER[84] § 899 Rn 2; AK-BGB/L VSCHWEINITZ Rn 4; BAUER/SCHAUB/LIEDER[5] AT C 198; SCHREIBER Jura 2005, 241, 242; **aA** BIERMANN § 899 Anm 1a; ders, Widerspruch und Vormerkung 83). Zugunsten von nicht eingetragenen Rechten, die zur Erhaltung ihrer Wirksamkeit gegenüber dem öffentlichen Glauben des Grundbuchs der Eintragung in das Grundbuch überhaupt nicht bedürfen (s § 892 Rn 62) kommt ein Widerspruch mithin nicht in Betracht, obwohl ihre Eintragung mit Hilfe des Berichtigungsanspruchs erzwungen werden könnte (PLANCK/STRECKER § 899 Anm 2b aE; ROSENBERG § 899 Anm II 1 b ε; MEIKEL/SCHNEIDER[12] § 53 Rn 56; PREDARI 90; GÜTHE/TRIEBEL § 25 Rn 11; **aA** OLG Kiel OLG 4, 292; STAUDINGER/J HÖNLE/U HÖNLE [2018] Art 187 EGBGB Rn 4 f; SOERGEL/HARTMANN[12] Art 187 EGBGB Rn 2; GRÜNEBERG/HERRLER[84] Art 187 EGBGB Rn 2). Schon aus diesem Grunde nicht in Betracht kommt auch die Eintragung eines Widerspruchs, wenn die Eintragung eines wirklich bestehenden gemeinschaftlichen Rechts entgegen § 47 Abs 1 GBO weder das Gemeinschaftsverhältnis noch die Anteile der Berechtigten bezeichnet; für einen Erwerb eines größeren als des wirklichen Anteils eines der Mitberechtigten fehlt es hier ja schon an der objektiven Rechtsscheinsbasis (iE [aber mit der Offensichtlichkeit der Unrichtigkeit argumentierend] RG JW 1934, 2612, 2613; KG OLGE 18, 219, 221; MEIKEL/SCHNEIDER[17] § 53 Rn 62; MEIKEL/BÖHRINGER[12] § 47 Rn 348). Ein Widerspruch gegen die Eintragung einer nach § 7 Abs 3 GesO erloschenen *Zwangs(sicherungs)hypothek* ist dagegen möglich (BÖHRINGER DtZ 1996, 258, 260); die Möglichkeit des gutgläubigen Erwerbs der erloschenen Hypothek ist nämlich nicht ausgeschlossen (LG Schwerin Rpfleger 1996, 168; BÖHRINGER DtZ 1996, 258, 260). Da auch bei einer unrichtig eingetragenen Zwangs(sicherungs)hypothek ein gutgläubiger Erwerb möglich ist, kann gegen diese ein Widerspruch eingetragen werden, wenn die Unrichtigkeit nicht oder nicht mit hinreichender Erfolgsaussicht im Wege eines Amtswiderspruchs nach § 53 GBO geltend gemacht werden kann oder konnte (OLG Stuttgart 6. 3. 2018 – 6 W 10/18, BeckRS 2018, 20977 Rn 15 mwNw; BeckOGK/HERTEL [1. 9. 2024] § 899 Rn 17).

Wenn man die beschriebene Restriktion vornimmt, bedarf es allerdings – was zu- 35
meist übersehen wird – doch einer **Unterausnahme**: Auch wenn die Gefahr eines Rechtsverlustes durch gutgläubigen Erwerb gar nicht besteht, muss die Eintragung eines Widerspruchs jedenfalls in solchen Fällen zulässig sein, in denen eine der sonstigen Wirkungen des Widerspruchs (s Rn 7 ff) zum Zuge kommen kann, weil dem Widersprechenden ein Rechtsverlust durch Tabularersitzung (§ 900 BGB), Kontratabularersitzung (§ 927 BGB) oder Verjährung (s § 902 BGB) bzw gegebenenfalls auch wegen einer an einen bloßen Buchberechtigten erbrachten Leistung (§ 893 BGB) droht. So kommt grundsätzlich zwar ein Widerspruch gegen die Eintragung eines kraft Gesetzes unübertragbaren Rechtes (also etwa eines Nießbrauches oder einer beschränkten persönlichen Dienstbarkeit, sofern diese für eine natürliche Person bestellt sind) nicht in Betracht (s BayObLGZ 54, 141 für den Amtswiderspruch; MünchKommBGB/WACKE[4] § 899 Rn 4; jurisPK-BGB/TOUSSAINT[10] § 899 Rn 4; ERMAN/ARTZ[17] § 899 Rn 4; GRÜNEBERG/HERRLER[84] § 899 Rn 2 [d]). Etwas anderes muss aber gelten, wenn objektiv die Möglichkeit besteht, dass der als Servitutenberechtigter Eingetragene das betreffende Recht durch Buchersitzung nach §§ 900 Abs 2 S 1, 1090 Abs 2, 1029 BGB erwerben könnte (OLG Köln DNotZ 1958, 487, 489; GRÜNEBERG/HERRLER[84] § 899 Rn 2 [d]; MEIKEL/SCHNEIDER[12] § 53 Rn 60; BAUER/SCHAUB/LIEDER[5] AT C 198). Ohnehin anders ist die Situation bei solchen Grundstücksrechten, die nicht schon kraft Gesetzes unveräußerlich sind,

sondern nur *durch Parteivereinbarung vinkuliert* (s § 892 Rn 261) worden sind. Gegen die Eintragung derartiger Rechte muss ein Widerspruch nachrangiger Berechtigter zulässig sein, da sie jedenfalls mit Zustimmung des Grundstückseigentümers übertragbar wären. – Im Übrigen muss ein Widerspruch jedenfalls dann erwirkbar sein, wenn ein wirksam begründetes höchstpersönliches Recht etwa infolge eines Übertragungsfehlers im Grundbuch einem anderen als dem wirklichen Rechtsinhaber zugeschrieben wird, der damit für die Annahme von Leistungen aus dem betreffenden Recht (s § 893 Rn 5) und für Verfügungen über dieses (etwa die Aufhebung des Rechts) zugunsten eines redlichen Grundstückseigentümers legitimiert wäre; ferner wenn ein solches Recht zu Unrecht gelöscht worden ist. S auch Meikel/Schneider[12] § 53 Rn 60 und Keller/Munzig/Meier[9] § 53 Rn 14 zum Amtswiderspruch.

c) Speziell: Eintragung oder Löschung einer Vormerkung

36 Gegen die *Eintragung* einer Vormerkung ist richtiger Ansicht nach ein Widerspruch nicht zulässig (so auch Rosenberg § 899 Anm II 1 b α m umfangreichen Nachweisen zur älteren Literatur; Planck/Strecker § 899 Anm 2b; Soergel/Kern[14] § 899 Rn 4 iVm § 893 Rn 5 ff; Hesse/Saage/Fischer § 53 II 1 b β; Wilhelm[7] Rn 2301; Demharter[33] § 53 Rn 8 [bzgl Amtswiderspruch]; Rahn BWNotZ 1970, 25 ff; Assmann, Die Vormerkung [1998] 453 f; Medicus AcP 163 [1964] 1, 6 ff, 16 f [m Einschränkungen]; KG OLGE 2, 243; BayObLG 2, 243; BayObLG 7, 172; **aA** BGHZ 25, 16, 23; KG OLGZ 1978, 122, 124 = MDR 1977, 500 f; BayObLG NZM 2000, 44; LG Köln NJW-RR 2001, 306 f; MünchKommBGB/Wacke[4] § 899 Rn 5; MünchKommBGB/HSchäfer[9] § 899 Rn 4; BGB-RGRK/Augustin § 899 Rn 4; Staudinger/Seufert[11] § 899 Rn 8 m umfangreichen Nachweisen; Furtner NJW 1963, 1484, 1486). Die Vormerkung selbst genießt nämlich nach der zutreffenden Auffassung der Schrifttumsmehrheit nicht den Schutz des öffentlichen Glaubens; ein gutgläubiger Zweiterwerb der Vormerkung bei der Zession des gesicherten Anspruchs kommt damit überhaupt nicht in Betracht (s § 892 Rn 58). Medicus (S 12 f) ist allerdings der Ansicht, ein Widerspruch gegen eine nicht wirksam begründete Vormerkung müsse unter Umständen deshalb zugelassen werden, weil anderenfalls nach der Eintragung des vorgemerkten Rechtes dessen Weiterübertragung (durch den Buchberechtigten) zum gutgläubigen Erwerb führen könne. (Beispiel bei Medicus: Bucheigentümer B bewilligt dem unredlichen H eine Hypothekenvormerkung; nach deren Eintragung erwirkt der wirkliche Eigentümer E einen Widerspruch gegen das Eigentum des B. Anschließend wird die Hypothek eingetragen und von H an den redlichen G abgetreten). Diese Auffassung ist jedoch unzutreffend. Gerade weil die Vormerkung selbst bei ihrer Bestellung durch B infolge der Unredlichkeit des H nicht erworben wurde, kann sie auch für die Frage des gutgläubigen Erwerbs des vorgemerkten Rechts keinerlei Wirkungen entfalten, insbesondere auch nicht den nachträglich entstandenen Widerspruch entkräften. Schon der Widerspruch gegen das Eigentum des B schließt also einen gutgläubigen Erwerb der „vorgemerkten" Hypothek sowohl bei ihrer Bestellung wie auch bei deren Weiterübertragung aus (s § 892 Rn 135). Mit der vom Reichsgericht in RGZ 129, 124, 127 unzutreffenderweise angenommenen partiellen Rückwirkung des Widerspruchs hat dies (entgegen Medicus S 13) nichts zu tun (Tempel JuS 1965, 26, 30 Fn 22). Für die exzeptionelle Zulassung eines Widerspruchs gegen die Vormerkung selbst besteht deshalb auch in dieser Situation gar kein Bedürfnis. Im obigen Beispielsfall hätte E – worauf Medicus selbst hinweist – außerdem die Möglichkeit, sofort einen Widerspruch gegen die Hypothek zu erwirken, der dann zugleich mit der letzteren eingetragen werden könnte [s auch Bauer/Schaub/Lieder[5] AT C 220]).

Wer dagegen die Möglichkeit des gutgläubigen Zweiterwerbs einer Vormerkung mit BGHZ 25, 16, 23 f bejaht, muss konsequenterweise auch einen Widerspruch gegen die Vormerkung für grundsätzlich zulässig halten (so BGHZ 25, 16, 24; KG OLGZ 1978, 122, 124; STAUDINGER/SEUFERT[11] § 899 Rn 8; MünchKommBGB/H SCHÄFER[9] § 899 Rn 4; GRÜNEBERG/HERRLER[84] § 899 Rn 2 [c]; ERMAN/ARTZ[17] § 899 Rn 6; BeckOGK/HERTEL [1. 9. 2024] § 899 Rn 20; JAUERNIG/BERGER[19] § 899 Rn 2 § 883 Rn 28; WOLFF/RAISER § 47 Fn 2; H WESTERMANN/EICKMANN[8] § 83 Rn 36). Auch vom Boden dieser Auffassung scheidet ein Widerspruch gegen eine Vormerkung aus, wenn damit geltend gemacht werden soll, dass der gesicherte Anspruch überhaupt nicht existiert (KG OLGZ 1978, 122, 124; OLG Düsseldorf ZfIR 2000, 906 f; OLG Köln ZfIR 2002, 210 f; GRÜNEBERG/HERRLER[84] § 899 Rn 2 [c]; WILHELM[7] Rn 2294 m Fn 3472) oder dass nicht der Eingetragene, sondern der Widersprechende Gläubiger des Anspruchs und damit der Vormerkung sei (BGB-RGRK/AUGUSTIN § 899 Rn 4; MünchKommBGB/WACKE[4] § 899 Rn 5); das Vorhandensein des gesicherten Anspruchs in der Person des als Vormerkungsgläubiger Eingetragenen wird ja unstreitig nicht durch das Grundbuch beglaubigt (s § 892 Rn 58). Inkonsequent war es dagegen, wenn KEHE/ERTL[3] (Einl H 4) einen Widerspruch gegen solche Vormerkungen ausschließen wollte, die aufgrund einstweiliger Verfügung eingetragen worden sind: Diese müssen nämlich hinsichtlich ihres weiteren Schicksals und damit auch für die Frage des gutgläubigen Zweiterwerbs den bewilligten Vormerkungen in jeder Hinsicht gleichstehen (insoweit zutr LG Köln NJW-RR 2001, 306, 307). 37

Einigkeit besteht heute schließlich darüber, dass gegen eine **unrechtmäßige Löschung der Vormerkung** ein Widerspruch zulässig sein muss, weil hier die Gefahr eines gutgläubigen vormerkungsfreien Erwerbs (s § 892 Rn 57) besteht (RGZ 129, 184, 186; 132, 419, 424; BGHZ 60, 46, 51; PLANCK/STRECKER § 899 Anm 2b; BGB-RGRK/AUGUSTIN § 899 Rn 4; SOERGEL/KERN[14] § 899 Rn 4; MünchKommBGB/H SCHÄFER[9] § 899 Rn 4; BeckOGK/HERTEL [1. 9. 2024] § 899 Rn 20; NK-BGB/KRAUSE[5] § 899 Rn 8; jurisPK-BGB/TOUSSAINT[10] § 899 Rn 8; GRÜNEBERG/HERRLER[84] § 899 Rn 2; WOLFF/RAISER § 47 Fn 2; ASSMANN, Die Vormerkung [1998] 390; s auch oben § 892 Rn 57; abw früher ROSENBERG § 899 Anm II 1 b α; KGJ 43 A 209, 216; RJA 13, 140, 142 vom Boden der heute überholten Auffassung, dass die Vormerkung außerhalb des Grundbuches nicht existieren könne und deshalb auch bei einer ungerechtfertigten Löschung untergehe). 38

d) Widerspruch gegen die Eintragung oder Löschung eines Widerspruchs?

Ein Widerspruch gegen einen Widerspruch wäre ein rechtliches Unding. Der Widerspruch ist ja kein Recht an einem Grundstück oder auch nur eine ähnliche Erscheinung, die gutgläubig erworben werden könnte, sondern gerade ein Schutzmittel gegen die Gefahr des gutgläubigen Erwerbs: Er soll den Inhalt des Grundbuchs als zweifelhaft erscheinen lassen und damit dessen öffentlichen Glauben zerstören. Ein Widerspruch gegen den Widerspruch könnte zweifellos den öffentlichen Glauben des Grundbuchs nicht wiederherstellen, er würde „nichts mehr besagen als die Zweifelhaftigkeit, die sich schon aus dem Gegensatz zwischen der Eintragung und dem (ersten) Widerspruch ergibt" (HECK § 42, 13d). Die Sinnlosigkeit eines Widerspruchs gegen einen Widerspruch ergibt sich im Übrigen auch schon aus der Regel, dass nur der berechtigte Widerspruch Rechtswirkungen entfaltet. Wenn der erste Widerspruch unberechtigt ist, löst er selbst ja keinerlei Rechtswirkungen aus, die der zweite Widerspruch korrigieren könnte; wenn aber der erste Widerspruch berechtigt ist, muss der gegen ihn gerichtete zweite unberechtigt und schon deshalb wirkungslos sein. Nach alledem ist ein Widerspruch gegen einen Widerspruch unzulässig (RGZ 117, 346, 351 f; KG OLGE 2, 60 f = KGJ 21 A 148 f; RJA 4, 48, 51 f = KGJ 26 A 238, 242 f; KGJ 39 A 39

248, 255; Rosenberg § 899 Anm II 1 b mwNw; Planck/Strecker § 899 Anm 2b; Fuchs § 899 Anm 2; MünchKommBGB/H Schäfer[9] § 899 Rn 6; BGB-RGRK/Augustin § 899 Rn 3; jurisPK-BGB/Toussaint[10] § 899 Rn 9; Erman/Artz[17] § 899 Rn 7; Grüneberg/Herrler[84] § 899 Rn 2 [a]; BeckOGK/Hertel [1. 9. 2024] § 899 Rn 24; Wolff/Raiser § 47 Fn 2; H Westermann/Eickmann[8] § 71 Rn 24; Wilhelm[7] Rn 688a; Wieling/Finkenauer[6] § 20 Rn 76; Prütting Rn 246; Bauer/Schaub/Lieder[5] AT C 201; H Lehmann KritV 45, 271, 272; **abw** wohl nur Biermann, Widerspruch und Vormerkung 83 Fn 15a; ders, Sachenrecht § 899 Anm 1a).

40 Fraglich ist aber, ob nicht wenigstens gegen die *unrechtmäßige Löschung* eines Widerspruchs ein Widerspruch eingetragen werden kann (*bejahend* Planck/Strecker § 899 Anm 7; Güthe/Triebel § 22 Rn 7, § 25 Rn 31; KG HRR 1934 Nr 1223 [für den Amtswiderspruch nach § 54 GBO aF]; BeckOGK/Hertel [1. 9. 2024] § 899 Rn 24; *verneinend* KG HRR 1931 Nr 647; KGJ 49 A 181 [zu § 54 GBO aF]; Rosenberg § 899 Anm II 1 b β; BGB-RGRK/Augustin § 899 Rn 19; Soergel/Kern[14] § 899 Rn 17; MünchKommBGB/H Schäfer[9] § 899 Rn 6; jurisPK-BGB/Toussaint[10] § 899 Rn 9; Grüneberg/Herrler[84] § 899 Rn 2 [a]; H Westermann/Eickmann[8] § 71 Rn 24; Joachim Schmidt 46; Bauer/Schaub/Lieder[5] AT C 201). Der letzteren Auffassung gebührt der Vorzug. Der Widerspruch wirkt richtiger Ansicht nach überhaupt nur, solange er im Grundbuch eingetragen ist (s unten Rn 94); das Grundbuch kann mithin durch eine ungerechtfertigte Löschung des Widerspruchs nicht unrichtig werden. Es ist deshalb nicht ein Widerspruch gegen die Löschung, sondern erneut ein Widerspruch gegen die Richtigkeit der bereits mit dem gelöschten Widerspruch angegriffenen Eintragung selbst zu veranlassen. Das ist übrigens genauso rasch möglich, wie es die Eintragung eines Widerspruchs gegen die Löschung – bei unterstellter Zulässigkeit – wäre.

e) Widerspruch gegen die Eintragung oder Löschung einer Verfügungsbeschränkung

41 Ein Widerspruch gegen die *Eintragung* einer Verfügungsbeschränkung ist unzulässig, da hier wegen der lediglich negativen Publizität des Grundbuches im Hinblick auf Verfügungsbeschränkungen die Gefahr eines Rechtsverlustes durch den öffentlichen Glauben des Grundbuches nicht besteht (KGJ 26 A 77, 79 f; KG HRR 1930 Nr 239; BayObLGZ 15, 325; Planck/Strecker § 899 Anm 2b; Rosenberg § 899 Anm II 1 b γ [mit älterer Literatur]; BGB-RGRK/Augustin § 899 Rn 5; MünchKommBGB/H Schäfer[9] § 899 Rn 5; jurisPK-BGB/Toussaint[10] § 899 Rn 5; Erman/Artz[17] § 899 Rn 5; Grüneberg/Herrler[84] § 899 Rn 2 [b]; BeckOGK/Hertel [1. 9. 2024] § 899 Rn 21; Bauer/Schaub/Lieder[5] AT C 202; heute allgemeine Ansicht; **aA** früher Staudinger/Kober[10] § 899 Rn 9; BGB-RGRK/Busch[7] Anm 1; Predari S 90 sub 1).

42 Dagegen ist nach fast allgemeiner Ansicht ein Widerspruch zulässig gegen die unrechtmäßige *Löschung* einer Verfügungsbeschränkung, also etwa gegen die versehentliche Löschung des Nacherbenvermerkes, denn bis zur Wiedereintragung der Verfügungsbeschränkung könnte ja ein gutgläubiger Dritter das betreffende Recht nach § 892 Abs 1 S 2 BGB (bzw bei Löschung einer erst mit der Eintragung entstandenen Veräußerungsbeschränkung nach § 892 Abs 1 S 1 BGB, vgl oben § 892 Rn 262) wirksam erwerben (BayObLGZ 1994, 343, 344; MünchKommBGB/H Schäfer[9] § 899 Rn 5 NK-BGB/Krause[5] § 899 Rn 10; Erman/Artz[17] § 899 Rn 5; Grüneberg/Herrler[84] § 899 Rn 2 [b]; BeckOGK/Hertel [1. 9. 2024] § 899 Rn 21; H Westermann/Eickmann[8] § 71 Rn 24; AK-BGB/L vSchweinitz § 899 Rn 4; Goldmann 47 ff; Herold SächsArch 1910, 322 f; Wilsch NotBZ 2007, 305, 309; differenzierend früher Biermann, Widerspruch und Vormerkung 86 f; abl möglicherweise

J Kohler, Das Verfügungsverbot gem § 938 Abs 2 ZPO im Liegenschaftsrecht [1984] 83 ff, der die Geltung der §§ 894 ff zwar explizit nur für die Konstellation der noch nicht eingetragenen und niemals eingetragen gewesenen Verfügungsverbote bestreitet, dessen Argumente aber genauso gut für den Fall der unrechtmäßigen Löschung eines Verfügungsverbotes gelten müssten; s aber auch Kohler S 25 Fn 40 aE; Bauer/Schaub/Lieder[5] AT C 202). Die praktische Bedeutung des Widerspruchs dürfte insoweit allerdings gering sein, weil sich die Unrechtmäßigkeit der Löschung regelmäßig leicht nachweisen lassen wird und damit über § 22 Abs 1 S 2 GBO die sofortige Wiedereintragung der Verfügungsbeschränkung selbst möglich ist (Goldmann 51 Fn 51; Herold SächsArch 1910, 322 f). Wenn man aber überhaupt einen Widerspruch zur Sicherung von Verfügungsbeschränkungen zulässt, so besteht kein Anlass, die noch nicht eingetragenen (dh niemals eingetragen gewesenen) Verfügungsverbote auszunehmen (BayObLGZ 1994, 29, 31 f = Rpfleger 1994, 343, 344; Weber 247 ff; jurisPK-BGB/Toussaint[10] § 899 Rn 6; Grüneberg/Herrler[84] § 899 Rn 2 [b]; wohl auch Rosenberg § 899 Anm II 1 b γ; Güthe/Triebel § 25 Rn 11; **aA** aber Staudinger/Seufert[11] § 899 Rn 9a [wo das Rechtsschutzbedürfnis verneint wird]; J Kohler 83 f). Die Möglichkeit, einen Widerspruch zu erwirken, ist nämlich für den Verbotsgeschützten in den relativ seltenen Fällen von Bedeutung, in denen dieser die Existenz oder Weiterwirkung des Verfügungsverbotes zwar nicht durch liquide Beweismittel nachweisen, wohl aber glaubhaft machen kann *(Beispiel 1:* A ist aufgrund eines Testamentes als Erbe des bisherigen Grundstückseigentümers eingetragen worden. B kann glaubhaft machen, aber noch nicht zwingend nachweisen, dass ein anderes, vermeintlich älteres Testament des E, das den A nur zum Vorerben und ihn [B] zum Nacherben einsetzt, in Wirklichkeit das jüngere ist. *Beispiel 2:* X hat ein Verfügungsverbot nach § 938 Abs 2 ZPO gegen A erwirkt, das aber nicht eingetragen worden ist. A hat kurz darauf das Grundstück an B übereignet. X kann glaubhaft machen, aber noch nicht nachweisen, dass B bösgläubig war; das aber hätte zur Konsequenz, dass sein Erwerb dem X gegenüber relativ unwirksam war und das Veräußerungsverbot gegen ihn weiterwirkt [s § 892 Rn 246 aE]). – Bei irrtümlicher Löschung des Nacherbenvermerks kann ein Widerspruch gegen die Löschung nur bis zum Nacherbfall eingetragen werden (KGJ 49 A 177, 178; OLG Hamm Rpfleger 1991, 59, 60). Nach diesem Zeitpunkt müsste ein vom Nacherben herbeigeführter Widerspruch sich direkt gegen die Rechtsinhaberschaft des Vorerben richten. – Ein Widerspruch gegen die Nichteintragung eines Verfügungsverbots muss grundsätzlich auch dann eintragbar sein, wenn dieses sich aus einer vorangegangenen aufschiebenden Verfügung ergibt (BayObLGZ 1994, 29, 31). Wenn also ein Miterbe des verstorbenen Grundstückseigentümers seinen Erbanteil überträgt und ihn aufschiebend bedingt zurückübertragen bekommt, der Erwerber aber ohne gleichzeitige Eintragung seiner Verfügungsbeschränkung eingetragen wird, kann der Erbteilsveräußerer die Eintragung eines Widerspruchs erwirken (BayObLGZ 1994, 29, 31).

f) Sonstiges

Wegen der *höchstpersönlichen Rechte* s oben Rn 35; ferner § 892 Rn 49 und Keller/Munzig/Meier[9] § 53 Rn 14 [ee]. 43

Bei der *Höchstbetragshypothek* ist ein Widerspruch zur Sicherung der vorläufigen Eigentümergrundschuld nicht zulässig (AG Lohr BayJMBl 1953, 249; s auch BayObLGZ 9, 129 = DJZ 1909, 216). Dem Berichtigungsanspruch des Grundstückseigentümers steht nämlich vor der Forderungsfeststellung (bzw der Beendigung des zu sichernden Schuldverhältnisses) der Einwand des Hypothekengläubigers entgegen, dass die Hypothek 44 nach der getroffenen Abrede auch seine künftig entstehenden Ansprüche sichern solle (s MünchKommBGB/Lieder[9] § 1190 Rn 10; H Westermann/Eickmann[8] § 109 Rn 14; Baur/Stürner[18] § 42 Rn 25). Auch sonst muss ein Widerspruch grundsätzlich unzulässig sein, wenn dem zugrundeliegenden Berichtigungsanspruch eine echte (anspruchshindernde) Einwendung entgegensteht. So beispielsweise in den Fällen, in denen der Buchberechtigte gegen den wirklichen Rechtsinhaber einen fälligen Anspruch auf Herstellung des dem Buchinhalt entsprechenden Rechtszustandes (s dazu Rosenberg § 894 Anm V 2b) hat. Dagegen dürfte ein bloßes *Zurückbehaltungsrecht,* das der Buchberechtigte dem Grundbuchberichtigungsanspruch entgegensetzen könnte, die Möglichkeit einer Widerspruchserwirkung noch nicht ausschließen (ebenso Wilhelm[7] Rn 684 Fn 1223). Das Gleiche gilt für die nur dilatorisch wirkende exceptio doli in den Fällen schwebender Unwirksamkeit (s § 894 Rn 145).

45 Gegen Grundbuchvermerke *verfahrensrechtlicher Art* oder mit bloßem Hinweischarakter kommt ein Widerspruch naturgemäß nicht in Betracht. So ist ein Widerspruch gegen einen „Enteignungsvermerk“, also gegen die im Grundbuch vermerkte Einleitung des Enteignungsverfahrens aufgrund eines bundes- oder landesrechtlichen Enteignungsgesetzes bzw gegen die dem gleichen Zweck dienende „Vormerkung“ nach § 24 Abs 4 pr EnteignungsG nicht zulässig (KG OLGE 12, 166; KGJ 35 A 261; **aA** MünchKommBGB/Wacke[4] § 899 Rn 5). Ebenso wenig kommt ein Widerspruch gegen den Vermerk eines subjektiv-dinglichen Rechtes auf dem Grundbuchblatt des herrschenden Grundstücks (§ 9 GBO) in Betracht; s § 892 Rn 23.

2. Wirksame Eintragung

46 Nur der wirksam im Grundbuch eingetragene Widerspruch kann den öffentlichen Glauben des Grundbuches zerstören und die sonstigen in Rn 6 f beschriebenen Wirkungen entfalten. Die Eintragung darf also nicht nichtig oder (etwa wegen Fehlens einer Unterschrift, § 44 Abs 1 S 2 HS 2 GBO) „unfertig“ sein. Bei Briefgrundpfandrechten steht allerdings ein auf dem Brief vermerkter Widerspruch einem im Grundbuch eingetragenen gleich, § 1140 S 2 BGB. Wegen des erforderlichen Inhalts der Eintragungsformel s Rn 79 ff. Über die Folgen einer unrechtmäßigen Löschung des Widerspruchs Rn 94.

3. Materiellrechtliche Eintragungsgrundlagen

a) Allgemeines

47 Als Grundlage für die Eintragung eines Widerspruchs kommt nach Abs 2 sowohl die *Bewilligung des Betroffenen* wie auch eine die Eintragung des Widerspruchs anordnende gerichtliche *einstweilige Verfügung* in Betracht. Dies entspricht der Situation bei der Vormerkung (§ 885 Abs 1 S 1 BGB). Genau wie dort stellen diese beiden möglichen Eintragungsgrundlagen auch im Falle des Widerspruchs alternative materiellrechtliche Wirksamkeitsvoraussetzungen dar (Planck/Strecker § 899 Anm 3a; Rosenberg § 899 Anm III 1, 2 a; Keller/Munzig/Keller[9] Einl § 6 Rn 65; abw Predari 90). Die Wirkungen des Widerspruchs treten also nur ein, wenn der Eintragung des Widerspruchs wirklich eine wirksame Bewilligung des Betroffenen oder eine (wirksame) einstweilige Verfügung gegen diesen zugrunde liegt, der die Eintragung inhaltlich entspricht.

Betroffener ist dabei, wer auch Passivbeteiligter des zugrundeliegenden Berichtigungsanspruchs ist, also zur Bewilligung der Grundbuchberichtigung nach § 894 BGB verpflichtet ist (s § 894 Rn 95 ff). Wenn sich der Widerspruch gegen den eingetragenen Eigentümer richten soll, ist der eingetragene Gläubiger einer von diesem bewilligten Auflassungsvormerkung nicht notwendigerweise ebenfalls Betroffener (entgegen OLGR Düsseldorf 2001, 379, 380 = Rpfleger 2001, 230 und jurisPK-BGB/Toussaint[10] § 899 Rn 18). Die Vormerkung könnte ja selbst bei unterstellter Nichtberechtigung des als Eigentümer Eingetragenen gutgläubig erworben worden sein. Die fehlende Bewilligung des Auflassungsvormerkungsgläubigers macht deshalb den Widerspruch nicht unwirksam. Werden durch den Widerspruch mehrere Rechte betroffen, so muss er von den buchmäßigen Inhabern aller dieser Rechte bewilligt werden (s auch Rn 63). Falls ein Grundpfandgläubiger die Eintragung eines Widerspruchs gegen eine vor- oder gleichrangig eingetragene, in Wirklichkeit aber nicht existierende Hypothek erreichen will, muss er nach hM nicht nur die Bewilligung des als Gläubiger der fraglichen Hypothek Eingetragenen, sondern auch die des Eigentümers beibringen bzw eine einstweilige Verfügung gegen beide erwirken (KG JFG 5, 352, 354 ff; HRR 1927 Nr 1522; 1931 Nr 737; DNotV 1931, 293; MünchKommBGB/Wacke[4] § 899 Rn 12; MünchKommBGB/H Schäfer[9] § 899 Rn 8; Erman/Artz[17] § 899 Rn 11; Planck/Strecker § 899 Anm 3a α; Güthe/Triebel § 25 Rn 17); der Eigentümer sei nämlich wegen § 1163 BGB als bedingt eingetragener Inhaber des betroffenen Rechtes anzusehen (Wacke Rn 12). Wirklich zwingend erscheint diese Auffassung nicht: Zwar ist die Zustimmung des Eigentümers nach § 27 S 1 GBO zur Löschung der Hypothek erforderlich, sofern die Unrichtigkeit ihres Eintrags dem Grundbuchamt nicht durch § 29 GBO entsprechende Urkunden nachgewiesen wird (§ 27 S 2 GBO) und der Eigentümer deshalb auch selbst – in extensiver Auslegung von § 894 BGB – für den Grundbuchberichtigungsanspruch passivlegitimiert. Zweifelhaft ist jedoch, ob dieser Umstand den Grundstückseigentümer gleichsam automatisch zum notwendigen Widerspruchsgegner macht oder ob nicht in diesem Punkte wegen der unterschiedlichen Interessenlage der Begriff des Inhabers des betroffenen Rechtes in § 894 BGB und § 899 BGB doch verschieden interpretiert werden muss. Immerhin werden schützenswerte Interessen des Eigentümers durch die bloße Eintragung eines Widerspruchs gegen die Hypothek noch nicht spürbar beeinträchtigt (Biermann, Widerspruch und Vormerkung 110). S auch BayObLGZ 6, 741; OLG Hamburg OLGE 26, 10; Rosenberg § 899 Anm III 2 b γ; Reichel ZZP 63, 87 f, wo jeweils betont wird, dass nicht der Grundstückseigentümer, sondern der eingetragene Gläubiger der richtige Antragsgegner für die einstweilige Verfügung ist. Andererseits wäre aber – wenn man auf die Bewilligung des Grundstückseigentümers verzichten wollte – dieser beim späteren Erwerb der Hypothek den Wirkungen des Widerspruchs ausgesetzt, ohne diesen bewilligt zu haben. Das spricht dafür, der hM zu folgen. Für den Widerspruch gegen den Rangrücktritt eines Grundpfandrechts ist dementsprechend auch die Bewilligung des Grundstückeigentümers erforderlich (aA Biermann, Widerspruch und Vormerkung 110); der Umstand, dass der Grundstückseigentümer einem Rangrücktritt des Grundpfandrechts nach § 880 Abs 2 BGB zustimmen müsste, zeigt, dass er von der entsprechenden Berichtigung und dem die Berichtigungsbedürftigkeit der Rangangabe behauptenden Widerspruch betroffen wird. 48

b) Die Eintragungsbewilligung des oder der Betroffenen

aa) Rechtsnatur

Für die vom Betroffenen freiwillig zugestandene Eintragung des Widerspruchs ist keine Einigung erforderlich, sondern es reicht dafür die bloße Eintragungsbewilli- 49 gung des Betroffenen aus. Diese Bewilligung ist eine einseitige, empfangsbedürftige, materiellrechtliche Erklärung, die das Einverständnis mit der Eintragung des Widerspruchs zum Ausdruck bringt (Rosenberg § 899 Anm III 2 c α; Planck/Strecker § 899 Anm 3a α iVm § 885 Anm 2b α).

50 Im Einzelnen: Die *Bewilligung* des Widerspruchs ist eine rein materiellrechtliche Erklärung, ähnlich wie etwa die Bewilligung einer Vormerkung (§ 885 Abs 1 S 1 2. Alt BGB). Die Bewilligung bildet in beiden Fällen mit der korrespondierenden Eintragung einen Doppeltatbestand, der dem Zusammenwirken von Einigung und Eintragung im Normalfall des § 873 BGB (s Staudinger/C Heinze [2018] § 873 Rn 6 ff) oder dem von Aufgabeerklärung und Löschung im Falle des § 875 BGB durchaus entspricht. Genauso wie die Bewilligung einer Vormerkung ist auch die Bewilligung des Widerspruchs iS von § 899 BGB von der verfahrensrechtlich für die Eintragung erforderlichen Eintragungsbewilligung (§ 19 GBO) unbedingt zu unterscheiden, auch wenn sie in der Regel in einer einzigen Erklärung enthalten sein werden (Planck/Strecker § 899 Anm 3a β iVm Anm 1, 2 b; Rosenberg § 899 Anm III 2a, § 885 Anm I 2; Fuchs § 899 Anm 4b; MünchKommBGB/H Schäfer[9] § 899 Rn 12; NK-BGB/Krause[5] § 899 Rn 11 f; Erman/Artz[17] § 899 Rn 9; PWW/Huhn[19] § 899 Rn 9; Bauer/Schaub/Lieder[5] AT C 206; BeckOGK/Hertel [1. 9. 2024] § 899 Rn 33; Keller/Munzig/Munzig[9] § 19 Rn 5; Vieweg/Lorz[9] § 13 Rn 50; Ertl Rpfleger 1980, 41, 46; ders DNotZ 1964, 260, 279; **aA** Schapp/Schur Rn 380 sowie MünchKommBGB/Wacke[4] § 899 Rn 14 und jurisPK-BGB/Toussaint[10] § 899 Rn 19 [reine Verfahrenshandlung]). Die Notwendigkeit dieser Trennung leuchtet zwar gerade bei der Bewilligung eines Widerspruchs nicht sofort ein, da die Erklärung ja lediglich auf die Eintragung eines (scheinbar im Wesentlichen verfahrensrechtlichen) Schutzvermerks gerichtet ist. Dennoch kann und muss man hier differenzieren: Die Bewilligung iS des § 899 BGB zielt auf die Entstehung des Widerspruchs als eines materiellrechtlich bedeutsamen Sicherungsmittels, also mittelbar auf den Schutz des gesicherten Rechts gegen die bisher bestehende Gefahr eines Rechtsverlustes durch gutgläubigen Erwerb oder Verschweigung ab. Die Bewilligung iS von § 19 GBO dagegen hat allein den Vorgang der Eintragung im Auge, gestattet nur die Eintragungstätigkeit des Grundbuchamtes (Staudinger/Ertl[12] § 873 Rn 124).

bb) Wirksamkeitsvoraussetzungen

51 Als materiellrechtliche Erklärung ist die Bewilligung iS von § 899 BGB mangels einschlägiger Formvorschrift *formlos gültig,* während für die verfahrensrechtlich zur Erwirkung des Widerspruchs ebenfalls erforderliche Eintragungsbewilligung (§ 19 GBO) die Form des § 29 GBO zu beachten ist (Planck/Strecker § 899 Anm 3a α; Rosenberg § 899 Anm III 2c α; MünchKommBGB/H Schäfer[9] § 899 Rn 12; NK-BGB/Krause[5] § 899 Rn 12; Grüneberg/Herrler[84] § 899 Rn 3 [b]; Fuchs § 899 Anm 4b; Wolff/Raiser § 47 Fn 3 iVm § 48 Fn 15; Güthe/Triebel § 19 Rn 20; Bauer/Schaub/Lieder[5] AT C 206; **abw** Biermann § 899 Anm 2b; Predari 90; Crome § 375 Fn 17; Endemann II 1 § 64 Fn 16; MünchKommBGB/Wacke[4] § 899 Rn 14, Soergel/Kern[14] § 899 Rn 6, die alle ohne diese Differenzierung schlechthin für die Bewilligung die Form des § 29 verlangen). Materiellrechtlich wirksam ist mithin auch ein Widerspruch, der auf eine formlose Bewilligung hin versehentlich (oder nach Vorlage einer gefälschten Bewilligungsurkunde) eingetragen worden ist (Rosenberg § 899 Anm III 2 c α).

52 Als materiellrechtliche Erklärung untersteht die Bewilligung den allgemeinen Vorschriften des Bürgerlichen Rechts über Willenserklärungen bzw Rechtsgeschäfte,

also insbesondere den Vorschriften über die Geschäftsfähigkeit (§§ 104 ff BGB), über Willensmängel (§§ 116 ff BGB), über das Wirksamwerden der Willenserklärung (§§ 130 ff BGB) und über die Stellvertretung (§§ 164 ff BGB).

An wen die – zweifellos empfangsbedürftige – Willenserklärung gerichtet sein muss, 53 sagt § 899 BGB nicht. Man wird aber – wie im Falle der Vormerkungsbewilligung (dazu KGJ 46, 205, 208; MünchKommBGB/Lettmaier[9] § 885 Rn 14) – in Analogie zu §§ 875 Abs 1 S 2, 876 Abs 1 S 3, 880 Abs 1 S 3 BGB – annehmen müssen, dass sowohl das Grundbuchamt wie auch der durch die Erklärung Begünstigte (hier also der Widersprechende) tauglicher Adressat ist (Rosenberg § 899 Anm III 2 c α, § 885 III 2 b; Fuchs § 899 Anm 4b; Planck/Strecker § 899 Anm 3a β iVm § 885 Anm 2b; Grüneberg/Herrler[84] § 899 Rn 3 [b]; Bauer/Schaub/Lieder[5] AT C 207). Im Falle einer Pfändung des Berichtigungsanspruchs (s § 894 Rn 89) kann die Erklärung auch dem Pfandgläubiger gegenüber erfolgen.

Ob die Bewilligung ohne Weiteres mit dem Zugang für den Betroffenen bindend 54 wird oder ob ihm bis zur Eintragung die Möglichkeit des *Widerrufs* verbleibt, lässt sich § 899 BGB nicht entnehmen. Bei der Bewilligung einer Vormerkung wendet man mit gutem Grund § 875 Abs 2 BGB analog an (Rosenberg § 885 Anm III 2 b δ; Fuchs § 899 Anm 2c; Warneyer[1] § 899 Anm III; MünchKommBGB/Lettmaier[9] § 878 Rn 14, § 885 Rn 17; **aA** RG JW 1926, 1955; Planck/Strecker § 885 Anm 2 b β mwNw), eine formlos gegenüber dem Gläubiger erklärte Bewilligung ist dort also nicht bindend. Das ist auch im Falle der Widerspruchsbewilligung angemessen (so auch Rosenberg § 899 Anm III 2 c α). Sachlich würde sich allerdings kaum etwas ändern, wenn man allgemeinen Grundsätzen entsprechend die Bindungswirkung in allen Fällen unmittelbar mit dem Zugang eintreten lassen würde, da der Gläubiger aufgrund einer ihm formlos erteilten Bewilligung angesichts des Verfahrenserfordernisses der formgerechten Eintragungsbewilligung (§§ 19, 29 GBO) die Eintragung ohnehin nicht erreichen kann.

Die Bewilligung eines Widerspruchs ist (im Gegensatz zur Bewilligung einer Vor- 55 merkung) *keine Verfügung* im Sinne des BGB (Planck/Strecker § 899 Anm 3 a β; Rosenberg § 899 Anm III 2 c β, § 894 Anm III 3 c, BGB-RGRK/Augustin § 899 Rn 20; Soergel/Kern[14] § 899 Rn 6; MünchKommBGB/H Schäfer[9] § 899 Rn 12; Erman/Artz[17] § 899 Rn 9; Grüneberg/Herrler[84] § 899 Rn 3 [b]; Bauer/Schaub/Lieder[5] AT C 206; BeckOGK/Hertel [1. 9. 2024] § 899 Rn 35; KG HRR 1928 Nr 842; **aA** Wilhelm[4] Rn 677 Fn 1222). Durch die Bewilligung des Widerspruchs gibt der Betroffene ja nicht irgendeine ihm bisher zustehende materiellrechtliche Rechtsposition auf, sondern er führt damit nur eine Abschwächung seiner bisherigen (unrechtmäßigen) Buchposition herbei; er nimmt sich auf diese Weise lediglich für den Zeitraum nach der Widerspruchseintragung die faktische Möglichkeit, rechtswidrig, aber wirksam über ein fremdes Recht verfügen zu können. Dennoch sind einige der für Verfügungen geltenden Vorschriften entsprechend anzuwenden (Planck/Strecker § 899 Anm 3 a β); es gilt insoweit im Wesentlichen das gleiche wie für die Berichtigungsbewilligung, die allerdings im Gegensatz zur Widerspruchsbewilligung reine Verfahrenshandlung ist (s § 894 Rn 113). So muss die Bewilligung eines Widerspruchs, wenn dem Betroffenen die Verfügungsbefugnis entzogen ist, von demjenigen erklärt werden, der an seiner Stelle Verfügungsbefugnis hat, etwa dem Testamentsvollstrecker oder Nachlassverwalter anstelle des Erben (Rosenberg § 899 Anm III 2 c β), der Insolvenzverwalter anstelle des Schuldners. Wenn nach einer nichtigen Auflassung der Erwerber dem Veräußerer einen Widerspruch bewilligt, obwohl die Eigentumsumschreibung auf ihn noch gar nicht erfolgt ist, muss diese Bewilligung analog § 185 Abs 2 S 1 2. Alt BGB nach der Eintragung des Erwerbers als wirksam angesehen werden (so auch Bauer/Schaub/Lieder[5] AT C 208; MünchKommBGB/H Schäfer[9] § 899 Rn 12; NK-BGB/Krause[5] § 899 Rn 13). Auch § 878 BGB dürfte anwendbar sein (dafür Staudinger/Ertl[12] § 878 Rn 4; Staudinger/C Heinze [2018] § 878 Rn 10; Planck/Strecker § 899 Anm 3 a β; MünchKommBGB/H Schäfer[9] § 899 Rn 12; Soergel/Kern[14] § 878 Rn 2, § 899 Rn 15; NK-BGB/Krause[5] § 899 Rn 14; jurisPK-BGB/Toussaint[10] § 899 Rn 20; Erman/Artz[17] § 899 Rn 9; AK-BGB/L vSchweinitz § 878 Rn 6; verneinend: BGB-RGRK/Augustin § 899 Rn 20; Soergel/Baur[11] § 899 Rn 10; Biermann § 899 Anm 2b; ders, Widerspruch und Vormerkung 110; Maenner § 11 Fn 4; Meikel/Imhof/Riedel[6] § 25 Rn 20; Wacke ZZP 82 [1969] 377, 379 f; Bauer/Schaub/Lieder[5] AT C 209 [Frage nach Anwendung von § 878 gegenstandslos]). Gänzlich abweichend Rosenberg, der die Verfügungsbefugnis in Analogie zu § 130 Abs 2 BGB nur für den Zeitpunkt der Abgabe der Willenserklärung verlangt (§ 899 Anm III 2 c β). Diese Lösung verbietet sich aber schon deshalb, weil § 130 Abs 2 BGB nach heute ganz anerkannter Auffassung für die Konstellation des Wegfalls der Verfügungsbefugnis zwischen Abgabe und Zugang der Verfügungserklärung nicht gilt (s BGHZ 27, 360, 366). Die Frage ist jedenfalls entgegen MünchKommBGB/Lettmaier[9] § 878 Rn 15 nicht nur von verfahrensrechtlicher Bedeutung. Wenn man die Anwendbarkeit von § 878 BGB verneint, könnte der Insolvenzverwalter trotz eines vom Schuldner vor der Eröffnung des Insolvenzverfahrens bewilligten, aber erst nach Verfahrenseröffnung eingetragenen Widerspruchs noch wirksam zugunsten eines Gutgläubigen über das zu Unrecht für den Schuldner gebuchte Recht verfügen.

cc) Verhältnis zur Eintragung

56 Die Bewilligung als sachlich-rechtliche Voraussetzung eines wirksamen Widerspruchs kann der Eintragung des Widerspruchs auch *nachfolgen* (Rosenberg § 899 Anm III 2 a; Planck/Strecker § 899 Anm 3 a β iVm § 885 Anm 2 b β; MünchKommBGB/H Schäfer[9] § 899 Rn 12). Dies ist für die Parallelkonstellation der Vormerkungsbewilligung heute ganz unstreitig (MünchKommBGB/Lettmaier[9] § 885 Rn 16; BGB-RGRK/Augustin § 885 Rn 14; Soergel/Kern[14] § 885 Rn 6; NK-BGB/Krause[5] § 899 Rn 12 aE; BeckOGK/Hertel [1. 9. 2024] § 899 Rn 35; jurisPK-BGB/Toussaint[10] § 899 Rn 20); für den Widerspruch kann aber nichts anderes gelten.

dd) Fingierte Bewilligung

57 Die Bewilligung des Betroffenen wird fingiert im Falle des § 895 S 1 ZPO: Wenn der Passivbeteiligte durch ein vorläufig vollstreckbares Urteil dazu verurteilt worden ist, gem § 894 BGB die Zustimmung zur Berichtigung des Grundbuches zu erteilen, so gilt damit die Eintragung eines Widerspruchs als bewilligt. Zur Eintragung des Widerspruchs bedarf es hier weder der Vollstreckungsklausel (§§ 724 ff ZPO) noch der Zustellung des Urteils (§ 750 ZPO), denn die Eintragung stellt keinen Zwangsvollstreckungsakt dar. Falls das Urteil nur gegen Sicherheitsleistung vorläufig vollstreckbar ist, kann die Fiktionswirkung erst bei der Erbringung der Sicherheitsleistung eintreten (§ 751 Abs 2 ZPO analog); dem Grundbuchamt muss die Sicherheitsleistung nachgewiesen werden. Eine bereits erfolgte Eintragung wird von der verspäteten Sicherheitsleistung nicht berührt (Meikel/Böttcher[12] § 25 Rn 37). Der Widerspruch erlischt, wenn das Urteil durch eine vorläufig vollstreckbare Entscheidung aufgehoben wird (§ 895 S 2 ZPO). Das Gleiche gilt nach allgM bei Aufhebung nur der vorläufigen Vollstreckbarkeit (Stein/Jonas/Bartels, ZPO[23] § 895 Rn 10). Der Widerspruch ist

dann im Wege der Grundbuchberichtigung nach § 25 S 2 GBO zu löschen (MünchKommZPO/Gruber[6] § 895 Rn 9; Stein/Jonas/Bartels, ZPO[23] § 895 Rn 10). Wird das Urteil bzw die Vollstreckbarkeit in der zweiten Instanz aufgehoben, in der dritten aber wiederhergestellt, so wird der aufgrund des Urteils eingetragene Widerspruch nicht rückwirkend wiederhergestellt, selbst wenn er im Grundbuch noch nicht gelöscht sein sollte. Hier kann nur ein neuer Widerspruch (mit ex-nunc-Wirkung) eingetragen werden (Stein/Jonas/Bartels, ZPO[23] § 895 Rn 12; NK-BGB/Krause[5] § 899 Rn 15). Falls die Eintragung des nach § 895 S 1 ZPO als bewilligt geltenden Widerspruchs auf Antrag des Klägers erfolgt ist, das vorläufig vollstreckbare Urteil aber aufgehoben wird, ist der Kläger dem Beklagten nach § 717 Abs 2 ZPO zum Ersatz des Schadens verpflichtet, der diesem durch die Eintragung des Widerspruchs entstanden ist.

Fingiert wird die Widerspruchsbewilligung auch durch § 34 Abs 1 S 8 VermG. Über **58**
die Frage, zu wessen Gunsten hier die Eintragung zu erfolgen hat, vgl Böhringer VIZ 1999, 574, 575.

c) Einstweilige Verfügung

aa) Verfahren zur Erwirkung

Der Widerspruch kann seine wichtigste Aufgabe, ein dingliches Recht gegen die aus **59**
dessen fehlender oder unrichtiger Ausweisung im Grundbuch resultierenden Gefahren zu schützen, nur erfüllen, wenn seine Eintragung notfalls auch gegen den Willen des Betroffenen (Passivbeteiligten) möglich ist. § 899 Abs 2 BGB trägt diesem Bedürfnis Rechnung, indem die Norm neben der Einwilligung als zweite Eintragungsgrundlage eine einstweilige Verfügung anerkennt. In der Praxis steht diese Eintragungsgrundlage sogar deutlich im Vordergrund; ein Widerspruch wird recht selten aufgrund einer Bewilligung des Betroffenen eingetragen (MünchKommBGB/H Schäfer[9] § 899 Rn 9).

Das Verfahren zur Erwirkung der einstweiligen Verfügung richtet sich nach den Vor- **60**
schriften der ZPO (§§ 935 ff BGB) mit einer einzigen, sich aus § 899 Abs 2 S 2 BGB ergebenden Modifikation. Der Antragsteller muss also dem Gericht iS von § 294 ZPO glaubhaft machen, dass ihm ein (durch Widerspruch sicherbarer) Berichtigungsanspruch gegen den Antragsgegner zusteht (§§ 936, 920 Abs 2 ZPO); es genügt nicht, dass er beim Gericht bloße Zweifel an der Richtigkeit der fraglichen Eintragung hervorruft (KG ZIP 1991, 1033). Für den Fall, dass der Antragsgegner das betreffende Recht selbst erst nach der behaupteten Entstehung der unrichtigen Grundbuchlage übertragen bekommen hat, muss der Antragsteller auch glaubhaft machen, dass der Antragsgegner das Recht auch nicht kraft guten Glaubens erworben haben kann (KGJ 41 A 225, 226; MünchKommBGB/H Schäfer[9] § 899 Rn 8 aE). Dagegen bedarf es hier entgegen der Normalsituation bei der einstweiligen Verfügung (vgl §§ 935, 940, 920 Abs 2 ZPO) nach § 899 Abs 2 S 2 BGB keiner Glaubhaftmachung des „Verfügungsgrundes“, also der besonderen Gefährdung des zu sichernden Anspruchs; es reicht hier mithin die abstrakte Möglichkeit des Rechtsverlustes durch gutgläubigen Erwerb eines Dritten, die angesichts des öffentlichen Glaubens des Grundbuches in der Regel gegeben ist (s Prot III 115 f; Biermann, Widerspruch und Vormerkung 106; OLG Schleswig Rpfleger 2006, 536, 538). Mit dieser Regelung nicht zu vereinbaren ist die gelegentlich geäußerte Auffassung, dass eine einstweilige Verfügung nicht erlassen werden dürfe, wenn in concreto keine Gefährdung des Widerspruchsberechtigten bestehe (so etwa Biermann, Widerspruch und Vormerkung 106; Crome § 375 Fn 25; Cosack II § 183

II 1; MünchKommBGB/H Schäfer[9] § 899 Rn 9; OLG Nürnberg 20. 2. 2015 – 3 U 2685/14; dagegen Rosenberg § 899 III 2 b δ). Gem §§ 936, 921 Abs 2 S 1 ZPO kann die Eintragung des Widerspruchs im Übrigen ohne Glaubhaftmachung des zu sichernden Berichtigungsanspruchs gegen entsprechende Sicherheitsleistung verfügt werden (OLG Schleswig Rpfleger 2006, 536, 538); andererseits kann das Gericht eine solche Sicherheitsleistung nach §§ 936, 921 Abs 2 S 2 BGB auch zusätzlich zur Glaubhaftmachung verlangen. – Die einstweilige Verfügung kann auch erwirken, wer zur Geltendmachung eines fremden Berichtigungsanspruchs ermächtigt ist oder diesen hat pfänden und sich überweisen lassen (s § 894 Rn 82, 89).

61 *Zuständig* für den Erlass der einstweiligen Verfügung ist zunächst einmal das Prozessgericht der Hauptsache (§§ 937 Abs 1, 943 Abs 1 ZPO), also das Gericht erster oder zweiter Instanz, vor dem die Berichtigungsklage anhängig ist, bzw das Gericht, das für die Berichtigungsklage zuständig wäre; die örtliche Zuständigkeit bestimmt sich dabei nach § 24 ZPO (Biermann, Widerspruch und Vormerkung 104; Rosenberg § 899 Anm III 2 b α). In dringenden Fällen kann die einstweilige Verfügung auch von dem Vorsitzenden dieses Gerichtes erlassen werden (§ 944 ZPO); vgl dazu einerseits Biermann, Widerspruch und Vormerkung 105; ders § 899 Anm 2a; Rosenberg (§ 899 III 2 b δ); andererseits Theodor Wolff AcP 91 (1901) 368. Schließlich ist nach § 942 Abs 2 ZPO ohne Rücksicht auf Dringlichkeit auch das Amtsgericht zuständig, in dessen Bezirk das Grundstück belegen ist.

bb) Antragsgegner und Inhalt

62 Die einstweilige Verfügung gibt aber nur dann eine geeignete materiellrechtliche Eintragungsgrundlage ab, wenn sie auf Antrag des Widerspruchsberechtigten (also des Inhabers des nicht oder nicht für ihn oder nicht richtig eingetragenen dinglichen Rechtes) bzw desjenigen, der den Berichtigungsanspruch hat pfänden lassen (s § 894 Rn 89) gegen den Passivbeteiligten (dh den zur Berichtigung des Grundbuchs nach § 894 BGB Verpflichteten) ergangen ist und inhaltlich die Eintragung des betreffenden Widerspruchs anordnet. Wenn mehrere Rechtsinhaber durch dieselbe unzutreffende Eintragung beeinträchtigt werden – wie zB die Gläubiger aller nachstehenden Rechte durch die Eintragung eines in Wirklichkeit nichtigen Erbbaurechts – so genügt der Antrag eines von diesen (Bauer/Schaub/Lieder[5] AT C 211). Im Falle der Nichtigkeit nach §§ 1365, 1366 BGB ist der revozierende Ehegatte antragsberechtigt (s Eickmann Rpfleger 1981, 213). Die einstweilige Verfügung kann schon aus verfahrensrechtlichen Gründen nur gegen einen bestimmten Gegner ergehen; jedenfalls wäre eine gegen einen unbekannten Gegner erlassene einstweilige Verfügung keine ausreichende Eintragungsgrundlage für den Widerspruch (OLG Rostock KGJ 31 A 371, 373; Rosenberg § 899 Anm III 2 b γ). Antragsgegner muss derjenige sein, der gegenwärtig nach dem Grundbuch Inhaber des vom Widerspruch betroffenen Rechtes ist, oder anders ausgedrückt, der Passivbeteiligte des zugrundeliegenden Berichtigungsanspruchs (Rosenberg § 899 Anm III 2 b γ). Die einstweilige Verfügung, durch die die Widerspruchseintragung angeordnet wird, kann allerdings zum Schutze des Eigentümers bei nichtiger Auflassung bereits ergehen, bevor der Erwerber überhaupt im Grundbuch eingetragen ist (OLG Rostock OLGE 326, 6; Planck/Strecker § 899 Anm 4c; **aA** Du Chesne SächsArch 1919, 209 ff). Der Eigentümer kann dann die Eintragung eines Widerspruchs sofort beantragen, und der Widerspruch kann gleichzeitig mit der Umschreibung des Eigentums eingetragen werden (Planck/Strecker § 899 Anm 4c; Münch-

KommBGB/Wacke[4] § 899 Rn 20; MünchKommBGB/H Schäfer[9] § 899 Rn 19; s auch Medicus AcP 163 [1964] 1, 15 f).

Der Widerspruch entsteht aber nur, wenn der Antragsgegner nicht nur bei Erlass der einstweiligen Verfügung, sondern auch noch im Zeitpunkt der Widerspruchseintragung der Betroffene ist (BayObLGZ 28, 633 = JFG 6, 265; Planck/Strecker § 899 Anm 3a α). Ist ein Widerspruch aufgrund einer einstweiligen Verfügung eingetragen worden, obwohl der Antragsgegner zu diesem Zeitpunkt selbst nicht mehr im Grundbuch eingetragen war, sondern sein (angebliches) Recht ausweislich des Grundbuches bereits weiter übertragen hatte, so ist dieser Widerspruch nach § 53 GBO von Amts wegen zu löschen (BayObLGZ 28, 633 = JFG 6, 265; **aA** Planck/Strecker § 899 Anm 3a α). Werden mehrere Rechte betroffen, so muss die einstweilige Verfügung gegen sämtliche Inhaber dieser Rechte beantragt werden und ergehen, zB bei einer zu Unrecht gelöschten Hypothek gegen den Eigentümer und sämtliche Inhaber nachstehender, infolge der Löschung buchmäßig im Rang aufgerückter Belastungen (OLG Karlsruhe JFG 3, 421, 423 f). **63**

Die einstweilige Verfügung rechtfertigt die Eintragung des Widerspruchs nur dann, wenn sie alle für die Eintragungsformel des Widerspruchs erforderlichen Angaben (s Rn 79) enthält, vor allem auch den Gegner benennt (OLG Rostock RJA 7, 60 = KGJ 31 A 371). Natürlich muss sie auch § 28 S 1 GBO Genüge tun, also das gemeinte Grundstück präzise bezeichnen (Rosenberg § 899 Anm III 2 b ε; Meikel/Böttcher[12] § 25 Rn 18, 29). Eine einstweilige Verfügung, die die Eintragung einer Vormerkung zur Sicherung eines Anspruchs auf eine Ersatzhypothek nach § 1182 BGB anordnet, und das entsprechende Eintragungsersuchen des Prozessgerichts müssen nach KG JW 1937, 2918 dahingehend umgedeutet werden, dass die Eintragung eines Widerspruchs zur Sicherung eines nach § 1182 BGB entstehenden Grundbuchberichtigungsanspruchs gemeint ist. **64**

cc) Vollziehung

Die Vollziehung der einstweiligen Verfügung im Grundbuch hat regelmäßig auf Parteiantrag zu erfolgen, s § 13 GBO. Das Gericht, das die einstweilige Verfügung erlässt, kann aber gem § 941 ZPO das Grundbuchamt auch unmittelbar um Eintragung ersuchen. Die einstweilige Verfügung muss innerhalb eines Monats, gerechnet von der Verkündung des Urteils oder der Amtszustellung des Beschlusses an den Antragsteller, vollzogen werden (§§ 929 Abs 2, 936 ZPO). Als Vollziehung der einstweiligen Verfügung in diesem Sinne gilt (nach §§ 932 Abs 3, 936 ZPO) dabei bereits der Eingang (§ 13 Abs 2 S 2 und 3 GBO) des Eintragungsantrags oder im Falle des § 941 ZPO der Eingang des Ersuchens beim Grundbuchamt. Ein trotz Nichteinhaltung der Frist eingetragener Widerspruch ist wirkungslos. Ferner muss nach § 929 Abs 3 S 2 ZPO die Zustellung an den Antragsgegner, wenn sie nicht schon erfolgt ist, innerhalb einer Woche nach Vollziehung der einstweiligen Verfügung und vor Ablauf der Vollziehungsfrist geschehen. Wird diese Frist nicht eingehalten, verliert der eingetragene Widerspruch mit Rückwirkung seine Kraft (s Levi 33; übereinstimmend Bauer/Schaub/Lieder[5] AT C 215; MünchKommBGB/H Schäfer[9] § 899 Rn 28; NK-BGB/Krause[5] § 899 Rn 17; jurisPK-BGB/Toussaint[10] § 899 Rn 17); die Vollziehung ist hier nämlich nach § 929 Abs 3 S 2 ZPO „ohne Wirkung“. Der Antragsgegner kann im Verfahren nach § 22 GBO die Löschung herbeiführen. – Ob die Frist des § 929 Abs 2 ZPO eingehalten worden ist, braucht das Grundbuchamt nicht nachzuprüfen (Demharter Rpfleger 1998, **65**

133, 137 f). Es muss die Eintragung aber ablehnen, wenn es sicher weiß, dass die Frist nicht eingehalten worden ist (DEMHARTER Rpfleger 1998, 133, 138; MünchKommBGB/WACKE[4] § 899 Rn 13 Fn 22).

dd) Verhältnis zur Eintragung

66 Im Gegensatz zur Bewilligung muss die einstweilige Verfügung der Eintragung notwendigerweise vorausgehen. Auf die Vollziehung der einstweiligen Verfügung finden ja nach §§ 936, 928 ZPO grundsätzlich die Vorschriften über die Zwangsvollstreckung entsprechende Anwendung; eine Vollstreckungsmaßnahme, bei der der Vollstreckungstitel (hier die einstweilige Verfügung) noch fehlt, muss aber wirkungslos sein (s ROSENBERG § 885 Anm I 1; BGB-RGRK/AUGUSTIN § 885 Rn 2 und PLANCK/STRECKER § 885 Anm 1 [jeweils zur Parallelproblematik bei der Vormerkung]). Die Vollziehung ist aber auch schon vor Zustellung der einstweiligen Verfügung zulässig (SCHÖNER/STÖBER[16] Rn 1548 [zur Vormerkung]). Wenn der eingetragene Widerspruch – etwa wegen Versäumung der Vollziehungs- oder Zustellungsfrist (s oben Rn 65) – unwirksam ist, kann er auch nicht durch die Erwirkung einer erneuten einstweiligen Verfügung gleichen Inhalts wirksam werden; vielmehr bedarf es dann auch einer neuen Widerspruchseintragung (vgl RGZ 81, 288, 291; KG HRR 1929 Nr 1823; PLANCK/STRECKER § 885 Anm 2a δ; ROSENBERG § 885 Anm I 1; jeweils zur Vormerkung). Dagegen könnte einer solchen zunächst unwirksamen Widerspruchseintragung durch eine nachträgliche Bewilligung des Betroffenen ex nunc Wirksamkeit verliehen werden (s ROSENBERG § 899 Anm III 2a, § 885 Anm I 3).

ee) Streitwert, Kosten

67 Der Streitwert der einstweiligen Verfügung ist nach § 3 ZPO festzusetzen, dabei aber niedriger als der Wert des zu sichernden Rechtes zu bemessen (vgl OLGR Koblenz 2006, 1016 [konkret Abschlag von 3/4]; LG Berlin JW 1937, 2465; SOERGEL/KERN[14] § 899 Rn 8; MünchKommBGB/WACKE[4] § 899 Rn 13). § 6 ZPO ist nicht einschlägig (**aA** STAUDINGER/SEUFERT[11] § 899 Rn 34a).

68 Wegen der Kosten der einstweiligen Verfügung ist zu bemerken: Wird die einstweilige Verfügung erwirkt, ohne dass der zur Berichtigung Verpflichtete vorher Gelegenheit hatte, der Eintragung des Widerspruchs freiwillig zuzustimmen, so wäre es regelmäßig unbillig, ihn mit den Kosten zu belasten. Es ist aber allgemein anerkannt, dass der Widerspruch gegen die einstweilige Verfügung, weil er kein Rechtsmittel ist, trotz § 99 ZPO auf den Kostenpunkt beschränkt werden kann (vgl STEIN/JONAS/MUTHORST, ZPO[23] § 99 Rn 3; für den Fall des § 899 insbesondere OLG München SeuffA 64 Nr 178; OLG Hamm SeuffA 77 Nr 49). Es sind dann nach § 93 ZPO die Kosten dem Antragsteller aufzuerlegen, wenn der Gegner zu der einstweiligen Verfügung keinen Anlass gegeben hat (OLG Düsseldorf NJW 1972, 1676; OLG Köln NJW 1975, 454; OLG Celle 25. 5. 2016 – 16 W 38/16; NIKISCH NJW 1955, 1192 f; **aA** MEIKEL/IMHOF/RIEDEL[6] § 25 Rn 22). Wenn die einstweilige Verfügung ohne mündliche Verhandlung ergangen ist, ist das Anerkenntnis auch dann noch rechtzeitig, wenn es im Verfahren nach der Einlegung des Widerspruchs gegen die einstweilige Verfügung abgegeben wird (vgl OLG Hamm NJW 1976, 1459, 1460). Anlass, den Weg über die einstweilige Verfügung zu wählen, hat der Widerspruchsberechtigte aber nicht nur nach vorheriger Ablehnung einer Widerspruchsbewilligung, sondern bereits, wenn er den Umständen nach annehmen musste, dass der Betroffene der Aufforderung zur Abgabe der Bewilligungserklärung nicht ohne

Weiteres nachkommen würde (Nikisch NJW 1955, 1192 f; s auch OLG Nürnberg OLGE 25, 75 f).

d) Kumulation der Eintragungsgrundlagen

Ein Widerspruch, der aufgrund einstweiliger Verfügung oder aufgrund eines vorläufig vollstreckbaren Urteils gem § 895 ZPO eingetragen worden ist, ist für den Widerspruchsberechtigten weniger sicher als ein bewilligter Widerspruch; im Gegensatz zum letzteren würde er nämlich durch eine Aufhebung der einstweiligen Verfügung bzw Entscheidung oder der vorläufigen Vollstreckbarkeit wirkungslos werden (s oben Rn 57); er könnte dann nach § 25 S 2 GBO sogar ohne Mitwirkung des Berechtigten gelöscht werden. Man muss hier deshalb zulassen, dass ein solcher Widerspruch durch die nachträgliche Bewilligungserteilung eine zweite Grundlage erhält (Güthe/Triebel § 25 Rn 39; Meikel/Imhof/Riedel[6] § 25 Rn 45; Keller/Munzig/Keller[9] Einl § 6 Rn 67; Predari § 25 Anm 4; MünchKommBGB/Wacke[4] § 899 Rn 14; Erman/Artz[17] § 899 Rn 12; BeckOGK/Hertel [1. 9. 2024] § 899 Rn 30). Diese kann im Grundbuch eingetragen werden, allerdings nicht in Form eines zweiten Widerspruchs (so Keller/Munzig/Keller[9] Einl § 6 Rn 67 Fn 187; BeckOGK/Hertel [1. 9. 2024] § 899 Rn 31), sondern durch einen Hinweis in der Veränderungsspalte auf die neue zusätzliche Eintragungsgrundlage (Güthe/Triebel § 25 Rn 39; Bauer/Schaub/Lieder[5] AT C 229). 69

Entsprechendes gilt, wenn nach Eintragung eines Widerspruchs aufgrund einstweiliger Verfügung der Betroffene durch vorläufig vollstreckbares Urteil zur Grundbuchberichtigung verurteilt wird und damit ein Widerspruch nach § 895 ZPO als bewilligt gilt. Auch diese zusätzliche Grundlage muss im Grundbuch vermerkbar sein, weil die einstweilige Verfügung unter Umständen aus anderen Gründen als wegen Verneinung des Berichtigungsanspruches aufgehoben werden könnte (Güthe/Triebel § 25 Rn 39; Meikel/Imhof/Riedel[6] § 25 Rn 45; Predari § 25 Anm 4; MünchKommBGB/Wacke[4] § 899 Rn 14m Fn 31; MünchKommBGB/H Schäfer[9] § 899 Rn 12 aE **aA** Turnau/Förster § 885 Anm II 8 zur Vormerkung). 70

e) Eintragung auf einseitigen Antrag?

Eine Widerspruchseintragung ohne einstweilige Verfügung oder Bewilligung allein auf den einseitigen Antrag des gefährdeten Rechtsinhabers ist nur im Ausnahmefall des § 1139 BGB (s Rn 99) zulässig. Biermann (Widerspruch und Vormerkung 112 ff; ders, SachenR § 899 Anm 2d) hat zwar angenommen, dass auch der Nachweis der Unrichtigkeit des Grundbuches als Eintragungsgrundlage für den Widerspruch ausreichen, also die Bewilligung oder einstweilige Verfügung ersetzen könne. Diese Ansicht, von der auch das OLG Düsseldorf (OLGR 2001, 379, 380) in einem obiter dictum ausgeht, ist jedoch zu Recht auf allgemeine Ablehnung gestoßen (Planck/Strecker § 899 Anm 3a δ; Rosenberg § 899 Anm III 1 d; Güthe/Triebel § 25 Rn 16; Fuchs § 899 Anm 5; Turnau/Förster § 899 Anm II 1; Goldmann/Lilienthal § 45 Fn 69; BGB RGRK/Augustin § 899 Rn 23). Sie widerspricht eindeutig § 899 Abs 2 BGB. Die Widerspruchseintragung wäre hier auch ein sinnloser Umweg, da unter den Voraussetzungen des § 22 GBO die Berichtigung selbst sofort durchgeführt werden kann. 71

V. Eintragungsverfahren

1. Formellrechtliche Eintragungsvoraussetzungen

72 Die verfahrensrechtlichen Voraussetzungen der Eintragung entsprechen im Wesentlichen der Situation bei der Vormerkung (s Erl STAUDINGER/KESSELER [2020] § 885 Rn 1 ff).

73 Die Herbeiführung der Eintragung ist grundsätzlich dem Parteibetrieb überlassen; es ist also – gleichgültig welche Grundlage der einzutragende Widerspruch hat – der Eintragungs*antrag* (§ 13 GBO) eines Antragsberechtigten erforderlich; eine Ausnahme bildet insoweit nur § 941 ZPO, s oben Rn 65. Antragsberechtigt sind nach § 13 Abs 1 S 2 GBO der Betroffene und der Widerspruchsberechtigte, im Falle der durch § 857 Abs 3 ZPO ermöglichten Pfändung des Berichtigungsanspruchs (s § 894 Rn 89) auch der Pfändungsgläubiger. § 14 GBO kommt nicht zur Anwendung, da diese Norm für den Vollstreckungsgläubiger nur das Hindernis der fehlenden Voreintragung (§ 39 GBO) des Vollstreckungsschuldners für die Eintragung seines eigenen Rechts beseitigen will, dieses Ziel aber durch eine bloße Widerspruchseintragung ohnehin nicht erreicht wird (PLANCK/STRECKER § 899 Anm 3b α mwNw; ROSENBERG § 899 Anm III 2 d α; **aA** BAUER/SCHAUB/LIEDER[5] AT C 230; BAUER/vOEFELE/WILKE[2] § 14 Rn 10). Wer zu Unrecht als Eigentümer eingetragen worden ist, kann zwar nicht im Wege der Beschwerde die Eintragung eines Amtswiderspruchs verlangen (KGJ 47 A 182 = RJA 14, 200; MEIKEL/IMHOF/RIEDEL[6] § 25 Rn 15), aber durch Eintragungsbewilligung und Eintragungsantrag ohne jede Mitwirkung des wirklichen Eigentümers einen Widerspruch iS von § 899 BGB für diesen eintragen lassen (MünchKommBGB/H SCHÄFER[9] § 899 Rn 7).

74 Wird die Eintragung vom Widerspruchsberechtigten beantragt, so hat dieser entweder eine Ausfertigung der einstweiligen Verfügung beizubringen oder die Bewilligung des Betroffenen in einer den §§ 28, 29 GBO entsprechenden Form nachzuweisen. Falls der Betroffene von sich aus die Eintragung eines Widerspruchs beantragt, ist § 30 GBO zu beachten.

75 Ersucht das Gericht selbst nach § 941 Abs 2 ZPO das Grundbuchamt um die Eintragung, so ersetzt dieses Ersuchen Antrag und Eintragungsbewilligung (§ 38 GBO); ansonsten ersetzt die einstweilige Verfügung jedenfalls die Bewilligung. Die anderen allgemeinen Eintragungsvoraussetzungen müssen aber jeweils außerdem noch erfüllt sein. Falls die einstweilige Verfügung gegen die Erben des eingetragenen Buchberechtigten gerichtet war, erfordert die Eintragung des Widerspruchs zusätzlich den Nachweis des Erbrechts (KG JW 1927, 1214 m Anm HERZFELDER) und die Voreintragung der Erben gem § 39 GBO (PLANCK/STRECKER § 899 Anm 3b β; KG HRR 1928 Nr 550). Die letztere erübrigt sich nur, soweit die Voraussetzungen des § 40 GBO vorliegen. Keiner Voreintragung der Erben des Eingetragenen bedarf es in ausdehnender Auslegung von § 40 Abs 1 1. Var GBO für einen Widerspruch gegen die Existenz des betroffenen Rechts oder die Inhaberschaft des Eingetragenen (KG JFG 7, 328, 333; 16, 311 f; THIEME § 40 Anm 3 aE; BOHN, Grundbuchrecht Rn 308; KELLER/MUNZIG/SCHRANDT/VOLMER[9] § 40 Rn 17; DEMHARTER[33] § 40 Rn 17 aE; **aA** PLANCK/STRECKER § 899 Anm 3b β, § 885 Abs 3 b; GÜTHE/TRIEBEL § 40 Rn 13 mwNw; HESSE/SAAGE/FISCHER § 40 Anm II 3 b, c; MEIKEL/BÖTTCHER[12] § 40 Rn 26); dagegen wäre § 40 Abs 1 1. Var GBO nicht einschlägig bei einem Widerspruch gegen den Rang eines für den Erblasser eingetragenen Rechtes. Der Antragsteller kann das Eintragungsersuchen des Prozessgerichts (§ 941 ZPO),

das ja nur seinen Interessen dient, wie einen von ihm selbst gestellten Eintragungsantrag zurücknehmen (Demharter Rpfleger 1998, 133, 135 mwNw; MünchKommBGB/Wacke[4] § 899 Rn 15 Fn 35; Meikel/Krause/Weber[12] § 38 Rn 42).

Die *Prüfungspflicht* des Grundbuchamtes (s Staudinger/C Heinze [2018] § 873 Rn 234 ff) ist sehr eingeschränkt. Das Grundbuchamt muss kontrollieren, ob die Vollziehungsfristen eingehalten sind (s oben Rn 65) und ob keine inhaltlich unzulässige Eintragung angeordnet wurde (Meikel/Böttcher[12] § 25 Rn 34; MünchKommBGB/H Schäfer[9] § 899 Rn 17), ferner ob der Gegner der einstweiligen Verfügung gegenwärtig überhaupt als Inhaber des widerspruchsbetroffenen Rechtes eingetragen ist (BayObLGZ 28, 633). Dagegen hat das Grundbuchamt die einstweilige Verfügung nicht auf die materielle Richtigkeit der getroffenen Anordnung hin zu überprüfen (OLG Karlsruhe JFG 3, 421, 422 f; Frey ZBlFG 3, 599; MünchKommBGB/Wacke[4] § 899 Rn 18; MünchKommBGB/H Schäfer[9] § 899 Rn 17; Bauer/Schaub/Lieder[5] AT C 230). – Trifft der Antrag auf Eintragung eines Widerspruchs mit anderen Eintragungsanträgen zusammen, die das gleiche Recht betreffen, richtet sich die **Erledigungsreihenfolge** nach § 17 GBO (s OLGR Schleswig 2004, 461, 462 f; Keller/Munzig/Volmer[9] § 17 Rn 5 ff; Bauer/vOefele/Wilke[3] § 17 Rn 1, 3, 8 ff). Ob das gleiche für den Amtswiderspruch gilt, ist streitig (vgl § 892 Rn 218). 76

Bei Briefgrundpfandrechten ist grundsätzlich gem §§ 41, 42 GBO die Vorlage des Briefes erforderlich; hiervon macht jedoch § 41 Abs 1 S 2 GBO für den Widerspruch aufgrund einstweiliger Verfügung eine weitgehende Ausnahme (vgl auch §§ 42 S 2, 53 Abs 2 GBO). Die Beschaffung des Briefes wird dem Widersprechenden durch den Hilfsanspruch aus § 896 BGB erleichtert (s dort Rn 4). Der Widerspruch muss nach § 62 GBO auf dem Brief vermerkt werden. In der einstweiligen Verfügung, die die Grundlage des Widerspruchs bildet, kann auf Antrag die Briefvorlage bereits angeordnet werden (§§ 938, 936, 928, 883 ZPO). 77

Wenn sich der Widerspruch gegen die Angaben des Bestandsverzeichnisses über die *Grundstücksgrenze,* also gegen die dort behauptete Zugehörigkeit eines bestimmten Geländestreifens zum Grundstück richtet, ist für die Eintragung des Widerspruchs eine vorgängige grundbuchmäßige Abschreibung der betreffenden Teilfläche (§ 7 GBO) nicht erforderlich (Meikel/Böttcher[12] § 7 Rn 37; Keller/Munzig/Keller[9] § 7 Rn 18 mwNw; Güthe/Triebel § 7 Rn 12; Planck/Strecker § 899 Anm 3b δ; Rosenberg § 899 Anm III 2 d α; Erman/Artz[17] § 899 Rn 13). 78

2. Die Eintragung selbst

Aus der Eintragungsformel muss sich unbedingt ergeben, *gegen welches Recht* der Widerspruch sich richtet und *welches Recht* bzw *welchen Berechtigten* er schützt (s KGJ 23 A 133, 135; 43 A 243, 254; 45 A 231; OLG München 13. 8. 2018 – 34 Wx 203/17, RPfleger 2019, 140; Meikel/Böhringer, GBV[11] Vorbem 150 ff zur GBV; Erman/Artz[17] § 899 Rn 14). Anderenfalls ist der Widerspruch unwirksam und von Amts wegen zu löschen (Rosenberg § 899 Anm III 2 d β). Dies gilt auch für einen Amtswiderspruch nach § 53 Abs 1 S 1 GBO (BGH NJW 1985, 3070, 3071). Auf die ausdrückliche Angabe des betroffenen Rechtes wird man aber verzichten können, wo diese sich gleichsam von selbst versteht. Bei der Eintragung eines Widerspruchs gegen die Löschung eines beschränkten dinglichen Rechtes muss also nicht explizit darauf hingewiesen werden, dass hiervon die gleich- und nachrangig eingetragenen Rechte betroffen sind. Soll der Wi- 79 derspruch zur Erhaltung eines noch nicht eingetragenen Rechtes dienen, so muss das zu sichernde Recht genauer bezeichnet werden (zB das Eigentum an einem Grundstücksteil durch genaue Grenzangabe [zu großzügig insoweit KG OLGE 10, 80]). Auch sonst muss die Eintragungsformel jedenfalls zum Ausdruck bringen, worin die inhaltliche Unrichtigkeit des Grundbuches besteht, gegen die der Widerspruch sich wendet (Planck/Strecker § 899 Anm 4a; Bauer/Schaub/Lieder[5] AT C Rn 223), also „welchen Berichtigungsanspruch der Widerspruch betrifft" (KG OLGE 10, 80; zu Unrecht gegen diese Formulierung Rosenberg § 899 Anm III 2 d β; Staudinger/Seufert[11] § 899 Rn 39; s auch oben Rn 20). Dabei kann in entsprechender Anwendung des § 874 BGB (bzw von § 885 Abs 2 BGB) zur näheren Bezeichnung des Inhalts des zu schützenden Rechts auf die Eintragungsgrundlage (also die Bewilligung oder einstweilige Verfügung oder das vorläufig vollstreckbare Urteil) Bezug genommen werden (OLG München 13. 8. 2018 – 34 Wx 203/17, RPfleger 2019, 140; Rosenberg § 899 Anm III 2 d β; Planck/Strecker § 899 Anm 4b; Biermann § 899 Anm 2 f; Staudinger/Ertl[12] § 874 Rn 10; MünchKommBGB/H Schäfer[9] § 899 Rn 16; BGB-RGRK/Augustin § 899 Rn 15; NK-BGB/Krause[5] § 899 Rn 19; Erman/Artz[17] § 899 Rn 14a; Grüneberg/Herrler[84] § 899 Rn 4; BeckOGK/Hertel [1. 9. 2024] § 899 Rn 42; Meikel/Imhof/Riedel[6] § 25 Rn 31; Meikel/Böttcher[12] § 25 Rn 33; Keller/Munzig/Keller[9] Einl § 6 Rn 72; Güthe/Triebel § 49 Rn 13; Predari 91; Arnheim § 50 Anm 6; Endemann II 1 § 64 Fn 23; Sekler § 223; **aA** Kretzschmar § 899 Anm III 6; Turnau/Förster § 899 Anm I 13; Oberneck I 469; Goldmann/Lilienthal § 45 Fn 77; KGJ 23 A 133, 135). Es ist kein vernünftiger Grund dafür ersichtlich, weshalb der Widerspruch „mit mehr Umständlichkeit eingetragen werden müsste als das durch ihn geschützte Recht" selbst (Planck/Strecker § 899 Anm 4b). Entsprechend muss es dann aber auch möglich sein, zur Konkretisierung der in der Eintragungsformel nur allgemein gehaltenen Angabe über die Art der inhaltlichen Unrichtigkeit auf die Eintragungsgrundlage Bezug zu nehmen (so wohl auch MünchKommBGB/Wacke[4] § 899 Rn 17). So etwa, wenn der Widerspruch sich gegen die Angabe über den Inhalt einer Grunddienstbarkeit richtet. Hinsichtlich der Person des Berechtigten ist dagegen keine Bezugnahme möglich. Der durch den Widerspruch geschützte Berechtigte ist der „Gläubiger" des zugrundeliegenden Berichtigungsanspruchs, also der gegenwärtige Inhaber des nicht oder nicht richtig eingetragenen oder mit einer nicht existierenden Belastung oder Beschränkung eingetragenen Rechts. Steht dieses mehreren zu, muss auch der Widerspruch für diese Personenmehrheit unter Angabe des Gemeinschaftsverhältnisses eingetragen werden (Meikel/Böhringer, GBV[11] Vorbem 152 zur GBV). Ist der Widersprechende nicht der Inhaber des geschützten Rechts, sondern ein Pfändungsgläubiger des Berichtigungsanspruchs oder ein zur Ausübung des Berichtigungsanspruchs kraft Gesetzes (§ 1368 BGB) oder rechtsgeschäftlich ermächtigter Dritter, so ist nur der geschützte Berechtigte selbst anzugeben (Rosenberg § 899 Anm III 2 d β; Planck/Strecker § 899 Anm 7; Grüneberg/Herrler[84] § 899 Rn 4; BeckOGK/Hertel [1. 9. 2024] § 899 Rn 43; Meikel/Böhringer, GBV[11], Vorbem 152 zur GBV; Eickmann Rpfleger 1981, 213, 216; **aA** Du Chesne SächsArch 1906, 289; Güthe/Triebel § 44 Rn 23; ferner Krückmann ZBlFG 15, 283 f, der einen Widerspruch unmittelbar zugunsten des pfändenden Gläubigers für möglich hält; dagegen Rosenberg § 894 Anm VII 2 c γ). Eine verbreitete Auffassung nimmt demgegenüber an, dass bei einem auf Antrag des revozierenden Ehegatten eingetragenen Widerspruch beide Ehegatten als Widerspruchsgeschützte genannt werden müssten (OLG Hamm NJW 1960, 436; Haegele Rpfleger 1959, 351; Bauer/Schaub/Lieder[5] AT C 226; NK-BGB/Krause[5] § 899 Rn 21). Die Löschung des vom revozierenden Ehegatten erwirkten Widerspruchs darf jedenfalls nur aufgrund einer Bewilligung des revozierenden Ehegatten selbst erfolgen (Eickmann Rpfleger 1981, 213, 216; ebenso für den Amtswiderspruch nach § 53 Abs 1 GBO Meikel/

Schneider[12] § 53 Rn 117, 126). Erfolgt die Widerspruchseintragung (wie in den Fällen der §§ 7 Abs 2 GrdstVG oder des früheren 23 Abs 3 BauGB) auf Ersuchen einer Behörde, ist ebenfalls nicht diese, sondern der Gläubiger des zugrundeliegenden Berichtigungsanspruchs einzutragen (BayObLGZ 1955, 314, 321; Grüneberg/Herrler[84] § 899 Rn 4; BeckOGK/Hertel [1. 9. 2024] § 899 Rn 43; abw aber BayObLGZ 1974, 263, 268: Eintragung eines Widerspruchs nach § 23 Abs 3 BauGB ohne Bezeichnung des Widerspruchsberechtigten zulässig; zust dazu wohl OLG Hamm OLGZ 1978, 304, 310). Im **Insolvenzverfahren** über das Vermögen des Inhabers des geschützten Rechts (vgl § 894 Rn 70) ist im Grundbuch der Schuldner, nicht der Insolvenzverwalter einzutragen (Bauer/Schaub/Lieder[5] AT C 209). Die Eintragung des Widerspruchs zugunsten des Konkursverwalters würde nach BayObLGZ 32, 377 einer Eintragung ohne Angabe des Berechtigten gleichkommen und deshalb inhaltlich unzulässig iS von § 53 Abs 1 S 2 GBO sein.

Die immer erforderliche Angabe des Widerspruchsbegünstigten ist vor allem dann von Bedeutung, wenn die Grundbuchunrichtigkeit gleich für mehrere Personen Grundbuchberichtigungsansprüche auslöst (wie zB bei der Eintragung eines nicht existierenden Rechtes an einem Grundstück: hier ist neben dem Grundstückseigentümer jeder Inhaber eines laut Grundbucheintrag gleich- oder nachrangigen Rechtes Gläubiger eines Berichtigungsanspruchs). Hier kann jeder Gläubiger eines Grundbuchberichtigungsanspruchs die Eintragung eines Widerspruchs beantragen (Meikel/Böhringer, GBV[11] Vorbem 152 zur GBV), und zwar ist dann für jeden Antragsteller ein eigener Widerspruch einzutragen (Meikel/Böhringer, GBV[11] Vorbem 152 zur GBV). An der rechtlichen Selbständigkeit der einzelnen Widersprüche ändert auch eine Sammelbuchung nichts (Meikel/Böhringer, GBV[11] Vorbem 152, 156 zur GBV). Jeder Widerspruchsbegünstigte kann etwa auf den für ihn eingetragenen Widerspruch verzichten (s unten Rn 91), ohne dass dies Auswirkungen auf die parallelen Widersprüche hätte. **80**

Aus der Eintragungsformel muss vor allem hervorgehen, dass es sich um einen Widerspruch gegen die Richtigkeit des Grundbuches handelt. Der Gebrauch gerade des Wortes „Widerspruch" ist allerdings nicht wesentlich; auch ein synonymer Ausdruck wie „Protest" oder „Verwahrung" wäre ohne Weiteres verständlich und würde die Eintragung deshalb nicht inhaltlich unzulässig machen (Güthe/Triebel § 44 Rn 23; Meikel/Böttcher[12] § 25 Rn 33; MünchKommBGB/Wacke[4] § 899 Rn 17). Nach ganz hM ist selbst die *fälschliche Bezeichnung als „Vormerkung"* unschädlich, wenn nur der Zweck der Eintragung genügend deutlich ist (RGZ 55, 340, 343 [für die umgekehrte Vertauschung]; Rosenberg § 899 Anm III 2 d β; Planck/Strecker § 899 Anm 3a iVm § 885 Anm 4 a α; NK-BGB/Krause[5] § 899 Rn 22; AK-BGB/B vSchweinitz § 883 Rn 12; Tiedtke Jura 1981, 369; J Hager JuS 1990, 429, 430; Baur/Stürner[18] § 20 Rn 13; Wieling/Finkenauer, SR[6] § 20 Rn 75; Güthe/Triebel § 44 Rn 23; Meikel/Böhringer, GBV[11] Vorbem 151 zur GBV; Bauer/Schaub/Lieder[5] AT C 224; m Einschr Assmann, Die Vormerkung [1998] 27; kritisch aber Heck § 47 II 8; **abl** Sekler, Die Lehre von der Vormerkung [1904] 292). Ob das wirklich auch dann möglich ist, wenn der Grundbuchrichter sich ersichtlich nicht nur im Ausdruck vertan, sondern die Voraussetzungen des anderen Rechtsbehelfs irrtümlich für gegeben gehalten hat (so Planck/Strecker § 899 Anm 3a iVm § 885 Anm 4a α und die hM), erscheint zweifelhaft. Nach RG JW 1908, 275 = WarnR 1908 Nr 379 wirkt eine Löschungsvormerkung, die wegen Nichtvalutierung der Hypothek zugestanden worden ist, zugleich als Widerspruch iS von § 899 BGB (dazu Jauernig/Berger[19] § 1179 Rn 12). In RGZ 139, 353, 355 f ging das Reichsgericht einen anderen Weg. Dort war nach einer doppelnichtigen (dh dinglich und obligatorisch unwirksamen) Grundstücksveräußerung zugunsten des **81**

Veräußerers eine Auflassungsvormerkung statt eines Widerspruchs eingetragen worden; das Reichsgericht deutete die Vormerkung nicht in einen Widerspruch um, sondern rettete stattdessen die Vormerkung über die verfehlte Annahme eines auf Rückauflassung gerichteten Kondiktionsanspruchs (vgl ASSMANN 27 f). Falls schwierig zu entscheiden ist, ob nur das Grundgeschäft nichtig ist, sodass der Kondiktionsanspruch durch Vormerkung gesichert werden kann, oder ein Fall der Doppelnichtigkeit gegeben ist, bei dem nur der Widerspruch als Sicherungsmittel zur Verfügung steht, wird man es verfahrensrechtlich allerdings zulassen müssen, dass Widerspruch und Vormerkung kumulativ eingetragen werden (MünchKommBGB/WACKE § 899 Rn 17; MünchKommBGB/H SCHÄFER[9] § 899 Rn 16 iVm § 883 Rn 8; SOERGEL/KERN[14] § 883 Rn 68; HECK § 47 II 8; H WESTERMANN/GURSKY[8] § 82 Rn 8; J HAGER JuS 1990, 429, 430; EVERS, Die Begründung der Vormerkung [Diss Münster 1990] 9 f; **aA** BIERMANN, Widerspruch und Vormerkung, 65; wohl auch ASSMANN 27). Wirksam ist aber auch dann nur einer der beiden Rechtsbehelfe (vgl MünchKommBGB/H SCHÄFER[9] § 899 Rn 16 iVm § 883 Rn 8).

82 Auf jeden Fall empfiehlt sich eine *möglichst genaue Fassung* des Widerspruchsvermerks (s SCHMIDT-KNATZ DJZ 1905, 1157; MEIKEL/BÖHRINGER, GBV[11], Vorbem 150 zur GBV); bei einem Widerspruch zugunsten einer irrtümlich gelöschten Hypothek empfiehlt es sich, diejenigen Angaben aufzunehmen, die für die Bezeichnung der Hypothek nach § 1115 BGB unerlässlich sind (s PREDARI 91). Handelt es sich bei dem gesicherten Recht dagegen um eine außerhalb des Grundbuches entstandene, also nie eingetragen gewesene Hypothek, so wäre die Aufnahme der Angaben aus § 1115 BGB sogar zwingend erforderlich (abw ROSENBERG § 899 Anm 2d β); eine Bezugnahme auf die Eintragungsgrundlage wäre hier unzulässig (ENDEMANN II 1 § 64 Fn 23).

83 Es gehört nicht zu den Aufgaben des Widerspruchsvermerks, den potenziellen Erwerber auch auf die besonderen Tatsachen hinzuweisen, aus denen sich die Unrichtigkeit des Grundbuches ergibt. Die Umstände brauchen deshalb beim Widerspruch nicht vermerkt zu werden (KG OLGE 44, 56, 59 = JFG 2, 291, 293 f). Der Widerspruch behält daher auch seine Bedeutung, wenn die ursprünglich angenommene und im Grundbuch überflüssigerweise angegebene Tatsachengrundlage für die Unrichtigkeit des Grundbuchs nicht zutrifft, dieselbe Unrichtigkeit aber aus anderen Gründen besteht (KG OLGE 44, 56, 59 = JFG 2, 291, 293 f; MünchKommBGB/WACKE[4] § 899 Rn 17; MEIKEL/SCHNEIDER[12] § 53 Rn 134; BAUER/SCHAUB/LIEDER[5] AT C 225).

84 *Ort und Fassung* der Eintragung richten sich nach § 12 GBV. Ob der Widerspruch in der richtigen Abteilung oder Spalte eingetragen worden ist, ist für seine Wirksamkeit nicht von Belang (RGZ 55, 340, 343). Ein Widerspruch, der nicht auf dem für das betreffende Grundstück maßgeblichen Grundbuchblatt (s § 892 Rn 23, 24) eingetragen ist, wäre dagegen unwirksam (s ROSENBERG § 899 Anm III 2 d γ). Für die Bekanntmachung des Widerspruchs gilt § 55 GBO.

85 Falls der Widerspruch ein *Briefgrundpfandrecht* betrifft, steht nach § 1140 S 2 BGB ein auf dem Brief eingetragener Widerspruch einem im Grundbuch selbst eingetragenen gleich. Dieselbe Wirkung hat nach dieser Vorschrift sogar ein privater Vermerk auf dem Brief, aus dem die Unrichtigkeit des Grundbuchs hervorgeht. Im Übrigen ist bei Briefgrundpfandrechten die Eintragung eines Widerspruchs nach §§ 62 Abs 1 S 1, 70 Abs 1 GBO durch das Grundbuchamt auf dem Brief zu vermerken.

3. Beschwerde

Gegen die Eintragung eines Widerspruchs ist die (unbeschränkte) Beschwerde zulässig; § 71 Abs 2 S 1 GBO ist auf Widersprüche nicht anwendbar (RGZ 117, 346, 352; BGH 21. 10. 2021 – V ZB 52/20, FGPrax 2022, 49 Rn 7 f; BayObLGZ 1952, 24, 26; OLG Hamm JMBl NRW 1965, 269; OLGZ 1961, 343; OLG Düsseldorf Rpfleger 2001, 230 = OLGR 2001, 379, 380; Planck/Strecker § 899 Anm 7; Biermann § 899 Anm 2h; Güthe/Triebel § 71 Rn 9 mwNw; MünchKommBGB/Wacke[4] § 899 Rn 21 mwNw; MünchKommBGB/H Schäfer[9] § 899 Rn 19 m Fn 82; BeckOGK/Hertel [1. 9. 2024] § 899 Rn 71; Bauer/Schaub/Lieder[5] AT C 232; BGB-RGRK/Augustin § 899 Rn 14; Bauer/Schaub/Sellner[5] § 71 Rn 58; **aA** KG OLGE 2, 59, 60; Dernburg III § 51 Fn 34). § 71 Abs 2 GBO meint nämlich mit den „Eintragungen“, die nicht mit Hilfe der Beschwerde angreifbar sein sollen, nur solche, die unter dem Schutz des öffentlichen Glaubens stehen (BGHZ 25, 16, 22; Meikel/Schmidt-Räntsch[12] § 71 Rn 41; MünchKommBGB/Wacke[4] § 899 Rn 21, Rn 56; Keller/Munzig/Sternal[9] § 71 Rn 31). **86**

4. Insolvenzverfahren

Die Eröffnung des Insolvenzverfahrens über das Vermögen des Betroffenen hindert die Eintragung des Widerspruchs zugunsten eines zu diesem Zeitpunkt bereits bestehenden Rechtes nicht (Biermann, Widerspruch und Vormerkung 109; Rosenberg § 899 Anm III 2 d β; MünchKommBGB/Wacke[4] § 899 Rn 20; MünchKommBGB/H Schäfer[9] § 899 Rn 19; BGB-RGRK/Augustin § 899 Rn 20; PWW/Huhn[19] § 899 Rn 7; Jaeger/Henckel, KO[9] § 14 Rn 53). § 89 Abs 1 InsO ist nicht entsprechend anwendbar, da der Widerspruchsberechtigte kein einfacher Insolvenzgläubiger ist; § 91 Abs 1 InsO ist nicht entsprechend anwendbar, weil die Widerspruchseintragung nicht einen Rechtserwerb herbeiführt, sondern lediglich ein bereits begründetes und vom Insolvenzverwalter ohnehin zu beachtendes Aussonderungsrecht (§ 47 InsO) bzw im Falle des Pfandrechts an einem Rechte ein Absonderungsrecht (§ 50 InsO) sichert. Wenn zwischen Widerspruchsbewilligung und Eintragung das Insolvenzverfahren über das Vermögen des Betroffenen eröffnet wird, kann die Bewilligung analog § 878 BGB wirksam bleiben (s oben Rn 55). **87**

VI. Erlöschen des Widerspruchs

1. Wegfall materiellrechtlicher Voraussetzungen

Ebenso wie der Widerspruch nicht notwendigerweise bereits mit seiner Eintragung entsteht, kann er auch ohne Löschung im Grundbuch untergehen. Der Widerspruch verliert seine Wirkung immer dann, wenn eine seiner materiellrechtlichen Entstehungsvoraussetzungen entfällt: **88**

Der Widerspruch *erlischt* notwendigerweise *mit dem zugrundeliegenden Berichtigungsanspruch,* gleichgültig wodurch die zunächst bestehende Unrichtigkeit des Grundbuches beseitigt worden ist: Es kann sich beispielsweise darum handeln, dass eine anfänglich noch fehlende materielle Voraussetzung der im Grundbuch bereits eingetragenen Rechtsänderung nachgeholt wird; ebenso aber auch darum, dass das durch den Widerspruch bisher geschützte, nicht oder nicht richtig oder nicht für den Inhaber eingetragene Recht zB durch den Tod des Berechtigten (bei höchstpersönlichen Rechten) oder aber durch bloßen Zeitablauf erlischt. Erst recht geht der Wider- **89** spruch natürlich (gleichsam durch Zweckerreichung) unter, wenn der Anspruch aus § 894 BGB erfüllt, also das Grundbuch berichtigt wird.

90 Der Widerspruch erlischt ferner, wenn seine materiellrechtliche *Eintragungsgrundlage beseitigt* wird. So, wenn die Bewilligungserklärung des Betroffenen erfolgreich angefochten wird. Ebenso, wenn die einstweilige Verfügung oder das vorläufig vollstreckbare Urteil, die die Eintragungsgrundlage für den Widerspruch darstellen, durch eine vollstreckbare Entscheidung aufgehoben wird (§ 895 S 2 ZPO [im Falle der einstweiligen Verfügung in analoger Anwendung]; Meikel/Böttcher[12] § 25 Rn 3 f; Rosenberg § 899 Anm VI 1b). Der Untergang tritt hier also nicht erst durch die nach § 25 GBO auch ohne Bewilligung des Berechtigten zu vollziehende Löschung, sondern bereits mit der vollstreckbaren Entscheidung über die Aufhebung ein (vgl BGHZ 39, 21, 23 zur Vormerkung); die Löschung selbst hat nur die Bedeutung einer Grundbuchberichtigung (MünchKommBGB/H Schäfer[9] § 899 Rn 28; Levi 33 f; Rosenberg § 899 Anm VI 1 b; s auch Keller/Munzig/Meier[9] § 25 Rn 4; **aA** Planck/Strecker § 899 Anm VII iVm § 886 Anm 1c; Stemmler 8 f). Ebenso erlischt der Widerspruch, wenn die einstweilige Verfügung, aufgrund deren er eingetragen worden ist, infolge Nichteinhaltung der Frist des § 929 Abs 3 S 2 ZPO außer Kraft tritt (s oben Rn 65). Wird die Entscheidung des Landgerichts, die die vom Amtsgericht erlassene einstweilige Verfügung aufgehoben hat, vom Oberlandesgericht korrigiert, ändert dies am Erlöschen des Widerspruchs nichts; es kann lediglich ein neuer Widerspruch (ohne Rückwirkung) eingetragen werden (vgl Meikel/Böttcher[12] § 25 Rn 59; s auch oben Rn 66 und Staudinger/Gursky [2013] § 885 Rn 47; **aA** Staudinger/Kesseler [2020] § 885 Rn 66 mwNw).

91 Dagegen tritt der Untergang des Widerspruchs nicht durch die bloße Verzichtserklärung des Widerspruchsberechtigten ein. Ein **Verzicht** auf den Widerspruch ist zwar möglich (**aA** Walsmann, Der Verzicht 87), wirkt aber in Analogie zu §§ 875, 876 S 1 und 3 BGB nur in Verbindung mit der dazugehörigen Löschung (Rosenberg § 899 Anm VI 1 d iVm § 883 Anm IV 7 b β; Staudinger/C Heinze [2018] § 875 Rn 11; MünchKommBGB/Lettmaier[9] § 875 Rn 9; NK-BGB/Krause[5] § 899 Rn 32; BeckOGK/Hertel [1. 9. 2024] § 899 Rn 64; jurisPK-BGB/Toussaint[10] § 899 Rn 28; Meikel/Imhof/Riedel[6] § 25 Rn 34; gegen die Anwendung von § 875 auf Widersprüche aber BGB-RGRK/Augustin § 899 Rn 6). Ein Verzicht auf den Widerspruch ist auch dann möglich, wenn dieser aufgrund einer einstweiligen Verfügung eingetragen worden ist (MünchKommBGB/Wacke[4] § 899 Rn 29; MünchKommBGB/H Schäfer[9] § 899 Rn 27). Problematisch ist allerdings, ob dies auch für den Verzicht auf einen Widerspruch, der zugunsten eines Rechtes an einem Rechte eingetragen ist, gilt (*bejahend* Rosenberg § 899 Anm VI 1 d iVm § 883 Anm IV 7 b β); für den Verzicht auf derartige Rechte selbst gilt das Prinzip des § 875 BGB ja nicht (s §§ 1273, 1255, 1072, 1064 BGB). Große Bedeutung hat diese Frage nicht, da ein zu Unrecht eingetragenes bzw im Grundbuch für eine andere Person als den wirklichen Rechtsinhaber eingetragenes Recht an einem beschränkten Grundstücksrecht ohnehin nicht gutgläubig erworben werden kann (s § 892 Rn 63); insoweit käme nur ein Gutglaubensschutz nach § 893 1. oder 2. Alt BGB in Betracht. Falls der Widerspruch nach Pfändung des Grundbuchberichtigungsanspruchs zur Ausübung (s § 894 Rn 89) auf Veranlassung des Vollstreckungsgläubigers eingetragen worden ist, ist der Vollstreckungsschuldner nicht daran gehindert, diesen wieder löschen zu lassen (Rosenberg § 894 Anm VII 2 c γ; Planck/Strecker § 899 Anm 7; Volmer Gruchot 59 [1915] 624, 628, 671; Goldmann Gruchot 62 [1918] 478, 540). – Die Bewilligung der Löschung eines Widerspruchs ist keine Verfügung iS von § 2205 BGB (KG HRR 1928 Nr 842).

92 Wenn der eingetragene Widerspruch ohne Löschung unwirksam geworden ist (oder gar von vornherein nicht wirksam entstanden ist), kann der durch die Widerspruchseintragung beeinträchtigte Inhaber des betroffenen Rechts vom (scheinbaren) Widerspruchsberechtigten die **Beseitigung des Widerspruchs verlangen**. Grundlage dafür ist eine analoge Anwendung von § 894 BGB, nicht § 1004 BGB (RGZ 163, 62; BGH NJW 1969, 93; Planck/Strecker § 894 Anm 3 a; Rosenberg § 894 Anm III 1 b γ, § 899 Anm III 2 e; MünchKommBGB/Wacke[4] § 899 Rn 30; BeckOGK/Hertel [1. 9. 2024] § 899 Rn 70; Soergel/Kern[14] § 899 Rn 17; BGB-RGRK/Augustin § 899 Rn 14; NK-BGB/Krause[5] § 899 Rn 33). H Westermann (SR[5] § 73 III 5) will § 1004 BGB neben § 894 BGB anwenden, um dem Löschungsverpflichteten die Kosten aufbürden zu können, wenn er den Widerspruch veranlasst hat. Diese Auffassung ist schon deshalb abzulehnen, weil sie auf der unzutreffenden Vorstellung von einer negatorischen Kausalhaftung (s Staudinger/Gursky [2013] § 1004 Rn 3 ff, 93 ff) beruht. Für die Heranziehung des § 1004 BGB besteht auch gar kein Bedürfnis: Handelt es sich um einen bewilligten Widerspruch, so ist dieser mit Zustimmung des Betroffenen eingetragen worden und die Kosten der Beseitigung beschweren diesen daher nicht unbillig (**aA** MünchKommBGB/Wacke[4] § 897 Rn 3 Fn 5). Ist der Widerspruch dagegen auf eine einstweilige Verfügung hin eingetragen worden, so wird der Widersprechende bei deren Aufhebung ohnehin mit den Kosten belastet. Darüber hinaus kann die Aufhebung der einstweiligen Verfügung zu einer Schadensersatzpflicht des Widersprechenden aus § 945 ZPO führen. – Die Löschung eines von vornherein unwirksam oder nachträglich unwirksam gewordenen Widerspruchs kann der Betroffene auch durch den *Nachweis der Unrichtigkeit des Grundbuchs* (§ 22 GBO) herbeiführen (Planck/Strecker § 899 Anm 7; Warneyer[1] § 899 Anm V; Güthe/Triebel § 25 Rn 24; Meikel/Imhof/Riedel[6] § 25 Rn 35; Biermann, Widerspruch und Vormerkung 126; Keller/Munzig/Meier[9] § 22 Rn 101; **aA** Frey ZBlFG 3, 557, 561). Dieser Weg scheidet bei einer Widerspruchseintragung aufgrund einstweiliger Verfügung oder vorläufig vollstreckbaren Urteils allerdings grundsätzlich aus, solange der der Eintragung zugrundeliegende Titel nicht aufgehoben ist (KG DNotZ 1981, 394); anders wieder, wenn geltend gemacht wird, dass der Titel sich gar nicht gegen den Betroffenen (bzw nicht gegen alle Betroffene) richtet.

2. Löschung

93 Der Widerspruch kann ferner durch Löschung untergehen. Das ist unstreitig für den Fall, dass die Löschung aufgrund einer wirksamen Verzichtserklärung des Widerspruchsberechtigten ergeht.

94 Der Widerspruch verliert mit der Löschung aber auch dann jede Wirkung, wenn diese *Löschung materiell unberechtigt* und formell-grundbuchrechtlich ordnungswidrig ist, also ohne eine zugrundeliegende materielle Verzichtserklärung des Berechtigten bzw ohne Löschungsbewilligung (§ 19 GBO) erfolgt ist. Der Widerspruch wirkt nach §§ 892 Abs 1 S 1, 900 Abs 1 S 3 BGB nur, wenn er „eingetragen ist". Er kann deshalb außerhalb des Grundbuchs nicht fortbestehen, und das Grundbuch kann somit durch die unberechtigte Löschung nicht unrichtig werden (KGJ 49 A 179, 182; KG HRR 1931 Nr 674; Rosenberg § 899 Anm VI 1 d; BGB-RGRK/Augustin § 899 Rn 19; Biermann § 899 Anm 6d; Warneyer[1] § 899 Anm V; Turnau/Förster § 899 Anm I 15; Soergel/Kern[14] § 899 Rn 12, 17; NK-BGB/Krause[5] § 899 Rn 33; Erman/Artz[17] § 899 Rn 18; Grüneberg/Herrler[84] § 899 Rn 6; BeckOGK/Hertel [1. 9. 2024] § 899 Rn 65; Keller/Munzig/Meier[9] § 25 Rn 34; Goldmann/Lilienthal II § 45 Fn 84; O vGierke II § 119 Fn 174; Crome III § 375 Fn 100; Müller

Rn 886; Heinsheimer Gruchot 69 [1928] 401, 415 Fn 1; Stemmler 41; Maenner 76 Fn 17; Joachim Schmidt 43; **aA** Planck/Strecker § 899 Anm 7; Fuchs § 899 Anm 7; MünchKommBGB/Wacke[4] § 899 Rn 31; Baumgärtel/Baumgärtel[1] § 892 Rn 7; H Westermann/Eickmann[8] § 83 Rn 16; Lange § 23 IV 3; Meikel/Imhof/Riedel[6] § 25 Rn 46; Güthe/Triebel § 22 Rn 7; Meikel/Schneider[12] § 53 Rn 50; Keller/Munzig/Keller[7] Einl H 10; KEHE/Ertl[4] § 25 Rn 15, § 22 Rn 54; Schilde 18). Die Gegenmeinung nimmt konsequenterweise an, dass ein solcher Widerspruch allen Personen gegenüber wirksam bleibt, denen die Unrechtmäßigkeit der Löschung bekannt ist. Damit würde der gutgläubige Erwerb auch bei solchen Personen ausgeschaltet, die den Widerspruch für unberechtigt halten, aber wissen, dass seine Löschung formell nicht in Ordnung war. Das entspricht nicht der Rechtsnatur und dem Zweck des Widerspruchs. Dieser hat keinerlei unmittelbare rechtliche Einwirkung auf das betroffene Recht, ist nicht einmal eine Verfügungsbeschränkung und hat schon gar nicht – wie die Vormerkung – irgendwelche positive Bedeutung. Er schaltet nur den öffentlichen Glauben aus. Das aber ist eben nur bei unzweifelhafter Verlautbarung möglich (BGHZ 60, 46, 49, wonach eine Vormerkung allein durch die Löschung im Grundbuch nicht untergeht, ist wegen der sehr viel weitergehenden Rechtswirkung der Vormerkung auf den Widerspruch nicht übertragbar). Das Weiterwirken des gelöschten Widerspruchs auf die Fälle einer Kenntnis der materiellen Unrechtmäßigkeit der Löschung zu beschränken (so MünchKommBGB/H Schäfer[9] § 892 Rn 43 und § 899 Rn 27 aE; Soergel/Kern[14] § 892 Rn 29 und § 899 Rn 17), ist inkonsequent und macht wenig Sinn, weil das im Wesentlichen auf die ohnehin schädliche Kenntnis von der Existenz des Grundbuchberichtigungsanspruchs und damit der Unrichtigkeit des Grundbuchinhaltes hinausläuft.

3. Rückwirkung?

95 Sehr streitig ist, ob die Löschung bzw das Erlöschen eines – begründeten – Widerspruchs zurückwirkt oder ob die bisherigen Wirkungen des Widerspruchs erhalten bleiben. Richtiger Ansicht nach ist zu differenzieren:

96 Wenn die Beseitigung des Widerspruchs durch wirksame Anfechtung der Bewilligungserklärung erfolgt, ergibt sich die rückwirkende Vernichtung ohne Weiteres aus §§ 142 Abs 1, 899 Abs 1 BGB (s Levi 29). Ex tunc unwirksam ist der Widerspruch auch bei Nichteinhaltung der Zustellungsfrist für die einstweilige Verfügung (§ 929 Abs 3 S 2 ZPO; s oben Rn 65).

97 Demgegenüber kann die Aufhebung des begründeten Widerspruchs durch Verzicht des Berechtigten (also Bewilligung und Löschung) keine Rückwirkung entfalten (Levi 30; Stemmler 42 ff; Rosenberg § 899 Anm VI 2 aE; Planck/Strecker § 899 Anm 7 aE; Erman/Artz[17] § 899 Rn 19; Bauer/Schaub/Lieder[5] AT C 242; BeckOGK/Hertel [1. 9. 2024] § 899 Rn 67; Wolff/Raiser § 47 IV 3; E Wolf § 9 H II e 1; Wieling/Finkenauer, SR[6] § 20 Rn 83; **aA** Heinsheimer Gruchot 69 [1928] 401, 415 ff, 419 f; Bamberger/Roth/Eckert[5] § 899 Rn 15; Grüneberg/Herrler[84] § 899 Rn 6). Die gegenteilige Auffassung würde dem Widerspruchsberechtigten praktisch die Befugnis zugestehen, durch privatautonome Entscheidung die dingliche Rechtslage rückwirkend zu ändern und damit unter Umständen sogar in Rechte Dritter einzugreifen (Beispiel nach Levi S 26: Gegen ein nichtiges Liegenschaftsrecht ist ein Widerspruch nur für einen der nachrangig Eingetragenen eingetragen worden. Eine Rückwirkung des Verzichts des Widerspruchsberechtigten auf den Widerspruch könnte der zwischenzeitlichen Übertragung des betreffenden nichtigen Liegenschaftsrechts auf einen Gutgläubigen zu Lasten der anderen Rechtsinhaber Wirksamkeit verleihen). Eine solche Befugnis bedürfte der gesetzlichen Grundlage. Wesentlich problematischer sind dagegen die Fälle, in denen das Unwirksamwerden des Widerspruchs auf der Aufhebung der einstweiligen Verfügung bzw der vollstreckbaren Entscheidung beruht (s oben Rn 90). Mangels wirklich deutlicher gesetzlicher Anhaltspunkte für eine beabsichtigte Rückwirkung dürften aber auch hier letztlich die bereits eingetretenen rechtlichen Auswirkungen des Widerspruchs Bestand behalten (vgl Levi 33 ff; Joachim Schmidt 50 ff; jurisPK-BGB/Toussaint[10] § 899 Rn 32; MünchKommBGB/H Schäfer[9] § 899 Rn 28; BeckOGK/Hertel [1. 9. 2024] § 899 Rn 67; Bauer/Schaub/Lieder[5] AT C 240; **aA** OLG Brandenburg 13. 8. 2020 – 16 WLw 5/20, BeckRS 2020, 24982 Rn 77; Stemmler 9 f; MünchKommBGB/Kohler[8] § 899 Rn 28).

4. Aufgebotsverfahren

Ein Aufgebotsverfahren zum Zwecke der Ausschließung des Widerspruchs selbst hat das Gesetz hier (im Gegensatz zur Vormerkung) nicht angeführt; § 887 BGB ist auch nicht entsprechend anwendbar (Planck/Strecker § 899 Anm 7; Rosenberg § 899 Anm VI 1 e mwNw; **aA** Schilde 82). Stattdessen kann auch das nur durch Widerspruch gesicherte Recht unter denselben Voraussetzungen nach §§ 927, 1104, 1112, 1170 BGB ausgeschlossen werden, wie wenn es eingetragen wäre (Planck/Strecker § 899 Anm 7; Rosenberg § 899 Anm VI 1 e; Fuchs § 899 Rn 7; Schilde 81 f; Güthe/Triebel § 25 Rn 24; Predari 92; Endemann § 64, 4; Warneyer[1] § 899 Anm V; **aA** Biermann § 899 Anm 5c; Turnau/Förster § 899 Anm I 15). 98

VII. Besondere Arten des Widerspruchs

1. § 1139

Bei einer Darlehensbuchhypothek kann die Eintragung eines Widerspruchs, der die Einwendung der Nichtvalutierung zum Ausdruck bringen soll, nach § 1139 BGB auch ohne Bewilligung oder einstweilige Verfügung durch einseitigen Antrag des Grundstückseigentümers erwirkt werden. Voraussetzung ist allerdings, dass der Antrag innerhalb eines Monats nach Eintragung der Hypothek gestellt wird. Falls nicht nur die Beantragung, sondern die Eintragung des Widerspruchs selbst innerhalb der Monatsfrist erfolgt, hat die Eintragung nach § 1139 S 2 BGB die gleiche Wirkung, wie wenn der Widerspruch zugleich mit der Hypothek eingetragen worden wäre. Der Widerspruch hat hier also ausnahmsweise rückwirkende Kraft; er lässt damit einen in der Zwischenzeit erfolgten gutgläubigen Erwerb eines Zessionars rückwirkend entfallen. Wegen der Einzelheiten vgl Erl zu § 1139 BGB. 99

2. Amtswiderspruch

Die Grundbuchordnung kennt Fälle, in denen ein Widerspruch von Amts wegen einzutragen ist (sog Amtswiderspruch), s §§ 18 Abs 2, 53 GBO; auch kann das Grundbuchamt vom Beschwerdegericht angewiesen werden, einen solchen Widerspruch einzutragen (s §§ 71 Abs 2 S 2, 76, 80 Abs 3 GBO und die Kommentare dazu). Ein Amtswiderspruch nach § 53 GBO, dessen Eintragung Amtshaftungsansprüchen wegen Gesetzesverletzungen des Grundbuchamtes vorbeugen soll, hat die gleichen Wirkungen wie der Widerspruch nach § 899 BGB (BGHZ 25, 16, 25; KG JFG 9, 178, 179; OLG Düsseldorf 15. 10. 2014 – I-3 Wx 178/14, RNotZ 2015, 314; MünchKommBGB/H Schäfer[9] 100

§ 899 Rn 14; ERMAN/ARTZ[17] § 899 Rn 20; KELLER/MUNZIG/MEIER[9] § 53 Rn 33). Der Amtswiderspruch des § 53 GBO und der (normale) Widerspruch nach § 899 BGB können auch nebeneinander eingetragen werden (OLGR Brandenburg 1995, 73, 74; MünchKommBGB/H SCHÄFER[9] § 899 Rn 14; jurisPK-BGB/TOUSSAINT[10] § 899 Rn 38). Der Widerspruch nach § 18 Abs 2 GBO dagegen ist von dem materiellrechtlichen Widerspruch des § 899 BGB wesensverschieden; er behauptet nicht die Unrichtigkeit des Grundbuches, sondern hat lediglich die Aufgabe, den Vorrang des früheren Antrags (der auf Eintragung eines bereits bestehenden Rechtes im Wege der Grundbuchberichtigung gerichtet sein muss) vor dem später eingegangenen anderen Antrag zu sichern, obwohl der Vollziehung des ersteren Antrags zur Zeit noch ein behebbares Hindernis entgegensteht (s GÜTHE/TRIEBEL § 18 Rn 46; MEIKEL/BÖTTCHER[12] § 18 Rn 119; KELLER/MUNZIG/VOLMER[9] § 18 Rn 108; BGB-RGRK/AUGUSTIN § 899 Rn 25; ERMAN/ARTZ[17] § 899 Rn 20). Der nach §§ 23, 24 GBO einzutragende Widerspruch ist ebenfalls kein Widerspruch iS des § 899 BGB, da er sich nicht gegen eine bereits bestehende unrichtige Eintragung wendet, sondern nur verhindern soll, dass das Grundbuch durch eine vorzunehmende Löschung unrichtig wird, weil noch rückständige Leistungen ausstehen (GÜTHE/TRIEBEL § 23 Rn 18; MEIKEL/BÖTTCHER[12] §§ 23, 24 Rn 58; ROSENBERG § 899 Anm II 4; PLANCK/STRECKER § 899 Anm 3a δ; KELLER/MUNZIG/MEIER[9] § 23 Rn 30; DEMHARTER[33] § 23 Rn 20; HESSE/SAAGE/FISCHER § 23 Anm III). Der Widerspruch, der zugunsten von nicht übernommenen Eintragungen bei Anlage eines Grundbuchblattes zur Beseitigung einer Doppelbuchung nach § 38 Abs 1 lit b Nr 2 S 2 GBV eingetragen wird, hat – wie § 899 BGB – die Aufgabe, einen Rechtsverlust durch gutgläubigen Erwerb zu verhindern.

3. Widerspruchseintragung auf behördliches Ersuchen

101 Aufgrund der Vorschriften über den Grundstücksverkehr kann die jeweilige Genehmigungsbehörde in einer Reihe von Fällen um die Eintragung von Widersprüchen gegen ungenehmigte Grundstücksveräußerungen ersuchen (so nach §§ 7 Abs 2 GrdstVG, 22 Abs 6 S 2, 145 Abs 6, 169 Abs 1 Nr 3, 172 Abs 1 S 6 BauGB; vgl dazu die Kommentare zu § 38 GBO). Ebenso kann das Amt zur Regelung offener Vermögensfragen in Fällen, in denen das Grundbuch während eines laufenden Verfahrens unrichtig geworden ist, einen Widerspruch gegen die Richtigkeit des Grundbuchs eintragen lassen (OLG Naumburg BWNotZ 1993, 146). Das behördliche Ersuchen ersetzt in diesen Fällen Eintragungsantrag und Bewilligung des Betroffenen. Das Grundbuchamt hat dabei nicht zu prüfen, ob das Ersuchen inhaltlich richtig ist, denn hierfür trägt die ersuchende Behörde die Verantwortung; wohl aber hat das Grundbuchamt zu prüfen, ob die Behörde zur Stellung des Ersuchens der in Rede stehenden Art abstrakt gesetzlich befugt ist, ob das Ersuchen seiner Form nach den gesetzlichen Vorschriften entspricht und ob die durch das Ersuchen nicht ersetzten Eintragungserfordernisse gegeben sind (BGH 26. 6. 2014 – V ZB 1/12, FGPrax 2014, 192 Rn 14; OLG Brandenburg 11. 1. 2018 – 5 W 131/17, FGPrax 2018, 55). Die Wirkungen des Widerspruchs richten sich im Wesentlichen nach § 899 BGB. Als Widerspruchsberechtigter ist nicht die ersuchende Behörde, sondern der Inhaber des Berichtigungsanspruchs einzutragen (BayObLGZ 1955, 314, 321 = DNotZ 1956, 189, 194; KG JW 1925, 1779 f; OLG Hamm OLGZ 1978, 304, 310; BAUER/SCHAUB/LIEDER[5] AT C 217; NK-BGB/KRAUSE[5] § 899 Rn 41). Die Bewilligung des Widerspruchsberechtigten ist hier grundsätzlich keine geeignete Grundlage für die Löschung des Widerspruchs (KG JFG 1, 392, 399; MünchKommBGB/WACKE[4] § 899 Rn 29; NK-BGB/KRAUSE[5] § 899 Rn 41). Dagegen kann der Betroffene die Löschung durch den Nachweis der Gesetzwidrigkeit des behördlichen

Eintragungsersuchens gem § 22 GBO erwirken (KG HRR 1935 Nr 131; MünchKommBGB/Kohler[8] § 899 Rn 28; NK-BGB/Krause[5] § 899 Rn 41; vSpreckelsen DJ 1938, 1815; Hagelberg JW 1925, 1779).

VIII. Rechtshängigkeitsvermerk

Nach Rechtshängigkeit der Berichtigungsklage kann der Berechtigte die Hauptwirkung des Widerspruchs – den Ausschluss eines Rechtsverlustes durch nach §§ 892, 893 BGB wirksame Verfügungen des Berichtigungsgegners – auch über die Eintragung des Rechtshängigkeitsvermerks (s dazu § 892 Rn 264) erreichen. Bewilligt der Beklagte die Eintragung nicht, stellt sich die Frage, wie die Eintragung erzwungen werden kann. Dies ist umstritten: *Teilweise* hält man den Weg der Grundbuchberichtigung nach § 22 GBO für gegeben, verlangt also nur den Nachweis der Rechtshängigkeit in der Form des § 29 GBO (BayObLG NJW-RR 2003, 234; 2004, 1461; OLG Braunschweig NJW-RR 2005, 1099, 1100 f [od]; OLG Frankfurt FGPrax 2009, 250, 251 Rn 11 f; OLG München Rpfleger 2000, 106, 107; OLG Zweibrücken OLGZ 1989, 260, 262 ff; OLG Schleswig SchlHA 1994, 168; OLG Stuttgart OLGZ 1979, 300; LG Braunschweig NdsRpfl 1955, 174; LG Potsdam NJOZ 2004, 2906, 2907; Soergel/Kern[14] § 899 Rn 19; Bamberger/Roth/Eckert[5] § 899 Rn 14; ; Baur/Stürner[18] § 18 Rn 42; Rahn BWNotZ 1960, 61; Meikel/Sieveking[7] Anh 161 zu § 19; KEHE/Keller[6] Einl J 30; Güthe/Triebel Vorbem 81 vor § 13; Bauer/Schaub/Kohler[3] AT VIII 11a; Kohler, Verfügungsverbot 91 ff; Heinrich/Heinrich JuS 1996, 1019, 1022; Mai BWNotZ 2003, 108, 110). Nach der *Gegenmeinung* kann die Eintragung des Vermerks, wenn der Beklagte seine Eintragung nicht bewilligt, nur im Wege der einstweiligen Verfügung erzwungen werden (BGH 7. 3. 2013 – V ZB 83/12, Rpfleger 2013, 377 f; OLG Stuttgart 30. 7. 2020 – 8 W 246/19, BWNotZ 2020, 360, 361; NJW 1960, 1109 f; OLG München NJW 1966, 1030; OLG Köln FGPrax 2012, 57, 58 f; OLG Schleswig SchlHA 2012, 348, 349 f; OLG Nürnberg FGPrax 2012, 105 f; MünchKommBGB/Wacke[4] § 899 Rn 33; MünchKommBGB/H Schäfer[9] § 899 Rn 31; Bauer/Schaub/Lieder[5] AT H 11a; NK-BGB/Krause[5] § 899 Rn 44; Grüneberg /Herrler[84] § 899 Rn 7; PWW/Huhn[19] § 899 Rn 14; Jauernig/Berger[19] § 899 Rn 7; Stein/Jonas/Althammer, ZPO[23] § 325 Rn 44; Meikel/Imhof/Riedel[6] Vorbem 164 vor § 13; Demharter[33] Anh 34 zu § 13; Schöner/Stöber[16] Rn 1654, 1656; Wächter NJW 1966, 1366 f; Heinsheimer Gruchot 69 [1928] 408 ff; Dillberg/Fest ZEV 2009, 220, 223). Die letztere Auffassung erscheint vorzugswürdig; vgl die überzeugenden Darlegungen bei MünchKommBGB/Wacke[4] § 899 Rn 33 und Wächter NJW 1966, 1366 f. Dabei ist die Begründetheit der Hauptsachenklage glaubhaft zu machen – und damit nicht nur die Rechtshängigkeit als solche (so aber die Vertreter der erstgenannten Auffassung), sondern auch der Berichtigungsanspruch selbst; analog § 899 Abs 2 S 2 BGB aber nicht die Gefährdung (MünchKommBGB/Wacke[4] § 899 Rn 33; Wächter NJW 1966, 1366 f; abw OLG Stuttgart NJW 1960, 1109; OLG München NJW 1966, 1030: Glaubhaftmachung der Gefährdung des [unterstellten] Hauptsachenanspruchs erforderlich). Daher ist auch die bloße gerichtliche Feststellung der Rechtshängigkeit keine ausreichende Grundlage für die Eintragung des Rechtshängigkeitsvermerks (OLG Stuttgart 30. 7. 2020 – 8 W 246/19, BWNotZ 2020, 360, 361 f). – Wenn der beklagte Grundstückskäufer durch vorläufig vollstreckbares Urteil zugunsten des Grundstücksverkäufers zur Bewilligung der Löschung seiner Auflassungsvormerkung verurteilt worden ist, kann der Grundstücksverkäufer vor Eintritt der Rechtshängigkeit ohnehin nur nach § 895 ZPO die Eintragung eines Widerspruchs gegen die Auflassungsvormerkung, nicht aber deren Löschung erreichen. Ein Erlöschen der Auflassungsvormerkung durch gutgläubig-vormerkungsfreien Erwerb eines Dritten ist damit nicht zu befürchten. Für eine einstweilige Verfügung, die auf die Eintragung eines Rechtshängigkeitsvermerks für den Grundstücksverkäufer ge- 102 richtet wäre, besteht unter diesen Umständen kein Rechtsschutzbedürfnis (so iE OLG Koblenz Rpfleger 1992, 102 [Fehlen des Verfügungsgrundes]). Zur Bedeutung des Rechtshängigkeitsvermerks bei eingetragenen, aber anfechtbaren Beschlüssen auf Grund von Vereinbarungen der Wohnungseigentümer nach §§ 5 Abs 4, 10 Abs 3 WEG s § 892 Rn 221. Im Sonderfall des § 8 Abs 4 GBBerG ersucht das Prozessgericht auf Antrag des Klägers das Grundbuchamt um die Eintragung. Wegen des Anhängigkeitsvermerks nach §§ 113 Abs 3 S 2, 116 Abs 2 S 2 SachenRBerG vgl Bauer/vOefele/Knauss[1] E II 119 ff; Demharter[33] Anh 34 zu § 13. – Für einen schuldrechtlichen Übereignungs- oder Rechtsübertragungsanspruch kann selbstverständlich kein Rechtshängigkeitsvermerk eingetragen werden (BayObLG NJW-RR 2004, 1461 [Anspruch aus § 11 AnfG]; OLG Braunschweig MDR 1992, 74; OLG Stuttgart Rpfleger 1997, 15; Grüneberg/Herrler[84] § 899 Rn 7; Demharter[33] Anh 22 zu § 13; s auch oben § 892 Rn 264).

§ 900
Buchersitzung

(1) Wer als Eigentümer eines Grundstücks im Grundbuch eingetragen ist, ohne dass er das Eigentum erlangt hat, erwirbt das Eigentum, wenn die Eintragung 30 Jahre bestanden und er während dieser Zeit das Grundstück im Eigenbesitz gehabt hat. Die dreißigjährige Frist wird in derselben Weise berechnet wie die Frist für die Ersitzung einer beweglichen Sache. Der Lauf der Frist ist gehemmt, solange ein Widerspruch gegen die Richtigkeit der Eintragung im Grundbuch eingetragen ist.

(2) Diese Vorschriften finden entsprechende Anwendung, wenn für jemand ein ihm nicht zustehendes anderes Recht im Grundbuch eingetragen ist, das zum Besitz des Grundstücks berechtigt oder dessen Ausübung nach den für den Besitz geltenden Vorschriften geschützt ist. Für den Rang des Rechts ist die Eintragung maßgebend.

Materialien: E II § 815, rev § 885; III § 884; Mot III 306–312; Prot III 192 ff, 307 f, 384 f, 547 f, 735; IV 588 f; Jakobs/Schubert, SR I 409 ff.

Schrifttum

Blumenwitz, Kasernenliegenschaften als Gegenstand der Auseinandersetzung zwischen dem Bund und den Garnisonsstädten – Zugleich ein Beitrag zur zivilrechtlichen Ersitzung von besatzungshoheitlich beschlagnahmten Kasernengebäuden, in: FS Franz Knöpfle (1996) 33

Böhringer, Aufwertung des Bucheigentums durch Ausschlussurteil, Ersitzung und andere Rechtsscheintatbestände in Ost und West, NotBZ 2003, 85

Finkenauer, Eigentum und Zeitablauf – das dominium sine re im Grundstücksrecht (2000)

Hoffmeister, Grundbuch und Ersitzung, Schweizerische Zeitschrift für Beurkundungs- und Grundbuchrecht 59 (1978) 321

Keller, Eine (fast) unendliche (Grundstücks-)Geschichte, RpflStud 1996, 166

Kohler, Beiträge zum Servitutenrecht, AcP 87 (1897) 157 ff, 291 ff

Lickleder, Die Eintragung eines Rechtshängigkeitsvermerks im Grundbuch, ZZP 114 (2001) 195

Locher, Die Neugestaltung des Liegenschaftsrechts (1942) 169

Luthra, Buchersitzung von Grundstücken durch die öffentliche Hand, NJW 1996, 364

NAENDRUP, Die Verjährung als Rechtsscheinswirkung, JherJb 75 (1925) 237, 307
SIEBELS, Die Ersitzung im Liegenschaftsrecht, MittRhNotK 1971, 439
SPIRO, Die Begrenzung privater Rechte durch Verjährungs-, Verwirkungs- und Fatalfristen, Bd II: Andere Befristungen und Rechte (1975)
STROBEL, Ersitzung und Bereicherungsrecht – Zugleich ein Beitrag zur Verjährung von Vindikation und Vindikationsersatzansprüchen, ZfPW 2020, 220
WALTER, Grundstückserwerb und Verfügungsbefugnis der öffentlichen Hand durch Erbausschlagung und Ersitzung, DtZ 1996, 226
WILHELM, Ersitzung als Rechtsgrund?, NJW 2017, 193.

Systematische Übersicht

I. Allgemeines
1. Systemstellung 1
2. Entstehungsgeschichte 2
3. Leitgedanke 3
4. Bedeutung 4

II. Die Eigentumsersitzung (Abs 1)
1. Voraussetzungen 7
a) Kein guter Glaube erforderlich 7
b) Eigenbesitz 8
c) Eintragung als Eigentümer 9
d) Die dreißigjährige Frist 14
2. Wirkung des § 900 Abs 1 23
3. Grundstücksgleiche Rechte 26

III. Tabularersitzung beschränkter Grundstücksrechte (Abs 2)
1. Die in Betracht kommenden Rechte 27
2. Voraussetzungen und Wirkungen 28
3. Rang 31

I. Allgemeines

1. Systemstellung

1 Das BGB kennt einen Rechtserwerb durch Ersitzung im Bereich des Liegenschaftsrechts nur in wenigen, eng umrissenen Ausnahmetatbeständen. Eine Ersitzung gegen den Inhalt des Grundbuchs ist dabei überhaupt nicht zugelassen, weil sie mit dem Eintragungsgrundsatz nicht zu vereinbaren wäre. Einen partiellen Ersatz schafft insoweit allerdings § 927 BGB, der dem nicht eingetragenen Eigenbesitzer eines Grundstücks die Möglichkeit einräumt, den bisherigen Eigentümer durch Aufgebotsverfahren ausschließen zu lassen und dadurch selbst das Eigentum zu erwerben. Dagegen ermöglicht § 900 BGB die Ersitzung des Eigentums und der zum Besitz des Grundstücks berechtigenden bzw nach den Besitzschutzvorschriften geschützten beschränkten Grundstücksrechten durch den (bisher zu Unrecht) als Eigentümer bzw Rechtsinhaber Eingetragenen (sog **Buchersitzung** oder Tabularersitzung, usucapio secundum tabulas). Die Vorschrift selbst benutzt den Begriff der Ersitzung übrigens nicht. Dass der Gesetzgeber den originären Rechtserwerb nach § 900 BGB aber als Fall der Ersitzung einstufte, ergibt sich aus Art 189 EGBGB („nach § 900 des BGB zulässige Ersitzung"). § 901 BGB eröffnet darüber hinaus die Möglichkeit einer Ersitzung der Lastenfreiheit (usucapio libertatis) im Hinblick auf nicht eingetragene Rechte (sog **Buchversitzung** oder Tabularversitzung; HECK [§ 45, 5] spricht treffender von „Tabularfreiheitsersitzung").

2. Entstehungsgeschichte

2 Eine § 900 BGB entsprechende Regelung hatte der E I noch nicht vorgesehen. Die erste Kommission hielt eine derartige Tabularersitzung, die dem im Grundbuch zu Unrecht Eingetragenen auch bei Kenntnis der wirklichen Rechtslage die Chance des Rechtserwerbs durch bloßen Zeitablauf gibt, für rechtsethisch und rechtspolitisch untragbar (Mot III 311). Sie wollte lieber „einen dauernden Zwiespalt zwischen Recht und Besitz als einen formell berechtigten anerkennen", als den Rechtserwerb auch für denjenigen ermöglichen, „der im Bewußtsein seines Unrechts die Eintragung erlangt hätte". Die zweite Kommission setzte sich über diese Bedenken hinweg, weil es ihr wichtiger erschien, „eine Beseitigung des dominium sine re zu ermöglichen" (Prot III 192–194 = Mugdan III 573 f). Ein solches „nacktes Eigentum" ohne Sachherrschaft würde, wenn es die Tabularersitzung nicht gäbe, in dem Augenblick entstehen, in dem der Herausgabeanspruch des wirklichen Eigentümers gegen den im Besitz des Grundstücks befindlichen und buchmäßig legitimierten scheinbaren Eigentümer verjährt. § 900 BGB beugt dem vor, indem er die Verjährungswirkungen „nach der positiven Seite verstärkt" (Locher 175): Nach dreißigjährigem Eigenbesitz erwirbt der buchmäßig als Eigentümer Ausgewiesene nicht nur die Einrede der Verjährung gegen die Vindikation, sondern das Eigentum selbst. Die Eigentumslage wird also dem (bisher unrichtigen) Buchstand angepasst. Die Möglichkeit der Tabularersitzung wurde vom BGB-Gesetzgeber auf alle mit dem Besitz verbundenen oder Besitzschutz genießenden Grundstücksrechte ausgedehnt, für Grundpfandrechte und andere Rechte ohne Besitz oder besitzmäßigen Schutz dagegen abgelehnt (Prot III 307, 384, 735; IV 588 = Mugdan III 573–576). Eine Ersitzung ungebuchter Grundstücke (oder nicht eingetragener sonstiger Liegenschaftsrechte) ist nach § 900 BGB nicht möglich (Mot III 312; BGHZ 132, 245, 260; 136, 228, 235; jurisPK-BGB/Toussaint[10] § 900 Rn 10).

3. Leitgedanke

3 Der Rechtserwerb nach § 900 BGB rechtfertigt sich primär aus dem Rechtsgedanken der *Verschweigung* (BGHZ 136, 228, 236 f; BGH NJW 1994, 1152; NK-BGB/Krause[5] § 900 Rn 2; jurisPK-BGB/Toussaint[10] § 900 Rn 2; Locher 174, Wolff/Raiser § 49 I; Lange § 17 III; einschränkend Finkenauer 106). Die nachlässige Eigeninteressenwahrung des bisherigen Rechtsinhabers, der über 30 Jahre hinweg den unrichtigen Buch- und Besitzstand hat bestehen lassen, impliziert eine geringe Schutzwürdigkeit, die es vertretbar erscheinen lässt, ihm die bisherige Rechtsposition entschädigungslos zu entziehen. Dies geschieht wiederum allein aufgrund des öffentlichen Interesses an der Vermeidung von „Rechtskrüppeln" (Heck § 32, 5) und um ein dauerndes Auseinanderfallen von Eigentum und Besitz zu vermeiden (Piekenbrock, Befristung [2006] 359). Eine besondere Schutzbedürftigkeit des Ersitzenden selbst ist hier – im Gegensatz zur Fahrnisersitzung – nicht mit im Spiel, da § 900 BGB ja von einem Erfordernis des guten Glaubens des Ersitzenden absieht (Locher 174; Heck § 32, 5; jurisPK-BGB/Toussaint[10] § 900 Rn 2 aE, 5; BGH NJW 1994, 1152). Heck (§ 32, 5) bezeichnet § 900 BGB (und § 901 BGB) drastisch als „Totengräberparagraphen" bzw „juristische Müllabfuhr".

4. Bedeutung

4 Die Tabularersitzung des § 900 BGB kommt vor allem in den Fällen in Betracht, in denen die zur Eigentumsübertragung bzw Rechtsverschaffung erforderliche Eini-

gung (§§ 873 Abs 1, 925 BGB) an einem ihre Rechtswirksamkeit ausschließenden Mangel leidet (zB wegen Geschäftsunfähigkeit eines Beteiligten), oder wenn der Besitzer den früheren Eigentümer aufgrund eines in Wirklichkeit ungültigen Testaments beerbt zu haben scheint. Darüber hinaus kann sich unter Umständen auch der wirkliche Eigentümer bzw Rechtsinhaber auf die Erwerbsart des § 900 BGB berufen (Rosenberg § 900 Anm II 1 a; Planck/Strecker § 900 Anm 3; Biermann § 900 Anm 3; MünchKommBGB/H Schäfer[9] § 900 Rn 1; jurisPK-BGB/Toussaint[10] § 900 Rn 3): Wenn ein Dritter die Unwirksamkeit seines mehr als 30 Jahre zurückliegenden Erwerbs behauptet und dafür solche (vielleicht gefälschten) Beweisstücke vorlegt, dass er damit möglicherweise dem Gericht die volle Überzeugung von der Wahrheit seiner Behauptung verschaffen und somit die Vermutung des § 891 BGB ausräumen würde, kann sich der wirkliche Eigentümer (bzw Rechtsinhaber) durch die Darlegung der langen Dauer seines Besitzes und seiner Eintragung das Zurückgreifen auf die näheren Umstände seines so weit zurückliegenden Erwerbs ersparen (Prot Mugdan III 573). Ein Hauptziel der Regelung ist diese Beweisersatzfunktion des § 900 BGB allerdings (entgegen Finkenauer 104) kaum.

Die praktische Bedeutung der Vorschrift ist gering (Siebels 443; AK-BGB/L vSchweinitz § 900 Rn 1; Kretzschmar § 900 Anm 2c; jurisPK-BGB/Toussaint[10] § 900 Rn 3; s aber auch Finkenauer 107).

Die Anwendung des § 900 BGB kann im Bereich der Vorbehaltsmaterien durch Landesrecht ausgeschlossen sein. Vgl LG Oldenburg NdsRpfl 1983, 28 zum Ausschluss der Tabularersitzung bei öffentlichen Wasserzügen in Oldenburg. Ebenso kann an Teilen einer Seewasserstraße des Bundes nicht durch Buchersitzung Eigentum erworben werden, weil den verfassungsrechtlichen Normen (Art 97, 171 WRV; Art 89 GG) insoweit der Vorrang gebührt (BGHZ 102, 1, 5; NK-BGB/Krause[5] § 900 Rn 2; Erman/Artz[17] § 900 Rn 2). 5

In der *ehemaligen DDR* verkürzte sich die Ersitzungsfrist auf 20 Jahre, als am 1. 1. 1976 das BGB durch das ZGB abgelöst wurde (§ 11 Abs 1 GBVerfO). Die davor schon auf der Grundlage von § 900 BGB abgelaufene Ersitzungszeit wurde dabei nicht auf die Frist des § 11 Abs 2, Abs 1 GBVerfO-DDR angerechnet; die letztere konnte also erst am 1. 1. 1976 zu laufen beginnen (OLG Naumburg MDR 1993, 811; OLGR Brandenburg 1998, 118, 120; VIZ 1995, 371, 373; **aA** BezG Potsdam VIZ 1995, 613, 615). Jedoch sorgte die entsprechend anwendbare Vorschrift des § 11 Abs 2 iVm Abs 1 EGZGB-DDR dafür, dass die bereits laufende dreißigjährige Verjährungsfrist des § 900 BGB maßgeblich blieb, wenn sie früher ablief als die nunmehr geltende Frist des § 11 Abs 2, Abs 1 GBVerfO-DDR (OLG Naumburg MDR 1983, 811; OLG Brandenburg 1998, 118, 120; gegen die entsprechende Anwendung von § 11 EGZGB aber Walter DtZ 1996, 226, 228 f; Wilhelms VIZ 1996, 525, 526; für diese dagegen auch Stadler DtZ 1997, 82, 83). Eine Buchersitzung von Grundstücken, die zu Unrecht als *„Eigentum des Volkes"* gebucht waren, kam während des Bestehens der DDR allerdings nicht in Betracht (BGHZ 132, 245, 255 ff; 136, 228, 235 ff; OLGR Brandenburg 1995, 191, 193; BVerwG 29. 9. 2003 – 3 B 59/03 Rn 3 f). Vor dem am 31. 12. 1975 erfolgten Außerkrafttreten des BGB in der DDR scheiterte ein solcher Ersitzungserwerb möglicherweise schon an der von den Gerichten und dem Schrifttum der DDR angenommenen fundamentalen Verschiedenheit von Volkseigentum und Privateigentum (vgl BGHZ 132, 245, 255 ff = WM 1996, 864, 868 f; KG VIZ 1964, 675; Bauer/vOefele/Cremer[1] E III 16; Westermann/Eickmann[8] § 84 6

Rn 4; kritisch NASALL WuB IV A § 900 BGB 1. 96 [1 b, c]), jedenfalls aber an dem Umstand, dass die zunächst auch für Grundstücke im Volkseigentum geführten Grundbücher in den sechziger Jahren geschlossen wurden (BGHZ 132, 245, 258 ff; 136, 228, 235 ff; BGH BuW 1998, 106 = OV-spezial 1997, 367 LS; OLG Rostock VIZ 1997, 112, 114; ebenso GRÜN ZIP 1996, 1860; BeckOGK/HERTEL [1. 9. 2024] § 900 Rn 12.1; PLAGEMANN/WUNDERLICH DZWiR 1997, 18, 23; KOTHE EWiR § 900 BGB 1/96, 695, 696; **abl** SCHMIDT-RÄNTSCH ZIP 1996, 226; STADLER DtZ 1997, 82, 83; WALTER DtZ 1996, 226 ff; NASALL WuB IV A § 900 BGB 1. 96 [1d]); im Übrigen stand ihr auch § 900 Abs 1 S 2 BGB iVm §§ 939, 202, 203 aF entgegen (s unten Rn 16). Die fehlende grundbuchmäßige Dokumentation schließt auch für die Zeit seit dem 1. 1. 1976 eine Ersitzungslage aus (**aA** WILHELMS VIZ 1996, 525, 526 f); § 11 GBVerfO-DDR verlangte für die Ersitzung von Grundstücken ja ebenfalls die Eintragung als Eigentümer im Grundbuch. An die Stelle der damit nicht begründbaren Buchersitzung trat der durch das WoModSiG eingefügte Art 237 § 2 Abs 2 EGBGB, der Entstehungsmängel des im Grundbuch oder im Bestandsblatt eingetragenen Volkseigentums heilte, wenn dieses nicht durch rechtskräftige Klage des wirklichen Eigentümers oder begründeten Antrag auf Eintragung eines Widerspruchs vor Ablauf des 30. 9. 1998 angegriffen war. Das Eigentum ging mit dem Ablauf des 30. 9. 1998 auf die nach den Vorschriften über die Abwicklung des Volkseigentums zuordnungsberechtigten juristischen Personen über (vgl STAUDINGER/RAUSCHER [2016] Art 237 § 2 EGBGB Rn 34; MünchKommBGB/BUSCHE[4] Art 237 § 2 EGBGB Rn 14). Für andere Bucheigentümer im Beitrittsgebiet schuf Art 237 § 2 Abs 1 EGBGB ebenfalls eine Quasi-Buchersitzung mit verkürzter Frist. Diese trat ebenfalls mit dem Ablauf des 30. 9. 1998 ein, wenn die unzutreffende Eintragung als Eigentümer vor dem 3. 10. 1990 erfolgt war und nicht vor dem 30. 9. 1998 durch Grundbuchberichtigungsklage oder begründeten Antrag auf Eintragung eines Widerspruchs angegriffen worden war.

II. Die Eigentumsersitzung (Abs 1)

1. Voraussetzungen

7 Die Tabularersitzung des Eigentums erfordert nur, dass der Ersitzende 30 Jahre lang im Grundbuch zu Unrecht als Eigentümer eingetragen war und gleichzeitig das Grundstück in Eigenbesitz (§ 872 BGB) hatte.

a) Kein guter Glaube erforderlich

Bona fides, also *guter Glaube* des eingetragenen Besitzers an das eigene Recht, ist nicht erforderlich (BGH MDR 1971, 915; BayObLGZ 1979, 104, 111; KG JFG 18, 180, 183 = JW 1938, 2849; PLANCK/STRECKER § 900 Anm 2c; ERMAN/ARTZ[17] § 900 Rn 4). Auch wer weiß, dass er nicht Eigentümer ist, kann also ersitzen, sofern er nur Eigenbesitzer ist. Hinsichtlich der Person des Ersitzenden gibt es keine Einschränkungen: Die Möglichkeit des Eigentumserwerbs durch Buchersitzung steht mithin de lege lata (entgegen LUTHRA NJW 1996, 364 ff) auch dem Staat und den Anstalten und Körperschaften des öffentlichen Rechts offen (ebenso SOERGEL/KERN[14] § 900 Rn 6; jurisPK-BGB/TOUSSAINT[10] § 900 Rn 10; NK-BGB/KRAUSE[5] § 900 Rn 7; BAMBERGER/ROTH/ECKERT[5] § 900 Rn 2; ERMAN/ARTZ[17] § 900 Rn 4; GRÜNEBERG/HERRLER[84] § 900 Rn 1; BeckOGK/HERTEL [1. 9. 2024] § 900 Rn 12; FINKENAUER 126 ff; WALTER DZZ 1996, 226 f).

b) Eigenbesitz

Der Ersitzende muss **Eigenbesitzer** iS von § 872 BGB sein (MünchKommBGB/H Schäfer[9] § 900 Rn 4; NK-BGB/Krause[5] § 900 Rn 8). Auf welche Weise er den Eigenbesitz und die Eintragung als Eigentümer erlangt hat, spielt keine Rolle; ein besonderer Erwerbstitel (iustus titulus) wird also nicht verlangt. Der Eigenbesitz kann auch ein mittelbarer (beispielsweise durch einen Pächter vermittelter) sein (RG Gruchot 44 [1900] 862, 865; BayObLGZ 1979, 104, 111; OLG Hamm Rpfleger 2011, 600, 601; NK-BGB/Krause[5] § 900 Rn 8; jurisPK-BGB/Toussaint[10] § 900 Rn 7; Wieling/Finkenauer, SR[6] § 20 Rn 85; Finkenauer 112). Dass der Betreffende ursprünglich (vor Beginn der dreißigjährigen Frist) Fremdbesitzer war, hindert die Anwendung des § 900 BGB nicht (BGH MDR 1971, 915 f). Der Übergang vom Fremdbesitz zum Eigenbesitz setzt jedoch die Kundgabe eines entsprechenden Willens voraus (BGH MDR 1971, 915, 916; NK-BGB/Krause[5] § 900 Rn 8; jurisPK-BGB/Toussaint[10] § 900 Rn 7). Dieser kann sich in solchen Fällen, in denen Eingetragener und Eigentümer durch dasselbe Organ vertreten werden, unter Umständen auch schon daraus ergeben, dass dieses trotz Kenntnis des unrichtigen Buchstandes es unterlassen hat, die Berichtigung des Grundbuchs herbeizuführen (BGH MDR 1971, 915, 916). Dass der Besitz des Eingetragenen Eigenbesitz ist, wird nach § 891 BGB vermutet (BGH JZ 1972, 128; OLG Hamm Rpfleger 2011, 600, 601; MünchKommBGB/H Schäfer[9] § 900 Rn 4; Baumgärtel/Laumen/Prütting/Kraeft/Pöpel[5] § 900 Rn 1 m Fn 3; Finkenauer 112). 8

c) Eintragung als Eigentümer

Der Ersitzende muss (zu Unrecht) als Eigentümer **eingetragen** sein. Damit scheidet nicht nur eine Ersitzung gegen das Grundbuch, sondern auch eine Ersitzung ungebuchter Grundstücke aus (s dazu Mot III 312). Ein Eigentumswiderspruch steht der Eintragung als Eigentümer nicht gleich (OLG Köln HRR 1936 Nr 1278; Planck/Strecker § 900 Anm 2a); ebenso wenig eine Auflassungsvormerkung (Planck/Strecker § 900 Anm 2a; Turnau/Förster § 900 Anm II 2; Sekler, Die Lehre von der Vormerkung [1904] 159; Soergel/Kern[14] § 900 Rn 3; NK-BGB/Krause[5] § 900 Rn 6). Nach § 900 Abs 1 BGB wird Alleineigentümer, wer als solcher im Grundbuch ausgewiesen ist, in Wirklichkeit aber nur Miteigentümer ist (OLG Düsseldorf MittRhNotK 1996, 223, 224 f; MünchKommBGB/K Schmidt[9] § 758 Rn 1). Ebenso kann ein Miterbe des bisherigen Grundstückseigentümers ersitzen, wenn er als Alleinerbe im Grundbuch eingetragen wird (Finkenauer 118). Dagegen scheidet die Ersitzung von Alleineigentum durch einen Miterben aus, wenn im Grundbuch als Eigentümer auch die weiteren Miterben in Erbengemeinschaft eingetragen sind – denn es gibt keine Ersitzung gegen das Grundbuch (OLG München 21. 11. 2018 – 34 Wx 105/18, NZG 2019, 1183 Rn 28). Um eine Einzelperson muss es sich bei dem Bucheigentümer nicht handeln. Auch eine zu Unrecht als Eigentümer eingetragene Gesamthandsgemeinschaft kann ersitzen (Siebels 445; Grüneberg/Herrler[84] § 900 Rn 2). Ist *Miteigentum* nach Bruchteilen gebucht, so kann sowohl ein einzelner Miteigentumsanteil wie auch (simultan oder sukzessive) die Gesamtheit aller Bruchteile ersessen werden (Siebels 444 f, s auch OLGR Dresden 2003, 407; jurisPK-BGB/Toussaint[10] § 900 Rn 8; Erman/Artz[17] § 900 Rn 3); der einzelne Miteigentumsanteil an einem Grundstück wird ja grundsätzlich nach den gleichen Regeln behandelt wie das ungeteilte Grundstückseigentum (s Staudinger/Gursky [2013] § 1008 Rn 2; Staudinger/Thole [2023] § 1008 Rn 4). Die Buchersitzung findet deshalb auch statt, wenn statt des Gesamthandseigentums versehentlich Miteigentum nach Bruchteilen eingetragen ist (OLG Celle NdsRpfl 1957, 287; LG Berlin JW 1933, 2849; Siebels 447; Meikel/Imhof/Riedel[6] § 20 Rn 19). Ist als Eigentümer eine nicht existierende Gesamthandsgemeinschaft einge- 9 tragen (zB eine vermeintliche Erbengemeinschaft), so kann diese natürlich auch nicht im Wege der Ersitzung zustande kommen. Vielmehr wird man hier anzunehmen haben, dass die scheinbaren Miterben Miteigentum entsprechend den Quoten ihrer vermeintlichen Erbteile erlangen (SIEBELS 446; FINKENAUER 118; NK-BGB/KRAUSE[5] § 900 Rn 3; zweifelnd BeckOGK/HERTEL [1. 9. 2024] § 900 Rn 10, da die Ersitzenden als Gesamthand und damit gerade nicht als Miteigentümer eingetragen sind). Im Übrigen ist aber auch Gesamthandseigentum durchaus ersitzbar : Es kann sowohl ein im Eigentum einer Gesamthand stehendes Grundstück von einem Dritten unter den Voraussetzungen des § 900 BGB ersessen werden, wie auch eine Gesamthandsgemeinschaft an einem fremden Grundstück unter den Voraussetzungen des § 900 BGB Eigentum erwerben kann. – Nach § 900 Abs 1 BGB ersitzbar ist auch Wohnungseigentum bzw Teileigentum (NK-BGB/KRAUSE[5] § 900 Rn 3; jurisPK-BGB/TOUSSAINT[10] § 900 Rn 8, ERMAN/ARTZ[17] § 900 Rn 3; GRÜNEBERG/HERRLER[84] § 900 Rn 2 [a]).

10 Die Eintragung muss aber *wirksam* (s § 892 Rn 16) und geeignet sein, den Rechtsschein des Eigentums, also insbesondere die Vermutung des § 891 BGB, zu begründen. Deshalb ist die Ersitzung nach § 900 Abs 1 BGB unmöglich bei einer hinsichtlich der Eigentumsangabe kollidierenden *Doppelbuchung* eines Grundstücks (KG JW 1938, 3046 = JFG 18, 180, 182 f; BayObLGZ 1979, 104, 112 f; H WESTERMANN/EICKMANN[8] § 84 Rn 2; SIEBELS 447 f; MünchKommBGB/H SCHÄFER[9] § 900 Rn 3; NK-BGB/KRAUSE[5] § 900 Rn 5; jurisPK-BGB/TOUSSAINT[10] § 900 Rn 9; ERMAN/ARTZ[17] § 900 Rn 3; BAUMGÄRTEL/LAUMEN/PRÜTTING/KRAEFT/PÖPEL[5] § 900 Rn 2; **aA** WIELING/FINKENAUER, SR[6] § 20 Rn 85; FINKENAUER 108 ff, 112). Das gilt – entgegen SIEBELS 448 – auch dann, wenn auf keinem der betreffenden Grundbuchblätter der wirkliche Eigentümer eingetragen ist, jedes von ihnen vielmehr einen anderen Nichtberechtigten als Eigentümer ausweist.

11 Der Eigenbesitzer muss mit dem Eingetragenen **identisch** sein (MünchKommBGB/H SCHÄFER[9] § 900 Rn 3). Davon auszunehmen ist nur der Fall, dass im Grundbuch noch der Erblasser (oder sonstige Universalantezessor) des Eigenbesitzers eingetragen ist; denn beim Tod oder einem sonstigen mit Gesamtrechtsnachfolge verbundenen Fortfall des bisherigen Eigentümers spricht die Vermutung des § 891 BGB für dessen noch nicht eingetragenen Universalsukzessor (s § 891 Rn 22; WOLFF/RAISER § 44 Fn 3; FINKENAUER 116; NK-BGB/KRAUSE[5] § 900 Rn 9; iE auch jurisPK-BGB/TOUSSAINT[10] § 900 Rn 11). – Eine im Eigenbesitz des Grundstücks befindliche OHG kann aber nicht ersitzen, wenn sie ohne Gesamtrechtsnachfolge lediglich die abgeleitete Firma der noch als Eigentümerin eingetragenen, aber aufgelösten OHG weiterführt (OLG Braunschweig NdsRpfl 1962, 16).

12 Wortlaut und Sinn des § 900 Abs 1 BGB decken nicht nur den Fall, dass jemand zu Unrecht als Eigentümer eines fremden Grundstücks eingetragen ist, sondern ebenso die Konstellation, dass ihn das Grundbuch als Eigentümer eines in Wirklichkeit *herrenlosen,* dem Aneignungsrecht des Staates aus § 928 BGB unterliegenden Grundstücks legitimiert (vgl SÜSS AcP 150 [1950/51] 1, 28 f mit abw Konstruktion; MünchKommBGB/H SCHÄFER[9] § 900 Rn 2 aE).

13 Die Ersitzung kann nur insoweit wirken, als Eigenbesitz und Eintragung *sich decken* (KOHLER AcP 87 [1897] 157, 293; ROSENBERG § 900 Anm IV 1; PLANCK/STRECKER § 900 Anm 2a; BIERMANN § 900 Anm 3; SIEBELS 455; MünchKommBGB/H SCHÄFER[9] § 900 Rn 4; NK-BGB/KRAUSE[5] § 900 Rn 8, 12; BeckOGK/HERTEL [1. 9. 2024] § 900 Rn 16; FINKENAUER 112). Wer Allein-

besitzer, aber nur als Miteigentümer eingetragen ist, erwirbt also nur Miteigentum. Schwieriger ist die umgekehrte Situation zu entscheiden, bei der der als Alleineigentümer Eingetragene nur Mitbesitz mit dem wirklichen Eigentümer oder einem Dritten hat. Da der Mitbesitz selbst im Fahrnisrecht nicht auf eine bestimmte Miteigentumsquote schließen lässt (s STAUDINGER/GURSKY [2013] § 1006 Rn 13; STAUDINGER/THOLE [2023] § 1006 Rn 37), lässt sich das Ausmaß, in dem sich Buch- und Besitzstand hier decken, gar nicht fixieren. Damit muss hier jede Ersitzung ausscheiden (STAUDINGER/EICKELBERG [2021] § 758 Rn 5; NK-BGB/KRAUSE[5] § 900 Rn 12; BeckOGK/HERTEL [1. 9. 2024] § 900 Rn 17; **aA** SIEBELS 455 f [Ersitzungsmöglichkeit, wenn Eigentümer keinen Mitbesitz hat]; FINKENAUER 112 und MünchKommBGB/H SCHÄFER[9] § 900 Rn 4m Fn 20 [Ersitzung mit Bestimmung der Quote analog § 742]; wohl auch TURNAU/FÖRSTER § 900 Anm II 2 aE). Denkbar ist dagegen, dass sich die Tabularersitzung auf einen *realen Teil* des Grundstücks beschränkt. Das ist dann der Fall, wenn die Bestandsangaben des Grundbuchs durch die darin enthaltene Verweisung auf Kataster und Flurkarte die Grundstücksgrenzen korrekt ausweisen, die Besitzgrenze aber zugunsten des Nachbargrundstückes davon abweicht. Den vom Nachbarn usurpierten Grenzstreifen kann der Bucheigentümer hier nicht ersitzen; dieser bleibt vielmehr dem bisherigen Eigentümer erhalten (**aA** BeckOGK/HERTEL [1. 9. 2024] § 900 Rn 18, nach dessen Ansicht sich die Ersitzung lediglich auf das gesamte Grundstück beziehen kann, da es den realen Grundstücksteil als Rechtsobjekt nicht gebe, dieser vielmehr erst durch Vermessung und Grundstückteilung geschaffen werden müsste. Für die Ersitzung des gesamten Grundstücks sei aber ausreichend, dass der Ersitzende das Grundstück wirtschaftlich nahezu vollständig in Eigenbesitz hat).

d) Die dreißigjährige Frist

14 Sowohl die unzutreffende Eintragung als Eigentümer wie auch der Eigenbesitz müssen bereits seit 30 Jahren bestanden haben. Für die Fristberechnung gelten insoweit nach Abs 1 S 2 die Vorschriften über die Ersitzung beweglicher Sachen, also die §§ 938–944 BGB, entsprechend. Die Verweisung auf § 938 BGB läuft dabei allerdings leer (ROSENBERG § 900 Anm III 3 a; BAUMGÄRTEL/BAUMGÄRTEL[1] § 900 Rn 1; FINKENAUER 113; **aA** COSACK/MITTEIS § 30 I 2 c β; KRETZSCHMAR § 900 Anm 2a; BIERMANN § 900 Anm 2b; MünchKommBGB/H SCHÄFER[9] § 900 Rn 5). Für den Eingetragenen spricht ja schon die Rechtszustandsvermutung des § 891 BGB, die vom Vermutungsgegner nur durch den Nachweis ausgeräumt werden kann, dass der als Eigentümer Eingetragene das Eigentum auch nicht später und auf andere Weise als im Grundbuch angegeben erworben haben kann (§ 891 Rn 56 mwNw). Wer das Eigentum eines im Grundbuch als Eigentümer Ausgewiesenen bestreitet, hat deshalb die volle *Darlegungs- und Beweislast* auch insoweit, als ein Eigentumserwerb durch Tabularersitzung in Betracht kommt (BGH LM Nr 6 zu § 891 BGB = JZ 1972, 128; BayObLGZ 1979, 104, 111; OLG Düsseldorf MittRhNotK 1996, 223, 224 f; OLG Hamm Rpfleger 2011, 600, 601; ROSENBERG § 900 Anm III 3 a; NK-BGB/KRAUSE[5] § 900 Rn 18; BAUMGÄRTEL/BAUMGÄRTEL[1] § 900 Rn 1; FINKENAUER 117); er muss also – ganz unabhängig von § 938 BGB – das Fehlen des dreißigjährigen kontinuierlichen Eigenbesitzes beweisen (BGH LM Nr 6 zu § 891 BGB = JZ 1972, 128; BayObLGZ 1979, 104, 111; ROSENBERG § 900 Anm III 3 a; BAUMGÄRTEL/BAUMGÄRTEL[1] § 900 Rn 1; [iE] MünchKommBGB/WACKE[4] § 900 Rn 4; SOERGEL/KERN[14] § 900 Rn 4; BeckOGK/HERTEL [1. 9. 2024] § 900 Rn 20; jurisPK-BGB/TOUSSAINT[10] § 900 Rn 23; GRÜNEBERG/HERRLER[84] § 900 Rn 4).

15 Wenn jemand zunächst 20 Jahre als Vorerbe des bisherigen Eigentümers Grundstückseigentümer und als solcher ohne Nacherbenvermerk im Grundbuch eingetragen war und er seinen Eigenbesitz dann noch mehr als 10 Jahre nach dem Eintritt

des Nacherbfalls fortsetzt, kann ihn § 900 BGB natürlich nicht gegen den Herausgabeanspruch des Nacherben (§ 2130 BGB bzw § 985 BGB) schützen. Die Ersitzungsfrist läuft selbstverständlich erst von dem Moment an, in dem der Vorerbe/Eigenbesitzer sein Eigentum an den Nacherben verloren hat (iE auch BGH LM § 900 BGB Nr 3 = NJW 1994, 1152, aber mit äußerst dunkler Begründung: Die Anwendung des § 900 verbiete sich jedenfalls „in Fällen, in denen der Beginn der Ersitzungsfrist und der Beginn der Verjährungsfrist des Herausgabeanspruchs so weit auseinanderfallen, dass die Ersitzung nicht mehr als Verstärkung der Verjährung verstanden werden kann". Zust aber Erman/Artz[17] § 900 Rn 1a; Grüneberg/Herrler[84] § 900 Rn 1). Ist der scheinbare Vorerbe des bisherigen Grundstückseigentümers im Eigenbesitz und im Grundbuch eingetragen worden, kann er zu Lasten des wirklichen Vorerben, nicht aber zu Lasten des Nacherben ersitzen; er verliert das ersessene Eigentum wieder mit dem Nacherbfall (Finkenauer 104 f). Komplizierter ist die Situation, wenn das die Vor- und Nacherbschaft anordnende Testament unwirksam und gesetzlicher Erbe ein Dritter ist. Wenn hier der vermeintliche Vorerbe Eigenbesitz und Grundbucheintragung erlangt hat, kann er nach § 900 Abs 1 BGB ersitzen, ohne dass die auflösende Bedingung durch den Nacherbfall noch zum Tragen kommen könnte; er steht damit befremdlicherweise besser, als er bei anfänglicher Richtigkeit des Grundbuchinhaltes gestellt wäre. Das ist unvermeidlich: Der eingetragene Nacherbenvermerk verlautbart nicht das künftige Eigentum des Nacherben und damit eine auflösende Bedingung des Rechts des Vorerben, sondern die gegenwärtige Verfügungsbeschränkung für den Vorerben.

16 **Gehemmt** ist die Ersitzung nach § 900 Abs 1 S 2 BGB iVm § 939 BGB, solange die Verjährung des Eigentumsherausgabeanspruchs gegen den Eigenbesitzer oder seinen Besitzmittler nach den §§ 203–207 BGB gehemmt ist oder für ihn eine Ablaufhemmung nach §§ 210 f BGB besteht (§ 939 Abs 1 S 1, Abs 2 BGB). Vor der Änderung des Verjährungsrechts und des § 939 BGB durch das SchuldRModG 2002 waren insoweit die Hemmungsfälle der §§ 202–205 aF und für die Ablaufhemmung die §§ 206, 207 aF zuständig. Im Rahmen von § 900 BGB wirkt sich damit jetzt die Ausweitung der Hemmungsfälle aus. Zur Hemmung der Verjährung des Vindikationsanspruchs und damit der Ersitzung führen jetzt insbesondere auch außergerichtliche Verhandlungen über den Anspruch (§ 203 BGB nF), die nach bisheriger Rechtslage keinen Einfluss auf die Ersitzung hatten. Nach § 939 Abs 1 S 1 BGB iVm § 204 BGB nF tritt auch durch Klageerhebung und ähnliche Rechtsverfolgung nicht mehr wie nach altem Recht (§ 941 aF) eine Unterbrechung der Ersitzung ein, sondern nur noch eine Hemmung. Die Hemmung nach §§ 203, 204 BGB nF wirkt dabei nach § 939 Abs 1 S 2 BGB nF ebenso wie nach § 941 S 1 HS 2 aF nur zugunsten dessen, der sie herbeigeführt hat. Die Erhebung der Vindikationsklage durch einen Nichtberechtigten kommt also dem wirklichen Eigentümer nicht zugute, verlängert mithin die Ersitzungsfrist nicht (Grüneberg/Herrler[84] § 939 Rn 2; vgl auch Staudinger/Wiegand [1995] § 941 Rn 5). Die Klage eines Miteigentümers auf Herausgabe an alle (§§ 1011, 985 BGB) wirkt zugunsten aller Miteigentümer (Grüneberg/Herrler[84] § 939 Rn 2; ebenso zum alten Recht RGRK-BGB/Pikart § 941 Rn 13; MünchKommBGB/Hamdorf[9] § 939 Rn 10; BeckOGK/Hertel [1. 9. 2024] § 900 Rn 23; **aA** zum alten Recht Staudinger/Wiegand [1995] § 941 Rn 6 unter Berufung auf § 1011 aE iVm § 432 Abs 2; Planck/Brodmann § 941 Anm 3); der klagende Miteigentümer macht hier ja kraft gesetzlicher Ermächtigung die Rechte der anderen Miteigentümer geltend. Anders dagegen, wenn der einzelne Miteigentümer lediglich auf Einräumung von Mitbesitz an sich klagt. Problematisch ist, ob auch eine Klage gegen den Zwischenbesitzer iS von § 940 Abs 2 BGB die Ersitzung hemmt

(bzw nach bisherigem Recht: unterbricht). Die Frage dürfte aus den bei Westermann, SR[7] § 51 II 4 dargelegten Gründen zu bejahen sein (vgl auch Planck/Brodmann § 941 Anm 5; Staudinger/Wiegand [1995] § 941 Rn 2; Erman/Ebbing[17] § 939 Rn 2; **aA** Wolff/Raiser § 71 III 2; vTuhr II 1, 26; Erman/Hefermehl[10] § 939 Rn 1; Grüneberg/Herrler[84] § 939 Rn 1). Als gerichtliche Geltendmachung des Eigentumsanspruches iS von § 900 Abs 1 S 2 BGB iVm § 939 Abs 1 BGB muss hier neben der Vindikationsklage *auch die Berichtigungsklage* des wirklichen Eigentümers genügen (vgl Goldmann/Lilienthal § 47 I 2 a; Rosenberg § 900 Anm III 3 c; Biermann § 900 Anm 2 d; MünchKommBGB/Wacke[4] § 900 Rn 5; Naendrup 309; Finkenauer 114). Die Herausgabeklage des Eigentümers kann ihre Hemmungswirkung naturgemäß nicht entfalten, wenn sie erst nach der Verjährung des Vindikationsanspruchs erhoben wird und der Beklagte sich auf die Verjährung beruft (s Finkenauer 115); insoweit ist eine Restriktion angebracht. Fraglich ist, ob das Gleiche gelten muss, wenn die Herausgabeklage *unbegründet* ist, weil dem Beklagten ein Recht zum Besitz zusteht (*bejahend* noch Staudinger/Picker [2019] § 900 Rn 16; *ablehnend* BeckOGK/Hertel [1. 9. 2024] § 900 Rn 23). Beispiel: Der Grundstückseigentümer hat dem N zuerst einen Nießbrauch auf Lebenszeit bestellt und ihm später das Grundstück übereignet. Der Grundstückseigentümer war im Zeitpunkt der Nießbrauchstellung noch geistig gesund, im Zeitpunkt der Übereignung aber geisteskrank. Nach unserer früheren Ansicht führte in derartigen Fällen nicht die Herausgabeklage, sondern nur die Grundbuchberichtigungsklage zur Hemmung der Ersitzung. Richtigerweise aber ist mit BeckOGK/Hertel (1. 9. 2024) § 900 Rn 23 davon auszugehen, dass auch die unbegründete Herausgabeklage die Ersitzung hemmt. Dafür spricht entscheidend, dass die Herausgabeklage auch dann unbegründet ist, wenn der Besitzer (nur) ein Recht zum Besitz, aber eben kein Recht zum Eigenbesitz hat; dann aber ist es nur billig, wenn der unterlegene Herausgabekläger mit der Grundbuchberichtigungsklage das fehlende Eigentum des Besitzers geltend machen kann. Dies widerspricht auch nicht dem Telos der Ersitzung, da die bisherige Frist nach Wegfall der Hemmung ohnehin weiterläuft und nicht (wie vor 2002) wieder neu zu laufen beginnt (§ 209 BGB). An unserer früheren Auffassung (Staudinger/Picker [2019] § 900 Rn 16) halten wir daher nicht mehr fest. – Bei den in der Frühzeit der DDR ohne wirksame Übereignung oder Eintragung in Volkseigentum umgeschriebenen Grundstücken war die Ersitzung nach §§ 900 Abs 1 S 2, 939 BGB iVm (den analog anzuwendenden) §§ 202, 203 aF praktisch für die ganze Zeit bis zum Außerkrafttreten des BGB am 1. 1. 1976 gehemmt, da der Eigentümer Gebliebene keine Chance hatte, seinen Vindikationsanspruch oder den Grundbuchberichtigungsanspruch in einem rechtsstaatlichen Verfahren durchzusetzen (OLG Brandenburg VIZ 1995, 371, 373; Schäfer-Gölz VIZ 1995, 326, 327; **aA** Stadler DtZ 1997, 82, 83; Walter DtZ 1996, 226, 228). Die Ersitzung ist schließlich nach § 900 Abs 1 S 3 BGB gehemmt, solange ein Widerspruch gegen die Richtigkeit der Eintragung im Grundbuch eingetragen ist. Als Ersitzungshindernis wird dabei aber – genau wie als Ausschlussgrund für den gutgläubigen Erwerb (s § 892 Rn 132) – nur der berechtigte Widerspruch des wirklichen Eigentümers, nicht aber der unbegründete Widerspruch eines anderen Eigentumsprätendenten wirken können (so wohl auch Heinsheimer Gruchot 69 [1928] 401, 419 Fn 6; Goldmann/Lilienthal § 47 I 2 a; ferner MünchKommBGB/H Schäfer[9] § 900 Rn 5; Grüneberg/Herrler[84] § 900 Rn 3 [c]; abw Fuchs § 900 Anm 2 b β, § 899 Anm III aE; Staudinger/Seufert[11] § 900 Rn 2 [d]). Solange der Hemmungsgrund gegeben ist, kann die Ersitzungsfrist nicht beginnen oder fortgesetzt werden (§ 939 aF). Wird ein berechtigter Widerspruch als vermeintlich unbegründet gelöscht, entfällt die Hemmung nicht mit

Wirkung ex tunc; dies zeigt der Wortlaut des Abs 1 S 3 („solange ... eingetragen ist") ganz deutlich.

17 Die Ersitzung wird **unterbrochen** durch den Verlust des Eigenbesitzes auf Seiten des Eingetragenen (§ 940 Abs 1 BGB), naturgemäß auch durch den Verlust der Bucheigentümerstellung (Rosenberg § 900 Anm III 2 c; Finkenauer 114). Nach altem Recht (also bis 31. 12. 2001) wurde sie darüber hinaus auch durch die gerichtliche Geltendmachung des Eigentumsanspruchs gegen den Ersitzenden oder seinen Besitzmittler unterbrochen (§ 941 aF). Nach § 939 Abs 1 S 1 BGB führt dieser Umstand nur noch zur Hemmung der Ersitzung.

18 Ein *Anerkenntnis* des Bucheigentümers unterbricht die Ersitzung nicht, solange darin nicht eine Aufgabe des Eigenbesitzwillens zum Ausdruck kommt. Bei der Fahrnisersitzung brauchte das Anerkenntnis schon wegen des darin zum Ausdruck kommenden bösen Glaubens nicht als Unterbrechungsgrund aufgeführt werden; dieser spielt nun aber für die Tabularersitzung keine Rolle. Bei der Redaktion des § 900 BGB hat man offenbar nicht berücksichtigt, dass auf diese Weise die Tabularersitzung vor der Verjährung des Herausgabeanspruchs eintreten kann. Andererseits braucht ein Herausgabeanspruch auch gar nicht zu existieren: Nach § 900 Abs 1 BGB ersitzen kann beispielsweise auch der Grundstückserwerber, der das Grundstück wirksam gekauft, aber unwirksam übereignet bekommen hat und der aufgrund seines obligatorischen Rechts zum Besitz nach § 986 BGB nie herausgabepflichtig war.

19 Die Unterbrechung bewirkt nach § 942 BGB den ersatzlosen Fortfall der bis dahin verstrichenen Ersitzungszeit. Erst nach Beendigung der Unterbrechung kann die Frist neu zu laufen beginnen. Die Unterbrechung durch unfreiwilligen Besitzverlust gilt allerdings unter der Voraussetzung des § 940 Abs 2 BGB als nicht erfolgt. Dabei kann der Zwischenbesitzer sogar der Eigentümer selbst sein (Finkenauer 114). § 940 Abs 2 BGB ist auf den vorübergehenden unfreiwilligen Verlust der Buchposition entsprechend anzuwenden (Rosenberg § 900 Anm III 3 c; Biermann § 900 Anm 2d). Ein solcher ist allerdings für den buchmäßigen Inhaber eines beschränkten Liegenschaftsrechts im Rahmen des Abs 2 eher denkbar als für den Bucheigentümer. Vorstellbar wäre allenfalls, dass ein Dritter durch Vorlage gefälschter Urkunden die Umschreibung des Eigentums auf sich erwirkt, der bisherige Bucheigentümer aber durch eine binnen Jahresfrist erhobene Berichtigungsklage die Wiedereintragung als Eigentümer erreicht hat. § 940 Abs 2 BGB dürfte ferner auch dann entsprechend anwendbar sein, wenn der Bucheigentümer selbst das Grundstück an einen Dritten übereignet hat, sich dann aber seine Geschäftsunfähigkeit herausgestellt hat und sein nunmehr eingesetzter Betreuer rechtzeitig seine Wiedereintragung herbeigeführt und den Herausgabeanspruch des Betreuten durchgesetzt hat (so auch Finkenauer 115). Die Handhabung des Merkmals „ohne seinen Willen", dessen Deutung bereits im unmittelbaren Geltungsbereich des § 940 Abs 2 BGB sehr streitig ist (s einerseits Staudinger/C Heinze [2020] § 940 Rn 6; Soergel/Henssler[14] § 940 Rn 2; andererseits Planck/Brodmann § 940 Anm 2 a; MünchKommBGB/Hamdorf[9] § 940 Rn 5), muss allerdings im Rahmen der in § 900 Abs 1 S 2 BGB ausgesprochenen Verweisung erst recht Schwierigkeiten bereiten. Bei freiwilliger Besitzübertragung aufgrund eines Kaufvertrags und anschließender Rückübertragung infolge Rücktritts kommt eine Anwendung von

§ 900 Abs 1 S 2 BGB iVm § 940 Abs 2 BGB allerdings nicht in Betracht; das Merkmal „ohne seinen Willen" ist hier evidentermaßen nicht erfüllt (**aA** Finkenauer 115).

Dem Ersitzenden kommt im Wege der **accessio temporis** auch die Ersitzungszeit des Rechtsvorgängers zugute (§ 943 BGB), ebenso dem Erben nach § 944 BGB die des Erbschaftsbesitzers. Die Anwendung der letzteren Norm setzt nach hM nicht unbedingt voraus, dass der Erbschaftsbesitzer bereits eingetragen war (BGB-RGRK/Augustin § 900 Rn 8; MünchKommBGB/Wacke[4] § 900 Rn 5; Grüneberg/Herrler[84] § 900 Rn 3 [c]; **aA** Goldmann/Lilienthal § 47 bei Fn 9); es genügt vielmehr, dass der Erblasser eingetragen blieb (Rosenberg § 900 Anm III 3 d; Planck/Strecker § 900 Anm 2b; Fuchs § 900 Anm 2b cc; BeckOGK/Hertel [1. 9. 2024] § 900 Rn 21; Turnau/Förster § 900 Anm II 2; Biermann § 900 Anm 2c; Kretzschmar § 900 Anm 2b; iE auch Finkenauer 117) oder dass der Erbe bereits selbst als berechtigt eingetragen war (Rosenberg § 900 Anm III 3d). Diese Interpretation ist insofern überraschend, als dann wegen des Fehlens der buchmäßigen Legitimation ja gar keine eigene Ersitzungszeit für den Erbschaftsbesitzer gelaufen ist. Da hier aber ohnehin nur eine entsprechende Anwendung des § 944 BGB in Rede steht, kann man in der Tat wohl die Verweisung auf § 944 BGB im Sinne einer bloßen accessio possessionis deuten und damit eine im Ergebnis wenig überzeugende Differenzierung vermeiden. § 943 BGB führt zur Anrechnung der Ersitzungszeit des Vorgängers in allen Fällen, in denen eine willentliche Übertragung des Eigenbesitzes erfolgt ist. Es geht also insbesondere um die Fälle eines Grundstücksverkaufs, bei denen entweder die Übereignung wegen Bösgläubigkeit des Erwerbers unwirksam blieb (Finkenauer 116) oder aber die Übereignung gar nicht erfolgt ist. Wie im unmittelbaren Anwendungsbereich des § 943 BGB (s dazu Westermann/Gursky[8] § 51 Rn 7) ist auch hier der Fall der Gesamtrechtsnachfolge durch Erbfall miterfasst (OLG Brandenburg OLG-NL 2004, 251, 252). Stattdessen könnte man aber einen Eintritt des Erben in die Ersitzungslage des Erblassers einfach mit dem Prinzip der Universalsukzession begründen. Unterschiedliche Ergebnisse ergeben sich daraus hier im Gegensatz zum unmittelbaren Anwendungsbereich des § 943 BGB wegen des Fehlens des Gutgläubigkeitserfordernisses nicht. **20**

Wenn eine Ersitzungslage bereits vor dem Inkrafttreten des BGB bestanden hat, entscheidet sich deren Anrechnungsfähigkeit nach den Art 189 Abs 2, 169 EGBGB (RG WarnR 1919 Nr 97; vgl ferner BGH MDR 1972, 224 f; BGB-RGRK/Augustin § 900 Rn 3). Wegen der Einzelheiten s Rosenberg § 900 Anm II 3 und Staudinger/Dittmann[11] Art 189 EGBGB Rn 11 (Staudinger/J Hönle/U Hönle [2018] Art 189 EGBGB Rn 6 verweisen lediglich auf letztere Kommentierung). Zur Tabularersitzung von sog Purifikationswaldungen durch eine Gemeinde vgl BayObLGZ 1979, 104. Wegen des Übergangsrechts bei der Ablösung des BGB durch das ZGB in der DDR vgl oben Rn 6. Für die Ersitzungslagen, die in der DDR nach § 11 GBVerfO begonnen hatten, gilt Art 231 § 6 Abs 3 iVm Abs 1 und 2 EGBGB. Danach hat sich die zwanzigjährige Ersitzungsfrist der DDR auf dreißig Jahre verlängert (Abs 1 S 1, Abs 3). Für Hemmung und Unterbrechung der Frist vor dem Beitrittstermin bleibt jedoch das DDR-Recht maßgeblich (Abs 1 S 2). Für die Änderung der Hemmungs- und Unterbrechungstatbestände, die das SchuldRModG gebracht hat, enthält Art 229 § 6 EGBGB die Übergangsregelung. **21**

Die Voraussetzungen einer Hemmung oder Unterbrechung muss wegen § 891 BGB (s oben Rn 14) beweisen, wer diese Ersitzungshindernisse geltend macht (Finkenauer 117; jurisPK-BGB/Toussaint[10] § 900 Rn 23). **22**

2. Wirkung des § 900 Abs 1

23 Die *Rechtsfolge* der Tabularersitzung besteht darin, dass der bisher nur buchmäßig legitimierte Eigenbesitzer das Eigentum in dem Umfang erlangt, in dem sich Besitz und Eintragung decken (s oben Rn 13). Bestehende Belastungen erlöschen dadurch nicht (ROSENBERG § 900 Anm IV 1). Das Gleiche gilt für Vormerkungen (s unten Rn 25). Der Eigentumserwerb nach § 900 Abs 1 BGB gehört zu den *originären* Erwerbstatbeständen (PLANCK/STRECKER § 900 Anm 3; MünchKommBGB/H SCHÄFER[9] § 900 Rn 6; WIELING/FINKENAUER, SR[6] § 20 Rn 87; MÜLLER Rn 1281). Da aber das Rechtsobjekt dasselbe bleibt, entsteht kein neues Eigentum, sondern das bisherige geht kraft Gesetzes auf den Ersitzenden über (s WOLFF/RAISER § 71 IV; SÜSS AcP 150 [1950/51] 1, 8 f; FINKENAUER 119). Anders natürlich, wenn das Grundstück in Wirklichkeit bisher herrenlos war und nur dem Aneignungsrecht des Staates (§ 928 BGB) unterlag (s oben Rn 12). – Die Rechtsfolge der Tabularersitzung tritt automatisch ein; eine besondere Geltendmachung wie im Falle der Verjährung erübrigt sich (FINKENAUER; **aA** SPIRO II 1426 f). Eine behördliche Genehmigung ist nicht erforderlich (BÖHRINGER NotBZ 2003, 85; NK-BGB/KRAUSE[5] § 900 Rn 11). Eine Unbedenklichkeitsbescheinigung des Finanzamts nach § 22 GrEStG ist schon deshalb entbehrlich, weil gar kein neuer Eigentümer eingetragen wird (BÖHRINGER NotBZ 2003, 85). Möglich wäre allerdings die Eintragung eines Klarstellungsvermerks in Abteilung I Spalte 4 (NK-BGB/KRAUSE[5] § 900 Rn 11).

24 Einen **schuldrechtlichen Ausgleich** für den Rechtserwerb des Eigenbesitzers sieht § 900 BGB – ebenso wie § 937 BGB für die Fahrnisersitzung – nicht vor. Bei der letzteren ist bekanntlich sehr umstritten, ob der Erwerb nach § 937 BGB auch schuldrechtliche Rückgabeansprüche des bisherigen Eigentümers, insbesondere also eine **Besitzkondiktion**, ausschließt oder nicht (s STAUDINGER/C HEINZE [2020] § 937 Rn 18 ff; GURSKY, 20 Probleme aus dem BGB/Sachenrecht [5. Aufl 1999] 10. Problem; WILHELM NJW 2017, 193). Die Frage muss für § 937 BGB und § 900 BGB einheitlich entschieden werden (H WESTERMANN/EICKMANN[8] § 84 Rn 2 f; FINKENAUER 120). Bei der Tabularersitzung war sie aber schon nach altem Recht praktisch bedeutungslos, weil hier auch in solchen Fällen, in denen der Ersitzende Bucheigentum und/oder Besitz durch Leistung des bisherigen Eigentümers erlangt hat, also theoretisch gem §§ 812 Abs 2 S 1 1. Alt, 818 Abs 1 BGB ein auf Herausgabe des Eigentums gerichteter Kondiktionsanspruch zu konstruieren wäre, dieser Bereicherungsanspruch bei Vollendung der Ersitzung in der Regel verjährt gewesen wäre (H WESTERMANN/EICKMANN[8] § 84 Rn 2 f; ERMAN/ARTZ[17] § 900 Rn 6; SIEBELS 457; weitergehend [notwendigerweise verjährt] LG Bremen MDR 1962, 822; BGB-RGRK/AUGUSTIN § 900 Rn 6; MünchKommBGB/H SCHÄFER[9] § 900 Rn 6); eine Divergenz ergab sich hier nur, wenn die Verjährung durch Anerkenntnis (§ 208 aF) unterbrochen worden ist (s oben Rn 18). Nach der drastischen Verkürzung der auch für den Kondiktionsanspruch geltenden regelmäßigen Verjährung durch das SchuldRModG 2002 muss die Verjährung des Kondiktionsanspruchs praktisch immer vor der Ersitzung eintreten (BeckOGK/HERTEL [1. 9. 2024] § 900 Rn 30.1). Rechtspraktisch bedeutsam ist der Streit, ob die Ersitzung Rechtsgrund iSv § 812 BGB ist, freilich bei den *sog grundstücksgleichen Rechten,* auf die Abs 1 über Abs 2 oder entsprechende Anwendung findet (s Rn 26). Hier hat der BGH jüngst für ein vor über 30 Jahren unwirksam begründetes Erbbaurecht entschieden, dass der Erwerb durch (Grundbuch-)Ersitzung **kondiktionsfest** ist, die Tabularersitzung mithin ihren Rechtsgrund in sich trägt (BGH 22. 1. 2016 – V ZR 27/14, NJW 2016, 3162 m Anm AMANN DNotZ 2017, 328; BECKER ZfIR 2016, 413; RIELÄNDER JZ 2016, 1150; SCHLÖGEL MittBayNot 2017, 309; WILHELM NJW 2017, 193). Damit lehnt der BGH die gegenteilige An-

sicht des RG in dessen berühmter „Menzel-Bilder-Entscheidung" (RGZ 130, 69) explizit ab, welches den Kondiktionsanspruch der (geschäftsunfähigen) früheren Eigentümerin trotz Ersitzung nach § 937 BGB bejaht hatte. Die Ansicht des BGH, wonach die Tabularersitzung kondiktionsfest ist, verdient wegen des Schutzzwecks der Norm (endgültiger Rechtsfrieden!) grundsätzlich Zustimmung (so auch BeckOGK/Hertel [1. 9. 2024] § 900 Rn 30). Freilich erfolgte die Ersitzung im konkreten Fall – entgegen der Ansicht des BGH und Schlögels (MittBayNot 2017, 309, 312) aber mit Wilhelm (NJW 2017, 193, 195) und Amann (DNotZ 2017, 328, 337 ff) – nicht „erbauzinsfrei", also lastenfrei, weil es dem Grundbuch nach nur ein mit einer Erbauzinsreallast belastetes und damit eingeschränktes Erbbaurecht gab.

Die Wirkung des § 900 Abs 1 BGB kann unter Umständen eingeschränkt bzw ausgeschaltet sein durch die **Sonderreglung des § 2026 BGB** (Rosenberg § 900 Anm II 2; Goldmann/Lilienthal § 47 I 3; NK-BGB/Krause[5] § 900 Rn 14; **aA** Planck/Flad § 2026 Anm 2c): Der Ersitzende kann sich, wenn er Bucheigentum und -besitz des Grundstücks als Erbschaftsbesitzer erlangt hat, dem wirklichen Erben gegenüber nicht auf die Ersitzung berufen, solange der Erbschaftsanspruch selbst nicht verjährt ist. Dass die Ersitzungsfrist vor der Verjährung des Erbschaftsanspruchs abläuft, ist praktisch allerdings nur dann denkbar, wenn die Verjährung des Erbschaftsanspruchs durch ein Anerkenntnis (§ 208 aF bzw § 212 Abs 1 Nr 1 BGB nF) unterbrochen ist (s Staudinger/Raff [2020] § 2026 Rn 38; Finkenauer 119). Falls das Grundstück mit einer im Grundbuch eingetragenen *Auflassungsvormerkung* belastet ist, ist der Erwerb aus § 900 BGB dem Vormerkungsgläubiger gegenüber nach § 883 Abs 2 BGB unwirksam (s Staudinger/Kesseler [2020] § 883 Rn 254). 25

3. Grundstücksgleiche Rechte

Abs 1 findet bei den sog grundstücksgleichen Rechten entsprechende Anwendung (BayObLGZ 1971, 351, 357; Rosenberg § 900 Anm II 1 c β), so beim Erbbaurecht alter und neuer Art (§§ 1012, 1017 BGB; § 11 Abs 1 S 1 ErbbauRG), beim Wohnungseigentum und Teileigentum (§ 1 WEG, s Bärmann WEG[15] § 1 Rn 173 ff; Soergel/Stürner[12] § 2 WEG Rn 4; Grüneberg/Herrler[84] § 900 Rn 2 [a]). Da alle diese Rechte auch eine Besitzberechtigung beinhalten, könnte man sie allerdings auch unter Abs 2 subsumieren und würde dann über die dort ausgesprochene Verweisung zur entsprechenden Anwendung des Abs 1 gelangen (so BGH 22. 1. 2016 – V ZR 27/14, NJW 2016, 3162 Rn 32; Planck/Strecker § 900 Anm 4a; BGB-RGRK/Räfle § 1 ErbbVO Rn 89; Winkler/Schlögel, Handbuch des Erbbaurechts[7] § 5Rn 79). Das Gleiche gilt beim Wohnungserbbaurecht (§ 30 WEG); ebenso bei den landesrechtlichen grundstücksgleichen Rechten im Bereich der Vorbehaltsmaterien (Art 63, 68, 196 EGBGB), sofern hier das Landesrecht die Ersitzung nicht ausschließt oder anders regelt. Nicht ersitzbar ist allerdings (trotz § 9 Abs 1 BBergG) das Bergwerkseigentum, da dessen Entstehungsvoraussetzungen im BBergG abschließend geregelt sind (s Boldt/Weller/Nölscher, BBergG § 9 Rn 4; **aA** Finkenauer 118). Dagegen war das Bergwerkseigentum des preußischen Rechts ersitzbar (RGZ 110, 1, 14; Turnau/Förster § 900 Anm II 5). Nach Art 233 § 4 Abs 1 S 1 EGBGB ist § 900 BGB auch auf das in den neuen Ländern fortbestehende selbständige Gebäudeeigentum anwendbar. 26

III. Tabularersitzung beschränkter Grundstücksrechte (Abs 2)

1. Die in Betracht kommenden Rechte

27 Nach Abs 2 ist die Vorschrift des Abs 1 entsprechend anzuwenden auf jene (zwar eingetragenen, aber nicht bestehenden) Grundstücksrechte, die entweder zum Besitz des Grundstücks (oder eines realen Teils desselben) berechtigen oder aber wenigstens Besitzschutz genießen. Zur ersteren Kategorie gehören – außer den bereits erwähnten grundstücksgleichen Rechten – der Nießbrauch (vgl § 1036 Abs 1 BGB), das Wohnungsrecht (vgl § 1093 Abs 1 S 2 BGB iVm § 1036 Abs 1 BGB), das Dauerwohnrecht und Dauernutzungsrecht (§ 31 WEG). Zur zweiten zählen die Grunddienstbarkeiten (§ 1029 BGB) und die beschränkten persönlichen Dienstbarkeiten (§ 1090 Abs 2 BGB). Weiterhin kommen für beide Kategorien wieder landesrechtliche Rechte aus dem Bereich der Vorbehaltsmaterien in Betracht. Zu keiner der beiden in Abs 2 genannten Gruppen von Rechten gehören die Hypotheken, Grundschulden und Rentenschulden, die dinglichen Vorkaufsrechte, die Reallasten. Diese Rechte können deshalb nicht ersessen werden (für Angleichung im Wege offener Rechtsfortbildung anscheinend Heck § 45, 4 a; de lege ferenda für Erweiterung auch Locher 178 ff). Ebenso wenig kommt die Ersitzung einer Vormerkung oder eines Widerspruchs in Betracht (Planck/Strecker § 900 Anm 4c; Rosenberg § 900 Anm II 1b). Auch Rechte an Liegenschaftsrechten können nicht durch Tabularersitzung entstehen (MünchKommBGB/Wacke[4] § 900 Rn 7).

2. Voraussetzungen und Wirkungen

28 Die *entsprechende Anwendung* des Abs 1 *bedeutet* im Einzelnen: Die Tabularersitzung der unter Abs 2 fallenden beschränkten Liegenschaftsrechte setzt voraus, dass der Ersitzende 30 Jahre lang im Grundbuch als Inhaber des fraglichen Rechts eingetragen gewesen ist. Hinzukommen muss bei den Rechten der ersten Gruppe des Abs 2 S 1 ein dreißigjähriger (unmittelbarer oder mittelbarer) Besitz des Grundstücks, der inhaltlich und umfangmäßig dem eingetragenen Recht entspricht. Beim Wohnungseigentum wäre also Eigenmitbesitz am Grundstück in Verbindung mit Alleinbesitz an den Sondereigentumsräumen erforderlich (H Westermann/Eickmann[8] § 84 Rn 5). Unschädlich dürfte es aber wohl sein, wenn die Art des Besitzes über das eingetragene Recht hinausgeht, der als Nießbraucher Eingetragene beispielsweise Eigenbesitz ausübt (so wohl auch NK-BGB/Krause[5] § 900 Rn 16). Bei den Rechten der zweiten Gruppe ist ein dreißigjähriger Rechtsbesitz nach Maßgabe des § 1029 BGB erforderlich. Dies bedeutet, dass der Ersitzende die Dienstbarkeit ausgeübt haben muss (s dazu Kohler AcP 87 [1897] 157, 293 ff) und dass zwischen zwei aufeinanderfolgenden Ausübungshandlungen nie mehr als ein Jahr verstrichen sein darf (Rosenberg § 900 Anm III 3; Wolff/Raiser § 49 I 3; NK-BGB/Krause[5] § 900 Rn 15; mit weniger genauer Formulierung Planck/Strecker § 900 Anm 4b; Biermann § 900 Anm 2b; Fuchs § 900 Anm 3; MünchKommBGB/H Schäfer[9] § 900 Rn 8; Erman/Artz[17] § 900 Rn 9; Goldmann/Lilienthal § 47 Fn 25; BeckOGK/Hertel [1. 9. 2024] § 900 Rn 35; Oberneck I 344; Westermann[5] § 86 II 3; Endemann § 66 Fn 14; Grüneberg/Herrler[84] § 900 Rn 3 [b]). Abweichend BGB-RGRK/Augustin § 900 Rn 9, der annimmt, die auf den Besitzschutz verweisenden Worte in Abs 2 S 1 dienten nur zur Bezeichnung der ersitzungsfähigen Rechte (ebenso Maenner § 12 Fn 11). Damit bliebe aber unerfreulicherweise völlig offen, welche Anforderungen überhaupt an die dreißigjährige Ausübung der Dienstbarkeit zu stellen sind. Soll

etwa eine einmalige Ausübung genügen? So wird die Äußerung im BGB-RGRK etwa von BAUMGÄRTEL (§ 900 Rn 3 Fn 5) und HAGEN (ERMAN/HAGEN[9] § 900 Rn 5) interpretiert. Aber dann wären die Anforderungen, die die beiden Varianten des Abs 2 S 1 jeweils an das zweite Haupterfordernis neben der Eintragung, die „gefestigte tatsächliche Lage" (LOCHER 176) stellen, doch wohl allzu ungleichgewichtig. Außerdem dürfte sich die Notwendigkeit einer über die ganze Ersitzungszeit erstreckenden Ausübung des Rechtsbesitzes doch wohl schon aus der entsprechenden Anwendung des Abs 1 ergeben (so auch SIEBELS 452). Was die Beweislast für den dreißigjährigen Rechtsbesitz anbelangt, nimmt die hM an, § 938 BGB sei anzuwenden und der Eingetragene müsse deshalb nur die Besitzausübung im ersten und im letzten Jahr beweisen (OLG Karlsruhe BadRPrax 1934, 91, 92; PLANCK/STRECKER § 900 Anm 4b; BGB-RGRK/AUGUSTIN § 900 Rn 9; ERMAN/HAGEN[9] § 900 Rn 5; COSACK/MITTEIS § 31 II 2 c β). In Wirklichkeit bedarf es wegen der für den Eingetragenen sprechenden Vermutung des § 891 BGB gar nicht der Anwendung des § 938 BGB (ROSENBERG § 900 Anm III 3 a; BAUMGÄRTEL/BAUMGÄRTEL[1] § 900 Rn 3; BAUMGÄRTEL/LAUMEN/PRÜTTING/KRAEFT/PÖPEL[5] § 900 Rn 3; GRÜNEBERG/HERRLER[84] § 900 Rn 4). Wer die Ersitzung bestreitet, kann die Vermutung aus § 891 BGB durch den Nachweis ausräumen, dass über einen längeren Zeitraum als ein Jahr das Recht nicht ausgeübt worden ist.

Für Fristberechnung, Hemmung und Unterbrechung bestehen in Abs 2 keine Besonderheiten. Zur accessio temporis nach § 943 BGB vgl OLG Karlsruhe BadRPrax 1934, 91, 92. Auch bei der Servitutenersitzung (§§ 900 Abs 2 S 1, 2. Alt, 1029 BGB) ist § 940 Abs 2 BGB anzuwenden (WOLFF/RAISER § 49 I 3; PLANCK/STRECKER § 900 Anm 4 β; BAUMGÄRTEL/BAUMGÄRTEL[1] § 900 Rn 3). Eine länger als ein Jahr dauernde Nichtausübung der Dienstbarkeit ist also unerheblich, wenn der Ersitzende den Rechtsbesitz unfreiwillig verloren hat und infolge einer binnen Jahresfrist erhobenen Klage zurückerhält (ROSENBERG § 900 Anm III 3c). § 940 Abs 2 BGB gilt entsprechend für den vorübergehenden unfreiwilligen Verlust der Buchposition (vgl Rn 19). Die Tabularersitzung eines beschränkten Liegenschaftsrechts ist natürlich nur dann möglich, wenn ein solches Recht an dem fraglichen Grundstück überhaupt zulässig ist. Das Erfordernis der utilitas fundi (§ 1019 BGB) etwa kann durch § 900 Abs 2 BGB genauso wenig überwunden werden wie durch § 892 BGB (vgl § 892 Rn 40). Dagegen ist bei einer bereits vor 1900 in das damalige Grund- und Pfandbuch eingetragenen und später in das Reichsgrundbuch übertragenen Dienstbarkeit nicht erforderlich, dass diese mit dem fraglichen Inhalt auch schon nach damaligem Recht begründet werden konnte (**aA** OLG Karlsruhe Justiz 1993, 218, 220). Wenn ein derartiges Recht heute zulässig ist und die Voraussetzungen der Tabularersitzung auch bei Außerachtlassung der vor 1900 verstrichenen Eintragungszeit voll erfüllt sind, kann es auf die inhaltliche Unzulässigkeit nach altem Recht nicht ankommen. Vgl im Übrigen auch STAUDINGER/RING (1994) Vorbem 12 f zu §§ 1018 ff BGB und STAUDINGER/WEBER (2017) Vorbem 19 zu §§ 1018 ff BGB. **29**

Die Wirkungen entsprechen denen des Abs 1 exakt. Der Ersitzende erlangt auch hier das für ihn gebuchte Recht automatisch, ohne dass es einer besonderen Geltendmachung der Ersitzung bedürfe. Der Rechtserwerb erfolgt ex nunc, nicht mit Rückwirkung auf den Zeitpunkt der Eintragung (missverständlich BAUER/SCHAUB/BAYER/LIEDER[5] AT C 375). Und die Ersitzung ist auch hier kondiktionsfest (s ausführlich dazu Rn 24; BGH 22. 1. 2016 – V ZR 27/14, NJW 2016, 3162, für die Ersitzung eines Erbbaurechts). **30**

3. Rang

31 Für den Rang des ersessenen beschränkten Liegenschaftsrechts ist nach Abs 2 S 2 der Zeitpunkt der Eintragung maßgeblich. Das Recht geht also allen in der Ersitzungszeit entstandenen weiteren Grundstücksbelastungen vor (Meikel/Böttcher[12] § 45 Rn 29). Das entspricht der Regelung des § 879 Abs 2 BGB.

Über die Ersitzung von Rechten an öffentlichen Wegen vgl RGZ 125, 102.

§ 901
Erlöschen nicht eingetragener Rechte

Ist ein Recht an einem fremden Grundstück im Grundbuch mit Unrecht gelöscht, so erlischt es, wenn der Anspruch des Berechtigten gegen den Eigentümer verjährt ist. Das Gleiche gilt, wenn ein kraft Gesetzes entstandenes Recht an einem fremden Grundstück nicht in das Grundbuch eingetragen worden ist.

Materialien: E II § 816, rev § 886; III § 885: Prot III 327, 412 f, 620, 738; IV 588; Jakobs/Schubert, SR I 412 f.

Schrifttum

Vgl Schrifttum zu § 900.
Th Wolff, Die ungerechtfertigte Löschung, AcP 99 (1901) 366, 372 ff.

I. Bedeutung

1 Die Vorschrift korrigiert – wie § 900 BGB – einen langdauernden Zwiespalt zwischen dem Inhalt des Grundbuchs und der wirklichen Rechtslage, indem es die letztere an den Buchstand angleicht: Nicht eingetragene beschränkte Liegenschaftsrechte erlöschen, wenn der Anspruch des Berechtigten gegen den Eigentümer verjährt ist. Eigentliches Ziel ist hierbei wiederum weniger die damit erreichte korrekte Verlautbarung des Rechtszustandes im Grundbuch – der Grundbuchberichtigungsanspruch des nicht eingetragenen Rechtsinhabers bliebe ja nach § 898 BGB unverjährbar bestehen – als die Vermeidung von Rechtspositionen, die nicht durchsetzbar wären (vgl Prot Mugdan III 576: „Der Widerspruch zwischen dem formalen Rechte und der Möglichkeit, es tatsächlich geltend zu machen, soll beseitigt werden"). Die Wirkung des § 901 BGB lässt sich als eine Art *Ersitzung der Lastenfreiheit* begreifen (Matthiass § 12 II; O vGierke § 119 Fn 27; Locher 180; Heck § 45, 5: „Tabularfreiheitsersitzung"). Durchgesetzt hat sich aber die (gleichsam aus der entgegengesetzten Perspektive gewonnene) Bezeichnung **Buch- bzw Tabularversitzung**. Beide begrifflichen Einordnungen passen allerdings nur cum grano salis; die Parallele zur Ersitzung ist nur eine recht lockere (Rosenberg § 901 Anm I; Crome III § 370 Fn 34).

II. Voraussetzungen

1. Fehlende Verlautbarung eines beschränkten Liegenschaftsrechts an fremdem Grundstück im Grundbuch

Satz 1 bezieht sich auf die *zu Unrecht* im Grundbuch *gelöschten Rechte* an einem fremden Grundstück. Eine Löschung im Grundbuch, welcher der materiellrechtliche Löschungsgrund fehlt, bewirkt keinen materiellrechtlichen Untergang des betreffenden Rechtes, abgesehen natürlich von späteren Wirkungen des Öffentlichkeitsprinzips zugunsten eines dritten gutgläubigen Erwerbers, § 892 BGB. Es besteht nur eine (widerlegbare) Vermutung für das Nichtbestehen des gelöschten Rechts nach § 891 Abs 2 BGB. 2

Satz 1 gilt für *alle Arten von eintragungsfähigen Rechten, die an einem fremden Grundstück* bestehen. Auch die grundstücksgleichen Rechte sind hier gemeint, können also durch Buchversitzung erlöschen (für das Erbbaurecht Staudinger/Rapp [2021] § 1 Rn 50, § 16 Rn 1 ErbbauRG; Bamberger/Roth/Maas[5] § 26 ErbbauRG Rn 1; Grüneberg/Wicke[84] § 11 ErbbauRG Rn 8; Ingenstau/Hustedt, ErbbR[12] § 11 Rn 85). Eine Ausnahme macht insoweit nur das heutige Bergwerkseigentum, dessen Entstehung und Beendigung im BBergG abschließend geregelt ist (s Boldt/Weller/Nölscher, BBergG § 9 Rn 4). Nicht erfasst werden ansonsten aus dem Kreis der beschränkten Liegenschaftsrechte nur diejenigen, die dem Eigentümer selbst zustehen (OLG Dresden ZEV 2000, 402, 403; Schilde 39; Rosenberg § 901 Anm II 1 d; jurisPK-BGB/Toussaint[10] § 901 Rn 3); diese sind nun einmal keine Rechte an einem „fremden" Grundstück. Auf die Rechte an einem grundstücksgleichen Recht – wie dem Erbbaurecht oder dem Wohnungseigentum – muss § 901 BGB selbstverständlich entsprechend angewandt werden (Rosenberg § 901 Anm II 1b). Rosenberg (§ 901 Anm II 1b) will die Vorschrift darüber hinaus auch bei der unrechtmäßigen Löschung von Rechten an (anderen) Grundstücksrechten analog anwenden. In der Tat ist diese Gleichbehandlung wohl wertungsmäßig zwingend geboten. Es ist kein Grund ersichtlich, warum ein beschränktes dingliches Recht zweiten Grades bestandskräftiger sein sollte als das Primärrecht, an dem es besteht. Bei gleichzeitiger Löschung beider würde anderenfalls eine unerfreuliche Komplizierung der Rechtslage – Fortbestehen des Zweigrechts an einem nicht mehr bestehenden Stammrecht – eintreten, die sich zwar auch durch gutgläubigen Erwerb ergeben kann (s § 892 Rn 222), die aber doch nach Möglichkeit vermieden werden sollte. Für eine analoge Anwendung von § 901 BGB bei Vormerkungen besteht kein Bedürfnis (Weber BlGBW 1964, 17, 23; jurisPK-BGB/Toussaint[10] § 901 Rn 6; MünchKommBGB/H Schäfer[9] § 901 Rn 2; MünchKommBGB/Kohler[7] § 901 Rn 2; **aA** noch MünchKommBGB/Kohler[6] § 901 Rn 2). Bei Verjährung des gesicherten Anspruchs hat der Schuldner ja schon den Anspruch aus § 886 BGB auf Aufgabe der Vormerkung (s Staudinger/Gursky [2013] § 886 Rn 4). Ist die Vormerkung zu Unrecht gelöscht worden, kann der Schuldner dem an sich gegebenen Grundbuchberichtigungsanspruch (s § 894 Rn 54) nach der Verjährung des gesicherten Anspruchs die Einwendung aus § 886 BGB entgegenhalten. Erst recht kann § 901 BGB im Falle der unrechtmäßigen Löschung einer Verfügungsbeschränkung nicht angewandt werden (BGH 26. 1. 1994 – IV ZR 19/93, NJW 1994, 1152 [zu Unrecht gelöschter Nacherbenvermerk]; jurisPK-BGB/Toussaint[10] § 901 Rn 6). 3

Dass S 1 nur solche Rechte meinen kann, die überhaupt eintragungsfähig sind, folgt schon aus dem Erfordernis der unrechtmäßigen Löschung. Eine Löschung, die nach 4

§ 53 Abs 1 S 2 GBO von Amts wegen zu erfolgen hat, kann nicht unrechtmäßig sein. Die Formulierung „mit Unrecht gelöscht“ meint im Übrigen nicht, dass die Löschung auf einem Verfahrensfehler des Grundbuchamtes beruhen muss. Die Löschung eines eintragungsfähigen beschränkten Liegenschaftsrechts ist vielmehr immer dann unrechtmäßig, wenn sie – etwa infolge Unwirksamkeit der materiellrechtlichen Aufhebungserklärung des Berechtigten (§ 875 BGB) bzw der erforderlichen Zustimmung eines Dritten (zB § 876 BGB) – das Recht nicht beseitigt (Siebels 468).

5 Den zu Unrecht gelöschten Rechten werden in **Satz 2** die kraft Gesetzes entstandenen und im Grundbuch *noch nicht eingetragenen Rechte* gleichgestellt. Auch insoweit können wiederum nur eintragungsfähige Rechte gemeint sein, da anderenfalls der in § 901 BGB vorausgesetzte Zwiespalt zwischen Grundbuchinhalt und Rechtslage (s Rn 1) nicht gegeben wäre (Rosenberg § 901 Anm II 1 c; Planck/Strecker § 901 Anm 2; MünchKommBGB/H Schäfer[9] § 901 Rn 2). Den kraft Gesetzes entstandenen Rechten wird man die durch Verwaltungsakt begründeten Rechte gleichstellen müssen (BeckOGK/Hertel [1. 9. 2024] § 901 Rn 12.1; **aA** LG Köln 19. 3. 2004 – 18 O 281/02 Rn 46 ff). Dies gilt beispielsweise für eine Dienstbarkeit, die durch die Bekanntmachung eines unanfechtbaren Umlegungsbeschlusses und damit außerhalb des Grundbuchs durch Verwaltungsakt begründet worden ist (vgl LG Köln 19. 3. 2004 – 18 O 281/02, Rn 43 ff; vgl im Übrigen auch Staudinger/Reymann [2017] § 1090 Rn 26).

6 § 901 BGB kann sich natürlich nur auf privatrechtliche Rechtspositionen beziehen. Öffentlich-rechtliche Lasten können also auch dann nicht durch Tabularversitzung erlöschen, wenn sie entgegen § 54 GBO kraft ausdrücklicher gesetzlicher Anordnung im Grundbuch eintragbar sind (wie etwa die Umlegungsbeiträge nach § 64 BauGB). Im Rahmen von § 901 Abs 2 BGB kommen daher in erster Linie in Betracht der Nießbrauch nach § 1075 Abs 1 BGB und die Sicherungshypothek nach § 1287 S 2 HS 1 BGB oder § 848 Abs 2 S 2 ZPO, ferner die Ablösungsrenten des Art 114 EGBGB, die kraft Landesrechts der Eintragung nicht bedürfen. Kretzschmar (§ 901 Anm 2) wollte allerdings die Anwendung des S 2 auf solche Rechte beschränken, die zur Erhaltung gegenüber dem öffentlichen Glauben des Grundbuchs der Eintragung bedürfen. Diese Restriktion ist jedoch nicht angebracht, weil die Tabularfreiheitsersitzung mit dem öffentlichen Glauben des Grundbuchs nicht in Zusammenhang steht (Rosenberg § 901 Anm II 1c). § 901 BGB gilt jedenfalls nicht für die Überbau- und Notwegrenten, die nach §§ 914 Abs 2 S 1, 917 Abs 2 S 2 BGB nicht eintragungsfähig sind (Rosenberg § 901 Anm II 1 c; Planck/Strecker § 901 Anm 2; Fuchs § 901 Rn 5a aa β; BGB-RGRK/Augustin § 901 Rn 4; MünchKommBGB/H Schäfer[9] § 901 Rn 2 **aA** wohl nur durch Versehen Dernburg III § 49 a Fn 4).

7 Satz 2 deckt seinem klaren Wortlaut nach nicht den Fall, dass ein bereits entstandenes und gebuchtes Recht außerhalb des Grundbuchs auf einen Dritten (wie etwa die Hypothek nach § 1164 BGB auf den persönlichen Schuldner) übergegangen ist (Fuchs Anm 5a bb). Im Übrigen passt die Regelung hier schon deshalb nicht, weil der Anspruch des Berechtigten nach § 902 BGB gar nicht verjähren kann (§ 902 Rn 6). Aber auch auf den Fall, dass im Grundbuch etwa infolge eines Übertragungsfehlers ein ganz *Unbeteiligter als Rechtsinhaber aufgeführt* wird, bei dem § 902 BGB richtiger Ansicht nach nicht eingreift, dürfte sich § 901 BGB angesichts seiner eindeutigen Fassung kaum ausdehnen lassen (Rosenberg § 901 Anm III 1; Goldmann/Lilienthal § 37 I 2b).

2. Verjährung des Anspruchs aus dem Recht

a) Die in Betracht kommenden Ansprüche

Die Buchversitzung tritt erst ein, wenn der Anspruch des Berechtigten gegen den Eigentümer verjährt ist. Hiermit kann nicht der Berichtigungsanspruch (§ 894 BGB) gemeint sein, da dieser ja nach § 898 BGB überhaupt nicht der Verjährung unterliegt. Vielmehr ist hier offenbar an den jeweils in Betracht kommenden sonstigen dinglichen Rechtsverwirklichungsanspruch, „den gegen den ... Eigentümer gerichteten Hauptanspruch auf Herstellung eines den Inhalt des Rechts des Dritten entsprechenden tatsächlichen Zustands" (Locher 177) gedacht (der Sache nach anerkannt, vgl Rosenberg § 901 Anm III 2 a; BGB-RGRK/Augustin § 901 Rn 2; Warneyer[1] § 901 Anm 1; Fuchs § 901 Anm 3b; Soergel/Kern[14] § 901 Rn 2; NK-BGB/Krause[5] § 901 Rn 5; Erman/Artz[17] § 901 Rn 4; Grüneberg/Herrler[84] § 901 Rn 2; **aA** wohl Oberneck I 429: „... konfessorischer Anspruch ... auf Anerkennung der Existenz des zu Unrecht gelöschten Rechts ...". Ungenau Lange 79 und Eichler II 2, 398, die von einem „schuldrechtlichen" bzw „persönlichen" Herstellungsanspruch sprechen). Das ist im Falle der Dienstbarkeiten beispielsweise der negatorische Anspruch auf Duldung der Rechtsausübung (§ 1027 BGB; MünchKommBGB/H Schäfer[9] § 901 Rn 3; s auch OLG Dresden ZfIR 2010 und OLG Koblenz 26. 1. 2016 – 10 U 640/14, NJOZ 2017, 270), eventuell auch der Anspruch auf Unterhaltung der Anlage auf dem belasteten Grundstück (§§ 1021, 1022 BGB, Rosenberg § 901 Anm III 2 b α). Bei allen zum Besitz des Grundstücks berechtigenden Rechten ist (neben dem jeweiligen negatorischen Anspruch) vor allem auch der jeweilige Herausgabeanspruch gegen den im Besitz des Grundstücks befindlichen Eigentümer gemeint (also etwa die §§ 1065, 985 BGB; diese Vorschriften analog im Falle des dinglichen Wohnrechts, § 1093 BGB [s Grüneberg/Herrler[84] § 1093 Rn 16]; §§ 11 Abs 1 ErbbauRG, 985 BGB; §§ 34 Abs 2 WEG, 985 BGB). Bei den Grundpfandrechten ist die actio hypothecaria gemeint, der sog „Anspruch auf Duldung der Zwangsvollstreckung" aus § 1147 BGB (evtl iVm §§ 1191, 1192 Abs 1 BGB oder §§ 1199, 1200 Abs 1 BGB), der in Wirklichkeit nur eine unpräzise Ausdrucksweise für die dingliche Verwertungsbefugnis bzw das damit korrespondierende dingliche Anrecht auf die Grundpfandsumme bildet (vgl Wolff/Raiser § 131; MünchKommBGB/H Schäfer[9] § 901 Rn 3). Entsprechend bei der Reallast der Anspruch auf Leistung „aus dem Grundstück", §§ 1105, 1107 BGB (Rosenberg § 901 Anm III 2 a, b α; BGB-RGRK/Augustin § 901 Rn 2; Siebels 469). Gewisse Probleme bereitet die Anwendung des § 901 BGB auf das dingliche Vorkaufsrecht: Nach BGB-RGRK/Augustin § 901 Rn 2 soll hier der „Anspruch auf Anerkennung der Befugnis zur Ausübung des Rechts" derjenige sein, dessen Verjährung die Buchversitzung auslöst. Ein solcher ist jedoch überhaupt nicht ersichtlich, ergibt sich insbesondere nicht aus den im RGRK angeführten §§ 1094, 1098, 505 BGB. Das Gleiche gilt für den von H Schäfer (MünchKommBGB/H Schäfer[9] § 901 Rn 3) genannten Anspruch auf „Ausübung des Vorkaufsrechts gegen den Dritterwerber (§§ 1098 Abs 2, 888, 1100)". Damit bleibt hier als möglicher Anknüpfungspunkt nur der Anspruch gegen den bereits zum Eigentümer gewordenen dritten Erwerber (§§ 1098 Abs 2, 888 Abs 1; § 1100 BGB) (ebenso Grüneberg/Herrler[84] § 901 Rn 2). 8

b) Verjährungsvoraussetzungen

Die Voraussetzungen der Verjährung sind den §§ 194 ff BGB iVm § 902 BGB zu entnehmen. Die Verjährung begann nach früherem Recht grundsätzlich mit der Entstehung des Anspruchs (§ 198 S 1 aF). Seit dem 1. 1. 2002 ist im Falle der regelmäßigen Verjährung (§ 195 BGB) der Ablauf des Jahres maßgeblich, in dem der An- 9 spruch entstanden ist und der Gläubiger von den den Anspruch begründenden Umständen und der Person des Schuldners entweder Kenntnis erlangt hat oder nur infolge grober Fahrlässigkeit keine Kenntnis erlangt hat (§ 199 Abs 1 BGB nF); die Verjährungsfrist von Ansprüchen, die nicht der regelmäßigen Verjährungsfrist unterliegen, beginnt mit der Entstehung des Anspruchs, soweit nicht ein anderer Verjährungsbeginn bestimmt ist (§ 200 S 1 BGB). Bei Unterlassungsansprüchen beginnt die Verjährung mit der Zuwiderhandlung (§ 198 HS 2 aF, § 200 S 2 BGB nF) bzw bei regelmäßiger Verjährung grundsätzlich mit dem Ablauf des Jahres der Zuwiderhandlung (§ 199 Abs 1, Abs 5 BGB nF). Dabei kann mit Zuwiderhandlung nur der Beginn der Zuwiderhandlung gemeint sein (vgl Soergel/Niedenführ[13] § 200 Rn 6; MünchKommBGB/H Schäfer[9] § 901 Rn 4; Grüneberg/Ellenberger[84] § 200 Rn 2 iVm § 199 Rn 23 ff; BeckOGK/Hertel [1. 9. 2024] § 901 Rn 17; NK-BGB/Mansel/Stürner[4] § 200 Rn 6; zum alten Recht Fritzsche, Unterlassungsanspruch und Unterlassungsklage [1999] 479 ff; **aA** Staudinger/Jacoby [2024] § 200 Rn 3 [implizite Weiterverweisung auf § 199 Abs 1 Nr 2]). Vorausgesetzt ist dabei natürlich wegen § 902 BGB, dass zu diesem Zeitpunkt das Recht bereits gelöscht und auch nicht durch Widerspruch gesichert ist. Die Buchversitzung kann also nicht eintreten, wenn das Recht nur beim Ablauf der Verjährungsfrist gelöscht ist (Biermann[3] § 901 Anm 1b gegen frühere Auflagen; Rosenberg § 901 Anm III 2 b α; BGB-RGRK/Augustin § 901 Rn 3; MünchKommBGB/Wacke[4] § 901 Rn 4; Grüneberg/Herrler[84] § 901 Rn 2). Denkbar ist allerdings, dass dann die Dienstbarkeit nach § 1028 Abs 1 S 2 BGB erlischt.

10 In allen Fällen, in denen der in § 901 BGB gemeinte Verwirklichungsanspruch im weitesten Sinne negatorischen Charakter hat, entsteht dieser immer erst mit der Entstehung des Beeinträchtigungszustandes (also bei einer negativen Dienstbarkeit wie zB einem Bauverbotsservitut mit dem Beginn der verbotenen Handlung, bei einer affirmativen Dienstbarkeit, wenn der Eigentümer den Dienstbarkeitsberechtigten an der zulässigen Nutzungshandlung hindert; bei dem Nießbrauch und den anderen zum Besitz berechtigenden dinglichen Rechten in dem Moment, in dem der Eigentümer dem Berechtigten den Besitz entzieht usw, vgl Goldmann/Lilienthal § 37 Fn 10; BGB-RGRK/Augustin § 901 Rn 3; Biermann § 901 Anm 1b; Erman/Artz[17] § 901 Rn 7; H Westermann/Eickmann[8] § 84 Rn 11). Die Löschung für sich allein genügt also noch nicht, um die Verjährungsfrist in Lauf zu setzen, da sie den in § 901 BGB gemeinten Anspruch aus dem Recht gegen den Eigentümer nicht zur Entstehung bringt, sondern lediglich den nach § 898 BGB nicht der Verjährung unterliegenden Berichtigungsanspruch erzeugt (Rosenberg § 901 Anm III 2 b α; Biermann § 901 Anm 1b; Kretzschmar § 901 Anm 1; Warneyer[1] § 901 Anm 2; Fuchs § 901 Anm 3b; Wolff/Raiser § 49 Anm III 1; Maenner § 12 Fn 5). Abweichend Th Wolff (AcP 99 [1901] 366, 374), der aber den in § 901 BGB gemeinten Anspruch bei der servitus faciendi einfach mit der Befugnis zur Nutzung der fremden Sache identifiziert. Anders auch Josef Kohler (AcP 87 [1897] 157 ff, 296 ff), der eine korrigierende Interpretation des § 901 BGB für notwendig hält: Die Frist für die Versitzung einer Dienstbarkeit soll danach neben deren unrechtmäßigen Löschung nicht noch eine besondere Zuwiderhandlung des Eigentümers, sondern lediglich das Fehlen des Rechtsbesitzes auf Seiten des Dienstbarkeitsberechtigten, also die fehlende Ausübung verlangen. In der Tat ist es wenig plausibel, die nicht eingetragene Dienstbarkeit zwar nach einer bestimmten Frist erlöschen zu lassen, wenn der Berechtigte während dieser Zeit die Zuwiderhandlung des Eigentümers hingenommen und die Durchsetzung seines Rechtes verabsäumt hat, sie aber fortbestehen zu lassen, wenn der Berechtigte die Dienstbarkeit von sich aus nie ausgeübt hat (vgl Josef Kohler 297). Da § 901 BGB aber die Versitzung nun einmal an die Verjährung des aus dem nicht eingetragenen Recht fließenden Rechtsverwirklichungsanspruchs knüpft und dieser wiederum erst mit dem Eintritt eines Beeinträchtigungszustandes entsteht, muss die befremdliche Differenzierung hingenommen werden. Das Erlöschen einer Dienstbarkeit wegen Verjährung des Störungsbeseitigungsanspruchs aus §§ 1027, 1004 BGB setzt voraus, dass die Störung während der ganzen Verjährungsfrist von ein und derselben Anlage ausgegangen ist (BGH LM § 1028 BGB Nr 1 = NJW 1967, 1069, 1070; Dehner, Nachbarrecht [Loseblattausgabe] Teil B § 37 I 2; BeckOGK/Hertel [1. 9. 2024] § 901 Rn 17). Ist nämlich innerhalb der Verjährungsfrist die erste störende Anlage beseitigt und dann eine neue störende Anlage errichtet worden, ist ja ein neuer Beseitigungsanspruch in Gang gesetzt worden, für den auch eine neue Verjährungsfrist laufen musste.

Die Verjährung des „Anspruchs" aus § 1147 BGB beginnt grundsätzlich mit der Fälligkeit des Kapitals, s §§ 1141, 1160, 1193 BGB (Wolff/Raiser § 49 Fn 9; Rosenberg § 901 Anm III 2 b α; Siebels 469; BGB-RGRK/Augustin § 901 Rn 3; NK-BGB/Krause[5] § 901 Rn 7; jurisPK-BGB/Toussaint[10] § 901 Rn 12; Erman/Artz[17] § 901 Rn 7; Grüneberg/Herrler[84] § 901 Rn 2; BeckOGK/Hertel [1. 9. 2024] § 901 Rn 17; abw MünchKommBGB/Wacke[4] § 901 Rn 4: „Fälligkeit der gesicherten Kapitalforderung"; hier ist offenbar übersehen, dass ausweislich von § 1141 [und auch sonst, vgl Planck/Strecker § 1141 Anm 1] bei der Verkehrshypothek die Fälligkeitszeitpunkte von Forderung und Hypothek differieren können). Eine Vorverlegung des Zeitpunkts konnte sich aber früher unter Umständen aus § 199 aF ergeben (Rosenberg § 901 Anm III 2 b α). Die Verjährung der Hypothekenforderung zieht die Verjährung des „Anspruchs" aus § 1147 BGB entgegen Weimar WM 1963, 1222, 1223 nicht nach sich, s § 216 Abs 1 BGB nF (= § 223 Abs 1 aF); s aber auch § 216 Abs 3 BGB nF (= § 223 Abs 3 aF). Bei der Reallast und der Rentenschuld muss mit der Fälligkeit einer einzelnen Leistung die Versitzungsfrist für das Recht insgesamt beginnen, da anderenfalls eine Versitzung hier überhaupt nicht eintreten könnte (Rosenberg § 901 Anm III 2 b α; Planck/Strecker § 901 Anm 2, Vorbem 6 vor § 1105; Fuchs § 901 Anm 3b; Biermann § 901 Anm 1b; NK-BGB/Krause[5] § 901 Rn 7; BeckOGK/Hertel [1. 9. 2024] § 901 Rn 17; Crome § 456 Fn 23; Dernburg § 49a Fn 4; Dümchen JherJb 54 [1909] 418; Warneyer[1] § 901 Anm 1; **aA** Schilde [Schrifttum vor § 894] 39 f; Cosack § 237 VI 2; Maenner § 64 zu Fn 5). 11

Wenn das gelöschte Recht wieder eingetragen wird, so wird dadurch die bisher aufgelaufene Anspruchsverjährung bzw Versitzungsfrist rechtlich völlig bedeutungslos, da gem § 902 BGB Ansprüche aus eingetragenen Rechten nicht verjähren. Wenn also das fragliche Recht nochmals zu Unrecht gelöscht werden sollte, könnte nur eine neue Verjährungs- und Versitzungszeit beginnen (BGB-RGRK/Augustin § 901 Rn 3; Rosenberg § 901 Anm III 2 b β; NK-BGB/Krause[5] § 901 Rn 8; Th Wolff 378). 12

Die Voraussetzungen einer **Hemmung** oder **Unterbrechung** der Verjährung ergeben sich grundsätzlich ebenfalls aus den allgemeinen Vorschriften der §§ 202 ff BGB. Zur Unterbrechung durch konkludente Anerkennung (§ 212 Abs 1 Nr 1 BGB nF = § 208 aF) vgl Th Wolff AcP 99 (1901) 366, 375 f. Da nach § 902 Abs 2 BGB ein nicht eingetragenes Recht, zugunsten dessen wenigstens ein Widerspruch eingetragen ist, der Verjährung nicht unterliegt, macht aber auch die bloße Eintragung des Widerspruchs gegen die unrechtmäßige Löschung oder gegen die Nichteintragung des Rechts die bisherige Verjährungszeit rechtlich irrelevant, sodass nach einer späteren Löschung 13 des Widerspruchs nur eine neue Verjährungsfrist zu laufen beginnen könnte (ROSENBERG § 901 Anm III 2 b β; FUCHS § 901 Anm 3c; BIERMANN § 901 Anm 1b; ders, Widerspruch und Vormerkung 93; PLANCK/STRECKER § 902 Anm 2b; KRETZSCHMAR § 901 Anm 1; TURNAU/FÖRSTER § 902 Anm II 8; BGB-RGRK/AUGUSTIN § 901 Rn 3; jurisPK-BGB/TOUSSAINT[10] § 901 Rn 13; BeckOGK/HERTEL [1. 9. 2024] § 901 Rn 4; CROME § 370, 2, § 375 bei Fn 80; für bloße Hemmungswirkung des Widerspruchs dagegen JOSEF KOHLER AcP 87 [1897] 157, 296, 299; NAENDRUP 317 und TH WOLFF 377). § 900 Abs 1 S 3 BGB, der die Widerspruchseintragung nur als Hemmungsgrund behandelt, spricht nicht dagegen, denn diese Norm betrifft ja nur den Einfluss der Widerspruchseintragung auf die Ersitzungsfrist (PLANCK/STRECKER § 902 Anm 2b). Der Sache nach hat der Widerspruch damit die in § 217 aF beschriebene Wirkung einer Unterbrechung der Verjährung (ROSENBERG § 901 Anm III 2 b β; FUCHS § 901 Anm 3c; **aA** STAUDINGER/SEUFERT[11] § 902 Rn 2 sub b; BGB-RGRK/AUGUSTIN § 901 Rn 3; SCHILDE 79).

14 In entsprechender Anwendung des § 212 Abs 2 BGB nF (= § 216 Abs 1 aF) ist aber bei einem Widerspruch, der aufgrund einer einstweiligen Verfügung oder eines vorläufig vollstreckbaren Urteils (§ 895 ZPO) eingetragen ist, die Unterbrechung *als nicht erfolgt* anzusehen, wenn der Widerspruch gem § 25 GBO oder aufgrund der Bewilligung des Berechtigten gelöscht wird (BIERMANN § 901 Anm 1b; ROSENBERG § 901 Anm III 2 b β; FUCHS § 901 Anm 3c; BGB-RGRK/AUGUSTIN § 901 Rn 3; PLANCK/STRECKER § 902 Anm 2b; TURNAU/FÖRSTER § 902 Anm II 3; KRETZSCHMAR § 902 Anm 2; NK-BGB/KRAUSE[5] § 901 Rn 8; GRÜNEBERG /HERRLER[84] § 901 Rn 2). Für den Fall der Löschung eines bewilligten Widerspruchs gilt dies jedoch nicht (FUCHS § 901 Anm 3c; PLANCK/STRECKER § 902 Anm 2b; **aA** SCHILDE 79).

15 Der Unterbrechungsgrund der Anmeldung im *Konkurs* (§ 209 Abs 2 Nr 2 aF) kam hier nicht in Betracht, da die in § 901 BGB gemeinten Rechtsverwirklichungsansprüche keine Konkursforderungen waren (TH WOLFF 375; BIERMANN § 901 Anm 1b; ROSENBERG § 901 Anm III 2 b α aE). Entsprechendes gilt jetzt für den Hemmungsgrund der Anmeldung im Insolvenzverfahren (§ 204 Abs 1 Nr 10 BGB nF).

16 Nach BIERMANN (§ 901 Anm 1) soll eine **Anrechnung** der für und gegen den Rechtsvorgänger abgelaufenen Verjährungszeit nach § 221 aF (= § 198 BGB nF) iVm § 943 BGB zulässig sein. Eine Rechtsnachfolge bezüglich des nicht eingetragenen Rechts ist praktisch nur als Gesamtrechtsnachfolge denkbar; sie würde keine Unterbrechung der Verjährung bewirken (vgl BGHZ 60, 235, 240 und STAUDINGER/GURSKY [2013] § 1004 Rn 206; STAUDINGER/THOLE [2023] § 1004 Rn 439 mwNw). Dagegen würde ein Wechsel im Eigentum einen neuen Rechtsverwirklichungsanspruch des nicht eingetragenen Rechtsinhabers entstehen lassen (s STAUDINGER/GURSKY [2013] § 1004 Rn 206; STAUDINGER/THOLE [2023] § 1004 Rn 438; vTUHR II 2, 520). Eine accessio temporis kann sich hier nur aus § 198 BGB ergeben, der aber nur einen Teil der Fälle erfasst. Inwieweit diese Vorschrift einer entsprechenden Anwendung fähig ist, bedürfte einer besonderen Untersuchung.

3. Keine sonstigen Voraussetzungen

17 § 901 BGB erfordert nicht, dass der positive Buchinhalt für den Eigentümer spricht, dieser also selbst im Grundbuch eingetragen ist. Der negative Buchinhalt, die fehlende Verlautbarung des beschränkten dinglichen Rechts, genügt deshalb für die Ersitzung der Lastenfreiheit (aA Heck § 45, 5; Kritik de lege ferenda bei Locher 176). Ebenso wenig gehört – entgegen Locher 177 – zu den Voraussetzungen der Versitzung, dass der die Lastenfreiheit gewinnende Eigentümer während der ganzen Verjährungsfrist im Besitz des Grundstücks gewesen ist: Die als „Realobligationen" verstandenen Verwertungsbefugnisse der Grundpfandgläubiger und Reallastgläubiger richten sich ja auch gegen einen nicht im Besitz des Grundstücks befindlichen Eigentümer.

Die Tabularersitzung kommt auch einem Eigentümer zugute, der von der Existenz des nicht eingetragenen Rechtes positive Kenntnis hat (Heck § 45, 5 und 6). 18

III. Wirkung

Die Buchversitzung bewirkt nach § 901 BGB, dass das im Grundbuch nicht verlautbarte Recht erlischt, womit auch der auf Wiedereintragung des Rechtes gerichtete bisherige Berichtigungsanspruch entfällt. Schuldrechtliche Ausgleichsansprüche entstehen daraus nicht (H Westermann/Eickmann[8] § 84 Rn 11). Denkbar ist auch eine nur teilweise Versitzung (Kohler AcP 87 [1897] 157, 296, 299 ff; Biermann § 901 Rn 1; Rosenberg § 901 Anm IV 1). So könnte beispielsweise eine wirksam durch Einigung und Eintragung als Nebeninhalt der Dienstbarkeit begründete Unterhaltungspflicht des Eigentümers (§ 1021 Abs 1 S 1 BGB) durch Versitzung erlöschen, wenn die betreffende Klausel versehentlich gelöscht wird und der Servitutenberechtigte die betreffende Anlage ständig selbst unterhält. 19

IV. Beweislast

Falls streitig ist, ob die Voraussetzungen des § 901 S 1 BGB vorliegen, kommt die Vermutung des § 891 Abs 2 BGB zum Tragen. Die Seite, die die vom Gegner behauptete Versitzung leugnet, muss den Fortbestand des Rechtes beweisen (Rosenberg § 901 Anm V; Baumgärtel/Baumgärtel[1] § 901 Rn 1). Anders ist die Situation im Falle des S 2. Das Gesetz enthält nämlich keine Vermutung für die Nichtexistenz nicht eingetragener Rechte (§ 891 Rn 46). Wenn unstreitig oder nachgewiesen ist, dass das fragliche Recht außerhalb des Grundbuchs entstanden ist, spricht die Kontinuitätsvermutung vielmehr trotz der fehlenden Verlautbarung für seinen Fortbestand; wer sich auf das Erlöschen des Rechts nach § 901 S 2 BGB beruft, müsste deshalb die Voraussetzungen dieser Norm beweisen (Rosenberg § 901 Anm V; NK-BGB/Krause[5] § 901 Rn 10; jurisPK-BGB/Toussaint[10] § 901 Rn 15; Baumgärtel/Schmitz[3] § 901 Rn 2; Grüneberg/Herrler[84] § 901 Rn 3). 20

V. Ausnahme; Übergangsregelung

§ 901 S 2 BGB gilt nicht für solche Rechte, die vor dem Zeitpunkt, in dem das Grundbuch als angelegt anzusehen ist, entstanden sind und die nie im Grundbuch eingetragen waren. Das Erlöschen solcher Rechte richtet sich gem Art 189 Abs 3 EGBGB ausschließlich nach den bisherigen Gesetzen (OLG Frankfurt 16. 3. 2016 – 17 U 22/15 Rn 228; BeckOGK/Hertel [1. 9. 2024] § 901 Rn 27; Staudinger/J Hönle/U Hönle [2018] Art 184 EGBGB Rn 15 f, 23). Obwohl hier nur von der „Aufhebung" solcher Rechte die Rede ist, gilt die Norm auch für alle anderen Erlöschensgründe (BGHZ 104, 139, 142 mwNw; BeckOGK/Hertel [1. 9. 2024] § 901 Rn 38; s auch Staudinger/J Hönle/U Hönle [2018] 21

Art 189 EGBGB Rn 8, wo Art 184 EGBGB zur Begründung herangezogen wird). – Übergangsrecht für die Fristberechnung: Art 189 Abs 1, 169 EGBGB.

VI. Sonderfälle

22 Das Erlöschen eines eingetragenen Rechts durch Verjährung, also eine **Versitzung contra tabulas** kennt das Gesetz nur im Sonderfall des § 1028 Abs 1 S 2 BGB (evtl iVm § 1090 Abs 2 BGB). Vgl Staudinger/Gursky (2013) § 1028 Rn 1 ff und oben § 892 Rn 179.

23 Das Erlöschen von Dienstbarkeiten an **buchungsfreien** Grundstücken (§ 3 Abs 2 GBO) kann nach Art 128 EGBGB das Landesrecht regeln. In Bayern geht eine solche Dienstbarkeit durch 10-jährigen Nichtgebrauch unter (Art 56 Abs 3 BayAGBGB); ebenso nach Art 57 Abs 1 BayAGBGB eine nicht eingetragene altrechtliche Dienstbarkeit an einem gebuchten Grundstück (BayObLGZ 1985, 225, 227). Zum Begriff des Nichtgebrauchs (non usus) vgl RG SeuffA 64 Nr 216.

24 Eine Sonderregelung für beschränkte dingliche Rechte im Beitrittsgebiet enthält § 8 Abs 1 GBBerG in Verbindung mit § 13 Abs 1 SachenR-DV vom 20. 12. 1994 (BGBl I 3900) und Art 233 § 5 Abs 2 EGBGB. Danach erloschen nicht eingetragene beschränkte dingliche Rechte (mit Ausnahme der in Art 233 § 4 Abs 2 EGBGB und in § 8 Abs 2 GBBerG geregelten) grundsätzlich am 31. 12. 2000 (vgl BGH VIZ 2003, 488, 489). Anders nur, wenn entweder der Eigentümer des belasteten Grundstücks das Recht vorher in der Form des § 29 GBO anerkannt hatte oder wenn dieser die Eintragung des Rechts bereits bewilligt hatte oder wenn der Berechtigte vorher einen Anspruch auf Bewilligung der Eintragung rechtshängig gemacht hatte.

§ 902
Unverjährbarkeit eingetragener Rechte

(1) Die Ansprüche aus eingetragenen Rechten unterliegen nicht der Verjährung. Dies gilt nicht für Ansprüche, die auf Rückstände wiederkehrender Leistungen oder auf Schadensersatz gerichtet sind.

(2) Ein Recht, wegen dessen ein Widerspruch gegen die Richtigkeit des Grundbuchs eingetragen ist, steht einem eingetragenen Recht gleich.

Materialien: VE SR § 29; E I § 847; II § 817, rev § 887; III § 886; Schubert, SR I 388 ff; Mot III 250 ff; Prot III 117 f; Jakobs/Schubert, SR I 413 ff.

Schrifttum

Amann, Das Verjährungsrecht nach der Schuldrechtsreform aus notarieller Sicht, DNotZ 2002, 94

ders, Grunddienstbarkeiten im Wandel der Zeit und von Verjährung bedroht, DNotZ 2015, 164

Budzikiewicz, Keine Unverjährbarkeit des An-

spruchs auf Rückgewähr der „stehengelassenen" Grundschuld, ZGS 2002, 276
DETER/BURIANSKI/MÖLLENHOFF, Verjährungsprobleme bei der Immobilienfinanzierung, BKR 2008, 281
FINKENAUER, Eigentum und Zeitablauf – das dominium sine re im Grundstücksrecht (2000)
LOCHER, Die Neugestaltung des Liegenschaftsrechts (1942), insbes S 169 ff
NAENDRUP, Die Verjährung als Rechtsscheinswirkung, JherJb 75 (1925) 237, insbes 302 ff, 317 ff
OTTE, Verjährt der Anspruch auf Rückgewähr einer „stehengelassenen" Sicherungsgrundschuld schon in 10 Jahren?, ZGS 2002, 57
ders, Die Verjährung des Anspruchs auf Rückübertragung einer „stehengelassenen" Sicherungsgrundschuld, DNotZ 2011, 897
E PICKER, Beseitigungsanspruch, nachbarliches Selbsthilferecht und Verjährung von Ansprüchen aus eingetragenen Rechten, JuS 1974, 357
PIEKENBROCK, Befristung, Verjährung, Verschweigung, Verwirkung: Eine rechtsvergleichende Grundlagenstudie zu Rechtsänderungen durch Zeitablauf (2006)
PROTE, Der dingliche Anspruch auf Rückgewähr eines Grundpfandrechts – Zur Abtretbarkeit und Verjährbarkeit des Anspruchs aus § 1169 BGB (2007)
H SCHÄFER, Unverjährbarkeit des Anspruchs auf Rückgewähr der stehengelassenen Grundschuld nach Erledigung des Sicherungszwecks?, WM 2009, 1208
R SCHETTER, Die Verjährbarkeit der dinglichen Ansprüche nach dem BGB (Diss Bonn 1904)
H SCHMITT, Ein neuer Löschungsgrund für Hypotheken, BayNotZ 1914, 73
TILLMANNS, Die Bedeutung schuld- und verjährungsrechtlicher Vorschriften im Sachenrecht nach der Schuldrechtsreform 2002 (2007)
VOLMER, Die Verjährung der actio negatoria, ZfIR 1999, 86
WEIMAR, Die Verjährung bei Grundstücksrechten, WM 1963, 1222
WOLFSTEINER, Zur Verjährung des Rückgewähranspruchs und zum Rechtscharakter des § 1169 BGB, DNotZ 2003, 321
ZEITLER, Zeitablauf als Löschungsgrund für Hypotheken, Grund- und Rentenschulden, DJZ 1913, 1259.

I. Bedeutung

Auch die den dinglichen Rechten entspringenden Rechtsverwirklichungsansprüche 1
sind nach allgemeinen Regeln der Verjährung unterworfen. Die Verjährungsvorschriften der §§ 194 ff BGB enthalten eben kein Sonderrecht für obligatorische Ansprüche, sondern sie gelten grundsätzlich für Ansprüche aller Art Hiervon macht jedoch § 902 BGB eine besonders wichtige Ausnahme: Ansprüche aus dinglichen Rechten, die im Grundbuch eingetragen oder durch einen im Grundbuch eingetragenen Widerspruch gesichert sind, sollen der Verjährung entzogen sein, solange die Eintragung währt. Dies entspricht dem allgemeinen Zweck der Grundbucheinrichtung, die ebenso wie die Verjährung der Rechtssicherheit dienen will, dabei aber im Gegensatz zur Verjährung nicht den Passivbeteiligten, sondern durch die Kundbarmachung der Rechtslage den Rechtsinhaber schützt. Der Hauptzweck der Verjährung ist der Schutz des Schuldners vor veralteten Ansprüchen, deren Fortbestand durch die Länge der Zeit mehr als zweifelhaft geworden ist, bei denen aber „der in Anspruch genommene Gegner infolge der verdunkelnden Macht der Zeit entweder nicht mehr oder doch nur schwer in der Lage ist, die ihm zur Seite stehenden entlastenden Umstände mit Erfolg zu verwerten" (Mot I 291 = MUGDAN I 512). Die Bucheinrichtung sichert dagegen „den eingetragenen Rechten durch die Eintragung zweifellosen Bestand" (Mot III 252 = MUGDAN III 139), sie wirkt also der „verdunkelnden Macht der Zeit" entgegen, begründet zumindest eine erhebliche Wahrscheinlichkeit für den Fortbestand des Rechts und der aus ihm fließenden Ansprüche und verhin-

dert so von vornherein die Entstehung der Rechtsunsicherheit, zu deren Beseitigung normalerweise die Verjährung erforderlich ist (Locher 169 f; Rosenberg § 902 Anm I; Planck/Strecker § 902 Anm 1; Wolff/Raiser § 49 II). Die Einrichtung der Verjährung ist außerdem mitmotiviert durch den Gesichtspunkt, dass die „beharrliche Nichtverfolgung des Anspruchs" das Schutzbedürfnis des Gläubigers drastisch reduziert (Mot I 291). Von demjenigen aber, „dessen Recht aus dem Grundbuche ersichtlich ist, kann man nicht sagen, dass er sein Recht nicht ausübe. Das eingetragene Recht lebt, solange es im Buche steht; die Tatsache seines Eingetragenseins enthält einen fortgesetzten Widerspruch des Berechtigten gegen Zustände und Handlungen, welche die Ausübung des Rechtes hindern oder erschweren" (Mot III 252). Nicht anders stellt sich die Situation dar, wenn man die Verjährung mit Naendrup (JherJb 75 [1925] 237 ff) als typisierte Rechtsscheinwirkung betrachtet, also das mit zunehmendem Zeitablauf steigende Vertrauen des Schuldners auf die Nichtexistenz oder doch voraussichtliche Nichtgeltendmachung des Anspruchs in den Vordergrund stellt: Gegenüber Ansprüchen aus eingetragenen Rechten kann ein legitimes und schutzwürdiges Vertrauen des Schuldners überhaupt nicht entstehen (Naendrup 304). Aus allen diesen Gründen besteht bei den Verwirklichungsansprüchen der eingetragenen Rechte kein gewichtiges Bedürfnis für eine Verjährung. Andererseits würde die Ausdehnung der Verjährung auf diese Kategorie von Ansprüchen den Zweck des Grundbuchsystems, den eingetragenen Rechten durch die Eintragung „zweifellosen Bestand" und „volle Kraft" zu sichern (s Mot III 252, 253) aufs schwerste beeinträchtigen. Sie würde nämlich eingetragene Liegenschaftsrechte ohne durchsetzbare Verwirklichungsansprüche, mithin sinnlose „Rechtskrüppel" (Heck) entstehen lassen. – Kritik de lege ferenda bei Zeitler DJZ 1913, 1259. Peters und Zimmermann schlugen in ihrem Gutachten über die Reformbedürftigkeit der Verjährungsregeln vor, § 902 BGB durch eine Neufassung des § 194 BGB entbehrlich zu machen. Sie wollen dabei die Unverjährbarkeit auch auf Ansprüche aus nicht eingetragenen Rechten ausdehnen (Gutachten und Vorschläge zur Überarbeitung des Schuldrechts I [1981] 331). Bei der Reform des Verjährungsrechts durch das Schuldrechtsmodernisierungsgesetz ist dieser Vorschlag nicht aufgegriffen worden.

2 Eine Verjährung der *Liegenschaftsrechte selbst* wäre übrigens auch ohne die Regelung des § 902 BGB ausgeschlossen, da nach dem BGB nun einmal nur Ansprüche, nicht aber auch die Rechte, aus denen die Ansprüche fließen, der Verjährung unterliegen. Im Bereich der Vorbehaltsmaterien (Art 57 ff EGBGB) kann aber für die landesrechtlich geregelten Liegenschaftsrechte etwas anderes gelten (vgl BayObLGZ BayZ 1931, 378 = HRR 1932 Nr 452 für bayrische Realgewerbeberechtigungen; Bedenken dagegen bei MünchKommBGB/Wacke[4] § 902 Rn 2 Fn 3). – Die §§ 901, 1028 BGB ermöglichen keine eigentliche Verjährung von Liegenschaftsrechten. § 901 BGB lässt aber bei Verjährung der Verwirklichungsansprüche aus nicht eingetragenen beschränkten Liegenschaftsrechten das Recht selbst erlöschen; und § 1028 BGB bewirkt in einem Sonderfall den gleichen Effekt sogar bei einem eingetragenen Recht.

3 Eine **Verwirkung** der nach § 902 BGB der Verjährung entzogenen Ansprüche ist nicht schlechthin ausgeschlossen, muss aber auf Extremfälle beschränkt bleiben, weil sonst die Intention des § 902 BGB unterlaufen würde (s Staudinger/J Schmidt[12] § 242 Rn 1335 ff, 1369, 1382; Staudinger/Seiler [2012] Einl 86 zu §§ 854 ff; Staudinger/Gursky [2013] § 985 Rn 108 ff, 116 und § 1004 Rn 207; MünchKommBGB/H Schäfer[9] § 902 Rn 1; vOlshausen JZ 1983, 288 ff; Deter/Burianski/Möllenhoff BKR 2008, 281, 283 f; ähnlich auch BGH 19. 3. 2021 –

V ZR 44/19, BGH NJW-RR 2021, 1176 Rn 21 [zu § 1018 BGB]; OLG Brandenburg NJOZ 2007, 1113, 1120). Die Verwirkung eines nach § 902 BGB unverjährbaren Anspruchs auf Herausgabe eines Grundstücks aus § 985 BGB kann unter diesen Umständen nur angenommen werden, wenn die Herausgabe für den Besitzer „schlechthin unerträglich" wäre (so BGH 16. 3. 2007 – V ZR 190/06, NJW 2007, 2183, 2184 Rn 10). Bei Grunddienstbarkeiten kommt eine Verwirkung – um die Grundbuchpublizität nicht zu entwerten – allenfalls aufgrund des Verhaltens des aktuell dinglich Berechtigten und nur im Verhältnis zu ihm in Betracht (BGH 19. 3. 2021 – V ZR 44/19, BGH NJW-RR 2021, 1176 Rn 21).

II. Die Voraussetzungen der Unverjährbarkeit (Abs 1 S 1)

1. Eintragung des Rechts

§ 902 Abs 1 S 1 BGB schützt die Ansprüche aus eingetragenen Rechten vor der Verjährung. Voraussetzung ist dabei natürlich, dass es sich überhaupt um ein eintragungsfähiges Recht handelt und dass die Eintragung als solche *wirksam* (s § 891 Rn 19 ff, § 892 Rn 16 ff) ist. Dagegen spielt es keine Rolle, ob die Eintragung zur Entstehung des Rechts erforderlich war oder ob sie nur zur Berichtigung des Grundbuchs erfolgte. Ebenso wenig ist die Art des eintragungsfähigen Rechtes von Belang: Es kann sich um das Grundstückseigentum, ein grundstücksgleiches Recht oder ein sonstiges beschränktes Liegenschaftsrecht oder schließlich um den Nießbrauch oder ein Pfandrecht an einem (ein Grundstück oder ein grundstücksgleiches Recht belastenden) beschränkten dinglichen Recht handeln. Überbau- und Notwegrenten sind zwar insoweit eintragbar, als es um die vertragliche Festlegung ihrer Höhe geht (§§ 914 Abs 2 S 2, 917 Abs 2 S 2 BGB); sie sind aber auch dann jedenfalls nach § 902 Abs 1 S 2 BGB nicht der Verjährung entzogen (**abw** Fuchs § 902 Anm 3b aa, der die Überbau- und Notwegrenten als Ausflüsse des Eigentums an dem rentenberechtigten Grundstück als miteingetragen ansieht [dagegen Rosenberg § 902 Anm II 1a], aber § 902 Abs 1 S 2 übersieht). 4

Eingetragen iS der §§ 873 ff BGB und damit auch iS von § 902 BGB ist ein Recht natürlich nur dann, wenn die Eintragung auf dem für dieses Recht *maßgeblichen Grundbuchblatt* erfolgt. Bei subjektiv dinglichen Rechten beispielsweise reicht die Eintragung auf dem Blatt des herrschenden Grundstücks nicht aus (s § 892 Rn 23; Rosenberg § 902 Anm III 2; NK-BGB/Krause[5] § 902 Rn 2; **aA** Dernburg § 68 Fn 5). Die Ansprüche aus einem grundstücksgleichen Recht werden nur durch dessen Eintragung auf dem Blatt des belasteten Grundstücks der Verjährung entzogen, während für die wiederum auf dem grundstücksgleichen Recht lastenden Rechte das Grundbuchblatt des grundstücksgleichen Rechtes selbst zuständig ist (s § 892 Rn 24; Rosenberg § 902 Anm III 2). 5

§ 902 Abs 1 BGB verlangt seinem Wortlaut nach nur die Eintragung des Rechts, nicht auch die des jetzigen *Berechtigten* (so nun auch OLG München 10. 3. 2015 – 34 Wx 467/14, NJW-RR 2015, 1358, 1359). § 847 BGB E I hatte demgegenüber noch von den „Ansprüchen des Berechtigten oder des Erben desselben" gesprochen, weil „der Erbe in der Person des Erblassers, in dessen Rechte er getreten, als eingetragen zu betrachten sei" (Mot III 254 = Mugdan III 141). Die zweite Kommission strich die Erwähnung des Berechtigten und des Erben, um eine prägnantere Fassung zu erreichen, ohne damit irgendeine sachliche Änderung eintreten lassen zu wollen; vielmehr war man 6 auch dort mit der Unverjährbarkeit der Rechte des Erben einverstanden (Prot Mugdan III 576 f). Man wird deshalb davon auszugehen haben, dass jedenfalls die Ansprüche des Erben aus einem noch für seinen Erblasser eingetragenen Liegenschaftsrecht unverjährbar sind (allgM; s zB Finkenauer 93). Nach fast einhelliger Auffassung muss man sogar noch einen Schritt weitergehen: Ansprüche aus eingetragenen Rechten sind schon dann der Verjährung entzogen, wenn im Grundbuch statt des gegenwärtigen Rechtsinhabers noch der unmittelbare oder ein mittelbarer Einzelrechtsvorgänger eingetragen ist (Rosenberg § 902 Anm III 1 a; Planck/Strecker § 902 Anm 2a; BGB-RGRK/Augustin § 902 Rn 6; MünchKommBGB/H Schäfer[9] § 902 Rn 3; BeckOGK/Hertel [1. 9. 2024] § 902 Rn 10; jurisPK-BGB/Toussaint[10] § 902 Rn 8). Dies wird in den Fällen relevant, in denen ein Briefgrundpfandrecht außerhalb des Grundbuchs (und ohne die den Grundbucheintrag selbst ersetzende Legitimation nach § 1155 BGB) übertragen worden ist (§§ 1153, 1154 Abs 1, 1192 Abs 1, 1199 BGB) oder ein Grundpfandrecht im Wege der Legalzession auf einen Dritten übergegangen ist (etwa nach § 1164 oder § 1174 BGB); desgleichen bei der Abtretung oder cessio legis einer Forderung, die durch ein Pfandrecht an einem Liegenschaftsrecht gesichert ist; ferner bei der Eintragung einer Sicherungshypothek für eine Schuldverschreibung auf den Inhaber (§§ 1187 ff BGB) sowie bei der Eintragung einer Grundschuld für den Inhaber des Grundschuldbriefes (§ 1195 BGB). Gänzlich abweichend will Finkenauer (S 93 f) den Satz, dass auch die Eintragung eines Rechtsvorgängers zum Ausschluss der Verjährung führt, auf beschränkte dingliche Rechte begrenzen (S 93 f). Diese Differenzierung leuchtet nicht ein.

7 Sehr streitig ist dagegen, ob § 902 BGB auch dann anzuwenden ist, wenn statt des gegenwärtigen oder eines früheren Rechtsinhabers ein schlechthin **Nichtberechtigter eingetragen** ist. Die hM verneint dies (Fuchs § 902 Anm 3a; Biermann § 902 Anm 1; Kretzschmar § 902 Anm 1; BGB-RGRK/Augustin § 902 Rn 6; Warneyer[1] § 902 Anm 1; MünchKommBGB/H Schäfer[9] § 902 Rn 3; NK-BGB/Krause[5] § 902 Rn 9; jurisPK-BGB/Toussaint[10] § 902 Rn 9; Erman/Artz[17] § 902 Rn 3; Soergel/Kern[14] § 902 Rn 1; AK-BGB/L vSchweinitz § 902 Rn 15; Grüneberg/Herrler[84] § 902 Rn 2 [a]; BeckOGK/Hertel [1. 9. 2024] § 902 Rn 10; Wolff/Raiser § 49 Fn 4; Henle Recht 1900, 487; Finkenauer 93 f). Die gegenteilige Position ist vor allem in der älteren Literatur vertreten worden (Schilde, Die Unrichtigkeit des Grundbuchs [1899] 38 ff, 70; Turnau/Förster § 902 Anm II 2; Planck/Strecker § 902 Anm 2a; Endemann II 1 § 66, 1a und Fn 6; Oberneck I § 47 bei Fn 77; Predari 89; Maenner § 12 Fn 1). Rosenberg (§ 902 Anm III 1a, b) vertrat für das Grundstückseigentum die heute hM, wollte dagegen im Falle der begrenzten dinglichen Rechte auch die Eintragung eines Nichtberechtigten zur Ausschaltung der Verjährung genügen lassen, weil hier anderenfalls infolge des Nichteingreifens des § 901 BGB (s § 901 Rn 7) die Gefahr der Entstehung beschränkter dinglicher Rechte ohne durchsetzbare Verwirklichungsansprüche drohe, die § 901 BGB doch gerade verhindern wolle. Der hM dürfte zuzustimmen sein. Die Eintragung des Rechtes „an sich" kann nicht entscheidend sein, da jedes Recht nur in der Person des Berechtigten denkbar ist. Im Übrigen spricht auch § 902 Abs 2 BGB dafür, dass der Berechtigte im Falle der Eintragung eines Nichtberechtigten einen Widerspruch erwirken muss, um die Verjährung des Anspruchs aus seinem Recht zu verhindern; es ist nicht ersichtlich, dass die letztere Vorschrift auf die Konstellation der unrechtmäßigen Löschung eines Rechtes beschränkt bleiben sollte.

8 Ist ein schlechthin Nichtberechtigter als Eigentümer eingetragen und ein Dritter im Grundstücksbesitz und tritt nun die Verjährung sowohl des Vindikationsanspruchs wie des Grundbuchberichtigungsanspruchs ein, so kann auch eine spätere Wiedereintragung des Eigentümers an der Verjährung des Vindikationsanspruchs nichts mehr ändern (Finkenauer 94).

2. Die in Betracht kommenden Ansprüche

Abs 1 S 1 spricht ganz allgemein von den „Ansprüchen aus eingetragenen Rechten", 9
während S 2 klarstellt, dass die auf „Rückstände wiederkehrender Leistungen oder auf Schadensersatz" gerichteten Ansprüche der normalen Verjährung unterliegen sollen. Welche Art von Ansprüchen in Abs 1 S 1 gemeint ist, wird damit nur angedeutet und auch das nur, wenn man die in S 2 erwähnten Schadensersatzansprüche als pars pro toto genannt versteht. Diese Schadensersatzansprüche sind schuldrechtliche Folgeansprüche, die sich aus einer Verletzung des jeweiligen dinglichen Rechts ergeben. Solche schuldrechtlichen Folgeansprüche sind in Abs 1 S 1 nicht gemeint, hier geht es nur um die **dinglichen Rechtsverwirklichungsansprüche**. Nicht erfasst ist deshalb etwa auch der schuldrechtliche Anspruch auf Sachenrechtsberichtigung (§ 32 S 1 SachenRBerG, § 61 Abs 1 SachenRBerG), der gem § 196 BGB in zehn Jahren verjährt (BGH 21. 11. 2014 – V ZR 32/14, NJW-RR 2015, 338, 339). Die Stellungnahme der ersten Kommission zu § 847 E I macht dies ganz deutlich: Unverjährbar sollten danach die Ansprüche sein, „deren Versagung die Ausübung des Rechtes durch den Berechtigten ausschließen oder beschränken würde. Es gehören hierher namentlich die rei vindicatio und die confessoria in rem actio. Ein Eigentum, dessen Gegenstand in der Hand eines Dritten sich befindet, ohne vom Eigentümer vindiziert werden zu können, ist ein Recht, welchem der wesentlichste Inhalt des Eigentumes fehlt, steht also praktisch dem Nichteigentume gleich ... Ähnlich wie mit dem Eigentume verhält es sich mit den übrigen Rechten, die nach Inhalt des Grundbuches an den Grundstücken bestehen" (Mot III 253 = Mugdan III, 140). Der normalen Verjährung unterworfen bleiben sollten dagegen die Ansprüche, „von deren Befriedigung die fernere Ausübung des Rechtes nicht abhängt, namentlich die Ansprüche auf Ersatz von Früchten, überhaupt auf Schadensersatz ..." (Mot III 253 = Mugdan III, 140). Dingliche Rechtsverwirklichungsansprüche in diesem Sinne sind in erster Linie die *Vindikation* (§ 985 BGB) und die vindikationsähnlichen Herausgabeansprüche der zum Besitz berechtigenden beschränkten Liegenschaftsrechte (§ 1065 BGB, § 34 Abs 2 WEG, § 11 Abs 1 S 1 ErbbauRG iVm § 985 BGB) sowie die *negatorischen Ansprüche,* also § 1004 BGB sowie die verschiedenen hierauf verweisenden oder speziellen negatorischen Anspruchsnormen bei den beschränkten Liegenschaftsrechten (§§ 1027, 1065, 1090 Abs 2, 1133, 1134, 1135 BGB, § 34 Abs 2 WEG, § 11 Abs 1 S 1 ErbbauRG). Dass der Vindikationsanspruch in § 902 Abs 1 S 1 BGB gemeint ist, ist allgemeine Meinung (zuletzt LG Hamburg 9. 4. 2014 – 318 S 117/13, ZWE 2014, 405; AG Stuttgart 26. 2. 2014 – 61 C 4796/13, ZWE 2015, 179). Demgegenüber ist die Behandlung der negatorischen Ansprüche sehr umstritten. Der **BGH** hat nämlich den Anspruch aus § 1004 BGB wegen seiner vermeintlichen Nähe zu Schadensersatzansprüchen (vgl dazu Staudinger/Gursky [2013] § 1004 Rn 3 ff, 137 ff) unter § 902 Abs 1 S 2 BGB bringen wollen und somit seine Verjährbarkeit bejaht (BGHZ 60, 235, 238; BGH NJW 1987, 187, 189; 1980, 2555, 2556; BGHZ 125, 56, 63; BGH NJW 1997, 1983, 1984; 2007, 2183, 2184; 2011, 1068, 1069; BGH 11. 12. 2015 – V ZR 180/14, NJW 2016, 1735, 1737 Rn 26; BGH 22. 2. 2019 – V ZR 136/18, NJW-RR 2019, 590 Rn 13; ebenso OLG Hamm 20. 5. 2019 – 5 U 69/18, NJOZ 2020, 389 Rn 12; OLGR Köln 1994, 65, 66; OLG Nürnberg RdL 1970, 220; LG Aurich BeckRS 2006, 11408; Baur JZ 1973, 560; BGB-RGRK/Pikart § 1004 Rn 96; BGB-RGRK/Augustin § 902 Rn 8; Staudinger/Seufert[11] § 906

Rn 51; Staudinger/Thole [2023] § 1004 Rn 474; Soergel/Kern[14] § 902 Rn 2; Bamberger/Roth/Eckert[5] § 902 Rn 5; Bamberger/Roth/Fritzsche[5] § 1004 Rn 121; Erman/Hagen[10] § 902 Rn 9; BeckOGK/Hertel [1. 9. 2024] § 902 Rn 15.1; AK-BGB/Kohl § 1004 Rn 77; PWW/Huhn[18] § 902 Rn 3; H Westermann/Pinger[6] § 82 VI 1; Ernst, in: Ernst/Zimmermann, Zivilrechtswissenschaft und Schuldrechtsreform [2001] 559, 574 Fn 61). Diese Auffassung ist jedoch verfehlt (OLGR Hamburg 2003, 309, 310 [für den Anspruch aus §§ 1027, 1004, ohne Auseinandersetzung mit der abw Auffassung des BGH]; LG Tübingen NJW-RR 1990, 338; Planck/Strecker § 906 Anm 5g; Biermann § 902 Anm 1; Rosenberg § 902 Anm II 1 b; Turnau/Förster § 906 Anm 13; Kretzschmar § 902 Anm 5; Staudinger/Gursky [2013] § 1004 Rn 201 mwNw; Staudinger/Thole [2023] § 1004 Rn 428; Staudinger/J Weber [2017] § 1027 Rn 26; Soergel/Münch[13] § 1004 Rn 317; Soergel/Stürner[13] § 1028 Rn 1; Soergel/Mühl[10] § 1004 Rn 186; MünchKommBGB/Medicus[4] § 1004 Rn 84; NK-BGB/Otto[3] § 1028 Rn 5 f; MünchKommBGB/Wacke[4] § 902 Rn 9; NK-BGB/Krause[5] § 902 Rn 7; jurisPK-BGB/Toussaint[10] § 902 Rn 13; Erman/Artz[17] § 902 Rn 5; Erman/Grziwotz[17] § 1027 Rn 4; AK-BGB/L vSchweinitz §§ 901, 902 Rn 17; Jauernig/Berger[19] § 902 Rn 1; Wieling/Finkenauer, SR[6] § 20 Rn 89; Wilhelm[7] § 902 Rn 1180, 1398, E Picker JuS 1974, 357 ff; Volmer ZfIR 1999, 86; Wolfsteiner DNotZ 2003, 321, 323; Habersack § 902 Rn 136; Ruhwinkel, Die Rechtsverhältnisse beim Grenzüberbau [Diss München 2004] 116 f; Tillmanns 36 ff). Dass § 902 Abs 1 S 1 BGB nach dem Verständnis und der Intention der Gesetzesverfasser auch die negatorischen Ansprüche meint, ergibt sich aus einer eindeutigen Aussage der Protokolle der 2. Kommission (S 4046 = Mugdan III 697 [unter C]). Ein Antrag, dem § 943 BGB E I (= § 1004 BGB) einen Zusatz anzufügen, wonach der Anspruch auf Beseitigung einer Anlage der Verjährung unterliegt, wurde als mit § 847 BGB E I (= § 902 BGB) unvereinbar abgelehnt. Es folgt aber genauso aus der ausdrücklichen Erwähnung der actio confessoria in der oben zitierten Stelle der Motive. Die actio confessoria war nämlich der negatorische Anspruch des Servitutenberechtigten und entspricht damit dem heutigen Anspruch aus §§ 1027, 1004 BGB. In der Begründung des von der ersten Kommission als Arbeitsgrundlage benutzten Teilentwurfs Sachenrecht des Redaktors Johow [I 268 f] war sogar ausdrücklich noch die actio negatoria neben der rei vindicatio und der actio confessoria als Beispiel für die „implizit mit eingetragenen“ und deshalb wie das dingliche Recht selbst unverjährbaren Ansprüche aufgeführt. Dass nach der Vorstellung der Verfasser des BGB grundsätzlich auch die Ansprüche aus § 1004 BGB bzw §§ 1027, 1004 BGB unter § 902 Abs 1 S 1 BGB fallen, wird zudem deutlich durch § 1028 S 1 BGB bestätigt. Die Norm lässt sich bei unbefangener Lektüre nur als Ausnahme von der vorausgesetzten Regel des § 902 Abs 1 S 1 BGB verstehen, wonach die dinglichen Verwirklichungsansprüche aus eingetragenen Rechten nicht der Verjährung unterliegen. Wegen weiterer Argumente gegen die Position des BGH vgl Staudinger/Gursky (2013) § 1004 Rn 201. Auch die vom BGH in der Entscheidung BGHZ 187, 185, 190 ff Rn 19 ff entwickelte (und vom BGH in den Entscheidungen NJW 2011, 1068 f; BGH 16. 5. 2014 – V ZR 181/13, NJW-RR 2014, 1043 Rn 8; BGH 22. 2. 2019 – V ZR 136/18, NJW-RR 2019, 590 Rn 13 fortgeführte) differenzierende Lösung überzeugt nach alledem nicht. Danach will der BGH zwischen Ansprüchen, die der Verwirklichung des eingetragenen Rechts selbst dienen und solchen, die bloße Störungen der Ausübung des Rechts abwehren, unterscheiden. Während nach Ansicht des BGH erstere § 902 Abs 1 BGB unterfallen sollen, unterliegen letztere der Verjährung – allerdings soll dem Eigentümer auch nach der Verjährung das Recht verbleiben, eine Störung selbst auf eigene Kosten zu beseitigen (kritisch dazu BeckOGK/Spohnheimer [1. 8. 2024] § 1004 Rn 247 mwNw). Dieser differenzierenden Lösung haben sich nunmehr aber auch einige Stimmen in der Literatur angeschlossen (MünchKommBGB/Kohler[7] § 902 Rn 5, MünchKommBGB/H Schäfer[9] § 902 Rn 5, BeckOGK/Hertel [1. 9. 2024] § 902 Rn 15.1) angeschlossen.

Unter § 902 Abs 1 S 1 BGB fallen ferner die eigentlich nicht als Ansprüche qualifizierbaren, vom Gesetzgeber aber doch als anspruchsähnlich verstandenen *dinglichen Verwertungsbefugnisse* der Grundpfandgläubiger, §§ 1147, 1192 Abs 1 BGB (Mot III 256; BGB-RGRK/Augustin § 902 Rn 3; Rosenberg § 902 Anm II 1b, 2 a; Fuchs § 902 Anm 3b dd; MünchKommBGB/H Schäfer[9] § 902 Rn 5; BeckOGK/Hertel [1. 9. 2024] § 902 Rn 19; allgM). Bei der Hypothek sind die Ansprüche aus der Forderung, für die sie bestellt ist, und die Ansprüche aus dem dinglichen Recht zu unterscheiden. Die ersteren werden durch die Eintragung der Hypothek nicht gegen die Verjährung geschützt, die zweiten dagegen fallen unter § 902 Abs 1 S 1 BGB (vgl dazu OLG Brandenburg 27. 8. 2018 – 13 U 291/01, NJW-RR 2018, 1470 Rn 11). Die Verjährung der Forderung bildet nach § 216 Abs 1 BGB (= § 223 Abs 1 aF) aber kein Hindernis für die dingliche Klage; während die persönliche Klage auf die Einrede der Verjährung abzuweisen ist, muss der Eigentümer nach wie vor die Zwangsvollstreckung in das Grundstück dulden, und er kann auch nicht nach § 1169 BGB wegen Verjährung der Forderung Verzicht auf die Hypothek verlangen. Die Verjährung der Forderung bedeutet also für den Eigentümer, der gleichzeitig persönlicher Schuldner ist, praktisch eine Beschränkung seiner Haftung auf das Grundstück. Das alles gilt auch bei Tilgungshypotheken. Vgl BGB-RGRK/Augustin § 902 Rn 3; Turnau/Förster § 902 Anm II 5. Über die Ausnahme für Zinsrückstände s § 216 Abs 3 BGB. Für die Sicherungsgrundschuld gilt im Ergebnis das Gleiche. Hier muss die Verjährung der gesicherten Forderung die Verwertungsbefugnis des Sicherungsnehmers erst recht unberührt lassen, wenn nicht im Einzelfall in der Sicherungsabrede etwas anderes geregelt ist oder dieser Umstand gar zur auflösenden Bedingung der Grundschuld erhoben worden ist: Das lässt sich mit einer a fortiori-Anwendung von § 216 Abs 1 und 2 BGB (= § 223 Abs 1 und 2 aF) begründen (vgl Staudinger/Jacoby [2024] § 216 Rn 2, 6; Grüneberg/Ellenberger[84] § 216 Rn 2 f). Die vorrangige Wertung des § 216 BGB schließt hier auch eine Rückforderung der Grundschuld mit Hilfe von § 1169 BGB aus (NK-BGB/Krause[5] § 902 Rn 5). Wenn eine Sicherungsgrundschuld trotz Erfüllung der gesicherten Forderung „stehengelassen“ wird, hat der Sicherungsgeber/Grundstückseigentümer dagegen den dinglichen (vgl BGH WM 1978, 986, 987; Planck/Strecker § 1169 Anm 3d; Reichel JherJb 46 [1904] 58, 67 Fn 1; BGB-RGRK/Thumm § 1169 Rn 5; ferner Staudinger/Gursky [2013] § 883 Rn 43 und oben § 899 Rn 25) Anspruch aus §§ 1192 Abs 1, 1169 BGB, der nach § 902 BGB nicht der Verjährung unterliegt (OLG Saarbrücken 27. 4. 2023 – 4 U 88/21, MDR 2023, 1173, 1174 mwNw; LG Stralsund 7. 2. 2011 – 6 O 221/10 Rn 23; Otte ZGS 2002, 57, 58; ders DNotZ 2011, 897, 903 ff, 907 f; H Schäfer WM 2009, 1308 ff; Wolfsteiner DNotZ 2003, 321, 322 f, 325; Staudinger/Wolfsteiner [2019] § 1169 Rn 23; MünchKommBGB/H Schäfer[9] § 902 Rn 6; MünchKommBGB/Lieder[9] § 1169 Rn 11; NK-BGB/Krause[5] § 902 Rn 5; Grüneberg/Herrler[84] § 902 Rn 2; Erman/Artz[17] § 902 Rn 6; **aA** Budzikiewicz ZGS 2002, 276, 278). 10

Unter den Anspruchsnormen, die § 902 Abs 1 S 1 BGB meint, wird gelegentlich auch § 1094 BGB bzw § 1098 BGB aufgezählt (BGB-RGRK/Augustin § 902 Rn 2; Rosenberg § 902 Anm II 1b). Das ist bedenklich. Das Gestaltungsrecht des Vorkaufsberechtigten unterliegt ohnehin nicht der Verjährung, und der durch die Ausübung des Vorkaufsrechts zustande kommende kaufähnliche Übereignungsanspruch (§§ 1098 Abs 1, 464 Abs 2, 433 Abs 1 S 1 BGB) kann infolge seiner obligatorischen Natur nicht unter § 902 Abs 1 S 1 BGB fallen. Unverjährbar sind vielmehr nur die Ansprüche gegen 11 den Dritterwerber (§§ 1098 Abs 2, 888 Abs 1 BGB und der in § 1100 BGB vorausgesetzte Herausgabeanspruch, s Staudinger/Schermaier [2021] § 1098 Rn 17).

III. Verjährbare Ansprüche aus eingetragenen Rechten (Abs 1 S 2)

12 *Ansprüche auf Rückstände von wiederkehrenden Leistungen* aus eingetragenen Rechten und *Schadensersatzansprüche* aus der Verletzung eingetragener Rechte sind nach Abs 1 S 2 von der Unverjährbarkeit ausgenommen, unterliegen also den normalen Verjährungsvorschriften der §§ 194 ff BGB. Die Verjährbarkeit der Schadensersatzansprüche (etwa aus §§ 823 ff, 904, 989 ff, 1057, 1065 BGB) bildet dabei keine eigentliche Ausnahme zu § 902 Abs 1 S 1 BGB; ihre Nennung dient vielmehr nur der Klarstellung. Sie verdeutlicht, dass in Abs 1 S 1 obligatorische Ansprüche nicht gemeint sind (s oben Rn 9). Für Nutzungsherausgabeansprüche etwa kann nichts anderes gelten (vOlshausen JZ 1983, 288, 291 Fn 21; jurisPK-BGB/Toussaint[10] Rn 17). Die Verjährbarkeit der Ansprüche auf die rückständigen wiederkehrenden Leistungen aus eingetragenen Rechten rechtfertigt sich aus der Erwägung, dass das Grundbuch über solche Rückstände keine Auskunft gibt (Mot III 253; Fuchs § 902 Anm 4; Biermann § 902 Anm 2a; Rosenberg § 902 Anm 2a; Planck/Strecker § 902 Anm 3; s auch KGJ 42 A 248). Die Sonderbehandlung beruht hier deshalb auf der gleichen Erwägung wie im Falle des § 1159. Abs 1 S 2 BGB betrifft fällige Hypotheken- und Grundschuldzinsen (§§ 1115, 1118, 1159, 1192 BGB), fällige Rentenleistungen bei der Rentenschuld (§§ 1199, 1200 Abs 1 BGB), gilt aber genauso gut auch für die fälligen Einzelleistungen bei der Reallast (§ 1105, 1107 BGB), rückständigem Erbbauzins (§ 9 ErbbauRG; dazu BGH 9. 10. 2009 – V ZR 18/09, DNotZ 2010, 292) oder den reallastähnlichen Nebenberechtigungen einer Dienstbarkeit (§§ 1021, 1022 BGB). Vgl Crome § 455 Fn 71; Rosenberg § 902 Anm II. 2 a; Planck/Strecker § 902 Anm 3. § 902 Abs 1 S 2 BGB spricht nämlich nur von „wiederkehrenden", nicht aber (im Gegensatz zu §§ 197, 218 Abs 2 aF bzw § 197 Abs 2 BGB nF) von „regelmäßig wiederkehrenden" Leistungen. Das ist kein Versehen, die Regelung kann nicht auf die letzteren eingeengt werden. Dass in § 901 Abs 1 S 2 BGB nur *Rückstände* von wiederkehrenden Leistungen in Betracht kommen, hätte das Gesetz übrigens nicht zu erwähnen brauchen, da vor der Fälligkeit der einzelnen Leistungen eine Verjährung nach §§ 198, 202 aF (bzw jetzt nach § 199 Abs 1 BGB nF) ohnehin nicht stattfinden könnte (so mit Recht vTuhr II 2, 509 Fn 17).

13 Umstritten ist, ob auch die **Tilgungszuschläge** bei Tilgungshypotheken zu den wiederkehrenden Leistungen iS des Abs 1 S 2 zu rechnen sind. Kober hat in früheren Auflagen dieses Kommentars (in Übereinstimmung mit RGZ 54, 88, 93; KGJ 24 A 246, 251 = RJA 3, 137, 141 f; Biermann § 902 Anm 2a; Oberneck § 48 Fn 8; Warneyer[1] § 902 Anm 1 Abs 3) ausgeführt, zwar handele es sich um Kapitalrückzahlungen, doch seien diese zum Zwecke der allmählichen Tilgung des Kapitals zu entrichtenden Zahlungen in § 197 aF hinsichtlich der Verjährung den Zinsen selbst gleichgestellt und dies müsse aus praktischen Gründen auch für § 902 BGB gelten (so jetzt noch BGB-RGRK/Augustin § 902 Rn 7). Durch VO vom 31. 3. 1936 (RGBl I 363) war bestimmt, dass jene Tilgungszahlungen als wiederkehrende Leistungen anzusehen sind, die zur allmählichen Tilgung des Kapitals als Zuschläge zu den Zinsen zu zahlen sind. Damit ist aber nichts darüber gesagt, was im Rahmen des § 902 BGB zu gelten hat. Es wäre widersinnig, den dinglichen Anspruch aus der Hypothek auf das Kapital verjähren zu lassen, nur deshalb, weil er in Teilbeträgen zu zahlen ist. Die Sondervorschrift des Abs 1 S 2 hat

ihren Grund doch darin, dass das Grundbuch über solche Rückstände keine Auskunft gibt: Über das Kapital hat es aber Auskunft zu geben. Bei Zahlung von Amortisationsbeiträgen ist deshalb auch der Gläubiger nach § 1145 Abs 1 BGB verpflichtet, die teilweise Befriedigung auf dem Hypothekenbrief zu vermerken und den Brief zum Zwecke der Berichtigung des Grundbuchs dem Grundbuchamt vorzulegen, während der Grundstückseigentümer bei Zahlung von Zinsen und anderen Nebenleistungen grundsätzlich nur eine Quittung (§ 368 BGB) verlangen kann. Bei Buchgrundpfandrechten ist die Situation im Wesentlichen ebenso, weil der Gläubiger hier nach § 1144 BGB dem Eigentümer bei Teilleistungen auf das Kapital die sonstigen Urkunden aushändigen muss, die zur Berichtigung des Grundbuchs oder zur teilweisen Löschung der Hypothek erforderlich sind. Die Unverjährbarkeit des dinglichen Anspruchs auf Kapitaltilgungszuschläge ist deshalb mit Recht ganz hM (vgl OLGR Brandenburg 2006, 467, 468 Rn 26 ff, 35 f; Planck/Strecker § 902 Anm 3; Wolff/Raiser § 150 II 2; Wieling/Finkenauer, SR[6] § 20 Rn 89; MünchKommBGB/H Schäfer[9] § 902 Rn 9; NK-BGB/Krause[5] § 902 Rn 14; Erman/Artz[17] § 902 Rn 6; BeckOGK/Hertel [1. 9. 2024] § 902 Rn 24; Soergel/Kern[14] § 902 Rn 2; AK-BGB/L vSchweinitz § 902 Rn 16; Grüneberg/Herrler[84] § 902 Rn 2 [a]; Rosenberg § 902 Anm II 2 a; Sachs JherJb 58 [1911] 349 ff; Link JW 1938, 1298; Kaps DR 1941, 401, 405).

IV. Durch Widerspruch und Vormerkung gesicherte Rechte

Außerhalb des Grundbuchs (etwa nach §§ 1075 Abs 1, 1287 S 2 BGB, 848 ZPO) entstandene oder zu Unrecht gelöschte Liegenschaftsrechte werden, wenn sie durch Widerspruchseintragung gesichert sind, durch § 902 Abs 2 BGB in der Frage der Verjährung den eingetragenen Rechten gleichgestellt; sie sind deshalb ebenfalls der Verjährung entzogen. Das Gleiche muss für solche eingetragenen Rechte gelten, bei denen das Grundbuch etwa infolge einer unwirksamen Weiterübertragung einen Nichtberechtigten als Inhaber ausweist, der wirkliche Rechtsinhaber aber die Eintragung eines Widerspruchs erwirkt hat (s oben Rn 7). **14**

Die durch *Vormerkung* (§ 883 BGB) gesicherten Ansprüche werden in Abs 2 nicht gleichgestellt; sie sind deshalb der Verjährung nicht entzogen (Prot III 118; RG WarnR 1908 Nr 286; HRR 1929 Nr 9; Planck/Strecker § 902 Anm 2b m § 883 Anm 3m; Rosenberg § 883 Anm V 2d ζ mwNw, § 902 Anm II 3; Fuchs § 902 Anm 5b; MünchKommBGB/H Schäfer[9] § 902 Rn 4; NK-BGB/Krause[5] § 902 Rn 15; jurisPK-BGB/Toussaint[10] § 902 Rn 6; Erman/Artz[17] § 902 Rn 4; BeckOGK/Hertel [1. 9. 2024] § 902 Rn 33; Assmann, Die Vormerkung [1998] 415, 456; Bauer/Schaub/Lieder[5] AT C 6; Budzikiewicz ZGS 2002, 276, 279; Kestler [Schrifttum vor § 883] 52 Fn 118; **aA** Othmer, Die rechtlichen Wirkungen der Vormerkung [1902] 69 ff). Die Verjährung richtet sich hier allein nach der Art des vorgemerkten Anspruchs. Nach bisherigem Recht betrug sie zB zwei Jahre, wenn der Anspruch auf Einraumung einer Hypothek für die Warenforderung eines Kaufmanns vorgemerkt wurde, s § 196 Nr 1 aF. Die Vormerkung hindert weder die Verjährung, noch führt ihre Eintragung grundsätzlich zu einem Neubeginn der Verjährung (RGZ 81, 290; KG HRR 1929 Nr 8). Allenfalls kann in der Bewilligung der Vormerkung ein die Verjährung unterbrechendes Anerkenntnis nach § 212 Abs 1 Nr 1 BGB nF (= § 208 aF) erblickt werden (s dazu Sekler, Die Lehre von der Vormerkung [1904] 148; Planck/Strecker § 883 Anm 3m; Rosenberg § 902 Anm IV 2d ζ; Endemann II 1 § 65 Fn 66; Bendix Gruchot 49 [1905] 530; Reichel JherJb 46 [1904] 83; Fuchs § 902 Anm 5b; Budzikiewicz ZGS 2002, 276, 279; BeckOGK/Hertel [1. 9. 2024] § 902 Rn 33; s Staudinger/Gursky [2013] § 886 Rn 4). Die neue Verjährungsfrist beginnt aber **15** sofort nach Abgabe der Bewilligung zu laufen; die Eintragung der Vormerkung perpetuiert nicht etwa die Wirkung des Anerkenntnisses (Fuchs § 902 Anm 5b). Die nachträgliche Eintragung einer Vormerkung aufgrund einer einstweiligen Verfügung oder eines vorläufig vollstreckbaren Urteils kann – im Gegensatz zur Situation beim Widerspruch – nicht als Vornahme einer die Verjährung nach § 212 Abs 1 Nr 2 BGB nF (= § 209 Nr 5 aF) unterbrechenden Vollstreckungshandlung gewertet werden (Rosenberg § 883 Anm V 2d ζ; Fuchs Anm 5b; s auch Staudinger/Kesseler [2020] § 886 Rn 4). Nach Verjährung des vorgemerkten Anspruchs kann gem § 886 BGB die Beseitigung der Vormerkung verlangt werden (Fuchs § 902 Anm 5b). Problematisch ist dagegen, ob wenigstens der Hilfsanspruch gegen den Dritterwerber (§ 888 Abs 1 BGB) der Verjährung entzogen ist (*bejahend* BGH 14. 1. 2022 – V ZR 245/20, NJW 2022, 1167 Rn 20; Rheinen, Ist die Vormerkung eine Verfügungsbeschränkung [1929] 56 f; BGB-RGRK/Augustin § 888 Rn 2; AK-BGB/B vSchweinitz § 888 Rn 4; iE auch Assmann, Die Vormerkung [1998] 415 f; *verneinend* Planck/Strecker § 883 Anm 3m). Angesichts des dinglichen Charakters des Anspruches dürfte doch wohl mehr für die Analogie sprechen. Die Unverjährbarkeit des Zustimmungsanspruchs nützt dem Vormerkungsgläubiger allerdings praktisch nur dann etwas, wenn er es nicht zur Verjährung des gesicherten schuldrechtlichen Anspruchs kommen lässt. Selbst wenn der Schuldner sich nämlich nicht auf die Verjährung berufen würde, stünde die gleiche Einrede nämlich nach hM dem zustimmungspflichtigen Dritten zu (vgl Staudinger/Gursky [2013] § 888 Rn 52, aber auch Rn 54 f).

V. Ausnahmen, Sonstiges

16 Der Anspruch des Dienstbarkeitsberechtigten auf Beseitigung einer **dienstbarkeitswidrigen Anlage** ist kraft ausdrücklicher gesetzlicher Anordnung (nämlich nach § 1028 Abs 1 S 1 BGB bzw §§ 1090 Abs 2, 1028 Abs 1 S 1 BGB) auch dann verjährbar, wenn die Dienstbarkeit im Grundbuch eingetragen ist. Die Verjährung führt hier allerdings nicht zur Entstehung eines Rechtes ohne Verwirklichungsanspruch, sondern nach § 1028 Abs 1 S 2 BGB zum (zumindest teilweisen) Erlöschen der Dienstbarkeit selbst. Der BGH greift hier jedoch auf die unter Rn 9 aE dargestellte Differenzierung zurück. Im Grundsatz wendet der BGH die gesetzliche Regelverjährung nach §§ 195, 199 Abs 1, 4 BGB bei Störungen der Ausübung der Dienstbarkeit an; geht es jedoch um Beeinträchtigungen, die eine „Verwirklichung des Rechts selbst“ verhindern, soll die 30-jährige Verjährungsfrist nach § 197 Nr 2 BGB entsprechend gelten (BGH 18. 7. 2014 – V ZR 151/13, NJW 2014, 3780 Rn 29; dem folgend KG 30. 4. 2019 – 4 U 88/19, BeckRS 2019, 22525 Rn 16; OLG Stuttgart 16. 3. 2022 – 4 U 229/21, BeckRS 2022, 26632 Rn 37; zu den sich ergebenden Abgrenzungsschwierigkeiten s BeckOGK/Kazele [1. 8. 2024] § 1028 Rn 32 ff). Auch der *Heimfallanspruch* des Grundstückseigentümers gegen den Erbbauberechtigten (§ 2 Nr 4 ErbbauRG) unterliegt nach § 4 ErbbauRG der Verjährung (s dazu Weichhaus Rpfleger 1979, 329, 331). Aus der Regelung des § 4 ErbbauRG lässt sich jedoch nicht im Umkehrschluss ableiten, dass für alle anderen Vereinbarungen nach § 2 ErbbauRG ohne Weiteres § 902 Abs 1 S 1 eingreift (so aber wohl Staudinger/Rapp [2021] § 4 ErbbauRG Rn 1). Denn durch die Eintragung ***verdinglichte* Vereinbarungen** nach § 2 ErbbauRG werden nicht zu *echten* dinglichen Rechten (BGH 25. 10. 2019 – V ZR 271/18, BGHZ 223, 305 Rn 17 [Wirkung nur gegen Rechtsnachfolger, nicht absolut]), sodass für etwaige Ansprüche hieraus – wenn sie ihrem Inhalt nach nicht ohnehin schon § 902 Abs 1 S 2 BGB unterfallen – auch nicht automatisch § 902 Abs 1 S 1 BGB einschlägig ist (zu § 2 ErbbauRG vgl BGH 27. 9. 2024 – V ZR 21/24, NZM 2024, 976 Rn 12 ff; OLG Schleswig 25. 1. 2024 – 2 U 38/22, BeckRS 2024, 1752 Rn 68 ff; BeckOGK/Hertel

[1. 9. 2024] § 902 Rn 21). Die aus solchen Vereinbarungen konkret entstandenen einzelnen Ansprüche sind nämlich schuldrechtlicher Natur und somit grundsätzlich verjährbar (BGH 27. 9. 2024 – V ZR 21/24, NZM 2024, 976 Rn 12). Verletzt daher der Erbbauberechtige seine *verdinglichte Instandhaltungspflicht*, so verjährt der Anspruch des Eigentümers wegen dieser Pflichtverletzung grundsätzlich in der regelmäßigen Verjährungsfrist. Freilich verjährt dieser Anspruch nach allgemeinen Grundsätzen – unabhängig von § 902 Abs 1 S 1 BGB – nicht, solange gegen die Dauerverpflichtung zur Instandhaltung aus der verdinglichten Vereinbarung zur Instandhaltung fortdauernd verstoßen wird (BGH 27. 9. 2024 – V ZR 21/24, NZM 2024, 976 Rn 13 f). Aus § 902 Abs 1 S 1 BGB soll sich die Unverjährbarkeit eines solchen Anspruchs nach dem BGH hingegen wiederum nur ergeben, wenn dieser ausnahmsweise der Verwirklichung des eingetragenen Rechts selbst dienen soll (s dazu bereits oben Rn 9 aE; BGH 27. 9. 2024 – V ZR 21/24, NZM 2024, 976 Rn 13 f).

§ 902 BGB kommt nicht zur Anwendung, wenn der Grundbuchberichtigungsanspruch vom wirklichen Erben des bisherigen Grundstückseigentümers gegen einen im Grundbuch eingetragenen Scheinerben erhoben wird. **§ 2029 BGB** sorgt hier dafür, dass die Verjährungsregelung des Erbschaftsanspruchs auch auf den konkurrierenden Singularanspruch aus § 894 BGB ausgedehnt wird (vgl Staudinger/Raff [2020] § 2029 Rn 23 f mwNw; AK-BGB/Wendt § 2029 Rn 8; **aA** aber OLG Oldenburg OLG-NL 2004, 251, 253). 17

Übergangsvorschriften: S Art 169, 181 Abs 1, 184 ff EGBGB und dazu Rosenberg § 902 Anm II 4. **Vorbehalte für die Landesgesetzgebung** ergeben sich aus Art 59 EGBGB. Eine vor 1900 eingetragene althamburgische Annotation fällt als dingliches Recht unter § 902 BGB (OLG Hamburg MDR 1955, 101). 18

Über die Unverjährbarkeit der exceptio rei venditae et traditae des Grundstückskäufers, dessen eigener Übereignungsanspruch verjährt ist, s RGZ 138, 296, 298; Staudinger/Gursky (2013) § 986 Rn 14; ferner Staudinger/Seufert[11] § 902 Rn 5; MünchKommBGB/H Schäfer[9] § 902 Rn 8; NK-BGB/Krause[5] § 902 Rn 4. 19

Sachregister

Die fetten Zahlen beziehen sich auf die Paragraphen, die mageren Zahlen auf die Randnummern.

Abdingbarkeit 892 231 f; **893** 22
Ablösung durch Buchberechtigten 893 47
Ablösungsrente
Buchversitzung **901** 6
Abmarkung 891 55
öffentlicher Glaube des Grundbuchs **892** 159
Abschreibung, lastenfreie
Teilung eines Grundstücks **890** 60
Abtretung
Ausschluss **892** 220
Berichtigungsanspruch **894** 81
Widerspruch **899** 22
Abwicklungsvertrag 894 41
accessio temporis
Buchersitzung **900** 20
actio negatoria
Berichtigung des Grundbuchs **894** 17 f
AGB, unwirksame
Berichtigung des Grundbuchs **894** 38
Aktivlegitimation
Berichtigung des Grundbuchs **894** 67 ff
Abtretung, Unzulässigkeit **894** 81
aus eigenem Recht **894** 67 ff
Einzelfälle **894** 71
Ermächtigung zur Geltendmachung **894** 82
gesetzliche Ermächtigung **894** 80
Insolvenzverfahren **894** 70
Mitberechtigte **894** 70
Rechtshängigkeit **894** 78
Verpfändung, Unzulässigkeit **894** 88
Aktivvermerk
öffentlicher Glaube des Grundbuchs **892** 23
Akzessorietät
Widerspruch **899** 22
Alleingesellschafter
öffentlicher Glaube des Grundbuchs **892** 167
Allgemeines Landrecht
Konsolidation **889** 5
öffentlicher Glaube des Grundbuchs **892** 1
Allgemeines Schuldrecht
Berichtigung des Grundbuchs **894** 15
Alte Rechte
öffentlicher Glaube des Grundbuchs **892** 50 ff, 182
Altfälle 894 30
Amtliche Berichtigung 894 3
Amtsverfahren 891 83
Amtsvormerkung 892 190
Amtswiderspruch 894 3
öffentlicher Glaube des Grundbuchs **892** 218
Widerspruch **899** 100
Analoge Anwendung 890 43
Änderung, unbefugte
Grundbuch **891** 19
Aneignung
öffentlicher Glaube des Grundbuchs **892** 96
Anerkenntnis
Buchersitzung **900** 18
Anfechtbarkeit
öffentlicher Glaube des Grundbuchs **892** 70
Kenntnis der **892** 156
Widerspruch **899** 33
Angaben tatsächlicher Art
Berichtigung des Grundbuchs **894** 20
Anlage, dienstbarkeitswidrige
Verjährung eingetragener Rechte **902** 16
Annahmeverzug
Berichtigungsanspruch **894** 126
Antichrese 891 8
Antrag des Eigentümers
Teilung eines Grundstücks **890** 53
Vereinigung von Grundstücken **890** 23 ff
Miteigentum **890** 23
Willenserklärung **890** 24
Antragsverfahren
Grundbuch **891** 83
Anwartschaft
öffentlicher Glaube des Grundbuchs **892** 38, 74
Anwartschaftsrechtsinhaber 894 67
Anwendungsbereich 893 3 ff; **899** 26 ff; **899a** 10 ff
Aufgebotsverfahren
Widerspruch **899** 98
Aufhebung
Liegenschaftsrecht **893** 14, 25, 37
Vereinigung von Grundstücken **890** 38
Zuschreibung von Grundstücken **890** 51
Zweigrecht **893** 44
Aufrechnung
gegen eingetragenes Recht **893** 26
Aufwertung 893 47
öffentlicher Glaube des Grundbuchs **892** 99, 279
Ausgleichsansprüche
öffentlicher Glaube des Grundbuchs **892** 272 ff
Auslegung
Grundbuch **891** 24

Ausübungsüberlassung
öffentlicher Glaube des Grundbuchs **892** 73

Bahneinheit
Vereinigung von Grundstücken **890** 3
Bauaufsichtsbehörde
Teilung eines Grundstücks **890** 53
BauGB
Teilung eines Grundstücks **890** 53
Bedingung
Berichtigung des Grundbuchs **894** 38, 60
gesetzliche Vermutung **891** 42
öffentlicher Glaube des Grundbuchs **892** 41, 46, 212, 263
Befristung
gesetzliche Vermutung **891** 42
Begrenzung des Grundstücks
gesetzliche Vermutung **891** 28
Behördliches Ersuchen
Widerspruch **899** 101
Behördliches Verfahren
gesetzliche Vermutung **891** 75
Beitrittsgebiet
s Neue Bundesländer
Belastung
bestehende
Vereinigung von Grundstücken **890** 34 f
nicht existierende
Berichtigung des Grundbuchs **894** 41 ff, 73
Benennung des Rechts
gesetzliche Vermutung **891** 27
Berechtigter, falscher
Berichtigung des Grundbuchs **894** 27 ff
Berechtigungsform
Wechsel der **892** 99 ff
Bereicherungsrecht
Berichtigung des Grundbuchs **894** 16
Buchersitzung **900** 24
Bergwerkseigentum
Buchersitzung **900** 26
Buchversitzung **901** 3
Konsolidation, Ausschluss **889** 6
öffentlicher Glaube des Grundbuchs **892** 25
Berichtigung des Grundbuchs **894** 1 ff
Abtretung des Berichtigungsanspruchs **894** 81
actio negatoria **894** 17 f
AGB, unwirksame **894** 38
Aktivlegitimation **894** 67 ff
Abtretung, Unzulässigkeit **894** 81
aus eigenem Recht **894** 67 ff
Einzelfälle **894** 71
Ermächtigung zur Geltendmachung **894** 82
gesetzliche Ermächtigung **894** 80
Insolvenzverfahren **894** 70
Mitberechtigte **894** 70

Berichtigung des Grundbuchs (Forts)
Rechtshängigkeit **894** 78
Verpfändung, Unzulässigkeit **894** 88
Allgemeines Schuldrecht, Anwendbarkeit **894** 15
amtliche Berichtigung **894** 3
Angaben tatsächlicher Art **894** 20
Annahmeverzug **894** 126
Auflassung statt Bewilligung **894** 120
Bedeutung **894** 1 ff
Bedingung **894** 38, 60
Belastung, nicht existierende **894** 41 ff, 73
Berechtigter, falscher **894** 27 ff
Berichtigungsanspruch
Abtretung **894** 81
Annahmeverzug **894** 126
Bedeutung **894** 1 ff
dinglicher Anspruch **894** 11 ff
Einreden **894** 128 ff
Einwendungen **894** 128 ff
Erfüllung **894** 125
Erlöschen **894** 125
Fortbestand bis zur Berichtigung **894** 125
Inhalt **894** 116 ff
Insolvenzverfahren **894** 14
Leistungsstörungsrecht **894** 15
Pfändung **894** 89 ff
Rechtsnatur **894** 11 ff
schuldrechtlicher **894** 170 ff; **897** 8
teilweise Geltendmachung **894** 117
Unverjährbarkeit **898** 1 ff
Verjährung **894** 150; **898** 1 ff
Verpfändung **894** 88
Verwirkung **894** 144; **898** 4
Verzicht **894** 130 ff
Verzug **894** 126
Zurückbehaltungsrecht **894** 133 ff
Berichtigungserleichterung **894** 5
Berichtigungsverfahren **894** 168 f
Beschwerde **894** 4
Beseitigungsanspruch aus § 1004 **894** 7, 18
Bestandsangabe, falsche **894** 26, 71
Beweislast **894** 155 ff
Aktivlegitimation **894** 156
Hypothek **894** 155 f
Leitungsdienstbarkeiten **894** 157
Widerspruch **894** 157
Bewilligung **894** 116 ff
Adressat **894** 124
Bereicherungsrecht **894** 16
Form **894** 116
Inhalt **894** 117 ff
Kondizierbarkeit **894** 16
BGB-Gesellschaft **894** 29 f, 46
Briefvorlage **896** 1 ff
Anspruchsberechtigung **896** 6 f
Anspruchsinhalt **896** 17
Besitzdiener **896** 13
Einreden **896** 14 ff

Berichtigung des Grundbuchs (Forts)
Einwendung **896** 14 ff
entsprechende Anwendung **896** 20
Erforderlichkeit **896** 4
Funktion **896** 1
Gerichtsstand **896** 18
Mitbesitz **896** 12
mittelbarer Besitz **896** 7, 11
Rechtsnatur **896** 1
Sonderbestimmungen **896** 21
Verfahrensrecht **896** 18 ff
Verpflichteter **896** 8 ff
Voraussetzungen **896** 3 ff
Zurückbehaltungsrecht **896** 16
Zwangsvollstreckung **896** 19
Bruchteilsgemeinschaft **894** 27
dinglicher Anspruch **894** 11 ff
Doppelbuchung **894** 6, 26
doppelte Unrichtigkeit **894** 101 ff
Eigentümer-Besitzer-Verhältnis **894** 173
Eigentümergrundschuld, vorläufige **894** 129
Einreden **894** 128 ff
dilatorische **894** 147
Eintragung
inhaltlich unzulässige **894** 21
undeutliche **894** 22
Einwendungen **894** 128 ff
anspruchsleugnende **894** 128
nicht zulässige **894** 150 ff
Erbengemeinschaft **894** 29, 35
Erbrecht **894** 32, 46, 51 f, 96, 109, 144
Erfüllung **894** 125
Ermächtigung
gesetzliche **894** 80
rechtsgeschäftliche **894** 82
zur Selbsteintragung **894** 83
exceptio doli **894** 129
familiengerichtliche Genehmigung **894** 115
Fiskus, Eintragung für **894** 36
Forderung bei akzessorischen Rechten **894** 40
Gegenstandslosigkeit der Eintragung **894** 5
Genehmigung, familiengerichtliche **894** 115
Gerichtsstand **894** 161
Gesamthandsgemeinschaft **894** 29, 35
Personenwechsel **894** 29
Gesellschaft bürgerlichen Rechts **894** 29 f, 46
grundbuchrechtliche Rechtsbehelfe **894** 3 ff
Grundbuchverfahrensrecht **894** 2
Grunddienstbarkeit, altrechtliche **894** 37
Grundpfandrechte **894** 66
Grundstücksgrenzen **894** 26, 71
Gütergemeinschaft **894** 29
Inhalt des Rechts **894** 38 ff, 75
Inhaltsänderung **894** 54
Insolvenzverfahren **894** 14, 49, 70, 113
Klageantrag **894** 164

Berichtigung des Grundbuchs (Forts)
Klarstellungsvermerk **894** 23
Kommanditgesellschaft **894** 31 f
Kondizierbarkeit der Bewilligung **894** 16
Konkurrenzen **894** 170 ff
Konsensprinzip, formelles **894** 2, 5
Ausnahme **894** 5
Kosten **894** 18; **897** 1 ff
Beurkundung der Bewilligung **897** 3
Briefvorlage **897** 3
Eintragungsgebühren **897** 3
Freistellungsverpflichtung **897** 3
Grundsatz **897** 2
Subsidiarität des § 897 **897** 6
Verjährung **897** 7
Voreintragung des Verpflichteten **897** 3
Vorschusspflicht **897** 5
Kostenvorschuss **894** 148; **897** 5
Leistungsstörungsrecht **894** 15
Leitungsdienstbarkeiten **894** 157
mehrere Berichtigungsansprüche **894** 79
Mitberechtigte **894** 27, 29 ff, 70, 122
Nacherbe **894** 28, 41, 47, 109
Nachholung der Einigung **894** 131
neue Bundesländer **894** 8 ff, 97, 159 f
Nichteintragung
einer Verfügungsbeschränkung **894** 45 ff
einer Vormerkung **894** 53 f
eines Rechts **894** 37
Nutzungsherausgabe **894** 173
OHG **894** 31 f
Passivlegitimation **894** 95 ff
doppelte Unrichtigkeit **894** 101 ff
Einzelfälle **894** 108 f
mehrere Rechtsinhaber **894** 110
Verfügungsbefugnis, fehlende **894** 113 ff
Verlust der Buchposition **894** 111 f
Zustimmung Dritter, erforderliche **894** 106 f
Personengesellschaft **894** 31 f
Personenwechsel, Gesamthandsgemeinschaft **894** 29
Pfändung des Berichtigungsanspruchs **894** 89 ff
Ersatz durch Feststellungsklage **894** 94
mehrfache **894** 92
Wirkung **894** 92 f
Zulässigkeit **894** 89 ff
Prozessrecht **894** 159 ff
Rang des Rechts **894** 39, 59, 121
Rechtsformwechsel **894** 32
Rechtshängigkeit
Rechtsnachfolge nach **894** 165
Rechtsverlust nach **894** 78
Rechtsinhalt, unrichtiger **894** 38 ff, 75
Rechtskraft **894** 166
Rechtsnatur des Berichtigungsanspruch **894** 11 ff
Rechtsschutzbedürfnis **894** 6 f, 26, 112, 162 f

Berichtigung des Grundbuchs (Forts)
Rechtsverschaffungspflicht des Klägers **894** 129
Rechtsweg **894** 159
Restitutionsanspruch, vermögensrechtlicher **894** 8 ff
Revokationsrecht des Ehegatten **894** 80
Richtigstellung, bloße **894** 23
Schuldrecht, Anwendbarkeit **894** 15
schuldrechtlicher Berichtigungsanspruch **894** 170 ff; **897** 8
schwebend unwirksamer Erwerb **894** 145
Teilflächen **894** 127
teilweise Geltendmachung **894** 117
Testamentsvollstreckervermerk **894** 41
Umwandlung **894** 32
Unbedenklichkeitsbescheinigung **894** 169
Undeutlichkeit **894** 22
bei Namen **894** 23
ungenaue Bezeichnung des Berechtigten **894** 23
Unrichtigkeit des Grundbuchs **894** 19 ff
Arten der **894** 25 ff
Belastung, nicht existierende **894** 41 ff
Berechtigter, falscher **894** 27 ff
Bestandsangabe, falsche **894** 26
Beweislast **894** 155 ff
doppelte **894** 101 ff
gegenwärtige **894** 19, 64 f
Gründe **894** 24
Nachweis **894** 5
Nichteintragung eines Rechts **894** 37
schwebende **894** 145
Umfang des Rechts **894** 38 ff
Verfügungsbeschränkung, Nichteintragung **894** 45 ff
Unverjährbarkeit **898** 1 ff
unzulässige Eintragung **894** 8, 21
unzulässige Rechtsausübung **894** 129, 144
venire contra factum proprium **894** 144
Veräußerungsverbot **894** 48
Verfügung, vormerkungswidrige **894** 62
Verfügungsbefugnis, fehlende **894** 113 ff
Verfügungsbeschränkungen **894** 13, 41, 45 ff, 76
Verjährung **894** 150; **898** 1 ff
Vermessung, Hilfsanspruch auf Duldung **894** 127
Vermögensgesetz **894** 63
Verpfändung des Berichtigungsanspruchs **894** 88
Verwendungen **894** 137 ff
Verwirkung **894** 144; **898** 4
Verzicht **894** 130 ff
Verzug **894** 126, 173
von Amts wegen **894** 3, 23
Voreintragung des Verpflichteten **895** 1 ff
Anspruchsinhalt **895** 10 ff
dinglicher Anspruch **895** 10
Doppelmangel des Grundbuchs **895** 2 ff
dreifache Unrichtigkeit **895** 4
Einzelfälle **895** 3 ff
Erbschaft **895** 3
Erforderlichkeit **895** 8
Funktion **895** 1
Gerichtsstand **895** 13
Handlungspflichten **895** 11 f, 19
Hilfsanspruch, formaler **895** 10
Hypothek **895** 6
Klageantrag **895** 14
Kostenvorschuss **895** 12
Miteigentumsanteil **895** 5
obligatorische Ansprüche **895** 21 ff
Pfändung eines Erbteils **895** 7
Verfahrensrecht **895** 13 ff
Voraussetzungen **895** 2 ff
Vorerbschaft **895** 4
Zwangsvollstreckung **895** 14 ff
zweifache Unrichtigkeit **895** 2 ff
Voreintragung des Zwischenmanns **894** 123
Vorgesellschaft **894** 33
Vormerkung **894** 42 f, 77
Nichteintragung **894** 53 f
sonstige Unrichtigkeiten **894** 55 f
Verfügung, vormerkungswidrige **894** 62
Widerspruch **894** 42, 57 f, 157
Zeitpunkt der Unrichtigkeit **894** 64
Zession **894** 81
Zurückbehaltungsrecht **894** 133 ff
Zustimmung zur Berichtigung **894** 106 f
Zwangsvollstreckung **894** 168 f
Zweigniederlassung **894** 34
Zweigrecht an nicht existierendem Recht **894** 107
Zwischenmann, Voreintragung **894** 123
Berichtigungserleichterung
Berichtigung des Grundbuchs **894** 5
Berichtigungsverfahren
Berichtigung des Grundbuchs **894** 168 f
Beschränkt dingliche Rechte
Buchersitzung **900** 27 ff
Rang des Rechts **900** 31
Voraussetzungen **900** 28 ff
Wirkungen **900** 28 ff
gesetzliche Vermutung **891** 6
Beschränkte persönliche Dienstbarkeit **894** 72
Beschwerde
Berichtigung des Grundbuchs **894** 4
Vereinigung von Grundstücken **890** 37
Widerspruch **899** 86
Zuschreibung von Grundstücken **890** 48
Beseitigungsanspruch
aus § 1004 **894** 7, 18
Besitzdiener
Briefvorlage zur Grundbuchberichtigung **896** 13

Besitzkondiktion
Buchersitzung **900** 24
Bestandsangabe
falsche **894** 26, 71
gesetzliche Vermutung **891** 11 f, 28
öffentlicher Glaube des Grundbuchs **892** 30 ff
Bestandteile
öffentlicher Glaube des Grundbuchs **892** 39
Bestandteilszuschreibung
s Zuschreibung von Grundstücken
Beweiserleichterung
Widerspruch **899** 13
Beweisersatzfunktion **900** 4
Beweiskraft
nach § 418 ZPO **891** 15
Beweislast
Berichtigung des Grundbuchs **894** 155 ff
Aktivlegitimation **894** 156
Hypothek **894** 155 f
Leitungsdienstbarkeiten **894** 157
Widerspruch **894** 157
Beweislastregel **891** 1
Buchersitzung **900** 14, 22
Buchversitzung **901** 20
öffentlicher Glaube des Grundbuchs **892** 116, 140 f, 174 f
Bewilligung
Berichtigung des Grundbuchs **894** 116 ff
Adressat **894** 124
Form **894** 116
Inhalt **894** 117 ff
Kondizierbarkeit **894** 16
Widerspruch **899** 47, 49 ff
Betroffener **899** 48
fingierte **899** 57 f
Form **899** 51
materiellrechtliche Erklärung **899** 50
Rechtsnatur **899** 49 f
Verfügung, keine **899** 55
Verhältnis zur Eintragung **899** 56
Voraussetzungen **899** 51 ff
Widerruf **899** 54
BGB-Gesellschaft
s Gesellschaft bürgerlichen Rechts
Bindung des Grundbuchrichters **891** 83 ff
Böser Glaube
öffentlicher Glaube des Grundbuchs **892** 140 ff
Briefgrundpfandrechte
gesetzliche Vermutung **891** 48 f, 54, 62
gutgläubiger Erwerb **892** 15
Leistung an Buchberechtigten **893** 10 f
öffentlicher Glaube des Grundbuchs **892** 48, 137, 214
Widerspruch **899** 77, 85
Briefgrundschuld **891** 48
Bruchteilsgemeinschaft
Berichtigung des Grundbuchs **894** 27
Buchersitzung **900** 1 ff
accessio temporis **900** 20
Anerkenntnis des Bucheigentümers **900** 18
Bedeutung **900** 4 ff
Bereicherungsrecht **900** 24
Bergwerkseigentum **900** 26
beschränkte Grundstücksrechte **900** 27 ff
Rang des Rechts **900** 31
Voraussetzungen **900** 28 ff
Wirkungen **900** 28 ff
Besitzkondiktion **900** 24
Beweisersatzfunktion **900** 4
Beweislast **900** 14, 22
Dauernutzungsrecht **900** 27
Dauerwohnrecht **900** 27
DDR-Recht **900** 6, 21
Deckung von Eigenbesitz/Eintragung **900** 13
Dienstbarkeiten **900** 27
Doppelbuchung eines Grundstücks **900** 10
Eigenbesitz **900** 8
Eigentumsersitzung **900** 7 ff
Eintragung als Eigentümer **900** 9
Entstehungsgeschichte **900** 2
Erbbaurecht **900** 26
Frist **900** 14 ff
Beweislast **900** 14
Hemmung **900** 16
Unterbrechung **900** 17 ff
Vorerbschaft **900** 15
Grunddienstbarkeiten **900** 27
Grundschuld **900** 27
grundstücksgleiche Rechte **900** 24, 26
Gutgläubigkeit, nicht erforderliche **900** 7
Hemmung **900** 16
Hemmung durch Widerspruch **899** 8
herrenloses Grundstück **900** 12
Hypothek **900** 27
Identität von Eigenbesitzer/Eingetragenem **900** 11
Kondiktionsfestigkeit **900** 24
Landesrecht, Ausschluss durch **900** 5, 26
Leitgedanke **900** 3
Miteigentum **900** 9
neue Bundesländer **900** 26
Nießbrauch **900** 27
Normzweck **900** 3
öffentliche Wege, Rechte an **900** 31
Reallast **900** 27
Rechtsfolgen **900** 23 ff
Rentenschuld **900** 27
schuldrechtlicher Ausgleich **900** 24
Schuldrechtsmodernisierungsgesetz **900** 21, 24
Sonderregelung des § 2026 **900** 25
Systemstellung **900** 1
Teileigentum **900** 26
Übergangsrecht **900** 21

Buchersitzung (Forts)
Unterbrechung **900** 17 ff
Vorerbschaft **900** 15
Vorkaufsrecht **900** 27
Vormerkung **900** 27
Widerspruch **900** 27
Wirkungen **900** 23 ff
Wohnrecht **900** 27
Wohnungseigentum **900** 26
Buchungsfreies Grundstück
Buchversitzung **901** 23
Buchversitzung **901** 1 ff
Ablösungsrente **901** 6
Ausnahme **901** 21
Bedeutung **901** 1
Bergwerkseigentum **901** 3
Beweislast **901** 20
buchungsfreies Grundstück **901** 23
contra tabulas **901** 22
Dienstbarkeit **901** 5
eintragungsfähige Rechte **901** 3 f
Erbbaurecht **901** 3
grundstücksgleiche Rechte **901** 3
Hypothek **901** 6 f
Landesrecht **901** 23
Löschung, unrechtmäßige **901** 2, 4
neue Bundesländer **901** 24
nicht eingetragene Rechte **901** 5
Nießbrauch **901** 6
Normzweck **901** 1
Notwegrente **901** 6
öffentlich-rechtliche Lasten **901** 6
schuldrechtlicher Ausgleich **901** 19
Sonderfälle **901** 22 ff
teilweise Versitzung **901** 19
Überbaurente **901** 6
Übergangsrecht **901** 21
Unbeteiligter als Rechtsinhaber **901** 7
unrechtmäßige Löschung **901** 2, 4
Verfügungsbeschränkungen **901** 3
Verjährung **901** 8 ff
accessio temporis **901** 16
Anrechnung Rechtsvorgänger **901** 16
Hemmung **901** 13
mögliche Ansprüche **901** 8
Rechtsnachfolge **901** 16
Unterbrechung **901** 13 f
Voraussetzungen **901** 9 ff
Voraussetzungen **901** 2 ff
Vormerkung **901** 3
Wirkungen **901** 19
Wohnungseigentum **901** 3

Computergrundbuch **891** 19; **892** 220

Dauernutzungsrecht
Buchersitzung **900** 27
Dauerwohnrecht
Buchersitzung **900** 27
DDR-Recht
Buchersitzung **900** 6, 21
Dereliktion **893** 37
Derivativer Erwerb
öffentlicher Glaube des Grundbuchs **892** 11
Dienstbarkeiten
altrechtliche **891** 7
beschränkte persönliche **894** 72
Buchersitzung **900** 27
Buchversitzung **901** 5
öffentlicher Glaube des Grundbuchs **892** 13, 19, 23, 39 f, 49, 50 ff, 68, 80, 122, 128, 158, 182, 226
Vereinigung von Grundstücken **890** 31, 33 f
Dinglicher Anspruch
Berichtigung des Grundbuchs **894** 11 ff
Voreintragung des Verpflichteten **895** 10
Dingliches Vorkaufsrecht **894** 72
Disponibilität **892** 231 f; **893** 22
dolus eventualis
öffentlicher Glaube des Grundbuchs **892** 161
Doppelbuchung
Buchersitzung **900** 10
Grundbuch **891** 50; **892** 29
Berichtigung **894** 6, 26
Doppelmangel
Grundbuch **895** 2 ff
Berichtigung **894** 101 ff
öffentlicher Glaube **892** 46
Doppelwirkungen im Recht **889** 8
Dreifache Unrichtigkeit
Berichtigung des Grundbuchs **895** 4

Eheliches Güterrecht **891** 55, 64, 89
Eigenbesitz
Buchersitzung **900** 8
Eigennießbrauch **889** 10
Eigentum
gesetzliche Vermutung **891** 6
Vereinigung mit beschränkt dinglichem Recht **889** 1 ff
s a Konsolidation
Eigentümer-Besitzer-Verhältnis
Berichtigung des Grundbuchs **894** 173
Eigentümerdienstbarkeit **889** 10
Eigentümergrundschuld
öffentlicher Glaube des Grundbuchs **892** 5, 48, 97 f, 136, 181
vorläufige **894** 129
Eigentumsaufgabe **893** 38
Eigentumsersitzung **900** 7 ff
Eigentumslage, einheitliche
Vereinigung von Grundstücken **890** 11 ff
Eigentumswohnung
s Wohnungseigentum
Einreden
Berichtigung des Grundbuchs **894** 128 ff
Briefvorlage **896** 14 ff
dilatorische **894** 147

Einseitiger Antrag
Widerspruch **899** 71
Einseitiges Verfügungsgeschäft 893 32
Einstweilige Verfügung
öffentlicher Glaube des Grundbuchs **892** 90
Widerspruch **899** 59 ff
Antragsgegner **899** 62 ff
Glaubhaftmachung **899** 60
Inhalt **899** 62 ff
Kosten **899** 68
Streitwert **899** 67
Verfahren zur Erwirkung **899** 59 ff
Verhältnis zur Eintragung **899** 66
Vollziehung **899** 65
Eintragung
Grundbuch
des Rechtsvorgängers **892** 46, 48
gefälschte **892** 21
inhaltlich unzulässige **892** 18 ff; **894** 21
undeutliche **894** 22
unfertige **892** 17
unwirksame **892** 16 ff
Widerspruch **899** 46 ff, 56
auf einseitigen Antrag **899** 71
Bewilligung **899** 49 ff
einstweilige Verfügung **899** 59 ff
Fassung **899** 84
Grundlagen **899** 47 ff
Ort **899** 84
Verfahren **899** 72 ff
Eintragungsantrag
öffentlicher Glaube des Grundbuchs
nach Einigung **892** 199 ff
vor Einigung **892** 206
vor Erfüllung sonstiger Erwerbsvoraussetzungen **892** 207 f
Vereinigung von Grundstücken **890** 25
Widerspruch **899** 73
Erledigungsreihenfolge **899** 76
Eintragungsbewilligung
öffentlicher Glaube des Grundbuchs **892** 14
Widerspruch **899** 49 ff
s a Bewilligung
Eintragungsfähige Rechte
öffentlicher Glaube des Grundbuchs **892** 27
Eintragungsformel
Widerspruch **899** 79 ff
Eintragungstag
gesetzliche Vermutung **891** 42
Einwendungen
Berichtigung des Grundbuchs **894** 128 ff
anspruchsleugnende **894** 128
Briefvorlage **896** 14 ff
nicht zulässige **894** 150 ff
Endgültigkeit des Erwerbs
öffentlicher Glaube des Grundbuchs **892** 234
Enteignung
öffentlicher Glaube des Grundbuchs **892** 94
Teilung eines Grundstücks **890** 53
Entschuldungsverfahren, landwirtschaftliches 890 28
Entsprechende Anwendung 896 20
Entstehungsgeschichte
s Normgeschichte
Entwicklungsbereich, städtebaulicher
Teilung eines Grundstücks **890** 53
Erbbaurecht
Buchersitzung **900** 26
Buchversitzung **901** 3
Erbbauzins, rückständiger **902** 12
gesetzliche Vermutung **891** 14
Konsolidation, Ausschluss **889** 4, 6
öffentlicher Glaube des Grundbuchs **892** 19, 24, 221 f, 262
Erbbauzins, rückständiger 902 12
Erbengemeinschaft
Berichtigung des Grundbuchs **894** 29, 35
Erblasser, noch eingetragener
öffentlicher Glaube des Grundbuchs **892** 46
Erbpacht
öffentlicher Glaube des Grundbuchs **892** 19
Erbrecht
Berichtigung des Grundbuchs **894** 32, 46, 51 f, 96, 109, 144
öffentlicher Glaube des Grundbuchs **892** 13, 28, 46, 82, 87, 101
Erbschaftskauf
öffentlicher Glaube des Grundbuchs **892** 182
Erbschein
gesetzliche Vermutung **891** 55, 67 f
Erfüllung
Berichtigungsanspruch **894** 125
Erfüllungssurrogat
Leistung an Buchberechtigten **893** 14
Erlass
Leistung an Buchberechtigten **893** 14
Erlöschen
Berichtigungsanspruch **894** 125
nicht eingetragener Rechte **901** 1 ff
s a Buchversitzung
Widerspruch **899** 88 ff
Ermächtigung
Berichtigung des Grundbuchs
gesetzliche **894** 80
rechtsgeschäftliche **894** 82
zur Selbsteintragung **894** 83
Ersitzung
s Buchersitzung
Erwerbsgeschäft
öffentlicher Glaube des Grundbuchs **892** 73 ff; **893** 47
Erwerbsgrund
öffentlicher Glaube des Grundbuchs **892** 71

Erwerbsverbot
öffentlicher Glaube des Grundbuchs **892** 244
exceptio doli
Berichtigung des Grundbuchs **894** 129
exceptio rei venditae et traditae
Verjährung eingetragener Rechte **902** 19
Existenz des Grundstücks
gesetzliche Vermutung **891** 11
physische **892** 35
rechtliche **892** 33

Fahrlässige Unkenntnis
öffentlicher Glaube des Grundbuchs **892** 161 ff
falsus procurator
öffentlicher Glaube des Grundbuchs **892** 169
Familiengerichtliche Genehmigung
Berichtigung des Grundbuchs **894** 115
Fiktion
öffentlicher Glaube des Grundbuchs **892** 10
Finanzgericht **891** 75
Fischereirechte
gesetzliche Vermutung **891** 13
öffentlicher Glaube des Grundbuchs **892** 24, 52
Fiskus, Eintragung für
Berichtigung des Grundbuchs **894** 36
Flächenmaß
gesetzliche Vermutung **891** 10
öffentlicher Glaube des Grundbuchs **892** 66
Flurbereinigung **892** 278
öffentlicher Glaube des Grundbuchs **892** 94
Teilung eines Grundstücks **890** 53
Vereinigung von Grundstücken **890** 3
Flurstückverschmelzung
Vereinigung von Grundstücken **890** 14
Forderung bei akzessorischen Rechten
Berichtigung des Grundbuchs **894** 40
Formelle Fehler
Grundbuch **891** 23
Forstrechte, bayerische
Konsolidation **889** 5
Fortführungsnachweis
katasterrechtliche Zerlegung **890** 54
Frist
Buchersitzung **900** 14 ff
Beweislast **900** 14
Hemmung **900** 16
Unterbrechung **900** 17 ff
Vorerbschaft **900** 15
Früheres Recht
gesetzliche Vermutung **891** 91

Gebäude
öffentlicher Glaube des Grundbuchs **892** 37
Gefälschte Eintragung
öffentlicher Glaube des Grundbuchs **892** 21
Gegenbeweis
gesetzliche Vermutung **891** 56
Gegenstandslosigkeit der Eintragung **894** 5
Gemeines Recht
Konsolidation **889** 1, 5
Gemeinschaftseigentum **892** 19
Gemischter Antrag
Teilung eines Grundstücks **890** 53
Genehmigung
Berichtigung des Grundbuchs
familiengerichtliche **894** 115
öffentlicher Glaube des Grundbuchs **892** 193, 211
Teilung eines Grundstücks **890** 53
Gerichtsstand
Berichtigung des Grundbuchs **894** 161
Briefvorlage zur Grundbuchberichtigung **896** 18
Voreintragung des Verpflichteten **895** 13
Gesamthandsgemeinschaft
Berichtigung des Grundbuchs **894** 29, 35
Personenwechsel **894** 29
Gesamthypothek
Zuschreibung von Grundstücken **890** 45
Gesamtvertretung
öffentlicher Glaube des Grundbuchs **892** 166
Gesellschaft bürgerlichen Rechts **899a** 1 ff
Altfälle **899a** 25
Berichtigung des Grundbuchs **894** 29 f, 46
Beweislastregel **899a** 8
BGH-Rechtsprechung **899a** 1
Eintragung
der Gesellschaft **899a** 2
der Gesellschafter **899a** 2
GbR als Grundstückserwerberin **899a** 24
Gesamthandsgemeinschaft **899a** 1, 3
Gesellschaftsanteil, Erwerb von GbR **899a** 14
Grundbuchberichtigungsanspruch **899a** 21
Grundbuchfähigkeit **891** 37; **899a** 1
gutgläubiger Erwerb nach §§ 899a S 2, 892 **899a** 17 ff
Kausalgeschäft **899a** 11 ff
Kondizierbarkeit einer Verfügung **899a** 12
MoPeG
s dort
Nachweis des Gesellschafterbestandes **899a** 3
Nebenansprüche zu § 894 **899a** 23
negative Vermutung **894** 30
öffentlicher Glaube des Grundbuchs **892** 47
erweiterter **899a** 16
positive Vermutung **894** 30
Rechtsfähigkeit **899a** 1
Rechtsnatur **899a** 1
Scheingesellschafter **899a** 18
schuldtilgende Leistung nach §§ 899a, 893 1. Alt **899a** 20

Gesellschaft bürgerlichen Rechts (Forts)
Selbstorganschaft **899a** 7
Teilrechtsfähigkeit **899a** 1, 3
Übergangsrecht **899a** 25
Vermutung
aus § 891 **899a** 4
aus § 899a S 1 **899a** 5 ff
für Existenz der GbR **899a** 6
Vertretung, ordnungsgemäße **899a** 7
Widerspruch nach §§ 899a, 899 **899a** 22
Zubehör, Veräußerung von **899a** 10
Zwangsversteigerung von GbR-Grundstück **899a** 15
Gesellschafterklage **894** 70
Gesellschaftsregister **891** 37; **894** 30
Gesetzliche Vermutung
Grundbuch **891** 1 ff, 26, 83 ff
Abmarkung **891** 55
Antichrese **891** 8
Anwendungshindernisse **891** 50 ff
Ausräumung der Vermutung **891** 56 ff
Bedeutung **891** 72 ff
Bedingung **891** 42
Befristung **891** 42
Begrenzung des Grundstücks **891** 28
behördliche Verfahren **891** 75
Benennung des Rechts **891** 27
Berechtigung zur Berufung auf **891** 73, 75 ff
berichtigende Eintragungen **891** 6
beschränkt dingliche Rechte **891** 6
Bestandsangabe **891** 11 f, 28
beurkundende Eintragungen **891** 6
Beweislastregelung **891** 1
Briefgrundpfandrechte **891** 48 f, 54, 62
Dienstbarkeit, altrechtliche **891** 7
Doppelbuchung **891** 50
Eheliches Güterrecht **891** 55, 64, 89
Eigentum **891** 6
eingetragene Rechte **891** 6
Einreden gegen Grundpfandrechte **891** 17
Eintragung im Grundbuch **891** 18 ff *s a* dort
Eintragungstag **891** 42
Erbbaurecht **891** 14
Erbschein **891** 55, 67 f
Existenz des Grundstücks **891** 11
Fischereirechte **891** 13
Flächenmaß **891** 10
früheres Recht **891** 91
Gegenbeweis **891** 56
Gegenstand der Vermutung **891** 6 ff
Grenzen **891** 28 ff
Grundbuchamt **891** 83 ff
Grundbuchverfahren **891** 83 ff
Grunddienstbarkeit, altrechtliche **891** 7
Grundpfandrechte **891** 48 f, 54, 62
grundstücksgleiche Rechte **891** 13

Gesetzliche Vermutung (Forts)
Güterstand **891** 55, 64, 89
Höchstbetragshypothek **891** 26
Hypothek **891** 3, 17, 26, 47, 48 f, 54, 61 f
Inhaber des Rechts **891** 35 ff
Inhalt der Vermutung **891** 25 ff
Inhalt des Rechts **891** 26
Kataster **891** 28 ff
kollidierende Vermutungen **891** 55
Kollisionsrecht **891** 89
Mitberechtigte **891** 36
Miteigentum **891** 6
negative Vermutung **891** 43 ff
neue Bundesländer **891** 92
nicht eintragungsbedürftige Rechte **891** 7
nicht eintragungsfähige Rechte **891** 8
Nichtbestehen eines gelöschten Rechts **891** 1, 4, 43 ff
Normzweck **891** 1 ff
Notwegrente **891** 8
öffentlich rechtliche Verhältnisse **891** 9, 75
Passivlegitimation **891** 72
positive Vermutung **891** 25 ff
privatrechtliche Eintragungen **891** 9
Rang des Rechts **891** 26
Rechtsfähigkeit des Eingetragenen **891** 41
Rechtsinhaberschaft des Eingetragenen **891** 35 ff
Rechtsnatur **891** 4 f
Rechtsverfolgung **891** 75
Rechtszustandsvermutung **891** 4
Richtigkeitsvermutung **891** 1, 4, 25 ff
Rückwirkung **891** 42
Sicherungshypothek **891** 26
subjektiv-dingliche Rechte **891** 12, 38
tatsächliche Angaben **891** 10
Tragweite der Vermutung **891** 75 ff
Überbaurente **891** 8
Übergangsrecht **891** 91
Untersuchungsmaxime **891** 75
Verfügungsbeschränkungen **891** 15, 40
Verfügungsmacht **891** 40
Verkehrshypothek **891** 26, 47, 61
Vermerk ohne Rechtsqualität **891** 15
Vertretungsmacht **891** 40
Vollständigkeit des Grundbuchs **891** 46
Vollstreckung **891** 74
Vorerbschaft **891** 15, 40
Vormerkung **891** 16
Widerlegung der Vermutung **891** 56 ff *s a* dort
Widerspruch **891** 15, 25, 53
widersprüchliche Eintragungen **891** 50 ff
Wirkungsrichtung **891** 72 ff
wirtschaftliches Eigentum **891** 39
zeitliche Wirkung **891** 42 f
Zinsrückstände **891** 63

Gesetzliche Vermutung (Forts)
Zivilprozess **891** 77
Zwangsversteigerung, Höchstersatz **891** 26
Zwangsvollstreckung **891** 74
Gesetzlicher Erwerb
öffentlicher Glaube des Grundbuchs **892** 81 ff
Gesetzliches Vorkaufsrecht
öffentlicher Glaube des Grundbuchs **892** 53 f
Gewässereigentum
öffentlicher Glaube des Grundbuchs **892** 35
Glaubhaftmachung
einstweilige Verfügung, Widerspruch **899** 60
öffentlicher Glaube des Grundbuchs **892** 175
Gläubigeranfechtung
Widerspruch **899** 33
Grenzen von Grundstücken
Grundstücksgrenzen
Grundbuch
Amtsverfahren **891** 83
Änderung, unbefugte **891** 19
Antragsverfahren **891** 83
Auslegung **891** 24; **892** 20, 28
Bedenken gegen Richtigkeit **891** 86
Begriff **892** 12 ff
Berichtigung **894** 1 ff
s a Berichtigung des Grundbuchs
Bindung des Grundbuchrichters **891** 83 ff
Computergrundbuch **891** 19; **892** 220
Doppelbuchung **891** 50; **892** 29
Doppelmangel **895** 2 ff
dreifache Unrichtigkeit **895** 4
Eintragung **891** 18 ff
formell fehlerhafte **891** 23
gefälschte **892** 21
Grundbuchblatt **891** 20
inhaltlich unzulässige **891** 21; **892** 18 ff
nichtige **891** 19
Rechtspflegeakt **891** 19
sachlich unrichtige **891** 22
unfertige **892** 17
unwirksame **892** 16 ff
unzuständiger Beamter **891** 19
widersprüchliche **891** 50 ff; **892** 29
Willensmängel des Beamten **891** 19
wirksame **891** 19 f
formelle Fehler **891** 23
Gesellschaft bürgerlichen Rechts **891** 37
gesetzliche Vermutung **891** 1 ff
s a dort
Grundbuchamt **891** 83 ff
Zwischenverfügung **891** 86
Grundbuchblatt **891** 20; **892** 12 f, 23 ff
Grundbuchfähigkeit
Gesellschaft bürgerlichen Rechts **891** 37

Grundbuch (Forts)
Handblatt **892** 14
Inhalt **892** 13 f
Leistung an Buchberechtigten **893** 3 ff
s a dort
negative Publizität **892** 4
nichtige Eintragungen **891** 19
öffentlicher Glaube des Grundbuchs **892** 1 ff
s a dort
positive Publizität **892** 4
Publizität
negative **892** 4
positive **892** 4
Radierung **891** 19
Rechtsgeschäft mit Eingetragenem **893** 1 ff
Richtigkeitsfiktion **892** 4, 10
s a dort
sachlich unrichtige Eintragungen **891** 22
Schutz bei Leistung an Buchberechtigten **893** 3 ff
Schutz bei sonstigen Verfügungen (§ 893 2. Alt) **893** 23 ff
Beschränkung auf Verkehrsgeschäfte **893** 43
beteiligte Personen **893** 31 ff
Gutgläubigkeit **893** 34 ff
Prozessführung **893** 45
Voraussetzungen **893** 23 ff
Wirkungen **893** 46
Zweigrechte, Aufhebung **893** 44
Teilung eines Grundstücks **890** 52
Unrichtigkeit **892** 28; **894** 19 ff
Arten der **894** 25 ff
Belastung, nicht existierende **894** 41 ff
Berechtigter, falscher **894** 27 ff
Bestandsangabe, falsche **894** 26
doppelte **894** 101 ff
dreifache **895** 4
gegenwärtige **894** 19, 64 f
Gründe **894** 24
Nachweis **894** 5
Nichteintragung eines Rechts **894** 37
Umfang des Rechts **894** 38 ff
Verfügungsbeschränkung, Nichteintragung **894** 45 ff
zweifache **895** 2 ff
Vereinigung von Grundstücken
als einheitliches Grundstück **890** 29 f
ohne wirksamen Antrag **890** 30
Verfahren **891** 83 ff
Verfügungsbeschränkungen **892** 4
Vermutung, gesetzliche
s Gesetzliche Vermutung
Vertrauensschutz
negativer **892** 4
positiver **892** 4
Vollständigkeitsfiktion **892** 4
s a dort

Grundbuch (Forts)
Wechseltheorie **892** 29
Widerspruch **891** 53; **899** 1 ff
s a dort
widersprüchliche Eintragungen **891** 50 ff; **892** 13, 29
zweifache Unrichtigkeit **895** 2 ff
Zweifel an Richtigkeit **891** 86
Grundbuchamt
örtliche Unzuständigkeit **891** 19
Prüfungspflicht **892** 218
Grundbuchberichtigungsanspruch 894 1 ff
s a Berichtigung des Grundbuchs
Grundbuchblatt 891 20
gemeinschaftliches **890** 8; **892** 13
maßgebliches **892** 23 ff
Grundbuchfähigkeit
Gesellschaft bürgerlichen Rechts **891** 37
Grundbuchsperre 899 17 f
Grundbuchverfahren
Berichtigung des Grundbuchs **894** 2
gesetzliche Vermutung **891** 83 ff
Legalitätsprinzip **892** 218
öffentlicher Glaube des Grundbuchs **892** 131, 175, 218, 253 ff
Grunddienstbarkeiten 902 3
altrechtliche
Berichtigung des Grundbuchs **894** 37
gesetzliche Vermutung **891** 7
Konsolidation, Ausschluss **889** 5
Buchersitzung **900** 27
öffentlicher Glaube des Grundbuchs **892** 13, 19, 23, 50 ff, 68, 80, 226
altrechtliche **892** 50 ff
Zuschreibung von Grundstücken **890** 44
Grundpfandrechte
Berichtigung des Grundbuchs **894** 66
gesetzliche Vermutung **891** 48 f, 54, 62
gutgläubiger Erwerb **892** 15
Konsolidation, Ausschluss **889** 4
Kündigung **893** 26
Leistung an Buchberechtigten **893** 5 ff, 16, 21
öffentlicher Glaube des Grundbuchs **892** 42 ff, 48, 91, 177
Widerspruch **899** 32 f, 77, 85
Zuschreibung von Grundstücken **890** 43
Grundschuld
Buchersitzung **900** 27
Leistung an Buchberechtigten **893** 5
Sicherungsgrundschuld **893** 16
Sicherungsvertrag **892** 73
Grundstück
buchungsfreies **890** 9
Grundstücksgrenzen
s dort
Teilung **890** 52 ff
Vereinigung **890** 1 ff
s a Vereinigung von Grundstücken
Grundstück (Forts)
Zuschreibung **890** 1 ff
s a Zuschreibung von Grundstücken
Grundstücksgleiche Rechte
Buchersitzung **900** 24, 26
Buchversitzung **901** 3
gesetzliche Vermutung **891** 13
öffentlicher Glaube des Grundbuchs **892** 24 f
Vereinigung von Grundstücken **890** 18 f
Abbaurechte **890** 18
Bergwerkseigentum **890** 18 f
Erbbaurecht **890** 18 f
Gebäudeeigentum **890** 19
selbständige Gerechtigkeiten **890** 18
Grundstücksgrenzen
Berichtigung des Grundbuchs **894** 26, 71
gesetzliche Vermutung **891** 28 ff
öffentlicher Glaube des Grundbuchs **892** 30 ff
Widerspruch **899** 78
Grundstücksteilung
s Teilung eines Grundstücks
Gütergemeinschaft
Berichtigung des Grundbuchs **894** 29
Güterrechtsregister 892 266
Güterstand 891 55, 64, 89
Gutgläubiger Erwerb
s Öffentlicher Glaube des Grundbuchs

Hauptgrundstück
Zuschreibung von Grundstücken **890** 1, 39
Heimstätte
Teilung eines Grundstücks **890** 53
Vereinigung von Grundstücken **890** 31
Zuschreibung von Grundstücken **890** 50
Hemmung
Buchersitzung **900** 16
Herrenloses Grundstück
Buchersitzung **900** 12
öffentlicher Glaube des Grundbuchs **892** 96
Hilfsanspruch, formaler
Voreintragung des Verpflichteten **895** 10
Hinzuschlagung von Grundstücken
s Zuschreibung von Grundstücken
Höchstbetragshypothek 891 35
gesetzliche Vermutung **891** 26
Widerspruch **899** 44
Höchstpersönliche Rechte
öffentlicher Glaube des Grundbuchs **892** 49
Widerspruch **899** 43
Höferechtliche Zuschreibung 890 51
Hoheitsakt
öffentlicher Glaube des Grundbuchs **892** 94
Hypothek
Buchersitzung **900** 27
Buchversitzung **901** 6 f
gesetzliche Vermutung **891** 3, 17, 26, 47, 48 f, 54, 61 f

Hypothek (Forts)
Leistung an Buchberechtigten **893** 5, 10 ff
öffentlicher Glaube des Grundbuchs **892** 15, 19, 27, 42 ff, 46, 48, 86, 91, 106, 124, 138, 176, 180, 185, 213, 220, 271
Voreintragung des Verpflichteten **895** 6
Widerspruch **899** 32 f, 44, 77, 100
Zuschreibung von Grundstücken **890** 45
Hypothekengesetze, partikularrechtliche
Konsolidation **889** 2

Identität des Verfügenden
öffentlicher Glaube des Grundbuchs **892** 67
Insolvenzverfahren
Berichtigung des Grundbuchs **894** 14, 49, 70, 113
Insolvenz
des Eigentümers **889** 9
eines Gesellschafters **892** 252
öffentlicher Glaube des Grundbuchs **892** 239 ff, 253 f
Widerspruch **899** 12 ff, 79, 87

Juristische Personen
öffentlicher Glaube des Grundbuchs **892** 107 ff, 166

Kataster
gesetzliche Vermutung **891** 28 ff
öffentlicher Glaube des Grundbuchs **892** 30 f
Teilung eines Grundstücks **890** 54
Kausalität des Rechtsscheins
öffentlicher Glaube des Grundbuchs **892** 7, 128
Kellerrechte, bayerische
Konsolidation **889** 5
Kenntnis der Unrichtigkeit
öffentlicher Glaube des Grundbuchs **892** 140 ff
Abmarkung **892** 159
aktuelle **892** 155
Alleingesellschafter **892** 167
bedingtes Recht **892** 153
Beweislast **892** 140 f, 174 f
Bezugspunkt **892** 145
dolus eventualis **892** 161
Fahrlässigkeit, grobe **892** 161 ff
falsus procurator **892** 169
Gesamtvertretung **892** 166
grobe Fahrlässigkeit **892** 161 ff
Hilfspersonen **892** 165
juristische Personen **892** 166
Nachweis **892** 172 f
Notar **892** 170
Organwissen **892** 166
Personenvereinigungen **892** 166
positive Kenntnis **892** 140, 157
Rechtsirrtum **892** 146 ff

Kenntnis der Unrichtigkeit (Forts)
Stellvertretung **892** 164 ff
Tatsachenirrtum **892** 149
Vertrag zugunsten Dritter **892** 164
Vertretung ohne Vertretungsmacht **892** 169
Wissensfiktion **892** 168
Wissenszusammenrechnung **892** 168
Zeitpunkt **892** 196 ff
Kettenveräußerung 893 40 ff
Klageantrag
Berichtigung des Grundbuchs **894** 164
Voreintragung des Verpflichteten **895** 14
Klarstellungsvermerk
Berichtigung des Grundbuchs **894** 23
Kohlenabbaurechte
öffentlicher Glaube des Grundbuchs **892** 52
Kollisionsrecht
gesetzliche Vermutung **891** 89
Kommanditgesellschaft
Berichtigung des Grundbuchs **894** 31 f
Kondiktionsfestigkeit
Buchersitzung **900** 24
Kondizierbarkeit der Bewilligung
Berichtigung des Grundbuchs **894** 16
Konfusion 889 6, 8
Konfusionstheorie, obligatorische 889 8
Konkurrenzen
Berichtigung des Grundbuchs **894** 170 ff
Konsensprinzip, formelles
Berichtigung des Grundbuchs **894** 2, 5
Ausnahme **894** 5
Konsolidation 889 1 ff
Allgemeines Landrecht **889** 5
Ausschluss **889** 1 ff
Anwendungsbereich **889** 4 ff
Bergwerkseigentum **889** 6
Erbbaurecht **889** 4, 6
Grunddienstbarkeit, altrechtliche **889** 5
Grundpfandrechte **889** 4
Notwegrente **889** 5
Rangstelle, Sicherung **889** 3
Reallast **889** 4
Rechtsfolgen **889** 8 ff
Überbaurente **889** 5
Vorkaufsrecht, dingliches **889** 4
Wohnungsrecht **889** 4
Forstrechte, bayerische **889** 5
gemeines Recht **889** 1, 5
Hypothekengesetze, partikularrechtliche **889** 2
Kellerrechte, bayerische **889** 5
Partikularrechte **889** 2
Vormerkung **889** 6
Kontratabularersitzung
öffentlicher Glaube des Grundbuchs **892** 84
Kosten
Berichtigung des Grundbuchs **894** 18, 148; **897** 1 ff

Kosten (Forts)
Beurkundung der Bewilligung **897** 3
Briefvorlage **897** 3
Eintragungsgebühren **897** 3
Freistellungsverpflichtung **897** 3
Grundsatz **897** 2
Subsidiarität des § 897 Verjährung
Verjährung **897** 7
Voreintragung des Verpflichteten **897** 3
Vorschusspflicht **897** 5
einstweilige Verfügung, Widerspruch **899** 68
Kostenvorschuss
Berichtigung des Grundbuchs **895** 12
Kostenvorschusseinrede 897 5
Kraftloserklärung von Grundpfandrechtsbriefen 891 48
Kündigung
an bzw. durch Buchgläubiger **893** 26
öffentlicher Glaube des Grundbuchs **892** 41, 220

Landesrecht
Buchersitzung **900** 5, 26
Buchversitzung **901** 23
Verjährung eingetragener Rechte **902** 18
Lastenausgleich
öffentlicher Glaube des Grundbuchs **892** 279
Lastenfreie Abschreibung
Teilung eines Grundstücks **890** 60
Lastenfreier Erwerb
öffentlicher Glaube des Grundbuchs **892** 51, 57, 225
Legalitätsprinzip
Grundbuchverfahren **892** 218
Leistung an Buchberechtigten 893 3 ff
Ablösung von Grundpfandrechten **893** 5 ff, 16, 21
Art der Leistungsbewirkung **893** 13 ff
Briefgrundpfandrechte **893** 10 f
Erfüllungssurrogat **893** 14
Erlass **893** 14
Existenz des Rechts **893** 3
Grundpfandrechte, Ablösung **893** 5 ff, 16, 21
Grundschuld **893** 5
Hypothek **893** 5, 10 ff
Leistender **893** 13
Leistungsempfänger **893** 15
Mietzins **893** 7
persönlicher Schuldner, Zahlung durch **893** 5
schuldrechtliche Ansprüche dinglich Berechtigter **893** 8
Schutz bei **893** 3 ff
Sicherungshypothek **893** 12
Verkehrshypothek **893** 5
Verzicht auf Schutz **893** 22
Leistung an Buchberechtigten (Forts)
Vormerkung **893** 9
Wirkung des § 893 **893** 16 ff
Zinsrückstände **893** 5
Leistungsstörungsrecht
Berichtigung des Grundbuchs **894** 15
Leitungsdienstbarkeiten
Berichtigung des Grundbuchs **894** 157
öffentlicher Glaube des Grundbuchs **892** 277
Löschung
unrechtmäßige
Buchversitzung **901** 2, 4
öffentlicher Glaube des Grundbuchs **892** 222, 225
Widerspruch **899** 93 f
Klage auf **899** 92
Löschungserleichterung
öffentlicher Glaube des Grundbuchs **892** 45, 71

Mehrere Eigentümer
Vereinigung von Grundstücken **890** 12
Mietvertrag
Vermietung durch Bucheigentümer **893** 21
Mietzins
Leistung an Buchberechtigten **893** 7
Mitberechtigte
Berichtigung des Grundbuchs **894** 27, 29 ff, 70, 122
gesetzliche Vermutung **891** 36
Mitbesitz
Briefvorlage zur Grundbuchberichtigung **896** 12
Miteigentum
Berichtigung des Grundbuchs **895** 5
Buchersitzung **900** 9
gesetzliche Vermutung **891** 6
öffentlicher Glaube des Grundbuchs **892** 19, 28 f, 31, 34, 39 f, 46, 119 ff, 171, 222, 224
Teilung eines Grundstücks **890** 52
Vereinigung von Grundstücken **890** 16 f
Miterbengemeinschaft 900 9
öffentlicher Glaube des Grundbuchs **892** 101
Mittelbarer Besitz
Briefvorlage zur Grundbuchberichtigung **896** 7, 11
MoPeG 894 29 f, 32, 70, 99

Nacherbschaft
Berichtigung des Grundbuchs **894** 28, 41, 47, 109
öffentlicher Glaube des Grundbuchs **892** 48
Nachholung der Einigung
Berichtigung des Grundbuchs **894** 131
Negative Publizität
Grundbuch **892** 4

Negative Vermutung
Grundbuch **891** 43 ff
Negatorische Ansprüche
Verjährung eingetragener Rechte **902** 9
Neubegründung
eines dinglichen Rechts an der eigenen Sache **889** 10
Neue Bundesländer
Berichtigung des Grundbuchs **894** 8 ff, 97, 159 f
Besonderheiten **892** 55, 275 ff
Buchersitzung **900** 26
gesetzliche Vermutung **891** 92
öffentlicher Glaube des Grundbuchs **892** 46, 51, 55, 275 ff
Nichtakte
öffentlicher Glaube des Grundbuchs **892** 21
Nichtberechtigter
Verjährung eingetragener Rechte **902** 7
Nichtbestehen eines gelöschten Rechts
gesetzliche Vermutung **891** 1, 4, 43 ff
Nichteintragung
Berichtigung des Grundbuchs
einer Verfügungsbeschränkung **894** 45 ff
einer Vormerkung **894** 53 f
eines Rechts **894** 37
Nichtige Eintragungen
Grundbuch **891** 19
Nichtigkeit eines Grundstückskaufvertrags **894** 42
Nichtverkehrsgeschäft
öffentlicher Glaube des Grundbuchs **892** 100, 104
Nießbrauch **894** 72
am eigenen Grundstück **889** 10
Ausübungsüberlassung **893** 24
Buchersitzung **900** 27
Buchversitzung **901** 6
öffentlicher Glaube des Grundbuchs **892** 49, 183
Ausübungsüberlassung **892** 19
vorbehaltener **892** 106
Normgeschichte **892** 1 f; **895** 1; **896** 1 f; **898** 2 f; **899** 1; **900** 2; **899a** 1
öffentlicher Glaube des Grundbuchs **892** 142
Normzweck **889** 1 ff; **891** 1 ff; **899** 1; **900** 3; **901** 1; **902** 1
Notwegrente
Buchversitzung **901** 6
gesetzliche Vermutung **891** 8
Konsolidation, Ausschluss **889** 5
Nutzungsherausgabe
Berichtigung des Grundbuchs **894** 173

Öffentliche Wege, Rechte an
Buchersitzung **900** 31
Öffentlicher Glaube des Grundbuchs **892** 1 ff
Abdingbarkeit **892** 231 f

Öffentlicher Glaube des Grundbuchs (Forts)
Abmarkung **892** 159
Abtretungsausschluss **892** 220
Aktivvermerk **892** 23
Alleingesellschafter **892** 167
Allgemeines Landrecht **892** 1
alte Rechte **892** 50 ff, 182
Amtsvormerkung **892** 190
Amtswiderspruch **892** 218
Aneignung **892** 96
Anfechtbarkeit
Kenntnis der **892** 156
Anfechtbarkeit des Rechtsgeschäfts **892** 70
Anwartschaft **892** 38, 74
Aufhebung, Zustimmung zur **892** 220
Aufwertungsrecht **892** 99, 279
Ausgleichsansprüche **892** 272 ff
Ausübungsüberlassung **892** 73
Bedeutung **892** 8
Bedingungen **892** 41, 46, 212, 263
Beitrittsgebiet, Besonderheiten **892** 55, 275 ff
Berechtigungsform, Wechsel der **892** 99 ff
Bergwerkseigentum **892** 25
Berichtigungsanspruch **892** 26
Bestandsangabe **892** 30 ff
Bestandteile **892** 39
Beweislast **892** 116, 140 f, 174 f
BGB-Gesellschaft **892** 47
böser Glaube **892** 140 ff
Briefgrundpfandrechte **892** 15, 48, 137, 214
derivativer Erwerb **892** 11
Dienstbarkeit **892** 13, 19, 23, 39 f, 49, 50 ff, 68, 80, 122, 128, 158, 182, 226
Disponibilität des Rechtsscheins **892** 231 f
dolus eventualis **892** 161
Doppelbuchung **892** 29
Doppelfehler **892** 46
Eigentümergrundschuld **892** 5, 48, 97 f, 136, 181
eingetragene Rechte **892** 5 f
einstweilige Verfügung **892** 90
Eintragung des Rechtsvorgängers **892** 46, 48
Eintragungsantrag
nach Einigung **892** 199 ff
vor Einigung **892** 206
vor Erfüllung sonstiger Erwerbsvoraussetzungen **892** 207 f
Eintragungsbewilligung **892** 14
eintragungsfähige Rechte **892** 27
Endgültigkeit des Erwerbs **892** 234
Enteignung **892** 94
Erbbaurecht **892** 19, 24, 221 f, 262
Erblasser, noch eingetragener **892** 46
Erbpacht **892** 19
Erbrecht **892** 13, 28, 46, 82, 87, 101
Erbschaftskauf **892** 182

Öffentlicher Glaube des Grundbuchs (Forts)
Erwerb
derivativer **892** 11
originärer **892** 11
Erwerbsgeschäft **892** 73 ff
Erwerbsgrund **892** 71
Erwerbsverbot **892** 244
Existenz des Grundstücks
physische **892** 35
rechtliche **892** 33
fahrlässige Unkenntnis **892** 161 ff
falsus procurator **892** 169
Fiktion **892** 10
Fischereirechte **892** 24, 52
Flächenmaß **892** 66
Flurbereinigung **892** 94
Formmangel, Heilung **892** 233
Gebäude **892** 37
gefälschte Eintragung **892** 21
Gemeinschaftsverhältnis, fehlende Angabe **892** 19
Genehmigung **892** 193, 211
Gesamtvertretung **892** 166
Gesellschaft bürgerlichen Rechts **892** 47
Gesellschaften **892** 98 ff, 107 ff, 166 ff
gesetzliche Übertragungspflicht **892** 95
gesetzlicher Erwerb **892** 81 ff
gesetzliches Vorkaufsrecht **892** 53 f
Gewässereigentum **892** 35
Glaubhaftmachung **892** 175
Grenzen des Grundstücks **892** 30 ff
Grundbuchblatt, maßgebliches **892** 23 ff
Grundbuchverfahren **892** 131, 175, 218, 253 ff
Legalitätsprinzip **892** 218
Grunddienstbarkeit **892** 13, 19, 23, 50 ff, 68, 80, 226
altrechtliche **892** 50 ff
Grundpfandrechte **892** 15, 42 ff, 48, 91, 177
grundstücksgleiche Rechte **892** 24 f
Grundstücksrechte, Bestand der **892** 38 ff
Grundstücksteilung **892** 33
gutglaubensresistente Rechte **892** 50 ff
herrenloses Grundstück **892** 96
Hindernisse für gutgläubigen Erwerb **892** 129 ff
höchstpersönliche Rechte **892** 49
Hoheitsakt **892** 94
Hypothek **892** 15, 19, 27, 42 ff, 46, 48, 86, 91, 106, 124, 138, 176, 180, 185, 213, 220, 271
Hypothekengesetz, bayerisches **892** 1
Identität des Verfügenden **892** 67
Inhalt des Grundbuchs **892** 126
Inhalt des Rechts **892** 42
Insolvenzverfahren **892** 239 ff, 253 f
juristische Personen **892** 107 ff, 166
Kataster **892** 30 f
Kausalität des Rechtsscheins **892** 7, 128

Öffentlicher Glaube des Grundbuchs (Forts)
Kenntnis der Unrichtigkeit **892** 7, 140 ff
Abmarkung **892** 159
aktuelle **892** 155
Alleingesellschafter **892** 167
bedingtes Recht **892** 153
Beweislast **892** 140 f, 174 f
Bezugspunkt **892** 145
dolus eventualis **892** 161
Fahrlässigkeit, grobe **892** 161 ff
falsus procurator **892** 169
Gesamtvertretung **892** 166
grobe Fahrlässigkeit **892** 161 ff
Hilfspersonen **892** 165
juristische Personen **892** 166
Nachweis **892** 172 f
Notar **892** 170
Organwissen **892** 166
Personenvereinigungen **892** 166
positive Kenntnis **892** 140, 157
Rechtsirrtum **892** 146 ff
Stellvertretung **892** 164 ff
Tatsachenirrtum **892** 149
Vertrag zugunsten Dritter **892** 164
Vertretung ohne Vertretungsmacht **892** 169
Wissensfiktion **892** 168
Wissenszusammenrechnung **892** 168
Zeitpunkt **892** 196 ff
Kohlenabbaurechte **892** 52
Kontratabularersitzung **892** 84
Kündigung **892** 41, 220
Lastenausgleich **892** 279
lastenfreier Erwerb **892** 51, 57, 225
Legalitätsprinzip, Grundbuchverfahren **892** 218
Leistung an Buchberechtigten **893** 3 ff
s a dort
Leitungsdienstbarkeiten **892** 277
Löschung, unrechtmäßige **892** 222, 225
Löschungserleichterung **892** 45, 71
Miteigentum **892** 19, 28 f, 31, 34, 39 f, 46, 119 ff, 171, 222, 224
Miterbengemeinschaft **892** 101
Nacherbschaft **892** 48
negative Publizität **892** 4
neue Bundesländer **892** 46, 51, 55, 275 ff
nicht eintragungsfähige Rechte **892** 19
Nichtakte **892** 21
Nichtverkehrsgeschäft **892** 100, 104
Nießbrauch **892** 49, 183
Ausübungsüberlassung **892** 19
vorbehaltener **892** 106
Normgeschichte **892** 1 f, 142
öffentliches Recht **892** 69
Ordnungsvorschriften, Verstoß gegen **892** 20
Organwissen **892** 166
originärer Erwerb **892** 11

Öffentlicher Glaube des Grundbuchs (Forts)
Partikularrechte **892** 1
Person des Berechtigten **892** 46 ff
Personengleichheit **892** 97 ff
Personenvereinigungen **892** 166
persönliche Ansprüche **892** 19, 28, 44
persönliche Eigenschaften **892** 67
Pfandgesetz, württembergisches **892** 1
Pfandrecht an Liegenschaftsrecht **892** 63
positive Publizität **892** 4
Prüfungspflicht, Grundbuchamt **892** 218
Publizität
negative **892** 4, 225 ff
positive **892** 4, 220 ff
Rang des Rechts **892** 42
Rangvorbehalt **892** 13, 62, 63
Reallast **892** 23, 52, 91, 180
Rechte an Grundstücksrechten **892** 63, 73
Rechtpflegeakte, nichtige **892** 21
Rechtsgeschäft mit Eingetragenem **893** 1 ff
rechtsgeschäftliche Verfügung **892** 125
rechtsgeschäftlicher Erwerb **892** 77 ff
Rechtsirrtum **892** 146 ff
Rechtsnachfolger **892** 46, 48
rechtspolitische Würdigung **892** 9
Rechtsscheinprinzip, reines **892** 7
Relativität des Erwerbs **892** 229 ff
Restkaufgeldhypothek **892** 106
Richtigkeitsfiktion **892** 4, 10, 38, 184, 238
Rötung, bloße **892** 225
Rückerwerb des Nichtberechtigten **892** 235 ff
Schadensersatz **892** 272 ff
Scheinbestandteile **892** 39
Scheinerbschaft **892** 46
Schutz bei Leistung an Buchberechtigten **893** 3 ff
Schutz bei sonstigen Verfügungen (§ 893 2. Alt) **893** 23 ff
Beschränkung auf Verkehrsgeschäfte **893** 43
beteiligte Personen **893** 31 ff
Gutgläubigkeit **893** 34 ff
Prozessführung **893** 45
Voraussetzungen **893** 23 ff
Wirkungen **893** 46
Zweigrechte, Aufhebung **893** 44
Sicherungshypothek **892** 27
Sondernutzungsrecht **892** 221
Stellvertretung **892** 67, 164 ff
Stockwerkseigentum **892** 31
Strohmann **892** 111
subjektiv-dingliche Rechte **892** 23, 80
Systemstellung **892** 7
tatsächliche Angaben **892** 66
tatsächliche Übung **892** 68
Teilung des Grundstücks **892** 33
Testamentsvollstrecker **892** 118
Treuhänder **892** 117

Öffentlicher Glaube des Grundbuchs (Forts)
Übergangsrecht **892** 279
Übertragungspflicht, gesetzliche **892** 95
unentgeltlicher Erwerb **892** 2, 79, 272
unfertige Eintragung **892** 17
Universalsukzession **892** 83
unrechtmäßige Löschung **892** 222, 225
Unrichtigkeit des Grundbuchs **892** 28, 126, 184
Unterwerfungsklausel **892** 43
unwirksame Eintragung **892** 16 ff
unzulässige Eintragung **892** 18 ff
unzuständiger Beamter **892** 21
Urteil **892** 89
Veränderungen des Grundbuchstandes **892** 184, 186, 209
Verfügung, einstweilige **892** 90
Verfügungsbeschränkungen **892** 4, 26, 238 ff
Abgrenzungsfragen **892** 257 ff
absolute **892** 265, 268 f
Anwendungsbereich **892** 240 ff
Arrest, dinglicher **892** 258
behördliche **892** 241
Eintragung **892** 245 f
Erwerbsverbot **892** 244
gerichtliche **892** 241
Grundbuchverfahren **892** 253 ff
Güterrecht **892** 265 ff
Insolvenzverfahren **892** 239 ff
Kenntnis **892** 248
Miterbenanteil, Verpfändung **892** 242
relative **892** 238 ff
Richtigkeitsfiktion **892** 238
Vollständigkeitsfiktion **892** 238
Voraussetzungen des Gutglaubensschutzes **892** 247 ff
Zeitpunkt, maßgeblicher **892** 247
Zwangsvollstreckung **892** 249
Verkehrgeschäft **892** 125
Verkehrsgeschäft **892** 96 ff
Vermögensübernahme **892** 88
Versteigerungserlös **892** 64
Vertrag zugunsten Dritter **892** 164
Vertrauensschutz
negativer **892** 4
positiver **892** 4
Vertretung ohne Vertretungsmacht **892** 169
Verwandter, Geschäft zugunsten **892** 98
Verzichtbarkeit des Gutglaubensschutzes **892** 232
vinkulierte Rechte **892** 220, 261
Volkseigentum **892** 46
Vollständigkeitsfiktion **892** 4, 38, 238
Vorkaufsrecht **892** 23, 53 f, 182
vorläufiger Erbe **892** 46
Vormerkung **892** 56 ff, 89 ff, 187, 215 f
einstweilige Verfügung **892** 90
erzwungene **892** 89

Öffentlicher Glaube des Grundbuchs (Forts)
vorweggenommene Erbfolge **892** 87
Währungsreform **892** 279
Wasserrecht **892** 35 f
Wegerecht **892** 156
wertbeständige Rechte **892** 276
Wertpapierhypothek **892** 124
Widerspruch **892** 26, 65, 130 ff, 160, 188 ff, 218; **899** 4
Amtswiderspruch **892** 136
Briefgrundpfandrechte **892** 137
Buchhypothek **892** 138
Einzelfälle **892** 137 ff
gelöschter **892** 136
Grundbuchsperre, keine **892** 131
unbegründeter **892** 132 ff
Voraussetzungen **892** 130
Wirkungen **892** 130 f
Wirkungsgrenzen **892** 135 f
widersprüchliche Eintragungen **892** 13, 29, 176
Willensmängel des Beamten **892** 22
Wirkung des Schutzes **892** 219 ff
Wissensfiktion **892** 168
Wissenszusammenrechnung **892** 168
Wohnungseigentum **892** 19, 31 f, 34, 221
Wohungseigentum **892** 262
Wohungsrecht **892** 49
Zeitpunkt, maßgeblicher **892** 184 ff
Zinsrückstände **892** 180
Zinssatz **892** 43
Zubehör **892** 39
Zuschlag **892** 92 f
Zustimmung zur Aufhebung **892** 220
Zwangshypothek **892** 27, 91
Zwangsversteigerung **892** 92 f
Grundstücke **892** 93
Höchstersatz **892** 43
Zwangsvollstreckung **892** 89 f
Zweigrecht an nicht bestehendem Stammrecht **892** 222
Öffentliches Recht
öffentlicher Glaube des Grundbuchs **892** 69
Vereinigung von Grundstücken **890** 3
Öffentlich-rechtliche Lasten
Buchversitzung **901** 6
OHG
Berichtigung des Grundbuchs **894** 31 f
Ordnungsvorschriften
Verstoß gegen **892** 20
Organwissen
öffentlicher Glaube des Grundbuchs **892** 166
Originärer Erwerb
öffentlicher Glaube des Grundbuchs **892** 11
Örtliche Unzuständigkeit
Grundbuchamt **891** 19
Pachtvertrag
Vermietung durch Bucheigentümer **893** 24
Partikularrechte
Konsolidation **889** 2
öffentlicher Glaube des Grundbuchs **892** 1
Passivlegitimation
Berichtigung des Grundbuchs **894** 95 ff
doppelte Unrichtigkeit **894** 101 ff
Einzelfälle **894** 108 f
mehrere Rechtsinhaber **894** 110
Verfügungsbefugnis, fehlende **894** 113 ff
Verlust der Buchposition **894** 111 f
Zustimmung Dritter, erforderliche **894** 106 f
gesetzliche Vermutung **891** 72
Personengesellschaft
Berichtigung des Grundbuchs **894** 31 f
Personengesellschaftsrechtsmodernisierungsgesetz **894** 29 f, 32, 70, 99
Personengleichheit
öffentlicher Glaube des Grundbuchs **892** 97 ff
Personenmehrheit als Eigentümer
Vereinigung von Grundstücken **890** 12
Personenvereinigungen
öffentlicher Glaube des Grundbuchs **892** 166
Personenwechsel
Gesamthandsgemeinschaft **894** 29
Persönliche Ansprüche
öffentlicher Glaube des Grundbuchs **892** 19, 28, 44
Persönliche Eigenschaften
öffentlicher Glaube des Grundbuchs **892** 67
Pfandgesetz, württembergisches **892** 1
Pfandrecht
an Liegenschaftsrecht **892** 63
Pfändung
Berichtigungsanspruch **894** 89 ff
Ersatz durch Feststellungsklage **894** 94
mehrfache **894** 92
Wirkung **894** 92 f
Zulässigkeit **894** 89 ff
Widerspruch **899** 22, 79
Positive Publizität
Grundbuch **892** 4
Positive Vermutung
Grundbuch **891** 25 ff
Preußisches Allgemeines Landrecht
s Allgemeines Landrecht
Prozessrecht
s Verfahrensrecht
Prüfungspflicht
Grundbuchamt **892** 218
Widerspruch **899** 76
Publizität
Grundbuch
negative **892** 4, 225 ff
positive **892** 4, 220 ff

Radierung
Grundbuch **891** 19
Rang des Rechts
Berichtigung des Grundbuchs **894** 39, 59, 121
gesetzliche Vermutung **891** 26
öffentlicher Glaube des Grundbuchs **892** 42
Rangänderung
von Liegenschaftsrechten **893** 25
Rangvorbehalt
nachträgliche Bestellung **893** 25
öffentlicher Glaube des Grundbuchs **892** 13, 62, 63
Zuschreibung von Grundstücken **890** 46
Räumlicher Zusammenhang
Vereinigung von Grundstücken **890** 10
Reallast
Buchersitzung **900** 27
Konsolidation, Ausschluss **889** 4
öffentlicher Glaube des Grundbuchs **892** 23, 52, 91, 180
Zuschreibung von Grundstücken **890** 44
Rechte an Grundstücksrechten
öffentlicher Glaube des Grundbuchs **892** 63, 73
Rechtpflegeakte, nichtige 892 21
Rechtsfähigkeit
gesetzliche Vermutung **891** 41
Rechtsformwechsel
Berichtigung des Grundbuchs **894** 32
Rechtsgeschäftlicher Erwerb
öffentlicher Glaube des Grundbuchs **892** 77 ff
Rechtshängigkeit
Berichtigung des Grundbuchs **894** 78, 165
Rechtshängigkeitsvermerk
Widerspruch **899** 102
Rechtsinhaberschaft
gesetzliche Vermutung **891** 35 ff
Rechtsinhalt, unrichtiger
Berichtigung des Grundbuchs **894** 38 ff, 75
Rechtsirrtum
öffentlicher Glaube des Grundbuchs **892** 146 ff
Rechtskraft
Berichtigung des Grundbuchs **894** 166
Rechtsmittel
Vereinigung von Grundstücken **890** 37
Zuschreibung von Grundstücken **890** 48
Rechtsnachfolger
öffentlicher Glaube des Grundbuchs **892** 46, 48
Rechtsnatur
Berichtigungsanspruch **894** 11 ff
Widerspruch **899** 19 ff
Rechtspflegeakt
Eintragung im Grundbuch **891** 19
Rechtspolitische Würdigung
öffentlicher Glaube des Grundbuchs **892** 9
Rechtsscheinprinzip, reines
öffentlicher Glaube des Grundbuchs **892** 7
Rechtsschutzbedürfnis
Berichtigung des Grundbuchs **894** 6 f, 26, 112, 162 f
Rechtsverfolgung
gesetzliche Vermutung **891** 75
Rechtsverschaffungspflicht
Berichtigung des Grundbuchs **894** 129
Rechtsverwirklichungsansprüche, dingliche
Verjährung eingetragener Rechte **902** 9
Rechtsweg
Berichtigung des Grundbuchs **894** 159
Rechtszustandsvermutung
Grundbuch **891** 4
Registerpublizität 894 30
Relativität des Erwerbs
öffentlicher Glaube des Grundbuchs **892** 229 ff
Rentenschuld
Buchersitzung **900** 27
Restitutionsanspruch
Berichtigung des Grundbuchs **894** 8 ff
Widerspruch **899** 33
Restkaufgeldhypothek
öffentlicher Glaube des Grundbuchs **892** 106
Revokationsrecht des Ehegatten
Berichtigung des Grundbuchs **894** 80
Richtigkeitsfiktion
Grundbuch **891** 1, 4, 25 ff; **892** 4, 10, 38, 184, 238
im Rahmen von § 893 2. Alt **893** 29
Leistung an Buchberechtigten **893** 20
Richtigstellung, bloße
Berichtigung des Grundbuchs **894** 23
Rötung, bloße
öffentlicher Glaube des Grundbuchs **892** 225
Rückerwerb des Nichtberechtigten
öffentlicher Glaube des Grundbuchs **892** 235 ff
Rückwirkung
gesetzliche Vermutung **891** 42
Widerspruch **899** 95 ff

Sanierungsgebiet, förmlich festgelegtes
Teilung eines Grundstücks **890** 53
Schadensersatz
öffentlicher Glaube des Grundbuchs **892** 272 ff
Verjährung eingetragener Rechte **902** 12
Scheinbestandteile
öffentlicher Glaube des Grundbuchs **892** 39
Scheinerbschaft
öffentlicher Glaube des Grundbuchs **892** 46
Scheinhypothekar 893 21
Schuldrecht
Berichtigung des Grundbuchs **894** 15

Schuldrechtlicher Ausgleich
Buchersitzung **900** 24
Buchversitzung **901** 19
Schuldrechtlicher Berichtigungsanspruch
Berichtigung des Grundbuchs **894** 170 ff
Schuldrechtsmodernisierungsgesetz
Buchersitzung **900** 21, 24
Schutzvermerk
Widerspruch **899** 21
Schwebend unwirksamer Erwerb
Berichtigung des Grundbuchs **894** 145
Sicherungsgrundschuld **893** 16
Sicherungshypothek
gesetzliche Vermutung **891** 26
Leistung an Buchberechtigten **893** 12
öffentlicher Glaube des Grundbuchs **892** 27
Sicherungsvertrag
Grundschuld **892** 73
Sittenwidrige Schädigung **892** 163; **894** 144
Sondereigentum **892** 19
Sondernutzungsrecht
öffentlicher Glaube des Grundbuchs **892** 221
Sozialgericht **891** 75
Stammgrundstück
Zuschreibung von Grundstücken **890** 1, 39
Statuswechsel
nach § 707c **894** 32
Stellvertretung
öffentlicher Glaube des Grundbuchs **892** 67, 164 ff
Stockwerkseigentum **890** 17
öffentlicher Glaube des Grundbuchs **892** 31
Streitwert
einstweilige Verfügung, Widerspruch **899** 67
Strohmann
öffentlicher Glaube des Grundbuchs **892** 111
Subjektiv-dingliche Rechte
gesetzliche Vermutung **891** 12, 38
öffentlicher Glaube des Grundbuchs **892** 23, 80

Tabularersitzung
s Buchersitzung
Tabularversitzung
s Buchversitzung
Tatsächliche Angaben
öffentlicher Glaube des Grundbuchs **892** 66
Widerspruch **899** 33
Tatsächliche Übung
öffentlicher Glaube des Grundbuchs **892** 68
Teileigentum
Buchersitzung **900** 26
Vereinigung von Grundstücken **890** 20
vorläufige Untersagung der Begründung nach BauGB **892** 241
Teilflächen
Berichtigung des Grundbuchs **894** 127
Teilung eines Grundstücks **890** 52 ff
Antrag des Eigentümers **890** 53
Bauaufsichtsbehörde **890** 53
BauGB **890** 53
Eintragung im Grundbuch **890** 52
Enteignungsverfahren **890** 53
Entwicklungsbereich, städtebaulicher **890** 53
Flurbereinigungsgesetz **890** 53
gemischter Antrag **890** 53
Genehmigungserfordernisse **890** 53
gutgläubiger Erwerb **890** 52, 52 f
Heimstätte **890** 53
katasterrechtliche Zerlegung **890** 54
lastenfreie Abschreibung **890** 60
Miteigentum **890** 52
öffentlicher Glaube des Grundbuchs **892** 33
Sanierungsgebiet, förmlich festgelegtes **890** 53
Teilungsbeschränkungen **890** 53
Teilungserklärung **890** 52 f
Teilungsverbot, rechtsgeschäftliches **890** 55
Übergangsrecht **890** 62
Umlegungsverfahren **890** 53
von Amts wegen **890** 59
Voraussetzungen **890** 52 ff
Wirkungen **890** 58
Teilungsbeschränkungen
Teilung eines Grundstücks **890** 53
Teilungserklärung
Teilung eines Grundstücks **890** 52 f
Teilungsverbot, rechtsgeschäftliches
Teilung eines Grundstücks **890** 55
Teilweise Geltendmachung
Berichtigung des Grundbuchs **894** 117
Teilweise Versitzung
Buchversitzung **901** 19
Teleologische Reduktion **899** 34 f
Testamentsvollstrecker
öffentlicher Glaube des Grundbuchs **892** 118
Vermerk **894** 41
Testamentsvollstreckung **894** 41
Tilgungszuschläge
Verjährung eingetragener Rechte **902** 13
Treuhänder **891** 39
öffentlicher Glaube des Grundbuchs **892** 117

Überbaurente
Buchversitzung **901** 6
gesetzliche Vermutung **891** 8
Konsolidation, Ausschluss **889** 5
Übergang
Widerspruch **899** 22
Übergangsrecht
Buchersitzung **900** 21

Übergangsrecht (Forts)
Buchversitzung **901** 21
gesetzliche Vermutung **891** 91
öffentlicher Glaube des Grundbuchs **892** 279
Teilung eines Grundstücks **890** 62
Verjährung eingetragener Rechte **902** 18
Zuschreibung von Grundstücken **890** 49
Übertragungspflicht, gesetzliche
öffentlicher Glaube des Grundbuchs **892** 95
Umlegungsverfahren
Teilung eines Grundstücks **890** 53
Umwandlung
Berichtigung des Grundbuchs **894** 32
Unbedenklichkeitsbescheinigung
Berichtigung des Grundbuchs **894** 169
Undeutlichkeit
Berichtigung des Grundbuchs **894** 22
bei Namen **894** 23
Unentgeltlicher Erwerb
öffentlicher Glaube des Grundbuchs **892** 2, 79, 272
Universalsukzession
öffentlicher Glaube des Grundbuchs **892** 83
Unrechtmäßige Löschung
öffentlicher Glaube des Grundbuchs **892** 222, 225
Unrichtigkeit des Grundbuchs **892** 28; **894** 19 ff
Arten der **894** 25 ff
Belastung, nicht existierende **894** 41 ff
Berechtigter
falscher **894** 27 ff
Bestandsangabe
falsche **894** 26
Beweislast **894** 155 ff
Doppelmangel **895** 2 ff
doppelte **894** 101 ff
dreifache **895** 4
gegenwärtige **894** 19, 64 f
Gründe **894** 24
Nachweis **894** 5
Nichteintragung eines Rechts **894** 37
öffentlicher Glaube des Grundbuchs **892** 126, 184
schwebende **894** 145
Umfang des Rechts **894** 38 ff
Verfügungsbeschränkung, Nichteintragung **894** 45 ff
zweifache **895** 2 ff
Unterbrechung
Buchersitzung **900** 17 ff
Untersuchungsmaxime
gesetzliche Vermutung **891** 75
Unterwerfungsklausel
öffentlicher Glaube des Grundbuchs **892** 43
Unverjährbarkeit eingetragener Rechte **902** 1 ff
s a Verjährung, eingetragene Rechte
Unzulässige Eintragung
Berichtigung des Grundbuchs **894** 8, 21
Unzulässige Rechtsausübung
Berichtigung des Grundbuchs **894** 129, 144
Unzuständiger Beamter
Eintragung im Grundbuch **891** 19
öffentlicher Glaube des Grundbuchs **892** 21
Urteil
öffentlicher Glaube des Grundbuchs **892** 89
usucapio secundum tabulas
s Buchersitzung

venire contra factum proprium
Berichtigung des Grundbuchs **894** 144
Veränderungen des Grundbuchstandes
öffentlicher Glaube des Grundbuchs **892** 184, 186, 209
Veranlassungsprinzip
gutgläubiger Erwerb **892** 7
Veräußerungsverbot
Berichtigung des Grundbuchs **894** 48
Vereinigung von Grundstücken **890** 1 ff
Antrag des Eigentümers **890** 23 ff
Miteigentum **890** 23
Willenserklärung **890** 24
Anwendungsbereich **890** 5 ff
Art der Eintragung **890** 36
Art der Verbindung, Benennung **890** 27
Aufhebung **890** 38
Ausgangsgrundstücke, rechtlich gleichwertige **890** 1
Bahneinheit **890** 3
Belastungen, bestehende **890** 34 f
Beschwerde **890** 37
Besorgnis der Verwirrung **890** 14
buchungsfreie Grundstücke **890** 9
Dienstbarkeiten **890** 31, 33 f
Eigentumslage, einheitliche **890** 11 ff
Eintragung
als einheitliches Grundstück **890** 29 f
ohne wirksamen Antrag **890** 30
Eintragungsantrag **890** 25
entgegenstehende Vorschriften **890** 32
Entschuldungsverfahren, landwirtschaftliches **890** 28
Flurbereinigungsgesetz **890** 3
Flurstückverschmelzung **890** 14
gemeinschaftliches Grundbuchblatt **890** 8
Grenzregelungen **890** 3
grundstücksgleiche Rechte **890** 18 f
Abbaurechte **890** 18
Bergwerkseigentum **890** 18 f
Erbbaurecht **890** 18 f
Gebäudeeigentum **890** 19
selbständige Gerechtigkeiten **890** 18
Heimstätte **890** 31
mehrere Eigentümer **890** 12
Miteigentumsanteile **890** 16 f
öffentliches Recht **890** 3
Personenmehrheit als Eigentümer **890** 12

Vereinigung von Grundstücken (Forts)
räumlicher Zusammenhang **890** 10
rechtliche Selbständigkeit der Grundstücke **890** 5 ff
Rechtsfolgen **890** 33 ff
Rechtsmittel **890** 37
subjektiv-dingliche Berechtigungen, unterschiedliche **890** 15
Teileigentum **890** 20
Umlegungen **890** 3
Verletzung von Verfahrensvorschriften **890** 10
Verwirrungsgefahr **890** 14
Voreintragung **890** 25
Vorschriften, entgegenstehende **890** 32
Wiederaufhebung **890** 38
Wirkungen **890** 33 ff
wirtschaftlicher Zusammenhang **890** 10
Wohnungseigentum **890** 20 f
s a dort
Zuflurstück **890** 6 f
Zusammenhang
räumlicher **890** 10
wirtschaftlicher **890** 10
Zusammenmessung, einfache **890** 2
Zustimmung Dritter **890** 31
Verfahrensrecht
Berichtigung des Grundbuchs **894** 159 ff
Briefvorlage zur Grundbuchberichtigung **896** 18 ff
Voreintragung des Verpflichteten **895** 13 ff
Verfügung, einstweilige
s Einstweilige Verfügung
Verfügungsbefugnis, fehlende
Berichtigung des Grundbuchs **894** 113 ff
Verfügungsbeschränkungen
Berichtigung des Grundbuchs **894** 13, 41, 45 ff, 76
Buchversitzung **901** 3
gesetzliche Vermutung **891** 15, 40
öffentlicher Glaube des Grundbuchs **892** 4, 26, 238 ff
Abgrenzungsfragen **892** 257 ff
absolute **892** 265, 268 f
Anwendungsbereich **892** 240 ff
Arrest, dinglicher **892** 258
behördliche **892** 241
Eintragung **892** 245 f
Erwerbsverbot **892** 244
gerichtliche **892** 241
Grundbuchverfahren **892** 253 ff
Güterrecht **892** 265 ff
Insolvenzverfahren **892** 239 ff
Kenntnis **892** 248
Miterbenanteil, Verpfändung **892** 242
relative **892** 238 ff
Richtigkeitsfiktion **892** 238
Vollständigkeitsfiktion **892** 238
Verfügungsbeschränkungen (Forts)
Voraussetzungen des Gutglaubensschutzes **892** 247 ff
Zeitpunkt, maßgeblicher **892** 247
Zwangsvollstreckung **892** 249
Widerspruch **899** 41 f
Verfügungsmacht
gesetzliche Vermutung **891** 40
Verjährung
Ausschluss durch Widerspruch **899** 9
Berichtigungsanspruch **894** 150; **898** 1 ff
Buchversitzung **901** 8 ff
accessio temporis **901** 16
Anrechnung Rechtsvorgänger **901** 16
Hemmung **901** 13
mögliche Ansprüche **901** 8
Rechtsnachfolge **901** 16
Unterbrechung **901** 13 f
Voraussetzungen **901** 9 ff
eingetragene Rechte **902** 1 ff
Anlage, dienstbarkeitswidrige **902** 16
Ausnahmen **902** 16 ff
Bedeutung **902** 1
Eintragung des Rechts **902** 4 ff
exceptio rei venditae et traditae **902** 19
Landesrecht **902** 18
negatorische Ansprüche **902** 9
Nichtberechtigter, Eintragung **902** 7
Normzweck **902** 1
Rechtsverwirklichungsansprüche, dingliche **902** 9
Schadenersatzanspruch **902** 12
Tilgungszuschläge **902** 13
Übergangsrecht **902** 18
Unverjährbarkeit **902** 4 ff
verjährbare Ansprüche **902** 12 f
Verwertungsbefugnisse, dingliche **902** 10
Vindikation **902** 9
Vormerkung **902** 15
Widerspruch **902** 14
wiederkehrende Leistungen, Rückstände **902** 12
Verkehrsgeschäft **893** 43
öffentlicher Glaube des Grundbuchs **892** 96 ff, 125
Verkehrshypothek
gesetzliche Vermutung **891** 26, 47, 61
Leistung an Buchberechtigten **893** 5
Vermessung
Hilfsanspruch auf Duldung **894** 127
Vermietung
durch Bucheigentümer **893** 24
Vermögensgesetz
Berichtigung des Grundbuchs **894** 63
Vermögensübernahme
öffentlicher Glaube des Grundbuchs **892** 88
Vermutung, gesetzliche
s Gesetzliche Vermutung

Verpachtung
durch Bucheigentümer **893** 24
Verpfändung
Berichtigungsanspruch **894** 88
Versteigerungserlös
öffentlicher Glaube des Grundbuchs **892** 64
Vertrag zugunsten Dritter
öffentlicher Glaube des Grundbuchs **892** 164
Vertrauensschutz
Grundbuch
negativer **892** 4
positiver **892** 4
Vertretung ohne Vertretungsmacht
öffentlicher Glaube des Grundbuchs **892** 169
Vertretungsmacht
gesetzliche Vermutung **891** 40
Verwaltungsgericht 891 75
Verwandter, Geschäft zugunsten
öffentlicher Glaube des Grundbuchs **892** 98
Verwendungen
Berichtigung des Grundbuchs **894** 137 ff
Verwertungsbefugnisse, dingliche
Verjährung eingetragener Rechte **902** 10
Verwirkung
Berichtigungsanspruch **894** 144; **898** 4
eingetragene Rechte **902** 3
Verwirrungsgefahr
Vereinigung von Grundstücken **890** 14
Verzicht
Berichtigungsanspruch **894** 130 ff
Eigentum **893** 38
gegenüber Buchberechtigtem **893** 47
Widerspruch **899** 91
Verzug
Berichtigung des Grundbuchs **894** 173
Berichtigungsanspruch **894** 126
Vindikation
Verjährung eingetragener Rechte **902** 9
Vinkulierte Rechte
öffentlicher Glaube des Grundbuchs **892** 220, 261
Volkseigentum
öffentlicher Glaube des Grundbuchs **892** 46
Vollbeweis
Widerlegung der Vermutung **891** 59
Vollständigkeitsfiktion 891 46; **892** 4, 38
im Rahmen von § 893 2. Alt **893** 29
Leistung an Buchberechtigten **893** 20
öffentlicher Glaube des Grundbuchs **892** 238
Vollstreckung
s Zwangsvollstreckung
Vollstreckungsunterwerfung
Zuschreibung von Grundstücken **890** 46
Voreintragung
Vereinigung von Grundstücken **890** 25
Vorerbschaft
Berichtigung des Grundbuchs **895** 4
Buchersitzung **900** 15
gesetzliche Vermutung **891** 15, 40
Vorgesellschaft
Berichtigung des Grundbuchs **894** 33
Vorkaufsrecht
Buchersitzung **900** 27
dingliches **894** 72
Konsolidation, Ausschluss **889** 4
öffentlicher Glaube des Grundbuchs **892** 23, 53 f, 182
Vorläufiger Erbe
öffentlicher Glaube des Grundbuchs **892** 46
Vormerkung
Berichtigung des Grundbuchs **894** 42 f, 77
Nichteintragung **894** 53 f
sonstige Unrichtigkeiten **894** 55 f
Verfügung, vormerkungswidrige **894** 62
Bewilligung durch Buchberechtigten **893** 39
Buchersitzung **900** 27
Buchversitzung **901** 3
gesetzliche Vermutung **891** 16
Konsolidation **889** 6
Leistung an Buchberechtigten **893** 9
öffentlicher Glaube des Grundbuchs **892** 56 ff, 89 ff, 187, 215 f
einstweilige Verfügung **892** 90
erzwungene **892** 89
Verjährung eingetragener Rechte **902** 15
Widerspruch, Verhältnis zum **899** 24 f, 36 ff, 81
Vorsätzliche sittenwidrige Schädigung 894 144
Vorschriften, entgegenstehende
Vereinigung von Grundstücken **890** 32
Vorweggenommene Erbfolge
öffentlicher Glaube des Grundbuchs **892** 87

Währungsreform
öffentlicher Glaube des Grundbuchs **892** 279
Wasserrecht
öffentlicher Glaube des Grundbuchs **892** 35 f
Wechseltheorie 892 29
Wegerecht
öffentlicher Glaube des Grundbuchs **892** 156
Wertbeständige Rechte
öffentlicher Glaube des Grundbuchs **892** 276
Wertpapierhypothek
öffentlicher Glaube des Grundbuchs **892** 124
Widerlegung der Vermutung
Grundbuch **891** 56 ff
Berechtigung **891** 69 ff
Beschränkung auf bestimmte Gründe **891** 57

Widerlegung der Vermutung (Forts)
Einzelfälle **891** 60 ff
Vollbeweis **891** 59
Widerruf
Bewilligung des Widerspruchs **899** 54
Widerspruch **899** 1 ff
Abtretung **899** 22
Akzessorietät **899** 22
Amtswiderspruch **899** 100
Anfechtbarkeit **899** 33
Anwendungbereich **899** 26 ff
Aufgebotsverfahren **899** 98
behördliches Ersuchen **899** 101
Berichtigung des Grundbuchs **894** 42, 57 f, 157
Beschwerde **899** 86
Beseitigung des Widerspruchs **899** 92
besondere Arten **899** 99 ff
Beweiserleichterung **899** 13
Bewilligung **899** 47, 49 ff
Betroffener **899** 48
fingierte **899** 57 f
Form **899** 51
materiellrechtliche Erklärung **899** 50
Rechtsnatur **899** 49 f
Verfügung, keine **899** 55
Verhältnis zur Eintragung **899** 56
Voraussetzungen **899** 51 ff
Widerruf **899** 54
Bezeichnung **899** 81
Briefgrundpfandrechte **899** 77, 85
Buchersitzung **900** 27
einseitiger Antrag **899** 71
einstweilige Verfügung **899** 59 ff
Antragsgegner **899** 62 ff
Glaubhaftmachung **899** 60
Inhalt **899** 62 ff
Kosten **899** 68
Streitwert **899** 67
Verfahren zur Erwirkung **899** 59 ff
Verhältnis zur Eintragung **899** 66
Vollziehung **899** 65
Eintragung **899** 46 ff, 56
auf einseitigen Antrag **899** 71
Bewilligung **899** 49 ff
einstweilige Verfügung **899** 59 ff
Fassung **899** 84
Grundlagen **899** 47 ff
Ort **899** 84
Verfahren **899** 72 ff
Eintragungsantrag **899** 73
Erledigungsreihenfolge **899** 76
Eintragungsbewilligung **899** 49 ff
s a Bewilligung
Eintragungsformel **899** 79 ff
Einwendungen gegen Berichtigungsanspruch **899** 44
Erlöschen **899** 88 ff
Funktion **899** 1

Widerspruch (Forts)
gesetzliche Vermutung **891** 15, 25, 53
Gläubigeranfechtung **899** 33
Grundbuchsperre, keine **899** 17 f
Grundlagen für Eintragung **899** 47 ff
Grundpfandrechte **899** 32 f, 77, 85
Grundstücksgrenzen **899** 78
Höchstbetragshypothek **899** 44
höchstpersönliche Rechte **899** 43
Hypothek **899** 32 f, 44, 77, 100
Insolvenzverfahren **899** 12 ff, 79, 87
Löschung **899** 93 f
Klage auf **899** 92
Löschung des Rechts **899** 18
Normzweck **899** 1
obligatorische Ansprüche **899** 33
öffentlicher Glaube des Grundbuchs **892** 26, 65, 130 ff, 160, 188 ff, 218
Amtswiderspruch **892** 136
Briefgrundpfandrechte **892** 137
Buchhypothek **892** 138
Einzelfälle **892** 137 ff
gelöschter **892** 136
Grundbuchsperre, keine **892** 131
unbegründeter **892** 132 ff
Voraussetzungen **892** 130
Wirkungen **892** 130 f
Wirkungsgrenzen **892** 135 f
öffentlicher Glaube, Wegfall **899** 4
Pfändung **899** 22, 79
Prüfungspflicht des Grundbuchamtes **899** 76
Rang **899** 23
Rechtshängigkeitsvermerk **899** 102
Rechtsnatur **899** 19 ff
Restitutionsanspruch **899** 33
Rückwirkung **899** 95 ff
Schutzvermerk, verfahrensrechtlicher **899** 21
Sperre des Grundbuchs, keine **899** 17 f
Tabularersitzung, Hemmung **899** 8
tatsächliche Angaben **899** 33
teleologische Reduktion **899** 34 f
Übergang **899** 22
Verfahren **899** 72 ff
Verfügungsbeschränkungen **899** 41 f
Verjährung, Ausschluss **899** 9
Verjährung eingetragener Rechte **902** 14
Vermerk, verfahrensrechtlicher **899** 45
Verzicht **899** 91
Voraussetzungen, materielle **899** 26 ff
Vormerkung, Verhältnis zur **899** 24 f, 36 ff, 81
Wesen des Widerspruchs **899** 19 ff
Widerspruch gegen Widerspruch **899** 39 f
Wirkungen **899** 3 ff
Grundbuchsperre, keine **899** 17 f
positive, keine **899** 12 ff
rechtserhaltende **899** 3 ff

Widerspruch (Forts)
rechtserweiternde, keine **899** 12 ff
Tabularersitzung, Hemmung **899** 8
Verjährung, Ausschluss **899** 9
Zurückbehaltungsrecht **899** 44
Zwangsversteigerung **899** 6, 14
Widersprüchliche Eintragungen
Grundbuch **891** 50 ff; **892** 29
öffentlicher Glaube des Grundbuchs **892** 176
Wiederaufhebung
Vereinigung von Grundstücken **890** 38
Zuschreibung von Grundstücken **890** 51
Wiederkehrende Leistungen
Verjährung eingetragener Rechte **902** 12
Willensmängel des Beamten
Eintragung im Grundbuch **891** 19
öffentlicher Glaube des Grundbuchs **892** 22
Wirtschaftliches Eigentum
gesetzliche Vermutung **891** 39
Wissensfiktion
öffentlicher Glaube des Grundbuchs **892** 168
Wissenszusammenrechnung
öffentlicher Glaube des Grundbuchs **892** 168
Wohnrecht 889 9
Buchersitzung **900** 27
Wohnungseigentum
Buchersitzung **900** 26
Buchversitzung **901** 3
öffentlicher Glaube des Grundbuchs **892** 19, 31 f, 34, 221, 262
Rechte an unterschiedlichen Grundstücken **890** 21
Teilung **890** 61
Verbindung
mehrerer Wohnungseigentumsrechte am selben Grundstück **890** 20
mit Eigentum an anderen Grundstücken **890** 20
Vereinigung mit Teileigentum am selben Grundstück **890** 20
vorläufige Untersagung der Begründung nach BauGB **892** 241
Wohnungseigentumsmodernisierungsgesetz **892** 221
Wohnungserbbaurecht 890 14, 20
Wohnungsrecht
Konsolidation, Ausschluss **889** 4
öffentlicher Glaube des Grundbuchs **892** 49

Zeitpunkt, maßgeblicher
Berichtigung des Grundbuchs **894** 64
öffentlicher Glaube des Grundbuchs **892** 184 ff
Zession
Berichtigung des Grundbuchs **894** 81
Zinsrückstände 891 63
Leistung an Buchberechtigten **893** 5
öffentlicher Glaube des Grundbuchs **892** 180
Zinssatz
öffentlicher Glaube des Grundbuchs **892** 43
Zivilprozess
gesetzliche Vermutung **891** 77
Zubehör
öffentlicher Glaube des Grundbuchs **892** 39
Zuflurstück
Vereinigung von Grundstücken **890** 6 f
Zuschreibung von Grundstücken **890** 41
Zurückbehaltungsrecht
Berichtigung des Grundbuchs **894** 133 ff
Briefvorlage zur Grundbuchberichtigung **896** 16
Widerspruch **899** 44
Zusammenmessung, einfache
Vereinigung von Grundstücken **890** 2
Zusammenschreibung von Grundstücken
Grundbuchordnung **890** 4
Zuschlag
öffentlicher Glaube des Grundbuchs **892** 92 f
Zuschreibung von Grundstücken 890 1 ff, 39 ff
Antrag des Eigentümers **890** 23 ff
Miteigentum **890** 23
Willenserklärung **890** 24
Anwendungsbereich **890** 5 ff
Aufhebung **890** 51
Belastungen, unterschiedliche **890** 14 ff
Beschwerde **890** 48
Eigentumslage, einheitliche **890** 11 ff
Eintragung
als einheitliches Grundstück **890** 29 f
ohne wirksamen Antrag **890** 30
Eintragungsantrag **890** 25
entgegenstehende Vorschriften **890** 32
Hauptgrundstück **890** 1, 39
Heimstätte **890** 50
höferechtliche **890** 51
mehrere Eigentümer **890** 12
Miteigentumsanteile **890** 16 f
Personenmehrheit als Eigentümer **890** 12
räumlicher Zusammenhang **890** 10
rechtliche Selbständigkeit der Grundstücke **890** 5 ff
Rechtsmittel **890** 48
Stammgrundstück **890** 1, 39
Übergangsrecht **890** 49
Voraussetzungen **890** 39 ff
Voreintragung **890** 25
Vorschriften, entgegenstehende **890** 32
Wiederaufhebung **890** 51
Wirkungen **890** 43 ff
Gesamthypothek **890** 45
Grunddienstbarkeit **890** 44
Grundpfandrechte **890** 43

Zuschreibung von Grundstücken (Forts)
Hypothek **890** 45
Rangvorbehalt **890** 46
Reallast **890** 44
Vollstreckungsunterwerfung **890** 46
wirtschaftlicher Zusammenhang **890** 10
Zuflurstück **890** 6 f, 41
Zusammenhang
räumlicher **890** 10
wirtschaftlicher **890** 10
Zustimmung Dritter **890** 31
Zustimmung
Berichtigung des Grundbuchs **894** 106 f
Dritter
Vereinigung von Grundstücken **890** 31
eines buchmäßig legitimierten Nichtberechtigten **893** 40
Zwangshypothek **894** 24
öffentlicher Glaube des Grundbuchs **892** 27, 91
Zwangsversteigerung **890** 14
öffentlicher Glaube des Grundbuchs **892** 92 f
Grundstücke **892** 93
Höchstersatz **892** 43
Widerspruch **899** 6, 14
Zwangsvollstreckung
Berichtigung des Grundbuchs **894** 168 f
Briefvorlage zur Grundbuchberichtigung **896** 19
gesetzliche Vermutung **891** 74
öffentlicher Glaube des Grundbuchs **892** 89 f
Voreintragung des Verpflichteten **895** 14 ff
Zweifache Unrichtigkeit
Berichtigung des Grundbuchs **895** 2 ff
Zweigniederlassung
Berichtigung des Grundbuchs **894** 34
Zweigrecht
Aufhebung **893** 44
an nicht bestehendem Stammrecht **892** 222
an nicht existierendem Recht **894** 107
Zwischenverfügung
Grundbuchamt **891** 86

J. von Staudingers Kommentar zum Bürgerlichen Gesetzbuch mit Einführungsgesetz und Nebengesetzen

Übersicht vom 15. 4. 2025

Die Übersicht informiert über die Erscheinungsjahre der Kommentierungen in der 13. Bearbeitung und deren Neubearbeitungen (= Gesamtwerk STAUDINGER).

Die Übersicht ist für die 13. Bearbeitung und für deren Neubearbeitungen zugleich ein Vorschlag für das Aufstellen des „Gesamtwerk STAUDINGER“ (insbesondere für solche Bände, die nur eine Sachbezeichnung haben). Es wird empfohlen, die Austauschbände chronologisch neben den überholten Bänden einzusortieren, um bei Querverweisungen auf diese schnell Zugriff zu haben. Bei Platzmangel sollten die ausgetauschten Bände an anderem Ort in gleicher Reihenfolge verwahrt werden.

	Neubearbeitungen				
Buch 1. Allgemeiner Teil					
Einl BGB; §§ 1–14; VerschG	2004	2013	2018	2024	
§§ 21–79a	2005	2019	2023		
§§ 80–89	2017				
§§ 90–124; 130–133	2012	2016	2021		
§§ 125–129; BeurkG	2012	2017	2023		
§§ 134–138	2003	2011	2017	2021	2024
§§ 139–163	2003	2010	2015	2020	2025
§§ 164–240a	2004	2009	2014	2019	2024
Buch 2. Recht der Schuldverhältnisse					
§§ 241–243	2005	2009	2014	2019	2024
§§ 244–248; PrKG	2016	2021	2024		
§§ 249–254	2005	2016	2021		
§§ 255–304	2004	2009	2014	2019	
§§ 305–310; UKlaG	2006	2013	2019	2022	
Anh zu §§ 305–310			2019	2022	
§§ 311, 311a–c	2013	2018	2023		
§§ 312–312m	2013	2019	2024		
§§ 313, 314	*2026*				
§§ 315–326	2001	2004	2009	2015	2020
§§ 327–327u	2023				
§§ 328–345	2009	2015	2020		
§§ 346–354	2012	2022			
§§ 358–360	2016	2021			
§§ 362–396	2000	2006	2011	2016	2022
§§ 397–432	2005	2012	2017	2022	
§§ 433–480	2004	2013			
§§ 433–448			2023		
§§ 449–473; 480–487			2024		
Wiener UN-Kaufrecht (CISG)	1999	2005	2013	2017	2025
§§ 488–490; 607–609	2011	2015			
§§ 491–512	2004	2012			
§§ 516–534	2005	2013	2021		
§§ 535–556g	2011	2014	2017	2021	2024
§§ 557–580a; Anh AGG	2011	2014	2017	2021	2024
Leasing	2004	2014	2018	2023	
§§ 581–606	2005	2013	2018	2024	
§§ 607–610 (siehe §§ 488–490; 607–609)	./.				
§§ 611–613	2005	2011	2015	2020	2022
§§ 613a–619a	2011	2016	2019	2022	
§§ 620–630	2012	2016	2019	2022	
§§ 630a–630h	2021				
§§ 631–651	2003	2008	2013		
§§ 631–650v				2019	
§§ 631–650h; §§ 650p–650t					2024
§§ 651a–651y	2003	2011	2015	2024	
§§ 652–655; 656a–656d	2021				
§§ 655a–656; 657–661a	2020				
§§ 662–675b	2017				
§§ 675c–676c	2012	2020			
§§ 677–704	2015	2020			
§§ 705–740	2003				
§§ 741–764	2002	2008	2015	2021	
§§ 765–778	2013			2020	
§§ 779–811	2002	2009	2015		
§§ 779–782				2020	
§§ 809–811				2023	
§§ 812–822	1999	2007			
§§ 823 A–D	2016				
§§ 823 E–I, 824, 825	2009	2021			
§§ 826–829; ProdHaftG	2003	2009	2013	2018	2021
§§ 830–838	2002	2008	2012	2017	2022
§§ 839, 839a	2007	2013	2020		
§§ 840–853	2007	2015	2023		
AGG	2017	2020			
UmweltHR	2002	2010	2017		
Buch 3. Sachenrecht					
§§ 854–882	2000	2007	2012	2018	
§§ 883–888	2002	2008	2013	2020	

§§ 889–902	2019	2025			
§§ 903–924	2002	2009	2015	2020	
§§ 925–984; Anh §§ 929 ff	2004	2011	2016	2020	
§§ 985–1011	1999	2006	2013	2019	2023
ErbbauRG; §§ 1018–1112	2002	2009	2016		
§§ 1030–1112				2021	
ErbbauRG				2021	
§§ 1113–1203	2002	2009	2014	2019	
§§ 1204–1296; §§ 1–84 SchiffsRG	2002	2009	2018		
§§ 1–17 WEG	2017	2023			
§§ 18–49 WEG	2017	2023			

Buch 4. Familienrecht

§§ 1297–1352	2007	2012	2015	2018	2023
LPartG	2010				
§§ 1353–1362	2007	2012	2018	2024	
§§ 1363–1407	2017				
§§ 1408–1563	2018	2023			
§§ 1564–1568b	2004	2010	2018	2024	
§§ 1569–1586b	2014				
§§ 1587–1588; VAHRG	2004				
§§ 1589–1600d	2000	2004	2011		
§§ 1601–1615n	2000	2018	2022		
§§ 1616–1625	2007	2014	2020		
§§ 1626–1633; §§ 1–11 RKEG	2007	2015	2020		
§§ 1638–1683	2004	2009	2015	2020	
§§ 1684–1717	2006	2013	2018	2023	
§§ 1741–1772	2007	2019	2023		
§§ 1773–1895	2004	2013	2020		
§§ 1896–1921	2006	2013	2017		

Buch 5. Erbrecht

§§ 1922–1966	2000	2008	2016		
§§ 1967–2063	2002	2010	2016	2020	
§§ 2064–2196	2003	2013	2019		
§§ 2197–2228	2003	2012	2016	2021	
§§ 2229–2302	2022				
§§ 2303–2345	2014	2021			
§§ 2346–2385	2010	2016			
§§ 2346–2352			2022		
§§ 2353–2370			2023		

EGBGB

Einl EGBGB; Art 1, 2, 50–218	2005	2013	2018		
Art 219–232	2015				
Art 233–248	2015				

EGBGB/Internationales Privatrecht

Einl IPR	2012	2018	2024		
Art 3–6	2013				
Art 3–4		2019			
Art 7–12, 47, 48	2007	2013	2018	2024	
IntGesR	1998	2024			
Art 13–17b	2003	2011			
Art 18; Vorbem A + B zu Art 19	2003				
Haager Unterhaltsprotokoll (HUP)		2016	2021		
Vorbem C–H zu Art 19	2009				
EU-VO u Übk z Schutz v Kindern		2018			
IntVerfREhe 2	2016				
IntVerfREhe (Brüssel IIb-VO)	2014	2023			
Art 19–24	2008	2014	2018	2022	
Art 25, 26	2000	2007			
Art 1–10 Rom I-VO	2011	2016	2021		
Art 11–29 Rom I-VO; Art 46b, c; IntVertrVerfR	2011	2016	2021		
Art 1–3; 10–14 Rom II-VO	2023				
Art 38–42	2001				
IntWirtschR	2006	2010	2015	2019	2023
Art 43–46	2014				

Eckpfeiler des Zivilrechts	2014	2018	2020	2022	2024

Demnächst erscheinen

§§ 255–304	2025
§§ 611, 613	2025
§§ 2018–2063	2025
Art 3–4 EGBGB	2025

Otto Schmidt Verlagskontor / Walter de Gruyter Verlag OHG
Genthiner Str. 13, 10785 Berlin, Telefon (030) 2 60 05-0, Fax (030) 2 60 05-222